Blickfeld DEUTSCH

Oberstufe

Herausgegeben von:
Peter Mettenleiter und Stephan Knöbl

Erarbeitet von:
Wolfgang Aleker, Werner Frank,
Walter Frei, Emil Göggel, Stephan Knöbl,
Kirsten Krebsbach, Peter Mettenleiter
und Josef Schnell

Schöningh

www.schoeningh-schulbuch.de
Schöningh Verlag, Jühenplatz 1–3, 33098 Paderborn

Druck A 9 8 7 / Jahr 2009 08 07
Alle Drucke der Serie A sind im Unterricht parallel verwendbar.
Die letzte Zahl bezeichnet das Jahr dieses Druckes.

Umschlaggestaltung: INNOVA, Borchen, unter Verwendung einer Illustration von Wolfgang Freitag
Druck und Bindung: westermann druck GmbH, Braunschweig

ISBN 978-3-14-028227-7 (geb. Ausgabe)
ISBN 978-3-14-028226-0 (kart. Ausgabe)

Die mit * gekennzeichneten Texte sind aus lizenzrechtlichen Gründen nicht in reformierter Rechtschreibung abgedruckt.

Inhaltsverzeichnis

Vorwort

Liebe Schülerinnen und Schüler,

wenn Sie in diesem Band ein wenig blättern, werden Sie rasch erkennen, dass Ihnen ein neuartiges Deutschbuch vorliegt: Es will Ihren Erwartungen im Blick auf einen interessanten Deutschunterricht, auf das Abitur, das Studium und den Beruf sowie den fachlichen Ansprüchen bestmöglich gerecht werden.

BLICKFELD DEUTSCH ist ein Werk, das sich in erster Linie an Ihren schulischen Voraussetzungen und Bedürfnissen orientiert:

- **Sie selbst** sind an entscheidenden Stellen in die Konzeption des Buches mit einbezogen – mit Ihren Kenntnissen und Fertigkeiten aus früheren Klassen, mit Ihren Fragestellungen aus Ihrer gegenwärtigen Lebenssituation und mit Ihren kritischen und produktiven Vorschlägen für die Auseinandersetzung mit Literatur, Sprache und allen Sprech- und Schreibformen.
- **Sie finden** aufschlussreiche Texte, motivierende Zugänge zu neuen Themen, vielseitige Anregungen für selbstverantwortliche Arbeit, vielfache Lösungs- und Lernhilfen sowie grundlegende Studiertechniken, die Ihnen über das Fach Deutsch hinaus nützen werden.

BLICKFELD DEUTSCH genügt dem anspruchsvollen Niveau der Kurs- bzw. Oberstufe, ohne Sie zu überfordern:

- Sie erhalten im ersten Kapitel eine **grundlegende Einführung** in die Oberstufenarbeit, wobei sich Wiederholungen und die Vorstellung neuer Inhalte und Methoden so ergänzen, dass Sie eine zuverlässige Arbeitsgrundlage für alles Kommende vermittelt bekommen.
- Durch die **systematische Zuordnung** von Texten, wichtigen Informationen und Arbeitsanregungen in der Haupt- und Randspalte werden die Arbeitsprozesse gut überschaubar und die Lösungen fallen erheblich leichter.
- Die **Gliederung nach Epochen** (im 2.–11. Kapitel) ermöglicht Ihnen die historische Einordnung von Texten und eröffnet viele Ausblicke auf gesamtkulturelle Zusammenhänge.
- Der Anhang „Auf einen Blick“ bietet neben **Übersichten** und **Zusammenfassungen** prüfungsrelevante und berufspraktische Hinweise und Hilfen.

BLICKFELD DEUTSCH repräsentiert ein Deutschbuch, das gleichzeitig drei Funktionen erfüllt:

- Sie benutzen ein leserfreundliches **Arbeitsbuch**, das die Bereiche Literatur und moderne Medien, Sprechen und Schreiben sowie Sprachbetrachtung in *einem Band* so verbindet, dass ganzheitliches Arbeiten und Lernen möglich wird. Die übersichtliche Darstellung von Texten, Bildern und Grafiken, von Informationen und Materialien fördert nicht nur die Selbsttätigkeit im Unterricht, sondern erleichtert auch das Selbststudium.
- Sie besitzen ein **Informationsmedium**, das Ihnen Grundwissen über Literatur und Sprache, aber ebenso über Sprech- und Schreibformen, Studiertechniken und Methoden nicht nur schrittweise erschließt und erläutert, sondern durch vielseitige Anwendung sicher vermittelt.
- Sie erhalten außerdem ein **Nachschlagewerk**, in dem Sie sich für die Klausur- und Abiturvorbereitung über das Inhaltsverzeichnis, die Synopse und ein differenziertes Autoren- und Sachregister rasch und zuverlässig orientieren können.

BLICKFELD DEUTSCH geht grundsätzlich von der Einheit der Sprache aus und betrachtet die drei Arbeitsbereiche des Faches nur als unterschiedliche Aspekte eines Ganzen:

- Sie sollen umfassende **Verstehensprozesse** durch analytisches und gestaltendes Interpretieren erfahren. Die Werkauswahl sucht das jeweils Charakteristische einer Epoche, erfasst Entstehungs- und Wirkungsbedingungen der Texte, bezieht Aspekte der Geschichte, Philosophie und Bildenden Kunst mit ein.
- Über eigenes **Sprechen** und sorgfältig entwickelte **Schreibprozesse** sollen Sie alle wichtigen Darstellungs- und Gestaltungsformen sicher beherrschen und dabei Fähigkeiten erwerben, die weit über die Schulzeit hinaus grundlegend sind.
- Sie lernen, über **Sprache** als *Medium* der Kommunikation sicher zu verfügen, und Sprache gleichzeitig als *Gegenstand* der Betrachtung zu begreifen, wodurch Sie Grundsätzliches über das Wesen des Menschen erfahren.

BLICKFELD DEUTSCH lädt Sie ein, in den Diskurs zwischen Leser und Text engagiert, kritisch und produktiv einzutreten.

Für Ihre Arbeit wünschen wir Ihnen viel Freude und Erfolg!

Die Herausgeber und Autoren

Lesehinweise

1. Zur Handhabung:

- Alle 12 Kapitel sind übersichtlich gegliedert durch *Sequenzen* (römische Ziffern) und *Teilsequenzen* (arabische Ziffern). Letztere erleichtern durch problemorientierte und fachspezifische Doppelüberschriften den Zugang.
- Über die *Synopse* am Schluss des Buches ermitteln Sie Autoren, Titel, Seitenangaben und Vorschläge zur Integration der Arbeitsbereiche.

2. Zur Struktur:

- Innerhalb der *Teilsequenzen* sind alle Texte und Bilder, mit denen gearbeitet wird, nummeriert. Jahreszahlen unter den Texten geben das Datum der Entstehung (e) oder der Veröffentlichung (v) an.
- Die *Biografien* geben Kurzinformationen zu Leben und Werk der Autoren und heben vielfach auf besonders Bemerkenswertes ab.

L steht für *Lexikon* und bietet wichtige Informationen zu Inhalten und Methoden des Faches.

M steht für *Methoden*, ist generell gelb unterlegt, stellt aber die Schreibformen durch grüne Unterlegung besonders heraus.

- Die *Arbeitsanregungen* erscheinen in blauer Schrift stets in der Randspalte auf der jeweiligen Arbeitshöhe. Sie sind i.d.R. als Auswahlangebote zu verstehen.
- Am Ende thematischer Einheiten werden häufig Vorschläge gemacht für *Projekte* (in Zusammenarbeit mehrerer Fächer) oder für *projektorientierte Verfahren* (innerhalb des Faches Deutsch).

ERSTES KAPITEL

Einführung in die Arbeit der Oberstufe am Thema „Mensch und Menschlichkeit“

Marc Chagall (1887–1985):
Der Engelssturz,
1923 – 1933 – 1947

I. Die Frage nach dem Sinn des Lebens als Thema von Gedichten

„Es ist eine übernatürliche Verblendung, zu leben, ohne danach zu suchen, was man ist.“
Blaise Pascal (1623–1662): Pensées

1. Was ist der Mensch? – Arten der Lyrik im historischen Längsschnitt

Wer bin ich? Wie verstehe ich mein Wesen und meine Welt? Worin liegt der Sinn meines Lebens? Jeder Mensch stellt sich solche oder ähnliche Fragen und er sucht nach Antworten. Diese muss der Einzelne zwar jeweils für sich selbst finden, aber er bemüht sich um Orientierungshilfen. Neben den Religionen und Philosophien stellen auch die Dichter Fragen nach dem Sinn des Lebens und versuchen Antworten zu geben. Die folgenden Gedichte bieten einen schmalen Längsschnitt aus vier Jahrhunderten.

1 Georg Philipp Harsdörffer (1607–1658): Das Leben des Menschen

Das Leben ist
Ein Laub, das grünt und falbt[1] geschwind,
ein Staub, den leicht vertreibt der Wind.
Ein Schnee, der in dem Nu vergehet,
ein See, der niemals stille stehet.
Die Blum, so nach der Blüt verfällt,
der Ruhm, auf kurze Zeit gestellt.
Ein Gras, das leichtlich wird verdrucket,
ein Glas, das leichter wird zerstucket.
Ein Traum, der mit dem Schlaf aufhört,
ein Schaum, den Flut und Wind verzehrt.
Ein Heu, das kurze Zeite bleibet,
die Spreu, so mancher Wind vertreibet.
Ein Kauf, den man am End bereut,
ein Lauf, der schnaufend schnell erfreut.
Ein Wasserstrom, der pfeilt geschwind,
die Wasserblas, so bald zerrinnt.
Ein Schatten, der uns macht schabab[2],
die Matten, so gräbt unser Grab.

(v 1648)

2 Matthias Claudius (1740–1815): Der Mensch

Empfangen und genähret
Vom Weibe wunderbar
Kömmt er und sieht und höret,
Und nimmt des Trugs nicht wahr;
Gelüstet und begehret,
Und bringt sein Tränlein dar;
Verachtet, und verehret;
Hat Freude, und Gefahr;
Glaubt, zweifelt, wähnt und lehret,
Hält nichts, und alles wahr;
Erbauet, und zerstöret;
Und quält sich immerdar;
Schläft, wachet, wächst, und zehret;
Trägt braun und graues Haar etc.
Und alles dieses währet,
Wenn's hoch kommt, achtzig Jahr.
Dann legt er sich zu seinen Vätern nieder,
Und er kömmt nimmer wieder.

(v 1775)

1. a) Halten Sie Assoziationen zu den Gedichttiteln fest.
b) Vergleichen Sie Thema und Motive der Gedichte mit Ihren Assoziationen.
c) Besprechen Sie in Partnerarbeit das Menschen- und Weltbild je eines der Gedichte und tauschen Sie die Ergebnisse in der Klasse aus.

2. Legen Sie in Gruppenarbeit ein Textblatt an (vgl. S. 14) und erproben Sie die beste Rezitation.

3. Schreiben Sie zu einem der Texte eine zusätzliche Strophe bzw. ein Parallel- oder Gegengedicht.

3 Ludwig Christoph Heinrich Hölty (1748–1776): Aufmunterung zur Freude

Wer wollte sich mit Grillen plagen,
Solang uns Lenz und Jugend blühn;
Wer wollt in seinen Blütentagen
Die Stirn in düstre Falten ziehn?

Die Freude winkt auf allen Wegen,
Die durch dies Pilgerleben gehn;
Sie bringt uns selbst den Kranz entgegen,
Wann wir am Scheidewege stehn!

Noch rinnt und rauscht die Wiesenquelle,
Noch ist die Laube kühl und grün,
Noch scheint der liebe Mond so helle,
Wie er durch Adams Bäume schien!

Noch macht der Saft der Purpurtraube
Des Menschen krankes Herz gesund,
Noch schmecket in der Abendlaube
Der Kuss auf einen roten Mund!

Noch tönt der Busch voll Nachtigallen
Dem Jüngling hohe Wonne zu,
Noch strömt, wenn ihre Lieder schallen,
Selbst in zerrissne Seelen Ruh!

O wunderschön ist Gottes Erde
Und wert, darauf vergnügt zu sein!
Drum will ich, bis ich Asche werde,
Mich dieser schönen Erde freun!

(v 1783/84)

4 Johann Wolfgang von Goethe (1749–1832): Wer nie sein Brot mit Tränen aß

Wer nie sein Brot mit Tränen aß,
Wer nie die kummervollen Nächte
Auf seinem Bette weinend saß,
Der kennt euch nicht, ihr himmlischen Mächte.

Ihr führt ins Leben uns hinein,
Ihr lasst den Armen schuldig werden,
Dann überlasst ihr ihn der Pein,
Denn alle Schuld rächt sich auf Erden.

(e 1794/95)

5 Friedrich von Matthisson (1761–1831): Zuruf

Alles kann sich umgestalten!
Mag das dunkle Schicksal walten.
Mutig! auf der steilsten Bahn.
Trau dem Glücke! Trau den Göttern!
Steig, trotz Wogendrang und Wettern,
Kühn, wie Cäsar, in den Kahn.

Lass den Schwächling angstvoll zagen!
Wer um Hohes kämpft, muss wagen,
Leben gelt es oder Tod!
Lass die Woge donnernd branden:
Nur bleib immer, magst du landen
Oder scheitern, selbst Pilot!

(v 1829)

6 Eduard Mörike (1804–1875): Gebet

Herr! Schicke, was du willt,
Ein Liebes oder Leides;
Ich bin vergnügt, dass beides
Aus deinen Händen quillt.

Wollest mit Freuden
Und wollest mit Leiden
Mich nicht überschütten!
Doch in der Mitten
Liegt holdes Bescheiden.

(v 1848)

7 Friedrich Nietzsche (1844–1900): Ecce homo

Ja, ich weiß, woher ich stamme!
Ungesättigt gleich der Flamme
Glühe und verzehr ich mich.
Licht wird alles, was ich fasse,
Kohle alles, was ich lasse:
Flamme bin ich sicherlich!

(1898)

---

[1] falben = fahl (blass, bleich, farblos) werden
[2] schabab < abschaben: nutzlos, wertlos sein

L Die **Lyrik** (< gr. lyra = Leier) wird seit dem 18. Jahrhundert neben Epik und Dramatik als dritte Hauptgattung der Dichtung angesehen. Neben der sog. *Erlebnislyrik*, die stark durch subjektiven Gefühlsausdruck geprägt ist, sind die mehr gesellschaftlich bedingte *Rollenlyrik*, bei der der Dichter seine Empfindungen und Gedanken einer typischen Gestalt als Ichaussage in den Mund legt (z.B. dem Harfner in J.W. von Goethes „Wer nie sein Brot ...") und die überwiegend weltanschaulich bestimmte *Ideen-* oder *Gedankenlyrik* zu unterscheiden. Selbstverständlich gibt es aus den Grundarten zahlreiche Mischformen. Unabhängig von den Arten der Lyrik, die sich einfach auch nach den jeweiligen Gegenständen bezeichnen lassen (Liebes-, Natur- und Gesellschaftslyrik, politische Lyrik etc.), sind die folgenden inneren Merkmale charakteristisch: Konzentration (Verdichtung) der Aussage, sprachliche Verknappung (Ökonomie), ausgeprägte künstlerische Formgebung in Stil, Bildhaftigkeit, Musikalität und struktureller Dichte.

8 Hermann Hesse (1877–1962): Im Nebel

Seltsam, im Nebel zu wandern!
Einsam ist jeder Busch und Stein,
Kein Baum sieht den andern,
Jeder ist allein.

Voll von Freunden war mir die Welt,
Als noch mein Leben licht war;
Nun, da der Nebel fällt,
Ist keiner mehr sichtbar.

Wahrlich, keiner ist weise,
Der nicht das Dunkel kennt,
Das unentrinnbar und leise
Von allen ihn trennt.

Seltsam, im Nebel zu wandern!
Leben ist Einsamsein.
Kein Mensch kennt den andern.
Jeder ist allein (e 1906)

9 Else Lasker-Schüler (1869–1945): Gebet

Ich suche allerlanden eine Stadt,
Die einen Engel vor der Pforte hat.
Ich trage seinen großen Flügel
Gebrochen schwer am Schulterblatt
Und in der Stirne seinen Stern als Siegel.

Und wandle immer in der Nacht ...
Ich habe Liebe in die Welt gebracht, –
Dass blau zu blühen jedes Herz vermag,
Und hab ein Leben müde mich gewacht,
In Gott gehüllt den dunklen Atemschlag.

O Gott, schließ um mich deinen Mantel fest;
Ich weiß, ich bin im Kugelglas der Rest;
Und wenn der letzte Mensch die Welt vergießt,
Du mich nicht wieder aus der Allmacht lässt
Und sich ein neuer Erdball um mich schließt.
(v 1920)

M Zielbezogene **Arten des Lesens**:

– Das *evasorische Lesen* (< lat. evadere = herausgehen, fliehen) zielt auf Unterhaltung.

– Das *kursorisch-orientierende (diagonale) Lesen* verschafft rasch einen Überblick.

– Das *intensiv-verweilende (statarische) Lesen* ist die Voraussetzung jeder genauen Textbetrachtung.
Als *„Lesen mit Bleistift"* wird das Markieren eines Textes mit Farben und Zeichen sowie die *Annotation* mit Anmerkungen bezeichnet.

– Bei der *Rezitation* unterscheidet man:
- Das *sinnerschließende Lesen* ist ein „Probehandeln", bei dem ein Text nach Tempo, Lautstärke, Betonung, Pausen etc. so lange rezitiert wird, bis Inhalt und Form „getroffen" sind.
- Das *sinngestaltende Lesen* zeigt in der Art des Vortrags, ob ein Text nach Inhalt (z.B. heiter), Situation (z.B. Ruhe) und Form (Aufbau, Stil, Metrum, Rhythmus) verstanden wurde.
- Das *szenische Lesen* hat zusätzlich vor allem die Art der Figuren zu beachten.

M

10 Gottfried Benn (1886–1956): Reisen

x́ x x | x́ x x | x́ x
Meinen Sie Zürich zum Beispiel
sei eine tiefere Stadt,
wo man Wunder und Weihen
immer als Inhalt hat?

Meinen Sie, aus Habana,
weiß und hibiskusrot[1],
bräche ein ewiges Manna
für Ihre Wüstennot?

Bahnhofstraßen und Rueen,
Boulevards, Lidos, Laan[2] –
selbst auf den Fifth Avenueen
fällt Sie die Leere an –

Ach, vergeblich das Fahren!
Spät erst erfahren Sie sich:
bleiben und stille bewahren
das sich umgrenzende Ich.
(e zwischen 1949–55)

Randnotizen: Daktylus; Frage, individuelle Anrede; Stabreim (Alliteration); Parallelismus; Aufzählung (Kumulation); Steigerung; Interjektion; Wortspiel; St; Titel ↕ Inhalt; Waisenzeile; Zeilensprung (Enjambement); Städte: Nähe ↔ Ferne; Kreuzreim; „Himmelsbrot" (Wundernahrung) ↕ „Wüstennot"; Bsp. für Nähe und Ferne; unterwegs sein ↕ erkennen; Pr; a b a b c b; d e d e; f g f g; h i h i

[1] Der Hibiskus: der Eibisch (Malvengewächs)
[2] Die Laan: niederländisch für Allee

11 Ingeborg Bachmann (1926–1973): Schatten Rosen Schatten

Unter einem fremden Himmel
Schatten Rosen
Schatten
auf einer fremden Erde
zwischen Rosen und Schatten
in einem fremden Wasser
mein Schatten (v 1964)

12 Ein Fachgespräch über Gedichte

LEHRER: Einige von Ihnen kritisieren an den Aussagen der Gedichte vor allem, dass sie zu einseitig von Aufgaben und Pflichten sprechen, dagegen aber Glück und Freude unterschätzen. Über diesen Eindruck sollten wir sprechen.

TOBIAS: Die Behauptung stimmt so nicht, ...

KATJA: Du kannst wohl nicht lesen!

PETER: Alles ist grau und düster ...

TOBIAS: Moment bitte, dürft' ich mal ausreden. Ich wollte meine Auffassung ja begründen ...

KATJA: Du darfst nur an die Beispiele von Hesse, Nietzsche oder Bachmann denken um Peters Auffassung bestätigt zu sehen.

TOBIAS: Katja, eigentlich hast du mir – trotz der Unterbrechung – schon einen Teil der Antwort abgenommen: Tatsächlich ist der Gesamteindruck nach dem Lesen der Gedichte sehr gemischt. Bei modernen Dichtern häufen sich allerdings die negativen Töne, aber nicht nur bei ihnen gibt es Düsteres ...

CHRISTIAN: Ja, Tobias hat Recht, man muss alles differenzierter sehen. Matthias Claudius z.B. zeichnet ja auch ein sehr trauriges Bild von Geborenwerden, Leben und Sterben. Aber daneben gibt es wirklich auch andere Aussagen – und zwar bei den älteren und jüngeren Texten.

PETER: Ich bleibe bei meiner Meinung.

KIRSTEN: Solltest du aber nicht, sonst brauchen wir nicht zu diskutieren.

LEHRER: Moment bitte, alle sollten beim Thema bleiben und mehr Gesprächsdisziplin wahren. Ich möchte Christians Forderung nach größerer Differenzierung aufgreifen und schlage vor, dass wir uns die Gedichte nochmals ansehen, die als Lebenssinn auch Glück und Freude angeben. Danach könnten wir uns über frühere und heutige Glücksvorstellungen unterhalten.

TOBIAS: In den Gedichten Höltys, Matthissons, Mörikes und Lasker-Schülers gibt es vieles, was dem heutigen Verständnis von Glück sehr nahekommt.

KATJA: Ich möchte wissen, was! Sich zu vergnügen, ein gutes und schönes Leben zu haben, die Dinge locker zu nehmen, das alles kommt zu kurz!

PETER: Ja, genauso ist es. Alles ist in den Gedichten entweder zu anspruchsvoll, zu feierlich oder zu religiös, wenn von Glück die Rede ist.

CHRISTIAN: Das stimmt nun wirklich nicht. Nicht nur bei Hölty ist das ganz alltägliche Glück nicht vergessen. Zum Beleg zitiere ich nur zwei Zeilen: „Wer wollte sich mit Grillen plagen [...]" oder „Freude winkt auf allen Wegen [...]" – wenn das nicht eindeutig in Katjas und Peters Sinn ist! [...]

4. Bestimmen Sie die Art des Fachgesprächs und beurteilen Sie es.

5. Führen Sie das Fachgespräch als Diskussion fort und belegen Sie Ihre Argumentation durch genaue Textzitate.

M

Das **Textzitat** (< lat. citatus = herbeigerufen) ist eine wörtlich übernommene Belegstelle zur exakten Dokumentation einzelner Wörter oder Sätze.

– Die *Zitierweise* muss genau und *zuverlässig (authentisch)* sowie *überprüfbar* sein:
- Anführungszeichen markieren Anfang und Ende des Zitats.
- Auslassungen und Veränderungen des Originals werden in eckige Klammern gesetzt.
- Die Fundstelle ist durch genaue Quellenangabe bzw. den Hinweis auf die Zeile nachzuweisen.

Z.B.: Was heißt bei Benn „Zürich [...] [ist] eine tiefere Stadt"? (Z. 1f.).

– Das Zitat muss *sach- und funktionsgerecht* in den eigenen Text eingefügt sein. Es soll belegen, bekräftigen und veranschaulichen.

Z.B.: So sehr mich die These vom „sich umgrenzende[n] Ich" (Z. 16) überzeugt, [...]

– Enthält das Zitat *sachliche* oder *sprachliche Fehler*, so kann der Zitierende diese nicht einfach korrigieren, sondern zeigt durch einen Zusatz [!] oder [sic!] dem Leser den Fehler an.

– *Hervorhebungen* durch den Zitierenden (etwa durch Sperrung, Kursivschrift oder Fettdruck) müssen angemerkt werden.

– Wo in engem Textbezug eine Stelle nur *sinngemäß* übernommen und in eigenen Worten umschrieben (paraphrasiert) wird, genügt der Hinweis auf die Textstelle (z.B. die Zeile), um so dem Leser die Überprüfung am Original zu erleichtern.

L

Gesprächsarten / Kommunikationsformen

Sach- oder Fachgespräche
– offiziell, formell
– sachorientiert
– primär informativ

Alltagsgespräche
– privat, informell
– situations- und partnerorientiert
– primär unterhaltsam

Partnergespräch (dialogisch)

Gruppengespräch (mehrperspektivisch)

Plenumsgespräche

Lehrer-Schüler-Gespräch (sach- und lehrerzentriert)

Unterrichtsgespräch (sach- und schülerzentriert)

Die Diskussion (< lat. discussio = Erörterung) (Rundgespräch)
– Ziel: Sachverhalt (Problem) von verschiedenen Seiten (mehrperspektivisch) möglichst mit Blickkontakt in Offenheit und Vertrauen sachgerecht zu klären.
– Der Diskussionsleiter: eröffnet, führt Rednerliste, erteilt das Wort, gibt Anstöße, steuert, bündelt, fasst zusammen, leitet auf einen neuen Punkt über, hält offene Fragen fest, achtet auf Gesprächsdisziplin, ergreift nicht Partei.
– Die Diskussionsteilnehmer: hören zu, machen Notizen, lassen ausreden, bleiben beim Thema, gehen auf die Andern ein, verknüpfen den eigenen Beitrag, argumentieren knapp und sachlich, bleiben fair und diszipliniert.

Die Debatte (< ital. battere = schlagen, stoßen) (Streitgespräch)
– Ziel: Problem in kämpferischer Auseinandersetzung streng geregelt zu erörtern und argumentativ oder z.T. auch durch Überredung über den Gegner zu „siegen".
– Der Leiter der Debatte führt sehr straff: eröffnet, erteilt und entzieht das Wort, begrenzt die Redezeit, ruft zur Ordnung, beschließt die Debatte.
– Redner werden von den Parteien nach der Reihenfolge festgelegt.
– Abstimmung bei parlamentarischen Debatten: Sieg der Mehrheit.

2. Mensch und Zeit – Aspekte und Methoden der Gedichtinterpretation

Sie haben unterschiedliche Formen des Umgangs mit Gedichten kennengelernt: rezitieren, besprechen, gestalten und schriftlich interpretieren. Dabei haben Sie einmal mehr den Text als Kunstwerk betrachtet, die Wechselbeziehungen zwischen Inhalt und Form gedeutet (eine sog. textimmanente Interpretation gewählt), zum andern aber auch Aspekte der Biografie des Autors, der Zeitgeschichte, des Stoffes, der Gattung und der Wirkung berücksichtigt. Diese sog. textexterne Interpretation soll nun an einigen Gedichten versucht werden.

Grammatica (Schwaben um 1330) stellt die Schule dar als hilfreiche Wegweiserin zur Literatur und Bildung.

1 Johann Christian Friedrich Hölderlin (1770–1843): Lebenslauf

Größers wolltest auch du, aber die Liebe zwingt
All uns nieder, das Leid beuget gewaltiger,
Doch es kehret umsonst nicht
Unser Bogen, woher er kommt.

Aufwärts oder hinab! herrschet in heil'ger Nacht,
Wo die stumme Natur werdende Tage sinnt,
Herrscht im schiefesten Orkus
Nicht ein Grades, ein Recht noch auch?

Dies erfuhr ich. Denn nie, sterblichen Meistern gleich,
Habt ihr Himmlischen, ihr Alleserhaltenden,
Dass ich wüsste, mit Vorsicht
Mich des ebenen Pfades geführt.

Alles prüfe der Mensch, sagen die Himmlischen,
Dass er, kräftig genährt, danken für Alles lern',
Und verstehe die Freiheit,
Aufzubrechen, wohin er will. (e 1800)

2 Erich Kästner (1899–1974): Kurzgefasster Lebenslauf

Wer nicht zur Welt kommt, hat nicht viel verloren.
Er sitzt im All auf einem Baum und lacht.
Ich wurde seinerzeit als Kind geboren,
eh ich's gedacht.

Die Schule, wo ich viel vergessen habe,
bestritt seitdem den größten Teil der Zeit.
Ich war ein patentierter Musterknabe.
Wie kam das bloß? Es tut mir jetzt noch leid.

Dann gab es Weltkrieg, statt der großen Ferien.
Ich trieb es mit der Fußartillerie.
Dem Globus lief das Blut aus den Arterien.
Ich lebte weiter. Fragen Sie nicht, wie.

Bis dann die Inflation und Leipzig kamen;
Mit Kant und Gotisch, Börse und Büro,
mit Kunst und Politik und jungen Damen.
Und sonntags regnete es sowieso.

Nun bin ich zirka 31 Jahre
Und habe eine kleine Versfabrik.
Ach, an den Schläfen blühn schon graue Haare,
Und meine Freunde werden langsam dick.

Ich setze mich sehr gerne zwischen Stühle.
Ich säge an dem Ast, auf dem wir sitzen.
Ich gehe durch die Gärten der Gefühle,
die tot sind, und bepflanze sie mit Witzen.

Auch ich muss meinen Rucksack selber tragen!
Der Rucksack wächst. Der Rücken wird nicht breiter.
Zusammenfassend lässt sich etwa sagen:
Ich kam zur Welt und lebe trotzdem weiter. (v 1930)

1. a) Notieren Sie inhaltliche Erwartungen, die Sie mit dem Titel „Lebenslauf“ verbinden.
b) Vergleichen Sie damit, welchen Wortsinn Hölderlin und Kästner in den Gedichten dem „Lebenslauf“ geben.

2. Zeigen Sie durch ein Exzerpt (vgl. S. 14) aus den Informationen zur Textform und zur Biografie der Dichter Beziehungen zu Inhalt und Form der Gedichte.

Merkmale der Ode	Beziehungen zum Gedicht
feierlich →	„hoher Ton“
…	

Daten Hölderlins	Beziehungen zum Gedicht
Diotima →	Liebe (Z. 1)
früh Halbwaise →	Leid (Z. 2)
…	

3 Zwei Lebensläufe

a) Johann Christian Friedrich Hölderlin wurde 1770 als Sohn eines Klosterhofmeisters (eines Verwalters) in Lauffen am Neckar geboren, verlor schon früh seinen Vater und auch den Stiefvater. Er besuchte Schulen in Nürtingen und Denkendorf sowie das theologische Seminar Maulbronn. Früh zum evangelischen Pfarrer bestimmt studierte Hölderlin Theologie in Tübingen (1788–1793) und schloss u.a. Freundschaft mit den Philosophen Georg Wilhelm Friedrich Hegel (1770–1831) und Friedrich Wilhelm Joseph Schelling (1775–1854). Nach seiner inneren Entfremdung vom Christentum und wegen seiner Abneigung gegen den Pfarrerberuf lebte Hölderlin als Privatgelehrter, als Hauslehrer in verschiedenen Stellungen und als freier Schriftsteller, wobei es zu Begegnungen mit Schiller (1795) und Goethe (1797) kam. Ab 1802 war Hölderlin innerlich gebrochen und geisteskrank. Nach kurzem Aufenthalt in der Heilanstalt Tübingen (1806) lebte er seit 1807 bis zu seinem Tode 1843 in unheilbarer geistiger Umnachtung in der Pflege der Tischlerfamilie Zimmer in Tübingen (im Hölderlinturm).

Hölderlin steht unverwechselbar zwischen den Epochen Klassik und Romantik. Vor allem die Ideale des klassischen Griechentums – durch Johann Joachim Winckelmann (1717–1768) zusammengefasst im Schönheitsbegriff „edle Einfalt und stille Größe" – und die antike Mythologie prägten ihn. Sein Griechenbild verleugnet aber neben der Größe auch die Tragik nicht. Seine Natur-, Landschafts- und Liebesgedichte (vor allem an die von ihm schwärmerisch verehrte Frankfurter Bankiersgattin Susette Gontard, die Diotima seiner Verse) sind oft aus persönlicher Stimmung gestaltete Oden. Seine Klagen über das versunkene Goldene Zeitalter und seine Hoffnung auf eine künftige geistige Erneuerung der Menschheit gestaltete er in Hexameter-Elegien. In oft dunkler Symbolsprache stellen seine Hymnen in freien Rhythmen die letzten Fragen von Leben, Tod und dem Göttlichen dar. Neben Gedichten schuf Hölderlin einen stark lyrischen Briefroman *Hyperion*, in dem die Seelengeschichte eines feinsinnigen griechischen Jünglings in rhythmischer Prosa dargestellt ist. – Fragment geblieben ist das philosophische Versdrama *Empedokles*, das vom religiös begründeten Opfertod des gleichnamigen Philosophen im Ätna handelt. Alle Werke Hölderlins zeigen gedankliche Tiefe und zeugen von höchster Sprachkunst und großer Bildkraft. – Auch Übersetzungen bzw. Nachdichtungen von Hymnen des griechischen Dichters Pindar (um 518 v. Chr. bis 446 v. Chr.) und der Dramen *Ödipus* und *Antigone* des Tragikers Sophokles (um 496 v. Chr. bis 406 v. Chr.) gehören zu Hölderlins Werk.

Die **Ode** (< gr. = Gesang): 1. In der griechischen Antike ist die Ode die Sammelbezeichnung für alle zu Musikbegleitung vorgetragene strophische Dichtung, die als Chor- oder Einzelgesang dargeboten wurde.
2. Ode bezeichnet auch die lyrische Form des Feierlichen und Weihevollen, in der erhabene Gegenstände (Gott, Religion, Staat, Wahrheit, Freundschaft, Liebe) in gehobener, kunstvoll stilisierter Sprache und in strenger, meist reimloser Form dargestellt werden.

Die **Elegie**: In der Antike zunächst die Bezeichnung für jedes Gedicht in Distichen (= Doppelversen aus Hexametern und Pentametern), unabhängig vom Inhalt. In der deutschen Dichtung erreicht die Elegie im 18. Jahrhundert nach dem Durchbruch von Naturschwärmerei und Gefühlsüberschwang in der Zeit der „Empfindsamkeit" ihren Höhepunkt. Ihre Hauptthemen sind Abschied, Trennung, Totenklage, aber auch Erinnerung und Sehnsucht.

Die **Hymne**: Im Griechischen bedeutet sie den durch Musik begleiteten oder im Einzelvortrag dargebotenen feierlichen Preis- und Lobgesang eines Gottes oder Helden bei Kultfesten. Sie ist verwandt mit der Ode, aber im Ton dynamischer und im Metrum freier (vgl. S. 182).

b) Erich Kästner (Pseudonyme Robert Neuner, Melchior Kurtz u.a.) wurde 1899 als Sohn eines Sattlermeisters in Dresden geboren. Nach dem Besuch eines Lehrerseminars wurde er 1917 Soldat, kehrte schwer herzkrank aus dem Krieg zurück und war als Bankbeamter und Redakteur tätig. Später studierte er in Berlin, Rostock und Leipzig Germanistik und promovierte 1925 zum Dr. phil. Seit 1927 lebte Kästner als freier Schriftsteller in Berlin, bis 1933 seine Bücher verboten und am 10.5.1933 auch verbrannt wurden. Kästner veröffentlichte danach im Ausland. – 1945–1948 war er Feuilletonredakteur der „Neuen Zeitung" in München, gab 1946 die Jugendzeitschrift „Pinguin" heraus, wirkte am Münchner Kabarett „Die Schaubude" mit und wurde Präsident des deutschen PEN-Zentrums.

1965 musste er eine zweite Verbrennung seiner Bücher erleben, diesmal organisiert durch die Düsseldorfer Jugendgruppe des Bundes entschiedener Christen wegen der „Unmoral" seiner Werke. Erich Kästner begann mit satirischer Gebrauchslyrik und aggressiv-sarkastischen Kabarettgedichten gegen Heuchlertum, hohles Pathos, verlogene Spießermoral, Militarismus und Faschismus. Nüchtern-ironisch, oft in salopper Umgangssprache persiflierte er Schlagwörter und Alltagsphrasen. Sein treffsicherer Humor und seine satirische Zeitkritik sind getragen von der Humanität eines wahren Moralisten, hierin vergleichbar mit Kurt Tucholsky. Erich Kästner war Lyriker und Erzähler, verfasste aber auch Dramen und Drehbücher. Berühmt wurden neben seinen Gedichtbänden (seit 1928) und Romanen (z.B. *Fabian*, 1931; *Drei Männer im Schnee*, 1934; *Der kleine Grenzverkehr*, 1949) vor allem seine spannenden Kinderbücher, deren Moral sehr unaufdringlich ist: z.B. *Emil und die Detektive* (1929), *Pünktchen und Anton* (1930), *Das fliegende Klassenzimmer* (1933), *Das doppelte Lottchen* (1949), *Die Konferenz der Tiere* (1950) u.a.

Die **neue Sachlichkeit** ist seit etwa 1925 in Bildender Kunst und Literatur eine Gegenbewegung zum späten Expressionismus: Die „objektive" Wirklichkeit, das Dokumentarische der Gegenstände interessiert jetzt vor allem. Unter dem Einfluss von Upton Sinclair (1878–1968) treten in der deutschsprachigen Lyrik vor allem Brecht, Mehring, Kästner und Ringelnatz hervor.

PEN-Club (engl. Abkürzung von poets, essayists, novelists; auch „pen" = Feder): Ein internationaler Dichter- und Schriftstellerverband, der 1921 von C.A. Dawson Scott in London als völkerverbindende Vereinigung von Schriftstellern gegründet wurde. Seine Ziele sind freundschaftliche geistige Zusammenarbeit, die Förderung der Literatur, das Eintreten für Meinungsfreiheit, Menschenrechte und internationale Verständigung.

Die **Einlegefolie** hat sich bei der Arbeit mit geliehenen Büchern bewährt: Eine Folie von der Größe einer Buchseite wird so eingelegt, dass Unterstreichungen, Markierungen und Annotationen mit wasserlöslichen Stiften möglich sind und durch Folienprojektion – etwa im Overlay-Verfahren – gut vergleichbar werden.

4 Friedrich Nietzsche (1844–1900): Vereinsamt (Biografie S. 315)

Die Krähen schrein
Und ziehen schwirren Flugs zur Stadt:
Bald wird es schnein. –
Wohl dem, der jetzt noch – Heimat hat!

Nun stehst du starr,
Schaust rückwärts, ach! wie lange schon!
Was bist du Narr
Vor Winters in die Welt entflohn?

Die Welt – ein Tor
Zu tausend Wüsten stumm und kalt!
Wer das verlor,
Was du verlorst, macht nirgends halt.

Nun stehst du bleich,
Zur Winter-Wanderschaft verflucht,
Dem Rauche gleich,
Der stets nach kältern Himmeln sucht.

Flieg, Vogel, schnarr
Dein Lied im Wüstenvogel-Ton! –
Versteck, du Narr,
Dein blutend Herz in Eis und Hohn!

Die Krähen schrein
Und ziehen schwirren Flugs zur Stadt:
Bald wird es schnein, –
Weh dem, der keine Heimat hat!

(1884)

3. Versuchen Sie über mehrmaliges lautes Lesen (das sog. sinnerschließende Lesen) Eigenarten der Klanggestalt des Gedichts zu erfassen und diese zu beschreiben.

4. Besprechen Sie die Beziehung zwischen der Überschrift und der Kernaussage des Gedichts.
a) Wie wird der Rückwärtsschauende beschrieben und eingeschätzt? (Vgl. die Frau Lots beim Untergang Sodoms, 1. Moses 19.)
b) Wie erscheinen die Bereiche der Natur?
c) Aus welcher Sicht (Perspektive) wird gesprochen?

5. Betrachten Sie das Zusammenspiel von Sinn und Form: Achten Sie
- auf Metrum und Rhythmus des Gedichts (z.B. das Verhältnis von Zeilenstil und Zeilensprüngen, sog. Enjambements),
- auf die Reimformen (z.B. die Stabreime und die Endreime),
- auf die Wortwiederholungen,
- auf das Verhältnis von erster und sechster Strophe.

6. Beziehen Sie Informationen zu Nietzsches Leben und Ideen (vgl. S. 315) in die Deutung mit ein.

Das **Textblatt als Rezitations- und Interpretationshilfe**: Vergleichbar dem „Textbuch“ des Schauspielers kann sich aus der Erprobung und Besprechung verschiedener Rezitationsweisen (des sog. sinnerschließenden Lesens) durch Einfügen von Betonungs- und Pausenzeichen sowie erläuternden Anmerkungen zur Sprechweise eine *Kommentierung* ergeben, die man mit Regieanweisungen beim Drama vergleichen könnte.

Zeilen	Friedrich Nietzsche: Vereinsamt	Kommentierung
1	x x́ | x x́ Die Krähen schrein ⊃ a	Wechsel der Verslänge, Enjambement (Z. 1) und unterschiedlich lange Pausen zeigen die starke rhythmische Bewegung; Schlüsselwörter „Krähen“ (durch Farbe und Schreien eher negativ besetzt) und „Heimat“ (mit positiven Konnotationen) stehen im Kontrast; daraus entsteht eine Spannung auch zwischen Verben („ziehen“ ↔ „hat“), hellen und dunklen Vokalen (Melodie), Rhythmus (Bewegung ↔ Ruhe) und Metrum (Jambus und schwebende Betonung); Kreuzreim mit männlichen (einsilbigen) Kadenzen verstärken die Härte des Tons.
2	x x́ | x x́ | x x́ | x x́ Und ziehen schwirren Flugs zur Stadt: / b	
3	x́ ⁀ x́ | x x́ Bald wird es schnein. – // a	
4	x x́ | x x́ | x x́ | x x́ Wohl dem, der jetzt noch – Heimat hat! / b …	

Zeichenerklärung:
- Betonung: ≤ = Hauptton
  ≥ = Nebenton
  x x́ = Wechsel von unbetonter und betonter Silbe
- Pausen: / = kurze Pause
  // = lange Pause
- Zeilensprung (Enjambement): ⊃
- schwebende Betonung: x́ ⁀ x́

Das **Exzerpt** (< lat. excerpere = herausnehmen, auslesen) ist das Ergebnis „auswählenden Lesens“, bei dem unter einer bestimmten Fragestellung aus einer Text oder mehreren Texten Begriffe, Daten und Fakten stichwortartig herausgeschrieben werden. Die Fähigkeit des **Exzerpierens** ist eine wichtige Arbeitstechnik zur Vorbereitung von Interpretationen, Diskussionen, Referaten, Facharbeiten etc. Wichtig ist dabei die genaue Angabe der Fundstelle (Quelle) durch den Namen des Autors, des Titels, des Verlags und der Seitenzahl. Das wortwörtlich Exzerpierte ist als Zitat (vgl. S. 11) zu kennzeichnen und auf seine Genauigkeit sorgfältig zu überprüfen.

– *Die Metonymie* (< gr. metonymia = Umbenennung, Namensvertauschung) ersetzt das eigentliche Wort durch ein anderes, das zu ihm in enger Beziehung steht: Z.B.: Das Weiße Haus, der Kreml meldet; „Schiller lesen" – statt in Schillers Werken lesen.

= die Rothosen

– *Der Vergleich* erhöht die Anschaulichkeit, indem er zwei Bereiche, die sich in einem dritten Punkt gleichen (dem sog. tertium comparationis = das Dritte des Vergleichs), durch den Partikel „wie" in Beziehung setzt. Z.B.: „Ein Mann wie eine Eiche." Das tertium comparationis, der dritte gemeinsame Punkt also, sind Größe und Mächtigkeit oder Stärke. Ein zur Geschichte erweiterter Vergleich kann zum Gleichnis bzw. zur Parabel werden.

= Ein Kerl wie ein Hüne

– *Die Allegorie* (< gr. allegorein = anders, bildlich reden) überträgt etwas Gedachtes (eine Idee) in ein Bild. Z.B.: Liebe wird durch Amor, Krieg durch Mars personifiziert.

= Friedenstaube

– *Das Symbol* (< gr. symbolon = Kennzeichen, Merkmal, Wahrzeichen < symballein = zusammenfügen, vergleichen) war in der Antike ein konkretes Erkennungszeichen (z.B. die Hälfte eines Ringes, einer Münze, eines Stabes), das bei einer Wiederbegegnung oder bei einem Beweis zusammenpassen musste. Später wurde Symbol im übertragenen (metaphorischen) Sinne als bildhaftes Zeichen (Sinnbild) verwendet, das über sich hinaus auf höhere geistige Zusammenhänge weist, ein sinnlich fassbares Zeugnis für eine Idee ist bzw. einen abstrakten Begriff veranschaulicht. Z.B.: das christliche Kreuz oder das Abendmahl für die Angehörigen desselben Kulturkreises.

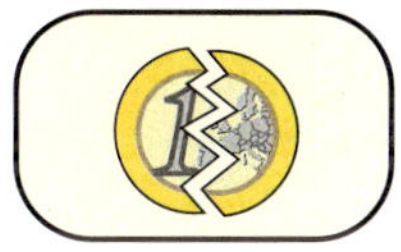

– *Die Chiffre* (< frz. = Ziffer, Zahl) ist ursprünglich ein Geheimzeichen, das durch Kenntnis des „Schlüssels" entziffert (dechiffriert) werden kann.
In der modernen Dichtung (vor allem in der Lyrik) sind Symbole oft zu Zeichen (Chiffren) verrätselt: Wörter haben dabei ihre selbstverständliche Bedeutung verloren und gewinnen ihren Sinn erst aus einem vom Dichter geschaffenen Zeichen- und Assoziationsmuster. Z.B. die Verwendung der Farbe „blau" in der Lyrik des Expressionismus.

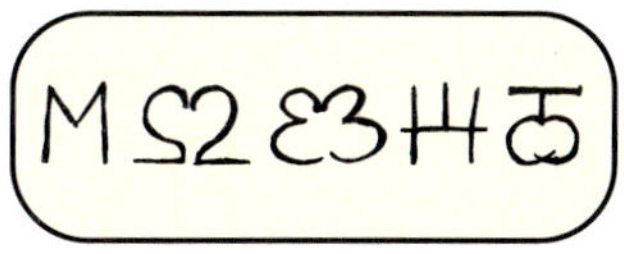

Georg Trakl: z.B. „Stadt" für Hoffnungslosigkeit

2. Metrum und Rhythmus:

Das Metrum ist im Deutschen die regelmäßige Abfolge von stark betonten Silben (= Hebungen) und schwach betonten bzw. unbetonten Silben (= Senkungen).

a. *Die wichtigsten Metren* (= Taktarten):

– *Der Jambus, die Jamben* (< gr. iambos = der sog. Steiger): gelehrt (x x́), Verbot (x x́)
Bekannte jambische Versmaße: Der *Blankvers* (fünffüßig, ungereimt); *Vers commun* (fünffüßig, gereimt); *Alexandriner* (sechsfüßig mit Mittelzäsur); der *Knittelvers* (auch Knüttelvers) ist ein vierhebiger Vers mit Paarreimen, z.T. jambisch, oft mit freier, unregelmäßiger Senkungsfüllung.

J.W. von Goethe: *Willkommen und Abschied*
x x́ | x x́ | x x́ | x x́ | x ∧
Es schlug mein Herz, geschwind zu Pferde.

– *Der Trochäus, die Trochäen* (< gr. trechein = der sog. Faller): Leben (x́ x), Rose (x́ x)

F.Schiller: *Das Lied von der Glocke*
x́ x | x́ x | x́ x | x́ x |
Fest gemauert in der Erden [...]

– *Der Anapäst, die Anapäste* (< gr. anapaistos = der sog. Doppelsteiger): Litanei (x x x́)

F. Hölderlin:
x x x́ x x x́
Wie mein Glück, ist mein Lied [...]

– *Der Daktylus, die Daktylen* (< gr. daktylos = sog. Doppelfaller): Königin (x́ x x), Neulinge (x́ x x)

F. Hebbel: *Die Weihe der Nacht*
x́ x x | x́ x ∧ | x́ x x | x́ x ∧
Nächtliche Stille Heilige Fülle [...]

– *Das Distichon* (< gr. dis = doppelt, stichos = Vers) ist ein Doppelvers aus daktylischem *Hexamter* (< gr. hex = sechs, metron = Maß) und *Pentameter* (< gr. pente = fünf) in regelmäßigem Wechsel.

F. Schiller: *Das Distichon*
Im Hexameter steigt des Springquells flüssige Säule, / Im Pentameter drauf fällt sie melodisch herab.

b. *Der Rhythmus, die Rhythmen* (< gr. rhein = fließen): Der nach bestimmten Maß- und Tonverhältnissen geregelte Sprachfluss in Versen und Prosa.

Oskar Loerke: *Blauer Abend in Berlin* [...] Gemengt, entwirrt nach blauen Melodien. *(Chiffre)* Wie eines Wassers Bodensatz und Tand Regt sie des Wassers Wille und Verstand *(Vers- und Strophenenjambement)* Im Dünen, Kommen, Gehen, Gleiten, Ziehen. Die Menschen sind wie grober bunter Sand Im linden Spiel der großen Wellenhand. *(Zeilenstil)*	– *Rhythmische Mittel* sind der Akzent (Wort- und Satzbetonung), die Pause, das Tempo und die Klangfarbe oder Sprachmelodie (z.B. helle oder dunkle Vokale, weiche oder harte Konsonanten), die Syntax (Parataxe oder Hypotaxe) und das Metrum. Erst im Zusammenspiel aller rhythmischen Mittel entsteht die rhythmische Gestalt. – Die rhythmische Einheit bis zur Pause nennt man das *Kolon* (Plural: die Kola). Fallen syntaktische Einheit und Versende zusammen, so spricht man von *Zeilenstil*. Das Enjambement (frz. = Überschreitung) führt zum sog. *Hakenstil*. Dabei reicht eine rhythmische Einheit über die Vers- oder Strophengrenze hinaus. Deshalb unterscheidet man *Vers-* und *Strophenenjambement* (= Zeilen- und Strophensprung).
J.W. von Goethe: *An Schwager Kronos* Spude dich, Kronos! / Fort den rasselnden Trott! / Bergab gleitet der Weg; [...]	– *Freie Rhythmen* sind reimlose, im Metrum nicht gleichmäßig gegliederte, aber durch Akzent, Tempo, Pausen und Klangfarbe rhythmisch bewegte Verszeilen von unterschiedlicher Länge.
Bei **W**ind und **W**etter spielen. Mit **M**ann und **M**aus untergehen. Z.B. *Hildebrandslied*, Vers 49: **w**elaga nû, **w**altant got // **w**êwurt skihit. (**W**eh nun, **w**altender Gott // **W**ehgeschick geschieht!)	**3. Der Reim von Vers (= Gedichtzeile) und Strophe (= Versgruppe):** a. *Die Alliteration* (< lat. littera = Buchstabe), der sog. *Stabreim*, ist ein Anfangsreim durch gleichlautenden Anlaut betonter Stammsilben.
Gottfried Keller: *Abendlied* Augen, meine lieben Fensterlein, *a* Gebt mir schon so lange holden Schein, *a* Lasset freundlich Bild um Bild herein: *a* Einmal werdet ihr verdunkelt sein! *a* [...] Fallen einst die müden Lider zu, *b* löscht ihr aus, dann hat die Seele Ruh, *b* tastend streift sie ab die Wanderschuh, *b* legt sich auch in ihre finstre Truh. *b* [...]	b. *Reimstellungen:* – Der *Endreim* (< mhd. rîm = Vers) ist der Gleichklang von Wörtern vom letzten betonten Vokal ab. Er kommt vor allem als *Paarreim* (aa, bb), *Haufenreim* (aaaa, bbbb), *Kreuzreim* (abab), *umarmender Reim* (abba), *Schweifreim* (aa, bccb) und *Kehrreim* vor (als Wiederholung eines Verses oder einer Versgruppe am Schluss der Strophe). – Die *Kadenz* (< lat. cadere = fallen) bezeichnet die metrische Form des Versschlusses: • einsilbige (= männliche oder stumpfe) Kadenz: Glut – Flut (x́ / x́) • zweisilbige (= weibliche oder klingende) Kadenz: Ferne – Sterne (x́ x / x́ x) • dreisilbige (= reiche oder gleitende) Kadenz: Sterblichen – Erblichen (x́ x x / x́ x x)
Krieg! ist das Losungswort. / *Sieg!* und so klingt es fort. [...] (J.W. von Goethe: *Faust*, II. Teil)	– Der *Anfangsreim* ist der Reim der ersten Wörter zweier aufeinander folgender Verse.
Quellende, schwellende Nacht [...] (F. Hebbel: *Nachtlied*)	– Der *Schlagreim* ist der Reim zweier in einem Vers aufeinander folgender Wörter.
Bei stiller *Nacht* zur ersten *Wacht* [...] (F. von Spee: *Trauergesang...*)	– Der *Binnenreim* ist der Reim des Versendes mit einem Wort des Versinnern.
Gottfried Benn: *Anemone* *(Vers, Zeile, Strophe)* Erschütterer –: Anemone, *a* die Erde ist kalt, ist nichts, *b* da murmelt deine Krone *a* ein Wort des Glaubens, des Lichts. *b* *(Kreuzreim)*	**4. Vers und Strophe:** a. Der *Vers* (< lat. versus = Umkehr, von vertere = wenden) ist die Gedichtzeile, die durch ihre metrische bzw. rhythmische Struktur (durch Akzent, Pausen, Klang, Tempo, Reim etc.) gekennzeichnet ist. b. Die *Strophe* (< gr. strephein = wenden) ist im Griechischen der während der Tanzbewegung des Chores vorgetragene Abschnitt des Gesangs. Heute ist die Strophe die Zusammenfassung von Versen zu einer Versgruppe, die eine metrisch-klangliche und thematische Einheit bilden.
Z.B.: Joseph von Eichendorff: *Sehnsucht*	**5. Gedichtarten:** a. Die *Erlebnis- oder Stimmungslyrik* gestaltet vor allem reale oder traumhafte persönliche Erlebnisse, besonders zu den Themen Natur und Liebe.
Z.B.: Bertolt Brecht: *Der Rauch*	b. Die *Gedanken- oder Ideenlyrik* ist eine vorwiegend betrachtende (reflektierende) Lyrik, die religiöse, philosophische und geschichtlich-politische Themen gestaltet. Dabei gibt es vielfältige Mischformen von Erlebnis- und Gedankenlyrik.
G.E. Lessing: *Grabschrift des Nitulus* „Hier modert Nitulus, jungfräulichen Gesichts. Der durch den Tod gewann: er wurde Staub aus nichts.“	Sonderformen sind: – Das *Epigramm* (< gr. epigraphein = darauf schreiben; Auf- oder Inschrift) oder *Sinngedicht* gibt sehr konzentriert geistreiche, meist pointierte und einprägsame Sinndeutungen.
Z.B.: Albrecht von Haller: *Die Alpen* (1729)	– Das *Lehrgedicht* (das didaktische Gedicht) vermittelt in sprachlich verdichteter Form Wissen und Belehrung und kommt oft als philosophisches und politisches Gedicht vor.

5 Heinrich Heine (1797–1856): Die Grenadiere (Biografie S. 278f.)

Nach Frankreich zogen zwei Grenadier,
Die waren in Russland gefangen.
Und als sie kamen ins deutsche Quartier,
Sie ließen die Köpfe hangen.

Da hörten sie beide die traurige Mär:
Dass Frankreich verloren gegangen,
Besiegt und zerschlagen das große Heer –
Und der Kaiser, der Kaiser gefangen.

Da weinten zusammen die Grenadier
Wohl ob der kläglichen Kunde.
Der eine sprach: Wie weh wird mir,
Wie brennt meine alte Wunde!

Der andre sprach: Das Lied ist aus,
Auch ich möcht mit dir sterben,
Doch hab ich Weib und Kind zu Haus,
Die ohne mich verderben.

Was schert mich Weib, was schert mich Kind,
Ich trage weit bessres Verlangen;
Lass sie betteln gehn, wenn sie hungrig sind –
Mein Kaiser, mein Kaiser gefangen!

Gewähr mir, Bruder, eine Bitt:
Wenn ich jetzt sterben werde,
So nimm meine Leiche nach Frankreich mit,
Begrab mich in Frankreichs Erde.

Das Ehrenkreuz am roten Band
Sollst du aufs Herz mir legen;
Die Flinte gib mir in die Hand,
Und gürt mir um den Degen.

So will ich liegen und horchen still,
Wie eine Schildwach, im Grabe,
Bis einst ich höre Kanonengebrüll
Und wiehernder Rosse Getrabe.

Dann reitet mein Kaiser wohl über mein Grab,
Viel Schwerter klirren und blitzen;
Dann steig ich gewaffnet hervor aus dem Grab –
Den Kaiser, den Kaiser zu schützen.

(v 1822)

6 Peter Huchel (1903–1981): Soldatenfriedhof (Biografie S. 388)

Die Luft ist brüchig.
Fünftausend Kreuze
In Reih und Glied,
Streng ausgerichtet
Auf Vordermann.

Nach dem Abendappell
Gehen sie in die Stadt.
Sie bevölkern Ruinen
Und schwarze Brücken,
Werfen Laub in die Grachten.

Sie besuchen den Dom
Und verdunkeln den Heiland.
Aber es glimmen die silber-
Beschlagenen Ecken des Messbuchs.
Und das Stigma[1] der Abendröte
Brennt auf den Dächern.

Als Fensterschatten
Lehnen sie an der Wand der Bar.
Sie hauchen Eis in die Gläser.
Sie blicken aus Gitarren
den Frauen nach.

Kurz vor Mitternacht
Hallt gräberhin
Des Todes Clairon[2],
Das trostlose Trommeln,
Die große Retraite[3],
Der Zapfenstreich.

In erster Helle
Stehen sie wieder
Starr im Geviert.
Fünftausend Kreuze.
Streng ausgerichtet
Auf Vordermann.

(v 1963)

9. Ermitteln Sie über sinnerschließendes Lesen Gemeinsamkeiten und Unterschiede beider Gedichte.

H. Heine: „Die Grenadiere“	P. Huchel: „Soldatenfriedhof“
Soldatentod	
Dienst über den Tod hinaus; heroisches Pathos, aber mit Ironie ...	„Geisterarmee“ gespenstisch-makaber, sarkastisch ...

10. Exzerpieren Sie aus den Biografien der Autoren (S. 278f. und 388) sowie aus einer Literaturgeschichte Fakten, die für eine Interpretation der Gedichte bedeutsam sind.

11. Versuchen Sie eine vergleichende Interpretation, indem Sie von dem Gedicht ausgehen, das Sie am meisten beeindruckt.

Gedichtinterpretation 2: Der **Gedichtvergleich** erfolgt ebenfalls nach dem Drei-Phasen-Modell:

1. Phase: Notieren von Leseeindrücken (Auffälligkeiten des Inhalts und der Form), Suche eines gemeinsamen Hauptaspekts beider Texte (z.B. Soldatentod), der einen *Vergleichsrahmen* ergibt. Über die *Themenanalyse* lässt sich der Interpretationsschwerpunkt erschließen. Z.B.: Ausgang von dem Gedicht, das am meisten beeindruckt.

2. Phase: Tabellarische Stoffsammlung, die textimmanente und textexterne Aspekte von Inhalt, Aufbau und Form erfasst sowie Hinweise zur Deutung gibt.

3. Phase: Ausarbeitung der Interpretation, die nicht additiv nach Strophen, sondern *problemorientiert* verfährt: Heroisch-pathetische, aber ironisch gebrochene Kaiserverehrung des einen Grenadiers bei Heine gegen die trostlose Gespensterhaftigkeit bei Huchel. Formeigenarten – z.B. überwiegend daktylisches Metrum mit Kreuzreimen bei Heine gegen freirhythmisch-reimlose Verse bei Huchel – sind funktional zum Inhalt zu sehen und durch textexterne Fakten (z.B. Heines Liebe zu Frankreich, Huchels Leiden im Zweiten Weltkrieg) zu konkretisieren. Die *Schlusskorrektur* erfolgt auf verschiedenen Ebenen (s.o.).

[1] Das Stigma: von gr. Stich-, Wund- oder Brandmal
[2] Das Clairon: Signalhorn
[3] Die Retraite: Rückzug; früher: Zapfenstreich der Kavallerie

Marie Luise Kaschnitz (1901–1974) wurde in Karlsruhe geboren und entstammte einem badisch-elsässischen Adelsgeschlecht. Sie wuchs in Baden, Potsdam und Berlin auf, arbeitete als Buchhändlerin in Weimar, München und Rom, wo sie den Archäologieprofessor Guido Freiherrn von Kaschnitz-Weinberg heiratete. Ihre Dichtung umfasst Lyrik, Erzählungen, Romane, eine Autobiografie (*Das Haus der Kindheit*, 1956), Essays sowie Hörspiele und gründet auf einer Humanität, die aus antikem und christlichem Erbe erwachsen ist. Ihr Motto: „Danach trachten, dass das Feindliche in der Welt geringer wird." Ihre Lyrik verbindet ein starkes Formgefühl mit hoher Musikalität und intuitiver Sprachkraft. Die Dichterin starb in Rom.

12. Interpretieren Sie „Hiroshima".
a) Gehen Sie dabei vom Aufbau und dem Schluss des Gedichts aus.
b) Stellen Sie die Absicht des Gedichts heraus und beziehen Sie Informationen aus Text 8 vergleichend mit ein.

7 Marie Luise Kaschnitz (1901–1974): Hiroshima*

Der den Tod auf Hiroshima[1] warf
ging ins Kloster, läutet dort die Glocken.
Der den Tod auf Hiroshima warf
sprang vom Stuhl in die Schlinge, erwürgte sich.
Der den Tod auf Hiroshima warf
fiel in Wahnsinn, wehrt Gespenster ab
hunderttausend, die ihn angehen nächtlich
Auferstandene aus Staub für ihn.

Nichts von alledem ist wahr.
Erst vor kurzem sah ich ihn
im Garten seines Hauses vor der Stadt.
Die Hecken waren noch jung und die Rosenbüsche zierlich.
Das wächst nicht so schnell, daß sich einer verbergen könnte
im Wald des Vergessens. Gut zu sehen war
das nackte Vorstadthaus, die junge Frau
die neben ihm stand im Blumenkleid
das kleine Mädchen an ihrer Hand
der Knabe der auf seinem Rücken saß
und über seinem Kopf die Peitsche schwang.
Sehr gut erkennbar war er selbst
vierbeinig auf dem Grasplatz, das Gesicht
verzerrt von Lachen, weil der Photograph
hinter der Hecke stand, das Auge der Welt.

(v 1957)

Das zerstörte Hiroshima

8 Der Spiegel Nr. 31 vom 2.8.1982: Unbarmherziger Stolz

Atombomber-Pilot Tibbets[2]: „Alle sind Helden"

Sie preisen ihre Atomangriffe noch heute als „Akt des Patriotismus": Über die Bombermannschaften von Hiroshima und Nagasaki – in der Legende dem Wahnsinn verfallen – berichtet eine TV-Dokumentation.

Der 6. August 1945 war „ein herrlich klarer Tag, ideal für einen Bombenangriff". Die „Fliegende Festung" der US-Airforce, die B-29 „Enola Gay", hatte ihren japanischen Zielort erreicht. Über Hiroshima drückte der Bordschütze, Major Thomas Ferebee, den Auslöseknopf „Bomb": Mit „unglaublicher Verblüffung" beobachtete die Besatzung, wie „plötzlich ein greller Blitz aufzuckte" – die Stadt verglühte im atomaren Inferno, über 100000 Menschen lagen verstümmelt und verbrannt in den Trümmern. Die „Enola Gay" nahm Kurs auf ihren pazifischen Inselstützpunkt, Kommandeur Paul Tibbets funkte die Erfolgsmeldung: „Auftrag ausgeführt!" Tibbets und seine Crew, Männer der Airforce-Elitetruppe „509. Composite Group", hatten die erste Atombombe gezündet, die gegen ein feindliches Land eingesetzt wurde. Drei Tage später warfen sie eine zweite Nuklearladung auf Nagasaki, die Japaner kapitulierten, Amerika feierte die Kriegshelden der „Composite Group".

Doch als, in den 50er-Jahren, die Ruhmesfanfaren verstummten, der atomare Schrecken immer bedrohlicher wurde, gingen Gerüchte um, der Fluch der bösen Tat sei übers Elite-Corps gekommen. Entsetzliche Schuldgefühle, so wurde geraunt und geschrieben, peinigten die Männer. Der Pilot Claude Eatherly sei irre geworden, ein anderer büße im Trappistenkloster[3], grausige Krankheiten hausten unter den Bombenwer-

[1] Abwurf der ersten Atombombe am 6.8.1945 auf die japanische Stadt Hiroshima (auf der Insel Hondo). Die Schätzungen nennen zwischen 70000 und 200000 Tote. Etwa 80% des Stadtgebietes wurden zerstört.
[2] Vor dem Start nach Hiroshima am 6. August 1945
[3] Die Trappisten: nach der Abtei La Trappe benannter Reformzweig des Zisterzienserordens mit Schweigepflicht

fern. Alles „pure Fantasie, die Wahrheit“, so dokumentiert nun ein TV-Film, „ist wesentlich nüchterner“.

Roelof Kiers, ein holländischer TV-Reporter, hat sich eingehend mit dieser noch heute weit verbreiteten Nemesis-Legende[1] beschäftigt. Sein Film-Protokoll „Auftrag ausgeführt!“ läuft am kommenden Freitag, 20.15 Uhr, am 37. Jahrestag der Hiroshima-Apokalypse[2], in den vereinigten dritten Programmen der Nordkette, des HR und WDR – eine spannende dokumentarische Tragigroteske über pensionierte Elite-Krieger, die sich noch immer mit ihren Bomben-Taten brüsten.

Kiers traf die Veteranen, mit ihren Frauen, bei einem Kameradschaftsabend, den sie – in walzerseliger Erinnerung an die glorreiche Zeit – alle drei Jahre einberufen. Er traf auf eine Runde aufgeräumter Greise, die – so Kiers – mit „unbarmherzigem Stolz“ von den Feindflügen schwärmen, von einem „Akt des Patriotismus“. Hiroshima mon amour.

Sie blättern verträumt in alten Fotoalben. Ein Amateurfilm über die Explosion der Hiroshima-Bombe („Die Aufnahmen sind ganz großartig“) wird stürmisch beklatscht. Sichtlich geschmeichelt erläutert der Operateur: „Passt am Ende gut auf, wie die Druckwelle losgeht. Das ist sehr gut gefilmt.“ Nein, diese überaus vergnügten alten Herren sind unheilbar gesund, wunde Seelen sind hier unbekannt.

Sie blicken bewegt zurück auf die Tage im Trainingscamp, als sie – von FBI und Geheimdienst sorgsam behütet – auf ihren Spezialauftrag vorbereitet wurden. Die „509. Composite Group“ war ein „fest zusammengeschweißter Haufen“, der „auch in schwierigen Lagen Menschlichkeit bewahrt hat“. Jacob Beser, Radar-Ingenieur auf beiden Atom-Flügen, kann sich „etwas Besseres gar nicht vorstellen“, als Mitglied dieser „einmaligen Gruppe“ gewesen zu sein.

Tauben über dem Friedenspark in Hiroshima am Jahrestag der Zerstörung 2002

Aber es gibt auch Verdruss, Mäkelei unter den Senioren. Kopilot Bob Lewis ist immer noch „gekränkt“, dass er bei der Taufe des B-29-Bombers „übergangen“ worden ist. Er hätte der Maschine gern einen „geschichtsträchtigen“ Namen verpasst, „Rache für Pearl Harbor“[3] etwa. Commander Tibbets war ihm mit einer „Ehrenbezeugung“ zuvorgekommen, er wählte den Mädchennamen seiner Mutter. „Enola Gay“.

Verbittert sind alle „509.“, dass die US-Regierung ihre „Fliegende Festung“ hartnäckig in einem Schuppen bei Washington versteckt und dem Bomber einen würdigen Ausstellungsort verweigert. Das empfindet die rüstige „Gay“-Force als „Verleugnung einer historischen Leistung“ (Kiers).

Denn es war ja, sagt Tibbets, heute Chef einer Lufttaxi-Firma, eine „Herausforderung“, über die „ich begeistert war“, die er „erfolgreich ausgeführt“ hat. Und „alle, die daran beteiligt waren, sind Helden“.

In dieser patriotischen Hochstimmung ist Tibbets, zusammen mit dem Bordschützen Ferebee, im September 1945 als Besatzungstourist nach Nagasaki gefahren. „Wir wollten uns“, erzählt Ferebee, „mal die Folgen der Bombe ansehen.“ Mit dem Resultat war er „zufrieden“, obwohl „die Zerstörungswirkung“ nicht die gewünschten „acht Meilen im Umkreis erreicht hatte“. Die Herren kauften ein paar Souvenirs, „handgemalte Reisschalen und geschnitzte Tabletts“, und wunderten sich, dass die Japaner weder feindselig noch abweisend waren.

Über den Mythos von Wahnsinn und Siechtum der Bombermannschaften haben sich die Veteranen immer amüsiert. Mit Irren hatte nur der einstige Chefkoch Charles Perry Kontakt, als Direktor einer psychiatrischen Anstalt. Der Pilot Eatherly, der ein Aufklärungsflugzeug gesteuert hatte, war schon in den 60er-Jahren als Schwindler entlarvt worden. Ein Spinner, sagen die Kameraden, der Geisteskrankheit vortäuschte, um sich interessant zu machen.

Der Irrsinn in dieser gespenstischen Normalität wird grausig noch einmal am Film-Schluss deutlich. Da erscheint, beim Erinnerungsfest, ein japanischer Ehrengast, Mr. Shimodoi, der zwölfjährig in Hiroshima schwere Verbrennungen erlitt und nun seine Dankbarkeit bekundet, „Sie alle kennen zu lernen“.

Und als der freundliche Mr. Shimodoi berichtet, das jährliche Memorial von Atomgegnern in Hiroshima werde von „Kommunisten“ organisiert – „Das wahre Hiroshima denkt ganz anders“ –, applaudieren die Alten entzückt.

„Thank you, Mr. Shimodoi, it was a pleasure“. (v 1982)

Der **Cluster** (engl.) oder das **Clustering** meint als Methode eine Art *Verzweigungsdiagramm*, in dem Einfälle und Gedanken visualisiert werden. In der Systematik ist das Clustering weniger anspruchsvoll als das *Mindmapping* (vgl. S. 226f.), jedoch eignet es sich gut, um die *Stoffsammlung* für schriftliche Darstellungen oder Diskussionen zu erleichtern: Über *grafische Muster* lassen sich gespeicherte Informationen leichter reproduzieren und Assoziationen besser ordnen.
- Der *Kern des Clusters* wird durch einen zentralen Begriff gebildet, der in der Mitte eines DIN-A4-Blatts eingerahmt wird.
- *Assoziationsketten* werden nun um den Kern gruppiert und mit Linien untereinander und mit dem Kern verbunden.
- Wo sich *Zuordnungen* ergeben, lassen sich diese ebenfalls markieren.

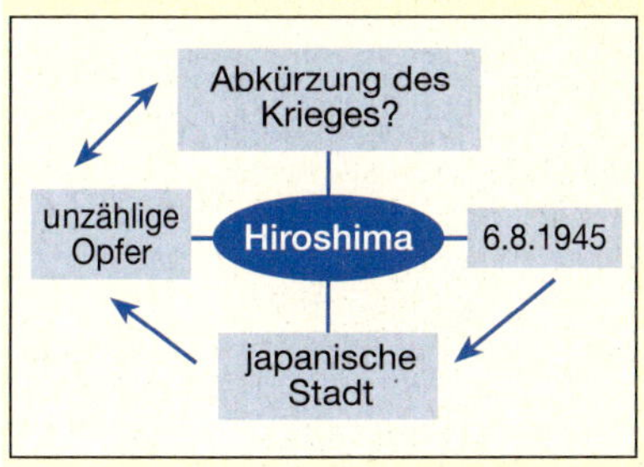

[1] Die Nemesis: griech. Göttin der ausgleichenden Gerechtigkeit
[2] Die Apokalypse: Enthüllung, Offenbarung; Schrift über das Weltende
[3] Pearl Harbor: amerikanischer Marinestützpunkt auf Hawai, der am 7.12.1941 von Japanern angegriffen wurde

13. Lesen Sie Text 8 genau.
a) Ergänzen Sie die Einfälle zum Thema und überprüfen Sie die Themenanalyse.
b) Führen Sie die Stoffsammlung zu Ende.

Die Texterörterung 1: Die **textgebundene Erörterung** (die Texterörterung) eines Berichts entspricht methodisch dem literarischen Fachgespräch, in dem sich die Stellungnahmen vieler Teilnehmer auf ein Problem konzentrieren. Die Schwierigkeit besteht nun darin, als Einzelner die Erörterung von möglichst vielen Seiten, also *mehrperspektivisch*, zu leisten. Dies ist möglich durch das Hineindenken in unterschiedliche Positionen durch *Rollensimulation.* Nach dem *Drei-Phasen-Modell* verläuft die Lösung wie folgt:

Thema: → Erörtern Sie die Einstellung der Bomberbesatzung!
Problemstellung → – Arbeiten Sie die Haltung der Männer durch eine genaue Textuntersuchung heraus!
Aufgabenstellung → – Nehmen Sie kritisch Stellung!

1. Phase: Spontane Einfälle und Themenanalyse

Spontane Einfälle:

- Empörung über Mitleidlosigkeit der Bomberbesatzung
- Verwunderung über mangelnden Lernprozess: Verharren auf „Kriegsstandpunkt“
- ...
- ...

Themenanalyse:

Erörtern einer Einstellung

② ← kritische Stellungnahme,
- d.h. gut begründet in Pro und Contra,
- d.h. die individuelle Position verdeutlichen

Ergebnis: Die Themenstellung verlangt ein Vorgehen in zwei Arbeitsschritten.

① → problemorientierte Textuntersuchung
- Begriff der „Haltung“
- Gibt es Unterschiede zwischen den Männern?

2. Phase: Stoffsammlung und Gliederung

1. Problemorientierte Textuntersuchung	2. kritische Stellungnahme im Text pro:	 contra:
– nüchterne Beobachtung der Detonation (Z. 12ff.) z.B.: greller Blitz (Z. 14) – später Gerüchte über Schuldgefühle (Z. 26ff.) z.B.: Irresein von C. Eatherly – tatsächlich aber Renommieren mit der Tat (Z. 37ff.) z.B.: Kameradschaftsabende (Z. 40f.) – Abwurf = Tat des Patriotismus (Z. 44) z.B.: Fotoalben, Film – ...	– damals: gefeierte Helden (Z. 25, 70) – Krieg: Befehl ausgeführt (Z. 19f.) – Japaner schon 1945 weder „feindselig noch abweisend“ (Z. 76f.) – ... 3. Eigene Position des Schreibers – auch aus der Distanz keine Reflexion – kein Mitleid mit den Opfern – ...	– „unbarmherziger Stolz“ auch nach Jahrzehnten (Z. 43) – „unheilbar gesunde“ (Z. 50f.) alte Herren – „Irrsinn gespenstischer Normalität“ (Z. 84) – ...

3. Phase: Ausarbeitung der textgebundenen Erörterung und Korrektur

1. Die **Einleitung** könnte an die Überschrift des Artikels anknüpfen und von diesem Kern ausgehend fragen, ob die deutliche Kritik des Journalisten gerechtfertigt ist. Oder: Assoziationen bzw. Vorwissen über Hiroshima für einen persönlichen Zugang nutzen.
2. Der **Hauptteil** kann im Aufbau entweder
   - *diachron* verfahren, indem zuerst die Einstellung der Besatzung textnah erschlossen wird und danach in einem zweiten Abschnitt die kritische Stellungnahme des Schreibers/der Schreiberin erfolgt;
   - oder *synchron* als Analyse und Erörterung der Hauptaspekte auf einer Ebene erfolgen, was schwieriger ist, aber weniger die Gefahr von Wiederholungen schafft.

Die **Themenanalyse** entscheidet wesentlich über das Gelingen oder Misslingen der Erörterung. Sie kann auf verschiedene Weise erfolgen:
1. Durch **Markieren** der Schlüsselbegriffe und Erläutern ihrer Bedeutung.
Z.B.: **Haltung** = dargestellte (gelebte) Einstellung i.S. von Überzeugungen, Wertvorstellungen, Urteilen
2. Durch ein (evtl. beziffertes) **Cluster** können der *Operator* (z.B.: Erörtern Sie!) und *Schlüsselbegriffe* in Beziehung gesetzt und durch *Annotation* semantisch erklärt werden.

Die **Operatoren** sind in den Aufgabenstellungen die entscheidenden *Schlüsselwörter.* Sie geben an, welche Schreibaufgabe (Operation) zu bewältigen ist:
– Das *Beschreiben* wird oft umschrieben mit darstellen, zeigen, ausführen, skizzieren oder umreißen (bei sehr knapper Beschreibung), analysieren.
– Das *Erörtern* erscheint synonym mit kritisch auseinandersetzen, schriftlich diskutieren, Stellung nehmen, argumentieren, werten, beurteilen und ist bedeutungsverwandt mit prüfen, erklären, erläutern.
Das *Interpretieren* wird paraphrasiert mit deuten, auslegen, explizieren, verständlich machen.

- *Schwerpunkt* sollte aber in jedem Fall die eigene kritische Stellungnahme sein am egozentrischen, unhistorischen und einseitigen heutigen Standpunkt der Bombenbesatzung.

3. Der **Schluss** kann gefasst werden
   – als Zusammenfassung,
   – als Aktualisierung im Blick auf heutige Reaktionen auf Schuld.

4. Die **Korrektur** sollte neben dem Allgemeinen
   – inhaltlich auf exakte Erfassung der im Text vorgegebenen Positionen und Beispiele achten;
   – formal die fehlerfreie Zitierweise und Zeilenangabe prüfen.

Die erforderliche **Mehrperspektivität** der Argumentation zu einem Problem in der Erörterung verlangt eine *Rollensimulation*, um möglichst viele Standpunkte zu berücksichtigen.

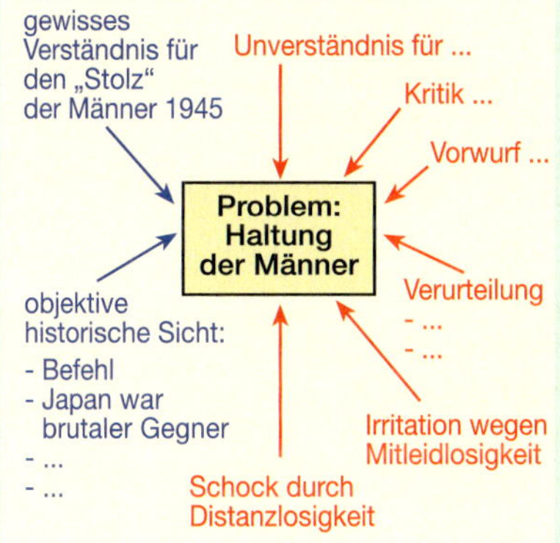

14. Schreiben Sie die textgebundene Erörterung.

II. Situationen und Grenzsituationen in epischen Kurzformen

1. Die Vieldeutigkeit des Alltäglichen – Gestaltendes Interpretieren von Kalender- und Kurzgeschichten sowie Parabeln

Motto: Die Beschreibung eines Schnupfens ist unvergleichlich schwieriger als die Darstellung einer Krebskrankheit.
Nach Walter Jens (geb. 1923), Prof. Emeritus für Rhetorik in Tübingen, Schriftsteller

Die „großen" Ereignisse der „großen" Welt, wie Erdbeben, Seuchen, Verbrechen und Kriege, scheinen für viele Dichter darstellungswürdiger und für die meisten Leser interessanter zu sein als die alltäglichen Dinge der „kleinen" Welt. Was gehört dazu, um das sog. Kleine bedeutsam werden zu lassen? An drei Erzählformen soll diese Frage untersucht werden.

1 Johann Peter Hebel (1760–1826): Unverhofftes Wiedersehen

In Falun in Schweden küsste vor guten fünfzig Jahren und mehr ein junger Bergmann seine junge hübsche Braut und sagte zu ihr: „Auf Sanct Luciä[1] wird unsere Liebe von des Priesters Hand gesegnet. Dann sind wir Mann und Frau und bauen uns ein eigenes Nestlein." „Und Friede und Liebe soll darin wohnen", sagte die schöne Frau mit holdem Lächeln, „denn du bist mein Einziges und Alles, und ohne dich möchte ich lieber im Grab sein als an einem anderen Ort." Als sie aber vor Sanct Luciä der Pfarrer zum zweiten Mal in der Kirche ausgerufen hatte: „So nun jemand Hindernis wüsste anzuzeigen, warum diese Personen nicht möchten ehelich zusammenkommen", da meldete sich der Tod. Denn als der Jüngling den anderen Morgen in seiner schwarzen Bergmannskleidung an ihrem Haus vorbeiging, der Bergmann hat sein Totenkleid immer an, da klopfte er zwar noch einmal an ihrem Fenster und sagte ihr guten Morgen, aber keinen guten Abend mehr. Er kam nimmer aus dem Bergwerk zurück, und sie saumte vergeblich selbigen Morgen ein schwarzes Halstuch mit rotem Rand für ihn zum Hochzeitstag, sondern als er nimmer kam, legte sie es weg und weinte um ihn und vergaß ihn nie. Unterdessen wurde die Stadt Lissabon in Portugal durch ein Erdbeben zerstört[2], und der Siebenjährige Krieg ging vorüber, und Kaiser Franz der Erste starb, und der Jesuiten-Orden wurde aufgehoben und Polen geteilt, und die Kaiserin Maria Theresia starb, und der Struensee wurde hingerichtet, Amerika wurde frei, und die vereinigte französische und spanische Macht konnte Gibraltar nicht erobern. Die Türken schlossen den General Stein in der Veteraner Höhle in Ungarn ein, und der Kaiser Joseph starb auch. Der König Gustav von Schweden eroberte russisch Finnland, und die Französische Revolution und der lange Krieg fing an, und der Kaiser Leopold der Zweite ging auch ins Grab. Napoleon eroberte Preußen, und die Engländer bombardierten Kopenhagen, und die Ackerleute säeten und schnitten. Der Müller mahlte, und die Schmiede hämmerten, und die Bergleute gruben

[1] Sankt Luciä: 12.12.
[2] Lissabon zerstört: 1.11.1755

Johann Peter Hebel wurde 1760 als Sohn armer Eltern aus dem Hunsrück, die in der Schweiz als Bedienstete tätig waren, in Basel geboren. Der früh verwaiste Hebel studierte Theologie, war als Vikar und in verschiedenen Funktionen als Lehrer tätig, wurde Gymnasialprofessor und -direktor und war als evangelischer Prälat Abgeordneter im badischen Landtag. Auf einer Dienstreise starb er 1826 in Schwetzingen.
Als alemannischer Mundartdichter über Menschen und Landschaften seiner Schwarzwaldheimat, besonders über das Wiesental, wurde Hebel zum Vorbild aller Mundartdichtung im 19. Jahrhundert. Seine humoristischen und besinnlichen Kalendergeschichten sind in ihrer sensiblen Genauigkeit und klassischen Einfachheit dichterische Beispiele echter Volkstümlichkeit.

nach den Metalladern in ihrer unterirdischen Werkstatt. Als aber die Bergleute in Falun im Jahre 1809 etwas vor oder nach Johannis[1] zwischen zwei Schachten eine Öffnung durchgraben wollten, gute dreihundert Ellen tief unter dem Boden, gruben sie aus dem Schutt und Vitriolwasser den Leichnam eines Jünglings heraus, der ganz mit Eisenvitriol[2] durchdrungen, sonst aber unverwest und unverändert war; also dass man seine Gesichtszüge und sein Alter noch völlig erkennen konnte, als wenn er erst vor einer Stunde gestorben oder ein wenig eingeschlafen wäre an der Arbeit. Als man ihn aber zu Tag ausgefördert hatte, Vater und Mutter, Gefreundete und Bekannte waren schon lange tot, kein Mensch wollte den schlafenden Jüngling kennen oder etwas von seinem Unglück wissen, bis die ehemalige Verlobte des Bergmannes kam, der eines Tages auf die Schicht gegangen war und nimmer zurückkehrte. Grau und zusammengeschrumpft kam sie an einer Krücke an den Platz und erkannte ihren Bräutigam; und mehr mit freudigem Entzücken als mit Schmerz sank sie auf die geliebte Leiche nieder, und erst als sie sich von einer langen heftigen Bewegung des Gemüts erholt hatte, „es ist mein Verlobter“, sagte sie endlich, „um den ich fünfzig Jahre lang getrauert hatte und den mich Gott noch einmal sehen lässt vor meinem Ende. Acht Tage vor der Hochzeit ist er auf die Grube gegangen und nimmer gekommen.“ Da wurden die Gemüter aller Umstehenden von Wehmut und Tränen ergriffen, als sie sahen die ehemalige Braut jetzt in der Gestalt des hingewelkten kraftlosen Alters und den Bräutigam noch in seiner jugendlichen Schöne, und wie in ihrer Brust nach fünfzig Jahren die Flamme der jugendlichen Liebe noch einmal erwachte; aber er öffnete den Mund nimmer zum Lächeln oder die Augen zum Wiedererkennen; und wie sie ihn endlich von den Bergleuten in ihr Stüblein tragen ließ, als die Einzige, die ihm angehöre und ein Recht an ihn habe, bis sein Grab gerüstet sei auf dem Kirchhofe. Den anderen Tag, als das Grab gerüstet war auf dem Kirchhof und ihn die Bergleute holten, schloss sie ein Kästlein auf, legte ihm das schwarzseidene Halstuch mit roten Streifen um und begleitete ihn in ihrem Sonntagsgewand, als wenn es ihr Hochzeitstag und nicht der Tag seiner Beerdigung wäre. Denn als man ihn auf dem Kirchhof ins Grab legte, sagte sie: „Schlafe nun wohl, noch einen Tag oder zehn im kühlen Hochzeitbett, und lass dir die Zeit nicht lang werden. Ich habe nur noch ein wenig zu tun und komme bald, und bald wird's wieder Tag.“ – „Was die Erde einmal wiedergegeben hat, wird sie zum zweiten Mal auch nicht behalten“, sagte sie, als sie fortging und noch einmal umschaute. (v 1811)

1. a) Eine Liebesgeschichte von besonderer Art.
b) Zeigen Sie, welche Stileigenarten für jeden der drei Teile charakteristisch sind.
c) Wie hat Hebel seine Quelle, den Zeitungsbericht, einbezogen, inwiefern hat er ihn ausgestaltet?
d) Erläutern Sie, wie es dem Autor gelingt, den Zeitraum von 50 Jahren zu veranschaulichen und die Ereignisse der „großen“ sowie der „kleinen“ Welt in Beziehung zu setzen.

2. a) Verfassen Sie eine Inhaltsangabe (vgl. S. 38) oder ein Resümee (vgl. S. 38) und erklären Sie, warum „Unverhofftes Wiedersehen“ eine beispielhafte Kalendergeschichte ist.
b) Schreiben Sie für eine heutige Boulevardzeitung eine Sensationsmeldung über das Ereignis.

3. Berühmte Dichter werteten „Unverhofftes Wiedersehen“ als eine der schönsten Geschichten der Weltliteratur. Nehmen Sie Stellung zu dieser Beurteilung.

L **Kalendergeschichte**: Seit Erfindung des Buchdrucks verbreitete sich der Jahreskalender mehr und mehr. Neben dem Verzeichnis von Tagen, Wochen und Monaten enthielten die Kalender früh die Angabe kirchlicher Festtage sowie meteorologische und astronomische Daten, aber auch vielerlei praktische Hinweise und Lehrhaftes sowie Unterhaltsames. Alle Beiträge waren volkstümlich, oft erheiternd, immer jedoch aufklärerisch-lehrhaft (didaktisch) oder religiös erbaulich.
Bis ins 19. Jahrhundert blieben die dichterischen epischen Kurztexte im Wesentlichen an die Publikationsform des Kalenders gebunden. Bedeutende Verfasser dieser Kalendergeschichten waren seit dem 17. Jahrhundert u.a.: Hans Jakob Christoph von Grimmelshausen, im 19. Jahrhundert vor allem Johann Peter Hebel, Jeremias Gotthelf, Ludwig Anzengruber und Peter Rosegger. Im 20. Jahrhundert hat sich die Kalendergeschichte dann zu einer selbstständigen Prosakunstform entwickelt, die in Zeitschriften, Sammlungen (Anthologien) und in eigenen Bänden erschienen: so z.B. bei Oskar Maria Graf (1929), Bertolt Brecht (1949) oder bei Erwin Strittmatter (geb. 1912) im *Schulzendorfer Kramkalender* (1969).

2 Hebels Quelle: Ein Zeitungsbericht von 1809

„Man fand einen ehemaligen Bergmann in der schwedischen Eisengrube zu Falun, als zwischen zween Schachten ein Durchschlag versucht wurde. Der Leichnam, ganz mit Eisenvitriol durchdrungen, war anfangs weich, wurde aber, sobald man ihn an die Luft gebracht, so hart wie Stein. Fünfzig Jahre hatte derselbe in einer Tiefe von dreihundert Ellen in jenem Vitriolwasser gelegen; und niemand hätte die noch unveränderten Gesichtszüge des verunglückten Jünglings erkannt, niemand die Zeit, seit welcher er in dem Schacht gelegen, gewusst, da die Bergchroniken, sowie die Volkssagen bei der Menge der Unglücksfälle in Ungewissheit waren, hätte nicht das Andenken der ehemals geliebten Züge eine alte treue Liebe bewahrt. Denn als um den kaum hervorgezogenen Leichnam das Volk, die unbekannten jugendlichen Gesichtszüge betrachtend steht, da kommt an Krücken und mit grauem Haar ein Mütterchen, mit Tränen über den geliebten Toten, der ihr verlobter Bräutigam gewesen, hinsinkend, die Stunde segnend, da ihr noch an den Pforten des Grabes ein solches Wiedersehen gegönnt war, und das Volk sah mit Verwunderung die Wiedervereinigung dieses seltenen Paares, da sich das eine im Tode und in tiefer Gruft das jugendliche Aussehen, das andere bei dem Verwelken und Veralten des Leibes, die jugendliche Liebe treu und unverändert erhalten hatte; und wie bei der fünfzigjährigen Silberhochzeit der noch jugendliche Bräutigam starr und kalt, die alte und graue Braut voll warmer Liebe gefunden wurde.“ (1809)

3 Bertolt Brecht (1898–1956): Der hilflose Knabe* (Biografie S. 377)

Herr K. sprach über die Unart, erlittenes Unrecht stillschweigend in sich hineinzufressen, und erzählte folgende Geschichte: „Einen vor sich hinweinenden Jungen fragte ein Vorübergehender nach dem Grund seines Kummers. ‚Ich hatte zwei Groschen für das Kino beisammen‘, sagte der Knabe, ‚da kam ein Junge und riß mir einen aus der Hand‘, und er zeigte auf einen Jungen, der in einiger Entfernung zu sehen war. ‚Hast du denn nicht um Hilfe geschrien?‘ fragte der Mann. ‚Doch‘, sagte der Junge und schluchzte ein wenig stärker. ‚Hat dich niemand gehört?‘ fragte ihn der Mann weiter, ihn liebevoll streichelnd. ‚Nein‘, schluchzte der Junge. ‚Kannst du denn nicht lauter schreien?‘ fragte der Mann. ‚Dann gib auch den her.‘ Nahm ihm den letzten Groschen aus der Hand und ging unbekümmert weiter.“ (v 1932)

4. Erläutern Sie die Brutalität der durch Herrn K. vermittelten Lehre.

5. Gestalten Sie nach „liebevoll streichelnd“ (Z. 7) eine andere Fortsetzung und vergleichen Sie die Wirkung mit dem Original.

---

[1] Johannis: 24.6.
[2] Das Vitriol: kristallwasserhaltiges Sulfat von Zink, Eisen oder Kupfer

4 Wolfgang Borchert (1921–1947): Das Brot (Biografie S. 389)

Plötzlich wachte sie auf. Es war halb drei. Sie überlegte, warum sie aufgewacht war. Ach so! In der Küche hatte jemand gegen einen Stuhl gestoßen. Sie horchte nach der Küche. Es war still. Es war zu still und als sie mit der Hand über das Bett neben sich fuhr, fand sie es leer. Das war es, was es so besonders still gemacht hatte: sein Atem fehlte. Sie stand auf und tappte durch die dunkle Wohnung zur Küche. In der Küche trafen sie sich. Die Uhr war halb drei. Sie sah etwas Weißes am Kühlschrank stehen. Sie machte Licht. Sie standen sich im Hemd gegenüber. Nachts. Um halb drei. In der Küche.

Auf dem Küchentisch stand der Brotteller. Sie sah, dass er sich Brot abgeschnitten hatte. Das Messer lag noch neben dem Teller. Und auf der Decke lagen Brotkrümel. Wenn sie abends zu Bett gingen, machte sie immer das Tischtuch sauber. Jeden Abend. Aber nun lagen Krümel auf dem Tuch. Und das Messer lag da. Sie fühlte, wie die Kälte der Fliesen langsam an ihr hochkroch. Und sie sah von dem Teller weg.

„Ich dachte, hier wär was", sagte er und sah in der Küche umher.

„Ich habe auch was gehört", antwortete sie und dabei fand sie, dass er nachts im Hemd doch schon recht alt aussah. So alt wie er war. Dreiundsechzig. Tagsüber sah er manchmal jünger aus. Sie sieht doch schon alt aus, dachte er, im Hemd sieht sie doch ziemlich alt aus. Aber das liegt vielleicht an den Haaren. Bei den Frauen liegt das nachts immer an den Haaren. Die machen dann auf einmal so alt.

„Du hättest Schuhe anziehen sollen. So barfuß auf den kalten Fliesen. Du erkältest dich noch."

Sie sah ihn nicht an, weil sie nicht ertragen konnte, dass er log. Dass er log, nachdem sie neununddreißig Jahre verheiratet waren.

„Ich dachte, hier wäre was", sagte er noch einmal und sah wieder so sinnlos von einer Ecke in die andere, „ich hörte hier was. Da dachte ich, hier wäre was."

„Ich hab auch was gehört. Aber es war wohl nichts." Sie stellte den Teller vom Tisch und schnippte die Krümel von der Decke. „Nein, es wahr wohl nichts", echote er unsicher.

Sie kam ihm zu Hilfe: „Komm man. Das war wohl draußen. Komm man zu Bett. Du erkältest dich noch. Auf den kalten Fliesen."

Er sah zum Fenster hin. „Ja, das muss wohl draußen gewesen sein. Ich dachte, es wäre hier."

Sie hob die Hand zum Lichtschalter. Ich muss das Licht jetzt ausmachen, sonst muss ich nach dem Teller sehen, dachte sie. Ich darf doch nicht nach dem Teller sehen. „Komm man", sagte sie und machte das Licht aus, „das war wohl draußen. Die Dachrinne schlägt immer bei Wind gegen die Wand. Es war sicher die Dachrinne. Bei Wind klappert sie immer."

Sie tappten sich beide über den dunklen Korridor zum Schlafzimmer. Ihre nackten Füße platschten auf den Fußboden.

„Wind ist ja", meinte er. „Wind war schon die ganze Nacht."

Als sie im Bett lagen, sagte sie: „Ja, Wind war schon die ganze Nacht. Es war wohl die Dachrinne."

„Ja, ich dachte, es wäre in der Küche. Es war wohl die Dachrinne." Er sagte das, als ob er schon halb im Schlaf wäre.

Aber sie merkte, wie unecht seine Stimme klang, wenn er log.

„Es ist kalt", sagte sie und gähnte leise, „ich krieche unter die Decke. Gute Nacht."

„Nacht", antwortete er und noch: „ja, kalt ist es schon ganz schön."

Dann war es still. Nach vielen Minuten hörte sie, dass er leise und vorsichtig kaute. Sie atmete absichtlich tief und gleichmäßig, damit er nicht merken sollte, dass sie noch wach war. Aber sein Kauen war so regelmäßig, dass sie davon langsam einschlief.

Als er am nächsten Abend nach Hause kam, schob sie ihm vier Scheiben Brot hin. Sonst hatte er immer nur drei essen können.

„Du kannst ruhig vier essen", sagte sie und ging von der Lampe weg. „Ich kann dieses Brot nicht so recht vertragen. Iss du man eine mehr. Ich vertrag es nicht so gut."

Sie sah, wie er sich tief über den Teller beugte. Er sah nicht auf. In diesem Augenblick tat er ihr leid.

„Du kannst doch nicht nur zwei Scheiben essen", sagte er auf seinen Teller.

„Doch. Abends vertrag ich das Brot nicht gut. Iss man. Iss man."

Erst nach einer Weile setzte er sich unter die Lampe an den Tisch. (v 1949)

„Klabautermann". Temperabild, von Wolfgang Borchert gemalt

Die **Keuner-Geschichten** Bertolt Brechts (eigentlich „Geschichten vom Herrn Keuner") sind zwischen 1930 und 1956 entstanden: Herr Keuner ist die schwäbische Version des Herrn „Keiner", der wiederum ein „Verwandter" des sagenhaften „Niemand" in der Polyphem-Geschichte von Homers *Odyssee* ist: Hier wie bei Brecht ist der Name Schutzmaske gegenüber den Mächtigen, denen Herr Keuner begegnet: In anekdotischer Pointierung, oft auch in satirischer, ja sarkastischer Zuspitzung erzählt Herr Keuner (oder Herr K.) parabelhafte Beispielgeschichten, die meist in sozialer und politischer Thematik das Verhältnis von Mensch und Welt mit dem Ziel notwendiger Veränderungen beschreiben.

6. Erzählen Sie „Das Brot" aus der Perspektive des Mannes oder der Frau und vergleichen Sie Ihre Lösungen mit der Wirkung des Originals.

7. Beschreiben Sie Stileigenarten im Text Wolfgang Borcherts möglichst genau.

Die **Kurzgeschichte:** Der Name ist eine Lehnübersetzung aus dem Amerikanischen für **short story** (= kurze realistische Prosaerzählung, die sich im 19. Jahrhundert in literarischen Zeitschriften entwickelte). Von den sehr eigenwilligen und herausragenden Beispielen im Erzählwerk Franz Kafkas abgesehen, setzte sich die deutsche Kurzgeschichte als eigene Form erst nach 1945 durch: Sie begann als „Trümmerliteratur" in der thematischen Darstellung des Zweiten Weltkriegs (z.B. bei Wolfgang Borchert und Heinrich Böll) und setzte sich dann fort in der kritischen Auseinandersetzung mit der bundesrepublikanischen „Wohlstandsgesellschaft" und der Gestaltung moderner Wirklichkeitserfahrung bis zu deren grotesken, ja absurden Verfremdung (z.B. bei E. Langgässer, G. Weisenborn, M.L. Kaschnitz, I. Aichinger, G. Eich, W. Hildesheimer, P. Bichsel). Die deutsche Kurzgeschichte entwickelte sich aus anderen Formen der Kurzprosa (s.o.) sowie aus Novelle und Skizze. Sie lässt sich durch eine Reihe von Merkmalen kennzeichnen, die jedoch im einzelnen Text nicht immer alle vorhanden sind:

– Der *geringe Umfang* entspricht dem Verzicht auf breite Erzählweise.
– Wie eine Momentaufnahme gibt die Kurzgeschichte nur einen *kleinen Ausschnitt* der Wirklichkeit.
– Dem Ausschnittcharakter entspricht meist die *offene Form* mit unvermitteltem Einsatz und abruptem Abbruch.
– Die *Konzentration* auf einen bedeutsamen Augenblick des Alltags erlaubt eine sehr dichte, vielschichtige und oft mehrdeutige Darstellung, die oft zu menschlichen Grenzsituationen mit unerwarteten Wendungen, überraschenden Pointen und vielfältigen Verweisen auf Hintergründe und Lebenszusammenhänge führt.

– *Moderne Erzähltechniken* mit assoziativer Komposition und Montage, mit Einblendungen und Perspektivenwechsel sowie mit einer knappen, oft schmucklosen und kühl-distanzierten Sprache, in die Elemente des Dialekts und Jargons eingefügt sein können, entsprechen sowohl dem Erzählgegenstand – der meist als heterogen und brüchig gesehenen Wirklichkeit – als auch der Erzählabsicht, den Leser herauszufordern und zu aktivieren.

8. Zeigen Sie an Borcherts und Brambachs Erzählung (Texte 4 und 5) charakteristische Merkmale der Kurzgeschichte.

Durch **gestaltendes Interpretieren** soll ein dichterischer Text über den *eigenen Schreibprozess* des Lesers besser verstanden werden. Grundlage dafür ist die analytische Methode der Interpretation (vgl. S. 15f., 35ff.) mit genauem Untersuchen, Beschreiben und Deuten von Literatur nach Inhalt, Aufbau und Stil. Im Gegensatz zum „kreativen Schreiben“, bei dem Texte nur Anregung für freie, fantasievolle und sehr subjektive Gestaltungen sind, ist das gestaltende Interpretieren eine *streng textgebundene Form der Darstellung*, bei der das Original Ausgangs- und Zielpunkt sein muss.

1. Die **Voraussetzungen** dafür sind:
   - ein kompetentes *Textverständnis*, das die inhaltlichen und formalen Eigenarten des Originals (z.B. einer Kurzgeschichte, einer Parabel oder eines Montageromans) genau kennt;
   - eine klare Vorstellung darüber, was die *Aufgabenstellung* verlangt, wenn z.B. ein Brief, ein innerer Monolog oder ein Streitgespräch zu verfassen ist.

2. Folgende **Formen** des gestaltenden Interpretierens bieten sich vor allem an:
   - Die **Ausgestaltung** einer sog. *Leerstelle*, d.h. einer gestaltungsoffenen Unbestimmtheitsstelle des Originals:
     - durch *Reflexion* über ein nur angedeutetes Problem, z.B. in der Form eines inneren Monologs, einer erlebten Rede, einer Tagebuchnotiz oder eines Briefes;
     - durch *Auseinandersetzung* z.B. in einem Dialog, einem Streitgespräch, einem Plädoyer, einem Interview, einem Leserbrief, einem Kommentar, einer Glosse oder einer Satire;
     - durch *Ausfabulieren* übersprungener Handlungsschritte;
     - durch den Entwurf von *Rollenbiografien* von Figuren;

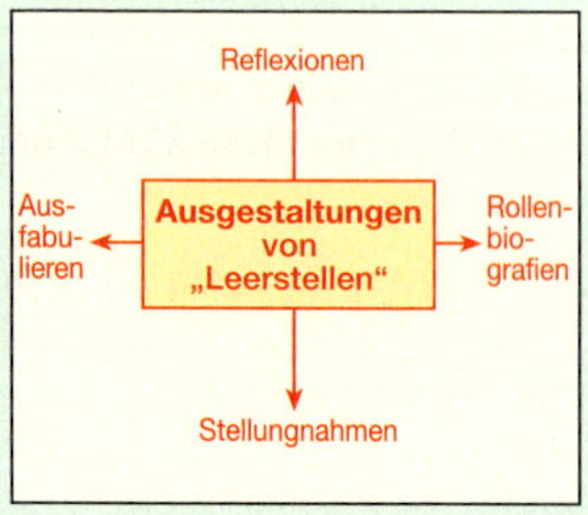

   - Die **Ergänzung eines Textes**
     - als *Fortsetzung* einer Erzählung, wobei die vorhandenen Handlungsstränge aufzunehmen sind;
     - als *Hinzufügung* einer Vorgeschichte (z.B. bei einer Kurzgeschichte), so dass Motive des Hauptteils verständlich werden;
     - als *Schließen* von Lücken (z.B. in einem Gedicht, einem Prosa- oder Dramentext);
     - als *Einführen* einer neuen Figur (z.B. in einem Roman oder Drama), wodurch die angelegten Probleme noch deutlicher werden;

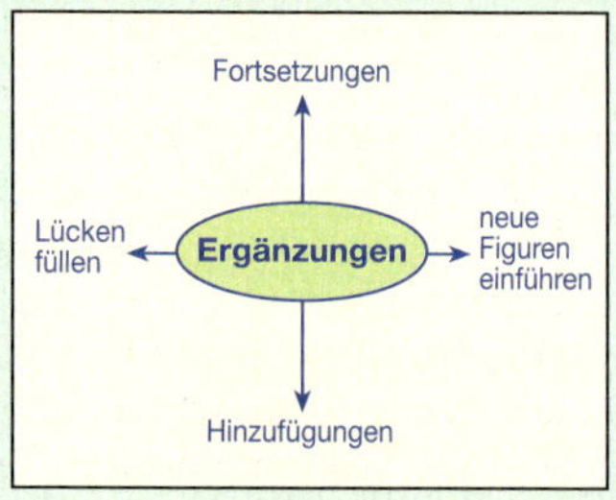

   - Die **Parallelgestaltung** (z.B. einer Fabel, eines Gedichts) mit dem Ziel, Aufbau und Stil des Originals möglichst genau zu treffen;
   - Die **Umgestaltungen** eines Textes können verschiedene Formen haben:
     - z.B. die *Gegengestaltung* zu Vorlagen, deren Form erhalten und deren Inhalt verkehrt wird (z.B. Kriegsgedicht ➤ Antikriegsgedicht);
     - die *Veränderungen* von *Figuren* (z.B. von deren Motiven und Handlungen), von *Schlüssen* (z.B. Happyend statt tragischem Ende), von *Sprachebenen* (z.B. Hochsprache statt Umgangssprache), von *Sprachvarietäten* (z.B. Jugendsprache statt Dialekt), des *Zeitkolorits* (z.B. „alte“ Liebesgeschichte in moderner Zeit), der *Gattung* bzw. des *Genres* (z.B. eine Kurzgeschichte als Erzählung, eine Dramenszene als Hörspielszene und jeweils umgekehrt), der *Textart* (z.B. Beschreibung als Schilderung), des *literarischen Niveaus* (z.B. Trivialisierung „hoher“ Dichtung);
     - den *Perspektivenwechsel* (z.B. von der auktorialen zur Ich-Perspektive, von der personalen Perspektive der Hauptperson zur Sicht der Nebenfigur).

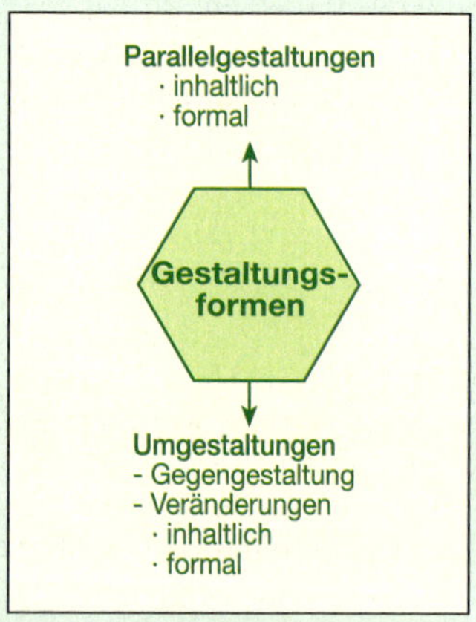

3. Wichtige **Kriterien** für die Beurteilung der Ergebnisse des gestaltenden Interpretierens sind:
   - die im eigenen Schreibprodukt erkennbare *Verstehenskompetenz*,
   - die inhaltliche und formale *Stimmigkeit* im Verhältnis zum Original,
   - die überzeugende *Durchgestaltung* der Lösung nach Inhalt, Aufbau und Stil.

Die **Erzählperspektive** (< lat. perspicere = mit dem Blick durchdringen, wahrnehmen). In der Literatur wird damit der Standpunkt bezeichnet, von dem aus ein Geschehen aufgefasst und dargestellt wird, vor allem in der erzählenden Prosa, aber auch in der Lyrik. Man unterscheidet u.a.:
– Aus der *Ich-Perspektive* werden die Ereignisse als selbst erlebt dargestellt. Mit diesem Anspruch der stärkeren Beglaubigung ist die Einschränkung eines subjektiv begrenzten Horizonts verbunden.
– Das sog. *personale Erzählen*, wobei in der Er-Form aus dem Blickwinkel einer Person der Handlung erzählt wird.
– Der sog. *allwissende (auktoriale) Erzähler*, der die umfassende Weite des Überblicks und die alles durchdringende Tiefe der Einsicht hat.

Je nach der Perspektivenwahl oder dem *Perspektivenwechsel* werden unterschiedliche Möglichkeiten der Annäherung (räumliche bzw. zeitliche Nähe oder Ferne zum Geschehen) sowie Bedingungen für Subjektivierung bzw. Objektivierung der Darstellung getroffen.

5 Rainer Brambach (1917–1983): Besuch bei Franz

Manchmal lösen sich Blätter aus dem Ahorngeäst; sie segeln auf den Kiesweg herab oder werden vom Wind über die Gräber getrieben. An der Buchshecke bleiben sie hängen.

Ich lese die Namen und Zahlen auf den Steinen und Kreuzen; ein langes Leben, ein kurzes Leben; eines war vor siebzehn Jahren zu Ende, ein anderes vor fünf Jahren und ein drittes in diesem Frühjahr. Genau gesagt im April.

Ich spucke im Bogen über den Kiesweg. Für Franz. Und weil es für ihn geschieht, gelingt es mir prächtig. Dort, wo die herrlich blauen Astern in der Blechbüchse stehen, liegt Franz.

Er spuckte oft in seine mörtelgrauen Hände. Das war seine Art. Und einmal spuckte er dem zitronengesichtigen Parlier[1] vom Gerüst herunter präzise auf den Kopf. Was für ein Krawall! Der Parlier zappelte unten zwischen Sandhaufen und Bretterstapeln herum: „Cretino!“, schrie er herauf. „Kartoffelfresser!“, schrie er.

„Tabaksaft, noch immer das beste Mittel gegen Läuse!“, rief Franz nach unten. Ich hielt mich an einer Planke fest; die Welt verschwamm vor meinen Augen, nein, ich habe selten so gelacht.

Wenige Tage später fiel Franz vom Gerüst. Unbegreiflich. Franz fiel fünf Stockwerke tief.

Übrigens hat der Parlier dem Franz verziehen; er kam feierlich schwarz zur Bestattung und hat als Einziger geweint.

Verstehe einer diese Südländer! (v 1972)

Rainer Brambach wurde 1917 in Basel geboren, arbeitete u.a. als Torfstecher, Landarbeiter, Werbetexter und Gärtner. Seit 1959 lebt er als freier Schriftsteller in Basel. Er ist vor allem Lyriker, schreibt aber auch Erzählungen, die vielfach banale Alltäglichkeiten mit scharfer Beobachtung in knapper Skizzierung so erfassen, dass viele Schattierungen und Zwischentöne sowie Bedeutungsverweise auf Hintergründe entstehen.

6 Arthur Schopenhauer (1788–1860): Die Stachelschweine

§ 396 Eine Gesellschaft Stachelschweine drängte sich an einem kalten Wintertage recht nahe zusammen, um durch die gegenseitige Wärme sich vor dem Erfrieren zu schützen. Jedoch bald empfanden sie die gegenseitigen Stacheln; welches sie dann wieder voneinander entfernte. Wann nun das Bedürfnis der Erwärmung sie wieder näher zusammenbrachte, wiederholte sich jenes zweite Übel; so dass sie zwischen beiden Leiden hin- und hergeworfen wurden, bis sie eine mäßige Entfernung voneinander herausgefunden hatten, in der sie es am besten aushalten konnten. – So treibt das Bedürfnis der Gesellschaft, aus der Leere und Monotonie des eigenen Innern entsprungen, die Menschen zueinander; aber ihre vielen widerwärtigen Eigenschaften und unerträglichen Fehler stoßen sie wieder voneinander ab. Die mittlere Entfernung, die sie endlich herausfinden und bei welcher ein Beisammensein bestehn kann, ist die Höflichkeit und feine Sitte. Dem, der sich nicht in dieser Entfernung hält, ruft man in England zu: ‚Keep your distance!‘ [Wahre deinen Abstand!] – Vermöge derselben wird zwar das Bedürfnis gegenseitiger Erwärmung nur unvollkommen befriedigt, dafür aber der Stich der Stacheln nicht empfunden. – Wer jedoch viel eigene innere Wärme hat, bleibt lieber aus der Gesellschaft weg, um keine Beschwerde zu geben noch zu empfangen. (v 1830f.)

9. a) Notieren Sie Ihren ersten Eindruck von Text 6.
b) Analysieren Sie die Beziehung der Parabelteile und ihre je spezifische Darstellungsweise.

10. Erörtern Sie (vgl. S. 68, 191f.) Schopenhauers Empfehlung für das Verhältnis des Einzelnen zur Gesellschaft.

7 Franz Kafka (1883–1924): Heimkehr (Biografie S. 356)

Ich bin zurückgekehrt, ich habe den Flur durchschritten und blicke mich um. Es ist meines Vaters alter Hof. Die Pfütze in der Mitte. Altes, unbrauchbares Gerät, ineinander verfahren, verstellt den Weg zur Bodentreppe. Die Katze lauert auf dem Geländer. Ein zerrissenes Tuch, einmal im Spiel um eine Stange gewunden, hebt sich im Wind. Ich bin angekommen. Wer wird mich empfangen? Wer wartet hinter der Tür der Küche? Rauch kommt aus dem Schornstein, der Kaffee zum Abendessen wird gekocht. Ist dir heimlich, fühlst du dich zu Hause? Ich weiß es nicht, ich bin sehr unsicher. Meines Vaters Haus ist es, aber kalt steht Stück neben Stück, als wäre jedes mit seinen eigenen Angelegenheiten beschäftigt, die ich teils vergessen habe, teils niemals kannte. Was kann ich ihnen nützen, was bin ich ihnen und sei ich auch des Vaters, des alten Landwirts Sohn. Und ich wage nicht, an der Küchentür zu klopfen, nur von der Ferne horche ich, nur von der Ferne horche ich stehend, nicht so, dass ich als Horcher überrascht werden könnte. Und weil ich von der Ferne horche, erhorche ich nichts, nur einen leichten Uhrenschlag höre ich oder glaube ihn vielleicht nur zu hören, herüber aus den Kindertagen. Was sonst in der Küche geschieht, ist das Geheimnis der dort Sitzenden, das sie vor mir wahren. Je länger man vor der Tür zögert, desto fremder wird man. Wie wäre es, wenn jetzt jemand die Tür öffnete und mich etwas fragte. Wäre ich dann nicht selbst wie einer, der sein Geheimnis wahren will.

(1920/22)

Die **Parabel** (< gr. parabole = die Vergleichung, das Gleichnis) ist eine lehrhafte Beispielgeschichte, die von *einem* Vergleichspunkt aus (dem tertium comparationis) durch Analogie auf den gemeinten Sachverhalt zu übertragen ist. (Vgl. die *Fabel*, die ein in allen Einzelheiten übereinstimmendes Beispiel gibt, indem sie menschliche Verhältnisse in einer Stellvertretergeschichte durch Tiere und Pflanzen darstellt.) Im Gegensatz zum verwandten *Gleichnis* enthält die Parabel keine direkte Verknüpfung (so – wie) mit dem zu erörternden Sachverhalt, sondern ist eine vom Gegenstand abgelöste selbstständige Erzählung.

11. a) Vergleichen Sie die Heimkehr im Gleichnis vom verlorenen Sohn (Lukas 15, 11ff.) und bei Kafka.
b) Schreiben Sie eine Inhaltsangabe des Kafka-Textes.

12. Exzerpieren Sie Aussagen und beschreiben Sie Stileigenarten, durch die bei Kafka das Scheitern der Heimkehr deutlich wird.

13. Gestalten Sie die Erzählung so um, dass sich eine gelingende Heimkehr ergibt.

8 Günter Kunert (*1929): Die Maschine (Biografie S. 32)

Erhaben und in einsamer Größe reckte sie sich bis unters Werkhallendach; schuf sogleich die Vorstellung, Monument des Zeitalters zu sein und diesem gleich: stampfend, gefahrvoll, monoton und reichlich übertrieben. Und vor allem: auch sie produzierte einzig und allein durch gegensätzliche Bewegung unterschiedlicher Kräfte, durch einen gezähmten Antagonismus all ihrer Teile.

[1] Parlier bzw. Palier oder Polier (< altfrz. parlier = Sprecher): Vorarbeiter der Maurer und Zimmerleute

14. Erörtern Sie in Partnerarbeit das in den Texten von Kunert und Bernhard vermittelte Bild von Technik und vergleichen Sie mit dem Standbild aus dem Film „Moderne Zeiten".

15. Tragen Sie die Ergebnisse der Klasse (dem Kurs) so vor, dass jeder eine Mitschrift verfertigen kann.

Aber in diesem wundervollen System blitzender Räder, blinkender Kolben, sich hebender und sich senkender Wellen, war ein unansehnliches Teil, das wie von Schimmel überzogen schien und das sich plump und arhythmisch regte. Ein hässlicher Zusatz an der schönen Kraft. Ein Rest von Mattigkeit inmitten der Dynamik.

Als um die Mittagszeit ein Pfiff ertönte, löste sich dieses Teil von der Maschine und verließ die Halle, während die Maschine hilflos stehen blieb, zwiefach: in sich und am Ort. Plötzlich erwies sich, das billigste Teil und das am schlimmsten vernachlässigte war das teuerste und nur scheinbar ersetzlich. Wo es kaputtgeht, wird es nicht lange dauern, bis über den Beton Gras gewachsen ist. (v zwischen 1968–1972)

Thomas Bernhard wurde 1931 in einem Heim für ledige Mütter, im Kloster Heerlen (Holland), geboren. Seine Kindheit verbrachte Bernhard in Österreich bei den Großeltern mütterlicherseits und in Oberbayern. Vom Großvater, dem Schriftsteller Johannes Freumbichler, früh in seiner musischen Begabung gefördert, brach Bernhard dennoch die Salzburger Internatsjahre ab, nahm 1947 eine Kaufmannslehre auf, erkrankte lebensgefährlich und arbeitete später u.a. als Gerichtsreporter, Theaterkritiker und Bibliothekar, um ab 1951 seine Musik- und Gesangsstudien fortsetzen zu können. 1957 schloss sich ein Studium der Regie und Dramaturgie an. Bernhard starb 1989 nach langer Krankheit. Das Schreiben wurde für Bernhard eine Form des Überlebens. Er begann als Lyriker in der Nachfolge Georg Trakls. Seine epischen und dramatischen Werke zeigen eine bis zur Verzweiflung gesteigerte, oft äußerst aggressive Auseinandersetzung mit seelischen Prozessen und variieren sein Grundthema von der Sinnlosigkeit der Existenz in einer sinnentleerten Welt.

9 Thomas Bernhard (1931–1989): Eine Maschine*

Eine Maschine, die wie eine Guillotine ist, schneidet von einer sich langsam fortbewegenden Gummimasse große Stücke ab und läßt sie auf ein Fließband fallen, das sich einen Stock tiefer fortbewegt und an welchem Hilfsarbeiterinnen sitzen, die die abgeschnittenen Stücke zu kontrollieren und schließlich in große Kartons zu verpacken haben. Die Maschine ist erst neun Wochen in Betrieb, und den Tag, an welchem sie der Fabrikleitung übergeben wurde, wird niemand, der bei dieser Feierlichkeit anwesend war, vergessen. Sie war auf einem eigens für sie konstruierten Eisenbahnwaggon in die Fabrik geschafft worden, und die Festredner betonten, daß diese Maschine eine der größten Errungenschaften der Technik darstelle. Sie wurde bei ihrem Eintreffen in der Fabrik von einer Musikkapelle begrüßt, und die Arbeiter und die Ingenieure empfingen sie mit abgenommenen Hüten. Ihre Montage dauerte vierzehn Tage, und die Besitzer konnten sich von ihrer Arbeitsleistung und Zuverlässigkeit überzeugen. Sie muß nur regelmäßig, und zwar alle vierzehn Tage, mit besonderen Ölen geschmiert werden. Zu diesem Zweck muß eine Arbeiterin eine Stahlwendeltreppe erklettern und das Öl durch ein Ventil langsam einfließen lassen. Der Arbeiterin wird alles bis ins kleinste erklärt. Trotzdem rutscht das Mädchen so unglücklich aus, daß es geköpft wird. Sein Kopf platzt wie die Gummistücke hinunter. Die Arbeiterinnen, die am Fließband sitzen, sind so entsetzt, daß keine von ihnen schreien kann. Sie behandeln den Mädchenkopf gewohnheitsmäßig wie die Gummistücke. Die letzte nimmt den Kopf und verpackt ihn in einen Karton. (1969)

m

Das **Mitschreiben** (vgl. S. 213f.) im Unterricht – beim Schüler- und Lehrervortrag sowie bei Gesprächen – ist eine wichtige *Studiertechnik*, die eine zuverlässige *Informationsverarbeitung* zum Ziel hat. Da eine wortwörtliche Mitschrift nicht möglich ist und auch unökonomisch wäre, sollten einige inhaltliche und formale Grundsätze beachtet werden:

- Das sinnvolle Mitschreiben verlangt auswählendes Hören und das Notieren der *Kerngedanken* und *Hauptbeispiele* bzw. der Schlüsselwörter von *Zitaten* in gut leserlicher Schrift, da sie auch nach längerer Zeit – etwa für Klausur- und Prüfungsvorbereitungen – rasch verfügbar sein müssen.
- Durch *Stichwortnotizen* (z.B. in Halbsätzen und mit Abkürzungen) sowie durch *Hervorhebungen* (Gliederungen, Nummerierungen, Unterstreichungen, farbige Markierungen am Rande usw.) ergibt sich ein zuverlässiger und individuell gestalteter Aufschrieb, der eine gute *Lerngrundlage* bietet, die nach dem Unterricht aus dem Gedächtnis oder aus der Literatur ergänzt werden kann.
- Als besonders übersichtlich gestaltbar hat sich *Papier im DIN-A4-Format* (mit breitem Rand und Lochung) bewährt. Es sollte am besten nur einseitig und großzügig gegliedert beschrieben werden, um auf der Rückseite Platz für spätere Ergänzungen, für Skizzen und Fotos zu gewinnen.
- Eine klare *Gliederung* der Aufzeichnungen nach Unterrichtseinheiten, Stundenthemen oder nach den dominanten Arbeitsbereichen in einem *Ringbuch als „Deutschordner"*, dem ein Inhaltsverzeichnis und ein Glossar hinzuzufügen ist, schafft eine übersichtliche Ordnung und ermöglicht die weiterführende Ergänzung und die Einfügung von Informationen und Bildern an der jeweils richtigen Stelle. (Die Arbeit mit *Karteikarten*

hat den Vorteil der leichten alphabetischen Gliederung oder der Ordnung nach Sachbereichen – z.B. Dramatik, Epik, Lyrik –, ist aber für die Einfügung von Zusatzmaterialien (Bildern, Fotokopien, Zeitungsausausschnitten, Arbeitspapieren etc.) untauglich.)

– Sehr geeignet sind *offene Arbeitspapiere*, die als „Lückentexte" nur die Kerninformationen enthalten (z.B. die Gliederung, wichtige Namen und Daten, Werktitel, Fachbegriffe etc.), insgesamt aber vom Zuhörer ergänzt werden müssen.

2. Von Helden und Opfern – Unterrichtsprotokoll und Prosainterpretation am Beispiel der Anekdote

Die Geschichte des 20. Jahrhunderts ist u.a. geprägt durch Weltkriege, Massenvernichtung und Massenvertreibungen. Wie sich die Einstellungen zu Gewalt und Krieg verändert haben, zeigt der Vergleich älterer Texte mit moderner Literatur.

1 Heinrich von Kleist (1777–1811): Anekdote aus dem letzten preußischen Kriege[1]

In einem bei Jena liegenden Dorf, erzählte mir, auf einer Reise nach Frankfurt, der Gastwirt, dass sich mehrere Stunden nach der Schlacht, um die Zeit, da das Dorf schon ganz von der Armee des Prinzen von Hohenlohe verlassen und von Franzosen, die es für besetzt gehalten, umringt gewesen wäre, ein einzelner preußischer Reiter darin gezeigt hätte; und versicherte mir, dass wenn alle Soldaten, die an diesem Tage mitgefochten, so tapfer gewesen wären, wie dieser, die Franzosen hätten geschlagen werden müssen, wären sie auch noch dreimal stärker gewesen, als sie in der Tat waren. Dieser Kerl, sprach der Wirt, sprengte, ganz von Staub bedeckt, vor meinen Gasthof, und rief: „Herr Wirt!" und da ich frage: was gibts? „ein Glas Branntewein!", antwortet er, indem er sein Schwert in die Scheide wirft: „mich dürstet." Gott im Himmel!, sag ich: will er machen, Freund, dass er wegkömmt? Die Franzosen sind ja dicht vor dem Dorf! „Ei, was!", spricht er, indem er dem Pferde den Zügel über den Hals legt. „Ich habe den ganzen Tag nichts genossen!" Nun er ist, glaub ich, vom Satan besessen –! He! Liese!, rief ich, und schaff ihm eine Flasche Danziger[2] herbei, und sage: da! und will ihm die ganze Flasche in die Hand drücken, damit er nur reite. „Ach, was!", spricht er, indem er die Flasche wegstößt, und sich den Hut abnimmt: „wo soll ich mit dem Quark hin?" Und: „schenk er ein!", spricht er, indem er sich den Schweiß von der Stirn abtrocknet: „denn ich habe keine Zeit!" Nun er ist ein Kind des Todes, sag ich. Da!, sag ich, und schenk ihm ein; da! trink er und reit er! Wohl mags ihm bekommen: „Noch eins!", spricht der Kerl; während die Schüsse schon von allen Seiten ins Dorf prasseln. Ich sage: noch eins? Plagt ihn[3] –! „Noch eins!", spricht er, und streckt mir das Glas hin – „Und gut gemessen", spricht er, indem er sich den Bart wischt, und sich vom Pferde herab schnäuzt: „denn es wird bar bezahlt!" Ei, mein Seel, so wollt ich doch, dass ihn –! Da!, sag ich, und schenk ihm noch, wie er verlangt, ein zweites, und schenk ihm, da er getrunken, noch ein drittes ein, und frage: ist er nun zufrieden? „Ach!" – schüttelt sich der Kerl. „Der Schnaps ist gut! – Na!", spricht er, und setzt sich den Hut auf: „was bin ich schuldig?" Nichts! nichts!, versetz ich. Pack er sich, ins Teufelsnamen; die Franzosen ziehen augenblicklich ins Dorf! „Na!", sagt er, indem er in seinen Stiefel greift: „so solls ihm Gott lohnen", und holt, aus dem Stiefel, einen Pfeifenstummel hervor, und spricht, nachdem er den Kopf ausgeblasen: „schaff er mir Feuer!" Feuer!, sag ich: plagt ihn –? „Feuer, ja!", spricht er: „denn ich will mir eine Pfeife Tabak anmachen." Ei, den Kerl reiten Legionen[4] –! He, Liese, ruf ich das Mädchen! und während der Kerl sich die Pfeife stopft, schafft das Mensch ihm Feuer. „Na!", sagt der Kerl, die Pfeife, die er sich angeschmaucht, im Maul: „nun sollen doch die Franzosen die Schwerenot[5] kriegen!" Und damit, indem er sich den Hut in die Augen drückt, und zum Zügel greift, wendet er das Pferd und zieht vom Leder. Ein Mordkerl sag ich; ein verfluchter, verwetterter Galgenstrick! Will er sich in Henkers Namen scheren, wo er hingehört? Drei Chasseurs[6] – sieht er nicht? halten ja

[1] Gemeint ist die Doppelschlacht bei Jena und Auerstedt im Oktober 1806, in der die preußischen Truppen gegen Napoleon eine so vernichtende Niederlage erlitten, dass in der Folge Preußen militärisch und auch politisch-moralisch völlig zusammenbrach.
[2] Flasche Danziger: ein über Gewürz abgezogener Likör
[3] Die Aposiopese (gr.): Das Verstummen, das Verschweigen; abgebrochene Sätze (vgl. Ellipse)
[4] Legionen: zu ergänzen „von Teufeln"
[5] Schwerenot: Fluch, der Unglück wünscht
[6] Chasseurs: Jäger

Heinrich von Kleist, geboren 1777 in Frankfurt a.d. Oder, entstammte einer alten preußischen Offiziersfamilie. Kleist wurde selbst Offizier, quittierte aber 1799 den Dienst, studierte Philosophie, Physik, Mathematik und Staatswissenschaft, ohne aber die gesuchte sichere Orientierung zu finden. Zahlreiche Bemühungen eine Existenz zu finden scheiterten und führten zu schweren persönlichen Krisen. Der letzte Versuch, eine wirtschaftlich sichere Grundlage zu erhalten, war die Herausgabe der *Berliner Abendblätter* (vom 1.10.1810–30.3.1811), deren Erscheinen aber wegen Zensurschwierigkeiten eingestellt wurde. Persönliches Scheitern und Verzweiflung über die politische Situation führten 1811 zum Freitod am Wannsee bei Potsdam, zusammen mit der todkranken Henriette Vogel. Ab 1800 hatte sich Kleist der Dichtung zugewandt. Er gilt heute als einer der bedeutendsten deutschsprachigen Dramatiker, hatte aber zu seinen Lebzeiten wenig Erfolg. Im absolutgesetzten Gefühl suchen die Figuren seiner Werke – jenseits aller begrenzten Erkenntnis – eine letzte Sicherheit zu gewinnen.

1. a) Erörtern Sie Absicht und Darstellungsweise der „Anekdote" auf dem Hintergrund der militärischen und politischen Ereignisse von Jena und Auerstedt (1806).
b) Stellen Sie die Besonderheiten der „Anekdote" durch einen Vergleich mit Text 2 heraus.

2. a) Versuchen Sie durch sinngestaltendes Lesen die dramatische Situation zu vergegenwärtigen.
b) Untersuchen Sie die Erzählweise. Wer erzählt? Auf welche Weise wird erzählt?
c) Analysieren sie den Schluss (Z. 38ff.) vor allem unter den Aspekt des Satzbaus.

3. a) Exzerpieren Sie Einzelheiten aus Kleists Biografie von 1809/1810 und achten Sie dabei besonders auf seine wirtschaftliche Lage.
b) Beziehen Sie ein Exzerpt über die Entstehungsbedingungen der „Anekdote" aus den Texten 3 und 4 mit ein.
c) Erörtern Sie, inwieweit die aus 3a und 3b gewonnenen Informationen für die Interpretation der „Anekdote" herangezogen werden können.

schon vor dem Tor? „Ei was!", spricht er, indem er ausspuckt; und fasst die drei Kerls blitzend ins Auge. „Wenn ihrer zehen wären, ich fürcht mich nicht." Und in dem Augenblick reiten auch die drei Franzosen schon ins Dorf. „Bassa Manelka!"[1], ruft der Kerl, und gibt seinem Pferd die Sporen und sprengt auf sie ein; sprengt, so wahr Gott lebt, auf sie ein, und greift sie, als ob er das ganze Hohenlohische Korps hinter sich hätte, an; dergestalt, dass, da die Chasseurs, ungewiss, ob nicht noch mehr Deutsche im Dorf sein mögen, einen Augenblick, wider ihre Gewohnheit, stutzen, er, mein Seel, ehe man noch eine Hand umkehrt, alle drei vom Sattel haut, die Pferde, die auf dem Platz herumlaufen, aufgreift, damit bei mir vorbeisprengt, und: „Bassa Teremtetem!" ruft, und: „Sieht er wohl, Herr Wirt?" und „Adies!" und „auf Wiedersehn!" und: „hoho! hoho! hoho!" – – So einen Kerl, sprach der Wirt, habe ich zeit meines Lebens nicht gesehen.

(v 1810)

Die **Anekdote** (< gr. anékdota = das nicht Herausgegebene, das ursprünglich aus Gründen der Diskretion Geheime): Am Anfang stehen die *Anekdota* des Prokopios von Cäsarea im 6. Jahrhundert n. Chr. Sie enthalten entlarvende Geschichten über den byzantinischen Hof, die in der offiziellen Regierungsgeschichte nicht veröffentlicht werden konnten.
Heute bezeichnet die Anekdote eine kurze epische Kleinform, die sprachlich knapp auf einen überraschenden Gipfel oder eine plötzliche Wendung zielt und so eine Pointe ergibt, die sich als Wortwitz, Schlagfertigkeit oder paradoxe Fügung darstellt. Die Anekdote erfasst eine bestimmte Situation, in der sich in scharfer Charakterisierung menschliche Wesenszüge einer historischen Persönlichkeit enthüllen.
Aber auch bestimmte geschichtliche Ereignisse, merk- bzw. denkwürdige Begebenheiten, in denen eine Gesellschaftsgruppe, eine Geisteshaltung oder eine ganze Zeitepoche fassbar werden, sowie erdachte (fiktive), aber bezeichnende Gestalten oder menschliche Haltungen können Gegenstand der Anekdote sein. Denn das Erzählte muss zwar immer Charakteristisches offenbaren, braucht aber nicht unbedingt historisch verbürgt zu sein, sondern muss nur so möglich und glaubwürdig erscheinen.
In der deutschen Literatur wurde die Anekdote als Kunstform vor allem entwickelt in den Predigten Abrahams a Sancta Clara (1644–1709), in den Kalendergeschichten H.J.Ch. von Grimmelshausens (um 1622–1676), J.P. Hebels (1760–1826) und J. Gotthelfs (1797–1854). Künstlerische Höhepunkte erreichte die Anekdote bei Heinrich von Kleist (1777–1811) und in diesem Jahrhundert bei Wilhelm Schäfer (1868–1952).
Deutlich verwandt ist die Anekdote u.a. mit der Beispielgeschichte (dem Exempel), der Fabel, dem Schwank, der Kalendergeschichte, der Satire und vor allem der Kurzgeschichte.

2 Zeitgenössische Darstellung von 1807

Ein preußischer Husar vom Regimente von Würtenberg, von welchem Regimente wir schon so viele einzelne Züge der Bravheit[2] gehört und gelesen haben, kehrt auf der Retirade[3] in ein Wirthshaus vor B. auf dem Harze ein. Er hat sein Pferd in ein andres entfernteres Haus untergebracht, und überlässt sich hier und sorglos um die nahe Gefahr, dem Vergnügen, seinen Durst einmal wieder in langen Zügen stillen zu können. Nicht lange darauf sieht man feindliche Reuter sich dem Orte nähern, und erinnert den Trinker das Weite zu suchen.

Schon sprengen Feinde ins Städtchen – es sind fünf Franzosen vom 8. Husaren-Regiment. Jetzt erst bequemt sich der Preuße nach seinem Pferde zu gehen – er sitzt auf, schon im Gesicht seiner Feinde; reutet ihnen entgegen, hauet den ersten nieder, schießt einen zweiten vom Pferde, und nun erst verlässt er den Ort verfolgt von den drei übrigen Reutern. Nicht funfzig Schritt vor dem Thore hält er und erwartet ruhig seine Gegner. Sie kommen. Ein langer hitziger Kampf beginnt. Des Preußen Muth, Glück, seine eigne und seines Pferdes Gewandtheit lassen ihn auch diesen glücklich bestehen, und leblos liegen die drei Feinde vor seinen Füßen. Ganz langsam ritt der Brave nun weiter.

Wie viel dergleichen Brave hatte der selbst so muthvolle König in seiner Armee; wären sie nur gehörig angeführt und hätten nicht selbst die Generäle ihre braven Gemeinen zur Flucht genöthiget.

(v 1807)

Kleist schrieb die „Anekdote" für die von ihm seit dem 1.10.1810 herausgegebene Zeitschrift „Berliner Abendblätter", die an jedem Werktag herauskam. Die „Anekdote" erschien hier am 6.10.1810. Über die Ziele der „Berliner Abendblätter" äußerte sich Kleist verschiedentlich:

3 Erklärung

S. Voß. Zeitung, den 25. Sept. 1810
Mancherlei Rücksichten bestimmen mich, mit diesem Blatt, welches sich nunmehr etabliert hat, aus der Masse anonymer Institute herauszutreten. Demnach bleibt der Zweck desselben zwar, in der ersten Instanz, Unterhaltung aller Stände des Volks; in der zweiten aber ist er, nach allen erdenklichen Richtungen, Beförderung der Nationalsache überhaupt: und mit meinem verbindlichsten Dank an den unbekannten Herrn Mitarbeiter, der, in dem nächstfolgenden Aufsatz, zuerst ein gründliches Gespräch darüber einging, unterschreibe ich mich,

der Herausgeber der Abendblätter,
Heinrich von Kleist.

4 Ankündigung

In seinen „Ankündigungen" in zwei maßgeblichen Berliner Zeitungen wies Kleist auf die seit dem 1.1.1811 vorgenommene „wesentliche Ausdehnung" hin:

„Das Ganze wird, wie bisher, zunächst von der Liebe für Vaterland und König, und, in weiterer Beziehung, vom Eifer für alles Gute in allen Ständen und Wirkungskreisen, durchdrungen sein. – Redaktion der Berliner Abendblätter."

(So in der „Vossischen Zeitung" vom 1.1.1811 und in der „Spenerschen Zeitung" vom 3.1.1811.)

Neben der unterschiedlichen Aufnahme eines Textes durch den einzelnen Leser (die Rezeption) lässt sich die Wirkung von Literatur in verschiedenen Zeiten (ihre Wirkungsgeschichte) aus Interpretationen erschließen.

---

[1] Bassa Manelka!: ungarischer Fluch (Bassa/Pascha = Herr; Manelka = Schweineart)
[2] Bravheit: Tapferkeit
[3] Retirade: Rückzug

5 Reinhold Steig: Interpretation der „Anekdote" von 1901

[...] Das Eigenthümliche aber, das Kleist der von ihm neu geschaffenen Anekdote, und nicht blos dieser allein, verliehen hat, ist die Auffassung der Dinge vom Offiziers-Standpunkte aus. Die ungeheure Masse der gewöhnlichen Kriegsanekdoten von damals kennt diese Art der Darstellung überhaupt noch nicht, was ganz natürlich erscheint, da sie fast ausschließlich in den niederen Schichten des Volkes, mit denen sich allein der Soldat, nicht der vornehme Offizier, auf dem Fuße der Gleichheit berührte, ihre Formung empfangen haben. Die gewöhnliche Kriegsanekdote in Prosa ist dem Volks-Kriegsliede in gebundener Rede zu vergleichen. Kleist dagegen stilisirte die Anekdote bewusst und kunstgemäß. Er behandelte sie, wie nach der Affaire im Kreise der Kameraden ein Rittmeister die flotten Streiche seiner „Kerle" rühmt. Denn „Kerl", ein Wort, das Kleist eigentlich erst in diese Gattung Kleinliteratur einbürgerte, ist in der preußischen Militärsprache die derb-gemüthlich subordinirende[1] Benennung des gemeinen Soldaten, die nichts Verletzliches an sich trägt. Gerade in den Kriegsanekdoten steckt für uns litterarisch der preußische Garde-Leutnant, der Heinrich von Kleist auch als Civilist geblieben ist. [...] (v 1901)

6 Hermann Pongs: Interpretation der „Anekdote" von 1957

[...] Der nächste Schritt bereits führt zur hohen Kunstform. Heinrich von Kleist hat ihn getan, als er 1810 die ‚Berliner Abendblätter' herausgab und sich gezwungen sah, Volk zugleich zu unterhalten und zu erziehen. So entstand als exemplarische Kunstform die ‚Anekdote aus dem letzten preußischen Kriege'.

Wieder erleben wir einen einzigen Augenblick, ins spannungsvollste Kriegsgeschehen gestellt. Ein Kleistischer Eingangssatz, zehn Zeilen lang, malt die Situation: Dorf bei Jena im Niemandsland zwischen Preußen und Franzosen. Zugleich führt der Satz ins unmittelbare Erleben: der Dichter berichtet, was ihm der Gastwirt erzählt, so wie er es erinnernd erlebt. Frage und Antwort weitet sich zum wirkungsvollsten Kontrast zwischen ängstlichem Wirt und dem, um den sich alles dreht, dem „Kerl", dessen Seelenruhe wahrhaft im Geist des Großen Friedrich über den Geist von Jena triumphiert.

Sieben Mal kehrt das Wort „Kerl" wieder, zum „Mordskerl" gesteigert. Das gibt die Mitte der geschlossenen Form. Kleistische Prosakunst treibt inzwischen das dramatischste Tempo durch den Wirtsbericht, mit „sag ich, sag ich, spricht er, spricht er" usw. Angst des Wirts ist es, die dies Tempo treibt, Angst und Bewunderung zugleich. In diesem Doppellicht erleben wir den Reiter vor dem Wirtshaus im leeren Dorf, wie er dreimal das Schnapsglas leert, sich zur Pfeife Feuer geben lässt, sie gemütlich anschmaucht, bis die Franzosen da sind, und er wie der Blitz alle drei aus dem Sattel haut und mit ihren Pferden davonsprengt. „Als ob er das ganze Hohenlohische Korps hinter sich hätte." „So einen Kerl", schließt der Wirt, „hab ich zeit meines Lebens nicht gesehen!"

„Großes Beispiel", sagt Josef Winckler im ‚Alten Fritz', „wächst nur um eine Gestalt, die über ihr Privatdasein hinaus vom Volk als ‚Kerl' empfunden wird." Das gilt für den Alten Fritz wie für diesen Typus eines preußischen Reiters, dem der Wirt seine ängstliche Biedermannsbewunderung mit auf den Weg gibt. Geschlossene Form, die charakteristisches Volksgeschehen umgreift. [...] (v 1957)

7 Alfred Polgar (1873–1955): Der Unbekannte Soldat

Auf der Place de l'Etoile steht der mächtige Arc de Triomphe. Der „guide bleu" – der den Arc de Triomphe, weil er mit A beginnt, als Nummer Eins in der Reihe der wichtigsten Profanbauten von Paris nennt (gleich hinter ihm kommt die Banque de France, obwohl sie eigentlich in die religiösen Sachen eingereiht gehörte) –, der „guide bleu" teilt mit, dass die Fertigstellung des Triumphbogens, unter Louis Philippe, 9 051 115 Francs gekostet hat. Da kann man nur sagen: Ausgerechnet. Triumphe, die einen Bogen bekommen, kosten aber nicht nur viel Geld, sondern auch viel Leben. Was das anlangt, waren die Vaterländer im letzten Weltkrieg nicht knauserig. Einige von ihnen haben dann, um an diese Splendidität zu erinnern, und um die Masse, das Kleinzeug ihrer Blutopfer, zu ehren, einen „Unbekannten Soldaten", gewissermaßen ein Stück bis zur völligen Unkenntlichkeit verbrauchter Scheidemünze der Währung Mensch, glorreich bestattet.

Die französische Republik legte ihren „soldat inconnu" unter den Triumphbogen auf dem Platz des Sterns. Eine Steinplatte, über der ein ewiges, gasgenährtes Feuerchen flammt, deckt die Gruft, ihre Inschrift besagt: „Ici repose un soldat français mort pour la patrie." Am Grab vorbei flitzen die Automobile nach Longchamps, zu den Rennen, die in jüngster Zeit, das macht wohl der regendurchweichte Boden, überraschend oft von Outsidern gewonnen werden. Die Leute steigen aus, um den Unbekannten Soldaten zu grüßen. Ernst blicken sie, schrauben das Licht ihrer Lebenslust für einen Augenblick auf klein, pumpen ihre Seele voll

[1] subordinierend: unterordnend

4. a) Stellen Sie über das Exzerpieren der Kernstellen fest, worauf der Interpret in den Texten 5 und 6 jeweils den Hauptakzent seiner Deutung legt.
b) Versuchen Sie eine Erklärung für die Unterschiede zu geben.

5. Belegen Sie, welche der genannten Merkmale der Anekdote auf Kleists Text besonders zutreffen.

L Die **Rezeption** (< lat. recipere = aufnehmen, empfangen) meint allgemein die Überlieferung, Verbreitung und Wirkung einzelner Werke bzw. Stile über geschichtliche Zeiträume hinweg. Veränderungen in der Aufnahme eines Werkes lassen sich aus den sich wandelnden historischen Bedingungen des Verstehens und aus wechselnden literarischen Interessen erklären. – Der Begriff Rezeption hat sich seit Mitte der Sechzigerjahre inhaltlich erweitert und meint jede Art der Aneignung von Literatur durch Hörer oder Leser, die sog. Rezipienten. Dabei liegt die Vorstellung zugrunde, dass die Dichtung ein reiches Sinnpotenzial enthält, das sich erst in der Begegnung mit je unterschiedlichen Erwartungs- und Bildungshorizonten des Lesers konkretisiert. (Vgl. S. 72ff. und 84ff.)

Alfred Polgar wurde 1873 in Wien als Sohn eines Musikers geboren. Bekannt wurde er mit seinen brillant geschriebenen, von stupender Kenntnis und unbestechlichem Urteil getragenen Theaterkritiken, besonders seit er ab 1925 in Berlin für so renommierte Blätter wie die *Weltbühne* schrieb. Diese in 4 Bänden gesammelten Theaterkritiken (*Ja und Nein*, 1926/27) geben ein lebendiges Bild der Theatergeschichte jener Jahre. Daneben schrieb Polgar auch selber Lustspiele, Einakter und satirische Szenen (oft gemeinsam mit anderen Autoren), auch szenische Texte für das Kabarett, die naturgemäß z. T. sehr zeitbezogen waren. Bis heute aber gilt er als unübertrefflicher Meister der kleinen Prosaform, besonders des Feuilletons, der kritischen Skizze und des Essays, in denen er sich nicht nur als Satiriker und Zeitkritiker, als Skeptiker und Mahner, sondern auch als unbeugsamer Moralist zeigt. Seine Stärke liegt in der geistreich zugespitzten, treffsicheren, entlarvenden Formulierung, die meist in eine komische Pointe mündet. 1933 ging Polgar nach Wien zurück, das er nach dem „Anschluss“ Österreichs ebenfalls verlassen musste. Das Exil führte ihn nach Frankreich, Spanien und in die USA. Nach dem Krieg und dem Ende der Naziherrschaft kehrte er nach Europa zurück und lebte in Zürich, wo er 1955 starb.

Das **Feuilleton** (< frz. = Blättchen): Im Gegensatz zu den Berichten im politischen, wirtschaftlichen und sportlichen Teil der Tagespresse wird mit Feuilleton sowohl der Unterhaltungsteil einer Zeitung als auch dessen einzelner Beitrag bezeichnet: also Nachrichten und Essays aus dem Kultur- und Geistesleben sowie Reiseberichte und belletristische Beiträge.

mit Grau und stellen den Gefühlshebel in Richtung: Tod, Grab, Ehrfurcht. Fast immer auch umstehen Frauen aus dem Volk in schwarzer Tracht die Gruft. Traurig starren sie auf die gasgenährte Flamme, als brächte sie irgendwelche Botschaft von da unten, oder als sei es die unsterbliche Seele selbst, die so leuchte. Ja, vielleicht war gerade der Unbekannte Soldat ein der weinenden Frau gut bekannter. Die Chance ist gering: eins zu Gott weiß wie viel. Es wäre schon ein rechter Haupttreffer, ein Volltreffer sozusagen, wenn gerade dieser Mutter Sohn unterm Triumphbogen moderte. Und wäre es selbst so, was hätte sie Großes davon? Ein talmigoldenes[1] Rändchen um ihren echtschwarzen Kummer.

Ruhestätte im objektiven Sinn kann man ein Grab an dieser lebenumkreisten Unruhestätte eigentlich kaum nennen. Aber subjektiv hat der Tote natürlich auch hier seinen Frieden. Er hätte ihn ebenso, lägen seine armen Knochen mitten auf der Place de l'Opéra. Das, dieses Überall-schlafen-Können, ist ein wesentlichstes Benefiz des Totseins, sozusagen die Lichtseite dieser Schattenseite der kosmischen Ordnung.

Obgleich es kaum ein paar Jahre her sind, weiß man heute schon nicht mehr, wer die Idee gehabt hat, die unbekannten Toten des Krieges durch so feierliches Grab für einen von ihnen zu ehren (zu versöhnen?). Jedenfalls hatte der Einfall – getragen von dem weithin schwellenden und schwingenden Pathos, das den Franzosen wie ihre Parfüms und ihren Lustspieldialog kein Volk der Erde nachmacht – Stil. Erhitzt durch Freude oder Schmerz, gehen die französischen Dinge gern in den Aggregatzustand des Theaters über, dem großen Erleben entbinden sich hier, ohne Accoucheurhilfe[2] der Dichter, leicht die großen Gebärden, und eine dekorative Lüge ist schon fast eine Wahrheit.

„Mort pour la patrie“ steht eingemeißelt auf der steinernen Platte. Wer weiß, ob das stimmt? Vielleicht sollte es richtiger heißen: Mort par la patrie. Vielleicht war der letzte Gedanke des Mannes da unten ein Fluch gegen die Gewalten, die ihn zum Helden gepresst hatten. Vielleicht wurde er gerade von dem General, der ihm jetzt in Ehrfurcht salutiert und ihn einen Helden nennt, wegen vorschriftswidrigen Salutierens Schweinehund geheißen. Vielleicht hat er sich einen Teufel um die gloire geschert, hätte das verborgenste Dasein dem offiziellsten Grabmal vorgezogen und nicht für alle Triumphbogen der Erde dreingewilligt, dass man ihm sein zeitlich Flämmchen ausblase, um ihm ein ewiges, gasgenährtes anzuzünden. Die Napoleonischen Grenadiere, wie wir von Heinrich Heine wissen, sind entschlossen, hervorzusteigen aus ihrem Grab, falls der Kaiser nochmals darüberreiten und viel Schwerter klirren und blitzen sollten. Hingegen wird (wie genaue Kenner der Stimmung in Gefallenenkreisen berichten) der Unbekannte Soldat, kommt wieder Mobilisierung und das Auto des geliebten Feldherrn hupt über sein Grab, wahrscheinlich liegen bleiben. (v 1926)

Günter Kunert wurde 1929 in Berlin geboren und als Halbjude im Dritten Reich für „wehrunwürdig“ erklärt. Kunert studierte nach 1945 in Berlin an der Hochschule für Angewandte Kunst. Er lebte dann als freier Schriftsteller, Zeichner und Maler in Ostberlin, gefördert von J.R. Becher und B. Brecht. Als Mitunterzeichner einer Petition gegen die Ausbürgerung Wolf Biermanns (1976) wurde Kunert 1977 aus der SED ausgeschlossen. Seit Herbst 1979 lebt er in der Bundesrepublik. Kunert schreibt in allen Gattungen mit starkem zeitkritischem Engagement. Der Titel seines ersten Lyrikbandes *Wegschilder und Mauerinschriften* (1950) kann als programmatisch für sein umfangreiches Gesamtwerk gelten.

8 Günter Kunert (*1929): Das Bild der Schlacht am Isonzo[3]

Auch der Maler war in der Schlacht gewesen; bald danach fertigte er ein Gemälde an, auf dem er darstellte, was er gesehen hatte: Im Vordergrund lagen Sterbende, denen die Gedärme aus den aufgerissenen Leibern quollen, und Leichen, über die Pferde und Tanks weggegangen, dass bloß blutiger Brei geblieben, geschmückt mit Knochensplittern. Dahinter stürmten die Soldaten der gegnerischen Heere aufeinander zu, in besudelten Uniformen, angstverzerrt die Gesichter. Im Hintergrund, unterhalb des Befehlsstandes, waren Offiziere dabei, Weiber zu schwängern, Kognak zu saufen und die Ausrüstung ganzer Kompanien für gutes Geld zu verhökern.

Dies war das Bild, und es hing im Atelier des Malers, als ein Besucher erschien, der sich porträtieren lassen wollte und durch Wesen und Benehmen sich als alter General zu erkennen gab. Er erschrak vor dem Bild.

So sei die Schlacht nie gewesen, rief er, das Bild lüge! Sein blinzelnder Blick fuhr kreuz und quer das Werk ab und entdeckte dabei hinter dem zerschmetterten Schädel eines Toten eine kleine Gestalt, die trommelnd und singend und mit kühn verschobenem Helm aufs Schlachtfeld lief. Dieses Detail kaufte der General, ließ es aus dem Gemälde schneiden und einrahmen: Damit künftige Generationen sich ein Bild machen könnten von der großen Schlacht am Isonzo.

(v zwischen 1968–1972)

6. a) Zeigen Sie, wie das Bild des Krieges in Text 8 von der Perspektive des Betrachters abhängt.
b) Wie wird am Stil die Absicht des Erzählers deutlich?

7. Versuchen Sie zu erklären, warum die Personen dieser Anekdote keine Eigennamen tragen.

[1] talmi: unecht
[2] Der Accoucheur (frz.): Geburtshelfer
[3] Der Isonzo: italienischer Fluss nordwestlich von Triest, im heutigen Grenzbereich zwischen Italien und Jugoslawien. Isonzoschlachten: Zwischen Juni 1915 und Oktober 1917 fanden 12 Isonzoschlachten zwischen Italienern und Österreichern mit wechselndem Erfolg statt. 1917 gelang den Österreichern dann der Durchbruch.

9 Schülerbeispiele zum Unterrichtsprotokoll

Über eine Einführungsstunde in den Text „Das Bild der Schlacht am Isonzo“ liegen zwei Protokolle vor.

1. Beispiel: *Protokoll über die Deutschstunde am ...*

Anwesende: 21 Schüler der Klasse 11b und der Fachlehrer

1. Kurze Informationen und Erklärungen zum Fach Deutsch. „Einführung in die Oberstufenarbeit im Unterrichtsfach Deutsch.“
2. Der erste Teil der Anekdote „Das Bild der Schlacht am Isonzo“ von Günter Kunert wird von den Schülern in Stillarbeit gelesen, eventuelle Fragen sollen herausgeschrieben werden. Danach eine kurze Besprechung des Textes. Fortsetzung des Textes durch die Schüler. Einige Beispiele werden vorgelesen. Die Frage nach „den Konsequenzen, die sich aus den möglichen Fortsetzungen der Anekdoten ergeben“, wird in den Vordergrund gestellt. Es folgt ein Aufschrieb mit dem Thema „Einführung in die Oberstufenarbeit am Beispiel von Texten zum Thema Mensch – Menschlichkeit“ mit dem Ziel der Interpretation einer Anekdote.
3. Stellung der Hausaufgabe „Eine Interpretation des gelesenen Textes“ nach einer dreiteiligen Arbeitsanweisung. M.B.

2. Beispiel: *Protokoll der Deutschstunde in Klasse 11b vom ...*

Thema der Unterrichtseinheit: Einführung in die Oberstufenarbeit am Beispiel von Texten zum Thema: Mensch – Menschlichkeit (Humanität)
Thema der Stunde: Besprechung des Textes „Das Bild der Schlacht am Isonzo“ von Günter Kunert.

Nachdem wir vom Deutschlehrer den ersten Teil des Textes „Das Bild der Schlacht am Isonzo“ erhalten hatten, wurden einige Interpretationsversuche gemacht und wir erarbeiteten dabei folgende Ergebnisse:
Der General hat ein anderes Verhältnis zum Krieg als der Maler. Er erkennt nicht die Schrecken, Ängste und Grausamkeiten des Krieges, sondern er will nur das Heldenhafte am Krieg sehen. Der General erschrickt vor dem Bild, weil er die dargestellte Kritik als Angriff auf die eigene Person empfindet.
Danach sollten wir der Geschichte einen eigenen Schluss hinzufügen und stellten fest, dass die beiden aller Voraussicht nach ihren Standpunkt nicht ändern und im Streit auseinander gehen würden. Unwahrscheinlich ist, dass sich der Maler ohne Drohung des Generals überzeugen lässt und es ist auch nicht zu erwarten, dass der General seine Meinung ändert.
In der anschließend gelesenen Lösung des Autors verfälscht der General das Bild des Krieges, indem er ein kleines heroisches Detail, das seiner Vorstellung vom Krieg entspricht, herausschneiden lässt und damit für „künftige Generationen“ die Schlacht am Isonzo dokumentieren will.
Anschließend folgte ein Aufschrieb, in dem am Beispiel der Anekdote von Günter Kunert das Ziel und der Aufbau einer Interpretation erläutert wurden. T.M.

8. Exzerpieren Sie aus beiden Schülerbeispielen Aspekte zum Verlauf der protokollierten Deutschstunde.

9. a) Vergleichen und bewerten Sie beide Versuche.
b) Benennen Sie die jeweilige Art des Protokolls und korrigieren Sie die formalen Mängel.

10. Erschließen Sie aus den Hinweisen zur Prosainterpretation (vgl. S. 35f.) Hauptaspekte zum Ziel und zum Aufbau der Interpretation und ergänzen Sie den Schluss des zweiten Schülerprotokolls.

Das Protokoll

1. Ziele und Merkmale:

- Das Protokoll ist als Form des *offiziellen Schreibens* die schriftliche Wiedergabe mündlicher Aussagen und dient in Diskussionen, Versammlungen, Verhandlungen und im Unterricht der *Dokumentation* von Sachverhalten.
- In Form eines sachlichen Schreibens, einer Art Bericht, werden Informationen mitgeteilt: Sie müssen zuverlässig, sachlich klar und unmissverständlich sein und stehen meist im *Präteritum* (für die Form des Berichtens). Das *Präsens* wird für die Form des Beschreibens gewählt. Auf kausalen Zusammenhang bzw. chronologischen Ablauf ist zu achten.
- Als Urkunde – i.S. einer beglaubigten Dokumentation – wird das Protokoll vom Protokollführer (bzw. auch vom Leiter offizieller Veranstaltungen) namentlich unterzeichnet.

Grundregeln einer **sachbezogenen Darstellung:**

1. Statt eines erzählenden oder schildernden Stils sollte eine *objektiv-beschreibende (deskriptive) Sprache* gewählt werden. Diese zeichnet sich aus durch
– eine gut *überschaubare Syntax*, die mehr durch Parataxe als durch komplizierte Hypotaxe gekennzeichnet ist;
– eindeutige Formulierungen, auch in *Fachbegriffen, Komposita* und mit genau beschreibenden (statt ausmalenden) Attributen und Adverbien, die eher Merkmale eines *Nominalstils* aufweisen (statt einen Verbalstils).

2. Die Darstellung ist ziel- und sachgerecht so zu *gliedern*, dass
– für das *Verlaufsprotokoll* ein *chronologischer Aufbau* entsteht;
– für das *Ergebnisprotokoll* sich eine *logische Ordnung* ergibt, die problem-, bzw. aspektorientiert angelegt ist. Dies gilt vor allem für die Zusammenfassung von Diskussionen, die sich nicht nach den Beiträgen einzelner Personen, sondern nach den insgesamt vertretenen Positionen richtet.

3. Die *formale Gestaltung* (Papier im DIN-A4-Format, 2–3 cm Rand, Abstände zwischen den Teilen, Hervorhebungen etc.) muss dem sachlichen Stil und dem inneren Aufbau entsprechen: Die hand- oder maschinenschriftliche Darstellung und der Computer-Ausdruck müssen im Schriftbild korrekt und sprachlich fehlerfrei sein.

2. Arten:

Das Verlaufsprotokoll	Das Ergebnisprotokoll
Es hat die Aufgabe, – einen Ablauf zeitlich bzw. sachlogisch genau und gegliedert darzustellen; – Standpunkte der Teilnehmer (z.B. bei einer Diskussion) klar herauszustellen; – auch Nebensächliches zu berichten, ohne aber den „roten Faden“ zu verlieren. Z.B.: Das Parlamentsprotokoll (Gemeinde-, Landtags- oder Bundestagsprotokoll) und das Gerichtsprotokoll (i.d.R. durch Schriftführer in stenographischen Berichten festgehalten) gehören zu diesem Typus.	Es hat die Aufgabe, – die wesentlichen Ergebnisse (Abmachungen, Entscheidungen, Entschlüsse oder Unterrichtsinhalte) prägnant zusammenzufassen. – Es soll vor allem Erinnerungsstütze sein und die Arbeitskontinuität sichern. – Auf Abschweifungen und nebensächliche Details sowie auf genaue Verfahrenserläuterungen kann verzichtet werden. Z.B.: Es dient als Aktennotiz und oft auch als Unterrichtsprotokoll.

Häufig ist das Unterrichtsprotokoll aber eine Mischform aus beiden, tendiert jedoch i.d.R. dem Ergebnisprotokoll zu.

3. Hinweise zum Unterrichtsprotokoll:

a) Das Protokoll ist streng themen- und zielorientiert und erfordert ein hohes Maß an Konzentration auf das Wesentliche sowie ein großes Abstraktionsvermögen, vor allem als reines Ergebnisprotokoll.

b) Der Protokollführer (der Protokollant) sollte Folgendes beachten:
– Er muss sich genau informieren (am besten vor Beginn) über Thema, Hauptziele und -methoden der Stunde.
– Er soll möglichst objektiv protokollieren ohne eigene Wertungen zu treffen. (Will der Protokollführer aber eine eigene Stellungnahme abgeben, so kann er dies am Schluss tun, gekennzeichnet durch einen neuen Absatz.)
– Das Konzept ist in Stichworten bzw. Halbsätzen möglichst gegliedert anzulegen (dabei kann mit Abschnitten, Ziffern, Farben etc. gearbeitet werden): Daten, Namen, zentrale Fakten und Begriffe müssen absolut zuverlässig, Beschlüsse bzw. Kerngedanken sollten wörtlich wiedergegeben werden.
– Um größtmögliche Zuverlässigkeit zu gewährleisten soll die Reinschrift bald erfolgen. (Erkennt der Protokollant während der Ausarbeitung des Protokolls dennoch unklare bzw. unverstandene Passagen, so soll er diese im Protokoll kennzeichnen und bei der Besprechung zur Diskussion stellen.)

4. Aufbau des Unterrichtsprotokolls:

Auf liniertem oder unliniertem Papier (DIN-A4) ist – bei angemessenem Rand und einheitlichem Satzspiegel – folgende Gliederung anzustreben:

Im „*Kopf*“ stehen:

Protokoll der Deutschstunde in Klasse (Kurs) [...] vom [...]
Abwesende: [...]
Thema der Unterrichtseinheit: [...]
Thema der Stunde: [...]
(Eventuell: Ziele und Methoden: [...])

Der *Hauptteil* soll die Ergebnisse (über Inhalte und Methoden) in Abschnitten gegliedert, aber nicht mit Ziffern gekennzeichnet, in stilistisch geschlossenem Text (nicht in Stichworten!) darstellen.
Am *Schluss* unterzeichnet der Protokollführer mit seiner Unterschrift und bürgt so für die Richtigkeit und Zuverlässigkeit der Information.

5. **Offizielle Protokolle** enthalten darüber hinaus folgende Informationen:
- Anlass und Veranstalter (Leiter);
- genaues Datum (also Uhrzeit über Beginn und Ende der Veranstaltung) sowie den Ort;
- ein Verzeichnis der Teilnehmer (i.d.R. als beigefügte handschriftliche Anwesenheitsliste);
- die differenzierte Tagesordnung;
- einen nach Einzelpunkten der Tagesordnung gegliederten Hauptteil (z.B. als Punkt 1 usw. oder mit TOP 1 usw.);
- die Unterschriften des Protokollanten und des Diskussionsleiters bzw. Veranstaltungsleiters.

Prosainterpretation 1 am Beispiel von Günter Kunerts „Das Bild der Schlacht am Isonzo".

Für schwierige Texte aller Art gilt Folgendes:
- Da das Verstehen sich nur sukzessiv ergibt, ist die *Interpretation* ausschließlich als *Prozess* möglich: Mehrmaliges sinnerschließendes Lesen – still, laut oder doch wenigstens mit vorgestellter Artikulation – lässt Auffälligkeiten des Inhalts und der Form erkennen, aus denen sich eine Sinnrichtung erschließen lässt.
- Zum Erreichen eines strukturierten Verstehensprozesses hat sich das *Drei-Phasen-Modell* bewährt:

Thema: Interpretieren Sie Günter Kunerts „Das Bild der Schlacht am Isonzo"!
Problemstellung → – Schreiben Sie als Einleitung einen Übersichtssatz!
Aufgabenstellung → – Untersuchen Sie das Verhältnis von Inhalt, Aufbau und Stil!
– Werten Sie zum Schluss den Text!

1. Phase: Spontane Einfälle, Auffälligkeiten und Themenanalyse

Spontane Einfälle: „Schlacht" → Kriegsbild
– Brutalität (Z. 2ff.) ↔ heroisches Detail (Z. 18f.)
– ...

Auffälligkeiten: – drastische Attribute (Z. 3ff.)
– Ironie: „geschmückt mit Knochensplittern", Z. 4f.
– ...

Mögliche Sinnrichtung: Kritik an Verniedlichung des Schreckens und an der Verherrlichung des Krieges

Themenanalyse:

Operator 1 als übergeordnete Generalanweisung: → **Interpretieren** Sie ...

– **Schreiben** Sie ... (Übersichtssatz)

Operator 2 verlangt Deskription → Titel des Textes, Gattung (Genre), Name des Autors, Gesamteindruck oder Kern

Operator 3 fordert Analyse des Wechselverhältnisses der Hauptaspekte: → – **Untersuchen** Sie das Verhältnis von **Inhalt** **Aufbau** und **Stil**

- **Inhalt**: – Geschehen – Probleme
- **Aufbau**: – Chronologie oder Montage? – Verhältnis der Teile
- **Stil**: – Syntax, Wortwahl – Bildlichkeit – Perspektive – Modalität

Operator 4 fordert Argumentation: → – **Werten** Sie...

Dies ist mehr als eine bloße Geschmacksäußerung: verlangt werden Begründungen und Belege.

Die **Themenanalyse** hat die genaue Erfassung der Problem- und Aufgabenstellung zum Ziel.
→ Leitbegriffe markieren
→ **Operatoren** kennzeichnen
→ Aufgabenstellung analysieren

11. Beschreiben und beurteilen Sie die Themenanalyse.

Zeitplan für 135 Min. Arbeitszeit
– ca. 15–20 Minuten: mehrmalige Lektüre, erste Eindrücke, Notizen, Fragen, Themananalyse
– ca. 30–40 Minuten: Ausarbeitung einer gegliederten (tabellarischen) Stoffsammlung
– ca. 60 Minuten: sorgfältige Reinschrift
– ca. 15 Minuten: gründliche Korrektur

Ergebnis: Die dreiteilige Aufgabenstellung erleichtert das Verfahren, weil sie die Gesamtgliederung vorgibt und durch eindeutige Operatoren unmissverständliche Handlungsanweisungen erteilt. Wenn nur die Generalanweisung (Interpretieren Sie!) erfolgt, muss die Differenzierung selbst geleistet werden.

2. Phase: Tabellarische Stoffsammlung und Gliederung

Notizen des ersten Gesamteindrucks (des sog. Primärverständnisses), zu Auffälligkeiten, Irritationen, Fragen etc. sollen in die genaue Textbeschreibung einbezogen werden.

Die genaue Beschreibung der Wechselbeziehung von Inhalt – Aufbau – Stil → ermöglicht die Deutung

Zeilen	Inhalt / Aufbau ⇄	Stil →	Deutung
1	– Maler = Augenzeuge – fertigte „bald danach" ein Gemälde	– „auch [...] gewesen" (deutlicher Akzent) – präzise Temporaladverbien	– Authentizität – Enger zeitlicher Bezug von Realität und Darstellung garantiert Unmittelbarkeit/Echtheit.
2	– Betonung des Wirklichkeitsbezugs „was er gesehen hatte"		
2–7	– Aufzählung der schrecklichen Ereignisse, gegliedert nach Vorder-, Mittel- und Hintergrund	– Schreckensszenerie: eindeutige Substantive, drastische Attribute; Häufung (Kumulation)	– Konkrete Dokumentation, das Bild gewinnt „Tiefe" in doppeltem Sinne
...	...	...	...

Bei der *Gliederung* muss der Schwerpunkt eindeutig auf die Berücksichtigung des dritten Operators gelegt werden.

3. Phase: Ausarbeitung der Prosainterpretation im Textzusammenhang und sorgfältige Korrektur

Die von allen Darstellungsformen bekannte Dreiergliederung in Einleitung, Hauptteil und Schluss hat auch für die Interpretation ihren guten Sinn, wenn sie funktionsgerecht ist.

1. Als **Einleitung** sind zwei Formen des Übersichtssatzes (s.u.) zu empfehlen:
   - Der *Übersichtssatz*, der neben dem Namen des Autors, dem Titel und der Gattung (dem Genre) den *ersten Gesamteindruck* enthält, der noch einseitig, ja sogar falsch sein darf.
     In dieser Form dokumentiert die Einleitung den ersten Schritt eines Verstehensprozesses, der im Fortgang der Interpretation erweitert, aber auch korrigiert werden kann. Z.B.: Günter Kunerts Anekdote „Das Bild der Schlacht am Isonzo" irritiert zunächst durch die außerordentlich drastisch geschilderten Einzelheiten des grausamen Krieges.
   - Der *Übersichtssatz*, der neben den üblichen Angaben bereits die *Kernaussage* enthält, entsteht i.d.R. erst als letzter Schritt des Interpretationsverfahrens, weil die Kernaussage nur aus einem gesicherten Gesamtverständnis abzuleiten ist.
     Z.B.: In der Anekdote „Das Bild der Schlacht am Isonzo" von Günter Kunert wird verdeutlicht, wie das kritisch gemalte realistische Bild einer schrecklichen Schlacht durch die tendenziöse Isolierung eines heldenhaften und idyllischen Details die Wirklichkeit und Wahrheit der Geschichte total verfälschen kann.

2. Im **Hauptteil** müssen die sachgerechte Textbeschreibung und -deutung nach den Schwerpunkten erfolgen, die durch die Aufgabenstellung vorgegeben sind.
   - *Textnähe* (durch Beispiele und Zitate) sowie die funktionale Betrachtung der Inhalt-Form-Beziehungen verhindern eine bloße Inhaltsparaphrase und unverbundene Reihung von Einzelbeobachtungen.
   - Die *Geschlossenheit* der Interpretation gelingt durch sachlogische Verbindung der Teile, passende Überleitungen und einen beschreibenden bzw. erörternden Stil im Präsens (bzw. im Perfekt).

12. Ergänzen Sie die tabellarische Stoffsammlung in der vorgestellten Art.

13. Verfassen Sie die Interpretation und nutzen Sie dabei die Vorarbeiten und Hinweise.

Zur **Interpretationstechnik** gehören einige Hilfsmittel:
– Mehrere Blätter im *DIN-A4-Format* für die einzelnen Phasen, die zunächst nur einseitig und mit ausreichenden Abständen (für laufende Ergänzungen und Korrekturen) beschrieben werden, erleichtern den Schreibprozess, weil sie übersichtlich sind.
– *Markierungen* (durch Farben, Kringel, Pfeile, Nummerierungen etc.) ermöglichen es, Gewichtungen und Beziehungen zu zeigen.
– Bei allen *Zitaten* sind der genaue Wortlaut und der exakte Nachweis (mit Zeilenangabe) zu beachten.
– Eine *tabellarische Darstellung* ermöglicht es, Inhalt, Aufbau und Stilmerkmale „auf einer Ebene" zu notieren, so dass Wechselbeziehungen erkennbar werden, aus denen sich die Interpretation (Deutung) ableiten lässt.
– Ein *Zeitplan* (vgl. oben) erlaubt eine ökonomische Nutzung der Arbeitszeit.

3. Als **Schluss** können – je nach Aufgabenstellung – verschiedene Lösungen (oder deren Kombination) gewählt werden:
   - Die *Wertung* des Textes, die subjektiv sein darf, aber begründet sein muss.
   - Der *Vergleich* mit einem andern Text des Autors oder dessen Hauptabsicht.
   - Die *Zuordnung* des Textes zum Gesamtwerk des Autors unter der Frage, wie charakteristisch er im Blick auf das Ganze ist.
   - Die *Beurteilung* des Textes danach, inwieweit er für Tendenzen (Themen, Stileigenarten) seiner Entstehungszeit bzw. Epoche repräsentativ ist.
   - Der *Hinweis auf Wertungsaspekte*, die am Text auch noch geprüft werden könnten, die jedoch die vorgegebene Aufgabenstellung überschreiten bzw. den zeitlich gesetzten Rahmen der Arbeit sprengen würden.

4. Erst die sorgfältige (mehrphasige) **Korrektur** (vgl. S. 16) der Interpretation erbringt den erwünschten Erfolg. Im speziellen Fall sollte besonders auf charakteristische Belege, stilistische Integration der Beispiele und exakte Zitierweise geachtet werden.

10 Schülerinterpretationen zu G. Kunerts „Das Bild der Schlacht am Isonzo“

1. Beispiel:

Die Anekdote „Das Bild der Schlacht am Isonzo“ von Günter Kunert handelt von einem Gemälde, mit dem der Maler die Schrecken des Krieges zeigen möchte, von dem ein General aber nur einen Ausschnitt kauft. Die Anekdote lässt sich äußerlich in drei Teile gliedern: Beschreibung des Bildes, Ankunft des Generals und seine Handlung. Dadurch, dass der erste Satz mit den Worten „Auch der Maler war in der Schlacht gewesen“ anfängt und die Aussage des Generals im Konjunktiv geschrieben ist, könnte man meinen, dass der General dem Maler eigentlich Recht gibt. Es wird durch die Wortwahl des Autors deutlich, dass er ein Kriegsgegner ist. Er stellt den Sachverhalt so dar, dass der General, der nur einen kleinen Ausschnitt des Bildes kauft, die Vergangenheit ändern möchte. Dabei übersieht der Leser nicht, dass der Maler die Schrecken des Krieges ganz groß darstellt und im Ausschnitt, welchen der General kauft, das Heldenhafte nur ganz klein malt. Nach meiner Ansicht wird diese Tatsache vom Autor vertuscht und zwar auf sehr raffinierte Weise: Er setzt die Akzente durch seine Wortwahl auf die Tatsache, dass Offiziere sich negativ benehmen.

Ich finde, dass die Anekdote viel zu pazifistisch ist. T.C.

2. Beispiel:

Günter Kunert schreibt in seiner Anekdote „Das Bild der Schlacht am Isonzo“ über das Bild, das schreckliche Geschehnisse während des Krieges zeigt, dessen Maler und einen alten General, der jenes als „Lüge“ bezeichnet. Als dieser auf dem Gemälde jedoch einen kleinen Soldaten, der als Kriegsheld dargestellt ist, erblickt, kauft er diesen Ausschnitt und hinterlässt ihn den Nachkommen eingerahmt und vergrößert als Darstellung der Schlacht am Isonzo.

Mit Absicht beginnt der Autor mit dem Hinweis „Auch der Maler war in der Schlacht gewesen.“ Er betont damit, dass der Maler alles selbst miterlebt und erlitten hat, was er „bald danach“ in Form eines Gemäldes zum Ausdruck brachte. Aufgrund der Beschreibung des Bildes – im Vordergrund: Sterbende und Tote, dahinter: stürmende Soldaten mit „angstverzerrten“ Gesichtern und im Hintergrund: sich unsittlich und ungesetzlich verhaltende Offiziere – wird ersichtlich, dass die Schlacht und überhaupt der Krieg für den Maler überwiegend Schlimmes und Schreckliches bedeuten. Kunert wählt für die Bildbeschreibung ausschließlich Wörter mit negativer Bedeutung: „aufgerissene Leiber“, „blutiger Brei“, „besudelte Uniformen“, „angstverzerrte Gesichter“. Auf diese Weise wird durch Vulgärsprache dem Leser das Bild sehr lebendig vor Augen geführt. Der Stil ändert sich im Schlussteil, als das Bild aus dem Blickwinkel des alten Generals betrachtet wird, der ebenfalls in der Schlacht gewesen war. Für ihn ist die „Wahrheit“ an dem Bild eine kleine Gestalt, die sich seiner Meinung nach heldenmütig verhält: „trommelnd und singend und mit kühn verschobenem Helm“ (Z. 16f.) dargestellt ist.

Zwischen den beiden Personen besteht ein großer Gegensatz, der dem Leser durch die unterschiedliche Betrachtungsweise von ein und derselben Schlacht verdeutlicht wird. Der Autor bringt den Leser jedoch auf die Seite des Malers. Er verwendet den größten Teil des Textes mit der Beschreibung der Perspektive des Malers, welche die Anekdote auch einleitet. Die Auffassung des Generals über die Kriegsgeschehnisse wird auch durch die Verwendung des Konjunktivs unglaubhaft gemacht: „So sei die Schlacht nie gewesen, [...] das Bild lüge!“ (Z. 12f.)

---

m

Da die Wahrnehmungsgenauigkeit beim Durchlesen sehr begrenzt ist, empfiehlt sich eine bestimmte **Korrekturtechnik** und ein **Korrekturverfahren** in *drei Schritten*:

1. Überprüfung von *Inhalt und Aufbau* mit Hilfe der Themenanalyse und Stoffsammlung:
   - Erledigtes wird abgehakt, Vergessenes in *Nachträgen* aufgenommen: Einfügen von hochgestellten Ziffern in die Lücken, Wiederholung der Ziffern und Einfügen der Ergänzungen am unteren Blattrand (mit jeweils neuer Zählung für jede Seite) oder Sammeln aller Nachträge am Schluss der Arbeit mit fortlaufender Nummerierung.
   - *Streichungen* werden durch einen waagerechten begrenzten Strich vorgenommen: ~~Dem folgenden Beispiel~~
   - *Verbesserungen* können durch Wiederholung des Streichungsbalkens am Blattrand angezeigt werden: Bei der ~~Einführung~~ [...] ⊢⊣ Einleitung
   - Die *Umstellung* von Abschnitten erfolgt durch Einrahmung am Rand und Bezifferung: 4 [1 [3 [2 [. Eine andere Wortfolge innerhalb eines Satzes wird durch Nummerierung angezeigt. Z.B.: „Mit[1] dem[2] Nachdruck[3] wird[7] ausgedrückt[8] auf[4] der[5] Schlusszeile[6] [...]“
2. Ein korrekter beschreibender und erörternder *Stil* hat besonders auf Folgendes zu achten:
   - Die adäquate *Wortwahl* (z.B. durch treffende Ausdrücke und Fachbegriffe), eine klar strukturierte *Syntax* (unter Vermeidung von irritierenden Verschachtelungen).
   - Fehler bei der *Deklination* (z.B. Dativ statt Akkusativ, fehlender Genitiv) und *Konjugation* (z.B. Prädikat im Singular trotz mehrerer Subjekte) lassen sich durch langsames Lesen und die Konzentration auf grammatische Beziehungen korrigieren.
3. Bei der Überprüfung von *Rechtschreibung* und *Interpunktion* hilft neben der Konzentration auf individuelle *Fehlerschwerpunkte* (z.B. Flüchtigkeitsfehler oder Unsicherheiten in der s-Laut-Schreibung) die Anwendung elementarer Grundregeln zur Substantivierung, zur Zusammen- und Getrenntschreibung, zur sog. Dehnung und Schärfung sowie zur Trennung am Zeilenende (vgl. S. 497f.)

14. a) Beurteilen Sie die Schülerinterpretationen in einem Kommentar, bei dessen Gliederung Sie sich nach der dreigeteilten Aufgabenstellung richten können.
b) Prüfen Sie, ob die Zitierweise im zweiten Beispiel sachgerecht und formal richtig ist.

15. Stellen Sie mit Hilfe einer detaillierten Biografie Günter Kunerts fest, ob die Einbeziehung von Informationen über Leben und Werk des Autors wichtige textexterne Interpretationsaspekte erbringen würde.

Die Tatsache, dass der Maler auch die andere Seite der Schlacht in Form des kleinen, kühnen Soldaten darstellt, beweist, dass er die positiven Erlebnisse nicht völlig unterschlagen hat. Für ihn überwiegt das Negative aber. Der alte General hingegen hat die negativen Eindrücke wahrscheinlich verdrängt und will nur den kleinen Ausschnitt als Abbildung der Schlacht gelten lassen. Diese Idee erscheint schon insofern absurd, als eine so große Schlacht, die zwei Jahre dauerte, durch einen solch kleinen Ausschnitt dargestellt und Vorstellungshilfe für die künftigen Generationen werden soll.

Meiner Meinung nach zeigt diese Anekdote ein wichtiges Problem der Menschheit auf: das „Nicht-wahrhaben-Wollen“ von Ereignissen, deren Verlauf anders erträumt und gewünscht worden war. Sie beschreibt auch die Gräuel des Krieges im Allgemeinen und die Sichtweise von Menschen, die den Krieg verherrlichen. K.M.

Die **Inhaltsangabe** ist – im Gegensatz zur **Nacherzählung** – ein *sachlich-beschreibender knapper Text* im *Präsens*, der das Original auf die *Kerninformationen* reduziert und das Ergebnis eines Abstraktionsprozesses ist.

- Bei kurzen Texten können mit Hilfe von W-Fragen über die *Abstreichmethode* (Streichen des Entbehrlichen) die Kerninformationen gewonnen und als Sachtext dargestellt werden. Dabei sind direkte (wörtliche) Reden in indirekte (nicht wörtliche, berichtete) Reden im Konjunktiv des Präsens wiederzugeben.
- Aus umfangreichen Texten lässt sich über W-Fragen ein *Exzerpt* der Kerninformationen gewinnen. Wenn ein Text nicht chronologisch oder sachlogisch aufgebaut ist, sondern eine Montage von Zeit- bzw. Geschehensebenen darstellt, kann der Stichwortzettel durch Markierungen (Pfeile, farbige Unterstreichungen etc.) nach logischen oder chronologischen Aspekten geordnet und in der Inhaltsangabe zusammengefasst werden.
- Die Drei-Gliederung nach *Einleitung, Hauptteil* (chronologisch oder sachlogisch geordnet) und *Schluss* (mit Wertung oder Ausblick bzw. Zuordnung) ist sinnvoll.

Der **Übersichtssatz** dient für die Inhaltsangabe und die Interpretationen häufig als *Einleitung* und enthält den Namen des Autors, den Titel, die Gattung (oder das Genre) und gibt den ersten Gesamteindruck oder thesenhaft konzentriert den Kern wieder. Im letzteren Fall handelt es sich um das **Resümee** (frz. résumé = Zusammenfassung). Es ist die knappste Form einer Inhaltsangabe, indem der Kern der Handlung im Präsens dargestellt wird. Aber auch einen Sachverhalt, ein Gespräch, das Ergebnis einer Diskussion, das Fazit einer Argumentation, den Hauptgedanken eines Essays etc. kann man resümieren (zusammenfassen).

Die Erweiterung zur *Inhaltsangabe* kann folgende Aspekte enthalten:

- Die Erfassung des *Kommunikationszusammenhangs:* Wo, in welcher Situation zu welchem Zeitpunkt, in welcher Form, mit welcher Absicht spricht wer mit wem?
- Die Beschreibung des *Aufbaus* (z.B. chronologische oder sachlogische Gliederung bzw. Montagetechnik) und der gedanklichen *Schwerpunkte*.
- Die Erläuterung der zu vermutenden oder zu erschließenden *Absicht* und *Wirkung* des Textes. Die Übergänge zur Interpretation sind dabei fließend.

Der **Abstract** ist eine *Textzusammenfassung* von wissenschaftlichen Abhandlungen, Dissertationen, Habilitationsschriften u.Ä. Als Vorarbeit kommt der *Konspekt* (vgl. S. 79) in Frage, der im Abstract zu einem geschlossenen und gegliederten Text zu verarbeiten ist. Im akademischen Bereich erscheinen die Abstracts häufig auf Englisch. Sie dienen der *Kurzinformation* über den Gegenstand (das Thema) einer Arbeit (z.B. der Facharbeit, vgl. S. 226ff. und des Seminarkurses, vgl. S. 251), über Ziele, Methoden und Ergebnisse. *Kriterien* eines gelungenen Abstracts sind Informationsdichte, Genauigkeit in der Sache, z.B. auch durch eine einschlägige Fachsprache, Knappheit und Objektivität, wobei nicht gewertet werden soll.

III. Jugendliche an der Schwelle zum Jahr 2000

1. Moderne Adoleszenzromane[1] als Spiegel zeitgenössischer Jugendkultur? – Schülerorientierte Erarbeitung

„Generation X" – dieser Romantitel von Douglas Coupland hat sich mittlerweile als Bezeichnung für die Jugendlichen der Neunzigerjahre durchgesetzt. „Im Gegensatz zu den vorangegangenen Generationen haben für die Angehörigen der „Generation X" Rebellion und Auflehnung gegen die Erwachsenenwelt keine Bedeutung mehr. Sie wachsen behütet in einer Gesellschaft auf, in der ihre Vorgänger bereits alle Freiheiten erstritten haben. In einer satten und zufriedenen Überflussgesellschaft finden sie kaum noch Ziele, für die sie sich einsetzen wollen." (Julia Dahms, 2001)
Ihren Niederschlag fand diese Entwicklung in zahlreichen Romanen, die sich mit dem Problem des Erwachsenwerdens in der Überflussgesellschaft befassen. Diese Romane wurden in der Literaturkritik zum Teil sehr kontrovers besprochen: Ernst zu nehmende Gegenwartsliteratur oder abgehobene, individualistische Schreiberei?

1 Zoë Jenny (*1974): Das Blütenstaubzimmer

Als meine Mutter ein paar Straßen weiter in eine andere Wohnung zog, blieb ich bei Vater. Das Haus, in dem wir wohnten, roch nach feuchtem Stein. In der Waschküche stand eine Druckmaschine, auf der mein Vater tagsüber Bücher druckte. Immer, wenn ich vom Kindergarten nach Hause kam, ging ich zu ihm in die Waschküche, und wir stiegen gemeinsam in die Wohnung hinauf, wo wir unser Mittagessen kochten. Abends vor dem Einschlafen stand er neben meinem Bett und zeichnete mit einer glühenden Zigarette Figuren ins Dunkel. Nachdem er mir heiße Milch mit Honig gebracht hatte, setzte er sich an den Tisch und begann zu schreiben. Im rhythmischen Gemurmel der Schreibmaschine schlief ich ein, und wenn ich aufwachte, konnte ich durch die geöffnete Tür seinen Hinterkopf sehen, ein heller Kranz von Haaren im Licht der Tischlampe, und die unzähligen Zigarettenstummel, die, einer neben dem anderen, wie kleine Soldaten den Tischrand säumten.

Da die Bücher, die mein Vater verlegte, nicht gekauft wurden, nahm er eine Stelle als Nachtfahrer an, damit er tagsüber weiterhin die Bücher drucken konnte, die sich erst im Keller und auf dem Dachboden und später überall in der Wohnung stapelten. [...] (v 1997)

Zoë Jenny wurde 1974 in Basel geboren. Die Ehe der Eltern – ihr Vater war Verleger und Schriftsteller, ihre Mutter Malerin – wurde geschieden, als Zoë drei Jahre alt war. Ihre Kindheit verbrachte sie zum Teil in Griechenland und im Tessin. Ihre Schulzeit, die Zoë Jenny als „reine Zeitverschwendung" bewertete, war mit häufigen Schulwechseln verbunden. Ihr Debütroman, *Das Blütenstaubzimmer*, rief unter Kritikern überschwängliche Reaktionen hervor und wurde u.a. als „Zeugnis einer skeptischen Generation [bezeichnet], für die Aufwachsen die Gewöhnung an Einsamkeit bedeutet". Für *Das Blütenstaubzimmer* erhielt die Autorin mehrere Preise und Stipendien.

2 Benjamin Lebert (*1982): Crazy

Hier soll ich also bleiben. Wenn möglich bis zum Abitur. Das ist der Vorsatz. Ich stehe auf dem Parkplatz des Internats Schloss Neuseelen und schaue mich um. Meine Eltern stehen neben mir. Sie haben mich hierher gebracht. Vier Schulen habe ich nun hinter mir. Und diese hier soll meine fünfte werden. Diese fünfte soll es dann endlich schaffen, aus meinem verfluchten Mathematik-Sechser einen Fünfer zu machen. Ich freue mich schon darauf.

Schon im Voraus haben sie Briefe und Ermutigungen geschickt. Allesamt nach dem Motto: *Lieber Benjamin, komm nur zu uns, da wird es schon besser. Viele vor dir haben es auch geschafft.* Natürlich haben sie das. Es sind immer genug Schüler da, als dass es nicht der eine oder andere doch schaffen würde. Das kenne ich schon. Bei mir ist es ein bisschen anders. Ich bin sechzehn Jahre alt und wiederhole gerade die achte Klasse. Und so wie es aussieht, schaffe ich es schon wieder nicht. Meine Eltern sind beide angesehene Leute. Heilpraktikerin und Diplomingenieur. Die können es sich nicht leisten, eine Feier zum qualifizierten Hauptschulabschluss zu geben. Das muss mehr sein. Nun gut. Deswegen bin ich also hier. [...]
(v 1999)

1. Lesen Sie gemeinsam die Anfänge der verschiedenen Romane und entscheiden Sie sich im Plenum für drei Bücher, von denen jeder Schüler mindestens zwei liest.

2. Durch das „Lesen mit Bleistift" und übersichtlich gegliederte Notizen kann bereits eine erste Lektüre sehr ergiebig sein.
a) Machen Sie Textmarkierungen (vgl. S. 78) und legen Sie einen Lesezettel an.

[1] Die Adoleszenz bezeichnet – im Unterschied zur Pubertät (= körperliche Entwicklung) – die seelische Auseinandersetzung mit den körperlichen und psychosozialen Veränderungen an der Schwelle zum Erwachsenwerden.

b) Notieren Sie mindestens e i n e Textstelle pro Buch (Anfang und Ende der Passage sowie Angabe der Seitenzahl), die Sie für besprechenswert halten.

c) Gestalten Sie (vgl. S. 26) eine Romanpassage aus (z.B. durch einen inneren Monolog oder einen fiktiven Dialog) oder um (z.B. durch einen Perspektivenwechsel).

3. Erstellen Sie nach dem für die Lektüre vereinbarten Zeitraum zunächst eine Art Lesestatistik der Klasse. Befestigen Sie dazu an einer Klassenzimmerwand Kopien der ausgewählten Romancover und verteilen Sie Klebepunkte nach folgenden Kriterien:

a) Welche Romane habe ich gelesen?
b) Welcher Roman hat mir gut gefallen? (grüner Punkt)
c) Welcher Roman hat mir nicht gefallen? (roter Punkt)

Tauschen Sie dabei Ihre ersten Leseeindrücke aus.

4. Stellen Sie Ihre Aus- bzw. Umgestaltungen vor.

a) Lassen Sie die Klasse die Zuordnung zum jeweiligen Text treffen.

b) Legen Sie die Passage des Originals vor und erörtern Sie den Gestaltungsvorschlag.

Der **Lesezettel** bietet eine gute Möglichkeit, Notizen über umfangreiche Texte tabellarisch so darzustellen, dass eine rasche Orientierung und eine zuverlässige Interpretationsgrundlage gewährleistet sind. Erprobt ist ein DIN-A4-Blatt im Querformat, das nur einseitig beschrieben wird.

Name des Autors und Titel des Textes

Seitenangabe	Personen	Wichtige Schauplätze, Zeitpunkte	Wichtige Ereignisse, Probleme, Motive, Symbole etc.	Beobachtungen, Kommentare, Fragen zum Text
...	...	...	...	...

3 Christian Kracht (*1966): Faserland

Also, es fängt damit an, dass ich bei Fisch-Gosch in List auf Sylt stehe und ein Jever aus der Flasche trinke. Fisch-Gosch, das ist eine Fischbude, die deswegen berühmt ist, weil sie die nördlichste Fischbude Deutschlands ist. Am obersten Zipfel von Sylt steht sie, direkt am Meer, und man denkt, da käme jetzt eine Grenze, aber in Wirklichkeit ist da bloß eine Fischbude.

Also, ich stehe da bei Gosch und trinke ein Jever. Weil es ein bisschen kalt ist und Westwind weht, trage ich eine Barbourjacke mit Innenfutter. Ich esse inzwischen die zweite Portion Scampis mit Knoblauchsoße, obwohl mir nach der ersten schon schlecht war. Der Himmel ist blau. Ab und zu schiebt sich eine dicke Wolke vor die Sonne. Vorhin hab ich Karin wiedergetroffen. Wir kennen uns noch aus Salem, obwohl wir damals nicht miteinander geredet haben, und ich hab sie ein paar Mal im Traxx Hamburg gesehen und im P1 in München. [...]

(v 1995)

4 Thomas Brussig (*1965): Wasserfarben

Die Schule war eine ziemlich durchschnittliche EOS. Nichts Außergewöhnliches. Ein paar Lehrer, allen voran der Direktor, glänzten trotzdem mit Sprüchen der Preislage, dass wir zur Elite der Nation, der Führungsgarde von morgen herangezogen werden und blablabla. Die bekämen wahrscheinlich die schlimmsten Minderwertigkeitskomplexe, wenn sie nicht die Illusion hätten, die Elite heranzuziehen. Das war mir von der ersten Sekunde an klar. Eine ganze Menge Schüler steht aber auf solche Sprüche. Die fühlen sich sonstwie bei diesen Aussichten. Die Schule hatte wirklich nichts Außergewöhnliches, aber alle machten tierisch einen auf Kaderschmiede. Die Zeugnisausgabe – in ein paar Tagen ist Zeugnisausgabe – wird im *Marx-Engels-Auditorium* sein. Falls es Ihnen nichts sagt, das ist der größte Hörsaal der Humboldt-Universität. Offenbar der geeignete Platz für die Zeugnisausgabe an die nachrückende hoffnungsvolle Wissenschaftlergeneration. Das Ganze wird natürlich als Höhepunkt unseres Lebens begangen. Da drunter machen sie's schon nicht mehr. Oh, Mann, wird das peinlich. Die Mütter werden zusammengeknüllte Taschentücher in den Händen halten, die Väter werden den Sprösslingen auf die Schultern klopfen, und die Lehrer werden mit bedeutender Miene kundtun, dass sie uns mit gutem Gewissen ins weitere Leben entlassen. Alles nur fauler Zauber. Die ganze Schule war ein einziger fauler Zauber. Wirklich. [...] (v 2001)

Thomas Brussig wurde 1965 in Ostberlin geboren, arbeitete nach dem Abitur u.a. als Möbelträger, Museumspförtner und Hotelportier. Später studierte er Soziologie (Gesellschaftswissenschaft) und Dramaturgie (< gr. dramaturgia = Verfertigung und Aufführung – sowie heute Bearbeitung – eines Dramas). Sein Roman *Helden wie wir* (1995) erhielt auch eine Bühnenfassung. *Am kürzeren Ende der Sonnenallee* erschien 1999 und wurde auch verfilmt.

Die **Collage** (frz. = das Aufkleben): Während die Bildcollage durch das eingeklebte Fremdmaterial (Zeitungsausriss, Fahrkarte, Stofffetzen) geprägt ist, erscheinen in der *literarischen Collage* Fremdtexte als erkennbares Zitatmaterial. Die literarische Collage ist also eine Form der *Textmontage*.

Prosainterpretation 2: Bei einem einzelnen Roman kann sich dessen Besprechung sowohl an der Handlungschronologie als auch an übergeordneten Aspekten und Fragestellungen orientieren. Ist die Textgrundlage jedoch umfangreicher, sollen z.B. mehrere themenverwandte Romane vergleichend besprochen werden, kommt vor allem die zweite Vorgehensweise, das sog. **aspektorientierte Verfahren**, in Frage.

Im Folgenden finden Sie an mehreren Stellen methodische Hinweise, wie Sie den Romanvergleich schrittweise innerhalb Ihres Kurses selbstständig erarbeiten können.

1. Schritt:

- Angesichts des umfangreichen Lesestoffes bietet sich für die Dauer der Romanbehandlung die Bildung von „*Expertengruppen*" zu den einzelnen Romanen an.
- Strukturieren Sie innerhalb Ihrer Expertengruppe den Roman und bereiten Sie eine kurze Präsentation für Ihre Mitschüler vor! Folgende Anregungen können Ihnen dabei hilfreich sein:
  a) Stellen Sie die Hauptfigur mit Hilfe eines Steckbriefes, Fotos oder eines Standbildes vor!
  b) Stellen Sie die Personenkonstellationen grafisch dar!
  c) Fassen Sie die zentralen Handlungsschritte zusammen und versuchen Sie auch dabei eine passende Form der Visualisierung zu verwenden!

Christian Kracht wurde 1966 in der Schweiz geboren und wuchs in den USA, in Kanada und Südfrankreich auf. Er arbeitete zunächst als Journalist und war unter anderem als Spiegel-Korrespondent in Hamburg und Neu-Dehli tätig. Sein Romandebüt Faserland (1995) wurde geradezu zum Kultbereich einer Generation und zum Auslöser der ‚Popliteratur'-Welle. Weitere Werke sind: *Der gelbe Bleistift* (2000) und *1979* (Roman, 2001).
Genauere Informationen über Krachts Biografie sucht man vergebens, denn der Autor gibt selten Interviews und baut um seine Person „dieselbe Aura des Rätselhaften, die seinen Roman *1979* umgibt. Wie eine leere Tafel, eine Projektionsfläche, in die man viel hineininterpretieren kann." (Markus Kuhn, www.titel-magazin.de/kracht)

5 „Faserland" – Visualisierung des Handlungsverlaufs (Schülerbeispiel)

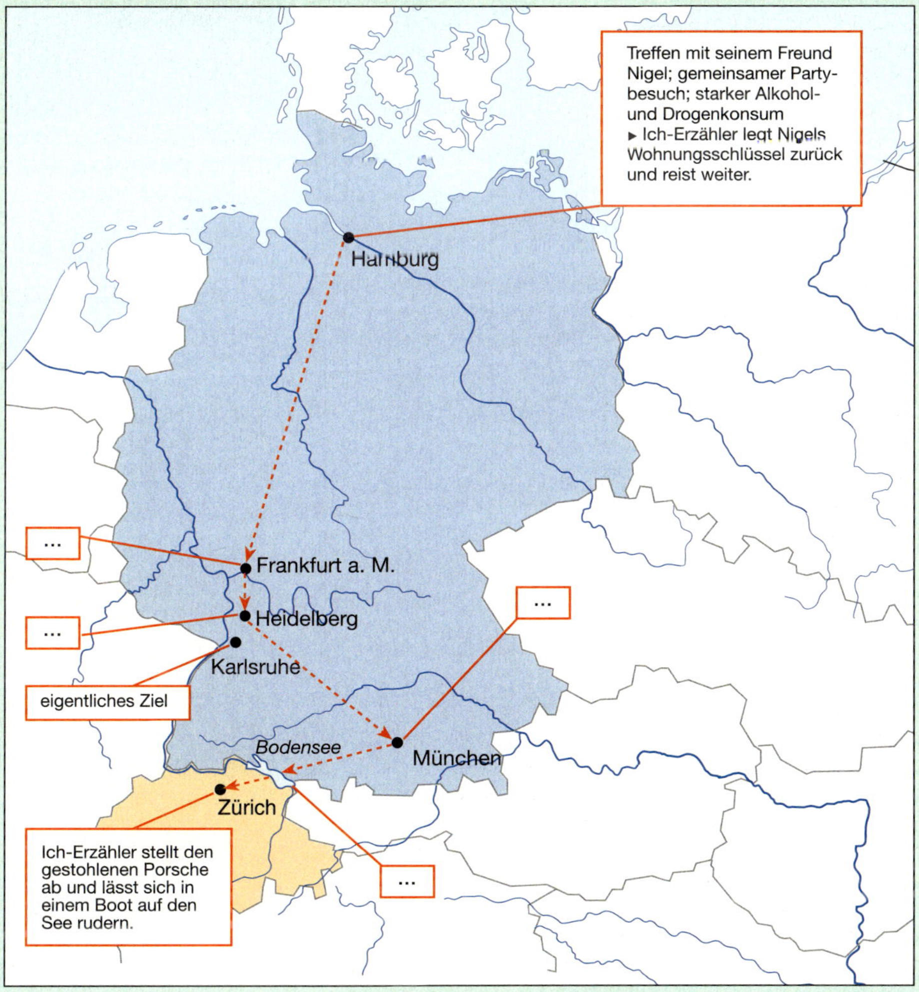

2. Schritt:

Nachdem Sie sich innerhalb Ihres Kurses gegenseitig über die wichtigsten Erzählschritte und Figurenkonstellationen informiert sowie Ihre individuellen Leseeindrücke ausgetauscht haben, geht es in einem weiteren Schritt darum, ein Konzept für den Vergleich der drei gewählten Romane zu erarbeiten. Dazu bietet sich die Erstellung eines **Metaplans** an:

5. Betrachten Sie die Darstellung des Handlungsverlaufs zu „Faserland":
a) Ergänzen Sie die fehlenden Textpassagen.
b) Besprechen Sie, welche Vor- und Nachteile solch eine Darstellung gegenüber einer Inhaltsangabe besitzt.

6. Vertiefen Sie in Ihrer Expertengruppe Ihre ersten Leseeindrücke:
a) Tauschen Sie sich zunächst darüber aus, welche Themen, Probleme, Grundaussagen und Lösungsversuche in Ihrem Roman dargestellt werden.
b) Stellen Sie das Ergebnis Ihrer Überlegungen in Form einer Text-Bild-Collage (DIN-A3) dar, in der fünf Kernsätze des Romans sowie einzelne Schlüsselbegriffe enthalten sind.
c) Verfassen Sie eine kurze schriftliche Beschreibung Ihrer Collage. (z.B. Aufbau, Erklärungen zur Text- und Bildauswahl)

7. a) Die fertigen Collagen werden (ohne die dazugehörige Beschreibung) unter den Gruppen getauscht und dort besprochen. Jede Gruppe stellt die ihr vorliegende fremde Collage dem Plenum vor – die eigentlichen Produzenten schweigen.
b) Die Collagen werden mit den schriftlichen Beschreibungen aufgehängt.

Ein **Metaplan** (< gr. meta = mit; inmitten, zwischen; nach, hinter; gemäß) dient dazu, freie Assoziationen, Ideen bzw. Überlegungen zu sammeln, um diese anschließend zu ordnen (Kategorienbildung) und in eine sinnvolle Reihenfolge zu bringen (Hierarchisierung). Dabei ergeben sich vielfältige Kommunikationsanstöße und Kooperationsgelegenheiten. Im Unterschied zum *Brainstorming* bzw. zum *Cluster* (vgl. S. 21) wird jeder einzelne Aspekt auf einen flexiblen Informationsträger (i.A. Kärtchen) notiert. Neben der Anordnung der Kärtchen dienen unterschiedliche Farben und Formen zur Unterscheidung von Gruppen, Ober- und Unterbegriffen etc.
Der Metaplan eignet sich vor allem zur Planung von arbeitsteiligen Abläufen und zur Strukturierung komplexer Sachverhalte.

- Notieren Sie auf farbigen Kärtchen (jede Farbe steht für einen bestimmten Roman) Themen, die in dem jeweiligen Roman eine Rolle spielen. Jedes Thema erhält ein eigenes Kärtchen!

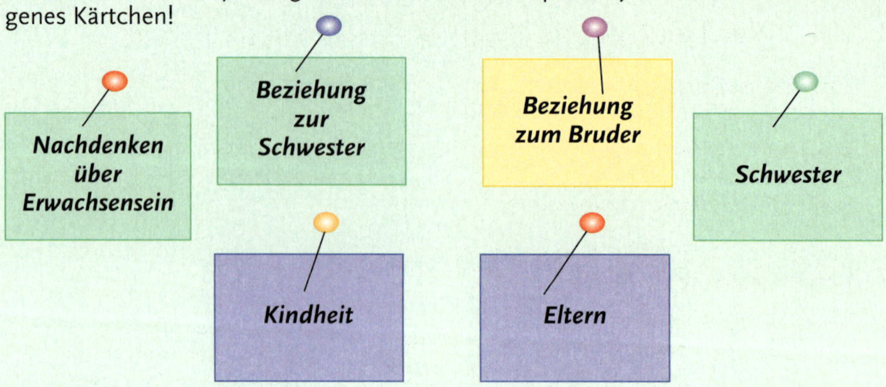

- Alle Kärtchen werden an eine Wand geheftet. Nacheinander werden Doppelnennungen zu einem Roman übereinander geheftet und die Zuordnung umstrittener Themenangaben diskutiert.
- Sortieren Sie im nächsten Schritt die gemeinsamen Themen der Romane aus und heften Sie diese Kärtchen unter passenden Oberbegriffen zusammen!

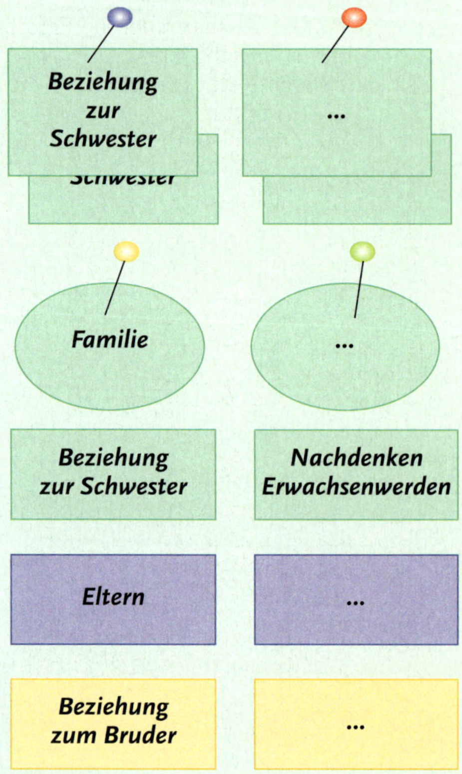

- Diese Aspekte stellen zugleich die Grundlage der weiteren Stundenschwerpunkte dar. Ordnen Sie diese Themenkärtchen in der Reihenfolge an, in der Ihnen die Besprechung im Unterricht sinnvoll erscheint!

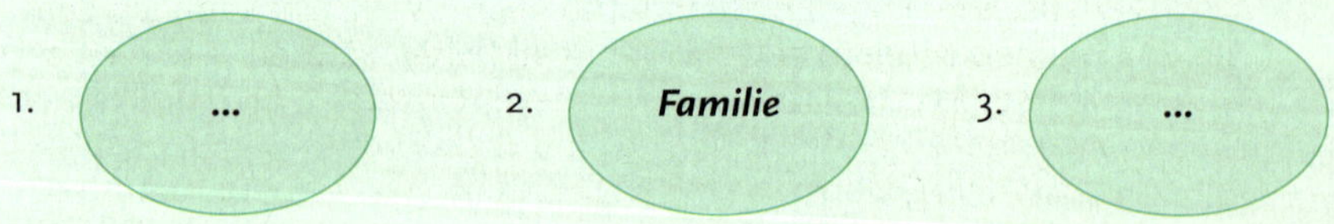

6 Stundenprotokoll: Das Thema „Familie“ in modernen Adoleszenzromanen (Auszug aus einem Schülerbeispiel)

Einen zentralen Vergleichsaspekt in Adoleszenzromanen stellt selbstverständlich das Thema „Familie“ dar. Bei einem vergleichenden Gespräch über drei verschiedene Romane besteht die Gefahr, dass sehr viele Überlegungen angestellt werden, aber auch wieder „verloren“ gehen.
Ein **Ergebnisprotokoll** ist daher ein wichtiges Hilfsmittel, um die wichtigsten Gedanken im Nachhinein (z.B. am Ende der Unterrichtseinheit oder zur Vorbereitung auf eine Klassenarbeit) noch einmal zu strukturieren und dauerhaft zu sichern.

PROTOKOLL
der Deutschstunde in Klasse 11b vom 4. Mai ...

Unterrichtseinheit: Adoleszenzromane der 90er-Jahre;
zugrunde gelegte Texte:

a) Thomas Brussig: „Wasserfarben“
b) Benjamin Lebert: „Crazy“
c) Christian Kracht: „Faserland“

Thema der Unterrichtsstunde: Familie
Vorgehensweise im Unterricht:

1. (Experten-) Gruppenarbeit:
   a) Austausch der Hausaufgaben-Ergebnisse (Textstellen im jeweiligen Roman, die Informationen über die Familie der Hauptfigur enthalten)
   b) Leitfragen bearbeiten:
      • Fakten, die man über die Familie erfährt (Name und Beruf der Eltern, Geschwister ...)
      • Verhältnis der Hauptfigur (= des Ich-Erzählers) zu den Eltern, Geschwistern
      • Bedeutsamkeit der Eltern/Familie im Roman
2. Austausch der Gruppenergebnisse im Klassenplenum; Unterstreichen zentraler Textstellen im eigenen Buch

Ergebnisse:

I. Thema „Familie“ im Roman „Crazy“:

- Benjamin bezeichnet seine Eltern als „angesehene“ Leute:
  Vater Diplomingenieur/Mutter Heilpraktikerin. „Die können es sich nicht leisten, eine Feier zum qualifizierten Hauptschulabschluss zu geben“ (S. 9). → Erwartungshaltung der Eltern an ihren Sohn, der sich dem nicht gewachsen fühlt!
  Vgl. auch Peter Weiss: „Abschied von den Eltern“ (Hinweis von Stefan)
- Eltern leben gemeinsam mit dem Sohn und einer Tochter, der Vater zieht jedoch während des Internatsaufenhaltes in ein Hotel, trennt sich also von seiner Frau. Die Auseinandersetzungen zwischen den Eltern klingen im Roman immer wieder an. Benjamin leidet darunter.
- Die **Diskussion** im Plenum kreiste zunächst v.a. um die Vaterfigur, anknüpfend an die Textstelle S. 19 (heimlicher Zettel des Vaters an den Sohn):
  a) Was verrät der Zettel über den Vater?
     → Ist der Vater unfähig, solche persönlichen Worte direkt auszusprechen? (Claudio)
     → Zeugt es nicht im Gegenteil vom Einfühlungsvermögen des Vaters, der es seinem Sohn ersparen will, ihm in der Öffentlichkeit tröstende Worte zum Abschied zu sagen? (Florian)
     → „Es ist das Beste für dich“ ist lediglich eine Floskel! (Silja)
  b) Wie ist der anschließende Erzählerkommentar („Vielleicht kann ich den Brief mal meinen Kindern zeigen. Damit sie sehen können, was ihr Vater für ein großer Macker war“) zu verstehen? (Fabian)
     → Deutliche Ironie! Vgl. die unpersönliche Formulierung:
     „Man kann nicht klagen“ und die Selbstbezeichnung „Macker“ (Simone)
  c) Interessante Beobachtung von Lars: Benjamin denkt immer dann an seine Eltern, wenn man es als Leser gerade gar nicht erwartet. Zudem trägt er während des nächtlichen Ausflugs zu den Mädchen den Pyjama seines Vaters!!
     Fazit: Die Eltern spielen in Benjamins Gedanken durchaus eine wichtige Rolle.

II. Thema „Familie“ im Roman „Faserland“:
[...]

Höxter, 4. Mai ......   Heike Stern

8. Prüfen und beurteilen Sie den Auszug aus dem Unterrichtsprotokoll hinsichtlich der äußeren Form, der Art des Protokolls, der Vollständigkeit und der Aussagekraft der enthaltenen Informationen (vgl. S. 33ff.).

9. Diskutieren Sie, sofern Sie in Ihre Romanauswahl „Crazy“ aufgenommen haben, die Fragen und Überlegungen der Klasse 11b.

10. a) Übernehmen Sie bei der Erarbeitung des Themas „Familie“ die Vorgehensweise der Klasse 11b.
b) Notieren Sie sich während des Unterrichtsgesprächs die wichtigsten Ergebnisse und schreiben Sie dann ein Ergebnisprotokoll.

Anknüpfend an die genannten Vorschläge fallen Ihnen sicherlich weitere „Aufhänger“ für eine interessante **Präsentation** Ihrer Gruppenergebnisse im Plenum ein. Stellen Sie in Ihrer Klasse einen *„Methodenkasten“* zusammen, aus dem Sie je nach Thema sinnvoll auswählen können. Überlegen Sie aber jedes Mal, ob der gewählte Methodenbaustein auch zum Inhalt, den Sie präsentieren möchten, passt. Berücksichtigen Sie bei der Auswahl zudem die für die Präsentation zur Verfügung stehende Zeit.

3. Schritt:

Im Verlauf der Besprechung und des Vergleichs der Romane müssen die einzelnen Expertenteams immer wieder Informationen zu ihrem Roman liefern, Textstellen benennen, Deutungen vornehmen etc.
Inwiefern sich aus all diesen Einzelaspekten schließlich ein fruchtbarer Vergleich der ausgewählten Romane ergibt, hängt davon ab, wie gut die einzelnen Teams die einzelnen Aspekte für die Besprechung im Kurs vorbereiten. Neben der inhaltlichen Vorbereitung trägt auch die **Präsentation** der Ergebnisse zum Gelingen entscheidend bei. Wenn alle Themen nach einem gleichförmigen Schema abgehandelt werden (z.B. Erarbeitung in Gruppen, mündlicher Vortrag der Ergebnisse, Diskussion im Plenum) stellt sich bald Langeweile ein. Im Folgenden finden Sie methodische Anregungen, um die Aufmerksamkeit der Zuhörer bei der Präsentation Ihrer Ergebnisse zu wecken:

- Inwiefern ist Ihre Romanfigur durch die sie umgebende Gesellschaft geprägt? Stellen Sie eine Museumsvitrine/eine Museumsecke mit fünf Gegenständen zusammen, anhand der Sie Ihre Mitschüler in das Thema „Beziehung Hauptfigur/Gesellschaft“ einführen können!
- Welche Figurenkonstellationen spielen im Roman eine Rolle? Stellen Sie durch ein Standbild ein Weihnachts-, Geburtstags-, Abschlussball- oder ???-Foto nach!
- Erstellen Sie ein Hörfeature bestehend aus Textzitaten, Musikeinspielung, Geräuschkulisse, eigenen Überlegungen Ihrer Gruppe ...

7 Carsten Gansel: Jugend- und Adoleszenzroman (Auszüge)

a) Klassischer bzw. traditioneller Adoleszenzroman

[...] Noch im klassischen Bildungs- und Entwicklungsroman werden Kindheit und Jugend als Vorstufen für eine geglückte Integration in die Erwachsenenwelt interpretiert. Der literarische Held macht einen Entwicklungsprozess durch, der letztlich zu einer Annäherung seiner hochgesteckten Ansprüche an jene der gesellschaftlichen Wirklichkeit führt. In den Schülerromanen der Jahrhundertwende funktioniert das Muster der Einpassung nicht mehr, vielmehr kommt es zum Bruch mit der bürgerlichen Gesellschaft. Die Helden bei RILKE, HESSE oder MUSIL scheitern, Identitätsbildung und Sinnfindung sind unter den gegebenen Umständen nicht mehr möglich. Steht im Bildungsroman mit dem Ende der „Wanderjahre“ die Einheit von Individuum und Gesellschaft in Aussicht, mündet in den Adoleszenzromanen der unlösbare Konflikt im tragischen Ende, ja in der Katastrophe. Insofern drückt der Adoleszenzroman die Krise der zeitgenössischen bürgerlichen Gesellschaft aus, die eine Identitätsfindung im klassischen Sinne nicht mehr möglich macht. Als bevorzugter Schauplatz/Raum für die gestalteten Adoleszenzkrisen fungiert die Schule, die auf diese Weise *symbolische Bedeutung* erlangt. In der Schule als literarischem Ort ballen sich gewissermaßen die gesellschaftlichen Widersprüche und treten prototypische Merkmale des klassischen Adoleszenzromans zutage:

- Die Schule funktioniert als Zwangsanstalt, die die Schüler peinigt, schikaniert, diszipliniert und mitunter zu Tode quält.
- Die Lehrer werden von den Schülern als Feinde empfunden. Sie sind unmenschlich, autoritär, brutal und halten sich an eingeschliffene Rituale.
- In der Lehrerhierarchie stehen die am höchsten, die durch besondere Militanz, Brutalität, Gewalt, Gefühllosigkeit gekennzeichnet sind. Es herrscht eine Art Sozialdarwinismus, nur die Brutalsten können sich durchsetzen.
- Den schwachen jugendlichen Helden sind Freunde zur Seite gestellt, die sie gegen die Umwelt zu schützen suchen. Sie funktionieren gewissermaßen als ihr Alter Ego und bringen entgegengesetzte Eigenschaften in die Freundschaften ein.
- Erzählt wird über die Leiden in der Schule zumeist aus dem Blickwinkel der gequälten Schüler (GANSEL, 1993d). [...]

Lesetipp 1:
Moderne Adoleszenzromane folgen klassischen Mustern – ein Vergleich moderner Romane mit ihren literarischen Vorläufern kann daher reizvoll sein und Einblicke in dieses spezielle Genre ermöglichen.
- Goethe: Die Leiden des jungen Werthers (1774)
- Plenzdorf. Die neuen Leiden des jungen W. (1972)
- Musil: Die Verwirrungen des Zöglings Törleß (1906)
- Hesse: Unterm Rad (1905)
- Salinger: Der Fänger im Roggen (1951)

11. Stellen Sie nach Gansel die zentralen Schritte auf dem Weg vom klassischen Bildungs- und Entwicklungsroman des 18./19. Jahrhunderts zum modernen Adoleszenzromans Ende des 20. Jahrhunderts in Form eines Exzerpts dar.

12. a) Besprechen Sie in Ihrer Expertengruppe, inwiefern Ihrer Hauptfigur eine „geglückte Integration in die Erwachsenenwelt“ nach dem Vorbild klassischer Entwicklungsromane gelingt.
b) Arbeiten Sie heraus, inwiefern Ihre Hauptfigur von den bei Gansel genannten Parametern gesellschaftlichen Wandels betroffen ist.
c) Notieren Sie Aspekte der Lebensweise moderner Jugendlicher, die Ihrer Meinung nach in Ihrem Roman unberücksichtigt bleiben.

13. Der gesellschaftliche Wandel bestimmt nicht nur die Inhalte moderner Literatur, sondern hat auch „Auswirkungen auf das [...] ‚Wie‘ des Erzählens“ (Gansel). Notieren Sie Gestaltungsmittel, die Ihnen an Ihrem Roman auffallen.

b) Moderner Adoleszenzroman

[...] So ist auch das Entstehen des modernen Adoleszenzromans Reflex auf den Prozess von Modernisierung [...].
Zu den Parametern des Wandels gehören:
- Entdramatisierung des Generationenkonflikts: die klassisch-autoritäre Elternrolle nimmt ab, Kinder/Jugendliche müssen sich nicht beständig abgrenzen, weil es „keine fundamentale Deutungsdifferenz zwischen den Achtzehnjährigen und Vierzigjährigen“ gibt;
- Früherwachsenheit: Kinder- und Jugendliche verhalten sich in Bereichen von Konsum und Technik wie Erwachsene, deren Erfahrungs- und Wissensvorsprung hat abgenommen;
- Trennlinien zwischen Kindheit/Jugend, Jugend/Erwachsenheit verwischen sich: längere Ausbildungszeiten, verzögerte Gründung eines eigenen Haushaltes, späte Heirat und Familiengründung;

- ständige Gewöhnung an kulturelle Neuerungen: was früher provozierte, bringt heute nur ein müdes Lächeln hervor;
- Leben in verschiedenen Realitäten: heutige Kinder/Jugendliche leben parallel zur Familienrealität in einer Peer-group-Realität, einer Beziehungsrealität, einer Schulrealität, einer Sozialrealität, einer Medienrealität.
- Wandel von der Großfamilie zur Kleinfamilie,
- zunehmende Auflösung patriarchalischer Strukturen und fest definierter Geschlechterrollen,
- Mediatisierung von Kindheit

[...] Während sich die realistisch gezeichneten Kinder- und Jugendfiguren der 70er-Jahre noch gegen patriarchalisch-autoritäre Familienverhältnisse auflehnten, leben die Töchter und Söhne der 80er-/90er-Jahre eher in „Verhandlungsfamilien", d. h., ihre Meinung ist gefragt, sie sind zur Selbstständigkeit aufgefordert, sie können und müssen eigenverantwortlich handeln. [...]

Die Protagonisten müssen sich ihre Gleichberechtigung nicht mehr erkämpfen, ihre Eltern respektieren sie als eigenständige Partner. Andererseits kann die von Kindern bzw. Jugendlichen erwartete Selbstständigkeit Überforderungssyndrome produzieren. Eben *diese Kehrseite der (Post)Moderne macht eine auf Selbstreflexivität zielende KJL*[1] *zum Gegenstand der Darstellung.* Die Leser treffen auf Protagonisten, deren Innenleben zunehmend etwas von jener (post)modernen Zerrissenheit zeigt, die ansonsten eher für Erwachsene kennzeichnend ist. Das kann nicht ohne Auswirkungen auf das „Was" und „Wie" des Erzählens bleiben. Um derartige psychische Befindlichkeiten zur Sprache zu bringen, bedarf es des Einsatzes von modernen literarischen Darstellungsweisen. Dazu gehören Ich-Erzählung, personales Erzählen, innerer Monolog mit Übergängen zur Bewusstseinsstromtechnik, häufiger Wechsel des Erzählstandortes, Rückblenden, rascher Wechsel der Zeitebenen und Tempusformen, Formen von Collage und Montage [...]. (v 1999)

Gestaltungs- und Stilmittel 1: Sie betreffen u.a. folgende Aspekte:
- Die *Erzählweise*: z.B. chronologisch-fortlaufende Erzählung oder Montagetechnik mit Rückblenden oder Übernahme von Filmtechniken mit Überblendungen oder assoziative Textgestaltung.
- Die *Erzählperspektive*: auktorial, Ich-Perspektive, personale Perspektive
- Die *Stilebene*: Hochsprache oder Mundart (Dialekt), Umgangssprache, Jugendsprache, Fachsprache?
- Die Spracheigenarten: Syntax (Para- oder Hypotaxe), Lexik (z.B. Verbal- oder Nominalstil, schmückende oder „nur" sachlich-beschreibende Adjektive oder adjektivloser Stil), Bildlichkeit (z.B. Metapher Symbol, Allegorie, Vergleich – aus welchem Bereich stammen die verwendeten Bilder?), Rhythmus (z.B. weich fließend oder stakkatohaft).

2. Wozu Literatur? – Positionen und Reflexionen über Probleme eines Literaturkanons

Neben zentralen Themen wie Familie oder Freundschaft lassen sich mit Hilfe des Metaplans auch Themen und Motive ermitteln, die nicht unmittelbar ins Auge stechen. Solch ein Thema ist die Erinnerung der Hauptfiguren an „Klassiker", die sie – meist während der Schulzeit – einmal gelesen haben.

1 Christian Kracht (*1966) Faserland (Romanauszug)

[...]
Ich sitze noch eine Weile herum und bestelle mir einen zweiten Scotch mit Soda. Irgendwo habe ich mal gelesen, dass das Grab von Thomas Mann in der Nähe von Zürich liegt, oben, auf einem Hügel über dem See. Thomas Mann habe ich auch in der Schule lesen müssen, aber seine Bücher haben mir Spaß gemacht. Ich meine, sie waren richtig gut, obwohl ich nur zwei oder so gelesen habe. Diese Bücher waren nicht so dämlich wie die von Frisch oder Hesse oder Dürrenmatt oder was sonst noch so auf dem Lehrplan stand.

Ich bestelle beim Portier ein Taxi, und als es kommt, drücke ich ihm fünf Franken in die Hand. Er hält nur die Tür auf, ich steige ein und sage dem Fahrer, ich möchte nach Kilchberg, zu dem Friedhof dort. [...] (v 1995)

2 Thomas Brussig (*1965): Wasserfarben (Romanauszug)

[...]
Büchner war anders. Er hat in die Hände gespuckt und sich um ein paar dringende Dinge gekümmert. „Friede den Hütten, Krieg den Palästen!", hat er zum Beispiel geschrieben. Da weiß doch jeder sofort, was damit gemeint ist. Goethe war bestimmt ein Riesentalent, aber er hat wahrscheinlich nicht ganz begriffen, worauf es ankommt. Ich glaube zum Beispiel, dass man *immer* gegen Unrecht auftreten muss, wenn Unrecht geschieht. Ich finde, die smarten Formulierungen zum Entzücken der Damen hätte sich Goethe schenken können.

Leider hat sich nichts geändert. Zum Beispiel halten alle die Luft an, wenn die Rede auf Thomas Mann kommt. Das war genauso ein linker Vogel wie Goethe. Gesittet bis zum Geht-nicht-Mehr. Er ist weiß Gott nicht der Typ, der sich mit Wasser aus der Leitung wäscht. Man muss dieses Geschwafel mal lesen. Er brachte es nicht mal fertig, ein normales Wort wie „Ofen" zu gebrauchen. Das ließ sich womöglich nicht mit seiner vorzüglichen humanistischen Bildung vereinbaren.

[1] KJL = Kinder- und Jugendliteratur

1. Setzen Sie spontan folgenden Satz fort: „Ein Buch lese ich dann gerne, wenn ..."

2. Vergleichen Sie die drei Romanauszüge:
a) Welche Einstellung der Hauptfiguren zur Literatur wird darin deutlich?
b) Stellen Sie in Ihrer Expertengruppe ähnliche Textstellen für Ihre Romanfigur zusammen.

3. Besprechen Sie Ihre Ergebnisse im Plenum:
a) Welche Romanfiguren äußern ähnliche Ansichten, welche unterschiedlichen Positionen treten auf?
b) Tauschen Sie sich darüber aus, welche Position mit Ihrer eigenen Auffassung von guter Literatur am ehesten übereinstimmt.

4. Stellen Sie sich vor, die Hauptperson Ihres Romans erinnert sich an eine Schullektüre. Verfassen Sie eine kurze Romanpassage, in der Ihre Romanfigur über diese Lektüre nachdenkt.

Irgendwann während der Nazizeit ist er mal ins Ausland gefahren und von dort nicht nach Deutschland zurückgekehrt. Er wusste, was er seinem Ruf schuldig ist. Er konnte fortan von sich behaupten, er sei emigriert. Er ging nach Kalifornien. Das ist eine Gegend, wo immer die Sonne scheint. Er hatte das nötige Kleingeld, um ein angenehmes Leben zu führen. Deutschland war weit weg und Tagespolitik erst mal kein Anlass, sich an den Schreibtisch zu setzen. So ein Schuft war das. Er ist vielmehr die kalifornischen Strände hoch- und runtergewackelt und hat aller Welt kundgetan: „Wo ich bin, ist die deutsche Kultur." Er fuhr wahnsinnig drauf ab, die deutsche Kultur zu sein. Echt. Unsere Deutschlehrerin hat mal gesagt: „‚Der Zauberberg' ist eine große geistige Aufräumarbeit unseres Jahrhunderts." Na meinetwegen. Aber das hört sich an, als ob er sich vor lauter Aufräumerei Schwielen gedacht hat. Ich wette, er stand auf solche Sprüche. Ich nahm das Büchner-Thema und fing an, mir Gedanken zu machen. [...] (v 2001)

3 Benjamin Lebert (*1982): Crazy (Romanauszug)

Benjamin Lebert wurde 1982 in Freiburg/Breisgau geboren und lebt zurzeit in Berlin. Er ist durch eine halbseitige Lähmung behindert und erreichte keinen Schulabschluss. Der mit 16 Jahren geschriebene autobiografische Roman *Crazy* (1999) erzählt Episoden aus dem Internatsleben in Neuseelen. Der Roman wurde zum Bestseller, ist verfilmt und fand internationale Verbreitung.

[...]

„Der alte Mann und das Meer, wie?", fragt Janosch und faltet seine Hände zusammen. „Das soll ja ziemlich gut sein. Meinst du, du kannst mir etwas daraus vorlesen? Einfach so? Zum Spaß? Wir haben ja sowieso noch ein wenig zu fahren. Außerdem möchte ich mal Literatur gelesen haben."

Szenenbild aus der Verfilmung

„Ist das Literatur?", frage ich.

„Ich schätze schon", antwortet Janosch.

„Was ist denn Literatur?", frage ich.

„Literatur ist, wenn du ein Buch liest und unter jeden Satz ein Häkchen setzen könntest – weil es eben stimmt", erklärt Janosch.

„Weil es eben stimmt?", wiederhole ich. „Das verstehe ich nicht."

„Wenn jeder Satz einfach richtig ist, glaube ich", antwortet Janosch.

„Wenn er etwas von der Welt preisgibt. Vom Leben. Wenn du bei jedem Absatz das Gefühl hast, dass du genauso gehandelt oder gedacht hättest wie die Romanfigur. Dann ist es Literatur."

„Woher weißt du das?", frage ich.

„Das denke ich mal so", antwortet Janosch.

„Das denkst du mal so?", wiederhole ich. „Dann ist es bestimmt ein Scheiß. Ein Literaturprofessor würde mir bestimmt etwas Anderes erzählen. Wie viele Bücher hast du denn schon gelesen?"

„Zwei vielleicht", antwortet Janosch.

„Zwei vielleicht? Und du erzählst mir etwas von Literatur?"

„Na, du wolltest doch etwas hören", entgegnet Janosch. „Und außerdem, glaube ich, ist das alles zu kompliziert. Davon verstehen nicht einmal Leute etwas, die etwas davon verstehen müssten. Warum machen *wir* uns also Gedanken darüber? Lass uns einfach lesen. Aus Freude am Lesen. Und aus Freude am Verstehen. Und lass uns nicht darüber nachdenken, ob es Literatur ist oder nicht. Das können andere tun. Wenn es tatsächlich Literatur ist, dann um so besser. Wenn nicht, dann ist es auch scheißegal." [...] (v 1999)

5. a) Exzerpieren Sie die wichtigsten Aussagen, die Steinmetz zum Verstehen von Literatur macht.
b) Welche Reaktionen des Lesers sind denkbar, wenn er Unvertrautem (vgl. Z. 18ff.) begegnet?

6. Vergleichen Sie Steinmetz' Verständnis von Literatur mit der Aussage des Ich-Erzählers in „Crazy" (Z. 15ff.): „Literatur ist, wenn du ein Buch liest und unter jeden Satz ein Häkchen setzen könntest."

4 Horst Steinmetz (*1934): Moderne Literatur lesen (Auszüge)

[...] Die Aktivitäten des Lesens [...] sind darauf ausgerichtet, im literarischen Werk einen umgreifenden Bedeutungszusammenhang zu erkennen. Man will das Werk verstehen. Jeder Leser versucht, ein kohärentes Ganzes aus den unzähligen Einzelteilen, Einzelaspekten und Einzelelementen des Werkes zu bilden. [...]

Es hat sich gezeigt, dass die Bedeutungskonkretisierungen, die der Leser vornehmen muss, vom Text nicht eindeutig vorgegeben werden, dass der Leser vielmehr sehr häufig zwischen mehreren Möglichkeiten entscheiden muss. Es hängt darum in hohem Grade vom einzelnen Leser ab, welches Bedeutungsganze am Ende entsteht. Dadurch verstehen verschiedene Leser dasselbe Werk verschieden. [...]

Der Leser erzeugt immer nur die Bedeutungen, die ihm auch außerhalb der Literatur etwas sagen, die er bereits vor der Lektüre kennt. Diese außerhalb der Literatur gelegenen Bedeutungen sind die des Alltags, die der Lebenswelt.

[...] Das Leseergebnis, also das Ganze der geschaffenen Bedeutung, steht darum immer in einer Beziehung zur Lebenswelt des Lesers. Deshalb hat man ein Werk verstanden, oder glaubt, es verstanden zu haben, wenn man die während des Lesens geschaffene Bedeutung auf irgendeine Weise mit der erfahrbaren und erlernbaren Realität des eigenen Lebens verbinden, sie an ihr messen, sie gar vor ihr rechtfertigen kann. [...]

Schwieriger wird es für den Leser, ja es entstehen für ihn scheinbar unüberwindliche Schwierigkeiten, wenn Literatur nicht nur die Normenwelt einer Sinnordnung angreift, sondern zur Darstellung bringt, was außerhalb der Ordnung liegt; wenn Literatur den Wert der Sinnordnungen überhaupt verwirft. Literarische Werke, die so verfahren, brechen in der Regel überdies resolut mit der literarischen Tradition, so dass der Leser sich sowohl rätselhaften Formen als auch ungeläufigen Inhalten gegenübersieht. [...]

Lesen wird auf diese Weise zu einer einsamen Entdeckungsreise, auf der man sich selbst und seine Gewissheiten aufs Spiel setzt. Und dies ist die Lesesituation vor allem des Lesers im 20. Jahrhundert. Literatur und Kunst der Moderne haben hinter sich gelassen, was früher ihre fraglose Funktion war: den Leser zu vergnügen und in seiner Lebenswelt sicherer zu machen. Die moderne Literatur verfolgt geradezu gegensätzliche Ziele. Sie will den Leser verunsichern. [...] (v 1996)

5 Timm Klotzek (*1973): „1979" – der neue Roman von Christian Kracht (Auszug aus einer Buchbesprechung)

Vor sechs Jahren schrieb Christian Kracht ein Buch, das „Faserland" heißt. Ein namenloser junger Mann macht darin eine Reise, „einmal durch die Republik von Nord nach Süd. Dabei erzählt er von Partys und Bars, von Himmelfahrtsnasen der Mädchen und vom Kotzen mit Stil", so steht es im Klappentext. Und weil im Buch selbst tatsächlich nicht sehr viel mehr Handlung folgt und die Sprache von „Faserland" sich gar nicht erst die Mühe macht, das hohle Gerede der Figuren literarisch zu glätten, all das dann auch noch oft besprochen und viel gekauft wurde, wünschten viele den Autor, der in seinem öffentlichen Auftreten seiner arroganten Hauptfigur oft bedrohlich nahekam, einfach nur zum Teufel. Manche fanden wenigstens, Christian Kracht könne gut, habe aber nichts zu erzählen. Ein paar aber liebten ihn sehr dafür, dass endlich mal jemand ein wahres Buch über die armseligen Kinder reicher Eltern schrieb oder freuten sich, das eigene Leben vorgelegt zu bekommen. [...] (v 2001)

6 Die ZEIT-Umfrage: Der deutsche Literatur-Kanon

Mit der Klage „Bis zu 90% derer, die ein Germanistik-Studium beginnen, kennen den ‚Faust' nicht" startete die Wochenzeitung DIE ZEIT im Mai 1997 eine Umfrage unter namhaften Autoren und Zeitgenossen: „Welche literarischen Werke der deutschsprachigen Literatur müsste ein Abiturient im Deutschunterricht gelesen haben? Bitte nennen Sie drei bis fünf Titel und begründen Sie Ihre Auswahl. Nennen Sie außerdem einen Titel, der nicht unbedingt zu diesem Mindestkanon gehören mag, von dem Sie aber möchten, dass er häufiger gelesen werde."

a) Durs Grünbein (*1962) *Schriftsteller*

In aller Kürze und einzig mit Blick auf dieses Seelen wie Geister verwirrende zwanzigste Jahrhundert schlage ich folgende Werke als Bausteine eines schulischen Kanons vor:

Franz Kafka/Brief an den Vater + Die Verwandlung
Bertolt Brecht/Fatzer + Aus einem Lesebuch für Städtebewohner
Robert Musil/Drei Frauen + Nachlass zu Lebzeiten
Rainer Maria Rilke/Duineser Elegien
Gottfried Benn/Roman des Phänotyp
Heiner Müller/Philoktet + Quartett

Wenn ich es richtig sehe, sind damit alle Genres (Brief, Roman, Gedicht, Novelle, Stück) als Dokument ihrer jeweiligen multiplen[1] Krisen hinreichend abgedeckt. Sprachlich ist das Meiste daran bis heute unübertroffen, weltanschaulich sind genügend Zweifel im Leser geweckt, und in jedem Fall ist hier Dichtung als Kunstform gerettet. Man sollte häufiger die Gedichte der Droste lesen, und Hebbels Tagebücher sind auch nicht verkehrt. Was noch? Der Rest ist Begeisterung, und wo die fehlt, ist sowieso alles verloren.

b) Edzard Reuter (*1928) *Unternehmer*

Kein Zweifel: Wer nicht gelernt hat, Literatur zu lesen, muss „ein Fremdling bleiben auf Erden". Zu jedem Lernen aber gehört Anleitung, ein tägliches Rüstzeug, ein Kanon. Dafür nur fünf Nennungen – welch grausame Kürze!

---

[1] multipel (< lat. multiplex): vielfach, vielfältig, zahlreich

7. „O weh, da deutet sich aber ein übler Verriss des neuen Romans an!"

8. „Manche fanden [...], Kracht könne gut, habe aber nichts zu erzählen." – Erörtern Sie, ob sich die Besprechung des Romans „Faserland" im Rahmen des Deutschunterrichts lohnt.

9. Stellen Sie einen Kriterienkatalog für die Auswahl von Lektüren im Deutschunterricht zusammen (z.B.: aktuell – allgemeingültig).

10. Stellen Sie sich vor, Sie müssten sich im Rahmen Ihres Deutschkurses auf einen vorgeschlagenen Kanon einigen.
a) Teilen Sie die genannten Werke gleichmäßig in der Gruppe auf und informieren Sie sich mit Hilfe von Literaturlexika über die Sinnrichtung der einzelnen Werke.
b) Stellen Sie Ihre Rechercheergebnisse kurz im Plenum vor.
c) Überlegen Sie dann gemeinsam, welcher Lektürekanon Sie am meisten anspricht. (Berücksichtigen Sie dabei auch die Ergebnisse aus Arbeitsauftrag 9, Seite 47.)

11. Stellen Sie Vermutungen an, welche drei der folgenden Autoren am häufigsten in den Kanon-Vorschlägen genannt wurden.
Jandl, Bachmann, Dürrenmatt, Fontane, Thomas Mann, Brecht, Lessing, Rilke, Heine, Goethe, Schiller, Kleist, Kafka, Musil, Gryphius, Walther von der Vogelweide, Büchner, Celan, Trakl, Eichendorff.

1. Natürlich Goethes „Faust“: Wie könnte man besser jene Zerrissenheit kennenlernen, die in jedem, auch in dir, steckt?
2. Der „Woyzeck“ von Büchner: was Eiseskälte den Menschen antun kann.
3. Schillers „Don Carlos“: das ewig währende, nie zu Ende gehende Ringen um das Wesen der Politik.
4. Fontanes „Stechlin“: Würde, Zuneigung, Pflichtbewusstsein, Treue, Melancholie, Toleranz – das alles ohne Spur von falschem Pathos.
5. Und schließlich der „Nathan“ von Lessing: was heutzutage weniger denn je der Begründung bedarf.

Grimmelshausen fehlt auf der Liste, Hölderlin, Eichendorff, Rilke, Kafka, das Eine oder Andere von Thomas Mann oder Bert Brecht, Dürrenmatt – vor allem aber jene beiden Autoren, die mir über alles gingen: Uwe Johnson (bestimmt die „Mutmaßungen über Jakob“, vielleicht auch die „Jahrestage“) und Hans Sahl: „Die Wenigen und die Vielen“. Wer einen tragfähigen „Kanon“ in sich aufgenommen hat, wird sich schnell von allein weiter zurechtfinden.

c) Marcel Reich-Ranicki (*1920) *Kritiker*

Das verschlägt mir die Sprache. Denn den Redakteur, der mit dieser Frage zu erkennen gibt, man müsse sich damit abfinden, dass die Abiturienten von der gesamten deutschsprachigen Literatur, von allen Romanen, Erzählungen, Dramen und Gedichten nur drei bis fünf Titel kennen, halte ich für einen Barbaren, bestenfalls für einen Spaßvogel. Nun mag es sein, dass sich die deutsche Nation, wenn es um die eigene Literatur geht, tatsächlich mit raschen Schritten der totalen Barbarei nähert. Aber ich mache da nicht mit, ich begehre nicht schuld daran zu sein.

Hier meine Mindestration für die Gymnasiasten. Zuerst Romane:

„Werther“, „Effi Briest“ und „Buddenbrooks“. Mit drei Romanen begnüge ich mich nur unter der Bedingung, dass fünf Erzählungen dazukommen: Büchners „Lenz“, Kellers „Romeo und Julia auf dem Dorfe“, Schnitzlers „Leutnant Gustl“, Musils „Törless“ und Kafkas „Hungerkünstler“. Dramen: „Minna von Barnhelm“ oder „Nathan der Weise“, „Faust I“, „Kabale und Liebe“ oder „Don Carlos“, „Prinz von Homburg“, „Dantons Tod“ oder „Woyzeck“, „Mutter Courage“.

Lyrik: Je zwei Gedichte von Hölderlin, Schiller (Balladen!), Eichendorff, Heine, Rilke und Brecht. Außerdem gibt es ja noch die Lyrik von Goethe: Da müssen mindestens vier Gedichte behandelt werden. Billiger mache ich es nicht.

d) Hartmut von Hentig (*1925) *Pädagoge*

Wer einen „Kanon“ für die in der Schule zu lesenden Werke fordert, sollte sich gefragt haben:
1. Soll dieser für alle Schülerinnen und Schüler aller Schularten gleichermaßen gelten? Wenn nicht – warum nicht?
2. Was machen wir mit den ungewollten Nebenwirkungen? Schule und Zwang verderben gleichermaßen die Freude an ihrem Objekt. Und: „Faust“ oder „Der Mann ohne Eigenschaften“ oder „Berlin, Alexanderplatz“ oder die „Duineser Elegien“ – nicht für 17-Jährige geschrieben – werden zu falschen Zeiten gelesen. Und: Was man gelesen hat, hat man gelesen, basta!
3. Wie entsteht ein Kanon? Durch Addition und Staffelung der von den Befragten zuoberst genannten Titel? Auf diesem Wege könnte ein Kanon mit fünf Dramen von Schiller zustande kommen – ohne ein Stück von Kleist oder Hauptmann oder Brecht. Ein Kanon muss aber doch wohl ein ausgewogenes Ganzes sein. – Wenn nicht auf diese arithmetische Weise: Nach welchen Kriterien wird der Kanon aufgestellt? Schon für die pädagogischen wird sich Übereinstimmung nicht leicht finden lassen, weil die Schule so verschiedene Lebensalter, Lernstadien und -bedürfnisse umfasst, geschweige denn für die literarischen und geschichtlichen.
4. Wenn es darüber Streit gibt, wer soll entscheiden? Die Germanisten? Die Erziehungswissenschaftler? Die Schulbehörden? Die Parlamente? Gemischte Kommissionen?
5. Was, vor allem, will man mit dem Kanon erreichen? Ein gemeinsames Arsenal von Geschichten, Wertvorstellungen, Sinnfiguren? Ist Michael Kohlhaas entbehrlicher als Tonio Kröger? Tonio Kröger entbehrlicher als Simplicissimus? Simplicissimus entbehrlicher als Der Schwierige? Und alle diese doch hoffentlich nicht ohne Maria Stuart und Frau Regula Amrain und Die unwürdige Greisin und Anne Frank!
6. Was setzt dem Kanon das Maß? Die Schulzeit und die Zahl der Deutschstunden? Die vorliegenden bedeutenden Werke? Die an ihnen zu erfahrenden großen moralischen und ästhetischen Themen?
7. Können 20 Werke genügen? Können 40 bewältigt werden? Von wem und, vor allem, wie?

(v 1997)

12. Schreiben Sie an die Person, deren Vorschlag Ihnen am wenigsten zusagt, einen Brief, in dem Sie Ihre ablehnende Haltung begründen.

13. Führen Sie an Ihrer Schule eine eigene Umfrage unter Lehrern und Schülern durch:
- Sollte ein fester Literaturkanon als verbindliche Grundlage des Deutschunterrichts bis zum Abitur festgelegt werden?
- Welche fünf Werke sollte ein solcher Literaturkanon auf jeden Fall beinhalten?

Die Ergebnisse können in der Schülerzeitschrift oder am Schwarzen Brett veröffentlicht werden.

14. Ein verbindlicher Literatur-Kanon für jeden deutschen Abiturienten? Verfassen Sie einen Leserbrief an die ZEIT, in dem Sie sich mit dieser Idee aus Ihrer Schülersicht auseinandersetzen.

IV. Die Gestalt der Antigone im antiken und modernen Drama

1. Mitmenschlichkeit und Göttergebot gegen königlichen Machtanspruch – Sophokles' „Antigone" (441 v. Chr.)

Die Literaturgeschichten verzeichnen seit der griechischen und römischen Antike mehr als zwei Dutzend Autoren und mehr als dreißig Opern, die den Antigone-Stoff – mehr oder weniger nah zu Sophokles – bearbeiteten. Wie lässt sich diese außerordentliche Wirkungsgeschichte erklären? Im Vergleich des antiken und modernen Dramas soll ein Versuch gemacht werden.

Caspar Neher zu Brechts „Antigone des Sophokles"

1. Vergleichen Sie die Gestalt der Antigone im Gedicht Bertolt Brechts mit der Darstellung Caspar Nehers.

2. Skizzieren Sie in eigenen Worten Ihre Erwartungen an die Handlungsweise der Antigone als Bühnengestalt.

1 Bertolt Brecht (1898–1956): Antigone* (Biografie S. 377)

Komm aus dem Dämmer und geh
Vor uns her eine Zeit
Freundliche, mit dem leichten Schritt
Der ganz Bestimmten, schrecklich
Den Schrecklichen.

Abgewandte, ich weiß
Wie du den Tod gefürchtet hast, aber
Mehr noch fürchtetest du
Unwürdig Leben.

Und ließest den Mächtigen
Nichts durch, und glichst dich
Mit den Verwirrern nicht aus, noch je
Vergaßest du Schimpf und über der Untat wuchs
Ihnen kein Gras.
Salut! (v 1948)

2 Sophokles (496–406 v. Chr.): Antigone (Anfang)

PERSONEN

ANTIGONE Tochter des Ödipus
ISMENE ihre Schwester
KREON König von Theben
EURYDIKE seine Gemahlin
HAIMON sein Sohn
TEIRESIAS ein blinder Seher
WÄCHTER
BOTE
CHOR THEBANISCHER GREISE

Schauplatz vor dem Königspalast in Theben

Antigone und Ismene kommen aus dem Haus.

ANTIGONE O Schwester, du mein eigen Blut, Ismene,
Sag einen Fluch von Ödipus, den Zeus
Nicht schon erfüllt in unser beider Leben!
Da ist kein Leid und keine Freveltat
Und keine Kränkung, keine Schändlichkeit,
Die wir nicht selbst erlebten, du und ich.
Und heute wieder, was er allem Volk
Verkündet haben soll, der neue Führer –
Kennst du's? Erfuhrst du's? Oder merkst du nicht,
Was unsern Lieben von den Feinden naht?
ISMENE Kein Wort von unsern Lieben kam zu mir,
Antigone, kein frohes und kein bittres,
Seit beide Brüder uns gefallen sind
An einem Tage, einer durch den andern.
Und seit in dieser Nacht der Feinde Heer

Antigone. Die griechische Dichtung hat das Verhängnis, das über Ödipus hereinbricht, sich auch an seinen Kindern auswirken lassen. Im *Ödipus auf Kolonos* (406 v. Chr.) des Sophokles ist Antigone die treue und geduldige Tochter, die ihren Vater in die Verbannung begleitet. Ihr besonderes Schicksal setzt erst ein, als die Brüder Eteokles und Polyneikes sich entsprechend dem Fluch des Vaters im Kampf um Theben gegenseitig umgebracht haben (*Sieben gegen Theben*). Sophokles' *Antigone* (441 v. Chr.) zeigt Antigone am Hof ihres Onkels Kreon, der nach der Brüder Tod den Thron bestiegen und die Bestattung des Landesverräters Polyneikes bei Todesstrafe verboten hat. Während die sanfte und kleinherzige Ismene sich dem Zwang beugt und der Schwester ihre Mithilfe versagt, geht Antigone in Erfüllung göttlicher und menschlicher Pflicht, aber auch in dem ihrem Geschlechte eigenen Trotz zweimal auf das Schlachtfeld, bedeckt den Bruder mit Erde, wird gefasst und verurteilt. Die Entschlossenheit und Kühnheit, die sie in der Unterredung mit Kreon zeigt, und die stolze Verachtung, mit der sie die Schwester abweist, wandelt sich im Angesicht des Todes zu rührender Klage. Im Grabgewölbe, in das man sie lebendig einmauert, erhängt sie sich, und ihr Verlobter Hämon, Kreons Sohn, kommt zu ihrer Rettung zu spät. Kreon, der mit der Verbohrtheit des

Mittelmäßigen auf seiner Strenge beharrte, lenkt erst ein, als der Sänger Teiresias Hämons Tod prophezeit. Er eilt zum Grabe, Hämon zückt das Schwert auf den Vater, verfehlt ihn und tötet sich selbst; der Selbstmord der Gattin Eurydike vervollständigt das Unglück des gebrochenen Kreon. [...]

Aus: Elisabeth Frenzel: Stoffe der Weltliteratur, Stuttgart (Kröner) [8]1992, S. 51.

3. Erarbeiten Sie aus dem Dialog und aus der Inhaltsangabe Elemente einer Exposition (vgl S. 218) und entwerfen Sie damit eine Figurenkonstellation.

4. a) Besprechen Sie in der Gruppe die Inszenierung dieses Auftritts (Schauplatz, Kulissen, Requisiten, Besetzung der Rollen, Sprechweise der Personen, Bewegungsspiel etc.).
b) Erproben Sie eine szenische Lesung (evtl. mit Tonaufzeichnung) und vergleichen Sie verschiedene Versuche.

Die **szenische Lesung** ist eine Form des *szenischen Interpretierens* (vgl. S. 185), bei der Folgendes zu beachten ist.
– Die *Sprecherrollen* müssen (ähnlich wie die Schauspielerrollen) so besetzt werden, dass Inhalt und Form des Textes optimal zur Geltung kommen.
– Auf der *simulierten Bühne* (Größe, Form, gedachte Kulissen und Requisiten) müssen Stellung und Bewegung der Figuren (z.B. Annäherung oder Entfernung), ihre Körpersprache (Mimik und Gestik) sowie die Beleuchtung (z.B. Hauptfigur im Spotlight) berücksichtigt werden.
– Über *Sprech- und Stellproben* erfolgt eine schrittweise Einübung, bei der Zuschauer (Kritiker) und Darsteller öfters die Rollen wechseln sollten.

Verschwunden ist, erfuhr ich weiter nichts,
Was neues Leid mir oder Freude brächte.
ANTIGONE Ich wusst' es wohl, und darum rief ich dich
Hinaus vors Tor, dass du allein es hörst.
ISMENE Was ist's? Ich merke, wie es in dir wogt!
ANTIGONE Gab Kreon nicht dem einen unsrer Brüder
Des Grabes Ehr' und weigert sie dem andern?
Eteokles barg er nach Recht und Sitte
im Schoß der Erde, heißt es, dass er drunten
Bei den Verstorbenen in Ehren steht,
Des Polyneikes armer Leichnam aber
Darf nicht beweint und nicht begraben werden –
So sei dem Volk befohlen, unbeklagt
Und unbestattet soll man ihn den Vögeln,
Sie lauern schon, zum üppigen Fraße lassen!
Ein solch Gebot hat uns der edle Kreon
Verkündet, dir und mir, du hörst: auch mir.
Und er wird selbst erscheinen, um es allen,
Die es nicht wissen, deutlich anzusagen.
Und damit scherzt er nicht: Wer's dennoch tut,
Der stirbt durch Steinigung vor allem Volk.
So steht's. Nun wirst du zeigen, bist du edel
Geboren oder schlugst du aus der Art.
ISMENE Verwegne! Wenn es so steht, was kann ich
Dann lösend oder knüpfend daran ändern?
ANTIGONE Sieh, ob du Müh' und Arbeit teilen willst!
ISMENE Was für ein Wagnis kommt dir in den Sinn?
ANTIGONE Ob deine Hand mit mir den Toten birgt.
ISMENE Begraben willst du ihn trotz dem Verbot!
ANTIGONE Ja, meinen Bruder, und versagst du dich,
Auch deinen. Zum Verräter werd ich nicht.
ISMENE Vermessne! Kreon hat es untersagt!
ANTIGONE Er darf mich von den Meinen doch nicht trennen.
[...]

3 Sophokles: Kreons „Thronrede“ und der Chor

Kreon mit Bewaffneten aus dem Haus

[...]
KREON Wem aber höher als sein Vaterland
Die Freunde stehn, der ist für mich nichts wert.
Ich selbst, bei Zeus, der allzeit alles sieht,
Ich schweige niemals, wenn ich statt des Heils
Das Unheil meinem Volke nahen sehe,
Und niemals wähle ich den Feind der Stadt
Zu meinem Freunde, weil ich weiß: Sie ist's,
Die uns erhält, und steuern wir mit ihr
Auf rechter Bahn, gewinnen wir uns Freunde.
Nach solchem Grundsatz fördre ich den Staat,
Und gleicher Herkunft ist auch mein Gebot,
Das für die Söhne gilt des Ödipus:
Eteokles, der für sein Vaterland
Gekämpft hat und gefallen ist als Held,
Den senket in das Grab mit allen Weihen,
Die wir den besten unsrer Toten spenden.
Dagegen seinen Bruder, Polyneikes,
Der landverwiesen war und wiederkam
Und seiner Väter Stadt und Götterbilder
Verbrennen wollte, den's gelüstete,
Sein eignes Volk zu morden, zu versklaven,
Dem wird, so gab ich dieser Stadt bekannt,
Kein Grab zuteil und keine Totenklage.
Sein Leib bleibt unbestattet, eine Beute
Von Hund und Vögeln, schändlich anzuschaun.
Das ist mein Wille. Und zu keiner Zeit
Werd ich den Schlechten vorziehn dem Gerechten.
Wer aber einsteht für sein Volk, der wird

Caspar Neher: Szenenskizze

Von mir geehrt im Leben und im Tod.
CHOR Sohn des Menoikeus, du bestimmst, es soll
Dem Freund und Feind des Staates so ergehn.
Nach jeglichem Gesetz steht dir wohl zu,
Mit uns, ob tot, ob lebend, zu verfahren.
KREON Seid mir nun auch die Hüter des Befehls!
CHOR Auf jüngre Schultern lege diese Last.
KREON Für Wächter bei dem Toten ist gesorgt.
CHOR Was forderst du dann weiter noch von uns?
KREON Schenkt keinem Nachsicht, der sich widersetzt!
CHOR Wo ist der Tor, den es zu sterben reizt?
KREON Das muss er freilich, aber manchem schon
Hat Hoffnung auf Gewinn den Tod gebracht.
[...]

Ein Wächter berichtet Kreon weitschweifig von der Missachtung des Bestattungsverbots am Leichnam des Polyneikes. Der Chor vermutet, dass vielleicht „ein Gott dies Werk betrieb".

5. a) Durch welche Grundsätze m u s s Kreon zum Gegenspieler Antigones werden?
b) Erläutern Sie die Haltung des Chores.

Der **Chor** (< gr. choros):
Der Name bezeichnete ursprünglich die für die Darstellung kultischer Tänze abgegrenzte Fläche, galt später für Tanz und Gesang und meinte schließlich die an der Aufführung von Tanz und Gesang beteiligten Personen. Der altgriechische Chor hatte einen Chorführer (gr. koryphaios = der an der Spitze Stehende) und 7–12 oder 15 (bei Tragödien), 24 (bei Komödien) und bei ekstatischen Liedvorträgen 50–100 maskierte Chorsänger (gr. Choreuten). Während des ganzen Dramas befand sich der Chor auf dem Schauplatz (der Orchestra). Bei *Aischylos* war er fest in die Handlung eingebunden. Bei *Sophokles* waren die Chorpartien zugunsten der Dialoge bereits eingeschränkt. Der Chor hatte jetzt – häufig als Sprachrohr des Dichters – nur noch die Funktion, das dramatische Geschehen zu erläutern bzw. zu deuten, die Handelnden zu warnen oder Mitleid für ihr Schicksal zu äußern. *Euripides* verwandte die Chorlieder fast nur noch als lyrische Zwischentexte zu den einzelnen Auftritten (gr. Epeisodia).

4 Sophokles: Der Chor

CHOR Ungeheuer ist viel und nichts
Ungeheurer als der Mensch.
Er überschreitet auch das graue Meer
Im Notossturm
Unter tosenden Wogen hindurch.
Erde, der Götter höchste,
Die unerschöpfliche, unermüdliche,
Bedrängt sein Pflug. Auf und ab
Ackern die Rosse ihm
Jahr um Jahr.

Leichtgesinnter Vögel Volk
Fängt er im Garn,
Wilder Tiere Geschlechter
Und Kinder des Meers
in verschlungenem Netzgeflecht,
Der kluge Mensch.
Mit List bezwingt er,
Was haust auf Höhen
Und schweift im Freien.
Dem Pferd mit der mächtigen Mähne,
Dem unbändigen Bergstier
Zähmt er den Nacken
Unter das Joch.

Und die Sprache
Und luftgewirkte Gedanken
Lehrte er sich
Und den Trieb zum Staat
Und Obdach
Gegen ungastlichen Reif vom Himmel
Und Regengeschosse,
Allberaten.
Ratlos tritt er
Vor nichts, was kommt,
Nur dem Tod entrinnt er nicht.
Aber aus heillosen Leiden
Ersann er sich Rettung.

Mit der Erfindung Kunst
Reich über Hoffen begabt,
Treibt's zum Bösen ihn bald
Und bald zum Guten.
Ehrend des Landes Gesetz
Und der Götter beschwornes Recht,
Ist er groß im Volk.
Nichts im Volk,
Wer sich dem Unrecht gab
Vermessenen Sinns.
Nie sei Gast meines Herdes,
Nie mein Gesinnungsfreund,
Wer solches beginnt.

Der Wächter mit Antigone.

CHOR Unfassbares Bild entzweit meinen Sinn:
Sag ich, Augen, ihr lügt,
Das ist Antigone nicht?
Unglückselige du,
Des unseligen Ödipus Kind!
Was geschah? Sie haben dich doch
Nicht ergriffen bei sinnlosem Tun,
Wider Königs Gesetz dich empörend?

WÄCHTER Das ist die Täterin! Die griffen wir,
Als sie bestattete – doch wo ist Kreon?

Kreon kommt heraus.

6. a) Erklären Sie die Eingangsverse des Chores mit Hilfe eines Clusters, in dem Sie zweifarbig Größe und Begrenztheit des Menschen skizzieren.
b) Vergleichen Sie die Grundposition des Chores und seine Haltung im konkreten Fall Antigones.

Der Wächter führt die gefangene Antigone, die den Leichnam zum zweiten Male bedeckte und geständig sei, dem Chor und Kreon in seiner schwadronierenden Rede vor.

5 Sophokles: Antigone – Kreon

KREON *(zu Antigone)* Dich frag ich nun, du senkst den Blick zu Boden:
Gestehst du oder leugnest du die Tat?
ANTIGONE Ich sage, dass ich's tat, und leugne nicht.
KREON *(zum Wächter)* Du mach dich fort, wohin es dir beliebt,
Von einem schweren Vorwurf bist du frei!
Wächter ab.

Du aber sag mir – ohne Umschweif, kurz:
Hast du gewusst, dass es verboten war?
ANTIGONE Ich wusst' es, allerdings, es war doch klar!
KREON Und wagtest, mein Gesetz zu übertreten?
ANTIGONE Der das verkündete, war ja nicht Zeus,
Auch Dike in der Totengötter Rat
Gab solch Gesetz den Menschen nie. So groß
Schien dein Befehl mir nicht, der sterbliche,
Dass er die ungeschriebnen Gottgebote,
Die wandellosen, konnte übertreffen.
Sie stammen nicht von heute oder gestern,
Sie leben immer, keiner weiß, seit wann.
An ihnen wollt' ich nicht, weil Menschenstolz
Mich schreckte, schuldig werden vor den Göttern.
Und sterben muss ich doch, das wusste ich
Auch ohne deinen Machtspruch. Sterbe ich
Vor meiner Zeit, nenn ich es noch Gewinn.
Wes Leben voller Unheil ist, wie meines,
Trägt der nicht, wenn er stirbt, Gewinn davon?
Drum schmerzt mich nicht, dass sich mein Schicksal nun
Erfüllt. Ja, hätt' ich meiner Mutter Sohn,
Den Toten, unbestattet liegen lassen,
Das schmerzte mich, doch dies tut mir nicht weh.
[Mag ich dir nun auch eine Törin scheinen –
Vielleicht zeiht mich der Torheit nur ein Tor.]
CHOR Des Vaters trotzige Art verrät das Kind,
Dem Unglück sich zu beugen weiß sie nicht.
KREON So merke dir. – Der allzu starre Sinn
Zerbricht am ehsten, und der stärkste Stahl,
Wenn man ihn überhart im Feuer glühte,
Zersplittert und zerspringt zuallererst.
Ich weiß, mit kleinem Zügel bändigt man
Die wilden Rosse. Überheblichkeit
Ist nicht am Platz, wo man gehorchen muss.
Die war im Frevelmut schon Meisterin,
Als sie erlassene Gesetze brach,
Und ihrem ersten Frevel folgt der zweite:
Hohnlachend prahlt sie noch mit ihrer Tat.
Wenn sie sich ungestraft das leisten darf,
Bin ich kein Mann mehr, dann ist sie der Mann!
Nein – sei sie meiner Schwester Kind und näher
Als alle Blutsverwandten mir verwandt –,
Sie wird der schwersten Buße nicht entgehn,
Samt ihrer Schwester! Die ist gleichfalls schuldig
An dem Begräbnis, hat es mitgeplant.
Ruft sie mir her! Noch eben sah ich sie
Wie eine Rasende im Hause toben.
Meist spielt das Herz schon vorher den Verräter,
Wenn einer krumme Wege geht im Dunkeln.
Erst recht verhasst ist mir, wer sein Verbrechen
Verschönern will, bei dem man ihn ertappt.
ANTIGONE Willst du noch mehr, als dass ich sterben muss?
KREON Sonst nichts. Damit hab ich vollauf genug.
ANTIGONE Was zögerst du? Wie alles, was du sagst,
Mir nicht gefällt und nie gefallen soll,
Muss meine Art auch dir zuwider sein.
Und doch, wie hätt' ich rühmlicheren Ruhm
Gewonnen, als dass ich den eignen Bruder
Begrub? All diese sprächen freudig ja
Dazu, verschlösse Furcht nicht ihren Mund.
[Auch darin hat es herrlich der Tyrann:
Frei darf er tun und sagen, was er will.]
KREON Das siehst nur du von Kadmos' ganzem Volk.
ANTIGONE Die sehen's auch, nur kneift ihr Mund vor dir.
KREON Schämst du dich nicht mit deinem Eigensinn?
ANTIGONE Die Blutsverwandten ehren schändet nicht.
KREON Den er erschlug, war er nicht auch dein Bruder?

Antigone, Aufführung der TRI-Bühne, Stuttgart (1991)

ANTIGONE Ja, gleichen Vaters, gleicher Mutter Kind.
KREON Und kränkst ihn so mit deinem Liebesdienst!
ANTIGONE Das wird der Tote niemals dir bezeugen!
KREON Wo du ihn gleich wie diesen Frevler ehrst!
ANTIGONE Sein Bruder, nicht ein Sklave war's, der starb!
KREON Der schirmte Theben, der verheerte es.
ANTIGONE Und dennoch fordert Hades gleiches Recht.
KREON Man ehrt nicht gleich den Edlen und den Schlechten.
ANTIGONE Wer weiß, ob drunten das geheiligt ist?
KREON Nie, auch nicht wenn er starb, lieb ich den Feind.
ANTIGONE Mitlieben, nicht mithassen ist mein Teil.
KREON So geh, und muss geliebt sein, lieb die drunten
Mich wird im Leben nie ein Weib regieren.

Ismene wird aus dem Haus geführt.

7. a) Versuchen Sie in Gruppen eine Inszenierung dieser Szene.
b) Vergleichen Sie im Plenum Ihre Versuche mit der Einspielung einer professionellen Aufführung.

Das Dionysostheater in Athen

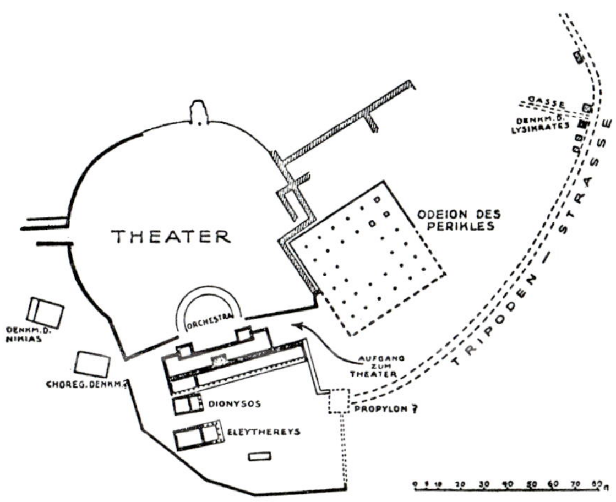

Der Dionysos-Bezirk am Südhang der Akropolis

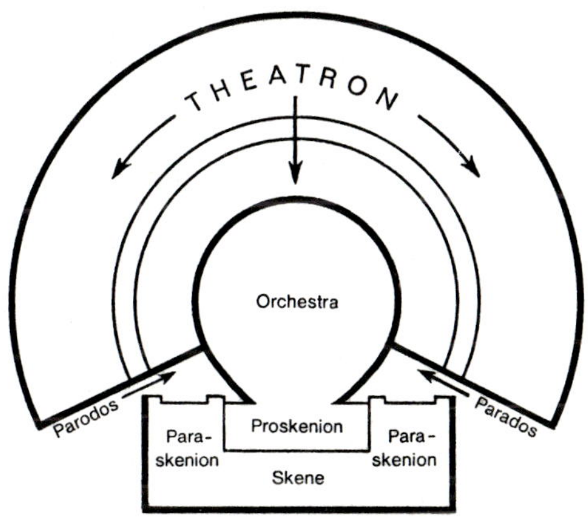

Das Theatron:	gestufte Zuschauerarena
Die Orchestra:	Schauplatz des Chores
Die Skene:	Bühnenhaus und erhöhter Schauplatz für die Schauspieler
Proskenion:	vorderer Bühnenrand für Dekoration
Paraskenion:	Flügelbau
Der Parodos:	Eingang und Name des Einzugslieds

Ismene will sich Antigones Tat anschließen, aber diese lehnt den Solidarisierungsversuch schroff ab: „Du wähltest ja das Leben, ich den Tod." (Vers 555)
Hämon, der Verlobte Antigones, versucht seinen Vater Kreon vergeblich umzustimmen. Obwohl er äußerst geschickt politisch argumentiert und sich zum Sprecher des Volkswillens macht, endet der Dialog in totaler Entzweiung von Vater und Sohn. Kreons Entschluss steht fest: Antigone soll eingeschlossen werden, „lebend in ein Felsengrab/Mit so viel Speise, wie zur Sühne reicht." (Vers 774f.)

Joana Maria Gorvin als Antigone im Burgtheater 1961, Regie: Gustav Rudolf Sellner

Die **Tragik** (< gr. tragike (techne) = Kunst des Trauerspiels) in der griechischen Tragödie löst nach der *Poetik* des Aristotoles eine **Katharsis** (gr. = Reinigung) aus, indem sie im Zuschauer „Jammer und Schaudern“ bewirkt. Diese sind bei Aristoteles als seelische Erregungszustände zu verstehen, die sich auch körperlich äußern und somit eine befreiende Affektentladung auslösen.

6 Sophokles: Chor – Antigone – Kreon

[...]
CHOR Frommes Dienen ist Gottesdienst,
Unüberschreitbar aber bleibt
Der Machtbefugten Machtgebot.
Eigner Drang trieb dich ins Verderben.
ANTIGONE Unbeweint, ungeliebt, unvermählt
Führen sie mich den beschlossnen Weg.
Nie mehr darf ich Arme dich schauen,
Heiliges Auge des Lichts,
Und mein Los beklagt
Keines Freundes Träne.

Kreon kommt aus dem Haus.

KREON Wisst ihr, dass Klagelieder vor dem Tod
Niemals ein Ende fänden, wenn sie nützten?
Schafft sie mir schleunigst weg! Und rings umschlossen
Vom Grabgewölbe lasst, wie ich befahl,
Sie dort allein, ob sie nun sterben möchte,
Ob weiterleben unter solchem Dach.
So sind wir unbefleckt von ihrem Tod,
Das Wohnrecht nur hier oben ist sie los.
ANTIGONE O Grab, o Brautgemach, o unterirdisch
Gefängnis allezeit! Ich geh dahin
Zu all den Meinen, deren schon so viel
Persephone im Totenreich empfangen.
Und ich, die Letzte, sterb am bittersten,
Eh' sich erfüllte meines Lebens Teil.
Doch eine Hoffnung wächst in mir: Ich komme
Geliebt zum Vater und geliebt zu dir,
O Mutter, und zu dir, Eteokles.
Denn als ihr starbt, da wusch euch meine Hand
Und schmückte euch und goss euch Grabesspenden.
Und nun, da ich auch dir, mein Polyneikes,
Die letzte Liebe tat, ist das mein Lohn!
[Und doch, wer klug ist, lobt, dass ich dich ehrte.
Denn wär' ich Mutter worden, für mein Kind,
Für meinen toten Gatten hätt' ich nie
Der Stadt mich widersetzt mit solcher Tat.
Um welcher Satzung willen sag ich das?
Starb mir der Gatte, fänd' ich einen andern,
Von ihm ein Kind auch, wenn ich eins verlor.
Doch ruhn im Hades Mutter schon und Vater,
Da kann ein Bruder niemals mehr erblühn.
Nach solcher Satzung ehrt' ich dich vor andern,
Geliebter Bruder, aber Kreon fand,
Dass ich mich schuldig machte und empörte.
Und nun packt seine Faust mich, schleppt mich fort,
Kein Brautbett ward mir und kein Hochzeitslied
Zuteil, kein Gatte, keines Kindes Pflege.
Verlassen so von aller Liebe, geh ich
Lebendig in die Grabesgruft der Toten.]
Welch göttliches Gesetz hab ich verletzt?
Was soll ich Arme zu den Göttern noch
Aufschauen? Welchen Helfer ruf ich an?
Heiß ich doch, weil ich fromm war, Frevlerin!
Ja, wenn es so den Göttern wohlgefällt,
Dann seh ich ein: Ich leide, weil ich fehlte.
Doch fehlten diese, treffe sie nichts Ärgres,
Als was sie wider Recht an mir getan!
CHOR Noch reißen Stürme sie hin
Mit gleicher Gewalt wie zuvor.
KREON Drum werden auch ihre Geleiter
Jammernd ihr Säumen büßen!
ANTIGONE Weh mir! Ganz nah an den Tod
Traf dieses Wort!

Caspar Neher: Szenenskizze

KREON Lass jegliches Hoffen, rat ich:
So und nicht anders wird es vollstreckt.

Ab ins Haus.

ANTIGONE O Land Theben, o Vaterstadt!
Ihr Ahnengötter! Sie führen mich fort,
Und ich darf nicht mehr weilen.
Edle Thebaner, schaut mich an,
Die Einzige, Letzte vom Königsgeschlecht,
Was ich leide, von was für Volk,
Weil ich Heiliges heiliggehalten!

Antigone wird abgeführt.

[...]

Die **dramatische Technik** des Sophokles ist eine verkürzende. So liegt der Höhepunkt, Antigones Abschied, am Ende des zweiten Drittels, das durch die vorausgehende Hämon-Szene in das letzte Drittel verschränkt ist. Daraus ergibt sich nebenstehendes Schema:

Aus: Siegfried Melchinger: Sophokles, Velber (Friedrich) ²1969, S. 72.

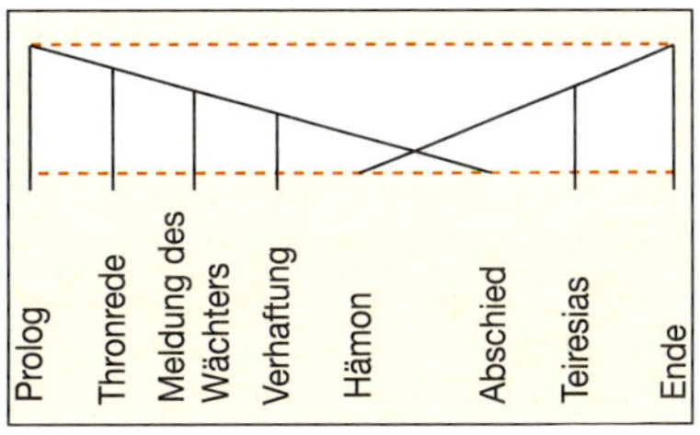

Der blinde Seher Teiresias, den Kreon zunächst der Käuflichkeit bezichtigt, wirbt vergeblich um Einsicht des Herrschers und prophezeit ihm den Fluch der Rachegöttinnen: Kreon wird unsicher und will schließlich dem Rat des Chores folgen:
„Geh hin, befrei die Jungfrau aus der Gruft, / Und gib dem Unbestatteten sein Grab!“ Aber alles kommt zu spät: Antigone hat sich erhängt, Hämon ersticht sich vor den Augen des Vaters und auch Eurydike, Kreons Gemahlin, nimmt sich das Leben, als sie die schrecklichen Ereignisse erfährt.

7 Sophokles: Antigone (Schluss)

[...]
BOTE Die Schuld am Tod des Einen wie des Andern
Hast du, entbot sie noch im Sterben dir.
KREON Und wie verübte sie die blutige Tat?
BOTE Sich selbst traf sie ins Herz, als Weherufe
Ihr meldeten, was ihrem Kind geschah.
KREON Weh mir! Auf keinen andern
Wälz ich von mir diese Schuld!
Ich Unseliger, ja, ich erschlug dich!
Ich war es gewiss! Diener, Io!
Schafft mich schleunigst fort,
Ich bin nicht mehr als nichts!
CHOR Was einzig hilft im Unglück, forderst du:
Je kürzer Leid vor Augen, desto besser.
KREON Komm, komm, stell dich ein,
Schönste der Stunden,
Bring mir des Lebens letztes Ziel!
komm, komm, dass ich
Keinen Tag mehr sehe!
CHOR Das bleibt der Zukunft. Handeln heißt es heute.
Sie werden's walten, deren Amt es ist.
KREON Was ich erflehte, ist mein höchster Wunsch.
CHOR Erflehe nichts: Aus vorbestimmtem Los
Vermag kein Sterblicher sich zu befrein.
KREON So bringt mich Narren hinweg,
Der dich, mein Kind, mordete ungewollt,
Und auch dich! O Qual!
Ich sehe keinen Weg, nichts, was mich hält.
Nur Wankendes greif ich. Aufs Haupt
Brach mir untragbares Schicksal.

Er wird von Dienern ins Haus geführt.

CHOR Allen Segens Anfang heißt Besinnung,
Was der Götter ist, entweihe keiner!
Überhebung büßt mit großem Falle
Großes Wort, dem Alter zur Besinnung.

8. a) Im Abschied Antigones werden neben den bekannten Positionen neue Töne deutlich. Erörtern Sie beides.
b) Stellen Sie sich vor, Antigone schreibt an ihren Verlobten Hämon einen Abschiedsbrief.
c) Die Echtheit der Verse 904–920 (Z. 33–49) ist umstritten. Besprechen Sie, ob Antigones Überzeugungskraft durch diesen Einschub gewinnt oder verliert.

9. a) Erörtern Sie, warum sich Kreon in Text 7 einen „Narren“ nennt.
b) Stellen Sie dar, worin Kreons „Überhebung“ (gr. die Hybris) besteht.

Sophokles wurde um 497 v. Chr. in Kolonos bei Athen als Sohn wohlhabender Eltern geboren. Er erhielt eine umfassende Ausbildung in allen politischen Disziplinen (Waffendienst, Rechts-, Finanz- und Verwaltungswesen sowie im Kult, da im 5. Jahrhundert Priesterämter ehrenhalber verliehen wurden), aber auch in Sport, Musik, Dichtkunst, Tanz, Theater, Philosophie, Mathematik, Astronomie und Naturwissenschaften. Er blieb der Vaterstadt zeitlebens eng verbunden, erlebte schwere Zeiten (490 Erster Perserkrieg: Marathon; 480 Zweiter Perserkrieg: Salamis; Kriege gegen Sparta: 459, 431, 418) und bekleidete höchste Staatsämter als Schatzmeister des Attischen Seebundes (443) und als Stratege (General oder Admiral 441). Außerdem übte er ehrenhalber das Priesteramt aus, trat als Schauspieler (468 als Nausikaa) und Sänger auf und gewann um die zwanzig Dichterwettbewerbe (z.B. 468 über Aischylos). Von seinen 123 Dramen sind 7 Tragödien (*Aias, Trachinierinnen, Antigone, Oidipus Tyrannos, Elektra, Philoktet, Oidipus Koloneus*) und ein Satyrspiel erhalten. Um 406 ist Sophokles in seinem Geburtsort gestorben.

2. Die Forderung des Unbedingten gegen den Kompromiss – Jean Anouilhs „Antigone" (1942)

Das Stück entstand 1942. Durfte wegen Antigones Auflehnung gegen Kreon das Drama als Résistance-Stück gedeutet werden? Oder konnte gar durch die Charakterisierung Kreons als kompromissbereiten Herrscher und wegen der Uraufführung 1944 im besetzten Paris eine Rechtfertigung der Kollaborateure des Vichy-Regimes herausgelesen werden?

1 Jean Anouilh (1910–1987): Antigone (Anfang)

PERSONEN	ANTIGONE	EURYDIKE	WÄCHTER
	ISMENE	KREON	EIN BOTE
	DIE AMME	HÄMON	SPRECHER

Neutrales Bühnenbild. Im Hintergrund drei gleiche Türen.
Beim Aufgehen des Vorhangs sind alle Personen auf der Bühne. Sie plaudern, stricken oder spielen Karten. Der SPRECHER *tritt vor.*

SPRECHER So ... Diese Leute werden euch jetzt die Geschichte der Antigone spielen. Antigone ist die kleine Magere, die da drüben sitzt und schweigt. Starr blickt sie vor sich hin und denkt. Sie denkt, dass sie nun gleich Antigone sein wird, dass sie plötzlich nicht mehr das schmächtige, schwarze, verschlossene Mädchen ist, das keiner in der Familie ernst nimmt, sondern dass sie sich allein gegen die Welt stellen wird und gegen Kreon, ihren Onkel, der König ist. Sie denkt daran, dass sie sterben muss und – weil sie ja noch so jung ist – dass auch sie gerne noch leben möchte. Aber man kann ihr nicht helfen. Sie heißt Antigone und muss ihre Rolle durchhalten bis zum Ende. Seit der Vorhang aufgegangen ist, fühlt sie, wie beängstigend schnell sie sich von ihrer Schwester Ismene entfernt, die dort mit einem jungen Mann plaudert und scherzt. Sie löst sich von uns allen, die wir heute Abend nicht zu sterben brauchen und ihr ruhig zusehen können. [...]
Der kräftige, weißhaarige Mann, der nachdenklich dort neben seinem Pagen sitzt, das ist Kreon. Er ist der König. Er hat Runzeln und ist müde. Er versucht sich in dem mühsamen Spiel, die Menschen zu führen. Früher, zu Ödipus' Zeiten, als er nur der Erste bei Hofe war, liebte er Musik, schöne Einbände und lange Streifzüge durch die Antiquariate von Theben. Aber Ödipus und seine Söhne sind tot. Er verließ seine Bücher und Sammlungen, krempelte die Ärmel auf und begann zu regieren.
Abends, wenn er dann müde ist, fragt er sich oft, ob es nicht sinnlos sei, die Menschen führen zu wollen, ob es nicht ein schmutziges Geschäft sei, das man weniger empfindsamen Naturen überlassen solle. Doch am nächsten Morgen erwarten ihn neue Aufgaben, und er steht auf, gelassen wie ein Arbeiter, der an sein Tagewerk geht. [...]
So, nun kennt ihr sie alle, und die Geschichte kann beginnen. Sie fängt damit an, dass die zwei Söhne von Ödipus, Eteokles und Polyneikos, in Streit geraten waren und sich vor den Stadtmauern gegenseitig erschlagen hatten. Denn jeder sollte immer abwechselnd ein Jahr über Theben regieren. Aber nachdem das erste Jahr verstrichen war, hatte sich Eteokles, der Ältere, geweigert, die Herrschaft seinem Bruder zu übergeben. Sieben mächtige ausländische Fürsten, die Polyneikos zu Hilfe gekommen waren, wurden vor den Toren Thebens geschlagen. Die Stadt ist gerettet, und die feindlichen Brüder sind beide tot. Kreon, der neue König, ordnete für den guten Bruder Eteokles ein großartiges Begräbnis an. Polyneikos aber, der Taugenichts, der Aufrührer, soll unbeweint und unbestattet auf dem Schlachtfeld liegen bleiben, den Raben und Schakalen zum Fraß. Jeder, der sich unterstehen sollte, ihm den letzten Dienst zu erweisen, wird erbarmungslos mit dem Tode bestraft. [...]

Der **Sprecher** ist eine Rolle des modernen Theaters, der an die Stelle des antiken Chores tritt und der bei Anouilh einen wesentlichen Anteil an der Entmythologisierung und der Privatisierung des Stoffes hat.

1. Jean Anouilh hält sich an den Handlungsverlauf der antiken Tragödie.
a) Gestalten sie ein Standbild zur Eröffnung der Szene.
b) Beschreiben Sie, durch welche inhaltlichen Aspekte und sprachlichen Mittel sich die Atmosphäre und Tendenz des Stücks verändert.
c) Erbeiten Sie in Gruppen Vorschläge für das Bühnenbild, die Kostüme der Figuren sowie die Rollenbesetzung.

Das **Standbild** stellt Figuren einer Szene nach Standort, Konstellation, Mimik und Gestik so dar, wie der Regisseur es sich vorstellt.

1. Bilden Sie eine Arbeitsgruppe oder zwei Gruppen mit mindestens 14 Personen (einem Regisseur, mindestens drei Wächtern und mindestens zwei Beobachtern) und klären Sie die Rollenverteilung.
2. Der Regisseur formt das Standbild nach seiner Vorstellung, indem er die Stellung der Figuren auf der Bühne, ihre Vereinzelung bzw. die Beziehung zueinander sowie ihre Mimik und Gestik in der Art von Gliederpuppen durch Anweisung und Vormachen „modelliert". Die Figuren verhalten sich dabei völlig passiv und kommentarlos.
3. Während die Figuren in den eingenommenen Positionen für kurze Zeit „erstarren", macht der Regisseur eine Polaroidaufnahme.
4. Die Beobachter und danach die Figuren beschreiben und beurteilen das Standbild. Der Regisseur notiert die Kritikpunkte, die mit Hilfe des Polaroidfotos überprüft werden können, und rechtfertigt „sein" Standbild.
5. Alternative Standbilder können in derselben oder anderer Rollenverteilung in gleicher Weise erprobt werden.

2 Jean Anouilh: Ismene – Antigone

[...]
ANTIGONE: Ich lache dich nicht aus. Aber es beruhigt mich, wenn du schön bist. Weißt du noch, wie ich als Kind oft unglücklich war? Ich strich dir Lehm ins Gesicht und steckte dir Würmer in den Nacken. Einmal fesselte ich dich an einen Baum und schnitt dir deine schönen langen Haare ab. *Sie streichelt ihr die Haare.* Wie leicht muss es sein, unter diesen schönen, weichen, wohlgeordneten Haaren vernünftige Gedanken zu haben! Da wundert es mich nicht, dass ich mit meinem Schopf ganz verworren denke.
ISMENE *plötzlich:* Warum weichst du mir aus?
ANTIGONE: *sie immer noch streichelnd:* Ich weiche dir nicht aus.
ISMENE: Weißt du, es ging mir nicht mehr aus dem Sinn.

ANTIGONE: So? ...
ISMENE: Die ganze Nacht musste ich daran denken. Du bist wahnsinnig, Antigone.
ANTIGONE: Ja.
ISMENE: Wir können es nicht tun.
ANTIGONE: *nach einer Pause:* Warum nicht?
ISMENE: Er wird uns töten lassen.
ANTIGONE: Sicher. Jeder tut, was er muss. Er muss uns töten lassen, und wir müssen unseren Bruder bestatten. So sind die Rollen verteilt. Was sollen wir sonst tun?
ISMENE Ich will nicht sterben.
ANTIGONE: *ruhig:* Glaubst du, ich will gerne sterben?
ISMENE: Höre, ich habe die ganze Nacht lang nachgedacht. Ich bin die Ältere von uns – und die Vernünftigere. Du stürzt dich immer auf den nächstbesten Gedanken – und wenn es die größte Dummheit ist. Ich bin doch viel abwägender und überlegter.
ANTIGONE: Manchmal darf man gar nicht so viel überlegen.
ISMENE: Doch, Antigone, doch! Natürlich ist es grauenhaft, und unser Bruder tut mir genauso leid wie dir. Aber ich kann auch unseren Onkel ein wenig verstehen.
ANTIGONE: Ich will nicht ein wenig verstehen!
ISMENE: Er ist der König – er muss ein Beispiel geben.
ANTIGONE: Und ich bin kein König und muss kein Beispiel geben. Ich weiß schon, wie man immer sagt: die kleine, böse, dickköpfige, schlechte Antigone. Und dann schließt man sie irgendwo ein. Ganz recht geschieht ihr, warum war sie so ungehorsam!
ISMENE: Nun sei nicht so eigensinnig, schau nicht so starr und höre. Ich habe doch öfter Recht als du.
ANTIGONE: Ich will gar nicht Recht haben.
ISMENE: Dann versuche wenigstens zu verstehen!
ANTIGONE: Verstehen ... Seit ich klein bin, höre ich von euch nichts als dieses Wort. [...]

Durch die Amme, die sich liebevoll und zärtlich um Antigone kümmert, und durch die Begegnung von Antigone und Hämon, die es bei Sophokles nicht gibt, erhält Anouilhs Stück einen zunehmend menschlich-privaten Charakter: Antigone gesteht Hämon ihre große Liebe, spricht im Irrealis vom ersehnten gemeinsamen Sohn, und sagt aber dem sprachlosen Verlobten zugleich, dass es niemals eine Heirat geben werde. Sie zwingt Hämon, wortlos zu gehen.

2. a) Charakterisieren Sie in einer szenischen Lesung mit Stellprobe die beiden Schwestern.
b) Stellen Sie Unterschiede zu Sophokles heraus, die in Antigones Begründung ihrer Haltung deutlich werden.

Jean Anouilh wurde 1910 als Sohn eines Schneiders in Bordeaux geboren und starb 1987 in Lausanne. Er lebte seit seinem 10. Lebensjahr in Paris, besuchte verschiedene höhere Schulen, studierte Jura, arbeitete als Texter in einem Annoncenbüro und als Sekretär. Ab 1932 war er als freier Schriftsteller tätig und wurde ein erfolgreicher Dramatiker, der – angeregt durch Jean Giraudoux (1882–1944) und Luigi Pirandello (1867–1936) – virtuos über die Mittel traditioneller Dramaturgie ebenso verfügte wie über surrealistische und psychoanalytische Gestaltung. Seine Dialoge beruhen auf scharfsinniger Beobachtung, sind geistreich pointiert und oft ironisch gebrochen.
Anouilhs Neugestaltung antiker Stoffe ist auch unter den Einflüssen des Existenzialismus zu sehen, der über die Ungeborgenheit des modernen Menschen reflektiert und dessen Situation analysiert, die von absoluter Selbstverantwortung und permanentem Entscheidungszwang geprägt ist.

3 Jean Anouilh: Die Tragödie als „Uhrwerk"

Sie sind fort. Der SPRECHER *tritt auf.*

SPRECHER: So weit wären wir also: Das Uhrwerk ist aufgezogen. Jetzt schnurrt es von allein ab. Das ist das Praktische bei einer Tragödie. Ein kleiner Stups mit dem Finger, und die Sache läuft. [...]
Bei der Tragödie kann man beruhigt sein. Da gibt es keinen Ausweg. Außerdem befindet man sich in bester Gesellschaft, denn im Grunde sind alle gleich unschuldig. Wenn da einer jemanden umbringt und ein anderer umgebracht wird, dann ist das lediglich eine Frage der Rollenverteilung.
Vor allem hat die Tragödie gar nichts Aufregendes. Es gibt von vornherein keine trügerischen Hoffnungen mehr. Man weiß, dass man wie eine Maus in der Falle gefangen wird. Man braucht nur mehr zu schreien – aber bitte nicht seufzen und jammern –, man muss nur noch schnell brüllen, was bisher noch nicht gesagt wurde, weil man es vielleicht selbst noch nicht gewusst hatte. Beim Drama gibt man sich immer verlorene Liebesmüh in der Hoffnung, man könne sich noch aus der Affäre ziehen. Das ist ein ganz widerwärtiger Zweckstandpunkt.
Bei der Tragödie ist das vollkommen anders. Sie ist etwas für Könige. Und alle Versuche, jemand zu retten, bleiben vergeblich.

3. a) Definieren Sie das Wesen des Tragischen bei Anouilh.
b) Vergleichen Sie mit der Theorie des Aristoteles und anderen theoretischen Positionen.

4 Jean Anouilh: Kreon – Antigone

Die WÄCHTER *werden vom Pagen hinausgeführt.* KREON *und* ANTIGONE *sind allein.*

KREON: Hast du jemand von deinem Vorhaben erzählt?
ANTIGONE: Nein.
KREON: Hast du jemand unterwegs getroffen?
ANTIGONE: Nein, niemand.
KREON: Bist du sicher?
ANTIGONE: Ja.
KREON: Dann höre. Du gehst jetzt augenblicklich auf dein Zimmer und legst dich ins Bett.

Antigone, Théâtre de l'Atelier Paris 1944, Regie und Bühne André Barsacq, Jean Day (Kreon), Monelle Valentin (Antigone)

Die **Figurenkonstellation** (< lat. constellatio = Stellung der Sterne zueinander) ermöglicht es,
- das *Verhältnis von Figuren* und ihre *Interaktionen* (geprägt durch Herkunft, sozialen Stand, Ziele, Charakter usw.) grafisch darzustellen: z.B. Nähe (durch kurzen und dicken Balken) oder Ferne (durch eine dünne lange bzw. gestrichelte Linie); eine einseitige Beziehung (durch Pfeil mit einer Spitze) oder einen Konflikt von Spieler und Gegenspieler (durch Pfeil mit Doppelspitze) etc.;
- die *Eigenart* und *Position* von Figuren durch Stichworte zu charakterisieren;
- den *Schauplatz* und/oder die *Situation* durch einen „Rahmen“ zu bezeichnen.

Neben *statischen* Konstellationen, die von Anfang bis Ende gleich bleiben, sind *dynamische* Konstellationen, die Entwicklungen abbilden, durch mehrere Grafiken darzustellen, die zusammen ein *Prozessbild* ergeben.

4. a) Charakterisieren Sie Antigone aus den Texten 4–6.
b) Bei Anouilh schreibt Antigone einen Abschiedsbrief an Hämon. Verfassen Sie diesen Brief und vergleichen Sie Ihre Ergebnisse mit dem Original und mit dem erdachten Brief der sophokleischen Antigone.
c) Erörtern Sie, ob Ihnen die Antigone bei Sophokles oder bei Anouilh näher steht.

Antigone und Kreon, Hamburger Kammerspiele (1959)

Du sagst, du wärst krank und hättest das Haus seit gestern nicht mehr verlassen. Deine Amme wird das Gleiche sagen. Ich lasse die drei Männer verschwinden.

ANTIGONE: Warum? Du weißt ganz genau, dass ich es dann morgen nochmal versuchen werde.

KREON: Warum wolltest du deinen Bruder beerdigen?

ANTIGONE: Weil ich es muss.

KREON: Du weißt, dass ich es verbot.

ANTIGONE *ruhig:* Und trotzdem musste ich es tun. Du weißt, dass die Unbeerdigten ewig herumirren, ohne jemals Ruhe zu finden. Wenn mein Bruder noch lebte und von einer Jagd nach Hause gekommen wäre, hätte ich ihm die Schuhe ausgezogen, hätte ihm zu essen gegeben und ihm sein Bett bereitet. – Heute ist Polyneikos am Ende seiner Jagd angelangt. Er kehrt in das Haus zurück, wo mein Vater, meine Mutter und auch Eteokles ihn erwarten. Es ist sein Recht, sich auszuruhen.

KREON: Er war ein Aufrührer und Verräter.

ANTIGONE: Er war mein Bruder.

KREON: Hast du gehört, was ich auf allen Straßen und Plätzen verkünden ließ? Hast du die Anschläge an allen Mauern der Stadt nicht gelesen?

ANTIGONE: Doch.

KREON: Wusstest du auch, welches Schicksal jeden erwartet, der es wagen sollte, ihn zu beerdigen?

ANTIGONE: Ja, ich wusste es.

KREON: Oder glaubst du vielleicht, weil du die Tochter des Ödipus bist, des hochmütigen Ödipus, dass du deshalb über meinen Gesetzen stündest?

ANTIGONE: Nein, daran dachte ich nicht.

KREON: Du als Königstochter hast als Erste das Gesetz zu achten.

ANTIGONE: Selbst wenn ich ein ganz gewöhnliches Dienstmädchen gewesen wäre und gerade beim Geschirrspülen von der Anordnung gehört hätte, so hätte ich mir das schmierige Wasser von den Händen gewischt und wäre hinausgelaufen mit meiner Schürze, um meinen Bruder zu bestatten. [...]

Kreon versucht vergeblich, Antigone durch väterliches Zureden, durch den Hinweis auf Hämon, durch pragmatische Rechtfertigung seiner politischen Rolle als König, durch nüchterne Entmythologisierung des Bestattungsbrauches und durch leidenschaftliche Werbung um Verständnis „zur Vernunft“ zu bringen.

[...]

ANTIGONE *schüttelt den Kopf:* Ich will nicht verstehen! Das ist etwas für dich. Ich bin nicht da, um zu verstehen. Ich muss Nein sagen und sterben.

KREON: Nein sagen ist oft leicht.

ANTIGONE: Nicht immer!

KREON: Wer ja sagt, muss das Leben fest mit beiden Fäusten anpacken und sich in die Arbeit knien, dass der Schweiß rinnt. Nein sagen ist leicht, [...]

Erst als Kreon in drastischer Realistik Eteokles und Polyneikos als gleich verwerfliche Halunken schildert, für die sich Antigones Opfer nicht lohne, scheint sie nachzugeben: „Ich gehe auf mein Zimmer.“ Aber als Kreon dann von glücklicher Zukunft mit Hämon spricht, erfolgt der endgültige Umschlag.

[...]

KREON *schüttelt sie:* Bist du jetzt endlich still!

ANTIGONE: Schlag mich doch, komm, schlag zu, Kreon. Du kannst ja nichts anderes. Schlag mich, denn du weißt, dass ich Recht habe. Glaubst du, ich sehe es dir nicht an den Augen an, dass du es weißt? Nur zu gut weißt du, dass ich Recht habe, aber zugeben wirst du es nie – denn jetzt verteidigst du dein Glück wie ein Hund seinen Knochen.

KREON: Und das deine damit, du Dummkopf.

ANTIGONE: Ihr seid mir alle widerlich mit eurem Glück und eurer Lebensauffassung. Gemein seid ihr! Wie Hunde, die geifernd ablecken, was sie auf ihrem Weg finden. Ein bescheidenes Alltagsglück und nur nicht zu anspruchsvoll sein! Ich, ich will alles, sofort und vollkommen – oder ich will nichts. Ich kann nicht bescheiden sein und mich mit einem kleinen Stückchen begnügen, das man mir gibt, weil ich so brav war. Ich will die Gewissheit haben, dass es so schön wird, wie meine Kindheit war – oder ich will lieber sterben. [...]

Wie bei Sophokles sind alle Rettungsversuche vergeblich, und Ismenes Solidarisierungsversuch wird von Antigone ebenso schroff abgewiesen: „Du hast das Leben gewählt – ich den Tod!“ Schließlich lässt Kreon Antigone abführen.

5 Jean Anouilh: Sprecher – Kreon

[...]

KREON *bleibt allein zurück. Der* SPRECHER *tritt auf and geht auf ihn zu.*

SPRECHER: Du bist wahnsinnig, Kreon! Was hast du getan?

KREON *blickt starr vor sich hin:* Sie musste sterben.

SPRECHER: Rette Antigone! Lass sie nicht sterben, hörst du, Kreon. Durch Jahrhunderte hätte unser Geschlecht daran zu tragen.

KREON: Sie selbst wollte sterben. Keiner von uns war stark genug, sie daran zu hindern. Jetzt begreife ich. Antigone war dieser Tod vorbestimmt. Vielleicht wusste sie es selbst nicht ... aber Polyneikos war nur ein Vorwand. Und als sie nicht mehr für ihn sterben konnte, fand sie sofort einen anderen Grund. Ihr war die Hauptsache, dass sie Nein sagen und sterben durfte.

SPRECHER: Aber sie ist ja noch ein Kind, Kreon!

KREON: Was soll ich denn für sie tun? Sie zum Leben verurteilen? [...]

Trotz Hämons leidenschaftlichem Versuch, Antigone zu retten, nimmt das Geschehen denselben tragischen Verlauf wie bei Sophokles. Jedoch hinterlässt Antigone einen leidenschaftlichen und anrührenden Abschiedsbrief an Hämon, in dem sie ihm gesteht: „Ich weiß nicht mehr, wofür ich sterbe. Ich habe Angst."
Während Kreon nach allen Schreckensmeldungen seiner Tagesarbeit nachgeht, tritt abschließend der Sprecher auf.

Der **Botenbericht** ist ein dramentechnisches Mittel – vor allem des antiken Theaters –, um für die Handlung wichtige Ereignisse mitzuteilen, die sich außerhalb bzw. zeitlich vor der dargestellten Szene abspielen oder die auf der Bühne technisch schwer aufzuführen wären (z.B. Schlachten, grausame Geschehnisse, Katastrophen). In der antiken Tragödie leitet der Botenbericht häufig den entscheidenden Umschwung, die *Peripetie* ein (< gr. peripeteia = plötzliches Umschlagen).
Die **Teichoskopie** (< gr. teichoskopia = Mauerschau) hat eine ähnliche Funktion: Aus erhöhter Warte (einer Mauer, einem Baum, einem Turm oder einem Hügel) berichtet ein Beobachter den Mitspielern und damit dem Publikum die außerhalb des Blickfeldes, aber gleichzeitig sich abspielenden Vorgänge.
Beide Dramentechniken spielen ebenfalls im klassischen und klassizistischen Drama der Neuzeit eine Rolle und dienen auch dazu, die drei Einheiten (von Handlung, Schauplatz und Zeit) zu beachten.

6 Jean Anouilh: Der Sprecher (Schluss)

[...]

KREON *stützt sich auf den* PAGEN *– sie gehen ab.*

SPRECHER *tritt in den Vordergrund:* Das wäre es also. Es stimmt schon, ohne die kleine Antigone hätte jedermann seine Ruhe gehabt. Aber nun ist alles vorbei. Alle haben sie wieder – ihre Ruhe. Die, die sterben mussten, sind tot. Die einen, die an etwas glaubten – die anderen, die das Gegenteil glaubten – selbst jene, die zufällig in die Geschichte hineingezogen wurden, ohne etwas davon zu begreifen – sie alle sind tot. Alle gleich tot, gleich steif, gleich nutzlos, gleich verwest. Und die, die noch leben, beginnen ganz langsam, sie zu vergessen und ihre Namen zu verwechseln. Alles ist vorbei. Antigone ist jetzt ruhig. Nie werden wir erfahren, von welchem Fieber sie befallen war. Ein tiefer, trauriger Friede legt sich über Theben und den leeren Palast, wo Kreon sich anschickt, den Tod zu erwarten.

Während er sprach, sind die WÄCHTER *eingetreten, sie machen es sich auf einer Bank bequem, stellen einen Krug Wein neben sich. Sie schieben die Mütze ins Genick und beginnen Karten zu spielen.*

SPRECHER: Nur die Wächter haben es gut überstanden. Ihnen ist alles gleich, denn es geht sie nichts an. Sie spielen lieber Karten.

Während die WÄCHTER *ihre Trümpfe klopfen, fällt rasch der Vorhang.*

Antigone und Kreon, Münchner Residenztheater (1966)

Antigone und Wächter, Münchner Residenztheater (1966)

Der **Projektunterricht** (< lat. proiectus = nach vorn geworfen: Plan, Vorhaben, Entwurf, Unternehmung) ist ein umfassendes Arbeitsvorhaben, das ein komplexes Thema im Zusammenwirken mehrerer Fächer durch unterschiedliche Methoden selbstverantwortlich und kooperativ erschließt.

1. **Voraussetzungen** für einen erfolgreichen Projektunterricht (PU) sind:
   - Ein umfassendes *Interesse* an der ganzheitlichen Erarbeitung eines Themas, z.B. seinen historischen, sozialen und ästhetischen Aspekten;
   - Die Beherrschung von *Methoden* (z.B. Exzerpieren, Referieren, Protokollieren, Diskutieren, Visualisieren etc.) und *Arbeitsformen* (z.B. Einzel-, Partner- und Gruppenarbeit);
   - Eine große Bereitschaft für verantwortungsvolle *Selbsttätigkeit* in der Informationsbeschaffung und Methodenanwendung sowie in sachgemäßer und fairer *Kooperation;*
   - Eine hohe *Organisationsfähigkeit* für fächerverbindendes Arbeiten.
2. Der **Ablauf** des PU könnte sich in folgenden Phasen vollziehen:
   - *Motivations- und Planungsphase* mit
     - Ziel- und Methodendiskussion
     - Aufgabenverteilung und Zeitplan
     - Bereitstellung von Arbeitsmaterialien und die Orientierung über Informationsmöglichkeiten (z.B. Stadtbücherei, Medienzentren, Institutionen, Internet etc.)
     - Erörterung von Lösungswegen
   - *Erarbeitungsphase* mit angemessener Binnendifferenzerung
     - Arbeit in arbeitsgleichen bzw. konkurrierenden Gruppen und deren Koordination (z.B. in Stamm- und Expertengruppen)
     - Einzel- oder Gruppenreferate
     - Einbeziehung von Spezialisten (z.B. von befähigten Rezitatoren oder Schauspielern) und von Experten (z.B. Theaterfachleuten)
     - Formen der Ergebnisfixierung und Planung von Möglichkeiten der Ergebnispräsentation
   - *Präsentations- und Reflexionsphase* unter Einbeziehung möglichst aller Mitarbeiter und angemessener Methoden
     - Darstellung der Einzelergebnisse im Plenum, so dass die Teile ein Ganzes ergeben
     - Sach- und kommunikationsgerechter Wechsel der Darbietungsformen (z.B. szenische Lesung oder Interpretation, Referat, Gruppendiskussion, mediale Vermittlung, etwa durch Bild, Ton, Grafik, Wandzeitung etc.)
     - Impulse zur Ergebnisdiskussion
     - Abschließende Reflexion über das Verhältnis von Zielen, Methoden und Ergebnissen sowie Schlussfolgerungen für künftigen PU.
3. Im PU zum Thema **„Die Gestalt der Antigone"** könnten neben Deutsch die Fächer Geschichte und Bildende Kunst mitwirken, um die vielfältigen Aspekte zu erschließen.

Skizzierung eines möglichen Projekts:

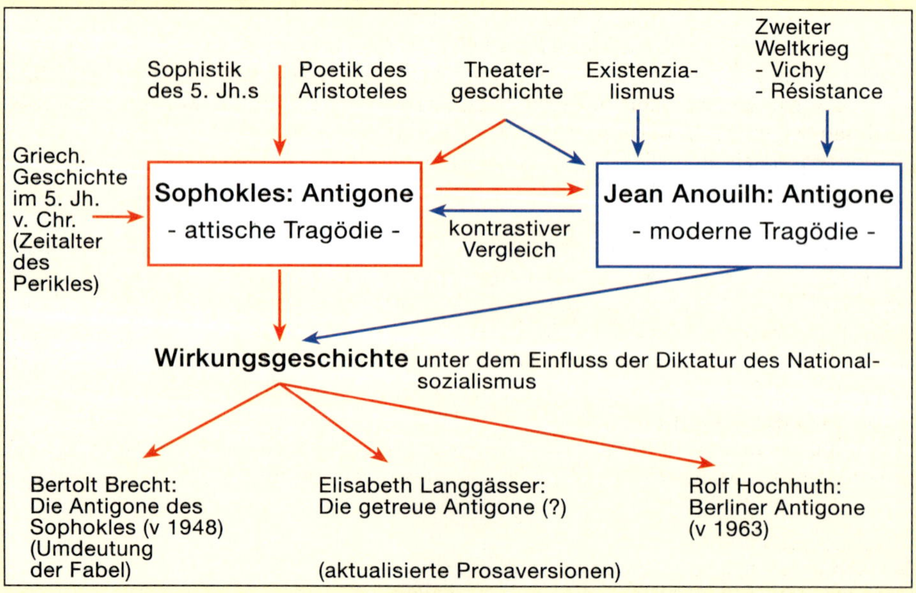

Projektvorschlag für die Fächer Deutsch und Bildende Kunst: **Vergleichende Inszenierung** zweier Szenen, z.B. Kreon und Antigone bei Sophokles (S. 51f.) und Anouilh (S. 57f.) In *Gruppenarbeit* ließen sich zu beiden Szenen u.a. folgende Aspekte erarbeiten:
- Entwurf eines *Regiebuchs* und Erarbeitung eines *Regiekonzepts*, etwa angeregt durch aktuelle professionelle Inszenierungen (durch das Theater vor Ort, Internetrecherche, Anforderung von Programmheften und Rezensionen etc.)
- Gestaltung eines *Bühnenbildes*, Entwurf von *Kostümen* und eines *Plakats*
- Gemeinsame *Einübung* der Szenen (z.B. durch szenisches Lesen, Stellproben, Standbilder, Rollenbiografien etc.) und eine *Aufführung* (z.B. bei Klassen- oder Schulfest)

V. Kurt Tucholsky: Autor, Werk und Leser

1. Zeitkritik als humaner Appell – Exempel engagierter Literatur

Was erwarten Sie von einem Autor, den man als einen „Seismographen" seiner Zeit bezeichnet? Denken Sie an einen unbestechlichen Chronisten, an einen genauen Erzähler oder eher an einen kritischen und vorausschauenden Deuter der Epoche?
Dass Dichter auf Zeitsignale reagieren und auch ihre Leser zu Antworten herausfordern, haben Sie bereits erfahren. In dieser Sequenz sollen die Zusammenhänge zwischen Schreibanlässen, Gestaltungsformen von Literatur, Absichten des Autors und Wirkungen auf Leser genauer dargestellt werden.
Insgesamt 25 Jahre – von 1907 bis 1932 – war Tucholsky schriftstellerisch tätig: Gedichte, Chansons, Glossen, Erzählungen, ein Roman, Artikel, Essays und die als *Schnipsel* bezeichneten kurzen Texte ergaben ein Gesamtwerk von rund 2500 Titeln.

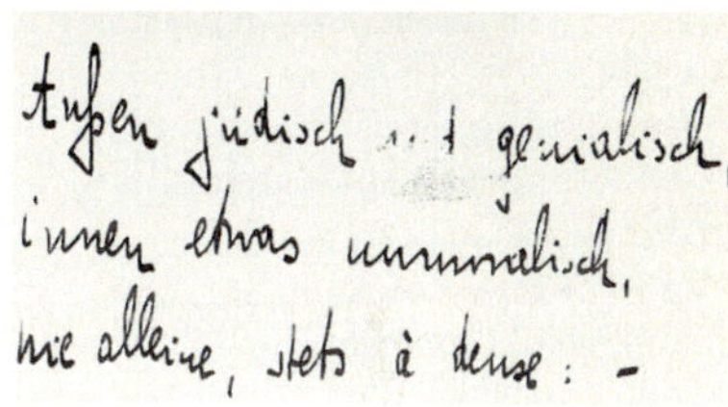

1 Kurt Tucholsky (1890–1935): Vorsätze*

Ich will den Gänsekiel in die schwarze Flut tauchen. Ich will einen Roman schreiben. Schöne, wahre Menschen sollen auf den Höhen des Lebens wandeln, auf ihrem offenen Antlitz soll sich die Freiheit widerspiegeln ...

Nein. Ich will ein lyrisches Gedicht schreiben. Meine Seele werde ich auf sammetgrünem Flanell betten, und meine Sorgen werden kreischend von dannen ziehen ...

Nein. Ich will eine Ballade schreiben. Der Held soll auf blumiger Au mit den Riesen kämpfen, und wenn die Strahlen des Mondes auf seine schöne Prinzessin fallen, dann ...

Ich will den Gänsekiel in die schwarze Flut tauchen. Ich werde meinem Onkel schreiben, daß ich Geld brauche. (1907)

Engagierte Literatur: Nach Jean Paul Sartres (1905–1980) Bezeichnung „littérature engagée (*Über Literatur,* 1950) als „Literatur der Praxis" verstanden. Heute im weitesten Sinne als Gegenbegriff zu „l'art pour l'art" (= die Kunst um der Kunst willen) verwendet für alle Literatur, die ein ideologisches, politisches, soziales oder religiöses Anliegen hat. Ihr ästhetischer Rang unterscheidet die engagierte Literatur von reiner *Tendenzdichtung* (vgl. S. 280).

2 Kurt Tucholsky: Start*

Wir sind fünf Finger an einer Hand.
Der auf dem Titelblatt und:

Ignaz Wrobel. Peter Panter. Theobald Tiger. Kaspar Hauser.

Aus dem Dunkel sind diese Pseudonyme aufgetaucht, als Spiel gedacht, als Spiel erfunden – das war damals, als meine ersten Arbeiten in der *‚Weltbühne'* standen. Eine kleine Wochenschrift mag nicht viermal denselben Mann in einer Nummer haben, und so erstanden, zum Spaß, diese homunculi[1]. Sie sahen sich gedruckt, noch purzelten sie alle durcheinander; schon setzten sie sich zurecht, wurden sicherer; sehr sicher, kühn – da führten sie ihr eigenes Dasein. Pseudonyme sind wie kleine Menschen; es ist gefährlich, Namen zu erfinden, sich für jemand anders auszugeben, Namen anzulegen – ein Name lebt. Und was als Spielerei begonnen, endete als heitere Schizophrenie.

Ich mag uns gern. Es war schön, sich hinter den Namen zu verkriechen und dann von Siegfried Jacobsohn[2] solche Briefe gezeigt zu bekommen:

„Sehr geehrter Herr! Ich muß Ihnen mitteilen, daß ich Ihr geschätztes Blatt nur wegen der Arbeiten Ignaz Wrobels lese. Das ist ein Mann nach meinem Herzen. Dagegen haben Sie da in Ihrem Redaktionsstab einen offenbar alten Herrn, Peter Panter, der wohl das Gnadenbrot von Ihnen bekommt. Den würde ich an Ihrer Stelle ..."

Und es war auch nützlich, fünfmal vorhanden zu sein – denn wer glaubt in Deutschland einem politischen Schriftsteller Humor? dem Satiriker Ernst? dem Verspielten Kenntnis des Strafgesetzbuches, dem Städteschilderer lustige Verse? Humor diskreditiert.

Wir wollten uns nicht diskreditieren lassen und taten jeder seins. Ich sah mit ihren Augen, und ich sah sie alle fünf: Wrobel, einen essigsauern, bebrillten, blaurasierten Kerl, in der Nähe eines Buckels und roter Haare; Panter, einen beweglichen, kugelrunden, kleinen Mann; Tiger sang nur Verse, waren keine da, schlief er – und nach dem Kriege schlug noch Kaspar Hauser die Augen auf, sah in die Welt und verstand sie nicht. Eine Fehde zwischen ihnen wäre durchaus möglich. Sie dauert schon siebenunddreißig Jahre.

Woher die Namen stammen –?

Die alliterierenden Geschwister sind Kinder eines juristischen Repetitors aus Berlin. Der amtierte stets vor gesteckt vollen Tischen, und wenn der pinselblonde Mann mit den kurz-

[1] Der Homunkulus: künstlich geschaffener Mensch
[2] Siegfried Jacobsohn: von 1918–1925 Herausgeber der „Weltbühne"

ZEITTAFEL

1890 9. Januar. Kurt Tucholsky als Sohn von Alex Tucholsky, dem Direktor der Berliner Handelsgesellschaft m.b.H. und der Firma Lenz & Co., in Berlin geboren

1899–1903 Besuch des Französischen Gymnasiums in Berlin

1903–1907 Auf dem Königlichen Wilhelms-Gymnasium in Berlin

1907 Erste Veröffentlichung: das *Märchen* im „Ulk“

1909 21. September. Reifeprüfung als Externer nach privater Vorbereitung

1909–1912 Juristisches Studium an der Universität Berlin, im Sommersemester 1910 in Genf

1912 *Rheinsberg* erscheint

1913–1915 In der Redaktion der „Schaubühne“ tätig

1914 19. November. Tucholsky besteht die juristische Doktorprüfung.

1915–1918 Als Soldat im Osten, 1917 auf der Fliegerschule im Baltikum, dann nach Rumänien. Tucholsky war zuletzt Vizefeldwebel.

1918–1920 Chefredakteur des „Ulk“

1923 Volontär am Bankhaus von Bett, Simon & Co.

1924 April. Als Korrespondent der „Weltbühne“ und der „Vossischen Zeitung“ in Paris. Fortan nur noch besuchsweise in Deutschland

1926 7. Dezember. Nach Siegfried Jacobsohns Tod zehn Monate Herausgeber der „Weltbühne“

1929 Tucholsky siedelt nach Schweden über. Er wohnt bis zu seinem Tode in Hindås bei Göteborg.

1933 23. August. Tucholsky wird ausgebürgert. Seine Bücher waren verboten und von den Nazis verbrannt worden.

1935 21. Dezember. Tucholsky nimmt sich in Hindås das Leben. Er wird auf dem Friedhof Mariefred bei Schloss Gripsholm beigesetzt.

Aus: Klaus-Peter Schulz: Tucholsky, Hamburg (Rowohlt) 1973, S. 170.

sichtig blinzelnden Augen und dem schweren Birnenbauch dozierte, dann erfand er für die Kasperlebühne seiner ‚Fälle‘ Namen der Paradigmata[1].

Die Personen, an denen er das Bürgerliche Gesetzbuch und die Pfändungsbeschlüsse und die Strafprozeßordnung demonstrierte, hießen nicht A und B, nicht: Erbe und nicht Erblasser. Sie hießen Benno Büffel und Theobald Tiger; Peter Panter und Isidor Iltis und Leopold Löwe und so durchs ganze Alphabet. Seine Alliterationstiere mordeten und stahlen; sie leisteten Bürgschaft und wurden gepfändet; begingen öffentliche Ruhestörung in Idealkonkurrenz mit Abtreibung und benahmen sich überhaupt recht ungebührlich. Zwei dieser Vorbestraften nahm ich mit nach Hause – und, statt Amtsrichter zu werden, zog ich sie auf.

Wrobel – so hieß unser Rechenbuch; und weil mir der Name Ignaz besonders häßlich erschien, kratzbürstig und ganz und gar abscheulich, beging ich diesen kleinen Akt der Selbstzerstörung und taufte so einen Bezirk meines Wesens.

Kaspar Hauser braucht nicht vorgestellt zu werden.

Das sind sie alle fünf.

Und diese fünf haben nun im Lauf der Jahre in der ‚*Weltbühne*‘ gewohnt und anderswo auch. Es mögen etwa tausend Arbeiten gewesen sein, die ich durchgesehen habe, um diese daraus auszuwählen – und alles ist noch einmal vorbeigezogen ... Vor allem der Vater dieser Arbeit: Siegfried Jacobsohn.

Fruchtbar kann nur sein, wer befruchtet wird. Liebe trägt Früchte, Frauen befruchten, Reisen, Bücher ... in diesem Fall tat es ein kleiner Mann, den ich im Januar 1913 in seinem runden Bücherkäfig aufgesucht habe und der mich seitdem nicht mehr losgelassen hat, bis zu seinem Tode nicht. Vor mir liegen die Mappen seiner Briefe: diese Postkarten, eng bekritzelt vom obern bis zum untern Rand, mit einer winzigen, fetten Schrift, die aussah wie ein persisches Teppichmuster. Ich höre das „Ja –?“, mit dem er sich am Telefon zu melden pflegte; mir ist, als klänge die Muschel noch an meinem Ohr ... Was war es –?

Es war der fast einzig dastehende Fall, daß dem Gebenden ein Nehmender gegenüberstand, nicht nur ein Druckender. Wir senden unsere Wellen aus – was ankommt, wissen wir nicht, nur selten. Hier kam alles an. Der feinste Aufnahmeapparat, den dieser Mann darstellte, feuerte zu höchster Leistung an – vormachen konnte man ihm nichts. Er merkte alles. Tadelte unerbittlich, aber man lernte etwas dabei. Ganze Sprachlehren wiegt mir das auf, was er ‚ins Deutsche übersetzen‘ nannte. Einmal fand er eine Stelle, die er nicht verstand. „Was heißt das? Das ist wolkig!“ sagte er. Ich begehrte auf und wußte es viel besser. „Ich wollte sagen ...“ erwiderte ich – und nun setzte ich ihm genau auseinander, wie es gemeint war. „Das wollte ich sagen“, schloß ich. Und er: „Dann sags.“ Daran habe ich mich seitdem gehalten. Die fast automatisch arbeitende Kontrolluhr seines Stilgefühls ließ nichts durchgehen – kein zu starkes Interpunktionszeichen, keine wilde Stilistik, keinen Gedankenstrich nach einem Punkt (Todsünde!) – er war immer wach. Und so waren unsere Beiträge eigentlich alle nur Briefe an ihn, für ihn geschrieben, im Hinblick auf ihn: auf sein Lachen, auf seine Billigung – ihm zur Freude. Er war der Empfänger, für den wir funkten.

Ein Lehrer, kein Vorgesetzter; ein Freund, kein Verlagsangestellter; ein freier Mann, kein Publikumshase. „Sie haben nur ein Recht“, pflegte er zu sagen, „mein Blatt nicht zu lesen.“ Und so stand er zu uns, so hat er uns geholfen, zu uns selbst verholfen, und wir haben ihn alle lieb gehabt.

Wir beide nannten uns, nach einem revolutionären Stadtkommandanten Berlins, gegenseitig: Kalwunde.

„Kalwunde!“ sagtest du, wenn du dreiunddreißig Artikel in der Schublade hattest, „Kalwunde, warum arbeitest du gar nicht mehr –?“ Und dann fing ich wieder von vorne an. Und wenn das dicke Kuvert mit einem satten Plumps in den Briefkasten fiel, dann hatte der Tag einen Sinn gehabt, und ich stellte mir, in Berlin und in Paris, gleichmäßig stark vor, was du wohl für ein Gesicht machen würdest, wenn die Sendung da wäre. Siehst du, nun habe ich das alles gesammelt ... Und du kannst es nicht mehr lesen ... „Mensch!“ hättest du gesagt, „ick wer doch det nich lesen! Ich habe es ja alles ins Deutsche übersetzt –!“

Das hast du.

Und so will ich mich denn mit einem Gruß an dich auf den Weg machen.

Starter, die Fahne –! Ab mit 5 PS.

(v 1927)

Die Weltbühne

Der Schaubühne XXIII. Jahr

Wochenschrift für Politik · Kunst · Wirtschaft

Begründet von Siegfried Jacobsohn

Herausgeber: Kurt Tucholsky

Inhalt:

Carl v. Ossietzky: . . . . Adria, Kanton und Kyrill
Kurt Tucholsky: . . . . . Keinen Mann und keinen Groschen
Arthur Seehof: . . . . Die Rüstungen Frankreichs
Heinz Pol: . . . . Das Juste Milieu
Alexander Levy: . . . . Achad Ha-am
Rudolf Leonhard: . . . . Genuß der Zeitung
Ignaz Wrobel: . . . . Wiedersehen mit der Justiz
Erich Gottgetreu: . . . . Kuppelei
Arthur Eloesser: . . . . . . Gewitter über der Volksbühne
Theobald Tiger: . . . . Subkutan
Wolf Zucker: . . . . Marcel Proust
Morus: . . . . Hugenberg und Cuno
Bemerkungen von Cristoph, P. Panter, L. Schierling, K. Hauser
Antworten

Erscheint jeden Dienstag

XXIII. Jahrgang 5. April 1927 Nummer 14

Versandort: Potsdam

Verlag der Weltbühne

Charlottenburg-Kantstrasse 152

---

[1] Das Paradigma: Beispiel, Muster

3 Kurt Tucholsky: Park Monceau*

Hier ist es hübsch. Hier kann ich ruhig träumen.
Hier bin ich Mensch – und nicht nur Zivilist.
Hier darf ich links gehn. Unter grünen Bäumen
sagt keine Tafel, was verboten ist.

Ein dicker Kullerball liegt auf dem Rasen.
Ein Vogel zupft an einem hellen Blatt.
Ein kleiner Junge gräbt sich in der Nasen
und freut sich, wenn er was gefunden hat.

Es prüfen vier Amerikanerinnen,
ob Cook[1] auch Recht hat und hier Bäume stehn.
Paris von außen und Paris von innen:
sie sehen nichts und müssen alles sehn.

Die Kinder lärmen auf den bunten Steinen.
Die Sonne scheint und glitzert auf ein Haus.
Ich sitze still und lasse mich bescheinen
und ruh von meinem Vaterlande aus.

(v 1924)

4 Kurt Tucholsky: Das Lächeln der Mona Lisa*

Ich kann den Blick nicht von dir wenden.
Denn über deinem Mann vom Dienst
hängst du mit sanft verschränkten Händen
und grienst.

Du bist berühmt wie jener Turm von Pisa,
dein Lächeln gilt für Ironie.
Ja ... warum lacht die Mona Lisa?
Lacht sie über uns, wegen uns, trotz uns, mit uns, gegen uns –
oder wie –?

Du lehrst uns still, was zu geschehen hat.
Weil uns dein Bildnis, Lieschen, zeigt:
Wer viel von dieser Welt gesehn hat –
der lächelt, legt die Hände auf den Bauch
und schweigt.

(v 1928)

Leonardo da Vinci (1452–1519): Mona Lisa

5 Kurt Tucholsky: Mein Nachruf* (Auf eine Rundfrage)

Wie mein Nachruf aussehen soll, weiß ich nicht. Ich weiß nur, wie er aussehen wird. Er wird aus einer Silbe bestehen.

Pappa und Mamma sitzen am abgegessenen Abendbrottisch und vertreiben sich ihre Ehe mit Zeitungslektüre. Da hebt Er plötzlich, durch ein Bild von Dolbin erschreckt, den Kopf und sagt: „Denk mal, der Theobald Tiger ist gestorben!" Und dann wird Sie meinen Nachruf sprechen. Sie sagt:

„Ach –!" (v 1927)

Seit 1924 war Kurt Tucholsky nur noch für kürzere Aufenthalte in Deutschland: Als Mitarbeiter der „Weltbühne" und der „Vossischen Zeitung" lebte er in Paris, ab 1929 in Schweden. Auch nachdem er 1932 seine literarische Tätigkeit eingestellt hatte, führte er eine lebhafte Korrespondenz. Aus Hindås hatte er u.a. einen regen Briefwechsel mit der Züricher Kinderärztin Dr. Hedwig Müller, die er zärtlich mit Nuuna anredete. Neben engagierter politischer Kritik enthalten die Briefe Zeugnisse seiner körperlichen Leiden, vor allem bedingt durch eine chronische Erkrankung der oberen Atemwege, aber auch Hinweise auf seine zunehmenden finanziellen Probleme und seine schweren Depressionen.

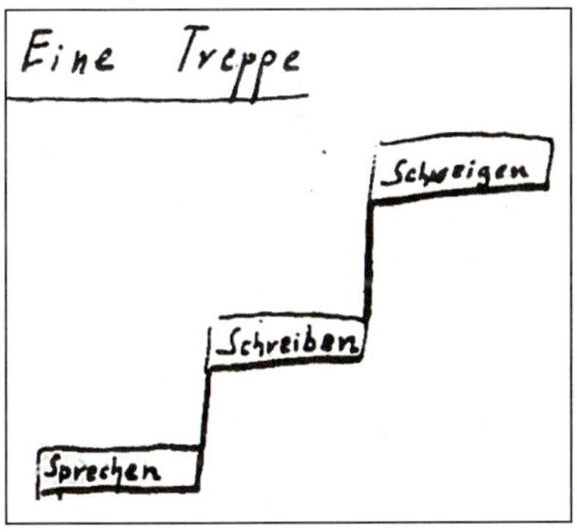

Kurt Tucholsky: Letzte Seite im „Sudelbuch"

6 Kurt Tucholsky: Brief an Nuuna vom 25.7.1935* (Auszug)

[...]
Sonst halte ich mich für das, was Dr. Owlglas einmal aus Spaß Wilhelm Busch geschrieben hat: ein aufgehörter Dichter. Ich kann mir nicht denken, daß es jemals nochmals fließt. Mein Talent wird mit den einfachen Sachen gut fertig und kann sie wirkungsvoll und einfach sagen, im Deutschen eine seltene Gabe. Aber nun, wo ich weiß, daß es eben alles nicht so einfach ist: da kommt nichts mehr. Ich spüre täglich mehr: hätte ich Geld, und müßte ich nicht – ich schriebe nicht mehr. Für wen? Ich habe kein Mitteilungsbedürfnis mehr. Solche Eindrücke können täuschen, ich schreibe das Dir ja auch nur du jour au jour, aber so ist das.
[...] (1935)

[1] Thomas Cook (1808–1892): englischer Unternehmer, Gründer des ältesten Reisebüros

1. Welche literarischen Absichten zeichnen sich in den Texten 1–6 ab?

2. Versuchen Sie, die Texte (S. 61–63) den fünf Pseudonymen Tucholskys zuzuordnen.

2. Ein gekränkter Idealist – Möglichkeiten der Satire

Kurt Tucholskys Leben und Werk sind in besonderer Weise geprägt durch die politischen Verhältnisse im ersten Drittel des 20. Jahrhunderts: das Kaiserreich, die Weimarer Republik und den Beginn der nationalsozialistischen Herrschaft. Wenn nachfolgend Texte mit politischer und sozialer Thematik dominieren, in deren Zentrum der leidende Mensch und der handelnde Mensch stehen, so entspricht dies dem Hauptanliegen Tucholskys.

1 Kurt Tucholsky (1890–1935): Märchen*

Ludwig Meidner (1884–1966): Apokalyptische Stadt

Es war einmal ein Kaiser, der über ein unermeßlich großes, reiches und schönes Land herrschte. Und er besaß wie jeder andere Kaiser auch eine Schatzkammer, in der inmitten all der glänzenden und glitzernden Juwelen auch eine Flöte lag. Das war aber ein merkwürdiges Instrument. Wenn man nämlich durch eins der vier Löcher in die Flöte hineinsah – oh! was gab es da alles zu sehen! Da war eine Landschaft darin, klein, aber voll Leben: Eine Thomasche[1] Landschaft mit Böcklinschen[2] Wolken und Leistikowschen[3] Seen. Rezniceksche[4] Dämchen rümpften die Nasen über Zillesche[5] Gestalten, und eine Bauerndirne Meuniers[6] trug einen Arm voll Blumen Orliks[7] – kurz, die ganze moderne Richtung war in der Flöte.

Und was machte der Kaiser damit? Er pfiff drauf.

(v 1907)

2 Kurt Tucholsky: Krieg dem Kriege*

Sie lagen vier Jahre im Schützengraben.
Zeit, große Zeit!
Sie froren und waren verlaust und haben
daheim eine Frau und zwei kleine Knaben,
weit, weit –!

Und keiner, der ihnen die Wahrheit sagt.
Und keiner, der aufzubegehren wagt.
Monat um Monat, Jahr um Jahr ...

Und wenn mal einer auf Urlaub war,
sah er zu Haus die dicken Bäuche.
Und es fraßen dort um sich wie eine Seuche
der Tanz, die Gier, das Schiebergeschäft.
Und die Horde alldeutscher Skribenten[8] kläfft:
„Krieg! Krieg!
Großer Sieg!
Sieg in Albanien und Sieg in Flandern!"
Und es starben die andern, die andern, die andern ...

---

[1] Hans Thoma (1839–1924): Vertreter der Nachromantik mit Landschafts- und Genrebildern
[2] Arnold Böcklin (1827–1901): einer der fantasievollsten Maler, in dessen Werk vor allem Gestalten der griechischen Mythologie eine große Rolle spielen
[3] Walter Leistikow (1865–1908): malte dekorativ-stilisierte Landschaften von den Berliner Seen
[4] Ferdinand Freiherr von Reznicek (1868–1909): gab Darstellungen aus der Münchner Gesellschaft und war Hauptmitarbeiter der Zeitschriften „Jugend" und „Simplicissimus"
[5] Heinrich Zille (1858–1929): humorvolle satirisch-sozialkritische Zeichnungen aus dem Berliner Volksleben
[6] Constantin Meunier (1831–1905): malte realistische Arbeitsszenen
[7] Emil Orlik (1870–1932): ein durch ostasiatische Grafik angeregter Künstler
[8] Der Skribent: abfällig für Schreiberling, Vielschreiber

Sie sahen die Kameraden fallen.
Das war das Schicksal bei fast allen:
Verwundung, Qual wie ein Tier, und Tod.
Ein kleiner Fleck, schmutzigrot –
und man trug sie fort und scharrte sie ein.
Wer wird wohl der Nächste sein?

Und ein Schrei von Millionen stieg auf zu den Sternen.
Werden die Menschen es niemals lernen?
Gibt es ein Ding, um das es sich lohnt?
Wer ist das, der da oben thront,
von oben bis unten bespickt mit Orden,
und nur immer befiehlt: Morden! Morden! –

Blut und zermalmte Knochen und Dreck ...
Und dann hieß es plötzlich, das Schiff sei leck.
Der Kapitän hat den Abschied genommen
und ist etwas plötzlich von dannen geschwommen.
Ratlos stehen die Feldgrauen da.
Für wen das alles? Pro patria?

Brüder! Brüder! Schließt die Reihn!
Brüder! das darf nicht wieder sein!
Geben sie uns den Vernichtungsfrieden,
ist das gleiche Los beschieden
unsern Söhnen und euern Enkeln.
Sollen die wieder blutrot besprenkeln
die Ackergräben, das grüne Gras?
Brüder! Pfeift den Burschen was!
Es darf und soll so nicht weitergehn.
Wir haben alle, alle gesehn,
wohin ein solcher Wahnsinn führt –

Das Feuer brannte, das sie geschürt.
Löscht es aus! Die Imperialisten,
die da drüben bei jenen nisten,
schenken uns wieder Nationalisten.
Und nach abermals zwanzig Jahren
kommen neue Kanonen gefahren. –
Das wäre kein Friede.
Das wäre Wahn.
Der alte Tanz auf dem alten Vulkan.
Du sollst nicht töten! hat einer gesagt.
Und die Menschheit hörts, und die Menschheit klagt.
Will das niemals anders werden?
Krieg dem Kriege!
Und Friede auf Erden.

(v 1919)

3 Kurt Tucholsky: Vision*

Heute haben wir den 28. Juli, der Pariser Autobusführer sitzt vorn am Steuerrad und wendet den schweren, langen Wagen, als ob es ein kleiner Zweisitzer wäre. ‚AX' steht vorn dran. Ich weiß doch nicht genau ... und frage den Schaffner. Der Schaffner sagt nett und höflich Bescheid: Nein, nach der rue de Grenelle muß ich mit dem andern Wagen abfahren. Danke.

Das wäre also heute. Und was hätte der Omnibusschaffner, auf diesem Pariser Omnibus, mit mir gemacht, wenn wir uns in jenen Jahren begegnet wären?
Der Omnibusschaffner hätte, vor Angst, aus Pflichtbewußtsein, nach Kommando, auf mich geschossen. Sein Fahrer wäre, um mich zu fangen, vorsichtig den Graben entlanggekrochen, wäre alle paar Minuten regungslos auf dem Bauch liegengeblieben, hätte gewartet – und dann, an der nächsten Biegung, wäre er vorgesprungen und hätte mir sein Bajonett in den Magen gestoßen, da, wo ich jetzt meinen Spiegel trage. Der Mann auf der Métro, der mir vorhin das Billett geknipst hat, hätte befriedigt das Gewehr abgesetzt, wenn ich drüben die Arme hochgeworfen hätte und hinter dem deutschen Graben verschwunden wäre ... In jenen Jahren.

Und ich: ich war verpflichtet, meinem Milchhändler, der mir morgens immer so nett auseinandersetzt, was es Neues gibt, den Kolben auf den Kopf zu schlagen, wenn ich ihn er-

Französische und deutsche Jugendliche bei gemeinsamer Bergtour 2001

wischt hätte; ich mußte meinem Kollegen vom ‚*Oeuvre*‘ das Seitengewehr durchs Gesicht ziehen, und ich hatte dafür zu sorgen, daß die schöne Frau Landrieu ihren Mann nicht mehr zu sehen bekam. In jenen Jahren.

Das war meine Pflicht, das war ihre Pflicht.

Aber jetzt sind wir alle wieder friedlich, sagen uns freundlich guten Tag, unsere Minister besuchen sich; sie zeigen mir den Weg, ich drücke ihnen die Hand, grüße und unterhalte mich, werde ins Theater begleitet und führe nette Unterhaltungen über alles mögliche. Nur über diese eine Sache nicht. Nur über diese eine einzige Lebensfrage sprechen die Menschen fast gar nicht, ungern, zögernd:

Ob sie sich morgen wieder Messer in die Köpfe jagen, morgen wieder Granaten (mit Aufschlagzünder) in die Wohnstuben schießen, Herrn Haber konsultieren, damit er ein neues Gas erfinde, eines, das die Leute, wenn irgend möglich, Professor, total erblinden läßt ... Und darüber, daß sich morgen alle: Omnibusschaffner, Métrokontrolleur, Universitätslehrer und Milchhändler, in eine tobende, heulende Masse verwandeln, die nur den einen Wunsch hat, aus den Berufsgenossen der andern Seite einen stinkenden Brei zu machen, der in den Sandtrichtern verfault ...

Morgen wieder? Morgen wieder –? (v 1924)

1. Exzerpieren Sie Einsichten über das Verhalten der Menschen in Krieg und Frieden aus den Texten 1–3.

2. Verfassen Sie als heutiger Leser einen Brief an Tucholsky oder entwerfen Sie ein fiktives Gespräch mit ihm über das Thema: Eine Vision im 21. Jahrhundert.

4 Kurt Tucholsky: Das Dritte Reich*

Es braucht ein hohes Ideal
der nationale Mann,
daran er morgens allemal
ein wenig turnen kann.
Da hat denn deutsche Manneskraft
in segensreichen Stunden
als neueste Errungenschaft
ein Ideal erfunden:
Es soll nicht sein das erste Reich,
es soll nicht sein das zweite Reich ...

Das dritte Reich?
Bitte sehr! Bitte gleich!

Wir dürfen nicht mehr massisch sein –
wir müssen durchaus rassisch sein –
und freideutsch, jungdeutsch, heimatwolkig
und bündisch, völkisch, volkisch, volkig ...
und überhaupt.
Wers glaubt,
wird selig. Wer es nicht glaubt, ist
ein ganz verkommener Paz- und Bolschewist.

Das dritte Reich?
Bitte sehr! Bitte gleich!

Im dritten Reich ist alles eitel Glück.
Wir holen unsre Brüder uns zurück:
die Sudetendeutschen und die Saardeutschen
und die Eupendeutschen[1] und die Dänendeutschen ...
Trutz dieser Welt! Wir pfeifen auf den Frieden.
Wir brauchen Krieg. Sonst sind wir nichts hienieden.
Im dritten Reich haben wir gewonnenes Spiel.
Da sind wir unter uns.
Und unter uns, da ist nicht viel.
Da herrscht der Bakel[2] und der Säbel und der Stock –
da glänzt der Orden an dem bunten Rock,
da wird das Rad der Zeit zurückgedreht –
wir rufen „Vaterland!“, wenns gar nicht weiter geht ...
Da sind wir alle reich und gleich
im dritten Reich.
Und wendisch[3] und kaschubisch[4] reine Arier.
Ja, richtig ... Und die Proletarier!
Für die sind wir die Original-Befreier!
Die danken Gott in jeder Morgenfeier –
Und merken gleich:
Sie sind genau so arme Luder wie vorher,
genau solch schuftendes und graues Heer,
genau so arme Schelme ohne Halm und Haber –
Aber:
im dritten Reich.
Und das sind wir.
Ein Blick in die Statistik:
Wir fabrizieren viel. Am meisten nationale Mistik.

(v 1930)

[1] Eupen: ostbelgische Stadt, bis 1920 deutsch
[2] Bakel: der Stock
[3] Wenden: slawische Bevölkerung in Mittel- und Ostdeutschland
[4] Kaschuben: westslawischer Volksstamm in Ostpommern und Westpreußen

5 Kurt Tucholsky: Joebbels*

Wat wärst du ohne deine Möbelpacker!
Die stehn, bezahlt un treu, so um dir rum.
Dahinter du: een arma Lauseknacker,
een Baritong fort Jachtenpublikum.
Die Weiber – hach – die bibbern dir entjejen
un möchten sich am liebsten uffn Boden lejen!
Du machst un tust und jippst da an ...
Josef, du bist'n kleener Mann.

Mit dein Klumpfuß – seh mal, bein andern
da sacht ick nischt; det kann ja jeda ham.
Du wißt als Recke durch de Jejend wandern
un paßt in keen Schützenjrahm?
In Sportpalast sowie in deine Presse,
da haste eine mächtich jroße Fresse.
Riskierst du wat? – De Schnauze vornean.
Josef, du bist'n kleener Mann.

Du bist mit irgendwat zu kurz gekomm.
Nu rächste dir, nu lechste los.
Dir hamm se woll zu früh aus Nest jenomm!
Du bist keen Heros, det markierste bloß.
Du hast'n Buckel, Mensch – du bist nich richtich!
Du bist bloß laut – sonst biste jahnich wichtig!
Keen Schütze – een Porzellanzerschmeißer,
keen Führer biste – bloß'n Reißer,
Josef,
du bist een jroßer Mann –! (v 1931)

L Das **Kabarett** (< frz. cabaret = Schenke): Kleinkunstbühne zur Darbietung von Sketschen, Chansons und Tänzen. In Vers und Prosa werden witzig-ironische, aber auch satirisch-sarkastische Zeit- und Gesellschaftskritik in scharf pointierter Form geübt. Der Maler R. Salis gründete 1881 in Paris auf dem Montmartre das erste Kabarett mit dem Namen „Chat noir". Die Zwanzigerjahre führten vor allem in Berlin zu Höhepunkten des stark politisch geprägten **literarischen Kabaretts**. Die materielle Notlage und weit verbreitete Existenzängste bildeten die Basis, auf der das zeitkritische Kabarett seine Wirkungsmöglichkeit fand. Kurt Tucholsky war einer der bekanntesten Schriftsteller, die für das Kabarett schrieben: für ein bestimmtes Publikum, vor allem aber für herausragende Kabarettisten Berlins, u.a. für Paul Graetz, Rosa Valetti, Trude Hesterberg und Claire Waldoff. Entsprechend dem Charakter des Chansons und seiner Darbietung schrieb Tucholsky nicht nur sehr bewusst für das Ohr, sondern gab den Komponisten – u.a. Friedrich Holländer, Rudolf Nelson, Kurt Werner, Olaf Bienert und Hanns Eisler – oft auch Tendenzen der Melodieführung und des Rhythmus vor.

6 Kurt Tucholsky: An das Publikum*

O hochverehrtes Publikum,
sag mal: bist du wirklich so dumm,
wie uns das an allen Tagen
alle Unternehmer sagen?
Jeder Direktor mit dickem Popo
spricht: „Das Publikum will es so!"
Jeder Filmfritze sagt: „Was soll ich machen?
Das Publikum wünscht diese zuckrigen Sachen!"
Jeder Verleger zuckt die Achseln und spricht:
„Gute Bücher gehn eben nicht!"
Sag mal, verehrtes Publikum:
bist du wirklich so dumm?

So dumm, daß in Zeitungen, früh und spät,
immer weniger zu lesen steht?
Aus lauter Furcht, du könntest verletzt sein;
aus lauter Angst, es soll niemand verhetzt sein;
aus lauter Besorgnis, Müller und Cohn
könnten mit Abbestellung drohn?
Aus Bangigkeit, es käme am Ende
einer der zahllosen Reichsverbände
und protestierte und denunzierte
und demonstrierte und prozessierte ...
Sag mal, verehrtes Publikum:
bist du wirklich so dumm?

Ja, dann ...
Es lastet auf dieser Zeit
der Fluch der Mittelmäßigkeit.
Hast du so einen schwachen Magen?
Kannst du keine Wahrheit vertragen?
Bist also nur ein Grießbrei-Fresser –?
Ja, dann ...
Ja, dann verdienst dus nicht besser. (v 1931)

Claire Waldoff

Rosa Valetti

Trude Hesterberg

Paul Graetz

3. Stellen Sie sich die Situation eines politischen Kabaretts vor und arbeiten Sie in Gruppen:
a) Entwerfen Sie Regieanweisungen und geben Sie Rezitationsbeispiele für den Vortrag der Texte 4–6.
b) Beschreiben Sie an den Beispielen Stileigenarten, die für die Kommunikationssituation eines Kabaretts charakteristisch sind.
c) Skizzieren Sie die Erfahrungen des lyrischen Ichs, die aus Text 6 sprechen.
d) Entwerfen Sie im Stil Tucholskys oder in Prosa ein Gegenbeispiel zu Text 6, wie es aus den Erfahrungen mit einem kritisch-wachen Publikum gewonnen werden könnte.

Alle schriftlichen **Arten des Erörterns** (vgl. S. 16) sind ihrem Ziel und ihrer Methode nach verwandt mit den mündlichen Formen *Fachgespräch* und *Diskussion*.

1. Das **Ziel** der schriftlichen Erörterung besteht in der sachgerechten und differenzierten Erfassung eines Problems, dessen vielseitiger (mehrperspektivischen) Betrachtung und seiner klaren Abgrenzung.

2. Die **Methode** kann als Trias beschrieben werden: Eine *These* (Behauptung) muss durch *Argumente* (Begründungen) gestützt und durch *Beispiele* bzw. *Belege* veranschaulicht werden, so dass sich im Ergebnis eine logisch schlüssige und vielfach konkretisierte Gedankenführung ergibt.

3. Die wichtigsten **Formen** sind:

– Die sog. *freie Erörterung* gilt der differenzierten Auseinandersetzung mit fachspezifischen Fragen (z.B. der Wertung von Dialekt und Hochsprache) oder Problemen aus dem Erfahrungsbereich Jugendlicher (z. B. Stellungnahme zur Gewaltthematik).
– Die *literarische Erörterung* hat fiktionale Texte zum Gegenstand (z.B. das Verhalten der Hauptfigur eines Dramas) und soll deren Probleme erhellen und durch Reflexionen argumentativ verarbeiten.
– Die *textgebundene Erörterung* bezieht sich auf nicht fiktionale Texte (z.B. einen wissenschaftlichen Essay) und soll deren gedankliche Struktur erfassen und kritisch bewerten bzw. ergänzen.

7 Kurt Tucholsky: Hitler und Goethe – Ein Schulaufsatz*

Einleitung[1]

Wenn wir das deutsche Volk und seine Geschichte überblicken, so bieten sich uns vorzugsweise zwei Helden dar, die seine Geschicke gelenkt haben, weil einer von ihnen hundert Jahre tot ist. Der andre lebt. Wie es wäre, wenn es umgekehrt wäre, soll hier nicht untersucht werden, weil wir das nicht auf haben. Daher scheint es uns wichtig und beachtenswert, wenn wir zwischen dem mausetoten Goethe und dem mauselebendigen Hitler einen Vergleich langziehn.

Erklärung

Um Goethe zu erklären, braucht man nur darauf hinzuweisen, daß derselbe kein Patriot gewesen ist. Er hat für die Nöte Napoleons niemals einen Sinn gehabt und hat gesagt, ihr werdet ihn doch nicht besiegen, dieser Mann ist euch zu groß. Das ist aber nicht wahr. Napoleon war auch nicht der größte Deutsche, der größte Deutsche ist Hitler. Um das zu erklären, braucht man nur darauf hinzuweisen, daß Hitler beinah die Schlacht von Tannenberg gewonnen hat, er war bloß nicht dabei. Hitler ist schon seit langen Monaten deutscher Spießbürger und will das Privateigentum abschaffen, weil es jüdisch ist. Das was nicht jüdisch ist, ist schaffendes Eigentum und wird nicht abgeschaffen. Die Partei Goethes war viel kleiner wie die Partei Hitlers. Goethe ist nicht knorke[2].

Begründung

Goethes Werke heißen der Faust, Egmont erster und zweiter Teil, Werthers Wahlverwandtschaften und die Piccolomini. Goethe ist ein Marxstein des deutschen Volkes, auf den wir stolz sein können und um welchen uns die andern beneiden. Noch mehr beneiden sie uns aber um Adolf Hitler. Hitler zerfällt in 3 Teile: in einen legalen, in einen wirklichen und in Goebbels, welcher bei ihm die Stelle u.a. des Mundes vertritt. Goethe hat niemals sein Leben aufs Spiel gesetzt; Hitler aber hat dasselbe auf dasselbe gesetzt. Goethe war ein großer Deutscher. Zeppelin war der größte Deutsche. Hitler ist überhaupt der allergrößte Deutsche.

Gegensatz

Hitler und Goethe stehen in einem gewissen Gegensatz. Während Goethe sich mehr einer schriftstellerischen Tätigkeit hingab, aber in den Freiheitskriegen[3] im Gegensatz zu Theodor Körner versagte, hat Hitler uns gelehrt, was es heißt, Schriftsteller und zugleich Führer einer Millionenpartei zu sein, welche eine Millionenpartei ist. Goethe war Geheim, Hitler Regierungsrat. Goethes Wirken ergoß sich nicht nur auf das Dasein der Menschen, sondern erstreckte sich auch ins kosmetische. Hitler dagegen ist Gegner der materialistischen Weltordnung und wird diese bei seiner Machtübergreifung abschaffen sowie auch den verlorenen Krieg, die Arbeitslosigkeit und das schlechte Wetter. Goethe hatte mehrere Liebesverhältnisse mit Frau von Stein, Frau von Sesenheim und Charlotte Puff. Hitler dagegen trinkt nur Selterwasser und raucht außer den Zigarren, die er seinen Unterführern verpaßt, gar nicht.

Gleichnis

Zwischen Hitler und von Goethe bestehen aber auch ausgleichende Berührungspunkte. Beide haben in Weimar gewohnt, beide sind Schriftsteller und beide sind sehr um das deutsche Volk besorgt, um welches uns die andern Völker so beneiden. Auch hatten beide einen gewissen Erfolg, wenn auch der Erfolg Hitlers viel größer ist. Wenn wir zur Macht gelangen, schaffen wir Goethe ab.

Beispiel

Wie sehr Hitler Goethe überragt, soll in folgendem an einem Beispiel begründet werden. Als Hitler in unsrer Stadt war, habe ich ihn mit mehrern andern Hitlerjungens begrüßt. Der Osaf[4] hat gesagt, ihr seid die deutsche Jugend, und er wird seine Hand auf euern Scheitel legen. Daher habe ich mir für diesen Tag einen Scheitel gemacht. Als wir in die große Halle kamen, waren alle Plätze, die besetzt waren, total ausverkauft und die Musik hat gespielt, und wir haben mit Blumen dagestanden, weil wir die deutsche Jugend sind. Und da ist plötzlich der Führer gekommen. Er hat einen Bart wie Chaplin, aber lange nicht so komisch. Uns war sehr feierlich zu Mute, und ich bin vorgetreten und habe gesagt Heil. Da haben die andern auch gesagt heil und Hitler hat uns die Hand auf jeden Scheitel gelegt und hinten hat einer gerufen stillstehn! weil es fotografiert wurde. Da haben wir ganz still gestanden und der Führer Hitler hat während der Fotografie gelächelt. Dieses war ein unvergeßlicher Augenblick fürs ganze Leben und daher ist Hitler viel größer als von Goethe.

Beleg

Goethe war kein gesunder Mittelstand. Hitler fordert für alle SA und SS die Freiheit der Straße sowie daß alles ganz anders wird. Das bestimmen wir! Goethe als solcher ist hinreichend durch seine Werke belegt, Hitler als solcher aber schafft uns Brot und Freiheit,

4. Versetzen Sie sich in eine der folgenden Rollen.
a) Beschreiben und bewerten Sie aus der Sicht eines kundigen Literaturkritikers Text 7 als satirischen Text.
b) Bewerten Sie aus der Perspektive eines literaturunkundigen Lesers Text 7 nach den Maßstäben einer „ernsthaften" Erörterung.

[1] Die Sach-, Sinn-, Stil- und Rechtschreibfehler (z.B. Z. 32 „ins kosmetische") sind in diesem Text Mittel der Satire.
[2] knorke: umgangssprachlich für fein, tadellos
[3] Freiheitskriege: Kämpfe 1813–1815, die Europa von der Herrschaft Napoleons I. befreiten
[4] Der Osaf: Abkürzung für Oberscharführer

während Goethe höchstens lyrische Gedichte gemacht hat, die wir als Hitlerjugend ablehnen, während Hitler eine Millionenpartei ist. Als Beleg dient ferner, daß Goethe kein nordischer Mensch war, sondern egal nach Italien fuhr und seine Devisen ins Ausland verschob. Hitler aber bezieht überhaupt kein Einkommen, sondern die Industrie setzt dauernd zu.

Schluß

Wir haben also gesehn, daß zwischen Hitler und Goethe ein Vergleich sehr zu Ungunsten des letzteren ausfällt, welcher keine Millionenpartei ist. Daher machen wir Goethe nicht mit. Seine letzten Worte waren mehr Licht, aber das bestimmen wir! Ob einer größer war von Schiller oder Goethe, wird nur Hitler entscheiden und das deutsche Volk kann froh sein, daß es nicht zwei solcher Kerle hat!

Deutschlanderwachejudaverreckehitlerwirdreichspräsident
dasbestimmenwir!

Sehr gut!
(v 1932)

8 Kurt Tucholsky: Was darf die Satire?*

Wenn einer bei uns einen guten politischen Witz macht, dann sitzt halb Deutschland auf dem Sofa und nimmt übel.

Satire scheint eine durchaus negative Sache. Sie sagt: „Nein!“ Eine Satire, die zur Zeichnung einer Kriegsanleihe auffordert, ist keine. Die Satire beißt, lacht, pfeift und trommelt die große, bunte Landsknechtstrommel gegen alles, was stockt und träge ist.

Satire ist eine durchaus positive Sache. Nirgends verrät sich der Charakterlose schneller als hier, nirgends zeigt sich fixer, was ein gewissenloser Hanswurst ist, einer, der heute den angreift und morgen den.

Der Satiriker ist ein gekränkter Idealist: er will die Welt gut haben, sie ist schlecht, und nun rennt er gegen das Schlechte an.

Die Satire eines charaktervollen Künstlers, der um des Guten willen kämpft, verdient also nicht diese bürgerliche Nichtachtung und das empörte Fauchen, mit dem hierzulande diese Kunst abgetan wird.

Vor allem macht der Deutsche einen Fehler: er verwechselt das Dargestellte mit dem Darstellenden. Wenn ich die Folgen der Trunksucht aufzeigen will, also dieses Laster bekämpfe, so kann ich das nicht mit frommen Bibelsprüchen, sondern ich werde es am wirksamsten durch die packende Darstellung eines Mannes tun, der hoffnungslos betrunken ist. Ich hebe den Vorhang auf, der schonend über die Fäulnis gebreitet war, und sage: „Seht!“ – In Deutschland nennt man dergleichen ‚Kraßheit‘. Aber Trunksucht ist ein böses Ding, sie schädigt das Volk, und nur schonungslose Wahrheit kann da helfen. Und so ist das damals mit dem Weberelend[1] gewesen, und mit der Prostitution ist es noch heute so.

Der Einfluß Krähwinkels[2] hat die deutsche Satire in ihren so dürftigen Grenzen gehalten. Große Themen scheiden nahezu völlig aus. Der einzige ‚*Simplicissimus*‘[3] hat damals, als er noch die große, rote Bulldogge rechtens im Wappen führte, an all die deutschen Heiligtümer zu rühren gewagt: an den prügelnden Unteroffizier, an den stockfleckigen Bürokraten, an den Rohrstockpauker und an das Straßenmädchen, an den fettherzigen Unternehmer und an den näselnden Offizier. Nun kann man gewiß über all diese Themen denken wie man mag, und es ist jedem unbenommen, einen Angriff für ungerechtfertigt und einen anderen für übertrieben zu halten, aber die Berechtigung eines ehrlichen Mannes, die Zeit zu peitschen, darf nicht mit dicken Worten zunichte gemacht werden.

Übertreibt die Satire? Die Satire muß übertreiben und ist ihrem tiefsten Wesen nach ungerecht. Sie bläst die Wahrheit auf, damit sie deutlicher wird, und sie kann gar nicht anders arbeiten als nach dem Bibelwort: Es leiden die Gerechten mit den Ungerechten.

Aber nun sitzt zutiefst im Deutschen die leidige Angewohnheit, nicht in Individuen, sondern in Ständen, in Korporationen zu denken und aufzutreten, und wehe, wenn du einer dieser zu nahe trittst. Warum sind unsere Witzblätter, unsere Lustspiele, unsere Komödien und unsere Filme so mager? Weil keiner wagt, dem dicken Kraken an den Leib zu gehen, der das ganze Land bedrückt und dahockt: fett, faul und lebenstötend.

Nicht einmal dem Landesfeind gegenüber hat sich die deutsche Satire herausgetraut. Wir sollten gewiß nicht den scheußlichen unter den französischen Kriegskarikaturen nacheifern, aber welche Kraft lag in denen, welch elementare Wut, welcher Wurf und welche Wirkung! Freilich: sie scheuten vor gar nichts zurück. Daneben hingen unsere bescheidenen Rechentafeln über U-Boot-Zahlen, taten niemandem etwas zuleide und wurden von keinem Menschen gelesen.

Wir sollten nicht so kleinlich sein. Wir alle – Volksschullehrer und Kaufleute und Professoren und Redakteure und Musiker und Ärzte und Beamte und Frauen und Volksbeauftragte

[1] Weberelend: Bezug auf den Aufstand der schlesischen Leinenweber von 1844

[2] Krähwinkel: Ortsname, durch August von Kotzebues (1761–1819) Lustspiel „Die deutschen Kleinstädter“ (1803) für kleinstädtisch-spießbürgerliche Beschränktheit

[3] „Simplicissimus“: politisch-satirische Wochenschrift, die 1896 von A. Langen in München gegründet wurde

Der **Essay** (< frz. essai = Kostprobe, Versuch, aus vulgärlateinisch exaqium = das Wägen) bezeichnet eine kürzere Abhandlung in einer stilistisch anspruchsvollen und geistreichen Prosaform. Dabei kann es sich um einen wissenschaftlichen Gegenstand, aber auch um eine aktuelle Frage des geistigen Lebens handeln. Charakteristisch ist eine betont subjektive Darstellung des Themas, meist ohne Anspruch auf Systematik, aber i.d.R. facettenreich und mehrperspektivisch. Der Essay gilt als offene Form und unterscheidet sich sowohl von der streng wissenschaftlich-erörternden Abhandlung als auch von dem in Aussage und Form weniger anspruchsvollen journalistischen Feuilleton. Die Offenheit des Essays ist vor allem bedingt durch eine skeptische Denkhaltung, die aus der Einsicht in die komplizierte und komplexe Wirklichkeit erwächst. Wahrheitssuche wird demnach als unabgeschlossen bewusstgemacht, wobei die gedankliche Bilanz dem Leser überlassen bleibt.
Am Beginn des Essays als eigenständiger literarischer Form steht Michel de Montaigne (1533–1592), der die Darstellungen seiner Reflexionen als *Essais* (1580–1597) bezeichnete. Seit dem 18. Jahrhundert findet sich essayistische Prosa besonders auch in Romanen (z.B. bei Ch. M. Wieland als „Abschweifungen“ oder bei Jean Paul als „Digressionen“). Besonders für den modernen Roman (z.B. bei Th. Mann, R. Musil, H. Broch, A. Gide oder U. Johnson) ist das essayistische Element in unterschiedlich integrierter bzw. deutlich abgesetzter Form ein Mittel, um eine heterogene Wirklichkeitserfahrung inhaltlich und formal auszudrücken.

Die **Satire** (< lat. satura (lanx) = die mit verschiedenen Früchten gefüllte Opferschale, allgemein auch Allerlei, Gemenge) bezeichnet eine Kunstform, die sich an einer Norm orientiert und auf indirekt-ästhetische Weise Missstände, besondere Ereignisse und Personen in der Literatur, im Bild und heute auch in Film und Fernsehen verspottet. Stets lebt die Satire aus der Diskrepanz zwischen Ideal und Wirklichkeit und kann als die in ästhetischer Form versuchte Gestaltung und Kritik des Normwidrigen definiert werden. Sie tritt in allen literarischen Gattungen auf und erscheint je nach der Absicht des Verfassers in unterschiedlichen Tonlagen: Sie kann liebenswürdig, humorvoll, komisch, aber auch ironisch, zornig und scharfzüngig-bissig sein, entsprechend der schillerschen Unterscheidung zwischen „lachender“ und „strafender“ Satire.
Ursprünge der Satire reichen bereits in die ägyptische und griechische Literatur zurück.

– wir alle haben Fehler und komische Seiten und kleine und große Schwächen. Und wir müssen nun nicht immer gleich aufbegehren (‚Schlächtermeister, wahret eure heiligsten Güter!‘), wenn einer wirklich einmal einen guten Witz über uns reißt. Boshaft kann er sein, aber ehrlich soll er sein. Das ist kein rechter Mann und kein rechter Stand, der nicht einen ordentlichen Puff vertragen kann. Er mag sich mit denselben Mitteln dagegen wehren, er mag widerschlagen – aber er wende nicht verletzt, empört, gekränkt das Haupt. Es wehte bei uns im öffentlichen Leben ein reinerer Wind, wenn nicht alle übel nähmen.

So aber schwillt ständischer Dünkel zum Größenwahn an. Der deutsche Satiriker tanzt zwischen Berufsständen, Klassen, Konfessionen und Lokaleinrichtungen einen ständigen Eiertanz. Das ist gewiß recht graziös, aber auf die Dauer etwas ermüdend. Die echte Satire ist blutreinigend: und wer gesundes Blut hat, der hat auch einen reinen Teint.

Was darf die Satire?

Alles. (v 1919)

Satire hat eine Grenze nach oben: Buddha entzieht sich ihr. Satire hat auch eine Grenze nach unten. In Deutschland etwa die herrschenden faschistischen Mächte. Es lohnt nicht – so tief kann man nicht schießen.

(Aus: Schnipsel) (v 1932)

5. a) Exzerpieren Sie aus Text 8 Merkmale und Methoden der Satire.
b) Stellen Sie in Gruppenarbeit aus den Texten 4–6 Hinweise für das Schreiben einer Satire zusammen.

6. a) Erörtern Sie Tucholskys These „Satire ist eine durchaus positive Sache.“
b) Vergleichen Sie Ihr Ergebnis mit der Auffassung von Text 9.

7. Schreiben Sie eine Satire zu einem aktuellen Ereignis oder einem Text.

9 Entscheidung des Reichsgerichts

Aus einer grundsätzlichen Entscheidung des Reichsgerichts vom 5. Juni 1928 (RGST Bd. 62, 183)

„Es ist der Satire wesenseigen, dass sie, mehr oder weniger stark, übertreibt, d.h. dem Gedanken, den sie ausdrücken will, einen scheinbaren Inhalt gibt, der über den wirklich gemeinten hinausgeht, jedoch in einer Weise, dass der des Wesens der Satire kundige Leser oder Beschauer den geäußerten Inhalt auf den ihm entweder bekannten oder erkennbaren tatsächlich gemeinten Gehalt zurückzuführen vermag, also erkennt, dass tatsächlich nicht mehr als dieser geringere Inhalt gemeint ist. Die Satire und die Karikatur ziehen oft, wenn sie Missstände rügen oder geißeln wollen, in jener übertreibenden, verzerrenden Weise die letzten Folgerungen aus dem Bestehen des Missstandes, um diesen, mag er selbst auch keineswegs in einer so starken Form aufgetreten sein, recht handgreiflich und darum eindrucksvoll als solchen zu kennzeichnen. Daraus folgt, dass eine satirische Darstellung nicht nach ihrem Wortsinn genommen werden, sondern erst des in Wort und Bild gewählten satirischen Gewandes entkleidet werden muss, bevor beurteilt werden kann, ob das, was in dieser Form ausgesprochen und dargestellt ist, den Tatbestand einer strafbaren Handlung, im Besonderen einer Beleidigung [sei es nach § 186 oder 187, oder aber nach § 185 StGB] enthält.“ (1928)

Die **Sypnose** (< gr. synopsis = Zusammenschau, Übersicht) ist eine *tabellarische Darstellung*, in der absichtsvoll strukturiert Informationen so angeordnet werden, dass Zusammenhänge und wechselseitige Beziehungen sichtbar werden.

10 Synopse zu Leben und Werk Kurt Tucholskys (1890–1935)

Literaturgeschichte

1890–1920: *Gegenströmungen zum Naturalismus:* Neuklassik, Neuromantik, Impressionismus, Symbolismus, Jugendstil
Literarische *Zentren:* Wien, Berlin, München
Autoren: Stefan George (1868–1933), Hermann Hesse (1877–1962), Hugo von Hofmannsthal (1874–1929), Christian Morgenstern (1871–1914), Rainer Maria Rilke (1875–1926), Arthur Schnitzler (1862–1931), Frank Wedekind (1864–1918) Stefan Zweig (1882–1942)

1910–1925: *Expressionismus*
Autoren: Ernst Barlach (1870–1945), Johannes R. Becher (1891–1958), Gottfried Benn (1886–1956), Alfred Döblin (1878–1957), Franz Kafka (1883–1924), Georg Kaiser (1878–1945), Heinrich Mann (1871–1950), Carl Sternheim (1878–1942), Georg Trakl (1887–1914), Franz Werfel (1890–1945)

1920–1933: *Weimarer Republik*
Autoren: Werner Bergengruen (1892–1964), Bertolt Brecht (1898–1956), Hermann Broch (1886–1951), Hans Carossa (1878–1956), Heimito von Doderer (1896–1946), Ernst Jünger (1895–1998), Gertrud von Le Fort (1876–1971), Thomas Mann (1875–1955), Robert Musil (1880–1942), Anna Seghers (1900–1983), Ernst Wiechert (1887–1950), Carl Zuckmayer (1896–1977), Arnold Zweig (1887–1968)

Zeit und Werk Tucholskys: 1907–1932 rund 2500 Arbeiten

1907 „Märchen“ im „Ulk“
1912 „Rheinsberg“
1913–1915 bei „Schaubühne“ Redakteur
1914 „Der Zeitsparer“
1919 „Fromme Gesänge“
1920 „Träumereien an preußischen Kaminen
1927 „Ein Pyrenäenbuch“
1928 „ Mit 5 PS“
1929 „Das Lächeln der Mona Lisa“
1929 „Deutschland, Deutschland über alles“
1931 „Schloss Gripsholm“
1931 „Lerne lachen ohne zu weinen“
1932 „Christoph Kolumbus“

Biografie Tucholskys

- 9.1.1890 in Berlin geboren
- 1899–1907 Besuch des-Gymnasiums; 1909 Reifeprüfung als Externer
- 1909–1912 Jurastudium in Berlin, Genf, Jena; 1914 Dr. jur.
- 1915–1918 Soldat; 1918–1920 Chefredakteur des „Ulk“
- 1923 Bankvolontär; ab 1924 Korrespondent in Paris
- ab 1929 in Hindås
- 23.8.1933 ausgebürgert; 21.12.1935 Selbstmord
- 1943 Mutter in Theresienstadt umgekommen

1890 – 1900 – 1910 – 1920 – 1930 – 1940

Zeitgeschichte

- 20.3.1890 Bismarcks Entlassung
- Krisen und Balkankriege (1906–1913)
- Erster Weltkrieg (1914–1918)
- Weimarer Republik (1919–1933)
- NS-Herrschaft (1933–1945)
- 20.1.42 „Wannseekonferenz“

3. Die Wirkung der Worte – Literarische Kommunikation und Rezeption

Kurt Tucholsky, „ein kleiner, dicker Berliner, wollte mit der Schreibmaschine eine Katastrophe aufhalten".

(Erich Kästner (1899–1974), zitiert nach F.J. Raddatz im Vorwort zu Kurt Tucholsky. Ges. Werke, 1. Bd., S. 29.)

„Wer die Sprache beherrscht, beherrscht die Menschen!" Gilt diese Behauptung nur für Propagandisten und Demagogen? Warum trifft sie nicht auf Dichter zu, die Meister der Sprache? Wie ist es dann aber zu erklären, dass die Gewaltherrscher ohne Zensur, Verbote und Bücherverbrennungen nicht auskommen? Was bewirkt also die Kraft des Dichterwortes, auch wenn es Katastrophen nicht aufhalten kann? Dass der Autor und sein Publikum jeweils andere Antworten geben, darf nicht verwundern.

1 Kurt Tucholsky (1890–1935): Gruß nach vorn*

Lieber Leser 1985 –!

Durch irgendeinen Zufall kramst du in der Bibliothek, findest die ‚*Mona Lisa*', stutzt und liest. Guten Tag.

Ich bin sehr befangen: du hast einen Anzug an, dessen Mode von meinem damaligen sehr absticht, auch dein Gehirn trägst du ganz anders ... Ich setze dreimal an: jedesmal mit einem andern Thema, man muß doch in Berührung kommen ... Jedesmal muß ich es wieder aufgeben – wir verstehen einander gar nicht. Ich bin wohl zu klein; meine Zeit steht mir bis zum Halse, kaum gucke ich mit dem Kopf ein bißchen über den Zeitpegel ... da, ich wußte es: du lächelst mich aus.

Alles an mir erscheint dir altmodisch: meine Art, zu schreiben und meine Grammatik und meine Haltung ... ah, klopf mir nicht auf die Schulter, das habe ich nicht gerne. Vergeblich will ich dir sagen, wie wir es gehabt haben, und wie es gewesen ist ... nichts. Du lächelst, ohnmächtig hallt meine Stimme aus der Vergangenheit, und du weißt alles besser. Soll ich dir erzählen, was die Leute in meinem Zeitdorf bewegt? Genf? Shaw-Premiere? Thomas Mann? Das Fernsehen? Eine Stahlinsel im Ozean als Halteplatz für die Flugzeuge? Du bläst auf alles, und der Staub fliegt meterhoch, du kannst gar nichts erkennen vor lauter Staub.

Soll ich dir Schmeicheleien sagen? Ich kann es nicht. Selbstverständlich habt ihr die Frage: ‚Völkerbund oder Paneuropa?' nicht gelöst; Fragen werden ja von der Menschheit nicht gelöst, sondern liegen gelassen. Selbstverständlich habt ihr fürs tägliche Leben dreihundert nichtige Maschinen mehr als wir, und im übrigen seid ihr genau so dumm, genau so klug, genau so wie wir. Was von uns ist geblieben? Wühle nicht in deinem Gedächtnis nach, in dem, was du in der Schule gelernt hast. Geblieben ist, was zufällig blieb; was so neutral war, daß es hinüberkam; was wirklich groß ist, davon ungefähr die Hälfte, und um die kümmert sich kein Mensch – nur am Sonntagvormittag ein bißchen, im Museum. Es ist so, wie wenn ich heute mit einem Mann aus dem Dreißigjährigen Krieg reden sollte. „Ja? gehts gut? Bei der Belagerung Magdeburgs hat es wohl sehr gezogen ...?" und was man so sagt.

Ich kann nicht einmal über die Köpfe meiner Zeitgenossen hinweg ein erhabenes Gespräch mit dir führen, so nach der Melodie: wir beide verstehen uns schon, denn du bist ein Fortgeschrittener, gleich mir. Ach, mein Lieber: auch du bist ein Zeitgenosse. Höchstens, wenn ich ‚Bismarck' sage und du dich erst erinnern mußt, wer das gewesen ist, grinse ich schon heute vor mich hin: du kannst dir gar nicht denken, wie stolz die Leute um mich herum auf dessen Unsterblichkeit sind ... Na, lassen wir das. Außerdem wirst du jetzt frühstücken gehen wollen.

Guten Tag. Dies Papier ist schon ganz gelb geworden, gelb wie die Zähne unsrer Landrichter, da, jetzt zerbröckelt dir das Blatt unter den Fingern ... nun, es ist auch schon so alt. Geh mit Gott, oder wie ihr das Ding dann nennt. Wir haben uns wohl nicht allzuviel mitzuteilen, wir Mittelmäßigen. Wir sind zerlebt, unser Inhalt ist mit uns dahingegangen. Die Form war alles.

Ja, die Hand will ich dir noch geben. Wegen Anstand.

Und jetzt gehst du.

Aber das rufe ich dir noch nach: Besser seid ihr auch nicht als wir und die vorigen. Aber keine Spur, aber gar keine – (v 1926)

2 Kurt Tucholsky: Avis an meinen Verleger*

Von allen Leser-Briefen, lieber Meister Rowohlt, scheint mir dieser hier der allerschönste zu sein. Er stammt von einem Oberrealschüler aus Nürnberg.

„Lieber Herr Tucholsky!

Erlauben Sie mir, daß ich Ihnen zu Ihren Werken meine vollste Anerkennung ausspreche. Das wird Ihnen zwar gleichgültig sein – aber ich möchte doch noch eine weitere Bemerkung hinzufügen. Hoffentlich sterben Sie recht bald, damit Ihre Bücher billiger werden (so wie Goethe zum Beispiel). Ihr letztes Buch ist wieder so teuer, daß man es sich nicht kaufen kann.

Gruß!"

Da hast es.

Lieber Meister Rowohlt, liebe Herren Verleger! Macht unsre Bücher billiger! Macht unsre Bücher billiger! Macht unsre Bücher billiger! (v 1932)

L Aufgrund der Erkenntnis der modernen Kommunikationswissenschaft, dass jede **Kommunikation** (< lat. communicare = sich besprechen) nicht nur einen Inhalts-, sondern auch einen Beziehungsaspekt hat, also sowohl eine Verständigung über Sachverhalte als auch über die Art und Weise des Umgangs der Gesprächspartner miteinander, lassen sich Gespräche nach ihrer Beziehungsqualität einteilen: Das *unverzerrte (symmetrische) Gespräch* ist dann gegeben, wenn die Stellung der Kommunikationspartner gleich oder doch gleichberechtigt ist und wenn es sich um eine tendenziell herrschaftsfreie Kommunikation handelt.
Das *verzerrte (asymmetrische) Gespräch* entsteht bei ungleichen Partnern – ihrer Machtstellung nach, ihrem sozialen Rang oder ihrer Wissensüberlegenheit entsprechend –, wobei der überlegene und der unterlegene Sprecher nicht nur unterschiedliche Sprechanteile, sondern auch ganz entgegengesetzte Chancen haben. Vorherrschaft – gleich welcher Art – wirkt sich bis hin zum Zwang im Gespräch aus.
Eine extreme Form der asymmetrischen Kommunikation ist das *Einschüchterungsgespräch*, das durch einseitige Geltungsansprüche, Befehle und Sanktionen bestimmt ist, das i.d.R. ohne Begründung für Anordnungen und Maßnahmen bleibt und dem Partner keine Einspruchsmöglichkeit gibt.

1. Beschreiben Sie das Selbstverständnis Tucholskys und die Wirkungsabsicht, die aus den Texten 1 und 2 erkennbar werden.

2. Exzerpieren Sie aus den Texten 3–5 die wichtigsten Ziele nationalsozialistischer Kulturpolitik.

3. a) Entwerfen Sie einen Leserbrief aus der Sicht des Schülers (Text 2) zu Tucholskys Ausbürgerung.
b) Erarbeiten Sie in Gruppen mit Hilfe eines Autorenlexikons und des Textes 3 zu je einem der ausgebürgerten Schriftsteller „Begründungen" für die Ausbürgerung aus der Sicht der Nazis.

6 Deutsche Reichs- und Preußische Staatsanzeiger vom 23.8.1933: Ausbürgerung Tucholskys

Amtliches.
Deutsches Reich.
Bekanntmachung.

Auf Grund des § 2 des Gesetzes über den Widerruf von Einbürgerungen und die Aberkennung der deutschen Staatsangehörigkeit vom 14. Juli 1933 (RGBl. I S. 480) erkläre ich im Einvernehmen mit dem Reichsminister des Auswärtigen folgende Reichsangehörige der deutschen Staatsangehörigkeit für verlustig, weil sie durch ein Verhalten, das gegen die Pflicht zur Treue gegen Reich und Volk verstößt, die deutschen Belange geschädigt haben:

Dr. Apfel, Alfred, geb. am 12. März 1882;
Bernhard, Georg, geb. am 20. Oktober 1875;
Dr. Breitscheid, Rudolf, geb. am 2. November 1874;
Eppstein, Eugen, geb. am 25. Juni 1878;
Falk, Alfred, geb. am 4. Februar 1896;
Feuchtwanger, Lion, geb. am 7. Juli 1884;
Dr. Foerster, Friedrich-Wilhelm, geb. am 2. Juni 1869;
v. Gerlach, Helmuth, geb. am 2. Februar 1866;
Gohlke, Elfriede, gen. Ruth Fischer, geb. am 11. Dezember 1895;
Großmann, Kurt, geb. am 21. Mai 1897;
Grzesinski, Albert, geb. am 28. Juli 1879;
Gumbel, Emil, geb. am 18. Juli 1891;
Hansmann, Wilhelm, geb. am 29. Oktober 1886;
Heckert, Friedrich, geb. am 28. März 1884;
Hölz, Max, geb. am 14. Oktober 1889;
Dr. Kerr, Alfred, geb. am 25. Dezember 1867;
Lehmann-Rußbüldt, Otto, geb. am 1. Januar 1873;
Mann, Heinrich, geb. am 27. März 1871;
Maslowski, Peter, geb. am 25. April 1893;
Münzenberg, Wilhelm, geb. am 14. August 1889;
Neumann, Heinz-Werner, geb. am 6. Juli 1902;
Pieck, Wilhelm, geb. am 3. Januar 1876;
Salomon, Berthold, gen. Jacob, geb. am 12. Dezember 1898;
Scheidemann, Philipp, geb. am 25. Juli 1865;
Schwarzschild, Leopold, geb. am 8. Dezember 1891;
Sievers, Max, geb. am 11. Juli 1887;
Stampfer, Friedrich, geb. am 8. September 1874;
Toller, Ernst, geb. am 1. Dezember 1893;
Dr. Tucholski, Kurt, geb. am 9. Januar 1890;
Weiß, Bernhard, geb. am 30. Juli 1880;
Weißmann, Robert, geb. am 3. Juni 1869;
Wels, Otto, geb. am 19. September 1873;
Dr. Werthauer, Johann, geb. am 20. Januar 1866.

Das Vermögen dieser Personen wird hiermit beschlagnahmt.
Die Entscheidung darüber, inwieweit der Verlust der deutschen Staatsangehörigkeit auf Familienangehörige ausgedehnt wird, bleibt vorbehalten.

Berlin, den 23. August 1933.

Der Reichsminister des Innern.
J. B.: Pfundtner.

3 Neuköllner Tageblatt vom 12.5.1933: Die Rufer

Während der Verbrennung der Bücher spielten SA- und SS-Kapellen vaterländische Weisen und Marschlieder, bis neun Vertreter der Studentenschaft, denen die Werke nach einzelnen Gebieten zugeteilt waren, mit markanten Worten die Bücher des undeutschen Geistes dem Feuer übergaben.

1. Rufer: Gegen Klassenkampf und Materialismus, für Volksgemeinschaft und idealistische Lebenshaltung! Ich übergebe der Flamme die Schriften von Marx und Kautsky.

2. Rufer: Gegen Dekadenz und moralischen Verfall! Für Zucht und Sitte in Familie und Staat! Ich übergebe der Flamme die Schriften von Heinrich Mann, Ernst Glaeser und Erich Kästner.

3. Rufer: Gegen Gesinnungslumperei und politischen Verrat, für Hingabe an Volk und Staat! Ich übergebe der Flamme die Schriften von Friedrich Wilhelm Förster.

4. Rufer: Gegen seelenzerfasernde Überschätzung des Trieblebens, für den Adel der menschlichen Seele! Ich übergebe der Flamme die Schriften des Sigmund Freud.

5. Rufer: Gegen Verfälschung unserer Geschichte und Herabwürdigung ihrer großen Gestalten, für Ehrfurcht vor unserer Vergangenheit! Ich übergebe der Flamme die Schriften von Emil Ludwig und Werner Hegemann.

6. Rufer: Gegen volksfremden Journalismus demokratisch-jüdischer Prägung, für verantwortungsbewusste Mitarbeit am Werk des nationalen Aufbaus! Ich übergebe der Flamme die Schriften von Theodor Wolff und Georg Bernhard.

7. Rufer: Gegen literarischen Verrat am Soldaten des Weltkrieges, für Erziehung des Volkes im Geist der Wahrhaftigkeit! Ich übergebe der Flamme die Schriften von Erich Maria Remarque.

8. Rufer: Gegen dünkelhafte Verhunzung der deutschen Sprache, für Pflege des kostbarsten Gutes unseres Volkes! Ich übergebe der Flamme die Schriften von Alfred Kerr.

9. Rufer: Gegen Frechheit und Anmaßung, für Achtung und Ehrfurcht vor dem unsterblichen deutschen Volksgeist! Verschlinge, Flamme, auch die Schriften der Tucholsky und Ossietzky!

(v 1933)

4 Will Vesper (1882–1962): Das erwachte Gewissen (Auszug)

Wie die Presse meldet, erklärt sich „Der Vorstand des Börsenvereins der Deutschen Buchhändler“ mit der Reichsleitung des Kampfbundes für deutsche Kultur und der Zentralstelle für das deutsche Bibliothekwesen darin einig, dass die zwölf Schriftsteller Lion Feuchtwanger, Ernst Glaeser, Arthur Holitscher, Alfred Kerr, Egon Erwin Kisch, Emil Ludwig, Heinrich Mann, Ernst Ottwald, Theodor Plievier, Erich Maria Remarque, Kurt Tucholsky (alias Theobald Tiger, Peter Panter, Ignaz Wrobel, Kaspar Hauser), Arnold Zweig für das deutsche Ansehen als schädigend zu erachten sind. Der Vorstand erwartet, dass der Buchhandel die Werke dieser Schriftsteller nicht weiter verbreitet.

Der Vorstand des Börsenvereins für den Buchhandel mache aber den Buchhändlern die Umschaltung nicht zu leicht. Es ist nicht damit getan, dass man zwölf Sündenböcke, die ohnedies niemand mehr kauft, in die Wüste schickt und die andere deutschfeindliche und kulturbolschewistische Literatur verhökert! Es bedarf einer ernsten und gewissenhaften, und nicht von heute auf morgen zu erledigenden gründlichen Prüfung des gesamten deutschen und antideutschen Schrifttums der letzten 15 Jahre, einer ehrlichen Reinigung auch des gesamten Buchhandels. Wenn dabei manche Buchhändler feststellen müssen, dass ihr Lager im Wesentlichen aus literarischer Schundliteratur besteht, so darf uns das nicht davon abhalten, den deutschen Buchhandel immer wieder zum rücksichtslosesten Kampf gegen den Kulturbolschewismus zu zwingen. [...]

(v 1933)

5 Stimmen zur Rezeption der Werke Kurt Tucholskys, mitgeteilt nach ihren Erscheinungsdaten

a) „Die Schreibmaschine war von jeher Ignaz Wrobels Stärke. In einen großen Rucksack verpackt, zog er mit ihr im April 1915 als ‚Schipper‘ mit dem Armierungsbataillon nach Suwalky. Als jedoch die Morgenröte des 9. November 1918 aufstieg, da warf Kurt Tucholsky die unangenehme feldgraue Uniform beiseite, zog wieder die gestreiften Beinkleider über die Säbelbeine, nahm seine getreue Schreibmaschine und begann, gegen den Patriotismus gleich unter fünf Namen zu wettern. Er nennt das ‚dichten‘ ... Kein Staatsgerichtshof zum Schutze der Republik hat sich bemüßigt gefühlt, diesen Ignaz Wrobel hinter eiserne Gardinen zu setzen und ihn bei zehnjähriger Zuchthausarbeit auf andere Gedanken zu bringen, als das Symbol des Deutschtums in dieser Weise anzupöbeln.“

(Alfred Rosenberg, „Dr. Kurt Tucholsky“, in: „Nationalsozialistische Monatshefte“, Heft 37, 1927)

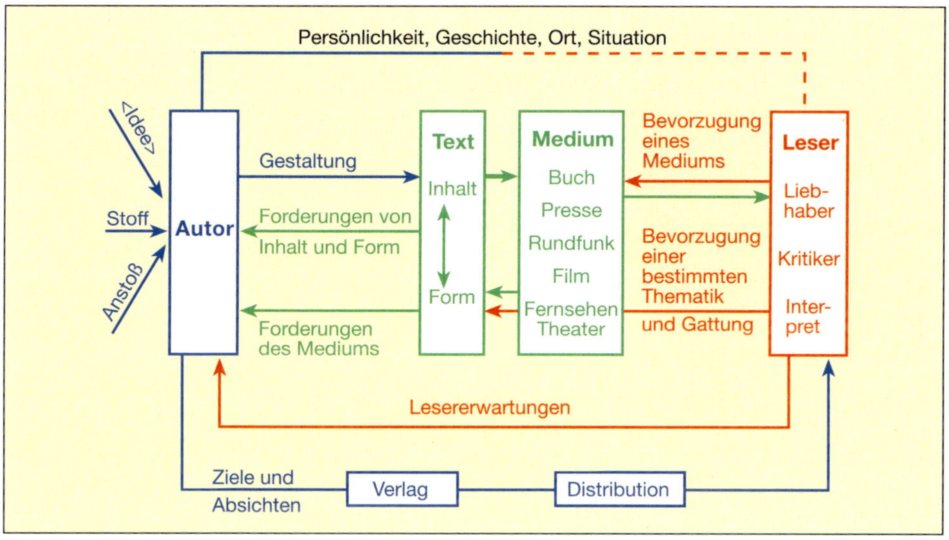

Autor – Text – Medium – Distribution – Leser
(Grundmodell der literarischen Kommunikation)

b) Alexej Tolstoi

Entsetzlich … dieser Mensch hatte alle Chancen, der Heine des XX. Jahrhunderts zu werden.

(Gespräch mit Alexander Dymschitz. 1936)

c) Wilhelm Herzog

Wer war Kurt Tucholsky? Ein Schriftsteller von ungewöhnlicher Begabung; unerschöpflich an Einfällen; ein kluger Humorist; ein Satiriker von Format und – ein Kämpfer für die ewigen Menschenrechte, deren Schicksal es ist, ewig mit Füßen getreten zu werden … Dieser proteusartige[1] Mensch trug in sich einen Reichtum an Bildung, Fantasie, kritischer Vernunft und überlegener Heiterkeit, dass seine Arbeiten Tausende und Abertausende in ihrem Lebensmut stärkten, sie bereicherten, oft entzückten. (Nachruf. 1936)

d) „Kurt Tucholsky ist diese ganze Welt des Teufels inbegrifflich. Keiner der jüdischen Literaten jener Jahre hat eine Breitenwirkung erzielt wie Tucholsky. Kein Volk dieser Erde ist jemals in seiner eigenen Sprache so geschmäht worden wie das deutsche durch Tucholsky. Diese ganze Literatur ist keine künstlerische Angelegenheit. Sie ist der urkundliche Ausweis für ein geschichtliches Unterfangen von bestürzendem Ausmaß: gewaltsame geistige und seelische Umartung des deutschen Volkes. Diese allgemeine Perversion eines ganzen Volkes durch eine ihm fremde Literatur war das berechnete Unternehmen des Judentums, die deutsche Seele in seine Hörigkeit zu zwingen und das deutsche Volk zum Träger der Weltrevolution, zum Werkzeug und Vollstrecker des jüdischen Messiasgedankens zu machen."

(Josef Nadler, „Literaturgeschichte des deutschen Volkes", Band 4, Berlin 1941)

e) George Grosz

Er war einer der wenigen, die den wirklichen Berliner Witz verstanden und auch wirkliche Berliner Dialoge schreiben konnten. – Ein Erbe Glaßbrenners[2] und des vormärzlichen Humors. Und in einer Zeit, da der Humor in Berlin von oben befohlen wurde und säuerlich schmeckte, gab es solche Leute bald überhaupt nicht mehr! … Tucholsky liebte Frankreich, wie viele Intellektuelle jener Zeit; er glaubte immer noch an ein schon damals nicht mehr existierendes Frankreich von 1793. Von Schweden aus, wohin er sich schon 1929 zurückgezogen hatte, schaute er in die Zukunft. Und die war so schauerlich, dass er es vorzog, sie nicht mehr mitzumachen. Heute ist er auferstanden. Noch zur Zeit?

(Ein kleines Ja und ein großes Nein. 1955)

f) „Vor Jahren fuhr ich mit einem Genossen zu einer SDS-Tagung nach Berlin. Er hatte zwei Bücher bei sich: George Orwells ‚Farm der Tiere' und Tucholskys ‚Deutschland, Deutschland über alles'. ‚Das geben Sie her', sagte der Polizist.
‚Wieso? Das ist Tucholsky!'
‚Was heißt hier Tucholsky. Deutschland, Deutschland über alles …
Das kommt nicht rein in unsere Republik. Das landwirtschaftliche Buch da, das können Sie behalten …'" („Die Zeit" vom 24. August 1962)

g) „Der CDU-Stadtverordnete Menges: ‚Doch sein Schrifttum und seine Äußerungen wirken zum Teil auch heute noch so zersetzend, dass es eine Taktlosigkeit wäre, eine Straße nach ihm zu benennen. Wenn Tucholsky noch leben würde, säße er heute in der DDR und würde Hetzartikel gegen die Bundesrepublik schreiben.'"

(„Abendpost", Frankfurt/Main, vom 15. Februar 1963)

[1] proteusartig: von Proteus = weissagender Meergreis der gr. Mythologie, „Verwandlungskünstler"
[2] Adolf Glaßbrenner (1810–1876): Begründer der satirischen Berliner Volksliteratur

Ein **Projekt** (vgl. S. 60) über Tucholsky könnte die Fächer Geschichte, Gemeinschaftskunde und/oder Bildende Kunst mit einbeziehen und folgende Schwerpunkte haben:
1. Ein „Porträt" Tucholskys in Wort und Bild mit Ausblick auf die Kunstrichtung der „neuen Sachlichkeit". Oder:
2. Kurt Tucholsky als Beispiel eines in der Weimarer Republik weitgehend unverstandenen und durch die Nationalsozialisten verfolgten Autors.
Literatur: Kurt Tucholsky: Gesammelte Werke in 10 Bänden, hrsg. von Mary Gerold-Tucholsky und Fritz Raddatz, Reinbek (Rowohlt) 1975.
Klaus-Peter Schulz: Kurt Tucholsky in Selbstzeugnissen und Bilddokumenten, Reinbek (Rowohlt) [1]1959.

4. a) Exzerpieren Sie aus den Rezeptionszeugnissen positive und negative Einschätzungen mit der jeweiligen Begründung.
b) Erschließen Sie Motive der Kritiker, die Tucholskys Werke ablehnen.

Rezensent	positiv	negativ	Motiv

c) Nehmen Sie zu einer der ablehnenden Einschätzungen Stellung.

5. a) Vergleichen Sie die Positionen der Kritiker mit Tucholskys Wirkungsabsichten.
b) Beziehen Sie das „Grundmodell“ (S. 73) in Ihren Vergleich mit ein.

6. Wodurch hebt sich die Wertung Nino Ernés von den meisten „Stimmen der Rezeption“ ab?

7. Schreiben Sie aus Ihrer Sicht eine Kritik über Tucholsky für die Schülerzeitung oder für ein Literaturlexikon für Schüler.

h) „Sehr geehrter Inhaber der Buchhandlung Schmidt!
Sie halten es für richtig an bevorzugter Stelle in Ihrer Auslage das deutschfeindliche Machwerk des Kurt Tucholsky ‚Deutschland, Deutschland über alles‘ auszustellen und zu propagieren. Ich nehme an, dass Sie wissen wer Tucholsky war. Er war bevorzugter Mitarbeiter der pro-bolschewistischen ‚Weltbühne‘ des Siegfried Jacobsohn und fanatischer Anhänger eines sowjetischen Deutschland. Wenn Leute wie Tucholsky gesiegt hätten, dann hätten wir heute die Zustände der Stacheldrahtzone des Ulbricht und Sie – unter der Voraussetzung, dass Sie kein Ulbricht-Anhänger sind – keine gutgehende Buchhandlung.
Ich habe, da ich in Kaiserslautern beschäftigt bin, im letzten Jahr verschiedentlich Bücher bei Ihnen gekauft. Ich werde das natürlich nicht mehr tun und ich werde auch meine Freunde, die Tucholsky Gott sei Dank kennen, gebührend auf Ihren Beitrag zur Vernichtung des deutschen Selbstgefühls hinweisen, indem ich sie auf Ihren Ausstellungsgegenstand aufmerksam mache. Kommen Sie nicht mit Geistesfreiheit, Besudelung des eigenen Volkes und Nestbeschmutzung ist keine Geistesfreiheit.“

(Brief von Prof. Dr. theol. A. H. (Kaiserslautern), vormals NSDAP, danach bis 1966 CDU-Abgeordneter, danach NP-Abgeordneter, an die Buchhandlung Schmidt, Kaiserslautern, vom 31. März 1964.)

7 Nino Erné: Kurt Tucholsky (Auszug)

[...]
T.s Ausdruckskraft umfasst das Gröbste und Zarteste, Witz und tödlichen Ernst, logisch sauberes Hochdeutsch und den verschusseltsten Dialekt. Die Spannweite seines Stils ist größer als die Polgars, des anderen Meisters der Kleinen Form, dafür erreicht er nur in den besten Arbeiten jene Makellosigkeit, die seinen bewunderten „Weltbühnen“- Kollegen als Klassiker kennzeichnet. Er hatte ein anderes Tempo und eine andere Temperatur. Er schrieb nicht adagio, sondern appassionato, con brio, presto, und seine stillen Betrachtungen sind Pausen vor dem nächsten Paukenschlag. Er bewahrte nicht, wie Polgar, die Eintagsfliegen der Aktualität im Bernstein gekühlter Form auf, und wenn er jemanden angriff, nahm er ihn nicht, wie Karl Kraus, zum Anlass einer Wortschöpfung sub specie aeternitatis[1]. T. besang in jubelnden und demütigen Hymnen, wen er liebte; er hasste den, mit dem er abrechnete – wenn er verachtete, schwieg er. Dass er nichts bessern konnte, ließ ihn verzweifeln, gerade als sein Ruhm am höchsten stand. Er wollte nicht Erfolg, sondern Wirkung. Es ging nicht um Dichtung, sondern ums Leben. Deshalb glüht bei ihm noch unter jeder Asche der einstige Augenblick und reißt den Leser in die Hitze vergessener Gefechte und erfüllter Prophezeiungen: [...] Aus Bescheidenheit sprach T. nur von dem, was er genau zu kennen glaubte; weit wies er es von sich, mit dem „Jahrhundertkerl!“ Heine verglichen zu werden. Vermutlich hat er seine Grenzen enger gesehen, als sie waren. Vermutlich hat er seine eigene Bedeutung unterschätzt. Es ist anzunehmen, dass man auch ihn eines Tages einen Jahrhundertkerl nennen wird. Skepsis, um der inneren Wahrhaftigkeit willen, nahm seinem Daseinskampf zuletzt derart den Atem, dass er dem Sprechen das Schweigen, dem Leben das Sterben vorzog.

(e 1970)

Die **Ironie** (von gr. eironeia = Verstellung, Ausflucht, Mangel an Ernst) entzieht sich als Begriff einer eindeutigen Definition. Doch lassen sich folgende Bedeutungen herausheben:
– Ironie kann eine *Redeweise* meinen, bei der das Gegenteil des Gesagten gemeint ist (z.B. „schöne Bescherung“ für skandalöses Ereignis; oder: „Du bist mir ein sauberer Freund!“)
– Ironie als *rhetorisches* Mittel versucht auf heiter-spöttische, aber auch aggressiv-sarkastische Weise eine Person, eine Sache oder einen erhabenen Wert (z.B. Ehre, Moral) unter dem Anschein der Ernsthaftigkeit oder gar des Lobes zu entlarven, ja der Lächerlichkeit preiszugeben. (Vgl. in William Shakespeares (1564–1616) *Julius Caesar* (1600) die Rede des Marcus Antonius mit der wiederkehrenden Wendung „Und Brutus ist ein ehrenwerter Mann“.)
– Ironie als Mittel der *lehrhaften Kommunikation* will durch absichtlich falsche Wertaussagen, durch bewusste lo-

8 Kurt Tucholsky (1890–1935): Ratschläge für einen schlechten Redner*

Fang nie mit dem Anfang an, sondern immer drei Meilen *vor* dem Anfang! Etwa so:
„Meine Damen und meine Herren! Bevor ich zum Thema des heutigen Abends komme, lassen Sie mich Ihnen kurz ...“

Hier hast du schon so ziemlich alles, was einen schönen Anfang ausmacht: eine steife Anrede; der Anfang vor dem Anfang; die Ankündigung, daß und was du zu sprechen beabsichtigst, und das Wörtchen kurz. So gewinnst du im Nu die Herzen und die Ohren der Zuhörer.

Denn das hat der Zuhörer gern: daß er deine Rede wie ein schweres Schulpensum aufbekommt; daß du mit dem drohst, was du sagen wirst, sagst und schon gesagt hast. Immer schön umständlich.

Sprich nicht frei – das macht einen so unruhigen Eindruck. Am besten ist es: du liest deine Rede ab. Das ist sicher, zuverlässig, auch freut es jedermann, wenn der lesende Redner nach jedem viertel Satz mißtrauisch hochblickt, ob auch noch alle da sind.

Wenn du gar nicht hören kannst, was man dir so freundlich rät, und du willst durchaus und durchum frei sprechen ... du Laie! Du lächerlicher Cicero! Nimm dir doch ein Beispiel an unsern professionellen Rednern, an den Reichstagsabgeordneten – hast du die schon mal frei sprechen hören? Die schreiben sich sicherlich zu Hause auf, wann sie „Hört! hört!“ rufen ... ja, also wenn du denn frei sprechen mußt:

Sprich, wie du schreibst. Und ich weiß, wie du schreibst.

---

[1] sub specie aeternitatis: unter dem Gesichtspunkt der Ewigkeit

Sprich mit langen, langen Sätzen – solchen, bei denen du, der du dich zu Hause, wo du ja die Ruhe, deren du so sehr benötigst, deiner Kinder ungeachtet, hast, vorbereitest, genau weißt, wie das Ende ist, die Nebensätze schön ineinandergeschachtelt, so daß der Hörer, ungeduldig auf seinem Sitz hin und her träumend, sich in einem Kolleg wähnend, in dem er früher so gern geschlummert hat, auf das Ende solcher Periode wartet ... nun, ich habe dir eben ein Beispiel gegeben. So mußt du sprechen.

Fang immer bei den alten Römern an und gib stets, wovon du auch sprichst, die geschichtlichen Hintergründe der Sache. Das ist nicht nur deutsch – das tun alle Brillenmenschen. Ich habe einmal in der Sorbonne einen chinesischen Studenten sprechen hören, der sprach glatt und gut französisch, aber er begann zu allgemeiner Freude so: „Lassen Sie mich Ihnen in aller Kürze die Entwicklungsgeschichte meiner chinesischen Heimat seit dem Jahre 2000 vor Christi Geburt ...“ Er blickte ganz erstaunt auf, weil die Leute so lachten.

So mußt du das auch machen. Du hast ganz recht: man versteht es ja sonst nicht, wer kann denn das alles verstehen, ohne die geschichtlichen Hintergründe ... sehr richtig! Die Leute sind doch nicht in deinen Vortrag gekommen, um lebendiges Leben zu hören, sondern das, was sie auch in den Büchern nachschlagen können ... sehr richtig! Immer gib ihm Historie, immer gib ihm.

Kümmere dich nicht darum, ob die Wellen, die von dir ins Publikum laufen, auch zurückkommen – das sind Kinkerlitzchen. Sprich unbekümmert um die Wirkung, um die Leute, um die Luft im Saale; immer sprich, mein Guter. Gott wird es dir lohnen.

Du mußt alles in die Nebensätze legen. Sag nie: „Die Steuern sind zu hoch.“ Das ist zu einfach. Sag: „Ich möchte zu dem, was ich soeben gesagt habe, noch kurz bemerken, daß mir die Steuern bei weitem ...“ So heißt das.

Trink den Leuten ab und zu ein Glas Wasser vor – man sieht das gern.

Wenn du einen Witz machst, lach vorher, damit man weiß, wo die Pointe ist.

Eine Rede ist, wie könnte es anders sein, ein Monolog. Weil doch nur einer spricht. Du brauchst auch nach vierzehn Jahren öffentlicher Rednerei noch nicht zu wissen, daß eine Rede nicht nur ein Dialog, sondern ein Orchesterstück ist: eine stumme Masse spricht nämlich ununterbrochen mit. Und das mußt du hören. Nein, das brauchst du nicht zu hören. Sprich nur, lies nur, donnere nur, geschichtele nur.

Zu dem, was ich soeben über die Technik der Rede gesagt habe, möchte ich noch kurz bemerken, daß viel Statistik eine Rede immer sehr hebt. Das beruhigt ungemein, und da jeder imstande ist, zehn verschiedene Zahlen mühelos zu behalten, so macht das viel Spaß.

Kündige den Schluß deiner Rede lange vorher an, damit die Hörer vor Freude nicht einen Schlaganfall bekommen. (Paul Lindau hat einmal einen dieser gefürchteten Hochzeitstoaste so angefangen: „Ich komme zum Schluß.“) Kündige den Schluß an, und dann beginne deine Rede von vorn und rede noch eine halbe Stunde. Dies kann man mehrere Male wiederholen.

Du mußt dir nicht nur eine Disposition machen, du mußt sie den Leuten auch vortragen – das würzt die Rede.

Sprich nie unter anderthalb Stunden, sonst lohnt es gar nicht erst anzufangen.

Wenn einer spricht, müssen die andern zuhören – das ist deine Gelegenheit! Mißbrauche sie.

(v 1930)

gische Brüche oder durch vorgetäuschte Unwissenheit einen kritischen Erkenntnisprozess in Gang setzen. Der Ursprung dazu liegt in der sog. „Sokratischen Ironie“, die als besondere Methode (die sog. Maieutik = „Hebammenkunst“) durch unablässiges Fragen in scheinbar eigener Unwissenheit dem pädagogischen Ziel der Erkenntnisförderung dient.

– Als *tragische Ironie* bezeichnet man im Drama einen Prozess, in dem der Held durch scheinbare Begünstigung in Selbstüberheblichkeit (sog. Hybris) gerät und danach vernichtet wird. Während sich der Held noch in völliger Sicherheit wähnt, erkennt der Zuschauer bereits das unabwendbare Verhängnis. So z.B. bei Sophokles *König Ödipus* oder in Friedrich Schillers (1759–1805) Tragödie *Wallenstein*, wo Wallenstein unmittelbar vor seiner Ermordung sagt: „Ich denke einen langen Schlaf zu tun.“

8. Erarbeiten Sie aus den Texten dieser Sequenz ein halbfreies Referat (vgl. S. 76) über Tucholsky.
a) Achten Sie auf einen deutlichen Schwerpunkt.
b) Überlegen Sie eine überzeugende Gliederung.
c) Überprüfen Sie Ihre Ergebnisse am Kommunikationsmodell zum Referat.

9. „Eine Rede ist keine Schreibe!“
a) Exzerpieren Sie zu dieser These Hauptgedanken aus den Texten 8 und 9 sowie aus der Grafik.
b) Stellen Sie ein Sechs-Punkte-Programm als Anleitung für einen guten Redner zusammen.

9 Kurt Tucholsky: Ratschläge für einen guten Redner*

Hauptsätze. Hauptsätze. Hauptsätze.

Klare Disposition im Kopf – möglichst wenig auf dem Papier.

Tatsachen, oder Appell an das Gefühl. Schleuder oder Harfe. Ein Redner sei kein Lexikon. Das haben die Leute zu Hause.

Der Ton einer einzelnen Sprechstimme ermüdet; sprich nie länger als vierzig Minuten. Suche keine Effekte zu erzielen, die nicht in deinem Wesen liegen. Ein Podium ist eine unbarmherzige Sache – da steht der Mensch nackter als im Sonnenbad.

Merk Otto Brahms Spruch: Wat jestrichen is, kann nich durchfalln.

(v 1930)

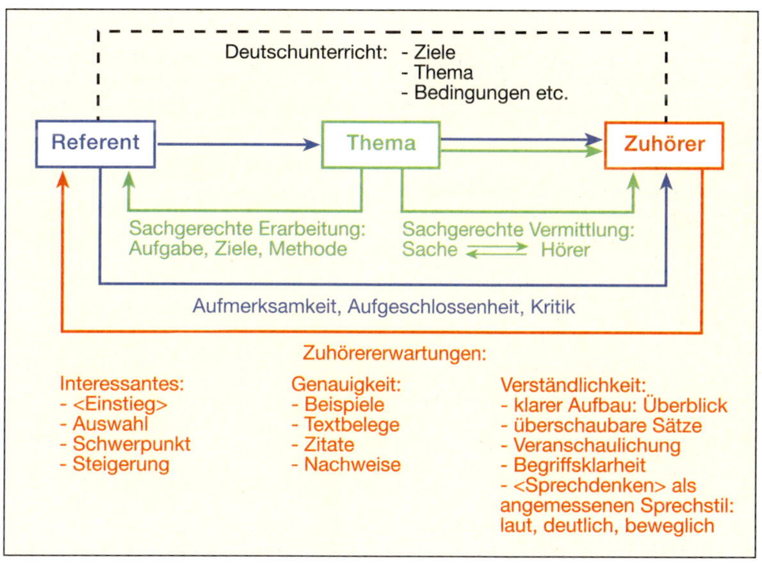

M

Das **Referat** (< lat. referre = berichten) ist ein Vortrag, der sach- und zeitangemessen (meist 15–20 Minuten) sowie adressatengerecht sein muss.

1. Die **Vorbereitung** sollte Folgendes beachten:
   - Genaue *Themenanalyse, -abgrenzung* und *Zielsetzung:* Worüber soll mit welchem Ziel und in welchem Zeitrahmen referiert werden?
   - Die *Materialsammlung* kann als *Literaturrecherche* (mit Hilfe von Exzerpten, Zitaten und Kopien aus Lexika, Spezialliteratur, Fachzeitschriften etc.) und als *Internetrecherche* erfolgen. Wichtig sind in jedem Fall exakte Quellenangaben. Zeitsparend ist es, wenn auf einem Extra-Blatt eine Übersicht über die benutzten Quellen angelegt wird und wenn jeweils eine knappe *Quellenbeschreibung* erfolgt, aus der Inhalt, Tendenz und die wahrscheinliche Stelle vermerkt sind, an der die Quelle verwendet werden kann. (z.B.: Kritisches Jugendbild des Autors aus Sicht eines Mitschülers; geeignet für Stoffgeschichte)
   - Auch die Bereitstellung von *Medien* (z.B. von Tafel, Flipchart, Karten, Tageslichtprojektor, Dias, Kassettenrekorder, Video oder Film usw.) muss sorgfältig geschehen. Eine kluge Beschränkung ist sinnvoller als ein Übermaß, gerade weil die Zuhörer mehr über die Augen (ca. 70%) als über das Gehör aufnehmen.
2. Die **Verarbeitung** der Informationen verlangt eine sachgerechte *Auswahl* und wirkungsvolle *Gliederung:*
   - Mit einem motivierenden *Einstieg*, der Neugier weckt und Orientierung gibt.
   - Mit einem *Hauptteil*, der chronologisch-linear (Vorsicht vor gleichförmiger und ermüdender Reihung!) oder problembezogen steigernd (am besten mit orientierenden Zwischengliederungen) strukturiert sein kann, stets aber einen deutlichen *Schwerpunkt* haben soll. Nach dem Grundsatz, dass der Referent sehr viel mehr wissen muss als seine Zuhörer, ist für die *Informationsauswahl* ein strenger Maßstab anzulegen: Welche Informationen sind wichtig? Auf welche Einzelheiten sollte eher verzichtet werden, weil sie die Aufnahme- und Merkfähigkeit der Zuhörer überfordern?
   - Mit abrundendem *Schluss* durch eine Zusammenfassung oder einen Ausblick.
3. Die **Präsentation** (das Vortragen) gelingt am besten, wenn die *Kommunikationssituation* beachtet wird: Die Zuhörer sind i.d.R. über das spezielle Thema unkundig. Der Referent dagegen ist Experte, der „ankommen" muss.
   - Durch einen *stimulierenden Einstieg* (z.B. eine überraschende Frage, einen Bildimpuls, ein originelles Zitat, eine provozierende These, eine charakterisierende Anekdote etc.) werden Aufmerksamkeit und Interesse geweckt. Eine Information über Ziele und Hauptpunkte des Aufbaus können sich anschließen.
   - Das *halbfreie Sprechen* (vgl. S. 236), gestützt auf einen *Stichwortzettel* oder *Karteikarteneinträge,* ermöglicht eine lebendige Mimik und Gestik mit Blickkontakt zu den Zuhörern, so dass Stilebene (mündliche Sprache ohne komplizierte Hypotaxen und Fremdworthäufungen), Tempo, Pausen, Akzentuierungen und eventuell notwendig werdende Zusatzerläuterungen oder Wiederholungen gut zu steuern sind. Auch der richtige *Medieneinsatz* fällt auf diese Weise leichter.
   - *Verstehenshilfen,* wie Zwischengliederungen, Veranschaulichungen, die Erklärung von Fachbegriffen an der Tafel, ein Grundgerüst von Daten oder eine offene Disposition, z.B. ein Arbeitsblatt als „Lückentext", auf dem nur wichtige Namen und Daten sowie die Gliederung stehen, erleichtern das aktive Zuhören und vor allem das Mitschreiben (vgl. S. 28f. und S. 213f.)
   - Anstöße zur weiterführenden und auswertenden *Diskussion* können bereits während des Referats durch entsprechende Stichworte (auf Folie oder an der Tafel), vor allem aber am Schluss durch den Referenten gegeben werden, indem er auf offene Problempunkte und/oder weiterführende Aspekte verweist.

Literaturhinweise:

1. Udo Kliebisch/Gregor Rauh: Keine Angst vor Referaten. – Ein Lern- und Trainingsbuch, Mühlheim (Verlag an der Ruhr) 1996.

2. Jörg Knoblauch: Referate halten lernen (Schülerheft), Lichtenau (AOL Verlag) 1998.

L

Körpersprache ist die non-verbale Ausdrucksweise durch Mimik, Gestik, Stehhaltung und Bewegungen, wobei sehr viel über die Wesenseigenarten einer Person, aber auch über deren momentanen Gefühlszustand deutlich wird.

- *Positive Signale* der Körpersprache sind ein offener Blickkontakt, der eine aufrechte Körperhaltung voraussetzt, ein lebendiges Mienenspiel (keine verkrampfte Maskenstarre!), an der richtigen Stelle ein freundliches Lächeln (kein unnatürliches Zähneblecken und Grimassieren!), das den Worten Nachdruck verleihende Spiel der Hände (aber kein nervöses Gestikulieren!).

- *Negative Signale* der Körpersprache sind z.B. vor der Brust verschränkte Arme. Sie zeigen Abweisung und Abwehr. Auch das Sitzen auf der äußersten Stuhlkante wirkt ähnlich, kann sogar Fluchtabsichten andeuten.
  Auch *Verlegenheitsgesten*, z.B. das Zupfen am Ohr, an den Barthaaren, das ständige Berühren der Nase, das Nesteln an der Krawatte, das Spielen mit den Fingern etc., wirken negativ.

Die **Rhetorik** (< gr. techne rhetorike = Redekunst) der Antike beschreibt die Fähigkeit, einen Standpunkt öffentlich überzeugend und wirkungsvoll zu vertreten, und liefert bis heute dazu wichtige *Verfahrens-* und *Gliederungsprinzipien* (z.B. durch die IDEMA-Formel):
- Die *inventio* (lat. invenire = finden) befasst sich mit dem Suchen von Ideen und Gedanken, der Stoffsammlung.
- In der *dispositio* (Gliederung) wird das gefundene Material strukturiert.
- Die *elocutio* bemüht sich um die stilistische Gestaltung der Gedanken nach den Prinzipien der Sprachrichtigkeit, Klarheit, Angemessenheit und Prägnanz.
- Die *memoria* gibt Hinweise für die gedächtnismäßige Aneignung des Vortrags.
- In der *actio* (= Handlung) oder *pronuntiatio* (< lat. pronuntiare = an-, verkünden) geht es um den sprachlich und mimisch-gestisch wirkungsvollen Vortrag.

4. Was Sprache leisten kann – Rhetorische Figuren und Grundfunktionen der Sprache

Die Frage, was den Menschen gegenüber anderen Lebewesen auszeichnet, führte zu vielen Definitionen und Abgrenzungen des ausschließlich Menschlichen. Dass der Mensch in Wort und Schrift über die Sprache verfügen kann, wird dabei stets als ein Hauptcharakteristikum herausgehoben. Unter zwei Aspekten soll Sprache in diesem Abschnitt untersucht werden: Einmal in ihrer argumentativen und stilistischen Gestaltung am Beispiel der Rede, wodurch eine Beziehung zum Vorausgehenden hergestellt ist; zum andern unter der allgemeinen Fragestellung, welche Funktionen Sprache hat.

Bücherverbrennung durch nationalsozialistische Studenten am 10.5.1933

1 Erich Kästner (1899–1974): Über das Verbrennen von Büchern
(Auszüge)

Meine Damen und Herren,

seit Bücher geschrieben werden, werden Bücher verbrannt. Seit es die Erstgeburt gibt, gibt es, als Antwort, den Hass. Und weil Geist, Glauben und Kunst nicht verkauft werden können, nicht für ein Linsengericht und um keinen Preis, wird Esau zum Kain, und Jakob stirbt als Abel. Der Neid, der keinen Weg sieht, begibt sich auf den einzigen Ausweg: ins Verbrechen. Wer den Tempel der Artemis nicht bauen kann – aus gebürtigem Unvermögen, und da er ja schon in der Sonne schimmert, der ephesische Tempel –, der muss zur Fackel greifen und ihn anzünden. Aber alles verstehen heißt keineswegs: alles verzeihen! Und da die Sühne der Schuld zwar im Strafgesetzbuch folgt, nicht jedoch im Buch der Geschichte, muss künftig an die rechtzeitige Verhütung der Schuld gedacht werden. Davon ist die Rede. Davon handelt die Rede. Heute: nun auch die Naturwissenschaften moralische (oder unmoralische) Disziplinen geworden sind, ist es unangebrachter denn je, die Unmoral in Politik und Geschichte als Naturereignis hinzunehmen.

Die Geschichte des Geistes und des Glaubens ist zugleich die Geschichte des Ungeistes und des Aberglaubens. Die Geschichte der Literatur und der Kunst ist zugleich eine Geschichte des Hasses und des Neides. Die Geschichte der Freiheit ist, im gleichen Atem, die Geschichte ihrer Unterdrückung, und die Scheiterhaufen sind die historischen Schnitt- und Brennpunkte. Wenn die Intoleranz den Himmel verfinstert, zünden die Dunkelmänner die

1. Versetzen Sie sich in die Situation eines Teilnehmers einer Gedenkstunde zum Jahrestag der Bücherverbrennung.
a) Welche Aspekte der Rede erwarten Sie?
b) Wie könnte der Redner beginnen und enden?

Die **Rede** ist ein mündlicher Vortrag, der sich vom streng sachlich-argumentativen wissenschaftlichen Referat abhebt und vor allem durch situative Bedingungen – also z.B. Anlass, Zeitpunkt, Ort, Stimmung und Erwartungen der Zuhörer – sowie durch wirkungsvolle gedankliche und stilistische Figuren und Kunstgriffe geprägt ist, die ihren Ursprung in der antiken Rhetorik haben. Je nach Ziel und Situation werden folgende Formen unterschieden:

Die religiös-belehrende *Kanzelrede* oder *Predigt* (vgl. S. 121); die *Preisrede* oder *Laudatio*, die z.B. als Fest-, Gedenk- und Grabrede meist zustimmend (affirmativ), ja oft sogar huldigend ist; eine große öffentliche Rolle spielen die *Gerichtsrede* (als juristisches Plädoyer des Staatsanwalts und der Verteidigung) sowie die *politische Rede* (vor allem als Staats-, Parlaments- und Wahlrede). Wenn die appellativen (beschwörenden) und suasorischen (überredenden) Tendenzen dominieren, entsteht Manipulation, z. B. bei totalitärer Demagogie. In der parlamentarischen Demokratie des 20. Jahrhunderts sind in Deutschland u.a. G. Stresemann, Th. Heuss und C. Schmid, international W. Churchill, Ch. de Gaulle und J.F. Kennedy bekannte politische Redner gewesen.

Textmarkierungen auf Arbeitsblättern (oder auf der Folieneinlage) sind unerlässlich bei genauem (statarischem) Lesen:

– *Hervorhebungen* von Schlüsselbegriffen, Hauptgedanken in derselben Farbe erleichtern das Verstehen und die Übersicht, sofern die Zeichen eindeutig verwendet werden:

z. B.: ___ für Hauptgedanken
_ _ _ für sprachliche Auffälligkeiten
~~~~ für Fragwürdiges
▭ oder ⬭ für Schlüsselbegriffe

– Zeichenhafte *Annotationen* können hinzutreten:

z. B.: ! für eine wichtige Stelle
→ | für einen zentralen Abschnitt
? für eine klärungsbedürftige Passage
?! für eine fragwürdige Aussage.

– *Abkürzungen* (Siglen) sind geeignet, die Anmerkungen zu konkretisieren:

z. B.: P (für Person),
I (für Inhalt),
Pr (für Problem),
W (für Wiederholung),
Ch (für Charakterisierung),
Spr (für Sprache) etc.

– *Bezugs- und Kontrastpfeile* dienen dazu, um Korrespondenzen und Gegensätzliches zu zeigen sowie Verweise zu geben:

z. B.: ↔ für Kontrast
⇄ für Wechselbeziehungen

Holzstöße an und machen die Nacht zum Freudentag. Dann vollzieht sich, in Feuer und Qualm, der Geiselmord an der Literatur. Dann wird aus dem „pars pro toto“ das „ars pro toto“.[1]

Seit Bücher geschrieben werden, werden Bücher verbrannt. Dieser abscheuliche Satz hat die Gültigkeit und Unzerreißbarkeit eines Axioms. Er galt zur Zeit der römischen Soldatenkaiser und unter Kubilai Khan, bei Cromwell und für die Konquistadoren, für Savonarola, Calvin und Jacob Stuart, für die Jesuiten, die Dominikaner und die Puritaner, für China und Rom, für Frankreich, Spanien, England, Irland und Deutschland, für Petersburg, Boston und Oklahoma City. Immer wieder hatten die Flammen ihren züngelnden Wolfshunger, und immer wieder war ihnen das Beste gerade gut genug. Sie fraßen die Werke von Ovid und Properz, von Dante, Boccaccio, Marlowe, Erasmus, Luther, Pascal, Defoe, Swift, Voltaire und Rousseau. Manchmal fraßen sie den Autor oder den Drucker als Dreingabe. Oder sie leuchteten, damit der Henker den Angeklagten umso besser die Ohren abschneiden, die rechte Hand abhacken und das Nasenbein zertrümmern konnte.

Hören Sie sich, bitte, ein paar Sätze aus einem Buch an, und versuchen Sie zu erraten, wer das und wann er es geschrieben haben könnte! „Man hat nicht nur gegen die Autoren, sondern auch gegen ihre Bücher gewütet, indem man besondere Kommissare beauftragte, die Geisteserzeugnisse der bedeutendsten Köpfe auf offnem Markte zu verbrennen. Natürlich meinte man in diesem Feuer die Stimme des Volkes, die Freiheit und das Gewissen töten zu können. Man hatte ja obendrein die großen Philosophen ausgewiesen und alle echte Kunst und Wissenschaft ins Exil getrieben, damit nirgends mehr etwas Edles und Ehrliches anklagend auftrete ... Während in fünfzehn Jahren ... gerade die geistig Lebendigsten durch das Wüten des Führers umkamen, sind nun wir wenigen ... nicht nur die Überlebenden von anderen, sondern auch von uns selber, weil ja mitten aus unserem Leben so viele Jahre gestohlen wurden, in denen wir aus jungen zu alten Männern geworden sind, ... indessen wir zur Stummheit verurteilt waren.“ Das hat Tacitus nach der Schreckensherrschaft des Kaisers Domitian geschrieben, der im Jahre 96 n. Chr. ermordet wurde. Achtzehn Jahrhunderte und ein halbes sind vor diesen Sätzen vergangen wie ein Tag und wie eine Nachtwache.

Und Heinrich Heines Verse aus dem „Almansor“: „Dort, wo man die Bücher verbrennt, verbrennt man auch am Ende Menschen“, galten zwar den spanischen Autodafés und wurden dennoch zur Prophezeiung.

Das blutige Rot der Scheiterhaufen ist immergrün.

*

Einen dieser Scheiterhaufen haben wir, mit bloßem Auge, brennen sehen. Das war auf den Tag genau vor einem Vierteljahrhundert, und deswegen haben wir uns heute versammelt. Es gibt Andachtsübungen, und wie es Andachtsübungen gibt, sollte es, nicht weniger ernsthaft und folgenschwer, Gedächtnis-Übungen geben. Meine Damen und Herren, wir sind zu einer Gedächtnis-Übung zusammengekommen.

Politik ist von uns selber erlebte Geschichte, und in prägnanten Augenblicken empfinden wir dies nicht weniger, als es Goethe vor Valmy empfand. Als am 10. Mai 1933 die deutschen Studenten in allen Universitätsstädten unsere Bücher tonnenweise ins Feuer warfen, spürten wir: Hier vollzieht sich Politik, und hier ereignet sich Geschichte. Die Flammen dieser politischen Brandstiftung würden sich nicht löschen lassen. Sie würden weiterzüngeln, um sich fressen, auflodern und Deutschland, wenn nicht ganz Europa in verbrannte Erde verwandeln. Es würde so kommen und kam so. Es lag in der Unnatur der Sache.

Sie machten sich viel mit Fackeln und Feuer zu schaffen, jene Pyrotechniker der Macht. Es begann mit dem brennenden Reichstag und endete in der brennenden Reichskanzlei. Es begann mit Fackelzügen und endete mit Feuerbestattung. Zwischen dem Reichstagsbrand und der Bücherverbrennung, also zwischen dem 27. Februar und dem 10. Mai 1933, arbeiteten sie freilich ohne Streichhölzer und ohne Benzin. Sie sparten Pech und Schwefel. Es ging auch so. Der Feldmarschall und Reichspräsident kapitulierte in der Potsdamer Garnisonkirche. Das geschah am 21. März. Zwei Tage später kapitulierten, mit Ausnahme der Sozialdemokratie, die Parteien in der Krolloper. Eine Woche später wurden die Länder „gleichgeschaltet“. Am 1. April wurde der Judenboykott inszeniert. Es war eine missglückte Inszenierung, und man setzte das blutige Stück vorübergehend vom Spielplan ab. Am 7. April wurden die Gauleiter als Reichsstatthalter herausstaffiert. Am 2. Mai wurden die Gewerkschaften aufgelöst. Zwei Monate hatte man mit der seidnen Schnur gewinkt, und es ging wie am seidnen Schnürchen. Am 10. Mai aber brauchte man wieder Feuer. Für die Bücher. [...]

Kästner verwahrt sich gegen den Vergleich der Bücherverbrennung der Nazis mit dem Wartburgfest von 1817 und beklagt die schändliche Rolle deutscher Studenten am 10.5.1933.

*

Was hatte, vom abscheulichen Schauspiel abgesehen, an diesem Abend stattgefunden? Hatte, diesmal auch, der dämonische Gefreite und Obdachlose aus Braunau am Inn gebrüllt? Nein. Hatten seine Marodeure und sein Pöbel die Bücher ins Feuer geworfen? Nein. Viel Schrecklicheres, etwas Unausdenkbares war geschehen: Ein Doktor der Philosophie, ein

[1] Der Teil für das Ganze – Die Kunst für das Ganze
~~~~

Schüler Gundolfs[1], hatte die deutschen Studenten aufgefordert, höchstselbst den deutschen Geist zu verbrennen. Es war Mord und Selbstmord in einem. Das geistige Deutschland brachte sich und den deutschen Geist um, und der Arrangeur, auch und gerade er, war, wie er das zu formulieren pflegte, ein Arbeiter der „Stirn". Es war nicht nur Mord und nicht nur Selbstmord, es war Mord als Inzest, es war, mathematisch gesagt, Massenmord und Selbstmord hoch drei.

Nun blieb zu tun nichts mehr übrig. Dieses „Nichts nichtete" dann, im November des gleichen Jahres, in seiner Rektoratsrede vor den Freiburger Studenten „der größte deutsche Philosoph unseres Jahrhunderts"[2], auch er der Schüler eines jüdischen Gelehrten, als er sagte: „Nicht Lehrsätze und ‚Ideen' seien die Regeln eures Seins. Der Führer selbst und allein ist die heutige und künftige Wirklichkeit und ihr Gesetz." Ob der bedeutende Mann, als er „euer Sein" sagte, Sein mit i oder mit y ausgesprochen hat, weiß ich nicht. Möge er der größte Philosoph unseres glorreichen Jahrhunderts sein oder seyn und bleiben! Ich glaube und hoffe, dass ihm, eines Tages im Pantheon, Sokrates und Seneca, Spinoza und Kant nicht die Hand geben werden.

An dieser Stelle möchte ich einem anderen Philosophen meine ehrliche Bewunderung und Verehrung zollen: Eduard Spranger[3], einem meiner Leipziger Lehrer, das wird er nicht mehr wissen, unserm PEN-Mitglied und, das wissen wir alle, einem aufrechten Mann. Er trat demonstrativ von seiner Berliner Professur zurück und begründete diesen Rücktritt sogar vor einer Pressekonferenz. Auch Alfred Webers[4], des eben verstorbenen Nestors unseres PEN-Zentrums, dürfen wir an dieser Stelle, trauernd und respektvoll, gedenken.

Doch das Ehrgefühl und der Widerstand im Detail nützten nichts. Auch die Selbstmorde und die Emigration von Professoren konnten nichts helfen. Der inzestuöse, der perverse Coup war geglückt. Man hatte sich an sich selber verraten. Der neue Judas hatte etwas Unmögliches zuwege gebracht: Er hatte, vor den Augen der Menge und der ausgesandten Häscher, sich selbst geküsst. [...]

Der Redner bedauert – im Gegensatz zum aktiven Widerstand weniger – sein passives Verhalten am 10.5.1933.

*

Die Ereignisse von 1933 bis 1945 hätten spätestens 1928 bekämpft werden müssen. Später war es zu spät. Man darf nicht warten, bis der Freiheitskampf Landesverrat genannt wird. Man darf nicht warten, bis aus dem Schneeball eine Lawine geworden ist. Man muss den rollenden Schneeball zertreten. Die Lawine hält keiner mehr auf. Sie ruht erst, wenn sie alles unter sich begraben hat.

Das ist die Lehre, das ist das Fazit dessen, was uns 1933 widerfuhr. Das ist der Schluss, den wir aus unseren Erfahrungen ziehen müssen, und es ist der Schluss meiner Rede. Drohende Diktaturen lassen sich nur bekämpfen, ehe sie die Macht übernommen haben. Es ist eine Angelegenheit des Terminkalenders, nicht des Heroismus. Als Ovid sein „Principiis obsta!" niederschrieb, als er ausrief: „Bekämpfe den Beginn!", dachte er an freundlichere Gegenstände. Und auch als er fortfuhr: „Sero medicina paratur!", also etwa „Später helfen keine Salben!", dachte er nicht an Politik und Diktatur. Trotzdem gilt seine Mahnung in jedem und auch in unserem Falle. Trotzdem gilt sie auch hier und heute. Trotzdem gilt sie immer und überall.

Meine Damen und Herren, ich danke Ihnen für Ihre Aufmerksamkeit.

Ansprache auf der Hamburger PEN-Tagung am 10. Mai 1958.

Br!

P (Heidegger)

?!

Ch – Ironie

P (Spranger)

Ch

P

2. a) Notieren Sie Ihren Eindruck von Kästners Rede.
b) Beschreiben Sie den ersten Teil der Rede (Z. 1–50) nach ihrem Aufbau und den gewählten Stilmitteln und rhetorischen Figuren.
c) Vergleichen Sie die Gestaltung der Rede mit Tucholskys „Ratschlägen" und mit der Grafik zum Referat (S. 74f.)

Die **Beschreibung von Sachtexten 1:** Es sollte Folgendes beachtet werden:

1. Machen Sie sich die **Kommunikationssituation** (z.B. in einem Zimmer, Saal oder Stadion) klar:
   - An welche *Adressaten* (Erwachsene, Jugendliche, Sportler, Verbraucher, Wähler etc.) richtet sich der *Text* (als Rede, Aufruf, Werbung, Reportage etc.) und in welcher *Situation* (Feier, Versammlung, Demonstration usw.)?
   - Ist die *Darbietungsform mündlich* (als Referat, Appell) oder *schriftlich* (als Erörterung, Werbeanzeige)?
2. a. Stellen Sie den Zusammenhang zwischen **Absicht** und **Darstellungsform** (Textart, Gedankenführung und Stilmittel) fest:
   - Erfolgt Information über Beschreibung und Erörterung?
   - Wird Überzeugung durch Argumentation oder Überredung durch Appell versucht?
   - Ist Unterhaltung durch Erzählung, Beschreibung oder Bericht das Ziel?

Z.B.: Belehrender Fachvortrag oder heitere Hochzeitsrede?

Während das **Exzerpt** einen Text oder mehrere Texte unter einem ganz bestimmten Aspekt auswählend bearbeitet, also „Auszüge" herstellt, fasst der **Konspekt** stichwortartig die Informationen eines Sachtextes zusammen und vermittelt so eine geraffte „Übersicht". Ähnlich wie die Inhaltsangabe für erzählende Texte, stellt das Konspektieren große Anforderungen an das Abstraktionsvermögen: Das Wichtigste eines Textes ist knapp und übersichtlich – i.d.R. mit eigenen Worten – herauszuarbeiten, so dass die Gedankenführung ersichtlich wird. Nur besonders zentrale Informationen (z.B. bestimmte Fachbegriffe oder Definitionen) sind im Original als Zitate zu übernehmen (vgl. S. 11.).

[1] Friedrich Gundolf (1880–1931): Literaturhistoriker
[2] Martin Heidegger: geb. 1889 in Meßkirch/Baden, gest. 1976 in Freiburg, gilt als Begründer der Existenzphilosophie
[3] Eduard Spranger (1882–1963): berühmter Psychologe und Pädagoge
[4] Alfred Weber (1868–1958): Volkswirtschaftler und Soziologe

Z. B.: Wie ist die Hörer- bzw. Leserlenkung angelegt (suggestive Gängelung oder hilfreiche Strukturierung)?

Z. B.: Analyse des Wechselverhältnisses von Inhalt, Aufbau und Form unter den Aspekten von Angemessenheit und Stimmigkeit.

b. Untersuchen Sie durch **Detailanalyse** den Text
- nach *Gedankenführung:* Einstieg, Hauptgedanken, Exkurse, Schluss!
- nach Art der *Argumentation:* nüchtern und objektiv oder originell und subjektiv engagiert!
- nach Formen der *Veranschaulichung:* Beispiele, Daten und Fakten, Vergleiche, Zitate, Metaphern etc.!

3. Prüfen Sie den **Zusammenhang zwischen Absicht, Inhalt, Aufbau, Stil und Wirkung:**
- Welche *Sprachebene* (Hochsprache, Umgangssprache, Dialekt, Fachsprache, Jargon) wird mit welcher Absicht und Wirkung gewählt?
- Welche *Syntax* (Hypotaxe oder Parataxe oder Satzellipsen; Aussage-, Frage- oder Aufforderungs- bzw. Ausrufesätze) werden an welcher Stelle mit welcher Absicht und Wirkung gewählt?
- Welche *Lexik* (Wortwahl und Semantik) ist bezeichnend oder auffällig (Verbal- oder Nominalstil, Konkreta oder Abstrakta, sachlich-beschreibender oder metaphorischer Stil)?

L **Rhetorische Figuren (Stilfiguren)**

(Zu Alliteration, Ironie, Metapher, Metonymie und Vergleich, siehe S. 16ff.)

Rhetorische Figur	Beleg	Erklärung
Die Akkumulation (lat. Anhäufung)	„Nun ruhen alle Wälder/Vieh, Menschen, Städte und Felder/ [...]" (Paul Gerhardt): Es ruht alles.	Um stärkere Bildhaftigkeit zu erreichen, werden anstelle des Oberbegriffs mehrere Unterbegriffe aufgezählt.
Das (der) *Anakoluth* (gr. anakoluthos = ohne Folge, Satzbruch)	„Es geschieht oft, dass, je freundlicher man ist, nur Undank wird einem zuteil."	Die grammatische Bauform von Anfang und Ende eines Satzes stimmt nicht überein. Entweder Zeichen der Nachlässigkeit oder absichtsvolles Stilmittel.
Die Anapher (gr. anaphora = Rückbeziehung, Wiederaufnahme)	„*Wer nie* sein Brot mit Tränen aß,/*Wer nie* die kummervollen Nächte/[...]" (Goethe: *Harfenspieler*)	Wiederholung eines Wortes oder einer Wortgruppe am Anfang aufeinanderfolgender Sätze zur syntaktischen Gliederung und rhetorischen Verstärkung.
Die Antithese (gr. antithesis = Gegensatz)	„Der Wahn ist kurz, die Reu' ist lang." (Schiller: *Das Lied von der Glocke*)	Entgegenstellung: 1. als Gegenbehauptung zu einer These, 2. als stilistische Gegenüberstellung (Kontrastierung).
Der Chiasmus (lat. = in der Form des griech. Buchstabens chi = χ, d.h. in Überkreuzstellung)	„Die Kunst ist lang, und kurz ist unser Leben." (Goethe: *Faust I*, Vers 558f.) „Eng ist die Welt und das Gehirn ist weit." (Schiller: *Wallenstein*)	Die symmetrische Überkreuzstellung (spiegelbildliche Anordnung) von syntaktisch oder bedeutungsmäßig einander entsprechenden Satzgliedern zur Verdeutlichung einer Antithese.
Die Contradictio in adiecto (lat. = der Widerspruch im Beiwort)	„Die kleinere Hälfte." „Beredtes Schweigen."	Eine Sonderform des Oxymoron, bei der ein Widerspruch zwischen Substantiv und adjektivischem Beiwort besteht.
Die Correctio (lat. = Verbesserung)	„Wir müssen darum unsere Stimme eindringlich, ja beschwörend erheben." (K.G. Kiesinger, 1.10.1958)	Selbstberichtigung zur Steigerung einer Aussage, indem ein schwächerer durch einen gewichtigeren Ausdruck ersetzt wird.
Die Ellipse (gr./lat. ellipsis = Auslassung, Mangel)	„Je schneller, desto besser." „Jung gewohnt, alt getan." „Woher so ein Atem?" (Schiller: *Fiesco*, III/4)	Auslassung eines Satzteils, der zum Verständnis nicht unbedingt notwendig ist. In der Dichtung wird so oft ein gesteigertes Gefühl ausgedrückt oder eine Pointierung erreicht.
Die Emphase (gr. emphasis = Verdeutlichung)	„Er ist ein Mensch", d.h. entweder – ein schwacher, irrender Mensch oder – ein guter, edler Mensch.	1. Nachdruck und Eindringlichkeit der Betonung und Gestik 2. Figur des uneigentlichen Ausdrucks
Der Euphemismus (gr. euphemia = Sprechen guter Worte)	„Freund Hein" für Tod; „das Zeitliche segnen" für sterben; „Nullwachstum" für Stagnation;	Hüllwort. Beschönigende Umschreibung einer unangenehmen, anstößigen oder unheilbringenden Sache.

Das Hendiadyoin (gr. = eins durch zwei)	„Hilfe und Beistand"; „Betrübnis und Trauer"	Ein Begriff wird zur Verstärkung durch zwei gleichwertige, mit „und" verbundene Wörter ausgedrückt.
Die Hyperbel (gr. hyperbole = das Übermaß) in Umgangssprache und Dichtung	1. blitzschnell, Schneckentempo 2. „Ein Schneidergesell, so dünn, dass die Sterne durchschimmern konnten [...]" (H. Heine: *Harzreise*)	Übertreibung des Ausdrucks in vergrößerndem oder verkleinerndem Sinne
Die Hypotaxe (gr. hypotaxis = Unterordnung)	„Der jüngere Hausherr hatte, als der allgemeine Aufbruch begann, mit der Hand nach der linken Brustseite gegriffen, wo ein Papier knisterte, [...]" (Th. Mann: *Buddenbrooks*)	Im Gegensatz zur Parataxe eine kunstvoll geschachtelte Syntax, in der die Gedanken in Hauptsätze und abhängige Nebensätze gegliedert sind und so im Idealfall ein komplexes episches Gefüge ergeben.
Die Inversion (lat. inversio = Umkehrung)	1. Sog. Kaufmannsinversion: „[...] und habe ich mich bemüht [...]" 2. „Groß ist die Diana der Epheser." (Apostelgesch. 19,28) „Unendlich ist die jugendliche Trauer." (Novalis: *Heinrich von Ofterdingen*)	1. Das Ich am Satzanfang soll vermieden werden. 2. Die regelmäßige Wortfolge (meist von Subjekt und Prädikat) wird zur Ausdrucksverstärkung umgestellt, denn die Erststellung gibt besonderen Nachdruck.
Die Katachrese (gr. katachresis = Missbrauch)	„Der Zahn der Zeit, der schon manche Träne getrocknet hat, wird auch über diese Wunde Gras wachsen lassen."	Meist als Bild- oder Stilbruch durch die Verbindung metaphorischer Wendungen, die nicht zusammenpassen.
Die Klimax (gr. = Steigleiter)	„Veni, vidi, vici." (Ich kam, sah, siegte.) „Heute back' ich, morgen brau' ich, übermorgen hol' ich der Königin ihr Kind." (*Rumpelstilzchen*)	Anordnung einer Wort- oder Satzreihe in kunstvoller Steigerung vom schwächeren zum stärkeren Ausdruck hin; vgl. Antiklimax = absteigende Stufenfolge
Die Litotes (gr. = Einfachheit, Schlichtheit)	„nicht übel" (= gut); „nicht gerade einer der Tapfersten": (= ironisch für feige)	Durch untertreibende Ausdrucksweise (Understatement) oder Verneinung des Gegenteils wird etwas betont.
Die Onomatopoesie oder *Onomatopöie* (gr. von onoma = Name und poiein = schöpfen)	„stocksteif", „knistern und knastern"; „So heult es verworren, und ächzet und girrt, und brauset und sauset und krächzet und klirrt." (H. Heine: *Buch der Lieder*)	Laut- und Klangmalerei bei Wortbildungen, wobei vor allem akustische Eindrücke durch Sprache wiedergegeben werden.
Das Oxymoron (gr. oxys = scharf, moros = dumm)	„Ein dunkler Ehrenmann" (J.W. v. Goethe: *Faust I*, Vor dem Tor); „alter Knabe"; „bittere Süße"; „traurigfroh"; „helldunkel"	Verbindung zweier sich logisch ausschließender Begriffe, die in pointierter Absicht eng miteinander verbunden werden. (Vgl. Contradictio in adiecto, Katachrese, Paradox)
Das Paradoxon (gr. = das Unerwartete)	„Wer sein Leben gewinnen will, der wird es verlieren." (Matth. 10,39) „Es ist merkwürdig, wie wenig im Ganzen die Erziehung – verdirbt." „Das Leben ist der Tod, und der Tod ist das Leben."	Eine zunächst scheinbar widersinnige Behauptung, die aber bei genauerer Betrachtung auf eine höhere Wahrheit hinweist.
Der Parallelismus (gr. parallelos = gleichlaufend)	„Heiß ist die Liebe, kalt ist der Schnee." „Gottes ist der Orient! Gottes ist der Okzident!" (Goethe: *Westöstlicher Divan*)	Im Gegensatz zum Chiasmus Wiederkehr derselben Wortreihenfolge in symmetrischer syntaktischer Konstruktion.
Die Parataxe (gr. parataxis = Danebenstellen)	„Der König sprach's, der Page lief;/ Der Knabe kam, der König rief: [...]" (Goethe: *Der Sänger*)	Im Gegensatz zur Hypotaxe das Nebeneinanderstellen gleichberechtigter Hauptsätze, wodurch ein charakteristischer Rhythmus entsteht.
Die Parenthese (gr. parenthesis = Einschub)	„So bitt ich – ein Versehen war's, weiter nichts –/Für diese rasche Tat dich um Verzeihung." (Kleist: *Penthesilea*)	Grammatisch selbstständiger Einschub in einen Satz, der dessen Zusammenhang unterbricht, ohne die syntaktische Ordnung zu verändern.
Die Periphrase (gr. periphrasis = Umschreibung)	„Jenes höhere Wesen, das wir verehren" für Gott (H. Böll) „Ein Land, darinnen Milch und Honig fließt." (2. Mose 3,8)	Umschreibung einer Person, einer Sache, eines Begriffs durch mehrere kennzeichnende Wörter.

Die Personifikation (lat. persona = Maske, Gestalt und facere = machen)	„Frau Welt“; „Gevatter Tod“; „Vater Rhein“; „[...] es kam die Nacht und blätterte gleichgültig in den Bäumen.“ (R.M. Rilke: *Der Ölbaum-Garten*)	Vermenschlichung abstrakter Begriffe und lebloser Dinge, indem sie als sprechende und handelnde Personen auftreten.
Die rhetorische Frage (gr. rhetor = Redner)	„Wer glaubt denn das noch?“ „Sind wir nicht Männer?“	Scheinbare Frage, weil keine Antwort erwartet wird. Sie verstärkt die Eindringlichkeit der Aussage.
Die Synästhesie (gr. synaisthesis = das Zugleichempfinden)	1. Umgangssprache: schreiendes Rot, heiße Musik, coole Nummer 2. Dichtung: Die Brillengläser „waren so dick, dass die Augen ganz leise aussahen.“ (W. Borchert: *An diesem Dienstag*)	Verschmelzung verschiedener Sinnesbereiche (Geruchs-, Gesichts-, Gehör- und Tastsinn) zur Steigerung der Aussage.
Die *Wiederholung* (lat. repetitio)	„O Mutter! Was ist Seligkeit? O Mutter! Was ist Hölle?“ (G.A. Bürger: *Lenore*)	Steigerung der Eindringlichkeit
Das *Wortspiel* (Die Paronomasie) (gr. paronomasie = Wortumbildung zur Erreichung eines Nebensinns)	„Der Rheinstrom ist geworden zu einem Peinstrom,/Die Klöster sind ausgenommene Nester,/Die Bistümer sind verwandelt in Wüsttümer, [...]“ (F. Schiller: *Wallensteins Lager*)	Zusammenstellung gleichlautender oder ähnlicher Wörter von verschiedener oder entgegengesetzter Bedeutung, die irritieren und zum Nachdenken anregen soll.

Im Laufe dieses Einführungskapitels lernten Sie Sprache in unterschiedlichen Funktionen kennen, die zwar selten ausschließlich, aber doch mit deutlichen Dominanzen gelten: Z.B. zum *Ausdruck* von Gefühlen, zum *Appell* an einen Adressaten oder zur *Darstellung* eines Sachverhalts. Der Mediziner und Psychologe Karl Bühler (1879–1963) beschrieb seit 1918 diese Grundfunktionen der Sprache am konkretesten. In seinem berühmten „Organonmodell der Sprache“ gibt er eine grafische Veranschaulichung und eine systematische Erläuterung:

Karl Bühler (1879 geb. in Meckesheim/Baden, 1963 gest. in Los Angeles) war Arzt und Psychologe, der aus der Schule des Philosophen und Psychologen Oswald Külpe (1862–1915), des Begründers der Würzburger Schule der Denkpsychologie, hervorgegangen war. Hauptwerke: *Die Gestaltwahrnehmungen* (1913), *Die geistige Entwicklung des Kindes* (⁹1967), *Ausdruckstheorie* (1933), *Sprachtheorie* (1934), *Das Gestaltprinzip* (1969)

2 Karl Bühler (1879–1963): Das Organonmodell der Sprache

(Auszüge)

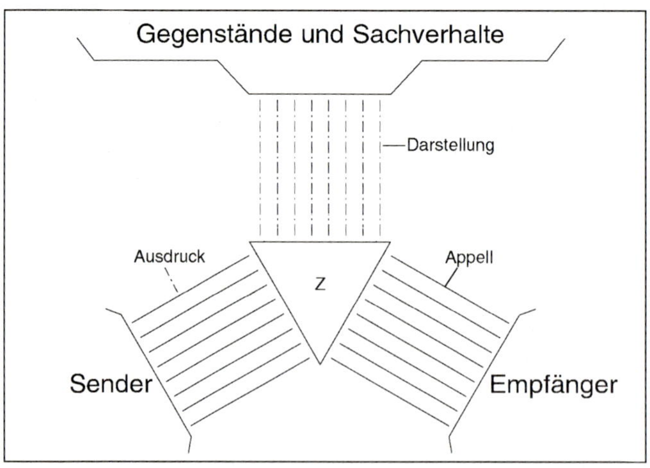

[...]

2. Wir respektieren diese Tatsachen und zeichnen das Organon-Modell der Sprache ein zweites Mal in der Figur 3. Der Kreis in der Mitte symbolisiert das konkrete Schallphänomen. Drei variable Momente an ihm sind berufen, es dreimal verschieden zum Rang eines Zeichens zu erheben. Die Seiten des eingezeichneten Dreiecks symbolisieren diese drei Momente. Das Dreieck umschließt in einer Hinsicht weniger als der Kreis (Prinzip der abstraktiven[1] Relevanz). In anderer Richtung wieder greift es über den Kreis hinaus, um anzudeuten, dass das sinnlich Gegebene stets eine apperzeptive[2] Ergänzung erfährt. Die Linienscharen symbolisieren die semantischen Funktionen des (komplexen) Sprachzeichens. Es ist *Symbol* kraft seiner Zuordnung zu Gegenständen und Sachverhalten, *Symptom* (Anzeichen, Indicium) kraft seiner Abhängigkeit vom Sender, dessen Innerlichkeit es ausdrückt, und *Signal* kraft seines Appells an den Hörer, dessen äußeres oder inneres Verhalten es steuert wie andere Verkehrszeichen.

[1] begriffliche, nicht dinggebundene Bedeutung
[2] apperzipieren: innere und äußere Eindrücke bewusst erfassen

Dies Organon-Modell mit seinen drei weitgehend unabhängig variablen Sinnbezügen steht vollständig, wie es ausgeführt werden muss, zum ersten Mal in meiner Arbeit über den Satz (1918), der mit dem Worte beginnt: „Dreifach ist die Leistung der menschlichen Sprache, Kundgabe, Auslösung und Darstellung". Heute bevorzuge ich die Termini: *Ausdruck, Appell* und *Darstellung*, weil ‚Ausdruck' im Kreise der Sprachtheoretiker mehr und mehr die hier geforderte präzise Bedeutung gewinnt und weil das lateinische Wort ‚appellare' (englisch: appeal, deutsch etwa: ansprechen) treffend ist für das zweite; es gibt, wie heute jeder weiß, einen Sexappeal, neben welchem der *Speechappeal* mir als ebenso greifbare Tatsache erscheint.

[...]

3. Was nun folgt, ist geeignet und dazu bestimmt, die von uns unbestrittene Dominanz der Darstellungsfunktion der Sprache einzugrenzen. Es ist nicht wahr, dass alles, wofür der Laut ein mediales Phänomen, ein Mittler zwischen Sprecher und Hörer ist, durch den Begriff „die Dinge" oder durch das adäquatere Begriffspaar ‚Gegenstände und Sachverhalte' getroffen wird. Sondern das andere ist wahr, dass im Aufbau der Sprechsituation sowohl der Sender als Täter der Tat des Sprechens, der Sender als *Subjekt* der Sprechhandlung, wie der Empfänger als Angesprochener, der Empfänger als *Adressat* der Sprechhandlung eigene Positionen innehaben. Sie sind nicht einfach ein Teil dessen, worüber die Mitteilung erfolgt, sondern sie sind die Austauschpartner, und darum letzten Endes ist es möglich, dass das mediale Produkt des Lautes je eigene Zeichenrelation zum einen und zum anderen aufweist. Wir deuten also die spezifische Relation des wahrnehmbaren Lautes zum Sprecher in demselben Sinne, wie es uns bei anderen Ausdrucksphänomenen geläufig ist. Wie steht es mit der dritten Relation? Sie ist die dritte nur in unserer Aufzählung; denn in natura rerum, d.h. im Zeichenverkehr der Menschen und Tiere, wird der Appell dem Analytiker zuerst und am exaktesten greifbar, nämlich am *Benehmen* des Empfängers.

[...]

Dasselbe gilt, um es gleich zu sagen, von jeder der drei Betrachtungsweisen. Man müsste aus dem Leben konkrete Sprechereignisse herausgreifen, in denen das erste Mal sichtbar wird, dass so gut wie alles abgesteckt und zugerüstet sein kann auf die Darstellungsfunktion der Sprachzeichen allein; das gilt sicher am ausgesprochensten für die wissenschaftliche Sprache und erreicht einen Höhepunkt im Darstellungssystem der modernen Logistik. Was kümmert sich der reine Logiker um die Ausdrucksvalenzen der Zeichen, die er mit Kreide auf die Tafel malt? Er soll sich auch gar nicht darum kümmern; und doch würde vielleicht an dem und jenem Kreidestrich oder am Duktus der ganzen Zeilen ein geübter Graphologe seine Freude haben und seine Deutekunst nicht vergebens bemühen. Denn ein Rest von Ausdruck steckt auch in den Kreidestrichen noch, die ein Logiker oder Mathematiker an die Wandtafel malt. Man muss also nicht erst zum Lyriker gehen, um die Ausdrucksfunktion als solche zu entdecken; nur freilich wird die Ausbeute beim Lyriker reicher sein. Und wenn es ein ganz eigenmächtiger Lyriker ist, so schreibt er manchmal über seine Pforte, der Logiker soll draußen bleiben. Das ist dann wieder eine jener Übertreibungen, die man nicht ernst zu nehmen braucht. Auf das Dritte hin, auf eine exakte Appellfunktion, ist alles zugerüstet, z.B. in der Kommandosprache; auf Appell und Ausdruck im Gleichgewicht bei Kose- und Schimpfwörtern. So wahr es ist, dass diese oft Köstliches und Hässliches nennen, so offenkundig greifen wenigstens die intimsten Kosewörter manchmal in den andern Topf; und der Appell ‚Sie Ehrenmann!' kann eine Beleidigung sein. Ein Bonner Student soll einmal, so geht die Fama, im Wettkampf das schimpftüchtigste Marktweib mit den Namen des griechischen und hebräischen Alphabetes allein (‚Sie Alpha! Sie Beta! ...') zum Schweigen und Weinen gebracht haben. Eine psychologisch glaubwürdige Geschichte, weil beim Schimpfen wie in der Musik fast alles auf den ‚Ton' ankommt.

Doch das sind, um es noch einmal hervorzuheben, nur Dominanzphänomene, in denen wechselnd einer von den drei Grundbezügen der Sprachlaute im Vordergrund steht. Die entscheidende wissenschaftliche Verifizierung unserer Konstitutionsformel, des Organon-Modells der Sprache, ist erbracht, wenn es sich herausstellt, dass jede der drei Relationen, jede der drei Sinnfunktionen der Sprachzeichen ein eigenes Gebiet sprachwissenschaftlicher Phänomene und Fakta eröffnet und thematisiert. Und so ist es. Denn „der sprachliche Ausdruck" und der „sprachliche Appell" sind Teilgegenstände der ganzen Sprachforschung, die verglichen mit der sprachlichen Darstellung, eigene Strukturen aufweisen. Die Lyrik kurz gesprochen und die Rhetorik haben jede etwas Eigenes an sich, was sie unter sich und – sagen wir, um nicht aus dem Konzept zu fallen, von Epik und Drama unterscheidet; und noch auffallender verschieden sind ihre Strukturgesetze natürlich von dem Strukturgesetz der wissenschaftlichen Darstellung. Dies ist in schlichteste Worte gefasst der ganze Inhalt der These von den drei Sprachfunktionen, Verifiziert wird sie im Ganzen sein, wenn alle drei Bücher über die Sprache, die das Organon-Modell verlangt, geschrieben sind.

(v 1934)

3. a) Exzerpieren Sie aus der Rede Kästners Beispiele, die jeweils dominierend die Funktion des „Ausdrucks", des „Appells" und der „Darstellung" zeigen.
b) Ordnen Sie die folgenden Textarten der jeweils dominierenden Sprachfunktion zu und begründen Sie Ihre Entscheidung: Reklame, Referat, Unterrichtsprotokoll, Erlebnislyrik, Lexikonartikel, Reportage, Gesetzestext und Essay.

4. a) Fassen Sie die Hauptinformationen des Bühler-Textes in einem Konspekt und Abstract zusammen.
b) Ordnen Sie die drei Sprachfunktionen den drei Grundarten der Dichtung (Lyrik, Epik, Dramatik) zu und begründen Sie die jeweiligen Dominanzen.

5. a) Die spezifische Leistung der menschlichen Sprache sieht Karl Bühler in der „Darstellung". Erörtern Sie diese These.
b) Welchen Grundfunktionen von Sprache sind nach Ihrer Meinung die frühen Lallwörter des Kleinkindes zuzuordnen?
c) Geben Sie Beispiele und erläutern Sie, inwiefern „Ausdruck" und „Appell" auch der sog. Tiersprache eigen sind.

ZWEITES KAPITEL

Mittelalter

Herr Werner von Teufen (aus der Manessischen Liederhandschrift)

Gott als Baumeister des Universums (Bildseite aus einer Bibel des 13. Jahrhunderts)

I. Leitbilder mittelalterlichen Lebens

1. Bilder der Nachwelt – Rezeption des Mittelalters

Mit der Welt des Mittelalters verbinden sich für uns Vorstellungen von romantischen Burgen und Burgruinen; von Rittern, die auf Abenteuer ziehen und große Heldentaten vollbringen; Darstellungen von sagenumwobenen Kaisern und von Minnesängern, die ihre schöne Herrin besingen; Bilder von engen winkligen Städten mit hohen Stadtmauern, überragt von einem mächtigen Dom und vielen Klosterkirchen. Diese Zeit wurde von der Nachwelt einerseits romantisch verklärt (vgl. S. 238ff.) andererseits wegen ihrer sozialen und geistigen Rückständigkeit verurteilt (vgl. S. 144ff.) Gewinnen Sie selbst ein Bild!

Als **Emanuel Geibel** (geb. 1815) in seiner Heimatstadt Lübeck 1884 starb, war er als der bedeutendste Lyriker des 19. Jahrhunderts anerkannt und wurde mit Goethe auf eine Stufe gestellt. Mit 25 Jahren erhielt er ohne berufliche Verpflichtung vom preußischen König Friedrich Wilhelm IV. eine jährliche Pension von 300 Talern. 1852 holte ihn der bayerische König Maximilian II. als Professor für Literatur und Metrik nach München mit der stattlichen Summe von 800 Gulden Anfangsgehalt und verlieh ihm den persönlichen Adelstitel. Geibel war das Haupt des „Münchner Dichterkreises". 1868 entließ ihn König Ludwig II. wegen eines Preisgedichtes auf den preußischen König Wilhelm.

1 Emanuel Geibel (1815–1884): Friedrich Rotbart

Tief im Schooße des Kyffhäusers[1]
Bei der Ampel rothem Schein
Sitzt der alte Kaiser Friedrich
An dem Tisch von Marmorstein.

Ihn umwallt der Purpurmantel,
Ihn umfängt der Rüstung Pracht,
Doch auf seinen Augenwimpern
Liegt des Schlafes tiefe Nacht.

Vorgesunken ruht das Antlitz,
Drin sich Ernst und Milde paart;
Durch den Marmortisch gewachsen
Ist sein langer, goldner Bart.

Rings wie eh'rne Bilder stehen
Seine Ritter um ihn her,
Harnischglänzend, schwertumgürtet,
Aber tief im Schlaf, wie er.

Heinrich auch, der Ofterdinger[2],
Ist in ihrer stummen Schaar,
Mit den liederreichen Lippen,
Mit dem blond gelockten Haar.

Seine Harfe ruht dem Sänger
In der Linken ohne Klang;
Doch auf seiner hohen Stirne
Schläft ein künftiger Gesang.

[1] Kyffhäuser: ein waldbestandener Bergrücken in Thüringen. Die sächsischen Kaiser erbauten die Burg Kyffhausen, die 1178 zerstört wurde. Der Kyffhäuser galt als Sitz eines verzauberten Kaisers, der aufwachen und die entschwundene Kaiserherrlichkeit erneuern werde.

[2] Heinrich von Ofterdingen: legendenumwobener Minnesänger, später Romanfigur in Novalis' Roman „Heinrich von Ofterdingen" (1797). (Vgl. S. 240f.)

Alles schweigt, nur hin und wieder
Fällt ein Tropfen vom Gestein,
Bis der große Morgen plötzlich
Bricht mit Feuersglut herein;

Bis der Adler stolzen Fluges
Um des Berges Gipfel zieht,
Dass vor seines Fittichs Rauschen
Dort der Rabenschwarm entflieht.

Aber dann wie ferner Donner
Rollt es durch den Berg herauf,
Und der Kaiser greift zum Schwerte,
Und die Ritter wachen auf.

Laut in seinen Angeln dröhnend
Thut sich auf das eh'rne Tor;
Barbarossa mit den Seinen
Steigt im Waffenschmuck empor.

Auf dem Helm trägt er die Krone
Und den Sieg in seiner Hand;
Schwerter blitzen, Harfen klingen,
Wo er schreitet durch das Land.

Und dem alten Kaiser beugen
Sich die Völker allzugleich
Und aufs Neu zu Aachen[1] gründet
Er das heil'ge deutsche Reich. (1837)

Friedrich Barbarossa im Kyffhäuser, Kupferstich von Heinrich Merz nach einer Zeichnung aus dem Jahre 1841 von Wilhelm von Kaulbach (1805–1874).

Dieser gewährte ihm bei seiner Rückkehr nach Lübeck eine Pension von 1000 Talern.
Geibel beherrschte in seinen Gedichten alle Gestaltungsmittel lyrischer Formen mit großem Geschick. Er erreichte höchstes Ansehen als „Reichsherold", der sich für die deutsche Einigung unter preußischer Führung einsetzte. Heute gilt seine Lyrik weithin als epigonal.

1. a) Lesen Sie die Gedichte sinnerschließend und besprechen Sie den Höreindruck (siehe S. 10).
b) Halten Sie nach der Lektüre der Gedichte in einem Konspekt fest, welche Motive die Dichter wählten und welche Absichten sie dabei leiteten.

2. Entwerfen Sie in einer Collage aus Textzitaten ein Bild Kaiser Barbarossas.

3. a) Überprüfen Sie, wie sich die tradierte Vorstellung von Kaiser Barbarossa durch die Beschäftigung mit Kunerts Gedicht ändert.
b) Diskutieren Sie, wie sich die Aussage des Kupferstichs von Heinrich Merz dadurch verändert und wie sie die Absichten hinter den Deutungen der Autoren beurteilen.
c) Erklären Sie, wie diese Gedichte als Zeitdokumente zu verstehen sind, und fertigen Sie ein Ergebnisprotokoll an. (Siehe S. 33f.)

2 Heinrich Heine (1797–1856): Deutschland. Ein Wintermärchen

(Auszüge; Biografie S. 278f.)

Der seit dreizehn Jahren in Paris im Exil lebende Dichter reiste im Herbst 1843 inkognito zu seiner Mutter nach Deutschland: In seiner Verssatire „Deutschland. Ein Wintermärchen" gibt er seine Reiseeindrücke wieder und lässt in Gedanken Bilder der Vergangenheit vorüberziehen. Vom Schwanken der Postkutsche eingeschläfert, träumt er von einer Unterhaltung mit Kaiser Friedrich Barbarossa (1152–1190):

[...]
Der Kaiser bewohnt den vierten Saal.
Schon seit Jahrhunderten sitzt er
Auf steinernem Stuhl am steinernen Tisch,
Das Haupt auf die Arme stützt er.

Sein Bart, der bis zur Erde wuchs,
Ist rot wie Feuerflammen
Zuweilen zwinkert er mit dem Aug,
Zieht manchmal die Brauen zusammen.

Schläft er, oder denkt er nach?
Man kann's nicht genau ermitteln;
Doch wenn die rechte Stunde kommt,
Wird er empor sich rütteln.

Die gute Fahne ergreift er dann
Und ruft: „Zu Pferd! Zu Pferde!"
Sein reisiges[2] Volk erwacht und springt
Laut rasselnd empor von der Erde.

Ein jeder schwingt sich auf sein Ross,
Das wiehert und stampft mit den Hufen!
Sie reiten hinaus in die klirrende Welt,
Und die Trompeten rufen.

Sie reiten gut, sie schlagen gut,
Sie haben ausgeschlafen.
Der Kaiser hält ein strenges Gericht,
Er will die Mörder bestrafen –

Die Mörder, die gemeuchelt einst
Die teure, wundersame,
Goldlockige Jungfrau Germania –!
„Sonne, du klagende Flamme!"

Wohl mancher, der sich geborgen geglaubt
Und lachend auf seinem Schloss saß,
Er wird nicht entgehen dem rächendem Strang,
Dem Zorne Barbarossas! –

Wie klingen sie lieblich, wie klingen sie süß,
Die Märchen der alten Amme!
Mein abergläubisches Herze jauchzt:
„Sonne, du klagende Flamme!" [...]

Unter einem **Konspekt** (vgl. S. 79) versteht man eine stichwortartig-strukturierte Zusammenfassung des Inhalts. Zusätzlich ist es hilfreich, auf einem Notizblatt erste *Leseeindrücke* und *Auffälligkeiten* festzuhalten, sowie *Fragen* an den Text zu stellen. In einem weiteren Schritt können die zentralen Begriffe im Text in einer *Strukturskizze* einander zugeordnet werden, um den gedanklichen Aufbau des Textes deutlich zu machen.

[1] Aachen: Auf dem Kaiserstuhl Karls des Großen in Aachen wurden die deutschen Könige gekrönt.
[2] reisig (< mhd. reisec): auf Heerfahrt befindlich, beritten, gerüstet; der Reisige (< mhd. reise = Kriegszug): Ritter, Knappe, später: Landsknecht

In einem zweiten Traum berichtet er Barbarossa von den Ereignissen der Französischen Revolution und von der Hinrichtung Ludwigs XVI.; da gerät der Dichter mit dem entsetzten mittelalterlichen Kaiser in Streit:

[...]
Der Kaiser fiel mir in die Red:
„Schweig still, von deiner Maschine
Will ich nichts wissen, Gott bewahr,
Dass ich mich ihrer bediene!

Der König und die Königin!
Geschnallt! – An einem Brette!
Das ist ja gegen allen Respekt
Und alle Etikette!

Und du, wer bist du, dass du es wagst,
Mich so vertraulich zu duzen?
Warte, du Bürschchen, ich werde dir schon
Die kecken Flügel stutzen!

Es regt mir die innerste Galle auf,
Wenn ich dich höre sprechen,
Dein Odem schon ist Hochverrat
Und Majestätsverbrechen!"

Als solchermaßen in Eifer geriet
Der Alte und sonder Schranken
Und Schonung mich anschob,
da platzten heraus
Auch mir die geheimsten Gedanken.

„Herr Rotbart" – rief ich laut –, „du bist
Ein altes Fabelwesen,
Geh, leg dich schlafen, wir werden uns
Auch ohne dich erlösen.

Die Republikaner lachen uns aus,
Sehn sie an unserer Spitze
So ein Gespenst mit Zepter und Kron,
Sie rissen schlechte Witze.

Auch deine Fahne gefällt mir nicht mehr,
Die altdeutschen Narren verdarben
Mir schon in der Burschenschaft die Lust
An den schwarzrotgoldnen Farben.

Das Beste wäre, du bliebest zu Haus,
Hier in dem alten Kyffhäuser –
Bedenk ich die Sache ganz genau,
So brauchen wir gar keinen Kaiser."

(v 1844)

3 Günter Kunert (*1929): Neuere Ballade infolge älterer Sage (Biografie S. 32)

1
Tief im Schoße des Kyffhäuser,
bei der Ampel hellem Schein,
sitzt der Kaiser Barbarossa
an dem Tisch, der ganz aus Stein.

2
So soll es sein: Schwarz gefiedertes Geflatter
um den Berg und kreischend, rufend,
komm, errette Deutschland:
so soll es sein: Dass er erscheint,
schwertgegürtet, hoch zu Ross, heraus ans Licht
und alle deutschen Widersprüche gordischer[1] Natur
mit einem Schlage löst, er, Schlagetot:
so soll es sein.

3
Tief im Schoße des Kyffhäuser,
bei der Ampel fahlem Schein,
reglos Kaiser Barbarossa:
mürbes lauerndes Gebein.

4
Wären ausgestopft nicht alle Raben,
Heimat und Natur verkündend, hinter Glas ergraut,
gläsern ihre treuen Augen;
wären
in den Lüften Schwingen nicht aus Leichtmetall,
beidseits mit Raketen schwer bestückt,
teure Bälge nicht Piloten, Material
anthropologes[2],
gewaschen täglich außen, innen: Gehirn und
Genital, es wäre möglich, sie
weckten ihn.

5
Tief im Schoße des Kyffhäuser,
ohne Ampel, ohne Schein,
wartet Kaiser Barbarossa
außerhalb von Zeit und Sein.

6
Als Ende ein Verkehrsunfall an einer
Kreuzzugs-Kreuzung: vom Pferderücken in die Furt:
Nichtschwimmer und Hohenstaufe in Personalunion[3],
ins Ferne schweifend, um der Größe
des heiligen Reichs der Deutschen willen:
Deutsche Größe, Gral, geortet geographisch
stets im Ausland. So schweif ein wenig
nach Ravenna[4], nach Verdun, nach Stalingrad,
El Alamein und Narvik[5], und finde, heimgekehrt,
falls überhaupt,
einbeinig alle Wege amputiert, sieh augenlos
verengte Grenzen: geschrumpfter Flecken
stolzen Schorfs am Globus.

7
Dort am Schoße des Kyffhäuser
ist die Grenze schon ganz nah:
Als wär Deutschland nie gewesen,
nur ein Kaiser ist noch da.

8
Am lebenden Objekt belehrter Schüler:
Der gute Deutsche ist
ein ausgestopfter: Tiefsinniges Relikt
leichtsinniger Geschichte (eigner),
fliegt, siegt und fällt,
lässt Haare, lässt Federn, legt Hand an andre.
Hand an sich, an der Hosennähte Spektrum,
gehorsam an die zementne Schläfe:
Zu Befehl: und so heiße
sein Befehl denn: Ein schlechter guter Deutscher sei,
nicht ehern, sondern eher
und besser gleich
Übrigen, die ihr Geschick betreiben
um keines Kaisers Bart, in keines Namen
als ihrem eigenen.

9
Tief in Höhlen des Kyffhäuser
lebt nur noch als Schimmelpilz
eine alte deutsche Sage:
die betrogne Hoffnung wills.

(v 1967)

---

1 Die gordische Natur: Hinweis auf den gordischen Knoten, der unlösbar verschlungen war. Alexander d. Gr. zerschlug ihn kühn mit dem Schwert. Damit war die Sage verbunden, wer ihn löse, der solle ganz Asien beherrschen.

2 anthropolog (gr.): den Menschen betreffend

3 Anspielung auf den Tod Kaiser Friedrich Barbarossas (1152–1190) während des Kreuzzugs: Er ertrank im Fluss Saleph in der heutigen Türkei.

4 Ravenna: ehemalige kaiserliche Residenzstadt an der Adria in der Spätantike. Theoderich d. Gr. belagerte die Stadt von 490–493. Es handelt sich um die „Rabenschlacht" der Sage um Dietrich von Bern.

5 Verdun (Frankreich 1916), Stalingrad (Russland 1943), El Alamein (Nordafrika 1942) und Narvik (Norwegen 1942): bedeutende Kampforte mit hohen Verlusten an Soldaten im Ersten und Zweiten Weltkrieg.

2. Ritter und Mönch – Zwei Lebensformen des Mittelalters

Die Dichter suchten nach Lösungen, wie Ritter und Mönche im Hochmittelalter ihr Leben führen und an welchen Wertvorstellungen sie sich dabei orientieren sollten. Auf diese Fragen versuchen die folgenden Texte und Bilder Ihnen eine Antwort zu geben.

1 Wolfram von Eschenbach (1170–1220): Parzival (Auszug)

Königin Herzeloyde verlässt nach dem Kriegertod ihres Mannes ihren Hof und zieht mit ihrem Sohn Parzival in eine Wald-Einöde: Ihr Kind soll nie etwas von Rittern erfahren, denn das Schicksal seines Vaters soll ihm erspart bleiben. Im Wald trifft der Knabe eines Tages auf einige Ritter in vollem Waffenglanz, hört von König Artus und will sofort an dessen Hof. Dass seine Mutter ihn als Narren kleidet, stört ihn nicht. Er besiegt den berühmten Ritter Ither und trägt mit Erlaubnis des Königs Artus dessen rote Rüstung. Eine Rüstung macht jedoch noch keinen Ritter. Deshalb unterweist ihn der alte Ritter Gournemans nach dem ersten Gastmahl.

Das Bild in der Heidelberger Liederhandschrift zeigt **Wolfram von Eschenbach** als einen stolzen Ritter neben seinem Pferd, das Gesicht mit einem Helm verdeckt. Wie wir sein Gesicht nicht kennen, so wissen wir auch nicht viel über sein Leben.
Wolfram wurde um 1170 in dem kleinen Städtchen Eschenbach bei Ansbach in Franken geboren und stammte aus einer armen Adelsfamilie. Damit war er als Dichter auf die Unterstützung reicher adliger Herren angewiesen und führte deshalb ein stetes Wanderleben von Hof zu Hof. Auf Burg Wildenburg begann er – nach dem Vorbild des französischen Dichters Chréstien de Troyes – sein großes Versepos *Parzival*, eine der bedeutendsten Dichtungen des Mittelalters in 24812 Versen. Das Epos ist ein Doppelroman in 16 Büchern mit zwei Hauptgestalten: Die Titelfigur durchläuft eine Entwicklung vom unhöfischen („dörperlichen") Dümmling im Narrenkleid über den vollendeten Artusritter zum Herrn des visionär-utopischen Gralsreiches. Als Kontrastfigur muss sich Gawan, edler Ritter der Tafelrunde bei König Artus, noch im Bereich der Minne bewähren. Wolframs Epos umfasst eine reiche Fülle menschlicher Schicksale und zeigt ein lebendiges Bild ritterlichen Lebens. Seine beiden weiteren Versromane *Willehalm* und *Titurel* hat er nicht vollendet. Um 1220 starb er und wurde in Eschenbach, heute Wolframseschenbach, begraben; doch sein Grab ist verschollen. Die reiche Zahl der überlieferten Handschriften, z.B. 84 vom *Parzival*, weist auf die hohe Wertschätzung Wolframs bei seinen Zeitgenossen und der Nachwelt hin.

[...] Die Tafel wurde aufgehoben –
Wildwuchs wurde nun gestutzt!
Der Burgherr sagte seinem Gast:
„Ihr redet wie ein kleines Kind.
Wann schweigt Ihr endlich von der Mutter
und geht auf andre Themen ein?
Haltet Euch an meine Lehre,
denn so macht Ihr keine Fehler.
Ich fange an, erlaubt es mir:
verliert nur nie den Sinn für Scham.
Wer sich nicht schämt, was taugt der noch?
Das ist wie Mauser, Federfall:
Wert und Würde sinken nieder,
zeigen ihm den Weg zur Hölle.
Mit Eurem Aussehn, Eurer Schönheit
könntet Ihr ein Herrscher werden.
Seid Ihr edel, strebt nach oben,
so bleibt Euch in dem Punkte treu:
helft den Vielen in der Not,
kämpft gegen ihre Armut an
mit Güte, Generosität[1],
gebt niemals Eure Demut auf.
Gerät ein edler Mann in Not,
so hat er mit der Scham zu kämpfen
(und das ist ein bittrer Kampf!) –
seid bereit, auch ihm zu helfen.
Er ist noch übler dran als jene,
die vor Fenstern Brot erbetteln.
Rettet Ihr ihn aus der Not,
kommt Gottes Gnade auf Euch zu.
Doch ob Ihr arm seid oder reich –
zeigt stets das rechte Augenmaß.
Ein Herr, der den Besitz verschleudert,
benimmt sich gar nicht wie ein Herr;
doch wenn er dauernd Schätze häuft,
so ist dies auch nicht ehrenvoll.
Haltet immer Maß und Ziel.
Ich habe Anlass, festzustellen,
dass Ihr Unterweisung braucht.
Seid nicht mehr so ungehobelt!
Ihr sollt nicht viele Fragen stellen!
Gewöhnt Euch an zu überlegen,
was Ihr zur Antwort geben wollt;
sie geh auf dessen Frage ein,
der etwas von Euch hören will.
Ihr könnt doch hören, sehen,
schmecken, riechen – all dies bringe
Euch so langsam zu Verstand!
Verbindet mit Mut das Mitleid –
so befolgt Ihr meine Lehre.
Wenn einer sich Euch unterwirft,
per Ehrenwort, so nehmt es an
und lasst ihn leben – falls er Euch
nichts antat, was das Herz zerbricht.
Ihr werdet oft die Rüstung tragen;
sobald die von Euch abgelegt ist,
wascht Euch Hände und Gesicht –
sobald sich Rost zeigt, wird es Zeit!
Ihr wirkt dann wieder angenehm –
und das bemerken Frauen gleich!
Seid mutig und seid hochgestimmt,
das fördert Euren schönen Ruhm.
Und haltet stets die Frauen hoch –
so steigt ein junger Mann im Rang.
Bleibt hier fest, an jedem Tag –
hier zeigt sich männliche Gesinnung.
Wenn Ihr sie belügen wollt,
da könnt Ihr viele leicht betrügen!
Doch Betrug ist nicht von Dauer –
anders als der Ruhm, die Liebe.
Der Mann der Seitensprünge klagt
das dürre Holz im Walde an,
weil es zerbricht und dabei knackt –
und schon wacht der Wächter auf!
Im Versteck und im Verhau
gerät man häufig aneinander.
Doch vergleicht man dies mit der Liebe:
ist sie echt, so hat sie Mittel
gegen Finten des Betrugs.
Ist Euch die Liebe nicht mehr hold,
verliert Ihr unvermeidlich Ehre,
leidet in der Schande Not.
Nehmt Euch diesen Rat zu Herzen.
Ich sag noch etwas zu den Frauen.
Mann und Frau sind völlig *eins* –
wie die Sonne, die heut schien
und das, was man als ‚Tag' bezeichnet.
hier lässt sich keins vom andren trennen:
aus *einem* Kerne blühn sie auf!
Merkt Euch das, denkt drüber nach."
Der Gast verneigte sich, zum Dank.
Und er schwieg von seiner Mutter –
mit dem Mund, doch nicht im Herzen.
Noch heute so, bei wahrer Bindung ...
Der Burgherr sagte, was ihn ehrte:
„Ihr müsst noch vieles, vieles lernen
an Waffenhandwerk, Ritterwesen.
Wie kamt Ihr bloß zu mir geritten!

[1] Generosität: (franz.) Großmut

Ich hab so manche Wand gesehn,
an der ein Schild weit grader hing
als bei Euch, an Eurem Hals!
Es ist noch nicht zu spät für uns,
wir reiten rasch hinaus ins Freie –
ich leite Euch zur Könnerschaft.
Holt ihm sein Ross und mir das meine
und einem jeden Ritter seines,
auch Knappen sollen dorthin kommen;
jeder nehme sich zuvor
eine starke Lanze mit –
die sollte aber möglichst neu sein."
So zog der Fürst hinaus zur plaine,
man übte Reit-Manöver ein.
Er instruierte seinen Gast,
wie man das Ross aus dem Galopp,
indem man hart die Sporen setzt
und flügelrasch mit Schenkeln pumpt,
in die Attacke lenkt, die Lanze
richtig senkt, den Schild hochnimmt
für den Gegen-Lanzenstoß:
„Nun macht das bitte einmal nach."
Er trieb ihm seine Fehler aus –
besser als mit schlanker Gerte,
die bösen Kindern Haut zerstriemt.
Er ließ die Ritter kommen, rasch,
die gegen ihn tjostieren[1] sollten.
Und er gab ihm die conduite[2]
zu einem Ritter auf dem Kampfplatz.
Da stieß der junge Mann die Lanze
in erster Tjost durch einen Schild,
das fanden alle wirklich stark,
und dass er ihn vom Pferde stieß,
den Ritter, der nicht grade schwach war.
Ein zweiter Tjosteur stand gleich bereit.
Da hatte Parzival auch schon
einen neuen, starken Schaft –
Jugend voller Mut und Kraft!
Den jungen Schönen ohne Bart
trieb das Erbe Gahmurets,
die angeborne Tapferkeit:
er ritt das Pferd im Renngalopp
mit vollem Schwung in die attaque
und zielte mitten auf den Schild.
Der Ritter hielt sich nicht im Sattel,
maß der Länge nach den Acker.
Da musste es ja Kleinholz geben –
alle seine Lanzensplitter!
Und so stieß er fünf vom Pferde!
[...]

(um 1200; übertragen von Dieter Kühn)

2 Hartmann von Aue (1168–1220): Der arme Heinrich (Auszug)

Hartmann berichtet, wie er in verschiedenen Büchern sich umgesehen und dort die Geschichte von einem Edelmann aus Schwaben gefunden habe.

Er las diz selbe maere[3],
wie ein herre waere
an Swâben gesezzen:
an dem enwas vergezzen
deheiner der tugende,
die ein ritter in sîner jugende
zu vollem lobe haben sol.
man sprach dô niemen alsô wol
in allen den landen.
er hatte ze sînen handen
geburt und dar zuo rîcheit:
ouch was sîn tugent vil breit.
swie ganz sîn habe waere,
sîn geburt unwandelbaere,
und wol den fürsten gelîch,
doch was er unnâch also rîch
der geburt und des guotes
so der êren und des muotes.
Sîn name was erkennelich:
er hiez der herre Heinrich
und was von Ouwe geborn.
sîn herze hâte versworn
valsch und alle dörperheit
und behielt ouch vaste den eit
staete unz an sîn ende.
ân alle missewende
stuont sîn êre und sîn leben.
im was der rehte wunsch gegeben
zu werltlîchen êren.
die kunde er wol gemêren
mit aller hande reiner tugent.

Er las diese Erzählung,
wie ein Edelmann
in Schwaben gesessen war.
An dem vermisste man
keinen der Vorzüge,
die ein Ritter in seiner Jugend
haben muss, um vollen Ruhm zu erwerben.
Von niemandem sagte man damals
rings in allen Landen so viel Gutes.
Ihm standen edle Geburt
und Reichtum zu Gebote;
dazu besaß er die besten Fähigkeiten.
Doch wie vollkommen sein Besitz auch war,
wie unantastbar seine Herkunft,
die ihn wohl den Fürsten gleichstellte,
so war er doch bei weitem nicht so reich
an Geburt und Besitz
wie an Ehre und Gesinnung.
Sein Name verdient, bekannt zu werden:
er hieß der edle Herr Heinrich
und war von Aue gebürtig.
Sein Herz hatte abgeschworen
aller Falschheit und Ungeschliffenheit
und hielt an diesem Eid
auch unverbrüchlich fest bis an sein Ende.
Ohne Makel war
seine Ehre und sein Leben.
Ihm war die ganze Fülle
der Ehren dieser Welt gegeben,
und er konnte sie noch steigern
durch die Lauterkeit all seines Verhaltens.

---

[1] tjostieren (lat.-frz. Lehnwort): einen ritterlichen Zweikampf mit dem Speer ausführen
[2] la conduite (frz.): das Benehmen, Betragen
[3] Hinweise zur Aussprache S. 98

Hartmann von Aue stellt sich in der Verslegende *Der arme Heinrich* als ein Ritter vor, der so gelehrt ist, dass er in den Büchern liest. Er wurde 1168 in Schwaben geboren und war Dienstmann der Herren von Aue, wohl auf Hagenau bezogen, eine Kaiserpfalz und ein Zentrum staufischer Macht. Hohe Wertschätzung genoss Hartmann bei seinen Dichterkollegen wie Wolfram und Gottfried von Straßburg. Sie beriefen sich auf ihn als Gewährsmann in höfischen Fragen. Er schrieb zwei höfische Romane, die sich mit dem Problem der „mâze" auseinandersetzen: Im *Erec* versäumt der höfische Ritter seine Pflichten als Landesherr; im *Iwein* vergisst der Held auf einer Turnierfahrt seine Frau und die Herrscherpflichten. Außerdem verfasste Hartmann zwei höfische Legendenromane:
Im *Gregorius* zeigt er, dass jede noch so große Schuld bei tiefer Reue von Gott vergeben wird. In der Legende *Der arme Heinrich* wird die Geschichte eines Rit-

er was ein bluome der jugent,
der werlte fröude ein spiegelglas,
staeter triuwe ein adamas,
ein ganziu krône der zuht.
er was der nôthaften fluht,
ein schilt sîner mâge,
der milte ein glîchiu wâge:
ime enwart über noch gebrast.
er truoc den arbeitsamen last
der êren über rücke.
er was des râtes brücke
und sanc vil wol von minnen.
alsus kund er gewinnen
der werlte lop unde prîs:
er was hövesch und dar zuo wîs
[...]

Er war eine Blüte der Jugend,
ein Spiegelglas der Weltfreude,
ein Diamant beständiger Treue,
eine vollkommene Krone der Zucht.
Er war die Zuflucht der Bedrängten,
ein Schild seiner Verwandten,
eine gleichschwebende Waage der Freigebigkeit;
Verschwendung und Kargheit waren ihm fremd.
Er trug die mühsame Last
der Ehre auf dem Rücken.
Er war eine Brücke des Rates
und verstand sich gut auf Minnesang.
So konnte er Lob und Preis
der Welt gewinnen:
er war fein gebildet und auch klug.
[...]

(um 1195; übertragen von Helmut de Boor)

ters erzählt, der wegen des Besitzes aller Güter Gott vergisst, mit Aussatz dafür bestraft und nur durch die Annahme seines Schicksals geheilt wird. Hartmann starb als angesehener Dichter um 1220.

Bamberger Reiter, vor 1237

3 Wolfram von Eschenbach (1170–1220): Parzival (Auszug)

Parzival hat sich durch Rittertaten bewährt und ist in die Nähe der Gralsburg gelangt; er wird dorthin eingeladen. Von Gournemans höfisch unterwiesen stellt er dort nicht die Fragen, die naheliegen: was der Gral bedeute, warum der Burgherr leide. Er muss weiterziehen und wird am Hofe des Königs Artus in die Tafelrunde aufgenommen. Bei diesem Fest erscheint die Gralsbotin Cundrie und verflucht Parzival öffentlich, weil er dem Gralskönig Anfortas nicht teilnahmsvoll fragend geholfen habe. Parzival bricht auf, um den Gral zu suchen. Auf seinem beschwerlichen und langen Weg kommt Parzival an einem Karfreitag zur Felsklause Fontane de Salvage (altfrz. = „Heilsquelle") des Einsiedlers Trevrizent, eines Bruders des Gralskönigs.

[...]
Der fromme Trevrizent saß dort,
der montags meistens Reste aß,
in allen Wochen ebenfalls.
Auf Brombeer-, Rebenwein und Brot
hatte er Verzicht geleistet.
Noch härter war sein frommer Sinn:
er lehnte alle Speisen ab
wie Fisch und Fleisch: nur nichts mit Blut!
Er lebe wie ein Heiliger.
Dies hatte Gott ihm eingegeben:
er bereitete sich vor
zum Eintritt in die Himmelsscharen.
Das Fasten peinigte ihn sehr:
Askese kämpfte gegen Satan. [...]
Parzival zu seinem Wirt:

L Jede Dichtung, die sich thematisch und formal an einer höfischen Gesellschaft orientiert, ist **höfische Dichtung**. Im 11./12. Jahrhundert entwickelte der Feudaladel Europas eine eigenständige Laienkultur in Konkurrenz zur klerikalen Kultur. In der Zeit von 1170–1250 erlebte die höfische Dichtung an den Höfen der Staufer und an den Fürstenhöfen in Österreich und Thüringen ihren Höhepunkt („staufische Klassik", vgl. auch S. 196ff.). Die großen Dichter, wie Walther von der Vogelweide, Reinmar, Hartmann von Aue, Wolfram von Eschenbach und Gottfried von Straßburg, gehörten dem oberdeutschen Sprachraum an. Die Hauptformen der höfischen Dichtung sind der Minnesang (siehe S. 92ff.), der höfische Roman und das deutsche Heldenepos. Im **höfischen Roman** geht es um die Darstellung eines idealen Rittertums. Ein vorbildlich höfischer Ritter zeichnet sich im Dienst seiner Minnedame auf Turnieren und in Zweikämpfen mit Rittern und Fabelwesen aus, gewinnt so Ansehen vor der höfischen Gesellschaft und nach Bewährung auch vor Gott. Die idealisierte Darstellung der ritterlichen Welt findet ihren Ausdruck auch in einer stilisierten und von derben Ausdrücken freien Sprache. Höfische Romane aus Frankreich beeinflussten die deutschen Dichter um 1170. Die höfischen Romane Hartmanns von Aue (*Erec* und *Iwein*), Wolframs von Eschenbach (*Parzival*) und Gottfrieds von Straßburg (*Tristan*) stellen den Höhepunkt der erzählenden deutschen Dichtung im Mittelalter dar.

Die **Heldendichtung** ist die dichterische Gestaltung einer Heldensage, die nach einer längeren mündlichen Überlieferung später schriftlich festgehalten worden ist. Der Verfasser blieb meist anonym. Die Heldendichtung lässt sich in Heldenlied, Heldenepos, Heldenroman und Heldenballade unterteilen. Im Mittelpunkt der Heldendichtung steht die Geschichte der adligen Führungsschichten aus der Zeit des 5. bis 7. Jahrhunderts nach Christus. Dargestellt werden Helden als Adelskrieger, als Repräsentanten ihrer Gesellschaftsschicht, und deren Ideale, wie Kriegerehre, Gesellschaftstreue bis in den Tod. Die historischen Ereignisse werden oft nur angedeutet.
Das **Heldenlied** gibt nicht den ganzen Handlungsverlauf einer Sage wieder, sondern konzentriert sich auf die Höhepunkte. In äußerster Konzentration und Spannung wechseln knapper epischer Bericht und dramatischer Dialog in szenischer Gestaltung ab. Der Stoff der überlieferten Heldenlieder des frühen und hohen Mittelalters reicht in die Zeit der germanischen Völkerwanderung zurück; so das althochdeutsche *Hildebrandslied* (um 800) und die altnordischen Heldenlieder der *Edda* (überliefert im *Codex regius*, 13. Jahrhundert). Um 1200 verfasste ein unbekannter Dichter aus dem Donauraum das *Nibelungenlied* mit mehr als 2000 vierzeiligen Strophen, die er in 39 Aventiuren gliederte.

„Als ich Euch sah und zu Euch ritt –
bekamt Ihr's mit der Angst zu tun?
Wolltet Ihr nicht, dass ich komme?"
Er sagte: „Herr, Ihr könnt mir glauben,
dass mich der Bär und auch der Hirsch
öfter schreckten als die Menschen.
Ich will es Euch ganz offen sagen:
ich habe keine Angst vor Menschen,
Menschliches ist mir nicht fremd.
Nehmt es nicht als Prahlerei:
stand meinen Mann in Kampf und Liebe.
Ich bin noch nie so schlapp gewesen,
bei einem Kampf zurückzuweichen.
Vor Zeiten, als ich Waffen trug,
war ich ein Ritter ganz wie Ihr,
der auch nach Hoher Liebe strebte.
Ich hab die Keuschheit manches Mal
mit Sündendenken konterkariert[1].
Und meinem Leben gab ich Glanz,
damit mich eine Frau erhörte.
Doch das ist jetzt schon längst vergessen.
Reicht mir bitte Euren Zügel.
Unter jenem Felsvorsprung
soll sich Euer Pferd erholen.
Nach einer Weile ziehn wir los
und sammeln Fichtensprossen, Farn –
andres Futter gibt's hier nicht.
Wir kriegen Euer Pferd schon satt."
Nun wollte Parzival verhindern,
dass er sich den Zügel griff.
„Es entspricht nicht Eurer Haltung,
dass Ihr mit dem Hausherrn streitet –
Höflichkeit schließt Grobheit aus!"
Dies sagte ihm der Edelmann.
Er gab den Zügel seinem Wirt,
der zog das Pferd zum Fuß des Felsens –
nie kam dort die Sonne hin.
Ein Pferdestall, naturgeschaffen;
von oben lief ein Bach herab.
Parzival – er stand im Schnee;
einem Schwächling tät das weh,
wenn er eine Rüstung trüge,
die Kälte derart attackierte!
Es führte ihn der Wirt zur Höhle –
selten kam ein Windhauch rein.
Dort lagen Kohlen, die noch glühten –
das war dem Gaste äußerst recht.
Man steckte eine Kerze an,
der Held zog seine Rüstung aus.
Den Boden deckten Stroh und Farn
und seine Glieder wurden warm –
so, dass seine Haut erglänzte. [...]
Nun fand er diesen guten Wirt!
Der lieh ihm einen Rock zum Anziehn,
führte ihn darauf in eine
zweite Höhle, und hier lagen
Bücher, die der Fromme las.
Ein Altarstein: nicht bedeckt,
dem Tag entsprechend. [...]

(um 1200, übertragen von Dieter Kühn)

b
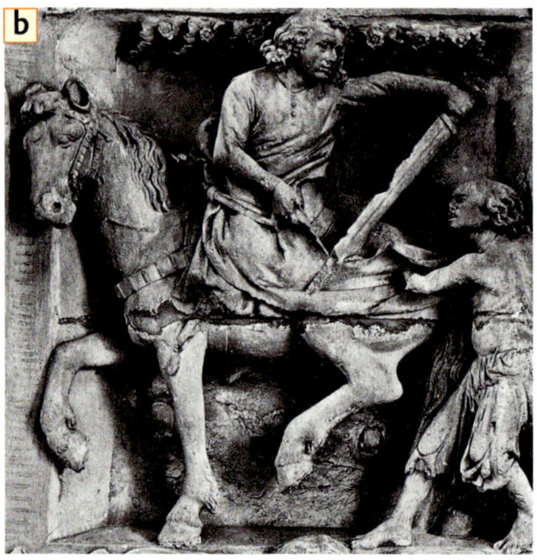

Hl. Martin,
sog. Bassenheimer Reiter,
um oder nach 1240

4 Jörg Arentzen, Uwe Ruberg: Die mittelalterliche Ständeordnung
(Auszug)

[...]
Mit Hilfe des *ordo*-Begriffs – das weite Verwendungsspektrum reicht von der Weltordnung bis zum Aufbau des Gottesdienstes – hat das Mittelalter versucht, sich seiner grundlegenden Strukturen zu vergewissern. Erste frühe Überlegungen zum gesellschaftlichen *ordo* begründeten die für das christliche Abendland charakteristische Gliederung in weltliche und geistliche Lebensformen, in *ordo laicorum* und *ordo clericorum*. Letzterer umschloss die gesamte Hierarchie der geistlichen Stände, der *ordo laicorum* die der weltlichen.

Dieser Zweiteilung tritt im 10. Jahrhundert eine Dreiteilung zur Seite, die die immer deutlicher werdende gesellschaftliche Differenzierung unter funktionalen Gesichtspunkten erfasst. Seit die Karolinger ihre Kriegstaktik auf Reiterkämpfer gegründet hatten, denen sie durch die Vergabe von Lehen den Lebensunterhalt sicherten, hatten sich innerhalb des *ordo laicorum* die Aufgabenbereiche Arbeit und Kampf weit auseinanderentwickelt. Die neuen Kampftechniken verlangten ständige Übung und teure Ausrüstung, und die von der Kirche herangetragene *militia*-Ideologie, die die nun deutlich vom Fußvolk getrennten Reiterkämpfer auf die Kreuzzüge und in Friedenszeiten auf die wichtigen Schutzaufgaben verpflichtete, ließ eine Untergliederung des *ordo laicorum* in den *ordo* der *bellatores* und den der *laboratores* sinnvoll erscheinen; im *ordo* der *oratores* blieben die Kleriker und Mönche zusammengeschlossen. Als Wehr-, Nähr- und Lehrstand, ein ursprünglich platonischer Gedanke, behält diese Teilung im ganzen Mittelalter Gültigkeit. (v 1987)

ordenunge/mâze
Der Ritterstand entwickelte im 11.–12. Jahrhundert Ideale eines ritterlichen Lebens. Dieses ritterlich-höfische Ethos enthielt eine Fülle von Tugendvorstellungen, die auf antike, germanische, christliche und spanisch-arabische Wurzeln zurückzuführen sind. Die höfische Kultur versuchte die Spannung zwischen Diesseits und Jenseits durch ihre Ideale zu überwinden.
Die Tugend des Maßhalten-Könnens, die „mâze", war das Zentrum der höfischen Ethik.
„hövisch" ist ein Qualitäts- und Bildungsbegriff: Ein Mann ist ursprünglich höfisch, wenn er zu einem fürstlichen Hof gehört. Dann meint „hövisch" die Qualitäten, die diese Gesellschaft erfordert, sonst bleibt einer „dörperlich", ein roher, unkultivierter Mann.

[1] konterkarieren (frz.): hintertreiben, hintergehen

Ritter und Mönch, Federzeichnung aus dem „Liber avium“

Die Inschriften lauten:
1. Zeile: Ecce in eadem pertica sedent accipiter et columba.
(Siehe, auf der gleichen Stange sitzen Falke und Taube.)

2. Zeile: Haec pertica est regularis vita.
(Diese Stange stellt dar das Leben nach den Regeln.)

3. Zeile:
clericus = Geistlicher; miles = Ritter

4. Zeile: contemplativa vita
(ein Leben der Betrachtung)
et vita activa
(ein Leben des Tätigkeitseins)
linke Seite: paries sanctarum cogitationum.
(die Wand der heiligen Gedanken)
rechte Seite: paries bonorum operum
(die Wand der guten Taten)

Der höfische Mann ist auch ein „erzogener Mann“: Er besitzt Bildung durch Fähigkeiten in Musik und Gesang sowie durch höfische Umgangsformen; ebenso besitzt er „zuht“, z.B. Mut, sportliche Gewandtheit und Waffenübung.
Das Leben ist ganz auf die Gesellschaft ausgerichtet; die „vröude“ ist das tragende Grundgefühl. Das höfische Fest ist Ausdruck dieser Lebensfreude; zu ihr soll jeder nach seinen Fähigkeiten beitragen: Damit bekommen die am Hofe vorgetragenen literarischen Werke ihre gesellschaftliche Aufgabe. Das Leben in der höfischen Gesellschaft soll „hohen muot“, freundliche Hochstimmung, ausstrahlen. „êre“ galt es im ritterlichen Kampf zu erwerben, dem Kampfgefährten mussten „triuwe“ und „staete“, dem Untergebenen „milte“ entgegengebracht werden.
Damit ist die höfische Bildung als ästhetische und ethische Bildung zu verstehen: Schönheit, Glanz, Pracht, Anmut, Reichtum und prächtige Feste sollen die neue Daseinsfreude ausdrücken und sind ein Spiegel innerer Schönheit.

5 Joachim Bumke: Adliges Rittertum (Auszug)

Aus dem alten römischen Soldaten- und Dienstwort *miles* ist im Mittelalter ein Adelsprädikat geworden. Ausgangspunkt dieser Entwicklung war sicherlich die militärische Bedeutung des Wortes. Seitdem *miles* den schwer gepanzerten Reiterkrieger bezeichnete (wobei das Wort in die Nähe der antiken Reitervokabel *eques* kam), konnten alle, die so in den Kampf zogen, *milites* heißen, vom König bis zum bezahlten Söldner. Während aber in Bezug auf die einfachen Soldaten meistens die waffentechnische Unterscheidung zwischen Reiterei und Fußtruppen betont wurde, erhielt das Wort *miles,* wo es auf adlige Krieger angewandt wurde, fast immer einen moralischen und ideologischen Akzent. Das kam am deutlichsten in den schmückenden Adjektiven zum Ausdruck, die den adligen Herrn als „guten Krieger“, als „tapferen Krieger“, als „vornehmen Krieger“ feierten. So konnte das Wort *miles* in Verbindung mit den Adjektiven *probus, illustris, praeclarus, egregius*[1] usw. bereits in lateinischen Quellen des 11. Jahrhunderts auf Mitglieder des Hochadels Anwendung finden, ebenso wie in den volkssprachigen Texten des 12. Jahrhunderts der adlige *chevalier* mit den Prädikaten *franc, gentil, noble, vaillant* usw.,[2] der adlige *ritter* mit *edele, guot, wert, gemeit*[3] usw. geschmückt worden ist. In ganz ähnlicher Weise konnte das mittelhochdeutsche Wort „Knecht“ *(kneht),* das in seiner eigentlichen Bedeutung einer sehr niedrigen Sozialsphäre angehörte, in der Verbindung *guoter kneht* als auszeichnendes Kriegerwort auch für große Herren verwendet werden: „Karl der Große ist selber ein guter Knecht.“

Dieser Wortgebrauch lässt erkennen, dass das adlige Rittertum primär nicht ein sozialgeschichtliches, sondern ein ideologisches Phänomen gewesen ist. Erst als man begann, den Gebrauch der weltlichen Waffen moralisch zu rechtfertigen, wurde aus dem adligen „Krieger“ ein „Ritter“. Die Anfänge lassen sich bis ins 10. Jahrhundert zurückverfolgen, nach Cluny[4], wo das Programm aufgestellt wurde, dass der adlige Krieger seine Waffen im Dienst der Kirche und der christlichen Religion führen sollte. Im 11. Jahrhundert erfuhr dieses Programm in der Gottesfriedensbewegung eine historische Konkretisierung. Im 12. Jahrhundert rückte die Kreuzzugsidee in den Mittelpunkt. Als „Soldaten Gottes“ *(milites Dei)* und „Diener Christi“ *(milites Christi)* zogen alle, die das Kreuz genommen hatten, in den Krieg. In diesem religiösen Sinn konnte der Dienstgedanke, der immer mit dem *miles*-Begriff verbunden war, auch für die adligen Herren eine auszeichnende Bedeutung erlangen. (v 1986)

[1] probus: tüchtig; illustris: ausgezeichnet, vornehm, angesehen; praeclarus: vortrefflich, ehrenvoll; egregius: auserlesen
[2] franc: freimütig, aufrichtig; gentil: liebenswürdig, hübsch; noble: edelmütig; vaillant: tapfer, mutig
[3] edele: edel, herrlich, kostbar; guot: tüchtig, brav, gut; wert: kostbar, herrlich, ausgezeichnet, angesehen; gemeit: lebensfroh, tüchtig, lieblich, stattlich
[4] Cluny: 910 n. Chr. in Burgund gegründete Benediktinerabtei; Ausgangspunkt der großen Erneuerung des Mönchtums und der Kirche im 11. Jahrhundert

1. **a)** Exzerpieren Sie die Aussagen zu Ritter und Mönch (Texte 1–5), präsentieren Sie Ihre Ergebnisse im Plenum und ergänzen Sie Ihre eigenen Notizen (siehe „Mitschreiben“, S. 28f., 213f.).
b) Stellen Sie anhand der Texte und Bilder die wichtigsten Schlüsselbegriffe zu den beiden Leitbildern zusammen, und beschreiben Sie in eigenen Worten die damit verbundenen Wertvorstellungen.
c) Versuchen Sie in einem Schaubild die Stellung von Ritter und Mönch in der Gesellschaft darzustellen.

2. **a)** Welche Einsichten in die ritterliche Lebensweise lassen sich aus Bild a und b gewinnen?
b) Versuchen Sie die Bilder a und b den passenden Textstellen zuzuordnen.

3. **a)** Betrachten Sie das Bild c und beschreiben Sie seinen Aufbau. Versuchen Sie eine Deutung des Bildes.
b) Ziehen Sie zum Verständnis des Bildes c die Texte 4 und 5 heran. Verfassen Sie eine Bilddeutung, indem Sie zur Veranschaulichung Aussagen der Dichter zu den Leitbildern Ritter und Mönch mitverwenden.

4. Sie haben die Unterweisung des Gournemans an Parzival gelesen. Versuchen Sie aus Ihrer heutigen Sicht Verhaltensnormen für einen jungen Menschen zu formulieren.

Der von Kürenberg: Niederösterreichischer Ritter, um 1150/70, dessen Strophenform beispielhaft für das Nibelungenlied wurde; prägend für die donauländische Minnelyrik.

Die **Kürenberg-Strophe** ist im Wesentlichen identisch mit der Nibelungenstrophe:
- Sie besteht aus vier Langzeilen, von denen je zwei durch Reim verbunden sind.
- Die Anverse (erste Vershälfte) haben vier, die Abverse (zweite Vershälfte) drei Hebungen.
- Nur der Abvers der vierten Langzeile hat vier Hebungen bewahrt.

Ich zóch mir eínen válkèn mére dánne ein jâr
er húop sich ûf vil hóhè und flóug in ánderíu lánt.

3. Der höfische Ritter als Minnesänger – Formen des Minnesangs

Ab der Mitte des 12. Jahrhunderts begann an den Fürstenhöfen eine neue weltliche, ritterliche Kultur aufzublühen, die sich der Vormundschaft der geistlichen Orden entzog. Neben dem höfischen Roman war der Minnesang die erste wirkliche volkssprachliche Dichtung in Deutschland und im mittelalterlichen Europa. Die aus dem Lehenswesen hervorgegangene ritterliche Gesellschaft hatte eine besondere Bildung und ihre eigenen Ideale entwickelt (siehe S. 104). Im Minnesang stellte sich diese Gesellschaft selbst dar; er war in seiner Verbindung von Text und Musik ein Element höfischer Geselligkeit.

1 Der von Kürenberg: Ich zôch mir einen valken

„Ich zôch mir einen valken mêre danne ein jâr.
dô ich in gezamete als ich in wolte hân
und ich im sîn gevidere mit golde wol bewant,
er huop sich ûf vil hôhe und floug in anderiu lant.

Sît sach ich den valken schône fliegen:
er fuorte an sînem fuoze sîdîne riemen,
und was im sîn gevidere alrôt guldîn.
got sende si zesamene die gerne geliep wellen sîn!“

„Ich zog mir einen Falken länger als ein Jahr.
Als ich ihn gezähmt, wie ich ihn haben wollte,
und sein Gefieder mit Gold geschmückt hatte,
hob er sich hoch auf und flog davon.

Seither sah ich den Falken schön fliegen:
er führte an seinem Fuße seidene Fesseln
und sein Gefieder war ganz rotgolden.
Gott sende sie zusammen, die einander gerne lieb haben wollen!“

(übertragen von Max Wehrli)

2 Dietmar von Aist: Slâfst du, friedel ziere?

„Slâfst du, friedel ziere?
man weckt uns leider schiere:
ein vogellîn sô wol getân
daz ist der linden an daz zwî gegân.“
„Ich was vil sanfte entslâfen:
nu rüefstu kint Wâfen.
liep âne leit mac niht gesîn.
swaz du gebiutst, daz leiste ich, friundin mîn.“
Diu frouwe begunde weinen.
„di rîtst und lâst mich eine.
wenne wilt du wider her zuo mir?
owê du füerst mîn fröide sament dir!“

Dietmar von Aist: Er stammte aus einem oberösterreichischen freiherrlichen Geschlecht und gehört zur Frühzeit des Minnesangs.

Gedichtinterpretation 3: Die Interpretation (vgl. S. 15f.) eines mhd. Textes gelingt am besten, wenn Sie folgenden **Lösungsweg** erproben:

Beispiel: Dietmar von Aist: „Slâfst du, friedel ziere?“

1. Nehmen Sie die **sprachliche Fremdheit** des Originals als „Denksportaufgabe“!
   - Orientieren Sie sich zunächst an den im Nhd. vertraut erscheinenden *Textelementen*!
     Z.B.: „Schläfst du, ...?/Man weckt uns leider ...
   - Notieren Sie nach mehrmaligem stillen und lauten Lesen eine *Hypothese* zur wahrscheinlichen *Sinnrichtung!*
     Z.B.: Situation, in der Liebende erwachen?
   - Machen Sie eine *erste Ersatzprobe*, indem Sie versuchen, die unbekannten Wörter sinngerecht zu ersetzen!
     Z.B.: Schläfst du, *zierlicher*(?) *Frieder*(?) Man weckt uns leider *schier* (=*fast*) (?)

– Klären Sie über die *Kontextprobe*, ob die ausgefüllten „Lücken" den Sinn überzeugender enthüllen!
Z.B.: Vor allem für die zweite Zeile ergibt der Versuch keine sinnvolle Lösung.

2. Stellen Sie ein **gesichertes Textverständnis** her!
– Schlagen Sie die unbekannten Wörter in einem *mhd. Lexikon* nach! (z.B. Matthias Lexers mittelhochdeutsches Taschenwörterbuch. – Stuttgart (Hirzel) [28]1956.)
Z.B.: „friedel" oder „vriedel": Geliebter, Buhle, Bräutigam, Gatte bzw. Geliebte, Buhlin, Braut, Gattin
• „ziere": prächtig, schön
• „schiere", „schier": schnell, sogleich, schon, bald; fast, beinahe
– Verwenden Sie die Worterklärungen für eine *zweite Ersatzprobe*!
Z.B. ergibt sich auf diese Weise, dass „friedel" (Z. 1) d e r Geliebte sein muss, denn er wendet sich an die Freundin (Z. 8).
– Überprüfen und ergänzen bzw. korrigieren Sie die Ausgangshypothese zur *Sinnrichtung* des Gedichts!
Z.B.: Erwachen und Abschied der Liebenden sind das Thema.

3. Legen Sie eine **tabellarische Stoffsammlung** an!

Die Sprecher	Inhalt/Aufbau	Stilmerkmale	Deutung
Die Frau	– liebevolle Anrede	– Fragesatz (Z. 1)	– sanftes Wecken
	– ...	– ...	– ...
Der Mann	– Erklärung (Z. 5)	– Kontrast (Z. 5/6):	– leidvolles Erwachen
	– ...	Schlaf ↔ Lärm	– ...
		– ...	

4. Die **Gliederung** der Interpretation nach dem Drei-Phasen-Modell (vgl. S. 15f.) wäre folgendermaßen denkbar:
– Als *Einleitung* könnte neben dem Namen des Autors, dem Titel und dem Genre (Tagelied) z.B. der Primäreindruck mitgeteilt werden. Diesen zu überprüfen wäre das Ziel und ergäbe die Überleitung.
– Im *Hauptteil* dient die Liebessituation des „Tagelieds" als Rahmen: Das Verhältnis der Liebenden in Rede und Gegenrede innerhalb der Einbettung in eine Naturschilderung („weckt [...] ein vogellîn [...]", Z. 2–4) ist als Schwerpunkt zu beschreiben und zu deuten. Dabei sind die Perspektivität (Rollengedicht), Metrum und Reim sowie die Schlüsselwörter („friedel", Z. 1; „kint", Z. 6; „liep âne leit", Z. 7; „friundin", Z. 8; „frouwe", Z. 9; „froide", Z. 12) zu beachten.
– Als *Schluss* böten sich verschiedene Möglichkeiten an:
• Die Reflexion des Verstehensprozesses,
• die persönliche Wertung des Gedichts,
• der Vergleich mit anderen Texten Dietmars von Aist bzw. mit nhd. Liebeslyrik oder
• die Einordnung des Tagelieds in den donauländischen Minnesang.

Das **Tagelied** (< mhd. tageliet, tagewîse) stellt in der frühen Phase einen entscheidenden Schritt auf dem Weg zum lyrischen Dialog dar. Die dargestellte Situation handelt vom Abschied der Liebenden, meist eines Ritters von einer Dame, nach einer gemeinsamen Liebesnacht. Illusionäres Festhalten an der Scheinwirklichkeit gegenüber den unerbittlichen Forderungen der Tageswirklichkeit prägt die Haltung der Sprechenden. Wichtige Strukturmerkmale sind – im Unterschied zum Hohen Minnesang – die deutlich betonte Erotik und eine als gefährlich angedeutete Situation. Typische Motive sind Tagesanbruch, angekündigt durch den Morgenstern, den Sonnenaufgang oder den Gesang eines Vogels, Weckvorgang und Abschiedsklage.
Die Form der Tagelieder prägen in der Regel der Dialog, ein Refrain und oft die Dreistrophigkeit. Wichtige mhd. Dichter schrieben Tagelieder: Heinrich von Morungen, Walther, Wolfram und Oswald von Wolkenstein. Im Spätmittelalter werden geistliche Tagelieder verfasst als Weck- und Mahnruf an die christliche Gemeinde. Beispiele für Tagelieder finden sich in der gesamten Weltliteratur, z. B. bei Shakespeare in *Romeo und Julia*.

1. a) Tauschen Sie sich im Fachgespräch aus über die jeweilige Situation und die Rollenverteilung von Mann und Frau in den Gedichten 1–7.
b) Fassen Sie Ihre Ergebnisse in einer Mind-Map (vgl. S. 226f.) zusammen.

2. Bereiten Sie in Partner- oder Gruppenarbeit ein Gedicht zum Vortrag vor.
a) Erarbeiten Sie die Klanggestalt mit Hilfe der Ausspracheregeln (vgl. S. 98).
b) Machen Sie Vorschläge zur musikalischen Unterlegung.
c) Vergleichen Sie Ihre Versuche mit einer nach mittelalterlicher Notation vorgenommenen Vertonung von Minneliedern.

3. Wählen Sie eine der Aufgaben:
a) Interpretieren Sie „Slâfst du, friedel ziere?" nach dem vorgeschlagenen Lösungsweg.
b) Wenden Sie in Gruppen den skizzierten Lösungsweg an auf einen der Texte 1–7.

3 Albrecht von Johansdorf: Ich vant âne huote

Ich vant âne huote[1]
die vil minneclîchen eine stân.
sâ dô sprach diu guote
‚waz welt ir sô eine her gegân?'[2]
‚frouwe, ez ist alsô geschehen.'
‚saget, war umbe sît ir her? des sult ir mir verjehen.'

‚Mînen senden kumber
klage ich iu, vil liebe frouwe mîn'
‚wê, waz saget ir tumber?
ir mugt iuwer klage wol lâzen sîn.'
‚frouwe, ichn mac ir niht enbern!'
‚sô wil ich in tûsent jâren niemer iuch gewern.'[3]

‚Ich bin ouch vil staete,[4]
ob[5] ir ruochet[6] mir der wârheit jehen.'[7]
‚volget mîner raete,
lât die bete diu niemer mac geschehen.'
‚sol ich alsô sîn gewert?'
‚got der wer iuch anderswâ des ir an mich dâ gert.'

‚Sol mich dan mîn singen
und mîn dienest gegen iu niht vervân?'[8]
‚iu sol wol gelingen:
âne lôn sô sult ir niht bestân.'
‚wie meinet ir daz, frouwe guot?'
‚daz ir deste werder sît und dâ bî hôchgemuot.'

[1] âne huote: ohne Bewachung
[2] waz welt ... gegân?: Wie kommt ihr so verbittert daher?
[3] gewern: zugestehen
[4] staete: beständig
[5] ob: wenn
[6] ruochen: wollen
[7] jehen: bekennen
[8] vervân: ankommen

4. a) Untersuchen und stellen Sie den Aufbau des zweiten Gedichtteils von Text 3 in derselben Weise dar.
b) Beschreiben Sie die Struktur des Minneliedes, seine Aussage und seine Wirkung auf Sie.

Albrecht von Johansdorf gehört zu den bedeutendsten Minnesängern und befand sich zwischen 1180 und 1209 im Dienste des Bischofs von Passau.

5. a) Das Bild (s.o.) wird als eine Illustration zu Albrecht von Johansdorfs Minneauffassung in diesem Lied gesehen. Beschreiben Sie die Darstellung der beiden Figuren genau.
b) Vergleichen Sie Bild und Text und nehmen Sie zu den Bezügen Stellung.

Visuelle Darstellungen dienen dazu, Lerninhalte anschaulich darzustellen, damit sie leichter einprägsam sind. Sie eignen sich
- bei der Erschließung und Strukturierung von Texten,
- bei der Aufbereitung von Informationen und
- bei der Weitergabe von Information in einem Referat.

Hilfreich sind das *Schaubild* (Diagramm) über die gedanklichen Strukturen eines Textes oder zur Darstellung der Personenkonstellation.
Eine *Schnittmengen-Grafik* eignet sich z.B. als Schlussbilanz bei der Präsentation von Epochenzusammenhängen in einem Referat.
In einer *Strukturskizze* oder einem Stichwortbild werden Informationselemente optisch in einen sinnvollen Bezug gesetzt, um so einen literarischen Text zu erschließen.
Mit einer *Mind-Map* („Gedankenkarte") können zu einem Thema Ideen entwickelt und gegliedert werden. (Siehe S. 226f.)

Das Verständnis für einen Text kann erleichtert und besser gefördert werden, wenn es gelingt, seine inhaltlich-gedankliche **Struktur** oder die Beziehung der Figuren zueinander in einer optischen Form/Grafik umzusetzen. Der Aufbau des Minneliedes von Johanssdorf lässt sich in einem Schaubild (Diagramm) anschaulich darstellen, so dass das „Minnespiel" zwischen „frouwe" und „riter" deutlich wird.

	frouwe		riter
Z. 2	„die vil minnclîchen eine stân"	Anrede →	Z. 7 „minen senden kumber"
Z. 10	„ir mugt iuwer klage wol lâzen sîn"	← Antwort; Trost →	Z. 11 „frouwe, ichn mac ir niht enbern!"
Z. 12	„sô wil ich in tûsent jaren niemer iuch gewern"	← Ablehnung; Absage als Antwort →	keine Huld/keine Zuneigung/kein Gunsterweis

4 Walther von der Vogelweide (um 1170–1228): Wenn die Blumen aus dem Gras sprießen

Wenn die Blumen aus dem Gras sprießen
als lachten sie der taufunkelnden Sonne entgegen
an einem Maitag morgens früh;
und wenn die kleinen Vögel fröhlich singen
in ihrer schönsten Weise –
welche Herrlichkeit kann sich damit vergleichen?
Das ist wohl halb das Himmelreich.
Sollen wir sagen was sich dem vergleichen kann,
so spreche ich aus, was meine Augen
mehr entzücken würde,
und wieder entzücken würde, sähe ich es wieder.

Wo nämlich eine Frau, damenhaft und vornehm innerlich und äußerlich,
prächtig Kleidung und Kopfschmuck,
um der Unterhaltung willen in Gesellschaft geht,
froh und festlich gestimmt, von Gefolge begleitet,
gelegentlich die Augen ein wenig herumgehn lassend,
und auftritt wie die Sonne neben Sternen –
der Mai bringe uns all seine Wunderpracht,
was ist darunter so Herrliches
wie ihre liebliche Schönheit?
Da lassen wir alle Blumen
und starren nur die herrliche Frau an.

Wohlan denn, wollt ihr den Wahrheitsbeweis,
gehn wir zum Fest des Mai!
Der ist gekommen mit aller seiner Macht.
Seht auf ihn – und seht auf die schönen Frauen,
welches von beiden da das andre übertrifft:
ob ich nicht den besseren Zug getan habe!
Oh, wenn mich jemand vor die Wahl stellte
das eine zu lassen um des andern willen –
wie prompt ich dann mich entschiede!
Herr Mai, lieber wollte ich ihr würdet März,
als dass ich da meine Herrin aufgäbe.

(übertragen von Peter Wapnewski)

5 Walther von der Vogelweide: Under der linden

'Under der linden
an der heide,
dâ unser zweier bette was,
Dâ mugt ir vinden
schône beide
gebrochen bluomen unde gras.
Vor dem walde in einem tal,
tandaradei,
schône sanc diu nahtegal.

Ich kam gegangen
zuo der ouwe:
dô was min friedel komen ê.
Dâ wart ich enpfangen,
hêre frouwe,
daz ich bin saelic iemer mê.
Kuste er mich? wol tûsentstunt:
tandaradei,
seht wie rôt mir ist der munt.

Dô het er gemachet
alsô rîche
von bluomen eine bettestat.
Des wirt noch gelachet
inneclîche,
kumt iemen an daz selbe pfat.
Bî den rôsen er wol mac,
tandaradei,
merken wâ mirz houbet lac.

Daz er bî mir laege,
wessez iemen
(nu enwelle got!), sô schamt ich mich.
Wes er mit mir pflaege,
niemer niemen
bevinde daz wan er und ich –
Und ein kleinez vogellîn,
tandaradei,
daz mac wol getriuwe sîn'.

„Unter der Linde
auf der Heide,
wo unser beider Lager war,
da kann man sehn
liebevoll gebrochen
Blumen und Gras.
Vor dem Wald in einem Tal
tandaradei
sang schön die Nachtigall.

Ich kam gegangen
zu der Wiese,
da war mein Liebster schon vor mir gekommen.
Da wurde ich empfangen
– Heilige Jungfrau! –
dass es mich immer glücklich machen wird.
Ob er mich küsste? Wohl tausendmal,
tandaradei,
seht wie rot mein Mund ist.

Da hatte er bereitet
in aller Pracht
von Blumen ein Lager.
Daran wird sich freuen
von Herzen,
wer daran vorübergeht.
An den Rosen kann er noch
– tandaradei –
sehen wo mein Kopf lag.

Dass er bei mir lag,
wüsste es jemand
(das verhüte Gott!), so schämte ich mich.
Was er tat mit mir,
niemals soll jemand
das erfahren als er und als ich –
und die liebe Nachtigall,
tandaradei;
die wird gewiss verschweigen sein".

(übertragen von Peter Wapnewski)

Walther von der Vogelweide dürfte um 1170 in Südtirol geboren sein; seine ritterliche Herkunft ist unbestritten. Nach 1190 trat er als Dichter am Wiener Hof der Babenberger Herzöge hervor, wo er bei dem bedeutenden Minnesänger Reinmar dem Alten lernte. Als eigenwilliger junger Mann entzweite er sich mit seinem Lehrer und dem Herzog, verließ 1198 Wien und ging an den Hof des Staufers Philipp von Schwaben. Er führte ab da ein unstetes Wanderleben und hielt sich an verschiedenen Fürstenhöfen auf, z.B. bei Kaiser Friedrich II., von dem er 1220 ein Lehen erhielt. Walther starb um 1228.
Er gilt als bedeutendster Minnesänger und Dichter politischer Lieder. In diesen setzte er sich für ein starkes Königtum ein und entwarf ein Idealbild eines geistlichen und weltlichen Herrschertums, an dem er die realen Verhältnisse maß.
In seinen Minneliedern passte er sich anfangs ganz dem Inhalt und der Form des höfischen Minnesangs an. Dann entwickelte er eine neue Minnekonzeption: eine „minne", die auf gegenseitiger Zuneigung beruhte und nicht die Unterwerfung unter die „frouwe" verlangte (Lieder der „ebenen minne") in den sog. „Mädchenliedern": Sie sprechen von erfülltem Liebesglück, der Schönheit der geliebten Frau und der Natur, die oft auf eine reizvolle Weise miteinander verglichen werden.

6 Heinrich von Morungen (gest. 1222): Sin hiez mir nie widersagen

Sin hiez mir nie widersagen
unde warb iedoch
unde wirbet noch hiute ûf den schaden mîn.
des enmac ich langer niht verdagen:
wan si wil ie noch
elliu lant behern und ein rouberinne sîn.
daz machent alle ir tugend und ihr schoene,
die vil mangem man tuont wê.
der si an siht,
der muoz ir gevangen sîn
unde in sorgen leben iemer mê.

In den dingen ich ir dienstman
und ir eigen was,
dô ich si dur triuwe und dur guot an sach;
dô kam si mit ir minnen an
unde vienc mich sô,
dô si mich wol gruozte und wider mich so sprach.
des bin ich an fröiden siech
unde an herzen sêre wunt.
und ir ougen klâr
diu hânt mich beroubet gâr,
unde ir rôsevarwer munt.

Heinrich von Morungen war Thüringer aus der Nähe von Sangershausen und gehörte zu den staufischen Ministerialen. Er starb 1222 im Thomaskloster zu Leipzig.

Niemals hat sie mir offen gesagt, dass sie mir feindlich gesinnt sei;
und doch mühte sie sich
und müht sich heute noch, mir Schaden zuzufügen.
Das kann ich nun nicht länger verschweigen:
denn sie wird noch
über die ganze Welt Macht ausüben und alles ausrauben.
Das vermag sie nur aufgrund ihrer Macht und ihres verführerischen Aussehens,
die so manchen quälen.
Wer sie anschaut,
der wird ihr Gefangener
und muss immer in Angst leben.

Während ich ihr Dienstmann
und ihr Höriger war,
sah ich sie ergeben und hoffnungsvoll an;
da kam sie
und umgarnte mich mit ihrer Minne,
indem sie mich freundlich grüßte und mich ansprach.
Dadurch bin ich schwermütig geworden
und mein Herz schmerzt mich sehr.
Ihre strahlenden Augen
und ihr rosenroter Mund
haben mich beraubt.

(übertragen von Horst Holzschuh)

Rudolf von Fenis war ein Minnesänger aus der Schweiz, wahrscheinlich Graf Rudolf II. von Neuenburg.

7 Rudolf von Fenis: Gewan ich ze Minnen ie guoten wân

Gewan ich ze Minnen ie guoten wân,
nu hân ich von ir weder trôst noch gedingen,
wan ich enweiz wie mir süle gelingen.
sît ich si mac weder lâzen noch hân,
mir ist als dem der ûf den boum dâ stîget
und niht hôher mac und dâ miten belîbet
und ouch mit nihte wider komen kan;
und alsô die zît mit sorgen hine vertrîbet.

Wenn ich jemals freudige Erwartungen in die Minne gesetzt habe,
so habe ich nun keinerlei Hoffnungen mehr,
denn ich weiß nicht, wie ich zu Erfolg kommen könnte.
Da ich einerseits nicht auf sie verzichten will, andererseits sie aber auch
nicht besitzen kann,
geht es mir wie dem, der einen Baum besteigt,
und der auf halber Höhe nicht weiter hinauf
aber auch schon gar nicht mehr hinabkommen kann;
so vergeudet er voll Angst seine Zeit.

(übertragen von Horst Holzschuh)

„Minne-Verständnis“ im Hohen Mittelalter

In seinem Jugendwerk, dem sog. *Büchlein*, erläutert Hartmann von Aue, was „hohe minne“ bedeutet: Die „schöne Frau“ weckt „höfische Freude“ und „hohen muot“. Ihr wird eine höhere sittliche Kraft als dem Mann zugesprochen, deshalb kann sie ihn zu höfischer Vollkommenheit erziehen. Diese idealisierte Überhöhung in der Dichtung (Hoher Minnesang/Artusroman) und in der Kunst (siehe z. B. Figuren im Naumburger Dom) entsteht aus ständischem Denken: Der „frouwe“ als Herrin dient der Ritter als „man“, als Lehensmann. Das Werben des Mannes ist Dienst, den er der Herrin leistet; und die Gunst ist der Lohn, den er anstrebt und auch beansprucht. Der „Minnelohn“ kann bis zu zeichenhaften Gunstbeweisen entsinnlicht werden, z. B. zu einem Blick, Gruß oder Lächeln.
Der Minnesang ist einerseits die erste deutsche Dichtung, in der innerste Anliegen eines Individuums ausgesprochen werden. Andererseits ist Minnesang ein Teil der Geselligkeit. Er wird im Kreis des Hofes, dem der Dichter angehört, vorgetragen: Privates Erleben wird so öffentliches Ereignis.

8 Stationen einer Minnebotschaft

Die mittelhochdeutschen Lieder wurden im 13. und 14. Jahrhundert im Auftrag kunstsinniger Liebhaber aufgeschrieben. Unter mehreren Liedsammlungen ragen zwei hervor: die *Weingartener Liederhandschrift*, anfangs des 14. Jahrhunderts in Konstanz verfasst, und die *Große Heidelberger (Manessische) Liederhandschrift*, die auf Anregung der Züricher Familie Manesse zu Beginn des 14. Jahrhunderts niedergeschrieben wurde.

Neben den Liedern enthalten die Sammlungen Neumen (Tonschriftzeichen) sowie Bilder, die typische Situationen der Minnesänger wiedergeben und die Eigenart dieser Dichter zu deuten versuchen ohne den Anspruch des Porträts zu erheben.

a

b

c

d

e

f

Aus der Weingartener Liederhandschrift (a–d) und der Großen Heidelberger Liederhandschrift (um 1310–1340; e und f)

Die Deutung des Minnesangs bereitet dem heutigen Leser Schwierigkeiten. Zwei Erklärungsversuche sollen Ihnen die eigene Bewertung erleichtern.

6. a) Beschreiben und deuten Sie arbeitsteilig in einer Tabelle Situation, Körpersprache und Requisiten der Figuren in den Minneliedern a–f und schließen Sie jeweils auf das Selbstverständnis der dargestellten Dichter.
b) Bezeichnen Sie die Stationen der Minnebotschaft.

Ein **Zeitstrahl** zur epochalen Orientierung: Auch wenn **Epochen** keine „Schubfächer" sind, sondern sich oft mehrfach überlagern (vgl. S. 492), kann eine schematische Einteilung eine erste Orientierung geben, wenn man sich der Vereinfachung bewusst ist:

um 1200: **Staufische Klassik**	
– Dietmar von Aist	„Tagelied"
– Reinmar der Alte	„Hohe Minne" • Huldigung der adeligen Dame
– Walther von der Vogelweide – …	„Mädchenlieder" • Ebenbürtigkeit der Partner • Vergeistigung bis zur Traumvision
ca. 1600–1720: **Barock**	
– Paul Fleming	
– Martin Opitz	Carpe diem
– Andreas Gryphius – …	Vanitas
ca. 1720–1785: **Aufklärung/Sturm und Drang**	
– Friedrich von Hagedorn	Anakreontik • Stilisierung • Formelhaftigkeit
– J.W. v. Goethe	Erlebnislyrik • • •

1. Formen des Minnesangs: Um 1150 war die Lyrik nach Inhalt und Form noch eindeutig geistliche Dichtung.
– Mittellateinische **Vaganten-Lyrik** tauchte unvermittelt auf, nachdem die klösterlich-kirchliche Welt ihre Bindekraft verloren hatte.
– Zur frühen volksprachlichen **weltlichen Lyrik** gehörte u a. das *Tagelied* (vgl. S. 93f.) als „Rollenlyrik".
– Der **Hohe Minnesang** (zwischen 1180–1210) besteht aus mehreren Strophen, die sich mit der „Minneidee" (vgl. S. 96) befassen.
– Die **Pastourelle** (< lat. pastor = Hirte, Schäfer; daraus frz. pastourelle Hirtengedicht, Schäferlied) ist ein erotisches Werbelied zwischen einem Ritter und einer Schäferin, das in der europäischen Dichtung des Mittelalters weit verbreitet war. Walthers **Mädchenlieder** sublimieren die Pastourelle, indem sie von der ethischen Gleichwertigkeit von einfachem Mädchen und Ritter ausgehen.

2. Gestaltungsmittel des Minnesangs:
– Die **Kanzonenstrophe** wurde – in Anlehnung an die provenzalische Dichtung – die zweiteilig gebaute Strophenform des deutschen Minnesangs, wie Hartmanns Verse zeigen:

Verse		
Manger grüezet mich alsô der gruoz tuot mich ze mâze frô,	1. Stollen	Aufgesang
„Hartmann, gên wir schouwen ritterlîche frouwen."	2. Stollen	
mac er mich mit gemache lân und île er zuo den frouwen gân! bî frouwen triuwe ich niht vervân, wan daz ich müede vor in stân.		Abgesang

– Für die **Aussprache** des Mittelhochdeutschen gelten folgende Regeln:
a) Alle **einfachen Vokale** mit ^ (Circumflex) und ae, oe, iu = ü werden lang gesprochen, z.B. êre, saelic, hiute.
Alle anderen einfachen Vokale sowie die Vokale in offener Silbe sind kurz zu sprechen, z.B. wirt, gap, swester, klagen, treten, ligen, loben.
b) Die **Diphthonge** sind als zwei Vokale zu sprechen, da sie echte Doppellaute darstellen.
Z.B. bein = be-in, boum = bo-um
c) **Konsonanten:**
– Im Silbenauslaut wird c wie k gesprochen. Z.B. gemâc = gemák (verwandt),
– Im Silbenauslaut und vor s und t wird h wie ch gesprochen. Z.B. sah = sach, maht = macht.
– Zwischen f und v wird nicht unterschieden.
– z = nhd. z: zal; z = nhd. ß nach Vokal: wazzer
– ph = pf: phlegen = pflegen
– sc = sch: scoene = schoene
d) Folgen zwei Vokale aufeinander in einem Vers, so wird das schwächere e nicht gesprochen (Elision).
Z.B. diu zwei sint êr(e) und varnde guot, daz dick(e) ein ander schaden tuot

9 Hans Eggers: Der Stand der Minnesänger (Auszug)

[...] Der neu entstandene Dienstadel der Ministerialen konnte sich eine Zeit lang in dem Wahne wiegen, voll in die Adelsgesellschaft integriert zu werden. Ihm versprach das höfische Gesellschaftsideal den größten Gewinn. Mit dem Minnesänger, der nach gesellschaftlicher Konvention ungestraft seine hochgestellte Minneherrin anbeten darf, konnte sich der Dienstmann ebenso leicht identifizieren wie mit den Helden, denen allein auf Grund ruhmreicher Rittertat die Artusrunde offen stand, jene runde Tafel, in der es kein Oben und Unten gibt, und an der der Herr auch nur Erster unter Gleichen ist. Aber schon gegen Ende der Zeit Barbarossas und viel mehr noch in der Folgezeit wurden die Ministerialen durch die Entwicklung der Landesherrschaften und eines neuen Fürstenstandes in die Abhängigkeit zurückgeworfen. Es war ein raues Erwachen aus den Träumen von Tafelrunde und Minneherrin. [...]

Unter den Minnesängern fanden sich manche Angehörige des Erbadels, an ihrer Spitze Kaiser Heinrich VI. und Heinrich von Meißen, Sohn des Markgrafen Dietrich, der ein Gönner der Sänger Heinrich von Morungen und Walther von der Vogelweide gewesen war. Diese freien Adelsherren brauchten weder um ihre gesellschaftliche Stellung noch um den Lebensunterhalt besorgt zu sein. Aber die Mehrzahl der Minnesänger entstammte dem ministerialen Dienstadel. Sie waren größtenteils besitzlose, arme Ritter, auf Fürstengunst angewiesen und – von Ausnahmen abgesehen – an keiner Stätte lange verweilend. Kein Wunder, dass in ihren Strophen keine Fürstentugend so hoch gepriesen wird wie die *milte*, die Freigebigkeit [...]

(v 1977)

10 Joachim Bumke: Höfische Liebe (Auszug)

Das poetische Schönheits- und Tugendideal, das die Dichter entworfen haben, erfuhr seine reichste Ausgestaltung dort, wo es um die schmückende und dienende Rolle der Frau in der höfischen Festgesellschaft ging. Auf den großen Hoffesten, von denen die Epiker erzählten, hat erst die Anwesenheit zahlreicher festlich geschmückter Damen die gesellschaftliche Hochstimmung geschaffen, die mit dem Wort vreude umschrieben wurde. [...]

Bei den festlichen Versammlungen fielen den höfischen Damen in erster Linie repräsentative Aufgaben zu. Sie schauten von den Zinnen herab oder aus den Fenstern und Lauben zu, wenn die Herren sich in ritterlichen Spielen maßen; sie ließen den Rittern bei solchen Gelegenheiten wohl auch aufmunternde Geschenke zukommen; sie beteiligten sich an höfischen Tänzen und Spielen; sie führten höfische Gespräche, und sie ließen sich von den Herren in festlichem Aufzug zu Tisch führen. Manchmal übernahmen sie auch die Begrüßung und Betreuung der Gäste. [...]

Die eigentümliche Konstruktion, dass in der Minnebeziehung Mann und Frau einander nicht als Partner begegnen, sondern dass die Frau als Herrin erscheint und der Mann als Diener zu ihr aufblickt, und dass die Leistung, die der Mann vollbringt, um der Minne würdig zu werden, als Dienst aufgefasst wird, ist sicherlich das auffälligste Merkmal der höfischen Liebe. [...]

(v 1986)

Die Texterörterung 2: Die textgebundene Erörterung eines **Leserbriefes** verlangt von Ihnen Folgendes:

Thema: → Erörtern Sie die Frage, wie aktuell Lyrik heute ist!
Problemstellung → – Analysieren Sie Aufbau und Art der Argumentation im Leserbrief!
Aufgabenstellung → – Legen Sie Ihren eigenen Standpunkt dar!

***1. Phase:* Assoziationen zum Thema und Themenanalyse**

– *Assoziationen:* Affinität (Interesse) oder Distanz (Desinteresse) zum (am) Thema oder gar Ablehnung?

– *Themenanalyse:* **Erörtern** der Aktualität von Lyrik heute (1. Operator)
Begriff? Art? Umfang? „Zeitgeist"?

– **Analysieren** des Leserbriefs nach → Aufbau
(2. Operator) → Art der Argumentation
genau beschreiben

– **Darlegen** des eigenen Standpunkts
(3. Operator)
begründet vortragen i.S. von Überzeugung

2. *Phase:* Stoffsammlung und Gliederung

a. *Analyse* des Leserbriefs durch *Markierungen* und *Annotationen*

11 Leserbrief

Sollten wir versucht sein, von Lyrik jene Aktualität und jene Anziehungskraft zu verlangen, wie sie etwa von den wöchentlichen Fußballereignissen und den jeweils jüngsten Modewellen auf große Teile der Bevölkerung ausgeht, so kann die Antwort wohl nur lauten: Nein, eine solche Aktualität besitzt sie sicher nicht. Die Verkaufsziffern von Lyrikbänden innerhalb der Verlagsprogramme und der quantitative Anteil von Gedichtinterpretationen bei Abituraufsätzen an Gymnasien sprechen dabei für sich und seien hier nur beispielhaft angeführt. Bleibt aber die Frage, ob eine solche Aktualität in unseren Tagen mit den Grundwerten und Zielvorstellungen des Lyrischen in all seinen Möglichkeiten überhaupt vereinbar wäre. Denn widersprechen nicht all seine Grundlagen: die Forderung nach Sensibilität und Offenheit, die Notwendigkeit von Objektivierung eigenen Denkens und Fühlens, die Voraussetzung einer durchlebten, durchlittenen Erfahrung von Ich, von Umwelt, von Du, von Bezug in einer absoluten und somit radikalen Weise der Oberflächlichkeit und Willenslosigkeit, kurz: der Bürgerlichkeit der breiten Masse? Aktuell und somit bedeutsam ist Lyrik wohl immer nur für Einzelne, für Individuen – für den, der schreibt, und für den, der liest, der lesen will. Der Beifall der Menge wäre hier ein falscher Gradmesser, und Utopia mag die Gegensätze überwinden.

W.R. 19 Jahre

Randnotizen links:

- Erste rhetorische Frage (Z. 1ff.) → Vergleiche –
- Beispiele –
- Zweite rhetorische Frage (Z. 11f.) →
- Dritte rhetorische Frage (Z. 14f.) → Forderungen des Lyrischen
- Schlussfolgerung und Bezug zum Anfang (Z. 21ff.) →

Randnotizen rechts:

- ← Keine Aktualität im Vergleich
  - zu Fußball (Z. 3)
  - zu Mode (Z. 4)
- ← Begründungen und Beispiele
  - geringer Verkauf (Z. 6)
  - seltene Themenwahl (Z. 8f.)
- ← Vereinbarkeit von Aktualität mit dem Wesen von Lyrik? (Z. 11ff.)
- Nein, denn Lyrik verlangt
  - Sensibilität und Offenheit (Z. 15)
  - Objektivierung des Denkens (Z. 16)
  - durchlittene Erfahrungen (Z. 17ff.)
- Lyrik steht gegen „Bürgerlichkeit" (Z. 20)
- ← Aktualität nur für Einzelne (Z. 21f.)
- ← Beifall der Menge wäre falscher Gradmesser (Z. 23f.)

b. Die *Gliederung* sollte darauf achten, dass „Erörtern" als übergeordneter Operator beachtet wird.

- Die Analyse des Leserbriefs kann relativ knapp erfolgen.
- Die Darlegung des eigenen Standpunkts müsste den Schwerpunkt bilden.

Dabei sind zwei Richtungen naheliegend:

vor allem auf den Leserbrief bezogen (= textimmanent)	vor allem weiterführend (= textübergreifend)
– Beurteilung der Argumentation, z.B. Masseninteresse ↔ Individualität – Prüfung der Begriffe, z.B. „Bürgerlichkeit" – Wertung des Aufbaus über rhetorische Fragen – Untersuchung des Verhältnisses von Argumenten und Beispielen – …	– Beziehung nur auf mittelalterliche Lyrik oder – Differenzierung zwischen traditioneller und moderner Lyrik – existenzieller Wert von Gedichten oder ästhetisches Vergnügen bzw. auch Unterhaltung? – …

7. a) Prüfen und ergänzen Sie die Stoffsammlung und Gliederung.
b) Schreiben Sie die Texterörterung.

8. a) Exzerpieren Sie aus den Texten 9 und 10 (S. 98) die Kerninformationen zum Minnesang.
b) Entwerfen Sie daraus einen Lexikonartikel über „Minnesang", indem Sie Ihre Einsichten aus der Lektüre der Minnelieder und der Deutung von Minnebildern einbeziehen.
(Vgl. Sie dazu die Hinweise zum Resümee, S. 38.)

3. *Phase:* Ausarbeitung der Erörterung und Korrektur

1. Die **Einleitung** könnte neben dem Bezug auf den Leserbrief und seinen Verfasser Assoziationen zur Themenstellung (s.o.) aufnehmen und die Methode bzw. den Schwerpunkt erläutern.
2. Im **Hauptteil** sollte durch eine deutliche Herausarbeitung des Schwerpunkts (s.o.) ein klares Profil angestrebt werden.
3. Als **Schluss** lässt sich beispielsweise
   - ein Rahmen ziehen zur ersten Reaktion auf das Thema in der Einleitung,
   - eine Zusammenfassung der Ergebnisse versuchen,
   - eine Reflexion über das gewählte Verfahren anstellen,
   - auf die „Überzeitlichkeit" von Lyrik hinweisen.

Bei der **Korrektur** wäre vor allem auf die textgenaue Analyse (mit korrekten Zitaten und Zeilenangaben) sowie auf den angemessenen Darstellungsstil (Beschreibung und Argumentation) zu achten.

4. Walther von der Vogelweide als politischer Dichter – In der Spruchdichtung Kritik an einer gestörten Ordnung

Walthers politische Dichtung reagiert auf die höfisch-feudale Gesellschaft um 1200: die Kämpfe zwischen Kaiser und Fürsten, die Konflikte zwischen Papst und Kaiser. Aber auch die Alltagssorgen des Dichters und seiner Mitmenschen sind sein Thema. Welche ethischen Normen und künstlerischen Gestaltungsformen prägen Walthers Spruchdichtung und welche Ziele verfolgt er? Die folgenden Texte sollen Antworten ermöglichen.

1. Bearbeiten Sie arbeitsteilig je einen Spruch (Texte 1–4).
a) Versuchen Sie mit Hilfe der Informationen über Vers und Ton (S. 102) einen Gedichtvortrag.
b) Beschreiben Sie tabellarisch Inhalt, Adressaten sowie deren Rollen und die Gestaltungsmittel (Aufbau, Bilder, Wortwahl) der Sprüche.
c) Resümieren Sie jeweils die politische Haltung des lyrischen Ichs.

1 Walther von der Vogelweide (um 1170–1228): Dô Friderich ûz Ôsterrîch alsô gewarp,

Dô Friderich ûz Ôsterrîch alsô gewarp,
daz er an der sêle genas und im der lîp erstarp,
dô fuort er mînen krenechen trit in d'erde.
Dô gieng ich slîchent als ein pfâwe swar ich gie,
daz houbet hanht ich nider unz ûf mîniu knie:
nû riht ich ez ûf nâch vollem werde.
Ich bin wol ze fiure komen,
mich hât daz rîche und ouch diu krône an sich genomen.
wol ûf, swer tanzen welle nâch der gîgen!
mir ist mîner swaere buoz:
êrste wil ich eben setzen mînen fuoz
und wider in ein hôhgemüete stîgen. (nach 1198)

Als es dahin kam, dass Friedrichs von Österreich[1]
Seele das Leben und sein Leib den Tod fand,
da nahm er meinen stolzen Kranichschritt mit in die Erde.[2]
Da schlich ich umher wie ein Pfau wohin immer ich ging,[3]
und den Kopf ließ ich hängen bis auf die Knie.
Jetzt aber richte ich ihn auf im Bewusstsein meines Wertes.[4]
Ich habe ein gastliches Herdfeuer gefunden:
König und Reich haben mich aufgenommen.
Auf denn, wer tanzen will zur Geige!
Meiner Lasten bin ich ledig,
endlich kann ich meinen Fuß wieder fest auf die Erde setzen
und mein Herz hoch aufsteigen lassen.

Unter **Spruchdichtung** versteht man mittelhochdeutsche Lieder und Gedichte, die sich vom Minnesang abheben. Sie sind vor allem lehrhaft, behandeln religiöse, politische und moralische Themen. Sie enthalten Fürstenpreis und Fürstentadel, kritisieren weltliche und kirchliche Zustände, oft in satirischer und polemischer Form. Die Spruchdichtung wurde anfangs gesungen vorgetragen; doch sind kaum Melodien erhalten.
Die Spruchdichtung ist im Gegensatz zum Minnesang, an dem sich Vertreter aller Stände beteiligten, vornehmlich von nichtadligen fahrenden Sängern verfasst worden. Sie war nicht immer Ausdruck einer persönlichen Überzeugung, sondern stellte sich in die Dienste eines Herrn, von dem der fahrende Sänger sich einen Lohn erhoffte.

2 Walther von der Vogelweide: Philippe, künec hêre[5]

Philippe, künec hêre,
si gebent dir alle heiles wort
und wolden liep nâch leide.
Nû hâst dû guot und êre;
daz ist wol zweier künege hort:
diu gip der milte beide.
Der milte lôn ist sô diu sât,
diu wünneclîche wider gât
dar nâch man si geworfen hât:
wirf von dir milteclîche!
swelch künec der milte geben kan,
si gît im daz er nie gewan.
wie Alexander[6] sich versan!
der gap und gap, und gap sim elliu rîche.
(um 1203)

Philipp, edler König,
sie alle wünschen dir Glück
und möchten Freud nach Leid.
Jetzt herrschst du über Schätze und Würden
wie sie zwei Könige reich machen könnten:
Stell sie der Freigebigkeit anheim!
Der Lohn der Freigebigkeit ist wie die Saat,
die in dem Maße herrlich aufgeht
als man sie ausgeworfen hat.
Wirf aus mit großzügiger Hand!
Welch König der Freigebigkeit zu schenken weiß,
dem schenkt sie was er anders nie gewonnen hätte.
Wie klug war Alexander!
Der schenkte und schenkte – sie aber schenkte ihm
die ganze Welt.

[1] Walthers Gönner Friedrich I. von Österreich starb 1198 auf einem Kreuzzug.
[2] Schritt des Kranichs als Ausdruck stolzen Selbstbewusstseins
[3] Schritt des Pfaus als Ausdruck von Niedergeschlagenheit
[4] Dank an König Philipp für die Aufnahme an seinen Hof
[5] Walther war um diese Zeit am Hof des Landgrafen Hermann von Thüringen, einem Gegner König Philipps.
[6] Alexander galt in der Antike und im Mittelalter als Inbegriff der Großzügigkeit.

3 Walther von der Vogelweide: Ich hân mîn lêhen

Ich hân mîn lêhen, al die werlt, ich hân mîn lêhen[1].
nû entfürhte ich niht den hornunc an die zêhen,
und wil alle boese hêrren dester minre flêhen.
Der edel künec, der milte künec hât mich berâten,
daz ich den sumer luft und in dem winter hitze hân.
mîn nâhgebûren dunke ich verre baz getân:
sie sehent mich niht mêr an in butzen wîs als sî wîlent tâten.
Ich bin ze lange arm gewesen ân mînen danc.
ich was sô voller scheltens daz mîn âten stanc:
daz hât der künec gemachet reine, und dar zuo mînen sanc. (wohl 1220)

Ich hab mein Lehen, in alle Welt ruf ich's hinein: ich hab mein Lehen!
Nun fürchte ich nicht mehr den Februarfrost an den Füßen,
und werde künftig die geizigen Herren nicht mehr anflehen.
Der edelmütige König, der großmütige König hat mich versorgt,
so dass ich im Sommer kühlende Luft und im Winter Wärme habe.
Meiner Umwelt komme ich jetzt sehr viel feiner vor:
sie sehen mich nicht mehr an als ein Hausgespenst, wie sie bisher taten.
Ich bin zu lange arm gewesen, ohne dafür zu können.
Ich war so voller Scheltworte, dass mein Atem stank.
All dies hat der König rein gemacht und mein Singen dazu.

(alle Sprüche übersetzt von Peter Wapnewski)

4 Walther von der Vogelweide: Drei Sprüche im sog. „Reichs-Ton"

a) Ich saz ûf eime steine
und dahte bein mit beine.
dar ûf satzt ich den ellenbogen
ich hete in mîne hant gesmogen
daz kinne und ein mîn wange.
dô dâhte ich mir vil ange,
wie man zer welte solte leben.
deheinen rât kond ich gegeben,
wie man driu dinc erwurbe,
der keinez niht verdurbe.
diu zwei sint êre und varnde guot,
daz dicke ein ander schaden tuot:
daz dritte ist gotes hulde,
der zweier übergulde.
die wolte ich gerne in einen schrîn:
jâ leider desn mac niht gesîn,
daz guot und weltlich êre
und gotes hulde mêre
zesamene in ein herze komen.
stîg unde wege sint in benomen:
untriuwe ist in der sâze,
gewalt vert ûf der strâze,
fride unde reht sind sêre wunt.
diu driu enhabent geleites niht,
diu zwei enwerden ê gesunt.

Ich saß auf einem Stein,
und schlug ein Bein über das andere.
Darauf stützte ich den Ellenbogen.
Ich hatte in meine Hand geschmiegt
das Kinn und meine eine Wange.
So erwog ich in aller Eindringlichkeit,
wie man auf dieser Welt zu leben habe.
Keinen Rat wusste ich zu geben,
wie man drei Dinge erwerben könne,
ohne dass eines von ihnen verloren ginge.
Zwei von ihnen sind Ehre und Besitz,
die einander oft Abbruch tun;
das dritte ist die Gnade Gottes,
weit höher geltend als die beiden andern.
Die wünschte ich in *ein* Gefäß zu tun.
Aber zu unserm Leid kann das nicht sein,
dass Besitz und Ehre in der Welt
und dazu Gottes Gnade
zusammen in ein Herz kommen.
Weg und Steg ist ihnen verbaut,
Verrat lauert im Hinterhalt,
Gewalttat zieht auf der Straße,
Friede und Recht sind todwund:
bevor diese beiden nicht gesunden,
haben die Drei keine Sicherheit.

Walther von der Vogelweide

Aufbau des ersten Spruchs: Ich saz ûf eime steine

Z. 1–5: *Eingang:* Situation und Pose des Sinnenden
Z. 6–7: *Problem:* Das richtige Leben
Z. 8–15: *Wunsch:* Besitz, Ehre und Gottes Gnade zu verbinden
Z. 16–19: *Wirklichkeit:* Die drei Güter sind nicht zu vereinen.
Z. 20–23: *Gründe:* Hindernisse, Verrat und Gewalttat
Z. 24: *Ergebnis:* Friede und Recht sind Voraussetzungen der Wunscherfüllung.

[1] Der Spruch ist an Kaiser Friedrich II. von Hohenstaufen (1212–1250) gerichtet; er war der Neffe König Philipps (1198–1208) und Enkel Friedrich Barbarossas (1152–1190). (Die angegebenen Daten bezeichnen jeweils die Regierungszeiten als Könige.)

2. Fertigen Sie in Partnerarbeit zum zweiten und dritten Spruch (b und c) eine Übersetzung.

b) Ich hôrte ein wazzer diezen[1]
und sach die vische fliezen,
ich sach swaz[2] in der welte was,
velt walt loup rôr unde gras.
swaz kriuchet unde fliuget
und bein zer erde biuget,
daz sach ich, unde sage iu daz:
der keinez lebet âne haz.
daz wilt und daz gewürme
die strîtent starke stürme,[3]
sam[4] tuont die vogel under in;
wan daz[5] si habent einen sin:[6]
si dûhten[7] sich ze nihte,
si enschüefen[8] starc gerihte.
si kiesent[9] künege unde reht,
si setzent hêrren unde kneht.
sô wê dir, tiuschiu zunge,
wie stêt dîn ordenunge!
daz nû diu mugge[10] ir künec hât,
und daz dîn êre alsô zergât.
bekêrâ dich, bekêre.
die cirkel[11] sint ze hêre,
die armen künege[12] dringent dich:
Philippe setze den weisen ûf,
und heiz si treten hinder sich.

c) Ich sach mit mînen ougen
manne und wîbe tougen,[13]
daz ich gehôrte und gesach
swaz iemen[14] tet, swaz iemen sprach.
ze Rôme hôrte ich liegen[15]
und zwêne künege triegen.[16]
dâ von huop sich der meiste strît
der ê was oder iemer sît,
dô sich begunden zweien
die pfaffen unde leien.
daz was ein nôt vor aller nôt:
lîp unde sêle lac dâ tôt.
die pfaffen striten sêre,
doch wart der leien mêre.
diu swert diu leiten si dernider,
und griffen zuo der stôle[17] wider:
si bienen[18] die si wolten,
und niht den si solten.
dô stôrte man diu goteshûs.
ich hôrte verre in einer klûs
vil michel[19] ungebaere:[20]
dâ weinte ein klôsenaere;
er klagete gote sîniu leit:
‚owê der bâbest ist ze junc:
hilf, hêrre, dîner kristenheit‘.

Walthers Reichston

Walther ist der eigentliche Schöpfer des durchkomponierten und als Lied vorgetragenen Sangspruches. *Dôn* bezeichnet die mit dem rhythmisch-metrischen Strophenbau des Spruchs unmittelbar zusammenhängende Singweise, Melodie (= wîse). Strophenbau, Reimordnung und Melodie wurden immer neu variiert; jeder Dichter hatte seine eigenen „döne“, die von keinem anderen übernommen werden durften und die er auch selbst nur in demselben thematischen Zusammenhang benützte, so dass sich die Strophen eines dôns zu einem Ganzen zusammenfügen. Walthers Töne wurden in Zusammenhang gebracht mit Strophen im Dienste bestimmter Fürsten und nach ihnen benannt. Bei Walther werden 15 „döne“ unterschieden.
Bei viertaktigen Versen beginnt jeder Takt mit einer betonten Silbe und besteht aus zwei Silben. Mögliche Formen:

Zeile 1:
x| x́ x | x́ x | –́ | x́ ∧||
Zeile 2:
x| x́ x | x́ x | –́ | x́ ∧||
Zeile 3:
x| x́ x | x́ x | x́ x | x́ x||
Zeile 11:
x| x́ x | x́ x | x́ x | x́ ∧||
Noch möglich:
∧| x́ v v | v v x | x́ x | x́ x||

/ Hauptakzent; \ Nebenakzent; – lange Silben; v Senkung; ∧ unvollständig

Der letzte Vers ist immer doppelt, eine ‚germanische Langzeile‘ mit 8 Takten. In der germanischen Metrik gilt das Prinzip der freien Füllung, d.h., es gibt keine strenge Alternation von Hebung und Senkung.

Übersetzung/Übertragung

Die Übersetzung ist die Wiedergabe eines Textes in einer anderen Sprache. Dabei wird oft unterschieden zwischen
– einer **Übersetzung**, die sich möglichst wortgetreu ans Original anschließt;
– einer **Übertragung**, die eine freiere sinnbetonte Wiedergabe anstrebt unter voller Berücksichtigung der semantischen und stilistischen Eigentümlichkeiten der Zielsprache;
– einer **Nachdichtung**, die eine formbedachte und gehaltkonforme Nachschöpfung darstellt.
Jeder Übersetzer muss sich entscheiden, ob dem Leser ein Text inhaltlich nahegebracht oder ob der Leser zum Urtext hingeführt werden soll. Die Schwierigkeit des Übersetzens liegt begründet
– in dem Problem, die verschiedenen Bedeutungsebenen eines Textes in eine andere Sprache übertragen zu können (semantische Diskrepanz);
– in der Verschiedenartigkeit des Bedeutungsfeldes von Wörtern in verschiedenen Sprachen;
– in den unterschiedlichen grammatischen und stilistischen Strukturen;
– im Fehlen passender Wörter in der anderen Sprache.
Als Grundregel des Übersetzens kann gelten: Nicht aus dem Wort, sondern aus dem Sinn heraus sollte man übersetzen.

[1] diezen: rauschen
[2] swaz: was immer
[3] stürme: Kämpfe
[4] sam: ebenso
[5] wan daz: gleichwohl
[6] sin: Verstand; Weisheit
[7] duhten: von duhen: drücken
[8] en: Vorsilbe: bedeutet ‚es sei denn‘
[9] kiesen: wählen
[10] mugge: Mücke, hier: Biene
[11] cirkel: sind die runden Königsreife
[12] armen künege: Bezeichnung für die ausländischen Könige
[13] tougen = Geheimnis, Heimlichkeit
[14] iemen = was immer einer
[15] liegen = lügen, belügen
[16] triegen = betrügen
[17] stole = Stola
[18] bienen = von bannen: in den Bann tun
[19] michel = groß
[20] ungebaere = Wehklagen

5 Hubert Schrade: Die romanische Malerei (Auszug)

[...]

Der Zeichner gibt eine Architektur wieder, deren zugrunde liegende Raumvorstellung freilich schwer zu bestimmen ist. Seitlich wird der Bau von hohen Türmen eingefasst, in deren Toren Männer erscheinen, links, wie aus der Inschrift hervorgeht, der Prophet Jesaja, der mit einer Gebärde des Schmerzes sagt: „Lavamini, mundi estote! Waschet euch! Rein sollt ihr sein!“ Der Gekrönte in dem rechten Turm ist David. Er ruft: „Introite portas eius in confessione: Tretet ein in seine Tore zum Bekenntnis!“ (Psalm 99,4).

Zwischen den Türmen ziehen sich Mauern hin und teilen die Flächen in zwei Zonen, die übereinander erscheinen, aber wohl hintereinander vorzustellen sind. In der oberen Zone thront, durch ein Ciborium kultbildhaft herausgehoben, die gekrönte Ecclesia[1]. Sie hat beide Hände wie betend erhoben. Links und rechts von ihr sitzen auf tieferer Ebene Geistliche und Mönche aller Grade, von den Päpsten angefangen. Den Vorsitz führt links Petrus, rechts Paulus. In der unteren Zone ist eine Gruppe, die unter einem Arkadenbogen unmittelbar unter der Ecclesia sitzt, als adulescentulae[2] herausgehoben, während links Laien aller Stände mit dem König an der Spitze, rechts Eremiten sitzen. Oberhalb der Ecclesia, auf dem „Dach“ der Architektur, sieht man Engel und Teufel im Kampf miteinander, gegen die vier Ecken des Baus hin Medaillons mit den Evangelistensymbolen. Doch nicht die Evangelisten, sondern David, Jesaja, Jeremia und Hesekiel sind den Symbolen zugeordnet. [...]

Die ganze Architektur soll gewiss die Gottesstadt darstellen, die zugleich irdisch und himmlisch vorzustellen ist, wobei aber das Irdische bestimmender gewesen sein möchte als das Himmlische. Denn sowohl der Kampf der Engel mit den Teufeln wie die klagende Gestalt des Jesaja, die aufrufende Davids sind eigentlich nur im Hinblick auf die Bedrohungen der irdischen Kirche zu verstehen. [...] (v 1963)

a

Herrad von Landsberg, Hortus Deliciarum

b

Kaiser Otto III., aus dem Evangeliar des Kaisers

[1] Ecclesia: Kirche des Neuen Testaments
[2] adulescentulae: junge Männer

Weltsicht des hohen Mittelalters, ca. 1170–1270

In der frühmhd. Zeit ab 1050 bestimmte die Erfahrung der Spannung zwischen der Welt und Gott das Bewusstsein der Menschen: Sie wandten sich von der diesseitigen Welt ab, richteten ihr Augenmerk auf das Jenseits und sahen das Leben als eine Vorbereitung auf den Tod: Dies drücken viele Heils- und Bußdichtungen aus, z. B. in Predigten, Marienlieder und Legenden.
In der höfischen Kultur des hohen Mittelalters setzte sich eine neue Einstellung und Bewertung des Diesseits durch: Der Mensch habe die autonome Aufgabe, die Welt und das menschliche Dasein zu erfassen. Diese neue Auffassung von Humanität bestimmten zwei zentrale Wesensmerkmale: Alle moralischen Forderungen werden als Ausdruck eines diesseitsorientierten autonomen Menschen mit seiner sittlichen Orientierungskraft verstanden. Dennoch bleibt die zentrale Frage bestehen, wie man Gott und der Welt gefallen könne und wie beide zu versöhnen seien. Das höfische Denken war geprägt von einer Rangordnung der Güter, die auch Gedanken der Antike mit enthielt.

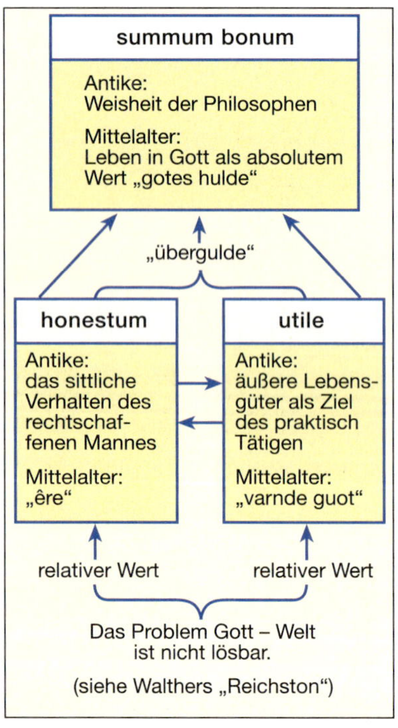

c

Kaiser Friedrich Barbarossa mit seinen Söhnen, König Heinrich und Herzog Friedrich. Miniatur aus der Welfenchronik im Kloster Weingarten, 1179-1191

d

Kaiserfigur. Glasfenster vom romanischen Dom in Straßburg, um 1200

e

Ludwig der Heilige mit seiner Gemahlin Margarethe von der Provence, Plastik eines Straßburger Meisters aus Eichenholz, Ende des 13. oder Anfang des 14. Jahrhunderts

f

Das auf der Insel Reichenau gemalte Evangelienbuch Heinrichs II. (1002–1024) gibt beispielhaft die kaiserliche Herrschaftsauffassung wieder: Vom thronenden Christus wird dem Herrscherpaar Heinrich und Kunigunde die Macht über den Weltkreis verliehen, darunter huldigen Roma, Gallia und Germania den Gekrönten.

g

Chauvigny (Poitou): Die Zwiespältigkeit des Menschen

3. Beschreiben und deuten Sie arbeitsteilig die Bilder a–h (S. 103ff.) sowie „Gott als Baumeister" (S. 84).

4. Interpretieren Sie Walthers ersten Spruch im „Reichston" (S. 101), indem Sie die Informationen dieser Teilsequenz einbeziehen und auf Parallelen zu den Bildern eingehen.

h

Chauvigny (Poitou): Hl. Michael mit der Seelenwaage, rechts der Teufel

In projektorientiertem Unterricht oder als **Projekt** (mit Bildender Kunst, Geschichte oder Religion) könnten Sie - auf der Grundlage der Text- und Bildinformationen dieses Kapitels – mit modernen Mitteln (z.B. als Plakat, Text-Bild-Collage, Dia-Reihe) einen Aufruf gestalten, in dem die Anforderungen an die weltlichen und geistlichen Inhaber der Macht wirkungsvoll dargestellt sind.

6 Joachim Bumke: Das Herrscherideal des Mittelalters (Auszug)

[...]

Im Mittelpunkt des traditionellen Herrscherbildes stand der Gedanke, dass Gerechtigkeit *(iustitia)* und Friedenswahrung *(pax)* die vornehmsten Pflichten des Herrschers seien. Das Ideal des „gerechten und friedenstiftenden Königs" *(rex iustus et pacificus)*, das sich sowohl auf Cicero als auch auf Augustinus berufen konnte, ist auch die Grundlage des höfischen Herrscherbildes geworden. Ebenso bedeutsam wie die begriffliche Koppelung von *pax* und *iustitia* war die Verbindung von *iustitia* und *pietas*, die aus antiken Quellen stammte und in den Krönungsordines des hohen Mittelalters begegnet, wo dem Herrscher „die Krone der Gerechtigkeit und Frömmigkeit" *(corona iustitiae et pietatis)* verheißen wurde. *Pietas* bedeutet in diesem Zusammenhang auch Gnade und Barmherzigkeit, schloss den Schutz der Kirche ein und das richtige Verhalten zu Gott. Im mittelalterlichen Bild vom guten Herrscher sind antike und christliche Vorstellungen und Formulierungen zusammengetroffen. [...]

Für das höfische Herrscherbild ist noch ein anderer Aspekt der antiken Herrscherverherrlichung wichtig geworden: der „Glanz des Herrschers" *(splendor imperii)*, in dem seine „Tugend" *(virtus)* und sein „Heil" *(charisma)* offenbar wurden. Konkrete Gestalt gewann der Herrscherglanz im Nimbus des Kaisers und in seiner Krone. Im prunkvollen Auftreten bezeugte sich die „Majestät" *(maiestas)* des Herrschers, seine Erhabenheit und seine „Hoheit" *(magnificentia)*. [...]

(v 1986)

Die Reichskrone, wohl 962 für Otto d. Gr.
Mehr als ein schriftliches Dokument sagt die Reichskrone über die Stellung des christlichen Herrschers aus: König von Gottes Gnaden.
Dargestellt sind: Christus und alttestamentliche Könige und Propheten als Garanten und Vorbilder des Herrschens. Zitate aus der Bibel legitimieren die Herrschaft des christlichen Königs als von Gott beauftragt.

II. Die Sprachen des Mittelalters

Der Plural ist für die Sprachverhältnisse des Mittelalters in ganz besonderer Weise angebracht: Denn um 1200 gab es einerseits eine lateinische Mönchs- und Gelehrtensprache, andererseits zahlreiche Dialekte der Stammeslandschaften sowie den Beginn einer überregionalen Dichtersprache. Das Streben nach Einheitlichkeit einer literarischen „Gemeinsprache" wurde dadurch bedingt, dass die ritterliche Literatur Gesellschaftsdichtung war und an fürstlichen Höfen vorgetragen wurde. Weil diese „Gemeinsprache" vor allem vom staufischen Herrscherhaus gefördert wurde, weist diese Literatursprache – neben dem persönlichen Stil des jeweiligen Dichters – vor allem alemannisch-fränkische Züge auf.

1. Quellen der Hochsprache? – Mundarten früher und heute

Auch die heutige Schriftsprache ist dauernd Veränderungen unterworfen, die u.a. von Dialekten, „Moden" der Umgangssprache und des Jargons sowie mehr und mehr von Tendenzen moderner Medien ausgehen. Aber während die Veränderungen der gegenwärtigen Hochsprache für den Zeitgenossen nicht so deutlich zu beobachten sind, zeigen frühere und aktuelle Dialekte besonders auffällige Unterschiede, die auch viel über die Geschichtlichkeit der Sprache insgesamt aussagen, wie die folgenden Beispiele belegen.

L Die **Epoche** (< gr. epoche = Haltepunkt, Zeitpunkt eines bedeutsamen Ereignisses) bezeichnet heute einen besonders geprägten historischen *Zeitraum* in der politischen Geschichte, der Literatur- und Kunstgeschichte oder auch allgemein eine Periode i. S. von *Zeitalter*.
Epochenbegriffe sind nützliche Hilfsmittel zur besseren Orientierung in der Geschichte der Literatur. Sie müssen aber immer auch mit kritischem Blick gesehen werden: Sie sollen ordnen und haben dadurch zwangsläufig die Tendenz, Verschiedenartiges zusammenzufassen und dadurch Verschiedenartigkeit zurückzudrängen zugunsten von Einheitlichkeit. Es ist aber gerade ein Hauptmerkmal literarischer Kunstwerke, anders zu sein, etwas Neues zu vermitteln. Der Epochenbegriff trifft exakt lediglich auf eine eher kleine Anzahl von Texten zu, die Schnittmenge, an der Typisches augenfällig ist. Wahrgenommen werden sollte aber immer auch das, was anders ist.

1 Johann Lauremberg (1590–1658): Von alemodischer Poesie und Rimen

Wat kann man bringen her vör Argument und Gründe,
dormit jemand van juw richtig bewisen kunde
de Mening, dat van der hochdüdschen Sprake mehr
als van unser nedderdüdschen to holden wer?
Unse Sprake blifft altit bestendig und vest,
als se ersten was, even so is se ok lest.
Juwe verendert sick alle vöfftig Jahr,
dat könen de Schriften bewisen klar.
Wille gi mi nicht gelöven, so möge gi upsöken,
wat geschreven und gedrücket is in olden Böken.
Einer kann mit goter Möi kum dre Regen lesen
van der Sprak, de domals is im Gebruk gewesen.
Se is so lappisch und so verbrüdisch,
dat men schier nicht weet, of it Welsch is edder Düdisch.
So bunt is se und so vernaten,
als wenn se in eine nie Form were gegaten.
Ja, se is so jammerlick verworen,
als were se gewest bim Babylonschen Toren
Men de Sprake in ganz Nedder Sachsen Land
blifft unverrückt und hefft Bestand,
dat werd geredt van altomalen
in Meckelnborg, Pommern und Westfalen,
in den andern Landschoppen desgeliken,
einerlei Sprake, darvon se nicht wiken.

(Mecklenburgisch, 1652)

2 Sebastian Blau (1901–1986): Dr Bahwärter

Mittle' zwische' zwua Statione',
Holderbüsch ond Stangebohne'
stoht am Bahdamm uf em Roa'
zmol e Häusle, wenzig kloa'.

Kender gompet a' me' Bronne',
Henne' pfludret uf em Hof,
uf dr Stapfel voler Schlof
leit e Hond ond loht se sonne'.
Hentrem Haus am Gaatezau'
hanget Wäsch zom trückne'-lao',
ond am Roale übrem Gloas
graset aoscheniert e Goaß.
Neabem Schlagboom stoht e Ma'
mit re' Schildkapp ond re' Fah'.
Bhäb, es gheit en schiergär om,
feagt es Zügle vor em nom.
Aber aih ma' gsieht ond guckt,
hot en schao' dr Rauch verschluckt,
ond vom ganze' Bahwarthaus
gucket grad noh's Dächle raus.

(Schwäbisch, e 1934)

1. a) Erarbeiten Sie in Gruppen einen angemessenen Vortrag der Texte 1–5.
b) Notieren Sie Schwierigkeiten der Rezitation und Anklänge der Texte an das Mittelhochdeutsche.

2. a) Wählen Sie in Partnerarbeit ein Gedicht aus, das Ihrer Mundart nahesteht, und übertragen Sie den Text ins Hochdeutsche.
b) Erklären Sie die sprachlichen Besonderheiten Ihres Beispiels
– im Lautbestand (phonetische Ebene),
– im Wortbestand (lexikalische Ebene),
– im Satzbau (syntaktische Ebene),
– und in den Bedeutungen (semantische Ebene).

3. a) Halten Sie im tabellarischen Vergleich Unterschiede zwischen den Dialekten fest und ordnen Sie diese den Sprachräumen der Mundartenkarte (Text 6) zu.
b) Beschreiben Sie nach Text 6 den Verlauf der Grenzlinie zwischen der hoch- und niederdeutschen Sprachlandschaft.

3 Heinz G. Huber (*1952): deheim

de wä
verwurstelt-di widder
zwische de hiiser
d fensterläde
winke-di
vorbei

dorfträtsche
schäbere
us de winkel
burscht rawoose
in de heef
e kueh
maucht dezwische

ich bolier
mini maske uf
stell s muul
uf schwetze durch
ich lang-mer
vum kirchdurm
e scher

schnäfl-mer
e blaus stick
himmel us
un bäbbs-mer
an de kopf

dann bini
deheim

(Alemannisch, v 1979)

4 Lothar Kleinlein (*1940): a rouh mou sai

ba mir barrierder
des konni ihner sohng
ba mir barrierder

dou gräings glai wos glanns
däi junger dinger
kaum dass aus der scholl sänn
abber näddermohl fārdi wärns
mid ihre bankerdn
a suwos koh nou di ganze
hausgemainschafd
durcherernanderbringer

ba uns hodds suwos ned gehm
mir homm unsere kinder ah groußzuhng
und ohnschdändi sänns worn
mir wissdn scho a rezebbd fir dehn:
a jehdsmohler mordsdrumm schelln
und wenner frouchd worum
glai nummohl anne

(Nürnberger Fränkisch, v 1979)

5 Helmut Debus (*1949): Vun disse Tiet

Kumm rin un gah sitten,
kumm an miene Siet,
denn vertellt wi us wat
vun disse Tiet.
Vun de, de sik afplackt
un de Sünn wenig schient.
Un vun de in eer Palasten,
de Profit maakt un grient.

Wi snackt vun us Land,
so gröön un so platt.
Use Lüüd, use Stroom,
vun dit un dat.
Wi snackt öwer Frieheit
un röögt use Hänn.
Denn eenmal is ok
use Angst to Enn.

Wi hebbt usen Droom,
full Lengen un Moot.
Dicht achter de Wulken,
de Morgen is root.
Riet dien Muul up, Minsch,
wees nich so sacht.
Dat is dat Enn
vun een lange Nacht.

De Minsch is den Minschen
dann keen Fiend mehr.
Keeneen böögt den annern
sien Nacken to Eer.
Un dat wat wi arbeit'
hört us alltosamen.
Jedeen hett sien Fräden
un seker Utkamen.

(Oldenburgisches Nordniedersächsisch, v 1979)

Der **Dialekt** (< gr. dialektos = Sprache, Gespräch) oder die **Mundart** ist die nach Lautung und Wortschatz unterschiedlich geprägte Regionalsprache. Sog. *Schriftmundarten* sind Vorstufen einer einheitlichen Schriftsprache. Die *Umgangssprache* ist i.d.R. stark mundartlich gefärbt. Neben der Sprache einer Gruppe, dem *Soziolekt*, ist der *Idiolekt* die jeweils spezifische Sprache eines Individuums. Von *Sprachbarrieren* spricht man, wenn das Sprachvermögen von Gesprächspartnern so unterschiedlich ist, dass die Kommunikation beeinträchtigt ist.

„Des is ganz einwandfrei a Blattl von Eahna.."

Zählung innerhalb der Texte nach Zeilen

Text 1: [2]juw(e): Euch, Eure [9]gi: ihr; gelöven: glauben; upsöken: aufsuchen [11]Möi: Mühe; Regen: Reihen [13]verbrüdisch: verdorben [15]vernaten: durch Nässe verdorben [16]gegaten: gegossen

Text 2: [3]Roa: Rain [4]kloa: klein [5]gompet: pumpen [6]pfludret: plustern sich auf [7]Stapfel: Treppe [11]Roale: kleiner Rain [12]aoscheniert: ohne sich Gedanken zu machen; gerade so [15]bhäb: genau, geizig; gheit: wirft, schmeißt; schiergär: beinahe

Text 3: [1]wä: Weg [8]schäbere: laut reden [10]burscht: Kinder; rawoose: herumtollen [13]maucht: (hier:) muht [21]schnäfle: mit der Schere herumschneiden

Text 4: rouh: Ruhe [1]barrierder: würde er gehorchen (parieren) [4]gräings: kriegen sie; wos glanns: was Kleines [6]scholl: Schule [12]gehm: geben [16]mordsdrumm schelln: Mordsohrfeige

Text 5: [3]wi vertellt: wir erzählen [5]sik afplackt: sich abplagen [14]röögt use Hänn: rühren unsere Hände [18]Lengen: Sehnsucht; Moot: Mut

6 Die deutschen Mundarten um 1900 nach der traditionellen Einteilung

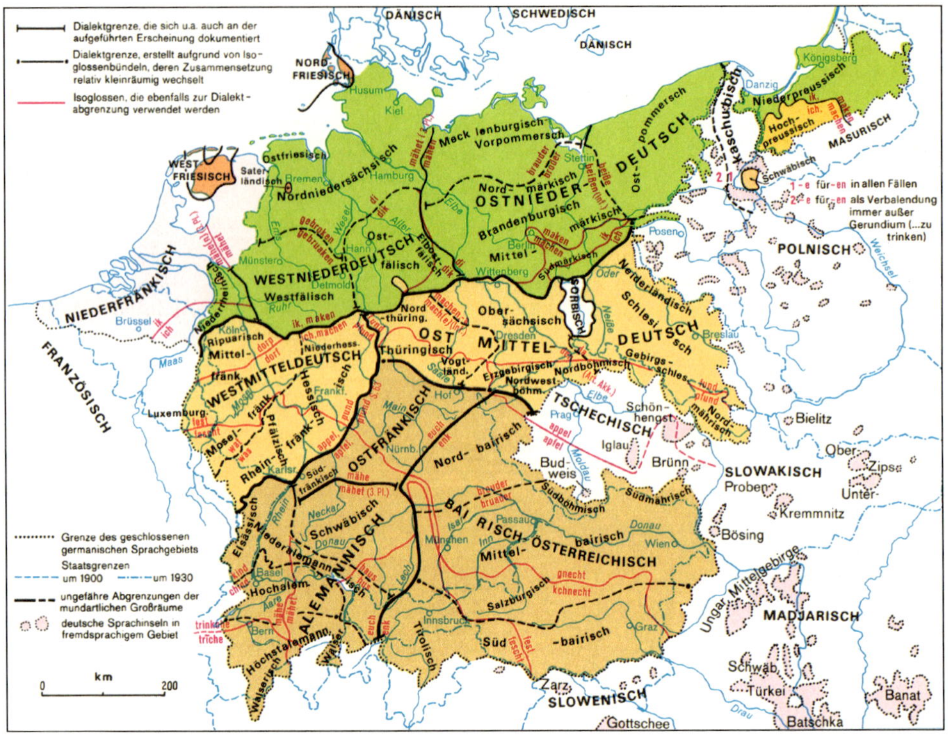

7 Die sprachliche Herkunft des Deutschen und seine Dialektaufteilung im Mittelalter

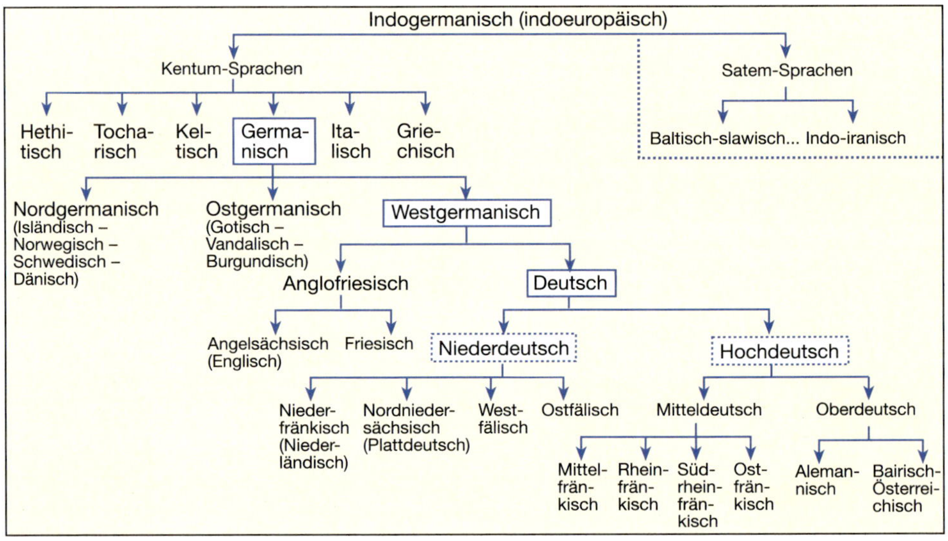

2. Die Vorgeschichte der deutschen Sprache – Die indoeuropäische Sprachenfamilie (1./2. Jahrtausend v. Chr.)

In einem kurzen Abriss sollen die Entwicklungsphasen der deutschen Sprache dargestellt werden, damit die sprachlichen Bedingungen der mittelalterlichen Literatur deutlich und die ersten Phasen der Entstehung unserer neuhochdeutschen Sprache verständlich werden.
Unsere Sprache ist uns erst seit dem Ende des 8. Jahrhunderts schriftlich überliefert; über ihre frühere Form konnten Sprachwissenschaftler Aussagen machen durch einen Vergleich mit verwandten Sprachen. Sie gehört zu den germanischen Sprachen und diese wiederum sind der *indo-europäischen Sprachenfamilie* zuzurechnen. Nach Lautbestand, Formenbau und Wortschatz sind z.B. verwandt die indische, persische, keltische, griechische, lateinische Sprache und die slawischen Sprachen.

1 Die erste (germanische) Lautverschiebung

altindisch	*griechisch*	*lateinisch*	*gotisch*	*englisch*	*neuhochdeutsch*
pitár	patér	pater	fadar	father	Vater
bhratar	phrator	frater	brothar	brother	Bruder
tráyas	treis	tres	threis	three	drei
asti	esti	est	ist	is	ist
veda	(w)oida	vidi	wait	wit	(ich) weiß
dasa	deka	decem	taihun	ten	zehn
bharami	phero	fero	baira	bear	(ge)bäre/Bahre

Die germanischen Sprachen veränderten sich im 1. Jahrtausend v. Chr. durch folgende Entwicklungen:

a) Der *Wortakzent* wurde fest auf die *Stammsilbe* gelegt.
Z.B. patér (gr.) = Váter (dt.)
laudáre (lat.) = lóben (dt.)
laudémus = wir mögen lóben
láuda = lóbe
laudabúntur = sie werden gelóbt werden

b) Im *Konsonantensystem* wurden die *Verschlusslaute* abgeändert. (1. oder germanische Lautverschiebung, um 300 v. Chr. abgeschlossen)

1. Die idg. stimmlosen Verschlusslaute **p, t, k** werden im Germanischen zu den stimmlosen Reibelauten **f, th** (wie engl. **th**ree), **h** (wie nhd. a**ch**). Beispiele:

griechisch	lateinisch	gotisch	ahd.	englisch	deutsch
patér	**p**ater	**f**adar	**f**ater	**f**ather	**V**ater
treis	**t**res	**th**reis	**d**ri	**th**ree	**d**rei
kardia	**c**or	**h**aírto	**h**erza	**h**eart	**H**erz

2. Die idg. stimmhaften, behauchten Verschlusslaute **bh** (gr. ph, lat. f), **dh** (gr. th, lat. f), **gh** (gr. kh, lat. h) werden im Germanischen zu den stimmhaften Reibe- (später meist Verschluss-)Lauten **b, d, g**. Beispiele:

griechisch	lateinisch	gotisch	ahd.	englisch	deutsch
phrátor	**f**rater	**b**rothar	**b**ruoder	**b**rother	**B**ruder
thýra	**f**ores	**d**aúr	**t**uri	**d**oor	nd. **D**ör (Tür)
khórtos	**h**ortus	**g**ards	**g**arto	**g**arden	**G**arten

3. Die idg. stimmhaften Verschlusslaute **b, d, g** werden im Germanischen zu den stimmlosen Verschlusslauten **p, t, k.** Beispiele:

griechisch	lateinisch	gotisch	ahd.	englisch	deutsch
tlýr**b**e	tur**b**a	thaúr**p**	dor**f**	thor**p**	nd. Dör**p** (Dorf)
déka	**d**ecem	**t**aíhun	**z**ehan	**t**en	nd. **t**ein (zehn)
góny	**g**enu	**k**niu	**k**niu	**k**nee	**K**nie

2 Die zweite (althochdeutsche) Lautverschiebung

Nach Abschluss der Völkerwanderung der germanischen Stämme setzte im 5. Jahrhundert n. Chr. bei den Langobarden in Norditalien die 2. oder *althochdeutsche Lautverschiebung* ein. Diese breitete sich in einem Zeitraum von 200 Jahren über die Alpen und den Donauraum bis nach Mitteldeutschland aus und verlor ihre Wirkung im norddeutschen Raum. Seit dieser Zeit gibt es zwei Sprachlandschaften: die *hochdeutsche*, welche die ober- und mitteldeutschen Mundarten umfasst, und die *niederdeutsche*. In der 2. Lautverschiebung änderten sich die Verschlusslaute p, t, k.

Erb-, Lehn- und Fremdwörter
Das **Erbwort** entstammt dem heimischen Sprachbereich. Erbwörter sind z.B. Lamm, Nacht, Bruder, Einöde oder Liebe. Das **Lehnwort** wurde aus einer fremden Sprache übernommen und hat sich in der Aussprache und/oder Schreibweise sowie Flexion der aufnehmenden Sprache angepasst, z.B. Mauer von lat. murus, Abt von lat. abbas.
Das **Fremdwort** wurde aus einer fremden Sprache übernommen und passte sich in Schreibung, Lautung und Flexion der aufnehmenden Sprache nicht an. Die Abgrenzung zwischen Fremd- und Lehnwort ist oft nicht eindeutig: Lehnwörter waren ursprünglich Fremdwörter. Dasselbe Wort kann in einer Sprache als Fremd- und als Lehnwort auftreten, z.B. lat. „signare" im Deutschen als „signieren" (Fremdwort) und „segnen" (Lehnwort). Ursache für den Gebrauch von Fremdwörtern ist die Übernahme der durch sie bezeichneten Inhalte. An Fremdwörtern lassen sich kulturelle Strömungen ablesen, die einen bestimmten Sprachraum beeinflusst haben. So übernahm die ritterlich-höfische Gesellschaft in Deutschland zahlreiche Ausdrücke der ritterlich-höfischen Kultur in Frankreich.

1. a) Beschreiben Sie nach der Karte zur zweiten Lautverschiebung die Veränderung der Verschlusslaute in den verschiedenen Sprachräumen.
b) Überprüfen Sie, ob der Gebrauch der Verschlusslaute in den Dialektgedichten (S. 106f.) Ihren Einsichten entspricht.

2. Stellen Sie fest, welche germanischen Verschlusslaute folgenden Wörtern zugrunde liegen: Pflug, Pfeife, Wasser, Zunge, Kuchen, machen, Dorf, zehn, Schiff, reiten, trinken, reißen.

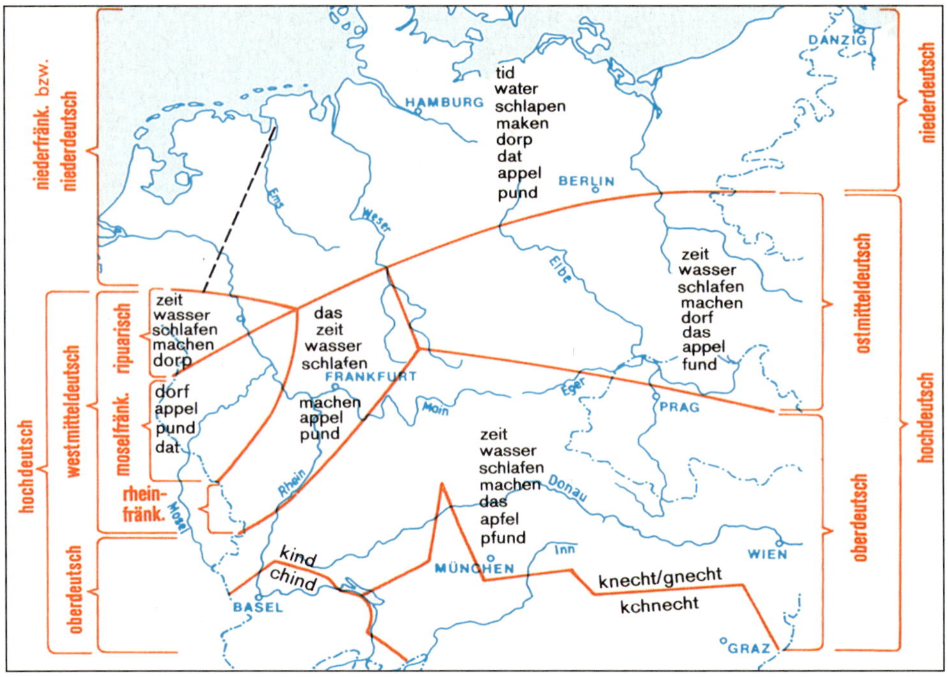

3. Die Sprachen des frühen Mittelalters – Das Althochdeutsche (600–1050)

Bezeichnen die Attribute *hoch-* und *niederdeutsch* Sprachlandschaften, so werden die Epochen der hochdeutschen Sprachgeschichte mit den Begriffen *althochdeutsch* (= ahd., 600–1050 n. Chr.), *mittelhochdeutsch* (= mhd., 1100–1400 n. Chr.) und von etwa 1500 an mit *neuhochdeutsch* (= nhd.) bezeichnet.

1 Die Vorherrschaft des Lateinischen

Als überregionale Sprache behält das Latein bis ins 11. Jahrhundert hinein in der Literatur seine führende Stellung und wurde erst im 13. Jh. die Sprache der Wissenschaft. Die bedeutenden Klöster in Fulda, Mainz, St. Gallen, Weißenburg und auf der Reichenau, die Bistümer Trier, Köln, Regensburg, Salzburg, Würzburg und Bamberg pflegten in Schreibschulen die lateinische Sprache und begannen Übersetzungen aus der Bibel anzufertigen in der *althochdeutschen Mundart* der Landschaft, in der das Kloster lag. Diese Tätigkeit diente der Missionierung des einfachen Volkes. Die ‚Volkssprache' (abgeleitet von ‚lingua theodisca'; ‚theodisk' bedeutet ‚zum Volk gehörend', ‚fränkisch' im Gegensatz zum Latein der Gelehrten) trat nur langsam in sog. Wort-für-Wort-Übersetzungen (Interlinearversionen), dann in freieren Übertragungen in Erscheinung: etwa in Psalmen, Hymnen, Segenssprüchen, liturgischen Gesängen und Evangelienbüchern. In den bisher heidnisch orientierten deutschen Volkssprachen musste ein neuer Wortschatz für die religiösen Aussagen des Christentums gefunden werden. Dafür gab es verschiedene Möglichkeiten:

1. Die *Übernahme* des Wortes aus der fremden Sprache (*Lehnwort*)
z.B.: claustrum = Kloster
monasterium = Münster
crux = Kreuz
scribere = schreiben

2. Eine *Neubildung* aus eigenem Sprachgut nach dem fremden Vorbild (*Lehnwort-Bildung*)
z.B.: communio = Gemeinde
iunior = Jünger
beneficium = Wohltat

3. Durch den *Einfluss einer fremden Sprache* erfährt ein Wort der eigenen Sprache einen Bedeutungswandel (*Lehnbedeutung*)
z.B.: ahd. riuwa = Schmerz, Trauer erhält die christliche Bedeutung „Reue" für lat. contritio
ahd. bijiht = Geständnis wird zur „Beichte" durch lat. confessio

Die Mönche legten für ihre Übersetzungstätigkeit lateinisch-deutsche Wortlisten, sog. **Glossen** an. Es gibt
– *Kontextglossen*, die in den lateinischen Text eingefügt wurden;
– *Interlinearglossen* mit deutscher Übersetzung zwischen den Zeilen;
– *Marginalglossen*: Die deutschen Wörter wurden an den Rand geschrieben.
– Der *Abrogans* als Synonymenlexikon: Neben dem lateinischen Wort steht die Verdeutschung. Z.B.: abrogans: dheomadi (nhd. demütig)

Das **Wessobrunner Gebet** steht in einer Handschrift, die zu Beginn des 9. Jahrhunderts im Kloster Wessobrunn in Oberbayern verfasst worden ist. Dieses unvollständige Gedicht in bayrischer Mundart mit Stabreimen wird mit seinem ersten Teil noch dem heidnisch-germanischen Kulturkreis zugeordnet, enthält jedoch eine christliche Weltbeschreibung und endet mit einem Gebet in Prosa um den rechten Glauben.
Das **Hildebrandslied** ist das einzige und älteste als Fragment erhaltene germanische Heldenlied, geschrieben in Langversen mit Stabreimen. Zwischen 818/820 wurde es von zwei Mönchen in Fulda (Hessen) auf der ersten und letzten Seite einer lateinischen Handschrift aufgeschrieben; davon sind 68 Verse erhalten. Der Schlussteil fehlt. Charakteristisch für den Stil der germanischen Heldendichtung sind die dialogischen Wechselreden.
Hildebrand, der Waffenmeister Dietrichs von Bern, kehrt aus der Verban-

Karl der Große (768–814) förderte die Christianisierung intensiv und ließ Übersetzungen für kirchliche Zwecke anfertigen. Aus Liebe zur fränkischen Sprache ließ er auch eine Sammlung fränkischer Heldenlieder anlegen und plante eine deutsche Grammatik. Hauptgegenstand der Literatur dieser frühen Zeit war also die christliche Lehre; deshalb wurde alles, was nicht ins christliche Weltbild der Mönche passte, nur zufällig überliefert. Es muss jedoch eine rein heidnisch-germanische, volkssprachliche Literatur gegeben haben. Sie lebte in der mündlichen Überlieferung weiter. Herausragendes Zeugnis ist das *Hildebrandslied*.

nung zurück und muss sich zum Zweikampf mit seinem Sohn Hadubrand stellen, der sich weigert, in ihm den Vater zu erkennen. Der Sohn fällt vermutlich im Zweikampf.
Dieser Zweikampf spielt sich vor dem geschichtlichen Hintergrund der Ostgotenherrschaft am Ende des 5. Jahrhunderts in Italien ab.

2 Frühe althochdeutsche Zeugnisse

a Der Abrogans

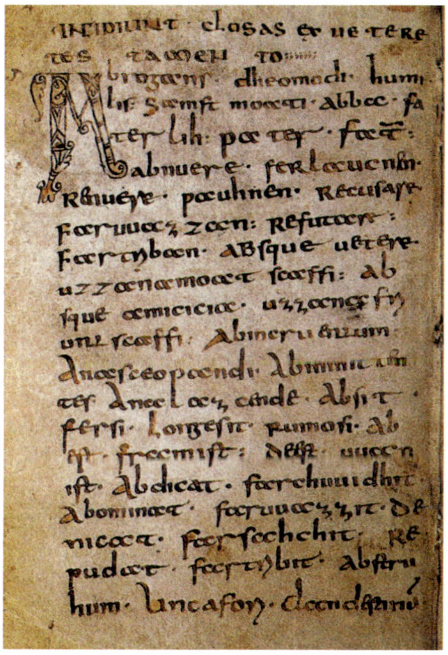

b Das Wessobrunner Gebet

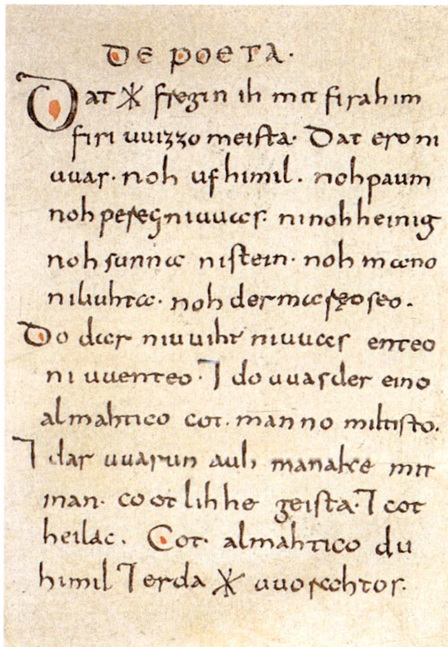

De poeta.
Dat ✱ fregin ih mit firahim
firi uuizzo meista. Dat ero ni
uuas. noh ufhimil. noh paum
noh pereg ni uuas. ni noh heinig
noh sunna ni stein. noh mano
ni liuhta. noh der mareoseo.
Do dar niuuiht ni uuas enteo
ni uuenteo. ⁊ do uuas der eino
almahtico cot. manno miltisto.
⁊ dar uuarun auh manake mit
man. coot lihhe geista. ⁊ cot
heilac. Cot almahtico du
himil ⁊ erda ✱ uuorahtos.

c Das Hildebrandslied

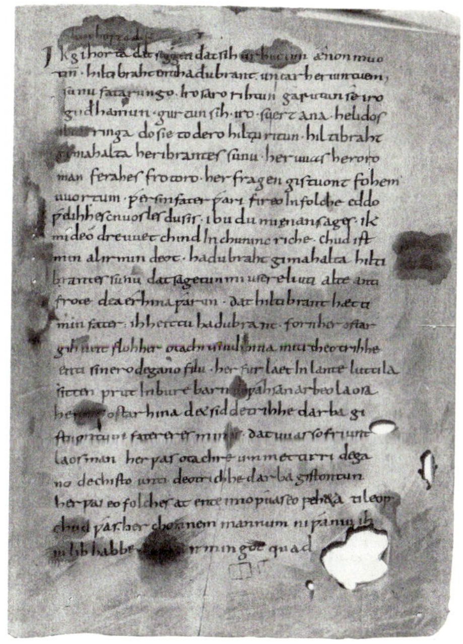

3 Der zweite Merseburger Zauberspruch

Phol ende Uuodan vuorun zi holza.
du uuart demo balderes volon sin vuoz birenkit.
thu biguol en Sinthgunt, Sunna era suister;
thu biguol en Friia, Volla era suister;
thu biguol en Uuodan, so he uuola conda:
sose benrenki, sose bluotrenki,
sose lidirenki:
ben zi bena, bluot zi bluoda,
lid zi geliden, sose gelimida sin!

(um 800)

Phol und Wodan ritten in den Wald.
Da ward dem Balders-Fohlen sein Fuß verrenkt.
Da beschwor (besprach) ihn Sinthgund (und) Sonne, ihre Schwester.
Da beschwor ihn Freia (und) Volla, ihre Schwester.
Da beschwor ihn Wodan, so wie er es gut konnte:
So es sei Knochenverrenkung, so es sei Blutverrenkung,
So es sei Gliedverrenkung:
Knochen zu Knochen, Blut zu Blut,
Glied zu Glied, als ob sie geleimt (?) seien.

Elfenbeintafel mit der Darstellung des Hl. Gregor am Schreibpult. Höhe 20,5 cm. Reichenau, Ende 10. Jahrhundert

1. Suchen Sie Gründe für die lange Vorherrschaft des Lateinischen.

2. Stellen Sie aus Text 4 Wortformen tabellarisch gegenüber, die im Althochdeutschen und im Neuhochdeutschen ähnlich bzw. unterschiedlich erscheinen.

ähnlich	unterschiedlich
fater – Vater …	quaeme – komme …

3. Skizzieren Sie, welche Schlussfolgerungen sich aus der Verteilung der Schreiborte (Text 5) ziehen lassen.

4 Das Vaterunser

Lateinisch (Vulgata)

Pater noster, qui es in caelis. Sanctificetur nomen tuum. Adveniat regnum tuum. Fiat voluntas tua, sicut in caelo et in terra. Panem nostrum supersubstantialem da nobis hodie. Et dimitte nobis debita nostra, sicut et nos dimittimus debitoribus nostris. Et ne nos inducas in tentationem. Sed libera nos a malo. Amen.

Althochdeutsch (Aus dem Weißenburger Katechismus, 9. Jh.)

Fater unsêr, thû in himilom bist, giuuîhit sî namo thîn. quaeme
Vater unser, (der) du in Himmeln bist, geweiht sei Name dein. Komme

rîchi thîn. uuerdhe uuilleo thîn, sama sô in himile endi in erthu.
Reich dein. Werde Wille dein, ebenso wie in Himmel auch auf Erden.

broot unseraz emezzîgaz gib uns hiutu. endi falâz uns sculdhi
Brot unseres beständiges gib uns heute. Und erlass uns Schulden

unsero, sama sô uuir farlâzzêm scolôm unserêm. endi ni gileidi
unsere, ebenso wie wir erlassen Schuldner unsern. Und nicht leite

unsih in costunga, auh arlôsi unsih fona ubile.
uns in Versuchung, sondern erlöse uns von Übel.

Mönch in der Schreibstube, mittelalterliche Buchmalerei

5 Die wichtigsten Schreiborte des Althochdeutschen

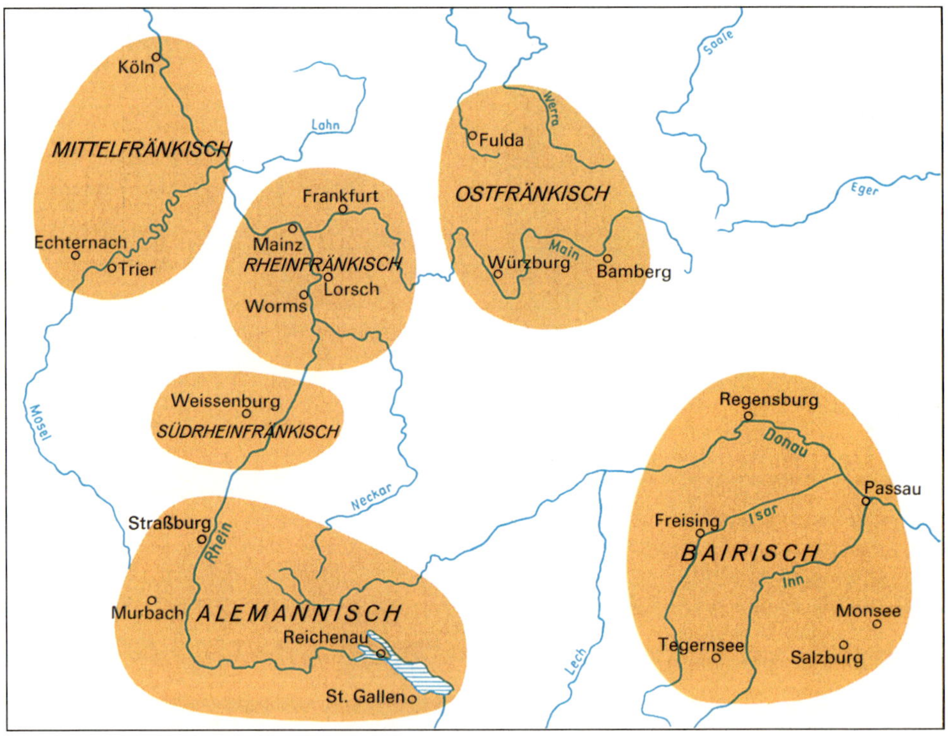

Der **Bedeutungswandel** in der Sprachentwicklung beruht auf einem kulturellen Wandel, wobei die folgenden Erscheinungen einzeln oder kombiniert auftreten können.
- *Bedeutungsverengung:*
z. B. mhd. miete = Belohnung; nhd. Mietzins
- *Bedeutungserweiterung:*
z. B. mhd. schalc = Knecht; nhd. Spaßvogel, Schelm
- *Bedeutungsverschlechterung:*
z. B. mhd. dirne = Jungfrau; nhd. Prostituierte
- *Bedeutungsverbesserung:*
z. B. mhd. marschalc = Pferdeknecht; nhd. Marschall = hoher Offizier

4. Die literarische „Gemeinsprache“ – Das Mittelhochdeutsche (1100 – 1400)

„Mittel“ grenzt das Alt- und Neuhochdeutsche zeitlich voneinander ab. Das Adjektiv „hoch“ bezeichnet keine Qualitätsstufe i.S. einer Schriftsprache, sondern meint den geographischen Raum im Süden.
In der Zeit der ritterlich-höfischen Kultur ab dem 12. Jahrhundert formten die großen Dichter in ihren Werken aus den verschiedenen Dialekten eine „höfische Dichtersprache“, die an allen großen Höfen verstanden werden konnte. Getragen vom politischen Zusammengehörigkeitsgefühl wurde der Sinn für die sprachliche Einheit gestärkt und die Mundarten lassen sich ab dem 11./12. Jahrhundert in dem Begriff „deutsche Sprache“ zusammenfassen.
Mit dem Ende der staufischen Herrschaft ab 1250 bilden sich in den einzelnen Regionen allmählich Schreibdialekte heraus, die von den Verwaltungszentren der großen Territorialherren geprägt wurden.

1 Der Vokalwandel

Zu Beginn des 12. Jahrhunderts trat bei der Bildung der Vokale ein Wandel ein:

a) Im mitteldeutschen Sprachgebiet wurden allmählich Wörter, deren Stammsilbe mit kurzem Vokal endete, gedehnt. Dieser Vorgang breitete sich in den hochdeutschen Sprachraum aus.

Z.B. trăgen = trāgen
nǎme = Nāme
flĕgen = pflēgen
liĕgen = liēgen
lĕben = lēben
} *Längung von Vokalen im Inlaut*

b) Von Österreich bis zum Rhein und bis nach Mitteldeutschland veränderten sich im 12. Jh. die langen Vokale î, û und iu und wurden zu Doppellauten (Diphthongen).

Z.B. mîn = mein
niuwes (als ü gesprochen) = neues
hûs = Haus
} sog. *nhd. Diphthongierung*

Dieser Wandel der langen Vokale zu Doppellauten konnte sich im alemannischen Sprachraum nicht durchsetzen.

c) In Mitteldeutschland setzte eine Gegenbewegung ein. Die mittelhochdeutschen Zwielaute ie, uo und üe wurden zu einfachen Selbstlauten (Monophthongen).

Z.B. liëbe = liebe
guote = gute
grüëze = Grüße
} sog. *nhd. Monophthongierung*

1. a) Übertragen Sie einen mittelhochdeutschen Text und ein Dialekt-Gedicht von heute ins Neuhochdeutsche.
b) Beschreiben und erklären Sie die Unterschiede im Gebrauch der Vokale.

2. Halten Sie fest, was die Texte 2 und 3 über die Entwicklung der frühneuhochdeutschen Schriftsprache aussagen.

3. a) Definieren Sie die Bedeutung der folgenden Wörter im Mittelhochdeutschen und Neuhochdeutschen: tugent, êre, wîp, frouwe, staete, milte, mâze, zuht, edel, gast, hohgezîte, hübesch, rîch.

Mdh. Wort	Bedeutung im Mhd.	Bedeutung im Nhd.

b) Erklären Sie die Veränderungen mit Begriffen des Bedeutungswandels.

2 Verbreitung der neuhochdeutschen Diphthongierung nach den schriftlichen Zeugnissen

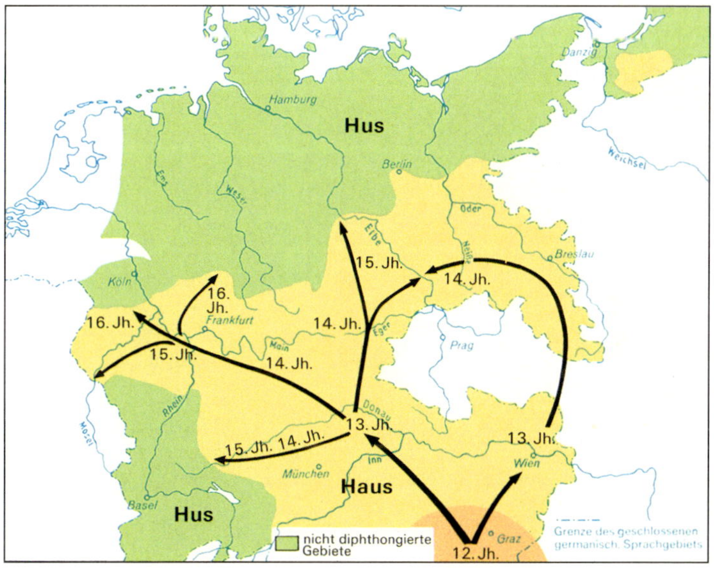

3 Geographisch-politisch-kulturelle Zentren „hochsprachlicher" Tendenzen in der deutschen Sprachgeschichte

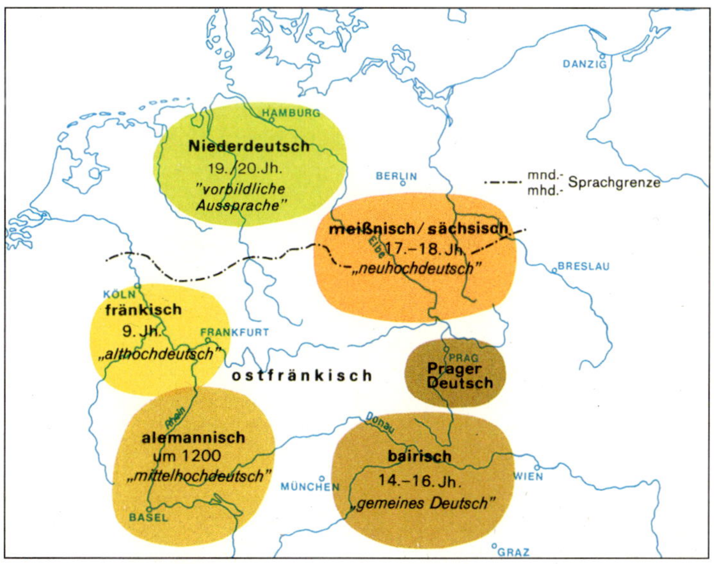

5. Der Weg zur deutschen „Einheitssprache“ (ab 1400) – Die Rolle Martin Luthers

Die Entwicklung einer deutschen „Einheits- oder Gemeinsprache“ bedurfte verschiedener Voraussetzungen: Die Erfindung des Buchdrucks (1455/56) durch Johannes Gutenberg (vor 1400–1468) machte Bücher und Flugschriften in großer Stückzahl relativ billig und breiten Bevölkerungsschichten zugänglich. Hinzu kam ein erwachendes Nationalgefühl in den deutschen Reichsteilen, das die Gelehrten des Spätmittelalters und der Renaissance (die Humanisten) durch die Hinwendung zur deutschen Geschichte unterstützten. Auch der zunehmende Handel zwischen den verschiedenen Reichsgebieten machte die Entwicklung einer allgemein verständlichen „Einheitssprache“ notwendig. Vor allem aber war es Martin Luther, der durch seine Bibelübersetzung einen unverwechselbaren Anteil an der Prägung der neuhochdeutschen Muttersprache hatte, die nicht dem Adel und Gelehrten vorbehalten war, sondern sich an den „gemeinen Christen“ wandte.

1 Martin Luther (1483–1546): Sendbrief vom Dolmetschen (Auszug)

Martin Luther (1483 in Eisleben geboren und dort 1546 gestorben) war Sohn eines Bergbaumeisters, der es zu Ansehen und Wohlstand gebracht hatte. Martin Luther besuchte die Lateinschule in Mansfeld, Magdeburg und Eisenach (eine rechte „Prügelschule“, so Luther); ab 1501 nahm er das Studium an der Universität in Erfurt auf, legte 1505 das Magisterexamen ab und begann ein Jura-Studium. 1505 änderte Luther sein Leben, ausgelöst durch das bedrohliche Erlebnis eines Blitzschlags; er trat in das Kloster der Augustiner-Eremiten ein, wurde 1507 zum Priester geweiht, hielt ab 1508 in Wittenberg und Erfurt philosophische und theologische Vorlesungen und wurde nach seiner Romreise (1510/11) dann 1525 Doktor und Professor der Theologie in Wittenberg. In den Jahren von 1512–1518 setzte sich Luther, geprägt von einem tiefen religiösen Erleben, intensiv mit den biblischen Schriften auseinander und gelangte zur theologischen Erkenntnis, dass der Mensch allein aus dem Glauben an die Gnade Gottes gerechtfertigt werde.
1517 begann Luther mit 95 Thesen den Kampf gegen Missstände in der Kirche und gegen den Papst. 1520/21 wurde er seiner Lehre wegen vom Papst gebannt und der Kaiser verhängte über ihn die Reichsacht. Kurfürst Friedrich von Sachsen entzog Luther dem kaiserlichen Zugriff und ließ ihn auf die Wartburg bringen. Dort begann er mit der Übersetzung des Neuen Testaments in die

Luther antwortete in diesem Brief auf die Einwände seiner Gegner, die die Art seiner Bibelübersetzung kritisiert hatten.

[...] Ich hab mich des geflissen ym dolmetzschen /[1] das ich rein vnd klar teutsch geben möchte. Vnd ist vns wol offt begegnet / das wir viertzehen tage / drey / vier Wochen haben ein einiges wort gesucht vnd gefragt / habens dennoch zu weilen nicht funden. Im Hiob erbeiten wir also / M. Philips / Aurogallus[2] vnd ich / das wir in vier tagen zu weilen kaum drey zeilen kundten fertigen. Lieber / nu es verdeutscht vñ bereit ist / kans ein yeder lesen vnd meistern / Laufft einer ytzt mit den augen durch drey vier bletter vnd stost nicht ein mal an / wird aber nicht gewar welche wacken vnd klötze da gelegen sind / da er ytzt vber hin gehet / wie vber ein gehoffelt bret / da wir haben müssen schwitzen vñ vns engsten / ehe den wir solche wacken vnd klotze aus dem wege reümeten / auff das man kundte so fein daher gehen [...] [...] man mus nicht die buchstaben inn der lateinischen sprachen fragen / wie man sol Deutsch reden / [...] sondern / man mus die mutter jhm hause / die kinder auff der gassen / den gemeinen man auff dem marckt drumb fragen / vñ den selbigen auff das maul sehen / wie sie reden / vnd darnach dolmetzschen / so verstehen sie es den / vñ mercken / das man Deutsch mit jn redet.

Als wenn Christus spricht / Ex abundantia cordis os loquitur. Wenn ich den Eseln soll folgen / die werden mir die buchstaben furlegen / vnd also dolmetzschen / Auß dem vberflus des hertzen redet der mund. Sage mir / Ist das deutsch geredt? Welcher deutscher verstehet solchs? Was is vberflus des hertzen fur ein ding? Das kan kein deutscher sagen / Er wolt denn sagen / es sey das einer allzu ein gros hertz habe / oder zu vil hertzes habe / wie wol das auch noch nicht recht ist / deñ vberflus des hertzen ist kein deutsch / so wenig / als das deutsch ist / Vberflus des hauses / vberflus des kacheloffens / vberflus der banck / sondern also redet die mutter ym haus vnd der gemeine man / Wes das hertz vol ist / des gehet der mund vber / das heist gut deutsch geredt / des ich mich geflissen, vnd leider nicht all wege erreicht noch troffen habe / Deñ die lateinischen buchstaben hindern aus der massen seer gut deutsch zu reden [...]

Doch habe ich widerumb nicht allzu frey die buchstaben lassen faren / Sondern mitgrossen sorgen sampt meinen gehülffen drauff gesehen / das wo etwa an einem ortgelegenn ist / hab ichs nach den buchstaben behalten / vnd bin nicht so frey davon gangen [...] Ich habe ehe wöllen der deutschen sprache abbrechen / denn von dem wort weichen. Ah es ist dolmetzschen ja nicht eines iglichen kunst / [...] / Es gehöret dazu ein recht / frum / trew / vleissig / forchtsam / Christlich / geleret / erfarn / geübet hertz. (v 1530)

[1] Die/das Virgel, die Virgeln: Seit dem 16. Jahrhundert Schrägstriche als Gliederungszeichen für Wortgruppen und Satzteile; gegen Ende des 17. Jahrhunderts verdrängten die Kommata die Virgeln.

[2] M. Philips Aurogalius: Übersetzer vor Martin Luther

2 Bibelübersetzungen des 23. Psalms (Auszug)

a) Vulgata, Psalm 23

Dominus regit me, et nihil mihi
deerit: in loco pascuae
ibi me collocavit. Super aquam
refectionis educavit me,
animam meam convertit. Deduxit
me super semitas iustitiae,
propter nomen suum.
Nam et si ambulavero
in medio umbrae mortis,
non timebo mala,
quoniam tu mecum es. Virga tua et
baculus tuus, ipsa me consolata sunt.

(e 4. Jh. n. Chr.)

b) Vierte Bibel (Zainer)

Der herr regieret mich, und mir
gebrist nichts: und an der stat der
weyd da satzt er mich. Er hat mich
gefüeret auff dem wasser der wider-
bringung, er bekert mein sel. Er füeret
mich auß auf die steige der
gerechtigkeit, umb seinen namen.
Wann ob ich ja gee
in mitt des schatten des todes,
ich fürcht nit die übelen ding,
wann du bist bey mir. Dein ruot und
dein stab, die selb haben mich getröst.

(e 1475)

Martin Luthers Übersetzungen von 1523 und 1545

c) Ursprüngliche Handschrift

Der herr ist meyn hirtte, myr wirt
nichts mangeln. Er leßt mich weyden
ynn der wonung
des grases und neeret mich am was-
ser guter ruge. Er keret widder meyne
seele, er furet mich auff rechtem
pfad, umb seyns namens willen.
Und ob ich schon wandert im
finstern tal,
furcht ich kein ungluck,
denn du bist bey mir.
Deyn stecken und stab trosten mich.

(e 1523)

d) Spätere Fassung

Der HERR ist mein Hirte, mir wird
nichts mangeln. Er weidet mich
auff einer grünen Awen, und füret
mich zum frischen Wasser.
Er erquicket meine Seele, er
füret mich auff rechter Straße,
Umb seines Namens willen.
Und ob ich schon wandert
im finstern Tal,
fürchte ich kein Unglück,
Denn du bist bey mir,
Dein Stecken und Stab trösten mich.

(e 1545)

e) Zürcher Bibel

Der Herr ist mein Hirte, mir wird nichts mangeln.
Auf grünen Auen lässt er mich lagern,
zur Ruhstatt am Wasser führt er mich.
Er stillt mein Verlangen;
er leitet mich auf rechtem Pfade
um seines Namens willen.
Und ob ich schon wanderte im finstern Tal,
ich fürchte kein Unglück;
denn du bist bei mir,
dein Stecken und Stab, der tröstet mich.

(e 1954)

deutsche Sprache; denn für Luther war allein die Bibel Grundlage des christlichen Glaubens. 1522 erschien das Neue Testament, 1534 das Alte Testament. 1520 hatte Luther seine drei großen Reformationsschriften verfasst: *An den christlichen Adel deutscher Nation, Von der Freiheit eines Christenmenschen* und *Von der babylonischen Gefangenschaft der Kirche.*
Der Buchdruck ermöglichte die massenhafte Verbreitung von Luthers Werken und förderte so die Entwicklung der deutschen Sprache; allein seine Bibelübersetzung erschien bis zu seinem Tode in über 400 Auflagen. Luther stellte die deutsche Sprache gleichberechtigt neben Hebräisch, Griechisch und Latein und lehnte den Kanzleistil sowie jeden nachlässigen Sprachgebrauch ab. Im *Sendbrief vom Dolmetschen* (1530) legte er seine Prinzipien für das Übersetzen dar. Luther benutzte als Schriftsprache eine überregionale Literatursprache, die sich in den großflächigen ostmitteldeutschen Herrschaftsterritorien aus verschiedenen Dialekten entwickelt hatte.

1. a) Exzerpieren Sie aus Text 1 Luthers Grundsätze für das „dolmetzschen".
b) Leiten Sie daraus Hinweise ab, die auch für das Übersetzen moderner Fremdsprachen hilfreich sind.

2. a) Vergleichen Sie in einer Tabelle die Übersetzungen des 23. Psalms von 1475, 1523 und 1545 nach ihrer Wort- und Bilderwahl.
b) Erläutern Sie die Stellen, an denen Sie Luthers Übersetzungs-Grundsätze am überzeugendsten verwirklicht sehen.
c) Beurteilen Sie die Übersetzung der Züricher Bibel von 1954.

3 Martin Luther (1483–1546): Vom Kranich und Wolffe

Da der wolff eins mals ein schaff geitziglich fras, bleib yhm ein beyn ym halse uberzwerig stecken, davon er grosse not und angst hatte, Und erbot sich, gros lohn und geschenck zu geben, wer ym hulffe, Da kam der kranich und sties seinen langen kragen dem wolff ynn den rachen und zoch das beyn eraus, Da er aber das verheissen lohn foddert, sprach der wolff „wiltu noch lohn haben, dancke du Gott, das ich dir den hals nicht abgebissen habe, du soltest mir schencken, das du lebendig aus meinem rachen komen bist."

(nach einer Hs, v 1888)

Anonymer Holzschnitt, Ende 15. Jh.

L Die **Vulgata** ist die lateinische Bibelübersetzung des Kirchenlehrers Hieronymus (345–420 n. Chr.), die – je nach ihren Teilen – auf das Hebräische, Aramäische, Griechische (des Origines, um 185–253/54 n. Chr.) und die Itala (oder Vetus Latina = altlateinische Bibelübersetzung) gründet.

Barock

David Teniers d. J.: Die Versuchung des hl. Antonius (1640–1650), Öl auf Leinwand

Barock, der/das von port. barocco = unregelmäßig, schiefrund (für die Form von Perlen); frz. baroque = metaphorische Bezeichnung für ‚exzentrisch, bizarr'. In diesem negativen Sinne wurde die Bezeichnung von J.J. Winckelmann (1717–1768) im 18. Jahrhundert für regelwidrige und effektvolle Kunstformen gebraucht. Erst seit Heinrich Wölfflin (1864–1945) wurde Barock als wertneutraler kunsthistorischer Begriff für die Kunst des 17. (und z.T. 18.) Jahrhunderts verwendet. Fritz Strich (1882–1963) weitete die Bezeichnung auf die (deutsche) Dichtung des 17. Jahrhunderts aus.

I. „Gesichter" einer Epoche

1. Das Jahrhundert des Krieges – Motivvergleich in Text und Bild

Welche Vorstellungen verbinden Sie mit der Bezeichnung „Barock"? Denken Sie an kunstvoll geschwungene und verzierte Möbel oder an herrschaftliche Residenzen, wie das Königsschloss von Versailles oder das fürstbischöfliche Palais in Würzburg? Haben Sie farbenprächtige Deckengemälde vor Augen, die in Kirchenkuppeln die Illusion unendlicher Höhe vermitteln, wie z.B. in vielen Kirchen Roms, in der Dorfkirche von Steinhausen oder in der Basilika von Weingarten? Oder denken Sie an die meist großformatigen Bilder Peter Paul Rubens', Rembrandts oder Anton van Dycks mit sinnenfrohen Landschafts- und Menschendarstellungen? – Vielleicht erinnern Sie sich auch an die Musik Johann Sebastian Bachs, Georg Friedrich Händels oder Antonio Vivaldis. Dies alles und viel mehr gehört sicher zu den kulturellen Leistungen der Epoche Barock.

Aber was fällt Ihnen zur Literatur ein? Vielleicht ein Kirchenlied von Friedrich von Spee oder Paul Gerhardt? Oder etwa die Verfilmung von Hans Jakob Christoph von Grimmelshausens „Simplicissimus"? Und sonst?

Woran mag es liegen, dass barocke Werke der Literatur in aller Regel wenig oder nicht bekannt sind? Sind sie etwa von geringerem Rang als die Leistungen anderer Künste? Könnten die Fremdheit des Denkens und Fühlens oder die Andersartigkeit der Sprache der Grund sein? Einige Antworten versucht dieses Kapitel zu geben.

Eine erste Orientierung über Themen und Eigenarten des Barock, einige „Gesichter" des Zeitalters, vermitteln Ihnen die folgenden Texte und Bilder.

1 Andreas Gryphius (1616–1664): Thränen des Vaterlandes Anno 1636

Wir sind doch nunmehr gantz / ja mehr denn gantz verheeret[1]!
Der frechen Völcker Schaar[2] / die rasende Posaun
Das vom Blutt fette Schwerdt / die donnernde Carthaun[3] /
Hat[4] aller[5] Schweiß / und Fleiß / und Vorrath auffgezehret.
Die Türme stehn in Glutt / die Kirch ist umgekehret.
Das Rathauß ligt im Grauß[6] / die Starcken sind zerhaun /
Die Jungfern sind geschänd't / und wo wir hin nur schaun
Ist Feuer / Pest und Tod / der Hertz und Geist durchfähret.
Hir durch die Schantz[7] und Stadt / rinnt allzeit frisches Blutt.
Dreymal sind schon sechs Jahr / als unser Ströme Flutt /
Von Leichen fast verstopfft / sich langsam fort gedrungen.
Doch schweig ich noch von dem / was ärger als der Tod /
Was grimmer denn die Pest / und Glutt und Hungersnoth /
Das auch der Seelen Schatz[8] / so vilen abgezwungen.

(1636)

2 Hans Jakob Christoph von Grimmelshausen (um 1622–1676): Der abenteuerliche Simplicissimus, II. Buch, 27. Kapitel (Auszug)

[...]

Da sah man nichts als einen dicken Rauch und Staub, welcher schien, als wollte er die Abscheulichkeit der Verwundten und Toten bedecken, in demselbigen hörete man ein jämmerliches Weheklagen der Sterbenden und ein lustiges Geschrei derjenigen, die noch voller Mut staken, die Pferd selbst hatten das Ansehen, als wenn sie zu Verteidigung ihrer Herrn je länger je frischer würden, so hitzig erzeigten sie sich in dieser Schuldigkeit, welche sie zu leisten genötiget waren, deren sah man etliche unter ihren Herrn tot danieder fallen, voller Wunden, welche sie unverschuldter Weis zu Vergeltung ihrer getreuen Dienste empfangen hatten; andere fielen um gleicher Ursach willen auf ihre Reuter und hatten also in ihrem Tod die Ehr, dass sie von denjenigen getragen wurden, welche sie in währendem Leben tragen müssen; wiederum andere, nachdem sie ihrer herzhaften Last, die sie kommandiert hatte, entladen worden, verließen die Menschen in ihrer Wut und Raserei, rissen aus und suchten im weiten Feld ihr erste Freiheit: Die Erde, deren Gewohnheit ist, die Toten zu bedecken, war damals an selbigem Ort selbst mit Toten überstreut, welche auf unterschiedliche Manier gezeichnet waren, Köpf lagen dorten, welche ihre natürlichen Herren verloren hatten, und hingegen Leiber, die ihrer Köpfe mangleten; etliche hatten grausam- und jämmerlicher Weis das Ingeweid heraus, und andern war der Kopf zerschmettert und das Hirn zerspritzt; da sah man, wie die entseelten Leiber ihres eigenen Geblüts beraubet und hingegen die lebendigen mit fremdem Blut beflossen waren, da lagen abgeschossene Arm, an welchen sich die Finger noch regten, gleichsam ob sie wieder mit in das Gedräng wollten, hingegen rissen Kerles aus, die noch keinen Tropfen Blut vergossen hatten, dort lagen abgelöste Schenkel, welche ob sie wohl der Bürde ihres Körpers entladen, dennoch viel schwerer worden waren als sie zuvor gewesen; da sah man zerstümmelte Soldaten um Beförderung ihres Tods, hingegen andere um Quartier[9] und Verschonung ihres Lebens bitten. Summa Summarum, da war nichts anders als ein elender jämmerlicher Anblick! [...]

(v 1669)

3 Friedrich von Logau (1604–1655): Abgedanckte Soldaten

Würmer im Gewissen /
Kleider wol zerrissen /
Wolbenarbte Leiber /
Wolgebrauchte Weiber /
Ungewisse Kinder /
Weder Pferd noch Rinder /
Nimmer Brot im Sacke
Nimmer Geld im Packe /
Haben mit genummen
Die vom Kriege kummen:
Wer dann hat die Beute?
Eitel fremde Leute.

(v 1654)

Friedrich von Logau (Ps. Salomon von Golaw), geb. 1604 in Brockuth, gest. 1655 in Liegnitz, entstammte einem alten schlesischen Geschlecht. Schulbesuch 1614–1625, Studium der Rechte an der Universität Altdorf 1625–31 (häufige Unterbrechungen wegen der Kriegswirren); verwaltete das Familiengut, später Regierungsrat am Hofe des Herzogs Ludwig von Brieg (Schlesien). F. von Logau ist der bedeutendste Epigrammatiker des 17. Jahrhunderts; er schrieb 3560 Sinngedichte. Sein Hauptwerk erschien unter seinem Pseudonym: *Salomons von Golaw Deutscher Sinn-Getichte Drey Tausend* (1654). Die Epigramme sind sowohl zeitkritisch-satirisch als auch patriotisch und ethisch-religiös. Sie richten sich in knapper und vollendeter Gestaltung gegen Modetorheiten und Laster, Intoleranz, soziale Ungerechtigkeit und Krieg.

1. Stellen Sie Motive zum Thema „Krieg“ aus Texten und Bildern tabellarisch gegenüber.

2. Besprechen Sie Parallelen und Unterschiede.

3. Gestalten Sie ein Parallelgedicht zu Text 1 aus der Sicht eines heutigen Opfers von Krieg und Terror.

---

[1] verheeren: kommt von Heer
[2] Völcker Schaar: Kriegsvölker, Soldaten
[3] Carthaun: schweres Geschütz
[4] hat: bezieht sich auf die vier vorausgehenden Subjekte und würde heute als Plural „haben“ lauten.
[5] aller: ist Genitiv Pluralis zu den folgenden Objekten: „hat [...] den Schweiß [...] aller aufgezehret.“
[6] Grauß: Staub
[7] Schantz: Befestigung
[8] Seelen Schatz: bedeutet sowohl „Seele als Schatz“ als auch „christlicher Glaube“
[9] Quartier geben: Aufnahme, Pardon gewähren, statt zu töten

2. Lebensgenuss und Weltabkehr – Antithetik zwischen Carpe diem und Vanitas

Was drückt sich in der Gegensätzlichkeit aus? Sind es allgegenwärtige Zeiterfahrungen oder handelt es sich „nur" um ein artistisches Spiel mit Inhalten, Bildern, Klängen und Form, um reine Repräsentationskunst?

Paul Fleming (1609 geb. in Hartenstein/Erzgebirge, 1640 gest. in Hamburg), Sohn eines protestantischen Pfarrers, seit 1623 Besuch der Thomasschule in Leipzig, dort 1629–1633 Studium der Medizin, 1631 zum Dichter gekrönt, 1633 Magister artium, 1640 Dr. med. in Leiden. Fleming ist der bedeutendste Schüler von Martin Opitz, jedoch sind seine Epigramme, Gelegenheits-, Freundschafts-, Trink- und Liebesgedichte sowie die geistlichen Lieder persönlicher, lebensnaher und dichterisch kraftvoller. Hauptwerke *Klagegedichte über das unschüldigst Leiden und Todt unsers Erlösers Jesu Christi* (1632); *Teutsche Poemata* (1642).

1 Paul Fleming (1609–1640): Wie Er wolle geküsset seyn

Nirgends hin / als auff den Mund /
da sinckts in deß Hertzen grund.
Nicht zu frey / nicht zu gezwungen /
nicht mit gar zu fauler Zungen.

Nicht zu wenig nicht zu viel.
Beydes wird sonst Kinder-spiel.
Nicht zu laut / und nicht zu leise /
Bey der Maß' ist rechte weise.

Nicht zu nahe / nicht zu weit.
Diß macht Kummer / jenes Leid.
Nicht zu trucken / nicht zu feuchte /
wie Adonis Venus reichte.

Nicht zu harte / nicht zu weich.
Bald zugleich / bald nicht zugleich.
Nicht zu langsam / nicht zu schnelle.
Nicht ohn Unterscheid der Stelle.

Halb gebissen / halb gehaucht.
Halb die Lippen eingetaucht.
Nicht ohn Unterscheid der Zeiten.
Mehr alleine / denn bey Leuten.

Küsse nun ein Iedermann
wie er weiß / will / soll und kan.
Ich nur / und die Liebste wissen /
wie wir uns recht sollen küssen.

(v 1642)

Christian Hofmann von Hofmannswaldau (1617–1679) wurde in Breslau als Sohn eines kaiserlichen Kammerrats geboren und starb auch dort. Seine Schulbildung erwarb er in Danzig, wo er Martin Opitz begegnete, der ihn zum Dichten anregte. Studien der Rechtswissenschaft und Philologie betrieb er in Leiden. Als Fürstenbegleiter unternahm er ausgedehnte Bildungsreisen nach Holland, England, Frankreich und Italien. Nach seiner Rückkehr war er Ratsherr und Präsident des Rats in Breslau. Erst 1679 erschienen seine Gedichte.

2 Christian Hofmann von Hofmannswaldau (1617–1679): Auf den Mund

Mund! der die Seelen kann durch Lust zusammen hetzen.
Mund! der viel süßer ist als starker Himmelswein,
Mund! der du Alikant[1] des Lebens schenkest ein,
Mund! den ich vorziehn muss der Juden reichen Schätzen.
Mund! dessen Balsam uns kann stärken und verletzen.
Mund! der vergnügter blüht als aller Rosen Schein,
Mund! welchem kein Rubin kann gleich und ähnlich sein,
Mund! den die Grazien mit ihren Quellen netzen:
Mund! ach, Korallenmund, mein einziges Ergetzen,
Mund! lass mich einen Kuss auf deinen Purpur setzen!

(v 1695)

Constantin Christian Dedekind (1628–1715) wurde in Reinsdorf (Anhalt-Köthen) als Sohn eines Pfarrers geboren, erhielt als Kind seine Erziehung in der Abtei Quedlinburg und war ab 1646 am kursächsischen Hof in Dresden, wo er den Barockkomponisten Heinrich Schütz (1585–1672) kennen lernte und wo er als Dichter und Komponist tätig war.

3 Constantin Christian Dedekind (1628–1715): Allegorisch Sonett

Amanda, liebstes Kind, du Brustlatz kalter Herzen,
Der Liebe Feuerzeug, Goldschachtel edler Zier,
Der Seufzer Blasebalg, des Traurens Lösch-Papier,
Sandbüchse meiner Pein und Baumöl meiner Schmerzen,
Du Speise meiner Lust, du Flamme meiner Kerzen,
Nachtstühlchen meiner Ruh, der Poesie-Klistier,
Des Mundes Alicant, der Augen Lust-Revier,
Der Komplimenten Sitz, du Meisterin zu scherzen,
Der Tugend Quodlibet[2], Kalender meiner Zeit,
Du Andachts-Fackelchen, du Quell der Fröhlichkeit,
Du tiefer Abgrund du voll tausend guter Morgen,
Der Zungen Honigsein, des Herzens Marzipan,
Und wie man sonsten dich, mein Kind beschreiben kann.
Lichtputze meiner Not und Flederwisch der Sorgen.

(v 1697)

[1] Alikant: tiefdunkler spanischer Süßwein (aus der Umgebung von Alicante)
[2] Das Quodlibet (< lat. quod libet = was belibt): buntes Durcheinander

Mit dem Begriff **Manierismus**, der aus der Kunstgeschichte (ursprünglich als Bezeichnung der Übergangsphase von der Renaissance zum Barock, etwa 1530–1630) für die Literatur übernommen wurde, bezeichnet man die typischen Stileigenarten barocker Übertreibung: z.B. Metaphernreichtum, artifizielle Figuren, gelehrte Anspielungen auf Mythologie und Wissenschaften, aber auch das galante Spielen mit erotischen Themen, überraschende Effekte und Paradoxien sowie Formen des Grotesken und Absurden sind typisch für den Manierismus des 16./17. Jahrhunderts, der vielfältige nationale Ausprägungen zeigt: Besonders bekannt wurden der **Marinismus** (benannt nach dem italienischen Dichter Giambattista Marino, 1569–1625) und im deutschen Barock der sog. **Schwulst**. Manierismus wird heute als typische Erscheinung von historischen Spät- und Übergangsphasen verstanden, in denen sich neue Formen gegen die tradierten Normen des Klassischen bilden: so im griechischen Hellenismus (seit dem 4. Jh. v. Chr.), in der sog. Silbernen Latinität der römischen Literatur (1./2. Jh. n. Chr.), dem deutschen Spätmittelalter (13./14. Jh.), der Barockepoche (17. Jh.), der Romantik (19. Jh.) und der sog. Moderne (zwischen 1880–1950).

4 Martin Opitz (1597–1639): Carpe diem[1]

Ich empfinde fast ein Grauen,
dass ich, Plato, für und für
bin gesessen über dir.
Es ist Zeit hinauszuschauen
und sich bei den frischen Quellen
in dem Grünen zu ergehn,
wo die schönen Blumen stehn
und die Fischer Netze stellen!

Wozu dienet das Studieren
als zu lauter Ungemach!
Unterdessen lauft die Bach
unsers Lebens, das wir führen,
ehe wir es inne werden,
auf ihr letztes Ende hin;
dann kömmt ohne Geist und Sinn
dieses alles in die Erden.

Holla, Junger, geh und frage,
wo der beste Trunk mag sein,
nimm den Krug und fülle Wein!
Alles Trauren, Leid und Klage,
wie wir Menschen täglich haben,
eh uns Clotho[2] fortgerafft,
will ich in den süßen Saft,
den die Traube gibt, vergraben.

Kaufe gleichfalls auch Melonen
und vergiss des Zuckers nicht,
schaue nur, dass nichts gebricht!
Jener mag der Heller schonen,
der bei seinem Gold und Schätzen
tolle sich zu kränken pflegt
und nicht satt zu Bette legt;
ich will, weil ich kann, mich letzen!

Bitte meine guten Brüder
auf die Musik und ein Glas!
Kein Ding schickt sich, dünkt mich, bass
als gut Trank und gute Lieder.
Lass ich gleich nicht viel zu erben,
ei, so hab ich edlen Wein!
Will mit andern lustig sein,
muss ich gleich alleine sterben.

(v 1624)

Martin Opitz (1597–1639) wurde in Bunzlau (Schlesien) als Sohn eines Metzgers und Ratsherrn geboren. Er studierte nach dem Besuch des Gymnasiums in Breslau und Beuthen ab 1618 Jura und Philosophie in Frankfurt/O. und Heidelberg. 1620 floh er vor dem Krieg nach Holland, 1621 nach Jütland. Opitz war 1622 Gymnasialprofessor , 1623 herzoglicher Rat in Liegnitz, 1625 wurde er durch Ferdinand II. zum Dichter (Poeta laureatus) gekrönt, 1626–1632 übte er ein leitendes Amt in der kaiserlichen Verwaltung in Breslau aus. 1627 wurde er vom Kaiser in Prag als „von Boberfeld“ geadelt. Ab 1629 war er Mitglied der „Fruchtbringenden Gesellschaft“(vgl. S. 137f.), 1633 Diplomat, ab 1636 war er in Danzig Hofgeschichtsschreiber und Sekretär des polnischen Königs. 1639 starb Opitz in Danzig an der Pest. Er wurde durch seine weltliche und geistliche Lyrik, vor allem aber durch seine Poetik (Lehre von der Dichtkunst) zum „Vater“ einer gelehrten deutschen Dichtung. Für deren verspäteten Anschluss an die europäische Literatur erwarb er große Verdienste. Mit *Dafne* (1627, Musik von Heinrich Schütz) schrieb er den Text der ersten deutschen Oper.

5 Christian Hofmann von Hofmannswaldau: Sonnet Vergänglichkeit der schönheit

Es wird der bleiche tod mit seiner kalten hand
Dir endlich mit der zeit umb deine brüste streichen /
Der liebliche corall der lippen wird verbleichen;
Der schultern warmer schnee wird werden kalter sand /
Der augen süsser blitz / die kräffte deiner hand /
Für welchen solches fällt / die werden zeitlich weichen /
Das haar / das itzund kan des goldes glantz erreichen /
Tilgt endlich tag und jahr als ein gemeines band.
Der wohlgesetzte fuß / die lieblichen gebärden /
Die werden theils zu staub / theils nichts und nichtig werden /
Denn opfert keiner mehr der gottheit deiner pracht.
Diß und noch mehr als diß muss endlich untergehen /
Dein hertze kan allein zu aller zeit bestehen /
Dieweil es die natur aus diamant gemacht.

(v 1695)

1. Lesen Sie die Texte in der hier vorgeschlagenen Reihenfolge und notieren Sie jeweils Ihren Gesamteindruck in einer eigenen Überschrift und halten Sie das Hauptmotiv fest.

2. Vergleichen Sie Ihre Ergebnisse mit Thema und Motiven in David Teniers d.J. „Die Versuchung des hl. Antonius“ (S. 116).

3. Versuchen Sie eine Parodie auf eines der Liebesgedichte aus heutiger Sicht.

---

[1] Carpe diem: ergreife, nütze, genieße den Tag!
[2] Klotho (lat. Nona) ist eine der Moiren, d.h. Schicksalsgöttinnen (< gr. moirai; vgl. lat. parcae = Parzen; nordisch Nornen), die jedem sein Geschick zuteilen: Klotho spinnt den Lebensfaden, Lachesis bestimmt dessen Länge, Atropos schneidet ihn ab.

6 Andreas Gryphius (1616–1664): Menschliches Elende

Was sind wir Menschen doch? Ein Wohnhaus grimmer Schmerzen,
ein Ball des falschen Glücks, ein Irrlicht dieser Zeit,
ein Schauplatz herber Angst, besetzt mit scharfem Leid,
ein bald verschmelzter Schnee und abgebrannte Kerzen.
Dies Leben fleucht davon wie ein Geschwätz und Scherzen.
Die vor uns abgelegt des schwachen Leibes Kleid
und in das Totenbuch der großen Sterblichkeit
längst eingeschrieben sind, sind uns aus Sinn und Herzen.
Gleich wie ein eitel Traum leicht aus der Acht hinfällt
und wie ein Strom verscheußt, den keine Macht aufhält,
so muss auch unser Nam, Lob, Ehr und Ruhm verschwinden.
Was itzund Atem holt, muss mit der Luft entfliehn.
Was nach uns kommen wird, wird uns ins Grab nachziehn.
Was sag ich? Wir vergehn wie Rauch von starken Winden! (v 1663)

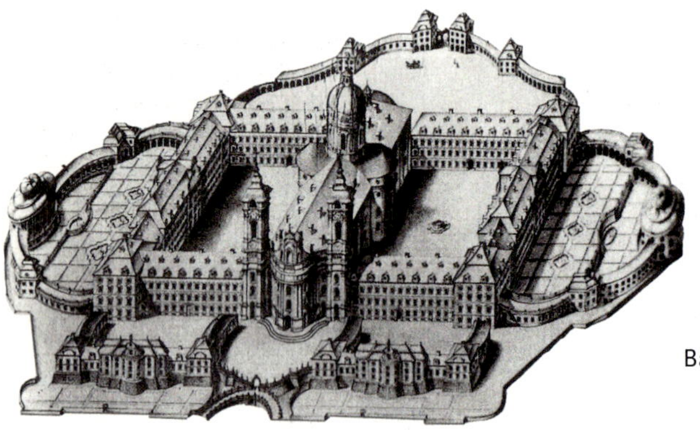

Kloster Weingarten, Idealplan (Ausschnitt)

Jan van Goyen (1596–1656): Bauerngehöfte am Fluss (1636)

7 Andreas Gryphius (1616–1664): Vanitas![1] Vanitatum Vanitas!

(Die ersten der 15 Strophen des Gedichts)

DIe Herrlikeit der Erden
Muss Rauch und Aschen werden /
Kein Fels / kein Aertz kan stehn.
Diß was uns kan ergetzen /
Was wir für ewig schätzen /
Wird als ein leichter Traum vergehn.

2. Was sind doch alle Sachen /
Die uns ein Hertze machen /
Als schlechte Nichtikeit?
Was ist des Menschen Leben /
Der immer umb muss schweben;
Als eine Phantasie der Zeit? [...] (v 1663)

Vanitas vanitatum et omnia vanitas.

Gabriel Ehinger: Trauernder Philosoph. Radierung um 1655, nach einem Gemälde von Johann Heinrich Schönfeld

8 Andreas Gryphius: Die Hölle

Ach! und Weh!
Mord! Zetter! Jammer / Angst / Creutz! Marter! Würme! Plagen.
Pech! Folter! Hencker! Flamm! Stanck! Geister! Kälte! Zagen!
Ach vergeh!
Tiff und Höh'!
Meer! Hügel! Berge! Felß! wer kan die Pein ertragen?
Schluck Abgrund! ach schluck' ein! die nichts denn ewig klagen.
Je und Eh!
Schreckliche Geister der tunckelen Hölen / ihr die ihr martret und Marter erduldet
Kan denn der ewigen Ewikeit Feuer / nimmermehr büssen diß was ihr verschuldet?
O grausamm' Angst stets sterben / sonder sterben!
Diß ist Flamme der grimmigen Rache / die der erhitzete Zorn angeblasen:
Hir ist der Fluch der unendlichen Straffen / hir ist das immerdar wachsende Rasen:
O Mensch! Verdirb / umb hir nicht zu verderben. (v 1663)

4. a) Ordnen Sie „Gesichter" des Barock, die sich aus den Texten und Bildern ergeben, in einer Art Collage oder in einem Metaplan (vgl. S. 42).
b) Versuchen Sie, die gegensätzlichen „Gesichter" zu erklären.
c) Überprüfen Sie Ihre Ergebnisse durch ein Exzerpt (vgl. S. 14) aus einer Literaturgeschichte unter dem Aspekt „Vielgesichtigkeit des Barock".

5. a) Ermitteln Sie durch sinnerschließendes Lesen (vgl. S. 10) formale Eigenarten der Texte (z.B. Klang, Wortwahl, Bilder, Rhythmus, Reim etc.).
b) Besprechen Sie formale Parallelen und Unterschiede der Gedichte (vgl. Sie dazu die Informationen von S. 143) zu Merkmalen barocker Architektur, Malerei und Musik.
c) Interpretieren Sie eines der Gedichte (Texte 1–9) nach dem Drei-Phasen-Modell (vgl. S. 135ff.).

[1] Vanitas: Eitelkeit i.S. von Nichtigkeit des Irdischen

9 Abraham a Sancta Clara (1644–1709): Mercks Wienn

(Predigten zur Pestepidemie in Wien 1679, Auszug)

An vielen historischen Beispielen veranschaulichen die Predigten die Vergänglichkeit aller irdischen Pracht und die Wankelhaftigkeit des Glücks. Aus der Gewissheit des unausweichlichen Todes werden die Nichtigkeit des Menschen und seine Rettung in Gott drastisch gegenübergestellt.

(1)

Mercks Wienn /
Das ist:
Deß wütenden Tods ein umständige
Beschreibung
In
Der berühmten Käyserlichen Haupt- und Residentz-
Statt in Oesterreich /
Im sechszehen hundert / und neun und siebentzigsten Jahr /
Mit Beyfügung so woll Wissen als Gewissen
antreffender Lehr.
Zusammen getragen mitten in der betrangten
Statt und Zeit /
Von
Pr. Fr. ABRAHAM à S. Clara, Augustiner.

[...]

Also wann ich schon stirb an der Pest / so ist diß kein elender Todt / dafern nur die Gnad Gottes in mir lebet / ist doch der H. Ludovicus König in Franckreich an dieser leydigen Suche gestorben. Æmil. Dahero laß sterben den Leib im Feuer / oder im Lufft / oder im Wasser / oder auff Erden / was ligt daran? Laß sterben diesen Madensack / diesen Mist Fincken / dieses Wurm-Nest / dieses Leim-Hauß / diesen Knoll Fincken / diese Koth-Butten / dieses Unter-Geschirr / diesen Erdschrollen; laß sterben / ein mächtigs Wesen! Dieses garstige Rath-Hauß / diesen lebendigen Wuest / diesen Leim-Lümmel / diesen Wildfang / diesen Sau Winckel / diese Gestanck-Büchsen / diesen zierlichen Unflath / diß lebendige Aaß / diesen Aprillanten / diese verhühlte Senck-Gruben / diesen Geschwersichtigen Dalcken / diesen Kretzen-Marckt / dieses sechs schuh lange Nichts / laß sterben / laß verderben / er ist nicht zubetauren / müst nur seyn / daß man etwan einer Mist-Butten einen schwartzen Flohr solt anhängen / damits für ihn die Klag trage / Si consideras, quid per os, quid per nares, quid per aures cæterosque corporis meatus exit, vilius sterquilinium non vidisti, spricht gar schön von dem schandlichen Leib der Clarevallensische Abbt Bernhardus. „Mein Mensch / wann du erwögest / was du durch das „Maul / und durch die Nasen / durch die Ohren / und durch die übrige Leibs-Porten für ein „Unflath außführest / kanst doch kein garstigern Misthauffen nit antreffen / als dich

Laß demnach sterben den Leib / dieses Kranckenspital / dieses spott-Muster / diese kleine Portion der Erden, Laß sterben / laß verderben wie / wo / wann / wordurch er stirbt / ligt nichts daran / aber das bitt ich dich umb das Blut JEsu Christi / das bitt ich dich umb deiner seelen seeligkeit willen / mit auffgehebten Händen schreye ich vor dir / ja in beyde Ohren / du wollest die seel nicht sterben lassen / die seel / dieses künstliche und köstliche Ebenbild Gottes / die Seel dieses schöne und scheinende Contrafeh der allerheiligsten Dreyfaltigkeit / die seel / dieses kostbare und schatzbare Kleynod Gottes / die seel / diese friedliche und freundliche schwester der Engeln / diese O Mensch! laß nicht sterben / welches da geschicht durch ein freywillige Todsünd / dieser Todt allein ist ein Elend

(v 1679)

Der Prediger **Abraham a Sancta Clara** wurde mit dem bürgerlichen Namen Ulrich Megerle in Kreenheinstetten bei Meßkirch als achtes Kind eines Gastwirts geboren und besuchte die Lateinschule in Meßkirch, das Jesuitengymnasium in Ingolstadt sowie die Benediktinerschule in Salzburg. Seit 1662 Mitglied des Augustinerordens in Wien, 1666 Priesterweihe, seit 1670 Prediger u.a. in Taxa bei Augsburg, Wien und Graz; 1677 von Kaiser Leopold I. (1658–1701) zum Hofprediger ernannt, 1680 Prior seines Ordens. Abraham a Sancta Clara wurde der bedeutendste katholische Prediger des deutschen Barock, weil er ebenso bildmächtig unterhaltsam wie leidenschaftlich kämpferisch und lehrhaft war, aber stets volkstümlich blieb.

L Die **Predigt** (< lat. praedicare = öffentlich ausrufen, laut verkünden) ist die Verkündigung des Gotteswortes an die Gemeinde. Im Mittelalter wurden zwei Formen unterschieden:
1. Der **Sermo**, der sich in anspruchsvoller, oft kunstvoller Rede einen Bibelvers zum Thema nahm und sich an den Regeln der antiken Rhetorik orientierte.
2. Die **Homilie**[1], die schlichtere, schmucklosere, volkstümliche und volkssprachliche Predigt, die das einfache Volk, das nicht gebildet und ohne Lateinkenntnisse war, ansprechen sollte.
Höhepunkte volksnaher Anschaulichkeit erreichten u.a. die Prediger Berthold von Regensburg (13. Jh.), Geiler von Kaisersberg (15. Jh.) und vor allem Abraham a Sancta Clara (17. Jh.): Neben vielfältigen Formen des Sprecher-Hörer-Bezugs sind eindrucksvolle Exempel (sog. Predigtmärlein), dramatische Zuspitzung, Elemente des Humors und der Satire besonders kennzeichnend für diesen Predigtstil, der für die Entwicklung der deutschen Prosa von großer Bedeutung war.

6. a) Vergegenwärtigen Sie sich durch ein Kommunikationsmodell (vgl. S. 75) die Situation der Predigt, indem Sie Ort, Zeit, Stimmung, Adressaten und Ziele bedenken.
b) Verschaffen Sie sich durch lautes Lesen einen Eindruck von Klangwirkung und Tendenz dieser Pestpredigt.

[1] Die Homilie (am Schluss gesprochen als langes i): < gr. homilia, d.h. Umgang, Unterredung, Unterhaltung

c) Abraham a Sancta Clara war ein berühmter, beispielgebender und äußerst wirkungsvoller Prediger seiner Zeit. Formulieren Sie „Ratschläge für einen Prediger" des 17. Jahrhunderts, wie er durch Inhalt, Aufbau und Stil eine vergleichbare Volkstümlichkeit erreichen kann (vgl. S. 141f.).

7. Gestalten Sie selbst ein antithetisches Epigramm (vgl. S. 163) über ein modernes Thema.

Hans Baldung, genannt Grien: „Die drei Lebensalter des Weibes und der Tod" (um 1510)

Die Dichterlandschaften Schlesien und Sachsen

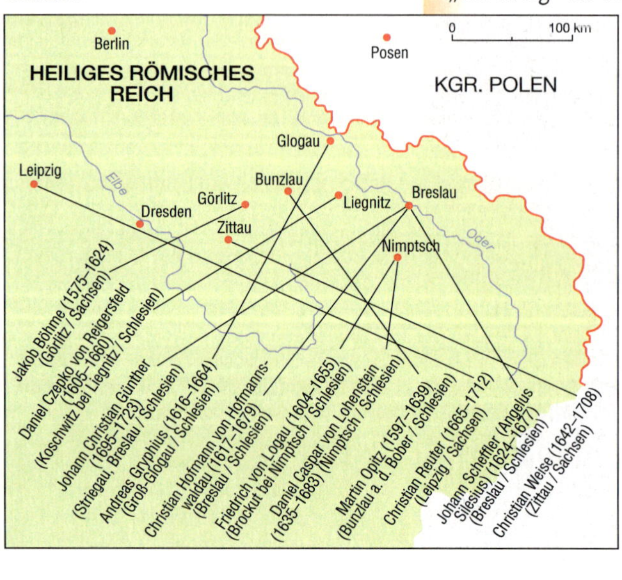

10 Angelus Silesius (1624–1677): Cherubinischer Wandersmann oder geistreiche Sinn- und Schlussreime (Auszüge)

Gott kann allein vergnügen.
Weg, weg, ihr Seraphim, ihr könnt mich nicht erquicken,
Weg, weg ihr Heiligen und was an euch tut blicken[1]!
Ich will nun eurer nicht[2], ich werfe mich allein
Ins ungeschaffne Meer der bloßen Gottheit ein.

Man weiß nicht, was man ist.
Ich weiß nicht, was ich bin; ich bin nicht, was ich weiß;
Ein Ding und nit ein Ding, ein Stüpfchen[3] und ein Kreis.

Du musst, was Gott ist, sein.
Soll ich mein letztes End' und ersten Anfang finden,
So muss ich mich in Gott und Gott in mir ergründen
Und werden das, was er: Ich muss ein Schein im Schein,
Ich muss ein Wort im Wort, ein Gott in Gotte sein.

Ich bin wie Gott und Gott wie ich.
Ich bin so groß wie Gott, er ist als[4] ich so klein;
Er kann nicht über mich, ich unter ihm nicht sein.

Der Mensch ist Ewigkeit.
Ich selbst bin Ewigkeit, wenn ich die Zeit verlasse
Und mich in Gott und Gott in mich zusammenfasse.

Ein Christ so reich als Gott.
Ich bin so reich als Gott, es kann kein Stäublein sein,
Das ich – Mensch, glaube mir! – mit ihm nicht hab gemein.

[...] (v 1657)

Prinzipien und Strömungen des Barock sind u.a.

1. Die **Antithetik** ist das vorherrschende Grundprinzip: Diesseits und Jenseits, Spiel und Ernst, Schein und Sein, leidenschaftliche Lebensgier (*carpe diem* = ergreife, nütze, genieße den Tag, allerdings in gottgefälliger Weise!) und quälendes Todesbewusstsein (*memento mori* = denke daran, dass du sterben musst!), Wollust und Tugend, Erotik und Askese, irdische *vanitas* (= Eitelkeit i.S. von Vergeblichkeit und Nichtigkeit) und himmlische *Seligkeit* in Gott. In den Gedanken der *vanitas* und des *memento mori* werden antike Traditionen der *Stoa* (vgl. S. 128) fassbar.

2. Die **rhetorische Tendenz** (Rhetorik < gr. techne rhetorike = Redekunst) knüpft ebenso an antike Vorbilder an und zeigt sich in der *Absicht* der Autoren, die Leser und Hörer in planvoll komponierten und kunstvoll gestalteten Werken wirkungsvoll zu *beeinflussen*: zu unterhalten, zu trösten und zu belehren, getreu der Empfehlung des römischen Dichters Horaz (65–8 v. Chr.): Dichtung müsse „prodesse et delectare", d.h. nützen und Vergnügen bereiten.

– *Die Allegorie* (< gr. allegorein = anders, bildlich reden) veranschaulicht Begriffe durch ein gedanklich fassbares Bild: Z.B. wird „Vergänglichkeit" durch eine Sanduhr, eine Seifenblase oder einen Totenschädel dargestellt; „Jugend" erscheint als Kind, „das Alter" als Greis; „der Krieg" als Mars; „die Liebe" als Amor etc.

Die Allegorese ist ebenso auf eindringliche Vermittlung ausgerichtet, indem sie hinter Dingen und Namen einen tieferen Sinn aufdeckt oder Sachverhalte entsprechend verhüllt vermittelt (z.B. C.Chr. Dedekind: *Allegorisch Sonett*; A. Gryphius: *Die Hölle*).

Der sog. *Petrarkismus* (nach Francesco Petrarca, 1304–1374) war besonders für die *Liebeslyrik* von großem Einfluss: Vor allem im Sonett (vgl. S. 134f.) zielten Antithetik und Hyperbolik (< gr. hyperbole = Übermaß, Übertreibung), eine üppige Metaphorik und die Wiederholung ähnlicher Motive (z.B. Sehnsucht und Liebesschmerz, vgl. Minnesang, S. 92ff.) mehr auf wirkungsvolle ästhetische Virtuosität als auf gedankliche Tiefe.

Die **Mystik** (< gr. mystikos = geheimnisvoll, zu mýein = die Augen schließen) ist eine religionsübergreifende Frömmigkeitsform, die durch Abkehr von der äußeren Welt und durch Versenkung in das

[1] blicken = blitzen, glänzen
[2] Ich will nun eurer nicht = Ich brauche euch jetzt nicht.
[3] Stüpfchen = Pünktchen
[4] als = wie

eigene Sein eine Verbindung mit Gott bis zur vollkommenen Einswerdung mit ihm anstrebt (unio mystica). Mystik kommt in allen großen Religionen vor und soll durch Formen der Kontemplation (= Versunkenheit in Gott), Meditation (= religiöse Betrachtung) sowie Askese (= enthaltsame Lebensweise) erreicht werden. Der Mystiker bewertet häufig die individuelle religiöse Vorstellung höher als die der etablierten Religionen. Er kritisiert deren Orthodoxie, die er als Erstarrung auffasst. – In Deutschland hatte die Mystik vom 12.–15. Jahrhundert ihren ersten Höhepunkt: z.B. in Hildegard von Bingen (12. Jh.), in Mechthild von Magdeburg (13. Jh.), in Meister Eckhart (14. Jh.) sowie in seinen Schülern Johannes Tauler und Heinrich Seuse (beide 14. Jh.). In der Barockzeit entstand erneut mystische Literatur: z.B. durch Jakob Böhme (1575–1624), Johann Valentin Andreae (1586–1654), Friedrich von Spee (1591–1635), Daniel von Czepko (1605–1660) und Angelus Silesius (= Johann Scheffler, 1624–1677). Die Wirkungen auf die persönliche Frömmigkeit des *Pietismus* (rd. 1670–1740), die literarische Strömung der *Empfindsamkeit* (etwa 1740–1780) und der Epoche *Romantik* (etwa 1798–1830) zeigen die Kraft der Mystik.

Vita mihi mors est.

Der Tod bedeutet für mich Leben

Der Vogel, der aus sich selbst geboren wird, aus sich selbst sich wiederherstellt, der entstehend stirbt, der sterbend entsteht.

II. Die Welt im Sinnbild

Anders als im ersten Teil, in dem die Epoche Barock über „Gesichter", Zeitbilder und Ausdrucksformen vorgestellt wurde, soll nun versucht werden über Schlüsselbegriffe einen Blick hinter die Oberfläche der Erscheinungen zu richten. Einem Menschen des 20. Jahrhunderts sind derartige Deutungen durchaus vertraut: Automatisierung, Atomzeitalter, Zeitalter der Massen u.a. sind gängige Begriffe, die Zeittypisches erfassen. Ganz ähnlich werden im Rückblick auf vergangene Epochen aus der ordnenden Übersicht über die Einzelphänomene Schlüsselbegriffe gesucht, die Wesentliches erschließen. An zwei Beispielen soll die Reichweite solcher Deutungsversuche erprobt werden.

1. Das Leben als Abenteuer? – Emblematik und Roman

Warum gilt *Der abenteuerliche Simplicissimus* heute als das bekannteste und lebendigste Werk barocker Literatur, obwohl er als volkstümlicher Roman im 17. Jahrhundert gegenüber den damals beherrschenden Typen des höfisch-politischen (oder heroisch-galanten) Romans und des schäferlichen Liebesromans zunächst eine geringere Rolle spielte? Sind es die im Titel angekündigten Abenteuer, die eine spätere Aufwertung bewirkten? Sind es biografische und kulturgeschichtliche Informationen über die Zeit des Dreißigjährigen Krieges, die das Interesse lebendig erhielten? Oder wird dem Leser auf spannende und unterhaltsame Weise eine ganz andere Botschaft vermittelt?
Anders als in modernen Romanen geben im Barock bereits Titelblatt und Titelkupfer, dessen Entwurf wahrscheinlich von Grimmelshausen selbst stammt, erste Antworten.

1 Titelblatt und Titelkupfer des „Simplicissimus Teutsch" (1669)

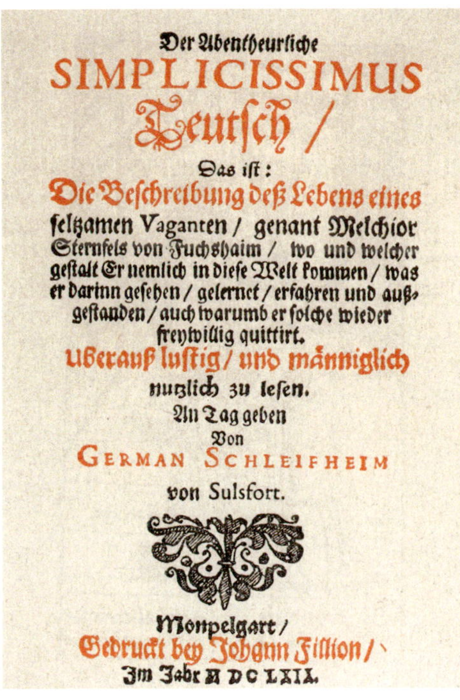

Der Abentheurliche
SIMPLICISSIMUS
Teutsch /
Das ist:
Die Beschreibung deß Lebens eines
seltzamen Vaganten / genant Melchior
Sternfels von Fuchshaim / wo und welcher
gestalt Er nemlich in diese Welt kommen / was
er darinn gesehen / gelernet / erfahren und auß-
gestanden / auch warumb er solche wieder
freywillig quittirt.
Uberauß lustig / und männiglich
nutzlich zu lesen.
An Tag geben
Von
German Schleifheim
von Sulsfort.
Monpelgart /
Gedruckt bey Johann Fillion /
Im Jahr M DC LXIX.

L Der **Phönix** ist ein sagenhafter heiliger Vogel der Ägypter, der sich nach einiger Zeit selbst verbrennt und aus der Asche verjüngt hervorgeht. Er ist Sinnbild der Auferstehung und Unsterblichkeit und verkörpert den Aufruf „Stirb' und werde!" Das **Emblem**, die Emblemata (< gr. emblema = das Eingesetzte, Mosaik- oder Einlegearbeit, z.B. des Goldschmieds), ist eine aus Bild und Text meist dreiteilig zusammengesetzte Kunstform; aus einer Überschrift, einem Motto (lat. inscriptio), einem meist allegorischen Bild (lat. pictura) und einer das Bild erläuternden Unterschrift (lat. subscriptio). Das Emblem ist also ein Zeichen mit begrenztem abstraktem Inhalt, das oft nur für Eingeweihte festgelegt ist, Außenstehenden aber nicht einsichtig wird; z.B. Ölzweig für Frieden, Palme für Treue und Beständigkeit (siehe „Palmenorden", S. 137f.), Anker für Hoffnung. – Emblemata waren in Europa vom 16.–18. Jahrhundert sehr beliebt und prägten nicht nur die barocke Bildersprache, sondern auch die Gestaltungsweisen von barockem Schauspiel und Roman.

1. Notieren Sie die Erwartungen, die die Ankündigung des Titelblatts bezüglich des Inhalts und der Form des Romans weckt.

2. Das Titelkupfer gibt eine christliche Deutung der menschlichen Existenz.
a) Erklären Sie die Bedeutung des „Mischwesens" für den Lebensweg des Romanhelden aus der Bildunterschrift (subscriptio).
b) Entschlüsseln Sie die Masken und die Bilder des aufgeschlagenen Buches als Themen des Romans.
c) Zwei Finger des Monstrums weisen auf ein Wickelkind und auf den Baum des Paradieses.
Erörtern Sie die Bedeutung dieser Heraushebung.

3. a) Nennen Sie die „Lectiones“, die sich nach dem ersten Kapitel (Text 2) erwarten lassen.
b) Beschreiben Sie diesen Anfang inhaltlich und stilistisch möglichst genau.

4. Skizzieren Sie nach den Informationen der Texte 1 und 2 einen Grundplan (plot) des möglichen Handlungsverlaufs.

2 Hans Jakob Christoph von Grimmelshausen (um 1622–1676): Der abenteuerliche Simplicissimus, I. Buch, 1. Kapitel (Auszug)

Das 1. Kapitel
Vermeldet Simplicii bäurisch Herkommen und gleichförmige Auferziehung

Es eröffnet sich zu dieser unserer Zeit (von welcher man glaubt, dass es die letzte sei) unter geringen Leuten eine Sucht, in der die Patienten, wenn sie daran krank liegen, und so viel zusammen geraspelt und erschachert haben, dass sie neben ein paar Hellern im Beutel ein närrisches Kleid auf die neue Mode mit tausenderlei seidenen Bändern antragen können, oder sonst etwa durch Glücksfall mannhaft und bekannt worden, gleich rittermäßige Herren und adelige Personen von uraltem Geschlecht sein wollen; [...]

In ironischer Darstellung vergleicht der Ich-Erzähler sein „Herkommen“ und seine „Auferziehung“ mit der eines Fürsten und er beschreibt den „Palast“ seines Knans (Vaters):

„Seine Zimmer, Säl' und Gemächer hatte er inwendig vom Rauch ganz erschwarzen lassen, nur darum, dieweil dies die beständigste Farb von der Welt ist [...] Anstatt der Pagen, Lakaien und Stallknecht hatte er Schaft, Böcke und Säu [...] Die Rüst- oder Harnischkammer war mit Pflügen, Kärsten, Äxten, Hauen, Schaufeln, Mist- und Heugabeln, genugsam versehen [...].“

Über die Bildung des Zehnjährigen heißt es u.a.:

„[...] Sonst war ich ein trefflicher Musicus auf der Sackpfeifen, mit der ich schöne Jalemj-Gesäng[1] machen konnte. Aber die Theologiam anbelangend, lass ich mich nicht bereden, dass einer meines Alters damals in der ganzen Christenwelt gewesen sei, der mir darin hätte gleichen mögen, denn ich kennete weder Gott noch Menschen, weder Himmel noch Höll, weder Engel noch Teufel, und wusste weder Gutes noch Böses zu unterscheiden: Dahero ohnschwer zu gedenken, dass ich vermittelst solcher Theologiae wie unsere ersten Eltern im Paradies gelebt, die in ihrer Unschuld von Krankheit, Tod und Sterben, weniger von der Auferstehung nichts gewusst. O edels Leben! (du mögst wohl Eselsleben sagen) in welchem man sich auch nichts um die Medizin bekümmert. Eben auf diesen Schlag kann man mein Erfahrenheit in dem Studio legum[2] und allen andern Künsten und Wissenschaften, soviel in der Welt sind, auch verstehen. Ja ich war so perfekt und vollkommen in der Unwissenheit, dass mir unmöglich war zu wissen, dass ich so gar nichts wusste. Ich sage noch einmal, o edles Leben, das ich damals führete! Aber mein Knan wollte mich solche Glückseligkeit nicht länger genießen lassen, sondern schätzte billig sein, dass ich meiner adeligen Geburt gemäß auch adelig tun und leben sollte, derowegen fing er an, mich zu höhern Dingen anzuziehen, und mir schwerere Lectiones aufzugeben.“ (v 1668)

3 Hans Jakob Christoph von Grimmelshausen: Der abenteuerliche Simplicissimus, V. Buch, 24. Kapitel (Auszug)

Das 24. Kapitel
Ist das allerletzte und zeiget an, warum und welchergestalt Simplicius die Welt wieder verlassen

„Adieu Welt, denn auf dich ist nicht zu trauen, noch von dir nichts zu hoffen, in deinem Haus ist das Vergangene schon verschwunden, das Gegenwärtige verschwindet uns unter den Händen, das Zukünftige hat nie angefangen, das Allerbeständigste fällt, das Allerstärkste zerbricht und das Allerewigste nimmt ein End; also, dass du ein Toter bist unter den Toten; und in hundert Jahren lässt du uns nicht eine Stund leben. [...]

Behüt dich Gott o Welt, denn obwohl der Leib bei dir ein Zeit lang in der Erden liegen bleibt und verfaulet, so wird er doch am Jüngsten Tag wieder aufstehn und nach dem letzten Urteil mit der Seel ein ewiger Höllenbrand sein müssen; alsdann wird die arme Seel sagen: ‚Verflucht seist du Welt! weil ich durch dein Anstiften Gottes und meiner selbst vergessen, und dir in aller Üppigkeit, Bosheit, Sünd und Schand die Tag meines Lebens gefolgt hab; verflucht sei die Stund, in der mich Gott erschuf! verflucht sei der Tag, darin ich in dir o arge böse Welt geborn bin! O ihr Berg, Hügel und Felsen fallet auf mich und verbergt mich vor dem grimmigen Zorn des Lamms, vor dem Angesicht dessen, der auf dem Stuhl sitzet; ach Wehe und aber Wehe in Ewigkeit!‘

O Welt! du unreine Welt, derhalben beschwöre ich dich, ich bitte dich, ich ersuche dich, ich ermahne und protestiere wider dich, du wollest kein Teil mehr an mir haben; und hin-

[1] Jalemj-Gesäng: Klagelieder
[2] Studio legum: Jurastudium

Der Schelmenroman
Als Gattung betrachtet ist der *Simplicissimus* eine **Mischform**: Er enthält neben Anleihen aus der Erbauungs- und Schwankliteratur des 16./17. Jahrhunderts (z.B. aus Jörg Wickrams *Rollwagenbüchlein*, aus Kalendergeschichten und Predigten) autobiografische und sehr realistisch dargestellte zeitgeschichtliche Elemente, ohne dass man von einem Entwicklungs- oder Bildungsroman sprechen könnte. Ganz deutlich knüpfte der Autor an den sog. **Schelmenroman** an (den pikarischen oder pikaresken Roman), der aus Spanien nach Deutschland gekommen war: *Lazarillo de Tormes* (anonym 1554), *Guzmán de Alfarache* (1599) von M. Alemán und *Don Quijote* (1605–1615) von Cervantes sind berühmte Beispiele, die als realistisch-ironische Gegentypen zum idealisierenden Ritterroman entwickelt wurden: Sie sind meist in der Ich-Form als fiktive Autobiografie von einem Helden oder auch Antihelden, einem Pikaro (= Schelm, „Landstörtzer“), erzählt, der namenlos oder von dunkler bzw. niederer Herkunft ist und als skrupelloser und gerissener Kerl vielfältige Abenteuer besteht. Als Verkörperung des Einfältig-Naiven, des draufgängerischen Abenteurers und des weltklugen Schalks kritisiert er auf humorvoll-ironische, aber auch sarkastische Weise seine oft wechselnden Herrn und entlarvt die verschiedenen Gesellschaftsschichten von unten her. Die Tradition des Schelmenromans lebte bis ins 20. Jahrhundert fort: u.a. bei J. Winckler (1881–1966): *Der tolle Bomberg* (1922), G. Guareschi (1908–1968): *Don Camillo und Peppone* (1948), Th. Mann (1875–1955): *Bekenntnisse des Hochstaplers Felix Krull* (1954), G. Grass (geb. 1927): *Die Blechtrommel* (1959), H. Böll (1917–1985): *Ansichten eines Clowns* (1963).

gegen begehre ich auch nicht mehr in dich zu hoffen, denn du weißt, dass ich mir hab vorgenommen, nämlich dieses: Posui finem curis, spes & fortuna valete[1]."

Alle diese Worte erwog ich mit Fleiß und stetigem Nachdenken und bewogen mich dermaßen, dass ich die Welt verließ und wieder ein Einsiedel ward: Ich hätte gern bei meinem Saurbrunnen im Mückenloch gewohnt, aber die Baurn in der Nachbarschaft wollten es nicht leiden, wiewohl es für mich ein angenehme Wildnis war; sie besorgten, ich würde den Brunnen verraten und ihre Obrigkeit dahin vermögen, dass sie wegen nunmehr erlangten Friedens Weg und Steg dazu machen müssten. Begab mich derhalben in eine andere Wildnis, und fing mein Spessarter Leben wieder an; ob ich aber wie mein Vater sel. bis an mein End darin verharren werde, stehet dahin. Gott verleihe uns allen seine Gnade, dass wir allesamt dasjenige von ihm erlangen, woran uns am meisten gelegen, nämlich ein seliges

Ende (e 1668)

5. a) Welche erste Antwort gibt der Romanschluss (Text 3) auf die Frage, ob das Leben als Abenteuer zu verstehen sei?
b) Entwerfen Sie ein passendes Emblem dazu.
c) Interpretieren Sie den Schluss (vgl. S. 35ff.).

6. Vergleichen Sie Ihren Romanplot mit der Inhaltsangabe.
Untersuchen Sie den Roman (gestützt auf die Auszüge, die Inhaltsangabe und die Biografie des Autors) nach seinen „Schichten".
- biografisch-historische Elemente
- satirische Zeitkritik
- moralisch-religiöse Aussage
- Unterhaltung

4 Inhaltsangabe und Aufbau des „Simplicissimus"

Der Roman erzählt – mit zahllosen, die Handlung oft überwuchernden „Stücklein", Anekdoten, Schwänken, lehrhaften und gelehrten, moralischen und allegorischen Exkursen –, wie der kleine weltahnungslose Waldbauernbub nach Einäscherung und Plünderung des elterlichen Gehöfts allein und verängstigt durch den nächtlichen Wald flieht. Er findet zu einem Einsiedler, der ihn aufnimmt, ihn lesen lehrt und ihn in der Christenlehre unterweist, im Übrigen aber seine totale Weltunerfahrenheit unverändert lässt. Der Einsiedler stirbt. Simplicius geht, nur mit den Grundlehren des Christentums ausgerüstet, in die unbekannte Welt. In Hanau wird er dem Gefolge des Stadtkommandanten eingereiht. Seiner Naivität enthüllen sich Narrheit und Laster, in welche die Welt versunken ist, während er wiederum der Welt als narrisch und als willkommener Gegenstand roher Belustigung erscheint. Dass er gleichzeitig seine Narrenrolle zu beredter Entlarvung des moralisch verkommenen Offizierkorps benutzt, erstaunt allerdings nicht nur die Betroffenen, sondern auch den Leser. Aber dergleichen gehört zu den Unstimmigkeiten, über die sich der Autor unbekümmert hinwegsetzt, weil er diese Materie samt den dazugehörigen Stücklein und Anekdoten in der Gegenüberstellung des tumben Knaben und der verrotteten Moral der Besatzungsoffiziere am wirksamsten erzählerisch ausbeuten kann. Kroaten rauben den Halbwüchsigen, wie einst den jungen Grimmelshausen, und machen ihn zum Trossbuben. In die wilde Welt des Krieges gerissen, erfährt er inmitten eines Heerhaufens das wüste Wechselspiel des Feldlebens, die Tugenden und vor allem die Laster der Soldaten, treugesinnte Freundschaft, diesen einzigen verlässlichen Wert, den Grimmelshausen kennt, weit mehr aber Bosheit und Rohheit und den zügellosen Kampf um Genuss und Beute. Er gewinnt den herzensguten Herzbruder zum lebenslangen Freund und macht sich den von Grund auf bösen Olivier zum Feind. Er findet sich vor der belagerten Stadt Magdeburg, wird Augenzeuge der Schlacht bei Wittstock. Dann verschlägt es ihn nach Westfalen, und das Glück trägt ihn, den „Jäger von Soest", empor. Er gewinnt Ruhm und reiche Beute. Die Woge der Fortuna trägt ihn bis nach Paris, wo er als „beau Allemand" ungeahnte Kavalierserfolge erlangt, aber in die Netze des verfeinerten Lasters gerät. Dann folgt jäher Sturz in entstellende Krankheit und Elend, mühsames Sichdurchschlagen unter Betrügern, Marodeuren und Banditen, bis die Welle ihn wieder emporhebt. In immer neuen Daseinsbereichen und Schicksalen macht er die stets gleiche Erfahrung der Unbeständigkeit aller Dinge, vor allem aber des menschlichen Herzens. Die Not lehrt ihn immer wieder beten, aber kaum davongekommen, sind Reue und gute Vorsätze schnell vergessen. So wird er schließlich Einsiedler auf einsamer Schwarzwaldhöhe. Freilich hat er sich mit Hörrohr und Fernglas versorgt, um den Kontakt zu der geliebten, gehassten Welt nicht ganz zu verlieren. Auch bezweifelt er von vornherein, ob sein Einsiedlertum von langer Dauer sein wird. Diesem ursprünglichen Schluss des Romans fügte Grimmelshausen bald eine Fortsetzung und den endgültigen Abschluss zu: Das unbeständige, viel gescholtene und noch mehr geliebte Leben lockt ihn aufs Neue zur abenteuerlichen Fahrt in die Welt, bis er als Seefahrer an einer einsamen Insel strandet, sich dort robinsonhaft einrichtet und gottwohlgefällig endet.

Aus: Gerhard Fricke/Mathias Schreiber: Geschichte der deutschen Literatur, Paderborn (Schöningh) [20]1988, S. 77.

Hans Jakob Christoph von Grimmelshausen (um 1622–1676) wurde als Sohn einer protestantischen Familie, die ursprünglich „ritterbürtig" (adlig) war, in Gelnhausen (Hessen) geboren. Nach dem Tod des Vaters (wohl 1626) blieb Hans Jakob beim Großvater in Gelnhausen, wo er die Lateinschule besuchte. Die Mutter hatte 1627 wieder geheiratet und war nach Frankfurt gezogen.
Lebensstationen: 1634 Flucht vor kaiserlichen Truppen nach Hanau; 1635 Entführung durch Kroaten; 1636 in schwedischen Diensten u.a. vor Magdeburg; ab 1637 Dienst bei den Kaiserlichen in Westfalen (u.a. in Soest); 1638 am Oberrhein; 1639 in der Festung Offenburg; 1645 Schreiber in der Regimentskanzlei; 1648 Sekretär in einer Regimentskanzlei in Wasserburg am Inn; 1649 Heirat in Offenburg und Schaffner (Verwalter) in Gaisbach bei Oberkirch; daneben ab 1657 Gastwirt im „Silbernen Sternen"; von 1662–1665 Schaffner auf der Ullenburg (bei Gaisbach); seit 1667 Schultheiß in Renchen (bei Straßburg); 1675 Soldat gegen die Franzosen; 1676 Tod in Renchen.
Ab 1666 erschienen seine Werke, z.T. unter Pseudonymen (z.B. German Schleifheim von Sulsfort, Samuel Greifenson von Hirschfeld). 1683f. kam die erste Gesamtausgabe heraus.

Die Gliederung des Romans in fünf Bücher verrät einen planvollen **Aufbau:** Das erste und fünfte Buch zeigen das Einsiedlerleben (= Ausdruck der Weltflucht) als Ausgangs- und Endpunkt. Die Bücher zwei und vier beinhalten die Verstrickung des Helden in die Verworrenheiten des Lebens und seine Lösung daraus; das dritte Buch zeigt, wie der äußere Höhepunkt im Lebensweg der Titelgestalt gleichzeitig den ethischen Tiefpunkt bedeutet. Der große Erfolg des Romans veranlasste den Autor schon 1669 zu einer „Continuatio", die als sechstes Buch angehängt wurde, sowie ab 1669 zu weiteren „Simplizianischen Schriften" in rascher Folge.

[1] Meinen Sorgen hab ich ein End gesetzt, Hoffnung und Glück, lebt wohl!

7. „Das Leben als Abenteuer?“
a) Ordnen Sie die durch Texte und Bilder erschlossenen Informationen nach Themenbereichen.
b) Ergänzen Sie Ihre Ergebnisse anhand eines Inhaltsverzeichnisses des ungekürzten „Simplicissimus“.
c) Erörtern Sie abschließend, ob „Abenteuer“ als Schlüsselbegriff ausreicht zur Erfassung des Romans.

Durch Geduld werde ich zerbrochen

Geduldig seyn zu jeder zeit
Obs schon schwer ist vnd thut sehr leyd
So vberwind es endlich doch /
All Vnglück vnd erhelt sich noch /
Vnd kompt zu letzt zu Ehren fast
Denn GOtt der HERR erkendt die Last
Vnd hilfft den seinen auß der Noth
Die fest halten bey seim Gebott.

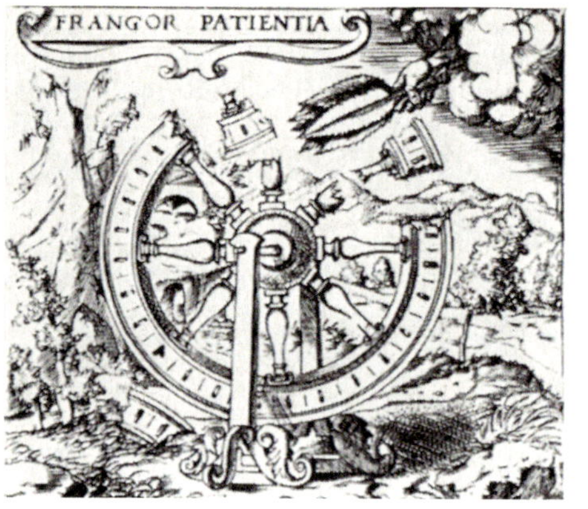

2. Das Leben als Theater? – Tragödie und Komödie

Wenn Sie die Bedeutungsnuancen heutiger Sprachverwendung bedenken – etwa in Äußerungen wie „So ein Theater veranstalten!“ oder „War dies ein Theater!“ –, wird Ihnen der Sinnumfang des Begriffs „Theater“ im Barock durch die folgenden Zeugnisse leicht erschließbar sein.

1. a) Notieren Sie Assoziationen zu „Leben als Theater“.
b) Beschreiben Sie den Bildaufbau von unten nach oben und versuchen Sie eine Deutung.

1 Theatralisierte Darstellung der Aufbahrung des Herzogs Eberhard III. von Württemberg, 1674

Inszenierung eines Totenkults oder Verkennung der Wirklichkeit des Todes und ihre Vertuschung durch den schönen Schein der Schaustellung? Tatsächlich ließ der musikliebende Kaiser Leopold I. in Wien sein Sterben (am 5. Mai 1705) unter den Klängen der Hofkapelle als imposanten Staatsakt zelebrieren. Sicher war dies alles zunächst Ausdruck glanzvoller Repräsentation und des Strebens nach faszinierender Wirkung, wie im Barock alle effektvollen Darstellungen in Kostümen und Uniformen, in Malerei und Architektur sowie in Musik, Lyrik und vor allem in den „Gesamtkunstwerken“ von Oper und Theater zeigen: Hier wurde in Klängen, Farben und Formen durch die ausgeklügelten Raffinessen einer perfekten Bühnentechnik im grandiosen Schauspiel vordergründig die bunte Vielfalt des Lebens in ihrer eitlen Scheinhaftigkeit gezeigt, aber darüber hinaus diente die Bühne als Schauplatz, auf dem sich der Mensch zwischen Gut und Böse, zwischen Himmel und Hölle, entscheiden musste. Weil sich das Theater als Sinndeutung des Lebens verstand, war das Barockzeitalter theaterbesessen wie kaum eine andere Epoche – mit Hof-, Stadt- und zahllosen Schul- und Klostertheatern.

2. a) Entwerfen Sie nach den Szenenanmerkungen zu „Catharina“ ein Bühnenbild.

Die Erste Abhandelung.

Der Schauplatz liget voll Leichen /[1] Bilder / Cronen / Zepter / Schwerdter etc. Vber dem Schau-Platz öffnet sich der Himmel / unter dem Schau-Platz die Helle. Die Ewikeit kommet von dem Himmel / und bleibet auff dem Schau-Platz stehen.

---

b) Vergleichen Sie Ihre Skizze mit dem Bild „Aufbahrung des Herzogs“.

Nach dem Prediger-Totentanz in Basel (Ausschnitt), Aquarell von J.R. Feyerabend (1779–1814)

2 Andreas Gryphius (1616–1664): Catharina von Georgien

(Personenverzeichnis)

Katharina von Georgien ist eine christliche Königin in der Gewalt eines persischen Herrschers, der, von Liebe zu ihr entflammt, ihre Hand und die Preisgabe ihrer Religion fordert (ein der Zeitgeschichte entnommenes Motiv). Von Akt zu Akt, bis zum qualvollen Märtyrertod, bewährt sich im Wechsel von Angst, Leid und Hoffnung immer leuchtender ihre unerschütterliche Standhaftigkeit, diese höchste und bewundertste Tugend des Zeitalters.

Kupferstich zu Gryphius' Trauerspiel „Catharina von Georgien“

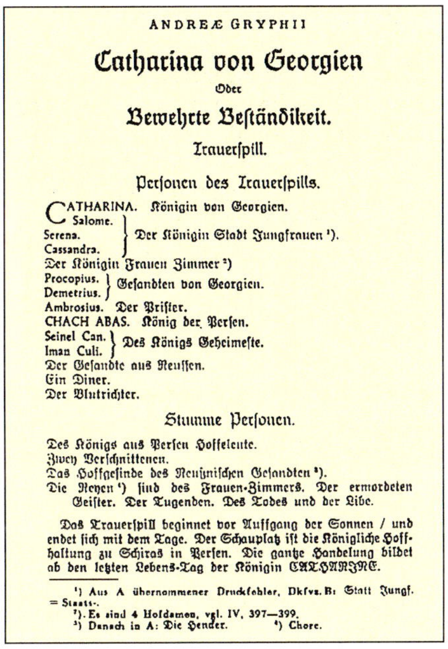

ANDREÆ GRYPHII

Catharina von Georgien

Oder

Bewehrte Beständikeit.

Trauerspill.

Personen des Trauerspills.

CATHARINA. Königin von Georgien.
Salome. / Serena. / Cassandra. } Der Königin Stadt Jungfrauen [1]).
Der Königin Frauen Zimmer [2])
Procopius. / Demetrius. } Gesandten von Georgien.
Ambrosius. Der Prister.
CHACH ABAS. König der Persen.
Seinel Can. / Iman Culi. } Des Königs Geheimeste.
Der Gesandte aus Reussen.
Ein Diner.
Der Blutrichter.

Stumme Personen.

Des Königs aus Persen Hoffeleute.
Zwey Verschnittenen.
Das Hoffgesinde des Reußnischen Gesandten [3]).
Die Reyen [4]) sind des Frauen-Zimmers. Der ermordeten Geister. Der Tugenden. Des Todes und der Libe.

Das Trauerspill beginnet vor Auffgang der Sonnen / und endet sich mit dem Tage. Der Schauplatz ist die Königliche Hoffhaltung zu Schiras in Persen. Die gantze Handelung bildet ab den letzten Lebens-Tag der Königin CATHARINE.

[1]) Aus A übernommener Druckfehler, Dkfvz. B: Statt Jungf. = Staats-.
[2]). Es sind 4 Hofdamen, vgl. IV, 397–399.
[3]) Danach in A: Die Hencker. [4]) Chore.

3 Andreas Gryphius (1616–1664): Catharina von Georgien

(Schluss des Dramas, Vers 410–448)

In der letzten Szene des Trauerspiels klagt sich der Schah von Persien (= Chach Abas) in einem langen Reuemonolog an, Catharina in einem schrecklichen Martyrium zu Tode gequält zu haben. Am Ende dieser Selbstanklage tritt Catharina als Erscheinung auf, der Schah unterwirft sich ihr.

CHACH ABAS.
[...]
Princessin schau! Princessin wir bekennen
Entzeptert! auff Kny und mit gewundnen Händen /
Dass wir unrechtmässig dich betrübet /
Dass wir ein Stück an dir verübet;
Welches aller Zeiten Zeit wird grausam nennen.
Princessin heische Rach!
Ach! Ach! Ach!
Laufft! bringt die Mörder umb / die Hand an sie geleget!
Weg Zepter weg! Chach hat hir selber Schuld!
Und trägt der Himmel noch mit uns Geduld!
Start dise Faust die West und Ost beweget!
Komm komm mein Schwerdt! wir haben Macht uns selbst zu straffen!
Was hir! geht Schiras ein! wo knirschen dise Waffen?
Was für Gerase der Trompeten?
Wer zückt die Säbel uns zu tödten?
Der Erden Grund brüllt und erzittert!
Was ist das hinter uns sich wüttert
Wie? oder schreckt uns eitel Phantasy!
Princessin! Ach wir sincken auff die Kny
Wir vor dem sich gantz Osten niderbeuget!
Vergib dem welcher seine Rew mit ewig-bitterm Kummer zeiget!
CATHARINA. Tyrann! der Himmel ists! der dein Verderben sucht /
Gott läst unschuldig Blut nicht ruffen sonder Frucht.
Dein Lorbeerkrantz verwelckt! dein sigen hat ein Ende.
Dein hoher Ruhm verschwindt! der Tod streckt schon die Hände
Nach dem verdamten Kopff. Doch eh'r du wirst vergehn;
Must du dein Persen sehn in Kriges Flammen stehn /
Dein Hauß durch schwartze Gifft der Zweytracht angestecket /
Biß du durch Kinder=Mord und Nechstes Blutt beflecket
Feind / Freunden und dir selbst unträglich / wirst das Leben
Nach grauser Seuchen Angst dem Richter übergeben.
CHACH ABAS. Recht so! Princessin! recht! greiff unsern Sigkrantz an.
Bekrige Persens Ruh! reiß was uns schützen kan;
Mit starcker Faust hinweg. Lass nun du schon erblichen
Den wackern Hohmutt aus / dem Abas offt gewichen.
Lass auff dem Brand Altar / dem Schauplatz deiner Pein
Zu lindern deinem Grimm uns selbst ein Opffer seyn.
Doch ist wol herber Rach' und die mehr kan betrüben;
Als dass **Wir / Feindin / dich auch Todt stets müssen liben.**

ENDE (v 1663)

3. Interpretieren Sie das Titelblatt.
a) Erklären Sie den Doppeltitel.
b) Zeigen Sie den Zusammenhang zwischen Stand der Personen und der Rolle.
c) Gruppieren Sie die Figuren nach Spiel und Gegenspiel.
d) Welche Hinweise zum Inszenierungsstil gibt der Kupferstich für „Catharina“?

SAPIENTIA CONSTANS.

Feststehende Weisheit

Beständige Weisheit überwindet jedes Übel, sie verachtet den Tod und bleibt stark, auch wenn das Unglück donnert.

4. a) Prüfen Sie die Emblemata, ob sie thematisch zu „Catharina“ „passen“ und machen Sie einen eigenen Vorschlag.
b) Verfassen Sie zum Ikarus-Emblem eine subscriptio und vergleichen Sie mit dem Emblem „Erkenne dich selbst“.

FAIRE TOUT PAR MOYEN.

Theodor Kornfeld
Ein Sand=Uhr (1686)

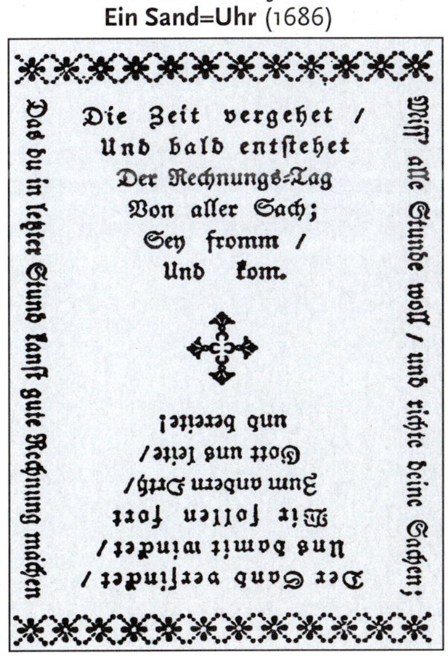

Die **Stoa** war eine griech.-römische Philosophenschule (gr. nach der Stoa poikile, einer bunt geschmückten Wandelhalle in Athen): Das ethische Ideal der Stoiker ist der Weise, der vernunftgerecht handelt, naturgemäß lebt, seine Affekte beherrscht, auch Leiden in „stoischer" Ruhe erträgt und der Glückseligkeit (eudaimonia) allein in der sich jedem Schicksal gegenüber bewährenden Tugend erfährt. Denn für die menschliche Vernunft, die Teil der göttlichen Weltvernunft ist, erwachsen Tugend und Glück aus diesem Weltordnungsprinzip. Aus der Stoa entstammt die Idee des Naturrechts und des freien Weltbürgertums, weil alle Menschen – als Teilhaber der einen Vernunft und als Kinder des Vatergottes – gleich und Brüder sind. Etwa 500 Jahre wirkte die Stoa und man unterscheidet drei Phasen: die *ältere Stoa* im 3. Jh. v. Chr. (mit Zenon, Kleanthes, Chrysipp), die *mittlere Stoa* im 2./1. Jh. v. Chr. (mit Panaitios und Poseidonios, der Einfluss auf Cicero hatte) und die *neuere* (*spätere*) *Stoa* der römischen Kaiserzeit im 1./2. Jh. n. Chr. (mit Seneca, Epiktet, Marc Aurel).

5. a) Exzerpieren Sie Grundgedanken über die Seinsauffassung aus den Texten Marc Aurels.
b) Schreiben Sie eine subscriptio zum Amboss-Emblem und vergleichen Sie mit den Ergebnissen des Exzerpts zu Marc Aurel.
c) „Sei wie ein Fels, an dem unablässig die Wellen sich brechen!" (Marc Aurel) Erörtern Sie diesen Appell aus Ihrer heutigen Sicht.

4 Erkenne dich selbst!

Erkenne dich selbst!

O Mensch, du würdigster Teil der Welt, verkleinere nicht deinen erhabenen Wert durch knechtisches Wesen. In dir wird ein vollkommenes Abbild der Himmelskreise und der Welt sichtbar; lerne daraus deine Herrlichkeit und daraus dein Vermögen erkennen.

NOSCE TE IPSUM.

5 Marc Aurel (121–180 n. Chr.): Selbstbetrachtungen (Auszüge)

2. Tue nichts in gleichgültig oberflächlicher Weise, handle stets nach einem vorbedachten Plan, worin das Geheimnis aller Kunst beruht! [...]

49. Sei wie der Fels, an dem unablässig die Wellen sich brechen! Unerschüttert steht er da, und um ihn herum beruhigt sich die stürmische See! [...]

33. Wie wenig fehlt noch, und du wirst zu Asche, wie ein Gerippe und bist nur noch ein Name, ja selbst dies nicht mehr! Ein Name ist ja nur leerer Schall und Widerklang. Und all die hochgeschätzten Lebensgüter sind nichtig, brüchig, wertlos, und sie gleichen nur Hunden, die sich herumbeißen, und streitenden Kindern, die bald lachen, bald weinen. Aber Treue und Ehrfurcht, Gerechtigkeit und Wahrheit sind entflohen „zum Olymp, weg von der Erde mit ihren weiten Straßen"! Was ist es also, was dich hier noch fesseln kann, wo doch alles, was mit den Sinnen zu tun hat, so leicht sich wandelt und so unbeständig ist, wo die Sinne selbst trüb sind und unzuverlässig, wo das Etwas, das sich Seele nennt, nur eine Ausdünstung des Blutes ist, und wo es schließlich völlig belanglos ist, bei solchen Wesen etwas zu bedeuten! Was also? Warum wartest du nicht gelassen auf dein Erlöschen, auf deinen Übergang? Bis es aber so weit ist, was bleibt da noch? Doch einzig die Götter zu ehren und zu loben, den Menschen Gutes zu tun, sie zu ertragen oder ihnen aus dem Weg zu gehen und zu bedenken, dass alles weder dein ist noch deiner Macht untersteht, was nicht innerhalb der Grenzen deines Fleisches oder deines Geistes liegt!

34. Stets vermagst du glücklich zu sein, wenn du den rechten Weg zu gehen verstehst und wenn du vernünftig denken und ebenso handeln willst. Denn die Seele Gottes und des Menschen und jedes vernünftigen Wesens haben diese zwei Dinge gemein: sich durch nichts beirren zu lassen und im rechten Denken und Handeln das Gute zu sehen und das Streben darauf einzustellen.

(e ab 168)

6 Andreas Gryphius (1616–1664): Absurda Comica oder Herr Peter Squenz (Auszug)

ANDREAS GRYPHIUS
Absurda Comica
oder
Herr Peter Squenz

SCHIMPFSPIEL IN DREI AUFZÜGEN

Spielende Personen

PETER SEQUENZ, Schreiber und Schulmeister zu Rumpelskirchen, Prolog und Epilog
PICKELHERING, des Königs lustiger Rat, Piramus
MEISTER KRICKS ÜBERUNDÜBER, Schmied, der Mond
MEISTER BULLA-BUTÄN, Blasebalgmacher, die Wand
MEISTER KLIPPERLING, Tischler, der Löwe
MEISTER LOLLINGER, Leineweber und Meistersinger, der Brunnen
MEISTER KLOTZ-GEORGE, Spulenmacher, Thisbe

Zusehende Personen

THEODORUS, der König
SERENUS, der Prinz
KASSANDRA, die Königin
VIOLANDRA, die Prinzessin
EUBULUS, der Marschall

Die Komödie lehnt sich an die Rüpelszenen in Shakespeares „Sommernachtstraum" an, in denen Handwerker das Rührstück über den Liebestod von Pyramus und Thisbe für den König spielen, der durch das Dorf kommt. Peter Squenz, der Schreiber und Schulmeister aus Rumpelskirchen, schlägt diese „absurda comica" vor, in der er, der sich als bedeutender Mann fühlt, den Prolog und den Epilog übernimmt. Der alberne Text, die tölpelhafte Darbietung und die vielen Entgleisungen („Säue") sind eine scharfe Satire auf das kleinbürgerliche Milieu und auf das krasse Missverhältnis zwischen Wollen und Können der Laiendarsteller. Am Ende des dritten Aufzugs spricht Peter Squenz einen Epilog (ein Nachwort), in dem er die Lehren und Absonderlichkeiten des Stückes mit vielen unfreiwilligen Fehlern zusammenfasst und kommentiert. Danach folgt ein Dialog mit dem herrschaftlichen Publikum.

[...]

THEODORUS. So hat nun diese Tragödie ein Ende?

SQUENZ. Ja, wohledelgeborener Herr König, und mangelt nicht mehr als das Trinkgeld.

THEODORUS. Wie wär's, wenn wir es mit demselben Actu machten, wie ihr mit der Geburt der jungen Löwen, das ist, denselben ganz ausließen?

SQUENZ. Ei, das müsste der Teufel haben! Ei, Herr König, was narret Ihr Euch viel? Ich weiß wohl, Ihr könnet's nicht lassen, Ihr werdet uns ja was geben müssen.

THEODORUS. Herr Squenz, wir sehen, dass es Euch bisweilen an Witz gebricht.

SQUENZ. Fester[1] Junker König, an Geld auch.

THEODORUS. Nun, wir wollen sehen, wie in der Sache Rat zu schaffen. Lasset hören, wie viel Säue Ihr gemacht in Eurer Tragödie.

SQUENZ. Herr König, ich weiß nicht, wie viel Ihr gezählet habet: ich kam mit der Rechnung bis auf zehn.

THEODORUS. Was kostet eine Sau, so groß wie Ihr, in Eurem Dorfe?

SQUENZ. Eine Sau? Eine Sau, so groß wie ich? Die kostet, lass schauen, wie viel gibt man für eine Sau? Zwölf, auch fünfzehn gute Gülden.

THEODORUS. Nun saget mir: zehnmal fünfzehn, wie viel macht das Gülden?

SQUENZ. Bald, bald, verziehet! Ich will es in die Regul detri[2] setzen: eine Sau um fünfzehn Gülden, wie hoch kommen zehn Säue? – – *(Er rechnet mit Kreide auf der Bühne und sagt dann:)* Auf den Füßen kommen sie.

SERENUS. Es fehlet nicht um ein Haar. Lehret Ihr denn Eure Schüler nicht rechnen?

SQUENZ. Ja freilich, wohlweiser Junker, für wen sehet Ihr mich denn an?

SERENUS. Was habt Ihr denn für eine Lehrweise?

SQUENZ. Wenn sie können „einmal eins ist eins" und „zwei mal zwei ist sieben", so gebe ich ihnen ausgelernet und mache sie zu Rechenmeistern, so gut wie Seckerwitz und Adam Riese.

SERENUS. Das müssen vortreffliche Leute werden!

SQUENZ. So schlimm wie kein Rentmeister.

THEODORUS. Wohl, wohl! Marschall, man befehle dem Schatzmeister, dass man den Komödianten so viel mal fünfzehn Gülden gebe, als sie Säue gemacht.

SQUENZ. Großen Dank, großen Dank, lieber Herr König! Hätten wir dieses gewusst, wir wollten mehr Säu' gemacht haben. Doch ich höre wohl, wir bekommen nur Trinkgeld für die Säu', und für die Komödie nichts. Aber es schadet nicht. Wir sind hiermit wohl vergnüget[3]. Gute Nacht, Herr König! Gute Nacht, Frau Königin! Gute Nacht, Junker, gute Nacht, Jungfer, gute Nacht, ihr Herren alle miteinander! Nehmet für dieses Mal mit unsern Säuen vorlieb, auf ein andermal wollen wir deren mehr machen und so große wie der größeste Bauer, der unter dem ganzen Haufen ist.

THEODORUS. Kurzweil genug für diesen Abend! Wir sind müder vom Lachen als vom Zusehen. Man zünde die Fackeln an und begleite uns ins Zimmer! (1657)

Eine **Insenzierung** (< lat. in + scena = Bühne, d.h. in Szene setzen), die textangemessen und „werktreu" sein will, sollte Folgendes beachten:

1. Die **Rollenverteilung** und **-besetzung** sollte auf *Eignung der Darsteller* (Alter, Figur, Aussehen, Stimme etc.), auf *Kostüme, Stellung* bzw. *Bewegungen* der Figuren auf der Bühne (die Choreografie), auf *Mimik, Gebärden* und *Sprechweise* sowie auf Tempo und Rhythmus des Spiels achten.
2. Eine wirkungsvolle **Darstellung** verlangt entsprechende *Kulissen* und *Requisiten* (z.B. Möbel, Bilder) sowie eventuell eine geeignete *Hintergrundmusik* oder passende *Geräusche* (z.B. Sturm, Wasser, Gewitter etc.).

6. Arbeiten Sie in zwei Abteilungen und in Gruppen:
a) Entwerfen Sie Regieanweisungen und machen Sie Inzenierungsvorschläge zu den Schlussszenen beider Stücke.
b) Geben Sie vor allem genaue Anweisungen für die Hauptdarsteller, um das Charakteristische des Trauerspiels und der Komödie zu treffen.

7. Beschreiben Sie den Komödienschluss in einer sorgfältigen Stilanalyse, indem Sie Situationskomik, Wortwitz und die Funktion der „Säue" (= der absichtlichen Fehler) erfassen.

8. Diskutieren Sie, ob die Überschrift „Das Leben als Theater?" auch ohne Fragezeichen stehen könnte.

Das Barocktheater

Das **Trauerspiel** ist die seit dem 17. Jahrhundert von Philipp von Zesen eingeführte deutsche Bezeichnung für **Tragödie** (< gr. tragodia = Bocksgesang). Während die antiken Tragödien vom ausweglosen Konflikt des tragischen Helden handeln, sind die Trauerspiele des 17. Jahrhunderts oft **Märtyrerdramen**: Die Märtyrer sind stets von hohem Stande und müssen gegenüber tyrannischen Herrschern ihre Glaubensstärke (ihre „Bewehrte Beständikeit") mit dem Tode bezahlen. Nach der sog. *Ständeklausel* – gültig von der Renaissance bis zu J.Ch. Gottsched (1700–1766) – ist die Tragödie den Schicksalen von Königen, Fürsten und anderen hohen Standespersonen vorbehalten, die nach dem französischen Ästhetiker Charles Batteux (1713–1780) eine entsprechende *Fallhöhe* haben: Der tragische Sturz eines Helden wird um so tiefer erfahren, je höher dessen sozialer Rang ist. J.E. Schlegel (1719–1749) und vor allem G.E. Lessing (1729–1781) überwanden mit dem bürgerlichen Trauerspiel die Theorien von Ständeklausel und Fallhöhe:

[1] fester: Prädikat des Edelmanns
[2] Regul detri: der Dreisatz
[3] wohl vergnüget: befriedigt, entschädigt

Nicht sozialer Rang, sondern ethische Werte (Tugend, Sittlichkeit, Würde etc.) wurden entscheidend für die Verkörperung tragischer Konflikte. Das **Jesuitendrama** in lat. Sprache diente den Jesuiten als Schul-Drama zur religiösen Unterweisung im Zuge der Gegenreformation. Seine Blütezeit erreichte es etwa zwischen 1550 und 1650. Besonders beliebt war das Bekehrungsstück. Jakob Bidermann (1578–1639) aus Ehingen a.d.D. war der bedeutendste Dramatiker des Jesuitenordens, der die Vergänglichkeit des irdischen Glücks und den tiefen Fall aus eitler Überheblichkeit – nach dem formalen Vorbild Senecas – besonders wirkungsvoll gestaltete. – Nach der Vorstellung der Barockzeit konnten bürgerliche und bäuerliche Personen – mit all ihren Schwächen und Unzulänglichkeiten – nur in der **Komödie** (< gr. komoidia aus komos = festlich-ausgelassener Umzug und oide = Gesang) auftreten, weil ihrem Leben Größe und Bedeutsamkeit und damit die Fallhöhe fehlten. – Unverkennbar auf die Typen und die Darstellungsweise der Komödie ist der Einfluss der italienischen **Commedia dell'Arte** (< ital. commedia = Schauspiel, Lustspiel und arte = Kunst, Gewerbe): Die volkstümliche Stegreifkomödie entstand um die Mitte des 16. Jahrhunderts, wurde durch Wandertruppen im 17./18. Jahrhundert in ganz Europa sehr wirksam und beeinflusste noch das Wiener Volkstheater von Ferdinand Jakob Raimund (1790–1836) und Johann Nepomuk Nestroy (1801–1862). Durch Textimprovisation, eine ausdrucksstarke Mimik und Gestik, allerlei Scherze und Kunststückchen sowie Tanz und Gesang war alles auf witzige Wirkung angelegt. Vor allem das Typenrepertoire beeinflusste auch die textgebundenen Komödien: Neben dem jugendlichen Liebespaar gab es ernste und heitere Hauptrollen, in denen menschliche Eigenarten und Schwächen karikiert und bestimmten italienischen Regionen zugeordnet wurden: z.B. der gelehrt-schwatzhafte Pedant (Dottore) aus Bologna, der geizige Kaufmann und unersättliche Schürzenjäger (Pantalone) aus Venedig, der gerissene Schelm (Harlekin von ital. Arlecchino) aus Bergamo, der prahlsüchtige Militär (Capitano) und die kokette Dienerin (Colombina) usw.

III. Die Ordnung der Welt

Gesamtansicht des Gartens von Herrenhausen

Die Epoche Barock lässt sich in ihren „Gesichtern" beschreiben und über Schlüsselbegriffe deuten. Aber gibt es ein grundlegendes Prinzip, aus dem das Zeitalter zu verstehen ist? „Ordnung" als Leitbegriff mag auf den ersten Blick verwundern für eine Epoche mit so vielen Facetten: Elend, Chaos des Krieges, aber auch Sinnenlust und Reichtum an Farben und Formen in Malerei, Architektur, Musik und Literatur. Und doch: Der oft verwirrenden Vielfalt der Erscheinungen liegt eine letztlich religiös begründete Ordnung zugrunde: in den Rangstufen der Gesellschaft und dem Zeremoniell des öffentlichen Lebens ebenso wie in der Hierarchisierung des Theaterpersonals, dem Aufbau eines Deckenfreskos, einer Fuge oder eines Sonetts.

1. Die Ordnung des Denkens – Philosophie und Kampfschriften

„Nichts ist schöner, nichts ist fruchtbarer als die Ordnung ... Die Ordnung verschafft auf dem riesigen Schauplatz der Welt allen Dingen Wert und Rang und ist gleichsam ihre Seele. Die Ordnung ist in der Kirche Gottes der Nerv des corpus mysticum. Die Ordnung ist das stärkste Band im Staats- und Familienleben [...]" (Alstedt, „Encyclopedia", 1630)

Blaise Pascal (1623–1662) wurde in Clermont-Ferrand geboren und starb in Paris. Er zeichnete sich aus als Mathematiker, indem er schon als 16-Jähriger

1 Blaise Pascal (1623–1662): Über die Religion und über einige andere Gegenstände (Pensées, Auszüge)

Die Frage nach dem Menschen ist für Pascal das wahre Studium. Im Gegensatz zur mittelalterlichen Ordo-Vorstellung sieht Pascal den Menschen zwischen einer doppelten Unendlichkeit – dem unendlich Großen des Alls und dem unendlich Kleinen des Atoms.

[...] Denn, was ist zum Schluss der Mensch in der Natur? Ein Nichts vor dem Unendlichen, ein All gegenüber dem Nichts, eine Mitte zwischen Nichts und All. Unendlich entfernt von dem Begreifen der äußersten Grenzen, sind ihm das Ende aller Dinge und ihre Gründe undurchdringlich verborgen, unlösbares Geheimnis; er ist gleich unfähig, das Nichts zu fassen, aus dem er gehoben, wie das Unendliche, das ihn verschlingt. [...]

Der Mensch als denkendes Wesen wird so gesehen:

Der Mensch ist offenbar zum Denken geschaffen, das ist seine ganze Würde und sein ganzes Verdienst; und es ist seine ganze Pflicht, richtig zu denken. Nun, die Ordnung des Denkens fordert, dass man mit sich selbst beginne, und zwar mit seinem Schöpfer und mit seinem Ende.

Nun, woran denken die Menschen? Daran nie, sondern an Tanzen, Laute spielen, Singen, Dichten, Ringe stechen usw. und daran, sich zu schlagen, sich zum König zu machen, ohne nachzudenken, was es ist, König zu sein, und was es ist, Mensch zu sein. 146

Nur ein Schilfrohr, das zerbrechlichste in der Welt, ist der Mensch, aber ein Schilfrohr, das denkt. Nicht ist es nötig, dass sich das All wappne, um ihn zu vernichten: ein Windhauch, ein Wassertropfen reichen hin, um ihn zu töten. Aber, wenn das All ihn vernichten würde, so wäre der Mensch doch edler als das, was ihn zerstört, denn er weiß, dass er stirbt, und er kennt die Übermacht des Weltalls über ihn; das Weltall aber weiß nichts davon.

Unsere ganze Würde besteht also im Denken, an ihm müssen wir uns aufrichten und nicht am Raum und an der Zeit, die wir doch nie ausschöpfen werden. Bemühen wir uns also, richtig zu denken, das ist die Grundlage der Sittlichkeit. 347 (e 1669)

Der **Rationalismus** (< lat. ratio = Berechnung, Rechenschaft, Beweisführung, Vernunft) ist – allgemein betrachtet – der Auffassung, dass die Welt logisch, d.h. vernünftig beschaffen und somit berechenbar sei. Im engeren Sinne wird Rationalismus als geistige Bewegung der *Aufklärung* des 17./18. Jahrhunderts verstanden, die im Gegensatz steht zum *Empirismus*, der alle Erkenntnis unmittelbar aus der Erfahrung ableitet, und zum *Irrationalismus*, in dem die Seelen- und Gefühlskräfte im Mittelpunkt stehen. Der philosophische Rationalismus geht davon aus, dass die Vernunft (ratio) das höchste geistige Vermögen ist und dass ihm der Verstand (intellectus) untergeordnet ist. Es gebe a priori (von vornherein) Vernunftwahrheiten, die von aller Erfahrung unabhängig seien und einen höheren Rang haben als die aus der Erfahrung gewonnenen Erkenntnisse. Als Beispiel reiner Vernunfterkenntnis gilt oft die Mathematik. Gegen die mit R. Descartes beginnenden und in G.W. Leibniz und Chr. Wolff gipfelnden rationalistischen Systeme wies I. Kant das Zusammenwirken von Begriff und Erfahrung im Erkenntnisvorgang nach.

2 Gottfried Wilhelm Leibniz (1646–1716): Die Theodizee von der Güte Gottes, der Freiheit des Menschen und dem Ursprung des Übels (Auszug)

Leibniz sieht in Gott den ersten Grund aller Dinge, weil er notwendig und ewig ist sowie die höchste Weisheit und Güte besitzt. Er konnte deshalb nur das Beste schaffen. Leibniz fährt fort und behauptet, [...]

dass, wenn es keine beste *(optimum)* unter allen möglichen Welten gäbe, Gott gar keine geschaffen haben würde. Ich nenne *Welt* die ganze Folge und Ansammlung aller bestehenden Dinge, damit man nicht sage, dass verschiedene Welten zu verschiedenen Zeiten und an verschiedenen Orten bestehen konnten; denn diese müssten alle zusammen für eine Welt oder, wenn man will, für ein Universum gelten. Und wenn man auch alle Zeiten und alle Orte anfüllte, so bleibt es doch allemal wahr, dass man sie auf unendlich viele Arten hätte anfüllen können, und dass es unendlich viele mögliche Welten gibt, von denen Gott die beste gewählt haben muss, da er nichts tut, ohne der höchsten Vernunft gemäß zu handeln.

9. Ein Gegner, der auf dieses Argument nichts entgegnen kann, wird nun vielleicht auf die Schlussfolgerung mit einem entgegengesetzten Argument antworten, indem er behauptet, dass die Welt ohne Sünde und ohne Leiden hätte sein können: allein ich bestreite, dass sie dann *besser* gewesen wäre. Denn man muss beachten, dass in jeder der möglichen Welten alles eng miteinander verknüpft ist: das Universum, welches es auch sein mag, ist völlig aus einem Stück, wie ein Ozean. Die geringste Bewegung erstreckt hier ihre Wirkung bis auf die weiteste Entfernung, wenn auch diese Wirkung im Verhältnis zur Entfernung immer weniger spürbar wird, so dass Gott, da er die Gebete, die guten und schlechten Taten und alles Übrige vorhersah, alles ein für allemal im Voraus geordnet hat; und jedes Ding hat vor seinem Dasein *in der Vorstellung* bei dem Entschluss mitgewirkt, der über das Dasein aller Dinge gefasst worden ist. Deshalb kann im Universum (nicht mehr als bei einer Zahl) unbeschadet seines Wesens oder, wenn man will, seiner *numerischen Individualität* nichts geändert werden. Wenn also das geringste Übel, das in der Welt geschieht, in ihr fehlte, so würde sie nicht mehr diese Welt sein, die, alles in Rechnung gestellt, von dem Schöpfer, der sie erwählt hat, als die beste befunden worden ist.

10. Allerdings kann man sich mögliche Welten ohne Sünde und ohne Elend vorstellen und könnte daraus etwas schaffen, was Romanen, Utopien und Sevaramben[1] gleicht, aber diese

[1] Sevaramben: nach dem utopischen Roman „Histoire des Sevarambes“ von Denys Veiras oder Vairasse (ca. 1635–1685); 1675 in London, 1677 in Paris erschienen

eine Abhandlung über Kegelschnitte schrieb, als 19-Jähriger eine Rechenmaschine konstruierte. Er förderte den Ausbau der Kombinatorik sowie der Wahrscheinlichkeitsrechnung und entwickelte das sog. Pascal'sche Dreieck. Als Physiker entdeckte er das Gesetz der Torricellischen Röhren und des Luftdrucks. Die Hauptwerke des Religionsphilosophen Pascal, der seit 1646 Beziehungen zum Jansenismus – einer Bewegung zur inneren Erneuerung des Katholizismus – unterhielt, zeigen die paradox erscheinende Synthese aus Rationalismus und Glaubensgewissheit. In seinem Werk *Pensées sur la religion* (1669) könnte folgender Gedanke als Leitmotiv gelten: „Zwei Übertreibungen: Ausschluss der Vernunft. – Nur die Vernunft gelten lassen.“ (Abschnitt 253)

1. a) Worin sieht Pascal Größe und Grenzen des Menschen?
b) Durch welche Gedanken erweist sich Pascal besonders deutlich als Philosoph einer Übergangsepoche?

Der in Leipzig geborene **Gottfried Wilhelm Leibniz** (1646–1716) gilt als der universalste Geist des 17. Jahrhunderts: Die abgedruckten Textauszüge zeigen ihn als Sprachforscher. Daneben war er Historiker, Politiker, Diplomat, Rechtsgelehrter, Theologe, Physiker und Mathematiker, der unabhängig von Newton die Integral- und Differentialrechnung entwickelte. Vor allem aber war er Philosoph, der eine Synthese von mittelalterlich-theologischem und modernem, naturwissenschaftlich-mechanischem Denken suchte und damit zur Aufklärung überleitete.

Die Theodizee (< gr. theos = Gott und dike = Recht, d.h. Rechtfertigung Gottes) wurde als Begriff von Leibniz eingeführt. Trotz der schrecklichen Übel in der Welt – im philosophischen Sinne bedeutet „Übel“ einen Mangel an Vollkommenheit (Gutheit, Seinsfülle) – ist nach Leibniz der Glaube an Gottes Allmacht, Weisheit, Güte und Gerechtigkeit nicht in Frage zu stellen. Er kommt zum Ergebnis, dass unsere Welt die beste aller möglichen Welten ist, in der das vorhandene Übel durch die Harmonie des Ganzen ausgeglichen wird.

2. a) Notieren Sie in Thesen (mit Argumenten und Beispielen) Ihre Auffassung zu folgenden Behauptungen:
- Die Welt ist gut, so wie sie ist.
- Die Welt ist schlecht, so wie sie ist.

b) Vergleichen Sie Ihren Gedankengang mit den zentralen Aussagen von Leibniz.

c) Wieso ist es Ausdruck modernen Denkens, wenn im 17./18. Jahrhundert der eigene Glaube philosophischer Rechtfertigung bedarf?

Welten würden im Übrigen der unseren bedeutend nachstehen. Ich kann das nicht im Einzelnen zeigen, denn wie könnte ich Unendlichkeiten kennen, darstellen und miteinander vergleichen? Man muss es vielmehr mit mir *ab effectu*[1] schließen, da Gott diese Welt gewählt hat, so wie sie ist. Überdies wissen wir ja, dass ein Übel oft ein Gut bewirkt, das man ohne jenes Übel nicht erlangt haben würde. Häufig haben sogar zwei Übel ein großes Gut herbeigeführt: [...] (1710)

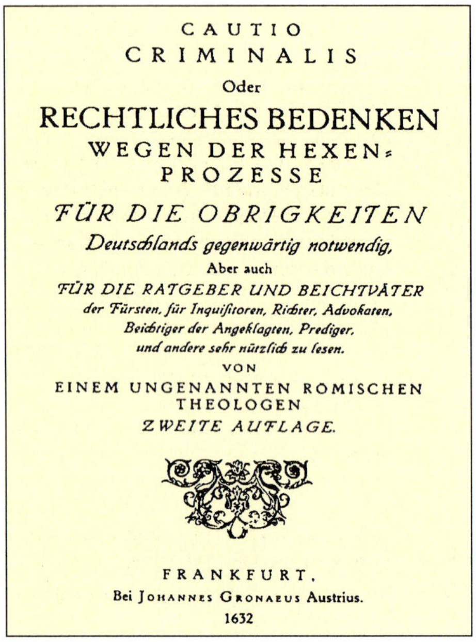
CAUTIO
CRIMINALIS
Oder
RECHTLICHES BEDENKEN
WEGEN DER HEXEN=
PROZESSE
FÜR DIE OBRIGKEITEN
Deutschlands gegenwärtig notwendig,
Aber auch
FÜR DIE RATGEBER UND BEICHTVÄTER
der Fürsten, für Inquisitoren, Richter, Advokaten,
Beichtiger der Angeklagten, Prediger,
und andere sehr nützlich zu lesen.
VON
EINEM UNGENANNTEN RÖMISCHEN
THEOLOGEN
ZWEITE AUFLAGE.
FRANKFURT.
Bei Johannes Gronaeus Austrius.
1632

3 Friedrich Spee von Langenfeld, genannt Friedrich von Spee (1591–1635): Cautio Criminalis oder Rechtliches Bedenken wegen der Hexenprozesse (Auszug)

Friedrich von Spees *Cautio Criminalis* erschien zunächst anonym und nach Bekanntwerden des Verfassers war die Veröffentlichung lebensgefährlich. Als Beichtvater vieler Verurteilter hatte der Jesuitenpater nicht nur die Grausamkeit der Verfahren kennengelernt, sondern er sah auch, dass von den nahezu 200 zum Tode verurteilten Frauen, die er zum Scheiterhaufen begleitete, keine wirklich schuldig war. Den vor allem durch Institoris und Sprenger verbreiteten Glauben an eine Unzahl von Hexen in Deutschland sah Friedrich von Spee aus zwei Quellen genährt: Aus „Unwissenheit und Aberglauben" sowie aus „Neid und Missgunst des Volkes". „Die Hexenverfolgungen hatten ja für alle, die sich an ihnen als Jäger und als Antreiber beteiligten, sehr irdische Vorteile. Die Obrigkeit bereicherte sich an den eingezogenen Gütern der Zauberer; Richter und Inquisitoren erhielten Kopfgelder nach der Zahl der Verurteilten; das Handwerk der Scharfrichter und Folterknechte blühte und es konnte kein wirksameres Mittel geben, sich eines Feindes oder sonst lästigen Mitbürgers zu entledigen, als ihn der Hexerei zu verdächtigen. All dies aber durfte sich mit dem Gehorsam gegen das Gesetz Gottes schmücken, das die unnachsichtige Ausrottung der Magier zur Gewissenspflicht machte." (Joachim-Friedrich Ritter in der Einleitung zur deutschen Ausgabe, S. XXII.) Um den Vorwurf des Atheismus und der Ketzerei nicht auf sich zu ziehen, leugnete Friedrich von Spee die Existenz von Hexen nicht direkt, doch klingen mittelbar viele Zweifel an. Er wandte sich in den 51 Fragen und Antworten gegen die Ungerechtigkeit und Grausamkeit der Prozesspraxis: Christliche Nächstenliebe (die Caritas christiana), Gebote des Naturrechts (des Jus Naturale) und der „gesunde Menschenverstand" (die recta Ratio) sind die Triebkräfte von Friedrich von Spees Kampfschrift.

In der 51. Frage des Schlusses fasst der Autor seine Hauptgedanken zusammen, wobei er an einem Fall die absolute Ausweglosigkeit zeigt: Unabhängig davon, ob die oder der Beschuldigte unter der Folter gesteht oder standhaft bleibt, am Ende steht die Verbrennung.

3. a) Gehen Sie von Ihren Assoziationen zum Titel „Hexenhammer" aus und vergleichen Sie damit die Hauptthese Friedrich von Spees.

b) Erörtern Sie die Wertung der „Cautio" als „eines der mutigsten Bücher" des 17. Jahrhunderts (Richard Newald).

[...] 46. Daraus ist denn auch ein E r g e b n i s abzuleiten, das man rot anstreichen sollte: Wenn nur die Prozesse unablässig und eifrig betrieben werden, dann ist heute niemand, gleich welchen Geschlechtes, in welcher Vermögenslage, Stellung und Würde er sei, mehr sicher genug, sofern er nur einen verleumderischen Feind hat, der ihn verdächtigt und in den Ruf bringt, ein Zauberer zu sein. So steuern wahrhaftig, wohin ich mich nur wende, die Verhältnisse auf ein entsetzliches Unglück hinaus, sofern nicht anderweit Vorsorge getroffen wird. Ich habe es schon oben gesagt und wiederhole es hier ganz kurz: Mit Feuerbränden kann man diese Hexenplage, was es mit ihr auch auf sich haben mag, nicht vertilgen, wohl aber auf eine andere Weise, fast ganz ohne Blutvergießen und mit dem nachhaltigsten Erfolge. Aber wer will davon erfahren? Ich hatte noch mehr sagen wollen, aber der Schmerz übermannt mich, sodass ich diese zusammenfassende Übersicht nicht sorgfältig und vollständig zu Ende führen noch, was sonst recht nutzbringend sein würde, eine deutsche Übersetzung ins Auge fassen kann. Vielleicht werden einmal Männer kommen, die dem Vaterland und der Unschuld zuliebe das Werk ganz vollenden. Um dies eine endlich beschwöre ich alle gebildeten, frommen, klugen und besonnenen Beurteiler (denn die übrigen sind mir gleichgültig) um des Gerichts des allmächtigen Richters willen, dass sie das, was wir in diesem Buche niedergeschrieben haben, recht aufmerksam studieren und bedenken. Das Seelenheil aller Obrigkeiten und Fürsten ist in großer Gefahr, wenn sie nicht sehr aufmerksam sein wollen. Sie mögen sich nicht wundern, wenn ich sie zuweilen heftig und leidenschaftlich ermahne;
es gebührt mir nicht, unter denen zu sein, die der Prophet stumme
Hunde heißt, die nicht zu bellen wissen.
Sie mögen auf sich und ihre ganze Herde
Acht geben, die GOTT einstmals strenge
aus ihrer Hand zurück
fordern wird.

(1631 lat., 1649 dt.)

Friedrich von Spee (1591–1635) stammte aus alter rheinländischer Adelsfamilie, trat 1610 dem Jesuitenorden bei und wirkte als Lehrer, Professor für Moraltheologie und als Seelsorger u.a. in Paderborn, Würzburg, Köln und Trier, wo er nach seiner Sammlung geistlicher Lieder *Trutz Nachtigal* (um 1620, gedruckt 1649) zum wichtigsten Vertreter des katholischen Kirchenliedes in Deutschland wurde.

[1] ab effectu: aus dem Ergebnis

4 Christian Thomasius (1655–1728): Vom Laster der Zauberei

(Auszüge)

Mit seinen beiden Hauptwerken – *Vom Laster der Zauberei* (*De Crimine Magiae*, 1701) und *Über die Hexenprozesse* (*Processus Inquisitorii contra Sagas*, 1712) – setzte er bewusst den Kampf Friedrich von Spees fort und wurde zum erfolgreichsten Gegner des Hexenwahns. Zumindest für Preußen gab er den endgültigen Anstoß zur Abschaffung der Hexenprozesse. Wie weit er über seinen großen Vorläufer hinausgeht, zeigen die folgenden Textauszüge.

§ 6

Dass ein Teuffel sey, der in den Gottlosen herrsche, wird zugegeben, aber geleugnet, dass ein Laster der Zauberey sey.

Gleichwie nun Goedelman zwar das Bündnis der Zauberer mit dem Teuffel zugelassen, der Hexen ihres aber mit dem Satan geleugnet; Becker hingegen, wo nicht den Teuffel selbst, doch gewiss seine Macht und Wirckung über die Menschen in Zweiffel gezogen, der Auctor aber, welcher die Cautionem Criminalem geschrieben, sich nur so gestellet, als glaubte er der Hexen Existenz und derselben Bündnisse mit dem Satan, der gemeine Pöbel endlich und die Halb-Gelehrten in der völligen Einbildung stehen, es sey nicht nur in der That ein Teuffel, sondern es gebe auch viele Hexen, und dass die bißhero gewöhnlichen und wieder sie angestellete Hexen-Processe höchst löblich und billich wären, solches auch nicht allein sich selbst; sondern auch andern weißzumachen bemühet gewesen: also gehe ich voritzo von allen diesen Meynungen ab, und statuire, dass: zwar ein Teufel ausser dem Menschen sey, und dass derselbe gleichsam von aussen, jedoch auf eine innerliche und unsichtbare Weise in den Gottlosen sein Werck treibe; ich leugne aber hinwiederum, dass Hexen und Zauberer gewisse Verträge mit dem Satan aufrichten solten, und bin vielmehr versichert, dass alles, was dißfalls geglaubet wird, nichts anders, als eine Fabel sey, so aus dem Jüden-Heyden- und Pabsthum zusammen gelesen, durch höchst unbillige Hexen-Processe aber, die so gar auch bey den Protestirenden eine Zeithero gebräuchlich gewesen, bestätigt worden.

§ 56

Die eintzige Behutsamkeit bey den Hexen Processen ist diese, dass der Fürst keinen Process verstatte, noch die Unter Richter wieder das Laster der Zauberey inquiriren. [...] (1701)

Die **Hexenverfolgungen** vom 15. – 18. Jahrhundert forderten nach neuen historischen Forschungen[1] zwischen 30–50 000 Opfer, Männer und vor allem Frauen: 1728 in Berlin, 1775 in Kempten und 1782 in Glarus (Schweiz) fanden die letzten Hexenverbrennungen statt.

Ausgangspunkt war die sog. *Hexenbulle* Innozenz' VIII. (1484), in der das „Hexenunwesen" dargestellt, die Inquisitoren Institoris und Sprenger unterstützt und gegen den zunächst großen Widerstand des Volkes und des Klerus gegen die Inquisition drastische Strafen angedroht wurden.

Der *Malleus maleficarum* (1487, zu deutsch *Hexenhammer*) der Kölner Dominikaner Jakob Sprenger (1436/38–nach 1494) und Heinrich Institoris (um 1430–1505) entwickelte einen unvorstellbaren Hexenwahn: Hexen und Hexer seien nicht nur schwere Sünder, sondern den Dämonen mit „Leib und Seele" verfallen. Deshalb seien nur die allerschwersten Strafen angemessen.

Holzschnitt aus dem 16. Jh.: „Von Peinigung"

[1] Vgl. Wolfgang Behringer: Neun Millionen Hexen. Entstehung, Tradition und Kritik eines populären Mythos. In: Geschichte in Wissenschaft und Unterricht. 11/98, S. 664–685.

Christian Thomasius (geb. 1655 in Leipzig, 1728 gest. in Halle) war Rechtslehrer und Philosoph, der das Deutsche als Sprache der Wissenschaft besonders förderte: 1687 kündigte er – wohl als erster Hochschullehrer – seine Vorlesungen in deutscher Sprache an; die „Monatsgespräche" (1688–1690) waren die erste wissenschaftlich-literarische Zeitschrift in deutscher Sprache. Als Jurist schloss er sich den Naturrechtslehren (*De iure naturae et gentium*, 1672) des Freiherrn Samuel von Pufendorf (1632–1694) an. Thomasius vertrat früh Ziele der Aufklärung und wirkte gegen Vorurteile aller Art, vor allem aber gegen Folter und Hexenprozesse.

4. Wodurch geht Ch. Thomasius über F. von Spees Auffassung hinaus und wieso steht er damit „an der Schwelle der Aufklärung"?

5. Entwerfen Sie ein fiktives Streitgespräch zwischen den Autoren des „Hexenhammers" einerseits und F. von Spee und Ch. Thomanius andererseits.

6. Wählen Sie auf dem Hintergrund Ihres Wissens über Hexenverfolgungen und den Kampf dagegen eine der Aufgaben.

a) Schreiben Sie einen Leserbrief über heutige Menschenrechtsverletzungen.

b) Halten Sie ein Kurzreferat: Hexenverfolgungen und „Ordnung des Denkens" – wie passt dies zusammen?

Das **Figuren- oder Bildgedicht** (lat. carmen figuratum; gr. technopaignion = künstlerische Spielerei) gehört zur *Bilderlyrik*, bei der durch längere und kürzere Zeilen über das Schriftbild ein Gegenstand im Umriss nachgezeichnet wird, der zum Inhalt meist in unmittelbarer oder symbolischer Beziehung steht: z.B. als Sanduhr, Herz, Kreuz, Pokal, Krone, Baum, Apfel, Waage, Kelch, Altar etc. Figurengedichte gab es bereits im Hellenismus (3. Jh. v. Chr.), in der Zeit Konstantins (4. Jh. n. Chr.), vor allem aber im Barock (J.G. Schottel 1645). Im 19. Jahrhundert spielte die Bilderlyrik als volkstümliches Gelegenheitsgedicht eine Rolle. Aber auch die Symbolisten (z.B. St. Mallarmé), die Dadaisten und italienischen Futuristen sowie die moderne visuelle und konkrete Poesie nutzten die Spannungsverhältnisse zwischen Text und Typografie.

1. a) Vergleichen Sie die Figurengedichte mit dem Garten von Herrenhausen (S. 130).
b) Beschreiben Sie Gemeinsamkeiten und Unterschiede zwischen dem barocken und modernen Figurengedicht.
c) Entwerfen Sie selbst ein barockes oder modernes Figurengedicht.

Widerstand des Schicksals

Was soll ich tun? das neidische Schicksal widersteht dem glücklichen Beginn, so dass ich meinen Lauf nicht fortsetzen kann.

Die Technik des **pars pro toto** (lat. = der Teil (steht) für das Ganze) ist eine Stilfigur des sog. „uneigentlichen" Sprechens, die einen Teil einer Sache nennt und damit das Ganze meint. Z.B.: „Ich besitze ein eigenes Dach" (= Haus). „Er zählt stolze 21 Lenze" (= Jahre). (Vgl. Metonymie, S. 17.)

2. Gegen das Chaos die strenge Form – Anwendung des Drei-Phasen-Modells am Sonett

Bildende Künstler und Dichter des 20. Jahrhunderts haben – trotz des Abstands von fast dreihundert Jahren – oft erstaunlich enge Beziehungen zur Epoche Barock. Auf den ersten Blick scheint es sich um äußerliche Gemeinsamkeiten der Gestaltung zu handeln. Weit über das Visuelle hinaus gehen grundsätzliche Gemeinsamkeiten, vor allem mit Dichtern des sog. Expressionismus (etwa zwischen 1910 und 1925, vgl. S. 332ff.): Es war das epochale Bewusstsein eines äußerlich und innerlich absolut bedrohten Daseins – im 17. Jahrhundert ebenso wie in der Zeit um den Ersten Weltkrieg. Natürlich wurden aus der Zeitdiagnose jeweils andere Konsequenzen gezogen, aber die Dichter des 17. und des 20. Jahrhunderts wählten aus ganz ähnlichen Gründen oft die Gedichtform des *Sonetts*. Dieses soll im Folgenden Interpretationsschwerpunkt sein. Es geht dabei darum, früher gewonnene Einsichten und Fertigkeiten im Interpretieren (vgl. Einführung, S. 15f., 19) anzuwenden und zu systematisieren.

1 Johann Christoph Männling (1658–1723): Todten-Bahre

Mein Wanderer steh still allhier /
Es liegt der Tugend-glantz und Zier /
Auf dieser schwartzen Todten-Baare /
Das Leich-Tuch deckt die muntren Jahre /
Jedoch der Nach-Klang / rufft noch aus:
Hier ist der Ruh ihr sichres Hauß /
Dahin der Seelige den matten Leib verstecket /
Biß einsten Sand und Grauß /
Wird durch den Lebens-Geist des Höchsten stehn erwecket
Da wird der Tod / Gleich Phoenix Bruth /
Und sein Geboth / In frischem Muth /
Wie Eyß zergehn / Itzt bleibt der Ruhm /
Er aber stehn / Sein Eigen-Thum /

(Erstdruck 1704)

2 Reinhard Döhl (*1934): Apfel

(v 1965)

3 Andreas Gryphius: Es ist alles eitel (erstmals gedruckt 1637; hier in der veränderten Fassung „letzter Hand" von 1663)

Du siehst, wohin du siehst, nur Eitelkeit auf Erden.
Was dieser heute baut, reißt jener morgen ein,
Wo itzund[1] Städte stehn, wird eine Wiese sein,
Auf der ein Schäferskind wird spielen mit den Herden.

Was itzund prächtig blüht, soll bald zertreten werden.
Was itzt so pocht[2] und trotzt, ist morgen Asch und Bein.
Nichts ist, das ewig sei, kein Erz kein Marmorstein.
Itzt lacht das Glück uns an, bald donnern die Beschwerden.

Der hohen Taten Ruhm muss wie ein Traum vergehn.
Sollt denn das Spiel der Zeit, der leichte Mensch bestehn?
Ach, was ist alles dies, was wir vor köstlich achten,

Als schlechte Nichtigkeit, als Schatten, Staub und Wind,
Als eine Wiesenblum, die man nicht wiederfind't.
Noch will, was ewig ist, kein einig[3] Mensch betrachten.

(v 1663)

[1] itzund: jetzt
[2] pocht: hochmütig ist
[3] einig: einziger

Gedichtinterpretation 4: Interpretation eines Sonetts nach dem Drei-Phasen-Modell (vgl. S. 15f.)

Thema: Interpretieren Sie „Es ist alles eitel" von Andreas Gryphius, indem Sie vor allem auf die Beziehung zwischen Inhalt, Aufbau und Form achten!

1. Phase: Gesamteindruck, erstes Gesamtverständnis und Themenanalyse

1. Über *Assoziationen* oder *Fragen* zum Titel ergibt sich eine erste Orientierung: „Eitel" = stolz, putzsüchtig trifft noch nicht den Kern.
2. Durch mehrmaliges *Lesen* (leise, besser laut oder wenigstens durch „vorgestelltes Sprechen" i.S. einer still simulierten Rezitation) erschließen sich *Auffälligkeiten*.
   - z.B. Eitelkeit = Vergänglichkeit?
   - Kontraste innerhalb der Zeilen
   - zwei vierzeilige, zwei dreizeilige Strophen mit je gleichartigen Endreimen
3. Die *Themenanalyse* zeigt, dass die Generalanweisung „Interpretieren Sie" nur durch den Hinweis auf die besondere „Beziehung" der Aspekte Inhalt, Aufbau und Form differenziert wird.

2. Phase: Tabellarische Stoffsammlung zur Erfassung der Wechselbeziehung von Inhalt, Aufbau und Form

1. *Beschreiben* Sie sehr *textgenau*: Versuchen Sie den Vers- und Strophenbau (zwei Quartette, zwei Terzette), die Spannung zwischen erster und letzter Zeile, die Besonderheiten von Satzbau (Kontraste) und Wortwahl (altertümliche Formen, ebenfalls in Kontrastierung), die Beispielhäufungen und Bilder sowie die Eigenarten von Metrum (Jambus), Rhythmus (deutlicher Zeilenstil) und Reim (abba, abba, ccd, eed) zu erfassen!
2. Verfassen Sie nach erneuter Lektüre ein *Resümee*, in dem Sie die *Sinnrichtung* des Sonetts ermitteln: Der Vergänglichkeit der Welt (Städte, Größe, Ruhm und Glück) steht die Ewigkeit als Ziel gegenüber.
3. Eine *Strukturskizze* kann bei diesem streng gebauten Sonett eine zusätzliche Verstehenshilfe sein.

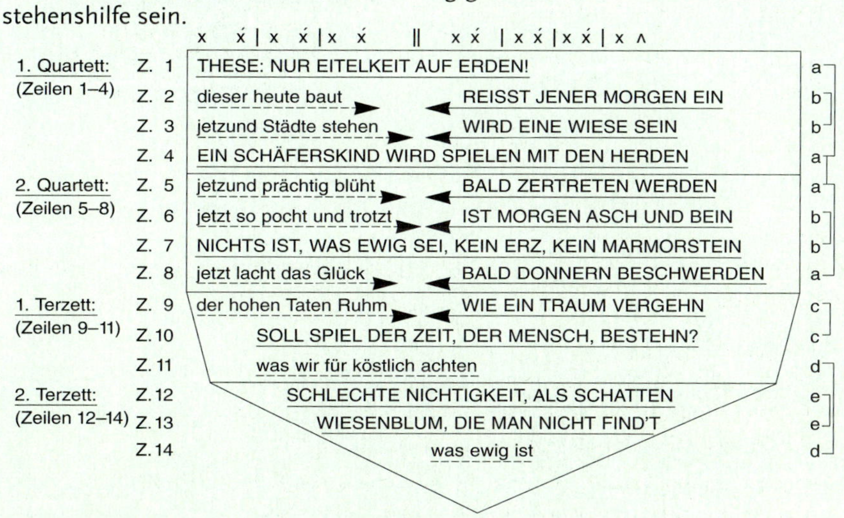

Diese Gegenüberstellung von *Leitbegriffen* zeigt sehr anschaulich

- die Gegensätzlichkeit (Antithetik) der Aussagen,
- die Wiederholung (den Parallelismus),
- und die Häufung (Kumulation) der Beispiele.

Der *metrische* Bau der Verse bedeutet mehr als bloßen Schmuck: Es handelt sich um sechshebige Jamben mit deutlicher Zäsur nach der dritten Hebung. Dieser sog. *Alexandriner* entspricht mit seiner Zweiteilung rhythmisch dem gedanklichen Gegensatz, so dass Rhythmus und Antithetik zusammen eine Einheit bilden.
Um aber diese Struktur nicht schematisch werden zu lassen, wird das gedankliche und metrische Grundmuster variiert: in den Zeilen 4, 7 und in den Terzetten ab Zeile 10.
Auch die Kombination von Paarreim und umarmendem Reim unterstützt die Beziehungen von Inhalt und Rhythmus ebenso wie der Strophenreim vom ersten zum zweiten Quartett.
Die Beziehung der *Strophen* zeigt, wie sich der gedankliche Fortgang von Zivilisation (1. Quartett) über belebte sowie unbelebte Natur und Schicksal (2. Quartett) in einer Art Engführung auf den Menschen konzentriert (1. Terzett) und sich nach einer Bilanz der Nichtigkeiten (2. Terzett) in der allerletzten Zeile dem Ewigen zu-

Andreas Gryphius (= Andreas Greif) wurde 1616 in Groß-Glogau a.d. Oder (Schlesien) als Sohn eines lutherischen Pastors geboren; von Katholiken wurde die Familie drangsaliert. Mit 5 Jahren verlor der Junge den Vater, mit 11 Jahren die Mutter und sein Erbe. Feuersbrunst zerstörte seine Schule in Görlitz; seine Schule in Fraustadt wurde wegen der Pest geschlossen. Mit 17 Jahren besuchte er das Gymnasium academicum in Danzig und erlebte hier 1634–36 zwei glückliche Jahre. Beim schlesischen Hofpfalzgrafen Georg Schönborner in Schönborn wurde Gryphius mit 20 Jahren Hauslehrer und erfuhr einen Aufschwung der „Fortuna": Der 21-Jährige wurde 1637 von Schönborner zum Poeta laureatus gekrönt, erhielt die Magisterwürde und das Dozentenrecht. Mit den Söhnen des Grafen machte er mitten im Krieg eine große Bildungsreise: Stationen waren Holland (1638–44) mit juristischen Studien und einer Dozentur in Leiden, dem damaligen Zentrum europäischer Bildung. In Holland lebten die berühmten Dramatiker Pieter Corneliszoon Hooft (1581–1647) und Joost van den Vondel (1587–1679), hier gab es eine große Theatertradition. – In Frankreich (1645) erlebte Gryphius die Dichter Pierre Corneille (1606–1684) und Jean-Baptiste Molière (1622–1673), in Italien den Aufstieg der Oper (Florenz, Rom, Venedig). – Über Straßburg (1646), Amsterdam und Stettin erfolgte die Rückreise nach Fraustadt zu seinem Stiefvater (1647).
Gryphius heiratete 1647 und hatte seit 1650 als Syndikus schwierige politisch-diplomatische Aufgaben für die protestantischen Landstände des Fürstentums Glogau. Er arbeitete als Hauslehrer und lehnte ehrenvolle Berufungen an die Universitäten Frankfurt a.d. Oder, Upsala und Heidelberg ab. 1662 wurde er in die „Fruchtbringende Gesellschaft oder Palmenorden" aufgenommen. 1664 verstarb Gryphius während einer Ratssitzung in Glogau an einem Schlaganfall.

wendet. Diese Steigerung zum Ende hin (eine sog. Klimax- oder Finalstruktur) wird durch die Aufbauskizze besonders anschaulich: Die Gewissheit der Aussage, die durch den Titel – „Es ist *alles* eitel" – und durch die erste Zeile – „*nur* Eitelkeit auf *Erden*" – geschaffen wird, scheint sich durch die Schlusszeile zunächst zu bestätigen. Der Mensch, der im Augenblick („noch will", Z. 14) nicht „betrachten" (Z. 14) will – i.S. von beachten –, „was ewig ist" (Z. 14), verfällt ebenfalls – wie alles Irdische – dieser Nichtigkeit. Gleichzeitig wird in dieser Schlusszeile aber auch eine *künftig mögliche* Rettung aus dieser Vergänglichkeit deutlich angezeigt: Wenn der Mensch zur Beachtung des Ewigen (= Göttlichen) bereit wäre, könnte er seine Seele retten.
Im Vergleich zu Gryphius' Sonett *Thränen des Vaterlandes* werden Erfahrungen aus dem Dreißigjährigen Krieg in *Es ist alles eitel* nicht unmittelbar fassbar: Dieses Sonett macht – über alle konkreten Zeiterfahrungen hinausgehend – allgemeinere Aussagen zur Vergänglichkeit des irdischen Seins.

4. *Textexterne Aspekte* der Interpretation (vgl. S. 15f.) ließen sich (aus der Biografie des Autors, aus den Informationen über das Sonett, aus dem ganzen Epochenkapitel „Barock" bzw. aus Literaturgeschichten) ebenfalls in einer Tabelle (DIN-A4-Querformat) ermitteln:

3. Phase: Schriftliche Ausarbeitung der Interpretation und Korrektur (vgl. S. 15 und S. 36f.)

1. Als **Einleitung** sind entweder möglich ein *Übersichtssatz* (Ewigkeit statt Vergänglichkeit) oder ein erster *Gesamteindruck* (z.B. „Eitelkeit" im heutigen Wortsinne erfasst nicht das Wesentliche).
2. Im **Hauptteil** kann bei diesem Gedicht ein *chronologischer Aufbau* gewählt werden (vom Inhalt der Quartette zur Finalstruktur des zweiten Terzetts) oder eine problemorientierte und *strukturanalytische Gliederung* (ausgehend von der Antithetik). Wichtig ist ein klar herausgestellter *Interpretationsschwerpunkt* (Nichtigkeit des Irdischen), der einer Deutung ein deutliches Profil gibt und eine gleichförmige additive Reihung vermeidet. Dabei ist die *wechselseitige Funktionsbeschreibung* aller immanenten und textexternen Elemente das Entscheidende: z.B. die Übereinstimmung der Finalstruktur mit dem Höhepunkt der Aussage in der letzten Zeile als Hauptziel des Barockmenschen.
3. Als **Schluss** können etwa folgende Lösungen gewählt werden:
   - eine *Zusammenfassung* der Ergebnisse (z.B. die überzeugende Einheit von Inhalt, Aufbau und Form);
   - eine *Wertung* des Sonetts (seine Eigenartigkeit, Fremdheit, Zeitentsprechung etc.);
   - ein *Vergleich* (mit anderen Sonetten, mit der Epoche, mit modernen Gedichten);
   - ein Hinweis auf *andere Aspekte* der Interpretation, die nur angedeutet werden (z.B. das Verhältnis von Mensch, Kultur und Natur im Barock).

Die **Korrektur** sollte sich inhaltlich und strukturell an Themenanalyse und Stoffsammlung orientieren (Sind alle Punkte abgehakt bzw. gestrichen?) und vor allem auf beschreibend-argumentierenden Stil sowie auf korrekte Zitate und Belege achten.

4 Schülerbeispiele für Einleitungen

a) Das Sonett „Es ist alles eitel" von Andreas Gryphius blieb mir nach der ersten Lektüre wegen der ungewohnten Sprache und wegen seiner sehr extremen Auffassungen zunächst ziemlich fremd. Durch eine genaue Interpretation versuche ich mir mehr Klarheit zu verschaffen.

b) In Andreas Gryphius' Gedicht geht es um die Nichtigkeit allen Lebens.

c) Andreas Gryphius gestaltet in seinem Sonett „Es ist alles eitel" die Vergänglichkeit und Nichtigkeit alles Irdischen und er stellt dieser Eitelkeit die mögliche Rettung der menschlichen Seele gegenüber, sofern der Mensch bereit ist das Ewige (Göttliche) zu beachten.

d) Der Dichter Gryphius befasst sich in seinem Sonett „Es ist alles eitel" mit der typischen Barockfrage nach Vergänglichkeit und Ewigkeit.

5 Erich Trunz: Interpretation des ersten Quartetts

Die Überschrift nennt das Thema. Der bibelfeste Leser des 17. Jahrhunderts erinnerte sich dabei sogleich, dass diese Überschrift ein Spruch aus dem Prediger Salomo (Kap. I, Vers 2) ist. „Eitel" heißt: unnütz, falsch, vergeblich, leer, nichtig, eingebildet. Die Eitelkeit der Welt, vanitas mundi, ist ein in der christlichen Überlieferung häufig ausgesprochener Gedanke, der gerade im 17. Jahrhundert wieder in den Vordergrund trat. Die Überschrift – nicht ein Hauptwort, sondern ein lapidarer kleiner Satz – bezeichnet das Sonett als ein gedankliches Gedicht.

L Das **Sonett** von lat. sonare = tönen, ital. sonetto, in der dt. Lehnübersetzung aus dem 17. Jahrhundert „Klinggedicht". Die Grundform des 14-zeiligen Gedichts besteht aus zwei Vierzeilern (= Quartetten) und zwei Dreizeilern (= Terzetten). Quartette und Terzette sind in sich unterschiedlich gereimt und verbinden einzelne Gedanken bzw. grenzen diese ab.
Der gängige Vers ist der *Alexandriner*, ein 12- bis 13-silbiger jambischer Vers mit einer festen Zäsur nach der dritten Hebung. Der Alexandriner ist auch in Deutschland der beherrschende Vers des 17. Jahrhunderts. Dem äußeren Aufbau des Sonetts in *zwei Quartetten* und *zwei Terzetten* entspricht im Barock die strenge gedankliche und syntaktische Struktur: Die Quartette stellen in These und Antithese die meist sehr anspruchsvollen Aussagen des Gedichts über Liebe, Schicksal, Geschichte und Politik, vor allem aber über Tod und Religion dar. Die Terzette konzentrieren diese Themen und führen die Gegensätze zu einer Bilanz, einer Synthese.
Das Sonett ist – hierin vergleichbar dem sog. Zieldrama – auf das pointierte Ende hin angelegt; es besitzt dadurch eine sog. Klimax- oder Finalstruktur. Klare Symmetrie, Parallelismus der Satzglieder, Antithetik und Häufung (Kumulation) der Beispiele (Exempla), aber auch Variationen des Grundmusters, sind charakteristisch für das Sonett des 17. Jahrhunderts.
Die deutschen Barockdichter gingen sehr stark auf italienische Vorbilder zurück, wie sie im 13. Jahrhundert im Umkreis des Stauferkaisers Friedrich II. am Hof zu Palermo ausgebildet und von Francesco Petrarca (1304–1374) zu einem künstlerischen Höhepunkt geführt wurden.
Dass gerade im Zeitalter des Barock, einer Epoche von Krieg und Chaos, diese strenge und klare Form des Sonetts besonders dominierte, ist nicht zufällig: Das Widersprüchliche (Heterogene) und Chaotische des Lebens sollte in strengster dichterischer Form „gebändigt" und somit gestaltbar werden.
In der deutschen Romantik (bei A.W. Schlegel, A. v. Platen, K. Immermann, F. Rückert, z.T. auch bei J.W. von Goethe) erlebte das Sonett eine zweite Blüte. Auch die Lyrik der Jahrhundertwende und des frühen 20. Jahrhunderts wandte sich, angeregt durch den französischen Symbolismus, wieder verstärkt dem Sonett zu: u.a. St. George, R.M. Rilke, R. Huch, J.R. Becher, G. Heym, G. Britting und J. Weinheber. (Vgl. S. 308ff.)

2. Wählen Sie eine der Aufgaben.
a) Schreiben Sie mit Hilfe der inhaltlichen und methodischen Vorarbeiten den Interpretationsaufsatz.
b) Interpretieren Sie mit Hilfe der gewonnenen Kenntnisse „Thränen des Vaterlandes" (S. 117).

Die erste Zeile ist eine vollere Wiederholung der Überschrift, auch sie ein in sich gerundeter wuchtiger Satz. Wie stark unterstreichen diese zwei Präludien den Inhalt! Nur da, wo überhaupt kein Widerspruch möglich ist, darf man in solcher Weise das, was gezeigt werden soll, vorwegnehmen. Ganz leise schwingt die Frage mit: Ist wirklich schon alles vorweggenommen? Ist alles eitel? Der Einleitungssatz schränkt bereits den Titelsatz ein durch den Zusatz „auf Erden". Unausgesprochen klingt also an, dass jenseits der Erde eine Welt ohne „Eitelkeit" denkbar ist. Auch sonst führt der Einleitungsvers den Titelsatz weiter. Er beginnt das rein Abstrakte ins Menschlich-Erlebte zu wandeln. Das zweimalige „Du" betont: tua res agitur[1]. Das zweimalige „siehst" fordert zu einem Rundblick auf. Und nun folgt, was dieser Rundblick zeigt, es folgen die „exempla". Die Beispiel-Häufung ist das übliche Mittel der Barockdichtung, eine allgemeine Tatsache darzustellen. Sie reicht von Zeile 2–9. Zunächst scharf geschliffene Antithesen, Halbvers gegen Halbvers (2, 3), dann aber schließt ein Relativsatz an (4), der den Gleichklang unterbrechend die Zerstörung ausmalt. Doch das Bild der Vernichtung wird zum Idyll. Das spielende Kind, die friedlichen Herden sind bereits Leben und Schönheit inmitten der Ruinen. [...] (v 1957)

3. Prüfen Sie die Einleitungen und Schlüsse.
a) Verbessern Sie die fehlerhaften Beispiele.
b) Beurteilen Sie das jeweils am besten gelungene Beispiel genau.

4. Untersuchen Sie diesen ersten Teil einer professionellen Interpretation.
a) Beschreiben Sie den Aufbau genau nach immanenten und textexternen Aspekten.
b) Beurteilen Sie die Stelle, an der die Wechselbeziehung von Inhalt und Form besonders überzeugend gelungen ist.

6 Schülerbeispiele für Schlüsse

a) Andreas Gryphius' Sonett ist ein typisches Barockgedicht: Es gründet ohne Zweifel auf den Erfahrungen des Dichters mit den Schrecken des Dreißigjährigen Krieges, wie sie aus seiner Biografie sehr deutlich zu ersehen sind. Aber über diese historischen Erfahrungen hinaus ist vor allem die epochale Grundstimmung des Barock deutlich ausgedrückt: Aus der Vergänglichkeit und Nichtigkeit des irdischen Seins kann der Mensch nur in der Ewigkeit für seine Seele Rettung erhoffen.

Weil die Vergänglichkeit in so vielen Exempeln veranschaulicht wird, ergibt sich eine starke Eindringlichkeit. Da im Kontrast zu dieser Drastik die Rettung durch das Ewige erst in der letzten Zeile nur als Möglichkeit anklingt, entstehen eine intensive geistige Spannung und eine große Dynamik auf das Ende zu. Wie es Andreas Gryphius gelingt, den Leser durch die Häufung einprägsamer, antithetisch angeordneter Beispiele der Vergänglichkeit so stark aufzurütteln und wie er behutsam die Rettung nur anklingen lässt ohne konkret von Seele, Glauben und Gott zu sprechen, ist Zeichen großer Gestaltungskraft, die auch uns Heutige unmittelbar berührt.

b) Das Sonett „Es ist alles eitel" von Andreas Gryphius hat mir nicht gefallen. Es ist sprachlich oft sehr fremdartig und in seiner Tendenz ganz und gar negativ: Wenn alles nichtig ist, hat das menschliche Leben keinen Sinn und bleibt hoffnungslos. Eine so pessimistische, ja nihilistische Botschaft muss ich als gläubiger Christ ablehnen.

c) Am Ende der Interpretation erweist es sich, dass mein erster Eindruck sehr vage und korrekturbedürftig war. Über die Betrachtung von Einzelheiten und Zusammenhängen ist meine anfängliche Irritation einem besseren Verständnis gewichen: Ich bin überzeugt, dass dieses Sonett ein charakteristisches Barockgedicht ist, dass es aber gleichzeitig auch für den heutigen Leser wichtige Denkanstöße enthält. Doch war es mir aus Zeitgründen nicht möglich, den Beziehungen zum Barock und zur Gegenwart im Einzelnen nachzugehen.

3. Die Ordnung des Wortes – Sprachreform und Poetik

Zur Ordnung der Welt gehörte nicht zuletzt die Ordnung des Wortes, die aus dem oft chaotischen Sprachengemisch der durch den Dreißigjährigen Krieg verdorbenen Alltagssprache als besonders dringlich empfunden wurde.

1. a) Verdeutlichen Sie durch Rezitation den „großen" Auftritt der Titelfigur.
b) Machen Sie Vorschläge für eine wirkungsvolle Inszenierung (vgl. S. 129).

2. a) Geben Sie eine Übertragung in heutiges Deutsch.
b) Beschreiben Sie das Sprachgemisch des Originaltextes und erschließen Sie die darin enthaltene Sprachkritik.

3. a) Exzerpieren Sie die wichtigsten Ziele der Sprachgesellschaften.
b) Erörtern Sie, inwiefern hier das barocke Ordnungsdenken besonders deutlich wird.

1 Andreas Gryphius (1616–1664): Horribilicribrifax. Teutsch. Wehlende Liebhaber (Auszug)

Die bramarbasierenden Hauptfiguren des Scherzspiels, Don Daradiridatumtarides Windbrecher von Tausend Mord und Don Horribilicribrifax von Donnerkeil auf Wüsthausen, sind dem miles gloriosus des Komödiendichters Titus Maccius Plautus (um 244–184 v. Chr.) und dem Capitano-Typ der Commedia dell'Arte nachgebildet. Sie treten unter den vielen „Wehlenden Liebhabern" des Stücks als betrügerische Aufschneider und Feiglinge auf.

Die andere abhandelung.

Horribilicribrifax Donnerkeil. Harpax sein page.

Horribilicribrifax:

Was? dass der keyser friede gemacht habe, sondern mich um rath zu fragen? Oh gvarta! novella de spiritare il mondo!

[1] tua res agitur (lat.): Es geht um deine (Sache) Angelegenheit.

Sprachgesellschaften, gelehrte Vereinigungen des 17. Jhs. zur Pflege der dt. Sprache, insbes. ihrer Reinigung von Fremdwörtern, von idiomat. oder nichtdt. syntakt. Elementen, zur Förderung einer einheitl. Orthographie, zur Klärung sprachwissenschaftl., poetolog. (insbes. vers- und reimtechn.) und ästhet. Fragen, sowie zur prakt. Anwendung und Verbreitung einer solcherart erarbeiteten Literatursprache in Übersetzungen, theoret. Abhandlungen und Dichtungen. Die Sp. bekämpften mit diesem Programm einerseits das zeitgenöss. Alamodewesen (Alamodeliteratur), aber auch den Grobianismus.

Charakterist. ist die eth.-moral. Fundierung ihrer Bestrebungen als Mittel zur Wiederbelebung und Aufrechterhaltung „alter dt. Tugenden“. – Die Mitglieder setzten sich aus Angehörigen des Adels und (oft geadelten) bürgerl. Gelehrten und (Hof-)Beamten zusammen. Auf Empfehlung und nach Verdiensten gewählt, erhielten sie Devise, Emblem und, um Standesunterschiede auszuschalten, einen Gesellschaftsnamen, unter dem sie ihre Werke veröffentlichten, die z.T. in den Sp. diskutiert, bzw. dort vorher eingereicht werden mussten. Fast alle bedeutenden Dichter und Dichtungstheoretiker der Zeit waren Mitglieder einer, oft auch mehrerer Sp. Kontakt, Austausch und Anregungen der Mitglieder erfolgten durch Briefe, seltener durch Tagungen. – Sp. bestanden in Italien bereits seit dem 15. und 16. Jh.; bes. nach dem Vorbild der berühmten *Accadémia della Crusca* in Florenz gründete Ludwig Fürst von Anhalt-Köthen 1617 in Weimars alter Residenz Hornstein die erste und bedeutendste dt. Sp., die *Fruchtbringende Gesellschaft* (auch *Palmenorden*) mit dem Wahlspruch „Alles zu Nuzen“ und dem Emblem des „indian. Palmbaums“ (Kokospalme), weil er mit seinen verschiedenen Bestandteilen sämtl. materiellen Bedürfnisse des Menschen zu befriedigen vermöge. Sie umfasste während ihrer Blütezeit (1640–80) über 500 Mitglieder, darunter (in der Reihenfolge ihrer Aufnahme) M. Opitz, G.Ph. Harsdörffer, J.G. Schottel, J.M. Moscherosch, J. Rist, F. v. Logau, Ph. v. Zesen, G. Neumark, A. Gryphius. Aus ihrem Kreis gingen so wichtige Werke hervor wie Ch. Gueintz' „Die dt. Rechtschreibung“ (1645), Schottels „Ausführl. Arbeit von der Teutschen Haubt Sprache“ (1663) und Stielers „Der Teutschen Sprache Stammbaum und Fortwachs“ (1691). [...]

Aus: Günter und Irmgard Schweikle (Hrsg.): Metzler Literaturlexikon, Stuttgart (Metzler) 1984, S. 413.

Festtafel der „Fruchtbringenden Gesellschaft“

Page:

So sagen sie, dass der keyser frieden gemacht habe mit dem könig in Schwaben.

Horribilicribrifax:

Mit dem könig in Schwaben, wilst du sagen.

Page:

Ja Schweden oder Schwaben, es ist mir eins.

Horribilicribrifax:

Friede zu machen sonder mich! à quaesto modo si! Hat er nicht alle seine victorien mir zu dancken? Hab ich nicht den könig in Schweden niedergeschossen? Bin ich nicht ursach, dass die schlacht vor Nördlingen erhalten? Habe ich nicht den Sachsen sein land eingenommen? Hab ich nicht in Dennemarck solche reputation eingelegt? Was wer es auff dem weissen berge gewesen, sonder mich? E che fama non m'acquistai, quando contesi cel Gran Turca? Pfui! Trit mir aus den augen, denn ich erzürne mich zu tode, wo ich mich recht erbittere! Vinto dal ira calda e bollente e dallo sdegno arrabiato, so erwische ich den Stephans-thurm zu Wien bey der spitzen und drück ihn so hart darnieder, si fortè in terra, dass sich die gantze welt mit demselben umkehret, als eine kegel-kaul.

Page:

Ey, Signor mio! wo wolten wir denn stehen bleiben?

Horribilicribrifax:

Non temere! Als wenn sich jemand kümmern dürffte, der bey mir stehet! lass mich darvor sorgen! Aber, siehe da! meine sonne, mein leben, meine göttin erscheinet. Signora mia, bella di corpo, bellissima d'animo! [...] (v 1663)

2 Flugblatt gegen die Verderber der deutschen Sprache (Auszüge)

Der Teutsche Michel

Wider alle Sprachverderber / Cortisanen[1] / Concipisten[2] vnd Concellisten[3] / welche die alte Teutsche Muttersprach mit allerley frembden / Lateinischen / Welschen / Spannischen vnd Frantzösischen Wörtern so vielfältig vermischen / verkehren vnd zerstören / daß Sie jhr selber nit mehr gleich sihet / vnd kaum halber kan erkant werden.

Im Thon: Wo kombt es her / daß zeitlich Ehre.

1. Ich teutscher Michel / versteh schier nichel /
In meinem Vatterland / es ist eine schand.
Man thut jezt reden / als wie die Schwedē /
In meinē Vatterland / pfui dich d'schand.

2. Fast jeder Schneider / will jezund leyder /
Der Sprach erfahren sein und red Latein:
Welsch und Französisch / halb Iponesisch /
Wann er ist voll und toll / der grobe Knoll.

3. Der Knecht Mathies / spricht bona dies /
Wann er gut morgen sagt / und grüst die Magd:
Sie wend den Kragen thut ihm dancksagen /
Spricht deo gratias / Herr Hippocras.

4. Ihr fromme Teutschen / man solt euch beutschen /
Dass ihr die Muttersprach so wenig acht.
Ihr liebe Herren / das heißt nicht mehren /
Die Sprach verkehren / und zerstören /

5. Ihr thut alles mischen / mit faulen Fischen /
Und macht ein misch gemäsch / ein wüste wäsch:
Ein faulen Haffenkäß / ein wunderseltzambs gfräß /
Ein ganzes A.B.C. Ich nicht versteh.

6. Was ist armiren[4] / was avisiren[5] /
Was avancieren[6] / was attaquiren[7] /
Was approchiren[8] / was archibusiren[9] /
Was arriviren[10] / accordiren?[11] [...]

---

1 Cortisanen: Höflinge
2 Concipisten: Verfasser
3 Concellisten: wohl Korrektoren
‾ Zeichen für n bzw. m
4 armiren: befestigen
5 avisieren: melden
6 avancieren: vorrücken
7 attaquieren: angreifen
8 approchiren: sich nähern
9 archibusiren: mit dem Gewehr schießen
10 arriviren: vorrücken
11 accordiren: übereinstimmen

3 Neubildungen (Neologismen)

Mitglieder von Sprachgesellschaften verfassten nicht nur zahlreiche theoretische Lehrbücher zu Sprache und Dichtung, sog. *Poetiken,* sondern machten auch viele Übersetzungen. Sie formten so die deutsche Sprache in Vers und Prosa zu einem genaueren und geschmeidigeren Ausdrucksmittel. Neben anderen bereicherten vor allem Georg Philipp Harsdörffer, Justus Georg Schottel, Friedrich von Logau und Philipp von Zesen die deutsche Sprache durch Wortneubildungen (Neologismen), die heute zum festen Wortschatz gehören:
Z.B. Anschrift, Augenblick, Besonnenheit, Bittschrift, Briefwechsel, Durchmesser, Fragezeichen, geistreich, Gewissensfreiheit, Glaubensbekenntnis, Grundsatz, Grundstein, herzlich, Hühnerauge, Irrgarten, Jahrbuch, Lebenslauf, Leberfleck, Lehrart, Lehrling, Lehrstuhl, Leidenschaft, letzter Wille, lustwandeln, Mitesser, Mitleid, Mundart, Nachruf, Nachschrift, Nebenbuhler, Oberfläche, Rechtschreibung, Redensart, Schöngeist, Selbstmord, Sinnbild, Sinngedicht, Sprachlehre, Strichpunkt, Tagebuch, Trauerspiel, Umfang, Unzahl, Urbild, Verfasser, Vielweiberei, Vorgebirge, Vorhut, Waffenstillstand, Wegelagerer, Wörterbuch, Zahlwort, Zeitrechnung, Zeitwort, Zusage.
Von Christian Wolff (1679–1754) stammen viele deutsche Fachausdrücke in der Philosophie, von denen manche auch in den allgemeinen Sprachbesitz eingegangen sind: z.B. Beweggrund, Bewusstsein, Begriff, Aufmerksamkeit, Verständnis, Umfang.
Auch verfehlte Neubildungen – wie „Entknötelung" für Ciceros enodatio i.S. von interpretatio oder „Zeugemutter" für Natur – belustigten nicht nur die Zeitgenossen, sondern auch die Karikaturisten bis heute.

4. a) Suchen Sie zu den Neologismen Fremdwörter, die bis heute parallel verwendet werden.
b) Versuchen Sie den Fachausdruck „Lehnübersetzung" zu erklären.
c) Besprechen Sie, warum sich die in den Karikaturen dargestellten Eindeutschungen nicht durchsetzen konnten.

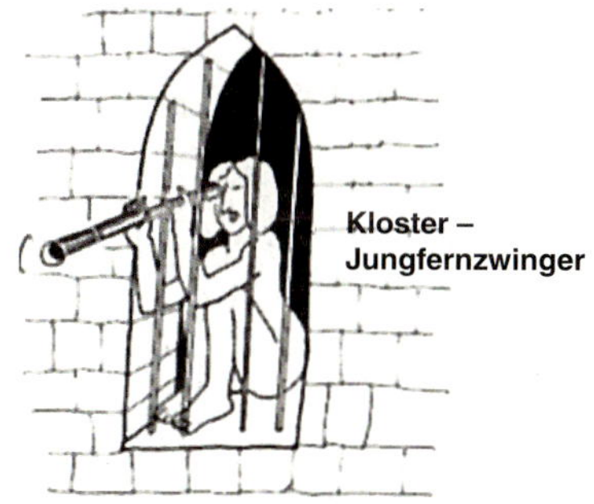

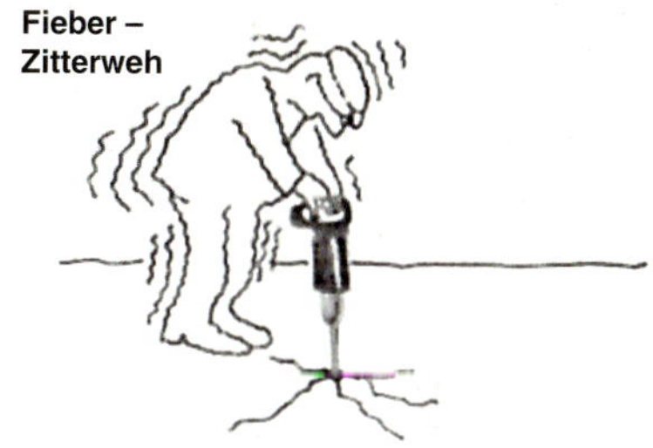

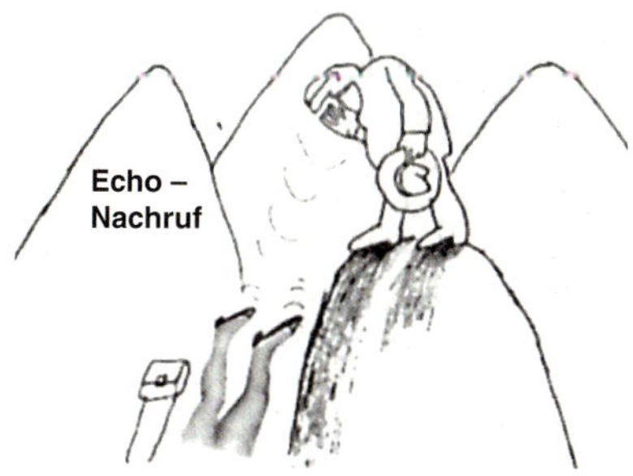

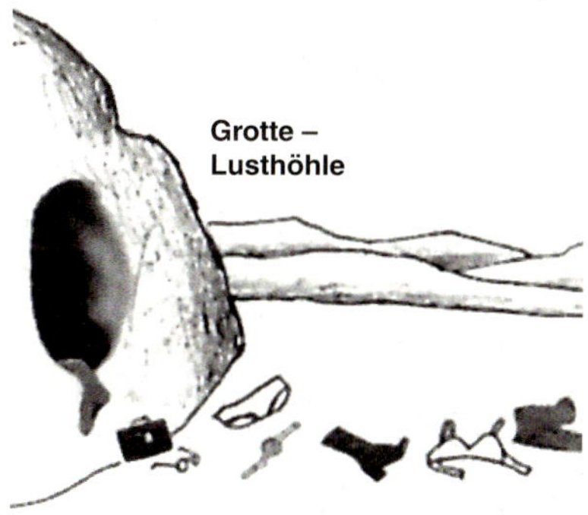

4 Martin Opitz (1597–1639): Buch von der deutschen Poeterey
(Auszüge)

Das I. Capitel.
Vorrede.

Wiewol ich mir von der Deutschen Poeterey / auff ersuchung vornemer Leute / vnd dann zue beßerer fortpflantzung vnserer sprachen / etwas auff zue setzen vorgenommen; bin ich doch solcher gedancken keines weges / das ich vermeine / man könne iemanden durch gewisse regeln vnd gesetze zu einem Poeten machen. [...]

Das VI. Capitel
Von der zuebereitung vnd ziehr der worte.

Nach dem wir von den dingen gehandelt haben / folgen jetzund die worte; wie es der natur auch gemeße ist. Denn es muss ein Mensch jhm erstlich etwas in seinem gemüte fassen / hernach das was er gefast hat außreden. Die worte bestehen in dreyerley; inn der elegantz oder ziehrligkeit / in der *composition* oder zuesammensetzung / vnd in der dignitet vnd ansehen.

Die ziehrligkeit erfodert das die worte reine vnd deutlich sein. Damit wir aber reine reden mögen / sollen wir vns befleissen deme welches wir Hochdeutsch nennen besten vermögens nach zue kommen / vnd nicht derer orter sprache / wo falsch geredet wird / in vnsere schrifften vermischen: als da sind / es geschach / für / es geschahe / er sach / für / er sahe; sie han / für sie haben vnd anderes mehr: welches dem reime auch bißweilen außhelffen sol; als:

Der darff nicht sorgen für den spot /
Der einen schaden kriegen hot.

So stehet es auch zum hefftigsten vnsauber / wenn allerley Lateinische / Frantzösische / Spanische vnnd Welsche wörter in den text vnserer rede geflickt werden; als wenn ich wolte sagen:

Nemt an die *courtoisie*, vnd die *deuotion*,
Die euch ein *cheualier, madonna,* thut erzeigen;
Ein' handvol von *fauor petirt* er nur zue lohn /
Und bleibet ewer Knecht vnd *seruiteur* gantz eigen.

Wie selttzam dieses nun klinget / so ist nichts desto weniger die thorheit innerhalb kurtzen Jharen so eingeriessen / das ein jeder / [E I[b]] der nur drey oder vier außländische wörter / die er zum offtern nicht verstehet / erwuscht hat / bey aller gelegenheit sich bemühet dieselben herauß zue werffen / Da doch die Lateiner eine solche abschew vor dergleichen getragen / das in jhren versen auch fast kein griechisch wort gefunden wird / das zwar gantz griechisch ist. Dann Juuenalis setzet inn einem orte *ζωὴ καὶ φυχὴ*[1], eben dieselben auß zue lachen / die sich in jhren buhlereyen mit griechischen wörtern behelffen: in dem andern orte aber thut er es darumb / das er die schändliche sünde / daran Christen auch nicht gedencken sollen / lateinisch auß zuesprechen abschew treget: wiewol er sonsten kein blat für das maul nimpt. Was aber die *nomina propria* oder eigentlichen namen der Götter / Männer vnd Weiber vnd dergleichen betrifft / dürffen wir nach art der Lateiner vnd Griechen jhre ca-

[1] Leben und Seele

5. a) Exzerpieren Sie aus Text 4 Grundgedanken von Martin Opitz.
b) Fassen Sie Ihre Ergebnisse in einem Lexikonartikel über Ziele, Grundregeln der Sprachverwendung und Anforderungen an Neologismen zusammen.

6. Vergleichen Sie Harsdörffers Einschätzung des Deutschen mit der Auffassung von Leibniz (Text 6).

Die **Poetik** (< gr. poietike techne = Dichtkunst), die im 17. Jahrhundert stark von der Rhetorik geprägt ist, definiert die Lehre von der Dichtkunst als *Dichtungstheorie* über Gattungen und Ausdrucksmittel, als praktische *Anleitung* zum „richtigen" Dichten und als *Dichtungskritik*. Am Anfang der europäischen Poetik steht Aristoteles' (384–322 v. Chr.) fragmentarische Schrift *Über die Dichtkunst*, die grundlegende Bedeutung gewann. Die wichtigsten Poetiken des Barock stammen von Martin Opitz und Georg Philipp Harsdörffer (vgl. S. 271).

Georg Philipp Harsdörffer lebte von 1607–1658 als vielseitig Gelehrter (Jura, Philosophie, Geschichte, Mathematik, Philologie) und Dichter in Nürnberg, nachdem ihn eine mehrjährige Bildungsreise (1627–1631) nach Genf, Frankreich, Belgien, England und Italien geführt hatte. Mit Johann Klaj zusammen gründete er 1644 den „Hirten- und Blumenorden an der Pegnitz". Sehr populär wurde Harsdörffer durch die Vermittlung unterhaltsam-belehrender Erzählliteratur aus dem Romanischen, die er in umfangreichen Anthologien veröffentlichte. In seinem Gesamtwerk von rund 20 000 Druckseiten spielten zwei Werke eine besondere Rolle: *Die Frauenzimmer-Gesprächsspiele* (8 Bde., 1641–1649) wollten den Frauen der kulturellen Oberschicht eine neue Bildung vermitteln. – Der *Poetische Trichter* (1647–1653) ist eine Poetik, die besonderen Akzent auf dekorative Bildlichkeit und Klangwirkung, auf weitläufige Umschreibungen sowie Gleichnisse und Sinnbilder legt. Erst im 18. Jahrhundert wurde diese Poetik als „Nürnberger Trichter" abfällig bewertet.

sus nicht in acht nemen / sondern sollen sie so viel möglich auff vnsere endung bringen. Als / ich mag künlich nach der Deutschen gebrauche sagen:

Der schnelle plitz / des Jupiters geschoss /

vnd nicht / des Jouis. Item / der Venus pfeile / nicht veneris. Wie es denn auch die Römer mit den griechischen wörtern machen. Die Frantzosen gleichfals. [...]

Newe wörter / welches gemeiniglich *epitheta,* derer wir bald gedencken werden / vnd von andern wörtern zuesammen gesetzt sindt / zue erdencken / ist Poeten nicht allein erlaubet / sondern macht auch den getichten / wenn es massig geschiehet / eine sonderliche anmutigkeit. Als wenn ich die nacht oder die Music eine arbeittrösterinn / eine kummerwenderinn / die Bellona mit einem dreyfachen worte kriegs=blut=dürstig / vnd so fortan nenne. Item den Nortwind einen wolckentreiber / einen felssen stürmer vnd meer auffreitzer: wie jhn Ronsardt (denn die Frantzosen nechst den Griechen hierinnen meister sindt) im 202. Sonnet seines andern buches der Buhlersachen heisset: [...] (1624)

MARTINI OPITII
Buch von der Deutschen Poeterey.
In welchem alle jhre eigenschafft vnd zuegehör gründtlich erzehlet / vnd mit exempeln außgeführet wird.
Gedruckt in der Fürstlichen Stadt Brieg / bey Augustino Gründern.
In Verlegung David Müllers Buchhändlers in Breßlaw. 1624.

Poetischer Trichter /
Die Teutsche Dicht- und Reimkunst / ohne Behuf der lateinischen Sprache / in VI. Stunden einzugiessen.
Handlend:
I. Von der Poeterey ins gemein / und Erfindung derselben Inhalt.
II. Von der teutschen Sprache Eigenschaft und Füglichkeit in den Gedichten.
III. Von den Reimen und derselben Beschaffenheit.
IV. Von den vornemsten Reimarten.
V. Von der Veränderung und Erfindung neuer Reimarten.
VI. Von der Gedichte Zierlichkeit / und derselben Fehlern.
Samt einem Anhang Von der Rechtschreibung / und Schriftscheidung / oder Distinction.
Durch ein Mitglied Der hochlöblichen Fruchtbringenden Gesellschaft.
Nürnberg /
Gedruckt / bey Wolfgang Endter.
M. DC. XLVII.

5 Georg Philipp Harsdörffer (1607–1658): Die Teutsche Sprache

Die Teutsche Sprache.

Die Teutsche Sprache hat sich mit den andern Haubtsprachen um den Vorsitz gezancket / und ihre Verachtung mit nachgehender Schutzrede abgelehnet.

Ich / sagte sie / biete euch allen den Trutz / ob eine ist / die mit mir der Natur so deutlich nachsprechen / und alles das / was einen Laut von sich giebet / so eigentlich und vernemlich ausdrucken kan. Ich brülle wie der Löw / ich bölcke wie der Ochs / ich brumme wie der Beer / ich blecke wie das Schaf / ich gruntze wie das Schwein / ich baffe wie der Hund / ich zische wie die Schlange / ich rintsche wie das Pferd / ich maue wie die Katze / ich schnattre wie die Gans / quacke wie die Endte / kackle und klucke wie das Hun / schnattre und klappere wie der Storch / swiere wie die Schwalbe / kracke wie der Rab / silcke wie der Sperling / etc. Ich prassle und schlürffe mit dem Wasser / lisple und wisple mit den Bächen / summe und brumme mit den Immen / rolle und rülle mit dem Donner / erschütter und zersplitter / zerscheidre die Schiffe / ich schmiege und biege / spratzle wie das brennende Holtz / knirsche wie das Messer auf dem Marmol / und bilde also alles Getön / das gehöret werden kan. Die andren Sprachen müheten sich ihr nachzureden / konten aber nicht weit kommen / und musten der Teutschen Sprache den Vortritt überlassen. (Erstdruck 1651)

6 Gottfried Wilhelm Leibniz (1646–1716): Unvorgreiffliche Gedancken, betreffend die Ausübung und Verbesserung der Teutschen Sprache (Auszüge)

aus Unvorgreiffliche Gedancken,

betreffend die Ausübung und Verbesserung der Teutschen Sprache.

1. Es ist bekandt, dass die Sprach ein Spiegel des Verstandes, und dass die Völcker, wenn sie den Verstand hoch schwingen, auch zugleich die Sprache wohl ausüben, welches der Griechen, Römer und Araber Beyspiele zeigen. [...]

5. Es ist aber bey dem Gebrauch der Sprache, auch dieses sonderlich zu betrachten, dass die Worte nicht nur der Gedancken, sondern auch der Dinge Zeichen seyn, und dass wir Zeichen

nöthig haben, nicht nur unsere Meynung andern anzudeuten, sondern auch unsern Gedancken selbst zu helffen. Denn gleichwie man in grossen Handels-Städten, auch im Spiel und sonsten nicht allezeit Geld zahlet, sondern sich an dessen Statt der Zeddel oder Marcken, biss zur letzten Abrechnung oder Zahlung bedienet; also thut auch der Verstand mit den Bildnissen der Dinge, zumahl wenn er viel zu dencken hat, dass er nehmlich Zeichen dafür brauchet, damit er nicht nöthig habe, die Sache iedesmahl so offt sie vorkommt, von neuen zu bedencken. Daher wenn er sie einmahl wohl gefasset, begnügt er sich hernach offt, nicht nur in äusserlichen Reden, sondern auch in den Gedancken und innerlichen Selbst-Gespräch das Wort an die Stelle der Sache zu setzen. [...]

7. Daher braucht man offt die Wort als Zifern, oder als Rechen-Pfennige, an statt der Bildnisse und Sachen, biss man Stuffenweise zum Facit schreitet, und beym Vernunfft-Schluss zur Sache selbst gelanget. Woraus erscheinet, wie ein Grosses daran gelegen, dass die Worte als Vorbilde und gleichsam als Wechsel-Zeddel des Verstandes wohl gefasset, wohl unterschieden, zulänglich, häuffig, leichtfliessend und angenehm seyn. [...]

9. Ich finde, dass die Teutschen ihre Sprache bereits hoch bracht, in allen dem, so mit den fünff Sinnen zu begreiffen, und auch dem gemeinen Mann fürkommet; absonderlich in leiblichen Dingen, auch Kunst- und Handwercks-Sachen, weil nemelichen die Gelehrten fast allein mit dem Latein beschäfftiget gewesen, und die Mutter-Sprache dem gemeinen Lauff überlassen, welche nichts desto weniger auch von den so genandten Ungelehrten nach Lehre der Natur gar wohl getrieben worden. Und halt ich dafür, dass keine Sprache in der Welt sey, die (zum Exempel) von Ertz und Bergwercken reicher und nachdrücklicher rede, als die Teutsche. Dergleichen kan man von allen andern gemeinen Lebens-Arten und Professionen sagen, als von Jagt- und Wäid-Werck, von der Schiffahrt und dergleichen. Wie dann alle die Europäer so auffm grossen Welt-Meer fahren, die Nahmen der Winde und viel andere Seeworte von den Teutschen, nehmlich von den Sachsen, Normannen, Osterlingen und Niederländern entlehnet.

10. Es ereignet sich aber einiger Abgang[1] bey unserer Sprache in denen Dingen, so man weder sehen noch fühlen; sondern allein durch Betrachtung erreichen kan; als bey Ausdrückung der Gemüths-Bewegungen, auch der Tugenden und Laster, und vieler Beschaffenheiten, so zur Sitten-Lehr und Regierungs-Kunst gehören; dann ferner bey denen noch mehr abgezogenen und abgefeimten Erkäntnissen, so die Liebhaber der Weissheit in ihrer Denck-Kunst, und in der allgemeinen Lehre von den Dingen unter dem Nahmen der Logick und Metaphysick auff die Bahre bringen; welches alles dem gemeinen Teutschen Mann etwas entlegen, und nicht so üblich, da hingegen der Gelehrte und Hoffmann sich des Lateins oder anderen fremden Sprachen in dergleichen fast allein und in so weit zu viel beflissen; also dass es denen Teutschen nicht am Vermögen, sondern am Willen gefehlet, ihre Sprache durchgehends zu erheben. Denn weil alles was der gemeine Mann treibet, wohl in Teutsch gegeben, so ist kein Zweiffel, dass dasjenige, so vornehmen und gelehrten Leuten mehr fürkommt von diesen, wenn sie gewolt, auch sehr wohl, wo nicht besser in reinem Teutsch gegeben werden können. [...]

15. Am allermeisten aber ist unser Mangel, wie gedacht, bey denen VVorten zu spühren, die sich auff das Sitten-wesen, Leidenschafften des Gemüths, gemeinlichen VVandel, Regierungs-Sachen, und allerhand bürgerliche Lebens- und Staats-Geschäffte ziehen: VVie man wohl befindet, wenn man etwas aus andern Sprachen in die unsrige übersetzen will. Und weilen solche VVort und Reden am meisten fürfallen, und zum täglichen Umgang wackerer Leute so wohl als zur Brieff-VVechselung zwischen denselben erfordert werden; so hätte man fürnehmlich auff deren Ersetzung, oder weil sie schon vorhanden, aber vergessen und unbekandt, auff deren VViederbringung zu gedencken, und wo sich dergleichen nichts ergeben will, einigen guten VVorten der Ausländer das Bürger-Recht zu verstatten. [...] (e um 1680, v 1717)

7. a) Beschreiben Sie, wie Leibniz Sprache als Zeichen erklärt.
b) Erläutern Sie aus dem Kapitel charakteristische Beispiele barocker Zeichenlehre (Semiotik).

8. Der seit einigen Jahren bestehende „Verein zur Wahrung der deutschen Sprache e.V." setzt sich dafür ein, dass das Deutsche nicht „vollends zu einer Mischsprache verkommen" darf. Nehmen Sie kritisch Stellung zu diesem Ziel.

Die **Semiotik** (< gr. semeion = Zeichen) oder **Zeichentheorie** ist die Lehre von sprachlichen und nichtsprachlichen Zeichen, z.B. in Bildender Kunst, Musik, Film und Fernsehen, Werbung und religiöser sowie politischer Symbolik. Zeichensysteme dienen der *Kommunikation* zwischen *Sender* und *Empfänger*, die eine *Nachricht* austauschen. Hauptbereiche der sprachlichen Semiotik sind die *Semantik* (Bedeutungslehre), die *Pragmatik* (Lehre von der Sprachverwendung) und die *Syntax* (Lehre von den Beziehungen sprachlicher Zeichen im Satz und in den Satzmustern).

Die Entwicklung der deutschen Sprache erhielt in der Barockzeit entscheidende Prägungen:

1. Eine umfangreiche Erweiterung des Wortschatzes ist in zwei Richtungen zu erkennen:

a. Als Ordnung der Welt durch den Geist wurde Sprache in erster Linie verstanden. Rationale Formung galt z.B. für Martin Opitz (1597–1639) mehr als der Ausdruck des Seelischen.

Er wollte alles Mundartliche, jeglichen Fremdwortgebrauch, alle Flickwörter und alles hässlich Klingende vermeiden. Der Klarheit des Gedankens sollten Prägnanz des Ausdrucks und sorgfältig gefügte Sätze – oft Hypotaxen – entsprechen. Für die Dichtung verlangte er neben Würde und Eindringlichkeit auch Zierlichkeit der Sprache: Etwa durch schmückende Beiwörter, kunstvolle Zusammensetzungen (z.B. „kriegsblutdürstig") und anschauliche Umschreibungen

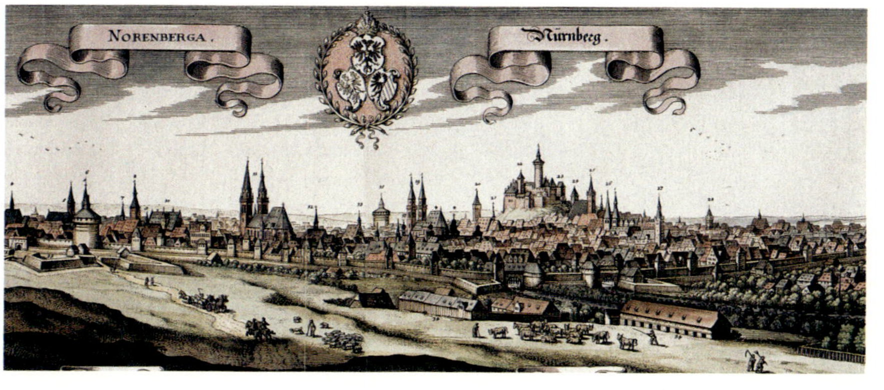

[1] Abgang: Mangel

Kulturelle Zentren waren im 17. Jahrhundert, dem Geist des Absolutismus entsprechend, die *Höfe* mit ihrem *fürstlichen Mäzenatentum*, wobei die Kleinstaaterei mit über 300 Territorien sehr unterschiedliche politische Einheiten bildete. Die Träger barocker Dichtung und Sprachreform aber waren *bürgerliche Gelehrte*, die meist im Dienste von Fürsten standen. Seltener wirkten sie auch im Auftrag *großer Städte*, wie z.B. Nürnberg, Leipzig, Breslau, Hamburg und Königsberg.
Die Poeten und Gelehrten hatten das stolze Selbstbewusstsein nicht nur eine berühmte gelehrte Tradition zu repräsentieren – von der griechisch-römischen Antike über das Mittelalter bis zur europäischen Renaissance –, sondern deren Höhepunkt erreicht zu haben: Neben Logik und Grammatik gehörte die *Rhetorik* (gr. Redekunst) zum Fundament aller sprachlich-literarischen Bildung (vgl. S. 77). Rhetorik verstand sich aber nicht nur als Anleitung zum äußeren Redeschmuck, sondern gleichermaßen als Hilfe zur wirkungsvollen Argumentation und Gliederung, wie vor allem die zahlreichen *Poetiken* (vgl. S. 140) dokumentieren.

Justus Georg Schottel (latinisiert Schottelius) wurde 1612 in Einbeck geboren und starb als Hof- und Konsistorialrat 1676 in Wolfenbüttel. Er gilt als größter deutscher Sprachgelehrter des 17. Jahrhunderts, den man ehrerbietig – nach dem bedeutendsten römischen Grammatiklehrer – den „deutschen Varro" nannte. Schottel trat für die Reinhaltung des Deutschen ein und förderte die Entwicklung der deutschen Hochsprache und Poesie. Seine Hauptwerke: *Teutsche Sprachkunst*, 1641; *Der Teutschen Sprache Einleitung*, 1643; *Teutsche Vers- oder Reim-Kunst*, 1645; *Ausführliche Arbeit von der Teutschen Haubt Sprache*, 1663.

(z.B. die Musik als „Kummerwenderin"). Neben der Reinheit des Reims forderte Martin Opitz, dass der Versakzent mit dem natürlichen Sprechakzent übereinstimmen müsse. Damit war im Deutschen endgültig die natürliche Betonung als Richtlinie für die Versgestaltung eingeführt. Wo Dichtersprache in erster Linie vernunftgerecht sein sollte, gewann sie zweifellos an Klarheit und Genauigkeit, aber es konnte nicht ausbleiben, dass ihr auch etwas Künstlich-Steifes anhaftete. Erst Dichtern wie Klopstock, Lessing, Wieland, Goethe und Schiller gelang es dann im 18. Jahrhundert, die deutsche Sprache geschmeidiger und auch wärmer zu gestalten.

b. An Farbigkeit und Bildgewalt gewann die deutsche Sprache im sog. Hochbarock, vor allem durch Gryphius, Hofmannswaldau und Lohenstein, den Vertretern der sog. zweiten Schlesischen Schule. Vergleichbar dem Prunk der Fürstenhöfe und der Prachtentfaltung in Malerei und Architektur, erhielt die Dichtersprache neue Elemente: Wort- und Bilderhäufungen, Antithesen in Worten (z.B. „bittersüß") und in Sätzen – „Der Schultern warmer Schnee wird werden kalter Sand" –, Wortneubildungen durch Zusammensetzungen (z.B. „Wollustwein", „Lebenstau", „Zinnobermund", „erdenschwarz"), eine rauschhafte Klangfreude und oft sehr verstiegene Umschreibungen waren kennzeichnend: Z.B. wurde der Mond als „der Sonne Kammermagd", die Perle als „Muschelkind" oder Purpur als das „Schneckenkind" umschrieben. Übersteigerungen dieser Tendenzen führten zum *Schwulst*, der als gesamteuropäische Erscheinung auch in anderen Sprachen auftritt. In Deutschland wandte sich in der Epoche Aufklärung vor allem Johann Christoph Gottsched (1700–1766) gegen Schwulst und forderte Sachlichkeit, Einfachheit und vernunftgemäße Klarheit in Wortgebrauch und Satzbau.

2. Neben diesen beiden Hauptrichtungen prägten zwei Nebenströmungen die Sprachentwicklung entscheidend:

a. Der Pietismus, beeinflusst von der Mystik (vgl. S. 122f.), in seiner stark religiös verinnerlichten Ausdrucksweise (z.B. bei Jakob Böhme und Angelus Silesius) zeigt inniges Gefühl und einen betont verbalen Stil. Er übte auf die Dichter der sog. *Empfindsamkeit* (vgl. S. 177ff.) einen starken Einfluss aus, u.a. auf F.G. Klopstock und Matthias Claudius, vor allem aber auf den jungen Goethe. Die Bedeutung der Mystik für die Literatur liegt in der Erschließung bisher unbekannter Gefühlsbereiche für die sprachliche Gestaltung: Kühne Metaphern (z.B. Natur-, Liebes- und Lichtmetaphern), Paradoxa, Hyperbeln, Ellipsen, Parallelismen, Intensivbildungen (z.B. schreiendes Herz, sterbende Not), uneigentliche (abstrahierende) Verwendung des konkreten Wortschatzes (z.B. in sich gehen, außer sich sein), Substantivierungen (etwa das Sein, das Tun) und neue Wortbildungen durch Zusammensetzungen (z.B. be-greifen, er-fahren, durch-schauen; Erhaben-heit, Verzück-ung) differenzieren die Sprache der Mystik und verleihen ihr große Beweglichkeit und Leichtigkeit als angemessenen Ausdruck für das Streben nach mystischer Entgrenzung.

b. Eine stark ***volkstümlich geprägte Sprache*** (z.B. bei Abraham a Sancta Clara und H.J. Chr. von Grimmelshausen) wirkte ebenso in die Zukunft durch anschauliche Redensarten, drastische Schimpfwörter, raffinierte Wortspiele und mundartliche Derbheiten.

3. Die Durchsetzung der deutschen Einheitssprache im 17./18. Jahrhundert:

Dies tat not, weil der Einfluss Martin Luthers (1483–1546) auf die Vereinheitlichung der deutschen Schriftsprache (vgl. S. 114f.) zwar in den protestantischen Territorien groß war, im konfessionell gemischten Westen, im katholischen Süden und in der Schweiz aber zunächst gering blieb.

a. Die Sprachgesellschaften hatten – neben der Erweiterung des deutschen Wortschatzes und ihrem Kampf gegen die „Verwelschung" – entscheidenden Anteil an der Um- und Aufwertung des Deutschen gegenüber dem Latein und den Nachbarsprachen. Schon der humanistische Geschichtsschreiber Johannes Turmair, latinisiert Aventinus (1477–1534), schrieb seine *Bayerische Chronik* in deutscher Sprache. Er hatte das Deutsche – im Unterschied zu den vom Latein abgeleiteten romanischen Sprachen – als *Ur- und Hauptsprache* herausgehoben. Martin Opitz und Justus Georg Schottel führten diese Aufwertung fort. Zwei wichtige Bestrebungen zur Vereinheitlichung des Deutschen waren:
Einmal die zunehmende Abhängigkeit der Sprache vom *Schriftbild*, zum andern die Bemühungen zur Regelung der deutschen *Rechtschreibung*. Trotzdem waren in den ersten Jahrzehnten des 17. Jahrhunderts die Überlegenheit des Französischen im Alltagsgebrauch – durch die französische Prägung des modisch-gesellschaftlichen Lebens, das sog. Alamodwesen, – und des Lateins in der Wissenschaft noch ungebrochen. Erstmals 1681 übertraf die Zahl der in deutscher Sprache erschienenen Bücher die Zahl der lateinischen Werke. (Zum Vergleich: Um 1570 waren 70%, um 1720 noch 30% und um 1790 noch 5% aller Schriften in Latein erschienen.) – Was die *Reichweite* des Deutschen betrifft, so ging seine Geltung seit dem 17. Jahrhundert zwar im Westen (Elsass-Lothringen) zurück, wurde aber nach Osten und Südosten durch deutsche Siedlungen in Polen, Ungarn und Südrussland auf Kosten der slawischen Sprachen erweitert.

b. Als Sprache der Wissenschaft hielt der Jurist und Philosoph Christian Thomasius (1655–1728) das Deutsche dem Latein für ebenbürtig und legte durch seine „Monatsgespräche"

(1688/90) die erste deutschsprachige literarische Zeitschrift vor (vgl. S. 133). Im gleichen Sinne stellte der Pastor und Schriftsteller Johann Balthasar Schupp (1610–1661) in seinem *Teutschen Lehrmeister* (1663) fest: „Es ist die Weisheit an keine Sprache gebunden."

c. Die allgemein gültige ***Anerkennung des Deutschen als Einheitssprache*** gegenüber dem Latein und dem Französischen gelang erst den Dichtern des 18. Jahrhunderts: Johann Christoph Gottsched (1700–1766) hatte durch seine *Deutsche Sprachkunst, nach den Meistern der besten Schriftsteller des vorigen und itzigen Jahrhunderts abgefasset* (1748, 6. Auflage 1776) großen Anteil daran. Die Dichter Klopstock, Wieland, Lessing, Goethe und Schiller verhalfen dem Deutschen auch als anerkannte *Literatursprache* endgültig zum Sieg.

d. Die Regelung der Aussprache durch Theodor Siebs *Deutsche Bühnensprache* (1898) und die Festlegung der Rechtschreibung (1902) durch Konrad Duden wurden für alle deutschsprachigen Länder verbindlich.

e. Die reformierte Rechtschreibung (ab 1998, Revision 2006) betrifft vor allem die s-Laute, die Getrennt- und Zusammenschreibung, die Groß- und Kleinschreibung, die Zeichensetzung, die Worttrennung sowie die Schreibung von Fremdwörtern (vgl. S. 497f.).

Projektvorschläge in Zusammenarbeit mit Geschichte, Bildender Kunst und Musik:
1. Gestalten Sie eine *Wandzeitung* mit fotografierten Zeugnissen des Barock (z.B. Architektur) aus Ihrer Region.
2. Bereiten Sie in arbeitsteiliger *Gruppenarbeit* eine multimediale *Präsentation* der Epoche Barock vor in der Verbindung von Geschichte, Literatur, Kunst, Architektur und Musik.
3. Machen Sie Vorschläge für eine interessante Werbung im Internet für „Ihre" Heimatregion mit Zeugnissen des Barock.

Die Epoche des Barock

(1600–1720): < port. barocco = schiefrunde Perle; um 1800 auf Bildende Kunst bezogen; im 19. Jh. als Stilbegriff verwendet

Literaturgeschichte

Dichtungslehre:

Martin Opitz (1597–1639) *Buch von der deutschen Poeterei* (1624): Regeln über Sprache, Verskunst, Gattungen

Deutsche Sprachgesellschaften: (z.B. „Elbschwanenorden", „Rosenorden") gegen Fremdwörter, Dialekt, Grobianismus. – Chr. Thomasius hielt 1687 in Leipzig die erste deutschsprachige Vorlesung.

Lyrik:

1. Gelehrtenkunst: M. Opitz: Ode, Sonett
2. Manierismus: Chr. Hofmann von Hofmannswaldau (1617–1679) (= inhaltliche und formale Übersteigerung)
3. Vanitas (Eitelkeit): A. Gryphius (1616–1664)
4. Gelegenheits- und Naturgedichte: Paul Fleming (1609–1640), z.T. volksliedhaft
5. Geistliche Lyrik
   a) Evang. Kirchenlied: Paul Gerhardt (1607–1676)
   b) Kath. Lyrik: Friedrich von Spee (1591–1635)
6. Angelus Silesius: (J. Scheffler; 1624–1677) barocke Mystik
7. Epigramme: Friedrich von Logau (1604–1655)

Epik:

1. Jakob Böhme (1575–1624): barocke Mystik
2. a) H. J. Chr. v. Grimmelshausen (1621/22–1676): Barockroman *Simplicissimus*
   b) Daneben höfischer Roman, Reiseroman, Schäferroman
3. Abraham a Sancta Clara (1644–1709: bürgerlich Ulrich Megerle aus Kreenheinstetten bei Meßkirch): Wiener Hofprediger (vgl. Kapuzinerpredigt in *Wallensteins Lager*)

Dramatik:

1. Jesuitendrama: z.B. J. Bidermann (1578–1639) aus Ehingen: *Cenodoxus, der Doktor von Paris*
2. A. Gryphius: Begründer des dt. Trauerspiels: *Leo Arminius*, *Katharina von Georgien*, *Carolus Stuardus* (über Hinrichtung Karls I. 1649), *Cardenio und Celinde* (mit bürgerlichem Stoff), *Papinianus*

   Lustspiele: *Absurda Comica oder Herr Peter Squenz*, *Horribilicribrifax*
3. D. K. v. Lohenstein (1635–1683) Trauerspiele

Antithetik und dualistisches Weltbild:
1. Pessimismus und Todesangst: Unbeständigkeit, memento mori, vanitas → Askese, Mystik
2. Lebensgier, Leidenschaft, ausschweifendes Leben → carpe diem!

← gegen das Chaos die strenge Form

Kulturelle Zentren: höfisches Mäzenatentum (Wien); Bürgerbarock: Hamburg, Nürnberg, Leipzig; Schlesien
Spanien: Cervantes, Lope de Vega, Calderon; *Frankreich:* Boileau, Corneille, Racine, Molière, La Fontaine

Kulturgeschichte

Musik: Monteverdi, Corelli, Vivaldi; Lully, Rameau; Schütz, Buxtehude, J. S. Bach (1685–1750), G. F. Händel (1685–1759)
Philosophie: F. Bacon; J. Locke; B. Spinoza; R. Descartes; G. W. Leibniz
Staatslehre: F. Bacon: *Nova Atlantis*; Campanella: *Sonnenstaat*; Hugo Grotius: Naturrecht, Völkerrecht
Malerei: El Greco, Velázquez, Murillo; Rubens, van Dyck, Rembrandt, F. Hals
Architektur: Kirchen, Schlösser, Residenzen u.a.: Bernini; B. Neumann; Gebr. Asam; Fischer von Erlach; A. Schlüter
Naturwissenschaft: G. Galilei (1564–1642); J. Kepler (1571–1630); J. Newton (1643–1727)

Politische Geschichte

Zeit der ***Gegenreformation*** – des ***Dreißigjährigen Krieges*** (1618–1648) – und des ***Absolutismus***

Aufstieg der deutschen ***Reichsfürsten:***
- Brandenburg-Preußen: Friedrich Wilhelm I. (1640–1688); Friedrich III. (1688–1713) ab 1701 König Friedrich I.
- Bayern (Wittelsbach); Sachsen (Wettin); Hannover (Braunschweig-Lüneburg)

Russland: 1613–1762 Haus Romanow; 1689–1725 Peter der Große: gewaltsame Reformen nach westeuropäischem Vorbild
Frankreich: 1624–1642 Richelieu; 1643–1661 Mazarin; 1661–1715 Ludwig XIV.: Vollendung des Absolutismus
England: 1603–1648 Stuarts; 1642–1648 Bürgerkrieg; 1649–1660 Republik; 1660–1688 Restauration der Stuarts; ab 1689 Konstitutionelle Monarchie

1608 Protestantische Union, 1609 Katholische Liga – 1628 Petition of Rights – 1648 Westfälischer Friede – 1659 Pyrenäenfrieden – 1683 Belagerung Wiens – 1689 Declaration of Rights

(Renaissance, etwa 1470–1600) ← → **(Aufklärung, etwa 1720–1785)**

VIERTES KAPITEL

Aufklärung – Empfindsamkeit – Sturm und Drang

Johannes Vermeer (1632–1675): Der Geograph (1669)

I. Aufklärung – Aufbruch in ein neues Zeitalter des Geistes?

1. „Was ist Aufklärung?“ (Immanuel Kant) – Bedeutungshorizont eines Begriffs und seine Erörterung

Naturwissenschaftler und Philosophen setzten zu Beginn der Neuzeit eine geistige Bewegung in Gang, die unter dem Begriff „Aufklärung“ bis in die Gegenwart die geistige Auseinandersetzung beeinflusst. Was ihre Befürworter von der Aufklärung erwarten, kann Schubarts Situationsbeschreibung über Deutschland aus dem Jahre 1788 schlaglichtartig beleuchten: „Deutschland kommt mir vor wie ein großer Palast mit vielen Fenstern, deren Läden verschlossen blieben. Sachsen, Brandenburg, Braunschweig, Hannover öffneten ihre Fensterläden zuerst, die übrigen Provinzen behalfen sich zum Teil mit Jalousieläden oder ließen die Läden gar zu, weil glotzige Pfaffen behaupteten, das Sonnenlicht sei den Augen nicht zuträglich. Endlich begann man doch nach und nach überall die Läden zu öffnen und sich des wohltätigen Lichtstrahls zu erfreuen. Bald wird keine deutsche Provinz mehr sein, die bei verschlossenen Fensterläden, wie B..., von Aufklärung spricht, und dann wird unser liebes Vaterland als eine Götterwohnung vor allen Völkern dastehen, von allen Seiten in ein-

strahlendem Lichte schimmernd." Welche Hoffnungen für die Zukunft „unseres Vaterlandes" mit dem Begriff „Aufklärung" verbunden waren, macht Schubarts Aussage überdeutlich.
Welche Ziele bei ihrer Verwirklichung Deutschland zu einer „Götterwohnung" machen sollten und inwieweit sie verwirklicht werden konnten, auf diese Fragen können Ihnen die nachfolgenden Texte erste Antworten geben.

Die Aufklärung, Stich von Clemens Kohl

1 Gotthold Ephraim Lessing (1729–1781): Über die Wahrheit

Ein Mann, der Unwahrheit unter entgegengesetzter Überzeugung in guter Absicht ebenso scharfsinnig als bescheiden durchzusetzen sucht, ist unendlich mehr wert als ein Mann, der die beste, edelste Wahrheit aus Vorurteil, mit Verschreiung seiner Gegner, auf alltägliche Weise verteidiget.

Will es denn *eine* Klasse von Leuten nie lernen, dass es schlechterdings nicht wahr ist, dass jemals ein Mensch wissentlich und vorsetzlich sich selbst verblendet habe? Es ist nicht wahr, sag ich; aus keinem geringern Grunde, als weil es nicht möglich ist. Was wollen sie denn also mit ihrem Vorwurfe mutwilliger Verstockung, geflissentlicher Verhärtung, mit Vorbedacht gemachter Plane, Lügen auszustaffieren, die man Lügen zu sein weiß? Was wollen sie damit? Was anders, als – – Nein; weil ich *auch ihnen* diese Wahrheit muss zugute kommen lassen; weil ich auch von *ihnen* glauben muss, dass sie vorsetzlich und wissentlich kein falsches verleumderisches Urteil fällen können: so schweige ich und enthalte mich alles Widerscheltens.

Nicht die Wahrheit, in deren Besitz irgendein Mensch ist oder zu sein vermeinet, sondern die aufrichtige Mühe, die er angewandt hat, hinter die Wahrheit zu kommen, macht den Wert des Menschen. Denn nicht durch den Besitz, sondern durch die Nachforschung der Wahrheit erweitern sich seine Kräfte, worin allein seine immer wachsende Vollkommenheit bestehet. Der Besitz macht ruhig, träge, stolz –

Wenn Gott in seiner Rechten alle Wahrheit und in seiner Linken den einzigen immer regen Trieb nach Wahrheit, obschon mit dem Zusatze, mich immer und ewig zu irren, verschlossen hielte und spräche zu mir: wähle! Ich fiele ihm mit Demut in seine Linke und sagte: Vater gib! die reine Wahrheit ist ja doch nur für dich allein! (v 1778)

2 Gottlieb Konrad Pfeffel (1736–1809): Die Aufklärung

Auf seiner langen Wanderschaft
durch halb Europa sah und hörte
ein Löwe viel von Wissenschaft
und Kunst. Als er nach Hause kehrte,
erhob das treue Volk zum Lohn
für das, was er in fremden Landen
als Kriegsgefangner ausgestanden,
ihn auf den väterlichen Thron.
Er glaubte – hier wird mancher lachen –
er müsse bei der Nation
sich nur durch Wohltun Ehre machen
und fasste den Entschluss, sein Reich,
dem großen Kaiser Peter[1] gleich,
durch Künste zu zivilisieren.
Frohlockend lobte der Senat
den schönen Plan; auch bei den Tieren
will nur ein Ochs' deliberieren[2],
wenn der Monarch gesprochen hat,
und damals saßen diese Herren,
die gern dem Licht das Tor versperren,
noch nicht in dem geheimen Rat.
Der König ließ durch sein Mandat[3]
die Kandidaten aller Stufen
gar huldreich zum Konkurs[4] berufen.
Zuerst erschien ein großer Bär,
der aufrecht vor den Thron sich pflanzte,
und bald ins Kreuz, bald in die Quer
auf Polnisch und Kosakisch tanzte.
Mit Jauchzen ward der Postulant[5]
zum Doktor seiner Kunst ernannt.
Itzt nahte sich dem Königsstuhle
die Nachtigall. Kaum spielte sie
ihr Lied voll Geist und Melodie,
so übergab man ihr die Schule
der Tonkunst und der Poesie.
Das Lehramt der Philosophie
ward einem Affen aufgetragen;
sein allumfassendes Genie
glich einem bodenlosen Magen;
er wusste das Warum und Wie
von jedem Dinge. Kurz zu sagen,
er diente vormals in Paris

Gottlieb Konrad Pfeffel, 1736 in Colmar geboren und dort 1809 gestorben. Pfeffel erblindete nach seinem Jurastudium 1758 und gründete eine Schule für protestantische Adelige. In der Französischen Revolution verlor Pfeffel sein Vermögen. Er war mit vielen Schriftstellern seiner Zeit befreundet und schrieb Dramen, Oden, Kirchenlieder und Fabeln. Pfeffel wollte seine Leser als überzeugter Aufklärer für ein tolerantes und vernunftorientiertes Leben gewinnen. Mit scharfem Witz prangerte er vorhandenes Unrecht an.

---
1 Kaiser Peter: Gemeint ist Zar Peter der Große (1672–1725) von Russland, der durch Reformen seinem Reich die Kultur Westeuropas zu vermitteln versuchte.
2 deliberieren (< lat. deliberare = erwägen, überlegen): darüber nachdenken
3 Das Mandat (< lat. mandatum = Auftrag, Befehl): Befehl, Erlass
4 Der Konkurs (< lat. concursus = Auflauf, Zusammentreffen): Versammlung, gemeinsames Treffen
5 Der Postulant (< lat. postulare = verlangen, fordern; auch: beantragen): Bewerber

bei einem Enzyklopädisten[1],
der keine Müh' sich dauern ließ,
mit seiner Kunst ihn auszurüsten.
Nun war der Unterricht im Gang.
Schon ward es allerorten helle;
schon wechselten Konzert und Bälle
am Hof; das Licht der Wahrheit drang
in jeden Kopf; bei allen Tieren
verschwanden Vorurteil und Wahn;
sogar die Schöpse[2] fingen an
von Zeit und Raum zu disputieren[3].
Indessen fand der Großsultan
das Volk nicht um ein Härchen besser;
der Fuchs war stets ein Hühnerfresser,
und von des Wolfes Mörderzahn
ward nach wie vor das Schaf zerrissen;
nur dass er oft in frechen Schlüssen
bewies, er habe recht getan.
So ging es bald im ganzen Lande
und konnte nicht wohl anders gehn.
„Ha", rief der Schach[4], „zu meiner Schande
bekenn' ich, dass ich falsch gesehn.
Den Irrtum hab' ich zwar vertrieben,
allein die Laster sind geblieben.
Anstatt in meiner Monarchie
gelehrte Bürger ziehn zu wollen,
hätt' ich vor allen Dingen sie
zu guten Bürgern machen sollen." (1783)

3 Gottfried Benn (1886–1956): Verlorenes Ich*

Verlorenes Ich, zersprengt von Stratosphären[5],
Opfer des Ion[6] –: Gamma-Strahlen[7]-Lamm –
Teilchen und Feld –: Unendlichkeitschimären[8]
auf deinem grauen Stein von Notre-Dame[9].

Die Tage gehn dir ohne Nacht und Morgen,
die Jahre halten ohne Schnee und Frucht
bedrohend das Unendliche verborgen –
die Welt als Flucht.

Wo endest du, wo lagerst du, wo breiten
sich deine Sphären[10] an – Verlust, Gewinn –:
ein Spiel von Bestien: Ewigkeiten,
an ihren Gittern fliehst du hin.

Der Bestienblick: die Sterne als Kaldaunen[11].
der Dschungeltod als Seins- und Schöpfungsgrund,
Mensch, Völkerschlachten, Katalaunen[12]
hinab den Bestienschlund.

Die Welt zerdacht. Und Raum und Zeiten
und was die Menschheit wob und wog,
Funktion nur von Unendlichkeiten –
die Mythe[13] log.

Woher, wohin – nicht Nacht, nicht Morgen,
kein Evoë[14], kein Requiem[15],
du möchtest dir ein Stichwort borgen –
allein bei wem?

Ach, als sich alle einer Mitte neigten
und auch die Denker nur den Gott gedacht,
sie sich den Hirten und dem Lamm verzweigten,
wenn aus dem Kelch das Blut sie rein gemacht,

und alle rannen aus der einen Wunde,
brachen das Brot, das jeglicher genoß –
o ferne zwingende erfüllte Stunde,
die einst auch das verlorne Ich umschloß.

(1943)

Raffael: Disputa del Sacramento
(aus den „Stanze della Segnatura", um 1515)

[1] Der Enzyklopädist (< gr. enzyklopaidia): Mitarbeiter an einem Universallexikon
[2] Der Schöps (< mitteldt./österr. = Hammel): als Schimpfwort bedeutet es Dummkopf
[3] disputieren (< lat. disputare = nach allen Seiten erwägen): Streitgespräch führen, seine Meinung vertreten
[4] Der Schach: umgangssprachliche Bezeichnung für Schah als persischer Königstitel: Herrscher
[5] Die Stratosphäre (< gr./lat.: stratum (lat.) = Decke; sphaira (gr.) = Kugel): Schicht über der Atmosphäre zwischen 12 und 80 Kilometer
[6] Das Ion (< gr.): elektrisch geladenes atomares oder molekulares Teilchen
[7] Die Gammastrahlen: bei Atomkernumwandlungen auftretende elektromagnetische Strahlung
[8] Die Chimäre (< gr. = ein Ungeheuer der griechischen Sage): Fantasieungeheuer, die auch als Wasserspeier an Kathedralen angebracht wurden
[9] Notre Dame (frz. = Unsere liebe Frau): gotische Kathedrale in Paris; allgemeine Bezeichnung für eine Marienkirche mit dem Namen „Liebfrauenkirche"
[10] Die Sphäre (< gr. sphaira = Himmelsgewölbe): Gesichtskreis, Wirkungskreis, Lebenskreis
[11] Die Kaldaunen (< lat.): Eingeweide von frisch geschlachteten Tieren
[12] Die Katalaunen: von Benn geprägtes Wort nach der Schlacht auf den Katalaunischen Feldern 451 n. Chr. zwischen dem römischen Statthalter Aetius und dem Hunnenkönig Attila
[13] Die Mythe (< gr. myein = sagen, dichten): Helden- und Göttersagen; Weltschöpfungs- und Weltuntergangssagen; die aus den Mythen sprechende Glaubenshaltung
[14] Der Evoe (< gr.): Jubelruf beim Fest des griechischen Weingottes Dionysos
[15] Das Requiem (< lat. nach dem Anfangswort des Eingangsgebetes = Requiem aeternam dona eis = Ewige Ruhe gib ihnen): Totenmesse in der katholischen Kirche

4 Christoph Martin Wieland (1733–1813): Sechs Fragen zur Aufklärung (Auszug)

Also I. „Was ist *Aufklärung*?“

Antwort: Das weiß jedermann, der vermittelst eines Paars sehender Augen erkennen gelernt hat, worin der Unterschied zwischen Hell und Dunkel, Licht und Finsternis besteht. Im Dunkeln sieht man entweder gar nichts oder wenigstens nicht so klar, dass man die Gegenstände recht erkennen und voneinander unterscheiden kann: sobald Licht gebracht wird, klären sich die Sachen auf, werden sichtbar und können voneinander unterschieden werden – doch wird dazu zweierlei notwendig erfodert: 1) dass Licht genug vorhanden sei, und 2) dass diejenige, welche dabei sehen sollen, weder blind noch gelbsüchtig seien, noch durch irgendeine andere Ursache verhindert werden, sehen zu können oder sehen zu wollen.

II. „Über welche Gegenstände *kann* und *muss* sich die Aufklärung ausbreiten?“ Drolligte Frage! Worüber, als über alle sichtbare Gegenstände? Das versteht sich doch wohl, dächte ich; oder muss es dem Herrn noch bewiesen werden? Nun wohlan! Im Dunkeln (ein einziges löbliches und gemeinnütziges Geschäfte ausgenommen) bleibt für ehrliche Leute nichts zu tun als zu schlafen. Im Dunkeln sieht man nicht, wo man ist, noch wo man hingeht, noch was man tut, noch was um uns her, zumal in einiger Entfernung, passiert; man läuft Gefahr, bei jedem Schritte die Nase anzustoßen, bei jeder Bewegung etwas umzuwerfen, zu beschädigen oder anzurühren, was man nicht anrühren sollte, kurz, alle Augenblicke Missgriffe und Misstritte zu tun; so dass, wer seine gewöhnlichen Geschäfte im Dunkeln treiben wollte, sie sehr übel treiben würde. Die Anwendung ist kinderleicht. Das Licht des Geistes, wovon hier die Rede ist, ist die Erkenntnis des Wahren und Falschen, des Guten und Bösen. Hoffentlich wird jedermann zugeben, dass es ohne diese Erkenntnis ebenso unmöglich ist, die Geschäfte des Geistes recht zu treiben, als es ohne materielles Licht möglich ist, materielle Geschäfte recht zu tun. Die Aufklärung, d.i. so viel Erkenntnis, als nötig ist, um das Wahre und Falsche immer und überall unterscheiden zu können, *muss* sich also über alle Gegenstände ohne Ausnahme ausbreiten, worüber sie sich ausbreiten *kann*, d.i. über alles dem äußern und innern Auge Sichtbare. [...]

Alle Gegenstände unsrer Erkenntnis sind entweder geschehene Dinge oder Vorstellungen, Begriffe, Urteile und Meinungen. Geschehene Dinge werden aufgeklärt, wenn man bis zur Befriedigung eines jeden unparteiischen Forschers untersucht, ob und wie sie geschehen sind. Die Vorstellungen, Begriffe, Urteile und Meinungen der Menschen werden aufgeklärt, wenn das Wahre vom Falschen daran abgesondert, das Verwickelte entwickelt, das Zusammengesetzte in seine einfachern Bestandteile aufgelöst, das Einfache bis zu seinem Ursprung verfolgt und überhaupt keiner Vorstellung oder Behauptung, die jemals von Menschen für Wahrheit ausgegeben worden ist, ein Freibrief gegen die uneingeschränkteste Untersuchung gestattet wird. Es gibt kein anderes Mittel, die Masse der Irrtümer und schädlichen Täuschungen, die den menschlichen Verstand verfinstert, zu vermindern als dieses, und es kann kein anderes geben. [...] (v 1789)

Die Toleranz, Stich von D. N. Chodowiecki, 1791: „Die aufgeklärte Weisheit nimmt alle Religionsverwandten, Türken, Juden, Katholiken, Lutheraner, Calvinisten ... und Chinesen unter ihren Schutz.“

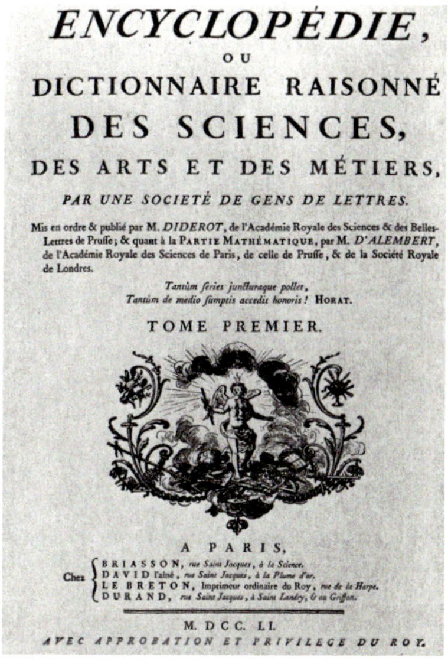

ENCYCLOPÉDIE,
OU
DICTIONNAIRE RAISONNÉ
DES SCIENCES,
DES ARTS ET DES MÉTIERS,
PAR UNE SOCIETÉ DE GENS DE LETTRES.

Mis en ordre & publié par M. DIDEROT, de l'Académie Royale des Sciences & des Belles-Lettres de Prusse; & quant à la PARTIE MATHÉMATIQUE, par M. D'ALEMBERT, de l'Académie Royale des Sciences de Paris, de celle de Prusse, & de la Société Royale de Londres.

Tantùm series juncturaque pollet,
Tantùm de medio sumptis accedit honoris! HORAT.

TOME PREMIER.

A PARIS,
Chez BRIASSON, rue Saint Jacques, à la Science.
DAVID l'aîné, rue Saint Jacques, à la Plume d'or.
LE BRETON, Imprimeur ordinaire du Roy, rue de la Harpe.
DURAND, rue Saint Jacques, à Saint Landry, & au Griffon.

M. DCC. LI.
AVEC APPROBATION ET PRIVILEGE DU ROY.

Titelblatt des ersten Textbandes der Enzyklopädie von Diderot und d'Alembert (1751)

Die **Enzyklopädie** (< gr. enkyklios = rund, allgemein, paideia = Erziehung, Bildung) ist die umfassende Darstellung des Wissens einer Zeit i. S. einer universalen Bestandsaufnahme. Die von Denis Diderot (1713–1784) und Jean le Rond D'Alembert (1717–1783) von 1751–1780 in 35 Bänden herausgegebene Enzyklopädie gilt als Hauptwerk der Aufklärung. Die Herausgeber und Mitarbeiter erhielten die Bezeichnung Enzyklopädisten.

Deutscher Holzschnitt aus dem 16. Jahrhundert, nachträglich koloriert

René Descartes (1596–1650, auch Renatus Cartesius genannt) stammte aus einem alten Adelsgeschlecht und wurde von 1604–1614 im angesehenen Jesuitenkolleg La Fleche erzogen: Geprägt war diese Ausbildung von der scholastischen Philosophie Thomas von Aquins und von der Naturwissenschaft. Nach dem Jurastudium war er ab 1618 in Kriegsdiensten in Deutschland; es folgten Reisen in Europa, von 1625–29 ein Aufenthalt in Paris. Descartes emigrierte 1629 in die Niederlande. Als vielseitig interessierter Gelehrter verfasste er mathematische, physikalische, medizinische und philosophische Werke und hatte Kontakte zu vielen Gelehrten seiner Zeit. 1649 lud ihn die schwedische Königin Christine, selbst hoch gebildet, nach Stockholm ein, wo er vier Monate später starb. Descartes wurde als Mathematiker und Philosoph zum ersten systematischen Denker der Neuzeit: Ansatz seiner Philosophie war der Zweifel als Methode. Einzige sichere Gewissheit war für ihn die Erkenntnis: „Cogito, ergo sum = Indem ich denke, bin ich." Sie vermittelte Descartes die Gewissheit über die eigene Existenz als denkende Substanz, die sich im Zweifeln, Bejahen und Verneinen als identisch erfährt. Er war überzeugt, dass alle Erscheinungen in der Natur rational erfassbar und damit erklärbar sind.
Mit seiner Philosophie beeinflusste Descartes über ein Jahrhundert lang die Philosophen Westeuropas wie Locke, Leibniz, Wolff und auch Kant.

1. Wählen Sie aus den Texten 1–6 den Beitrag aus, der Sie am meisten interessiert, und notieren Sie Ihre Eindrücke und Gedanken.

2. a) Exzerpieren Sie aus den Texten 1–3 die zentralen Aussagen über den Menschen.
b) Vergleichen Sie mit Ihren Ergebnissen das Bild vom Menschen in der „Disputa" (S. 146) und im „Holzschnitt aus dem 16. Jahrhundert" (S. 147).

3. a) Nennen Sie Fähigkeiten des Menschen, die für ein „aufgeklärtes" Verhalten besonders wichtig sind.
b) Stellen Sie die Forderungen der Autoren in den Texten 4 und 5 daneben.
c) Legen Sie zu Text 7 ein Cluster (vgl. S. 21) an, in dem Herkunft und Bedeutungsfelder von „aufklären" erkennbar werden, und markieren Sie die für die Epoche „Aufklärung" maßgeblichen Aspekte.

5 René Descartes (1596–1650): Meditationen über die Erste Philosophie (Auszug)

Zweite Meditation

Über die Natur des menschlichen Geistes;
dass er der Erkenntnis nähersteht als der Körper

[...]
2. Ich nehme also an, alles, was ich wahrnehme, sei falsch; ich glaube, dass nichts von alledem jemals existiert habe, was mir mein trügerisches Gedächtnis vorführt. Ich habe überhaupt keine Sinne; Körper, Gestalt, Ausdehnung, Bewegung und Ort sind Chimären. Was soll da noch wahr sein? Vielleicht dies Eine, dass es nichts Gewisses gibt. [...]

Aber es gibt irgendeinen sehr mächtigen, sehr schlauen Betrüger, der mit Absicht mich immer täuscht. Zweifellos bin also auch Ich, wenn er mich täuscht; mag er mich nun täuschen, so viel er kann, so wird er doch nie bewirken können, dass ich nicht sei, solange ich denke, ich sei etwas. Nachdem ich so alles genug und übergenug erwogen habe, muss ich schließlich festhalten, dass der Satz „Ich bin, Ich existiere", sooft ich ihn ausspreche oder im Geiste auffasse, notwendig wahr sei. [...]

Wie lange aber? Offenbar solange ich denke, denn es ist ja auch möglich, dass ich, wenn ich überhaupt nicht mehr denken würde, sogleich aufhörte zu sein. Ich lasse jetzt nichts gelten, als was notwendig wahr ist; demnach bin ich genau genommen lediglich ein denkendes Ding, d.h. Geist bzw. Seele bzw. Verstand bzw. Vernunft; lauter Bezeichnungen, deren Bedeutung mir früher unbekannt war. Ich bin nun ein wirkliches und wahrhaft seiendes Ding. Was denn für ein Ding? Ich sagte ja: ein denkendes. (v 1641)

6 Andreas Gryphius (1616–1664): Abend (Biografie S. 135)

Der schnelle Tag ist hin / die Nacht schwingt ihre fahn /
Und führt die Sternen auff. Der Menschen müde scharen
Verlassen feld und werck / Wo Thier vnd Vögel waren
Trawrt itzt die Einsamkeit. Wie ist die zeit verthan!

Der port naht mehr vnd mehr sich / zu der glieder Kahn.
Gleich wie diß licht verfiel / so wird in wenig Jahren
Ich / du / vnd was man hat / vnd was man siht / hinfahren.
Diß Leben kömmt mir vor alß eine renne bahn.

Lass höchster Gott mich doch nicht auff dem Laufplatz gleiten /
Lass mich nicht ach / nicht pracht / nicht lust / nicht angst verleiten.
Dein ewig heller glantz sey vor vnd neben mir /

Lass / wenn der müde Leib entschläfft / die Seele wachen
Vnd wenn der letzte Tag wird mit mir abend machen /
So reiß mich auß dem thal der Finsternuß zu dir. (v 1650)

7 Lexikonartikel

aufklären [sw. V.; hat] /vgl. aufgeklärt/: 1. a) *Klarheit in etw. Ungeklärtes bringen; Unklarheiten, das Rätselhafte an einer Sache auflösen, beseitigen; entwirren:* ein Verbrechen a.; der Kommissar hat den Mordfall nicht a. können; Vorkommnisse, die niemals aufgeklärt wurden; einen Irrtum, Widersprüche a.; Der Vorgang ... wurde mit Hilfe der Quantentheorie aufgeklärt (Kosmos 3, 1965, 103); b) [a. + sich] *klarwerden, nicht mehr rätselhaft sein, sich auflösen:* die Missverständnisse haben sich längst aufgeklärt; auch dieses Geheimnis wird sich eines Tages a.; Jetzt wird sich ja alles befriedigend a. (Fallada, Herr 146). 2. a) *jmds. Unwissenheit, ungenügende Kenntnis über etw. [od. jmdn.] beseitigen; über etw. [od. jmd.] genau unterrichten, informieren (damit er sich in Zukunft entsprechend verhalten kann):* er klärte mich über den wahren Sachverhalt auf; die Bevölkerung muss über die Suchtgefahren aufgeklärt werden; Das junge Ehepaar ... ließ sich von ihm (dem Pfarrer) über den Segen der Mutter Kirche a. (Kirst, 08/15, 815); können Sie mich [darüber] a. (*mir erklären*), was dieser Ausdruck bedeutet?; b) (*ein Kind, einen Jugendlichen) über geschlechtliche Vorgänge unterrichten:* es ist die Aufgabe der Schule, die Kinder aufzuklären; [sexuell] nicht genügend aufgeklärt sein; c) (DDR) *jmdm. in politischer Hinsicht etw. klarzumachen, jmdn. zu überzeugen versuchen; agitieren.* 3. [a. + sich] (*vom Wetter*) *sich aufhellen; wolkenlos, klar werden:* der Himmel hatte sich nach dem Gewitter wieder aufgeklärt; (ugs. scherzh.:) es (= das Wetter) klärt sich auf zum Wolkenbruch; Ü seine finstere Miene, sein Gesicht klärte sich auf (*wurde heiterer*). 4. (Milit.) (*die Verhältnisse auf der feindlichen Seite*) *erkunden, auskundschaften:* die genaue Stellung des Feindes aufzuklären versuchen; [...]

Aus: Duden. Das große Wörterbuch der deutschen Sprache Bd. 1, Mannheim (Duden) 1976.

Texterörterung 3: Die **textgebundene Erörterung** eines philosophischen Textes hat zwei Teile:

1. Die *Textbeschreibung und -erschließung* nach Problemstellung und Hauptgedanken, Aufbau, Argumentationsstruktur (nach Thesen, Argumenten, Beispielen) und oft auch der rhetorischen Mittel (z. B. der Syntax, Wortwahl, Stilfiguren, Bilder etc.).
2. Die *Problemerörterung* i.S. einer kritischen Auseinandersetzung kann zwei Akzentsetzungen haben:
   – Die kritische Stellungnahme zu den im vorliegenden Text vertretenen Thesen und Argumenten *(textimmanente Erörterung)*. Dies geschieht i.d.R., wenn die gedankliche Substanz unzureichend, widersprüchlich, provokant oder fehlerhaft ist.
   – Den Aufbau eines eigenen Argumentationsansatzes über die Textvorlage hinaus
   - entweder als begründete Weiterführung vorliegender Positionen
   - oder als argumentativer Gegenentwurf *(textübergreifende Erörterung)*.

   Textimmanente und textübergreifende Erörterung können auch verbunden werden. Doch sollte der zweite Teil (die Problemerörterung) in jedem Fall den *Schwerpunkt* der Arbeit bilden, die am besten in drei Phasen (vgl. S. 135f.) verläuft.

Thema: Erörtern Sie Kants Antwort auf die Frage „Was ist Aufklärung?“
Problemstellung
Aufgabenstellung
– Erschließen Sie Kants Gedankenführung!
– Nehmen Sie von heute aus kritisch Stellung zu Kants Schlussfrage (Z. 62ff.): „Leben wir jetzt in einem aufgeklärten Zeitalter?“

1. Phase: Vorverständnis und Themenanalyse

Vorverständnis zum Begriff „Aufklärung“:
– Erhellung eines Sachverhalts, Aufdeckung eines Verbrechens, sexuelle Unterweisung etc.
– Philosophischer Begriff?

Themenanalyse:

Erörtern von „Aufklärung“

Texterschließung nach
– Aufbau
– Begrifflichkeit
– Argumentationsstruktur

kritische Stellungnahme
– zu Kants Differenzierung
– Beispiel Friedrich d. Gr.
– aktuelle Situation

4. a) Erschließen Sie den Kant-Text durch sorgfältige mehrmalige Lektüre.
b) Arbeiten Sie mit einer Einlegefolie oder Fotokopie und ergänzen Sie die Textmarkierungen und Annotationen in der angedeuteten Weise.

5. a) Prüfen Sie die Schlüssigkeit von Argumenten und die Anschaulichkeit von Beispielen.
b) Fassen Sie die Ergebnisse in einer strukturierten Beschreibung zusammen.

2. Phase: Stoffsammlung

a) Texterschließung durch Textmarkierung und Annotation zu Aufbau und Begrifflichkeit

8 Immanuel Kant (1724–1804): Beantwortung der Frage: Was ist Aufklärung? (Auszug)

Stilistisch-rhetorische Analyse: „Aufklärung“ = Denken ohne Vorurteile; „Ausgang“ = das Heraustreten; Imperativ; ethische Kategorien; Metapher

Inhaltlich-strukturelle Analyse: ① Definition des Begriffs „Aufklärung“: 1. These; 2. Erläuterung; 3. ethischer Appell. ② Ursachen der Unmündigkeit: 1. Bequemlichkeit; 2. Gefährlichkeit

Aufklärung ist der Ausgang des Menschen aus seiner selbst verschuldeten Unmündigkeit. Unmündigkeit ist das Unvermögen, sich seines Verstandes ohne Leitung eines Anderen zu bedienen. Selbst verschuldet ist diese Unmündigkeit, wenn die Ursache derselben nicht am Mangel des Verstandes, sondern der Entschließung und des Mutes liegt, sich seiner ohne Leitung eines Andern zu bedienen. Sapere aude! Habe Mut, dich deines eigenen Verstandes zu bedienen! ist also der Wahlspruch der Aufklärung.

Faulheit und Feigheit sind die Ursachen, warum ein so großer Teil der Menschen, nachdem sie die Natur längst von fremder Leitung freigesprochen (naturaliter majorennes), dennoch gerne zeitlebens unmündig bleiben; und warum es anderen so leicht wird, sich zu deren Vormündern aufzuwerfen. Es ist so bequem, unmündig zu sein. Habe ich ein Buch, das für mich Verstand hat, einen Seelsorger, der für mich Gewissen hat, einen Arzt, der für mich die Diät beurteilt usw., so brauche ich mich ja nicht selbst zu bemühen. Ich habe nicht nötig zu denken, wenn ich nur bezahlen kann; andere werden das verdrießliche Geschäft schon für mich übernehmen. Dass der bei weitem größte Teil der Menschen (darunter das ganze schöne Geschlecht) den Schritt zur Mündigkeit außer dem, dass er beschwerlich ist, auch für sehr gefährlich halte: dafür sorgen schon jene Vormünder, die die Oberaufsicht über sie gütigst auf sich genommen haben. Nachdem sie ihr Hausvieh zuerst dumm gemacht haben und sorgfältig verhüteten, dass diese ruhigen Geschöpfe ja keinen Schritt außer dem Gängelwagen, darin sie sie einsperreten, wagen durften, so zeigen sie ihnen nachher die Gefahr, die ihnen drohet, wenn sie es versuchen, allein zu gehen. Nun ist diese Gefahr zwar eben so groß nicht, denn sie würden durch einige Mal Fallen wohl endlich gehen lernen; allein ein Beispiel von der Art macht doch schüchtern und schreckt gemeiniglich von allen ferneren Versuchen ab.

Es ist also für jeden einzelnen Menschen schwer, sich aus der ihm beinahe zur Natur gewordenen Unmündigkeit herauszuarbeiten. Er hat sie sogar liebgewonnen und ist vorderhand wirklich unfähig, sich seines eigenen Verstandes zu bedienen, weil man ihn niemals den Versuch davon machen ließ. Satzungen und Formeln, diese mechanischen Werkzeuge eines vernünftigen Gebrauchs oder vielmehr Missbrauchs seiner Naturgaben, sind die Fußschellen einer immerwährenden Unmündigkeit. Wer sie auch abwürfe, würde dennoch auch über den schmalesten Graben einen nur unsicheren Sprung tun, weil er zu dergleichen freier Bewegung nicht gewöhnt ist. Daher gibt es nur wenige, denen es gelungen ist, durch eigene Bearbeitung ihres Geistes sich aus der Unmündigkeit herauszuwickeln und dennoch einen sicheren Gang zu tun.

3. Satzungen und Formeln

③

Dass aber ein Publikum sich selbst aufkläre, ist eher möglich; ja es ist, wenn man ihm nur Freiheit lässt, beinahe unausbleiblich. Denn da werden sich immer einige Selbstdenkende, sogar unter den eingesetzten Vormündern des großen Haufens, finden, welche, nachdem sie das Joch der Unmündigkeit selbst abgeworfen haben, den Geist einer vernünftigen Schätzung des eigenen Werts und des Berufs jedes Menschen, selbst zu denken, um sich verbreiten werden. Besonders ist hiebei: dass das Publikum, welches zuvor von ihnen unter dieses Joch gebracht worden, sie hernach selbst zwingt, darunter zu bleiben, wenn es von einigen seiner Vormünder, die selbst aller Aufklärung unfähig sind, dazu aufgewiegelt worden; so schädlich ist es, Vorurteile zu pflanzen, weil sie sich zuletzt an denen selbst rächen, die, oder deren Vorgänger, ihre Urheber gewesen sind. Daher kann ein Publikum nur langsam zur Aufklärung gelangen. Durch eine Revolution wird vielleicht wohl ein Abfall von persönlichem Despotism und gewinnsüchtiger oder herrschsüchtiger Bedrückung, aber niemals wahre Reform der Denkungsart zustande kommen; sondern neue Vorurteile werden, ebensowohl als die alten, zum Leitbande des gedankenlosen großen Haufens dienen.

1. Selbstdenkende

Zu dieser Aufklärung aber wird nichts erfordert als *Freiheit;* und zwar die unschädlichste unter allem, was nur Freiheit heißen mag, nämlich die: von seiner Vernunft in allen Stücken *öffentlichen Gebrauch* zu machen [...]

④

Wenn denn nun gefragt wird: Leben wir jetzt in einem *aufgeklärten* Zeitalter? so ist die Antwort: Nein, aber wohl in einem Zeitalter der *Aufklärung.* Dass die Menschen, wie die Sachen jetzt stehen, im Ganzen genommen, schon imstande wären oder darin auch nur gesetzt werden könnten, in Religionsdingen sich ihres eigenen Verstandes ohne Leitung eines Andern sicher und gut zu bedienen, daran fehlt noch sehr viel. Allein, dass jetzt ihnen doch das Feld geöffnet wird, sich dahin frei zu bearbeiten, und die Hindernisse der allgemeinen Aufklärung oder des Ausganges aus ihrer selbst verschuldeten Unmündigkeit allmählich weniger werden, davon haben wir doch deutliche Anzeigen. In diesem Betracht ist dieses Zeitalter das Zeitalter der Aufklärung oder das Jahrhundert *Friederichs.* [...] (v 1784)

⑤

6. Grenzen Sie die Leitbegriffe ab und prüfen Sie die einzelnen Lebensbereiche.

Ein **Kreismodell** kann die Stoffsammlung erleichtern, weil es systematisch die relevanten Bereiche erschließt.

Ich: z. B. Selbstbestimmung
Familie: z. B. Freiräume
Schule: z. B. Partnerschaft
Gemeinde: z. B. Bürgerinitiativen
Staat: z. B. Volksbegehren

b) *Texterschließung durch Strukturanalyse:*

Aufklärung ist der **Ausgang** des Menschen aus seiner **selbst verschuldeten Unmündigkeit.**	Grundsätzliche (axiomatische) Definition
– das Heraustreten – d. h. aus Mangel an Mut zum ungelenkten Gebrauch des Verstandes – ...	Erklärung der Hauptbegriffe
Sapere aude! Habe Mut ...	Horaz-Zitat als Schlussfolgerung und ethischer Appell

c) *Problemerörterung von Kants Schlussfrage*

Zeitalter der Aufklärung?	aufgeklärtes Zeitalter?
Begriffsabgrenzung	
– Genitivattribut bedeutet Epoche, in der Aufklärung erfolgt – ja, Rede von 2. Aufklärung im 20. Jh. • Rationalisierung in vielen Lebensbereichen • Normierungen • Globalisierung – …	– Partizipialattribut würde bedeuten: Aufklärung ist erfolgt a) Dies gilt mehr oder weniger für • ethisch-religiöse Selbstbestimmung, • Emanzipation von Autoritäten und Normen, • … b) Dies gilt nicht im Blick auf • Vorurteile, z.B. gegen Rassen und Minderheiten Massensuggestion und -hysterie, z.B. bei Sekten, • …

3. Phase: Ausarbeitung der Erörterung und Korrektur

1. Die **Einleitung** könnte z. B. folgendermaßen gestaltet werden:
   - Ausgang vom alltagssprachlichen Vorverständnis (z. B. einen Sachverhalt aufklären);
   - aktueller Anlass, der zum Thema hinführt (z. B. Irrsinnstat aus Vorurteilen);
   - Zitat als Impuls (z. B. das Horaz-Zitat, Z. 6f.);
   - Anknüpfung beim Autor (z. B. Kants berühmte Eingangsthese);
   - historische Hinführung (z. B. Lichtmetapher für 18. Jh.);
   - Präzisierung des Themas (z. B. Beschränkung auf die Hauptgedanken des Textauszugs im ersten Teil und Schwerpunkt auf die Fortschritte der Aufklärung heute);
   - Erläuterung der Methode (z. B. Beschreibung der Struktur, nur Erörterung der Schlussfrage).
2. Der **Hauptteil** besteht, gemäß der Aufgabenstellung, aus zwei Teilen:
   - Der knappere Teil ist die Erschließung der Argumentationsstruktur des Kant-Textes, wobei es darauf ankommt, die argumentativ überzeugende Gedankenführung und die schlüssige Binnengliederung im Zusammenspiel von Thesen, Argumenten und Beispielen zu zeigen.
   - Schwerpunkt wird die textübergreifende Erörterung sein, die bei Kants Begriffsdifferenzierung und Zeitdiagnose ansetzen muss, dann aber vor allem die gegenwärtige Situation zu beachten hat.
3. Als **Schluss** können folgende Möglichkeiten gewählt werden:
   - Zusammenfassung der wichtigsten Ergebnisse (z. B. im Blick auf das Paradigmatische der Argumentation Kants oder auf die heute erreichte Aufklärung);
   - Ausblick auf Aspekte, die nur angedeutet sind (z. B. die Bereiche, in denen die Aufklärung noch unzureichend ist) oder fehlen (z. B. die Betrachtung der negativen Komponenten jeglicher Aufklärung);
   - Historische Bewertung der Gedanken Kants (etwa im Blick auf die sog. 2. Aufklärung).
4. Die **Korrektur** sollte neben dem Generellen (vgl. S. 16, 36f.) im Besonderen darauf achten,
   - ob die Texterschließung sachlich richtig (Erfassung der Kerngedanken und der Gedankenstruktur) und formal korrekt ist (Zitierweise, Zeilenangaben);
   - ob die Problemerörterung themengerecht, in der Argumentation überzeugend und in den Beispielen anschaulich genug ist.

9 Lösungen zum Hauptteil

a) Der erste Satz des ersten Abschnittes seiner Abhandlung zur Frage „Was ist Aufklärung?" stellt eine grundsätzliche Definition des Begriffes Aufklärung dar. Unter Aufklärung versteht Kant das Selbstdenken des Menschen. In den folgenden beiden Sätzen erklärt er die beiden Hauptbegriffe „Unmündigkeit" und „selbst verschuldet"; er zieht dann eine Schlussfolgerung, die den Charakter eines ethischen Appells annimmt. Der Mensch soll sich seines eigenen Verstandes bedienen! Dabei setzt er bei seiner Definition stillschweigend voraus, dass der Mensch von Natur aus mündig und

Wichtige **Argumentationstypen** zur Begründung der Thesen:
– Das *analogisierende Argument* kann nur überzeugen, wenn der Vergleich mit einem anderen Lebensbereich nicht „hinkt". Z. B. „Satzungen und Formeln [...] sind die Fußschellen einer immerwährenden Unmündigkeit" (Kant, Z. 33ff.).
– Das *Autoritätsargument* ist besonders überzeugend, wenn die Autorität unangefochten ist. Z. B.: Kants These über „Aufklärung" gilt bis heute.
– Das *Erfahrungsargument* muss sich auf gemeinsame Erfahrungen beziehen. Z. B.: Der selbstständige Gebrauch des Verstandes erweist sich in schwierigen Situationen hilfreicher als irrationales Verhalten.
– Das *Faktenargument* hat den Vorzug, leicht überprüfbar zu sein. Es sollte sich aber nicht nur auf einen Einzelfall stützen. Z. B.: Wie sehr Aufklärung mit Mündigkeit zu tun hat, zeigen geschichtliche Beispiele und Alltagserfahrungen.
– Das *normative Argument* bezieht sich auf allgemein akzeptierte Wertmaßstäbe (Normen). Z. B.: Mündigkeit gehört zur Meinungsfreiheit, die durch das Grundgesetz garantiert ist.

7. **a)** Arbeiten Sie die Erörterung nach den vorgeschlagenen Möglichkeiten aus.
b) Achten Sie bei der Korrektur neben den üblichen Aspekten vor allem auf argumentativ richtige Syntax und auf logische Verbindung der Abschnitte.

Eine überzeugende **Argumentation** sollte stets die Trias beachten:

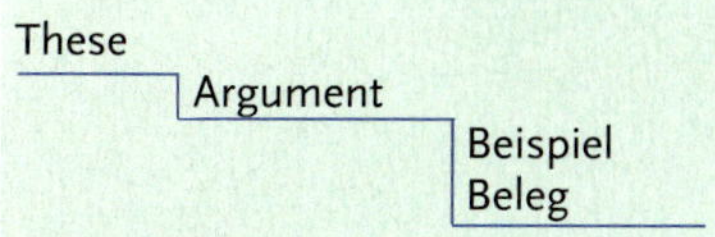

Beispiele/Belege können Tatsachen, Zeugen, Zitate und Erfahrungen sein. Folgende argumentative Strukturen können eine These (Behauptung) absichern oder widerlegen:

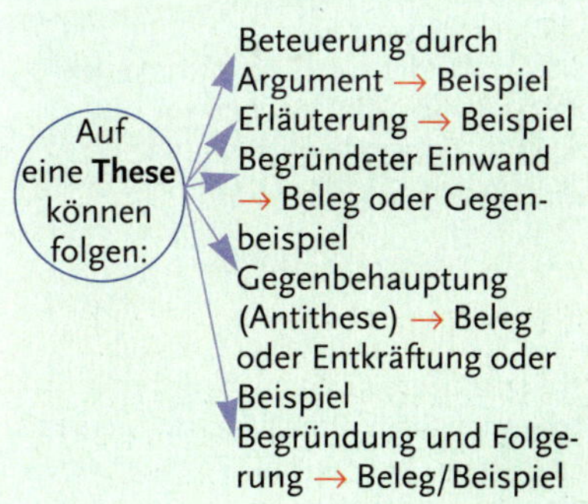

8. Vergleichen und beurteilen Sie die beiden Schülerlösungen.

Charakteristische **Schwierigkeiten in Erörterungen:**

1. Die **Folgerichtigkeit des Aufbaus:**
– Sie gilt für das Verhältnis von Einleitung, die steigernde oder dialektische Binnengliederung des Hauptteils und den Schluss.
– Sie betrifft die Einzelaussagen eines Textes, die sachlogisch und in der richtigen Reihenfolge zu verknüpfen sind, z. B. durch den richtigen Gebrauch von Konjunktionen.
– Sie ist zu beachten für die richtige kausale Abfolge, z. B. von Ursache und Folge, Bedingung und Konsequenz, so dass keine gedanklichen Brüche entstehen.

2. Die **Angemessenheit von Sachverhalt und Darstellung:** Häufig zu beobachten sind:
– *grammatikalische Mängel*, z. B. durch fehlerhafte Subjekt-Prädikat-Beziehung oder durch Folgewidrigkeit im Satzbau durch Anakoluth (< gr. an-akoluthos = ohne Folge), z. B. „Es ist leider so, dass, je kritischer man ist, nur Vorwürfe werden einem gemacht."
– *stilistische Brüche*, etwa durch die Vermengung von Stilebenen, z. B. statt erörtender Hochsprache salopper Slang oder Jugendjargon; statt Deskription subjektivistische Meinungsäußerung;
– *schiefe oder falsche Bildlichkeit;*
– *fehlende Ausgewogenheit* zwischen einer stärker begrifflichen und stärker anschaulichen Darstellungsweise;
– *Inhaltliche Überfrachtung* von Sätzen, so dass verquollene und unübersichtliche Hypotaxen entstehen.

9. a) Ordnen Sie die Beispielsätze typischen Verstößen gegen Klarheit und Folgerichtigkeit zu (Text 10).
b) Verbessern Sie die Beispiele inhaltlich und sprachlich.

In Ionescos Dreiakter *Die Nashörner* prescht eines Tages ein Nashorn die Straße entlang und gibt damit allen Alltagsgesprächen eine neue Wendung. Man fragt sich, woher es komme, was es zu bedeuten und wie viele Hörner es habe. Während sich das Geschwätz im Kreise dreht, verwandeln sich die Schwätzer in Nashörner. Als die Anzahl der Nashörner immer mehr steigt, nimmt die Abscheu vor Nashörnern ab, ja man findet sie am Ende sogar schön („Man muss mit der Zeit gehen."). Alle Einwohner der Stadt werden zu Nashörnern, bis auf Behringer, einen unglücklichen und verschlossenen Menschen, der aus Verzweiflung über die Leere seines Lebens trinkt. Er schämt sich als letzter Mensch seines Aussehens, aber er will bis zum Ende nicht kapitulieren.
Ionesco zeigt in seinem Stück die Uniformierung des Lebens, die Zwänge des Massenwahns und die groteske Entmenschlichung auf.

mit eigenem Verstand begabt ist. Kant ist überzeugt, dass die Aufklärung beim Individuum einsetzen müsse, und der Verlust der Mündigkeit Schuld des Individuums sei.

b) Der erste Abschnitt von Kants Essay, in dem Aufklärung als mündiges und selbstständiges Denken definiert wird, zeigt wie unter der Lupe wichtige Merkmale seiner Argumentationsweise: Mit der These (Z. 1), die in ihrem klar gebauten erweiterten Aussagesatz den gedanklichen Kern der ganzen Abhandlung erfasst, korrespondiert der letzte Satz (Z. 6f.): Der Behauptung, die so definitiv wirkt wie in Stein gemeißelt, folgt der Appell durch das Horaz-Zitat, so dass ein spannungsvoller Rahmen zwischen Statik (Z. 1) und Dynmaik (Z. 6f.) entsteht, der die Analyse des Folgenden kraftvoll eröffnet. Ab der zweiten Zeile erfolgt die begriffliche Klärung der Schlüsselworte „selbst verschuldete Unmündigkeit" in einer komplexen Hypotaxe, deren Begründungs- und Abgrenzungsabsicht sich in kausal („wenn", Z. 4) und adversativ („sondern", Z. 5) gebrauchten Konjunktionen ausdrückt. Erst durch die Klärung und Konkretisierung wird der individuelle Appell „Sapere aude!" (Z. 6) überzeugend gerechtfertigt. [...]

10 Verstöße gegen Klarheit und Folgerichtigkeit

a) Kant versteht unter Aufklärung, die er untersucht auf eine Preisfrage hin zu dem Thema „Was ist Aufklärung?" etwas, was er in seiner Sprache mit Unmündigkeit im Selberdenken beschreibt, wofür jeder Mensch selbst verantwortlich ist, weil es ihm an dem nötigen Mut zum Gebrauch seines Verstandes fehlt.

b) Jeder sollte sich eigenständig dem Gebrauch seines Verstandes hingeben.

c) In Kants Abhandlung ist der Gedankenbau ziemlich weitläufig ausgebreitet.

d) Die Vormünder sollten sich mit ihren Regeln nicht als Sprachrohre des Verstandes verlautbaren.

e) Zwar hat die Kirche als Vormund in religiösen Fragen in der Vergangenheit oft daneben geschossen, aber bei den unmündigen Massen ist ihr Image nur etwas angekratzt, aber noch nicht mega-out.

f) Auch wenn heute statt des alten Glaubens oft der Zweifel die Bühne beherrscht, womit neues Wissens gewonnen wird, ist die Aufklärung noch nicht gelaufen.

g) Kants Appell, sich seines Verstandes zu bedienen, ist schon recht, aber was ist mit denen, die zwar Mut für zwei haben, aber mangels Masse im Oberstübchen kalte Füße bekommen und die Hosen deshalb nicht herablassen wollen?

11 Eugène Ionesco (*1912): Die Nashörner (Auszug)

Diese Dialogszene macht deutlich, wie Ionesco in seinem absurden Drama mit den traditionellen Elementen und Prinzipien der Argumentation spielt.

[...]

HANS Da sehen Sie, wo das Trinken hinführt: Sie sind nicht mehr Herr Ihrer Bewegungen. Sie haben keine Kraft mehr in den Händen. Sie sind verwirrt, erschöpft. Sie graben sich Ihr eigenes Grab, lieber Freund. Sie richten sich zugrunde.

BEHRINGER Ich liebe den Alkohol gar nicht so. Aber wenn ich nicht trinke, geht es nicht. Es ist, als hätte ich Angst. Also trinke ich, damit ich keine Angst mehr habe.

HANS Angst wovor?

BEHRINGER Ich weiß nicht genau. Ängste, die sich schwer erklären lassen. Ich fühle mich unbehaglich auf dieser Welt, unter den Leuten. Also greife ich zum Glas. Das beruhigt mich, das entspannt mich, ich vergesse.

HANS Sie vergessen nicht!

BEHRINGER Ich bin müde, seit Jahren schon müde. Es fällt mir schwer, das Gewicht meines eigenen Körpers ...

HANS Alkoholische Nervenschwäche, Melancholie des Trinkers ...

BEHRINGER *fährt fort* Ich fühle ihn in jedem Augenblick, sein bleiernes Gewicht. Als trüge ich einen anderen Menschen auf dem Rücken. Ich konnte mich nie an mich gewöhnen. Ich weiß nicht, ob ich ich selbst bin. Sobald ich etwas trinke, verschwindet die Last und ich erkenne mich wieder, ich werde ich selbst.

HANS Sie sind überdreht, Behringer, sehen Sie mich an. Ich wiege mehr als sie. Trotzdem fühle ich mich leicht, leicht, leicht!

Hans bewegt die Arme, als wollte er davonfliegen. Der ältere Herr und der Logiker, die wieder aufgetreten sind, diskutieren und gehen in diesem Augenblick an Hans und Behringer vorbei. Ein Arm von Hans trifft stark den älteren Herrn, der schwankt und in die Arme des Logikers fällt.

LOGIKER *setzt die Diskussion fort* Ein Beispiel von Syllogismus ... *Stoß.* Oh!

ÄLTERER HERR *zu Hans* Passen Sie doch auf! *Zum Logiker.* Verzeihung.

HANS *zum älteren Herrn* Verzeihung.

LOGIKER *zum älteren Herrn* Oh, macht nichts.

ÄLTERER HERR *zu Hans* Oh, macht nichts. *Der ältere Herr und der Logiker setzen sich an einen der Tische, ein wenig rechts hinter Hans und Behringer.*

BEHRINGER *zu Hans* Kraft haben Sie ...

HANS Jawohl habe ich Kraft. Aus mehreren Gründen habe ich Kraft. Erstens habe ich Kraft, weil ich Kraft habe, dann habe ich Kraft, weil ich moralisch Kraft habe, und schließlich habe ich Kraft, weil ich kein Alkoholiker bin. Ich will Ihnen nicht zu nahetreten, lieber Freund, aber ich muss Ihnen sagen, der Alkohol ist es, der Sie eigentlich belastet.

LOGIKER *zum älteren Herrn* Hier haben Sie einen beispielhaften Syllogismus. Die Katze hat vier Pfoten. Waldi und Hasso haben jeder vier Pfoten, also sind Waldi und Hasso Katzen.

ÄLTERER HERR *zum Logiker* Mein Hund hat auch vier Pfoten.

LOGIKER Also ist er eine Katze.

BEHRINGER *zu Hans* Ich, ich habe kaum die Kraft zu leben. Vielleicht habe ich auch keine Lust mehr.

ÄLTERER HERR *zum Logiker, nach langem Nachdenken* Dann wäre logischerweise mein Hund eine Katze.

LOGIKER *zum älteren Herrn* Logischerweise, ja. Aber das Gegenteil ist auch wahr.

BEHRINGER *zu Hans* Die Einsamkeit bedrückt mich. Auch die Gesellschaft.

HANS *zu Behringer* Sie widersprechen sich. Was bedrückt Sie? Einsamkeit oder Gemeinsamkeit. Sie halten sich für einen Denker und haben nicht die geringste Logik.

ÄLTERER HERR *zum Logiker* Etwas sehr Schönes, die Logik.

LOGIKER *zum älteren Herrn* Unter der Voraussetzung, dass man sie nicht missbraucht.

BEHRINGER *zu Hans* Eine anormale Sache, das Leben.

HANS Im Gegenteil. Nichts natürlicher. Der Beweis: alle Welt lebt.

BEHRINGER Die Toten sind zahlreicher als die Lebenden. Ihre Zahl nimmt zu. Die Lebenden sind selten.

HANS Die Toten, die existieren gar nicht; kann man sagen ... Ha, ha ... *Er lacht grob.* Die belasten Sie auch? Wie kann Sie was belasten, was gar nicht vorhanden ist!

BEHRINGER Ich frage mich selbst, ob ich vorhanden bin.

HANS *zu Behringer* Sie sind nicht vorhanden, mein Lieber, weil Sie nicht denken! Denken Sie, und Sie sind!

LOGIKER *zum älteren Herrn* Ein anderer Syllogismus: alle Katzen sind sterblich. Sokrates ist gestorben. Also ist Sokrates eine Katze.

ÄLTERER HERR Und hat vier Pfoten. Richtig, ich habe eine Katze, die heißt Sokrates.

LOGIKER Sehen Sie... [...] (v 1959)

10. a) Stellen Sie den Auszug in szenischem Lesen vor.
b) Beschreiben und erörtern Sie die Argumentationsweise.

Die **Logik** (< gr. legein = sammeln, zu der Logos = Sammlung, Wort, Rede, Sinn) ist allgemein die Fähigkeit, folgerichtig zu denken. In der Philosophie ist Logik die Lehre vom richtigen Denken.
Der **Syllogismus** (< gr. syllogismos = das Zusammenrechnen) bezeichnet den Schluss vom Allgemeinen auf das Besondere (die Deduktion). Der einfache (kategorische) Syllogismus besteht aus zwei Urteilen (den Prämissen) und einem Schlusssatz (der Konklusion). Z. B.: Alle Menschen sind sterblich. Sokrates ist ein Mensch. Also ist Sokrates sterblich. Sind die Prämissen hypothetische Wenn-dann-Urteile, so spricht man von hypothetischen Syllogismen. Die Lehre von den Syllogismen (die Syllogistik) hat Aristoteles (384–322/21 v. Chr.) begründet.
Im Unterschied zum deduktiven geht der *induktive Schluss* von besonderen Fällen zum allgemeinen Gesetz. Logisch zwingend ist er aber nur, wenn alle Einzelfälle berücksichtigt sind.

2. Aufklärung und Absolutismus – Idee und Wirklichkeit

Das 17. und vor allem das 18. Jahrhundert waren Zeiten großer Umwälzungen auf den Gebieten der Weltanschauung, der Politik und der Kunst. Der Siegeszug der Naturwissenschaften im 17. Jahrhundert hatte das Weltbild des europäischen Menschen verändert. Stützte man sich im Mittelalter in allen Wissenschaften auf das Beispiel und die Lehre anerkannter Autoritäten des Altertums, hatten jetzt die Entdeckungen großer Naturwissenschaftler, wie Galilei (1564–1642), Newton (1643–1727) und Kepler (1571–1630), bewiesen, dass nur die vom eigenen Verstand geleitete Beobachtung der Natur zum Ziele führen könne. Die Gesetze der Natur wurden immer klarer erfasst; und die naheliegende Folge war, dass die naturwissenschaftliche Methode und das philosophische Denken sich gegenseitig beeinflussten. So gab es auch Bestrebungen, politisches Handeln an den Maßstäben der Vernunft auszurichten.

Friedrich II., der Große, wurde 1712 geboren und starb 1786.
Als Sohn des sog. „Soldatenkönigs" Friedrich Wilhelms I. (1713–1740) geriet Friedrich als Literatur- und Musikliebhaber in Streit mit seinem Vater, versuchte aus dem Land zu fliehen, wurde nach der Hinrichtung seines Freundes Katte 1730 in Küstrin gefangen gesetzt und verbrachte anschließend glückliche Jahre im Kreis seiner Freunde auf Schloss Rheinsberg bei Neuruppin in Brandenburg: Er komponierte, studierte die antiken Schriftsteller sowie die französischen Aufklärer und beschäftigte sich mit Fragen einer guten Staatsführung.

1 Friedrich II. von Preußen (1712–1786): Politisches Testament

(Auszug)

[...]
Eine gut geleitete Staatsregierung muss ein ebenso fest gefügtes System haben wie ein philosophisches Lehrgebäude. Alle Maßnahmen müssen gut durchdacht sein, Finanzen, Politik und Heerwesen auf ein gemeinsames Ziel steuern: nämlich die Stärkung des Staates und das Wachstum seiner Macht. Ein System kann aber nur aus einem Kopfe entspringen: also muss es aus dem des Herrschers hervorgehen. Trägheit, Vergnügungssucht und Dummheit: diese drei Ursachen hindern die Fürsten an ihrem edlen Berufe, für das Glück ihrer Völker zu wirken. Solche Herrscher machen sich verächtlich, werden zum Spott und Gelächter ihrer Zeitgenossen, und ihre Namen geben in der Geschichte höchstens Anhaltspunkte für die Chronologie ab. Sie vegetieren auf dem Throne, dessen sie unwürdig sind, und denken nur an das liebe Ich. Ihre Pflichtvergessenheit gegen ihre Völker wird geradezu strafbar. Der

In seiner Schrift *Anti-Machiavell* geiselte er die rücksichtslose Machtpolitik absoluter Herrscher. Aber bei Regierungsantritt 1740 überfiel er skrupellos Schlesien, das zu Österreich gehörte, und eroberte es in zwei Kriegen. Im sog. „Siebenjährigen Krieg" (1756–1763) konnte er nur mit Mühe den Bestand Preußens behaupten. Nach schweren Niederlagen errang er glänzende Siege und galt ab 1763 als der größte Feldherr seiner Zeit. Er hatte Preußen als Großmacht in Europa etabliert.
In seinem schwer geschädigten Land setzte er eine umfassende Aufbauarbeit in Gang und führte bahnbrechende Reformen durch: Siedlungspolitik, Abschaffung der Folter, Garantie der Glaubens- und Gewissensfreiheit, Schutz der Bauern gegen die Gutsherrn und Schaffung des Allgemeinen Landrechts. Der „Alte Fritz" sah sich als „ersten Diener seines Staates" und wurde zum Vorbild für einen aufgeklärten absoluten Herrscher. Er ging jedoch den Weg vom aufgeklärten Moralisten zum einsamen und skeptischen Zyniker am Ende.

Herrscher ist nicht zu seinem hohen Rang erhoben, man hat ihm nicht die höchste Macht anvertraut, damit er in Verweichlichung dahinlebe, sich vom Mark des Volkes mäste und glücklich sei, während alles darbt. Der Herrscher ist der erste Diener des Staates. Er wird gut besoldet, damit er die Würde seiner Stellung aufrechterhalte. Man fordert aber von ihm, dass er werktätig für das Wohl des Staates arbeite und wenigstens die Hauptgeschäfte mit Sorgfalt leite. Er braucht zweifellos Gehilfen. Die Bearbeitung der Einzelheiten wäre zu umfangreich für ihn. Aber er muss ein offenes Ohr für alle Klagen haben, und wem Vergewaltigung droht, dem muss er schleunigst sein Recht schaffen. Ein Weib wollte einem König von Epirus eine Bittschrift überreichen. Hart fuhr er sie an und gebot ihr, ihn in Ruhe zu lassen. „Wozu bist du denn König", erwiderte sie, „wenn nicht, um mir Recht zu schaffen?" Ein schöner Ausspruch, dessen die Fürsten unablässig eingedenk sein sollten. [...] (e 1752)

Das Lustschloss Sanssouci bei Potsdam mit seinen Parkanlagen, errichtet nach Entwürfen Friedrichs des Großen

Gottfried August Bürger (1747–1794) stammte aus dem Harz und erregte 1774 großes literarisches Aufsehen durch seine Ballade *Lenore* im „Musenalmanach", in der er wie in weiteren sozialkritischen Balladen versuchte, Bildungs- und Volksdichtung, Kunst- und Naturdichtung zu vereinen. Bürger begeisterte sich für die Werke des jungen Goethe und übersetzte wie Herder Shakespeare. Wie viele Dichter seiner Zeit studierte er Theologie und Jura in Göttingen; er tat sich allerdings stets schwer, eine sichere berufliche Position zu finden. Schließlich wurde er unbesoldeter Professor für Ästhetik an der Universität in Göttingen. Aufsehen erregte sein leidenschaftliches Liebesverhältnis zur Schwester seiner Frau. Schillers Kritik an seinen Balladen kränkte ihn tief. Er starb vereinsamt und verbittert an Schwindsucht.

2 Gottfried August Bürger (1747–1794): Der Bauer. An seinen durchlauchtigen Tyrannen

Wer bist du, Fürst, dass ohne Scheu
Zerrollen mich dein Wagenrad,
Zerschlagen darf dein Ross?

Wer bist du, Fürst, dass in mein Fleisch
Dein Freund, dein Jagdhund, ungebleut
Darf Klau' und Rachen haun?

Wer bist du, dass durch Saat und Forst
Das Hurra deiner Jagd mich treibt,
Entatmet, wie das Wild? –

Die Saat, so deine Jagd zertritt,
Was Ross und Hund und du verschlingst,
Das Brot, du Fürst, ist mein.

Du Fürst hast nicht, bei Egg' und Pflug,
Hast nicht den Erntetag durchschwitzt.
Mein, mein ist Fleiß und Brot! –

Ha! du wärst Obrigkeit von Gott?
Gott spendet Segen aus; du raubst!
Du nicht von Gott, Tyrann! (v 1775)

3 Unbekannter Verfasser: Eine militärische Anekdote

Ein Soldat hatte etwas verbrochen, und ward verurtheilt, durch die Ruthen gejagt zu werden.

Haut zu in aller T... Namen! war die Losung des Majors, welcher die Execution commandirte, und bey jeder gichterischen Verzückung des Patienten in ein lautes Gelächter ausbrach, bis der Verurtheilte nach vollzogener Strafe nur noch ein schwaches Zeichen des Lebens von sich gab.

Kaum waren die Ruthen weggeworffen, und das Commando eingerückt, so riss sich ein Grenadier aus dem Reihen, sprang in die Apothek, warf 2 Kreuzer auf den Tisch, und sprach: Herr! Hier ist mein ganzes Vermögen. Gebt mir geschwind eine Labung für meinen armen Kameraden, welcher mit dem Tode ringt. Hauen musst' ich ihn, fuhr er fort, weil es der Dienst heißt; Aber ich will euch (hier brachen ihm die Thränen aus den Augen) mein Brod samt meiner Löhnung bringen, wenn es nicht genug ist, und hungern, bis ihr bezahlt seyd, Eilt doch, dass ich ihn noch lebendig antreffe!

Heil dir, gutmüthiger Schnurrbart! Dein Schutzengel wird dir zur Seite stehen, wenn du lächelnd ins Treffen gehst. Aber dein Major, wird er da wohl auch lachen? (1776)

4 Matthias Claudius (1740–1815): Kriegslied

'S ist Krieg! 's ist Krieg! O Gottes Engel wehre,
Und rede du darein!
's ist leider Krieg – und ich begehre
Nicht schuld daran zu seyn!

Was solt ich machen, wenn im Schlaf mit Grämen
Und blutig, bleich und blas,
Die Geister der Erschlagnen zu mir kämen,
Und vor mir weinten, was?

Wenn wackre Männer, die sich Ehre suchten,
Verstümmelt und halb todt
Im Staub sich vor mir wälzten, und mir fluchten
In ihrer Todesnoth?

Wenn tausend tausend Väter, Mütter, Bräute,
So glücklich vor dem Krieg,
Nun alle elend, alle arme Leute,
Wehklagten über mich?

Wenn Hunger, böse Seuch' und ihre Nöthen
Freund, Freund und Feind ins Grab
Versammleten, und mir zu Ehren krähten
Von einer Leich' herab?

Was hülf' mir Kron' und Land und Gold und Ehre?
Die könnten mich nicht freun!
's ist leider Krieg – und ich begehre
Nicht schuld daran zu seyn! (1782)

Der 1740 als Pfarrerssohn in Reinfeld (Holstein) geborene **Matthias Claudius** studierte Theologie und Jura und entdeckte bald seine Liebe zur Literatur. 1770 übernahm er die Redaktion des „Wandsbecker Boten" und machte ihn in wenigen Monaten zur bedeutendsten Zeitung Deutschlands: Es faszinierten neben dem witzig-originellen Stil die Beiträge der bedeutendsten Autoren der Zeit wie Herder, Goethe, Lessing und Voß. Claudius schrieb kurze Prosatexte und Gedichte mit besinnlichem Grundton, aber auch Gedichte mit unerbittlicher antifeudaler Kritik. 1775 musste er wegen finanzieller Schwierigkeiten die Zeitung aufgeben. Um die große Familie mit 12 Kindern ernähren zu können, arbeitete er ab 1788 als Bankrevisor.

5 Christian Friedrich Daniel Schubart (1739–1791): Freiheitslied eines Kolonisten

Hinaus! hinaus ins Ehrenfeld
Mit blinkendem Gewehr!
Columbus, deine ganze Welt
Tritt muthig daher!

Die Göttin *Freiheit* mit der Fahn'
(Der Sklave sah sie nie)
Geht, Brüder, seht! sie geht voran!
O blutet für sie!

Ha, Vater *Putnam*[1] lenkt den Sturm,
Und theilt mit uns Gefahr;
Uns leuchtet, wie ein Pharusthurm[2],
Sein silbernes Haar!

Du, gier'ger Britte, sprichst uns Hohn?
Da nimm uns unser Gold!
Es kämpft kein Bürger von Boston[3]
Um sklavischen Sold!

Da seht Europens Sklaven an,
In Ketten rasseln sie!
Sie braucht ein Treiber, ein Tyrann,
Für würgbares Vieh.

Ihr reicht den feigen Nacken, ihr,
Dem Tritt der Herrschsucht dar?
Schwimmt her! hier wohnt die Freiheit, hier!
Hier flammt ihr Altar!

Doch winkt uns Vater *Putnam* nicht?
Auf, Brüder, ins Gewehr!
Wer nicht für unsre Freiheit ficht,
Den stürzet ins Meer!

Herbei, Columbier, herbei!
Im Antlitz sonnenroth!
Horch, Britte, unser Feldgeschrei
Ist Sieg oder Tod. (1776)

Christian Friedrich Daniel Schubarts (1739–1791) Leben ist bestimmt von einem eigenartigen Wechsel zwischen Anerkennung und Verfolgung durch den württembergischen Herzog. Der in Obersontheim (Württemberg) geborene Sohn eines Pfarrers studierte Theologie und wurde dann Organist und Kapellmeister am württembergischen Hof in Ludwigsburg. Wegen seines lockeren Lebenswandels und seiner beißenden Kritik am Adel und an der Geistlichkeit wurde er von Herzog Karl Eugen 1773 des Landes verwiesen und später ohne Gerichtsurteil auf dem Hohenasperg von 1777–1787 inhaftiert, schließlich auf Vermittlung des preußischen Königshofes freigelassen und als Theater- und Musikdirektor am herzoglichen Hof in Stuttgart eingesetzt. Doch Schubart war ein gebrochener Mann.
Er erreichte als Schriftsteller große Popularität durch seine volkstümliche Ausdrucksweise und seinen Kampf gegen die absolutistischen Despoten und gegen geistige Intoleranz.

6 Das Leben im 18. Jahrhundert

Die folgende Darstellung informiert Sie über das höfische und bürgerliche Leben im 18. Jahrhundert in Deutschland.

a) Der fürstliche Hof

Der fürstliche Hof spiegelte fürstliche *Macht und Herrschaft* wider: repräsentiert vor allem durch das Residenzschloss, in dem der Fürst Hof hielt. Nach dem Vorbild von Versailles wurde es aus der alten engen Hauptstadt verlegt. So ging der württembergische Herzog von Stuttgart nach Ludwigsburg. Das neue Schloss ließ sich nach beliebigem Ermessen planen

1 amerikanischer General
2 Leuchtturm (nach dem auf der Insel Pharos 280/279 v. Chr. errichteten Turm, einem der sieben Weltwunder der Antike)
3 Von Boston nahm 1773–1775 der amerikanische Unabhängigkeitskrieg seinen Ausgang.

1. Beschreiben Sie, welches Bild der König von Preußen (Text 1) von einem „guten Herrscher“ zeichnet und welche Qualitäten dieser entwickeln muss.

2. In den Texten 2–5 führen Bürger Klage über ihre Herrscher. Stellen Sie einen Beschwerdekatalog zusammen und arbeiten Sie die Ursachen für die Missstände heraus.

3. Lassen Sie Gottlieb Konrad Pfeffel (S. 145f., Text 2) in einem Brief an Friedrich II. zu dessen Staatsauffassung Stellung nehmen.

und bauen: Breite Alleen, großzügige Auffahrten sowie abgezirkelte Park- und Gartenanlagen waren symmetrisch auf das Zentrum des Schlosses angelegt. Ein stilvolles Theater wurde eingebaut. Das erlauchte Publikum wurde durch Dichterlesungen, Konzerte und italienische Opern unterhalten. Große Hofbälle wurden organisiert, in den Parkanlagen erfreute man sich an Wasserspielen und Feuerwerken, z.B. Händels „Feuerwerks- und Wassermusik“. Es wurde viel gespielt, gewonnen und verloren, oft bis zur Vernichtung einer Existenz. Die Jagd blieb nach wie vor fürstliches Privileg. So ließ der Herzog Karl Eugen für eine glanzvolle Jagd beim Jagdschloss Solitude 21584 Männer und Kinder mit 2337 Pferden wochenlang das Wild zusammentreiben. Ihre Ausgaben finanzierten die Fürsten oft mit Menschenhandel. Über 18000 deutsche Söldner, von denen 16000 gefallen sind, wurden für 6 Millionen englische Pfund an England nach Nordamerika verkauft.

Ein einzelnes Fest konnte 260000 Taler oder ein Feuerwerk 33000 Taler kosten. Im Vergleich dazu verdiente ein Privatlehrer oder ein Handwerksgeselle 100 Taler im Jahr; ein Beamter, Kaufmann oder Handwerksmeister als Angehöriger der mittleren Einkommensschicht verdiente 200 bis 600 Taler im Jahr. Für einen Taler (dt. Silbermünze) konnte man 25 Pfund Brot oder 14 Pfund Rindfleisch kaufen; für einen Anzug zahlte man 20 Taler und für ein möbliertes Zimmer mit Verpflegung jährlich 100–200 Taler.

Die *geistlichen Herren* eiferten den weltlichen Herrschern nach: Sie erhöhten ihren Ruhm durch den Bau prachtvoller barocker Klosteranlagen und Kirchen, die ungeheure Summen verschlangen. Das einfache Volk staunte über die wertvollen Gewänder und Requisiten bei den Gottesdiensten.

Oft betätigten sich die *Fürsten gönnerhaft als Mäzene* für Maler, Musiker und Schriftsteller, so z.B. für Joseph Haydn in Wien. Die Berufung an einen Fürstenhof galt als großer Gunstbeweis, z.B. die Berufung Wielands und Goethes an den Weimarer Hof.

Plan der Residenz Karlsruhe, Stich von J. M. Steidlin, 1739. Der Markgraf von Baden-Durlach ließ 1715 mitten im Hardtwald westlich von Durlach die neue Residenz („Carolsruhe“) anlegen, nachdem er mit den Einwohnern seiner früheren Residenz Durlach in Streit geraten war. Nachdem 32 Alleen durch den Wald gehauen waren, erließ er an die Bevölkerung die Aufforderung zur Ansiedlung.

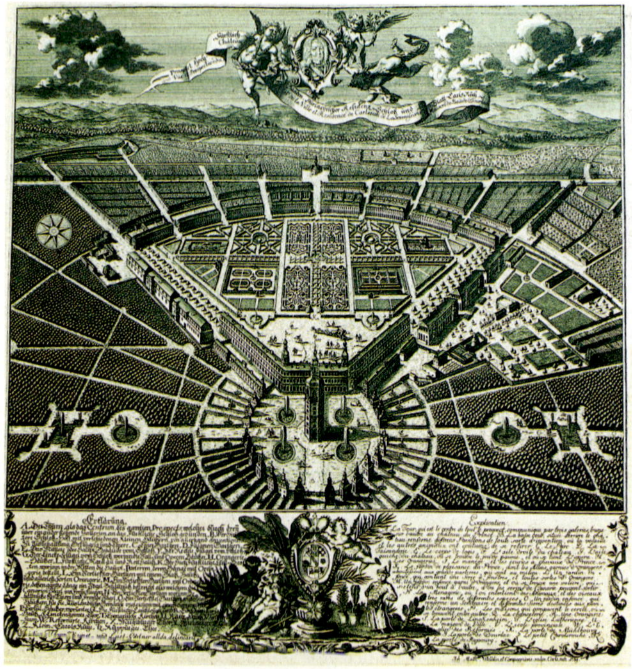

Schloss Schönbrunn in Wien. Gemälde von B. Belotto um 1759. Der Bau wurde nach dem Rückzug der Türken 1696 von J. B. Fischer von Erlach begonnen und um 1750 vollendet.

Radierungen von D.N. Chodowiecki aus der Folge: Natürliche und affectirte Handlungen des Lebens (1778/79): Der Gruß/Der Tanz

Die Musik dieser Zeit ist bis heute lebendig geblieben. Einen unmittelbaren Zugang in die Welt des 18. Jahrhunderts vermitteln die Menuette, Concerti und Sinfonien von Johann Sebastian Bach (1685–1750/Leipzig), Georg Friedrich Händel (1685–1759/London), Joseph Haydn (1732–1809/Wien), Arcangelo Corelli (1653–1713/Rom), Antonio Vivaldi (1680–1743/Venedig) und von Wolfgang Amadeus Mozart (1756–1791/Salzburg und Wien).

Unsere Bewunderung gewinnen bis heute die großen *Bauleistungen des späten Barock und die verspielte Architektur des Rokoko:* der Zwinger in Dresden von Pöppelmann, die Würzburger Residenz des Fürstbischofs von Balthasar Neumann, die Kirchen in Oberschwaben und Bayern von Dominikus Zimmermann sowie die Schlösser und Kirchen von Johann Fischer von Erlach in Wien. Und nicht zuletzt in Erinnerung geblieben sind Zopf und Perücke, Dreispitz und Galanteriedegen sowie Reifrock und zierliches Mieder aus dieser „galanten Zeit".

Die Höfe konnten für die *Förderung von Kunst und Kultur* viel leisten – wie etwa der Hof von Weimar. Doch waren die Höfe auch oft Stätten peinlicher Affären und hässlicher Intrigen. Emporkömmlinge machten Karrieren, raffinierte Frauen gewannen als Mätressen politischen Einfluss.

Der Adel wachte eifersüchtig über die *Beachtung seiner ständischen Privilegien:* Herkunft hatte Vorrang vor Qualifikation, z. B. bei der Besetzung hoher Funktionsstellen. Adel und Hof erschwerten den Aufstieg begabter Bürger durch die strengen Vorschriften der Etikette bei offiziellen gesellschaftlichen Ereignissen am Hofe, wie bei Bällen, Konzerten, u.a.

Das Selbstwertgefühl erwuchs dem einzelnen Adligen aus dem Glanz seiner adligen Abstammung und aus seiner repräsentativen Stellung bei Hofe, wo er ständig präsent sein musste, um seine Stellung zu wahren: Dies bedeutete ein Leben in einer streng hierarisch geprägten Hofgesellschaft mit einem Zeremoniell, bestimmt von gegenseitiger Kontrolle und letztlich auch von Langeweile.

b) Die Welt der Bürger und Städte

4. Stellen Sie in Stichworten gegenüber, welche Normen höfisches und bürgerliches Leben bestimmten.

Im gesellschaftlichen Leben trat im Laufe des 18. Jahrhunderts neben der höfischen Kultur die bürgerliche immer stärker hervor. Der sog. *„dritte Stand" stellte die große Mehrheit der Bevölkerung dar.*

Nach einer Zeit von Kriegen, Epidemien und Hungersnöten in der ersten Hälfte des Jahrhunderts wuchsen *die Städte* schneller, begünstigt von Handel und Manufakturbetrieben. Am selbstständigsten waren die *deutschen Reichsstädte,* von denen es am Ende des Jahrhunderts noch ungefähr fünfzig gab. Frankfurt, Nürnberg, Augsburg, Leipzig, die Hansestädte Bremen, Hamburg und Lübeck waren bedeutend. Daneben gab es noch Städte, die ein beträchtliches Territorium besaßen, wie etwa Ulm oder Biberach, und verdorfte Städte mit oft nicht mehr als hundert Bürgern. Neben den Reichsstädten gab es die Residenzstädte mit der fürstlichen Beamtenschaft, Garnisonsstädte, Handelsmetropolen, regionale Machtzentren und kleine verschlafene Provinzstädte.

m Skizzieren Sie auf einem DIN-A4-Blatt eine strukturierte **Synopse** (vgl. S. 143) und tragen Sie sukzessive Informationen über den europäischen Absolutismus (Geschichtsbuch, Internet) sowie weitere Fakten und Daten zur Großepoche Aufklärung, Empfindsamkeit sowie Sturm und Drang ein.

Die Tätigkeit der Bürger in den Reichsstädten und „unfreien" Städten war ähnlich. Das traditionelle Handwerk prägte viele Gemeinwesen, doch der politische Einfluss war in den großen Städten in die Hände von Land besitzenden Patriziern oder auf die Kaufleute mit ihrer wirtschaftlichen Schlüsselstellung übergegangen. Ein größerer Teil der Bürgerschaft war in den städtischen Ämtern beschäftigt, oft im Nebenamt.

Die Bürgerschaft bestand nicht aus allen Einwohnern der Stadt. Das Bürgerrecht war „geschlossen" worden und die Gleichheit galt nur unter den Besitzern des Bürgerrechts. So hatte Augsburg bei 30000 Einwohnern etwa 6000 Bürger; die Stadt Biberach an der Riß bei 3200 Einwohnern 851 Bürger. Arme, Leibeigene, hörige Bauern, Knechte, Mägde und Taglöhner, einfache Handwerker, Manufaktur-, Hafen- und Bergarbeiter, Soldaten und vagabundierende Bettler prägten das Stadtbild in Deutschland. Eine strenge Kleiderordnung ließ die Standesunterschiede nach außen sichtbar werden.

5. Versetzen Sie sich in die Rolle eines Engländers, der um 1770 Deutschland bereist, und lassen Sie ihn über seine Reiseeindrücke nach Hause berichten.

Das geistige Leben in den Städten wurde einmal bestimmt von der Geistlichkeit der verschiedenen Stadtkirchen und der Klöster mit ihren Schulen. Größere Städte besaßen eine Hohe Schule oder eine Universität. Und so gab es in diesen Städten einen *Gelehrtenstand* von Theologen, Juristen und Medizinern. Die Theologen verwalteten an den höheren und mittleren Schulen das Lehramt. Die Geistlichen beider Konfessionen beherrschten die alten Sprachen und besaßen eine solide humanistische Bildung. Die soziale Herkunft der Geistlichen wurde immer städtischer und damit immer bürgerlicher. Die evangelischen Geistlichen vor allem bildeten in den Städten die gelehrte Oberschicht; sie prägten das kulturelle Leben.

D.N. Chodowiecki: Empfindungen (1778/79)

1. Wielands Briefe sind in einer Sprache geschrieben, die Lesern unserer Zeit Schwierigkeiten bereiten kann.
a) Informieren Sie sich in einem Wörterbuch über die Begriffe, die Sie nicht verstehen.
b) Schreiben Sie einen biografischen Abriss über Wielands Leben in Ihrer Sprache. Stellen Sie darin die äußeren und inneren Bedingungen seiner Biografie dar.

3. Lessing und Wieland – Biografie in Briefen und als Kurzbericht

Das politische, gesellschaftliche und kulturelle Leben im 18. Jahrhundert war – wie bisher deutlich wurde – geprägt von den Leitvorstellungen einer höfisch-absolutistischen Welt und einer bürgerlichen Stadtkultur, die meist in einem Spannungsverhältnis zueinander standen. In diese Situation waren die Schriftsteller des 18. Jahrhunderts gestellt und mussten im Laufe ihres Lebens für sich eine Lösung suchen. Zwei exemplarische Lebensläufe können das literarische Schaffen unter den Bedingungen der Ständegesellschaft der damaligen Zeit und das Selbstverständnis der Dichter aufzeigen.

Christoph Martin Wieland

Gotthold Ephraim Lessing (1729–1781) wurde 1729 in Kamenz/Oberlausitz als Sohn eines protestantischen Pfarrers geboren. Schon mit sieben Jahren begann er Bücher aus der Bibliothek seines Vaters zu lesen: Er war ein leidenschaftlicher Bücherwurm und Vielleser. 1742–1746 besuchte er die berühmte Fürstenschule St. Afra in Meißen. Er studierte mit Eifer Religion, Latein und Griechisch, dazu auch Französisch, Mathematik und die deutsche Literatur. 1746 begann er das Studium der Theologie und Medizin in Leipzig. Er wollte sich ohne Ablenkung zum umfassend gebildeten Gelehrten ausbilden: Deshalb las er gründlich die Schriften der griechischen und römischen Dichter. Er verstand sich als „Weltbürger", als ein Gelehrter, der in der ganzen Welt der Bildung zu Hause ist. Unter dem Einfluss seines Vetters änderte er seine Einstellung: Um nicht wie sein Vater als Pastor in einem sächsischen Pfarrhaus versauern zu müssen, beschloss er, sich neben dem Studium der Bücher auch mit dem Leben in der Gesellschaft zu beschäftigen. Lessing suchte nun den Kontakt zu Schauspielerkreisen, besuchte Kneipen und beteiligte sich an Glücksspielen.

1 Christoph Martin Wieland (1733–1813): An Leonhard Meister (Auszug)

Weimar, den 28. Dezember 1787

Ich bin den 5. September 1733 in der Freien Reichsstadt Biberach geboren, aus einer alten bürgerlichen Familie daselbst, deren sämtliche Glieder seit 150 Jahren ansehnliche öffentliche Ämter in dieser kleinen Republik verwaltet haben. Dieser Umstand, verbunden mit der damaligen großen Frugalität und Simplizität der Lebensart und Sitten an diesem Ort, mit einer Art von Naturleben in einer sehr anmutigen Gegend, bei nicht dürftigen, aber doch auf das Notwendige beschränkten Vermögensumständen, hatten großen Einfluss auf meine erste Bildung. Ich war sehr frühzeitig, und mein Vater war von meinem dritten Jahre an mein erster Lehrer. Mit 8 Jahren las ich ‚Nepotis vitas' schon mit den feurigsten Gefühlen – im 13. Jahre verstand oder divinierte ich meinen Horaz und Vergil besser als mein Lehrer. Von meinem 12. bis ins 14. Jahr machte ich eine unendliche Menge deutscher und lateinischer Verse, die freilich elend genug waren. [...]

Mit 13 1/2 Jahren ward ich nach Klosterberge bei Magdeburg, eine damals unter der des bis zur Schwärmerei devoten Abts Steinmetz Aufsicht stehenden berühmten Schule, geschickt. Ich blieb dort zwei Jahre, machte starke Progressen in Litteris, schwärmte anfangs mit, kam aber bald wieder durch mein damaliges Lieblingsstudium, nämlich durch eine poetische Manier in den metaphysischen Terris incognitis herumzuvagieren, ins Freie und von einem System aufs andere. [...]

In meinem sechzehnten Jahre hielt ich mich, anstatt nach Hause zu reisen, wie ich sollte, ein Jahr zu Erfurt bei Doktor Baumer auf [...], um bei ihm in der Philosophie zuzunehmen. Das Beste, was er an mir tat, war ein so genanntes Privatissimum, das er mir über den ›Don Quichote‹ las.

Den Charakter meiner Liebe zu Sophien muss man aus meinen ersten Schriften holen. Sie war höchst enthusiastisch, aber im eigentlichen Verstande platonisch; ich kann mich aber jetzt nicht darüber ausbreiten. Wir waren im Jahr 1750 (wo ich erst siebzehn Jahr alt war) nur ungefähr vier Monate beisammen; denn im November ging ich nach Tübingen, wo ich, statt Jura zu studieren, mich in mein Zimmer einschloss und binnen anderthalb Jahren meine ersten poetischen Schriften schrieb und herausgab. [...] Ich lebte bis Ostern 1760 in der Schweiz, das letzte Jahr in Bern, wo ich in Liaison mit vortrefflichen Personen beiderlei Geschlechts, besonders zwei Freundinnen, die wenig ihres Gleichen an Geist und Herz und Kultur hatten, Julie Bondely und Marianne Fels, lebte. Überhaupt habe ich meinen siebenjährigen Aufenthalt in der Schweiz den edlen, vorzüglichen und geschickten Personen, und überhaupt der sehr guten Sozietät, worin ich dort lebte, unendlich viel zu danken.

Im Jahr 1760 wurde ich als Senator in meine Vaterstadt berufen und bald darauf zum Stadtschreiber und Direktor der Kanzlei daselbst erwählt. In diesem Posten blieb ich bis Ostern 1769 [...] und war von aller deutschen Literatur, aus aller Verbindung mit deutschen Gelehrten und Schrifstellern bis ins Jahr 1768 so rein abgeschnitten, als ob ich schon den Styx passiert hätte. In diesen acht Jahren arbeitete ich, meist zu meinem eigenen Trost (weil mir die Rathaus- und Kanzleigeschäfte sehr lästig waren) eine Menge Werke aus. [...]

Durch ein paar Jahre Aufenthalt in der zwar kleinen, aber paritätischen und damals sehr unruhigen Reichsstadt Biberach, kam ich ins praktische Leben, und dies wirkte so außerordentlich auf mich, dass in weniger als einem Jahre mein ganzes voriges Leben in der Schweiz mir wie ein schöner Traum vorkam. [...] Sehr viel trug auch zu der Revolution in meiner Seele meine mit dem Jahr 1761 angefangene Konnexion mit den Bewohnern des gräflich Stadionschen Schlosses Warthausen, besonders mit Herrn La Roche und mit dem Grafen selbst bei, welcher einer der vorzüglichsten Weltmänner unserer Zeit war und unendlich viel zur Erweiterung und Berichtigung meiner Welt- und Menschenkenntnis beitrug. [...] Ich hatte anfangs in Biberach viel zu kämpfen, nach und nach aber erwarb ich mir das Zutrauen beider Religionsparteien, und man ließ mich sehr ungerne ziehen, als ich den von dem höchstseligen vortrefflichen Kurfürsten Emmerich Joseph zu Mainz erhaltenen Ruf (nicht als Kanzler, sondern als Regierungsrat und erster Professor der Philosophie) auf der von ihm neu belebten und erweiterten Universität Erfurt erhielt. Sein damaliger erster Minister, Baron von

Groschlag, der mich zu Warthausen hatte kennen gelernt, hatte hieran den meisten Anteil, und ich brachte unter seinem Schutz und mit seiner Freundschaft beehrt drei sehr angenehme Jahre in Erfurt zu; wo ich nach und nach wieder mit der deutschen Literatur bekannt wurde. Denn meine Gleichgültigkeit hierüber war so groß gewesen, dass es mir ganz was Neues war, anno 1768 durch einen Brief von meinem nachmaligen Freund und Kollegen Riedel in Erfurt, zu erfahren, dass mir ›Agathon‹, ›Musarion‹ und andere Schriften großen Beifall und Zelebrität in Deutschland erworben hätten.

Im Jahr 1772 wurde ich an den Weimarischen Hof eingeladen und hatte zum ersten Mal das Glück, in der Herzogin Regentin Amalia (Nichte Friedrich des Großen und Schwester des jetzt regierenden Herzogs von Braunschweig), Mutter und damaligen Vormünderin des seit 1775 regierenden Herzogs Karl August, die Zierde der deutschen Fürstinnen kennen zu lernen. Sie berief mich bald darauf nach Weimar, um im Charakter eines herzoglich-sächsischen Hofrats an der Bildung und Instruktion ihrer beiden Prinzen, besonders des jungen Herzogs, noch drei Jahre Anteil zu nehmen; nach Verfluss dieser Zeit aber, mit einem ansehnlichen Gehalt mein übriges Leben nach meinen Wünschen frei, ohne Geschäfte, meiner Familie und den Musen zu leben. [...]

2 Christoph Martin Wieland: An Johann Georg Zimmermann (1728–1795) (Auszug)

Zimmermann war Schweizer Arzt, Philosoph und Dichter und ein lebenslanger Freund Wielands.

Biberach, den 11. Februar 1763

Biberach ist ungeachtet verschiedner nicht geringer Vorteile, die mir daselbst gewiss sind, schlechterdings der Ort nicht, wo ich bleiben kann, und je bälder ich aus diesem Anti-Parnass erlöst würde, je besser wär' es für mich. Ich könnte Ihnen wichtige Gründe dafür geben, allein sie erforderten zu viel Umständlichkeit; der einzige, den ich Ihnen geben will, gilt dünkt mich so viel als dreißig andre: Mein Verstand sagt mir, dass ich noch nichts Nützliches und Großes getan habe, und die Empfindung meiner selbst sagt mir, dass ich in günstigen Umständen zu beidem fähig wäre. Hier gehen meine Talente für das Publikum verloren. Unter solchen Zerstreuungen, unter solchen Leuten, bei einem solchen Amte, ohne Bibliothek, ohne Aufmunterung, was kann ich da tun? Wenn ich auch Zeit, und Gemütsruhe und Mut genug habe, etwas zu unternehmen, so verbietet mir der einzige Umstand, dass wir keine Bibliotheken haben, alle Unternehmungen von Wichtigkeit. [...]

3 Christoph Martin Wieland: Brief an J. G. Zimmermann (Auszug)

Biberach, den 22. Juni 1762

Das Schloss Warthausen liegt eine knappe Meile von Biberach entfernt, auf einem Hügel, der Ausblick auf ein reizendes Tal bietet. Gärten und Parks im englischen Stil lassen das Haus einem Manne meiner Art entzückend erscheinen. Hierher hat sich der Graf von Stadion zurückgezogen, um noch, so weit er kann, das zu genießen, was er nach 72 Jahren noch zu leben hat. Stellen Sie sich einen Greis von der Figur und Miene vor, von denen Shakespeare sagt, die Natur möge aufstehen und sagen, ‚dies ist ein Mann', der mit 72 Jahren noch das Feuer eines Franzosen von 50 besitzt, die Schlichtheit und die Denkungsart eines englischen Edelmannes. Ein Staatsmann, Kunstfreund, und Sie werden einige Vorstellung vom Charakter des Hausherrn bekommen.

Schloss Warthausen (1781)

1748 ging Lessing nach Berlin, wo er sich als Redakteur verschiedener Zeitschriften eine Existenzgrundlage zu schaffen versuchte. Er erwarb den Magistertitel (Universitätsgrad) und schloss Freundschaft mit bedeutenden Autoren seiner Zeit, wie Johann Georg Sulzer, Karl Wilhelm Ramler, Ewald von Kleist, Moses Mendelssohn und Friedrich Nicolai. Eine geplante Weltreise als Begleiter adliger Söhne wurde wegen des Siebenjährigen Krieges (1756–1763) abgebrochen. Lessings wirtschaftliche Existenz blieb ungesichert; er strebte die Tätigkeit eines freien Schriftstellers an.

1760–65 war Lessing Sekretär des Generalgouverneurs von Schlesien, General von Tauentzien. Seine Erfahrungen und Beobachtungen während des Krieges stellte er in der Komödie *Minna von Barnhelm oder Das Soldatenglück* (1767) dar. Zuvor hatte Lessing mit seinem Drama *Miss Sara Sampson* (1755) die Gattung des bürgerlichen Trauerspiels begründet.

1765–67 hielt sich Lessing wieder in Berlin auf, wo seine Bewerbung um die Leitung der Königlichen Bibliothek durch Friedrich II. abgewiesen wurde.

1767 wechselte Lessing nach Hamburg, wo er die Stelle eines Dramaturgen am neu gegründeten Nationaltheater übernahm. Seine Vorstellungen vom Theater, der Tragödie und Komödie, veröffentlichte er in seiner Schrift *Hamburger Dramaturgie.*

1770 übernahm Lessing dann die Aufgaben eines Bibliothekars an der berühmten Hofbibliothek von Wolfenbüttel.

1776 heiratete Lessing Eva König, die Witwe eines Bekannten. Nach dem Tod seiner Frau und seines Sohnes (1777/78) suchte er verstärkt die Öffentlichkeit für seine aufklärerische Kritik mit Streitschriften, Fabeln und Dramen.

1779 schrieb Lessing sein Schauspiel *Nathan der Weise*, mit dem er sich unter anderem für religiöse Toleranz einsetzte. Vorausgegangen waren ein Streit mit dem Hamburger Hauptpastor Goeze und ein Veröffentlichungsverbot für seine Schriften durch den Herzog von Braunschweig-Wolfenbüttel.

1781 starb Lessing vereinsamt mit 52 Jahren.

2. a) Vergleichen Sie Wielands und Lessings Werdegang und Situation als Schriftsteller und beachten Sie dabei die politischen Bedingungen ihrer Zeit.
b) Stellen Sie in einem Kurzreferat Wielands weiteren Lebensweg, sein literarisches Werk und seine Wirkung vor.

Bei ihm leben seine Tochter, die Gräfin von Schall, Herr von La Roche, Sophie, seine Frau, ein sehr origineller Arzt, ein Hauskaplan, den man nie anders nennen darf als maître Pangloss, und Sophiens Kinder, die eines der Hauptvergnügen des Grafen sind. Die Gräfin von Schall, nachdem sie an mehreren Höfen durch die Grazie ihres Geistes und die Annehmlichkeit ihres Umgangs geglänzt hat, bemüht sich mit unendlicher Sorgfalt, alle Pflichten töchterlicher Zuneigung zu erfüllen gegen einen Vater, den sie bewundert und dessen Entzücken sie bildet.

Was La Roche betrifft, so ist er der würdigste, liebenswürdigste und trotz seiner Höflingsexistenz wahrhaft philosophischste Mann, den ich in meinem Leben getroffen habe.
Dieser kleine Kreis, vielleicht einzigartig in seiner Art, wird manchmal durch die jüngste Tochter Seiner Exzellenz vergrößert, der Stiftsdame in Buchau. Sie ist ein liebenswertes Mädchen durch ihre Munterkeit und die Naivität ihres Geistes, sowie die Leichtigkeit und Geschmeidigkeit ihres Umgangs. [...]

Nichts Schlichteres und gleichzeitig Angenehmeres als das Leben, das man hier führt. Der Tag wird gewöhnlich in Lektüre, Konversation, die Freuden der Tafel und einen Spaziergang geteilt und endet mit Konzerten von Jomelli, Graun oder ihresgleichen. Das ist das wichtigste Mittel, das ich zur Zeit gegen die Sorgen und die widrigen Umstände meines Daseins in Biberach habe. [...]

[Im Original französisch]

4. Der Kampf um geistige Freiheit – Fabel und Aphorismus

In einer offenen demokratischen Gesellschaft mit Meinungs- und Pressefreiheit ist es schwer vorstellbar, wie gefährlich in einem autoritären Obrigkeitsstaat Kritik an sozialen und politischen Verhältnissen gewesen ist. Da der direkte Weg durch Zensur und schwerste Strafandrohung versperrt war, mussten literarische Formen gewählt werden, die Wahrheiten verdeckt und in fremdem Gewande vermittelten.

Die **Fabel** (< lat. fabula = Geschichtchen) zeigt charakteristische Merkmale: Im Mittelpunkt der Handlung stehen Tiere (seltener Pflanzen), denen die Menschen bestimmte Eigenschaften zuschreiben. Diese Tiere handeln, denken und sprechen dann wie Menschen. Die Fabel will belehren und unterhalten (fabula docet et delectat). Nach G.E. Lessing soll die Fabel einen allgemeinen moralischen Satz auf einen besonderen Fall zurückführen und diesen dann wirklichkeitsgetreu und anschaulich in Form einer Geschichte darstellen.
Die Grundform der Fabel lässt sich etwa so kennzeichnen:
– *Promythion* (vorangestellte Nutzanwendung, „Lehre")
– Darstellung der *Situation* der Handlung
– Auslösung der Handlung (*actio*, Rede, 1. Handlungsteil)
– *Reaktion* des Betroffenen (Gegenrede, 2. Handlungsteil)
– *Ergebnis*
– *Epimythion* (nachgestellte Nutzanwendung)
Die Teile eins, fünf und sechs können fehlen.

Der Fuchs und der Rabe, Holzschnitt

1 Jean de La Fontaine (1621–1695): Der Rabe und der Fuchs

Auf einem Baume Meister Rabe hockt,
im Schnabel hält er einen Happen Käse.
Vom Käseduft herbeigelockt,
spricht Meister Fuchs so fein als ob er läse:
„Ei, guten Morgen, Herr von Rabe,
was seid Ihr hübsch, welch stattliches Gehabe!
Nein, ohne Lüge, Eurer Stimme Pracht,
wär sie so schön wie Dero Federtracht,
des Waldvolks König wäret, ohne Zweifel, Ihr!"
Der Rabe schnappt fast über vor Begier;
gleich soll der Wohllaut seiner Stimme schallen:
er reißt den Schnabel auf und lässt den Käse fallen;
den schluckt der Fuchs; es schmunzelte der Heuchler
und sprach: „Mein Herr, ein jeder Schmeichler
lebt gut und gern von dem, der auf ihn hört:
die Lehre ist doch wohl ein Stückchen Käse wert!"
Der Rabe, wütend und verdrossen,
schwor ab, jedoch zu spät, für immer solchen Possen.

(v 1668–94)

2 Jean de La Fontaine: Der Wolf und das Lamm

Der Stärkere hat immer Recht:
wir zeigens hier am Tiergeschlecht.
Ein Lamm erlabte sich einmal
am reinen Rinnsal einer Quelle.
Ein magrer Wolf war auch zur Stelle,
getrieben von des Hungers Qual.
„Du wagst es", sprach er (denn er suchte Stunk)
„zu trüben meinen Morgentrunk?
Natürlich haftest du für diesen Schaden!"
„Ach", sprach das Lamm, „dass Euer Gnaden
besänftigte die grimme Wut
und zu bemerken mir geruht:
ich trinke hier am Bache zwar,

doch unterhalb und offenbar
wohl zwanzig Schritte weit von Euch
und trübe folglich nie und nimmer
das Wässerlein um einen Schimmer."
„Und dennoch trübst du's", schalt der Wolf sogleich:
„auch hast du mich verwünscht vor etwa einem Jahr."
„Wie, da ich kaum geboren war?",
versetzt' das Lamm; „an Mutters Euter lag ich noch."
„Warst du's nicht, war's dein Bruder doch!"
„Ich hab gar keinen." – „Dann war's sonst wer von eurer Sippe,
denn ihr habt alle eine lose Lippe,
ihr, euer Hund, der Hirt auch mit der Hippe.
Man sagt's. Mein ist die Rache jetzt zur Stund!" –
Er schleppte das Lamm in den Wald und riss es
und würgt' es formlos in den Schlund.
(Auch ein „Verfahren", ein gewisses!) (v 1668–94)

3 Christian Fürchtegott Gellert (1715–1769): Der Tanzbär

Ein Bär, der lange Zeit sein Brot ertanzen müssen,
Entrann und wählte sich den ersten Aufenthalt.
Die Bären grüßten ihn mit brüderlichen Küssen
Und brummten freudig durch den Wald,

Und wo ein Bär den andern sah,
So hieß es: „Petz ist wieder da!"
Der Bär erzählte drauf, was er in fremden Landen
Für Abenteuer ausgestanden,
Was er gesehn, gehört, getan.
Und fing, da er vom Tanzen red'te,
Als ging er noch an seiner Kette,
Auf polnisch schön zu tanzen an.

Die Brüder, die ihn tanzen sahn,
Bewunderten die Wendung seiner Glieder,
Und gleich versuchten es die Brüder;
Allein anstatt, wie er, zu gehn,
So konnten sie kaum aufrecht stehn,
Und mancher fiel die Länge lang darnieder.
Um desto mehr ließ sich der Tänzer sehn;
Doch seine Kunst verdross den ganzen Haufen.
„Fort", schrien alle, „fort mit dir!
Du Narr willst klüger sein als wir?"
Man zwang den Petz, davonzulaufen.

Sei nicht geschickt, man wird dich wenig hassen,
Weil dir dann jeder ähnlich ist;
Doch je geschickter du vor vielen andern bist,
Je mehr nimm dich in Acht, dich prahlend sehn zu lassen.
Wahr ist's, man wird auf kurze Zeit
Von deinen Künsten rühmlich sprechen;
Doch traue nicht, bald folgt der Neid
Und macht aus der Geschicklichkeit
Ein unvergebliches Verbrechen. (v 1746)

4 Gotthold Ephraim Lessing (1729–1781): Der Rabe und der Fuchs

Ein Rabe trug ein Stück vergiftetes Fleisch, das der erzürnte Gärtner für die Katzen seines Nachbars hingeworfen hatte, in seinen Klauen fort.

Und eben wollte er es auf einer alten Eiche verzehren, als sich ein Fuchs herbeischlich und ihm zurief: „Sei mir gesegnet, Vogel des Jupiter!" – „Für wen siehst du mich an?", fragte der Rabe. – „Für wen ich dich ansehe?", erwiderte der Fuchs. „Bist du nicht der rüstige Adler, der täglich von der Rechten des Zeus auf diese Erde herabkömmt, mich Armen zu speisen? Warum verstellst du dich? Sehe ich denn nicht in der siegreichen Klaue die verfehlte Gabe, die mir dein Gott durch dich zu schicken noch fortfährt?"

Der Wolf und das Lamm, Holzschnitt

Der Reiz der Fabel beruht vor allem auch darin, dass in ihr ein relativ fester Kanon von Tieren vorkommt mit allgemein anerkannten Charaktereigenschaften, z. B. gilt der Fuchs als schlau, der Wolf als gierig, das Lamm als schwach und vertrauensselig, der Pfau als stolz, die Maus als listig, der Löwe als mächtig, der Esel als dumm, die Ameise als fleißig oder der Hase als ängstlich. In der Tierfabel werden Verhaltensweisen polarisiert, reduziert und zuweilen auch verfremdet.
Die Fabel stammt aus Indien und Arabien. Als Vater der europäischen Fabel gilt der Sklave Aisopos aus Phrygien/Kleinasien (ca. 550 v. Chr.), der indische und griechische Fabeln sammelte und die bei den griechischen Schriftstellern Hesiod und Archilochos vorhandenen Erzählungen zu einer selbstständigen Gattung entwickelte. Seine Fabelsammlung wurde von dem thrakischen Sklaven Phädrus (ca. 50 n. Chr.) in lateinische Verse umgedichtet, von Avianus (4. Jh. n. Chr.) überliefert und im ganzen römischen Reich verbreitet.
Im Mittelalter war die Fabel mit ihrer lehrhaften Intention beliebt und erlebte im 16. Jh. in der Reformationszeit einen Höhepunkt ihrer Blüte: Martin Luther (1486–1546) gab der Fabel individuellere und realistischere Züge. Sie diente ihm zur religiös-moralischen Belehrung seiner Leser. Nach Luther entwickelte sich die Fabel oft zur Erzählung und zum Schwank mit einem breit-lehrhaften Stil.

Der Fuchs und der Rabe

In Frankreich gestaltete Jean de La Fontaine (1621–1695) die Fabel mit seinem witzig-ironischen Stil zu einer volkstümlichen literarischen Gattung und erfüllte so im Zeitalter der Aufklärung den

Anspruch des „prodesse et delectare" in vollendeter Form; auf diese Weise sollen menschliche Schwächen und gesellschaftliche Missstände kritisiert werden. In Deutschland eiferten Gellert, Hagedorn, Gleim und andere La Fontaine nach: Ihre Fabeln betonen die bürgerliche Lebensklugheit, besitzen oft eine galante Ausgestaltung in zierlichen Versen und sind geprägt von neuen Motiven, Figuren und Situationen.
Mit Gotthold Ephraim Lessing (1729–1781) erreichte die Fabel ihren zweiten Höhepunkt: Er lehnte die weitschweifige Form der Versfabel ab und setzte sich für eine pointierte, geistreich-ernste knappe Fabel in Prosa ein, die der Zeitkritik dienen sollte.
Die Fabel hat in einer ironisch-verfremdenden Brechung der Form und Aussage bei Franz Kafka (1883–1924), Wolfdietrich Schnurre (1920–1989) und Helmut Arntzen (1931) erst im 20. Jahrhundert wieder eine gewisse Renaissance erlebt.

Der Rabe erstaunte, und freute sich innig, für einen Adler gehalten zu werden. „Ich muss", dachte er, „den Fuchs aus diesem Irrtume nicht bringen." – Großmütig dumm ließ er ihm also seinen Raub herabfallen, und flog stolz davon.

Der Fuchs fing das Fleisch lachend auf, und fraß es mit boshafter Freude. Doch bald verkehrte sich die Freude in ein schmerzhaftes Gefühl; das Gift fing an zu wirken, und er verreckte.

Möchtet ihr euch nie etwas Anderes als Gift erloben, verdammte Schmeichler! (v 1759)

5 Gotthold Ephraim Lessing: Der Wolf und das Schaf

Der Durst trieb ein Schaf an den Fluss; eine gleiche Ursache führte auf der andern Seite einen Wolf herzu. Durch die Trennung des Wassers gesichert und durch die Sicherheit höhnisch gemacht, rief das Schaf dem Räuber hinüber: „Ich mache dir doch das Wasser nicht trübe, Herr Wolf? Sieh mich recht an; habe ich dir nicht etwa vor sechs Wochen nachgeschimpft? Wenigstens wird es mein Vater gewesen sein." Der Wolf verstand die Spötterei; er betrachtete die Breite des Flusses und knirschte mit den Zähnen. „Es ist dein Glück", antwortete er, „dass wir Wölfe gewohnt sind, mit euch Schafen Geduld zu haben"; und ging mit stolzen Schritten weiter.
(v 1759)

6 Gottlieb Konrad Pfeffel (1736–1809): Der Tanzbär

Ein Gauner an dem Weichselstrand,
Wo man nichts kennet als Despoten
Mit ehrnen Zeptern und Heloten[1]
In Lumpen, zog mit kecker Hand
Ein Bärchen aus der Mutter Pfoten,
Die durch ihn fiel. Der Sieger hing
Flugs einen Korb dem armen Waisen
Ums raue Kinn; ein dichter Ring
Mit einem Gängelband von Eisen
Würgt ihm den Hals, und überdies
Stumpft er, um sich vor seinem Biss
Zu schützen, ihm die jungen Zähne.
Da half kein Heulen, keine Träne.
Noch mehr: er zwang den armen Wicht,
Mit aufgerecktem Kopf und Ranzen,
Er mochte wollen oder nicht,
Nach seinem Dudelsack zu tanzen
Und seinen Affen Favorit[2],
Der, taub gleich ihm, bei Petzens Klagen,
Wenn dieser seufzte, Fratzen schnitt,
Als Reitpferd durch die Welt zu tragen.
Wenn ihn der Unmut überwand,
So büßten seinen Widerstand
Bald seine Knochen, bald sein Magen.
So strich ihm unter tausend Plagen
Bereits das dritte Jahr vorbei,
Als einst, im Sturm der Schwelgerei,
Sein Herr vergaß, ihn anzuschließen.
Die Freiheit winkt; mit schnellen Füßen
Verlässt er seine faule Streu
Und fliehet, von den Finsternissen
Der Nacht bedeckt, durch Busch und Moor
Ins nahe Holz. Mit frohen Küssen
Empfängt ihn seiner Brüder Chor.
Der eine reicht ihm leckre Speisen,
Der andre hilft ihm, von dem Eisen
An Hals und Schnauze sich befrein.
Der Hetmann[3] eilet voll Entzücken,
Den Gast mit Eichenlaub zu schmücken,
Und weihet ihn zum Bürger ein.
Kaum konnte Petz sein Glück ermessen,
Doch lernt er eher Honig fressen
Und nur sich selbst gehorsam sein
Als seines Henkers Wut vergessen.
Einst sah er ihn den dunkeln Hain
Durchwandeln; gleich dem Höllendrachen
Stürzt er mit aufgesperrtem Rachen
Sich über ihn. „Ha, Wüterich!"
Brüllt er. „Nun kommt der Tanz an dich."
Jetzt packt er ihn mit seinen Tatzen
Und presset ihn mit wilder Lust
So fest an seine Felsenbrust,
Dass alle Rippen ihm zerplatzen.

Ihr Zwingherrn, bebt! Es kömmt ein Tag,
An dem der Sklave seine Ketten
Zerbrechen wird, und dann vermag
Euch nichts vor seiner Wut zu retten.
(v 1783)

Tanzbär, Federlithografie um 1815

[1] Die Heloten: Staatssklaven im alten Sparta
[2] Der Favorit: Günstling
[3] Der Hetmann: von „Hauptmann", im ehemaligen Königreich Polen der Oberbefehlshaber des Heeres

1. Informieren Sie sich über Form und Entwicklung der Fabel anhand des Artikels über die „Fabel".

2. a) Wählen Sie arbeitsteilig einige Fabeln aus – einmal in chronologischer Anordnung, einmal thematisch geordnet –, und vergleichen Sie Problemstellung und Form. Wie sind die Unterschiede zu erklären?
b) Interpretieren Sie eine Fabel.

3. Versuchen Sie eine Fabel zu schreiben, in der Sie ein gesellschaftliches Problem oder eine menschliche Verhaltensweise darstellen.

7 Georg Christoph Lichtenberg (1742–1799): Aphorismen

Wir thun alle Augenblicke etwas, das wir nicht wissen, die Fertigkeit wird immer größer, und endlich würde der Mensch alles, ohne es zu wissen thun, und im eigentlichen Verstande ein denkendes *Thier* werden. So nähert sich Vernunft der Thierheit.

***

In einer so zusammengesetzten Maschine, als diese Welt, spielen wir, dünkt mich, aller unserer kleinen Mitwirkung ungeachtet, was die Hauptsache betrifft, immer in einer Lotterie.

***

Der Mensch ist vielleicht halb Geist und halb Materie, so wie der Polype halb Pflanze und halb Thier. Auf der Grenze liegen immer die seltsamsten Geschöpfe.

***

Gott schuf den Menschen nach seinem Bilde, das heißt vermuthlich, der Mensch schuf Gott nach dem seinigen.

***

Die gefährlichsten Unwahrheiten sind Wahrheiten mäßig entstellt.

***

Wenn sich unsere jungen Leute gewöhnten, gegen drei Gedichtchen für das Herz nur eines für den Kopf zu machen, so hätten wir Hoffnung, einmal im Alter einen Mann zu sehen, der Kopf und Herz hätte – die seltenste Erscheinung. Die meisten haben nicht mehr Licht im Kopf, als gerade nöthig ist zu sehen, dass sie nichts darin haben.

***

Der Mensch hatte so viel Verstand, dass er fast zu nichts mehr in der Welt zu gebrauchen war.

***

„Wie geht's?", fragte ein Blinder einen Lahmen. *„Wie Sie sehen"*, antwortete der Lahme, „ganz passabel".

***

Eine sklavische Handlung ist nicht immer die Handlung eines Sklaven.

***

Wer sich selbst recht kennt, kann sehr bald alle anderen Menschen kennen lernen. Es ist Alles Rückstrahlung.

***

(v 1800–1806)

8 Gotthold Ephraim Lessing (1729–1781): Sinngedichte

An Einen
Du schmähst mich hinterrücks? das soll mich wenig kränken.
Du lobst mich ins Gesicht? da will ich dir gedenken!

Der Blinde
Niemanden kann ich sehn, auch mich sieht niemand an:
Wie viele Blinde seh ich armer, blinder Mann.

Der Arme
Sollt einen Armen wohl des Todes Furcht entfärben?
Der Arme lebt nicht: so kann er auch nicht sterben.

Auf einen adeligen Dummkopf
Das nenn ich einen Edelmann!
Sein Ur – Ur – Ur – Ur – Älterahn
War älter *einen* Tag als unser aller Ahn.

An eine würdige Privatperson
Gibt einst der Leichenstein von dem, was du gewesen,
Dem Enkel, der sich schätzt, so viel er braucht, zu lesen,
So sei die Summe dies: „Er lebte schlecht und recht,
Ohn Amt und Gnadengeld und niemands Herr noch Knecht."

An den Leser
Du, dem kein Epigramm gefällt,
Es sei denn lang und reich und schwer,
Wo sahst du, dass man einen Speer
Statt eines Pfeils vom Bogen schnellt?

(v 1771)

Der große Naturforscher Alexander von Humboldt (1769–1859) urteilte über **Georg Christoph Lichtenberg** (1742–1799): „Wahrheit an sich ist kostbar, kostbarer aber noch die Fähigkeit, sie zu finden." Der Sohn eines hohen evangelischen Geistlichen aus Darmstadt studierte Mathematik, Astronomie und Naturgeschichte in Göttingen und wurde dort mit 28 Jahren Professor in diesen Fachbereichen. Er war ein experimentell glänzend begabter Physiker. Ab 1764 schrieb er Tagebücher, die er selbst als *Sudelbücher* bezeichnete und die erst nach seinem Tode erschienen. In diesen literarisch bedeutsamen Aphorismen hielt Lichtenberg seine Beobachtungen zum Zeitgeschehen fest und trat engagiert für die Gedanken der Aufklärung ein. Er bekämpfte das Geniewesen der Sturm-und-Drang-Zeit und die religiöse Intoleranz.

L

Im **Aphorismus** wird ein gescheiter Gedanke in neuer Weise ausgedrückt. Am Ende enthält dieser meist nur aus einem Satz bestehende Gedanke(nsplitter) eine witzige Pointe, die zum Nach- und Weiterdenken anregt. Der Aphorismus will eine geltende Meinung in Frage stellen, einen scheinbar bekannten Gedanken aus anderer Sicht zeigen. Paradoxe Wendungen als Mittel der Verfremdung, das Wortspiel, die Antithese und die überspitzte Formulierung gehören zum Wesen des Aphorismus.
Das **Epigramm** (< gr. epigramma = Inschrift, Aufschrift) oder **Sinngedicht** gehört zum Genre der Gedankenlyrik. Es gibt auf konzentrierte, gedanklich und formal pointierte Art meist in antithetischer Form eine geistreiche und oft überraschende Sinndeutung zu einem Gegenstand oder Sachverhalt. Ursprünglich handelte es sich um eine Aufschrift auf Gebäuden, Weihegeschenken und Denkmälern (z. B. für die Thermopylenkämpfer: „Wanderer, kommst du nach Sparta, verkündige dorten, du habest / uns hier liegen gesehen, wie das Gesetz es befahl."). Seit Ende des 6. Jahrhunderts v. Chr. wurde es, begründet von Simonides von Keos (556–466 v. Chr.), eine eigene Kunstform.

4. a) Ordnen Sie die Einsichten aus den Texten 7 und 8.

Leben	Verhaltensweise	Gesellschaft

b) Beschreiben Sie arbeitsteilig an je einem Beispiel aus den Texten 7 und 8 die sprachliche Form.
c) Verfassen Sie ein Resümee und erklären Sie, warum der Aphorismus in der Aufklärung eine Blütezeit erlebte.

5. Der „gesittete“ Bürger in der höfischen Welt – Stilmittel der Anakreontik

Neben der Fabel, der Satire, dem lehrhaften Roman und dem Lehrgedicht versuchte eine Reihe von Dichtern aus dem städtischen Bürgertum – in der Tradition des Barock – nach antiken Vorbildern eine eigene Kunstwelt zu schaffen, die sich an den Regeln der Vernunft im Sinne der Aufklärung orientierte. Ihr Vorbild war Anakreon, ein Dichter des 6. Jahrhunderts v. Chr., der in seinen Gedichten die Einfachheit und Anmut des Schäferlebens in Arkadien gepriesen hatte. Man nennt diese Gedichte deshalb „anakreontische Lieder des Rokoko“ (Rokoko = Spätform des Barock im 18. Jahrhundert; kommt von frz. Rocaille: das aus Muschelformen entwickelte Grundmotiv der Ornamentik des Rokoko-Stils).

Friedrich von Hagedorn (1708–1754) führte ein musisches und geselliges Leben in finanzieller Unabhängigkeit: In seinen Fabeln orientierte er sich an der Eleganz La Fontaines und in seinen *Moralischen Gedichten* an dem lateinischen Dichter Horaz. So beeinflusste er Lessing und den jungen Goethe. „Meine müßigen Stunden genießen in der Freiheit, mich in den Wissenschaften nur mit dem zu beschäftigen, was mir schön, angenehm und betrachtungswürdig ist“, dies war das Lebensideal einer liebenswürdig-humanen und lebensfrohen Urbanität.
Diese Lebenssicht musste sich Hagedorn mit Angstrengungen erwerben: 1708 als Sohn eines dänischen Konferenzrates in Hamburg geboren, verlor er 1722 den Vater, studierte ohne Interesse Jura und wurde dann Sekretär des dänischen Gesandten in London. 1733 erhielt er eine wohldotierte Stelle mit freier Wohnung als Sekretär einer englischen Handelsgesellschaft in Hamburg und war damit existenziell gesichert.

Die **Anakreontik** (um 1740–1770) besitzt einen unbegrenzten Motivbestand: heiterer Lebensgenuss, Lobpreis des Weines, der Geselligkeit, der Liebe und der Geliebten. Aber es geht nicht um Erlebnishaftigkeit und Gefühlsechtheit, sondern eine utopisch-idealisierte Szenerie, eine arkadische Landschaft mit naturnaher und friedvoller Hirtenwelt bildet den Hintergrund. Namen aus der antiken Mythologie (z. B. Amor, Bacchus, Venus) werden häufig verwendet. Die Rokokomalerei von Jean-Antoine Watteau (1684–1721), François Boucher (1703–1770) und Jean-Honoré Fragonard (1732–1806) vermittelte durch Motive und Stimmungen starke Anregungen für diese graziöse und zierlich-heitere Gesellschaftsdichtung.

1 Friedrich von Hagedorn (1708–1754): Anakreon

In Tejos und in Samos
Und in der Stadt Minervens[1]
Sang ich von Wein und Liebe,
Von Rosen und vom Frühling,
Von Freundschaft und von Tänzen,
Doch höhnt ich nicht die Götter,
Auch nicht der Götter Diener,
Auch nicht der Götter Tempel,
Wie hieß ich sonst der Weise?

Ihr Dichter voller Jugend,
Wollt ihr bei froher Muße
Anakreontisch singen,
So singt von milden Reben,
Von rosenreichen Hecken,
Vom Frühling und von Tänzen,
Von Freundschaft und von Liebe,
Doch höhnet nicht die Gottheit,
Auch nicht der Gottheit Diener,
Auch nicht der Gottheit Tempel.
Verdienet, selbst im Scherzen,
Den Namen echter Weisen. (1729)

2 Friedrich von Hagedorn: Die Küsse

Als sich aus Eigennutz Elisse
Dem muntern Coridon ergab,
Nahm sie für einen ihrer Küsse
Ihm anfangs dreißig Schäfchen ab.

Am andern Tag erschien die Stunde,
Dass er den Tausch viel besser traf.
Sein Mund gewann von ihrem Munde
Schon dreißig Küsse für ein Schaf.

Der dritte Tag war zu beneiden:
Da gab die milde Schäferin
Um einen neuen Kuss mit Freuden
Ihm alle Schafe wieder hin.

Allein am vierten ging's betrübter,
Indem sie Herd und Hund verhieß
Für einen Kuss, den ihr Geliebter
Umsonst an Doris überließ. (1729)

3 Gotthold Ephraim Lessing (1729–1781): Die verschlimmerten Zeiten

Anakreon trank, liebte, scherzte,
Anakreon trank, spielte, herzte,
Anakreon trank, schlief, und träumte
Was sich zu Wein und Liebe reimte:
Und hieß mit Recht der Weise.

Wir Brüder trinken, lieben, scherzen,
Wir Brüder trinken, spielen, herzen,
Wir Brüder trinken, schlafen, träumen,
Wozu sich Wein und Liebe reimen;
Und heißen nicht die Weisen.

Da seht den Neid von unsern Zeiten!
Uns diesen Namen abzustreiten!
O Brüder lernet hieraus schließen,
Dass sie sich stets verschlimmern müssen.
Sie nennen uns nicht weise! (v 1753)

4 Johann Wolfgang von Goethe (1749–1832): Annette[2] an ihren Geliebten

Ich sah, wie Doris bei Damöten stand,
Er nahm sie zärtlich bei der Hand,
Lang sahen sie einander an,
Und sahn sich um, ob nicht die Eltern wachen,
Und da sie niemand sahn,
Geschwind – genug, sie machten's wie wir's machen. (v 1767)

---

[1] Minerva: altitalische Göttin, Beschützerin des Handwerks; später der griechischen Göttin Athene gleichgesetzt

[2] Annette war Goethes Leipziger Geliebte Anna Katharina Schönkopf.

5 Johann Wolfgang von Goethe: Das Schreien
Nach dem Italienischen

Jüngst schlich ich meinem Mädchen nach,
und ohne Hindernis
umfasst' ich sie im Hain; sie sprach:
„Lass mich, ich schrei' gewiss!"
Da droht' ich trotzig: „Ha, ich will
den töten, der uns stört!"
„Still", winkt sie lispelnd, „Liebster still,
damit dich niemand hört!" (e 1767)

Die bürgerlichen Schichten lösten sich also allmählich von den Höfen und ihrer Kultur ab, wandten sich gegen höfische Galanterie und begründeten ihr gesellschaftliches Verhalten moralisch. Bürgerliche Schriftsteller versuchten einen Ausgleich zu finden zwischen der Leidenschaft und den Anforderungen einer an der Vernunft orientierten Lebensführung.

6 Christian Fürchtegott Gellert (1715–1769): Der baronisirte Bürger

Des kargen Vaters stolzer Sohn
Ward, nach des Vaters Tod, Herr einer Million,
Und für sein Geld in kurzer Zeit Baron.
Er nahm sich vor, ein grosser Mann zu werden,
Und ahmte, wenn ihm gleich der innre Werth gebrach,
Doch die gebiethrischen Gebehrden
Der Grossen zuversichtlich nach.
Bald wünscht er sich des Staatsmanns Ehre,
Vertraut mit Fürsten umzugehn;
Bald wünscht er sich das Glück, dereinst vor einem Heere
Mit Lorbern des Eugens[1] zu stehn.
Kurz, er blieb ungewiss, wo er mehr Ansehn hätte,
Ob in dem Feld, ob in dem Cabinette?
Indessen war er doch Baron;
Und sein Verdienst, die Million,
Ließ sich, zu alles Volks Entzücken,
In Läufern und Heiducken[2] blicken.
Er nahm die halbe Stadt in Sold,
Bedeckte sich und sein Gefolg mit Gold,
Und brüstete sich mehr in seiner Staatscarosse,
Als die daran gespannten Rosse.
Er war der Schmeichler Mäcenat[3].
Ein Geck, der ihn gebückt um seine Gnade bat,
Und alles, was sein Stolz begonnte,
Recht unverschämt bewundern konnte,
Der kam so gleich in jener Freunde Zahl,
In der man mit ihm aß, ihn lobt, und ihn bestahl,
Und, wenn man ihn betrog, zugleich ihn überredte,
Dass er des Argus[4] Augen hätte.
Was braucht es mehr, als Stolz und Unverstand,
Um Millionen durchzubringen?
Unsichrer ist kein Schatz, als in des Jünglings Hand,
Den Wollust, Pracht und Stolz zu ihren Diensten zwingen.
Der Herr Baron vergaß bay seinem grossen Schatz
Den Staatsmann und den Held, ward sinnreich im Verschwenden,
Und sah in kurzer Zeit sein Gut in fremden Händen;
Starb arm und unberühmt. Kurz, er bewies den Satz,
Dass Aeltern ihre Kinder hassen,
Wofern sie ihnen nichts, als Reichthum, hinterlassen. (v 1758)

[1] Eugen: Gemeint ist Prinz Eugen von Savoyen (1663–1736), österreichischer Feldherr und Staatsmann. Er errang viele Siege gegen die Türken und gegen Frankreich. Die Eroberung Belgrads 1717 wurde in dem Volkslied „Prinz Eugenius, der edle Ritter" gefeiert.
[2] Heiducken: ungarisch „der Treiber", dann Bezeichnung für die Soldaten einer Söldnertruppe, die auf dem Balkan gegen die Türken kämpfte.
[3] Mäcenat: nach Gaius Maecenas, dem Feldherrn Kaiser Augustus' und Förderer der Dichter Vergil, Properz und Horaz; heute Inbegriff für einen freigebigen Kunstgönner
[4] Argus: in der gr. Göttersage der vieläugige Riese; Argusaugen meinen einen alles registrierenden Blick.

Christian Fürchtegott Gellert (1715–1769) war der Sohn eines Pfarrers aus dem Erzgebirge. Er besuchte das Elite-Internat der Fürstenschule in Meißen und studierte Theologie, Philosophie und Literatur in Leipzig. 1751 wurde er Professor für Poesie und Rhetorik, später auch für Moral. Gellert veröffentlichte Fabeln und Erzählungen, Oden und Lieder, einen Roman und seine in deutscher Sprache gehaltenen *Moralischen Vorlesungen*. Gellert war einer der beliebtesten Schriftsteller der Aufklärungszeit. Er selbst hat sich grundsätzlich als Lehrer verstanden, und für Friedrich den Großen war er „der vernünftigste unter den deutschen Professoren".

1. a) Notieren Sie in einem Cluster zu „Anakreontik" – die Motive der Texte 1–5.
b) Untersuchen Sie in arbeitsteiliger Partnerarbeit die formale Gestaltung der Gedichte mit Hilfe der Informationen über rhetorische Figuren (S. 80ff.).
c) Erläutern Sie, in welchem Verhältnis die Anakreontik zur Aufklärung steht.

2. a) Exzerpieren Sie die Hauptaspekte von Gellerts Kritik am „baronisirten Bürger".
b) Stellen Sie einen im Text unausgesprochenen bürgerlichen Tugendkatalog dagegen.

3. Verfassen Sie im Stile der Anakreontik selbst ein Gedicht.

Utopie bedeutet in der griechischen Sprache „Nirgendheim" und stellt die Schilderung eines erdachten Gesellschaftszustandes dar, der erhofft oder befürchtet wird. Thomas Morus' Roman *Utopia* (1516) wurde zum Vorbild; in ihm stellte Morus einen gesellschaftlichen Idealzustand dar. Es wurden Utopien verfasst, die Modelle von politischen, sozialen oder technischen Zuständen entwickelten, die über die realen Gegebenheiten hinauswiesen: z.B. die Utopien vom „natürlichen Leben", vom „ewigen Frieden" oder von der „klassenlosen Gesellschaft".

Drama (gr. = Handlung): Bezeichnung für eine literarische Großform, in der Figuren in Rede und Gegenrede handeln. Der Text des Dramas ist als *Partitur* einer Bühnenaufführung zu verstehen; Adressat des Dramas ist also primär der Zuschauer, nicht der Hörer oder Leser.
Die Handlung basiert in der Regel auf dem Zusammenstoß gegensätzlicher Positionen und Interessen einzelner Figuren oder Figurengruppen, woraus der *dramatische Konflikt* entspringt. Die spannungsreiche Entwicklung dieses Konflikts erfordert eine entsprechende Struktur des Dramas: *Exposition* (vgl. S. 218); *Steigerung* der Verwicklung; *Höhepunkt* und *Peripetie* (Wendung der Handlung zum Guten in der Komödie, zum Schlechten in der Tragödie); *Lösung* (versöhnliche Überwindung des Konflikts im Schauspiel, z.B. in Lessings *Nathan* und Goethes *Iphigenie*, aber Katastrophe in der Tragödie). Der Spannungsbogen baut sich in einzelnen Handlungsschritten, den *Akten* (Aufzügen), auf, die wiederum in Teilabschnitte, die *Szenen* (Auftritte), gegliedert sind. Von dieser „klassischen" Form des Dramas unterscheidet sich das „Epische Theater" mit seiner andersartigen Struktur und spezifischen Wirkungsabsicht (vgl. S. 380ff.).
Die begrenzte Zeitdauer einer Bühnenaufführung erfordert eine *Konzentration der Handlung* im Gegensatz zur Breite der Darstellung, die im Epos oder im Roman möglich ist. Daraus ergab sich die klassiche Forderung nach der *Einheit des Orts, der Zeit* und *der Handlung*.
Im Unterschied zur „gelesenen Literatur" vermag das Drama eine besondere Wirkung dadurch zu erzielen, dass die Bühnenhandlung dem Zuschauer als unmittelbar gegenwärtig vorgestellt wird. Distanzierende Kommentare und Erzählpartien, die durch eine eigene Erzählerfigur vorgetragen werden, finden sich nur in Sonderformen und im modernen Drama (vgl. „Episches Theater", S. 381).

6. Utopie des aufgeklärten Zeitalters – Drameninterpretation und literarische Erörterung zu Lessings „Nathan der Weise"

Die Aufklärung säkularisierte die Heilsgeschichte des Christentums und seiner Moral zu einer Heilsgeschichte in dieser Welt. Der Blick des Menschen sollte von der jenseitigen Welt der Offenbarung auf diese Welt gelenkt werden, um seine Energien auf die Veränderung dieser Welt zu richten. Die Toleranz zwischen den verschiedenen religiösen Gruppen innerhalb einer Gesellschaft, die die Verbindlichkeit christlich-konfessioneller Normen im 17.–18. Jahrhundert kritisch zu überprüfen begann, wurde zu einem zentralen Thema aufklärerischen Denkens.
Lessing, der zu diesem Thema ein Theaterstück schrieb, stellte einen geschichtsphilosophischen Gehalt in den Mittelpunkt: Er zeigt, wie die Welt letztlich von der Vorsehung geordnet ist. Zu dieser Ordnung beizutragen, ist Aufgabe aller Menschen. Nach Lessings Auffassung ist es das Ziel der Erziehung, die Menschen über alle weltanschaulichen Meinungsverschiedenheiten hinweg zur Toleranz zu bilden. Diese begründet dann das Glück in der menschlichen Gemeinschaft, der Menschheitsfamilie, wie sie Lessing am Schluss seines Dramas zeigt.
Unter welchen Bedingungen und auf welche Weise Lessing seine dichterischen Absichten in seinem Schauspiel *Nathan der Weise* gestaltet hat, soll untersucht werden. Der Abfassung des Schauspiels war ein Streit um religiöse Fragen mit dem Hamburger Hauptpastor Johann Melchior Goeze vorausgegangen.

1 Resolution des Herzogs von Braunschweig-Wolfenbüttel

Resolution für den Hofrat Lessing, dessen neuere Schriften in Religionssachen betreffend: Der Durchleuchtigste Fürst und Herr (Titul. Sereniss.) lassen dem Hofrat und Bibliothekar Lessing auf Desselben fernerweite untertänigste Vorstellung gegen die in Rücksicht der Herausgabe seiner künftigen Schriften gemachte Verfügung hiemit die Resolution erteilen, dass wie Höchstgedachte Sr. Durchl. bei der Höchsten Resolution vom 3ten dieses es lediglich bewenden lassen; also auch Höchstdieselbe dem Supplikanten[1] nicht gestatten können, dass er in Religionssachen[2], so wenig hier als auswärts, auch weder unter seinem noch anderen angenommenen Namen, ohne vorherige Genehmigung des Fürstl. Geheimen Ministerii ferner etwas drucken lassen möge, wobei demselben zugleich, dass er auf die eingesandte zu Berlin gedruckte Bogen stattdessen den Druckort Wolfenbüttel setzen lassen, hiemit ernstlich verwiesen wird, und hat derselbe sich dergleichen künftig zu enthalten.
Br[aunschweig], d. 17ten Aug. 1778 C.

2 Gotthold Ephraim Lessing (1729–1781): Entwurf zu einer Vorrede

Wenn man sagen wird, dieses Stück lehre, dass es nicht erst von gestern her unter allerlei Volke Leute gegeben, die sich über alle geoffenbarte Religion hinweggesetzt hätten, und doch gute Leute gewesen wären; wenn man hinzufügen wird, dass ganz sichtbar meine Absicht dahin gegangen sei, dergleichen Leute in einem weniger abscheulichen Lichte vorzustellen, als in welchem der christliche Pöbel sie gemeiniglich erblickt: so werde ich nicht viel dagegen einzuwenden haben.

Denn beides kann auch ein Mensch lehren und zur Absicht haben wollen, der nicht jede geoffenbarte Religion, nicht jede ganz verwirft. Mich als einen solchen zu stellen, bin ich nicht verschlagen genug: doch dreist genug, mich als einen solchen nicht zu verstellen. – Wenn man aber sagen wird, dass ich wider die poetische Schicklichkeit gehandelt, und jenerlei Leute unter Juden und Muselmännern wolle gefunden haben: so werde ich zu bedenken geben, dass Juden und Muselmänner damals die einzigen Gelehrten waren; dass der Nachteil, welchen geoffenbarte Religionen dem menschlichen Geschlechte bringen, zu keiner Zeit einem vernünftigen Manne müsse auffallender gewesen sein, als zu den Zeiten der Kreuzzüge, und dass es an Winken bei den Geschichtschreibern nicht fehlt, ein solcher vernünftiger Mann habe sich nun eben in einem Sultane gefunden.

Wenn man endlich sagen wird, dass ein Stück von so eigner Tendenz nicht reich genug an eigner Schönheit sei: – so werde ich schweigen, aber mich nicht schämen. Ich bin mir eines Ziels bewusst, unter dem man auch noch viel weiter mit allen Ehren bleiben kann. Noch kenne ich keinen Ort in Deutschland, wo dieses Stück schon jetzt aufgeführt werden könnte. Aber Heil und Glück dem, wo es zuerst aufgeführt wird. – (v 1779)

[1] Der Supplikant (< lat. supplicare = demütig bitten, anflehen): Bittsteller
[2] Gemeint ist der Streit mit Hauptpastor Goeze (1717–1786), mit dem sich Lessing in der Streitschrift „Anti-Goeze" auseinandersetzte. Es ging um den Gegensatz von emanzipierter Vernunft und Glauben. Goeze forderte den absoluten Anspruch der schriftlichen Offenbarung auf Wahrheit gegen die Erkenntnisse aufgeklärter Philosophie.

Drameninterpretation 1: Für die Drameninterpretation sind folgende *Texteigenarten* zu beachten:

- Der sog. **Haupttext** betrifft die Dialoge und Monologe sowie in manchen Dramen das Beiseitesprechen (scheinbar von den übrigen Figuren unbemerkt, direkt ans Publikum gewandt).
- Die sog. **Nebentexte** sind Regieanweisungen (z.B. die Beschreibung von Figuren, ihrer Bewegung, Sprechweise, Mimik, Gestik und Körperhaltung) und Szenenanmerkungen (z.B. Hinweise zum Bühnenbild, zur Dekoration, zu Musik bzw. zu Geräuschen und evtl. zu Requisiten). Beide werden auch zusammengefasst als *Bühnenanweisungen*, die relativ sparsam sind, wenn das Drama in erster Linie als sprachliches Kunstwerk aufgefasst wird (z.B. in der Antike und in der deutschen Klassik). Sie sind dort besonders umfangreich, wo die Tendenz zum sog. Ausstattungsstück besteht (z.B. im Barock, im Naturalismus und Expressionismus und natürlich im Gesamtkunstwerk Oper).
- Weil das Drama in erster Linie *Sprachhandlung* durch sog. *Sprechakte* (vgl. S. 220 ff.) ist und oft von der Konfrontation gegensätzlicher Kräfte lebt (Spieler und Gegenspieler), kommt es darauf an,
  - Gesprächspartner bzw. -gegner durch Charakterisierung nach Gesprächsart (Unterhaltung, Verhör, Streit), Sprechabsichten, -taktiken und -anteilen zu interpretieren sowie
  - die Art ihrer Kommunikation (geduldige Argumentation, Überredung oder Überzeugung, Einschüchterung etc.) und deren Ergebnis zu beurteilen.
- Dabei kann die Interpretation dem *Gang der Handlung* folgen (sukzessives Verfahren) oder sich an *thematischen Schwerpunkten* orientieren (problemorientiertes Verfahren). Der Lösungsweg kann auch hierbei über das *Drei-Phasen-Modell* gefunden werden.

Aufführung von Lessings *Nathan der Weise* im Ulmer Theater, 2002. Von links Friederike Frerichs als Daja, Walter von Have als Nathan und Annette Faßnacht als Recha.

Personen

Sultan Saladin
Sittah, dessen Schwester
Nathan, ein reicher Jude in Jerusalem
Recha, dessen angenommene Tochter
Daja, eine Christin, aber in dem Hause des Juden als Gesellschafterin der Recha
Ein junger Tempelherr
Ein Derwisch
Der Patriarch von Jerusalem
Ein Klosterbruder
Ein Emir nebst verschiedenen Mamelucken des Saladin

Thema: Interpretieren Sie das Gespräch aus „Nathan der Weise“ von Gotthold Ephraim Lessing!
– Untersuchen Sie, welche Auffassungen Recha und Nathan über den Retter haben!
– Charakterisieren Sie die beiden Figuren über ihr Gesprächsverhalten!

(Problemstellung → Ephraim Lessing!; Aufgabenstellung → Untersuchen Sie …, Charakterisieren Sie …)

1. Phase: Primärverständnis und Themenanalyse

Primärverständnis:
– auffällig sind: die gegensätzlichen Positionen Engel ⟷ Mensch
– die emotional gesteigerte Sprache Rechas ⟷ die sachlich-kühle Analyse Nathans
– …

Themenanalyse: **Interpretieren** des Gesprächs (Operator 1 als Generalanweisung) nach Inhalt und Form (als Dialog zwischen „Vater“ und „Tochter“)

– **Untersuchen** der *Auffassungen* über den Retter
(Operator 2) ↑ beschreiben, analysieren; *Auffassungen* ↑ Einschätzungen, Wertungen; Retter ↑ Tempelherr

– **Charakterisieren** Rechas und Nathans über das *Gesprächsverhalten*
(Operator 3) ↑ beschreiben und nach ihrem Wesen deuten
Gesprächsverhalten ↑ Inhalt, Anteile, Form
Rechas und Nathans ↑ ihr Verhältnis?

Ergebnis: …

Die Szene spielt 1192 in Jerusalem. In der ersten Szene kehrt Nathan von einer langen Reise zurück und wird von Daja begrüßt. Auf die Nachricht, dass sein Haus fasst abgebrannt wäre, reagiert er gelassen. Aber als er erfährt, dass Recha dabei fast umgekommen ist, erfasst ihn Entsetzen, denn „sein Kind“ geht ihm über alles. Der Retter ist ein junger Tempelherr, der alle Versuche Dajas, ihm zu danken, brüsk ablehnt und nun verschwunden ist. Noch steht Recha unter Schock und schwärmt von ihrem Retter als von einem Engel. Dazu äußert Nathan seine Hoffnung: „Denn, Daja, glaube mir, dem Menschen ist / Ein Mensch noch immer lieber als ein Engel – : / So wirst du doch auf mich, auf mich nicht zürnen, / Die Engelschwärmerin geheilt zu sehn?“ Die Szene I/2 zeigt Nathans Versuch.

1. a) Lesen Sie die Szene I/2 und vergleichen Sie Ihr Primärverständnis mit den mitgeteilten ersten Leseeindrücken.
b) Überprüfen Sie die Themenanalyse und fassen Sie deren Ergebnis zusammen.

2. Phase: Stoffsammlung und Gliederung

1. Annotation des Gesprächs

3 Gotthold Ephraim Lessing (1729–1781): Nathan der Weise, I/2
(Auszug)

[...] *Recha, und die Vorigen*

RECHA. So seid Ihr es doch ganz und gar, mein Vater?
Ich glaubt', Ihr hättet Eure Stimme nur
Vorausgeschickt. Wo bleibt Ihr? Was für Berge,
Für Wüsten, was für Ströme trennen uns
Denn noch? Ihr atmet Wand an Wand mit ihr,
Und eilt nicht, Eure Recha zu umarmen?
Die arme Recha, die indes verbrannte! –
Fast, fast verbrannte! Fast nur. Schaudert nicht!
Es ist ein garst'ger Tod, verbrennen. O!

NATHAN. Mein Kind! mein liebes Kind!

RECHA. Ihr musstet über
Den Euphrat, Tigris, Jordan; über – wer
Weiß was für Wasser all? – Wie oft hab' ich
Um Euch gezittert, eh das Feuer mir
So nahe kam! Denn seit das Feuer mir
So nahe kam: dünkt mich im Wasser sterben
Erquickung, Labsal, Rettung. – Doch Ihr seid
Ja nicht ertrunken: ich, ich bin ja nicht
Verbrannt. Wie wollen wir uns freun, und Gott,
Gott loben! Er, er trug Euch und den Nachen
Auf Flügeln seiner *unsichtbaren* Engel
Die ungetreuen Ström' hinüber. Er,
Er winkte meinem Engel, dass er *sichtbar*
Auf seinem weißen Fittiche, mich durch
das Feuer trüge –

NATHAN. (Weißem Fittiche!
Ja, ja! der weiße vorgespreizte Mantel
Des Tempelherrn.)

RECHA. Er sichtbar, sichtbar mich
Durchs Feuer trüg', von seinem Fittiche
Verweht. – Ich also, ich hab' einen Engel
Von Angesicht zu Angesicht gesehn;
Und *meinen* Engel.

NATHAN. Recha wär' es wert;
Und würd' an ihm nichts Schönres sehn, als er
An ihr.

RECHA (*lächelnd*). Wem schmeichelt Ihr, mein Vater? wem?
Dem Engel, oder Euch?

NATHAN. Doch hatt' auch nur
Ein Mensch – ein Mensch, wie die Natur sie täglich
Gewährt, dir diesen Dienst erzeigt: er müsste
Für dich ein Engel sein. Er müsst' und würde.

RECHA. Nicht so ein Engel; nein! ein wirklicher;
Es war gewiss ein wirklicher! – Habt Ihr,
Ihr selbst die Möglichkeit, dass Engel sind,
Dass Gott zum Besten derer, die ihn lieben,
Auch Wunder könne tun, mich nicht gelehrt?
Ich lieb' ihn ja.

NATHAN. Und er liebt dich; und tut
Für dich, und deinesgleichen, stündlich Wunder;
Ja, hat sie schon von aller Ewigkeit
Für euch getan.

RECHA. Das hör' ich gern.

NATHAN. Wie? weil
Es ganz natürlich, ganz alltäglich klänge,
Wenn dich ein eigentlicher Tempelherr

Recha

Fragen an den Vater. Recha ist die Aktive mit großen Sprechanteilen.

Situationsbeschreibung
- *übertreibend*
- *emotional*
- *Ausrufe*
- *Interjektion*

Schilderung durch
- *Kontraste*
- *Ausrufe*

Lob Gottes für
- *unsichtbare Engel*
- *sichtbaren, personalen Engel*

Recha deutet Fakten um:
- *Mantel = Fittiche*
- *Retter = Engel*
- *„mein Engel" = Verstärkung des Wunderbaren*

Recha geht von der leiblichen Vaterschaft Nathans aus.

Recha lehnt den Vergleich ab
- *Verstärkung durch Wiederholung*
- *Engel = Wunder*

Recha beruft sich auf die Lehren Nathans.

Recha versteht Nathans Deutung nicht: Sie sieht „Wunder" in ihrem personalen Sinne.

Nathan

Vater-Kind-Beziehung von großer Herzlichkeit:
- *Verstärkung durch Wiederholung und Attribuierung*
- *Ellipsen als Ausrufe*

Nathan ist zunächst der Reagierende mit geringen Sprechanteilen.

Nathan reagiert zunächst nur durch Beiseitesprechen.

Nathan geht sehr schonend auf Rechas Vorstellung ein:
- *im Konjunktiv*
- *Recha steht auf einer Ebene mit dem Engel.*

Nathan sucht eine vermittelnde Position:
- *Mensch als Engel*
- *Konjunktiv = Angebot des Möglichen*

Nathan greift den Zentralbegriff „Wunder" auf, deutet ihn aber universal und heilsgeschichtlich.

Nathan bekräftigt seine Position:
- *Die geheimnisvolle Ordnung des Alltäglichen ist das Wunder.*

Gerettet hätte: sollt' es darum weniger
Ein Wunder sein? – Der Wunder höchstes ist,
Dass uns die wahren, echten Wunder so
Alltäglich werden können, werden sollen.
Ohn' dieses allgemeine Wunder, hätte
ein Denkender wohl schwerlich Wunder je
Genannt, was Kindern bloß so heißen müsste,
Die gaffend nur das Ungewöhnlichste,
Das Neuste nur verfolgen.
DAJA (*zu Nathan*). Wollt Ihr denn
Ihr ohnedem schon überspanntes Hirn
Durch solcherlei Subtilitäten ganz
Zersprengen?
NATHAN. Lass mich! – Meiner Recha wär'
Es Wunders nicht genug, dass sie ein *Mensch*
Gerettet, welchen selbst kein kleines Wunder
Erst retten müssen? Ja, kein kleines Wunder!
Denn wer hat schon gehört, dass Saladin
Je eines Tempelherrn verschont! dass je
Ein Tempelherr von ihm verschont zu werden
Verlangt? gehofft? ihm je für seine Freiheit
Mehr als den ledern Gurt geboten, der
Sein Eisen schleppt; und höchstens seinen Dolch?
RECHA. Das schließt für mich, mein Vater. – Darum eben
War das kein Tempelherr; er schien es nur. –
Kömmt kein gefangner Tempelherr je anders
Als zum gewissen Tode nach Jerusalem;
Geht keiner in Jerusalem so frei
Umher: wie hätte mich des Nachts freiwillig
Denn einer retten können?
NATHAN. Sieh! wie sinnreich.
Jetzt, Daja, nimm das Wort. Ich hab' es ja
Von dir, dass er gefangen hergeschickt
Ist worden. Ohne Zweifel weißt du mehr.
[...] (v 1779)

• das Wunder des Denkenden

• Das Wunder der Kinder (= das Ungewöhnliche) wird abgewertet durch Konjunktiv und „gafft."

Daja ergreift Rechas Partei, weil sie erkennt, dass Recha den Argumenten Nathans nicht gewachsen ist. Recha tritt von hier an stark zurück.

...

Fazit: ...

Nathans harsche Reaktion:
• Er weist Daja zurecht.
• Er traut Recha genügend rationales Vermögen zu.
...
Fazit: ...

2. a) Ziehen Sie ein erstes Fazit aus den zu I/2 vorgestellten Annotationen.
b) Führen Sie die Annotationen und die Strukturierung für die Szene I/2 zu Ende und resümieren Sie das Ergebnis.
c) Skizzieren Sie in Stichworten ein Charakterbild Rechas und Nathans.

3. Schreiben Sie die Interpretation.

Ernst Deutsch als Nathan, Schiller-Theater Berlin, 1955

2. Strukturierung des Gesprächs im Flussmodell

Recha besitzt zunächst die Gesprächsführung.

Recha	Nathan
– Ihre aufgewühlte Gemütsverfassung zeigt sich in der Begrüßung des Vaters.	– knappe, aber herzliche Entgegnung: mein Kind
– Glaube an „sichtbaren Engel"	– nur indirekter Widerspruch
– steigert sich hinein: „mein Engel"	– Korrektur im Konjunktiv
– beharrt auf Engel	– Mensch = Engel
– behauptet ihre Position, beruft sich auf Nathans Lehre vom Wunder	– Wunder = großartige Ordnung des Alltäglichen z.B.: ein Mensch als Retter
– ...	– ...

Nathan dominiert fortan.

3. Die Gliederung kann sich an der Opposition zentraler Begriffe orientieren: Engel ◄──► Mensch; Wunder als sensationelles Ereignis ◄──► Wunder als Seinsordnung; Schwärmen ◄──► gutes Handeln

3. Phase: Ausarbeitung der Interpretation und Korrektur

1. Als **Einleitung** ist neben dem Hinweis auf Autor, Titel und Problemstellung die Mitteilung des ersten Leseeindrucks möglich. Die Darstellung der Verfahrensweise (sukzessiv oder problemorientiert) eignet sich als Überleitung.
2. Im **Hauptteil** sollte die Untersuchung der Auffassungen über den Retter (Operator 2) den Schwerpunkt bilden, weil sich daran Grundlinien der Exposition des Dramas erkennen lassen. Durch die Generalanweisung „Interpretieren Sie" sollte gewährleistet sein, dass sowohl die inhaltlichen Positionen (konzentriert um die

Trauernder Versöhner: Peter Fitz als Nathan

Leitbegriffe) als auch deren Gestaltung (vor allem über Sprechanteile, Syntax und Interpunktion sowie Wortwahl) angemessen berücksichtigt werden.
Für die Charakterisierung der Figuren Recha und Nathan ist zu berücksichtigen, dass Nathan nach Alter und Funktion eine bereits „fertige“ Persönlichkeit ist, während Recha (und der Tempelherr) am Anfang einer Entwicklung stehen und als dynamische Figuren gesehen werden müssen. Warum der Dialog trotz der extremen Gegensätze in den Grundpositionen so harmonisch verläuft, ist durch die große Liebe und das tiefe Vertrauen zu erklären, die Recha und Nathan verbinden.

3. Der **Schluss** könnte sich ergeben
   - als persönliche Wertung der vertretenen Positionen,
   - als Resümee von Grundlinien der Exposition in I/2 mit der Andeutung von weiteren Aspekten des ersten Aufzugs,
   - als Beziehung der Ergebnisse auf die Titelfigur des Dramas oder
   - als Einordnung der vorgestellten Thematik in das Werk Lessings bzw. seinen Anteil zur „Epochenthematik“ Aufklärung.

4. Die **Korrektur** (vgl. S. 15, 36f.) hat im Speziellen auf Folgendes zu achten:
   - die scharfe begriffliche Abgrenzung (z.B. des Wunderbegriffs Rechas und Nathans);
   - die differenzierte Beschreibung der Syntax (z.B. der verschiedenen Typen von Fragen und Ausrufen);
   - die genaue Erfassung der emotional (durch Schwärmerei) oder rational (durch Argumentation und Lehrhaftigkeit) geprägten Sprache;
   - die Deutung der Ironiesignale in Nathans Äußerungen.

4. Skizzieren Sie, welche Regiekonzepte jeweils mit den „Bildern“ Nathans verbunden sein könnten.

Nathan, Bayerisches Staatsschauspiel, 1988

4 Gotthold Ephraim Lessing: Nathan der Weise, III/7 (Auszug)

Das Stück spielt zur Zeit der Kreuzzüge. Ein junger Tempelherr, Angehöriger eines christlichen Ritterordens, ist nach einem Gefecht in Gefangenschaft geraten und soll auf Befehl des Sultans hingerichtet werden. Beim Anblick des jungen Mannes fühlt sich der Sultan an seinen toten Bruder Assam erinnert und hebt in einem unerwarteten Gnadenakt das Urteil auf. So kommt der Tempelherr gerade rechtzeitig, um Recha, die vermeintliche Tochter Nathans, in Wirklichkeit eine von ihm in seinem Hause an Tochter statt aufgenommene Christin, aus einer Feuersbrunst zu retten. Als Nathan davon erfährt (I/2), sucht er die Bekanntschaft des Tempelherrn, der ihm, dem Juden, ausweicht und eine Einladung ins Haus Nathans ablehnt. In einer späteren persönlichen Begegnung versteht es Nathan, den Tempelherrn in einem vorurteilsfreien Gespräch zu einem Besuch bei Recha zu bewegen.

Im Hause des Sultans Saladin erfahren wir von dessen durch seine Freigebigkeit verschuldeten Geldnot. Auf den Rat seiner Schwester Sittah versucht er Nathan in eine Falle zu locken, um an dessen Geld zu kommen. Er, der Muselmane, stellt dem Juden die Frage nach der wahren Religion.

[...]
NATHAN. Vor grauen Jahren lebt' ein Mann in Osten,
Der einen Ring von unschätzbarem Wert'
Aus lieber Hand besaß. Der Stein war ein
Opal, der hundert schöne Farben spielte,
Und hatte die geheime Kraft, vor Gott
Und Menschen angenehm zu machen, wer
In dieser Zuversicht ihn trug. Was Wunder,
Dass ihn der Mann in Osten darum nie
Vom Finger ließ; und die Verfügung traf,
Auf ewig ihn bei seinem Hause zu
Erhalten? Nämlich so. Er ließ den Ring
Von seinen Söhnen dem geliebtesten;
Und setzte fest, dass dieser wiederum
Den Ring von seinen Söhnen dem vermache,
Der ihm der liebste sei; und stets der liebste,
Ohn' Ansehn der Geburt, in Kraft allein
Des Rings, das Haupt, der Fürst des Hauses werde. –
Versteh mich, Sultan.
SALADIN. Ich versteh dich. Weiter!
NATHAN. So kam nun dieser Ring, von Sohn zu Sohn,
Auf einen Vater endlich von drei Söhnen;
Die alle drei ihm gleich gehorsam waren,
Die alle drei er folglich gleich zu lieben
Sich nicht entbrechen konnte. Nur von Zeit
Zu Zeit schien ihm bald der, bald dieser, bald
Der Dritte, – so wie jeder sich mit ihm
Allein befand, und sein ergießend Herz
Die andern zwei nicht teilten, – würdiger
Des Ringes; den er denn auch einem jeden
Die fromme Schwachheit hatte, zu versprechen.
Das ging nun so, so lang es ging. – Allein
Es kam zum Sterben, und der gute Vater
Kömmt in Verlegenheit. Es schmerzt ihn, zwei
Von seinen Söhnen, die sich auf sein Wort
Verlassen, so zu kränken. – Was zu tun? –
Er sendet in geheim zu einem Künstler,
Bei dem er, nach dem Muster seines Ringes,
Zwei andere bestellt, und weder Kosten
Noch Mühe sparen heißt, sie jenem gleich,

Vollkommen gleich zu machen. Das gelingt
Dem Künstler. Da er ihm die Ringe bringt,
Kann selbst der Vater seinen Musterring
Nicht unterscheiden. Froh und freudig ruft
Er seine Söhne, jeden ins besondre;
Gibt jedem ins besondre seinen Segen, –
Und seinen Ring, – und stirbt. – Du hörst doch, Sultan?

SALADIN *(der sich betroffen von ihm gewandt).*
Ich hör, ich höre! – Komm mit deinem Märchen
Nur bald zu Ende. – Wirds?

NATHAN. Ich bin zu Ende.
Denn was noch folgt, versteht sich ja von selbst. –
Kaum war der Vater tot, so kömmt ein jeder
Mit seinem Ring', und jeder will der Fürst
Des Hauses sein. Man untersucht, man zankt,
Man klagt. Umsonst; der rechte Ring war nicht
Erweislich; –
(Nach einer Pause, in welcher er des Sultans Antwort erwartet)
Fast so unerweislich, als
Uns itzt – der rechte Glaube.

SALADIN. Wie? das soll
Die Antwort sein auf meine Frage? ...

NATHAN. Soll
Mich bloß entschuldigen, wenn ich die Ringe,
Mir nicht getrau zu unterscheiden, die
Der Vater in der Absicht machen ließ,
Damit sie nicht zu unterscheiden wären.

SALADIN. Die Ringe! Spiele nicht mit mir! – Ich dächte,
Dass die Religionen, die ich dir
Genannt, doch wohl zu unterscheiden wären.
Bis auf die Kleidung; bis auf Speis und Trank!

NATHAN. Und nur von Seiten ihrer Gründe nicht. –
Denn gründen alle sich nicht auf Geschichte?
Geschrieben oder überliefert! – Und
Geschichte muss doch wohl allein auf Treu
Und Glauben angenommen werden? – Nicht? –
Nun wessen Treu und Glauben zieht man denn
Am wenigsten in Zweifel? Doch der Seinen?
Doch deren Blut wir sind? doch deren, die
Von Kindheit an uns Proben ihrer Liebe
Gegeben? die uns nie getäuscht, als wo
Getäuscht zu werden uns heilsamer war? –
Wie kann ich meinen Vätern weniger,
Als du den deinen glauben? Oder umgekehrt. –
Kann ich von dir verlangen, dass du deine
Vorfahren Lügen strafst, um meinen nicht
Zu widersprechen? Oder umgekehrt.
Das Nämliche gilt von den Christen. Nicht? –

SALADIN. (Bei dem Lebendigen! Der Mann hat Recht.
Ich muss verstummen.)

NATHAN. Lass auf unsre Ring'
Uns wieder kommen. Wie gesagt: die Söhne
Verklagten sich; und jeder schwur dem Richter,
Unmittelbar aus seines Vaters Hand
Den Ring zu haben. – Wie auch wahr! – Nachdem
Er von ihm lange das Versprechen schon
Gehabt, des Ringes Vorrecht einmal zu
Genießen. – Wie nicht minder wahr! – Der Vater,
Beteu'rte jeder, könne gegen ihn
Nicht falsch gewesen sein; und eh' er dieses
Von ihm, von einem solchen lieben Vater,
Argwohnen lass': eh' müss' er seine Brüder,
So gern er sonst von ihnen nur das Beste
Bereit zu glauben sei, des falschen Spiels
Bezeihen; und er wolle die Verräter
Schon auszufinden wissen; sich schon rächen.

SALADIN. Und nun, der Richter? – Mich verlangt zu hören,
Was du den Richter sagen lässest. Sprich!

NATHAN. Der Richter sprach: wenn ihr mir nun den Vater
Nicht bald zur Stelle schafft, so weis' ich euch
Von meinem Stuhle. Denkt ihr, dass ich Rätsel
Zu lösen da bin? Oder harret ihr,
Bis dass der rechte Ring den Mund eröffne? –
Doch halt! Ich höre ja, der rechte Ring
Besitzt die Wunderkraft beliebt zu machen;
Vor Gott und Menschen angenehm. Das muss
Entscheiden! Denn die falschen Ringe werden
Doch das nicht können! – Nun; wen lieben zwei
Von euch am meisten? – Macht, sagt an! Ihr schweigt?
Die Ringe wirken nur zurück? und nicht
Nach außen? Jeder liebt sich selber nur
Am meisten? – O so seid ihr alle drei
Betrogene Betrieger! Eure Ringe
Sind alle drei nicht echt. Der echte Ring
Vermutlich ging verloren. Den Verlust
Zu bergen, zu ersetzen, ließ der Vater
Die drei für einen machen.

SALADIN. Herrlich! herrlich!

NATHAN. Und also; fuhr der Richter fort, wenn ihr
Nicht meinen Rat, statt meines Spruches, wollt:
Geht nur! – Mein Rat ist aber der: ihr nehmt
Die Sache völlig wie sie liegt. Hat von
Euch jeder seinen Ring von seinem Vater:
So glaube jeder sicher seinen Ring
Den echten. – Möglich; dass der Vater nun
Die Tyrannei des Einen Rings nicht länger
In seinem Hause dulden wollen! – Und gewiss;

Bayerisches Staatsschauspiel, 1988

„Nathan"-Szene mit Annette Faßnacht (Recha), Walter von Have (Nathan), Karl Heinz Glaser (Sultan), Sibylle Schleicher (Sittah) und Swen Brormann (Tempelherr)

Dass er euch alle drei geliebt, und gleich
Geliebt: indem er zwei nicht drücken mögen,
Um einen zu begünstigen. – Wohlan!
Es eifre jeder seiner unbestochnen
Von Vorurteilen freien Liebe nach!
Es strebe von euch jeder um die Wette,
Die Kraft des Steins in seinem Ring' an Tag
Zu legen! komme dieser Kraft mit Sanftmut,
Mit herzlicher Verträglichkeit, mit Wohltun,
Mit innigster Ergebenheit in Gott,
Zu Hülf'! Und wenn sich dann der Steine Kräfte
Bei euern Kindes-Kindeskindern äußern:
So lad' ich über tausend tausend Jahre,
Sie wiederum vor diesen Stuhl. Da wird
Ein weisrer Mann auf diesem Stuhle sitzen,
Als ich; und sprechen. Geht! – So sagte der
Bescheidne Richter.

SALADIN. Gott! Gott!
NATHAN. Saladin,
Wenn du dich fühlest, dieser weisere
Versprochne Mann zu sein: ...
SALADIN *(der auf ihn zustürzt, und seine Hand ergreift, die er bis zu Ende nicht wieder fahren lässt).*
Ich Staub? Ich Nichts?
O Gott!
NATHAN. Was ist dir, Sultan?
SALADIN. Nathan, lieber Nathan! –
Die tausend tausend Jahre deines Richters
Sind noch nicht um. – Sein Richterstuhl ist nicht
Der meine. – Geh! – Geh! – Aber sei mein Freund.
[...]
(v 1779)

Illustration aus dem Erstdruck von 1779 von D.N. Chodowiecki (1726–1801)

Enthusiastisch trägt der Sultan dem weisen Juden seine Freundschaft an. Inzwischen ist der Tempelherr in leidenschaftlicher Liebe zu Recha entbrannt und begehrt sie zur Frau. Nathan, der in dem stürmischen Werber einen nahen Verwandten Rechas vermutet, provoziert durch seine reservierte Haltung dessen Zorn. Angestachelt durch Daja, die ihm verrät, dass Recha keineswegs die leibliche Tochter Nathans, vielmehr ein christlich getauftes Waisenkind ist, sucht der Tempelherr Rat beim Patriarchen in Jerusalem, einem korrumpierten Vertreter der Christenheit. Der will den Juden in eine Intrige verstricken, schickt aber als Spion zufällig einen frommen einfältigen Klosterbruder aus, just den, der vor achtzehn Jahren Nathan ein elternloses Kind, eben Recha, anvertraut hat. Dank einiger Hinweise des Klosterbruders erkennt Nathan jetzt im Tempelherrn Rechas Bruder; für Saladin und Sittah ist es nun ein Leichtes, im Tempelherrn zugleich ihren Neffen, den Sohn ihres Bruders Assam, zu entdecken. Nathan aber, der an dieser leiblichen Verwandtschaft nicht teilhat, wird von Recha und dem Tempelherrn als Vater im Sinne höherer Geistes- und Seelenverwandtschaft anerkannt. In vielfältigen Umarmungen löst sich die lang aufgestaute Spannung.

m

Die **literarische Erörterung 2** bezieht sich – anders als die Interpretation – nicht auf eine ausgewählte Textstelle einer Ganzschrift (Novelle, Roman, Drama), sondern setzt i.d.R. die *Kenntnis* des *ganzen Werkes* oder mehrerer Werke unter folgenden Aspekten voraus:

- Inhalt, Problem- und Konfliktentfaltung;
- Figuren in ihrer Eigenart, in ihren Konstellationen (statisch oder dynamisch);
- Merkmale der Form (des Aufbaus, der Motive und Symbole, der Gesprächsführung und der Sprache);
- Beziehungen zwischen Autor und Werk, Thema und Gattung sowie Epoche.

Das Thema der literarischen Erörterung besteht aus einer *Problemstellung* – entweder als knappe These (oft als Zitat) oder ausführlicher als Sachverhalt dargelegt – und aus einer *Aufgabenstellung* i.e.S., die über den Operator (Erörtern Sie! Nehmen Sie kritisch Stellung! etc.) die Zielrichtung bezeichnet. Entscheidend ist es, die Begriffe nach Inhalt und Umfang eindeutig zu klären und ihre Bezüge zum literarischen Werk aufzuweisen. Methodisch bewährt hat sich auch hierbei das *Drei-Phasen-Modell:*

Thema:
Problemstellung → Die **Titelgestalt** in Lessings „Nathan der Weise" gilt **vielen** ***auch heute noch*** als **Vorbild.**
Aufgabenstellung → Erörtern Sie diese These aus Ihrer Sicht!

1. Phase: Spontane Einfälle (Assoziationen) und Themenanalyse

Spontane Einfälle: Z.B.: Ein alter Weiser als Vorbild für Jugendliche? Vorbilder und Idole? Weisheit als Lebensziel?

Themenanalyse:

Erörterung einer These aus individueller Sicht

Titelgestalt **Nathan** (Warum nicht Recha, der Tempelherr oder der Sultan?)

vielen, d.h. wem: den Toleranten?
– ...
– ...

Vorbild:
- Begriffsbestimmung in Abgrenzungen zu „Idol"
- Worin Vorbild?

auch heute noch
- Frage nach der überzeitlichen Gültigkeit
- Wieso diese Einschränkung „auch"?

5. Im „Nathan" wähnen sich alle drei Weltreligionen im Besitz der absoluten Wahrheit.
a) Arbeiten Sie heraus, welche Antwort Nathan auf die Frage des Sultans gibt, und erörtern Sie die Konsequenzen für das praktische Leben.
b) Erläutern Sie, worin das utopische Moment im „Nathan" besteht.

6. Die Themenanalyse verlangt, dass Sie zunächst eine genaue Begriffsklärung machen.
a) Was bedeutet der Begriff „Titelgestalt"?
b) Definieren Sie „Vorbild".
c) Beschreiben Sie, wer mit „vielen" gemeint sein könnte.
d) Erklären Sie die zeitliche Differenzierung „auch heute noch".

2. Phase: Stoffsammlung und Gliederung

1. **Tabellarische Stoffsammlung:**

Nathan als Vorbild	auch heute noch
– Sorge um Recha größer als um den Besitz (I/1) – statt Wunderglaube Zuwendung zum Menschen (I/1) – Der vorbildliche Mensch ein Engel? (I/2) – ...	– Idealismus und Menschlichkeit statt Materialismus – Humanität statt Irrationalismus – Alltäglichkeit von „Wundern", d. h. Staunen über geheimnisvolle Fügungen des Lebens – ...

2. Die **Gliederung** des Stoffes kann nach der Abfolge der Textbeispiele erfolgen, wenn zuvor die Begriffsklärung (s.o.) erfolgt ist.

3. Phase: Ausarbeitung und Korrektur

1. Die **Einleitung** könnte anknüpfen an
   - die Frage nach der Gültigkeit des Begriffs „Vorbild" in einer pluralistischen Gesellschaft;
   - den Einwand, die Titelgestalt eines Dramas als Vorbild erscheine heute vielleicht antiquiert;
   - Differenzierungen, die im Thema angedeutet sind („vielen", „auch heute noch", eigene Sicht).
2. Der **Hauptteil** sollte am besten in
   - einen kürzeren ersten Abschnitt gegliedert sein, in dem Begrifflichkeit und Differenzierung (s.o.) zu klären sind.
   - Im Schwerpunktteil sind textbezogen (s.o.) in steigernder Anordnung die Aspekte zu erörtern, die Nathan als Vorbild ausweisen. Der Bezug zur Gegenwart sollte jeweils am besten synchron erfolgen, um unnötige Wiederholungen zu vermeiden.
3. Der **Schluss** könnte
   - die These in allen Aspekten als richtig bestätigen, ja sogar ausweiten (auf alle Menschen für alle Zeiten);
   - anknüpfen an den Vorbehalt der Einleitung;
   - die generelle Wichtigkeit von Vorbildern (nicht Idolen) auch für eine offene und pluralistische Gesellschaft betonen;
   - einen Ausblick eröffnen auf andere Beispiele aus der Literatur, die Vorbildwirkung haben sollten (z. B. Antigone bei Sophokles, Parzival, z.T. Simplizissimus, Iphigenie, die Kattrin in Brechts „Mutter Courage" etc.)
4. Die **Korrektur** (vgl. S. 15, 36) sollte im Besonderen auf zwei Aspekte achten:
   - Die begriffliche Klarheit und die notwendige Differenzierung im ersten Teil.
   - Die genauen Textbezüge (mit Akt- und Szenenangaben) sowie auf die Seitenverweise bei Zitaten. Dazu sollte in einer Fußnote beim ersten Zitat die Ausgabe genannt werden, nach der zitiert wird.

7. Ergänzen Sie die Stoffsammlung.

August Wilhelm Iffland als Nathan.
Radierung von Henschel (1811)

5 Einleitungen und Schlüsse als Fehler- und „Lücken"-Texte

a) Ein Thema, das nach der Vorbildwirkung einer Dramenfigur fragt, erregt bei jungen Menschen heute zunächst einmal [...]

b) Dass Nathan in wesentlichen Bereichen des menschlichen Lebens ein nahezu ideales Vorbild sein kann, [...]

c) Im Laufe der Untersuchung zeigt sich, dass die anfängliche Skepsis gegenüber dem Thema unbegründet war, denn [...]

d) Die Einschränkungen in der Themenformulierung, die vor allem für [...] gelten, verlangen zunächst [...]

e) Die Vorbildlichkeit Nathans durch [...] hat mich bestärkt in der Auffassung, dass Literatur weniger in allen Einzelheiten „seziert" und interpretiert werden sollte. Dazu könnten die Hauptfiguren großer Dramen, z. B. [...] sehr viel deutlicher [...]

f) Die gelegentlich geäußerte Frage, ob traditionelle Literatur im Deutschunterricht noch eine wichtige Rolle spielen soll, kann im Blick auf G. E. Lessings „Nathan der Weise" [...]

g) Nach gründlicher Erörterung des Themas komme ich zur Auffassung, dass die in der Formulierung gemachten Einschränkungen [...], weil es sich gezeigt hat, dass [...]

h) Die These der Themenstellung möchte ich zunächst in eine Frage umformen: [...]

8. a) Prüfen Sie die Einleitungen und Schlüsse (Text 5) auf ihre Kombinationsmöglichkeiten.
b) Ergänzen Sie die „Lückentexte" so, dass Einleitungen und Schlüsse ihre Funktion angemessen erfüllen.

9. Verfassen Sie die literarische Erörterung.

10. a) Vergleichen Sie Lessings Absichten (Texte 1 und 2) mit den Stellungnahmen zu seinem Schauspiel (Text 6, a–d).
b) Verfassen Sie eine persönliche Stellungnahme zur Szene III/7.

6 Stimmen zur Rezeption

a) Johann Georg Hamann (1730–88) schreibt am 6. Mai 1779 an Johann Gottfried Herder: „Vorige Woche habe ich die 10 ersten Bogen von Nathan gelesen und mich recht daran geweidet. Kant hat sie aus Berl. erhalten, der sie bloß als den 2 Theil der Juden beurtheilt und keinen Helden aus diesem Volk leiden kann. So göttlich streng ist unsere Philosophie in ihren Vorurtheilen bey aller ihrer Tolerantz und Unpartheylichkeit!“

b) Ludwig Tieck (1773–1853) meint in seinen „Bemerkungen, Einfälle und Grillen über das Deutsche Theater“ (1826):
„Der ‚Nathan‘ ist jetzt in manchen Städten aus höhern Rücksichten wieder vom Theater verschwunden. Für das Theater kein großer Verlust, so ehrwürdig, groß und eigentümlich sich auch in diesem Werke der edle Geist Lessings offenbart.“

c) Lessings langjähriger Freund Moses Mendelssohn (1729–86) schreibt in seinen „Morgenstunden oder Vorlesungen über das Daseyn Gottes“. Erster Theil. Berlin 1785, im Kap. XV ‚Lessing. – Dessen Verdienst um die Religion der Vernunft. – Seine Gedanken vom geläuterten Pantheismus‘:
„Aber wie sehr veränderte sich die Scene, nach der Erscheinung des Nathan! Nunmehr drang die Kabale aus den Studierstuben und Buchläden in die Privathäuser seiner Freunde und Bekannten mit ein; flüsterte jedem ins Ohr: Lessing habe das Christenthum beschimpft, ob er gleich nur einige Christen und höchstens der Christenheit einige Vorwürfe zu machen gewagt hatte. Im Grunde gereicht sein Nathan, wie wir uns gestehen müssen, der Christenheit zur wahren Ehre. Auf welcher hohen Stufe der Aufklärung und Bildung muss ein Volk stehen, in welchem sich ein Mann zu dieser Höhe der Gesinnungen hinaufschwingen, zu dieser feinen Kenntniß göttlicher und menschlicher Dinge ausbilden konnte! [...] Sonderbar! Unter den abergläubigsten Franzosen hatte Candide für Voltaire bey weitem die schlimmen Folgen nicht, zog ihm diese Schmähschrift auf die Vorsehung bey weitem die Feindschaft nicht zu, die sich unter den aufgeklärtesten Deutschen Lessing durch die Vertheidigung derselben, durch seinen Nathan zugezogen.“

d) Eugen Dühring (1833–1921) führt in seinem Buch „Die Judenfrage als Frage der Racenschädlichkeit für Existenz, Sitte und Cultus der Völker“ (Berlin [4]1892) aus:
„Die jüdischen Zeitungsschreiber haben den Verfasser jenes platten Judenstücks, welches sich ‚Nathan der Weise‘ betitelt, über die größten Schriftsteller und Dichter erhoben und ihn beispielsweise für den größten Deutschen erklärt, gegen den etwas zu sagen ein Majestätsverbrechen sei. [...]

In der Form und im Äußeren der Schriftstellerei ist hienach Lessing überall judengemäß. Dies deutet schon auf den innersten Kern, und dieser findet sich denn auch der jüdischen Schale ganz entsprechend. Die Reklame hat sich dazu verstiegen, den Verfasser der ‚Emilia Galotti‘ und des ‚Nathan‘ noch gar zu einem wirklichen Dichter zu machen, während es doch sonst auch bei den Lobpreisern feststand, dass die Lessing'schen Stücke kalt lassen. Zu Trauerspielen gebrach es Lessing auch völlig an Leidenschaft oder, besser gesagt, an Gemütskraft. Aber auch in der platten und matten Gattung des gleichgültigen Schauspiels, wie im ‚Nathan‘, blieb er, ganz abgesehen von der judenverherrlichenden Tendenz, lau und flau.“

Strukturskizze zur Verbindung von textgebundener und literarischer Erörterung:

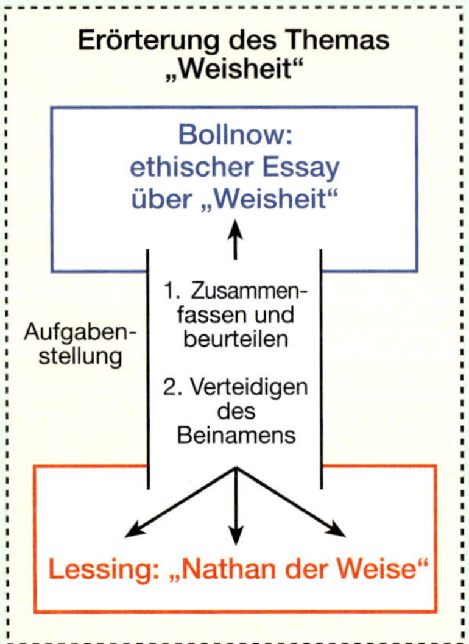

Texterörterung 4: Verbindung von **textgebundener** und **literarischer Erörterung** am Beispiel eines ethischen Essays und an „Nathan“

Thema: Erörtern Sie das Thema „Weisheit“!
Problemstellung → Aufgabenstellung →
– Fassen Sie die Hauptgedanken der Abhandlung Otto Friedrich Bollnows knapp zusammen und beurteilen Sie die Gedankenführung!
– Verteidigen Sie Nathans Beinamen „der Weise“ gegen den Vorwurf, er sei ein „toleranter Schwätzer“!

1. Phase: Spontane Einfälle und Themenanalyse

Spontane Einfälle: – z.B. Weisheit und Lebensreife, Abgrenzung gegen Klugheit und Wissen, Weisheit und Ehrerbietung ...

Themenanalyse:

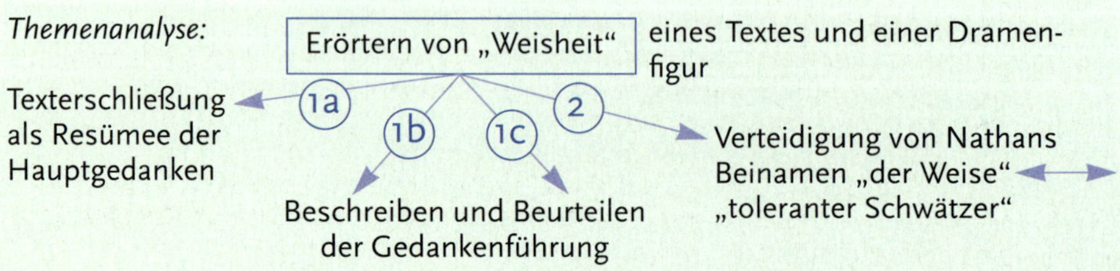

Ergebnis: Ein vierteiliges Thema, das ein Resümee, eine Beschreibung sowie eine Beurteilung und eine Erörterung als Verteidigungsrede (Plädoyer) verlangt.

11. Prüfen Sie den vorgeschlagenen Lösungsweg.
a) Überlegen Sie, wie sich die Beschreibung von Hauptgedanken und Gedankenstruktur schlüssig verbinden lässt.
b) Machen Sie sich die Kriterien klar, nach denen sie die Gedankenstruktur beurteilen.

2. Phase: Stoffsammlung

1. Texterschließung durch Textmarkierung und Annotation

Gedankenführung und Begrifflichkeit:

7 Otto Friedrich Bollnow (1903–1991): Die Weisheit (Auszüge)

Hauptgedanken:

1. Frage nach der Aktualität (Gedankenführung)

[…] Weise wagt heute kaum einer mehr zu sein. Das mag mit der gegenwärtig vorherrschenden Bevorzugung der Jugend zusammenhängen, die allgemein für die irrationalen Bewegungen kennzeichnend ist. Weisheit ist demgegenüber vorwiegend eine Tugend des Alters. Einen Weisen stellt man sich immer als einen alten und gereiften Menschen vor, der durch die Kämpfe des Lebens hindurchgegangen ist und von ihnen nicht mehr unmittelbar berührt wird.

„weise" veraltet? – „Weisheit" = Tugend des Alters (Hauptgedanken)

2. Begriffsabgrenzung (Gedankenführung)

Es gibt in diesem Sinn eine Lebensweisheit, die nur im Verlauf eines langen Lebens erworben wird. Sie ist etwas ganz Andres als Lebensklugheit. Während diese in einer durch keine allzu starren Grundsätze und keine allzu großen Gewissensbisse behinderten Kunst des Sich-Hindurchfindens besteht und als solche mitten im Leben steht, gehört zur Weisheit der Abstand, die Dinge von einer „höheren Warte" zu sehen. Der Weise ist „abgeklärt". Es fehlt ihm das jugendliche Ungestüm. Aber eben dadurch hat er die Fähigkeit gewonnen, den Dingen gelassen entgegenzusehen.

Differenzierung des Begriff:
• Lebensklugheit = mitten im Leben
• Weisheit verlangt Abstand (Hauptgedanken)

3. Inhaltliche Füllung des Begriffs (Gedankenführung)

Zur Weisheit gehört eine lange und reiche Erfahrung, und schon darum ist sie nur dem alten Menschen zugänglich. Aber der Weise verwendet diese Erfahrung anders als der Kluge: nicht um sie im Dienst der Lebensbeherrschung zweckmäßig zu verwenden, sondern um die Dinge und vor allem die Menschen besser zu verstehen. Weisheit ist darum vor allem die Fähigkeit, vom Besonderen des einzelnen Falls abzusehen und das Allgemeine in ihm zu erkennen. Weisheit ist darum vor allem die Fähigkeit eines menschlichen Verstehens und paart sich notwendig mit der Güte des Herzens. Trotzdem ist die Güte des Weisen nicht natürliche Veranlagung, sondern erst im Durchgang durch manche bittere Erfahrung und manche Enttäuschung erworben. Daher kommt der leicht etwas resigniert lächelnde Zug, der immer wieder im Bild des Weisen hervortritt.

Voraussetzung
Definition:
• Erkennen des Allgemeinen
• Verstehen und Güte des Herzens, aber „erworben" (Hauptgedanken)

4. Ziel: „weise Lehren" in sittlicher Verantwortung (Gedankenführung)

Auch der Weise vermag Rat zu erteilen, aber er tut es in seiner besonderen Art und ganz anders als der Kluge. Er gibt seine „weisen Lehren" (wenn diese auch bei der Jugend nicht immer beliebt sind), und diese „weisen Lehren" sind etwas ganz Andres als „kluge Ratschläge". Sie beziehen sich nicht auf die zweckmäßige Durchführung eines Vorhabens, sondern stellen dieses selber in Frage. Die Weisheit des Lebens beschäftigt sich überhaupt nicht mit dem einzelnen Fall, sondern mit dem Allgemeinen, das ihm zugrunde liegt. Die Beratung durch den Weisen wird zur Prüfung, in der man von der Situation Abstand gewinnt. Und mag die Klugheit in ihrem Ratschlag bis zu einem gewissen Maß sittlich neutral sein, so ist es die Weisheit niemals. Der weise Rat steht notwendig im Angesicht einer tieferen sittlichen Verantwortung. […] (v 1958)

Merkmale des Weisen:
• „weise Lehren"
• Ziel ist das Allgemeine
• verlangt sittliche Verantwortung (Hauptgedanken)

Stichworte zum *Resümee:* Weisheit = Tugend des Alters, die reiche Erfahrung voraussetzt, auf gütiges Verstehen und das Allgemeine zielt, „weise Lehren" (Z. 29) in sittlicher Verantwortung erteilt und gegen die pragmatische „Lebensklugheit" (Z. 9) abzugrenzen ist.

2. Beschreiben und Beurteilen der Gedankenführung:

Frage nach der Aktualität (1. Abschnitt, Z. 1–7) → Begriffsklärung durch Abgrenzung (2. A., Z. 8–15) → inhaltliche Differenzierung des Begriffs (3. A., Z. 16–27) → Ziel und Wesensbeschreibung (4. A., Z. 28–39).

Ansatz bei alltäglichem Verständnis, mehr und mehr plastische Füllung des Begriffs mit Inhalt, aufgebaut als Finalstruktur mit Klimax, d.h. sehr behutsame und geschickte Leserlenkung.

Mögliche **Argumentationstypen** der Erörterung:
– *uneingeschränkte Zustimmung:* Dies ist überzeugend, **weil** …
– *partielle Zustimmung:* zwar ist richtig, […] **aber** …
– *partielle Ablehnung:* **Auch wenn** […], gilt z. T., …
– *generelle Ablehnung:* Diese Sicht ist falsch, **denn** …

Je nach der Aufgabenstellung sind zwei **Arten der Strukturierung** zu unterscheiden:

1. Die *linear-steigernde* Erörterung ordnet die Gedanken am wirkungsvollsten nach ihrer Wichtigkeit:

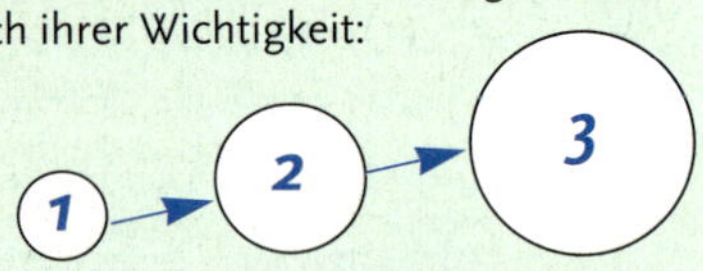

Durch diesen treppenartigen Aufbau ergibt sich eine sog. *Klimaxstruktur* (< gr. klimax = Treppe, Leiter).

2. Die *dialektische Erörterung* ergibt sich aus einer *Pro-Contra*-Aufgabenstellung: Dem Pro (der These) steht ein Contra (die Gegenthese) gegenüber. Durch die Argumentation in Gegensätzen soll eine Klärung erreicht werden. Dabei sind zwei Formen üblich:

a) Die *diachrone* (< gr. nacheinander erfolgend) *Erörterung* wählt die Gliederung in Blöcken:

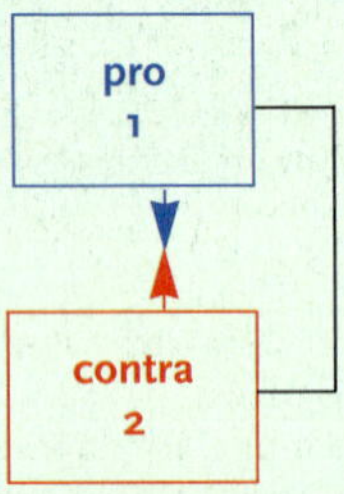

Dabei kann es leicht zu unnötigen Wiederholungen kommen.

b) Die *synchrone* (< gr. gleichzeitig erfolgende) *Erörterung* verfährt „auf einer Ebene" und vermeidet die Wiederholung:

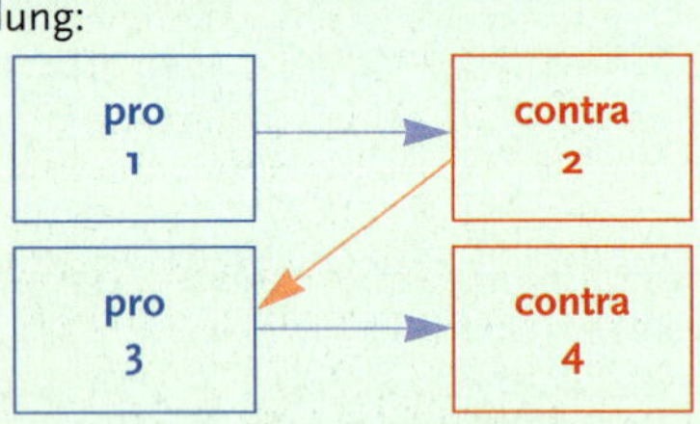

Die logische und sprachliche Verknüpfung ist hier relativ schwierig.

12. a) Stützen Sie die Zuordnung von „Textelementen" zu Einleitung, Hauptteil und Schluss durch Begründungssätze.
b) Beurteilen Sie das beste und das schlechteste „Textelement".
c) Korrigieren Sie die fehlerhaften Beispiele.

13. Schreiben Sie die Erörterung mit Hilfe der hier geleisteten Vorarbeiten.

3. Verteidigung von Nathans Beinamen „der Weise"

pro	contra
– Nathan erfüllt alle in Bollnows Abhandlung genannten Merkmale des Weisen. – Nachweis an Beispielen • Alter, Kämpfe des Lebens (z.B. Verlust der Familie) • reiche Erfahrung aus schmerzlichen Enttäuschungen (z. B. Schicksalsschläge, Verhalten des Templers, „Prüfung" durch Sultan) • Verstehen und „weise Lehren" aus sittlicher Verantwortung (z. B. Verweigerung Rechas, Parabel von den drei Ringen) …	enfällt, da 1. schon die Formulierung entlarvenden Widerspruch enthält „tolerant" ⟷ – „Schwätzer" = aktiv / = oberflächlich = verantwortungsvoll / = nicht ernst zu nehmen = ethisch / Dafür gibt es im Text kein Beispiel. Denn „tolerant" ist das Gegenteil von beliebig. 2. Also: böswillige Diffamierung von Fanatikern.

3. Phase: Ausarbeitung der Erörterung und Korrektur

1. **Einleitung:** Z.B. mit Anknüpfung an den Dramentitel „Nathan der Weise" und Methodenhinweis: Kriterien ermitteln aus ethischer Abhandlung und Anwendung auf die Hauptfigur Nathan.
2. **Hauptteil:** in dreigeteiltem knappem ersten Teil und gewichtiger Verteidigung von Nathans Beinamen im zweiten Teil:
   - Nur sehr gedrängtes Resümee (s. o.) der Hauptgedanken, ohne detaillierte Analyse, da im dritten Abschnitt genaue Prüfung erfolgt.
   - Die Beschreibung sollte abschnittsweise vorgehen und die Beurteilung könnte unter den Aspekten „Verständlichkeit" und „Überzeugungskraft" der Gedankenführung durch zunehmende Differenzierung stehen.
   - Die Argumentation geht am besten aus von der unbegründbaren Diffamierung Nathans als „toleranten Schwätzer", die beim Begrifflichen ansetzen kann. Der Schwerpunkt ist dann eine Pro-Argumentation, wobei im Sinne des Bollnow-Textes eine Klimaxstruktur anzustreben ist.
3. Der **Schluss** kann
   - i. S. einer umfassenden Rehabilitierung Nathans eine knappe Zusammenfassung des „Plädoyers" sein
   - oder wie der Urteilsspruch eines Ehrengerichts erfolgen.

8 Zuordnung, Beurteilung und Korrektur von Textelementen

a) Verhaltens- und Handlungsweise eines Weisen könnten nicht idealer verkörpert werden als in Nathan.

b) Die Hauptgedanken Bollnows und ihr Aufbau lassen sich leicht auf Nathan übertragen.

c) Im Wesentlichen sieht Bollnow in der Weisheit eine Tugend des Alters, die nicht identisch ist mit Lebensklugheit.

d) Wenn man versucht, die vier Abschnitte des Bollnow-Textes zu vertauschen, erkennt man leicht, dass die originale Ordnung zwingend ist, weil sie in Steigerung aufgebaut ist, die sich aus der zunehmenden Differenzierung des Begriffs „Weisheit" ergibt.

e) Ehe ich Bollnows Hauptgedanken auf Nathan anwenden will, gehe ich auf die haltlose Unterstellung ein, Nathan sei ein „toleranter Schwätzer".

f) Kaum ein Anwalt wird es im wirklichen Leben so leicht haben, eine Beleidigung in allen Punkten zurückzuweisen und den Ehrentitel „der Weise" so umfassend zu rechtfertigen, wie dies im Falle des gestellten Themas möglich ist.

g) Jugendliche können nach Bollnows Auffassung nicht weise sein, weil ihnen die Lebensklugheit fehlt.

II. Empfindsamkeit, Sturm und Drang – Utopie einer privaten Humanität

1. Die Güter des Herzens – Briefroman und Erlebnislyrik

Die gefühlsbetonte Literatur der Teilepoche Empfindsamkeit (1740–1780) übernahm ab 1740 im Rahmen der Aufklärung eine führende Rolle. Friedrich Gottlieb Klopstock war ihr herausragender Vertreter, und sein biblisches Epos *Der Messias* (1748) bildete den Höhepunkt.
Die Bewegung des „Sturm und Drang" umfasste die Jahre 1770 bis 1785 und wurde bestimmt von einer Gruppe jugendlicher Schriftsteller, wie Johann Gottfried Herder (1744–1803), Friedrich Maximilian von Klinger (1752–1831), Christian Friedrich Daniel Schubart (1739–1791), Heinrich Leopold Wagner (1747–1779), Jakob Michael Reinhold Lenz (1751–1792), Johann Wolfgang von Goethe (1749–1832) und als Nachzügler Friedrich Schiller (1759–1805).
Der Titel des Dramas *Sturm und Drang* von Maximilian Klinger diente zur Bezeichnung dieser „Jugendbewegung" und stand auch für ihre Zielsetzung: Sie forderte eine neue Freiheit im Denken, Empfinden und Leben. Worin bestand diese Freiheit? Konnten die Stürmer und Dränger sie erreichen?
Eine zentrale Stellung innerhalb der Sturm-und-Drang-Bewegung nahm Johann Wolfgang von Goethe ein.

Johann Wolfgang von Goethe (1749–1832)

1 Johann Wolfgang von Goethe (1749–1832): Die Leiden des jungen Werthers (Auszüge, Biografie S. 208f.)

Im Jahre 1774 veröffentlichte Goethe einen viel gelesenen und einflussreichen Briefroman. Er spielt in den Jahren 1771–1772. Den Hintergrund bilden Goethes Liebe zu Charlotte Buff 1772 und auch das Schicksal von Karl Wilhelm Jerusalem, der wegen einer unglücklichen Liebe zu einer verheirateten Frau im Oktober 1772 in Wetzlar Selbstmord begangen hatte. Der Roman spiegelt die neuen Wertorientierungen der Stürmer und Dränger wider, die am Schicksal und an der Person Werthers dargestellt werden. Er zeigt uns Werthers Stellung in der Gesellschaft, seine Suche nach eigenen Wertvorstellungen und sein Erleben der Natur sowie der Liebe.

a) Zweites Buch/Den 15. März

[...] Der Graf von C.. liebt mich, distinguiert[1] mich, das ist bekannt, das habe ich dir schon hundertmal gesagt. Nun war ich gestern bei ihm zu Tafel, eben an dem Tage, da abends die noble Gesellschaft von Herren und Frauen bei ihm zusammenkommt, an die ich nie gedacht habe, auch mir nie aufgefallen ist, dass wir Subalternen nicht hineingehören. Gut. Ich speise bei dem Grafen, und nach Tische gehn wir in dem großen Saal auf und ab, ich rede mit ihm, mit dem Obristen B.., der dazukommt, und so rückt die Stunde der Gesellschaft heran. Ich denke, Gott weiß, an nichts. Da tritt herein die übergnädige Dame von S.. mit ihrem Herrn Gemahl und wohl ausgebrüteten Gänslein Tochter mit der flachen Brust und niedlichem Schnürleibe, machen en passant ihre hergebrachten, hochadeligen Augen und Naslöcher, und wie mir die Nation von Herzen zuwider ist, wollte ich mich eben empfehlen und wartete nur, bis der Graf vom garstigen Gewäsche frei wäre, als meine Fräulein B.. hereintrat. Da mir das Herz immer ein bisschen aufgeht, wenn ich sie sehe, blieb ich eben, stellte mich hinter ihren Stuhl und bemerkte erst nach einiger Zeit, dass sie mit weniger Offenheit als sonst, mit einiger Verlegenheit mit mir redete. Das fiel mir auf. Ist sie auch wie all das Volk, dacht' ich, und war angestochen und wollte gehen, und doch blieb ich, weil ich sie gerne entschuldigt hätte und es nicht glaubte und noch ein gut Wort von ihr hoffte und – was du willst. Unterdessen füllte sich die Gesellschaft. Der Baron F.. mit der ganzen Garderobe von den Krönungszeiten Franz des Ersten her, der Hofrat R.., hier aber in qualitate Herr von R.. genannt, mit seiner tauben Frau etc., den übel fournierten[2] J.. nicht zu vergessen, der die Lücken seiner altfränkischen Garderobe mit neumodischen Lappen ausflickt, das kommt zu Hauf, und ich rede mit einigen meiner Bekanntschaft, die alle sehr lakonisch sind. Ich dachte – und gab nur auf meine B.. Acht. Ich merkte nicht, dass die Weiber am Ende des Saales sich in die Ohren flüsterten, dass es auf die Männer zirkulierte, dass Frau von S.. mit dem Grafen redete (das alles hat mir Fräulein B.. nachher erzählt), bis endlich der Graf auf mich losging und mich in ein Fenster nahm. – „Sie wissen", sagt' er, „unsere wunderbaren Verhältnisse; die Gesellschaft ist unzufrieden, merke ich, Sie hier zu sehn. Ich wollte nicht um alles" – „Ihro Exzellenz", fiel ich ein, „ich bitte tausendmal um Verzeihung; ich hätte eher

[1] distinguieren: jemanden auszeichnen, vorziehen
[2] fourniert: mit Gewürzen versehen; hier: ausgestattet

Eine besondere literarische Kunstform stellt der sog. **Briefroman** dar: Er entwickelte sich in der Neuzeit parallel zum literarischen Brief, in dem politische, philosophische oder moralische Probleme diskutiert wurden, z.B. in den Briefen von Pascal (1623–1662), Montesquieu (1689–1755), Voltaire (1694–1778), Lessing (1729–1781), Herder (1744–1803), Goethe (1749–1832) und Schiller (1759–1805). Seinen Ursprung hatte der Briefroman in England im 18. Jahrhundert: Zu nennen sind Samuel Richardson mit *Pamela* (1740), *Clarissa* (1747) und *Sir Charles Grandison* (1753); in Frankreich schrieb Jean-Jacques Rousseau (1712–1778) *Nouvelle Heloise* (1759). Nach den Briefromanen von Carl August Musäus (1735–1785) *Grandison der Zweite* (1760/62) und Sophie de La Roches (1731–1807) *Geschichte des Fräuleins von Sternheim* wurde Goethes Roman *Die Leiden des jungen Werthers* (1774) ein europäischer „Bestseller". Der romantische Dichter Ludwig Tieck (1773–1853) schrieb mit *William Lovell* (1795) einen Briefroman in strenger Form. Hölderlins (1770–1843) *Hyperion* (1797) nähert sich dem Ich-Roman an. Für das 20. Jahrhundert ist André Gide (1869–1951) mit seinem Roman *Die Schule der Frauen* (1929) zu erwähnen. Im Briefroman können seelische Erfahrungen differenziert und nuanciert dargestellt werden, die dann durch die Zuwendung an einen Adressaten objektiv wirken.

Leben der Jugend zur Zeit des „Sturm und Drang“: Die Jugend begehrte auf gegen die Autoritäten von Staat und Kirche: Sie rebellierte gegen staatliche und gesellschaftliche Zwänge und überkommene Moralvorschriften. Äußerer Ausdruck ihres Protestes: Die in Locken gelegte, gepuderte Perücke mit Zopf wurde abgelegt und das Haar offen und lang getragen; unkonventionell war die Kleidung mit offenem Hemd, Halstuch, Weste mit einer ledernen Hose und hohen Stiefeln statt Schnallenschuhen und darüber einem einfarbigen Frack. Die höfische Gesellschaft schockierten die Jungen durch öffentliches Baden in Seen und Flüssen. Sie zeigten ihre Gefühle: Begeisterung für die Natur, heftige und tränenreiche Gefühlsausbrüche, Umarmungen und Küsse bestimmten den täglichen Umgang dieser jungen Leute.

W. Amberg: Vorlesung aus „Werther“, 1870

Medaillon mit Werther-Motiv

dran denken sollen, und ich weiß, sie vergeben mir diese Inkonsequenz; ich wollte schon vorhin mich empfehlen. Ein böser Genius hat mich zurückgehalten“, setzte ich lächelnd hinzu, indem ich mich neigte. – Der Graf drückte meine Hände mit einer Empfindung, die alles sagte. Ich strich mich sacht aus der vornehmen Gesellschaft, ging, setzte mich in ein Kabriolett und fuhr nach M.., dort vom Hügel die Sonne untergehen zu sehen und dabei in meinem Homer den herrlichen Gesang zu lesen, wie Ulyß von dem trefflichen Schweinehirten bewirtet wird. Das war alles gut. [...]

J. G. Ziesenis: Herzog Ernst Ludwig von Sachsen-Gotha in „Werther“-Kleidung, 1768

b) Erstes Buch/Am 16. Junius

[...]
Einen Engel! – Pfui! das sagt jeder von der Seinigen, nicht wahr? Und doch bin ich nicht imstande, dir zu sagen, wie sie vollkommen ist, warum sie vollkommen ist; genug, sie hat allen meinen Sinn gefangen genommen.

So viel Einfalt bei so viel Verstand, so viel Güte bei so viel Festigkeit, und die Ruhe der Seele bei dem wahren Leben und der Tätigkeit. –

Wie ich mich unter dem Gespräche in den schwarzen Augen weidete – wie die lebendigen Lippen und die frischen, muntern Wangen meine ganze Seele anzogen – wie ich, in den herrlichen Sinn ihrer Rede ganz versunken, oft gar die Worte nicht hörte, mit denen sie sich ausdrückte – davon hast du eine Vorstellung, weil du mich kennst. Kurz, ich stieg aus dem Wagen wie ein Träumender, als wir vor dem Lusthause stille hielten, und war so in Träumen rings in der dämmernden Welt verloren, dass ich auf die Musik kaum achtete, die uns von dem erleuchteten Saal herunter entgegenschallte. [...]

c) Erstes Buch/Am 10. Mai

Eine wunderbare Heiterkeit hat meine ganze Seele eingenommen, gleich den süßen Frühlingsmorgen, die ich mit ganzem Herzen genieße. Ich bin allein und freue mich meines Lebens in dieser Gegend, die für solche Seelen geschaffen ist wie die meine. Ich bin so glücklich, mein Bester, so ganz in dem Gefühle von ruhigem Dasein versunken, dass meine Kunst darunter leidet. Ich könnte jetzt nicht zeichnen, nicht einen Strich, und bin nie ein größerer Maler gewesen als in diesen Augenblicken. Wenn das liebe Tal um mich dampft, und die hohe Sonne an der Oberfläche der undurchdringlichen Finsternis meines Waldes ruht, und nur einzelne Strahlen sich in das innere Heiligtum stehlen, ich dann im hohen Grase am fallenden Bache liege, und näher an der Erde tausend mannigfaltige Gräschen mir merkwürdig werden; wenn ich das Wimmeln der kleinen Welt zwischen Halmen, die unzähligen, unergründlichen Gestalten der Würmchen, der Mückchen näher an meinem Herzen fühle, und fühle die Gegenwart des Allmächtigen, der uns nach seinem Bilde schuf, das Wehen des Allliebenden, der uns in ewiger Wonne schwebend trägt und erhält; mein Freund! wenn's dann um meine Augen dämmert, und die Welt um mich her und der Himmel ganz in meiner Seele ruhn wie die Gestalt einer Geliebten – dann sehne ich mich oft und denke: Ach könntest du das wieder ausdrücken, könntest du dem Papiere das einhauchen, was so voll, so warm in dir lebt, dass es würde der Spiegel deiner Seele, wie deine Seele ist der Spiegel des unendlichen Gottes! – Mein Freund – Aber ich gehe darüber zugrunde, ich erliege unter der Gewalt der Herrlichkeit dieser Erscheinungen.

Rezeption von Goethes Roman: Für Goethe wurde sein Roman *Die Leiden des jungen Werthers* gleich in seinem Erscheinungsjahr zu einem Verkaufserfolg: 50 Auflagen erschienen insgesamt zu Goethes Lebzeiten und er wurde durch ihn in ganz Europa berühmt.
Viele junge Leser und Leserinnen identifizierten sich mit den Figuren des Romans. Junge Männer trugen wie Werther gelbe Hosen, lange braune Stiefel und einen blauen Rock; junge Frauen trugen wie Lotte ein weißes Kleid mit zartrosa Streifen. Es wurden Werther-Lesungen veranstaltet, Emaille-Medaillons oder Porzellan mit Bildnissen von Werther und Lotte verschenkt. Das „Werther-Fieber“ steigerte sich so sehr, dass sich einige junge Männer in Werther-Kleidung erschossen. So wurde der Roman zugleich zum „Kult- und Skan-

d) Erstes Buch/Am 22. Mai

Dass das Leben des Menschen nur ein Traum sei, ist manchem schon so vorgekommen, und auch mit mir zieht dieses Gefühl immer herum. Wenn ich die Einschränkung ansehe, in welcher die tätigen und forschenden Kräfte des Menschen eingesperrt sind; wenn ich sehe, wie alle Wirksamkeit dahinaus läuft, sich die Befriedigung von Bedürfnissen zu verschaffen, die wieder keinen Zweck haben, als unsere arme Existenz zu verlängern, und dann, dass alle Beruhigung über gewisse Punkte des Nachforschens nur eine träumende Resignation ist, da man sich die Wände, zwischen denen man gefangen sitzt, mit bunten Gestalten und lichten Aussichten bemalt – Das alles, Wilhelm, macht mich stumm. Ich kehre in mich selbst zurück, und finde eine Welt! Wieder mehr in Ahnung und dunkler Begier als in Darstellung und lebendiger Kraft. Und da schwimmt alles vor meinen Sinnen, und ich lächle dann so träumend weiter in die Welt. [...]

e) Erstes Buch/Am 18. August

Musste denn das so sein, dass das, was des Menschen Glückseligkeit macht, wieder die Quelle seines Elendes würde? [...]

Es hat sich vor meiner Seele wie ein Vorhang weggezogen, und der Schauplatz des unendlichen Lebens verwandelt sich vor mir in den Abgrund des ewig offenen Grabes. Kannst du sagen: *Das ist!* da alles vorübergeht? da alles mit der Wetterschnelle vorüberrollt, so selten die ganze Kraft seines Daseins ausdauert, ach, in den Strom fortgerissen, untergetaucht und an Felsen zerschmettert wird? Da ist kein Augenblick, der nicht dich verzehrte und die Deinigen um dich her, kein Augenblick, da du nicht Zerstörer bist, sein musst; der harmloseste Spaziergang kostet tausend armen Würmchen das Leben, es zerrüttet *ein* Fußtritt die mühseligen Gebäude der Ameisen und stampft eine kleine Welt in ein schmähliches Grab. Ha! nicht die große, seltne Not der Welt, diese Fluten, die eure Dörfer wegspülen, diese Erdbeben, die eure Städte verschlingen, rühren mich; mir untergräbt das Herz die verzehrende Kraft, die in dem All der Natur verborgen liegt; die nichts gebildet hat, das nicht seinen Nachbar, nicht sich selbst zerstörte. Und so taumle ich beängstigt. Himmel und Erde und ihre webenden Kräfte um mich her: ich sehe nichts als ein ewig verschlingendes, ewig wiederkäuendes Ungeheuer. (1774)

Die ausgewählten Briefe aus Goethes Roman lassen sich durch **Inzenierung** veranschaulichen: Thematische Schwerpunkte könnten sein:
- der ruhe- und rastlos Getriebene;
- Liebe und Natur als Trost in einer starren Gesellschaft;
- Werther als ein lebensunfähiger Träumer?
- Werthers Wirkung auf den Leser.

Um eine intensive Auseinandersetzung mit dem Text zu erreichen, bieten sich in einem *ersten Arbeitsschritt* als Verfahrensweisen an:
- die Aufteilung der Textauszüge auf Gruppen;
- Die einzelnen Gruppen entscheiden sich für ein bis zwei thematische Ziele zur Gestaltung von Spielszenen.
- Die Gruppe wählt einen Brief Werthers aus, legt eine Szene fest und spielt sie eng am Text. Hilfreich können z. B. die Anfertigung eines Figurenporträts anhand der Textauszüge oder Notizen zu Regieeinfällen sein.

In einem *zweiten Arbeitsschritt* (Reflexionsphase) präsentieren die Gruppen ihre erarbeiteten Spielszenen, die Mitschüler bewerten und fassen die Ergebnisse zusammen, z. B. in einem Ergebnisprotokoll oder in einem bilanzierenden Gespräch über die Erfahrungen in der dargestellten Rolle.

In einem *dritten Arbeitsschritt* (Transfer-Phase) sollen die Lese- und Spieleindrücke im Hinblick auf die thematischen Schwerpunkte diskutiert und es soll über Anknüpfungspunkte für eine Beschäftigung mit dem Roman in unserer Gegenwart nachgedacht werden. So können z. B. erforderliche Textänderungen oder -ergänzungen sowie Darstellungsänderungen erarbeitet werden.

Goethes Roman *Die Leiden des jungen Werthers* kann in Projekt-Arbeit (s. S. 60), durch „gestaltendes Interpretieren“ (s. S. 26) oder auch durch verschiedene Formen des **freien Arbeitens** erschlossen, interpretiert und der Klasse präsentiert werden.

1. Zunächst sollte ein **Arbeitsplan** erstellt werden:
   - Lektüre der Ganzschrift mit einem Lesetagebuch, z. B. Notizen zu den Hauptfiguren Werther – Lotte – Albert
   - Bewerten der Figuren in ihrem Verhalten, ihren Charakterzügen u.a.
   - Verhältnis der Figuren zueinander

dal-Roman“. 1775 wurde er in Leipzig verboten, Streitschriften für und wider prägten die literarische Diskussion. Der Romanstoff wurde in Opern, Operetten und Dramen weiter verarbeitet. Goethe selbst schrieb seinem Roman die Wirkung eines „Zündkrauts“ zu, das „eine gewaltige Mine“ zur Explosion bringen könnte.

1. a) Arbeiten Sie Werthers Sicht der Gesellschaft heraus.
b) Beurteilen Sie Werthers Einstellung vor dem Hintergrund der gesellschaftlichen Verhältnisse im 18. Jahrhundert (vgl. S. 155 ff.).

2. Werther sieht und erlebt die Natur neu im Vergleich zu den frühen Aufklärern.
a) Beschreiben Sie, was diese neue Sichtweise kennzeichnet.
b) Überprüfen Sie dazu Werthers Motivwahl und Sprache (Wortwahl, Satzbau und Bildhaftigkeit).
c) Erläutern Sie, auf welche Autoritäten er sich beruft.

3. Der Literaturwissenschaftler Erich Trunz schreibt zum „Werther“: „Goethe ist der Einzige, der einerseits gefühlsgetragen ist wie die Empfindsamen, aber andererseits sieht, dass hier jede Sicherheit fehlt und dass es zur Katastrophe kommen muss. Er tadelt nicht von außen her wie die Rationalisten, sondern stellt von innen her die Gefahr und Tragik dieser Lage dar.“
Überprüfen und erörtern Sie die Aussage von Erich Trunz an den Texten 1a–e.

4. a) Versuchen Sie Werthers Naturerfahrung in einer Collage optisch zu gestalten, indem Sie Werther-Zitate und geeignete Bilder kombinieren.
b) Stellen Sie Ihre eigene Einstellung zur Natur in einer Text-Bild-Collage dar.

Werther am Schreibtisch, die Pistole in der Hand. Zeitgenössisches Aquarell, anonym

Freies Arbeiten ermöglicht die Wahl der Gegenstände, Arbeitsmethoden oder der Sozialform. *Voraussetzungen* für ein erfolgreiches freies Arbeiten ist, dass bestimmte Kenntnisse, Fähigkeiten und Arbeitsweisen verfügbar sind, z. B.: die Fähigkeit, Texte sinnerschließend und strukturierend zu lesen, Informationen zu beschaffen, auszuwählen, zu exzerpieren, mündlich oder schriftlich präsentieren zu können. Über zu wählende Lösungswege sollte sachgerecht diskutiert werden.

Das Anfertigen eines **Lesetagebuchs** ist für eine intensive Beschäftigung mit einer Ganzschrift (Roman, Drama, Novelle) sehr hilfreich. Man kann in einem Lesetagebuch z. B.
- den Zeitpunkt der Lektüre festhalten;
- besonders spannende, wichtige Textstellen zusammenfassen, eine Skizze anfertigen;
- die eigenen Gedanken, Fragen, Vorstellungen und Gefühle beim Lesen festhalten;
- die Darstellung einer Person (Aussehen, Verhalten, Charakter, Funktion) im Text genau verfolgen;
- aus der Sicht einer Person oder zu einer Person eine Notiz schreiben;
- eine eigene Wertung über die Lektüre verfassen.

Es empfiehlt sich eine DIN-A4-Mappe für die Leseeintragungen.

Als **Erlebnislyrik** bezeichnet man Gedichte, die von subjektiven Erlebnissen des Autors (des Ichs) ausgehen und von einer unmittelbaren Gefühlsaussprache geprägt sind. Diese Form der Dichtung ist jedoch stets mehr als gereimte Biografie. Entscheidend für ihre ästhetische Qualität ist die künstlerische Verwandlung (symbolische Verdichtung) persönlicher Erfahrungen.
In Leipzig schrieb Goethe im Stil der anakreontischen Dichtung (vgl. S. 164). Während seines Aufenthaltes in Straßburg 1771 lernte er auf Anregung Johann Gottfried Herders (1744–1803) das Volkslied kennen und versuchte nun seine persönlichen Erlebnisse – die Liebe zu Friederike Brion, die Erfahrung der elsässischen und hessischen Landschaft, den Glauben an seine schöpferischen Fähigkeiten – in einem persönlich gestimmten Ton darzustellen.

5. a) Notieren Sie auffällige Unterschiede beider Fassungen.
b) Vergleichen Sie, wie in beiden Texten die Beziehung der Liebenden dargestellt wird.
c) Charakterisieren Sie das Verhältnis des „erlebenden Ichs" zur Natur.

2. Nach der **Lektüre der Ganzschrift** zu Hause eine *zweite Planungsphase* in der Klasse für das freie Arbeiten; z. B.:
   - Einteilung in die Gruppen und Zuteilung der Hauptfiguren mit Auswahl zentraler Textstellen, die für die Beziehung der Figuren, ihre Weltsicht und ihre Auffassung von Liebe, Natur, Gesellschaft u.a. wichtig sind.
   - Absprache darüber, welche Gestaltungsmöglichkeiten in der freien Arbeit genutzt werden sollen. Es bieten sich z. B. an:
   - Schreiben fiktionaler Texte: Tagebucheintrag etwa Lottes, Alberts; Brief Alberts oder Lottes an Werther; eine „ungehaltene Rede" z. B. Alberts über Werther oder Werthers vor der höfischen Gesellschaft; Erstellen einer Bild-Text-Collage zu Werther, Lotte oder Albert
   - Umgestalten: z. B. eine Textpassage als Hörspiel (PA[1]) oder als Bild-Text-Collage (PA/GA/EA); Verändern einer zentralen Textpassage durch eigene Reflexionselemente (PA/EA).
   - Entwickeln einer Bildsequenz zum Roman mit erläuternden Textteilen, die Handlung und Intention verdeutlichen.
   - Anfertigen einer Literaturzeitung mit Stellungnahmen und Kommentaren der Schülerinnen und Schüler
3. Nach der Phase des freien Arbeitens (ca. 5–6 Stunden) werden die Ergebnisse in der Klasse **präsentiert** (s. S. 76).

2 Johann Wolfgang von Goethe (1749–1832): Es schlug mein Herz/Willkommen[2] und Abschied (erste und spätere Fassung)

Es schlug mein Herz. Geschwind zu Pferde!
Und fort, wild wie ein Held zur Schlacht.
Der Abend wiegte schon die Erde,
Und an den Bergen hing die Nacht.
Schon stund im Nebelkleid die Eiche
Wie ein getürmter Riese da,
Wo Finsternis aus dem Gesträuche
Mit hundert schwarzen Augen sah.

Der Mond von einem Wolkenhügel
Sah schläfrig aus dem Duft hervor,
Die Winde schwangen leise Flügel,
Umsausten schauerlich mein Ohr.
Die Nacht schuf tausend Ungeheuer,
Doch tausendfacher war mein Mut,
Mein Geist war ein verzehrend Feuer,
Mein ganzes Herz zerfloss in Glut.

Ich sah dich, und die milde Freude
Floss aus dem süßen Blick auf mich.
Ganz war mein Herz an deiner Seite,
Und jeder Atemzug für dich.
Ein rosenfarbes Frühlingswetter
Lag auf dem lieblichen Gesicht
Und Zärtlichkeit für mich, ihr Götter,
Ich hofft' es, ich verdient' es nicht.

Der Abschied, wie bedrängt, wie trübe!
Aus deinen Blicken sprach dein Herz.
In deinen Küssen welche Liebe,
O welche Wonne, welcher Schmerz!
Du gingst, ich stund und sah zur Erden
Und sah dir nach mit nassem Blick.
Und doch, welch Glück, geliebt zu werden,
Und lieben, Götter, welch ein Glück!

(e 1771)

Es schlug mein Herz, geschwind zu Pferde!
Es war getan fast eh gedacht.
Der Abend wiegte schon die Erde,
Und an den Bergen hing die Nacht;
Schon stand im Nebelkleid die Eiche,
Ein aufgetürmter Riese, da,
Wo Finsternis aus dem Gesträuche
Mit hundert schwarzen Augen sah.

Der Mond von einem Wolkenhügel
Sah kläglich aus dem Duft hervor,
Die Winde schwangen leise Flügel,
Umsausten schauerlich mein Ohr;
Die Nacht schuf tausend Ungeheuer,
Doch frisch und fröhlich war mein Mut:
In meinen Adern welches Feuer!
In meinem Herzen welche Glut!

Dich sah ich, und die milde Freude
Floss von dem süßen Blick auf mich;
Ganz war mein Herz an deiner Seite
Und jeder Atemzug für dich.
Ein rosenfarbnes Frühlingswetter
Umgab das liebliche Gesicht,
Und Zärtlichkeit für mich – ihr Götter!
Ich hofft' es, ich verdient' es nicht!

Doch ach, schon mit der Morgensonne
Verengt der Abschied mir das Herz:
In deinen Küssen welche Wonne!
In deinem Auge welcher Schmerz!
Ich ging, du standst und sahst zur Erden
Und sahst mir nach mit nassem Blick:
Und doch, welch Glück, geliebt zu werden!
Und lieben, Götter, welch ein Glück!

(v 1789)

[1] EA = Einzelarbeit; GA = Gruppenarbeit; PA = Partnerarbeit
[2] In den Schriften von 1789 heißt der Titel noch „Willkomm"; in den Werken 1810 dann „Willkommen".

3 Johann Wolfgang von Goethe: Mit einem gemalten Band (Spätere Fassung)

Kleine Blumen, kleine Blätter
Streuen mir mit leichter Hand
Gute junge Frühlingsgötter
Tändelnd auf ein luftig Band.

Zephyr, nimm's auf deine Flügel,
Schling's um meiner Liebsten Kleid!
Und so tritt sie vor den Spiegel
All in ihrer Munterkeit.

Sieht mit Rosen sich umgeben,
Selbst wie eine Rose jung:
Einen Blick, geliebtes Leben!
Und ich bin belohnt genung.

Fühle, was dies Herz empfindet,
Reiche frei mir deine Hand,
Und das Band, das uns verbindet,
Sei kein schwaches Rosenband!

(e 1771)

4 Johann Wolfgang von Goethe: Maifest

Wie herrlich leuchtet
Mir die Natur!
Wie glänzt die Sonne!
Wie lacht die Flur!

Es dringen Blüten
Aus jedem Zweig
Und tausend Stimmen
Aus dem Gesträuch

Und Freud und Wonne
Aus jeder Brust.
O Erd', o Sonne,
O Glück, o Lust,

O Lieb', o Liebe,
So golden schön
Wie Morgenwolken
Auf jenen Höhn,

Du segnest herrlich
Das frische Feld –
Im Blütendampfe
Die volle Welt!

O Mädchen, Mädchen,
Wie lieb' ich dich!
Wie blinkt dein Auge,
Wie liebst du mich!

So liebt die Lerche
Gesang und Luft,
Und Morgenblumen
Den Himmelsduft,

Wie ich dich liebe
Mit warmen Blut,
Die du mir Jugend
Und Freud' und Mut

Zu neuen Liedern
Und Tänzen gibst.
Sei ewig glücklich,
Wie du mich liebst.

(e 1771)

5 Friedrich Gottlieb Klopstock (1724–1803): Dem Unendlichen

Wie erhebt sich das Herz, wenn es dich,
Unendlicher, denkt! wie sinkt es,
Wenns auf sich herunterschaut!
Elend schauts wehklagend dann, und Nacht und Tod!

Allein du rufst mich aus meiner Nacht, der im Elend, der im Tod hilft!
Dann denk ich es ganz, dass du ewig mich schufst,
Herrlicher! den kein Preis, unten am Grab', oben am Thron,
Herr, Herr, Gott! den dankend entflammt kein Jubel genug besingt.

Weht, Bäume des Lebens, ins Harfengetön!
Rausche mit ihnen ins Harfengetön, kristallner Strom!
Ihr lispelt, und rauscht, und, Harfen, ihr tönt
Nie es ganz! Gott ist es, den ihr preist!

Donnert, Welten, in feierlichem Gang, in der Posaunen Chor!
Du Orion, Waage, du auch!
Tönt all' ihr Sonnen auf der Straße voll Glanz,
In der Posaunen Chor!

Ihr Welten, donnert
Und du, der Posaunen Chor, hallest
Nie es ganz, Gott; nie es ganz, Gott,
Gott, Gott ist es, den ihr preist!

(v 1764)

6. Interpretieren Sie die Naturdarstellung im „Maifest" (Text 4) und in Werthers Brief vom 10. Mai (Text 1c).

Der Begriff **Empfindsamkeit** bezeichnet die gefühlsbetonten Strömungen der Literatur- und Geistesgeschichte, die um 1740 zur Zeit der Aufklärung in den Vordergrund drängten. Das Wort „empfindsam" wurde 1768 auf Anregung Lessings durch seinen Freund J.J. Bode als Übersetzung des englischen Wortes „sentimental" eingeführt. Die „Empfindsamkeit" überwand die rationale Einseitigkeit der Aufklärung durch die verstärkte Hinwendung zu einer vom Gefühl getragenen, oft enthusiastischen Weltsicht, die zuerst den religiösen Bereich erfasste (Pietismus), dann die übrigen Lebensbereiche ergriff. Seelische Regungen und innere Ergriffenheit wurden in der Begegnung mit der Natur und im Freundeskreis („Göttinger Hain" als Freundeszirkel) erlebt und in der Dichtung dargestellt. Angeregt wurde die deutsche Dichtung der Empfindsamkeit – Höhepunkte sind F.G. Klopstocks Gesänge und J.W. von Goethes *Werther* – durch die Werke von E. Young, L. Sterne, S. Richardson und O. Goldsmith aus England sowie J.-J. Rousseau aus Frankreich.

Friedrich Gottlieb Klopstock wurde 1724 in Quedlinburg geboren. Er besuchte die Fürstenschule Schulpforta, wo er die Werke Homers und Vergils kennenlernte. Von 1745–1748 studierte er Theologie in Leipzig; von 1750–1751 war er auf Einladung des Schriftstellers Bodmer in Zürich. Ab 1748 veröffentlichte Klopstock sein biblisches Epos *Der Messias* in 20 Gesängen und wurde zum Hauptvertreter der Empfindsamkeit. Er lebte ab 1770 meist in Hamburg, wo ihm bei seinem Tode 1803 ein fürstliches Begräbnis zuteil wurde.

Die **Hymne** ist ein meist religiöser Lob- und Preisgesang. In der griechischen Antike und später in der frühchristlichen sowie hochmittelalterlichen Liturgie der Klöster spielte der religiöse Lobgesang eine bedeutende Rolle.
Die Hymne der Neuzeit löste sich aus dem liturgischen Bereich und diente seit dem Barock dem Preis Gottes, der Götter, Helden, Fürsten, der Tugenden und des erhabenen Gefühls. Die Aufklärer mit ihrer rationalistischen, moralisch-belehrenden Haltung lehnten die Hymne ab. Unter dem Einfluss des Pietismus entdeckten die Dichter wieder die Macht des Gefühls und der Begeisterung und als geeignetes Ausdrucksmittel die Hymne. Klopstock, geprägt von der Vorstellung des Dichters als Seher, gestaltete in seinen Hymnen die Themen Religion, Vaterland und Freundschaft. Er benutzte neben antiken Odenmaßen auch sog. freie Rhythmen. Darin lag seine literarische Wirkung begründet. Goethe übernahm Klopstocks Anregungen und erreichte einen Höhepunkt der Hymnendichtung. Als Gestaltungsmittel benutzte er freie Rhythmen und Abschnittsgliederung, assoziative Fügung der Satzglieder, kühne Wortbildungen und eine ausdrucksstarke Sprechweise durch die Wahl der Motive und Bilder.

6 Johann Wolfgang von Goethe: (1749–1832): Prometheus[1]

Bedecke deinen Himmel, Zeus,
Mit Wolkendunst!
Und übe, Knaben gleich,
Der Disteln köpft,
An Eichen dich und Bergeshöhn!
Musst mir meine Erde
Doch lassen stehn,
Und meine Hütte,
Die du nicht gebaut,
Und meinen Herd,
Um dessen Glut
Du mich beneidest.

Ich kenne nichts Ärmer's
Unter der Sonn' als euch Götter.
Ihr nähret kümmerlich
Von Opfersteuern
Und Gebetshauch
Eure Majestät
Und darbtet, wären
Nicht Kinder und Bettler
Hoffnungsvolle Toren.

Da ich ein Kind war,
Nicht wusst', wo aus, wo ein,
Kehrte mein verirrtes Aug'
Zur Sonne, als wenn drüber wär'
Ein Ohr, zu hören meine Klage,
Ein Herz wie meins,
Sich des Bedrängten zu erbarmen.

Wer half mir wider
Der Titanen Übermut?
Wer rettete vom Tode mich,
Von Sklaverei?
Hast du's nicht alles selbst vollendet,
Heilig glühend Herz?
Und glühtest, jung und gut,
Betrogen, Rettungsdank
Dem Schlafenden dadroben?

Ich dich ehren? Wofür?
Hast du die Schmerzen gelindert
Je des Beladenen?
Hast du die Tränen gestillet
Je des Geängsteten?

Hat nicht mich zum Manne geschmiedet
Die allmächtige Zeit
Und das ewige Schicksal,
Meine Herrn und deine?

Wähntest du etwa,
Ich sollte das Leben hassen,
In Wüsten fliehn,
Weil nicht alle Knabenmorgen-
Blütenträume reiften?

Hier sitz' ich, forme Menschen
Nach meinem Bilde,
Ein Geschlecht, das mir gleich sei,
Zu leiden, weinen,
Genießen und zu freuen sich,
Und dein nicht zu achten,
Wie ich.

(e 1774)

7 Johann Wolfgang von Goethe: Ganymed[2]

Wie im Morgenrot
Du rings mich anglühst,
Frühling, Geliebter!
Mit tausendfacher Liebeswonne
Sich an mein Herz drängt
Deiner ewigen Wärme
Heilig Gefühl,
Unendliche Schöne!

Dass ich dich fassen möcht'
In diesen Arm!

Ach, an deinem Busen
Lieg' ich, schmachte,
Und deine Blumen, dein Gras
Drängen sich an mein Herz.
Du kühlst den brennenden
Durst meines Busens,
Lieblicher Morgenwind,
Ruft drein die Nachtigall
Liebend nach mir aus dem Nebeltal.

Ich komme! Ich komme!
Wohin? Ach, wohin?

Hinauf, hinauf strebt's,
Es schweben die Wolken
Abwärts, die Wolken
Neigen sich der sehnenden Liebe,
Mir, mir!

In eurem Schoße
Aufwärts,
Umfangend umfangen!
Aufwärts
An deinem Busen,
Allliebender Vater!

(e 1774)

7. a) Rezitieren Sie die Texte 5–7 und notieren Sie Hinweise für einen guten Vortrag.
b) Vergleichen Sie die Darstellung des Gottes in den Texten 5 und 6 und versuchen Sie, die jeweilige Eigenart zu erklären.

8. Interpretieren Sie eine der Hymnen nach dem Drei-Phasen-Modell.

---

[1] Prometheus ist in der griechischen Sage einer der Titanen. Er galt als der Schöpfer des Menschen. Da er gegen den Willen des Zeus den Menschen das Feuer gebracht hatte, wurde er an einen Felsen des Kaukasus geschmiedet, wo ihm ein Adler die immer wieder wachsende Leber aushackte. Später befreite ihn Herakles.

[2] Ganymed ist in der griechischen Sage der schöne Mundschenk des Zeus und war von dessen Adler in den Olymp entführt worden.

2. Die Schaubühne als Richterstuhl – Drama des „Sturm und Drang"

Die Dichter des 18. Jahrhunderts führten eine intensive Diskussion über das Wesen des Theaters, über die Möglichkeiten seiner Wirkungen auf das Publikum. Sie diskutierten die Leistungen vergangener Epochen, so die der griechischen Klassiker Sophokles (496–406 v. Chr.) und Euripides (480–407 v. Chr.); den Beitrag der französischen Klassiker Corneille (1608–1684) und Racine (1639–1699) zur Zeit Ludwigs XIV. (1663–1715); sie setzten sich mit Shakespeares (1564–1616) Dramen auseinander und fragten, was davon für das deutsche Theater im 18. Jahrhundert als Vorbild dienen könnte.
Die Wirkung des theatralischen Spiels soll in einem Inszenierungsversuch vergegenwärtigt werden.

Friedrich Schiller (1759–1805)

1 Friedrich Schiller (1759–1805): Die Räuber, I/1

(Auszug, Biografie, S. 209f.)

[...]

DER ALTE MOOR. Tu das, mein Sohn. – Ach! es hätte mir doch das Herz gebrochen! Schreib ihm – –

FRANZ *(schnell)*. Dabei bleibts also?

DER ALTE MOOR. Schreib ihm, dass ich tausend blutige Tränen, tausend schlaflose Nächte – Aber bring meinen Sohn nicht zur Verzweiflung!

FRANZ. Wollt Ihr Euch nicht zu Bette legen, Vater? Es griff Euch hart an.

DER ALTE MOOR. Schreib ihm, dass die väterliche Brust – ich sage dir, bring meinen Sohn nicht zur Verzweiflung. *(Geht traurig ab)*

FRANZ *(mit Lachen ihm nachsehend)*. Tröste dich, Alter, du wirst ihn nimmer an diese Brust drücken, der Weg dazu ist ihm verrammelt wie der Himmel der Hölle – Er war aus deinen Armen gerissen, ehe du wusstest, dass du es wollen könntest – da müsst ich ein erbärmlicher Stümper sein, wenn ichs nicht einmal so weit gebracht hätte, einen Sohn vom Herzen des Vaters loszulösen, und wenn er mit ehernen Banden daran geklammert wäre – Ich hab einen magischen Kreis von Flüchen um dich gezogen, den er nicht überspringen soll – Glück zu, Franz! Weg ist das Schoßkind – Der Wald ist heller. Ich muss diese Papiere vollends aufheben, wie leicht könnte jemand meine Handschrift kennen! *(Er liest die zerrissenen Briefstücke zusammen)* – Und Gram wird auch den Alten bald fortschaffen – und ihr muss ich diesen Karl aus dem Herzen reißen, wenn auch ihr halbes Leben dran hängen bleiben sollte.
Ich habe große Rechte, über die Natur ungehalten zu sein, und bei meiner Ehre! ich will sie geltend machen. – Warum bin ich nicht der Erste aus Mutterleib gekrochen? Warum nicht der Einzige? Warum musste sie mir diese Bürde von Hässlichkeit aufladen? Gerade mir? Nicht anders, als ob sie bei meiner Geburt einen Rest gesetzt hätte. Warum gerade mir die Lappländersnase? Gerade mir dieses Mohrenmaul? Diese Hottentottenaugen? Wirklich, ich glaube, sie hat von allen Menschensorten das Scheußliche auf einen Haufen geworfen und mich daraus gebacken. Mord und Tod! Wer hat ihr die Vollmacht gegeben, jenem dieses zu verleihen und mir vorzuenthalten? Könnte ihr jemand darum hofieren, eh er entstund? Oder sie beleidigen, eh er selbst wurde? Warum ging sie so parteilich zu Werke? Nein! nein! Ich tu ihr Unrecht. Gab sie uns doch Erfindungsgeist mit, setzte uns nackt und armselig ans Ufer dieses großen Ozeans *Welt* – Schwimme, wer schwimmen kann, und wer zu plump ist, geh unter! Sie gab mir nichts mit; wozu ich mich machen will, das ist nun meine Sache. Jeder hat gleiches Recht zum Größten und Kleinsten, Anspruch wird an Anspruch, Trieb an Trieb und Kraft an Kraft zernichtet. Das Recht wohnet beim Überwältiger, und die Schranken unserer Kraft sind unsere Gesetze.
Wohl gibt es gewisse gemeinschaftliche Pakta, die man geschlossen hat, die Pulse des Weltzirkels zu treiben. Ehrlicher Name! – Wahrhaftig, eine reichhaltige Münze, mit der sich meisterlich schachern lässt, wers versteht, sie gut auszugeben. Gewissen, – o ja freilich! ein tüchtiger Lumpenmann, Sperlinge von Kirschbäumen wegzuschröcken! – auch das ein gut geschriebener Wechselbrief, mit dem auch der Bankerottierer zur Not noch hinauslangt.
In der Tat, sehr lobenswürdige Anstalten, die Narren im Respekt und den Pöbel unter dem Pantoffel zu halten, damit die Gescheiten es desto bequemer haben. Ohne Anstand, recht schnackische Anstalten! Kommen mir für wie die Hecken, die meine Bauren gar schlau um ihre Felder herumführen, dass ja kein Hase drüber setzt, ja beileibe kein Hase! – Aber der gnädige Herr gibt seinem Rappen den Sporn und galoppiert weich über der weiland Ernte. Armer Hase! Es ist doch eine jämmerliche Rolle, der Hase sein müssen auf dieser Welt – Aber der gnädige Herr braucht Hasen!
Also frisch drüber hinweg! Wer nichts fürchtet, ist nicht weniger mächtig als der, den alles fürchtet. Es ist itzo die Mode, Schnallen an den Beinkleidern zu tragen, womit man sie nach Belieben weiter und enger schnürt. Wir wollen uns ein Gewissen nach der neuesten Façon

Schriftsteller des **„Sturm und Drang"** lehnten ein Leben nach gesellschaftlichen Normen und praktischen Vernunftregeln ab.
„Sturm und Drang" war eine revolutionäre Bewegung unter den jungen Schriftstellern in der zweiten Hälfte des 18. Jahrhunderts. Um 1750 wurde die offene Kritik am ausschweifenden Leben der verantwortungslosen und verschwenderischen Fürsten immer lauter. Die brennenden Fragen der Gesellschaft wurden von den jungen Dichtern aufgegriffen: die Schranken der Ständeordnung, an denen das Bürgermädchen zerbricht (z.B. Schiller, *Kabale und Liebe*), die drückende Last der Bauern, das Eheverbot für Offiziere (z.B. Lenz, *Soldaten*) und das Recht des starken Einzelnen, des „Kerls", auf Selbstverwirklichung gegen die bestehende gesellschaftliche Ordnung (z.B. Schiller, *Die Räuber;* Goethe, *Götz von Berlichingen*). Den adligen Stand in Frage gestellt haben die Stürmer und Dränger jedoch nie.
Die Aufklärer, wie Wolff, Gottsched und Lessing, setzten sich mit der orthodoxen Geistlichkeit auseinander (vgl. S. 166ff.: Lessing, *Nathan der Weise*).
Die Pietisten wandten sich gegen dogmatische Rechtgläubigkeit und klerikale Abhängigkeit. Die religiösen Vorstellungen der Stürmer und Dränger beeinflussten nachhaltig Philosophen und Schriftsteller wie Johann Georg Hamann (1730–1788) und Johann Gottfried Herder (1744–1803): **Religion** musste gelebte Erfahrung sein, sollte den ganzen Menschen erfassen. Herder wie Goethe vertraten die Auffassung, dass die Werke Gottes nicht nur in der Bibel, sondern auch durch liebendes Vertiefen in die Schöpfung erkennbar seien. Sie lehnten einen durch die Vernunft abgeleiteten außerweltlichen Gott (Deismus) ab. Er existiere dann, wenn er als konkrete Kraft in der Welt und im Menschen wirke, wenn er sich den Sinnen und dem Gefühl offenbare (Pantheismus). (Vgl. Goethes Hymnen *Prometheus* und *Ganymed* und den Roman *Die Leiden des jungen Werthers.*)
Gegen die Aufklärer bekämpften die Stürmer und Dränger das Bild des Menschen, der sich nur an seiner Vernunft zu orientieren habe. Sie waren davon überzeugt, dass der Mensch dazu

lebe, um all seine Kräfte ohne Begrenzung zu entwickeln. Mit fast enthusiastischer Begeisterung forderte Herder die **Originalität** im Verhalten eines jeden Einzelnen. Dies führte zur Verherrlichung des **Genies**, des „Kraft-Genies".

anmessen lassen, um es hübsch weiter aufzuschnallen, wie wir zulegen. Was können wir dafür? Geht zum Schneider! Ich habe Langes und Breites von einer so genannten *Blutliebe* schwatzen gehört, das einem ordentlichen Hausmann den Kopf heiß machen könnte – Das ist dein Bruder! – das ist verdolmetscht: Er ist aus eben dem Ofen geschossen worden, aus dem du geschossen bist – also sei er dir heilig! – Merkt doch einmal diese verzwickte Konsequenz, diesen possierlichen Schluss von der Nachbarschaft der Leiber auf die Harmonie der Geister, von ebenderselben Heimat zu ebenderselben Empfindung, von einerlei Kost zu einerlei Neigung. Aber weiter – es ist dein Vater! Er hat dir das Leben gegeben, du bist sein Fleisch, sein Blut – also sei er dir heilig. Wiederum eine schlaue Konsequenz! Ich möchte doch fragen, *warum* hat er mich gemacht? doch wohl nicht gar aus Liebe zu mir, der erst ein *Ich* werden sollte? Hat er mich gekannt, ehe er mich machte? Oder hat er mich gedacht, wie er mich machte? Oder hat er mich gewünscht, da er mich machte? Wusste er, was ich werden würde? Das wollt ich ihm nicht raten, sonst möcht ich ihn dafür strafen, dass er mich doch gemacht hat! Kann ichs ihm Dank wissen, dass ich ein Mann wurde? So wenig, als ich ihn verklagen könnte, wenn er ein Weib aus mir gemacht hätte. Kann ich eine Liebe erkennen, die sich nicht auf Achtung gegen mein *Selbst* gründet? Konnte Achtung gegen mein Selbst vorhanden sein, das erst dardurch entstehen sollte, davon es die Voraussetzung sein muss? Wo stickt dann nun das Heilige? Etwa im Aktus selber, durch den ich entstund? – Als wenn dieser etwas mehr wäre als viehischer Prozess zur Stillung viehischer Begierden! Oder stickt es vielleicht im Resultat dieses Aktus, der noch nichts ist als eiserne Notwendigkeit, die man so gern wegwünschte, wenns nicht auf Unkosten von Fleisch und Blut geschehn müsste? Soll ich ihm etwa darum gute Worte geben, dass er mich liebt? Das ist eine Eitelkeit von ihm, die Schoßsünde aller Künstler, die sich in ihrem Werk kokettieren, wär es auch noch so hässlich. – Sehet also, da ist die ganze Hexerei, die ihr in einen heiligen Nebel verschleiert, unsre Furchtsamkeit zu missbrauchen. Soll auch ich mich dadurch gängeln lassen wie einen Knaben?

Frisch also! mutig ans Werk! – Ich will alles um mich her ausrotten, was mich einschränkt, dass ich nicht *Herr* bin. *Herr* muss ich sein, dass ich das mit Gewalt ertrotze, wozu mir die Liebenswürdigkeit gebricht. *(Ab)* (e 1782)

Die Räuber, Residenztheater München 1968, Regie Hans Lietzau, mit Helmut Griem (Karl Moor), Jürgen Arndt, (Razmann) und Wolf R. Redl (Roller)

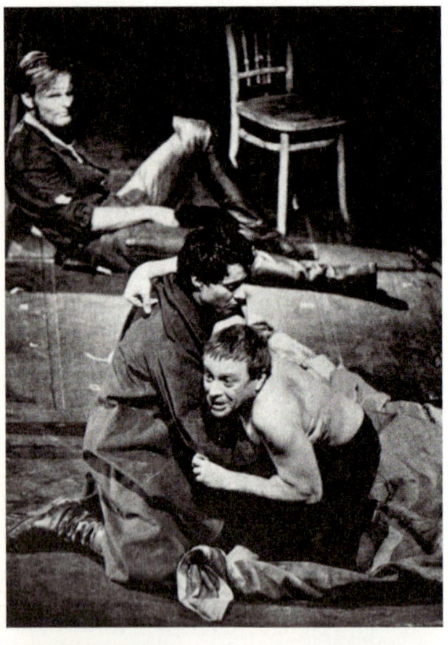

Das Nationaltheater in Mannheim, Stich nach einer Zeichnung von J. F. v. Schlichten

Die Räuber.
Ein Schauspiel
von fünf Akten,
herausgegeben
von
Friderich Schiller.
Zwote verbesserte Auflage.
Frankfurt und Leipzig.
bei Tobias Löffler.
1782.

Die Räuber, Bremer Theater 1966, Regie Peter Zadek, Bühne Wilfried Minks, vorne Vadim Glowna (Karl Moor)

2 Friedrich Schiller (1759–1805): Die Räuber, I/2 (Auszug)

Schenke an den Grenzen von Sachsen. Karl von Moor in ein Buch vertieft.
Spiegelberg trinkend am Tisch

KARL VON MOOR *(legt das Buch weg)*. Mir ekelt vor diesem tintenklecksenden Säkulum, wenn ich in meinem Plutarch[1] lese von großen Menschen.

SPIEGELBERG *(stellt ihm ein Glas hin und trinkt)*. Den Josephus[2] musst du lesen.

MOOR. Der lohe Lichtfunke Prometheus' ist ausgebrannt, dafür nimmt man itzt die Flamme von Bärlappenmehl – Theaterfeuer, das keine Pfeife Tabak anzündet. Da krabbeln sie nun wie die Ratten auf der Keule des Herkules, und studieren sich das Mark aus dem Schädel, was das für ein Ding sei, das er in seinen Hoden geführt hat? Ein französischer Abbé doziert, Alexander sei ein Hasenfuß gewesen, ein schwindsüchtiger Professor hält sich bei jedem Wort ein Fläschchen Salmiakgeist vor die Nase und liest ein Kollegium über die *Kraft*.

---

[1] Plutarch: griechischer Historiker; verfasste 46 vergleichende Lebensbeschreibungen berühmter Griechen und Römer

[2] Josephus Flavius, 1. Jh. n. Chr.; jüdischer Historiker; schrieb eine große Geschichte des jüdischen Volkes

Kerls, die in Ohnmacht fallen, wenn sie einen Buben gemacht haben, kritteln über die Taktik des Hannibals – feuchtohrige Buben fischen Phrases aus der Schlacht bei Cannä, und greinen über die Siege des Scipio[1], weil sie sie exponieren müssen.

SPIEGELBERG. Das ist ja recht alexandrinisch geflennt.

MOOR. Schöner Preis für euren Schweiß in der Feldschlacht, dass ihr jetzt in Gymnasien lebet und eure Unsterblichkeit in einem Bücherriemen mühsam fortgeschleppt wird. Kostbarer Ersatz eures verprassten Blutes, von einem Nürnberger Krämer um Lebkuchen gewickelt – oder, wenns glücklich geht, von einem französischen Tragödienschreiber auf Stelzen geschraubt, und mit Drahtfäden gezogen zu werden! Hahaha!

SPIEGELBERG *(trinkt)*. Lies den Josephus, ich bitte dich drum.

MOOR. Pfui! Pfui über das schlappe Kastratenjahrhundert, zu nichts nütze, als die Taten der Vorzeit wiederzukäuen und die Helden des Altertums mit Kommentationen[2] zu schinden und zu verhunzen mit Trauerspielen. Die Kraft seiner Lenden ist versiegen gegangen, und nun muss Bierhefe den Menschen fortpflanzen helfen.

SPIEGELBERG. Tee, Bruder, Tee!

MOOR. Da verrammeln sie sich die gesunde Natur mit abgeschmackten Konventionen, haben das Herz nicht, ein Glas zu leeren, weil sie Gesundheit dazu trinken müssen – belecken den Schuhputzer, dass er sie vertrete bei Ihro Gnaden, und hudeln den armen Schelm, den sie nicht fürchten. – Vergöttern sich um ein Mittagessen und möchten einander vergiften um ein Unterbett, das ihnen beim Aufstreich überboten wird. – Verdammen den Sadduzäer[3], der nicht fleißig genug in die Kirche kommt, und berechnen ihren Judenzins am Altare – fallen auf die Knie, damit sie ja ihren Schlamp ausbreiten können – wenden kein Aug von dem Pfarrer, damit sie sehen, wie seine Perücke frisiert ist. – Fallen in Ohnmacht, wenn sie eine Gans bluten sehen, und klatschen in die Hände, wenn ihr Nebenbuhler bankerott von der Börse geht. – – So warm ich ihnen die Hand drückte: – Nur noch einen Tag! – Umsonst! – Ins Loch mit dem Hund! – Bitten! Schwüre! Tränen! *(Auf den Boden stampfend)* Hölle und Teufel!

SPIEGELBERG. Und um so ein paar tausend lausige Dukaten –

MOOR. Nein, ich mag nicht daran denken. Ich soll meinen Leib pressen in eine Schnürbrust und meinen Willen schnüren in Gesetze. Das Gesetz hat zum Schneckengang verdorben, was Adlerflug geworden wäre. Das Gesetz hat noch keinen großen Mann gebildet, aber die Freiheit brütet Kolosse und Extremitäten[4] aus. Sie verpalisadieren sich ins Bauchfell eines Tyrannen, hofieren der Laune seines Magens und lassen sich klemmen von seinen Winden. – Ah! dass der Geist Hermanns[5] noch in der Asche glimmte! – Stelle mich vor ein Heer Kerls wie ich, und aus Deutschland soll eine Republik werden, gegen die Rom und Sparta Nonnenklöster sein sollen.

(Er wirft den Degen auf den Tisch und steht auf) [...] (e 1782)

Karl Moor zweifelt an der Gerechtigkeit der Welt und lässt sich von seinen politischen Idealvorstellungen in schwärmerischer Weise hinreißen. Er gründet eine Räuberbande, in der Gleichheit und Brüderlichkeit herrschen sollen, er will die unmenschlichen Zustände der Welt verbessern, den Armen helfen, die Reichen und Mächtigen bekämpfen und eine Republik gründen. Doch seine Ziele schlagen um in Gewalt, Verbrechen und Terror.
Am Ende sieht er ein, dass die Mittel, die er angewandt hat, zu Gesetzlosigkeit führen, und er stellt sich dem irdischen Richter, um seine Verbrechen zu sühnen und die von ihm verletzte weltliche und göttliche Ordnung wiederherzustellen. Bevor er diesen letzten Schritt tut, greift er das väterliche Schloss an, um den Bruder zu strafen. Dieser begeht in seiner verzweifelten Lage Selbstmord.

Mit ungeheurem Erfolg wurden *Die Räuber* in Mannheim am 13. Januar 1782 aufgeführt. Ein Zeitgenosse berichtet: „Das Theater glich einem Irrenhaus: rollende Augen, geballte Fäuste, heisere Aufschreie im Zuschauerraum. Fremde Menschen fielen einander schluchzend in die Arme, Frauen wankten, einer Ohnmacht nahe, zur Tür. Es war eine allgemeine Auflösung wie im Chaos, aus dessen Nebeln eine neue Schöpfung hervorbricht."

1. Erarbeiten Sie arbeitsteilig eine Rollenbiografie zu Franz (Text 1) und Karl Moor (Text 2).
a) Notieren Sie Hinweise zum Äußeren (Aussehen, Alter, Kleidung), zum Auftreten (Mimik, Gestik, Bewegungen), zur Sprechweise, zum Charakter sowie zu Absichten mit und Beziehungen zu anderen Personen.
b) Prüfen Sie, ob in den Texten auch unausgesprochene Gedanken und Absichten erkennbar sind.

2. Entwerfen Sie eine mögliche Vorgeschichte beider Brüder durch prägende Erlebnisse und Ereignisse.

3. Inszenieren Sie in Gruppenarbeit je eine Szene (vgl. S. 50).
a) Gehen Sie auf Bühnenbild, Kostüme, Requisiten, Beleuchtung, Musik (bzw. Geräusche) ein.
b) Skizzieren Sie Regieanweisungen.

Gestaltendes Interpretieren 2: Um die Figuren in ihrem Verhalten und ihren Charaktereigenschaften anschaulich zu vergegenwärtigen, bieten sich die Verfahrensweisen des **szenischen Interpretierens** an. Prüfen Sie folgende Möglichkeiten:

1. Das Einfühlen in die Figuren:

- Schreiben von Selbstdarstellungen, z. B. anhand von Einfühlungsfragen zur Vorgeschichte, zum Alter, zur Lebenswelt, zu Kontakten mit Mitmenschen, zur Selbsteinschätzung, zum Lebensgefühl, zu Wünschen u.a.;

Szenisches Interpretieren kann und soll hinter äußeren Haltungen von Figuren deren innere Bedürfnisse, Wünsche, Vorstellungen und Zweifel aufdecken. Diese fremden Lebensentwürfe und Handlungsmuster wecken beim Leser in der Auseinandersetzung mit ihnen eigene Erwartungen, Erinnerungen und Gefühle. Außerdem kann auf diese Weise gezeigt werden, dass sich die Figuren entgegen ihrem Sprachgebrauch oft ihrer eigenen inneren Bedürfnisse nicht bewusst sind. Zudem kann deutlich werden, welche Schwierigkeiten die Figuren beim Bemühen um gegenseitige Verständigung in ihren Dialogen haben.

1 Scipio, Publius Cornelius Africanus maior (235–183 v. Chr.): besiegte 202 v. Chr. Hannibal in Nordafrika
2 Die Kommentationen (< lat. commentatio = sorgfältiges Studium), hier: Kommentare
3 Sadduzäer: Anhänger einer Religionspartei unter den Gebildeten und Priestern des jüdischen Volkes; Gegner der Pharisäer
4 Extremitäten: gemeint sind „große Kerle"
5 Hermann der Cherusker: Sieger über Varus im Teutoburger Wald (9 n. Chr.)

Um diese Zielsetzungen des szenischen Interpretierens zu erreichen, können folgende Verfahrensweisen angewandt werden:
– Das textbezogene Verfahren: z. B. „Leerstellen" füllen, Rollengespräche, Rollenbiografie u.a.;
– Das erfahrungsbezogene Verfahren: Erfahrungen der Schüler gehen in die Rolle „mit ein";
– Das handlungsbezogene Verfahren: Anwendung einer reichen Zahl an sprachlichen und körperlichen Handlungen.

– charakteristische Körperhaltungen reflektieren, erproben und präsentieren;
– Erproben der Sprechhaltung einer Figur für eine Textpassage.

2. Möglichkeiten der Präsentation:

– Die Figuren erklären ihr Handeln oder/und ihre Gedanken, z. B. in einem Rollenmonolog.
– Andere Figuren nehmen Stellung.
– Beobachter in der Klasse unterbrechen und fragen nach Gedanken und Gefühlen der Figuren.
– Die Figur nimmt Stellung zu dem Gespräch.
– Die Figur rechtfertigt ihr Verhalten u.a.

3. Möglichkeiten der Auswertung:

– Erarbeiten Sie in *Gruppenarbeit:* z. B. eine Standbildserie über die Situation und die Entwicklung einer Figur; Präsentation und Erläuterung vor der Klasse.
– Durch *perspektivisches Schreiben:* Schreiben Sie z. B. Stellungnahmen zum Dramengeschehen aus der Perspektive Ihrer Figur.

Das Theater im 18. Jahrhundert: Die neue Sicht vom Menschen im Zeitalter der Aufklärung betonte seine persönliche Verantwortung. Für die Propagierung dieses aufklärerischen Menschenbildes spielte das Theater eine wichtige Rolle.
In der ersten Hälfte des 18. Jahrhunderts war der Dichter, Theaterreformer, Sprachwissenschaftler und Philosoph **Johann Christoph Gottsched** mit seinen Vorstellungen über die Aufgaben des Theaters anerkannt. Das Spiel auf dem Theater hatte sich an den Forderungen der Vernunft und am „wirklichen Leben" auszurichten und die Anforderungen höfisch-ständischen Benehmens mussten beachtet werden. Alle grausigen, grobschlächtigen Szenen waren verpönt. Außerdem hatte der Held auf der Bühne durch seinen sozialen Status (Ständeklausel) und durch seine großen Anlagen hervorzuragen (vgl. Barock, S. 129 f.).
Gottsched kämpfte gegen die Auswüchse des Barocktheaters: gegen den Sprach-Schwulst, gegen den Hanswurst, das Extemporieren, d.h. Improvisieren des Textes, gegen groteske Verzerrungen der Figuren und gegen bizarre und exotisch-fantastische Handlungen. Mitte des 18. Jahrhunderts wurden Gottscheds „Regeln" von Lessing, Herder und den Stürmern und Drängern in Frage gestellt. Das Bürgertum begann sich von den Zwängen der höfischen Welt zu befreien; es kritisierte die Lebensart des Adels. Adlige Helden auf der Bühne, ihre Verhaltensnormen und ihr Schicksal interessierten immer weniger. Die Ständeklausel wurde aufgehoben. Das heißt, dass in der Tragödie an die Stelle adliger Personen nun bürgerliche Menschen traten. Die Sprache des noblen Pathos wurde abgelöst durch die Sprache der Empfindung. Die im bürgerlichen Leben vorhandenen Nöte, Sorgen und Wünsche wurden dargestellt. Die Wendung zum **bürgerlichen Trauerspiel** war vollzogen.
Den Weg dahin hatte vor allem **Gotthold Ephraim Lessing** gezeigt. Er lehnte das französische Theater Corneilles und Racines ab, die bisher als Vorbilder galten, und wies auf Shakespeare hin.

3 Friedrich Schiller (1759–1805): Was kann eine gute stehende Schaubühne eigentlich wirken (Auszug)

[...] Die Gerichtsbarkeit der Bühne fängt an, wo das Gebiet der weltlichen Gesetze sich endigt. Wenn die Gerechtigkeit für Gold verblindet und im Solde der Laster schwelgt, wenn die Frevel der Mächtigen ihrer Ohnmacht spotten und Menschenfurcht den Arm der Obrigkeit bindet, übernimmt die Schaubühne Schwert und Waage und reißt die Laster vor einen schrecklichen Richterstuhl. [...] Wenn keine Moral mehr gelehrt wird, keine Religion mehr Glauben findet, wenn kein Gesetz mehr vorhanden ist, wird uns Medea noch anschauern, wenn sie die Treppen des Palastes herunterwankt und der Kindermord jetzt geschehen ist. Heilsame Schauer werden die Menschheit ergreifen, und in der Stille wird jeder sein gutes Gewissen preisen, wenn Lady Macbeth, eine schreckliche Nachtwandlerin, ihre Hände wäscht und alle Wohlgerüche Arabiens herbeiruft, den hässlichen Mordgeruch zu vertilgen. So gewiss sichtbare Darstellung mächtiger wirkt als toter Buchstab und kalte Erzählung, so gewiss wirkt die Schaubühne tiefer und dauernder als Moral und Gesetze. [...] (e 1784)

4 Johann Wolfgang von Goethe (1749–1832): Zum Shakespeare-Tag (Auszug)

[...] Erwarten Sie nicht, dass ich viel und ordentlich schreibe, Ruhe der Seele ist kein Festtagskleid; und noch zurzeit habe ich wenig über Shakespearen gedacht; geahndet, empfunden, wenn's hoch kam, ist das Höchste, wohin ich's habe bringen können. Die erste Seite, die ich in ihm las, machte mich auf zeitlebens ihm eigen, und wie ich mit dem ersten Stücke fertig war, stund ich wie ein Blindgeborner, dem eine Wunderhand das Gesicht in einem Augenblicke schenkt. Ich erkannte, ich fühlte aufs Lebhafteste meine Existenz um eine Unendlichkeit erweitert, alles war mir neu, unbekannt, und das ungewohnte Licht machte mir Augenschmerzen. Nach und nach lernt' ich sehen, und, Dank sei meinem erkenntlichen Genius, ich fühle noch immer lebhaft, was ich gewonnen habe.

Ich zweifelte keinen Augenblick, dem regelmäßigen Theater zu entsagen. Es schien mir die Einheit des Orts so kerkermäßig ängstlich, die Einheiten der Handlung und der Zeit lästige Fesseln unsrer Einbildungskraft. Ich sprang in die freie Luft und fühlte erst, dass ich Hände und Füße hatte. Und jetzo, da ich sahe, wie viel Unrecht mir die Herrn der Regeln in ihrem Loch angetan haben, wie viel freie Seelen noch drinne sich krümmen, so wäre mir mein Herz geborsten, wenn ich ihnen nicht Fehde angekündigt hätte und nicht täglich suchte, ihre Türne zusammenzuschlagen. [...]

Shakespeares Theater ist ein schöner Raritätenkasten, in dem die Geschichte der Welt vor unsern Augen an dem unsichtbaren Faden der Zeit vorbeiwallt. Seine Plane sind, nach dem gemeinen Stil zu reden, keine Plane, aber seine Stücke drehen sich alle um den geheimen Punkt (den noch kein Philosoph gesehen und bestimmt hat), in dem das Eigentümliche unsres Ichs, die prätendierte Freiheit unsres Wollens, mit dem notwendigen Gang des Ganzen zusammenstößt. Unser verdorbner Geschmack aber umnebelt dergestalt unsere Augen, dass wir fast eine neue Schöpfung nötig haben, uns aus dieser Finsternis zu entwickeln.

Alle Franzosen und angesteckte Deutsche, sogar Wieland haben sich bei dieser Gelegenheit wie bei mehreren wenig Ehre gemacht. Voltaire, der von jeher Profession machte, alle Majestäten zu lästern, hat sich auch hier als ein echter Thersit[1] bewiesen. Wäre ich Ulysses, er sollte seinen Rücken unter meinem Szepter verzerren.

Die meisten von diesen Herren stoßen auch besonders an seinen Charakteren an.

Und ich rufe: Natur! Natur! nichts so Natur als Shakespeares Menschen.

Da hab' ich sie alle überm Hals.

Lasst mir Luft, dass ich reden kann!

Er wetteiferte mit dem Prometheus, bildete ihm Zug vor Zug seine Menschen nach, nur in kolossalischer Größe; darin liegt's, dass wir unsre Brüder verkennen; und dann belebte er sie alle mit dem Hauch seines Geistes, er redet aus allen, und man erkennt ihre Verwandtschaft. [...] (1771)

5 Jakob Michael Reinhold Lenz (1751–1792): Handeln ist die Seele der Welt (Auszug)

Wir werden geboren – unsere Eltern geben uns Brot und Kleid – unsere Lehrer drücken in unser Hirn Worte, Sprachen, Wissenschaften – irgendein artiges Mädchen drückt in unser Herz den Wunsch, es eigen zu besitzen, es in unsere Arme als unser Eigentum zu schließen, wenn sich nicht gar ein tierisch Bedürfnis mit hineinmischt – es entsteht eine Lücke in der Republik, wo wir hineinpassen – unsere Freunde, Verwandte, Gönner setzen an und stoßen uns glücklich hinein – wir drehen uns eine Zeit lang in diesem Platz herum, wie die andern Räder, und stoßen und treiben – bis wir, wenn's noch so ordentlich geht, abgestumpft sind und zuletzt wieder einem neuen Rade Platz machen müssen – das ist, meine Herren! ohne Ruhm zu melden unsere Biografie – und was bleibt nun der Mensch noch anders als eine vorzüglichkünstliche kleine Maschine, die in die große Maschine, die wir Welt, Weltbegebenheiten, Weltläufte nennen, besser oder schlimmer hineinpasst.

Kein Wunder, dass die Philosophen so philosophieren, wenn die Menschen so leben. Aber heißt das gelebt? heißt das seine Existenz gefühlt, seine selbstständige Existenz, den Funken von Gott? Ha, er muss in was Besserm stecken, der Reiz des Lebens: denn ein Ball anderer zu sein, ist ein trauriger, niederdrückender Gedanke, eine ewige Sklaverei, eine nur künstlerische, eine vernünftige, aber eben um dessentwillen desto elendere Tierschaft. Was lernen wir hieraus? Das soll keine Deklamation sein, ihr Herren, wenn Ihr Gefühl Ihnen nicht sagt, dass ich Recht habe, so verwünscht ich alle Rednerkünste, die Sie auf meine Partei neigten, ohne Sie überzeugt zu haben. Was lernen wir hieraus? Das lernen wir hieraus, dass handeln, handeln die Seele der Welt sei, nicht genießen, nicht empfindeln, nicht spitzfündeln, dass wir dadurch allein Gott ähnlich werden, der unaufhörlich handelt und unaufhörlich an seinen Werken sich ergötzt: das lernen wir daraus, dass die in uns handelnde Kraft unser Geist, unser höchstes Anteil sei, dass die allein unserm Körper mit allen seinen Sinnlichkeiten und Empfindungen das wahre Leben, die wahre Konsistenz, den wahren Wert gebe, dass ohne denselben all unser Genuss, all unsere Empfindungen, all unser Wissen doch nur ein Leiden, doch nur ein aufgeschobener Tod sind. Das lernen wir daraus, dass diese unsre handelnde Kraft nicht eher ruhe, nicht eher ablasse zu wirken, zu regen, zu toben, als bis sie uns Freiheit um uns her verschafft, Platz zu handeln: Guter Gott, Platz zu handeln, und wenn es ein Chaos wäre, das Du geschaffen, wüste und leer, aber Freiheit wohnte nur da, und wir könnten Dir nachahmend drüber brüten, bis was herauskäme – Seligkeit! Seligkeit! Göttergefühl das! [...] (1777)

6 Johann Christoph Gottsched (1700–1766): Versuch einer Critischen Dichtkunst (Auszug)

[...]

Der Poet wählet sich einen moralischen Lehr-Satz, den er seinen Zuschauern auf eine sinnliche Art einprägen will. Dazu ersinnt er sich eine allgemeine Fabel, daraus die Wahrheit eines Satzes erhellet. Hiernächst sucht er in der Historie solche berühmte Leute, denen etwas Ähnliches begegnet ist: und von diesen entlehnet er die Namen für die Personen seiner Fabel, um derselben also ein Ansehen zu geben. Er erdenket sodann alle Umstände dazu, um die Hauptfabel recht wahrscheinlich zu machen, und das werden die Zwischenfabeln oder Episodia genannt. Dieses teilt er denn in fünf Stücke ein, die ungefähr gleich groß sind, und ordnet sie so, dass natürlicherweise das Letztere aus dem Vorhergehenden fließet: Bekümmert sich aber weiter nicht, ob alles in der Historie so vorgegangen oder ob alle Neben-Personen wirklich so und nicht anders geheißen haben. [...] (v 1730)

[1] Thersit: Ein griechischer Spötter, der von Odysseus wegen seiner Schmähreden gegen Agamemnon mit dem Szepter geschlagen wurde („Ilias" II, 212–277)

Lessing verlangte für das Schauspiel einen „gemischten Charakter", der spontan und psychologisch sowie moralisch differenziert handelt (vgl. Klassik, S. 198ff.). Auf diese Weise wollte Lessing den Zuschauern eine Identifikation mit den Personen auf der Bühne ermöglichen. Um die Charaktereigenschaften der Figuren deutlich werden zu lassen, stellte er an den Aufbau einer Handlung folgende Anforderungen: Sie musste begründet sein (Prinzip der Kausalität), und die Handlung sollte auf ein Ziel hin ausgerichtet sein (Prinzip der Finalität). Die Lösung hatte sich aus den Konflikten des Stückes selbst zu ergeben, der Zufall durfte keine Rolle spielen.

Jakob Michael Reinhold Lenz blieb aus verschiedenen Gründen für seine Mitwelt ein Außenseiter: Er wurde 1751 als Pfarrerssohn in Livland geboren, studierte in Königsberg Theologie, kam 1771 als Hofmeister zweier kurländischer Adliger nach Straßburg und schloss dort mit Goethe und den Dichtern des „Sturm und Drang" Freundschaft. Dort schrieb er seine Dramen *Der Hofmeister* und *Die Soldaten*, in denen er die Missstände des damaligen Stände- und Erziehungswesens heftig kritisierte. 1776 tauchte er, Goethe folgend, in Weimar auf, und wurde dort nach kurzer Zeit wegen eines gesellschaftlichen Skandals vom Hofe verwiesen. 1778 hielt er sich – von unsteter Wanderschaft krank – bei Pfarrer Oberlin im Elsass auf: Der Krankheitsbericht wird von Georg Büchner für seine Erzählung *Lenz* benutzt. Psychisch krank ging er 1791 nach Moskau, wo er 1792 völlig verelendet starb.

Johann Christoph Gottsched wurde 1700 bei Königsberg als Pfarrerssohn geboren; er studierte dort Philosophie und floh 1724 vor preußischen Werbern, die ihn wegen seiner Körpergröße in die Garde der Langen Kerls stecken wollten, nach Leipzig. Er setzte sich als Professor für Poesie und Weltweisheit für die Verbreitung der Aufklärungs-Philosophie von Christian Wolff ein. Er verbündete sich mit der Schauspieltruppe der Caroline Neuber (1697–1760), um das Bühnenwesen zu reformieren. 1741 trennte er sich von ihr und zog sich 1752 ganz vom Theater zurück. Gottsched starb 1766.

7 Gotthold Ephraim Lessing (1729–1781): Brief an Nicolai (Auszug, Biografie S. 158f.)

[...]
Es kann sein, dass wir dem Grundsatze: *Das Trauerspiel soll bessern*, manches elende, aber gut gemeinte Stück schuldig sind; es kann sein, sage ich, denn diese Ihre Anmerkung klingt ein wenig zu sinnreich, als dass ich sie gleich für wahr halten sollte. Aber das erkenne ich für wahr, dass kein Grundsatz, wenn man sich ihn recht geläufig gemacht hat, bessere Trauerspiele kann hervorbringen helfen als der: *Die Tragödie soll Leidenschaften erregen*. [...]

Wenn es also wahr ist, dass die ganze Kunst des tragischen Dichters auf die sichere Erregung und Dauer des einzigen Mitleidens geht, so sage ich nunmehr, die Bestimmung der Tragödie ist diese: sie soll *unsre Fähigkeit, Mitleid zu fühlen*, erweitern. Sie soll uns nicht bloß lehren, gegen diesen oder jenen Unglücklichen Mitleid zu fühlen, sondern sie soll uns so weit fühlbar machen, dass uns der Unglückliche zu allen Zeiten und unter allen Gestalten rühren und für sich einnehmen muss. Und nun berufe ich mich auf einen Satz, den Ihnen Herr Moses [Mendelssohn] vorläufig demonstrieren mag, wenn Sie, Ihrem eignen Gefühl zum Trotz, daran zweifeln wollen. *Der mitleidigste Mensch ist der beste Mensch*, zu allen gesellschaftlichen Tugenden, zu allen Arten der Großmut der aufgelegteste. Wer uns also mitleidig macht, macht uns besser und tugendhafter, und das Trauerspiel, das jenes tut, tut auch dieses, oder – es tut jenes, um dieses tun zu können. Bitten Sie es dem Aristoteles ab, oder widerlegen Sie mich.

Auf gleiche Weise verfahre ich mit der Komödie. Sie soll uns zur Fertigkeit verhelfen, alle Arten des Lächerlichen leicht wahrzunehmen. Wer diese Fertigkeit besitzt, wird in seinem Betragen alle Arten des Lächerlichen zu vermeiden suchen und eben dadurch der wohlgezogenste und gesittetste Mensch werden. Und so ist auch die Nützlichkeit der Komödie gerettet.

Beider Nutzen, des Trauerspiels sowohl als des Lustspiels, ist von dem Vergnügen unzertrennlich; denn die ganze Hälfte des Mitleids und des Lachens ist Vergnügen, und es ist großer Vorteil für den dramatischen Dichter, dass er weder nützlich noch angenehm, eines ohne das Andere sein kann.
(13.11.1756)

4. Exzerpieren Sie arbeitsteilig aus den Texten 3–7, was über die Ziele, das Wirklichkeitsverhältnis, die Gestaltungsmittel und die Wirkung des Theaters ausgesagt wird.

5. Erörtern Sie die Frage: „Was kann das Theater heute noch bewirken?"

3. „Leben wir in einem aufgeklärten Zeitalter?" (Immanuel Kant) – Wirkungsgeschichte einer Großepoche und Problemerörterung

Die Ideen der Aufklärung und des „Sturm und Drang" setzten einen Prozess der geistigen Auseinandersetzung in Gang, der die Entwicklung der vergangenen zwei Jahrhunderte in allen Bereichen menschlicher Erkenntnis entscheidend beeinflusste. Die Frage Immanuel Kants im Jahre 1784, ob er in einem „Zeitalter der Aufklärung" oder in einem „aufgeklärten Zeitalter" lebe, ist auch für unser gegenwärtiges Zeitalter nur schwer zu beantworten.
Die nachfolgenden Texte und Bilder geben verschiedene Antworten auf diese Frage und sollen zur Diskussion anregen.

Francisco de Goya (1746–1828), spanischer Maler, stellte in seiner Reifezeit mit unerbittlicher Schärfe Elend und Krieg dar. Seine Radierungen geißeln vor allem menschliche und gesellschaftliche Schwächen. Als Hofmaler schuf er Porträts von entlarvendem Realismus. In seiner Spätzeit malte er Bilder von hintergründiger, spukhafter Fantastik.

1 Francisco de Goya (1746–1828): Der Traum der Vernunft gebiert Ungeheuer

1. Beschreiben Sie Goyas Radierung und versuchen Sie den Titel des Bildes zu erklären.

2 Günter Grass (*1927): Der Traum der Vernunft* (Auszug)

Bevor Voltaire, Rousseau und Diderot einander widersprechen und eine Epoche ausschreiten, deren verwirrte Nachfahren wir sind, soll eine Grafik vorgestellt werden, deren Emblematik Deutung herausfordert. Die Unterschrift „Der Traum der Vernunft erzeugt Ungeheuer" hat Goya einer Aquatinta-Radierung beigegeben, die einen über seinem Schreibwerkzeug schlafenden Mann zeigt, hinter dem Nachtgetier, Eulen und Fledermäuse flattern und ein Raubtier lagert: fast Luchs, noch Katze. Doch da das spanische Wort für Traum auch Schlaf bedeuten kann, könnte der Untertitel des beängstigenden Bildes auch heißen: „Der Schlaf der Vernunft erzeugt Ungeheuer." Und schon ist der Streit entfesselt, tritt das Elend der Aufklärung zutage, sind wir beim Thema. Zweierlei wird bildhaft der Vernunft unterstellt: indem sie träumt, gebiert sie Ungeheuer, ihre Träume sind Ungeheuer – oder: weil die Vernunft schläft, ist den nächtlichen Ungeheuern Freiraum gegeben, macht sich Unvernunft breit, wird das mühsame Werk der Aufklärung überschattet, mit Dunkelheit überzogen, zunichte.

Die erste Deutung spricht für sich: Die Vernunft, des Menschen besondere, ihn auszeichnende Gabe, ist gleichwohl fähig, sobald sie träumt, Ungeheuer, sprich, erschreckende Visionen und Utopien als Schreckensherrschaften zu entwerfen. Vergangenheit und Gegenwart bestätigen diese Deutung, denn alle bis heute wirksamen Ideologieentwürfe sind Träume aufklärender Vernunft und haben – hier als Verelendung produzierender Kapitalismus, dort als mit Zwang herrschender Kommunismus – ihre Ungeheuerlichkeit bewiesen.

Die zweite Deutung wirft Fragen auf, die, sobald sie beantwortet werden, neue Fragen hecken. Etwa: Darf die Vernunft, weil sie schlafend den Ungeheuern, also dem Irrationalismus das Feld überläßt, niemals schlafen? Natürlich nicht, sagen wir. Wo kommen wir hin, wenn die Vernunft schläft. Nie wieder darf die Vernunft schlafen, darf uns die Vernunft einschlafen. Wehret den Anfängen! Nicht einmal ermüdet blinzeln darf sie. Eine allezeit wache Vernunft fordern wir als gebrannte Kinder einer Epoche, in der die Vernunft schlief und das Ungeheuer, Faschismus genannt, geboren wurde.

Dennoch gibt die Gegenfrage nicht Ruhe: Was ist das für eine Vernunft, die nicht schlafen, den Traum nicht zulassen darf? Ist diese immerwache Vernunft nicht gleichfalls schrecklich und tagheller Ungeheuerlichkeiten fähig? Wird diese Vernunft, die aufklären, erhellen, erleuchten soll, nicht letzten Endes – und schon tut sie es – uns alle durchleuchten, durchsichtig, gläsern, erfaßbar machen, auf daß wir ohne Geheimnis und Nachtseite sind? Hat nicht diese überwache, sich wissenschaftlich nennende Vernunft den vormals weitgefaßten Begriff von Fortschritt auf technisches Maß, auf einzig das technisch Machbare reduziert? Eine Vernunft, die nicht schlafen darf, die mittlerweile, selbst wenn sie schlafen wollte, Schlaf nicht mehr fände, eine schlaflose Vernunft gibt kaltes Licht und macht frösteln: dabei wären Träume vonnöten. Nachtflüge der Einbildungskraft und Märchen, aus deren Getier – Fledermaus, Eule und Luchs – gleichwohl Vernunft spräche. (v 1984)

Mit dem Erscheinen seines ersten Romans *Die Blechtrommel* (1959) veränderte sich das Leben des 1927 als Sohn einer kaschubisch-slawischen Mutter und eines protestantischen Vaters geborenen Schriftstellers **Günter Grass** durch den Ruhm schlagartig.
Mit 10 Jahren wurde Grass Mitglied des Jungvolkes, mit 14 der Hitler-Jugend, mit 15 Luftwaffenhelfer und mit 17 Jahren Panzerschütze an der Ostfront. Alle diese Erfahrungen verarbeitete er neben der *Blechtrommel* in seinem Roman *Hundejahre* (1963) und in der Novelle *Katz und Maus* (1961), in den Werken dieser sog. „Danziger Trilogie".
Der Kriegseinsatz beendete den Besuch des Gymnasiums; Grass studierte von 1948–1956 Grafik und Bildhauerei in Düsseldorf und Berlin. Von 1956-1960 lebte er mit seiner Frau in Paris. 1960 zog er mit seiner Familie nach Berlin und engagierte sich politisch von 1961–1972 für die Politik Willy Brandts. Die Erfahrungen des politischen Engagements prägen die Werke dieser Zeit: das Schauspiel *Die Plebejer proben den Aufstand* (1966), *Örtlich betäubt* (1969) und *Aus dem Tagebuch einer Schnecke* (1972) sowie z. T. auch seine Lyrik. 1972 zog sich Grass aus der Öffentlichkeit nach Holstein zurück und ging eine zweite Ehe ein. Es erschienen die Romane *Der Butt* (1977), *Kopfgeburten* (1979), *Die Rättin* (1986). Grass' Haltung ist seit den 80er-Jahren von tiefer Skepsis bestimmt: Im *Butt* wird die Weltgeschichte aufgerollt. *Die Rättin* warnt vor einem atomaren Untergang. Im Jahre 1999 erhielt Günter Grass den Nobelpreis. *Ein weites Feld* (1995), *Mein Jahrhundert* (1999) und *Im Krebsgang* (2002) sind weitere Werke.

3 Friedrich Nietzsche (1844–1900): Der tolle Mensch (Auszug, Biografie S. 315 f.)

Habt ihr nicht von jenem tollen Menschen gehört, der am hellen Vormittage eine Laterne anzündete, auf den Markt lief und unaufhörlich schrie: „Ich suche Gott! Ich suche Gott!" – Da dort gerade viele von denen zusammenstanden, welche nicht an Gott glaubten, so erregte er ein großes Gelächter. Ist er denn verloren gegangen?, sagte der eine. Hat er sich verlaufen wie ein Kind?, sagte der andere. Oder hält er sich versteckt? Fürchtet er sich vor uns? Ist er zu Schiff gegangen? ausgewandert? – so schrien und lachten sie durcheinander. Der tolle Mensch sprang mitten unter sie und durchbohrte sie mit seinen Blicken. „Wohin ist Gott?", rief er, „ich will es euch sagen! *Wir haben ihn getötet* – ihr und ich! Wir alle sind seine Mörder! Aber wie haben wir dies gemacht? Wie vermochten wir das Meer auszutrinken? Wer gab uns den Schwamm, um den ganzen Horizont wegzuwischen? Was taten wir, als wir diese Erde von ihrer Sonne losketteten? Wohin bewegt sie sich nun? Wohin bewegen wir uns? Fort von allen Sonnen? Stürzen wir nicht fortwährend? Und rückwärts, seitwärts, vorwärts, nach allen Seiten? Gibt es noch ein Oben und ein Unten? Irren wir nicht wie durch ein unendliches Nichts? Haucht uns nicht der leere Raum an? Ist es nicht kälter geworden? Kommt nicht immerfort die Nacht und mehr Nacht? Müssen nicht Laternen am Vormittage angezündet werden? Hören wir noch nichts von dem Lärm der Totengräber, welche Gott begraben? Riechen wir noch nichts von der göttlichen Verwesung? – auch Götter verwesen! Gott ist tot! Gott bleibt tot! Und wir haben ihn getötet! Wie trösten wir uns, die Mörder aller Mörder? Das Heiligste und Mächtigste, was die Welt bisher besaß, es ist unter unsern Messern verblutet – wer wischt dies Blut von uns ab? Mit welchem Wasser könnten wir uns reinigen? Welche Sühnefeiern, welche heiligen Spiele werden wir erfinden müssen? Ist nicht die Größe dieser Tat zu groß für uns? Müssen wir nicht selber zu Göttern werden, um nur ihrer würdig zu erscheinen? Es gab nie eine größere Tat – und wer nur immer nach uns geboren wird, gehört

2. Fassen Sie die Hauptgedanken aus A.W. Schlegels „Vorlesungen …" (S. 251 f.) und des Lexikonartikels (S. 190) in Thesen zusammen.

3. Erläutern Sie,
a) worin nach Günter Grass der „Traum der Vernunft" besteht;
b) wer der „tolle Mensch" ist, den Nietzsche (Text 3) beschreibt.

um dieser Tat willen in eine höhere Geschichte, als alle Geschichte bisher war!" – Hier schwieg der tolle Mensch und sah wieder seine Zuhörer an: auch sie schwiegen und blickten befremdet auf ihn. Endlich warf er seine Laterne auf den Boden, dass sie in Stücke sprang und erlosch. „Ich komme zu früh", sagte er dann, „ich bin noch nicht an der Zeit. Dies ungeheure Ereignis ist noch unterwegs und wandert – es ist noch nicht bis zu den Ohren der Menschen gedrungen. Blitz und Donner brauchen Zeit, das Licht der Gestirne braucht Zeit, Taten brauchen Zeit, auch nachdem sie getan sind, um gesehn und gehört zu werden. Diese Tat ist ihnen immer noch ferner als die fernsten Gestirne – *und doch haben sie dieselbe getan!*" – Man erzählt noch, dass der tolle Mensch desselbigen Tages in verschiedene Kirchen eingedrungen sei und darin sein *Requiem aeternam deo* angestimmt habe. Hinausgeführt und zur Rede gesetzt, habe er immer nur dies entgegnet: „Was sind denn diese Kirchen noch, wenn sie nicht die Grüfte und Grabmäler Gottes sind?" (v 1886)

Aufklärung, im weiteren Sinn jede Belehrung, seit dem Anfang des 18. Jahrh. Bezeichnung einer rationalistisch-ungläubigen Richtung, die den positiven christlichen Glauben als Unwissenheit u. Finsternis behandelt, die Vernunft ‚mündig' u. von den Fesseln der übernatürlichen Offenbarung freimachen will. Von den engl. Deisten ausgegangen, von den franz. Enzyklopädisten eifrig gefördert, drang die A. auch in Deutschland ein, zuerst in den prot. Teilen, wo die innere Spaltung in zahlreiche Sekten u. der immer mehr zum Bewusstsein kommende Widerspruch der symbolischen Bücher mit dem Prinzip der freien Forschung den Boden geebnet hatte; ihre Hauptvertreter fand sie hier in den Philosophen Christian Thomasius, Christian Wolff u. den Theologen I. S. Baumgarten u. Semler, mächtige Gönner u. Förderer in Friedrich II. v. Preußen, dessen Regierungszeit vorzüglich als das Zeitalter der A. gilt, Kant, Lessing, Herder, Wieland u. Goethe, dem Illuminatenorden u. der ‚Berliner Gesellschaft der Freunde der A.' mit Nicolai an der Spitze, der ihr bes. durch seine ‚Allgemeine deutsche Bibliothek' weite Verbreitung verschaffte. Vom Norden her drang die A. bald auch in die kath. Teile Deutschlands ein, in Österreich (bes. unter Joseph II.), Bayern u. die rheinischen Kurfürstentümer. Gegen Ende des 18. Jahrh. herrschte an allen kath. deutschen Universitäten in Philosophie u. Theologie die seichteste A. Alle kath. Dogmen u. Einrichtungen wurden ‚vernunftgemäß' umgestaltet u. verflacht; selbst in der Liturgie u. den Gebetbüchern wurde alles eigentümlich Katholische u. Christliche beseitigt od. mit dem Zeitgeist in Einklang gebracht. [...]

Aus: Herders Konversations-Lexikon, 3. Aufl., Bd. 1, Freiburg (Herdersche Verlagsbuchhandlung) 1902, S. 811.

Mögliche weitere **Themen des Projektunterrichts** zur Epoche „Aufklärung – Empfindsamkeit – Sturm und Drang" (zur Auswahl):

1. Goethe als „Sturm und Drang"-Dichter: Seine Erfahrungen, Begegnungen, Erlebnisse und Eindrücke während seiner Zeit in Straßburg und Wetzlar und ihre Wirkung auf seine Dichtung (z. B. Autobiografie, *Dichtung und Wahrheit* oder Biografien seiner Zeitgenossen im Vergleich).
2. Werther und Karl Moor – zwei repräsentative Figuren einer literarischen Strömung?
3. Individuum und Gesellschaft in Goethes Roman *Die Leiden des jungen Werthers*
4. Goethe und Schiller als Dichter des „Sturm und Drang"
5. Lebensbedingungen der deutschen Schriftsteller im 18. Jahrhundert und ihr Einfluss auf die Gesellschaft
6. Die Ideen der Aufklärung und ihre gesellschaftlich-politische Wirkung im 18. und 19. Jahrhundert
7. G.E. Lessing – ein Schriftsteller der Aufklärung
8. Lessings Figur des Nathan – eine repräsentative Figur einer Epoche und ihre Bedeutung für unsere Gegenwart?
9. Dramen als Spiegelbilder einer Epoche, z. B. Lessing: *Nathan der Weise*
Goethe: *Götz von Berlichingen*
Schiller: *Die Räuber, Kabale und Liebe*
10. Dramen und ihre Inszenierung auf der Theaterbühne unter Berücksichtigung der Dramentheorien der Dramatiker: Goethe, Schiller, Lenz und Lessing
11. Goethe: *Die Leiden des jungen Werthers*
Per Nilsson: *So loneley*
Altes Liebesleid/neues Liebesleid

Im **Projektunterricht** (PU) können in Zusammenarbeit mit dem Fach Geschichte die Weiterwirkung der Großepoche „Aufklärung" und ihre kritische Rezeption untersucht werden. Es kann auch sinnvoll sein, die Formen freien Arbeitens mit einzubeziehen. (S. 179f.)
Der romantische Dichter E.T.A. Hoffmann hat sich mit seiner Erzählung *Klein Zaches genannt Zinnober* (1819) mit dem Gedankengut der Aufklärung auseinandergesetzt. Hoffmann erzählt von einem Land, in dem die Aufklärung verordnet wird und das einem Widerling huldigt. In dieser Erzählung werden die philisterhafte Enge kritisiert und eine trivialisierte Aufklärung in Frage gestellt, die von wirtschaftlichem Denken und materialistischem Gewinnstreben geprägt ist.

Als methodische Verfahrensweisen können folgende Vorschläge bedacht werden:

In der **Planungsphase** kann das Klassenzimmer als Literatur-Werkstatt für Arbeitsmaterial und Gestaltungsflächen vorbereitet werden.
- Methoden- und Zieldiskussion
- Aufstellung eines Arbeitsplanes: Einteilung in 5–6 Gruppen

In der **Erarbeitungsphase**
- Lektüre der Erzählung zu Hause
- Vorbereitung eines „Salons der aufgeklärten Geselligkeit" im Gegensatz zur höfischen Gesellschaft
- Bereitstellen eines sog. Handapparates
- Einzel- oder Gruppenreferate z. B. über die Figuren: Tagebuchnotizen schreiben, Kommentare, Stellungnahmen verfassen (siehe Seite 185f. über die Möglichkeiten des „gestaltenden Interpretierens").

Die **Präsentation** kann z. B. an einem Projekttag erfolgen: etwa in Form eines literarischen Forums mit Bildern, Musik und Textvorträgen u.a.

Giovanni Battista Piranesi: „Gefängnis“, Blatt VII der „Carceri d’invenzione“, 1760

4. a) Beschreiben und deuten Sie Piranesis „Gefängnis“.
b) Stellen Sie Ihr „Bild“ der Aufklärung dar und versuchen Sie Kant auf die Frage „Leben wir in einem aufgeklärten Zeitalter?“ eine Antwort zu geben.

m

Problemerörterung 2: Die freie (fachspezifische) Erörterung lässt sich als schriftliche Form des *Fachgesprächs* und der *Diskussion* (des Rundgesprächs) beschreiben, wobei jedoch ein Einzelner die „Rollen“ einer ganzen Diskussionsrunde übernehmen muss. Dabei hat die Schreiberin/der Schreiber möglichst viele Standpunkte zu einem Problem in einer *mehrperspektivischen* Auseinandersetzung (vgl. S. 22f.) zu berücksichtigen. Sie stützt sich auf Ihre Allgemeinbildung bzw. auf Fachkenntnisse aus dem Deutschunterricht. Dabei kommt es darauf an – anders als bei der auf einen Sachtext bezogenen textgebundenen Erörterung und anders auch als bei der auf Dichtung gerichteten literarischen Erörterung –, dass Sie Ihr Wissen sachgerecht, argumentativ, gut belegt und anschaulich in planvoller Gliederung nach dem Drei-Phasen-Modell darstellen.

Thema: Der Philosoph Martin Buber (1878–1965) vertritt die Auffassung, „dass die Zukunft des Menschen als Mensch von einer Wiedergeburt des Dialogs abhängt“.
Erörtern Sie diese Behauptung!

Problemstellung → die Zukunft des Menschen …
Aufgabenstellung → Erörtern Sie diese Behauptung!

Das **Thema zu verfehlen,** ist eine unbegründete Sorge, wenn folgende Punkte beachtet werden:
1. Die *Schlüsselbegriffe* müssen in ihrer Bedeutung (Semantik) und in ihrer Beziehung (Referenz) klar sein.
2. Durch *Ersatzproben* kann die Reichweite von Schlüsselbegriffen erkundet werden. Z. B.: Dialog = Zwiegespräch zeigt, dass es eine engere und weitere Bedeutung gibt.
3. Durch *Kontrastierung* von Begriffen erschließt sich die Bedeutung ebenfalls. Z. B.: Dialog ↔ Monolog, Mensch ↔ Unmensch
4. Die Ergebnisse der *Themenanalyse* können durch Abhaken der Schlüsselbegriffe in der Problemstellung auf ihre Vollständigkeit überprüft werden.
5. Auch für die *Überprüfung der Stoffsammlung* – der Streichung oder Ergänzung von Aspekten – sind die Ergebnisse der Themenanalyse ein wichtiges „Kontrollinstrument".

5. a) Prüfen und ergänzen Sie die Themenanalyse.
b) Erweitern Sie die Stoffsammlung.

Die **Gewichtung** der Erörterung ist entscheidend für das Gelingen.
1. Die *Klärung der Anforderungen* des Zitats ergibt den ersten, knapperen Teil der Darstellung.
2. Ein *Cluster* soll keineswegs additiv und gleichgewichtig abgehandelt werden, sondern dient als Skizzierung von Möglichkeiten, aus denen begründet ausgewählt werden muss (z. B. die rot markierten Bereiche).
3. Die *Methodenerläuterung* und die Begründung des Erörterungspunkts sind maßgebliche Qualitätskriterien einer gelungenen Erörterung.

1. Phase: Spontane Einfälle (Assoziationen) und Themenanalyse

Spontane Einfälle:
- Erwartung für die Zukunft, d. h. Mangel in der Gegenwart und Vergangenheit
- „Mensch als Mensch" → was ist das Wesen des Menschen?
- Was wäre der Gegensatz? ...
- „Wiedergeburt" nach welchem Vorbild?

Themenanalyse: Erörtern eines Zitates

„Mensch als Mensch", d. h.
- als humanes Wesen,
- als soziales Wesen,
- ...
- ...

„Dialog", d. h.
- i.e.S. Zwiegespräch,
- Diskurs statt Monolog
- ...

„Wiedergeburt", d. h.
- Fehlen in der Gegenwart und Vergangenheit; wieso?
- Erneuerung eines früheren Vermögens
- ...

Ergebnis:
- Das Thema verlangt zunächst eine genaue Erläuterung von zentralen Begriffen aus der Problemstellung.
- Danach ist durch die Aufgabenstellung die Gültigkeit der These kritisch zu überprüfen.

2. Phase: Stoffsammlung und Gliederung

a) Ein **Cluster** dient der Aufschlüsselung nach Bereichen und Beispielen

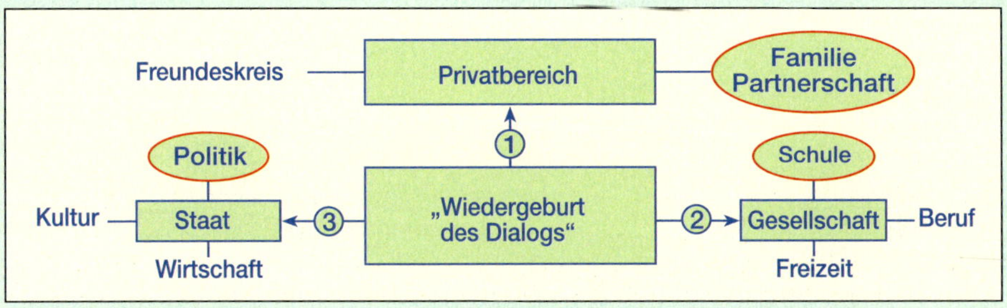

b) Eine **historische Einordnung** dient der weiteren Differenzierung

Zeitdiagnose M. Bubers, z. B. im Blick auf Diktaturen	Chancen für die „Wiedergeburt des Dialogs" in Demokratien ...
– Diktatur bedeutet • Befehl und Gehorsam • Unterdrückung der Meinungs- und Pressefreiheit ... ... – Dialogfähigkeit heißt • Freiheitsrechte besitzen • Individualität statt Kollektivierung	– Demokratie setzt voraus • Meinungsfreiheit • Dialog- und Mitwirkungsbereitschaft ... ... – Weiterentwicklung der Dialogfähigkeit durch • partnerschaftliche Erziehung, • Stärkung der gesellschaftlichen Mitwirkung ... ...

c) Die **Gliederung** könnte dreiteilig sein:
- Genaue Erläuterung der Schlüsselbegriffe des Zitats. Dies kann auf der semantischen Ebene erfolgen, sollte aber den Zeitbezug (z. B. die Diktaturen des 20. Jahrhunderts) ebenso berücksichtigen.
- Überprüfen der Gültigkeit von Bubers These, z. B. unter den Verhältnissen der NS-Diktatur in Deutschland.
- Erörtern heutiger positiver Entwicklungen, z. B. in der Demokratie über Parteien, Wahlen, Bürgerbewegungen etc., aber auch der nach wie vor bestehenden Defizite in der Gesellschaft (z. B. Einsamkeit, Egoismus, Kälte)

3. Phase: Ausarbeitung und Korrektur

1. Als **Einleitung** bieten sich an:
   – Der Ausgang von der Autorität Martin Bubers als Denker und Vordenker seiner Zeit;
   – Der Versuch, das Zitat (nach den Lebensdaten des Autors) historisch einzuordnen (zu präzisieren oder zu relativieren?)
   – Die aktuelle Anknüpfung etwa über die heutige Talk-Show-Inflation.
2. Im **Hauptteil** sollte nach der Zitaterläuterung der Schwerpunkt auf der heutigen Gültigkeit von Bubers These liegen.
3. Als **Schluss** könnte
   – eine Bilanz gezogen werden durch den Vergleich des von Buber beklagten Defizits und den heutigen Verhältnissen;
   – ein Ausblick eröffnet werden auf dringend gebotene Verbesserungen für die Gegenwart und nächste Zukunft.
   Z. B.: Die Talk-Manie ist oft das Gegenteil von wirklichem Dialog.
4. Die **Korrektur** sollte im Speziellen achten
   – auf die exakte Begriffserläuterung der im Zitat verwendeten Schlüsselwörter
   – sowie auf die klare Herausstellung der historischen Berechtigung von Bubers These und der differenzierten Abwägung ihrer aktuellen Reichweite.

4 Vorschläge für Einleitungen und Schlüsse

a) In meiner Erörterung soll ich mich mit Martin Bubers Auffassung, „dass die Zukunft des Menschen als Mensch von einer Wiedergeburt des Dialogs abhängt", auseinandersetzen. Zuerst will ich darstellen, was ein Dialog ist, dann will ich beschreiben, was unter der „Zukunft des Menschen" zu verstehen ist, schließlich will ich klären, was eine „Wiedergeburt des Dialogs" bedeuten kann.

b) Die Auffassung Martin Bubers leuchtet mir nicht ein; ich sehe wichtigere Aufgaben, die die Menschen zu bewältigen haben, wie die Bewältigung der Hungersnöte in der Dritten Welt, des Müllproblems in den Industrieländern oder die Verhinderung der weiteren Zerstörung der Regenwälder in den Tropen. Was soll da die „Wiedergeburt des Dialogs" bewirken?

c) In Martin Bubers Behauptung geht es vor allem um die Bedeutung des Dialogs zwischen den Menschen.

d) Nach der Erörterung von Martin Bubers These muss ich einräumen, dass meine erste Aussage zum Thema zu eng gefasst war. Mir ist im Laufe der Auseinandersetzung klargeworden, dass es Martin Buber nicht nur um die Bedeutung eines Dialogs geht, sondern dass er vor allem verlorengegangene Fähigkeiten der Menschen meint, die sie benötigen, um ihre Probleme zu lösen. Leider konnte ich nicht alle Aspekte der Aufgabe darlegen, da sie mir erst am Ende meiner Arbeit ganz einsichtig wurde.

e) Über die Behauptung Martin Bubers, dass die Zukunft des Menschen „von einer Wiedergeburt des Dialogs" abhinge, war ich im ersten Moment sehr erstaunt. Ich denke zuerst an die Bedrohung durch Umweltzerstörung, Hochrüstung und an die atomare Verseuchung durch ein Unglück in einem Kernkraftwerk, wenn es um die Zukunft der Menschen geht. Warum es für unsere Zeit lebensnotwendig sein soll, dass wir wieder miteinander sprechen lernen, darüber möchte ich mir in der nachfolgenden Untersuchung Klarheit verschaffen.

f) Das Thema verlangte meiner Meinung nach eine Besinnung auf die Frage, warum es für unsere Zeit lebensnotwendig ist, dass wir wieder miteinander sprechen lernen. Ich habe als erstes Ergebnis dargelegt, dass das Wort „Dialog" das Mit-einander-Reden meint, das echte Gespräch, die Begegnung von Mensch zu Mensch im Gespräch. Ich bin wie Martin Buber überzeugt – an den Beispielen wurde dies deutlich –, dass den Menschen die „Kultur des Gesprächs" verlorengegangen ist. Dem äußeren Fortschritt unserer modernen Zivilisation muss der innermenschliche Fortschritt entsprechen, sonst können wir nicht mit Toleranz, Rücksichtnahme und Einsicht die schwierigen Probleme unserer Gegenwart auf vernünftige Weise lösen. Ob dies uns gelingen wird?

6. a) Sortieren Sie die Schülerbeispiele nach Vorschlägen für die Einleitung und für den Schluss und begründen Sie Ihre Zuordnung.
b) Verbessern Sie je ein Beispiel für Einleitung und Schluss, das Ihnen besonders unzulänglich erscheint.

Häufige **Fehlertypen** innerhalb einer Erörterung sind u.a.
– Die *Verwechslung* von Beispiel und Argument. Z.B.: Gewalttätigkeit zeugt oft von geistiger Unterlegenheit, wie der Überfall auf den Algerier zeigt.
– Die *Reihung von Thesen* ohne Begründung. Z.B.: Körperliche Gewalt ist Machtmissbrauch. Sie verweigert die Auseinandersetzung. Gewalt verletzt die eigene Würde wie die des andern.
– Der *Ersatz von Argumenten* durch irrationale Reaktionen (z.B. bloße Gefühle, Beleidigungen, Verniedlichungen, Drohungen etc.) Z.B.: Gewaltanwendung muss vermieden werden, auch wenn du zu dumm bist, dies einzusehen.
– *Unzureichende Argumente* können nicht durch Verallgemeinerungen aufgewertet werden. Z.B.: Bloße Drohung ist noch keine Gewalt, weil es ja nicht zu Handgreiflichkeiten kommt, wie jeder weiß.
– *Mangelnde Partnereinschätzung* verhindert das rechtzeitige Mitbedenken möglicher Gegenargumente. Z.B.: Diese Auffassung ist unbestreitbar [...]: Diese Auffassung ist vom Standpunkt der katholischen Morallehre aus unbestreitbar, wenn man auch einräumen muss, dass aus marxistischer Sicht [...]

5 Elemente aus dem Hauptteil

a) Wenn Martin Buber von der Zukunft spricht, hat er für seine Zeit eine Gegenwart und Vergangenheit vor Augen, in denen der Dialog i.w.S. nicht so gepflegt wird, wie er menschenwürdig sein sollte. Dabei liegt es nahe, das Zeitalter der Diktaturen – in Italien, Deutschland und der Sowjetunion – als Zielpunkt von Bubers Kritik zu betrachten. Denn in einer Atmosphäre von Unfreiheit, Propaganda und Überwachung [...] Aber im Bereich des gesellschaftlichen Lebens gilt Bubers kritische Diagnose bis heute. Denn wie viele Menschen leben unbeachtet in absoluter Einsamkeit? Wie oft liest man von Toten, die erst nach Monaten zufällig in ihrer Wohnung gefunden werden? Und wie egoistisch leben Menschen vielfach nebeneinander her in einer kalten und hektischen Welt? [...]

b. Die „Zukunft des Menschen als Mensch“ hängt in erster Linie von einer friedlichen Politik und einer gesunden Umwelt ab und nicht von der „Wiedergeburt des Dialogs“. Denn mit bloßem Reden im Zwiegespräch ist nichts gewonnen, kein sauberes Wasser, keine reine Luft und kein gutes Klima. Und schließlich: Was wird nicht geredet und geredet in unserer Medienwelt. Ich erwähne nur die Talkshows auf allen Kanälen. Und was kommt dabei heraus? Seichtes pseudopolitisches Geplauder, wichtigtuerische Selbstdarstellung und indiskretes Aushorchen des sog. „Gesprächspartners“! Am Dialog fehlt es heute also überhaupt nicht, [...]

7. a) Führen Sie die im Beispiel a begonnenen Gedanken weiter.
b) Kommentieren Sie den Text b. und geben Sie Tipps für die Überarbeitung.

8. Schreiben Sie die Erörterung zur These Martin Bubers.

D.N. Chodowiecki: „Aufklärung“. Dieser Stich erschien unter dem Titel „Sechs grosse Begebenheiten des vorletzten Decenniums 1791“ im Göttinger Taschenkalender für das Jahr 1792.

Die zentrale Zielsetzung der **philosophischen Aufklärung** nennt im Jahre 1784 der Philosoph Immanuel Kant (1724–1804): „Habe Mut, dich deines eigenen Verstandes zu bedienen. Sapere aude!“ Diese Aufforderung vom Ende der Aufklärungs-Epoche haben viele Denker schon seit über 100 Jahren ernst genommen. Die Aufklärung dauerte in Deutschland von 1700 bis 1789, begann als geistige Bewegung in Frankreich und England aber schon im 17. Jahrhundert: Der französische Philosoph und Mathematiker René Descartes (1596–1650) erklärte, dass es nichts Nützlicheres zu erforschen gäbe als die menschliche Erkenntnisfähigkeit und ihre Grenzen. Pierre Bayle (1647–1705) wies auf den Widerspruch von offenbarter Religion und Vernunft hin.
Und Voltaire, eigentlich Francois–Marie Arouet (1694–1778), hoffte, dass sich die Ideen der Gerechtigkeit in Zukunft durch vernünftiges Handeln verwirklichen lassen und so die unvollkommenen Verhältnisse in Staat, Gesellschaft und Kirche gemildert werden könnten. Charles Montesquieu (1689–1755) verlangte in seiner Schrift *L´Esprit des lois* (1748) die Kontrolle staatlicher Macht zum Schutz des mündigen Bürgers. Beeinflusst waren Montesquieu und Voltaire von den englischen Aufklärern John Locke (1632–1704) und David Hume (1711–1776). John Locke war überzeugt, dass der Mensch über das Beobachten der Natur zu Erfahrungen gelangt; es werden so Empfindungen in ihm geweckt und Vorstellungen in ihm hervorgerufen. David Hume entwickelte Lockes empirischen Denkansatz weiter und war überzeugt, dass die Menschen bei all ihrem Tun und Streben nach Glück suchen. Diese Ideen übernahmen die deutschen Aufklärer Christian Wolff (1679–1754), Johann Christoph Gottsched (1700–1766) und Gotthold Ephraim Lessing (1729–1781). Wolff vereinigte antikes, mittelalterlich-scholastisches Denken mit den Ideen der französischen und englischen Aufklärer und verbreitete mit seinen popular-philosophischen Schriften die Ideen der Aufklärung im deutschen Bürgertum: Für ihn war der gesunde Menschenverstand (common sence) Grundlage für ein glückliches und tugendhaftes Leben.
Alle Aufklärer strebten eine selbstständige, umfassende Ausbildung und Förderung des menschlichen Verstandes an und stellten alte Autoritäten kritisch in Frage. So wurde z.B. die Vorstellung von einem geoffenbarten biblischen Gott durch einen außerweltlichen Gott ersetzt, der durch die Vernunft als Baumeister der Welt begründet werden konnte (Deismus): Gott hat die Welt nach vernünftigen Gesetzen geschaffen, nach denen sie nun unabhängig von ihm abläuft. Er ist ein gütiger Gott und Grundlage aller sittlichen Normen. Immanuel Kant fasst die Ideen der Aufklärung zusammen: Die Aufgabe des Menschen ist es, die Vernunft zu verbreiten und die Tugend zu fördern. Die Aufklärung war

geprägt von einer optimistischen Grundüberzeugung, in der „besten aller Welten" (Gottfried Wilhelm Leibniz, 1646–1716) zu leben. Die Anhänger der Aufklärung verstanden sich über alle nationalen Grenzen hinweg als Weltbürger und waren überzeugt, alle Probleme der Philosophie, Wissenschaft und Gesellschaft mit Hilfe der Vernunft erklären und z.T. auch lösen zu können. Dass diese Ideen vor allem die Bürger in den großen Handelsstädten wie Hamburg, Leipzig und Zürich sowie Universitätsstädten wie Halle, Jena oder Straßburg u.a. erreichten, ist nicht verwunderlich.

Auch die **Dichtung** hatte sich an den Gesetzen der Vernunft zu orientieren: Künstlerisches „Gesetzbuch" wurde in Europa zeitweise Nicolas Boileaus (1636–1711) Lehrgedicht *L'Art poetique* (1674): Die Dichtung sollte für ihn die Natur nachahmen, indem sie jedoch alles Rohe und Derbe durch eine stilisierende Kunst läutert. Sie untersteht der Vernunft, die in den ästhetischen Gesetzen ewige, in der Antike am reinsten verkörperte Kunstschöpfungen sieht. Bestimmende Regeln für Boileau sind Klarheit, Maß und logische Verkettung.

Der Mensch stand im Mittelpunkt der Dichtung der Aufklärungszeit: In allen literarischen Gattungen werden „Helden" gezeigt, die sich durch Willensstärke, vernünftiges sowie zweckorientiertes Handeln auszeichnen und so zu vollkommenen Menschen entwickeln. Johann Christoph Gottsched (1700–1766) kämpfte als Sprachwissenschaftler, Dichter und Theaterreformer gegen die Auswüchse des Barocktheaters und den rohen Sprachgebrauch, indem er vernünftige Regeln aufstellte und das französische Theater als Vorbild empfahl (s. S. 186f.) Gotthold Ephraim Lessing (1729–1781) kritisierte Gottscheds formale Starrheit und verlangte in den Theaterstücken mehr wahres Leben nach dem Vorbild William Shakespeares. Er trat ein für Toleranz und Humanität.

Gründung des Göttinger Hainbundes 1772, Holzstich, Friedrich Gottlieb Klopstock war das literarische Vorbild dieses Freundeskreises von empfindsamen jungen (rund 20 Jahre alten) Dichtern, meist Studenten.

Die Dichtung der Aufklärungszeit versuchte auf verschiedenartigste Weise belehrend und bessernd zu wirken. Die Fabel erlebte ab 1730 eine Renaissance: Autoren wie Hagedorn, Gellert, Pfeffel und Lessing (s. S. 160ff.) schrieben Fabeln in unterhaltendem und galant-ironischem Stil, aber auch mit heftiger Kritik an Missständen und menschlichen Schwächen. Hagedorn, Lessing, Goethe u.a. schrieben Gedichte im anakreontischen Stil. Die Gefühle werden stilisiert dargestellt; gesprochen wird von Liebe, Wein und Geselligkeit. Den Lebensgenuss in der Tradition des griechischen Philosophen Epikur (341-271 v.Chr.) bestimmten die von der Vernunft geleiteten Haltungen von Anmut und Maß. Der lehrhafte Roman verzichtete ab der Mitte des 18. Jahrhunderts auf einen heroischen Helden von Rang und erzählt von bürgerlichen Helden in der Nachfolge Samuel Richardsons (1689–1761), Henry Fieldings (1707–1754) und Miguel de Cervantes' (1547-1616) *Don Quijote*. Am Ende dieser Romane findet eine Desillusionierung, eine intellektuelle Heilung statt, z.B. in Christoph Martin Wielands (1733–1813) Roman *Die Abenteuer des Don Sylvio von Roselva* (1764). Mit seinem Roman *Die Geschichte des Agathon* (1766) begründete Wieland den Erziehungsroman: Ein junger Mann entwickelt sich zu einer ästhetisch-moralischen Haltung, zu einer gebildeten Sittlichkeit und zu geistiger Unabhängigkeit. In seinem Staatsroman *Der goldene Spiegel* (1772) zeigt er einen Staat des aufgeklärten Despotismus, indem er dem Fürsten einen Spiegel vorhält. In seinem komischen Roman *Die Abderiten, eine sehr wahrscheinliche Geschichte* (1774/80) stellt er das Spießertum seiner Zeit in antikem Gewande bloß.

Titelkupfer zu Friedrich Maximilian Klingers Sturm- und-Drang-Drama „Die Zwillinge" (1777).

FÜNFTES KAPITEL

Klassik

Johann Heinrich Wilhelm Tischbein (1751–1829): Goethe in der Campagna di Roma (1786–1789)

I. Lebendigkeit der Klassik

1. Erinnerung an ein Goethe-Gedicht – Individuelle Aneignung der Tradition

„[...] und du und Schiller ihr seid hernach Classische Schrieftsteller – wie Horaz Lifius- Ovid u wie sie alle heißen ... was werden alsdann die Profesoren Euch zergliedern- auslegen – und der Jugend einpleuen."
Catharina Elisabeth Goethe am 5. Dezember 1807 an ihren Sohn Johann Wolfgang und an ihre Schwiegertocher (in der originalen Orthographie)

„[...] nur dass meinen Ohren das Wort ‚klassisch' widersteht, es ist bei weitem zu abgebraucht, zu rund und unkenntlich geworden."
(Friedrich Nietzsche)

Ältere Literatur ist oft schwer zugänglich; ihre Formen, ihre Sprache, ihre Inhalte können für den heutigen Leser so fremd sein, dass er Widerstände überwinden muss, wenn er sich mit ihr beschäftigen, ihr näherkommen will. Gerade mit dem Begriff „Klassik" verbinden viele die Vorstellung von Distanz, von „hoher" Literatur, die vom alltäglichen Leben weit abgehoben ist. Wie die Aneignung eines älteren Werkes dennoch geschehen, wie es aus der Vergangenheit in die Gegenwart hereingeholt werden kann, dafür findet sich ein Beispiel in Christa Wolfs Roman „Kindheitsmuster" (1977). In diesem Roman sucht die Hauptfigur Nelly mit Angehörigen die heute polnische Stadt G. auf, in der sie geboren wurde und in der sie ihre Kindheit bis zur Flucht vor den russischen Truppen am Ende des Zweiten Weltkriegs verbracht hat. Bei diesem Besuch erschließen sich ihr Erinnerungen an die Vergangenheit. Als die Erzählerin einige Zeit später mit der Niederschrift der Erfahrungen dieser Reise beschäftigt ist, kommt ihr „merkwürdigerweise" ein Gedicht von Goethe wieder in Erinnerung:

1 Christa Wolf (*1929): Kindheitsmuster* (Auszug, Biografie S. 420)

[...]

Verfallen – ein deutsches Wort.

Blick in fremde Wörterbücher: Nirgends sonst diese vier, fünf verschiedenen Bedeutungen. Die deutsche Jugend ist ihrem Führer verfallen. Der Wechsel auf die Zukunft ist verfallen. Ihre Dächer sind verfallen. Aber die ist doch verfallen – haben Sie das nicht gewußt. Keine andere Sprache kennt „verfallen" im Sinne von „unrettbar, weil mit eigener tiefinnerster Zustimmung hörig".

Letzte Nacht – du hattest den Wecker falsch gestellt, er klingelte um fünf, müde, aber nicht ärgerlich lagst du wach – verfielst du merkwürdigerweise auf ein Gedicht des Weimarers, an das du wohl zwanzig Jahre nicht mehr gedacht hattest: Die Zukunft decket Schmerzen und

Glücke / Schrittweis dem Blicke / Doch ungeschrecket / Dringen wir vorwärts. Der Einfall mochte mit den diesjährigen Goethe-Feiern zusammenhängen. Aber gerade dieses Gedicht war nirgends benutzt worden. Es war eine Lust, mit anzusehen, wie es fast unbeschädigt Zeile für Zeile aus dem Gedächtnis aufstieg, die Strophen selbst hervorzubringen und sie zu hören wie zum erstenmal: Und schwer und ferne / Hängt eine Hülle / Mit Ehrfurcht. Stille / Ruhn oben die Sterne / Und unten die Gräber. Das Gedicht mußte ja wohl in dem kleinen blauen Gedichtbüchlein stehen. Dieses Büchlein, fiel dir ein, während das Gedicht auf einer anderen Ebene deines traumwachen Bewußtseins weiterlief, war der eine von zwei Gegenständen, die du aus jenen frühen Zeiten, an die jetzt die Erinnerung führt, herübergerettet und mitgenommen hast. Der zweite Gegenstand ist das große breite Messer, unentbehrlich zum Wenden von Eierkuchen, das Schnäuzchen-Oma versehentlich von einer Bäuerin mitnahm, in deren Scheune sie als Flüchtlinge übernachtet hatten. Der Wutausbruch von Schnäuzchen-Opa, als er es entdeckte: Wir sind doch keine Diebe nicht! – Allen Ernstes verlangte er, man solle umkehren und das Messer zurückbringen.

Gutgut. Gleich morgens nach dem Aufstehen würdest du das Gedicht in dem blauen Buch suchen.

Hier winden sich Kronen / in ewiger Stille, / Die sollen mit Fülle / Die Tätigen lohnen. Im Halbschlaf fingst du an, Fragezeichen hinter einige Zeilen zu machen. „Ungeschrecket"? dachtest du. Und was heißt „vorwärts"? Und „die Kräfte des Guten"?

Erst als du nach dem zweiten Erwachen die vier Strophen schnell aufschriebst, fiel dir die Lücke im optischen Bild am Ende der letzten Strophe auf. Da fehlte eine Zeile. Erst ein, zwei Stunden später, da eine genaue Suche durch Alltagsverrichtungen aufgehalten wurde, stand sie plötzlich vor dir und bestürzte dich: Wir heißen euch hoffen!

Wie war es möglich, oder vielmehr, was bedeutete es denn, wenn man, da doch sonst das Gedicht intakt geblieben, ausgerechnet eine Zeile dieses Inhalts „vergaß"?

Übrigens stand das Gedicht nicht in dem kleinen blauen Buch. Das liegt jetzt neben dir, du kannst es in die Hand nehmen, darin blättern. Vierhundertsechzehn dünne, bräunlich vergilbte Seiten: „Goethe's Gedichte", 1868 in der G. Grote'schen Verlagsbuchhandlung, Berlin, herausgebracht. Bräunlich fleckiges Vorsatzpapier, auf dem rechts oben in der flüssigen, energischen Schrift von Maria Kranhold, die Nelly das Büchlein schenkte, dein früherer Name steht. In der Mitte der Seite aber ist in der altmodischen Sütterlinschrift des vorigen Jahrhunderts mit spitzester zittriger Feder und brauner Tinte geschrieben: Von meinem Bruder Theodor. Und von der gleichen Hand rechts in der Ecke die Jahreszahl 1870.

Der ganze Vormittag wurde darauf verwendet, das Gedicht zu finden. Ein gebildeter Freund, den du schließlich anriefst, gab ihm die Überschrift „Maurerlied", die zwar nicht stimmte, aber doch wenigstens die Nachforschungen auf die richtige Fährte brachte: Unter dem Titel „Symbolum" steht es ja als erstes in dem Abschnitt „Loge", ist insofern allerdings ein Freimaurerlied und hat – dies war nun die größte Überraschung – zwei Strophen, die du nicht zu kennen meintest: Des Maurers Wandeln / Es gleicht dem Leben ... Und so weiter (Daher die vergebliche Suche nach der ersten Zeile!) [...] (v 1977)

Kindheitsmuster: [...] Eine Reise der Erzählerin aus der DDR in ihre einstige Heimat, der inzwischen polnischen Kleinstadt Landsberg an der Warthe, löst eine Fülle von Erinnerungen und Reflexionen an die Kindheit der Nelly Jordan aus, deren Entwicklung in der (distanzierenden) dritten Person oder in der direkten Anrede „du" aufgerollt wird. So entfaltet das nur in der westdeutschen Ausgabe als „Roman" apostrophierte Buch, das stark biografische Züge trägt, ein zeitgenössisches Panorama der Vorkriegs-, Kriegs- und ersten Nachkriegszeit und eines Sozialmilieus, das sich nicht in der Schwarzweißmalerei einer markig völkischen Gesinnung und eines heroischen Antifaschismus niederschlägt, sondern geprägt wird durch die kleinen, fast verständlichen Anpassungen und Zustimmungen, die den Nationalsozialismus als etablierte Macht erst möglich machten. [...] F.J.B.

Aus: Gero von Wilpert (Hrsg.): Lexikon der Weltliteratur, Stuttgart (Alfred Kröner) 1993, Bd. 2.

1. Bei der „Erinnerungsarbeit" der Erzählerin treten Schwierigkeiten auf.
a) Versuchen Sie zu erklären, warum dies gerade an ganz bestimmten Textstellen geschieht.
b) Warum macht die Erzählerin „Fragezeichen hinter einige Zeilen"?

Der vollständige Text des Gedichts lautet:

2 Johann Wolfgang von Goethe (1749–1832): Symbolum[1]

Des Maurers[2] Wandeln,
Es gleicht dem Leben,
Und sein Bestreben,
Es gleicht dem Handeln
Der Menschen auf Erden.

Die Zukunft decket
Schmerzen und Glücke.
Schrittweis dem Blicke,
Doch ungeschrecket
Dringen wir vorwärts.

Und schwer und ferne
Hängt eine Hülle
Mit Ehrfurcht. Stille
Ruhn oben die Sterne
Und unten die Gräber.

Betracht sie genauer
Und siehe, so melden
Im Busen der Helden
Sich wandelnde Schauer
Und ernste Gefühle.

Doch rufen von drüben
Die Stimmen der Geister,
Die Stimmen der Meister:
Versäumt nicht zu üben
Die Kräfte des Guten.

Hier winden sich Kronen
In ewiger Stille,
Die sollen mit Fülle
Die Tätigen lohnen!
Wir heißen euch hoffen. (e 1815)

2. Charakterisieren Sie in einem kurzen Text die Vorstellung vom menschlichen Leben, die in Goethes Gedicht zum Ausdruck kommt.

3. Tauschen Sie im Gespräch Gedanken darüber aus, warum die Erzählerin sich gerade in der Zeit, in der sie ihre Kindheits- und Jugenderinnerungen aufschreibt, an dieses Gedicht erinnert.

---

[1] Das Symbolum: Im theologischen Sprachgebrauch bedeutet dieses Wort nicht nur „Symbol", sondern auch „Glaubensbekenntnis".

[2] Der Maurer: Gemeint sind Freimaurer, Mitglieder von Männerbünden, die in der Zeit der Aufklärung entstanden sind. Sie sind in Gruppen („Logen") organisiert; ihr Ziel: Verwirklichung von Humanität, welche die Grenzen der Völker, Religionen und Stände überwindet.

2. Ansichten vom Menschen – Menschenbilder im Textvergleich

Die Frage nach dem Wesen des Menschen, nach den Maßstäben und Zielen seines Lebens, nach der bestmöglichen Gestaltung des menschlichen Zusammenlebens wird immer wieder neu gestellt (vgl. Einleitungskapitel). Die unterschiedlichen Antworten, die auf diese Frage versucht werden, sind deshalb wesentliche Kennzeichen der Epochen der Geistesgeschichte. Auch solche Antworten, die früher einmal gegeben worden sind, müssen immer wieder bedacht werden; denn ihre scheinbare oder tatsächliche Fremdheit kann für das Denken heute anregend sein. Wenn wir uns mit ihnen auseinandersetzen, wird Vergangenes möglicherweise für uns bedeutsam, seine Fremdheit in die Vertrautheit der Gegenwart „übersetzt“ (vgl. des Christa Wolf-Zitat, S. 411ff.).

Die **Anthropologie** (< gr. anthropos = Mensch und logos = Wort, Rede, Kunde) ist allgemein die Wissenschaft vom Menschen. Die philosophische Anthropologie versucht das Wesen des Menschen und dessen Seinsverständnis zu klären. Dieses ist nicht ein für allemal gleich, sondern es ist historisch bedingt.

1 Johann Wolfgang von Goethe (1749–1832): Prometheus

(Siehe Aufklärung, S. 182)

2 Matthias Claudius (1740–1815): Der Mensch

(Siehe Einführung, S. 9)

Apollo Belvedere, römische Marmorkopie eines griechischen Originals

3 Johann Wolfgang von Goethe: Grenzen der Menschheit

Wenn der uralte
Heilige Vater
Mit gelassener Hand
Aus rollenden Wolken
Segnende Blitze
Über die Erde sät,
Küss ich den letzten
Saum seines Kleides,
Kindliche Schauer
Treu in der Brust.

Denn mit Göttern
Soll sich nicht messen
Irgendein Mensch.
Hebt er sich aufwärts
Und berührt
Mit dem Scheitel die Sterne,
Nirgends haften dann
Die unsichern Sohlen,
Und mit ihm spielen
Wolken und Winde.

Steht er mit festen,
Markigen Knochen
Auf der wohlgegründeten
Dauernden Erde,
Reicht er nicht auf,
Nur mit der Eiche
Oder der Rebe
Sich zu vergleichen.

Was unterscheidet
Götter von Menschen?
Dass viele Wellen
Vor jenen wandeln,
Ein ewiger Strom:
Uns hebt die Welle,
Verschlingt die Welle,
Und wir versinken.

Ein kleiner Ring
Begrenzt unser Leben,
Und viele Geschlechter
Reihen sich dauernd
An ihres Daseins
Unendliche Kette.

(e 1781)

4 Johann Wolfgang von Goethe: Das Göttliche

Edel sei der Mensch,
Hilfreich und gut!
Denn das allein
Unterscheidet ihn
Von allen Wesen,
Die wir kennen.

Heil den unbekannten
Höhern Wesen,
Die wir ahnen!
Ihnen gleiche der Mensch;
Sein Beispiel lehr uns
Jene glauben.

Denn unfühlend
Ist die Natur:
Es leuchtet die Sonne
Über Bös’ und Gute,
Und dem Verbrecher
Glänzen wie dem Besten
Der Mond und die Sterne.

Wind und Ströme,
Donner und Hagel
Rauschen ihren Weg
Und ergreifen
Vorübereilend
Einen um den andern.

Auch so das Glück
Tappt unter die Menge,
Fasst bald des Knaben
Lockige Unschuld,
Bald auch den kahlen
Schuldigen Scheitel.

Nach ewigen, ehrnen,
Großen Gesetzen
Müssen wir alle
Unseres Daseins
Kreise vollenden.

Nur allein der Mensch
Vermag das Unmögliche:
Er unterscheidet,
Wählet und richtet;
Er kann dem Augenblick
Dauer verleihen.

Er allein darf
Den Guten lohnen,
Den Bösen strafen,
Heilen und retten,
Alles Irrende, Schweifende
Nützlich verbinden.

Und wir verehren
Die Unsterblichen,
Als wären sie Menschen,
Täten im Großen,
Was der Beste im Kleinen
Tut oder möchte.

Der edle Mensch
Sei hilfreich und gut!
Unermüdet schaff er
Das Nützliche, Rechte,
Sei uns ein Vorbild
Jener geahneten Wesen!

(e 1783)

5 Georg Büchner (1813–1837): Dantons Tod, 2. Akt (Auszug, Biografie S. 286f.)

Der Jakobiner Saint-Just setzt sich vor dem Konvent für die Vernichtung der politischen Gegner ein und argumentiert gegen Danton und dessen Anhänger, die gegen die radikalen Methoden der Schreckensherrschaft sind:

Saint-Just vor dem Konvent

[...]

St. Just. Es scheint in dieser Versammlung einige empfindliche Ohren zu geben, die das Wort „Blut" nicht wohl vertragen können. Einige allgemeine Betrachtungen mögen sie überzeugen, dass wir nicht grausamer sind als die Natur und als die Zeit. Die Natur folgt ruhig und unwiderstehlich ihren Gesetzen; der Mensch wird vernichtet, wo er mit ihnen in Konflikt kommt. Eine Änderung in den Bestandteilen der Luft, ein Auflodern des tellurischen Feuers[1], ein Schwanken in dem Gleichgewicht einer Wassermasse und eine Seuche, ein vulkanischer Ausbruch, eine Überschwemmung begraben Tausende. Was ist das Resultat? Eine unbedeutende, im großen Ganzen kaum bemerkbare Veränderung der physischen Natur, die fast spurlos vorübergegangen sein würde, wenn nicht Leichen auf ihrem Wege lägen.

Ich frage nun: Soll die geistige Natur in ihren Revolutionen mehr Rücksicht nehmen als die physische? Soll eine Idee nicht ebenso gut wie ein Gesetz der Physik vernichten dürfen, was sich ihr widersetzt? Soll überhaupt ein Ereignis, was die ganze Gestaltung der moralischen Natur, das heißt der Menschheit, umändert, nicht durch Blut gehen dürfen? Der Weltgeist bedient sich in der geistigen Sphäre unserer Arme ebenso, wie er in der physischen Vulkane und Wasserfluten gebraucht. Was liegt daran, ob sie nun an einer Seuche oder an einer Revolution sterben?

Die Schritte der Menschheit sind langsam, man kann sie nur nach Jahrhunderten zählen; hinter jedem erheben sich die Gräber von Generationen. Das Gelangen zu den einfachsten Erfindungen und Grundsätzen hat Millionen das Leben gekostet, die auf dem Wege starben. Ist es denn nicht einfach, dass zu einer Zeit, wo der Gang der Geschichte rascher ist, auch mehr Menschen außer Atem kommen?

Wir schließen schnell und einfach: Da alle unter gleichen Verhältnissen geschaffen werden, so sind alle gleich, die Unterschiede abgerechnet, welche die Natur selbst gemacht hat; es darf daher jeder Vorzüge und darf daher keiner Vorrechte haben, weder ein Einzelner noch eine geringere oder größere Klasse von Individuen. – Jedes Glied dieses in der Wirklichkeit angewandten Satzes hat seine Menschen getötet. Der 14. Juli, der 10. August, der 31. Mai sind seine Interpunktionszeichen[2]. Er hatte vier Jahre Zeit nötig, um in der Körperwelt durchgeführt zu werden, und unter gewöhnlichen Umständen hätte er ein Jahrhundert dazu gebraucht und wäre mit Generationen interpunktiert worden. Ist es da so zu verwundern, dass der Strom der Revolution bei jedem Absatz, bei jeder neuen Krümmung seine Leichen ausstößt?

Wir werden unserm Satze noch einige Schlüsse hinzuzufügen haben; sollen einige hundert Leichen uns verhindern, sie zu machen? – Moses führte sein Volk durch das Rote Meer und in die Wüste, bis die alte verdorbne Generation sich aufgerieben hatte, eh er den neuen Staat gründete. Gesetzgeber! Wir haben weder das Rote Meer noch die Wüste, aber wir haben den Krieg und die Guillotine.

Die Revolution ist wie die Töchter des Pelias[3]: Sie zerstückt die Menschheit, um sie zu verjüngen. Die Menschheit wird aus dem Blutkessel wie die Erde aus den Wellen der Sündflut mit urkräftigen Gliedern sich erheben, als wäre sie zum ersten Male geschaffen. *(Langer, anhaltender Beifall. Einige Mitglieder erheben sich im Enthusiasmus.)*

Alle geheimen Feinde der Tyrannei, welche in Europa und auf dem ganzen Erdkreise den Dolch des Brutus unter ihren Gewändern tragen, fordern wir auf, diesen erhabnen Augenblick mit uns zu teilen. *(Die Zuhörer und die Deputierten stimmen die Marseillaise an.)*

(e 1834/35)

Hans Christian Blech als Camille Desmoulins, Residenztheater München 1959, Regie: Fritz Kortner

1. a) Vergleichen Sie tabellarisch (s. S. 200) die Texte 1–6 unter den angegebenen Aspekten, übernehmen und ergänzen Sie die Stoffsammlung.
b) Wählen Sie aus den Texten 1–6 je einen Satz aus, der besonders charakteristisch ist, und begründen Sie ihre Wahl.
c) Fassen Sie die Grundhaltungen, die in den Texten 1–6 zum Ausdruck kommen, in Form von „Lebensmaximen" (= grundsätzliche Verhaltensregeln) zusammen.

---

[1] tellurisches Feuer (< lat. tellus = die Erde): vulkanisches Feuer
[2] 14. Juli 1789: Sturm auf die Bastille; 10. August 1792: Erstürmung der Tuilerien; 31. Mai 1793: Verhaftung von Girondisten, Beginn der Jakobinerherrschaft im Konvent
[3] Die Töchter des Pelias zerstückelten und kochten ihren Vater im Glauben, ihn damit verjüngen zu können.

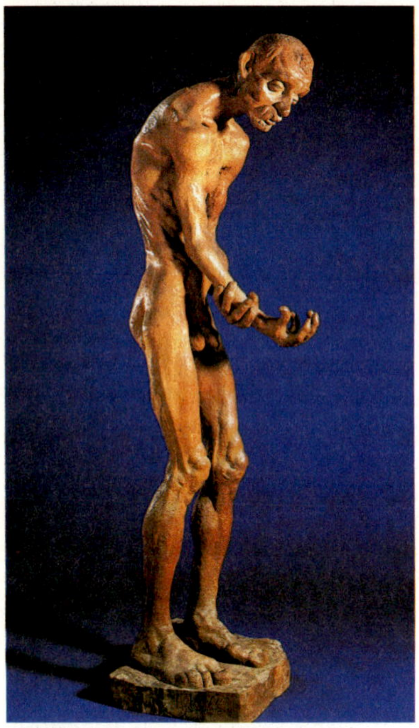

Christoph Voll: Akt, Ecce homo (1924/25)

2. Wählen Sie eine der folgenden Aufgaben:

a) Fassen Sie die Ergebnisse der tabellarischen Stoffsammlung in einem geschlossenen Text zusammen.

b) Erschließen Sie eines der klassischen Gedichte Goethes (Text 3 oder 4) in einer eingehenden Interpretation.

c) Wählen Sie den Text aus, der Ihrer Auffassung am meisten entspricht, und legen Sie dar, was Sie besonders überzeugt.

6 Hans Magnus Enzensberger (*1929): doomsday[1]*

(Biografie S. 414)

denkbar immerhin
wenn auch nicht glaublich
daß es ausbliebe
das vorgesehne verrecken
daß der frieden über uns käme
im ernst
sanftmütig
unerbittlich

erbleichend erbrächen wir den brief
mit der nachricht:
schrottreif
die glorreichen werke
umsonst geschält
auf den kongressen
die dürren äpfel: spieltheorie
wahrscheinlichkeitsrechnung
vergebens geblickt
auf das letzthinnige
und unser gerät
das unfehlbare
vor seinen opfern zunichte
die erbauer hilflos
ausgeliefert ihrer vernunft
lebenslänglich

verurteilt uns zu verstellen
ganz als wären wir menschen
denkbar immerhin
wenn auch nicht glaublich:
die katastrophe wäre da
wenn über uns käme die nachricht
daß sie ausbleiben wird
für immer

verloren wären wir:
wir stünden am anfang

(v 1964)

[1] doomsday: (engl.) Tag des Weltgerichts (Jüngster Tag)

Der **Vergleich mehrerer Texte** kann zeigen, wie Grundfragen der Menschen von einem Autor zu verschiedenen Schaffenszeiten unterschiedlich oder von mehreren Autoren aus ihrer jeweiligen Zeit auf jeweils eigene Art beantwortet und gestaltet werden.

Voraussetzung für einen ergiebigen Vergleich ist ein methodisches Vorgehen, das von zentralen *Vergleichsaspekten* ausgeht (s.u.) und durch übersichtliche Darstellung die Einzelergebnisse vergleichbar macht:

- Nach mehrmaliger aufmerksamer *Textlektüre* werden Stichworte oder Kurzzitate (mit Zeilenangabe) als *tabellarische Stoffsammlung* (DIN-A4-Querformat) fixiert.
- Durch Betrachtung der Erscheinungsdaten der Texte und eventuell der Zeitumstände ihrer Entstehung lassen sich aus den Beziehungen der Einzelbeobachtungen möglicherweise *epochale Tendenzen* ableiten.

Vergleichsaspekte	„Prometheus“ (1774)	„Der Mensch“ (1775)	„Grenzen der Menschheit“ (1781)	„Das Göttliche“ (1783)	„Dantons Tod“ (1834/35)	„doomsday“ (1964)
1. Menschenbild	– Der Mensch als „Schöpfer“ (Z. 6ff.) …	– Elender, festgelegter Lebenslauf (Z. 1ff.) …	– Kind Gottes (Z. 9) – Unterordnung (Z. 11ff.) …	– Edelmut und Güte (Z. 1ff.) …	– Mensch als Objekt (Z. 3ff., 11ff.) …	– nahezu ausweglose Situation (Z. 4 ff.)
2. Gottesbild	– Schmähung der Götter (Z. 1f., 13ff.) …	– Keine direkte Nennung von Gott …	– Der „heilige Vater“ (Z. 2) …	– „Höhere Wesen“ (Z. 8) …	– Hinweis auf Mythos (Z. 42f.)	– Kein Gott erwähnt …
3. Verhältnis von Mensch und Gott	– Herausforderung (Z. 1f.) …	– Keine Beziehung …	– „Kindliche Schauer“ (Z. 9) …	– Mensch soll den höheren Wesen gleichen (Z. 10f.) …	– Keine Beziehung …	– Mensch auf Diesseits fixiert
4. Stileigenarten	– Imperative an Götter (Z. 1) – Fragen (Z. 29ff.) …	– Kumulation (Z. 11ff.) – Altertümlicher Konjunktiv (Z. 3, 18) …	– Häufige Hypotaxen (Z. 1ff.) – feierlich-stilisierte Wortwahl …	– appellative Sprache (Z. 1ff., 7ff., 55ff.) – Wiederholungen (Z. 1ff., 55ff.) …	– argumentative Prosa – Stilmuster der Rede …	– keine Interpunktion – z.T. Jargon (Z. 4) …

II. Die Antike als Leitbild

1. Reiseerfahrungen – Johann Wolfgang von Goethes „Italienische Reise“

In welchem Maße die literarische Klassik in Deutschland durch die Orientierung an der Antike geprägt worden ist, welche Motive dafür maßgebend waren, soll an einer Reihe von Texten untersucht werden.
An der Biografie Goethes lässt es sich besonders gut ablesen, welche Bedeutung die Antike für die Klassik hatte. Goethe hatte schon lange den Wunsch gehegt, Italien kennenzulernen, als er im September 1786 ohne seine Umgebung zu informieren zu seiner Reise nach Italien aufbrach (vgl. die Hinweise zur Biografie, S. 208ff.). Neben der Italiensehnsucht war wohl auch die Unzufriedenheit mit seiner bisherigen Tätigkeit in der Weimarer Staatsverwaltung ein Motiv für seinen Entschluss. Die Reise führte ihn über die Alpen nach Trient, Vicenza, Venedig, Padua und über Mittelitalien (Perugia, Assisi) nach Rom, wo er am 29. Oktober ankam. Am 22. Februar 1787 reiste er nach Neapel, am 29. März nach Sizilien weiter; am 7. Juni 1787 kehrte er nach Rom zurück. Auf seiner Rückreise nach Deutschland (April bis Juni 1788) lernte er vor allem noch Florenz und Mailand kennen.
Erst 1813/14 begann Goethe, die Erfahrungen der „Italienischen Reise“ im Überblick darzustellen; er stützte sich dabei u.a. auf Notizbücher, Briefe und ein Reisejournal aus der Zeit seines Aufenthaltes in Italien. „Es handelt sich also bei der Veröffentlichung der ‚Italienischen Reise‘ weniger um eine Neuschöpfung als um eine Redaktion“ (H. v. Einem). Gerade aber der zeitliche Abstand, der zwischen der kunstvollen Komposition dieses Werkes und der Reise selbst liegt, lässt erkennen, welche Bedeutung die Italienreise für Goethe über das unmittelbare Erlebnis hinaus hatte.

Der **Traditionszusammenhang** mit der Antike ging über die Jahrhunderte hinweg nicht verloren. Die Kaiser des Mittelalters sahen sich als Erneuerer und Fortsetzer des römischen Kaisertums (translatio imperii). Mittelalterliche Theologen, z.B. Thomas von Aquin, setzten sich mit der Philosophie der Antike, vor allem mit Platon und Aristoteles, auseinander; Werke antiker Autoren wurden in den Schreibstuben der Klöster kopiert und in Bibliotheken aufbewahrt. Mittelalterliche Architektur und Bildende Kunst griffen immer wieder auf das Formenrepertoire der Antike zurück, z.B. auf die römische Gewölbetechnik in der Baukunst der Romanik, auf das Vorbild antiker Plastik bei der Gestaltung von Portalfiguren an gotischen Kathedralen (Reims).
Im Übergang vom Mittelalter zur Neuzeit knüpfte die Renaissance („Wiedergeburt“ der Antike) programmatisch an das Altertum an, um das eigene Menschenbild und Kunstideal gegen das Mittelalter abzugrenzen. Dass die Architektur des Barock der Tradition der Antike vieles verdankt, versteht sich schon von ihrem Ursprungsort Rom her (Säulenordnungen, Gewölbe). Antike Stoffe, Motive sowie Mittel der Rhetorik (vgl. S. 80ff.) spielten in der Literatur der Barockzeit eine wichtige Rolle (vgl. S. 141ff.).
In der zweiten Hälfte des 18. Jahrhunderts wurde der Bezug zur Antike intensiviert. Der immer wieder aufgenommene Versuch einer Orientierung an der Antike ist verständlich, denn in der Antike wurde, für die europäische Geschichte grundlegend, nach dem Wesen des Menschen gefragt: Was kennzeichnet den Menschen als Menschen? Wie ist es möglich, mit anderen Menschen zusammen ein gelingendes Leben zu führen?

1 Johann Wolfgang von Goethe (1749–1832): Italienische Reise
(Auszug)

[...] Rom, den 1. November 1786.

Endlich kann ich den Mund auftun und meine Freunde mit Frohsinn begrüßen. Verziehen sei mir das Geheimnis und die gleichsam unterirdische Reise hierher. Kaum wagte ich mir selbst zu sagen, wohin ich ging, selbst unterwegs fürchtete ich noch, und nur unter der Porta del Popolo[1] war ich mir gewiss, Rom zu haben.

Und lasst mich nun auch sagen, dass ich tausendmal, ja beständig eurer gedenke in der Nähe der Gegenstände, die ich allein zu sehen niemals glaubte. Nur da ich jedermann mit Leib und Seele in Norden gefesselt, alle Anmutung nach diesen Gegenden verschwunden sah, konnte ich mich entschließen, einen langen, einsamen Weg zu machen und den Mittelpunkt zu suchen, nach dem mich ein unwiderstehliches Bedürfnis hinzog. Ja, die letzten Jahre wurde es eine Art von Krankheit, von der mich nur der Anblick und die Gegenwart heilen konnte. Jetzt darf ich es gestehen; zuletzt durft' ich kein lateinisch Buch mehr ansehen, keine Zeichnung einer italienischen Gegend. Die Begierde, dieses Land zu sehen, war überreif: da sie befriedigt ist, werden mir Freunde und Vaterland erst wieder recht aus dem Grunde lieb und die Rückkehr wünschenswert, ja um desto wünschenswerter, da ich mit Sicherheit empfinde, dass ich so viele Schätze nicht zu eignem Besitz und Privatgebrauch mitbringe, sondern dass sie mir und andern durchs ganze Leben zur Leitung und Fördernis dienen sollen. [...]

(e 1813–1816)

2 Johann Wolfgang von Goethe: Italienische Reise (Auszug)

[...] [In Assisi, Oktober 1786]

Ich verließ Perugia an einem herrlichen Morgen und fühlte die Seligkeit, wieder allein zu sein. Die Lage der Stadt ist schön, der Anblick des Sees höchst erfreulich. Ich habe mir die Bilder wohl eingedrückt. Der Weg ging erst hinab, dann in einem frohen, an beiden Seiten in der Ferne von Hügeln eingefassten Tale hin, endlich sah ich Assisi liegen.

Aus Palladio[2] und Volkmann[3] wusste ich, dass ein köstlicher Tempel der Minerva, zu Zeiten Augusts gebaut, noch vollkommen erhalten dastehe. Ich verließ bei Madonna del Angelo meinen Vetturin[4], der seinen Weg nach Foligno verfolgte, und stieg unter einem starken

---

[1] Porta del Popolo (< ital. Tor des Volkes): Tor an der damaligen nördlichen Stadtgrenze von Rom
[2] Andrea Palladio (1508–1580): italienischer Baumeister und Architekturtheoretiker der Spätrenaissance, an dem sich um 1800 die Baumeister des Klassizismus, z.B. Weinbrenner, orientierten
[3] Volkmann: Verfasser eines Reiseführers, den Goethe benutzte
[4] Vetturin (< ital. vettura = der Wagen): Wagenlenker, Kutscher

1. Legen Sie in einem Brief an einen Freund/eine Freundin dar, welche Erfahrungen in einem fremden Land für Sie besonders wichtig waren. Beschreiben Sie, auf welchem Weg Sie zu diesen Erfahrungen gekommen sind (Begegnung mit Landschaften, Menschen, Kultur; Selbsterfahrung).

Venedig, Chiesa del Redentore (Erlöserkirche), erbaut von Andrea Palladio (1508–80) in den Jahren 1577–92

Wind nach Assisi hinauf, denn ich sehnte mich, durch die für mich so einsame Welt eine Fußwanderung anzustellen. Die ungeheueren Substruktionen der babylonisch übereinander getürmten Kirchen, wo der heilige Franziskus ruht, ließ ich links mit Abneigung, denn ich dachte mir, dass darin die Köpfe so wie mein Hauptmannskopf[1] gestempelt würden. Dann fragte ich einen hübschen Jungen nach der Maria della Minerva; er begleitete mich die Stadt hinauf, die an einen Berg gebaut ist. Endlich gelangten wir in die eigentliche alte Stadt, und siehe, das löblichste Werk stand vor meinen Augen, das erste vollständige Denkmal der alten Zeit, das ich erblickte. Ein bescheidener Tempel, wie er sich für eine so kleine Stadt schickte, und doch so vollkommen, so schön gedacht, dass er überall glänzen würde. Nun vorerst von seiner Stellung! Seitdem ich in Vitruv[2] und Palladio gelesen, wie man Städte bauen, Tempel und öffentliche Gebäude stellen müsse, habe ich einen großen Respekt vor solchen Dingen. Auch hierin waren die Alten so groß im Natürlichen. Der Tempel steht auf der schönen mittlern Höhe des Berges, wo eben zwei Hügel zusammentreffen, auf dem Platz, der noch jetzt „der Platz" heißt. Dieser steigt selbst ein wenig an, und es kommen auf demselben vier Straßen zusammen, die ein sehr gedrücktes Andreaskreuz machen, zwei von unten herauf, zwei von oben herunter. Wahrscheinlich standen zur alten Zeit die Häuser noch nicht, die jetzt, dem Tempel gegenüber gebaut, die Aussicht versperren. Denkt man sie weg, so blickte man gegen Mittag in die reichste Gegend, und zugleich würde Minervens Heiligtum von allen Seiten her gesehen. Die Anlage der Straßen mag alt sein; denn sie folgen aus der Gestalt und dem Abhange des Berges. Der Tempel steht nicht in der Mitte des Platzes, aber so gerichtet, dass er dem von Rom Heraufkommenden verkürzt gar schön sichtbar wird. Nicht allein das Gebäude sollte man zeichnen, sondern auch die glückliche Stellung.

An der Fassade konnte ich mich nicht sattsehen, wie genialisch konsequent auch hier der Künstler gehandelt. Die Ordnung ist korinthisch, die Säulenweiten etwas über zwei Model[3]. Die Säulenfüße und die Platten darunter scheinen auf Piedestalen[4] zu stehen, aber es scheint auch nur; denn der Sockel ist fünfmal durchschnitten, und jedes Mal gehen fünf Stufen zwischen den Säulen hinauf, da man denn auf die Fläche gelangt, worauf eigentlich die Säulen stehen, und von welcher man auch in den Tempel hineingeht. Das Wagstück, den Sockel zu durchschneiden, war hier am rechten Platze, denn da der Tempel am Berge liegt, so hätte die Treppe, die zu ihm hinaufführte, viel zu weit vorgelegt werden müssen und würde den Platz verengt haben. Wie viel Stufen noch unterhalb gelegen, lässt sich nicht bestimmen; sie sind außer wenigen verschüttet und zugepflastert. Ungern riss ich mich von dem Anblick los und nahm mir vor, alle Architekten auf dieses Gebäude aufmerksam zu machen, damit uns ein genauer Riss davon zukäme. [...]

(e 1813–1816)

3 Johann Wolfgang von Goethe: Italienische Reise (Auszug)

Neapel, Dienstag, den 20. März 1787.

Die Kunde einer soeben ausbrechenden Lava, die, für Neapel unsichtbar, nach Ottajano hinunterfließt, reizte mich, zum dritten Male den Vesuv zu besuchen. Kaum war ich am Fuße desselben aus meinem zweirädrigen, einpferdigen Fuhrwerk gesprungen, so zeigten sich schon jene beiden Führer, die uns früher hinaufbegleitet hatten. Ich wollte keinen missen und nahm den einen aus Gewohnheit und Dankbarkeit, den andern aus Vertrauen, beide der mehreren Bequemlichkeit wegen mit mir.

Auf die Höhe gelangt, blieb der eine bei den Mänteln und Viktualien, der jüngere folgte mir, und wir gingen mutig auf einen ungeheuren Dampf los, der unterhalb des Kegelschlundes aus dem Berge brach; sodann schritten wir an dessen Seite her gelind hinabwärts, bis wir endlich unter klarem Himmel aus dem wilden Dampfgewölke die Lava hervorquellen sahen.

Man habe auch tausendmal von einem Gegenstande gehört, das Eigentümliche desselben spricht nur zu uns aus dem unmittelbaren Anschauen. Die Lava war schmal, vielleicht nicht breiter als zehn Fuß, allein die Art, wie sie eine sanfte, ziemlich ebene Fläche hinabfloss, war auffallend genug; denn indem sie während des Fortfließens an den Seiten und an der Ober-

Zu allen Zeiten wurden die **Briefe** bedeutender Menschen als Zeugnisse ihres Denkens und Fühlens verstanden. Es gibt verschiedene Arten von Briefsammlungen: die Sammlung von Briefen eines einzelnen Schreibers, die Sammlung des Briefwechsels zweier Autoren oder die Sammlung von Briefen zu einem Thema oder aus einer Epoche.

[1] Anspielung auf eine Bekanntschaft, die Goethe kurz vor seiner Ankunft in Assisi gemacht hat
[2] Vitruv, eigentl. Vitruvius Pollio: römischer Ingenieur; Hauptwerk: De architectura (um 31 v. Chr.)
[3] Der Model (< lat. modulus = Maß, Maßstab): antike Maßeinheit zum Berechnen von Säulen und Säulenordnungen
[4] Das Piedestal (< frz. piédestal): Fußgestell, Sockel, kleines Podest

fläche verkühlt, so bildet sich ein Kanal, der sich immer erhöht, weil das geschmolzene Material auch unterhalb des Feuerstroms erstarrt, welcher die auf der Oberfläche schwimmenden Schlacken rechts und links gleichförmig hinunterwirft, wodurch sich denn nach und nach ein Damm erhöht, auf welchem der Glutstrom ruhig fortfließt wie ein Mühlbach. Wir gingen neben dem ansehnlich erhöhten Damme her, die Schlacken rollten regelmäßig an den Seiten herunter bis zu unsern Füßen. Durch einige Lücken des Kanals konnten wir den Glutstrom von unten sehen und, wie er weiter hinabfloss, ihn von oben beobachten.

Durch die hellste Sonne erschien die Glut verdüstert, nur ein mäßiger Rauch stieg in die reine Luft. Ich hatte Verlangen, mich dem Punkte zu nähern, wo sie aus dem Berge bricht; dort sollte sie, wie mein Führer versicherte, sogleich Gewölb und Dach über sich her bilden, auf welchem er öfters gestanden habe. Auch dieses zu sehen und zu erfahren, stiegen wir den Berg wieder hinauf, um jenem Punkte von hintenher beizukommen. Glücklicherweise fanden wir die Stelle durch einen lebhaften Windzug entblößt, freilich nicht ganz, denn ringsum qualmte der Dampf aus tausend Ritzen, und nun standen wir wirklich auf der breiartig gewundenen, erstarrten Decke, die sich aber so weit vorwärts erstreckte, dass wir die Lava nicht konnten herausquellen sehen.

Wir versuchten noch ein paar Dutzend Schritte, aber der Boden ward immer glühender; sonneverfinsternd und erstickend wirbelte ein unüberwindlicher Qualm. Der vorausgegangene Führer kehrte bald um, ergriff mich, und wir entwanden uns diesem Höllenbrudel.

Nachdem wir die Augen an der Aussicht, Gaumen und Brust aber am Weine gelabt, gingen wir umher, noch andere Zufälligkeiten dieses mitten im Paradies aufgetürmten Höllengipfels zu beobachten. Einige Schlünde, die als vulkanische Essen keinen Rauch, aber eine glühende Luft fortwährend gewaltsam ausstoßen, betrachtete ich wieder mit Aufmerksamkeit. Ich sah sie durchaus mit einem tropfsteinartigen Material tapeziert, welches zitzen- und zapfenartig die Schlünde bis oben bekleidete. Bei der Ungleichheit der Essen fanden sich mehrere dieser herabhängenden Dunstprodukte ziemlich zur Hand, so dass wir sie mit unsern Stäben und einigen hakenartigen Vorrichtungen gar wohl gewinnen konnten. Bei dem Lavahändler hatte ich schon dergleichen Exemplare unter der Rubrik der wirklichen Laven gefunden, und ich freute mich, entdeckt zu haben, dass es vulkanischer Ruß sei, abgesetzt aus den heißen Schwaden, die darin enthaltenen verflüchtigten mineralischen Teile offenbarend.

[...] (e 1815–1817)

Pierre Jaques Volaire (1729–1792): Ausbruch des Vesuvs vom Ponte della Maddalena aus gesehen, 1782

2. **a)** Zeigen Sie an einem der Texte, wie Goethe Italien erlebt und mit welchen sprachlichen Mitteln er dieses Erlebnis darstellt.
b) Wie begegnet Goethe der Antike in Italien, was bedeutet sie für ihn?

3. Ein Vergleich mit Goethes Jugendwerk „Die Leiden des jungen Werthers" kann die Position des „klassischen" Goethe verdeutlichen.
a) Stellen Sie die Landschaftsbeschreibung in Text 3 der Naturbeschreibung in Werthers Brief vom 10. Mai 1772 (siehe S. 178) im Hinblick auf Inhalt und Sprache gegenüber. (Zur Zusammenfassung der Ergebnisse empfiehlt sich eine tabellarische Übersicht.)
b) Vergleichen Sie Text 4 mit Werthers Gedanken vom 22. Mai 1772 (siehe S. 179) und beachten Sie dabei vor allem die unterschiedliche Bedeutung, die das Motiv der „Rückkehr in sich selbst" jeweils hat.

4 Johann Wolfgang von Goethe: Italienische Reise [Auszug]

[...] [Rom] Den 10. November 1786.

Ich lebe nun hier mit einer Klarheit und Ruhe, von der ich lange kein Gefühl hatte. Meine Übung, alle Dinge, wie sie sind, zu sehen und abzulesen, meine Treue, das Auge licht sein zu lassen, meine völlige Entäußerung von aller Prätention[1] kommen mir einmal wieder recht zustatten und machen mich im Stillen höchst glücklich. Alle Tage ein neuer merkwürdiger Gegenstand, täglich frische, große, seltsame Bilder und ein Ganzes, das man sich lange denkt und träumt, nie mit der Einbildungskraft erreicht.

Heute war ich bei der Pyramide des Cestius und abends auf dem Palatin, oben auf den Ruinen der Kaiserpaläste, die wie Felsenwände dastehn. Hievon lässt sich nun freilich nichts überliefern! Wahrlich, es gibt hier nichts Kleines, wenn auch wohl hier und da etwas Scheltenswertes und Abgeschmacktes; doch auch ein solches hat teil an der allgemeinen Großheit genommen.

Kehr' ich nun in mich selbst zurück, wie man doch so gern tut bei jeder Gelegenheit, so entdecke ich ein Gefühl, das mich unendlich freut, ja, das ich sogar auszusprechen wage. Wer sich mit Ernst hier umsieht und Augen hat zu sehen, muss solid werden, er muss einen Begriff von Solidität fassen, der ihm nie so lebendig ward.
Der Geist wird zur Tüchtigkeit gestempelt, gelangt zu einem Ernst ohne Trockenheit, zu einem gesetzten Wesen mit Freude. Mir wenigstens ist es, als wenn ich die Dinge dieser Welt nie so richtig geschätzt hätte als hier. Ich freue mich der gesegneten Folgen auf mein ganzes Leben.

Und so lasst mich aufraffen, wie es kommen will, die Ordnung wird sich geben. Ich bin nicht hier, um nach meiner Art zu genießen; befleißigen will ich mich der großen Gegenstände, lernen und mich ausbilden, ehe ich vierzig Jahre alt werde. [...] (e 1813–1816)

[1] Prätention (< lat. praetendere = vor sich hinhalten, vorschützen, vorgeben): Anspruch, Anmaßung

In einem **projektorientierten Verfahren** könnten Sie zum Vergleich Johann Gottfried Seumes (1763–1810) Reisebericht „Spaziergang nach Syrakus im Jahre 1802" heranziehen: In *Gruppenarbeit* ließen sich u.a. folgende Themen untersuchen:

1. Stellen Sie auf Folie (oder auf einem Arbeitsblatt) entscheidende Lebensstationen Goethes und Seumes nebeneinander und erläutern Sie die Unterschiede.
2. Skizzieren Sie auf einer Folie die Reisewege Goethes und Seumes in verschiedenen Farben.
3. Informieren Sie sich über die Reisebedingungen Goethes und Seumes.
4. Wählen Sie einige Orte aus, an denen Goethe und Seume waren, und vergleichen Sie die jeweiligen Schilderungen.
5. Entwerfen Sie einen fiktiven Dialog der beiden Reisenden über ihre Italieneindrücke.

Laokoongruppe von Hagesander, Polydoros und Athanodoros (um 50 v. Chr.)

Johann Joachim Winckelmann
(1717–1768) stammte aus Stendal und wuchs in armen Verhältnissen auf. Trotzdem konnte er Theologie, später Naturwissenschaften und Philologie studieren. Er arbeitete als Hauslehrer, Konrektor sowie Bibliothekar und entwickelte zunehmendes Interesse an der Antike. 1754 konvertierte er zum Katholizismus, um eine entsprechende Stelle in Rom zu bekommen (1755). 1757 wurde er Bibliothekar und 1758 Kustos (wissenschaftlicher Betreuer) der Antikengalerie des Kardinals Albani, 1763 Präsident der Altertümer in und um Rom. Auf einer Besuchsreise nach Deutschland starb er 1768 in Trient durch den Dolch eines Raubmörders. Winckelmann wurde zum Begründer der wissenschaftlichen Archäologie und hatte als Kunsthistoriker große Wirkung vor allem auf Lessing und Goethe, indem er das idealistische Bild der Antike prägte, Griechenland (statt Rom) in den Mittelpunkt des Interesses rückte und den klassischen Schönheitsbegriff der „edlen Einfalt und stillen Größe" formulierte.

1. a) Welches Bild der Antike entwerfen die Autoren der Texte 1 und 2 und wie bewerten sie diese Epoche?
b) Welche Bedeutung hat dabei die Analyse und Bewertung ihrer eigenen historischen Situation?

2. Aneignung der Antike – Normen der Kunst

Da die deutsche Klassik um 1800 sich an der Antike orientierte, anerkannte sie Normen für die künstlerische Arbeit. Eine solche Bindung ist nicht selbstverständlich. Denn während man z.B. im Zeitalter des Barock und der Aufklärung ganze „Regelwerke" aufstellte, lehnten die Dichter des Sturm und Drang jegliche Reglementierung der Kunst ab (vgl. S. 177ff.) und forderten Freiheit für die Originalität des schöpferischen Genies. Lessing nahm mit seinen Gedanken, das Genie trage die Regeln künstlerischer Produktivität in sich, eine Zwischenstellung ein.

1 Johann Joachim Winckelmann (1717–1768): Gedanken über die Nachahmung der griechischen Werke in der Malerei und Bildhauerkunst (Auszüge)

[...]

Der gute Geschmack, welcher sich mehr und mehr durch die Welt ausbreitet, hat sich angefangen zuerst unter dem griechischen Himmel zu bilden. Alle Erfindungen fremder Völker kamen gleichsam nur als der erste Same nach Griechenland, und nahmen eine andere Natur und Gestalt an in dem Lande, welches Minerva, sagt man, vor allen Ländern, wegen der gemäßigten Jahreszeiten, die sie hier angetroffen, den Griechen zur Wohnung angewiesen, als ein Land, welches kluge Köpfe hervorbringen würde.

Der Geschmack, den diese Nation ihren Werken gegeben hat, ist ihr eigen geblieben; er hat sich selten weit von Griechenland entfernet, ohne etwas zu verlieren, und unter entlegenen Himmelstrichen ist er spät bekannt geworden.

[...]

Der einzige Weg für uns, groß, ja, wenn es möglich ist, unnachahmlich zu werden, ist die Nachahmung der Alten, und was jemand vom Homer gesagt, dass derjenige ihn bewundern lernet, der ihn wohl verstehen gelernet, gilt auch von den Kunstwerken der Alten, sonderlich der Griechen. Man muss mit ihnen, wie mit seinem Freunde, bekanntgeworden sein, um den Laokoon[1] ebenso unnachahmlich als den Homer zu finden. [...] Die Kenner und Nachahmer der griechischen Werke finden in ihren Meisterstücken nicht allein die schönste Natur, sondern noch mehr als Natur, das ist, gewisse idealische Schönheiten derselben, die, wie uns ein alter Ausleger des Plato lehret, von Bildern bloß im Verstande entworfen, gemacht sind.

[...]

Das allgemeine vorzügliche Kennzeichen der griechischen Meisterstücke ist endlich eine edle Einfalt, und eine stille Größe, sowohl in der Stellung als im Ausdrucke. So wie die Tiefe des Meers allezeit ruhig bleibt, die Oberfläche mag noch so wüten, ebenso zeiget der Ausdruck in den Figuren der Griechen bei allen Leidenschaften eine große und gesetzte Seele.

Diese Seele schildert sich in dem Gesichte des Laokoons, und nicht in dem Gesichte allein, bei dem heftigsten Leiden. Der Schmerz, welcher sich in allen Muskeln und Sehnen des Körpers entdecket, und den man ganz allein, ohne das Gesicht und andere Teile zu betrachten, an dem schmerzlich eingezogenen Unterleibe beinahe selbst zu empfinden glaubet; dieser Schmerz, sage ich, äußert sich dennoch mit keiner Wut in dem Gesichte und in der ganzen Stellung. Er erhebet kein schreckliches Geschrei, wie Vergil von seinem Laokoon singet: Die Öffnung des Mundes gestattet es nicht; es ist vielmehr ein ängstliches und beklemmtes Seufzen, wie es Sadoleto beschreibet. Der Schmerz des Körpers und die Größe der Seele sind durch den ganzen Bau der Figur mit gleicher Stärke ausgeteilet, und gleichsam abgewogen. [...]

(e 1755)

2 Friedrich Hölderlin (1770–1843): Hyperion (Auszüge, Biografie S. 13)

Die Titelfigur des Briefromans ist ein junger Grieche, der in der Zeit der türkischen Fremdherrschaft für die Befreiung seiner Heimat kämpft. Die Erinnerung an die vergangene Größe des antiken Griechenland gibt ihm dabei Kraft und Orientierung. Im Befreiungskampf jedoch werden seine Ideale durch die Brutalität seiner Mitkämpfer enttäuscht. Nachdem er seine Geliebte Diotima verloren hat, begibt er sich auf eine längere Reise, die ihn nach Deutschland führt. Dort lernt er den späteren Adressaten seiner Brie-

[1] Laokoon: sagenhafter trojanischer Priester, der die Troer vor dem hölzernen Pferd der Griechen gewarnt hatte und kurz danach beim Darbringen des Opfers mit seinen Söhnen von zwei Schlangen erwürgt wurde. Winckelmann spricht hier von der Laokoongruppe.

fe, Bellarmin, kennen. Schließlich kehrt er wieder nach Griechenland zurück. Im Einklang mit der Natur findet er Ruhe.

[...]

Hyperion an Bellarmin

Es gibt große Stunden im Leben. Wir schauen an ihnen hinauf, wie an den kolossalischen Gestalten der Zukunft und des Altertums, wir kämpfen einen herrlichen Kampf mit ihnen, und bestehn wir vor ihnen, so werden sie, wie Schwestern, und verlassen uns nicht. [...]

Schon lange war unter Diotimas Einfluss mehr Gleichgewicht in meine Seele gekommen; heute fühlt ich es dreifach rein, und die zerstreuten schwärmenden Kräfte waren all in Eine goldne Mitte versammelt.

Wir sprachen untereinander von der Trefflichkeit des alten Athenervolks, woher sie komme, worin sie bestehe.

Einer sagte, das Klima hat es gemacht; der andere: die Kunst und Philosophie; der Dritte: Religion und Staatsform.

Athenische Kunst und Religion, und Philosophie und Staatsform, sagt ich, sind Blüten und Früchte des Baums, nicht Boden und Wurzel. Ihr nehmt die Wirkungen für die Ursache.

Wer aber mir sagt, das Klima habe dies alles gebildet, der denke, dass auch wir darin noch leben.

Ungestörter in jedem Betracht, von gewaltsamem Einfluss freier, als irgendein Volk der Erde, erwuchs das Volk der Athener. Kein Eroberer schwächt sie, kein Kriegsglück berauscht sie, kein fremder Götterdienst betäubt sie, keine eilfertige Weisheit treibt sie zu unzeitiger Reife. Sich selber überlassen, wie der werdende Diamant, ist ihre Kindheit. [...]

Freilich hat auch Himmel und Erde für die Athener, wie für alle Griechen, das ihre getan, hat ihnen nicht Armut und nicht Überfluss gereicht. Die Strahlen des Himmels sind nicht, wie ein Feuerregen, auf sie gefallen. Die Erde verzärtelte, berauschte sie nicht mit Liebkosungen und übergütigen Gaben, wie sonst wohl hie und da die törige Mutter tut. [...]

Hyperion fasst später seine Eindrücke von Deutschland, sein Urteil über die Situation dieses Landes zusammen:

[...]

Hyperion an Bellarmin

So kam ich unter die Deutschen. Ich forderte nicht viel und war gefasst, noch weniger zu finden. Demütig kam ich, wie der heimatlose blinde Oedipus zum Tore von Athen, wo ihn der Götterhain empfing; und schöne Seelen ihm begegneten –

Wie anders ging es mir!

Barbaren von alters her, durch Fleiß und Wissenschaft und selbst durch Religion barbarischer geworden, tiefunfähig jedes göttlichen Gefühls, verdorben bis ins Mark zum Glück der heiligen Grazien, in jedem Grad der Übertreibung und der Ärmlichkeit beleidigend für jede gut geartete Seele, dumpf und harmonielos, wie die Scherben eines weggeworfenen Gefäßes – das, mein Bellarmin! waren meine Tröster.

Es ist ein hartes Wort und dennoch sag ichs, weil es Wahrheit ist: ich kann kein Volk mir denken, das zerrissner wäre, wie die Deutschen. Handwerker siehst du, aber keine Menschen, Denker, aber keine Menschen, Priester, aber keine Menschen, Herrn und Knechte, Jungen und gesetzte Leute, aber keine Menschen – ist das nicht, wie ein Schlachtfeld, wo Hände und Arme und alle Glieder zerstückelt untereinander liegen, indessen das vergossne Lebensblut im Sande zerrinnt?

Ein jeder treibt das Seine, wirst du sagen, und ich sag es auch. Nur muss er es mit ganzer Seele treiben, muss nicht jede Kraft in sich ersticken, wenn sie nicht gerade sich zu seinem Titel passt, muss nicht mit dieser kargen Angst, buchstäblich heuchlerisch das, was er heißt, nur sein, mit Ernst, mit Liebe muss er das sein, was er ist, so lebt ein Geist in seinem Tun, und ist er in ein Fach gedrückt, wo gar der Geist nicht leben darf, so stoß ers mit Verachtung weg und lerne pflügen! Deine Deutschen aber bleiben gerne beim Notwendigsten, und darum ist bei ihnen auch so viele Stümperarbeit und so wenig Freies, Echterfreuliches. Doch das wäre zu verschmerzen, müssten solche Menschen nur nicht fühllos sein für alles schöne Leben, ruhte nur nicht überall der Fluch der gottverlassnen Unnatur auf solchem Volke. –

[...] (e 1797–99)

3 Schiller (1759–1805): Brief an Herder vom 4. November 1795

(Auszug)

[...]

Es lässt sich, wie ich denke, beweisen, dass unser Denken und Treiben, unser bürgerliches, politisches, religiöses, wissenschaftliches Leben und Wirken wie die Prosa der Poesie entgegengesetzt ist. Diese Übermacht der Prosa in dem Ganzen unsres Zustandes ist meines Bedünkens so groß und so entschieden, dass der poetische Geist, anstatt darüber Meister zu

2. Erörtern Sie schriftlich, wie Sie nach Ihrem augenblicklichen Informationsstand die Einschätzung der Antike durch die Klassik beurteilen. Beziehen Sie die Aussagen von Text 3 in Ihre Argumentation ein.

3. a) Welche Gemeinsamkeiten in der Baugestaltung weisen die Bauwerke auf, die in den Bildern a–c wiedergegeben sind?
b) Erklären Sie die Übereinstimmungen, auch im Hinblick auf die jeweils vorgesehene Nutzung.
c) Welche Baugesinnung wird hier – z.B. im Unterschied zum Baustil der mittelalterlichen Gotik (Bild d) – sichtbar?

werden, notwendig davon angesteckt und also zugrunde gerichtet werden müsste. Daher weiß ich für den poetischen Genius kein Heil, als dass er sich aus dem Gebiet der wirklichen Welt zurückzieht und anstatt jener Koalition, die ihm gefährlich sein würde, auf die strengste Separation sein Bestreben richtet. Daher scheint es mir gerade ein Gewinn für ihn zu sein, dass er seine eigne Welt formieret und durch die griechischen Mythen der Verwandte eines so fernen, fremden und idealischen Zeitalters bleibt, da ihn die Wirklichkeit nur beschmutzen würde. [...]

4 Antike als Leitbild in der Architektur

Nicht nur für die Literatur, sondern auch für Architektur und Bildende Kunst der Zeit um 1800 war die Antike Leitbild. Goethes Begeisterung für den Baustil des antiken Tempels und seine Einordnung in die Umgebung wurde in Text 2 (S. 201f.) deutlich.

a Der Parthenon in Athen, erbaut 447–432 v. Chr.

b Deutsche Staatsoper Unter den Linden in Berlin, erbaut 1741–43, wieder aufgebaut 1844[1]

c Evangelische Stadtkirche in Karlsruhe[2], erbaut 1807–16

d Reims, Westfassade der Kathedrale, erbaut nach 1211

[1] Georg Wenzeslaus von Knobelsdorff (1699–1753) hatte die Pläne entworfen; nach einem Brand wurde die Oper durch Carl Ferdinand Langhans (1782–1869) mit Veränderungen wieder aufgebaut. Er führte die Tradition seines Vaters Carl Gotthard weiter, dessen Bauten, z.B. das Brandenburger Tor in Berlin (1788–91), zu den frühesten Werken des deutschen Klassizismus gehören.

[2] Erbaut nach dem Entwurf von Friedrich Weinbrenner (1766–1826)

5 Johann Wolfgang von Goethe (1749–1832): Einfache Nachahmung der Natur, Manier, Stil

Es scheint nicht überflüssig zu sein, genau anzuzeigen, was wir uns bei diesen Worten denken, welche wir öfters brauchen werden. Denn wenn man sich gleich auch derselben schon lange in Schriften bedient, wenn sie gleich durch theoretische Werke bestimmt zu sein scheinen, so braucht denn doch jeder sie meistens in einem eigenen Sinne und denkt sich mehr oder weniger dabei, je schärfer oder schwächer er den Begriff gefasst hat, der dadurch ausgedrückt werden soll.

Einfache Nachahmung der Natur

Wenn ein Künstler, bei dem man das natürliche Talent voraussetzen muss, in der frühsten Zeit, nachdem er nur einigermaßen Auge und Hand an Mustern geübt, sich an die Gegenstände der Natur wendete, mit Treue und Fleiß ihre Gestalten, ihre Farben auf das Genaueste nachahmte, sich gewissenhaft niemals von ihr entfernte, jedes Gemälde, das er zu fertigen hätte, wieder in ihrer Gegenwart anfinge und vollendete, ein solcher würde immer ein schätzenswerter Künstler sein; denn es könnte ihm nicht fehlen, dass er in einem unglaublichen Grade wahr würde, dass seine Arbeiten sicher, kräftig und reich sein müssten.

Wenn man diese Bedingungen genau überlegt, so sieht man leicht, dass eine zwar fähige, aber beschränkte Natur angenehme, aber beschränkte Gegenstände auf diese Weise behandeln könne.

Solche Gegenstände müssen leicht und immer zu haben sein; sie müssen bequem gesehen und ruhig nachgebildet werden können; das Gemüt, das sich mit einer solchen Arbeit beschäftigt, muss still, in sich gekehrt und in einem mäßigen Genuss genügsam sein.

Diese Art der Nachbildung würde also bei so genannten toten oder still liegenden Gegenständen von ruhigen, treuen, eingeschränkten Menschen in Ausübung gebracht werden. Sie schließt ihrer Natur nach eine hohe Vollkommenheit nicht aus.

Manier

Allein gewöhnlich wird dem Menschen eine solche Art, zu verfahren, zu ängstlich oder nicht hinreichend. Er sieht eine Übereinstimmung vieler Gegenstände, die er nur in ein Bild bringen kann, indem er das Einzelne aufopfert; es verdrießt ihn, der Natur ihre Buchstaben im Zeichnen nur gleichsam nachzubuchstabieren; er erfindet sich selbst eine Weise, macht sich selbst eine Sprache, um das, was er mit der Seele ergriffen, wieder nach seiner Art auszudrücken, einem Gegenstande, den er öfters wiederholt hat, eine eigne bezeichnende Form zu geben, ohne, wenn er ihn wiederholt, die Natur selbst vor sich zu haben, noch auch sich geradezu ihrer ganz lebhaft zu erinnern.

Nun wird es eine Sprache, in welcher sich der Geist des Sprechenden unmittelbar ausdrückt und bezeichnet. Und wie die Meinungen über sittliche Gegenstände sich in der Seele eines jeden, der selbst denkt, anders reihen und gestalten, so wird auch jeder Künstler dieser Art die Welt anders sehen, ergreifen und nachbilden, er wird ihre Erscheinungen bedächtiger oder leichter fassen, er wird sie gesetzter oder flüchtiger wieder hervorbringen.

Wir sehen, dass diese Art der Nachahmung am geschicktesten bei Gegenständen angewendet wird, welche in einem großen Ganzen viele kleine subordinierte Gegenstände enthalten. Diese letztere müssen aufgeopfert werden, wenn der allgemeine Ausdruck des großen Gegenstandes erreicht werden soll, wie zum Exempel bei Landschaften der Fall ist, wo man ganz die Absicht verfehlen würde, wenn man sich ängstlich beim Einzelnen aufhalten und den Begriff des Ganzen nicht vielmehr festhalten wollte.

Stil

Gelangt die Kunst durch Nachahmung der Natur, durch Bemühung, sich eine allgemeine Sprache zu machen, durch genaues und tiefes Studium der Gegenstände selbst endlich dahin, dass sie die Eigenschaften der Dinge und die Art, wie sie bestehen, genau und immer genauer kennenlernt, dass sie die Reihe der Gestalten übersieht und die verschiedenen charakteristischen Formen nebeneinanderzustellen und nachzuahmen weiß, dann wird der Stil der höchste Grad, wohin sie gelangen kann; der Grad, wo sie sich den höchsten menschlichen Bemühungen gleichstellen darf.

Wie die einfache Nachahmung auf dem ruhigen Dasein und einer liebevollen Gegenwart beruhet, die Manier eine Erscheinung mit einem leichten, fähigen Gemüt ergreift, so ruht der Stil auf den tiefsten Grundfesten der Erkenntnis, auf dem Wesen der Dinge, insofern uns erlaubt ist, es in sichtbaren und greiflichen Gestalten zu erkennen. [...] (e 1789)

4. a) Was versteht Goethe unter den Begriffen „einfache Nachahmung der Natur", „Manier" und „Stil"? (Grenzen Sie bei der Beantwortung dieser Frage Goethes Verwendung der Begriffe vom üblichen Sprachgebrauch ab.)
b) Inwiefern werden in diesem Aufsatz Normen der Kunst aufgestellt?

5. Welche Prinzipien des Wahrnehmens und Darstellens, die Goethe in seinem Aufsatz behandelt, kommen in seiner „Italienischen Reise" (Texte 1–3, S. 201ff.) besonders zur Geltung?

Johann Wolfgang von Goethe: Südliche Landschaft mit Solitärbaum, 1787

3. Klassiker und Klassik – Lebensläufe und Begriffsbestimmung

Was kann die Kenntnis des Lebenslaufs zum Verständnis des Werks beitragen? Wenn wir Epochenbezeichnungen als ordnende Begriffe verwenden, muss dies mit Bedacht geschehen. Das Wort „klassisch“ wird in verschiedenen Texten ganz unterschiedlich gebraucht; oft ist es einfach nur ein Modewort.

1 Johann Wolfgang von Goethe (1749–1832)

1749 in der Reichsstadt Frankfurt am Main als Kind angesehener und wohlhabender Bürger geboren. Die Familie konnte von ihrem ererbten Vermögen leben; deshalb war es dem Vater möglich, sich seinen Liebhabereien (Sammlung von Gemälden, Kunstgegenständen, Büchern) und der Erziehung seines Sohnes zu widmen. So wuchs der junge Goethe in einem Milieu bürgerlicher Bildung heran; er lernte dabei sechs Sprachen und die entsprechenden Literaturen kennen, er verfasste Erzählungen und kleine Stücke.

1765 begann er nach dem Wunsch seines Vaters das Studium der Rechte in Leipzig, nicht aus Neigung, sondern um sich auf einen Brotberuf vorzubereiten. Goethe genoss die weltstädtische Atmosphäre des „kleinen Paris“, wie Leipzig damals genannt wurde, er zeichnete und malte und schrieb Gedichte im Stil des Rokoko (vgl. S. 164f.).

1768 kehrte er wegen einer schweren Erkrankung in seine Heimatstadt zurück. Unter dem Einfluss der Pietistin Susanne von Klettenberg beschäftigte er sich mit Fragen der Mystik und Alchimie. Klettenbergs Bemühungen, Goethe zu religiösen Erfahrungen anzuleiten, vermittelten ihm die Fähigkeit zur psychologischen Wahrnehmung.

1770 konnte Goethe nach langer Genesungszeit sein Studium in Straßburg fortsetzen, das er 1771 mit dem Lizenziat der Rechte abschloss. Wichtiger als dieser formale Studienabschluss aber waren für ihn die Bekanntschaft mit Herder, der ihn mit der deutschen Vergangenheit (Erlebnis des Straßburger Münsters), mit Shakespeares Dichtung und dem Volkslied vertraut machte, sowie die Liebe zur Sesenheimer Pfarrerstochter Friederike Brion. Diese Liebe und die Beschäftigung mit der Volksdichtung prägten die damalige Lyrik Goethes, die im Gegensatz zur Rokokolyrik persönliche Erfahrung zum Ausdruck brachte (vgl. S. 180ff.).

1771 war Goethe als Rechtsanwalt in Frankfurt tätig. Wichtiger war für ihn jedoch der Umgang mit künstlerisch-literarisch interessierten Freunden, die das Lebensgefühl des „Sturm und Drang“ verband (vgl. S. 183f.).

1772 ging Goethe als Referendar ans Reichskammergericht nach Wetzlar. Seine schmerzlichen Erfahrungen in der Liebe zu Charlotte Buff bestimmten die Thematik des Briefromans *Die Leiden des jungen Werthers* von 1774. In den Jahren bis 1775 schrieb Goethe außerdem satirische Schauspiele, das Drama *Götz von Berlichingen mit der eisernen Hand* und den *Urfaust*. *Werther* und *Götz* machten ihn als Schriftsteller berühmt.

1775 Dieses Jahr bedeutete einen wichtigen Einschnitt im Leben des Dichters. Die Herzoginmutter Anna Amalia und der Erbprinz von Sachsen-Weimar Carl August beriefen ihn als Mitglied der Regierung des Herzogtums und als Vertrauten des Erbprinzen bzw. Herzogs (Regierungsantritt im selben Jahr) nach Weimar. Die Annahme dieses Rufes beendete das jugendlich-ungebundene Leben und band Goethe in die praktischen Pflichten der Verwaltung eines deutschen Kleinstaates ein: Er war Mitglied des „Geheimen Consiliums“, des höchsten Beratungsgremiums des Herzogs, er kümmerte sich um Bergbau, Wegebau, Militärwesen und leitete die Direktion der staatlichen Finanzen. Als Leiter des Liebhabertheaters am Hofe schrieb er kleinere Dramen und Singspiele zur Unterhaltung der Hofgesellschaft. In der Wahrnehmung alltäglicher Verantwortung im überschaubaren Bereich prägte sich ein Wesenszug Goethes aus, der sein weiteres Leben bestimmte: Selbstdisziplin, Angst vor Unruhe und vor Leidenschaftlichkeit. So hielt er zur verheirateten Hofdame Charlotte von Stein, mit der ihn eine tiefe Liebe verband, immer die gesellschaftlich gebotene Distanz. Dennoch empfand Goethe dieses Leben auch als Einengung; deshalb ist der Aufbruch zur Italienreise im Jahr

1786 durchaus als Flucht zu verstehen. In Italien setzte Goethe seine Naturstudien fort und vertiefte sie, er schrieb sein Prosadrama *Iphigenie auf Tauris* in Verse um (vgl. S. 218) und vollendete die Dramen *Egmont* und *Torquato Tasso*. Bei den Versuchen, sein Zeichentalent auszubilden, wurde ihm klar, dass er zum Dichter, nicht aber zum bildenden Künstler bestimmt sei.

Goethe und Schiller im Gespräch. Nach einer Johann Christian Reinhart zugeschriebenen Federzeichnung (1804)

1788 Nach seiner Rückkehr nach Weimar ließ sich Goethe von zahlreichen Verwaltungstätigkeiten entlasten; ihm blieb die Aufsicht über das Weimarer Theater und die wissenschaftlichen Anstalten von Jena. Die Verbindung mit der Manufakturarbeiterin Christiane Vulpius (Heirat 1806) ließ ihn zum sesshaften Hausherrn werden. Dies wurde ihm vor allem in den Jahren der Revolutionskriege wichtig.

1792 begleitete Goethe seinen Herzog auf den Kriegsschauplatz nach Frankreich, eine Erfahrung, die er 1822 in der autobiografischen Schrift *Die Campagne in Frankreich* aus der zeitlichen Distanz gestaltete.

1794 begann die Freundschaft mit Schiller, die trotz eines gewissen Konkurrenzverhältnisses, das zwischen ihnen herrschte, von intensivem Gedankenaustausch und gegenseitiger Förderung geprägt war. Schiller drängte seinen Freund zur Weiterführung der Projekte *Wilhelm Meister* und *Faust*, die erst 1829 bzw. 1831 abgeschlossen wurden. Auf der Grundlage gemeinsamer Überzeugungen vom Wesen und von der Aufgabe der Kunst bildeten die beiden Freunde auch eine „Partei“, die sich polemisch mit abweichenden Kunstauffassungen auseinandersetzte.

1805 Mit Schillers Tod setzte bei aller Geselligkeit, die Goethe in seinem Hause pflegte, ein gewisse Vereinsamung des Dichters ein. Von den Romantikern, die ihn ursprünglich als großen Anreger betrachteten, distanzierte er sich, was ihn allerdings nicht daran hinderte, Elemente der Romantik in seine späteren Werke aufzunehmen (*Märchen*, 1795; *Die Wahlverwandtschaften*, 1809; *Faust II*, 1831).

1832 starb Goethe in Weimar als Letzter seines engeren Lebenskreises, der durch den Tod Christianes (1816), des Herzogs Carl August (1828) und seines Sohnes August (1830) immer kleiner geworden war.

Ernst Rietschel (1804–1861): Denkmal für Goethe und Schiller in Weimar (1852–57); Inschrift auf dem Sockel: „Dem Dichterpaar Goethe und Schiller – Das Vaterland“

2 Friedrich Schiller (1759–1805)

1759 in Marbach am Neckar als Sohn eines herzoglich-württembergischen Leutnants und Wundarztes geboren. Der Vater war schlecht bezahlt; die Familie musste wegen seiner Versetzung im Militärdienst mehrmals den Wohnort wechseln. Friedrich Schiller wünschte eigentlich Pfarrer zu werden, doch der Herzog Carl Eugen nahm sich das Recht, über den Berufswunsch des Sohnes eines seiner Offiziere hinwegzugehen und ihn zum Eintritt in seine „Militärische Pflanzschule“ (Militärakademie) auf der Solitude bei Stuttgart zu drängen.

1772 begann Schiller dort zunächst mit dem Studium der Rechte, wechselte dann aber 1776 zum Medizinstudium über, um sich 1780 als „Regimentsmedikus“ zu qualifizieren. Schon während des Studiums hatte Schiller in seiner geringen Freizeit – auch in den Nachtstunden – Gedichte geschrieben und an seinem ersten Drama *Die Räuber* gearbeitet.

1782 wurde das Stück in Mannheim mit großem Erfolg uraufgeführt. Als der Herzog erfuhr, dass Schiller zweimal ohne Urlaub nach Mannheim gereist war, ließ er seinen Militärarzt für zwei Wochen einsperren und verbot ihm eine weitere literarische Tätigkeit. Der Reglementierung durch den Landesherrn entzog sich Schiller durch die Flucht ins „Ausland“, in das kurpfälzische Mannheim. Da sein neues Schauspiel *Fiesco* vom Theaterintendanten Dalberg abgelehnt wurde, wuchsen seine finanziellen Schwierigkeiten. Deshalb bedeutete das Angebot Henriette von Wolzogens, ihm auf ihrem thüringischen Gut Bauerbach Unterkunft zu gewähren, eine große Hilfe. Hier schrieb er sein Stück *Luise Millerin (Kabale und Liebe)* und begann die Arbeit an *Don Carlos*.

1783 bot ihm Dalberg eine Stelle als Theaterdichter (bis 1784 befristet) an und Schiller kehrte deshalb nach Mannheim zurück.

1784 Nach dem Ablauf seines Theatervertrags verließ er Mannheim und war in den folgenden Jahren auf die Hilfsbereitschaft von Freunden, vor allem Christian Gottfried Körners und des Verlegers Göschen, angewiesen, die ihn mit Krediten bzw. Vorschüssen unterstützten. Seine unsichere wirtschaftliche Lage zwang ihn zu einem Wanderleben (Leipzig, Dresden, Weimar, Jena). In dieser Zeit begann er mit historischen Studien.

1788 wurde ihm mit Goethes Unterstützung eine Professur für Geschichte in Jena übertragen, für die er aber zunächst kein festes Gehalt bekam. Diese Tätigkeit bedeutete ihm eine Last, denn sein eigentliches Interesse galt nach wie vor der Dichtung. Erst Ende 1790 sicherte ihm der Herzog ein festes Jahresgehalt zu, womit ein Existenzminimum für den neu gegründeten Haushalt – Schiller hatte im Februar 1790 Charlotte von Lengefeld geheiratet – gesichert war.

1. Vergleichen Sie die Lebensläufe der beiden Dichter. Achten Sie dabei besonders auf das jeweilige Verhältnis zwischen bürgerlicher und künstlerischer Existenz.
Fassen Sie die Ergebnisse des Vergleichs in einem Resümee (vgl. S. 38) zusammen.

2. a) Vergleichen Sie die unterschiedlichen Darstellungen des „Dichterpaars“ Goethe und Schiller (S. 208f.).
b) Welche Darstellungsabsichten stehen dahinter und wie bewerten Sie diese? (Vgl. Text 1, S. 229f.)

Zur Benutzung von **Epochenbegriffen**:
Die Kennzeichnung von Epochen der Kunst- und Literaturgeschichte ist mitunter umstritten. Zwei Äußerungen von Kunsthistorikern über die Verwendung der Begriffe Klassizismus, Romantik und Realismus können das Problem verdeutlichen:
– „Leider ist eine [...] Übereinkunft [im Gebrauch dieser Begriffe] kaum zu erwarten. Deshalb weicht man den umstrittenen Begriffen am besten aus." (Rudolf Zeitler in: Propyläen Kunstgeschichte, Bd. 11, 1966.)
– „Der Nutzen solcher Begriffe ist dennoch größer als der Schaden, welcher durch ihren Missbrauch entstehen könnte. Die Wissenschaft kommt ohne Hilfskonstruktionen und Arbeitshypothesen nicht aus." (Klaus Lankheit in: Revolution und Restauration, 1980.)

1791 erkrankte Schiller an einer lebensgefährlichen Lungenentzündung; von da an war seine Widerstandskraft gegen Krankheiten geschwächt. Von 1795 an lebte er kaum mehr beschwerdefrei. Oft musste er deshalb seine Arbeitskraft dem schwachen Körper geradezu abringen. Eine große Hilfe war gerade in dieser Situation die für drei Jahre angesetzte jährliche Pension von jeweils 1000 Talern, die ihm der dänische Prinz von Augustenburg gewährte. In einer Reihe von Briefen an diesen Gönner unter dem Titel *Über die ästhetische Erziehung des Menschen* legte er im Jahr 1793 seine Auffassungen von der Aufgabe der Kunst in der damaligen Situation des gesellschaftlich-politischen Umbruchs dar (vgl. S. 217ff.).

1794 Beginn der Freundschaft mit Goethe (s.o.). Gerade in der Unterschiedlichkeit der Erkenntnisinteressen und Erkenntnismethoden – Goethe ging eher von der Anschauung des Konkreten, Schiller von Ideen aus – ergänzten sich die beiden, weil jeder die Eigenart des Anderen achtete. Goethe begleitete u.a. die Dramenproduktion Schillers, weil er an Schauspielen für „sein" Weimarer Theater interessiert war. So entstanden neben Schillers theoretischen Abhandlungen über Anthropologie und Dichtungstheorie in ständiger Auseinandersetzung mit der Philosophie Kants die großen Dramen der *Wallenstein*-Trilogie (1797–99), *Maria Stuart* (1799–1800), *Die Jungfrau von Orleans* (1800–01), *Die Braut von Messina* (1802–03), *Wilhelm Tell* (1802–04). Seine letzte Arbeit, das Stück *Demetrius*, blieb Fragment. Erst in dieser letzten, sehr produktiven Lebensphase war Schiller frei von wirtschaftlichen Problemen.

1805 Tod Schillers

3 Johann Wolfgang von Goethe (1749–1832): Über den Begriff des „Klassischen"

Wer mit den Worten, deren er sich im Sprechen oder Schreiben bedient, bestimmte Begriffe zu verbinden für eine unerlässliche Pflicht hält, wird die Ausdrücke: klassischer Autor, klassisches Werk höchst selten gebrauchen. Wann und wo entsteht ein klassischer Nationalautor? Wenn er in der Geschichte seiner Nation große Begebenheiten und ihre Folgen in einer glücklichen und bedeutenden Einheit vorfindet; wenn er in den Gesinnungen seiner Landsleute Größe, in ihren Empfindungen Tiefe und in ihren Handlungen Stärke und Konsequenz nicht vermisst; wenn er selbst, vom Nationalgeiste durchdrungen, durch ein einwohnendes Genie sich fähig fühlt, mit dem Vergangnen wie mit dem Gegenwärtigen zu sympathisieren; wenn er seine Nation auf einem hohen Grade der Kultur findet, so dass ihm seine eigene Bildung leicht wird; wenn er viele Materialien gesammelt, vollkommene oder unvollkommene Versuche seiner Vorgänger vor sich sieht und so viel äußere und innere Umstände zusammentreffen, dass er kein schweres Lehrgeld zu zahlen braucht, dass er in den besten Jahren seines Lebens ein großes Werk zu übersehen, zu ordnen und in einem Sinne auszuführen fähig ist.

Man halte diese Bedingungen, unter denen allein ein klassischer Schriftsteller, besonders ein prosaischer, möglich wird, gegen die Umstände, unter denen die besten Deutschen dieses Jahrhunderts gearbeitet haben, so wird, wer klar sieht und billig denkt, dasjenige, was ihnen gelungen ist, mit Ehrfurcht bewundern und das, was ihnen misslang, anständig bedauern.

(v 1795)

3. a) Sammeln Sie Beispiele unterschiedlicher Verwendung von „Klassik", „klassisch", „Klassiker" aus dem heutigen Sprachgebrauch und erläutern Sie ihre jeweilige Bedeutung.
b) „Wir sind überzeugt, dass kein deutscher Autor sich selbst für klassisch hält." (Goethe) Begründen Sie diese (überraschende?) These des Autors im Hinblick auf seine Überlegungen in Text 3.

4 Johann Nepomuk Nestroy (1801–1862): Einen Jux will er sich machen, I/6 (Auszug)

Das Stück ist eine Posse mit Gesang. Bevor der Gewürzkrämer Zangler seine Braut, die Modewarenhändlerin Madame Knorr, in der Kleinstadt besuchen kann, hat er einiges zu regeln: Er lehnt die Verbindung seines Mündels Marie mit Herrn Sonders ab, entlässt den Hausknecht Kraps und stellt Melchior ein. Er befördert den Handlungsdiener Weinberl zu seinem Associé und erhebt Christopherl, den Lehrjungen, zum Handlungsdiener. Die beiden wollen sich in der Stadt in Abwesenheit Zanglers einen ordentlichen Jux machen. Nach einer turbulenten Verwechslungs-, Verkleidungs- und Verfolgungskomödie kommt es für drei Paare zu einem Happyend.

Zangler. Melchior.

MELCHIOR *(schüchtern eintretend, zur Mitte)*. Ich bitt', sein Euer Gnaden der G'würzkramer?
ZANGLER. Eins zu wenig, 's andre zu viel, ich bin nicht Euer Gnaden, sondern nur Herr Zangler, ich bin aber kein Kramer, sondern vermischter Warenhändler.
MELCHIOR. Ich hab g'hört, dass der Herr vermischte Warenhändler einen Hausknecht g'habt hab'n, der ein reiner Lump war.
ZANGLER. Ich hab' ihn fortgejagt.

Melchior. Und da, hab' ich g'hört, sind Sie in Desperation[1], dass Sie kein' Hausknecht haben.

Zangler. In Desperation? Das is gar eine dumme Red', ich glaub', an solchen Schlingeln is keine Not.

Melchior. Das is wahr, eher wird's an Prinzipal[2] eine Not sein. Ein Hausknecht halt't lang, aber Prinzipal geht alle Augenblick' einer z'grund'.

Zangler. Er is etwas vorlaut, scheint mir –

Melchior. Nein, das war nur so eine merkantilische Bemerkung.

Zangler. Wo hat Er sein Dienstzeugnis?

Melchior. Im Sack.

Zangler. So geb' Er's her.

Melchior *(gibt ihm das Zeugnis, ein ganz zusammengeknittertes Papier)*. Es ist etwas verkribelt[3], ich trag's schon vier Wochen herum.

Zangler. Hat Er Kenntnisse in der vermischten Warenhandlung? *(Durchsieht das Zeugnis.)*

Melchior. Oh, sehr viel! Wir hab'n zwar da, wo ich war, nur einen Artikel g'habt, aber der war ungeheuer vermischt, ich bin aus einer Weinhandlung.

Zangler. Hm! Sein Zeugnis lautet ja ganz vorzüglich gut.

Melchior. Ja, meine Aufführung war klassisch.

Zangler *(in dem Zeugnis lesend)*. Treu, redlich, fleißig, willig, wachsam aufs Haus, obachtsam auf die Kinder –

Melchior. Ja, das waren klassische Bub'n, jeder in einer andern Klass' und doch jeder die dritte Klass', das wird man nicht bald finden.

Zangler. Er ist aufgenommen.

Melchior. Ich küss' die Hand.

Zangler. Sechs Gulden Monatlohn, Kost, Quartier, Wäsch'.

Melchior. No jetzt, Wäsch' und Quartier, das is das Geringste, aber die Kost, die war halt dort, wo ich war, klassisch.

Zangler. Bei mir leid't auch niemand Hunger. – Suppen, Rindfleisch, Zuspeis[4] und was drauf.

Melchior. Aber nur viel drauf. Und weg'n Frühstück – dort hab' ich halt immer Kaffee g'habt.

Zangler. Das war bei mir nicht der Brauch, dass der Hausknecht Kaffee –

Melchior. Schaun S', Sie hab'n g'wiss auch einen Rosoli[5] unter Ihren vermischten Sachen.

Zangler. O ja, aber –

Melchior. Na, sehn Sie, dann is es ja unser beiderseitiger Vorteil, wann S' mir ein' Kaffee geb'n, denn Sie verleiteten mich ja sonst mit G'walt zu die geistigen Getränk'.

Zangler. Na, da gäbet's schon noch Mittel – übrigens, wenn Er brav is –

Melchior. Klassisch!

Zangler. So soll Er ein' Kaffee hab'n.

Melchior. Versteht sich, süß, und ein Kipferl[6]. Oh, an dem Ort, wo ich war, das war ein klassischer Kaffee.

Zangler. Was hat Er denn immer mit dem dummen Wort klassisch?

Melchior. Ah, das Wort is nit dumm, es wird nur oft dumm angewend't.

Zangler. Ja, das hör' ich, das muss Er ablegen, ich begreif' nicht, wie man in zwei Minuten fünfzigmal dasselbe Wort repetieren kann.

Melchior. Ja, das ist klassisch. Und dann bitt' ich mir zu sagen, was ich alles zu tun hab'.

Zangler. Was wird Er zu tun haben? Was halt einem Hausknecht zukommt.

Melchior. Kisten und Fässer aus'n Magazin holen –

Zangler. Botengänge machen, das G'wölb' rein halten, und im Haus –

Melchior. Wenn's in der Kuchel was gibt, kleins Holz machen, allenfalls Boden reib'n.

Zangler. Und meine Person bedienen.

Melchior. Na ja, halt alles, was zur groben Arbeit gehört. Na, ich hoff', wir wer'n kein' Streit hab'n.

Zangler. Das hoff' ich auch.

[...] (e 1842)

Johann Nepomuk Nestroy (1801–1862) studierte Jura, war zunächst Opernsänger an verschiedenen Theatern, dann als komischer Charakterschauspieler in Brünn, Graz und Wien am Leopoldstädter Theater, dessen Leiter er von 1854–1860 war. Als Lustspieldichter wurde er zum erfolgreichsten Vertreter des Wiener Volkstheaters in der Tradition Ferdinand Raimunds (1790–1836). Die stark improvisierten Lokalpossen mit Gesangseinlagen in Dialekt und Hochsprache zeichnen das vormärzliche Wien mit scharfer Ironie und urwüchsiger Komik. Bis heute gespielt werden u.a.: *Der Böse Geist Lumpazivagabundus oder Das liederliche Kleeblatt* (1835), *Der Talisman* (1843), *Einen Jux will er sich machen* (1844), *Der Zerrissene* (1845), *Das Mädel aus der Vorstadt* (1845), *Die schlimmen Buben in der Schule* (1847), *Freiheit in Krähwinkel* (1849).

4. a) Wo sehen Sie Übereinstimmungen zwischen dem heutigen Sprachgebrauch und Melchiors Verwendung des Adjektivs „klassisch" (Text 4)?
b) An welchen Stellen wird das Wort von Melchior „dumm angewend't"?
c) Schreiben Sie eine Dialogszene, in der der Gebrauch eines heutigen Modeworts karikiert wird.

---

1 Die Desperation (< lat. desperatus = verzweifelt): Verzweiflung
2 Prinzipal: Chef
3 verkribelt: zerknittert
4 Zuspeis: Beilagen (Gemüse)
5 Rosoli: mit Gewürz zubereiteter Likör
6 Kipferl: Hörnchen (Gebäck)

5. a) Erläutern Sie die Bedeutung der Begriffe „klassisch“ und „Klassik“ in Text 5.
b) Entwerfen Sie eigene Werbesprüche mit diesen Begriffen.

6. Ordnen Sie Ihre Beispiele (nach Arbeitsanregung 3a) sowie die Äußerung von Goethes Mutter (siehe S. 196) und Beispiele aus der Werbung (Text 5) den Hauptbedeutungen zu, die der Lexikonartikel darlegt.

7. Erläutern Sie aufgrund der Informationen aus dem Lexikonartikel, warum man die Epoche Goethes und Schillers in der Regel als „Klassik“, nicht aber als „Klassizismus“ bezeichnet.

8. Häufig wird die Epoche der deutschen literarischen Klassik auf die Zeit zwischen dem Beginn von Goethes italienischer Reise (1786) und Schillers Tod (1805) eingegrenzt.
a) Erläutern Sie diese Datierung mit Hilfe der Informationen, die Sie bisher erarbeitet haben.
b) Stellen Sie das zeitliche Verhältnis zwischen Klassik und Romantik mit Hilfe einer Zeitleiste dar und ziehen Sie Schlussfolgerungen im Hinblick auf die Gliederung der Literaturgeschichte in Epochen.

9. Schreiben Sie einen kurzen Lexikonartikel zum Stichwort „Klassik“ für eine Mittelstufenklasse, die im Unterricht ihr erstes klassisches Drama liest, z.B. Schillers „Wilhelm Tell“ oder „Maria Stuart“.

10. Beschreiben Sie das Gemälde Tischbeins (S. 196) als ein für die Epoche der Klassik typisches Bild.

5 „Klassik“ in der Werbung

a) Unverändert wie die reizvolle Südhanglage oberhalb der Davoser Promenade ist auch der Charme des berühmten „Belvédère“. Ganz klassisch-schönes Grandhotel, bietet es modernsten Komfort und Ausblick auf eine grandiose Berglandschaft. (Werbetext)

b) KLASSIK ist Trumpf auf der am Sonntag beginnenden Modemesse Igedo in Düsseldorf. Der Blick zurück gilt dem Grace-Kelly-Chic, und das Seidenfoulard[1] wird entsprechend geschlungen. (Werbetext)

c) Vom Barock bis zur Avantgarde – Klassik pur! (Schwetzinger Festspiele)

L **Klassik**, ein Zeitalter hoher („klassischer“) Bildender Kunst, Literatur oder Musik. Bei der Schätzung der röm. Bürger nach ihrem Vermögen [...] hießen die Bürger der obersten Vermögensklasse *Klassiker (classici)*; schon im 2. Jahrh. n. Chr. verwendete Aulus Gellius die Bezeichnung „scriptor classicus“ für erstrangige Schriftsteller. Später wurden hervorragende Schriftsteller vieler Nationen und Zeiten, sogar Vertreter anderer Künste und der Wissenschaft K. genannt.
Hiernach bedeutet das Wort *klassisch*

1) griech.-römisch (z.B. klass. Altertum, klass. Sprachen), seit die griechisch-röm. Antike, ihre Kultur und Kunst durch die Renaissance in den Rang des „Klassischen“, des Mustergültigen erhoben wurde. Für die Renaissance blieb bezeichnend, dass sie das Römische nicht vom Griechischen absetzte und zwischen den Stilepochen der Antike keinen Unterschied machte. Erst WINCKELMANN begann die griech. und röm. Kunst schärfer zu unterscheiden; damit wurden die Griechen zu den eigentl. Trägern des Klassischen. [...]

2) jede Kunstepoche, die den Stil der griech. Klassik zum Maßstab nimmt: Schönheit, Ausgewogenheit, Aufhebung des Besonderen im Typischen und Normativen, Einklang zwischen dem Leiblichen und Geistig-Seelischen (vgl. aber → Klassizismus). Eine klass. Kunstepoche in diesem Sinn war außer der italien. Renaissance bes. das klass. Zeitalter der dt. Literatur zwischen Sturm und Drang und Romantik (GOETHE, SCHILLER) und in der dt. Musik das Zeitalter von HAYDN bis BEETHOVEN.

3) eine überragende, grundlegende, zeitlos bedeutende Kunst-, Literatur- oder Musikschöpfung, unabhängig von ihrer Stilrichtung, auch eine überragende wissenschaftl. Leistung („Klassiker der Wissenschaft“), insbesondere die fruchtbarste Epoche der einzelnen Nationen (das Augusteische Zeitalter der röm. Antike, die italien. Renaissance, die französ. und dt. Klassik, das Elisabethanische Zeitalter für England und das Zeitalter Calderóns und Cervantes' für Spanien). [...]

KLASSIZISMUS [lat.], die schulmäßige Nachahmung klassischer Muster und Regeln, wobei die Antike zwar als oberste Gesetzgeberin gilt, tatsächlich jedoch nur in Gestalt einseitig vereinfachter und dem Zeitgeschmack angepasster Vorschriften wirksam ist.

Literatur

Die Begriffe „K.“ und „klassizistisch“ sind zu unterscheiden von den Begriffen → Klassik und klassisch, die auf originale Schöpfungen von leitbildhafter Gültigkeit und höchstem ethisch-ästhestischem Rang zielen. Allerdings wird daneben ‚klassizistisch‘ auch ohne jedes Werturteil als Stilbegriff zur Bezeichnung einer formbetonten regelhaften Gestaltungsweise verwendet.

Aus: Brockhaus Enzyklopädie, Bd. 10, 1970, S. 228.

John Vanderlyn: Die schlafende Ariadne auf Naxos, 1808/12

[1] Der (schweiz. das) Foulard (frz.): beidseitig bedruckter, leichter Seidenstoff

III. Die Antworten der Klassiker auf Fragen der Zeit

1. Die Französische Revolution als Herausforderung – Positionen Goethes und Schillers

Während viele seiner Schriftstellerkollegen (Klopstock, Schiller, der junge Hölderlin) die Anfänge der Revolution begeistert begrüßten, verhielt sich Goethe zunächst zurückhaltend. Aber in den folgenden Jahren bezog er immer wieder in Dichtungen und theoretischen Äußerungen Stellung und das Thema Revolution beschäftigte ihn bis in seine letzten Lebensjahre.

Sturm auf die Bastille

Die Mitschrift

Das Mitschreiben im Unterricht, bei einer Sitzung oder bei einem Vortrag bzw. einer Vorlesung ist eine wichtige Voraussetzung für die Anfertigung von Protokollen. Anhand eigener Notizen kann man sich aber auch einen Überblick über Arbeits- und Lernprozesse verschaffen und hat damit eine Grundlage für Wiederholungen und Prüfungsvorbereitungen. Da es aber nicht leicht ist, konzentriert zuzuhören, sich evtl. mit eigenen Beiträgen zu beteiligen und zugleich eine Mitschrift anzufertigen, muss diese Technik konsequent geübt werden.

Als Beispiel wird ein Auszug aus einer Mitschrift vorgelegt, die ein Schüler während des Referats eines Mitschülers über das Thema „Goethe und die Französische Revolution“ angefertigt hat. (Zur Methodik des Referats vgl. S. 76.)

1 Tonbandaufzeichnung eines halbfrei vorgetragenen Referats: Goethe und die Französische Revolution (Einleitung)

Der Philosoph Friedrich Schlegel (1772–1829) zählt die Französische Revolution mit Recht zu den „größten Ereignissen des 18. Jahrhunderts“. Aus dem größeren zeitlichen Abstand können wir heute ihre Bedeutung eher noch umfassender bewerten: Sie ist ein Ereignis, das die moderne Welt insgesamt entscheidend geprägt hat. Ich möchte dazu nur wenige Stichworte anführen:

– Kampf des dritten Standes gegen Feudalismus und Absolutismus für den bürgerlichen Rechts- und Verfassungsstaat unter Berufung auf die Menschenrechte,
– Politisierung der Massen, eine wichtige Grundlage des modernen Nationalbewusstseins,
– ein Ereignis, das über Frankreichs Grenzen hinausgreift und die politische Ordnung Europas verändert.

So ist es nicht verwunderlich, dass diese Revolution die Zeitgenossen auch in Deutschland zur Stellungnahme herausforderte. Mein Referat beschäftigt sich mit Goethes Verhältnis zur Französischen Revolution. Goethe hat sich mit diesem Thema, diesem Problem, bis in seine letzten Lebensjahre immer wieder – sowohl in Dichtungen als auch in theoretischen Äußerungen – auseinandergesetzt.

Declaration des droits de l'homme et du citoyen

Während viele seiner Schriftstellerkollegen den Sturm auf die Bastille vom 14. Juli 1789 begeistert feiern, sind Goethes Kommentare zunächst spärlich. Am 3. März 1790 schreibt er an seinen Freund Jacobi: „Dass die Französische Revolution auch für mich eine Revolution war, kannst du denken.“ In der so selbstverständlich klingenden Formulierung („Die Revolution ist eine Revolution“) wird Betroffenheit deutlich: Goethe deutet die Ereignisse in Frankreich als eine auch ihn angehende Revolution, als totale Umwälzung der bestehenden Ordnung. Erste Antworten des Dichters auf die Ereignisse sind unter anderem kurze Dramen (z.B. *Der Bürgergeneral* von 1793), Erzählungen/Novellen unter dem Titel *Unterhaltungen deutscher Ausgewanderten* (1794/95), das Werk *Hermann und Dorothea* (1796/97), aus dem sich ein Auszug in unserem Arbeitsbuch findet.

Bedeutsam ist, dass wichtige zusammenhängende Beurteilungen der Revolution durch Goethe erst aus größerem zeitlichen Abstand erfolgen. Wichtige Äußerungen finden sich z.B. in Goethes Gesprächen mit seinem Sekretär Eckermann seit 1824. – Goethe braucht und hält Distanz zu den Ereignissen in Frankreich; er ist weder begeistert noch verteufelt er die Vorgänge. Er vermeidet weitgehend eine einseitige Parteinahme. In einer seiner Äußerungen hebt er z.B. hervor, dass ihm „weder am Tod der aristokratischen noch demokratischen Sünder im Mindesten etwas gelegen“ sei. Manchmal spürt man seine Abneigung, sich mit Problemen beschäftigen zu müssen, die ihm nicht angenehm sind, und er versucht, sich von der allgemeinen Aufregung nicht anstecken zu lassen. An Jacobi schreibt er 1792: „Wo zwei oder drei zusammenkommen, hört man das Lied [...] pro und contra heraborgeln [...]. Deshalb wünsche ich mich wieder zurück zwischen die Thüringer Hügel [an seinen Lebensmittelpunkt Weimar], wo ich doch Haus und Garten zuschließen kann.“ [...]

Für die Mitschrift empfehlen sich wegen der besseren Übersichtlichkeit und als Voraussetzung für eine individuelle Anordnung des Textes unlinierte DIN-A4-Blätter, die im Deutsch-Ordner gesammelt werden können.

1. Beschreiben und beurteilen Sie das bei der Anfertigung der Mitschrift (Text 2) angewandte Verfahren (Einteilung des Blatts, Informationsauswahl, Layout, Verwendung besonderer Zeichen).

2. Ergänzen Sie die Mitschrift entsprechend dem Referattext (Text 1).

2 Beispiel einer Mitschrift

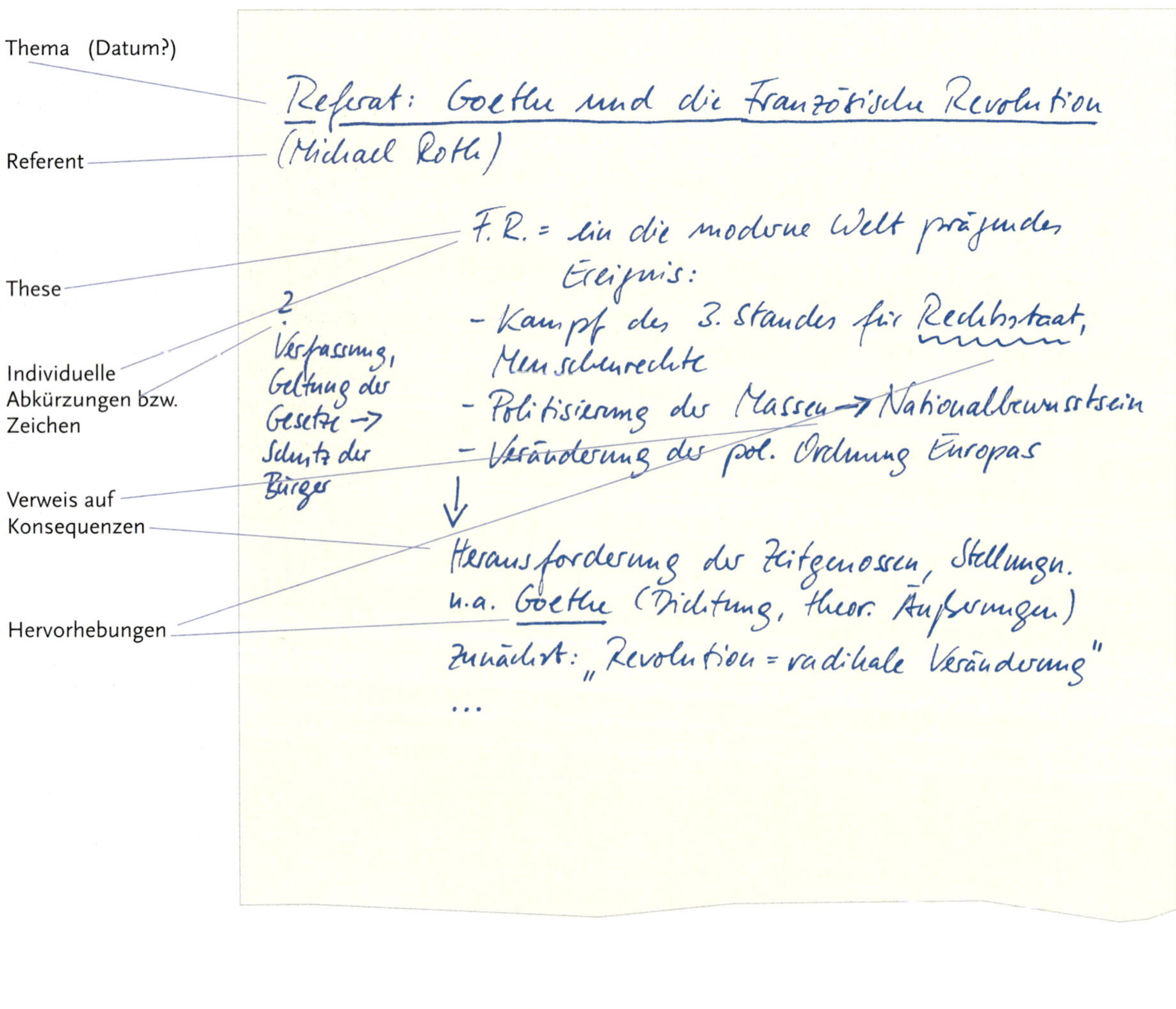

Für die Frage nach der Deutung und Bewertung der Revolution durch Goethe ist ein Abschnitt aus dem 6. Gesang des Versepos *Hermann und Dorothea* wichtig, in dem ein angesehener alter Mann, der vor der Revolution aus Frankreich geflohen ist, vom Verlauf der Revolution berichtet.

3 Johann Wolfgang von Goethe (1749–1832): Hermann und Dorothea

(Auszug)

[...]
Als nun der geistliche Herr den fremden Richter befragte,
Was die Gemeine gelitten, wie lang sie von Hause vertrieben,
Sagte der Mann darauf: Nicht kurz sind unsere Leiden;
Denn wir haben das Bittre der sämtlichen Jahre getrunken,
Schrecklicher, weil auch uns die schönste Hoffnung zerstört ward.
Denn wer leugnet es wohl, dass hoch sich das Herz ihm erhoben,
Ihm die freiere Brust mit reineren Pulsen geschlagen,
Als sich der erste Glanz der neuen Sonne heranhob,
Als man hörte vom Rechte der Menschen, das allen gemein sei,
Von der begeisternden Freiheit und von der löblichen Gleichheit!
Damals hoffte jeder, sich selbst zu leben; es schien sich
Aufzulösen das Band, das viele Länder umstrickte,
Das der Müßiggang und der Eigennutz in der Hand hielt.
Schauten nicht alle Völker in jenen drängenden Tagen
Nach der Hauptstadt der Welt, die es schon so lange gewesen
Und jetzt mehr als je den herrlichen Namen verdiente?
Waren nicht jener Männer, der ersten Verkünder der Botschaft,
Namen den höchsten gleich, die unter die Sterne gesetzt sind?
Wuchs nicht jeglichem Menschen der Mut und der Geist und die Sprache?

Und wir waren zuerst, als Nachbarn, lebhaft entzundet.
Drauf begann der Krieg, und die Züge bewaffneter Franken
Rückten näher; allein sie schienen nur Freundschaft zu bringen.
Und die brachten sie auch: denn ihnen erhöht war die Seele
Allen; sie pflanzten mit Lust die munteren Bäume der Freiheit,
Jedem das Seine versprechend und jedem die eigne Regierung;
Hoch erfreute sich da die Jugend, sich freute das Alter,
Und der muntere Tanz begann um die neue Standarte.
So gewannen sie bald, die überwiegenden Franken,
Erst der Männer Geist, mit feurigem, munterm Beginnen,
Dann die Herzen der Weiber, mit unwiderstehlicher Anmut.
Leicht selbst schien uns der Druck des viel bedürfenden Krieges;
Denn die Hoffnung umschwebte vor unsern Augen die Ferne,
Lockte die Blicke hinaus in neu eröffnete Bahnen.

O, wie froh ist die Zeit, wenn mit der Braut sich der Bräutgam
Schwinget im Tanze, den Tag der gewünschten Verbindung erwartend!
Aber herrlicher war die Zeit, in der uns das Höchste,
Was der Mensch sich denkt, als nah und erreichbar sich zeigte.
Da war jedem die Zunge gelöst; es sprachen die Greise,
Männer und Jünglinge laut voll hohen Sinns und Gefühles.

Aber der Himmel trübte sich bald. Um den Vorteil der Herrschaft
Stritt ein verderbtes Geschlecht, unwürdig, das Gute zu schaffen.
Sie ermordeten sich und unterdrückten die neuen
Nachbarn und Brüder und sandten die eigennützige Menge.
Und es prassten bei uns die Obern und raubten im Großen,
Und es raubten und prassten bis zu dem Kleinsten die Kleinen;
Jeder schien nur besorgt, es bleibe was übrig für morgen.
Allzu groß war die Not, und täglich wuchs die Bedrückung;
Niemand vernahm das Geschrei, sie waren die Herren des Tages.
Da fiel Kummer und Wut auch selbst ein gelassnes Gemüt an,
Jeder sann nur und schwur, die Beleidigung alle zu rächen
Und den bittern Verlust der doppelt betrogenen Hoffnung.
Und es wendete sich das Glück auf die Seite der Deutschen,
Und der Franke floh mit eiligen Märschen zurücke.

Ach, da fühlten wir erst das traurige Schicksal des Krieges!
Denn der Sieger ist groß und gut; zum wenigsten scheint ers,
Und er schonet den Mann, den besiegten, als wär er der seine,

Hermann und Dorothea: Hexameterepos [...] Auf der Suche nach einem Sujet für ein modernes, der antiken Tradition ebenbürtiges Epos, wie es J. H. Voss mit *Luise* schon gelungen schien, nahm Goethe eine Episode um 1730 vertriebener Salzburger Protestanten auf und verwandelte sie in Flüchtlinge, denen die Französische Revolution Heimat und Existenz raubte. Bei allem Zeitkolorit, aller Auseinandersetzung mit der kriegerischen Epoche und allen realistischen Details stilisierte der Dichter die Vorgänge und Charaktere ins Allgemeinmenschliche. Dem Elend der Landlosen wird die Ordnung wohlgegründeter Bürgerlichkeit kontrastiert.
[...] Zwar hätte der rührige Wirt zum „Goldenen Löwen" für seinen Sohn Hermann eine begüterte Kaufmannstochter gewünscht, doch als der ernst-bescheidene Jüngling sich das Mädchen aus der Flüchtlingsschar, Dorothea (= das „Gottesgeschenk"), erwählt, lässt sich der Vater von der ihrem Sohn beistehenden Mutter umstimmen. [...] In neun Gesängen, deren Titel je eine Muse und ein inhaltlicher Hinweis bilden, und in wohl durchdachten Proportionen, bildkräftigen Szenen sowie leitmotivischen Verschränkungen wird der epische Verlauf entfaltet. Der Hexameter hält das Gleichgewicht von behaglicher Breite und bewegter Konzentration. [...]
Aus: Gero von Wilpert (Hrsg.): Lexikon der Weltliteratur, Stuttgart (Alfred Kröner) 1993, Bd. 2.

Arthur von Ramberg (1819–1875): Hermann und Dorothea am Brunnen

Epos, n., Pl. Epen [gr. = Wort, Erzählung, Lied, Gedicht], in der dt. Dichtungslehre seit dem 18. Jh. gebräuchl. Bez. der Großform erzählender Dichtung in gleichartig gebauten Versen oder Strophen, meist mehrere Teile (Gesänge, Bücher, [...], Aventiuren, Cantos) umfassend. Charakterist. für das E. sind gehobene Sprache, typisierende Gestaltungsmittel, eine Zentralfigur oder ein Leitgedanke, Objektivität durch Distanz zur Fülle der breit dargebotenen Geschehnisse sowie der Anspruch auf Allgemeingültigkeit der Aussage. Das E. hat seinen *Ursprung* im jeweiligen Reifestadium einer frühen Kulturepoche, wenn neben einem zuvor rein myth. Weltbild das spezif. Geschichtsbewusstsein eines Volkes (od. doch seiner herrschenden, d.h. kulturtragenden Gruppen) immer mehr hervortritt. Diesen Vorgang spiegelt das E. in Heroengestalten, meist verstanden als von Göttern stammend od. doch von diesen beschützt; sie stehen zwischen diesen u. der menschl. Welt, wo sie sich zu bewähren haben u. als Vorbild gelten, sei es als Kämpfer, Herrscher, Stadt- oder Staatsgründer, als Sieger oder im Untergang. Um einen solchen Heroen oder um eine Gruppe von Heroen, meist mit einem oder zwei Hauptthelden (oft Gegnern), spielt insbes. das frühe *Helden-E.* Seine Voraussetzung u. zugleich sein Publikum ist eine einheitl. strukturierte, vorwiegend hierarch. aristokrat., oft feudal gegliederte Gesellschaft, die als „eine von sich aus geschlossene Lebenstotalität" (Lukács) gestaltet wird. Ereignisse aus den Anfängen solcher Lebensformen, insbes. Staatenbildungen, Eroberungen, Wanderbewegungen u. Grenzsicherungen, sind die realgeschichtl. Grundlage des frühen E. Stoffl. basiert es auf Götter- u. Heldensagen, für die das E. andererseits zur wichtigsten Quelle wird.

Aus: Günter und Irmgard Schweikle (Hrsg.): Metzler Literatur Lexikon, Stuttgart (Metzler) 1984, S. 127.

Wenn er ihm täglich nützt und mit den Gütern ihm dienet.
Aber der Flüchtige kennt kein Gesetz; denn er wehrt nur den Tod ab
Und verzehret nur schnell und ohne Rücksicht die Güter.
Dann ist sein Gemüt auch erhitzt, und es kehrt die Verzweiflung
Aus dem Herzen hervor das frevelhafte Beginnen.
Nichts ist heilig ihm mehr: er raubt es. Die wilde Begierde
Dringt mit Gewalt auf das Weib und macht die Lust zum Entsetzen.
Überall sieht er den Tod, und genießt die letzten Minuten
Grausam, freut sich des Bluts, und freut sich des heulenden Jammers.

Grimmig erhob sich darauf in unsern Männern die Wut nun,
Das Verlorne zu rächen und zu verteidgen die Reste.
Alles ergriff die Waffen, gelockt von der Eile des Flüchtlings
Und vom blassen Gesicht und scheu unsicheren Blicke.
Rastlos nun erklang das Getön der stürmenden Glocke,
Und die künftge Gefahr hielt nicht die grimmige Wut auf.
Schnell verwandelte sich des Feldbaus friedliche Rüstung
Nun in Wehre; da troff von Blute Gabel und Sense.
Ohne Begnadigung fiel der Feind und ohne Verschonung;
Überall raste die Wut und die feige, tückische Schwäche.
Möcht ich den Menschen doch nie in dieser schnöden Verirrung
Wieder sehn! Das wütende Tier ist ein besserer Anblick.
Sprech er doch nie von Freiheit, als könn er sich selber regieren!
Losgebunden erscheint, sobald die Schranken hinweg sind,
Alles Böse, das tief das Gesetz in die Winkel zurücktrieb.
[...]

(e 1796/97)

4 Johann Peter Eckermann (1792–1854): Gespräche mit Goethe in den letzten Jahren seines Lebens (Auszug)

Goethes Sekretär Johann Peter Eckermann überliefert in seinen Aufzeichnungen „Gespräche mit Goethe in den letzten Jahren seines Lebens" unter dem Datum des 4.1.1824 folgende Aussage Goethes:

Es ist wahr, ich konnte kein Freund der Französischen Revolution sein, denn ihre Gräuel standen mir zu nahe und empörten mich täglich und stündlich, während ihre wohltätigen Folgen damals noch nicht zu ersehen waren. Auch konnte ich nicht gleichgültig dabei sein, dass man in Deutschland *künstlicherweise* ähnliche Szenen herbeizuführen trachtete, die in Frankreich Folge einer großen Notwendigkeit waren.

Ebenso wenig aber war ich ein Freund herrischer Willkür. Auch war ich vollkommen überzeugt, dass irgendeine große Revolution nie Schuld des Volkes ist, sondern der Regierung. Revolutionen sind ganz unmöglich, sobald die Regierungen fortwährend gerecht und fortwährend wach sind, so dass sie ihnen durch zeitgemäße Verbesserungen entgegenkommen und sich nicht zu lange sträuben, bis das Notwendige von unten her erzwungen wird.

Weil ich nun aber die Revolutionen hasste, so nannte man mich einen *Freund des Bestehenden*. Das ist aber ein sehr zweideutiger Titel, den ich mir verbitten möchte. Wenn das Bestehende alles vortrefflich, gut und gerecht wäre, so hätte ich gar nichts dawider. Da aber neben vielem Guten zugleich viel Schlechtes, Ungerechtes und Unvollkommenes besteht, so heißt ein Freund des Bestehenden oft nicht viel weniger als ein Freund des Veralteten und Schlechten.

Die Zeit aber ist in ewigem Fortschreiten begriffen, und die menschlichen Dinge haben alle fünfzig Jahre eine andere Gestalt, so dass eine Einrichtung, die im Jahre 1800 eine Vollkommenheit war, schon im Jahre 1850 vielleicht ein Gebrechen ist.

Und wiederum ist für eine Nation nur das gut, was aus ihrem eigenen Kern und ihrem eigenen allgemeinen Bedürfnis hervorgegangen, ohne Nachäffung einer anderen. Denn was dem einen Volk auf einer gewissen Altersstufe eine wohltätige Nahrung sein kann, erweist sich vielleicht für ein anderes als Gift. Alle Versuche, irgendeine ausländische Neuerung einzuführen, wozu das Bedürfnis nicht im tiefen Kern der eigenen Nation wurzelt, sind daher töricht und alle beabsichtigten Revolutionen solcher Art ohne Erfolg; *denn sie sind ohne Gott, der sich von solchen Pfuschereien zurückhält.* Ist aber ein wirkliches Bedürfnis zu einer großen Reform in einem Volke vorhanden, so ist Gott mit ihm und sie gelingt. Er war sichtbar mit Christus und seinen ersten Anhängern, denn die Erscheinung der neuen Lehre der Liebe war den Völkern ein Bedürfnis; er war ebenso sichtbar mit Luthern, denn die Reinigung jener durch Paffenwesen verunstalteten Lehre war es nicht weniger. Beide genannten großen Kräfte aber waren nicht Freunde des Bestehenden; vielmehr waren beide lebhaft durchdrungen, dass der alte Sauerteig ausgekehrt werden müsse und dass es nicht ferner im Unwahren, Ungerechten und Mangelhaften so fortgehen und bleiben könne. [...]

(v 1835)

3. a) Wie wird das revolutionäre Geschehen in „Hermann und Dorothea" bewertet? Beachten Sie bei Ihren Überlegungen auch die Gestaltungsmittel, z.B. Wortfelder (Text 3).
b) Informieren Sie sich anhand des Lexikonartikels über die literarische Form und Funktion des Epos und erläutern Sie die Verwendung der epischen Form in „Hermann und Dorothea".

5 Johann Wolfgang von Goethe: Maximen und Reflexionen (Auszug)

[...]

Der Kampf des Alten, Bestehenden, Beharrenden mit Entwicklung, Aus- und Umbildung ist immer derselbe. Aus aller Ordnung entsteht zuletzt Pedanterie; um diese loszuwerden, zerstört man jene, und es geht eine Zeit hin, bis man gewahr wird, dass man wieder Ordnung machen müsse. Klassizismus und Romantizismus, Innungszwang und Gewerbsfreiheit, Festhalten und Zersplittern des Grundbodens: es ist immer derselbe Konflikt, der zuletzt wieder einen neuen erzeugt. Der größte Verstand des Regierenden wäre daher, diesen Kampf so zu mäßigen, dass er ohne Untergang der einen Seite sich ins Gleiche stellte; dies ist aber den Menschen nicht gegeben, und Gott scheint es auch nicht zu wollen. [...] (e 1826)

4. Erläutern Sie Goethes Einstellung zur Revolution von seinem Geschichtsverständnis her (Texte 4–6).

5. Nehmen Sie in der Rolle eines zeitgenössischen Anhängers der Revolution in einem Brief an Goethe Stellung zu dessen Revolutionskritik.

6 Johann Peter Eckermann: Gespräche mit Goethe in den letzten Jahren seines Lebens (Auszug)

[...]

„Die Entwickelung der Menschheit“, sagte ich, „scheint auf Jahrtausende angelegt.“

„Wer weiß“, erwiderte Goethe, „– vielleicht auf Millionen! Aber lass die Menschheit dauern, so lange sie will, es wird ihr nie an Hindernissen fehlen, die ihr zu schaffen machen, und nie an allerlei Not, damit sie ihre Kräfte entwickele. Klüger und einsichtiger wird sie werden, aber besser, glücklicher und tatkräftiger nicht oder doch nur auf Epochen. Ich sehe die Zeit kommen, wo Gott keine Freude mehr an ihr hat und er abermals alles zusammenschlagen muss zu einer verjüngten Schöpfung. Ich bin gewiss, es ist alles danach angelegt, und es steht in der fernen Zukunft schon Zeit und Stunde fest, wann diese Verjüngungsepoche eintritt. Aber bis dahin hat es sicher noch gute Weile, und wir können noch Jahrtausende und Aberjahrtausende auch auf dieser lieben alten Fläche, wie sie ist, allerlei Spaß haben.“ [...]

(23.10.1828; v 1835)

7 Friedrich Schiller (1759–1805): Die Horen (Auszug)

Schiller war von 1795–97 Herausgeber der Zeitschrift „Die Horen“. Solche Zeitschriften waren seit der Aufklärung wichtige Publikationsorgane, in denen Dichtungen, wissenschaftliche Abhandlungen, Stellungnahmen zu Zeitfragen veröffentlicht wurden. Durch diese Medien wurde eine „Öffentlichkeit“ geschaffen, die Kant als Voraussetzung für einen gelingenden Aufklärungsprozess betrachtete. In der „Ankündigung“ aus dem Jahr 1794 legte Schiller sein Grundsatzprogramm für die geplante Zeitschrift dar.

Die Horen

eine Monatsschrift

herausgegeben von Schiller

Erster Band.

Ankündigung

Die Horen, eine Monatsschrift, von einer Gesellschaft verfasst und herausgegeben von Schiller

Zu einer Zeit, wo das nahe Geräusch des Kriegs das Vaterland ängstiget, wo der Kampf politischer Meinungen und Interessen diesen Krieg beinahe in jedem Zirkel erneuert und nur allzu oft Musen und Grazien daraus verscheucht, wo weder in den Gesprächen noch in den Schriften des Tages vor diesem allverfolgenden Dämon der Staatskritik Rettung ist, möchte es ebenso gewagt als verdienstlich sein, den so sehr zerstreuten Leser zu einer Unterhaltung von ganz entgegengesetzter Art einzuladen. In der Tat scheinen die Zeitumstände einer Schrift wenig Glück zu versprechen, die sich über das Lieblingsthema des Tages ein strenges Stillschweigen auferlegen und ihren Ruhm darin suchen wird, durch etwas anders zu gefallen, als wodurch jetzt alles gefällt. Aber je mehr das beschränkte Interesse der Gegenwart die Gemüter in Spannung setzt, einengt und unterjocht, desto dringender wird das Bedürfnis, durch ein allgemeines und höheres Interesse an dem, was *rein menschlich* und über allen Einfluss der Zeiten erhaben ist, sie wieder in Freiheit zu setzen und die politisch geteilte Welt unter der Fahne der Wahrheit und Schönheit wieder zu vereinigen.

Dies ist der Gesichtspunkt, aus welchem die Verfasser dieser Zeitschrift dieselbe betrachtet wissen möchten. Einer heitern und leidenschaftfreien Unterhaltung soll sie gewidmet sein, und dem Geist und Herzen des Lesers, den der Anblick der Zeitbegebenheiten bald entrüstet, bald niederschlägt, eine fröhliche Zerstreuung gewähren. Mitten in diesem politischen Tumult soll sie für Musen und Charitinnen[1] einen engen vertraulichen Zirkel schließen, aus welchem alles verbannt sein wird, was mit einem unreinen Parteigeist gestempelt ist. Aber indem sie sich alle Beziehungen auf den *jetzigen* Weltlauf und auf die *nächsten* Erwartungen der Menschheit verbietet, wird sie über die vergangene Welt die Geschichte und über die kommende die Philosophie befragen, wird sie zu dem Ideale veredelter Menschheit, welches durch die Vernunft aufgegeben, in der Erfahrung aber so leicht aus den Augen gerückt wird,

[1] Die Charitinnen (Singular: Charis): göttliche Dienerinnen, besonders Aphrodites und Apollons

6. a) Informieren Sie sich über die Grundzüge der historischen Situation des Jahres 1794 und zeigen Sie, in welcher Weise Schiller sein Programm (Text 7) auf diese Lage bezieht.
b) Halten Sie in einer Stichwortsammlung typische Merkmale der Klassik fest, die in den Gedanken des Textes 7 sichtbar werden.
c) Verfassen Sie einen Dialog, in dem zwei Zeitgenossen des Jahres 1794 kontroverse Standpunkte zu Schillers Ankündigung der „Horen" vertreten.

einzelne Züge sammeln und an dem stillen Bau bessrer Begriffe, reinerer Grundsätze und edlerer Sitten, von dem zuletzt alle wahre Verbesserung des gesellschaftlichen Zustandes abhängt, nach Vermögen geschäftig sein. Sowohl spielend als ernsthaft wird man im Fortgange dieser Schrift dieses einige Ziel verfolgen, und so verschieden auch die Wege sein mögen, die man dazu einschlagen wird, so werden doch alle, näher oder entfernter, dahin gerichtet sein, wahre Humanität zu befördern. Man wird streben, die Schönheit zur Vermittlerin der Wahrheit zu machen und durch die Wahrheit der Schönheit ein daurendes Fundament und eine höhere Würde zu geben. Soweit es tunlich ist, wird man die Resultate der Wissenschaft von ihrer scholastischen Form[1] zu befreien und in einer reizenden, wenigstens einfachen, Hülle dem Gemeinsinn verständlich zu machen suchen. Zugleich aber wird man auf dem Schauplatze der Erfahrung nach neuen Erwerbungen für die Wissenschaft ausgehen und da nach Gesetzen forschen, wo bloß der Zufall zu spielen und die Willkür zu herrschen scheint. Auf diese Art glaubt man zur Aufhebung der Scheidewand beizutragen, welche die *schöne* Welt von der *gelehrten* zum Nachteile beider trennt, gründliche Kenntnisse in das gesellschaftliche Leben und Geschmack in die Wissenschaft einzuführen. [...] (e 1794)

2. Gelingende Menschlichkeit – Die Interpretation eines dramatischen Textes

Der Frage nach dem Menschenbild der Klassik sind wir bereits im Abschnitt I/2 nachgegangen. Auch in anderen Teilkapiteln wurde deutlich, welche Auffassung vom Menschen die Klassiker entwickelten. Im Blick auf die programmatische Idee der Humanität soll das Thema weitergeführt und konzentriert werden. Besondere Bedeutung kommt dabei Goethes Schauspiel *Iphigenie auf Tauris* zu.
Den Stoff zu seinem Drama entnahm Goethe der griechischen Tantalidensage. Tantalos, der Stammvater der Tantaliden, missbraucht das Vertrauen der Götter und wird dafür hart bestraft. Der Fluch vererbt sich auf seine Nachkommen: In der Folge der Generationen bestimmen Neid, Hass, Rachgier, Gewalt bis zum Mord die Geschicke der Familie. Von diesem Fluch ist auch Iphigenie, die Tochter des Königs Agamemnon, betroffen. Ihr Vater will sie opfern, um die Göttin Diana vor der Ausfahrt zum Trojanischen Krieg gnädig zu stimmen. Diana aber rettet sie auf die Insel Tauris, wo sie als Priesterin bei den „barbarischen" Skythen lebt. Nach Agamemnons Heimkehr rächt dessen Frau Klytemnästra die „Tötung" Iphigenies durch die Ermordung Agamemnons.
Goethes unmittelbare literarische Vorlage war die Tragödie *Iphigenie bei den Taurern* des griechischen Dichters Euripides, die um das Jahr 416 v. Chr. enstand. Goethe erarbeitete sein Schauspiel zwischen 1779–1786 in mehreren Fassungen bis zur endgültigen Gestalt:

1779: erste Fassung, in Prosa
1780: zweite Fassung: Jamben mit variabler Hebungszahl
1781: dritte Fassung, in Prosa
1786: vierte, endgültige Fassung: Blankverse

Exposition (< lat. expositio = Darlegung): erster Teil (meist der I. Akt) eines Dramas als Einführung in Ort, Zeit, Situation, Voraussetzungen der Handlung (die notwendigen Elemente der Vorgeschichte) sowie die Problemstellung, den dramatischen Konflikt und die wichtigsten Personen des Stücks. Der Prolog (vor allem in der Antike) ist die einfachste Form der Exposition; das Vorspiel ist eine sehr selbstständige Form. Im analytischen Drama reicht die Exposition eigentlich über das ganze Stück bis zur Lösung des Schlusses.

1 Die Handlung des Schauspiels

Iphigenie hat durch ihre menschliche Ausstrahlungskraft bewirkt, dass, entgegen der früheren Tradition, seit ihrer Ankunft auf der Insel keine blutigen Menschenopfer mehr vollzogen worden sind. Der Herrscher der Insel, der Skythenkönig Thoas, bittet um ihre Hand; ihrer Ablehnung begegnet er mit der Drohung die Menschenopfer wieder einzuführen. Sie sollen alsbald durch Iphigenie an Griechen vollzogen werden, die nach ihrer Landung gefangen genommen worden sind. Iphigenie erfährt, dass es sich bei den Fremden um ihren Bruder Orest und dessen Freund Pylades handelt. Orest hat die Ermordung seines Vaters durch die Tötung seiner Mutter gerächt und wird dafür von den Rachegöttinnen, den Erinnyen, verfolgt. Das delphische Orakel hat ihm Sühnung in Aussicht gestellt, wenn er die „Schwester" – Orest versteht darunter zunächst das Bild der Diana – von Tauris nach Griechenland bringt. Orest wird nun zwar durch den wohltätigen Einfluss Iphigenies und durch eine Art Heilschlaf vom Fluch befreit, aber die Heimkehr und die damit verbundene Entsühnung vom Tantaliden-Fluch (s.o.) bleibt durch die Forderung des Thoas bedroht, das Menschenopfer müsse vollzogen werden. Pylades entwickelt einen Fluchtplan, Iphigenie jedoch weigert sich Thoas zu betrügen, der ihr vertraut. Der zunächst ausweglose Konflikt, entweder durch einen Betrug gegen ihre ethischen Prinzipien zu verstoßen und dadurch „unrein" zu werden oder das Leben Orests und Pylades' aufs Spiel zu setzen, lässt sie an der Güte der Götter zweifeln, an die sie bisher immer geglaubt hat. Sie entschließt sich zur Wahrhaftigkeit, und Thoas ist bereit, sie mit ihrem Bruder und dessen Freund nach Griechenland heimkehren zu lassen.

Blankvers: engl. blank verse = reiner, d.h. reimloser jambischer Vers mit fünf Hebungen und weiblichem (a) oder männlichem (b) Versschluss:
xx́xx́xx́xx́xx́x (a) Heraus in eure Schatten, rege Wipfel ... (V.1)
xx́xx́xx́xx́xx́ (b) Wie in der Göttin stilles Heiligtum ... (V.3)
Der Blankvers wurde in der englischen Literatur entwickelt. In Deutschland verschaffte ihm Lessing mit seinem Drama *Nathan der Weise* (1779) als „klassischem" Versmaß des Dramas Geltung. Goethe und Schiller gebrauchten ihn in ihren Dramen der klassischen Periode. Noch im 19. Jahrhundert blieb der Blankvers im deutschen Drama vorherrschend.

[1] scholastisch (< lat. scholasticus = der schulgerecht Gebildete): schulmäßig, schulmeisterlich

2 Johann Wolfgang von Goethe (1749–1832): Iphigenie auf Tauris, I/1

PERSONEN

Iphigenie
Thoas, König der Taurier
Orest
Pylades
Arkas
Schauplatz:
Hain vor Dianens Tempel

IPHIGENIE
Heraus in eure Schatten, rege Wipfel
Des alten, heilgen, dicht belaubten Haines,
Wie in der Göttin stilles Heiligtum,
Tret ich noch jetzt mit schauderndem Gefühl,
Als wenn ich sie zum ersten Mal beträte,
Und es gewöhnt sich nicht mein Geist hierher.
So manches Jahr bewahrt mich hier verborgen
Ein hoher Wille, dem ich mich ergebe;
Doch immer bin ich, wie im ersten, fremd.
Denn ach! mich trennt das Meer von den Geliebten,
Und an dem Ufer steh ich lange Tage,
Das Land der Griechen mit der Seele suchend;
Und gegen meine Seufzer bringt die Welle
Nur dumpfe Töne brausend mir herüber.
Weh dem, der fern von Eltern und Geschwistern
Ein einsam Leben führt! Ihm zehrt der Gram
Das nächste Glück vor seinen Lippen weg,
Ihm schwärmen abwärts immer die Gedanken
Nach seines Vaters Hallen, wo die Sonne
Zuerst den Himmel vor ihm aufschloss, wo
Sich Mitgeborne spielend fest und fester
Mit sanften Banden aneinander knüpften.
Ich rechte mit den Göttern nicht; allein
Der Frauen Zustand ist beklagenswert.
Zu Haus und in dem Kriege herrscht der Mann,
Und in der Fremde weiß er sich zu helfen.
Ihn freuet der Besitz; ihn krönt der Sieg!
Ein ehrenvoller Tod ist ihm bereitet.
Wie eng-gebunden ist des Weibes Glück!
Schon einem rauen Gatten zu gehorchen,
Ist Pflicht und Trost; wie elend, wenn sie gar
Ein feindlich Schicksal in die Ferne treibt!
So hält mich Thoas hier, ein edler Mann,
In ernsten, heilgen Sklavenbanden fest.
O wie beschämt gesteh ich, dass ich dir
Mit stillem Widerwillen diene, Göttin,
Dir, meiner Retterin! Mein Leben sollte
Zu freiem Dienste dir gewidmet sein.
Auch hab ich stets auf dich gehofft und hoffe
Noch jetzt auf dich, Diana, die du mich,
Des größten Königes verstoßne Tochter,
In deinen heilgen, sanften Arm genommen.
Ja, Tochter Zeus', wenn du den hohen Mann,
Den du, die Tochter fordernd, ängstigtest,
Wenn du den göttergleichen Agamemnon,
Der dir sein Liebstes zum Altare brachte,
Von Trojas umgewandten Mauern rühmlich
Nach seinem Vaterland zurückbegleitet,
Die Gattin ihm, Elektren und den Sohn,
Die schönen Schätze, wohl erhalten hast:
So gib auch mich den Meinen endlich wieder,
Und rette mich, die du vom Tod errettet,
Auch von dem Leben hier, dem zweiten Tode!

(e 1786)

Anselm Feuerbach (1829–1880): Iphigenie (1871)

1. a) Welche ersten Eindrücke gewinnen Sie bei der Lektüre der Eingangsszene?
b) Diskutieren Sie darüber, ob Feuerbachs Gemälde eine Anregung für die Inszenierung der ersten Szene sein könnte, und entwickeln Sie gegebenenfalls begründete Alternativen.

2. Welche Bedeutung hat die vorliegende Szene für den Zuschauer im Theater bzw. für den Leser? Beantworten Sie die Frage im Textbezug (vgl. das Stichwort „Exposition", S. 218).

3. Beschreiben Sie die Situation, in der sich Iphigenie zu Beginn des Stücks befindet.

4. Erarbeiten Sie den Text durch gestaltende Vortragsversuche.

5. a) Schreiben Sie die ersten 15 Verse in eine eigene Prosafassung um und erproben Sie die unterschiedliche Wirkung von Vers- und Prosafassung.
b) Überpüfen Sie, durch welche sprachlichen Mittel die unterschiedlichen Wirkungen hervorgerufen werden.

Zum Verständnis der Szene IV/2 aus Goethes „Iphigenie auf Tauris“ (S. 221) sei kurz der unmittelbar vorausgehende Handlungszusammenhang skizziert:
Iphigenie ist trotz großer Bedenken (vgl. S. 218) zunächst bereit, sich auf Pylades' Fluchtplan einzulassen und Thoas zu täuschen. Der König, der schon den Befehl zur Opferung der Fremden erteilt hat, schickt Arkas, seinen Vertrauten, um Iphigenie zum Vollzug des Opfers zu drängen.

Sprechakte

Die moderne Sprachwissenschaft (Linguistik) versteht das Sprechen *als eine Art des Handelns.* Vor allem in Gesprächssituationen wird deutlich, dass Menschen etwas „tun“, indem sie sich sprachlich äußern. Zur Bezeichnung solcher „Sprechakte“ gibt es besondere Verben, deren differenzierende Verwendung bei der Beschreibung von Dialogen notwendig ist, z.B.: sagen, sich äußern; fragen, antworten, erwidern, entgegnen; zustimmen, widersprechen, einwenden; erwähnen, wiedergeben, beschreiben, berichten, erzählen, erläutern; erklären, versichern, bejahen, verneinen, bestreiten, bezweifeln; befehlen, auffordern, bitten, verlangen, ermahnen, sich weigern, versprechen, bestätigen, raten, warnen, ermuntern.
Bestimmte Verben kennzeichnen den Grad der Offenheit/Verschlossenheit eines Sprechers. Diese Kennzeichnung ist dem Leser mit seinem größeren Überblick oft möglich, während der fiktive Gesprächspartner des jeweiligen Sprechers die Situation nicht durchschaut. Beispiele solcher Verben sind: offenbaren, preisgeben, gestehen; verbergen, vorspiegeln, verschweigen, verheimlichen, verleugnen.

Drameninterpretation 2: Die schriftliche Interpretation von Dramentexten (vgl. S. 167ff.) wurde bereits in der Sekundarstufe I/2 (den Klassen 9/10) eingeführt und geübt. Im Folgenden geht es darum, das methodische Vorgehen noch einmal zu reflektieren und an Goethes klassischem Drama „Iphigenie auf Tauris“ zu erproben: Wichtig ist es, einen dramatischen Text stets als „Partitur“ einer Aufführung zu verstehen, bei der eine *Handlung* auf einer Bühne vor allem über die *Figurenrede* in *Sprechakten* dargestellt wird. Diese ist aber nicht nur auf die jeweiligen Inhalte hin zu betrachten – „*Was sagen* die Figuren?“ –, sondern sie ist nur als Teil der Handlung zu begreifen unter der Frage: „*Wie handeln, wie verhalten* sich die Figuren, indem sie reden?“ Die Analyse der Sprechakte eröffnet deshalb einen wesentlichen Zugang zum Verständnis von Dramentexten. Neben der Figurenrede sind aber auch die *tatsächlichen Aktionen* zu beachten: Wie agieren die Figuren mimisch, gestisch, in der Art des Sprechens, in ihren Bewegungen oder in ihrer Statik innerhalb offener oder geschlossener Räume? Deshalb kommt neben dem *Haupttext* der Dialoge und Monologe dem *Nebentext* der Regieanweisungen und Szenenanmerkungen eine zusätzliche Bedeutung für die Interpretation zu.

Nach dem *Drei-Phasen-Modell* ergibt sich folgender Lösungsweg:

Thema: Interpretieren Sie aus Johann Wolfgang von Goethes „Iphigenie auf Tauris“ den Dialog Iphigenie – Arkas (IV/2)!
- Untersuchen Sie besonders die Rollen und Grundhaltungen der Figuren!
- Beziehen Sie dabei die Sprechanteile beider sowie die Art ihrer Gesprächsführung ein!

Problemstellung → Interpretieren Sie …
Aufgabenstellung → Untersuchen Sie … / Beziehen Sie …

1. Phase: Primärverständnis und Themenanalyse

Primärverständnis:
- häufiger Wechsel knapper und langer Passagen
- „scharfer“ Befehlston des Arkas
- „weiche“ Reaktion Iphigenies
...

Themenanalyse: **Interpretieren** Sie den Dialog!
(Operator 1 als Generalanweisung)

– **Untersuchen** (besonders) der Rollen und Grundhaltungen
(Operator 2)

Operator 2 ← beschreiben und deuten
besonders ← Schwergewicht
Rollen ← Priesterin ↔ „Bote“
Grundhaltungen ← Positionen beider

– **Einbeziehen** der Sprechanteile und Art der Gesprächsführung

Einbeziehen ← (Operator 3) eng mit Operator 2 verbunden
Sprechanteile ← quantitativ
Gesprächsführung ← stilistisch-strukturell

Ergebnis: ...

2. Phase: Stoffsammlung und Gliederung

1. **Annotation des Dialogs nach Inhalt und Form**

6. a) Prüfen Sie die Notizen zur 1. Phase und skizzieren Sie das Ergebnis der Themenanalyse.
b) Fassen Sie die Annotationen unter den zwei Aspekten der Aufgabenstellung zusammen bzw. fügen Sie Ergänzungen hinzu.

Iphigenie: Grundhaltungen	Iphigenie: Einzelbeobachtungen am Text: Sprechanteile und Art der Gesprächsführung (Sprechakte)	Dialogtext (IV/2)	Arkas: Einzelbeobachtungen am Text: Sprechanteile und Art der Gesprächsführung (Sprechakte)	Arkas: Grundhaltungen
Iphigenie: Handeln entsprechend Pylades' Plan: Verzögerung des Opfers → Ermöglichung der Flucht	takt. Anerkennung der Gegenseite → ausweichende, umschreibende Antworten (Verlegenheit?): „höhere Gewalt" Berufung auf die Götter takt. Lüge mit „Teilwahrheiten" in umfangreicherem Redeanteil „Gegenforderung" →	**3 Johann Wolfgang von Goethe: Iphigenie auf Tauris, (IV/2)** Arkas. Beschleunige das Opfer, Priesterin! Der König wartet, und es harrt das Volk. Iphigenie. Ich folgte meiner Pflicht und deinem Wink, Wenn unvermutet nicht ein Hindernis Sich zwischen mich und die Erfüllung stellte. Arkas. Was ists, das den Befehl des Königs hindert? Iphigenie. Der Zufall, dessen wir nicht Meister sind. Arkas. So sage mirs, dass ichs ihm schnell vermelde: Denn er beschloss bei sich der beiden Tod. Iphigenie. Die Götter haben ihn noch nicht beschlossen. Der ältste dieser Männer trägt die Schuld Des nah verwandten Bluts, das er vergoss. Die Furien verfolgen seinen Pfad, Ja, in dem innern Tempel fasste selbst Das Übel ihn, und seine Gegenwart Entheiligte die reine Stätte. Nun Eil ich mit meinen Jungfraun, an dem Meere Der Göttin Bild mit frischer Welle netzend, Geheimnisvolle Weihe zu begehn. Es störe niemand unsern stillen Zug!	Imperativ am Anfang, unpersönliche Anrede Berufung auf Kg. und Volk (Zurücknahme der eigenen Person) kurze Sätze (präzisierende Frage, Imperative)	Arkas als Beauftragter des Königs ↓ Übermittler einer Anordnung (Zeitdruck!) (Will A. Iphigenie mit der harten Forderung konfrontieren, um sie doch noch zur Heirat zu bewegen?)
Bestehen auf der Autorität des Priesteramtes	Stichomythie → „Position gegen Position" Zugeständnis	Arkas. Ich melde dieses neue Hindernis Dem Könige geschwind; beginne du Das heilge Werk nicht eh, bis ers erlaubt! Iphigenie. Dies ist allein der Priestrin überlassen. Arkas. Solch seltnen Fall soll auch der König wissen. Iphigenie. Sein Rat wie sein Befehl verändert nichts. Arkas. Oft wird der Mächtige zum Schein gefragt. Iphigenie. Erdringe nicht, was ich versagen sollte. Arkas. Versage nicht, was gut und nützlich ist. Iphigenie. Ich gebe nach, wenn du nicht säumen willst. Arkas. Schnell bin ich mit der Nachricht in dem Lager, Und schnell mit seinen Worten hier zurück.	← Stichomythie „Position gegen Position" Einlenken: Recht → Nützlichkeit	Bestehen auf der Autorität des Kgs. Neuansatz ↓
J. geht auf diese Bitte nicht ein. → Stichom.	Übertragung der Verantwortung: → objektive Unmöglichkeit → Götter	O könnt ich ihm noch eine Botschaft bringen, Die alles löste, was uns jetzt verwirrt: Denn du hast nicht des Treuen Rat geachtet. Iphigenie. Was ich vermochte, hab ich gern getan. Arkas. Noch änderst du den Sinn zur rechten Zeit. Iphigenie. Das steht nun einmal nicht in unsrer Macht. Arkas. Du hältst unmöglich, was dir Mühe kostet.	behutsame, persönl. Sprache, persönl. Beteiligung („O") Vorwurf Verantwortung J.s	Bitte der Werbung Thoas' nachzugeben Stichom.
		Iphigenie. Dir scheint es möglich, weil der Wunsch dich trügt. Arkas. Willst du denn alles so gelassen wagen? Iphigenie. Ich hab es in der Götter Hand gelegt. Arkas. Sie pflegen Menschen menschlich zu erretten. Iphigenie. Auf ihren Fingerzeig kommt alles an. Arkas. Ich sage dir, es liegt in deiner Hand.	Frage als Vorwurf: Hinweis auf Risiko eigentlich ein Argument im Sinne J.s! Bekräftigung	
		Des Königs aufgebrachter Sinn allein Bereitet diesen Fremden bittern Tod. Das Heer entwöhnte längst vom harten Opfer Und von dem blutgen Dienste sein Gemüt. Ja, mancher, den ein widriges Geschick An fremdes Ufer trug, empfand es selbst, Wie göttergleich dem armen Irrenden, Umhergetriebnen an der fremden Grenze Ein freundlich Menschenangesicht begegnet.	Schwierige Lage auf Tauris ↓	ausführlichere Darstellung der Bedeutung J.s für Tauris in Vergangenheit und Zukunft → Bindung Verpflichtung

Iphigenie: Grundhaltungen	Iphigenie: Einzelbeobachtungen am Text: Sprechanteile und Art der Gesprächsführung (Sprechakte)	Dialogtext (IV/2)	Arkas: Einzelbeobachtungen am Text: Sprechanteile und Art der Gesprächsführung (Sprechakte)	Arkas: Grundhaltungen

O wende nicht von uns, was du vermagst!
Du endest leicht, was du begonnen hast:
Denn nirgends baut die Milde, die herab
In menschlicher Gestalt vom Himmel kommt,
Ein Reich sich schneller, als wo trüb und wild
Ein neues Volk, voll Leben, Mut und Kraft,
Sich selbst und banger Ahnung überlassen,
Des Menschenlebens schwere Bürden trägt.
IPHIGENIE. Erschüttre meine Seele nicht, die du
Nach deinem Willen nicht bewegen kannst.
ARKAS. Solang es Zeit ist, schont man weder Mühe
Noch eines guten Wortes Wiederholung.
IPHIGENIE. Du machst dir Müh, und mir erregst du Schmerzen;
Vergebens beides: darum lass mich nun!
ARKAS. Die Schmerzen sinds, die ich zu Hülfe rufe:
Denn es sind Freunde, Gutes raten sie.
IPHIGENIE. Sie fassen meine Seele mit Gewalt,
Doch tilgen sie den Widerwillen nicht.
ARKAS. Fühlt eine schöne Seele Widerwillen
Für eine Wohltat, die der Edle reicht?
IPHIGENIE. Ja, wenn der Edle, was sich nicht geziemt,
Statt meines Dankes mich erwerben will.
ARKAS. Wer keine Neigung fühlt, dem mangelt es
An einem Worte der Entschuldigung nie.
Dem Fürsten sag ich an, was hier geschehn.
O wiederholtest du in deiner Seele,
Wie edel er sich gegen dich betrug
Von deiner Ankunft an bis diesen Tag!

(e 1786)

J. als personifizierte Hilfe der Götter
zentrale Bitte („O")

Appell an die Humanität (Iph. Rede: Lüge!) (Teil I: Befehle)

Zurückweisung der Bitte, zugleich aber Eingeständnis der Verunsicherung

„Position gegen Position"/ „Wortverklammerung"

Iphigenie im Zwiespalt

Ablehnung der Ehe mit Thoas, weil I.s Gefühl sich dagegen wehrt (Mensch ≠ Sache)
= „moderne" Auffassung der Ehe

A. kann J. nicht verstehen, denn:
a) Ehe = vernünftiges „Zweck-" Bündnis
b) Thoas „verdient" Entgegenkommen
= traditionelle Auffassung der Ehe

erkennt fehlende Neigung an, trotzdem Vorwurf! Enttäuschung (Drohung?) dennoch noch einmal Bitte („O") – Hoffnung?

Ergebnisse:
- Störung, aber keine Vereitelung des Fluchtplanes
- keine Zustimmung Iphigenies zum Heiratsplan
- starke Verunsicherung Iphigenies im Hinblick auf den beabsichtigten Betrug

Aspekte zur Interpretation von **Monologen** und **Dialogen**:

1. *Zum Monolog:*
– Sein *Thema* und seine *Funktion* im Stück und im Blick auf die Zuschauer/Leser?
– Die *Situation* der Figur und ihre Motive?
– Die *Struktur* des Textes (z. B. durch Themenwechsel oder Stimmungsumschwung)?
– Das *Ergebnis* (z. B. als Erkenntnis oder Entschluss)?
– Die *formale Gestaltung* (z. B. Satzbau, Wortwahl, Stilfiguren)?

2. *Zum Dialog:*
Das *Verhältnis* der Dialogpartner (z. B. sozialer Status, Rolle, persönliche Beziehung)?

2. Die **Gliederung** nach dem Textverlauf (das chronologisch sukzessive Vorgehen) ist inhaltlich einfacher, in der Darstellung aber ziemlich anspruchsvoll, weil ein kurzatmiges Hin und Her vermieden werden soll.
Die an thematischen Schwerpunkten orientierte Gliederung (das problemorientierte Vorgehen) ergibt ein klares Argumentationsprofil, ist aber inhaltlich anspruchsvoller, weil Strukturierungskategorien zu finden sind. Dagegen fällt das Schreiben in „Blöcken" leichter.

3. Phase: Ausarbeitung der Interpretation und Korrektur

1. Als **Einleitung** kann – nach Nennung von Autor, Titel und Problemstellung – auf die Rollen und Interessen von Iphigenie und Arkas hingewiesen werden, die eine deutliche Konfrontation erwarten lassen. Die knappe Einbeziehung der unmittelbaren Vorgeschichte kann als Überleitung dienen.
2. Der **Hauptteil** sollte – trotz der situationsbedingten „Stärke" des Arkas als „Bote" des Königs – der Reaktionsweise der Iphigenie das Hauptgewicht geben: Sie ist nicht nur die Titelfigur, sondern sie ist in ihrem Wesen viel differenzierter gezeichnet. Und schließlich ist ihre Verhaltensweise für das Schicksal aller entscheidend.

3. Als **Schluss** bietet sich an,
   – ein Resümee der Interpretationsergebnisse zu geben;
   – eine Verbindung zur Einleitung herzustellen;
   – auf die Wirkung der Figuren auf den Zuschauer einzugehen;
   – die innere Spannung dieser Dialogführung zu werten;
   – die Gefährdung des Humanen, die in diesem Dialog besonders deutlich wird, im Blick auf das Drama und/oder auf Goethes Werk bzw. auf die Epoche der Klassik zu betrachten;
   – die Handlungskonsequenz Iphigenies im Fortgang des Stücks anzudeuten.

4. Achten Sie bei der **Korrektur** (vgl. S. 36f.) im Speziellen vor allem auf
   – die Vermeidung bloßer Textparaphrasen;
   – die in der Aufgabenstellung verlangte Gewichtung;
   – die funktionale Deutung der Inhalt-Form-Beziehung!

– Die *Art des Gesprächs* (z. B. Unterhaltung, Streitgespräch, Verhör, symmetrisch oder asymmetrisch, vgl. S. 71)?
– Die *Interessen und Absichten* der Sprechenden (z. B. Überzeugung, Überredung, Einvernehmen im Kompromiss)?
– Die *Art und Wirkung des Verhaltens* (z. B. geduldig ↔ kämpferisch; Sympathie ↔ Antipathie)?
– Die *Gesprächsanteile* und was diese aussagen (z. B. über Dominanz oder Unterlegenheit)?
– Ist das *Gesprächsverhalten* offen oder taktisch bestimmt?
– Führt der Dialog zu einem *Ergebnis* (z. B. Überzeugung, Durchsetzung, Kompromiss) oder bleibt er offen?
Für jegliche Interpretation von Monolog und Dialog sind die Einsichten in *Sprechakte* (vgl. S. 220) und *rhetorische Figuren* (vgl. S. 80ff.) unerlässlich.

4 Auszug aus dem Hauptteil einer Schülerinterpretation

[...]
Arkas beginnt das Gespräch damit, dass er gleich im ersten Satz seinen Auftrag ausführt, indem er Iphigenie den Befehl zum Vollzug des Opfers erteilt. Dadurch, dass er Iphigenie als „Priesterin", also in einer unpersönlichen Form anredet und selber nur im Auftrag eines Anderen spricht, betont er seinen und ihren Funktionärscharakter. Er gibt zu erkennen, dass er als Bote diesen Auftrag an die Priesterin ausrichtet, dass seine Worte also nicht seinen eigenen Wunsch zum Ausdruck bringen. Er spricht deshalb auch nicht von sich, sondern führt als Begründung die Erwartung des Königs und des Volkes an. In ihrer Antwort spricht Iphigenie Pylades' Weisung gemäß von einem „Hindernis", das sie an der Ausführung des Befehls hindere. Auf Arkas' Frage, worin denn das Hindernis bestehe, verweist sie auf einen „Zufall". Sie macht also Ausflüchte, sie will nicht mit der Sprache herausrücken, sondern allgemein, unbestimmt bleiben, die Lüge will ihr nicht von den Lippen kommen. Als Arkas sie darauf hinweist, dass der König den Tod der Fremden beschlossen habe, verweist sie auf die Götter, die diesen Entschluss noch nicht gefasst hätten; sie bringt also als Gegenposition höhere Mächte ins Spiel, auf die sie immer noch hofft. Dann jedoch greift sie zum Mittel der taktischen Lüge, indem sie Arkas erzählt, der eine der Männer habe durch eine Blutschuld den Tempel verunreinigt, so dass es notwendig sei, zunächst das Bild der Göttin im Meer zu reinigen und neu zu weihen. Arkas befiehlt ihr auf die Erlaubnis des Königs zu warten.

Jetzt entwickelt sich ein Gespräch in der Form der Stichomythie: Rede und Gegenrede folgen schlagartig aufeinander, wodurch der Konflikt zwischen den beiden entgegengesetzten Positionen besonders deutlich wird. Iphigenie versucht den Plan zu retten, indem sie sich auf ihre Autorität als Priesterin beruft und darauf, dass der König in solchen Angelegenheiten nichts zu sagen habe. Dem stellt Arkas zunächst die Autorität des Königs gegenüber, lenkt aber schließlich ein, indem er auf die Möglichkeit hinweist Thoas, der eben Inhaber der Macht ist, nur „zum Schein" zu fragen. Als auch das nichts nützt, versucht er Iphigenie mit dem Argument des Guten und Nützlichen zu überzeugen. Nun gibt Iphigenie endlich nach, allerdings unter der Bedingung, dass er sich beeilt, was Arkas auch nachdrücklich verspricht („schnell ... schnell"). [...] A.S.

7. Kommentieren Sie das Schülerbeispiel.
a) Überprüfen Sie, welche der „Aspekte zur Interpretation von Dialogen" berücksichtigt wurden.
b) Beurteilen Sie das Ergebnis nach Inhalt und Gliederung.

8. Wählen Sie eine der beiden Aufgaben:
a) Interpretieren Sie den Dialog Iphigenie – Arkas (IV/2). Oder:
b) Interpretieren Sie (mit der gleichen Aufgabenstellung) den Dialog zwischen Iphigenie und Thoas (V/3, Z. 1–82, S. 223f.).

Stichomythie (< gr. stichos = Zeile, mythos = Rede): zeilenweise wechselnde Rede und Gegenrede im Drama; Ausdruck erregter, konzentrierter Auseinandersetzung, in der die Dialogpartner Position gegen Position setzen.

5 Johann Wolfgang von Goethe: Iphigenie auf Tauris, V/3 und V/6
(Auszug)

Die Lösung von Iphigenies Konflikt (s.o.) wird in den letzten Szenen des Schauspiels dargestellt. Thoas ahnt, dass er von den Griechen betrogen werden könnte, und stellt Iphigenie zur Rede.

IPHIGENIE. Du forderst mich! Was bringt dich zu uns her?
THOAS. Du schiebst das Opfer auf; sag an, warum?
IPHIGENIE. Ich hab an Arkas alles klar erzählt.
THOAS. Von dir möcht ich es weiter noch vernehmen.
IPHIGENIE. Die Göttin gibt dir Frist zur Überlegung.
THOAS. Sie scheint dir selbst gelegen, diese Frist.
IPHIGENIE. Wenn dir das Herz zum grausamen Entschluss
Verhärtet ist, so solltest du nicht kommen!
Ein König, der Unmenschliches verlangt,
Find't Diener gnug, die gegen Gnad und Lohn
Den halben Fluch der Tat begierig fassen;
Doch seine Gegenwart bleibt unbefleckt.
Er sinnt den Tod in einer schweren Wolke,
Und seine Boten bringen flammendes
Verderben auf des Armen Haupt hinab;
Er aber schwebt durch seine Höhen ruhig,
Ein unerreichter Gott, im Sturme fort.
THOAS. Die heilge Lippe tönt ein wildes Lied.
IPHIGENIE. Nicht Priesterin! nur Agamemnons Tochter.
Der Unbekannten Wort verehrtest du;

Der Fürstin willst du rasch gebieten? Nein!
Von Jugend auf hab ich gelernt gehorchen,
Erst meinen Eltern und dann einer Gottheit,
Und folgsam fühlt ich immer meine Seele
Am schönsten frei; allein dem harten Worte,
Dem rauen Ausspruch eines Mannes mich
Zu fügen, lernt ich weder dort noch hier.
THOAS. Ein alt Gesetz, nicht ich, gebietet dir.
IPHIGENIE. Wir fassen ein Gesetz begierig an,
Das unsrer Leidenschaft zur Waffe dient.
Ein andres spricht zu mir, ein älteres,
Mich dir zu widersetzen, das Gebot,
Dem jeder Fremde heilig ist.
THOAS. Es scheinen die Gefangnen dir sehr nah
Am Herzen: denn vor Anteil und Bewegung
Vergissest du der Klugheit erstes Wort,
Dass man den Mächtigen nicht reizen soll.
IPHIGENIE. Red oder schweig ich, immer kannst du wissen,
Was mir im Herzen ist und immer bleibt.
Löst die Erinnerung des gleichen Schicksals
Nicht ein verschlossnes Herz zum Mitleid auf?
Wie mehr denn meins! In ihnen seh ich mich.
Ich habe vorm Altare selbst gezittert,
Und feierlich umgab der frühe Tod
Die Kniende; das Messer zuckte schon,
Den lebenvollen Busen zu durchbohren;
Mein Innerstes entsetzte wirbelnd sich,
Mein Auge brach, und – ich fand mich gerettet.
Sind wir, was Götter gnädig uns gewährt,
Unglücklichen nicht zu erstatten schuldig?
Du weißt es, kennst mich, und du willst mich zwingen!
THOAS. Gehorche deinem Dienste, nicht dem Herrn.
IPHIGENIE. Lass ab! Beschönige nicht die Gewalt,
Die sich der Schwachheit eines Weibes freut.
Ich bin so frei geboren als ein Mann.
Stünd Agamemnons Sohn dir gegenüber,
Und du verlangtest, was sich nicht gebührt,
So hat auch er ein Schwert und einen Arm,
Die Rechte seines Busens zu verteidgen.
Ich habe nichts als Worte, und es ziemt
Dem edlen Mann, der Frauen Wort zu achten.
THOAS. Ich acht es mehr als eines Bruders Schwert.
IPHIGENIE. Das Los der Waffen wechselt hin und her:
Kein kluger Streiter hält den Feind gering.
Auch ohne Hülfe gegen Trutz und Härte
Hat die Natur den Schwachen nicht gelassen.
Sie gab zur List ihm Freude, lehrt' ihn Künste;
Bald weicht er aus, verspätet und umgeht.
Ja, der Gewaltige verdient, dass man sie übt.
THOAS. Die Vorsicht stellt der List sich klug entgegen.
IPHIGENIE. Und eine reine Seele braucht sie nicht.
THOAS. Sprich unbehutsam nicht dein eigen Urteil.
IPHIGENIE. O sähest du, wie meine Seele kämpft,
Ein bös Geschick, das sie ergreifen will,
Im ersten Anfall mutig abzutreiben!
So steh ich denn hier wehrlos gegen dich?
Die schöne Bitte, den anmutgen Zweig,
In einer Frauen Hand gewaltiger
Als Schwert und Waffe, stößest du zurück:
Was bleibt mir nun, mein Innres zu verteidgen?
Ruf ich die Göttin um ein Wunder an?
Ist keine Kraft in meiner Seele Tiefen?
THOAS. Es scheint, der beiden Fremden Schicksal macht
Unmäßig dich besorgt. Wer sind sie, sprich,
Für die dein Geist gewaltig sich erhebt?
IPHIGENIE. Sie sind – sie scheinen – für Griechen halt ich sie.
THOAS. Landsleute sind es? und sie haben wohl
Der Rückkehr schönes Bild in dir erneut?
IPHIGENIE *nach einigem Stillschweigen.*
Hat denn zur unerhörten Tat der Mann
Allein das Recht? Drückt denn Unmögliches
Nur *er* an die gewaltge Heldenbrust?
Was nennt man groß, was hebt die Seele schaudernd
Dem immer wiederholenden Erzähler,
Als was mit unwahrscheinlichem Erfolg
Der Mutigste begann? Der in der Nacht
Allein das Heer des Feindes überschleicht,
Wie unversehen eine Flamme wütend
Die Schlafenden, Erwachenden ergreift,
Zuletzt, gedrängt von den Ermunterten,
Auf Feindes Pferden, doch mit Beute kehrt,
Wird der allein gepriesen? der allein,
Der, einen sichern Weg verachtend, kühn
Gebirg' und Wälder durchzustreifen geht,
Dass er von Räubern eine Gegend säubre?
Ist uns nichts übrig? Muss ein zartes Weib
Sich ihres angebornen Rechts entäußern,
Wild gegen Wilde sein, wie Amazonen
Das Recht des Schwerts euch rauben und mit Blute
Die Unterdrückung rächen? Auf und ab
Steigt in der Brust ein kühnes Unternehmen:
Ich werde großem Vorwurf nicht entgehn,
Noch schwerem Übel, wenn es mir misslingt;
Allein euch leg ichs auf die Knie! Wenn
Ihr wahrhaft seid, wie ihr gepriesen werdet,
So zeigts durch euern Beistand und verherrlicht
Durch mich die Wahrheit! – Ja, vernimm, o König,
Es wird ein heimlicher Betrug geschmiedet:
Vergebens fragst du den Gefangnen nach;
Sie sind hinweg und suchen ihre Freunde,
Die mit dem Schiff am Ufer warten, auf.
Der Ältste, den das Übel hier ergriffen
Und nun verlassen hat – es ist Orest,
Mein Bruder, und der andre sein Vertrauter,
Sein Jugendfreund, mit Namen Pylades.
Apoll schickt sie von Delphi diesem Ufer
Mit göttlichen Befehlen zu, das Bild
Dianens wegzurauben und zu ihm
Die Schwester hinzubringen, und dafür
Verspricht er dem von Furien Verfolgten,
Des Mutterblutes Schuldigen, Befreiung.
Uns beide hab ich nun, die Überbliebnen
Von Tantals Haus, in deine Hand gelegt:
Verdirb uns – wenn du darfst.
THOAS. Du glaubst, es höre
Der rohe Skythe, der Barbar, die Stimme
Der Wahrheit und der Menschlichkeit, die Atreus,
Der Grieche, nicht vernahm?
IPHIGENIE. Es hört sie jeder,
Geboren unter jedem Himmel, dem
Des Lebens Quelle durch den Busen rein
Und ungehindert fließt. – Was sinnst du mir,
O König, schweigend in der tiefen Seele?
Ist es Verderben? so töte mich zuerst!
Denn nun empfind ich, da uns keine Rettung
Mehr übrig bleibt, die grässliche Gefahr,
Worein ich die Geliebten übereilt
Vorsätzlich stürzte. Weh! Ich werde sie
Gebunden vor mir sehn! Mit welchen Blicken
Kann ich von meinem Bruder Abschied nehmen,
Den ich ermorde? Nimmer kann ich ihm
Mehr in die viel geliebten Augen schaun!
THOAS. So haben die Betrüger, künstlich dichtend,
Der lang Verschlossnen, ihre Wünsche leicht
Und willig Glaubenden, ein solch Gespinst
Ums Haupt geworfen!

IPHIGENIE. Nein! o König, nein!
Ich könnte hintergangen werden; diese
Sind treu und wahr. Wirst du sie anders finden,
So lass sie fallen und verstoße mich,
Verbanne mich zur Strafe meiner Torheit
An einer Klippeninsel traurig Ufer.
Ist aber dieser Mann der lang erflehte,
Geliebte Bruder, so entlass uns, sei
Auch den Geschwistern wie der Schwester freundlich!
Mein Vater fiel durch seiner Frauen Schuld,
Und sie durch ihren Sohn. Die letzte Hoffnung
Von Atreus' Stamme ruht auf ihm allein.
Lass mich mit reinem Herzen, reiner Hand
Hinübergehn und unser Haus entsühnen.
Du hältst mir Wort! – Wenn zu den Meinen je
Mir Rückkehr zubereitet wäre, schwurst
Du, mich zu lassen; und sie ist es nun.
Ein König sagt nicht, wie gemeine Menschen,
Verlegen zu, dass er den Bittenden
Auf einen Augenblick entferne; noch
Verspricht er auf den Fall, den er nicht hofft:
Dann fühlt er erst die Höhe seiner Würde,
Wenn er den Harrenden beglücken kann.
THOAS. Unwillig, wie sich Feuer gegen Wasser
Im Kampfe wehrt und gischend seinen Feind
Zu tilgen sucht, so wehret sich der Zorn
In meinem Busen gegen deine Worte.
IPHIGENIE. O lass die Gnade, wie das heilge Licht
Der stillen Opferflamme, mir, umkränzt
Von Lobgesang und Dank und Freude, lodern.
THOAS. Wie oft besänftigte mich diese Stimme!
IPHIGENIE. O reiche mir die Hand zum Friedenszeichen.
THOAS. Du forderst viel in einer kurzen Zeit.
IPHIGENIE. Um Guts zu tun, brauchts keiner Überlegung.
THOAS. Sehr viel! denn auch dem Guten folgt das Übel.
IPHIGENIE. Der Zweifel ists, der Gutes böse macht.
Bedenke nicht; gewähre, wie du's fühlst.

Orest dringt bewaffnet in die Szene ein, auch Pylades und Arkas, der Vertraute des Königs, kommen mit gezogenen Schwertern und es droht eine gewalttätige Auseinandersetzung. Doch Thoas gebietet Waffenstillstand, um ein Gespräch zwischen ihm, Iphigenie und Orest zu ermöglichen. Noch einmal bittet Iphigenie um die Gewährung der Heimkehr (V/6 – letzte Szene des Dramas):

[...]
IPHIGENIE. Denk an dein Wort, und lass durch diese Rede
Aus einem graden, treuen Munde dich
Bewegen! Sieh uns an! Du hast nicht oft
Zu solcher edeln Tat Gelegenheit.
Versagen kannst du's nicht; gewähr es bald!
THOAS. So geht!
IPHIGENIE. Nicht so, mein König! Ohne Segen,
In Widerwillen scheid ich nicht von dir.
Verbann uns nicht! Ein freundlich Gastrecht walte
Von dir zu uns: so sind wir nicht auf ewig
Getrennt und abgeschieden. Wert und teuer,
Wie mir mein Vater war, so bist du's mir,
Und dieser Eindruck bleibt in meiner Seele.
Bringt der Geringste deines Volkes je
Den Ton der Stimme mir ins Ohr zurück,
Den ich an euch gewohnt zu hören bin,
Und seh ich an dem Ärmsten eure Tracht:
Empfangen will ich ihn wie einen Gott,
Ich will ihm selbst ein Lager zubereiten,
Auf einen Stuhl ihn an das Feuer laden,
Und nur nach dir und deinem Schicksal fragen.
O geben dir die Götter deiner Taten
Und deiner Milde wohlverdienten Lohn!
Leb wohl! O wende dich zu uns und gib
Ein holdes Wort des Abschieds mir zurück!
Dann schwellt der Wind die Segel sanfter an,
Und Tränen fließen lindernder vom Auge
Des Scheidenden. Leb wohl! und reiche mir
Zum Pfand der alten Freundschaft deine Rechte.
THOAS. Lebt wohl! (e 1786)

6 Das Drama und seine Inszenierung

Am Württembergischen Staatstheater Stuttgart wurde in der Spielzeit 1977/78 eine Inszenierung von Goethes „Iphigenie" erarbeitet. In der Diskussion über das Stück sagte der damalige Darsteller des Pylades, Gert Voss: „Ich kann mir nicht helfen, aber ich glaube dem Goethe dieses alles versöhnende Märchen nicht. Dieses Wohlgefallen, in das sich das Stück am Schluss auflöst. Das geht doch nicht. So sieht's doch gar nicht aus in der Wirklichkeit!"
Immer wieder debattierten Regisseur und Schauspieler über den Schluss und überlegten Alternativen zu Goethes Konzeption: Am Anfang des Stückes müsste es schneien, am Ende regnen; da steht so eine verregnete Gesellschaft rum, wird ein bisschen nass.

Branko Samarovski: „Also, wenn mir jemand sagt, der in einem klassischen Stück war: Es war ja so erbauend. Dann kann ich nur sagen: Aber wieso denn, Sie haben doch einen Hammer nach dem anderen reingekriegt? – Ja, wirklich, finden Sie? – Erbauend! Also, das würde mir schon sehr weh tun, wenn die Leute da selig drinsitzen."

Durchaus vorstellbar wäre doch eine Iphigenie, die weder bei Thoas bleibt noch mit den Griechen nach Hause fährt; eher ratlos da rumsteht.

Kann man eventuell darauf verzichten, das Stück zu Ende zu spielen, das heißt, unsere fragende Haltung dem Stück und seinem Inhalt gegenüber so ausdrücken, dass wir darauf verzichten, die Geschichte planmäßig zu ihrem Happyend zu bringen?
Oder fährt man fort nach den letzten Worten: die Musik wird wieder angestellt, ein paar Sätze aus dem Stück werden wiederholt, fragend, halb privat, etwas abbröckelnd schon: Schauspieler, die sich viele Wochen mit einem Thema beschäftigt haben, sind noch nicht am Endpunkt ihrer Untersuchung?

Aus: Programmbuch Nr. 30 des Württembergischen Staatstheaters Stuttgart, Schauspiel 77/78, Stuttgart 1977, S. 328, 333 und 335

9. Nehmen Sie die Erörterung über die in Text 6 aufgeworfenen Probleme in einer Podiumsdiskussion (vgl. S. 232) auf.

10. Die Hauszeitschrift eines Theaters, an dem eine Iphigenie-Aufführung geplant ist, führt unter Schülern, die sich mit dem Stück beschäftigt haben, eine Befragung durch, wie sie sich die Inszenierung des Schlusses vorstellen. – Legen Sie in einem Leserbrief Ihre Auffassung dar.

11. a) Untersuchen Sie in arbeitsteiliger Gruppenarbeit die einzelnen Akte des Dramas im Hinblick auf die Frage, welche Bedeutung der Religion zukommt.
b) Erörtern Sie im Anschluss daran die Frage, inwieweit Goethes Drama in der Tradition der Aufklärung steht.

Das **Arbeitsprotokoll** (großzügig gegliedert auf DIN-A4-Blättern und offen für Ergänzungen) ist ein wichtiges Mittel, um den Entstehungsprozess einer Facharbeit nach Inhalt und Methode zu reflektieren. Wichtige Aspekte dabei sind:

– Fixierung der *Arbeitsschritte* innerhalb des **Zeitplans** über ca. 6–8 Wochen mit Anmerkungen zum jeweiligen *Zeitaufwand*:
• Ca. 2 Wochen für die Findung des „Arbeitsthemas“ und die *Materialbeschaffung*. Erstes *Beratungsgespräch* mit dem Fachlehrer.
• Ca. 2 Wochen für die *Informationsverarbeitung*. Zweites *Beratungsgespräch* auf der Grundlage einer Gliederung oder eines Abstracts (vgl. S. 38).
• Ca. 2 Wochen für die schriftliche *Ausarbeitung* und *Korrektur*.
Vorbereitung der *Präsentation*.
– Festhalten der *Schwierigkeiten*, z. B. bei der Materialbeschaffung und -auswertung oder der Themenformulierung, der Gewichtung und Gliederung oder in der sachgerechten Sprache etc.;
– Aufzeichnung erprobter *Hilfen* (z. B. Quellen, Bildmaterial, Verfahrensweisen etc.), günstiger Lösungswege, pfiffiger Layouteinfälle usw.;
– Notizen über *Beratungsgespräche* mit dem Fachlehrer, wobei es auf die Mitteilung ganz konkreter Fragen und Hinweise ankommt;
– *Erfahrungsbilanz* am Ende, wobei für die Schlussauswertung in der Gruppe bzw. im Plenum die wichtigsten Punkte des Arbeitsprozesses herauszustellen sind.

12. Überprüfen und ergänzen Sie die Ergebnisse der Planungsphase.

Die **Facharbeit** ist eine umfangreichere schriftliche **Hausarbeit,** die eigenständig unter Betreuung des Fachlehrers anzufertigen ist. Sie soll einen Nachweis liefern, inwieweit selbstverantwortliches und entdeckendes Lernen sowie *wissenschaftspropädeutisches*[1] *Arbeiten* beherrscht werden. In der Vorbereitung und in den Verfahrensschritten bestehen deutliche Parallelen zur Erarbeitung eines Referats (vgl. S. 76). Im Fach Deutsch kann die Facharbeit sich als *„Literaturarbeit“* auf einen Autor, ein literarisches Einzelwerk, eine bestimmte Gattung, eine Epoche oder auf eine Thematik beziehen, die in Werken der Dichtung gestaltet ist (s. u.). Eine „Literaturarbeit“ baut auf gründlicher Lektüre auf. Das Thema der Facharbeit kann aber unter Umständen auch praktische Recherchen, etwa in Form von Befragungen, erfordern, z. B. wenn es um das Leseverhalten bestimmter Bevölkerungsgruppen geht. Darüber hinaus sind – z. B. im Rahmen von Projekten – auch fächerübergreifende Facharbeiten möglich (vgl. Seminarkurs, S. 251).
Zur Einführung in die Methodik der Facharbeit soll, anknüpfend an das Teilkapitel „Gelingende Menschlichkeit“, das **Übungsthema** „Positionen der Aufklärung in Goethes Schauspiel *Iphigenie auf Tauris*“ erarbeitet werden.

1. Die Planungsphase: Themenanalyse und Bestimmung der Schwerpunkte

1.1 *Themenanalyse:*

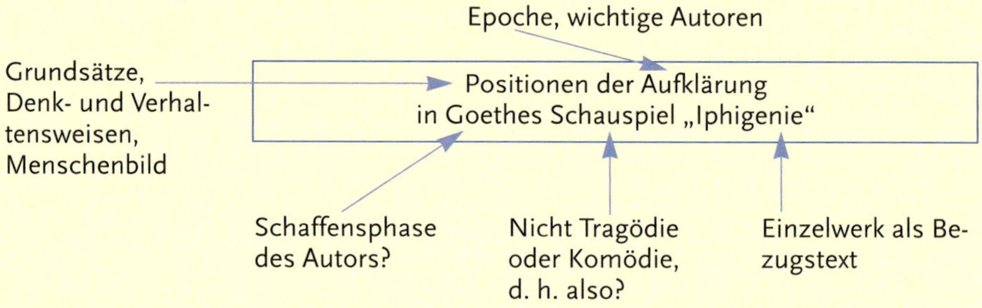

1.2 *Schwerpunkte* (mit Auswahlmöglichkeit):
- Mit Hilfe der Vernunft Ausgang des Menschen „aus seiner selbst verschuldeten Unmündigkeit“ (I. Kant) im Blick auf Iphigenies Entwicklungsprozess;
- Emanzipationsproblematik und Freiheitsbegriff in Iphigenies Verhalten, ihrer Rolle als Priesterin und Thoas gegenüber;
- Humanitätsideal und Sittlichkeit ...
- Toleranz ...
- ...

2. Die Erarbeitungsphase: Von der gründlichen Lektüre bis zur Ausarbeitung

2.1 Die ***gründliche Erstlektüre*** (vgl. Leseverhalten, S. 10) des Einzelwerks, der *Primärliteratur*, sollte unbedingt am Anfang stehen und nicht schon durch Interpretationshilfen überlagert werden, denn nur die eigenständige Auseinandersetzung eröffnet die Chance
– zu *entdeckendem Lesen,* z. B. zur Erkenntnis und Klärung von Aspekten, die bisher übersehen oder anders verstanden wurden,
– zur Erfahrung von *Schwierigkeiten*
– und zur Entwicklung einer kritischen und produktiven *Fragehaltung.*
Erst auf dieser Grundlage ist es sinnvoll, zusätzliche Texte zur Interpretation, sog. *Sekundärliteratur,* heranzuziehen, kritisch auszuwerten und mit den Ergebnissen der eigenen Lektüre zu vergleichen (s.u.).

2.2 Die ***Konkretisierung*** des Themas kann über unterschiedliche Formen der *Visualisierung* erfolgen: Z.B. systematisiert die **Mind-Map** (engl. „Gedankenlandkarte“) oder das **Mindmapping** die Technik des Clusters (vgl. S. 21), indem durch ein netzartiges *Verzweigungsdiagramm* ein Strukturbild entsteht, das Zusammenhänge und Abhängigkeiten auf einen Blick erkennen lässt und dadurch einer linear-additiven Stoffsammlung überlegen ist.
– Zur *Gedankenfindung* – etwa über das Vorverständnis zu einem Begriff bzw. Sachverhalt

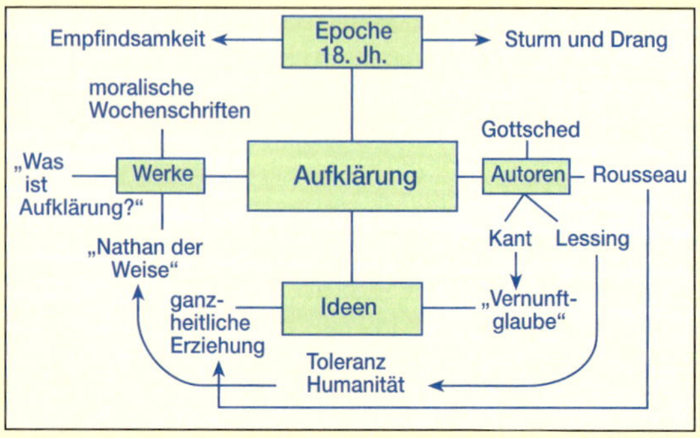

[1] propädeutisch: die Propädeutik (< gr. pro = vor + paideuein = erziehen, unterrichten): vorbereitende Einführung in die wissenschaftliche Arbeitsweise

oder über ein gestelltes Thema – wird die „Aufgabe" (das Problem) in die Mitte eines DIN-A4-Blatts geschrieben, eingerahmt und mit Aspekten versehen, unter denen die Betrachtung möglich ist. Weitere Einfälle werden den Aspekten zugeordnet und möglichst so differenziert, dass ein dichtes Netzwerk entsteht.

- Bei arbeitsteiliger Erarbeitung (z.B. in Gruppenarbeit) auf *Folien* lassen sich im Plenum verschiedene *Vorschläge vergleichen* und zu einem Klassenergebnis optimieren.
- Auch für die *Reorganisation von Wissen* (etwa für eine Klausur oder mündliche Prüfung) leistet die Mind-Map gute Dienste, weil sie die Wiederholung von einem Zentrum aus auf Teilthemen, Aspekte und Beispiele hin nicht nur übersichtlich strukturieren kann, sondern durch motorisch und visuell gestütztes Lernen die Merkfähigkeit verbessert.

2.3 Die ***zielgerichtete Zweitlektüre*** der Primärliteratur konzentriert sich vor allem auf die Textstellen, die für das gestellte Thema zentral sind:

- Nun ist detaillierte Interpretation zu leisten (vgl. S. 168ff.), zu der im Einzelfall die bekannten *Markierungs- und Annotationstechniken* (vgl. S. 78) anzuwenden sind. Aus dem Eingangsmonolog Iphigenies (vgl. S. 219) sei ein kurzes Beispiel angeführt:

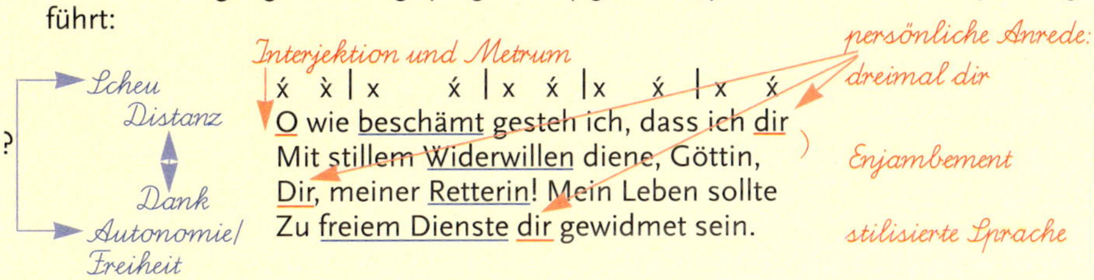

- Zur Herausarbeitung des Spezifischen kann sich ein Vergleich der Schlüsse von Goethes „Iphigenie" und Euripides'(um 480-406 v.Chr.) „Iphigenie bei den Taurern" (e ca. 412 v.Chr.) anbieten.

2.4 Die Bereitstellung und Nutzung von ***Sekundärliteratur*** wird für eine Facharbeit verlangt – zusätzlich zur selbstständigen und gründlichen Erarbeitung des Dramentextes –, weil auf diese Weise die Fähigkeit zur *Informationsbeschaffung* und systematischen *Informationsauswertung* (z.B. durch Textmarkierung, Exzerpt, vgl. S. 14, und Konspekt, vgl. S. 79, oder Visualisierungstechniken) erprobt werden kann. Die Beschäftigung mit „einschlägiger Fachliteratur", deren Auswahl entsprechend der gestellten Aufgabe sinnvoll begrenzt sein soll, kann in Schritten erfolgen, die von einer Gesamtorientierung ins Detail (nicht umgekehrt!) führen sollen:

- Erste Informationen i.S. von Orientierungswissen und Übersichten können Lexika (z.B. Autoren-, Werk- und Sachlexika) sowie Literaturgeschichten entnommen werden.
- Gespräche mit Fachleuten (z.B. Fachlehrern und Bibliothekaren) können die Orientierung verstärken.
- *Bibliotheken* und das *Internet* (vgl. S. 474ff.) bieten weitere Hilfen über Autoren- und Sachkataloge bzw. über Suchbegriffe und Links.
- Spezielle *Bibliografien* (= Literaturverzeichnisse) erschließen Literatur zu Einzelfragen.
- Es empfiehlt sich, wichtige Ergebnisse der Lektüre von fachwissenschaftlichen Texten mit Hilfe von *Exzerpten* bzw. *Konspekten* zu sichern.

Das Verfahren soll an einem Beispiel verdeutlicht werden.

7 Thomas Kopfermann: Johann Wolfgang von Goethe: „Iphigenie auf Tauris" (Auszug)

[...] Die Frage der Emanzipation von Vormundschaft ist auch das Zentrum der Szene IV, 5. Iphigenie sieht hier ihren doppelten Konflikt – in Bezug auf Thoas übrigens, nicht auf den Bruder – im Vergehen des Bildraubs und der Nicht-Wahrhaftigkeit (V. 170off.). Tut sie das Geplante, so verliert sie die Reinheit des Herzens, aus der sie die Entsühnung ihres Geschlechts vollbringen kann (V. 1701 f.). Dadurch wiederum würde der Tantalidenfluch verewigt (V. 1694). In umgekehrter Reihenfolge wird in Iphigenies Monolog dieser Zusammenhang stringent, „logisch" entfaltet. Im Parzenlied wird noch einmal an diese unerbittliche Macht der Götter erinnert, an den eigenen Ahnherrn Tantalus geknüpft (V. 1721, die dritte Erinnerung an Tantalus nach 1, 3 und III,2 – wo in Orests Vision er als Letzter von der utopischen Versöhnung ausgeschlossen ist) und zugleich verallgemeinert: als jenes Götterbild, das biografisch bestimmend den Kindern schon eingeprägt wird und sie in einer Vormundschaft hält, die als „Gotteskindschaft" das Ge-

13. Markieren und annotieren Sie arbeitsteilig in Partnerarbeit den Eingangsmonolog Iphigenies (Text 2, S. 219) und stellen Sie Ihre Ergebnisse auf Folienstreifen vor.

Spezialliteratur für das gewählte Thema:

- Helmut G. Hermann: Goethe-Bibliografie. Literatur zum dichterischen Werk, Stuttgart (Reclam) 1991.

Spezielle empfehlenswerte Arbeiten zum Thema sind:

- Arthur Henkel: Goethe. Iphigenie auf Tauris. In: Benno von Wiese (Hrsg.): Das deutsche Drama I: Vom Barock bis zur Romantik, Düsseldorf (Bagel) 1980, S. 170–194.
  (Eine grundlegende Interpretation des Dramas mit speziellen Anregungen zur Fragestellung unseres Themas)
- Thomas Kopfermann: Johann Wolfgang von Goethe: „Iphigenie auf Tauris" – Heraustreten aus dem Mythos in die Geschichte. In: Dietrich Steinbach (Hrsg.): Dramen in ihrer Epoche, Stuttgart (Klett) 1990, S. 51–61.
  (Ein Aufsatz, der für das Thema besonders aufschlussreich ist und auch ein weiterführendes Literaturverzeichnis bietet.)

genteil von Emanzipation ist. Der aufklärerische Impetus ist hier, parallel zu III, 1 und 2, wiederum evident: Die im Parzenlied den Göttern zugeschriebenen Eigenschaften sind die, welche von der Aufklärung an der orthodoxen Gottesvorstellung kritisiert wurden [...]. Diese Götter sind über jeder moralischen Ordnung, über jedem Recht (auch über dem Naturrecht, was die Aufklärung strikt ablehnte [...]), und sie verfügen ewigen Fluch über ganze Geschlechter (was strukturell der orthodoxen Auffassung der Erbsünde entspricht). Sie sind es ja auch, die den Bildraub selbst fordern und damit die Perpetuierung des Fluchs „herstellen". [...] Das Parzenlied besingt nochmals, die dramatische Handlung retardierend (IV. Akt!), den Triumph des Mythos[1], der aber bereits aus der distanzierten Perspektive des Logos[2] erscheint: durch die „logische" Anlage des Monologs, durch den anklagenden Impuls („Widerwillen", „Hass", V. 1713f.), durch die hinzugedichtete letzte Strophe, die das Ganze als Vergangenes distanziert („So sangen ...", V. 1761) und ihm Zitatcharakter gibt – als Zitat „belegt" das Lied eine abzulehnende Gottesvorstellung. In der Geste des Tantalus steckt zudem Negation, Verweigerung – umso nachhaltiger, als sie wortlos ist.

Das retardierende Moment dieser Szene zeigt, dass die Anagnorisis[3] noch keineswegs der Vollzug der Subjektwerdung ist. In ihr wird erst die Anlage zur Selbstbestimmung und damit zur Autonomie sichtbar. „Ein fröhlich selbstbewusstes Leben" (V. 110) – dazu bedarf es der Tat. Das „Selbsthelfertum", die praktische Tat erst emanzipiert vom Mythos. Das geschieht schließlich in Iphigenies „kühnem Unternehmen". Die ethische Autonomie wird erst durch praktizierte Wahrhaftigkeit gewonnen (vgl. V. 1913ff.), nicht durch Begriffskalkül. [...] (v 1990)

Wichtige Methoden der **Informationsauswertung** sind *Exzerpt* (vgl. S. 14) und *Konspekt* (vgl. S. 79) Die Verwendung von *Karteikarten* oder Blättern im Format DIN-A5 empfiehlt sich, weil so die Informationen entsprechend der späteren Gliederung der Facharbeit (s.u.) am flexibelsten geordnet werden können.
Beispiele zu Text 7:

Exzerpt zum Aspekt „Emanzipation von Vormundschaft"	Konspekt
unausweichlicher (?) Konflikt Iphigenies Triumph der absoluten Macht der Götter (Parzenlied)	Iphigenie: doppelter Konflikt ↙ ↘ Bildraub / Nicht-Wahrhaftigkeit
„Emanzipation von Vormundschaft" als „Zentrum der Szene" (Z. 1), denn der Mythos erscheine „bereits aus der distanzierten Perspektive des Logos" (Z. 21f.):	Verlust der Herzensreinheit Unmöglichkeit der Entsühnung ihres Geschlechts ↓ Verewigung des Tantalidenfluchs
– „durch die ‚logische' Anlage des Monologs" (Z. 22)	– ...
– „durch den anklagenden Impuls" (Z. 22f.)	
– ...	– ...

Alle Zitate aus: Thomas Kopfermann: Johann Wolfgang von Goethe: „Iphigenie auf Tauris" – Heraustreten aus dem Mythos in die Geschichte. In: Dietrich Steinbach (Hrsg.): Dramen in ihrer Epoche, Stuttgart (Klett) 1990, S. 51-61.

14. a) Führen Sie arbeitsteilig in zwei Abteilungen die Notizen zum Exzerpt bzw. zum Konspekt zu Text 7 weiter und besprechen Sie die Ergebnisse.
b) Verfassen Sie nach dem Konspekt einen Abstract.

2.5 Die ***Gliederung*** der Facharbeit (durch Buchstaben und Ziffern oder ein Dezimalsystem) sollte von einer zunächst schematischen Strukturierung zu einem konkreten Aufbau verlaufen, der sich im Laufe der Arbeit mehr und mehr differenziert.

- Die *Einleitung* kann verschiedene Möglichkeiten einzeln oder in Kombination nutzen:
  - Hinführung zum Thema durch die Skizzierung der Themenfindung (z. B. durch spezielles Interesse, einen Hinweis, eine Lektüreerfahrung, eine ungelöste Fragestellung etc.)
  - Darlegung der Arbeitshypothesen und Ziele der Facharbeit
  - Hinweise zum methodischen Vorgehen
  - Begründung der Schwerpunkte und Begrenzung des Themas
- Der *Hauptteil* hat den vorgegebenen Aspekten des Themas zu folgen, sollte aber – z.B. zu „Positionen der Aufklärung [...]" – einen markanten Schwerpunkt wählen, um der Facharbeit ein deutliches Profil zu geben.
- Der *Schluss* ist möglich als
  - Bilanzierung, wobei die erzielten Ergebnisse an den gesetzten Zielen gemessen werden,
  - Reflexion des Arbeitsprozesses und seiner Schwierigkeiten,
  - Wertung i.S. einer Selbsteinschätzung mit kritischer Offenlegung von Stärken und Schwächen der Arbeit und der Andeutung von möglichen Alternativen,
  - Ausblick auf offengebliebene Fragen oder auf zusätzliche Probleme, deren Untersuchung lohnend wäre.

2.6 Die ***Ausarbeitung*** des Textes darf nicht zu kleinschrittig, sondern muss in sinnvollen Abschnitten erfolgen, weil auf diese Weise die logische Verknüpfung und die themengerechte Gewichtung der Teile sowie die stilistische Geschlossenheit besser zu erreichen sind.
Vor jedem neuen Schreibabschnitt sollte das bereits Vorliegende gelesen werden, um die stimmige Fortführung zu gewährleisten, störende Wiederholungen zu vermeiden und um insgesamt ein hohes Maß an Korrekturgenauigkeit zu ermöglichen. Bei der Arbeit am PC ist ein Ausdruck der jeweils fertigen Abschnitte zu empfehlen, weil so die zusammenhängende Lektüre erleichtert wird und weil vor allem die intensive Korrektur – im Blick auf die Beratungsgespräche und die Schlussrevision – gründlicher möglich ist.

3. Die Abschlussphase umfasst die Endkorrektur und Präsentation.

3.1 Die abschließende ***gründliche Durchsicht*** hat sich nochmals an der Themenanalyse, der Gesamtgliederung und Gewichtung der Teile sowie an der sprachlichen Form und äußeren Darstellung zu orientieren.

[1] Mythos (< gr. mythos = Wort, Rede, Erzählung): alte Form der Weltdeutung in Erzählungen von Göttern und Menschen
[2] Logos (< gr. Wort, Rede): Vernunft
[3] Die Anagnorisis (< gr. = Erkennen, Wiedererkennen): in der antiken Tragödie der Umschlag von Unwissenheit in Erkenntnis (vgl. Aristoteles: Poetik)

3.2 Die ***Arbeit am Computer*** erleichtert nicht nur die Korrekturen, Ergänzungen und Kürzungen, sondern ebenso das Formatieren, die Wahl von Hervorhebungen (durch unterschiedliche Schrifttypen und -stärken) und die sachgerechte Gestaltung der Fußnoten (am besten jeweils auf der entsprechenden Seite, wobei die Zählung seiten- oder abschnitts- bzw. kapitelweise erfolgen kann). Zum Schluss ist die Facharbeit in eine „vorlagegerechte" Form zu bringen: Die *Präsentation* muss folgenden Vorgaben entsprechen:

- Deckblatt mit Verfassername und Titel der Arbeit
- Inhaltsverzeichnis als Gliederung mit Seitenangaben
- Text der Facharbeit in sorgfältiger Ausarbeitung, wobei an den richtigen Stellen auf die entsprechenden Seiten der Dokumentation zu verweisen ist. Grundregel für die Entscheidung, ob Material im „Haupttext" oder im Anhang erscheinen soll: Was den Kontext „sprengt", aber wichtig ist, kommt in den Anhang.
- Dokumentation als Anhang (z.B. Quellen, Bilder, Cover, Handschriften, Vergleichstexte, Grafiken u.a. Materialien), wobei diese Seiten auch nummeriert (paginiert) sein müssen. Oft werden dazu auch römische Ziffern verwendet.
- Verzeichnis der verwendeten Literatur in alphabetischer Reihenfolge nach den Familiennamen
- Erklärung, dass die Facharbeit selbstständig und nur unter Verwendung der angegebenen Literatur verfasst wurde (auf eigenem Blatt mit Unterschrift).

3.3 Mitunter wird auch eine ***mündliche Präsentation*** der Facharbeit (vor der Klasse, dem Kurs oder einer Prüfungskommission) verlangt:

- Hierbei kommt es darauf an, zentrale Ergebnisse vorzustellen und eventuell auch über das methodische Vorgehen und wichtige Erfahrungen beim Arbeitsprozess (vgl. Arbeitsprotokoll) zu berichten.
- In der Regel schließt sich daran ein Gespräch zwischen dem Verfasser und den Anwesenden an, in dem es gilt, sich Fragen und Einwänden zu stellen (vgl. Referat, S. 76).

Weiterführende Fachliteratur:

- Dorlöchter, Heinz: Wege eigenständigen Lernens. – Die Facharbeit. In: Edwin Stiller (Hrsg.): Dialogische Fachdidaktik/Pädagogik, Bd. 2, Paderborn (Schöningh) 1999.
- Empfehlungen und Hinweise zur Facharbeit in der gymnasialen Oberstufe, Soest (Landesinstitut für Schule und Weiterbildung) 1999.
- Klösel, Horst/Lüthen, Reinhold: Planen. Schreiben. Präsentieren. Facharbeit, Stuttgart/Düsseldorf/Leipzig (Klett) 2001.
- Martin-Beyer, Wolfgang u.a.(Hrsg.): Facharbeit und besondere Lernleistung im naturwissenschaftlichen Unterricht, Stuttgart/Düsseldorf/Leipzig (Klett) 1999 (Buch und CD-Rom).
- Schardt, Bettina/Schardt, Friedel: Referate und Facharbeiten. Effektive Arbeitstechniken für die Oberstufe, Freising (Stark) 1999.

Kontrollliste zur Fehlervermeidung bzw. -korrektur:
– Zur *Argumentationsstruktur:* Ist die logische Beziehung von These (Behauptung), Argument (Begründung) und Beleg/Beispiel gewährleistet?
– Zur *wissenschaftlichen Arbeitsweise:*
• Stimmen die Zitate, sind sie formgerecht vorgenommen, stilistisch überzeugend integriert und korrekt nachgewiesen (durch Fußnoten und Quellenangaben)?
• Bibliografische Angaben: Name des Autors, Titel, Erscheinungsort, Verlag, Erscheinungsjahr, Seitenzahl
– Zur *Syntax:* Entsprechen Parataxen und Hypotaxen der jeweiligen Gedankenführung?
– Zur *Wortwahl:* Sind die Fachbegriffe korrekt? Ist die Ausdrucksweise treffend und abwechslungsreich? Verlangt der Sachverhalt eher Verbal- oder Nominalstil?
– Zur *Interpunktion:* Welche Kommata z.B. sind obligatorisch, welche fakultativ?

Projektvorschlag für mögliche andere **Themen:**
1. Gattung: Hauptmerkmale des klassischen Dramas (z.B. *Iphigenie auf Tauris*) im Vergleich zum Drama des Sturm und Drang (z.B. *Die Räuber*) oder des epischen Theaters (z.B. *Der gute Mensch von Sezuan*)
2. Epoche: *Iphigenie auf Tauris* – ein Paradigma der deutschen Klassik? Oder: *Die Räuber* und *Die Leiden des jungen Werthers* – Paradigmen des Sturm und Dang?
3. Problem: Die Humanität in *Iphigenie auf Tauris* im historischen Zusammenhang der Entstehung des Schauspiels
4. Praktische Recherchen: Dramen der deutschen Klassik im Theaterplan der Region: Inszenierungskonzepte und Wirkung auf das Publikum.

3. Klassik im Rückblick – Aspekte der Rezeption

Was gilt eine Literatur zu verschiedenen Zeiten? Ist „Klassik" über alle Zeiten gültig oder schwankt auch ihre Wertung in der Geschichte? Lernt der Leser nur aus der Dichtung von Zeitgenossen und sind deshalb Klassiker vielleicht sogar antiquiert?

1 Heinrich von Treitschke (1834–1896): Deutsche Geschichte im 19. Jahrhundert, 1. Teil (Auszüge)

[...]
So haben seit dem Jahre 1750 etwa drei Generationen deutscher Männer, neben- und nacheinander wirkend und oft in leidenschaftlichem Kampfe miteinander ringend, die jüngste der großen Literaturen Europas geschaffen, die, selber vom Auslande lange kaum bemerkt, unendlich empfänglich den dauernden Gehalt der klassischen Dichtung Englands und Frankreichs, Spaniens und Italiens in sich zusammenfasste und schöpferisch neu gestaltete, um schließlich in dem vielseitigsten aller Dichter, in Goethe, ihre Vollendung zu finden. Es war eine Bewegung so völlig frei, so ganz aus dem innersten Drange des übervollen Herzens heraus, dass sie zuletzt bei dem verwegenen Idealismus Fichtes anlangen musste, der

den sittlichen Willen als das einzig Wirkliche, die gesamte Außenwelt nur als eine Schöpfung des denkenden Ichs ansah; und doch ein notwendiges natürliches Werden. Die schöpferische Kraft des deutschen Geistes hatte lange gleich einer Puppe schlummernd in zarter Schale gelegen, und ihr geschah, wie der Dichter sagte: „Es kommt die Zeit, sie drängt sich selber los, und eilt auf Fittichen der Rose in den Schoß." Ein lauterer Ehrgeiz, der das Wahre suchte, um der Wahrheit, das Schöne um der Schönheit willen, ward in den hellen Köpfen der deutschen Jugend lebendig. Keine der modernen Nationen hat jemals so in vollem Ernst, mit so ungeteilter Hingebung in die Welt der Ideen sich versenkt, keine zählt unter den Talenten ihrer klassischen Literatur so viele reine, menschlich liebenswerte Charaktere; darum wird das Gedächtnis der Tage von Weimar unserem Volke in allen Zeiten, da sein Gestirn sich zu verdunkeln scheint, ein unerschöpflicher Quell des Trostes und der Hoffnung bleiben. Die Kunst und Wissenschaft ward den Deutschen zur Herzenssache, sie ist hier niemals, wie einst bei den Romanen, ein elegantes Spiel, ein Zeitvertreib für die müßigen Stunden der vornehmen Welt geworden. Nicht die Höfe erzogen unsere Literatur, sondern die aus dem freien Schaffen der Nation entstandene neue Bildung unterwarf sich die Höfe, befreite sie von der Unnatur ausländischer Sitten, gewann sie nach und nach für eine mildere, menschlichere Gesittung.

Und diese neue Bildung war deutsch von Grund aus. Während das politische Leben in unzählige Ströme zerteilt dahinfloss, waltete auf dem Gebiete der geistigen Arbeit die Naturgewalt der nationalen Einheit so übermächtig, dass eine landschaftliche Sonderbildung niemals auch nur versucht wurde. Alle Helden unserer klassischen Literatur, mit der einzigen Ausnahme Kants, sind gewandert, und haben ihre reichste Wirksamkeit nicht auf dem Boden ihrer Heimat gefunden. In ihnen allen lebte das Bewusstsein der Einheit und Ursprünglichkeit des deutschen Wesens und das leidenschaftliche Verlangen, die Eigenart dieses Volkstums wieder in der Welt zu Ehren zu bringen; sie alle wussten, dass das ganze große Deutschland ihren Worten lauschte, und empfanden es als ein stolzes Vorrecht, dass allein der Dichter und der Denker zu der Nation reden, für sie schaffen durfte. Also wurde die neue Dichtung und Wissenschaft auf lange Jahrzehnte hinaus das mächtigste Band der Einheit für dies zersplitterte Volk [...]

Dasselbe Jahrzehnt, das den alten deutschen Staat ins Grab führte, brachte der neuen Dichtung ihre reinsten Erfolge. Wie weit zurück schien jetzt schon die Zeit zu liegen, da Klopstock einst pochenden Herzens die deutsche Muse in den ungewissen Streitlauf stürmen sah; nun sang Schiller mit ruhigem Stolze: Wir dürfen mutig einen Lorbeer zeigen, der auf dem deutschen Pindus[1] selbst gegründet! Die Deutschen wussten längst, dass sie den Schatz der überlieferten europäischen Bildung mit neuen, selbstständigen Idealen bereichert hatten und in der großen Gemeinschaft der Kulturvölker einen Platz einnahmen, den niemand sonst auf der Welt ausfüllen konnte. Begeistert sprach die Jugend von deutscher Tiefe, deutschem Idealismus, deutscher Universalität. Frei hinwegzuschauen über alle die trennenden Schranken des endlichen Daseins, nichts Menschliches von sich fernzuhalten, in lebendiger Gemeinschaft mit den Besten aller Völker und Zeiten das Reich der Ideen zu durchmessen – das galt für deutsch, das ward als Vorrecht deutscher Art und Bildung gepriesen. Der Nationalstolz dieses idealistischen Geschlechtes fand sich befriedigt in dem Gedanken, dass kein anderes Volk den vermessenen Flügen des deutschen Genius ganz zu folgen, zu der Freiheit unseres Weltbürgersinnes sich emporzuschwingen vermöge. (v 1879)

2 Heinz Piontek (1925–2003): Um 1800

Zierlich der Kratzfuß
der Landeskinder,

während wer fürstlich
aufstampft.

Gedichtzeilen.
Stockschläge.

Viele träumen,
dass man sie verkauft.

Die Tinte leuchtet.

Deutschlands
klassische Zeit.

(v 1966)

3 August E. Hohler: Goethes Weimar hat Buchenwald nicht verhindert (Auszug)

[...]

Weimar, ohne Zweifel, war ein Hort der Kultur, aber diese Kultur war nur für wenige da: für eine kleine Elite, für die happy few der damaligen Zeit, für einen erlauchten Kreis, für die Mächtigen und Besitzenden. Mag wohl sein, dass diese Kultur *„die reinste herrlichste Menschheit"* im Auge hatte; den konkreten Menschen in seiner höchst realen Not, den hungernden, unwissenden, unterdrückten Menschen erreichte sie nicht. Humanität als bloßes Bildungs-

[1] Der Pindus = Pindos: Gebirgskamm in Griechenland

Heinrich von Treitschke (1834–1896) war ein national gesinnter Historiker und Publizist, 1871–84 Mitglied des Reichstags, seit 1886 offizieller Geschichtsschreiber (Historiograf) des preußischen Staates, Anhänger und Vertreter der Bismarck'schen Politik.

1. a) Erschließen Sie aus Text 1, weshalb im 19. Jahrhundert die Hochschätzung der „Klassiker" i.S. des Vorbildlichen so groß war.
b) Vergleichen Sie damit die Aussagen im Gedicht von Heinz Piontek.
c) Diskutieren Sie die Thesen Hohlers.

L Der **Lakonismus** ist eine knappe, sachlich-pointierte und unterkühlt-karge Ausdrucksweise. Er wurde in der Antike vor allem den Lakedaimoniern (Spartanern) zugeschrieben, benannt nach der Landschaft Lakonien in der Peloponnes. Ein Beispiel für Lakonismus aus römischer Zeit ist die Antwort Marcus Tullius Ciceros (106–43 v. Chr.) auf die Frage nach dem Schicksal der Verschwörer: „vixerunt" = sie haben gelebt.

Heinz Piontek wurde 1925 in Kreuzburg (Oberschlesien) geboren, musste Kriegsdienst leisten (1943–45), versuchte sich in verschiedenen Berufen, studierte dann Philosophie, Germanistik und Kunstgeschichte und war dann freier Schriftsteller. Piontek war vor allem Naturlyriker von suggestiv verknappter Ausdrucksweise, die bis zu lakonischer Pointierung reicht. Aber auch politischen und weltanschaulichen Problemen galt sein Interesse. Neben Lyrik schrieb er Romane, Erzählungen, Hörspiele und Essays. Er starb 2003 bei Passau.

ideal war damals, und auch später, für die überwältigende Mehrheit keine wirkliche Hilfe; und selbst unter den Privilegierten, welche solch humanistischer Bildung teilhaftig wurden, war sie keine Garantie für menschliches Verhalten. Goethes Weimar, man weiß es, hat das KZ-Buchenwald, das gute hundert Jahre später in seiner unmittelbaren Nähe errichtet wurde, nicht verhindert. Das ist möglicherweise kein Einwand gegen Goethe, wohl aber ein Vorbehalt gegenüber seiner absoluten Autorität – gegenüber der Autorität jeder „großen Kultur", auf deren *„Grundriss immer wieder das Ungeheuerlichste möglich geworden ist, Menschenschändung jeder Art und jeden Ausmaßes"*. [...] (v 1967)

4 Peter Sloterdijk (* 1947): Regeln für den Menschenpark (Auszüge)

Alte Bibliothek

[...] Humanismus als Wort und Sache hat immer ein Wogegen, denn er ist das Engagement für die Zurückholung des Menschen aus der Barbarei. Es versteht sich leicht, dass gerade jene Zeitalter, die mit dem barbarischen Potenzial, das in gewalthaften Interaktionen zwischen Menschen freigesetzt wird, ihre besonderen Erfahrungen gemacht haben, zugleich die Zeiten sind, in denen der Ruf nach Humanismus lauter und fordernder zu werden pflegt. Wer heute nach der Zukunft von Humanität und Humanisierungsmedien fragt, will im Grunde wissen, ob Hoffnung besteht, der aktuellen Verwilderungstendenz beim Menschen Herr zu werden. Dabei fällt beunruhigend ins Gewicht, dass Verwilderungen, heute wie immer, gerade bei hoher Machtentfaltung aufzubrechen pflegen, sei es als unmittelbare kriegerische und imperiale Rohheit, sei es als alltägliche Bestialisierung der Menschen in den Medien enthemmender Unterhaltung. Für beides haben die Römer die europaprägenden Modelle geliefert – zum einen mit ihrem alles durchdringenden Militarismus, zum anderen durch ihre zukunftsweisende Unterhaltungsindustrie der blutigen Spiele. Das latente Thema des Humanismus ist also die Entwilderung des Menschen, und seine latente These lautet: Richtige Lektüre macht zahm.

Das Phänomen Humanismus verdient Aufmerksamkeit heute vor allem, weil es – wie auch immer verschleiert und befangen – daran erinnert, dass Menschen in der Hochkultur ständig von zwei Bildungsmächten zugleich in Anspruch genommen werden – wir wollen sie hier der Vereinfachung zuliebe schlicht die hemmenden und die enthemmenden Einflüsse nennen. Zum Credo des Humanismus gehört die Überzeugung, dass Menschen „Tiere unter Einfluss" sind und dass es deswegen unerlässlich sei, ihnen die richtige Art von Beeinflussungen zukommen zu lassen. Das Etikett Humanismus erinnert in falscher Harmlosigkeit an die fortwährende Schlacht um den Menschen, die sich als Ringen zwischen bestialisierenden und zähmenden Tendenzen vollzieht. [...]

Dass die Domestikation des Menschen das große Ungedachte ist, vor dem der Humanismus von der Antike bis in die Gegenwart die Augen abwandte – dies einzusehen genügt, um in tiefes Wasser zu geraten. Wo wir nicht mehr stehen können, dort steigt uns die Evidenz über den Kopf, dass es mit der erzieherischen Zähmung und Befreundung des Menschen mit den Buchstaben allein zu keiner Zeit getan sein konnte. Gewiss war das Lesen eine Menschen bildende Großmacht – und sie ist es, in bescheideneren Dimensionen, noch immer, das Auslesen jedoch – wie auch immer es sich vollzogen haben mag – war stets als die Macht hinter der Macht im Spiel. Lektionen und Selektionen haben miteinander mehr zu tun als irgendein Kulturhistoriker zu bedenken willens und fähig war, und wenn es uns bis auf Weiteres auch unmöglich scheint, den Zusammenhang zwischen Lesen und Auslesen hinreichend präzise zu rekonstruieren, so ist es doch mehr als eine unverbindliche Ahnung, dass dieser Zusammenhang als solcher seine Realität besitzt.

Die Schriftkultur selbst hat bis zu der kürzlich durchgesetzten allgemeinen Alphabetisierung scharf selektive Wirkungen gezeigt; sie hat ihre Wirtschaftsgesellschaften tief zerklüftet und zwischen den literaten und den illiteraten Menschen einen Graben aufgeworfen, dessen Unüberbrückbarkeit nahezu die Härte einer Spezies-Differenz erreichte. Wollte man, Heideggers Abmahnungen zum Trotz, noch einmal anthropologisch reden, so ließen sich die Menschen historischer Zeiten definieren als die Tiere, von denen die einen lesen und schreiben können und die anderen nicht. Von hier aus ist es nur ein Schritt, wenn auch ein anspruchsvoller, zu der These, dass Menschen Tiere sind, von denen die einen ihresgleichen züchten, während die anderen die Gezüchteten sind. [...]

Es genügt, sich klarzumachen, dass die nächsten langen Zeitspannen für die Menschheit Perioden der gattungspolitischen Entscheidung sein werden. In ihnen wird sich zeigen, ob es der Menschheit oder ihren kulturellen Hauptfraktionen gelingt, zumindest wirkungsvol-

2. a) Exzerpieren Sie die Hauptgedanken Peter Sloterdijks.
b) Entwerfen Sie in Gruppenarbeit Plakate mit jeweils einer Parole, die sich aus der Rezeptionsdiskussion der Texte 1–4 ergeben könnte.

3. Führen Sie eine Podiumsdiskussion (vgl. S. 232) zum Thema „Sind die Klassiker antiquiert?" durch.

Bei einer **Podiumsdiskussion** diskutieren etwa sechs bis zehn Fachleute vor einer größeren Zuhörerschaft ein schwieriges Problem, dessen Klärung man sich durch die Konzentration auf Experten eher verspricht als durch eine offene Plenumsdiskussion. In diesem sog. *Klärungsgespräch* sind die Teilnehmer nach Inhalt, Ziel und Verlauf nicht festgelegt, denn der *Diskussionsleiter* moderiert nur. Einmütigkeit oder gar Konsens sind nicht angestrebt, aber im Ergebnis sollten alle – Teilnehmer und Zuhörer – mehr über das anstehende Problem wissen. Bei der schulischen Form der Podiumsdiskussion kann in einer zweiten Phase das Plenum durchaus mit einbezogen werden.

le Verfahren der Selbstzähmung auf den Weg zu bringen. Auch in der Gegenwartskultur vollzieht sich der Titanenkampf zwischen den zähmenden und den bestialisierenden Impulsen und ihren jeweiligen Medien. Schon größere Zähmungserfolge wären Überraschungen angesichts eines Zivilisationsprozesses, in dem eine beispiellose Enthemmungswelle anscheinend unaufhaltsam rollt. Ob aber die langfristige Entwicklung auch zu einer genetischen Reform der Gattungseigenschaften führen wird – ob eine künftige Anthropotechnologie bis zu einer expliziten Merkmalsplanung vordringt; ob die Menschheit gattungsweit eine Umstellung vom Geburtenfatalismus zur optionalen[1] Geburt und zur pränatalen Selektion wird vollziehen können, dies sind Fragen, in denen sich, wie auch immer verschwommen und nicht geheuer, der evolutionäre Horizont vor uns zu lichten beginnt. [...]

Zweieinhalbtausend Jahre nach Platos Wirken scheint es nun, als hätten sich nicht nur die Götter, sondern auch die Weisen zurückgezogen, und uns mit unserer Unweisheit und unseren halben Kenntnissen in allem allein gelassen. Was uns an Stelle der Weisen blieb, sind ihre Schriften in ihrem rauen Glanz und ihrer wachsenden Dunkelheit; noch immer liegen sie in mehr oder weniger zugänglichen Editionen vor, noch immer könnten sie gelesen werden, wenn man nur wüsste, warum man sie noch lesen sollte. Es ist ihr Schicksal, in stillen Regalen zu stehen, wie postlagernde Briefe, die nicht mehr abgeholt werden – Abbilder der Weisheit, an die zu glauben den Zeitgenossen nicht mehr gelingt – abgeschickt von Autoren, von denen wir nicht mehr wissen, ob sie noch unsere Freunde sein können.

Briefsachen, die nicht mehr zugestellt werden, hören auf, Sendungen an mögliche Freunde zu sein – sie verwandeln sich in archivierte Objekte. Auch dies, dass die maßgeblichen Bücher von einst mehr und mehr aufgehört haben, Briefe an Freunde zu sein und dass sie nicht mehr auf den Tag- und Nachttischen ihrer Leser liegen, sondern in der Zeitlosigkeit der Archive versunken sind – auch dies hat der humanistischen Bewegung das Meiste von ihrem einstigen Schwung genommen. Immer seltener steigen die Archivare zu den Textaltertümern hinab, um frühere Äußerungen zu modernen Stichworten nachzuschlagen. Vielleicht geschieht es hin und wieder, dass bei solchen Recherchen in den toten Kellern der Kultur die lange nicht gelesenen Papiere anfangen zu flimmern, als zuckten ferne Blitze über sie. Kann auch der Archivkeller zur Lichtung[2] werden? Alles deutet darauf hin, dass Archivare und Archivisten die Nachfolge der Humanisten angetreten haben. Für die wenigen, die sich noch in den Archiven umsehen, drängt sich die Ansicht auf, unser Leben sei die verworrene Antwort auf Fragen, von denen wir vergessen haben, wo sie gestellt wurden. (e 1999)

IV. Die Sprache – das „Urmedium" des Menschen

1. Über den Ursprung der Sprache – Eine philosophische und entwicklungspsychologische Deutung

In der vorhergehenden Sequenz (III), aber auch z.B. im Kapitel Aufklärung/Sturm und Drang (vgl. S. 144ff.) wurde gezeigt, was die Sprache als Medium der Verständigung für gelingende Menschlichkeit leistet. Ein mittelalterlicher Bericht macht auf diese Bedeutung aufmerksam. Ein Chronist Friedrichs II. (1194–1250) berichtet über ein „Experiment", das der Stauferkaiser an neugeborenen Kindern durchgeführt haben soll um zu erfahren, welche Sprache Kinder von sich aus, also ohne Vorbild und Anleitung, lernten. Die Kinder seien deshalb von Ammen ernährt worden, die aber nicht mit ihnen sprechen und ihnen keine Zuneigung zeigen durften. Heute besteht ein weitgehender Konsens darüber, dass sich der Entwicklungsprozess eines Menschen als Individuation (= Werden des Ichs) und als Sozialisation (= Hineinwachsen in die Gemeinschaft) vollzieht und dass der Sprache dabei eine hohe Bedeutung zukommt.

1. Äußern Sie Hypothesen über den Ausgang des Experiments und suchen Sie Begründungen dafür.

2. Wir fragen, von dem geschilderten Versuch ausgehend, welche Bedeutung die Sprache für das menschliche Leben hat. Halten Sie Ihre ersten Überlegungen zu dieser Frage in Stichworten fest.

1 Wilhelm von Humboldt (1767–1835): Sprache ist Tätigkeit (Auszug)

Die Sprache, in ihrem wirklichen Wesen aufgefasst, ist etwas beständig und in jedem Augenblicke Vorübergehendes. Selbst ihre Erhaltung durch die Schrift ist immer nur eine unvollständige, mumienartige Aufbewahrung, die es doch erst wieder bedarf, dass man dabei den lebendigen Vortrag zu versinnlichen sucht. Sie selbst ist kein Werk (Ergon), sondern eine Tätigkeit (Energeia). Ihre wahre Definition kann daher nur eine genetische sein. Sie ist nämlich die sich ewig wiederholende Arbeit des Geistes, den artikulierten Laut zum Aus-

3. Erläutern Sie, was Humboldt meint, wenn er Sprache nicht als „Werk", sondern als „Tätigkeit" (Z. 5) definiert.

[1] optional (< lat. optare = wünschen): nicht zwingend, auf eigener Wahl beruhend
[2] Die Lichtung: hier „Raum", in dem sich Einsichten eröffnen („Lichtung" vgl. mit „Erleuchtung")

druck des Gedankens fähig zu machen. Unmittelbar und streng genommen, ist dies die Definition des jedesmaligen Sprechens; aber im wahren und wesentlichen Sinne kann man auch nur gleichsam die Totalität dieses Sprechens als die Sprache ansehen. Denn in dem zerstreuten Chaos von Wörtern und Regeln, welches wir wohl eine Sprache zu nennen pflegen, ist nur das durch jenes Sprechen hervorgebrachte Einzelne vorhanden und dies niemals vollständig, auch erst einer neuen Arbeit bedürftig, um daraus die Art des lebendigen Sprechens zu erkennen und ein wahres Bild der lebendigen Sprache zu geben. Gerade das Höchste und Feinste lässt sich an jenen getrennten Elementen nicht erkennen und kann nur (was umso mehr beweist, dass die eigentliche Sprache in dem Akte ihres wirklichen Hervorbringens liegt) in der verbundenen Rede wahrgenommen oder geahndet werden. Nur sie muss man sich überhaupt in allen Untersuchungen, welche in die lebendige Wesenheit der Sprache eindringen sollen, immer als das Wahre und Erste denken. Das Zerschlagen in Wörter und Regeln ist nur ein todtes Machwerk wissenschaftlicher Zergliederung. [...] (v 1836)

Wilhelm Freiherr von Humboldt (1767–1835) wurde in Potsdam geboren. Er hatte Jura studiert, war im diplomatischen Dienst und 1809–19 Leiter des preußischen Kultus- und Unterrichtswesens. In dieser Funktion leitete er eine Bildungsreform ein, die bis heute nachwirkt. Humboldt gründete 1810 die Berliner Universität, war Gesandter in Österreich und London und widmete sich nach seinem Rücktritt (1819) ganz seinen sprachwissenschaftlichen Studien auf Schloss Tegel, wo er auch starb. Als universaler Gelehrter, Staatsmann, Bildungstheoretiker und Kulturpolitiker pflegte er Beziehungen zu Goethe, Schiller, den Gebrüdern Schlegel u.a. Großen der Zeit. Humboldt sah Sprache als geistige Kraft und trat für eine umfassende Persönlichkeitsbildung ein.

2 Dieter E. Zimmer: So kommt der Mensch zur Sprache (Auszug)

[...]

Schon Anfang der Zwanzigerjahre, zu Beginn seiner so ergiebigen Explorationen des kindlichen Denkens und seiner Entwicklung, fiel dem Genfer Psychologen Jean Piaget auf, dass Kinder regelmäßig einen großen Teil ihrer Sprache ganz anders einsetzen als Erwachsene. Das Kind, auch wenn es in Gesellschaft ist, will nichts mitteilen, es will seine Gesprächspartner schon gar nicht beeinflussen, es erwartet keine Antwort und noch nicht einmal, dass man ihm zuhört. Diese seine Sprache ist stark verkürzt und schwer verständlich, wenn man die Situation nicht kennt, in der das Kind spricht. Sie ist eine Art „sprachliche Begleitmusik“ zu seiner Tätigkeit, vor allem zu seinen Spielen. Piaget nannte sie seine egozentrische Sprache. „Egozentrisch“ nicht in irgendeinem moralischen Sinn, sondern ihres monologischen Charakters wegen. Bei Drei- bis Fünfjährigen, fand Piaget, macht sie bis zu 60 Prozent ihres Sprechens aus; bei Fünf- bis Siebenjährigen noch bis zu 47 Prozent; danach verschwindet sie schnell und vollständig.

Für Piaget stand diese egozentrische Sprache in enger Beziehung zu dem, was er das egozentrische Denken des Kindes nannte. Das Kind sei noch nicht imstande, sich auf den Standpunkt seines Gesprächspartners zu stellen, ihn zu verstehen, ihm etwas zu begründen. Darum gebe es auch noch keine Diskussion mit ihm: Es prallen nur Behauptungen aufeinander. Eine Diskussion setzt voraus, dass man sich in die Lage seines Gegenübers versetzen kann; dies aber wird erst vom siebten oder achten Lebensjahr an möglich. Typisch für das egozentrische Denken davor ist die Standpunktillusion: „Das Kind sagt zum Beispiel, dass zwei Geschwister in seiner Familie leben, was richtig ist. Und wie viele Brüder hast du? – Einen, Paul. – Und Paul hat auch einen Bruder? Nein. – Aber du bist sein Bruder? – Ja. – Also hat er einen Bruder? – Nein.“ Der Junge weiß wohl, dass sie zu Hause zwei Brüder sind; aber er schafft es noch nicht, sich in die Lage seines Bruders zu versetzen, für den er selber ein Bruder ist. Die Dinge versteht das egozentrisch denkende Kind nur als das, was sie ihm scheinen, und es versieht sie mit Eigenschaften, auch Absichten, die es von sich selbst kennt: Der Mond etwa „folgt“ ihm, und er tut dies, „um ihm zu leuchten“ oder „um auf es aufzupassen“.

4. Exzerpieren Sie aus Text 2 Informationen über die Sprache und ordnen Sie diese nach den Aspekten „Individuation“ und „Sozialisation“.

Das egozentrische Denken mit seinem egozentrischen Sprechen, so meinte Piaget, stelle den notwendigen Übergangsschritt zwischen dem „autistischen“ Denken des Kleinkinds und dem „realistischen“ Denken des älteren Kindes dar. Das „autistische“ Denken sei noch ganz unbekümmert um die Wirklichkeit und einzig auf Bedürfnisbefriedigung und Lustgewinn aus, eine quasi-halluzinatorische Träumerei; das „realistische“ Denken mit seiner ganz und gar „sozialisierten“ Sprache gebe dieses rein subjektive Verständnis dann auf. Die Welt kann nun objektiv gesehen werden.

Nicht von ungefähr erinnert diese Unterscheidung an eine der Grunddistinktionen, die die Psychoanalyse gezogen hat und zu ziehen liebt: die zwischen „primären“ (ursprungsnäheren, lustbetonten, nach innen gewandten, um die Wirklichkeit unbekümmerten) und „sekundären“ (späteren, nach außen gewandten, mit der Wirklichkeit vermittelnden) seelischen Vorgängen. Genau daher hatte Piaget seine Gegenüberstellung auch bezogen.

Und genau dagegen wandte sich der sowjetrussische Sprachforscher Lew Wygotski bereits Ende der Zwanzigerjahre. Es sei ein Irrtum, die (frühe) Befriedigung von Bedürfnissen auf diese Weise der (späteren) Anpassung an die Wirklichkeit gegenüberzustellen, so als seien dies zwei psychische Vorgänge, die einander ausschlössen. „Eugen Bleuler hat recht überzeugend dargelegt, dass der Säugling die Befriedigung seines Bedürfnisses nicht dadurch erlebt, dass er Lust hal-

luziniert – die Befriedigung seines Bedürfnisses tritt erst nach der wirklichen Nahrungsaufnahme ein ... Die ganze Anpassung an die Wirklichkeit wird von Bedürfnissen veranlasst ... Bedürfnis und Anpassung müssen in ihrer Einheit betrachtet werden."

Von dieser – wie er selber sagte: biologischen – Kritik her deutete Wygotski auch das egozentrische Sprechen des Kindes ganz anders. Es sei, sagte er, durchaus nicht notwendig die Äußerungsform egozentrischen Denkens. Schon die Sprache des Kleinkinds sei keineswegs „autistisch", sondern durch und durch „sozial": Wenn es spreche, dann um von den Anderen etwas zu erreichen. Diese soziale Sprache teile sich erst etwas später in eine egozentrische, also monologische, und eine kommunikative, nämlich dialogische Sprache auf. Wie Wygotski im Experiment nachwies, erscheint die egozentrische Sprache vor allem immer dann, wenn das Kind sich vor einem Problem sieht. Mit der Sprache macht es sich selber die Schwierigkeit bewusst: *Wo ist der Stift? Ich brauche jetzt einen blauen Stift; macht nichts, ich male stattdessen mit einem roten und mache ihn nass, das wird dunkler und ist dann wie blau.*

Die egozentrische Sprache ist also nicht bloße Begleitmusik zur Tätigkeit, Veräußerlichung eines irrealistischen Denkprozesses. Sie ist im Gegenteil von Anfang an ein Mittel realistischen Denkens: Sie setzt Probleme dem Bewusstsein aus, um sie lösen zu können. Sie vermittelt zwischen Wirklichkeit und Bedürfnis.

Piaget nahm an, die egozentrische Sprache sterbe nach dem siebten oder achten Lebensjahr spurlos ab. Wygotski war der Meinung, dass sie keineswegs absterbe. Vielmehr geschehe etwas ganz Anderes mit ihr: Sie ziehe sich nach innen zurück. Aus der egozentrischen Sprache des Kindes wird der innere Monolog des Erwachsenen. Auch er ist nicht zur Mitteilung bestimmt; auch er ist stark verkürzt, syntaktisch nicht ausgeformt, scheinbar zusammenhanglos und unverständlich. (Wygotski hielt ihn insbesondere für rein prädikativ: Der Denkende lasse alle Subjekte weg, da ihm diese ja bekannt seien – eine These, die auf Widerspruch gestoßen ist.) Die innere Stimme spricht ganz anders als der äußere Diskurs. Könnte man sie aufzeichnen, so käme eben ganz und gar kein wohlgeformter „Ulysses" heraus, sondern ein für andere unbegreifliches Konglomerat von Sprachkürzeln. Der innere Monolog, so betonte Wygotski, ist übrigens nicht mit dem Denken identisch; dieses sei ein noch viel umfassenderer oder vielmehr innerer Vorgang: „Derselbe Gedanke kann in verschiedenen Sätzen ausgedrückt werden, ebenso wie der gleiche Satz zum Ausdruck verschiedener Gedanken dienen kann ... Was im Denken simultan enthalten ist, entfaltet sich in der Sprache sukzessiv. Den Gedanken könnte man mit einer hängenden Wolke vergleichen, die sich durch einen Regen von Wörtern entleert." Hinter den Wolken der Gedanken wiederum stehen auf einer noch tieferen Ebene Gefühle und Wünsche, „dem Winde gleich, der die Wolken treibt". [...] (v 1986)

2. „Tiersprache" und „Menschensprache" – Theorien im Vergleich

J. G. Herder schrieb seine Abhandlung (Text 1) als Beitrag zu einer Preisfrage der Berliner Akademie der Wissenschaften, in der es um das Wesen der menschlichen Sprache ging. Die philosophischen Positionen reichten damals von der Auffassung, die menschliche Sprache unterscheide sich nur graduell von tierischen Lautäußerungen, bis zu der These, der Mensch habe seine unvergleichliche Sprache unmittelbar von seinem Schöpfergott empfangen.

Johann Gottfried Herder (1744–1803) wurde in Ostpreußen als Sohn eines Küsters und Lehrers geboren. Er studierte in Königsberg Theologie und Philosophie, hatte aber auch großes Interesse an der Literatur. Nach dem Abschluss seines Studiums wurde er als

1 Johann Gottfried Herder (1744–1803): Abhandlung über den Ursprung der Sprache (Auszüge)

[...]

Jedes Tier hat seinen Kreis, in den es von der Geburt an gehört, gleich eintritt, in dem es lebenslang bleibet und stirbt. Nun ist es aber sonderbar, dass je *schärfer die Sinne der Tiere, je stärker und sichrer ihre Triebe und je wunderbarer ihre Kunstwerke sind, desto kleiner ist ihr Kreis, desto einartiger ist ihr Kunstwerk.* Ich habe diesem Verhältnisse nachgespüret, und ich finde überall eine wunderbar beobachtete umgekehrte Proportion zwischen der mindern Extension ihrer Bewegungen, Elemente, Nahrung, Erhaltung, Paarung, Erziehung, Gesellschaft und ihren Trieben und Künsten. Die Biene in ihrem Korbe bauet mit der Weisheit, die Egeria[1] ihrem Numa nicht lehren konnte; aber außer diesen Zellen und außer ihrem Bestimmungsgeschäft in diesen Zellen ist sie auch nichts. Die Spinne webet mit der Kunst der Minerva; aber alle ihre Kunst ist auch in diesen engen Spinnraum verwebet; das ist ihre Welt! Wie wundersam ist das Insekt und wie enge der Kreis seiner Würkung! [...]

Der Mensch hat keine so einförmige und enge Sphäre, wo nur *eine* Arbeit auf ihn warte: eine Welt von Geschäften und Bestimmungen liegt um ihn.

---

1 Die Egeria: eine italienische Geburts- und Quellgöttin, die der Sage nach ihren Gatten Numa Pompilius mit guten Ratschlägen unterstützt hat

Seine Sinne und Organisation sind nicht auf eins geschärft: er hat Sinne für alles und natürlich also für jedes Einzelne schwächere und stumpfere Sinne.

Seine Seelenkräfte sind über die Welt verbreitet; keine Richtung seiner Vorstellungen auf ein Eins: mithin kein Kunsttrieb, keine Kunstfertigkeit – und, das eine gehört hier näher her, *keine Tiersprache.*

[...]

Je kleiner also die Sphäre der Tiere ist, desto weniger haben sie Sprache nötig. Je schärfer ihre Sinne, je mehr ihre Vorstellungen auf eins gerichtet, je ziehender ihre Triebe sind, desto zusammengezogner ist das Einverständnis ihrer etwannigen Schälle, Zeichen, Äußerungen. Es ist lebendiger Mechanismus, herrschender Instinkt, der da spricht und vernimmt. Wie wenig darf er sprechen, dass er vernommen werde!

Tiere von dem engsten Bezirke sind also sogar gehörlos; sie sind für ihre Welt ganz Gefühl oder Geruch und Gesicht: ganz einförmiges Bild, einförmiger Zug, einförmiges Geschäfte; sie haben also wenig oder keine Sprache.

[...]

Mit dem Menschen ändert sich die Szene ganz. Was soll für seinen Würkungskreis, auch selbst im dürftigsten Zustande, die Sprache des redendsten, am vielfachsten tönenden Tiers? Was soll für seine zerstreuten Begierden, für seine geteilte Aufmerksamkeit, für seine stumpfer witternden Sinne auch selbst die dunkle Sprache aller Tiere? Sie ist für ihn weder reich noch deutlich, weder hinreichend an Gegenständen noch für seine Organe – also durchaus nicht seine Sprache; denn was heißt, wenn wir nicht mit Worten spielen wollen, die eigentümliche Sprache eines Geschöpfs, als die seiner Sphäre von Bedürfnissen und Arbeiten, der Organisation seiner Sinne, der Richtung seiner Vorstellungen und der Stärke seiner Begierden angemessen ist? Und welche Tiersprache ist so für den Menschen?

Jedoch es bedarf auch die Frage nicht. Welche Sprache [...] *hat der Mensch so instinktmäßig als jede Tiergattung die ihrige in und nach ihrer Sphäre?* – Die Antwort ist kurz: keine! Und eben diese kurze Antwort entscheidet.

Bei jedem Tier ist, wie wir gesehen, seine Sprache eine Äußerung so starker sinnlicher Vorstellungen, dass diese zu Trieben werden; mithin ist Sprache, so wie Sinne und Vorstellungen und Triebe, angeboren und dem Tier *unmittelbar natürlich.* Die Biene sumset wie sie sauget; der Vogel singt wie er nistet – aber wie spricht der Mensch von Natur? Gar nicht, so wie er wenig oder nichts durch völligen Instinkt, als Tier, tut. Ich nehme bei einem neugebornen Kinde das Geschrei seiner empfindsamen Maschine aus; sonst ists stumm; es äußert weder Vorstellungen noch Triebe durch Töne, wie doch jedes Tier in seiner Art; bloß unter Tiere gestellet, ists also das verwaisetste Kind der Natur. Nackt und bloß, schwach und dürftig, schüchtern und unbewaffnet; und, was die Summe seines Elendes ausmacht, aller Leiterinnen des Lebens beraubt. Mit einer so zerstreueten, geschwächten Sinnlichkeit, mit so unbestimmten, schlafenden Fähigkeiten, mit so geteilten und ermatteten Trieben geboren, offenbar auf tausend Bedürfnisse verwiesen, zu einem großen Kreise bestimmt – und doch so verwaiset und verlassen, dass es selbst nicht mit einer Sprache begabt ist, seine Mängel zu äußern – Nein! ein solcher Widerspruch ist nicht die Haushaltung der Natur. Es müssen statt der Instinkte andre verborgne Kräfte in ihm schlafen! Stumm geboren; aber – Doch ich tue keinen Sprung. Ich gebe dem Menschen nicht gleich plötzlich neue Kräfte, keine sprachschaffende Fähigkeit [...]. Ich suche nur in den vorher bemerkten Lücken und Mängeln weiter.

Lücken und Mängel können doch nicht der Charakter seiner Gattung sein: oder die Natur war gegen ihn die härteste Stiefmutter, da sie gegen jedes Insekt die liebreichste Mutter war. Jedem Insekt gab sie, was und wie viel es brauchte: Sinne zu Vorstellungen und Vorstellungen in Triebe gediegen[1], Organe zur Sprache, so viel es bedorfte, und Organe, diese Sprache zu verstehen. Bei dem Menschen ist alles in dem größten Missverhältnis – Sinne und Bedürfnisse, Kräfte und Kreis der Würksamkeit, der auf ihn wartet, seine Organe und seine Sprache. –

[...]

Und nun folgt, dass wenn der Mensch Sinne hat, die für einen kleinen Fleck der Erde, für die Arbeit und den Genuss einer Weltspanne den Sinnen des Tiers, das in dieser Spanne lebet, nachstehen an Schärfe, so bekommen sie eben dadurch *Vorzug der Freiheit.* Eben weil sie nicht für einen Punkt sind, so sind sie allgemeinere Sinne der Welt.

Wenn der Mensch Vorstellungskräfte hat, die nicht auf den Bau einer Honigzelle und eines Spinngewebes bezirkt sind und also auch den Kunstfähigkeiten der Tiere in diesem Kreise nachstehen, so bekommen sie eben damit *weitere Aussicht.* Er hat kein einziges Werk, bei dem er also auch unverbesserlich handle; aber er hat freien Raum, sich an vielem zu üben, mithin sich immer zu verbessern. Jeder Gedanke ist nicht ein unmittelbares Werk der Natur, aber eben damit kanns sein eigen Werk werden.

Wenn also hiermit der Instinkt wegfallen muss, der bloß aus der Organisation der Sinne aus dem Bezirk der Vorstellungen folgte und keine blinde Determination war, so bekommt eben hiemit der Mensch *mehrere Helle.* Da er auf keinen Punkt blind fällt und blind liegen bleibt, so wird er freistehend, kann sich eine Sphäre der Bespiegelung suchen, kann sich in

[1] in Triebe gediegen: mit Trieben fest verbunden

Lehrer an die Domschule in Riga berufen und übernahm später auch das Amt eines Predigers. Seine kirchliche Laufbahn, in der er sich als Erzieher des Volkes verstand, führte ihn über verschiedene Stellen schließlich 1776 nach Weimar, wo er ein leitendes Amt in der Landeskirche des Herzogtums ausübte. Diese Stelle hatte ihm Goethe vermittelt, den er schon 1770 in Straßburg kennen gelernt und auf den er großen Eindruck gemacht hatte (vgl. S. 208). Herders Hauptinteresse galt der Geschichtsphilosophie und der Anthropologie. Sein Geschichtsverständnis verband den Gedanken des Fortschritts, der für die Aufklärung kennzeichnend war, mit der Achtung vor dem individuellen Eigenwert jeder Einzelkultur, unabhängig von deren jeweiligem Stand in der historischen Gesamtentwicklung. Den Menschen betrachtete Herder nicht als reines Vernunftwesen, sondern sah ihn in engem Zusammenhang mit der Natur, aus der seine Sonderstellung als Mensch erwächst.

1. a) Arbeiten Sie Herders Auffassung von Sprache im Spannungsfeld von „Tierähnlichkeit" und „Gottesgabe" heraus.

b) Zeigen Sie, welche Bedeutung in diesem Zusammenhang Herders Begriff der „Besonnenheit" hat.

Die **Mündlichkeit der Rede** in Referat und Vortrag hat G.E. Lessings Appell zu beachten: „Die Rede ist keine Schreibe!" Dies bedeutet im Einzelnen:

– Es gilt, den *Hauptfehler* zu vermeiden und ein Referat nicht als „Schreibtext" vorzubereiten und abzulesen.

– Die Vorstellung der Kommunikationssituation (vgl. S. 76) erleichtert das Finden der richtigen Sprachform:
- Der Zuhörer ist auf den eindeutigen *Ersteindruck* angewiesen.
- Damit die Informationen tatsächlich „ankommen", muss sich der Referent in die Zuhörer *hineindenken.*
- Außerdem ist zu beachten, dass über den *Höreindruck* nur etwa 30%, über die Augen ca. 70% der Informationen aufgenommen werden.

– Folgende *Konsequenzen* sind daraus zu ziehen:
- Die *Visualisierungstechniken* (z. B. durch Skizzen, Grafiken, Bilder, Dias, Filmausschnitte etc.) müssen nicht übermäßig zahlreich, aber funktional bewusst eingesetzt werden.
- Ein offenes *Dispositionspapier* (vgl. S. 76) mit Gliederung des Referats, Kernbegriffen und wichtigen Daten stützt das Zuhören und aktiviert die Zuhörer, weil sie durch Eintragungen die „Lücken" schließen müssen.
- Die mündliche Sprache wird am intensivsten beim *halbfreien Referat* (vgl. S. 76) entwickelt, das sich nur auf Stichworte stützt.

Neben einer überschaubaren *Syntax* mit anschaulichen Beispielen und prägnanter Wortwahl ist es bei Fachbegriffen und Fremdwörtern vor allem die *semantische Konkretisierung und Differenzierung,* z. B. in einem Cluster, die das Zuhören erleichtert.

Ein Beispiel: Neuhumanismus

Etymologie: < lat.: humanus = menschlich ①

der Neuhumanismus

③ **Epoche:** Aufklärung und Klassik bei Lessing, Goethe, Schiller u.a.

④ **Wirkungsgeschichte:** seit dem 18. Jh.

② **allgemeine Bedeutung:** Humanismus ist das Bemühen um Menschlichkeit i.S. der Menschenwürde und einer freien Persönlichkeit.

sich bespiegeln. Nicht mehr eine unfehlbare Maschine in den Händen der Natur, wird er sich selbst Zweck und Ziel der Bearbeitung.

Man nenne diese ganze Disposition seiner Kräfte, wie man wolle, Verstand, Vernunft, Besinnung usw. Wenn man diese Namen nicht für abgesonderte Kräfte oder für bloße Stufenerhöhungen der Tierkräfte annimmt, so gilts mir gleich. Es ist die *ganze Einrichtung aller menschlichen Kräfte; die ganze Haushaltung seiner sinnlichen und erkennenden, seiner erkennenden und wollenden Natur;* oder vielmehr – es ist die *einzige positive Kraft des Denkens, die, mit einer gewissen Organisation des Körpers verbunden,* bei den Menschen so *Vernunft* heißt, wie sie bei den Tieren *Kunstfähigkeit* wird, die bei ihm Freiheit heißt und bei den Tieren *Instinkt* wird. Der Unterschied ist *nicht in Stufen oder Zugabe von Kräften,* sondern in einer ganz *verschiedenartigen Richtung und Auswickelung aller Kräfte.*

[...]

Der Mensch, in den Zustand von Besonnenheit gesetzt, der ihm eigen ist, und diese Besonnenheit (Reflexion) zum ersten Mal frei würkend, hat Sprache erfunden. Denn was ist Reflexion? Was ist Sprache?

Diese Besonnenheit ist ihm charakteristisch eigen und seiner Gattung wesentlich: so auch Sprache und eigne Erfindung der Sprache.

Erfindung der Sprache ist ihm also so natürlich, als er ein Mensch ist! Lasset uns nur beide Begriffe entwickeln: Reflexion und Sprache.

Der Mensch beweiset Reflexion, wenn die Kraft seiner Seele so frei würket, dass sie in dem ganzen Ozean von Empfindungen, der sie durch alle Sinnen durchrauschet, eine Welle, wenn ich so sagen darf, absondern, sie anhalten, die Aufmerksamkeit auf sie richten und sich bewusst sein kann, dass sie aufmerke. Er beweiset Reflexion, wenn er aus dem ganzen schwebenden Traum der Bilder, die seine Sinne vorbeistreichen, sich in ein Moment des Wachens sammlen, auf einem Bilde freiwillig verweilen, es in helle ruhigere Obacht nehmen und sich Merkmale absondern kann, dass dies der Gegenstand und kein andrer sei.

[...]

Dies *erste Merkmal der Besinnung war Wort der Seele! Mit ihm ist die menschliche Sprache erfunden!*

Lasset jenes Lamm, als Bild, sein Auge vorbeigehn: ihm wie keinem andern Tiere. Nicht wie dem hungrigen, witternden Wolfe! nicht wie dem Blut leckenden Löwen – die wittern und schmecken schon im Geiste! die Sinnlichkeit hat sie überwältigt! der Instinkt wirft sie darüber her! – Nicht wie dem brünstigen Schafmanne, der es nur als den Gegenstand seines Genusses fühlt, den also wieder die Sinnlichkeit überwältigt und der Instinkt darüber herwirft. Nicht wie jedem andern Tier, dem das Schaf gleichgültig ist, das es also klardunkel vorbeistreichen lässt, weil ihn sein Instinkt auf etwas Anders wendet. – Nicht so dem Menschen! Sobald er in die Bedürfnis kommt, das Schaf kennenzulernen, so störet ihn kein Instinkt, so reißt ihn kein Sinn auf dasselbe zu nahe hin oder davon ab: es steht da, ganz wie es sich seinen Sinnen äußert. Weiß, sanft, wollicht – seine besonnen sich übende Seele sucht ein Merkmal – das Schaf blöket! Sie hat Merkmal gefunden. Der innere Sinn würket. Dies Blöken, das ihr am stärksten Eindruck macht, das sich von allen andern Eigenschaften des Beschauens und Betastens losriss, hervorsprang, am tiefsten eindrang, bleibt ihr. Das Schaf kommt wieder. Weiß, sanft, wollicht – sie sieht, tastet, besinnet sich, sucht Merkmal – es blökt, und nun erkennet sies wieder! „Ha! du bist das Blökende!" fühlt sie innerlich, sie hat es menschlich erkannt, da sies deutlich, das ist mit einem Merkmal, erkennet und nennet.

Mit einem Merkmal also? Und was war das anders als ein *innerliches Merkwort?* Der *Schall* des Blökens, von einer menschlichen Seele als Kennzeichen des Schafs wahrgenommen, ward, kraft dieser Besinnung, Name des Schafs, und wenn ihm nie seine Zunge zu stammeln versucht hätte. Er erkannte das Schaf am Blöken: es war gefasstes Zeichen, bei welchem sich die Seele an eine Idee deutlich besann – was ist das anders als Wort? Und was ist die ganze menschliche Sprache als eine Sammlung solcher Worte?

[...]

Vortrefflich, dass dieser neue, selbst gemachte Sinn des Geistes gleich in seinem Ursprunge wieder ein Mittel der Verbindung ist. Ich kann nicht den ersten menschlichen Gedanken denken, nicht das erste besonnene Urteil reihen, ohne dass ich in meiner Seele dialogiere oder zu dialogieren strebe; der erste menschliche Gedanke bereitet also seinem Wesen nach, mit andern dialogieren zu können! Das erste Merkmal, was ich erfasse, ist Merkwort für mich, und Mitteilungswort für andre!

[...] (e 1772)

2 Arnold Gehlen (1904–1976): Der Mensch (Auszug)

[...]

Nimmt ein Tier einen Reiz wahr, richtet es sich auf ihn und das darin Erscheinende, so werden wir diese Intention sich umsetzen sehen in Gesamtbewegungen des Zuspringens, Flüchtens usw. Wenn diese „Umsetzung" in der Sprache entfällt, in ihr vielmehr Intention und Handlung unmittelbar „ineinandergeschoben" sind, so erscheint darin vor allem der Grund-

2. Worin sieht Gehlen die Bedeutung der Sprache für das menschliche Leben?

sachverhalt der menschlichen „Entlastung“. Entlastung bedeutet hier zweierlei: vom suggestiven Druck des Wahrgenommenen und, auf der inneren Seite, vom triebhaften, begierigen Interesse daran. Es ist ein ferngerückter, neutralisierter Bestand von Weltinhalten, in dem der Mensch lebt und zu dem er sich befreit hat, und dem entspricht, von innen gesehen, der *Mangel* vitaler Begierden und Triebinteressen im Sprachleben. Daher erscheint alles intelligente Verhalten des Menschen oft von seinen biologischen Bedürfnissen abgeschnürt, wenigstens dem flachen Blick, der die besonderen biologischen Umstände des Menschen nicht durchschaut. Es sind also begierdelose *Fernintentionen*, die in der Sprache erscheinen und in sehr einmaligen kommunikativen Bewegungen verlaufen: Alles kommunikative Verhalten ist selbst schon ein menschliches, entlastetes Lebendigwerden an einer zuerst erlebten, darin irgendwie „verwendeten“ Welt. Diese Entlastung fortzusetzen macht dann gerade das innere Entwicklungsgesetz der Sprache selbst aus: wenn sie immer mehr an anschaulichem Gehalt, der aus ihr herausverweist, einbüßt und sich zunehmend in symbolischen Beziehungen innerhalb ihrer selbst ausbreitet.

Bei der Besprechung der Struktur der menschlichen Wahrnehmungswelt haben wir längst bemerkt, wie die darin angelegte Tendenz auf selbsttätige Entlastung von ihrer verwirrenden und überwältigenden Eindrucksfülle geht. Es ist der kommunikative Umgang mit ihren Inhalten, der sie schließlich zu einer symbolisch angedeuteten Bekanntschaft entlässt: Als Erfolg dieser Erfahrungsbewegungen haben wir endlich eine Welt voll hochstufiger Symbolik, innerhalb deren wir uns in gekonnten und geführten, erfolgsicheren Bewegungen und Handlungen verhalten; wir leben dann in einem Andeutungsraum wahrnehmbarer, aber selbst aufgebauter Symbole. Auch hier baut die Sprache einfach weiter, und sie folgt derselben Tendenz. Nur die Kommunikation, das Sichversetzen in die Dinge in dieser besonderen Intention und Aktion bringt es fertig, dass der gehörte Laut vom Ding selbst herzukommen und es auszusprechen scheint; er wird das *führende Symbol* desselben. Da er aber auf der anderen Seite immer wesentlich Aktion bleibt, so ist es möglich – und entscheidend schlechthin –, dass der Mensch in frei verfügbaren Lauten eine Welt symbolischer Gegenwart der Dinge um sich spinnt, auch *ohne* deren reale Anwesenheit, in voller und freiester Unabhängigkeit und Enthobenheit von der jeweiligen „objektiven“ Gegenwart. Die immer schon angelegte Entlastung vom Druck der gerade so beschaffenen Gegenwart wird durch die Sprache zur Sprengung der Gegenwart überhaupt. Der Mensch wird vorstellendes Wesen in beliebig „vergegenwärtigten“ Welten, und Zeit und Raum, Zukunft und Ferne tun sich um ihn auf.

[...] (v 1966)

Arnold Gehlen (1904–1976) wurde in Leipzig als Sohn eines Verlegers geboren. Nach dem Studium der Philosophie und zeitweise der Naturwissenschaften schlug er die akademische Laufbahn ein: Er wurde Professor für Philosophie in Leipzig (1934), Königsberg (1938) und Wien (1940). Der Kriegsdienst (1942–1945) und eine schwere Verwundung unterbrachen seine Universitätstätigkeit. Nach dem Krieg lehrte er an der Hochschule für Verwaltungswissenschaften in Speyer Soziologie und Psychologie. Die Frage nach dem Wesen des Menschen war stets der Ausgangs- und Zielpunkt von Gehlens philosophischen, psychologischen und soziologischen Untersuchungen.

3 Benjamin Lee Whorf (1897–1941): Sprache, Denken, Wirklichkeit
(Auszug)

[...]

Die Grammatik formt den Gedanken

Als die Linguisten so weit waren, eine größere Anzahl von Sprachen mit sehr verschiedenen Strukturen kritisch und wissenschaftlich untersuchen zu können, erweiterten sich ihre Vergleichsmöglichkeiten. Phänomene, die bis dahin als universal galten, zeigten Unterbrechungen, und ein ganz neuer Bereich von Bedeutungszusammenhängen wurde bekannt. Man fand, dass das linguistische System (mit anderen Worten, die Grammatik) jeder Sprache nicht nur ein reproduktives Instrument zum Ausdruck von Gedanken ist, sondern vielmehr selbst die Gedanken formt, Schema und Anleitung für die geistige Aktivität des Individuums ist, für die Analyse seiner Eindrücke und für die Synthese dessen, was ihm an Vorstellungen zur Verfügung steht. Die Formulierung von Gedanken ist kein unabhängiger Vorgang, der im alten Sinne dieses Wortes rational ist, sondern er ist beeinflusst von der jeweiligen Grammatik. Er ist daher für verschiedene Grammatiken mehr oder weniger verschieden. Wir gliedern die Natur an Linien auf, die uns durch unsere Muttersprachen vorgegeben sind. Die Kategorien und Typen, die wir aus der phänomenalen Welt herausheben, finden wir nicht einfach in ihr – etwa weil sie jedem Beobachter in die Augen springen; ganz im Gegenteil präsentiert sich die Welt in einem kaleidoskopartigen Strom von Eindrücken, der durch unseren Geist organisiert werden muss – das aber heißt weitgehend: von dem linguistischen System in unserem Geist.

Aus der Tatsache der Strukturverschiedenheit der Sprachen folgt, was ich das „linguistische Relativitätsprinzip“ genannt habe. Es besagt, grob gesprochen, Folgendes: Menschen, die Sprachen mit sehr verschiedenen Grammatiken benützen, werden durch diese Grammatiken zu typisch verschiedenen Beobachtungen und verschiedenen Bewertungen äußerlich ähnlicher Beobachtungen geführt. Sie sind daher als Beobachter einander nicht äquivalent, sondern gelangen zu irgendwie verschiedenen Ansichten von der Welt.

[...] (v 1956)

(Weitere Texte, die sich besonders auf das Verhältnis Sprache, Denken und Wirklichkeit beziehen, finden Sie im Kapitel Jahrhundertwende, S. 341ff.)

3. a) Erläutern Sie Whorfs Begriff des „linguistischen Relativitätsprinzips“ (Text 3).
b) Nehmen Sie Stellung zu Whorfs These.

4. Vergleichen Sie die Erkenntnisse, die Sie aus der Beschäftigung mit Texten der Sprachphilosophie und Sprachtheorie gewonnen haben, mit Ihren anfänglichen Überlegungen zum Thema (vgl. Arbeitsanregung 2, S. 232).

5. Erarbeiten Sie (in Gruppen) Bezüge zwischen den sprachphilosophischen Positionen, die Sie kennengelernt haben, und dem Menschenbild der Klassik.

Positionen der Sprachphilosophie	Menschenbild der Klassik
– „Besonnenheit“ und Aufklärungsvermögen als Grundlage des Sprachvermögens (Herder) – ...	– Fähigkeit des Menschen zur besonnenen Reflexion als Voraussetzung von Problemlösungen (Goethe: „Iphigenie“) – ...

SECHSTES KAPITEL

Romantik

Caspar David Friedrich (1774–1840): Mann und Frau den Mond betrachtend, um 1824

Caspar David Friedrich ist 1774 in Greifswald geboren; er starb 1840 in Dresden. Von 1794 bis 1798 besuchte er die Kunstakademie in Kopenhagen, anschließend ging er nach Dresden, wo er 1801 den Maler Philipp Otto Runge kennen lernte. Sie bildeten zusammen mit Tieck und Novalis einen Freundeskreis. Nach 1820 geriet Friedrich mit seiner Kunst immer mehr in Vergessenheit. Heute gilt er als der bedeutendste Maler der Romantik.

I. Romantik – Bilder

1. Nacht und Traum – Motive, Bilder und Symbole

Mit den Begriffen „Romantik", „romantisch" verbinden viele Menschen ähnliche Vorstellungen; es stellen sich die Assoziationen ‚Stimmung', ‚Gefühl', ‚Sehnsucht', ‚Nacht und Mondschein' und andere ein, vielleicht taucht auch das Wort Kitsch auf. Ausgelöst werden können solche Vorstellungen angesichts einer Landschaft, eines Raumes, eines modischen Designs, eines Musikstücks, einer Liebesgeschichte usw. In welcher Beziehung stehen der umgangssprachliche Begriff des Romantischen und die europäische Kunst-Epoche der Romantik zueinander? Was meint Goethe, wenn er das Klassische das Gesunde, das Romantische das Kranke nennt? Gibt es überhaupt eine übergreifende Definition der „Romantik", die in Deutschland etwa den Zeitraum von 1798 bis 1835 umfasst?

L Als **Motiv** (< lat. motivus = bewegend) bezeichnet man die kleinste strukturbildende und bedeutungstragende Einheit innerhalb eines Textganzen. Eine spezielle Form ist das aus der Musik übernommene Leitmotiv.
Nacht-Motiv: Im mythischen Denken war die Nacht das Chaos, die Urmutter, aus der das Leben hervorspross. Im Rahmen der stark ausgeprägten Lichtsymbolik der christlichen Tradition übernahm die Nacht die Rolle der feindlichen Macht.
Das Licht in der Nacht – Mond oder Sterne – beseitigt die negativen Vorstellungen und erweckt eine andächtige Haltung. – Novalis verkündet einen „Umbruch der Lebenshaltung, die nicht mehr im Licht der Aufklärung ihren Grund sucht, sondern in den mütterlichen nächtlichen Ursprüngen, wo Gefühl, Fantasie, ungeschiedener Einklang herrschen." (Gerhard Kaiser)

1 Joseph von Eichendorff (1788–1857): Sehnsucht (Biografie S. 259f.)

Es schienen so golden die Sterne,
Am Fenster ich einsam stand
Und hörte aus weiter Ferne
Ein Posthorn im stillen Land.
Das Herz mir im Leib entbrennte,
Da hab ich mir heimlich gedacht:
Ach wer da mitreisen könnte
In der prächtigen Sommernacht!

Zwei junge Gesellen gingen
Vorüber am Bergeshang,
Ich hörte im Wandern sie singen
Die stille Gegend entlang:
Von schwindelnden Felsenschlüften,
Wo die Wälder rauschen so sacht,
Von Quellen, die von den Klüften
Sich stürzen in die Waldesnacht.

Sie sangen von Marmorbildern,
Von Gärten, die überm Gestein
In dämmernden Lauben verwildern,
Palästen im Mondenschein,
Wo die Mädchen am Fenster lauschen,
Wann der Lauten Klang erwacht
Und die Brunnen verschlafen rauschen
In der prächtigen Sommernacht. –

(v 1834)

1. Skizzieren Sie die Lebenssituation, in der sich das lyrische Ich befinden könnte.

2. Versetzen Sie das lyrische Ich in die heutige Zeit und lassen Sie es eine gedachte Reise in ein Land der Sehnsucht machen mit einer eher vorgestellten als erlebten Landschaft. Textart: Innerer Monolog, Traumbericht, Tagebuch, Gedicht oder Rap-Gesang.

2 Rolf Dieter Brinkmann (1940–1975): Gedicht

Zerstörte Landschaft mit
Konservendosen, die Hauseingänge
leer, was ist darin? Hier kam ich

mit dem Zug nachmittags an,
zwei Töpfe an der Reisetasche
festgebunden. Jetzt bin ich aus

den Träumen raus, die über eine
Kreuzung wehn. Und Staub,
zerstückelte Pavane, aus totem

Neon, Zeitungen und Schienen
dieser Tag, was krieg ich jetzt,
einen Tag älter, tiefer und tot?

Wer hat gesagt, dass so was Leben
ist? Ich gehe in ein
anderes Blau. (v 1975)

Wolfgang Tillmans: Moonrise Puerto Rico, 1995

3 Joseph von Eichendorff (1788–1857): Mondnacht

Es war, als hätt' der Himmel
Die Erde still geküsst,
Dass sie im Blüten-Schimmer
Von ihm nun träumen müsst'.

Die Luft ging durch die Felder,
Die Ähren wogten sacht,
Es rauschten leis die Wälder,
So sternklar war die Nacht.

Und meine Seele spannte
Weit ihre Flügel aus,
Flog durch die stillen Lande,
Als flöge sie nach Haus. (v 1837)

4 Karoline von Günderode (1780–1806): Der Kuss im Traume

(Biografie S. 255)

aus einem ungedruckten Romane

Es hat ein Kuss mir Leben eingehaucht,
Gestillet meines Busens tiefstes Schmachten,
Komm, Dunkelheit! mich traulich zu umnachten,
Dass neue Wonne meine Lippe saugt.

In Träume war solch Leben eingetaucht,
Drum leb ich, ewig Träume zu betrachten,
Kann aller andern Freuden Glanz verachten,
Weil nur die Nacht so süßen Balsam haucht.

Der Tag ist karg an liebesüßen Wonnen,
Es schmerzt mich seines Lichtes eitles Prangen
Und mich verzehren seiner Sonne Gluten.
Drum birg dich Aug dem Glanze ird'scher Sonnen!
Hüll dich in Nacht, sie stillet dein Verlangen
Und heilt den Schmerz, wie Lethes kühle Fluten. (v 1805)

5 Bonaventura (Pseudonym[1]): Nachtwachen (Auszug)

[...] Die Nachtstunde schlug; ich hüllte mich in meine abenteuerliche Vermummung, nahm die Pike und das Horn zur Hand, ging in die Finsternis hinaus und rief die Stunde ab, nachdem ich mich durch ein Kreuz gegen die bösen Geister geschützt hatte.

Es war eine von jenen unheimlichen Nächten, wo Licht und Finsternis schnell und seltsam miteinander abwechselten. Am Himmel flogen die Wolken, vom Winde getrieben, wie wunderliche Riesenbilder vorüber, und der Mond erschien und verschwand im raschen Wechsel.

[1] Hinter dem Pseudonym vermutet man den Braunschweiger Theaterdirektor Ernst August Friedrich Klingemann (1777–1831). Der Roman besteht aus einer Folge von 16 „Nachtwachen“, die von einer radikalen Skepsis gegenüber allen dogmatischen Denk- und Glaubenssystemen geprägt sind.

3. Sehnsuchtsbilder, die uns umstellen: Eine Dokumentation oder ein Bericht.

4. „Der zentrale Bildbereich romantischer Lyrik ist der der Schwelle und der Grenze.“ „Aus der Schwellensituation entspringen Sehnsucht und gespannte Erwartung, Aufbruchstimmung und Grenzbewusstsein.“ (Wolfgang Frühwald)
Untersuchen Sie unter diesem Aspekt Eichendorffs Gedicht „Sehnsucht“ und C.D. Friedrichs Bild „Frau am Fenster“ (1822) auf S. 257.

5. Lesen Sie die Gedichte „Reisen“ von G. Benn (s. S. 10) und „Gedicht“ von R.D. Brinkmann als Erwiderungen auf Eichendorffs Gedicht „Sehnsucht“. Untersuchen Sie, welches Gedicht Eichendorff näher ist.

L Ein **Symbol** (< gr. sýmbolon: Kennzeichen, Zeichen; eigentlich: Zusammengefügtes) ist ein wahrnehmbares Zeichen (Sinnbild), das stellvertretend für etwas nicht Wahrnehmbares steht. Während im mythisch-magischen Weltbild z.B. die Sonne ein Gott war, ist sie im symbolischen Denken Zeichen des göttlichen Lichts. Im Symbol steht ein Besonderes (das Bezeichnende) für ein komplexes Allgemeines (das Bezeichnete), das bildhaft vergegenwärtigt wird. Goethe versteht alle Kunst und so auch die Dichtung als symbolische Umwandlung der Welt. Nach A.W. Schlegel ist das Schöne eine symbolische Darstellung des Unendlichen. Manche dichterischen Werke sind um ein bestimmtes Symbol (Dingsymbol) zentriert, z.B. *Die Judenbuche* von A. v. Droste-Hülshoff, oder sie spielen in bestimmten symbolischen Räumen, z.B. *Das Schloss* von F. Kafka. Auch Personen können symbolische, zeichenhafte Bedeutung erlangen und für existenzielle Grunderfahrungen stehen, z.B. Odysseus, Faust.

6. Interpretieren und vergleichen Sie die Texte 3 und 4.

7. Stellen Sie aus Gedichtanthologien eine Auswahl von Gedichten mit dem Nacht-Motiv zusammen und legen Sie eine Tabelle an (arbeitsteilig, in Gruppen).

Autor/Titel	Konnotationen zu „Nacht“	Beziehung Subjekt – Außenwelt	Wertung
Günderode, Der Kuss im Traume	Dunkelheit als Freund, Nacht als Balsam	Innen gegen Außen, Traum ↔ Wirklichkeit	...
...	...	...	

8. Fächerübergreifendes Projekt (Deutsch – Musik): Vertonung von Eichendorff-Gedichten: Bereiten Sie eine Auswahl und kommentierende Texte vor.

Die **Metapher** (< gr. metaphora = Übertragung) gehört zu den bildhaften Ausdrücken. Während die *Synekdoche* auf der Beziehung eines Teils zum Ganzen beruht (Beispiel: Er sah das Wasser [statt: Meer] als seine eigentliche Heimat an) und die *Metonymie* den eigentlichen Ausdruck durch einen ersetzt, der ebenfalls in einer realen Beziehung zu ihm steht (Beispiel: Shakespeare lesen für: das Werk Shakespeares lesen), beruht die Metapher auf einer Ähnlichkeitsbeziehung. Das Gedicht *Abendlied* von Gottfried Keller beginnt mit der Zeile „Augen, meine lieben Fensterlein [...]"

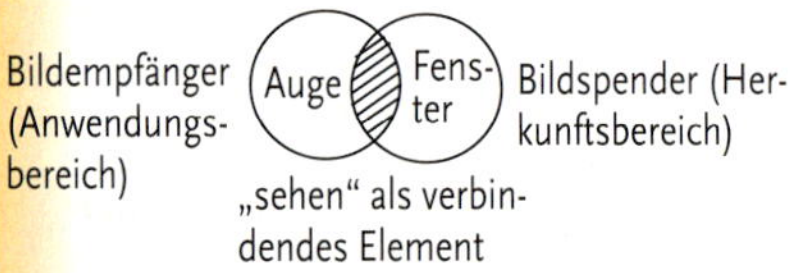

Liegen die Bereiche sehr weit auseinander, spricht man von einer kühnen Metapher (Beispiel: „die kristallenen Weiden des Rehs", Georg Trakl: *Gesang der Abgeschiedenen*). Eine wichtige Frage zur Erschließung einer Metapher gilt den mit ihr verbundenen Konnotationen/ Assoziationen.

9. Legen Sie dar, wie der Ich-Erzähler die Nacht, sich und den Poeten sieht; belegen Sie Ihre Aussagen mit Schlüsselbegriffen aus dem Text 5.

10. Lassen Sie den Poeten eine Gegenrede halten.

11. Diskutieren Sie, wogegen sich die Kritik eigentlich richtet – gegen den Poeten, die Poesie oder die Gesellschaft.

Novalis (1772–1802, eigtl. Georg Philipp Friedrich Freiherr von Hardenberg) studierte von 1790 bis 1794 Jura und trat anschließend eine Stelle als Aktuarius an. Novalis lernte den Kreis der Jenaer Romantiker kennen und veröffentlichte 1798 seine *Blütenstaub-Fragmente*. Dort verwendete er zum ersten Mal sein Pseudonym, das er selbst deutete als „einer, der Neuland bestellt". Von 1797 bis 1799 studierte er an der Bergakademie in Freiberg und war anschließend Salinenassessor in Weißenfels.
Weitere Werke: *Die Christenheit oder Europa* (1799), *Hymnen an die Nacht* (1800), *Heinrich von Ofterdingen* (1802, posthum).

Unten in den Straßen herrschte Totenstille, nur hoch oben in der Luft hauste der Sturm, wie ein unsichtbarer Geist.

Es war mir schon recht, und ich freute mich über meinen einsam widerhallenden Fußtritt, denn ich kam mir unter den vielen Schläfern vor wie der Prinz im Märchen in der bezauberten Stadt, wo eine böse Macht jedes lebende Wesen in Stein verwandelt hatte; oder wie ein einzig Übriggebliebener nach einer allgemeinen Pest oder Sündflut.

Der letzte Vergleich machte mich schaudern, und ich war froh ein einzelnes mattes Lämpchen noch hoch oben über der Stadt auf einem freien Dachkämmerchen brennen zu sehen. Ich wusste wohl, wer da so hoch in den Lüften regierte; es war ein verunglückter Poet, der nur in der Nacht wachte, weil dann seine Gläubiger schliefen, und die Musen allein nicht zu den Letzten gehörten.

Ich konnte mich nicht entbrechen folgende Standrede an ihn zu halten:

„O du, der du da oben dich herumtreibst, ich verstehe dich wohl, denn ich war einst deinesgleichen! Aber ich habe diese Beschäftigung aufgegeben gegen ein ehrliches Handwerk, das seinen Mann ernährt, und das für denjenigen, der sich darin aufzufinden weiß, doch keineswegs ganz ohne Poesie ist. Ich bin dir gleichsam wie ein satirischer Stentor[1] in den Weg gestellt, und unterbreche deine Träume von Unsterblichkeit, die du da oben in der Luft träumst, hier unten auf der Erde regelmäßig durch die Erinnerung an die Zeit und Vergänglichkeit. Nachtwächter sind wir zwar beide; schade nur dass dir deine Nachtwachen in dieser kalt-prosaischen Zeit nichts einbringen, indes die meinigen doch immer ein Übriges abwerfen. Als ich noch in der Nacht poesierte, wie du, musste ich hungern, wie du, und sang tauben Ohren; das Letzte tue ich zwar noch jetzt, aber man bezahlt mich dafür. O Freund Poet, wer jetzt leben will, der darf nicht dichten! Ist dir aber das Singen angeboren, und kannst du es durchaus nicht unterlassen, nun so werde Nachtwächter, wie ich, das ist noch der einzige solide Posten wo es bezahlt wird, und man dich nicht dabei verhungern lässt. – Gute Nacht, Bruder Poet."

Ich blickte noch einmal hinauf, und gewahrte seinen Schatten an der Wand, er war in einer tragischen Stellung begriffen, die eine Hand in den Haaren, die andre hielt das Blatt, von dem er wahrscheinlich seine Unsterblichkeit sich vorrezitierte.
Ich stieß ins Horn, rief ihm laut die Zeit zu, und ging meiner Wege. – [...]

(v 1804)

6 Novalis, eigtl. Friedrich von Hardenberg (1772–1801): Heinrich von Ofterdingen (Auszug)

Die Eltern lagen schon und schliefen, die Wanduhr schlug ihren einförmigen Takt, vor den klappernden Fenstern sauste der Wind; abwechselnd wurde die Stube hell von dem Schimmer des Mondes. Der Jüngling lag unruhig auf seinem Lager, und gedachte des Fremden und seiner Erzählungen. „Nicht die Schätze sind es, die ein so unaussprechliches Verlangen in mir geweckt haben", sagte er zu sich selbst; „fern ab liegt mir alle Habsucht: aber die blaue Blume sehn ich mich zu erblicken. Sie liegt mir unaufhörlich im Sinn, und ich kann nichts anders dichten und denken. So ist mir noch nie zumute gewesen: es ist, als hätt ich vorhin geträumt, oder ich wäre in eine andere Welt hinübergeschlummert; denn in der Welt, in der ich sonst lebte, wer hätte da sich um Blumen bekümmert, und gar von einer so seltsamen Leidenschaft für eine Blume hab ich damals nie gehört. Wo eigentlich nur der Fremde herkam? Keiner von uns hat je einen ähnlichen Menschen gesehn; doch weiß ich nicht, warum nur ich von seinen Reden so ergriffen worden bin; die andern haben ja das Nämliche gehört, und keinem ist so etwas begegnet. Dass ich auch nicht einmal von meinem wunderlichen Zustande reden kann! Es ist mir oft so entzückend wohl, und nur dann, wenn ich die Blume nicht recht gegenwärtig habe, befällt mich so ein tiefes, inniges Treiben: das kann und wird keiner verstehn. Ich glaubte, ich wäre wahnsinnig, wenn ich nicht so klar und hell sähe und dächte, mir ist seitdem alles viel bekannter. Ich hörte einst von alten Zeiten reden; wie da die Tiere und Bäume und Felsen mit den Menschen gesprochen hätten. Mir ist gerade so, als wollten sie allaugenblicklich anfangen, und als könnte ich es ihnen ansehen, was sie mir sagen wollten. Es muss noch viel Worte geben, die ich nicht weiß: wüsste ich mehr, so könnte ich viel besser alles begreifen. Sonst tanzte ich gern; jetzt denke ich lieber nach der Musik." Der Jüngling verlor sich allmählich in süßen Fantasien und entschlummerte. Da träumte ihm erst von unabsehlichen Fernen, und wilden, unbekannten Gegenden. Er wanderte über Meere mit unbegreiflicher Leichtigkeit; wunderliche Tiere sah er; er lebte mit mannigfaltigen Menschen, bald im Kriege, in wildem Getümmel, in stillen Hütten. Er geriet in Gefangenschaft und die schmählichste Not. Alle Empfindungen stiegen bis zu einer nie gekannten Höhe in ihm. Er durchlebte ein unendlich buntes Leben; starb und kam wieder, liebte bis zur höchsten Leidenschaft, und war dann wieder auf ewig von seiner Geliebten getrennt. Endlich

[1] Stentor: stimmgewaltiger Held der griechischen Sage vor Troja, der nach Homer („Ilias" 5, V. 785) so laut rufen konnte wie 50 Männer zusammen

gegen Morgen, wie draußen die Dämmerung anbrach, wurde es stiller in seiner Seele, klarer und bleibender wurden die Bilder. Es kam ihm vor, als ginge er in einem dunkeln Walde allein. Nur selten schimmerte der Tag durch das grüne Netz. Bald kam er vor eine Felsenschlucht, die bergan stieg. Er musste über bemooste Steine klettern, die ein ehemaliger Strom heruntergerissen hatte. Je höher er kam, desto lichter wurde der Wald. Endlich gelangte er zu einer kleinen Wiese, die am Hange des Berges lag. Hinter der Wiese erhob sich eine hohe Klippe, an deren Fuß er eine Öffnung erblickte, die der Anfang eines in den Felsen gehauenen Ganges zu sein schien. Der Gang führte ihn gemächlich eine Zeit lang eben fort, bis zu einer großen Weitung, aus der ihm schon von fern ein helles Licht entgegenglänzte. Wie er hineintrat, ward er einen mächtigen Strahl gewahr, der wie aus einem Springquell bis an die Decke des Gewölbes stieg, und oben in unzählige Funken zerstäubte, die sich unten in einem großen Becken sammelten; der Strahl glänzte wie entzündetes Gold; nicht das mindeste Geräusch war zu hören, eine heilige Stille umgab das herrliche Schauspiel. Er näherte sich dem Becken, das mit unendlichen Farben wogte und zitterte. Die Wände der Höhle waren mit dieser Flüssigkeit überzogen, die nicht heiß, sondern kühl war, und an den Wänden nur ein mattes, bläuliches Licht von sich warf. Er tauchte seine Hand in das Becken und benetzte seine Lippen. Es war, als durchdränge ihn ein geistiger Hauch, und er fühlte sich innigst gestärkt und erfrischt. Ein unwiderstehliches Verlangen ergriff ihn sich zu baden, er entkleidete sich und stieg in das Becken. Es dünkte ihn, als umflösse ihn eine Wolke des Abendrots; eine himmlische Empfindung überströmte sein Inneres; mit inniger Wollust strebten unzählbare Gedanken in ihm sich zu vermischen; neue, nie gesehene Bilder entstanden, die auch ineinander flossen und zu sichtbaren Wesen um ihn wurden, und jede Welle des lieblichen Elements schmiegte sich wie ein zarter Busen an ihn. Die Flut schien eine Auflösung reizender Mädchen, die an dem Jünglinge sich augenblicklich verkörperten.

Berauscht von Entzücken und doch jedes Eindrucks bewusst, schwamm er gemach dem leuchtenden Strome nach, der aus dem Becken in den Felsen hineinfloss. Eine Art von süßem Schlummer befiel ihn, in welchem er unbeschreibliche Begebenheiten träumte, und woraus ihn eine andere Erleuchtung weckte. Er fand sich auf einem weichen Rasen am Rande einer Quelle, die in die Luft hinausquoll und sich darin zu verzehren schien. Dunkelblaue Felsen mit bunten Adern erhoben sich in einiger Entfernung; das Tageslicht das ihn umgab, war heller und milder als das gewöhnliche, der Himmel war schwarzblau und völlig rein. Was ihn aber mit voller Macht anzog, war eine hohe lichtblaue Blume, die zunächst an der Quelle stand, und ihn mit ihren breiten, glänzenden Blättern berührte. Rund um sie her standen unzählige Blumen von allen Farben, und der köstlichste Geruch erfüllte die Luft. Er sah nichts als die blaue Blume, und betrachtete sie lange mit unnennbarer Zärtlichkeit. Endlich wollte er sich ihr nähern, als sie auf einmal sich zu bewegen und zu verändern anfing; die Blätter wurden glänzender und schmiegten sich an den wachsenden Stängel, die Blume neigte sich nach ihm zu, und die Blütenblätter zeigten einen blauen ausgebreiteten Kragen, in welchem ein zartes Gesicht schwebte. Sein süßes Staunen wuchs mit der sonderbaren Verwandlung, als ihn plötzlich die Stimme seiner Mutter weckte, und er sich in der elterlichen Stube fand, die schon die Morgensonne vergoldete. [...] (v 1802)

Der romantische Roman: Während Goethe mit seinem Roman *Wilhelm Meisters Lehrjahre* versucht, die Forderungen der Einbildungskraft und der Poesie mit denen der Wirklichkeit vermittelnd in Einklang zu bringen, antworten die jüngeren romantischen Autoren mit Gegenentwürfen, in denen Einbildungskraft und Poesie die Funktion einer Verweigerung der Versöhnung mit der gesellschaftlichen Wirklichkeit erhalten. Der romantische Roman ist vor allem Künstlerroman. Werke: Ludwig Tieck: *Franz Sternbalds Wanderungen* (1798); Friedrich Schlegel: *Lucinde* (1799); Clemens Brentano: *Godwi oder Das steinerne Bild der Mutter* (1801); Novalis: *Heinrich von Ofterdingen* (1802); Joseph von Eichendorff: *Ahnung und Gegenwart* (1815); E.T.A. Hoffmann: *Lebensansichten des Katers Murr* (1820/22).

7 Gotthilf Heinrich Schubert (1780–1860): Die Symbolik des Traumes (Auszug)

[...]

Im Traume, und schon in jenem Zustande des Deliriums[1], der meist vor dem Einschlafen vorhergeht, scheint die Seele eine ganz andre Sprache zu sprechen als gewöhnlich. Gewisse Naturgegenstände oder Eigenschaften der Dinge bedeuten jetzt auf einmal Personen, und umgekehrt stellen sich uns gewisse Eigenschaften oder Handlungen unter dem Bilde von Personen dar. Solange die Seele diese Sprache redet, folgen ihre Ideen einem andern Gesetz der Assoziation als gewöhnlich, und es ist nicht zu leugnen, dass jene neue Ideenverbindung einen viel rapideren, geisterhafteren und kürzeren Gang oder Flug nimmt als die des wachen Zustandes, wo wir mehr mit unsern Worten denken. Wir drücken in jener Sprache durch einige wenige hieroglyphische, seltsam aneinander gefügte Bilder, die wir uns entweder schnell nacheinander oder auch nebeneinander und auf einmal vorstellen, in wenig Momenten mehr aus, als wir mit Worten in ganzen Stunden auseinanderzusetzen vermöchten; erfahren in dem Traume eines kurzen Schlummers öfters mehr, als im Gange der gewöhnlichen Sprache in ganzen Tagen geschehen könnte, und das ohne eigentliche Lücken, in einem in sich selber regelmäßigen Zusammenhange, der nur freilich ein ganz eigentümlicher, ungewöhnlicher ist.

Ohne dass wir deshalb gerade dem Traume vor dem Wachen, dem Närrischsein vor der Besonnenheit einen Vorzug geben wollen, dürfen wir uns doch nicht leugnen: dass jene Abbreviaturen- und Hieroglyphensprache der Natur des Geistes in vieler Hinsicht angemesse-

[1] Das Delirium (< lat. = Wahnsinn): eine seelische Störung mit Sinnestäuschung

Gotthilf Heinrich Schubert (1780–1860) begann Theologie zu studieren, wechselte aber 1801 zur Medizin und ließ sich anschließend als praktischer Arzt in Altenburg (Thüringen) nieder, gab aber seine Praxis auf und widmete sich in Dresden einer freien wissenschaftlichen Tätigkeit. Er hielt vielbeachtete Vorträge über die Nachtseiten der Natur (Magnetismus, Hellsehen, Träume). 1819 bekam er in Erlangen einen Lehrstuhl für Naturgeschichte. Später ging er an die Universität München. Schubert galt als Genie der Freundschaft. Sein Interesse galt einer religiös fundierten Gesamtdeutung des Kosmos. Sein 1814 erschienenes Hauptwerk *Die Symbolik des Traumes* gehörte zu den einflussreichsten Büchern seiner Zeit, dessen Wirkung über E.T.A. Hoffmann bis zu S. Freund und C.G. Jung reicht.

12. Fassen Sie zusammen, was Schubert über den Traum schreibt.

13. Wenden Sie Schuberts Gedanken auf den Text von Novalis an. Wo liegen Grenzen?

14. Im Surrealismus wird ein ‚automatisches Schreiben' (écriture automatique) praktiziert, das ohne Verstandeskontrolle ablaufen soll.
Recherche: Informieren Sie sich über den Surrealismus und einige seiner Repräsentanten in Literatur und Malerei, beschaffen Sie Textproben und Bildmaterial und stellen Sie vor: Entgrenzung in der Romantik und im Surrealismus.

ner erscheine als unsre gewöhnliche Wortsprache. Jene ist unendlich viel ausdrucksvoller, umfassender, der Ausgedehntheit in die Zeit viel minder unterworfen als diese. Die Letztere müssen wir erst erlernen, dagegen ist uns jene angeboren, und die Seele versucht diese ihr eigentümliche Sprache zu reden, sobald sie im Schlafe oder Delirio aus der gewöhnlichen Verkettung etwas los und frei geworden. [...] (v 1814)

2. Lieder von Natur und Heimat – Gedichtinterpretation als Vergleich

Im allgemeinen Verständnis von Romantik scheint sich im „Lied" das Lebensgefühl der Zeit besonders verdichtet zu äußern. Und „Heimat" verspricht wohl, alle Sehnsüchte zu erfüllen. Ob diese Vorstellungen zutreffen oder zu korrigieren sind, lassen die folgenden Texte erschließen.

Clemens Brentano ist 1778 bei Koblenz geboren; er starb 1842 in Aschaffenburg. Er stammte aus einer wohlhabenden Frankfurter Kaufmannsfamilie. Eine Ausbildung zum Kaufmann brach er ab, studierte anschließend Bergwissenschaft, Medizin und Philosophie in Bonn, Halle, Jena und Göttingen, ohne jedoch ein Abschlussexamen zu machen. In Jena schloss er sich dem Kreis der Romantiker an, dort lernte er auch die Schriftstellerin Sophie Mereau kennen, die er 1803 heiratete. Nach der Übersiedlung nach Heidelberg gab er zusammen mit seinem Freund Achim von Arnim die Volksliedersammlung *Des Knaben Wunderhorn* (1805–1808) heraus, auf der sein Nachruhm vor allem beruht. Weitere Stationen seiner zerrissenen Biografie waren Bayern, Berlin, Böhmen, Wien und wieder Berlin, wo er sich in einer Lebenskrise dem Katholizismus zuwandte und einen Bruch mit seinem bisherigen Leben vollzog. Er schrieb religiöse Bücher und erzielte als Erbauungsschriftsteller hohe Auflagen. Darüber wurde sein poetisches Werk fast vergessen.
Weitere Werke: *Godwi oder das steinerne Bildnis der Mutter* (1801), *Romanzen vom Rosenkranz* (1803–1812), *Geschichte vom braven Kasperl und dem schönen Annerl* (1817), *Das bittere Leiden unseres Herrn Jesu Christi* (1833).

1 Clemens Brentano (1778–1842): Der Spinnerin Nachtlied

Es sang vor langen Jahren
Wohl auch die Nachtigall,
Das war wohl süßer Schall,
Da wir zusammen waren.

Ich sing und kann nicht weinen,
Und spinne so allein
Den Faden klar und rein
So lang der Mond wird scheinen.

Als wir zusammen waren
Da sang die Nachtigall
Nun mahnet mich ihr Schall
Dass du von mir gefahren.

So oft der Mond mag scheinen,
Denk ich wohl dein allein,
Mein Herz ist klar und rein,
Gott wolle uns vereinen.

Seit du von mir gefahren,
Singt stets die Nachtigall,
Ich denk bei ihrem Schall,
Wie wir zusammen waren.

Gott wolle uns vereinen
Hier spinn ich so allein,
Der Mond scheint klar und rein,
Ich sing und möchte weinen. (v 1818)

2 Clemens Brentano: Sprich aus der Ferne

Sprich aus der Ferne,
Heimliche Welt,
Die sich so gerne
Zu mir gesellt.

Wenn das Abendrot niedergesunken,
Keine freudige Farbe mehr spricht,
Und die Kränze stillleuchtender Funken
Die Nacht um die schattigte Stirne flicht:

Wehet der Sterne
Heiliger Sinn
Leis durch die Ferne
Bis zu mir hin.

Wenn des Mondes still lindernde Tränen
Lösen der Nächte verborgenes Weh;
Dann wehet Friede. In goldenen Kähnen
Schiffen die Geister im himmlischen See.

Glänzender Lieder
Klingender Lauf
Ringelt sich nieder,
Wallet hinauf.

Wenn der Mitternacht heiliges Grauen
Bang durch die dunklen Wälder hinschleicht,
Und die Büsche gar wundersam schauen,
Alles sich finster tiefsinnig bezeugt:

Wandelt im Dunkeln
Freundliches Spiel,
Still Lichter funkeln
Schimmerndes Ziel.

Alles ist freundlich wohlwollend verbunden,
Bietet sich tröstend und traurend die Hand,
Sind durch die Nächte die Lichter gewunden,
Alles ist ewig im Innern verwandt.

Sprich aus der Ferne
Heimliche Welt,
Die sich so gerne
Zu mir gesellt. (v 1800)

1. a) Lesen Sie die Texte 1–3 laut und beschreiben Sie die Wirkung.
b) Analysieren Sie in einem Cluster Thema und Motive und geben Sie ein Resümee.

3 Achim von Arnim (1781–1831): Gebet

Gib Liebe mir und einen frohen Mund,
Dass ich dich, Herr, der Erde tue kund,
Gesundheit gib bei sorgenfreiem Gut,
Ein frommes Herz und einen festen Mut;
Gib Kinder mir, die aller Mühe wert,
Verscheuch die Feinde von dem trauten Herd;
Gib Flügel dann und einen Hügel Sand,
Den Hügel Sand im lieben Vaterland,
Die Flügel schenk dem abschiedschweren Geist,
Dass er sich leicht der schönen Welt entreißt.

(v 1853–56)

4 Anonym: Lass rauschen, Lieb, lass rauschen

Das Gedicht stammt aus der Volksliedersammlung „Des Knaben Wunderhorn, gesammelt von Achim von Arnim und Clemens Brentano“ (1806/1808).

Mündlich

Ich hört ein Sichlein rauschen,
Wohl rauschen durch das Korn,
Ich hört ein Mägdlein klagen,
Sie hätt ihr Lieb verlorn.

Lass rauschen, Lieb, lass rauschen,
Ich acht nicht, wie es geht,
Ich tät mein Lieb vertauschen
In Veilchen und im Klee.

Du hast ein Mägdlein worben
In Veilchen und im Klee,
So steh ich hier alleine,
Tut meinem Herzen weh.

Ich hör ein Hirschlein rauschen,
Wohl rauschen durch den Wald,
Ich hör mein Lieb sich klagen,
Die Lieb verrauscht so bald.

Lass rauschen, Lieb, lass rauschen.
Ich weiß nicht, wie mir wird,
Die Bächlein immer rauschen,
Und keines sich verirrt.

(v 1806/1808)

5 Johann Wolfgang von Goethe (1749–1832): Rezension zu „Des Knaben Wunderhorn“ (Auszug)

[...] Diese Art Gedichte, die wir seit Jahren Volkslieder zu nennen pflegen, ob sie gleich eigentlich weder vom Volk noch fürs Volk gedichtet sind, sondern weil sie so etwas Stämmiges, Tüchtiges in sich haben und begreifen, dass der Kern und stammhafte Teil der Nationen dergleichen Dinge fasst, behält, sich zueignet und mitunter fortpflanzt, dergleichen Gedichte sind so wahre Poesie, als sie irgend nur sein kann, sie haben einen unglaublichen Reiz selbst für uns, die wir auf einer höhern Stufe der Bildung stehen, wie der Anblick und die Erinnerung der Jugend fürs Alter hat. Hier ist die Kunst mit der Natur im Konflikt, und eben dieses Werden, dieses wechselseitige Wirken, dieses Streben scheint ein Ziel zu suchen, und es hat sein Ziel schon erreicht. Das wahre dichterische Genie, wo es auftritt, ist in sich vollendet, mag ihm Unvollkommenheit der Sprache, der äußern Technik, und was sonst will, entgegenstehen, es besitzt die höhere innere Form, der doch am Ende alles zu Gebote steht, und wirkt selbst im Dunklen und Trüben Elemente oft herrlicher, als es später im Klaren vermag. Das lebhafte poetische Anschauen eines beschränkten Zustandes erhebt ein Einzelnes zum zwar begrenzten, doch unumschränkten All, so dass wir im kleinen Raume die ganze Welt zu sehen glauben. [...]

(v 1806)

6 Joseph von Eichendorff (1788–1857): Das zerbrochene Ringlein

In einem kühlen Grunde
Da geht ein Mühlenrad,
Mein Liebste ist verschwunden,
Die dort gewohnet hat.

Sie hat mir Treu versprochen,
Gab mir ein'n Ring dabei,
Sie hat die Treu gebrochen,
Mein Ringlein sprang entzwei.

Ich möcht als Spielmann reisen
Weit in die Welt hinaus,
Und singen meine Weisen,
Und gehn von Haus zu Haus.

Ich möcht als Reiter fliegen
Wohl in die blut'ge Schlacht,
Um stille Feuer liegen
Im Feld bei dunkler Nacht.

Hör ich das Mühlrad gehen:
Ich weiß nicht, was ich will –
Ich möcht am liebsten sterben,
Da wär's auf einmal still!

(v 1813)

Achim von Arnim wurde 1781 in Berlin geboren. Er studierte Jura, Physik, Mathematik und Chemie. 1801 lernte er in Göttingen Clemens Brentano kennen, mit dem ihn künstlerische Neigungen und Interessen verbanden. 1811 heiratete er dessen Schwester Bettina. Arnim und Brentano begeisterten sich für Volkslieder und gaben nach mehrjähriger Sammelarbeit *Des Knaben Wunderhorn* (1806) heraus. Die Volkslieder sollten auch zur Entwicklung eines „vaterländischen“ Bewusstseins beitragen. In der Auseinandersetzung mit den Brüdern Grimm verteidigte Arnim die Gegenwartskunst gegen deren Volkstums- und Ursprünglichkeitsideologie. Er starb 1831 auf seinem Gut Wiepersdorf (bei Wittenberg).
Weitere Werke: *Der Kronenwächter* (1817), *Isabella von Ägypten, Karl des Fünften erste Jugendliebe* (1812), *Der tolle Invalide auf dem Fort Ratonneau* (1818), *Die Majoratsherren* (1820).

2. a) Ermitteln Sie die Hauptthese aus Goethes Rezension (Text 5).
b) Überprüfen Sie die These an Text 4.

Das **Volkslied,** das von J.G. Herder dem engl. „popular song“ nachgebildete, von G.A. Bürger, F. Nicolai, J.H. Voß, Goethe und anderen aufgegriffene Wort bezeichnete zunächst weniger eine neue Sache als vielmehr eine neue Wertung jener literarisch-musikalischen Gattungen, die als Gegenpositionen zur zeittypischen Gelehrten- und Individualpoesie verstanden wurden. Herder sah in den Volksliedern die „bedeutendsten Grundgesänge einer Nation“, in denen sich die ethnischen Eigenarten, zeitüberdauernde psychische Möglichkeiten der Menschen in Fantasie und Leidenschaft verkünden. Die Autoren der Volkslieder sind nicht bekannt, Texte und Melodien wurden nur mündlich überliefert und dementsprechend vielfach verändert. Zu den Merkmalen des Volksliedes gehören: Mischung der Stilelemente, bruchstückhafte Ereigniswiedergabe, Vernachlässigung von Logik und Informationsgenauigkeit, Anspielungscharakter; Formmerkmale sind drei- und vierhebige Verse mit freien Versfüllungen und die vierzeilige Strophe als häufigste Strophenform.

3. Prüfen Sie, unter welchen Gesichtspunkten sich die Texte 6 und 7 vergleichen lassen.

Als **Parodie** (< gr. parodia = Neben- oder Gegengesang) wird ein literarisches Werk bezeichnet, das eine bei den Adressaten als bekannt vorausgesetzte Vorlage unter Beibehaltung charakteristischer Formmerkmale mit satirisch-kritischer Absicht nachahmt. Inhaltlich sind zwei Haupttendenzen für Parodien bestimmend: die Wendung gegen das Heroische und das Sentimentale. – Parodien erscheinen in allen Literaturen und zu allen Zeiten; so gab es bereits in der Antike Parodien Homers, Aristophanes parodierte die Tragödien des Euripides. In der neueren deutschen Literatur finden sich Parodien im Humanismus und im Barock; der Spätaufklärer F. Nicolai parodierte Goethes Roman *Die Leiden des jungen Werthers*, Goethes Gedicht *Kennst du das Land, wo die Zitronen blühn* wurde von F. Dingelstedt parodiert (*Kennst du das Land, wo Einheitsphrasen blühn*, 1848) und von E. Kästner (*Kennst du das Land, wo die Kanonen blühn*, 1928); Nestroy verfasste Wagner- und Hebbel-Parodien. Die polemisch-kritische Absicht der Parodie zielt allerdings häufig nicht so sehr auf die Vorlage, sondern oft auf die in seiner Rezeption zum Ausdruck kommende Geisteshaltung.

4. Die letzte Strophe des Gedichts „Die Heimat“ lautet in Eichendorffs Handschrift:

Ihr Wipfel und ihr Bronnen rauscht nur zu!
Wohin du auch in wilder Flucht magst dringen:
Du findest nirgends Ruh.
Erreichen wird dich das geheime Singen,
In dieses Sees wunderbaren Ringen
Gehn wir doch unter, ich und du!

Berücksichtigen Sie bei der Interpretation diese Veränderungen sowie den biografischen Hinweis und die Interpretationsthese des Literaturwissenschaftlers A. v. Bormann (s.u.).

Eichendorffs Bruder Wilhelm wurde 1786 geboren, war also zwei Jahre älter als Joseph, und bis in ihre Referendarzeit waren die Brüder unzertrennlich; erst 1813 trennten sich ihre Wege: Wilhelm wurde Kreishauptmann der österreichischen Regierung in Südtirol, Joseph nahm an den Befreiungskriegen teil und erhielt schließlich eine Anstellung in Preußen. „Eichendorffs Sehnsucht kennt stets zwei Richtungen, sie ist Fernweh und Heimweh. Beides kann man ineinander denken. Das Fernweh ist nicht bestimmt, wohl aber wird die Ferne noch als Lockung und Verheißung erfahren. [...] Die Sehnsucht ist nicht wirklich erfüllbar: Die Ferne ist grundsätzlich uneinholbar, bleibt immer am Horizont.“

Aus: Alexander von Bormann, in: Gedichte und Interpretationen. Bd. 3, Hg. W. Segebrecht. Stuttgart (Reclam) 1984, S. 452ff., hier S. 458f.

7 Peter Rühmkorf (*1929): Auf eine Weise des Joseph Freiherrn von Eichendorff

In meinem Knochenkopfe
da geht ein Kollergang[1],
der mahlet meine Gedanken
ganz außer Zusammenhang.

Mein Kopf ist voller Romantik,
meine Liebste nicht treu –
Ich treib in den Himmelsatlantik
und lasse Stirnenspreu.

Ach, wär ich der stolze Effendi[2],
Der Gei- und Tiger hetzt,
wenn der Mond, in statu nascendi[3],
seine Klinge am Himmel wetzt! –

Ein Jahoo[4], möcht ich lallen
lieber als intro-vertiert
mit meinen Sütterlin[5]-Krallen
im Kopf herumgerührt.

Ich möchte am liebsten sterben
im Schimmelmonat August –
Was klirren so muntere Scherben
in meiner Bessemer-Brust[6]?!

(v 1961)

8 Joseph von Eichendorff (1788–1857): Abschied

O Täler weit, o Höhen,
O schöner grüner Wald,
Du meiner Lust und Wehen
Andächt'ger Aufenthalt!
Da draußen, stets betrogen,
Saust die geschäft'ge Welt,
Schlag noch einmal die Bogen
Um mich, du grünes Zelt!

Wenn es beginnt zu tagen,
Die Erde dampft und blinkt,
Die Vögel lustig schlagen,
Dass dir dein Herz erklingt:
Da mag vergehn, verwehen
Das trübe Erdenleid,
Da sollst du auferstehen
In junger Herrlichkeit!

Da steht im Wald geschrieben,
Ein stilles, ernstes Wort
Von rechtem Tun und Lieben,
Und was des Menschen Hort.
Ich habe treu gelesen
Die Worte schlicht und wahr,
Und durch mein ganzes Wesen
Ward's unaussprechlich klar.

Bald werd ich dich verlassen,
Fremd in der Fremde gehn,
Auf buntbewegten Gassen
Des Lebens Schauspiel sehn;
Und mitten in dem Leben
Wird deines Ernsts Gewalt
Mich Einsamen erheben,
So wird mein Herz nicht alt.

(v 1815)

9 Joseph von Eichendorff: Die Heimat

Meinem Bruder. 1819

Denkst du des Schlosses noch auf stiller Höh?
Das Horn lockt nächtlich dort, als ob's dich riefe,
Am Abgrund grast das Reh,
Es rauscht der Wald verwirrend aus der Tiefe, –
O stille, wecke nicht! es war, als schliefe
Da drunten ein unnennbar Weh.

Kennst du den Garten? – Wenn sich Lenz erneut,
Geht dort ein Mädchen auf den kühlen Gängen
Still durch die Einsamkeit
Und weckt den leisen Strom von Zauberklängen,
Als ob die Bäume und die Blumen sängen
Rings von der alten, schönen Zeit.

Ihr Wipfel und ihr Bronnen, rauscht nur zu!
Wohin du auch in wilder Lust magst dringen,
Du findest nirgends Ruh,
Erreichen wird dich das geheime Singen;
Ach, dieses Bannes wunderbaren Ringen
Entfliehn wir nimmer, ich und du!

(e 1819)

1 Kollergang: Maschine zur Zerkleinerung von festen Stoffen
2 Effendi: Türkische Anrede
3 in statu nascendi (lat.): im Entstehungszustand
4 Jahoo: Yahoos, affenähnliche Wesen aus Swifts „Gullivers Reisen“
5 Sütterlin: die von dem Berliner Grafiker L. Sütterlin (1865–1917) geschaffene Schreibschrift,
6 Bessemer: Sir Henry Bessemer erfand 1856 die Entkohlung des flüssigen Roheisens.

10 Joseph von Eichendorff: Die zwei Gesellen

Es zogen zwei rüst'ge Gesellen
Zum ersten Mal von Haus,
So jubelnd recht in die hellen
Klingenden, singenden Wellen
Des vollen Frühlings hinaus.

Die strebten nach hohen Dingen,
Die wollten, trotz Lust und Schmerz,
Was Rechts in der Welt vollbringen,
Und wem sie vorübergingen,
Dem lachten Sinnen und Herz. –

Der Erste, der fand ein Liebchen,
Die Schwieger kauft' Hof und Haus;
Der wiegte gar bald ein Bübchen,
Und sah aus heimlichem Stübchen
Behaglich ins Feld hinaus.

Dem Zweiten sangen und logen
Die tausend Stimmen im Grund,
Verlockend' Sirenen, und zogen
Ihn in der buhlenden Wogen
Farbig klingenden Schlund.

Und wie er auftaucht' vom Schlunde,
Da war er müde und alt,
Sein Schifflein das lag im Grunde,
So still war's rings in die Runde
Und über die Wasser weht's kalt.

Es singen und klingen die Wellen
Des Frühlings wohl über mir;
Und seh ich so kecke Gesellen,
Die Tränen im Auge mir schwellen –
Ach Gott, führ uns liebreich zu Dir!

(v 1818)

„Dieser Dichter kennt alle Sehnsüchte, alles Fernweh, allen Schmerz des Ungenügens an der bürgerlichen Existenz, er hat sie von früh auf, schon während des Studiums in Halle, im Umgang mit den Dichterfreunden auf Giebichenstein, vollends im „Eleusischen Bunde" in Heidelberg, samt den immergleichen Themen romantischer Poesie eingesogen, aber er weiß die Formen des Wünschens und Sehnens von der eigenen Lebensform abzusondern. Sehnsuchtsmotive, die etwa für Brentano so gut Dichtungs- wie Lebensmotive sind, werden in seinen Liedern erstmals bewusst poetisch gebändigt, d.h. sie werden als das erkannt, was sie sind, nämlich Wunschgebilde schweifender Fantasie."

Aus: Eberhard Lämmert: Eichendorffs Wandel unter den Deutschen. In: H. Steffen (Hg.), Die deutsche Romantik, Göttingen (Vandenhoeck) [4]1989.

11 Heinrich Heine (1797–1856): Rückschau

(Biografie S. 278f.)

Ich habe gerochen alle Gerüche
In dieser holden Erdenküche;
Was man genießen kann in der Welt,
Das hab ich genossen wie je ein Held!
Hab Kaffee getrunken, hab Kuchen gegessen,
Hab manche schöne Puppe besessen;
Trug seidne Westen, den feinsten Frack,
Mir klingelten auch Dukaten im Sack.
Wie Gellert[1] ritt ich auf hohem Ross;
Ich hatte ein Haus, ich hatte ein Schloss.
Ich lag auf der grünen Wiese des Glücks,
Die Sonne grüßte goldigsten Blicks;
Ein Lorbeerkranz umschloss die Stirn,
Er duftete Träume mir ins Gehirn,
Träume von Rosen und ewigem Mai –
Es ward mir so selig zu Sinne dabei,
So dämmersüchtig, so sterbefaul –
Mir flogen gebratne Tauben ins Maul,
Und Englein kamen, und aus den Taschen
Sie zogen hervor Champagnerflaschen –
Das waren Visionen, Seifenblasen –
Sie platzten – Jetzt lieg ich auf feuchtem Rasen,
Die Glieder sind mir rheumatisch gelähmt,
Und meine Seele ist tief beschämt.
Ach, jede Lust, ach, jeden Genuss
Hab ich erkauft durch herben Verdruss;
Ich ward getränkt mit Bitternissen
Und grausam von den Wanzen gebissen;
Ich ward bedrängt von schwarzen Sorgen,
Ich musste lügen, ich musste borgen
Bei reichen Buben und alten Vetteln –
Ich glaube sogar, ich musste betteln.
Jetzt bin ich müd vom Rennen und Laufen,
Jetzt will ich mich im Grabe verschnaufen.
Lebt wohl! Dort oben, ihr christlichen Brüder,
Ja, das versteht sich, dort sehen wir uns wieder.

(v 1851)

E. B. Kietz: Heinrich Heine, 1851

Rückschau (ursprünglicher Titel *Denkblatt*) steht in Heinrich Heines letztem Lyrikband *Romanzero*, der 1851 erschien und bereits im Titel auf den stark balladesken Ton der Gedichte hinweist, die zwischen 1844–1851 entstanden sind. Es war für Heine eine Zeit schwerer, nahezu ununterbrochener Krankheit. „In seinem zweiten Pariser Jahr zeigten sich die ersten Lähmungserscheinungen, an zwei Fingern; kurz darauf begann das Augenleiden. Langsam schlich die zentrale Krankheit, die vom Rückenmark ausging, vorwärts und lagerte hundert trübe Symptome ab: die Neuralgien verstärkten sich, das gelähmte Augenlid musste er mit dem Finger heben, wollte er jemand erkennen, die Arme versagten den Dienst; hinzu kamen häufige Anfälle von Katarrhen und Grippen, von Magen- und Darmstörungen. Sein Leben wurde ein einziges unaufhörliches Kranksein, mit wenigen kurzen Unterbrechungen. Aber erst sechzehn Jahre nach den ersten Lähmungen, erst 1848, hatte ihn die Krankheit überwältigt."

Aus: Ludwig Marcuse: Heinrich Heine, Hamburg (Rowohlt, rm 41) 1960, S. 108f.

[1] Christian Fürchtegott Gellert (1715–1769) war ein sehr beliebter Volksschriftsteller der Aufklärung, der von Friedrich II. sehr geschätzt wurde und vom Prinzen Heinrich von Preußen ein Pferd geschenkt bekommen hatte, auf dem er tägliche Spazierritte unternahm.

Gedichtinterpretation 5: Ein **Gedichtvergleich** ist mehr als die Kombination zweier Einzelinterpretationen. In einem Vergleich sollten alle Beschreibungen und Deutungen in einem *Vergleichsrahmen* erfolgen, der sich unter einem vorgegebenen oder zu findenden Vergleichsaspekt (z. B. Sehnsucht, Abschied, Liebe etc.) bildet. Es lassen sich Gedichte mit gleichem oder ähnlichem Thema bzw. Motiv aus derselben oder aus einer anderen Epoche vergleichen. Dabei kann der *Vergleichsaspekt* einmal stärker auf Gemeinsamkeiten gerichtet sein, so dass sich *Variationen* eines Themas oder Motivs ergeben, zum andern vor allem *Unterschiede* (Kontraste) herausstellen. Selbstverständlich ist im Vergleich auch die Untersuchung von Gemeinsamkeiten u n d Unterschieden möglich.

Bei einem Vergleich wird i.d.R. nicht nur die Bewältigung eines größeren Textumfangs verlangt, sondern es ist auch eine besonders differenzierte *Wahrnehmungsgenauigkeit* gefordert. Zu verbessern und zu steuern ist diese durch ein

Beobachtungsraster (vgl. S. 280f.)

Inhalt
- Beziehung von Titel und Inhalt
- Thema bzw. Problem
- Motiventfaltung oder Abstraktheit (sog. „Entfabelung")
- zeittypische Thematik (z. B. „Aufbruch" in der Romantik) oder eher zeitüberdauernde Themen (z.B. Liebe, Krieg, Not etc.)
- Ort und Zeit nach Stimmung und Kolorit
- Denotat und Konnotationen der Schlüsselbegriffe (z. B. Heimat, Frühling)

Aufbau
- Gedichtform (z. B. Sonett)
- Strophen- oder Blockgliederung bzw. unregelmäßig lange Abschnitte
- Gliederung in
  - chronologischer,
  - logischer,
  - assoziativer Abfolge oder
  - Montagetechnik

Stileigenarten
- einer Gattung, der Epoche
- Sprechsituationen (z.B. lyrisches Ich, Anrede, Rollengedicht)
- Klangwirkung durch
  - Metrum/Rhythmus,
  - Melodie,
  - Reimformen
- Zeilenstil oder Zeilensprünge
- Syntax (z.B. Para- oder Hypotaxe, Ellipse)
- Wortwahl (z.B. Dominanz einzelner Wortarten)
- Bildlichkeit (z.B. Metapher, Vergleich, Allegorie, Symbolik, Personifizierung)
- Tempus und Tempuswechsel
- rhetorische Mittel (z.B. Ironie, Kumulation, Parallelismus, Anapher, Chiffre, Zitat etc.)

Da es beim Gedichtvergleich noch schwieriger ist als bei der Einzelinterpretation, die charakteristischen Textelemente funktional in Beziehung zu setzen, ist ein besonders sorgfältig geplantes Verfahren notwendig. Das *Drei-Phasen-Modell* (vgl. S.134ff.) bietet auch hierfür die stringente Methode.

Thema: Vergleichen Sie die Gedichte „Die zwei Gesellen" von Joseph von Eichendorff und „Rückschau" von Heinrich Heine!

Problemstellung → Vergleichen Sie die Gedichte …

Aufgabenstellung →
- Interpretieren Sie die verschiedenen Lebensschicksale und deren Gestaltung!
- Werten Sie beide Gedichte unter Einbeziehung der mitgeteilten biografischen Informationen!

1. Phase: Auffälligkeiten bei der Erstlektüre und Themenanalyse

Auffälligkeiten:

Die zwei Gesellen
- Strophengliederung
- Kontraste zwischen Zielen und Wirklichkeit: bürgerliche Idylle ↔ Versagen und Scheitern

…

Rückschau
- fortlaufender Text
- „heldenhafte" Erfolgsbilanz?
- Träume paradiesischen Lebens ↔ nur Visionen

…

Vergleichsaspekt:
Diskrepanz zwischen Lebensideal bzw. -traum und -wirklichkeit

5. Die Annäherung an die Texte 10 und 11 kann in verschiedenen Schritten erfolgen:
a) Gehen Sie von den Titeln aus und halten Sie die jeweiligen Assoziationen fest.
b) Lesen Sie beide Gedichte still und laut und notieren Sie jeweils Ihre spontanen Eindrücke.
c) Wählen Sie eine Strophe bzw. einen Zeilenabschnitt aus und schreiben Sie aus der Sicht Ihrer Lebenserfahrung einen kurzen Parallel- oder Gegentext zu beiden Gedichten.

Themenanalyse: **Vergleichen** (Operator 1) zweier Gedichte

zunächst offen, ganzheitlich: nach Gemeinsamkeiten bzw. Unterschieden

– **Interpretieren** von *verschiedenen* (Operator 2) ← ähnlich oder unterschiedlich

- Lebensschicksalen = inhaltlich
- deren Gestaltung = formal

– **Werten** der Gedichte mit Einbeziehung von *Informationen* (Operator 3)

begründetes persönliches Urteil? bezogen auf Autor und/oder Epoche?

Ergebnis: – Der Vergleich erscheint als übergeordneter Operator.
– Die Interpretation erfolgt unter vorgegebenem Vergleichsaspekt.
– Werten geschieht mit einbezogenen textexternen Informationen.

2. Phase: Stoffsammlung und Gliederung

1. Blockbild zur Gesamtstruktur

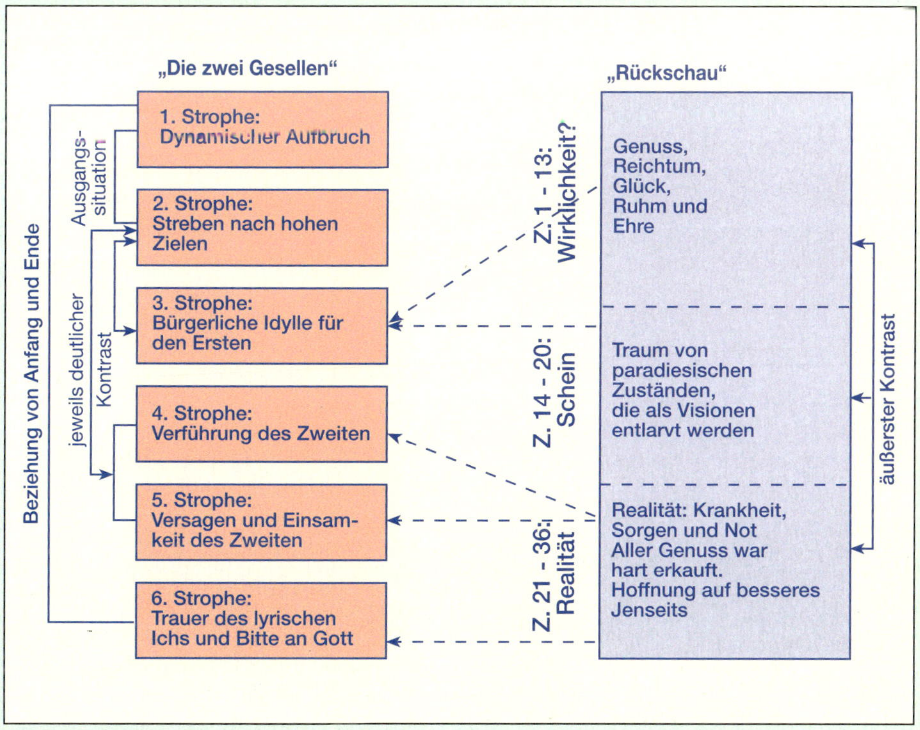

Ergebnis: Ein Blockbild ist geeignet – vor der Analyse von Einzelheiten –, einen inhaltlichen und strukturellen *Gesamteindruck* zu vermitteln, die Binnengliederung der Gedichte zu veranschaulichen und erste Beziehungen zwischen den Texten anzudeuten. Das Blockbild kann auch als *Kontrollinstrument* dienen, damit über der Detailanalyse der Blick auf die Struktur des Ganzen nicht verloren geht.

6. So vorbereitet, fällt Ihnen die vergleichende Interpretation viel leichter.
a) Prüfen, ergänzen und beurteilen Sie die Vorschläge zur 1. Phase.
b) Fassen Sie die Einsichten des Blockbildes in einem Resümee zusammen.
c) Führen Sie die Stoffsammlung und die Elemente der Deutung zu Ende.
d) Schreiben Sie den Vergleich.

Strukturierungsmodelle für einen Gedichtvergleich:

1. *Die diachrone Gliederung:*

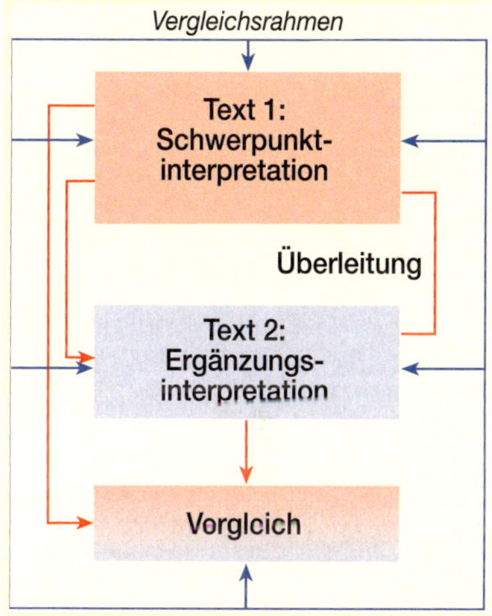

2. *Die synchrone Gliederung*

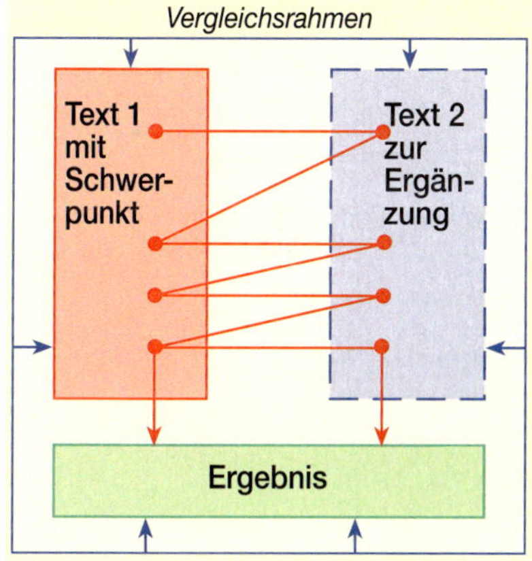

2. Tabellarische Stoffsammlung

„Die zwei Gesellen"

Zeile	Inhalt/ Aufbau	Stileigenarten
1–5	– chronologischer Aufbau in 6 Strophen – erster Aufbruch junger Leute von zu Hause – Jubel, Heiterkeit, Helligkeit Frühling = Jahreszeit und Jugendzeit	– jede Strophe ein Satz – erzählend im Präteritum – dreihebig, Daktylen und Trochäen – Häufung von Attributen (positive Konnotationen) – helle Vokale, Klangfülle (Lautmalerei) – Endreim abaab – Enjambement, 1/2, 3–5 = Dynamik – Metapher „Wellen des Frühlings" (Z. 4/5) – Synästhesie (Z. 3ff.)
	***Deutung:** „Aufbruch" ins Leben ist typisch romantisches Motiv, das hochgestimmt, voller Harmonie und im Überschwang gefeiert wird, wie …*	
6–10	– große Pläne gegen alle Widerstände – „Was Rechts" (Z. 8) = • etwas Richtiges, Legales • etwas Wertvolles	– „hohe Dinge" (Z. 6) = Metapher für Bedeutsames – „Lust und Schmerz" (Z. 7) = pars pro toto – für Positives und Negatives des Lebens – „die" (Z. 6/7) = Demonstrativpronomen – 2. Str.: Zeilenstil – Gedankenstrich (Z. 10) = Zäsur, Denkpause
	***Deutung:** Die Strophen 1 und 2 gehören als Ausgangssituation (Art Exposition) zusammen: Nicht die Normalität des Alltäglichen (vielleicht Spießbürgerlichen) ist das Ziel, sondern das Außerordentliche. Dies zeigt sich …*	
11–15	– …	– …
16–20	– …	– …
21–25	– …	– …
26–30	– …	– …

„Rückschau"

Zeile	Inhalt/ Aufbau	Stileigenarten
	– Fortlaufende Darstellung, aber 3Teile	
1–4	– umfassender Genuss	– Ich in Erststellung → Held (= besondere Betonung) – „Erdenküche" (Z. 2) = Metapher für leibliche Genüsse
5–13	– Konkretisierung der Genüsse • Kaffee, Kuchen = Ausdruck des Wohllebens • Frauengunst • Reichtum • Glück • Ehre (Lorbeerkranz)	– pars pro toto (Z. 5) – Paarreime = volkstümlich-balladesk – „schöne Puppe" (Z. 6) = Jargon – Alliterationen (Z. 5, 16 u.ö.) – Metapher „Wiese des Glücks" (Z.11) – Anaphern (Z.5/6, 10/11) – Ironisierung: „goldigsten Blicke" (Z. 12) – Parallelismus (Z. 5/6, 10/11)
14–20	– Ruhm steigt zu Kopfe → Träume • Rosen, ewiger Mai • gebratene Tauben • Engelein, Champagner	– „duftete Träume" (Z. 14): ungewöhnliche Attribuierung (Synästhesie) – eigenartige Komposita (Z. 17) – vierhebig, z. T. daktylisch, – überwiegend Zeilenstil im Wechsel von Perfekt und Präteritum
21–22	– Abrupter Umschlag: Visionen = Seifenblasen	– Kumulation (Z. 21) – schroffer Wechsel mitten im Vers (Z. 22): „platzten"
	***Deutung:** Im ersten Teil (Z. 1–13) eine offensichtlich (Indikativ) großartige Bilanz eines auf Lustgewinn (Hedonismus) gerichteten Lebens: Wohlleben, Reichtum, Glück und Ehre in balladesker Darstellung, wobei … Im zweiten Teil (Z. 14–20) – durch den Ruhm beflügelt – eine Steigerung ins Märchenhafte (Schlaraffenland, Paradies), bis sich alles als Visionen entlarvt, die wie Seifenblasen zerplatzen. Stilistisch …* – …	

Projektvorschlag (vgl. S. 60): Thematisch bzw. nach Motiven ausgewählte Gedichte unterschiedlicher Epochen eignen sich gut für einen **historischen Längsschnitt,** der in Partner- oder Gruppenarbeit zu gewinnen ist.

Mögliche Themen:
– Das Thema Liebe von Walther von der Vogelweide bis zur Gegenwart
– Tageszeiten- und/oder Jahreszeitengedichte von der Goethezeit bis zur Gegenwart
– Politische Gedichte von Walthers Spruchdichtung bis zur Gegenwart
– Das Thema Krieg vom Barock bis zur Gegenwart

3. Phase: Ausarbeitung des Gedichtvergleichs und Korrektur

1. Die **Einleitung** sollte neben den Namen der Autoren, den Titeln, die Aufgabe (vergleichende Gedichtinterpretation) und den Vergleichsaspekt nennen. Als Überleitung wäre ein Hinweis auf die Methode und den gewählten Schwerpunkt sinnvoll.

2. Der **Hauptteil** sollte
   - zunächst den *Vergleichsrahmen* ziehen, indem die Vergleichbarkeit (nach Gemeinsamkeiten bzw. nach Unterschieden) erläutert wird.
   - Der *Interpretationsschwerpunkt* muss begründet werden: z. B. entstehungsgeschichtlich i.S. von „Vorbild" und „Antwort" oder literaturhistorisch (z. B. nach der Beziehung der Autoren oder nach dem Verhältnis von Tendenzen der Romantik und des Realismus) oder wertend nach der dichterischen Qualität der Texte.
     Im konkreten Fall liegt es nahe, dem Gedicht von Eichendorff die größere Beachtung zu schenken, weil es in der Spannung von hehren Zielen und tatsächlichem Leben und in der Diskrepanz gegensätzlicher Schicksale ein breiteres thematisches Spektrum eröffnet als Heines Gedicht.

– Deshalb eignet sich das diachrone Modell der *Binnengliederung* in diesem Fall wohl besser.

3. Als **Schluss** können – entsprechend der Aufgabenstellung, durch die eine Wertung schon im Hauptteil verlangt wird – folgende Möglichkeiten geprüft werden:
   - ein Blick auf die Epochenzugehörigkeit beider Dichter;
   - die Beurteilung der Affinität zu den beiden Gedichten aus der Lebenssituation des Interpreten/der Interpretin;
   - die Einschätzung, inwieweit die Gedichte jeweils charakteristisch sind für die Autoren;
   - eine Methodenreflexion, die Vor- und Nachteile des gewählten Verfahrens aufzeigt.

4. Die **Korrektur** (vgl. S. 36f.) sollte im Speziellen darauf achten,
   - ob der Vergleichsrahmen durchgehend gewahrt ist;
   - ob die Überleitungen zu den Teilen des Vergleichs geschmeidig und die Beziehungen zwischen den Gedichten einleuchtend sind;
   - ob der Aspekt „Gestaltung“ durch eine funktionale (nicht additive) Formbetrachtung angemessen berücksichtigt ist.

12 Typen von Schlüssen

a) Für einen jungen Menschen sind die „Ergebnisse“ beider Gedichte gleichermaßen desillusionierend: Weder Eichendorffs Alternative zwischen Philistertum oder Scheitern noch Heines sarkastische Zerstörung aller Visionen können als Botschaft akzeptiert werden. Vielmehr wäre als „Lehre“ annehmbar, wenn ...

b) Wenn man es sich sehr einfach macht, könnte man sagen: Vom dreißigjährigen Eichendorff ist natürlich mehr „Aufbruch“ zu erwarten als vom kranken und alten Heine. Tatsächlich aber müsste man bedenken, dass ...

c) Die vergleichende Interpretation ergab, dass es mit den Formeln Romantik = Aufbruch und Realismus = Resignation und Desillusionierung nicht getan ist. Denn sowohl Eichendorff ...

d) Der Vergleichsaspekt einer Diskrepanz zwischen „Lebensideal bzw. -traum und -wirklichkeit“ hat sich als tragfähig erwiesen, weil ... Auch die vorgenommene Gewichtung lässt sich gut rechtfertigen, denn ...

– Gedankenlyrik (z.B. auch Epigramme) von der Barockzeit bis ins 21. Jahrhundert

Methodenvorschlag:
– Wählen Sie aus Anthologien je zwei Gedichte zu jeder Epoche aus.
– Interpretieren Sie die beiden Texte unter dem entsprechenden thematischen Aspekt innerhalb der Gruppe arbeitsteilig und vergleichen Sie die Ergebnisse.
– Rezitieren Sie die Gedichte vor dem Plenum und tragen Sie die Ergebnisse vor.
– Fixieren Sie die wichtigsten Einsichten und benutzen sie auch einen Zeitstrahl.

7. Bearbeiten Sie die Schlüsse.
a) Versuchen Sie eine angemessene Ergänzung der Vorschläge.
b) Ordnen Sie die mitgeteilten Schlüsse bestimmten Typen zu (vgl. oben) und beurteilen Sie die Lösung, die Ihnen am gelungensten erscheint.

II. Romantik oder das andere Leben

1. Veränderung durch Revolution? – Vorschläge für einen Seminarkurs

Welche Erfahrungen waren für das Bewusstsein der ersten Generation der Romantiker (in der Literaturgeschichte werden sie als Frühromantiker bezeichnet) bestimmend? Bedenkt man ihre Geburtsdaten (Novalis und Friedrich Schlegel wurden 1772 geboren, Ludwig Tieck 1773), wird verständlich, dass die Französische Revolution von 1789 das bedeutendste politische Ereignis für sie war.

1 Ludwig Tieck (1773–1853): Brief an Wilhelm Wackenroder (Auszug)

Göttingen am 28. Dezember [17]92

[...] Du sprichst ja gar nichts von den Franzosen? Ich will nicht hoffen, dass sie Dir gleichgültig geworden sind, dass Du wirklich Dich nicht dafür interessierst? Oh, wenn ich itzt ein Franzose wäre! Dann wollt ich nicht hier sitzen, dann – – – Doch leider bin ich in einer Monarchie geboren, die gegen die Freiheit kämpfte, unter Menschen, die noch Barbaren genug sind, die Franzosen zu verachten. Ich habe mich sehr geändert, ich bin itzt nicht glücklich, wenn ich keine Zeitungen haben kann. Oh, in Frankreich zu sein, es muss doch ein groß Gefühl sein, unter Dumouriez[1] zu fechten und Sklaven in die Flucht zu jagen, und auch zu fallen – was ist ein Leben ohne Freiheit? Ich begrüße den Genius Griechenlands mit Ent-

[1] Dumouriez = Charles François Dumouriez, französischer General (1739–1823). Er wechselte in der Revolution von den Jakobinern zu den Girondisten; siegte im September 1792 bei Valmy.

Ludwig Tieck (1773–1853) studierte Jura, Theologie, Geschichte und Literatur und lebte ab 1794 als freier Schriftsteller. 1799/1800 gehörte er zum Kreis der Jenaer Romantiker. 1825 wurde er Dramaturg. Tieck war zu seinen Lebzeiten einer der angesehensten Schriftsteller; die Nachwelt sah in ihm eher den Nachahmer gerade aktueller Zeitströmungen. Eine wichtige Rolle spielte er als Literaturvermittler und Übersetzer sowie als Herausgeber. Seine romantischen Werke entstanden in den Jahren 1796 bis 1804: die Märchenspiele *Der gestiefelte Kater* und *Ritter Blaubart* (1797), die Erzählungen *Der blonde Eckbert* (1797) und *Der Runenberg* (1804). Der romantischen Mittelaltersehnsucht verpflichtet ist der Roman *Franz Sternbalds Wanderungen* (1798), in dem es heißt: „Wenn alle Menschen Künstler wären oder Kunst verständen [...], so wären doch gewiss alle um vieles glücklicher. Dann hätten sie die Freiheit und Ruhe, die wahrhaftig die größte Seligkeit sind.“

1. Versuchen Sie durch einen Vergleich der beiden Briefauszüge herauszufinden, ob und inwiefern sich die Einstellungen der beiden zur Französischen Revolution unterscheiden.

2. „Ich begrüße den Genius Griechenlands [...]“ (Tieck, Z. 8f.) Erläutern Sie das Zitat unter dem Aspekt: Griechen als Metapher (vgl. S. 196ff., 204ff.).

Wilhelm Heinrich Wackenroder (1773–1798) wurde in Berlin geboren. Er war schon in der Schulzeit mit Tieck befreundet, der auch das verklärende Bild geprägt hat, das man sich von ihm macht. Beide studierten gemeinsam 1793 in Erlangen und danach in Göttingen Jura. Wackenroder beschäftigte sich daneben mit mittelalterlicher deutscher Literatur, mit Malerei und Musik. Bedeutend sind vor allem die *Herzensergießungen eines kunstliebenden Klosterbruders* (anonym 1797) als erstes literarisches Zeugnis der Frühromantik.

Johann Gottlieb Fichte (1762–1814) wurde in Rammenau (Lausitz) geboren und begann 1780 in Jena ein Studium der evangelischen Theologie. Ohne Abschlussexamen war er anschließend neun Jahre als Hauslehrer tätig, wobei er anfing, sich mit der Philosophie Kants zu beschäftigen. *Der Versuch einer Kritik aller Offenbarung* (1792) wurde durch die Vermittlung Kants gedruckt. Nachdem Fichte als Autor bekannt war, wurde er 1794 als Philosophieprofessor nach Jena berufen. Weil er des Atheismus bezichtigt wurde, entließ man ihn 1798. Sein philosophisches Hauptwerk ist die *Wissenschaftslehre* von 1804: Ausgangspunkt ist die von Kant vollzogene sog. „kopernikanische Wende der Philosophie“, die darauf basiert, dass das Bewusstsein nicht an sich vorhandene Dinge abspiegelt, sondern sie für sich gestaltet, konstruiert. Fichte wurde damit zu einem der Begründer der Philosophie des deutschen Idealismus.

zücken, den ich über Gallien schweben sehe. Frankreich ist jetzt mein Gedanke Tag und Nacht – ist Frankreich unglücklich, so verachte ich die ganze Welt und verzweifle an ihrer Kraft, dann ist für unser Jahrhundert der Traum zu schön, dann sind wir entartete, fremde Wesen, mit keiner Ader denen verwandt, die einst bei Thermopylä[1] fielen, dann ist Europa bestimmt, ein Kerker zu sein. [...]

2 Wilhelm Wackenroder (1773–1798): Brief an L. Tieck (Auszug)

(Januar 1793)

[...] Ich habe mich schon lange gewundert, dass Du mich nicht gefragt hast, was ich von den Franzosen denke. Ich denke ganz mit Dir gleich von ihnen, und stimme von ganzem Herzen in Deinen Enthusiasmus ein, das versichere ich Dich. Aber ich kann mich nicht enthalten, Dir Folgendes zu sagen. Ich spreche hier durchaus mit keinem Menschen von den Franzosen; und zwar darum, weil jeder von ihnen spricht, ihre größten Taten immer mit einem Lächeln erzählt, als wollt er sagen: Was die närrischen Leute nicht für Dinge tun! Und wer mit diesem Lächeln davon spricht, dem möcht ich gleich eine Ohrfeige geben. – Auch denk ich sehr wenig über die Angelegenheiten nach: – ich weiß selbst nicht, wie's kommt. – Auch lese ich die Zeitungen nicht, weil ich nicht Zeit habe, und alles von andern höre. – Endlich würd ich, wenn ich ein Franzose wäre, so stolz ich auf mein Vaterland und meine Nation sein würde, doch gewiss nicht Soldat werden und den Säbel oder das Gewehr in die Hand nehmen, weil ich mein Leben und meine Gesundheit zu sehr liebe und zu wenig körperlichen Mut besitze. Ich weiß, dass Du Dich über meine Dreistigkeit, Dir meine krassesten Grundsätze so nackt darzustellen, wundern wirst; dass Du nicht wirst begreifen können, wie man in der Tat von dieser Sache begeistert sein kann, ohne auch Mut genug in sich zu fühlen, dabei selbst mitzuwirken; ich weiß, dass ich durch mein offenherziges Geständnis, wenigstens auf ein paar Stunden, Deinen Zorn auf mich lade. Allein bedenke nur: kannst Du von irgendeinem Menschen Heldenmut und Tapferkeit verlangen, die er nicht hat. Ich bin sehr davon zurückgekommen, diese körperlichen Tugenden gering zu achten: aber – ich habe sie nicht; und es ist unmöglich, dass Du mir das zur Sünde machen kannst, ich tue Verzicht auf diese Größe. Auch bin ich einmal so eingerichtet, dass die idealische Kunstschönheit der Lieblingsgegenstand meines Geistes ist; ich kann mich unmöglich von lebhaftem Interesse hingerissen fühlen, wenn ich in den Zeitungen lese, dass die Preußen itzt diesen, die Franzosen itzt jenen Ort eingenommen haben und was dergleichen Partikularia mehr sind; alles ist mir etwas zu fern – zu wenig sichtbar, geht mir zu langsam, stimmt nicht mit dem idealischen Gange meiner Fantasie, macht mich unruhig, befriedigt mich nicht. Vieles können die ungewaschenen Urteile bei mir getan haben. So viel itzt davon; mündlich mehr. Ich werde nur zu aufrichtig gegen dich gewesen sein. [...]

3 Johann Gottlieb Fichte (1762–1814): Zurückforderung der Denkfreiheit von den Fürsten Europas, die sie bisher unterdrückten (Auszug)

[...] Die Zeiten der Barbarei sind vorbei, ihr Völker, wo man euch im Namen Gottes anzukündigen wagte, ihr seiet Herden Vieh, die Gott deswegen auf die Erde gesetzt habe, um einem Dutzend Göttersöhnen zum Tragen ihrer Lasten, zu Knechten und Mägden ihrer Bequemlichkeit und endlich zum Abschlachten zu dienen; dass Gott sein unbezweifeltes Eigentumsrecht über euch an diese übertragen habe und dass sie kraft eines göttlichen Rechts, und als seine Stellvertreter, euch für eure Sünden peinigten: ihr wisst es oder könnt euch davon überzeugen, wenn ihr es noch nicht wisst, dass ihr selbst Gottes Eigentum nicht seid, sondern dass er euch sein göttliches Siegel, niemandem anzugehören als euch selbst, mit der Freiheit tief in eure Brust eingeprägt hat. Auch das unterstehen sie sich nicht mehr, euch zu sagen: wir sind stärker als ihr, wir hätten euch alle längst totschlagen können; wir sind so gütig gewesen, es nicht zu tun; das Leben, das ihr lebt, ist mithin unser Geschenk. Wir haben es euch aber nicht frei geschenkt, sondern es euch nur zum Lehn gegeben; unsere Forderung also, es zu unserem Vorteile zu verwenden und es euch, wenn wir es nicht mehr brauchen können, doch noch zu nehmen, ist nicht unbillig. – Ihr habt, wenn diese Schlussart gelten soll, gelernt, dass *ihr* die Stärkeren seid und sie die Schwächeren, dass ihre Stärke in euren Armen ist und dass sie elend und hülflos dastehen, wenn ihr diese sinken lasst; Beispiele haben es ihnen gezeigt, vor denen sie noch beben. Ebenso wenig werdet ihr ihnen noch weiterhin glauben, dass ihr alle blind, hülflos und unwissend seid und dass ihr selbst euch nicht zu raten wisset, wenn sie euch nicht wie unmündige Kinder an ihren väterlichen Händen leiten. [...] (v 1793)

---

[1] Thermopylä = Thermopylen: 480 v. Chr. verteidigte der spartanische König Leonidas die Thermopylen gegen die Perser; durch Verrat konnten sie den Engpass umgehen. Auf die dort Gefallenen bezieht sich das Distichon „Wanderer, kommst du nach Sparta ...“ in der Nachdichtung von Schiller.

Der **Seminarkurs** ist eine „besondere Lernleistung" (Beschluss der Kultusministerkonferenz). In ihm geht es um die Einübung hochschulnaher, teamorientierter und die Selbstständigkeit fördernde Arbeitsformen sowie um fächerverbindendes Arbeiten. Die Ergebnisse müssen in geeigneter Form präsentiert werden.

Ein mögliches Rahmenthema kann die Romantik sein.

Literatur Kunst Musik Geschichte Religion Philosophie Naturwissenschaften (deutsche/europäische)

Da es sich um ein auf zwei Semester begrenztes Projekt handelt, ist eine Eingrenzung auf etwa drei Fächer sinnvoll.

Folgende **Arbeitsphasen** müssen bedacht werden:

Phase I: Probleme, Fragestellungen entwickeln – durch geeignete Verfahren, z.B. Brainstorming, Cluster, Metaplantechnik, Mindmapping

Phase II: Informationsbeschaffung – Recherchieren in Bibliotheken, Bibliografien, Lexika, im Internet

Phase III: Auswertung des Materials, z.B. durch einen Abstract (vgl. S. 38); Vorbereitung der Präsentation

Der Prozess der *Themenfindung* hängt vom Vorwissen ab: Hat man sich schon im Deutschunterricht mit der Romantik beschäftigt oder geht man aus vom umgangssprachlichen Wortverständnis? Im ersten Fall kann man z.B. durch Mindmapping zu einem Aufriss möglicher Themen bzw. Arbeitsgebiete kommen. Im andern Fall muss man die Grundlagen erst erarbeiten. Ziel muss es sein, Problemfragen zu finden und konkrete, festumrissene Aufgabenstellungen:

Statt „Vertonungen romantischer Gedichte" eher: das Nachtmotiv in der Romantik (Dichtung, Malerei, Musik):

Wo kommt es vor?
In welcher Form/Gestalt?
Warum spielt es eine zentrale Rolle?
Wie wirkt es nach?

W-Fragen und die aus der Aufsatzlehre bekannten Techniken zur Themenerschließung sind nützliche Hilfen.
Man arbeitet in der Gruppe, im Team. Die nötigen Arbeitstechniken werden im Plenum vermittelt.

3. a) Stellen Sie das Verhältnis von Herrscher und Volk dar, wie es die Herrscher sehen und wie es das Volk, nach Fichte, sehen soll; suchen Sie dazu die Schlüsselbegriffe im Text.
b) Fichte wendet sich an das Volk und an die Herrscher: Formulieren Sie den Text um und drücken in Klartext (also direkt) aus, was Fichte über das Verhältnis Herrscher – Volk äußert.

Projekt Seminarkurs
Deutsche Schriftsteller/Künstler und die Französische Revolution – ein zwiespältiges Verhältnis? (Klassik; Romantik; Vormärz; fächerverbindend: Deutsch, Geschichte, Kunst, Musik)

2. Kritische Gänge – Utopie und Satire

Die Aufklärung, die in Frankreich die Revolution vorbereitete, wurde von einem Teil der deutschen Romantiker kritisiert. Für ältere Literaturgeschichten war die Romantik geradezu durch ihre Gegnerschaft zur Aufklärung definiert. Dass dieser Standpunkt nicht aufrechtzuerhalten ist, zeigt sich, wenn man nach den Ursprüngen romantischer Ideen forscht: Ihre Wurzeln liegen vielfach in der Aufklärung.

1 August Wilhelm Schlegel (1767–1845): Vorlesungen über schöne Literatur und Kunst (Auszug)

[...] Wenn die Aufklärung also wirklich leistet, was sie verspricht, so wäre es unstreitig eine herrliche Bequemlichkeit, etwas zu haben, womit man alle möglichen Dinge beleuchten könnte, und sicher wäre immer das Rechte an ihnen zu sehen. Auch haben sich die Aufklärer nicht übel bedacht, da sie die Benennung ihres Geschäfts vom Lichte entlehnten, dieser fast anbetenswürdigen Seele der Natur, dem schönsten Symbol der göttlichen Allgegenwart und Allwissenheit. Es fragt sich aber, ob es die reine Freude am Licht oder ohne Bild das unbedingte Interesse für Wahrheit ist, was sie zu so eifrigen Predigern der Aufklärung macht, oder ob sie das Licht nur deswegen schätzen, weil man dabei bequemlich sehen und allerlei notwendige Verrichtungen vornehmen kann. [...]
Da sie [die Aufklärung] folglich überall auf halbem Wege stehenbleibt, die Wahrheit an sich aber durchaus nur zu einem unbedingten Streben anregen kann, so muss es wohl etwas

August Wilhelm Schlegel, der ältere Bruder von Friedrich, wurde 1767 in Hannover geboren; er starb 1845 in Bonn. Er studierte Theologie und Philologie, war zunächst Hauslehrer und ab 1798 Professor in Jena. Dort gehörte er mit seiner Frau Karoline (die nach der Scheidung 1803 den Philosophen Friedrich Schelling heiratete) zum Kreis der Romantiker. Mit seinem Bruder gab er

1798–1800 die Zeitschrift „Athenäum" heraus, in der grundlegende Gedanken der Frühromantiker publiziert wurden. Bis in die Gegenwart bekannt geblieben ist er durch die Übersetzung der Werke Shakespeares. Seine eigenen Werke gelten als epigonal. 1804 wurde er Sekretär von Madame de Staël, die den Franzosen die deutsche Literatur nahebringen wollte mit dem Werk *De l'Allemagne*. Seit 1818 war er Professor für Indologie in Bonn, wo auch Heinrich Heine seine Vorlesungen besuchte.
Werke: *Vorlesungen über schöne Literatur und Kunst* (1801–1804), *Vorlesungen über dramatische Kunst und Literatur* (1809–1811).

1. a) Stellen Sie Schlegels Aussagen über die Aufklärung zusammen.

b) Informieren Sie sich im Aufklärungs-Kapitel (s. S. 144ff.) über den Vernunftbegriff (z.B. in Kants Schrift „Was ist Aufklärung") und die Ziele der Aufklärung. Verfassen Sie, aus der Sicht eines Aufklärers, eine Erwiderung auf Schlegels Kritik.

2. a) Vergleichen Sie das Bild vom christlichen Mittelalter (Text 2) mit der geschichtlichen Wirklichkeit.

b) Verfassen Sie eine Erwiderung aus dem Geist der Aufklärung bzw. der Französischen Revolution.

c) Lesen und besprechen Sie den Text als Utopie.

3. Aldous Huxleys „Schöne neue Welt" (1932) und George Orwells „1984" (1948) sind Beispiele für Anti-Utopien. Informieren Sie sich über Utopien in der Literatur und über ihr Verschwinden im 20. Jahrhundert.

4. Erörtern Sie die These „Literatur ist Utopie" anhand von Beispielen.

Der Begriff **Utopie** (< gr. ‚ou' = nicht und ‚topos' = Ort) wurde von Th. Morus (*Utopia*, 1516) gebildet um die fiktive Insel eines Idealstaates zu bezeichnen, in dem eine vollkommene Ordnung des menschlichen Zusammenlebens verwirklicht ist. Die Utopie zeichnet ursprünglich nur das Bild einer besseren Gesellschaft und verhält sich dadurch zugleich kritisch zur vorhandenen; sie ist folglich Gegenbild. Es gibt aber auch **negative Utopien**, die kein Wunschbild, sondern vielmehr ein Schreckbild der Zukunft vermitteln (Huxley, Orwell).
In einem allgemeineren Sinn wird die Kunst vielfach unter dem Aspekt der Utopie gesehen. „Literatur ist Utopie in dem gewiss sehr weiten Verstande, dass sie nicht identisch mit der Realität ist, die uns als Natur und Gesellschaft gegenübertritt. Sie ist Utopie in dem sehr viel präziseren Sinne, dass ihre Beziehung zu dieser Realität wie die Erfüllung zum Mangel ist."
Aus: G. Ueding: Literatur ist Utopie. Frankfurt/M. (Suhrkamp) 1978.

Anderes sein, was sie von der Wahrheit will, mit einem Worte Brauchbarkeit und Anwendbarkeit. Hier zeigt sich nun schon die ganze verkehrte Denkart, das an sich Gute (wovon das Wahre ein Teil, eine Seite ist) dem Nützlichen unterzuordnen. Nützlich ist dasjenige, was auf Beförderung des körperlichen Wohls abzielt, und diesen Bestrebungen haben wir schon weiter oben ihren Rang angewiesen. Wer nun das Nützliche als das Oberste setzt, der muss einsehen, dass es damit zuletzt auf sinnlichen Genuss hinausläuft, und bei einiger Klarheit und Konsequenz sich zu dem krassesten Epikuräismus, zur Vergötterung des Vergnügens bekennen. [...] (v 1801–1804)

2 Novalis, eigtl. Friedrich von Hardenberg (1772–1801): Die Christenheit oder Europa (Auszug)

Es waren schöne glänzende Zeiten, wo Europa ein christliches Land war, wo *Eine* Christenheit diesen menschlich gestalteten Welttheil bewohnte; *Ein* großes gemeinschaftliches Interesse verband die entlegensten Provinzen dieses weiten geistlichen Reichs. – Ohne große weltliche Besitzthümer lenkte und vereinigte *Ein* Oberhaupt die großen politischen Kräfte. – Eine zahlreiche Zunft zu der jedermann den Zutritt hatte, stand unmittelbar unter demselben und vollführte seine Winke und strebte mit Eifer seine wohlthätige Macht zu befestigen. Jedes Glied dieser Gesellschaft wurde allenthalben geehrt, und wenn die gemeinen Leute Trost oder Hülfe, Schutz oder Rath bei ihm suchten, und gerne dafür seine mannigfaltigen Bedürfnisse reichlich versorgten, so fand es auch bei den Mächtigeren Schutz, Ansehn und Gehör, und alle pflegten diese auserwählten, mit wunderbaren Kräften ausgerüsteten Männer, wie Kinder des Himmels, deren Gegenwart und Zuneigung mannigfachen Segen verbreitete. Kindliches Zutrauen knüpfte die Menschen an ihre Verkündigungen. – Wie heiter konnte jedermann sein irdisches Tagewerk vollbringen, da ihm durch diese heilige Menschen eine sichere Zukunft bereitet, und jeder Fehltritt durch sie vergeben, jede missfarbige Stelle des Lebens durch sie ausgelöscht, und geklärt wurde. Sie waren die erfahrnen Steuerleute auf dem großen unbekannten Meere, in deren Obhut man alle Stürme gering schätzen, und zuversichtlich auf eine sichre Gelangung und Landung an der Küste der eigentlichen vaterländischen Welt rechnen durfte. [...] (e 1799, v 1826)

3 Clemens Brentano (1778–1842): Der Philister vor, in und nach der Geschichte (Auszug)

Die Aufklärung, die zum Teil ihre ursprünglichen freiheitlichen Ideale selbst verriet und zu reinem Nützlichkeitsdenken verkam, wurde für die Romantiker zum Synonym für bornierte Geisteshaltung; ihre Verkörperung ist der Philister. „Philister" war ursprünglich ein studentischer Ausdruck für den Nichtstudenten; hier bezeichnet das Wort einen nüchternen, pedantischen, beschränkten Menschen, den man heute als Spießer bezeichnen würde.

[...] Wenn der Philister morgens aus seinem traumlosen Schlafe, wie ein ertrunkener Leichnam, aus dem Wasser herauftaucht, so probiert er sachte mit seinen Gliedmaßen herum, ob sie auch noch alle zugegen, hierauf bleibt er ruhig liegen, und dem anpochenden Bringer des Wochenblatts ruft er zu, er solle es in der Küche abgeben, denn er liege jetzt im ersten Schweiß und könne, ohne ein Wagehals zu sein, nicht aufstehn; sodann denkt er daran, der Welt nützlich zu sein, und weil er fest überzeugt ist, dass der nüchterne Speichel etwas sehr Heilkräftiges sei, so bestreicht er sich die Augen damit, oder der Frau Philisterin, oder seinen kleinen Philistern, oder seinem wachsamen Hund, oder niemand. Seine weiße baumwollne Schlafmütze, zu welchen diese Ungeheuer große Liebe tragen, sitzt unverrückt, denn ein Philister rührt sich nicht im Schlaf. Wenn er aufgestanden, so wechselt er das Hemd, wenn er es tut, so, dass er das erste ganz auszieht, ehe er das andere anzieht, und ist imstand, seine Flanelljacke gelinde mit seinem linken wollnen Strumpfe zu reiben, damit sie keinen Rheumatismus bekomme, auf die Haut selbst kommt er sich nie; sodann geht es an ein gewaltiges Zungenschaben und Ohrenbohren, an ein Räuspern und Spucken, entsetzliches Gurgeln und irgendeine absonderliche Art, sich zu waschen, nach einer fixen Idee, kalt oder warm sei gesund; sodann kaut er einige Wacholderbeeren, während er an das gelbe Fieber denkt; oder er hält seinen Kindern eine Abhandlung vom Gebet und sagt, wenn er sie zur Schule geschickt, zu seiner Frau: Man muss den äußern Schein beobachten, das erhält einem den Kredit, sie werden früh genug den Aberglauben einsehen. Sodann raucht er Tabak, wozu er die höchste Leidenschaft hat, oder welches er übertrieben affektiert hasst; im Ganzen ist der Rauchtabak den Philistern unendlich lieb, sie sagen sehr gern, er halte ihnen den Leib gelinde offen, und sie könnten bei dem Zug der Rauchwolken Betrachtungen über die Vergänglichkeit anstellen, so hängt die Pfeife eng mit ihrer Philosophie zusammen; auch besitzt er gewiss irgendein Tabaksgedicht oder hat selbst eins gemacht. Übrigens wenngleich mancher Tabak raucht, ohne darum ein Philister zu sein, so kann man es doch nur in einer Zeit gelernt haben, in der man ideenlos, verkehrt und ein Philister gewesen, und die lebendigsten, tüchtigsten, reinsten und seelenvollsten Menschen, die ich gekannt, waren nie auf den Tabak gekommen. Zweifelsohne zieht der Philister nun auch alle Uhren des Hauses auf und schreibt den Datum mit Kreide über die Türe; trinkt er Kaffee, so spricht er von den Engländern, nennt den Kaffee auch wohl die schwarze afrikanische Brühe; sehr kränkend würde es ihm sein, wenn die Frau ihm nicht ein halbdutzendmal sagte: Trinke doch, er ist so schöne warm, trinke doch, eh' er kalt wird; wenn er ihm aber nicht warm gebracht wurde, wehe dann der armen Frau! Seine Kaffeekanne ist von Bunzlauer Steingut, und ist er ein langsamer Trinker, so hat sie ein ordentliches Kaffeemäntelchen um, wie ein andrer Philister auch, denen diese braunen Kannen überhaupt sehr ähnlich sehen. [...]

Sie glauben, mit der Welt sei es eigentlich aus, weil es mit ihnen nie angegangen. Sie halten sich für etwas Apartes und können die Augenbrauen bis unter die Haare ziehen. Sie belächeln alles von oben herab, halten allen Scherz für Dummheit, bedauren, dass wir keine römischen Klassiker sind, und gratulieren sich einander, in einer Zeit geboren zu sein, worin so vortreffliche Leute wie sie leben, und zwar ganze Tabakskollegia voll, wo die Aufklärung als ein ewig glimmender Zündstrick ihnen die Köpfe (Pfeifenköpfe) entzündet, welches Feuer sie als Opferrauch sich selbst wieder darbringen; am andern Morgen stinken diese Tempel so ziemlich, und der Herr vom Hause, sagt Goethe, weiß immer, wo es stinkt. [...]

(v 1811)

5. Fertigen Sie vor der Lektüre des Textes von Brentano ein Cluster (Plakat oder Tafel) zum Spießer.

6. Stellen Sie zusammen, von welchen Grundsätzen, Regeln sich der Philister leiten lässt und was man über die entgegengesetzte Lebensweise erfährt bzw. erschließen kann.

7. „Spießer – das sind immer die Anderen." Schreiben Sie eine Glosse, in der es darum gehen soll, dass man die eigene Gruppe aufwertet, indem man eine andere abwertet; Sie können den Spießer auch durch einen entsprechenden anderen Typ ersetzen (z.B. Raser, Umweltsünder).

Brentanos Illustration zu seinem „Philister vor, in und nach der Geschichte", von ihm selber mit einer geistreichen Erklärung versehen, ist ein integrierender Bestandteil der Satire. Nachtmütze, Tabakspfeife und Stiefel gehören zu den stehenden Attributen des Philisters in der Romantik. Die erheiternde Ähnlichkeit der jungen Philister unter Nr. 6 mit dem Deutschen Michel der Witzblätter und mit dem deutschen Gartenzwerg ist natürlich nicht zufällig.

3. Lebensformen: Geselligkeit und Müßiggang – Gruppenbildung in der Romantik

Cliquenbildungen im privaten und schulischen Bereich sowie bei Stadtfesten u.Ä., aber auch Vereinsbindungen aller Art sind heutigen Jugendlichen nicht nur vertraut, sondern meist fester Bestandteil ihres gesellschaftlichen Lebens. Der Vergleich mit Gepflogenheiten früherer Zeiten kann viel zum Verständnis einer Epoche beitragen.

1 Friedrich Schleiermacher (1768–1834): Versuch einer Theorie des geselligen Betragens (Auszug)

Freie, durch keinen äußeren Zweck gebundene und bestimmte Geselligkeit wird von allen gebildeten Menschen als eins ihrer ersten und edelsten Bedürfnisse laut gefordert. Wer nur zwischen den Sorgen des häuslichen und den Geschäften des bürgerlichen Lebens hin und her geworfen wird, nähert sich, je treuer er diesen Weg wiederholt, nur um desto langsamer dem höheren Ziele des menschlichen Daseins. Der Beruf bannt die Tätigkeit des Geistes in einen engen Kreis: Wie edel und achtungswert er auch sei, immer hält er Wirkung auf die Welt und Beschauung der Welt auf einem Standpunkt fest, und so bringt der Höchste und Ver-

Friedrich Daniel Ernst Schleiermacher lebte von 1768 bis 1834. Er studierte Theologie und Philosophie, war von 1796 bis 1802 Prediger an der Charité in Berlin, wo er zum Kreis der Frühromantiker gehörte und mit Friedrich Schlegel befreundet war. Er verteidigte dessen Roman *Lucinde (Vertraute Briefe über Friedrich Schlegels Lucinde,* 1800). Schleiermacher war an der Neugründung der Berliner Universität beteiligt und wurde von Humboldt in das Unterrichtsministerium berufen. Sein berühmtestes Buch ist *Über die Religion. Reden an die Gebildeten unter ihren Verächtern* (1799). Darin wird Religion als „Sinn und Geschmack für das Unendliche" bestimmt. Schleiermacher ist außerdem der für die Entwicklung der modernen Hermeneutik (< gr. Auslegungs-, Übersetzungskunst) bedeutendste Kopf (vgl. S. 15, 487).

1. a) Verfassen Sie im Anschluss an die Lektüre des Textes von Schleiermacher eine Definition der „freien Geselligkeit".
b) Stellen Sie die Ergebnisse grafisch dar (z.B. durch ein Kreisdiagramm).

2. Nehmen Sie begründet Stellung: Halten Sie die freie Geselligkeit im Sinne Schleiermachers für ein heute erstrebenswertes/ erreichbares Ziel?

3. a) Exzerpieren Sie aus Text 2.

Postive Begriffe, Vorstellungen	Negative Begriffe, Vorstellungen

b) Definieren und vergleichen Sie: Muße und Freizeit.
Wenden Sie verschiedene Methoden der Begriffserläuterung an:
- Cluster, Brainstorming
- Gegenbegriffe
- Etymologie / Wortgeschichte
- BUW-Schema (Was ist ...? = Beschaffenheit; Woraus entsteht ...? = Ursache; Wie wirkt ...? = Wirkung)

Tipp: Benutzen Sie auch Lexika, z. B. Lexikon der Philosophie, der Soziologie; enzyklopädisches Lexikon.

wickelste wie der Einfachste und Niedrigste, Einseitigkeit und Beschränkung hervor. Das häusliche Leben setzt uns nur mit Wenigen, und immer mit denselben in Berührung: Auch die höchsten Forderungen der Sittlichkeit in diesem Kreise werden einem aufmerksamen Gemüt bald geläufig, und seine Ausbeute an mannigfaltigen Anschauungen der Menschheit und ihres Tuns wird mit jedem Tage um so geringer, je rechtlicher alles hergeht, und je mehr die sittliche Ökonomie vervollkommnet ist. Es muss also einen Zustand geben, der diese beiden ergänzt, der die Sphäre eines Individui in die Lage bringt, dass sie von den Sphären Anderer so mannigfaltig als möglich durchschnitten werde, und jeder seiner eigenen Grenzpunkte ihm die Aussicht in eine andere und fremde Welt gewähre, so dass alle Erscheinungen der Menschheit ihm nach und nach bekannt, und auch die fremdesten Gemüter und Verhältnisse ihm befreundet und gleichsam nachbarlich werden können. Diese Aufgabe wird durch den freien Umgang vernünftiger sich untereinander bildender Menschen gelöst. Hier ist es nicht um einen einzelnen untergeordneten Zweck zu tun; die Tätigkeit höherer Kräfte wird nicht aufgehalten durch die Aufmerksamkeit, die überall, wo auf die Außenwelt gewirkt werden soll, dem Geschäft der niederen gewidmet werden muss; hier ist der Mensch ganz in der intellektuellen Welt, und kann als ein Mitglied derselben handeln; dem freien Spiel seiner Kräfte überlassen, kann er sie harmonisch weiter bilden, und von keinem Gesetz beherrscht, als welches er sich selbst auflegt, hängt es nur von ihm ab, alle Beschränkungen der häuslichen und bürgerlichen Verhältnisse auf eine Zeit lang, soweit er will, zu verbannen. Dies ist der sittliche Zweck der freien Geselligkeit, nur freilich ist sie in ihrem gegenwärtigen Zustande von diesem Ziele noch ebenso weit entfernt, als die Häuslichkeit und der bürgerliche Verein von dem ihrigen. [...]

(e 1799)

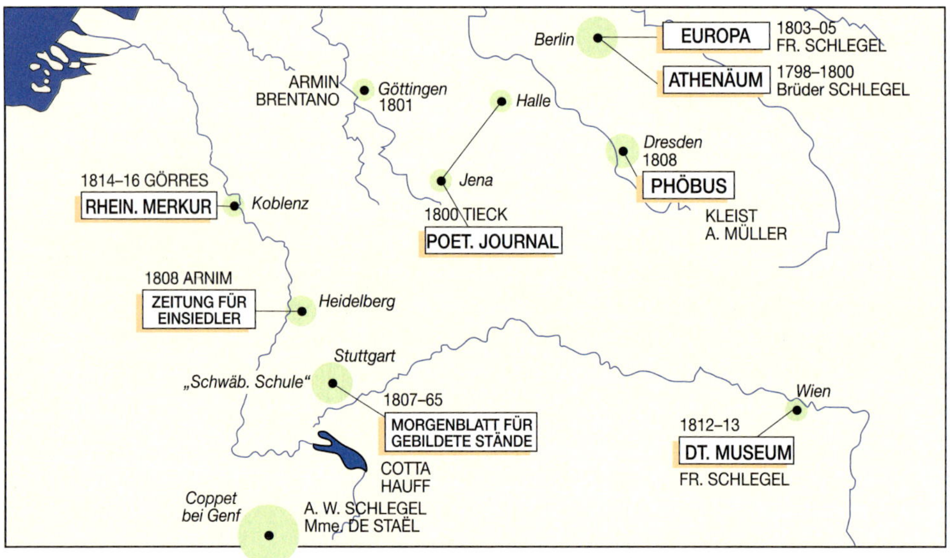

Friedrich Schlegel (1772–1829) erwarb sich als Autodidakt ein profundes Wissen über die Antike, mit dem er den Zugang zu einem Universitätsstudium erhielt. Doch er brach auch das Studium der klassischen Philologie ab, lebte als freier Schriftsteller und wurde zum führenden Kopf der Jenaer Romantik. 1799 erschien der Skandalroman *Lucinde*, der vielfach als Schlüsselroman der Beziehung zu Dorothee Veit (geb. Mendelssohn) aufgefasst wurde. Nachdem Schlegel sich 1800 in Jena habilitiert hatte, hielt er 1802 in Paris, ab 1804 in Köln Vorlesungen über Geschichte, Sprache und Literatur. Mit seiner Abhandlung *Über die Sprache und Weisheit der Inder* wurde er zum Begründer des Sanskritstudiums. 1808 konvertierte er zum Katholizismus und begann im selben Jahr eine Karriere als hoher Beamter im Dienste der Metternich'schen Politik. Werke: *Über das Studium der griechischen Poesie* (1797), *Fragmente* (1798), *Lucinde* (1799), *Gespräch über die Poesie* (1800).

2 Friedrich Schlegel (1772–1829): Lucinde (Auszug)

[...] Was soll also das unbedingte Streben und Fortschreiten ohne Stillstand und Mittelpunkt? Kann dieser Sturm und Drang der unendlichen Pflanze der Menschheit, die im Stillen von selbst wächst und sich bildet, nährenden Saft oder schöne Gestaltung geben? Nichts ist es, dieses leere unruhige Treiben, als eine nordische Unart und wirkt auch nichts als Langeweile, fremde und eigne. Und womit beginnt und endigt es als mit der Antipathie gegen die Welt, die jetzt so gemein ist? Der unerfahrne Eigendünkel ahndet gar nicht, dass dies nur Mangel an Sinn und Verstand sei, und hält es für hohen Unmut über die allgemeine Hässlichkeit der Welt und des Lebens, von denen er doch noch nicht einmal das leiseste Vorgefühl hat. Er kann es nicht haben, denn der Fleiß und der Nutzen sind die Todesengel mit dem feurigen Schwert, welche dem Menschen die Rückkehr ins Paradies verwehren. Nur mit Gelassenheit und Sanftmut, in der heiligen Stille der echten Passivität kann man sich an sein ganzes Ich erinnern und die Welt und das Leben anschauen. Wie geschieht alles Denken und Dichten, als dass man sich der Einwirkung irgendeines Genius ganz überlässt und hingibt? Und doch ist das Sprechen und Bilden nur Nebensache in allen Künsten und Wissenschaften, das Wesentliche ist das Denken und Dichten, und das ist nur durch Passivität möglich. Freilich ist es eine absichtliche, willkürliche, einseitige, aber doch Passivität. Je schöner das Klima ist, je passiver ist man. Nur Italiäner wissen zu gehen, und nur die im Orient verstehen zu liegen; wo hat sich aber der Geist zarter und süßer gebildet als in Indien? Und unter allen Himmelsstrichen ist es das Recht des Müßiggangs, was Vornehme und Gemeine unterscheidet, und das eigentliche Prinzip des Adels.

Endlich, wo ist mehr Genuss und mehr Dauer, Kraft und Geist des Genusses: bei den Frauen, deren Verhältnis wir Passivität nennen, oder etwa bei den Männern, bei denen der Übergang von übereilender Wut zur Langenweile schneller ist als der Übergang vom Guten zum Bösen?

In der Tat, man sollte das Studium des Müßiggangs nicht so sträflich vernachlässigen, sondern es zur Kunst und Wissenschaft, ja zur Religion bilden! Um alles in eins zu fassen: Je göttlicher ein Mensch oder ein Werk des Menschen ist, je ähnlicher werden sie der Pflanze; diese ist unter allen Formen der Natur die sittlichste und die schönste. Und also wäre ja das höchste vollendetste Leben nichts als ein *reines Vegetieren*. [...] (v 1799)

Dorothea Schlegel, geb. Brendel Mendelssohn, war die zweite Tochter von Moses Mendelssohn, einem angesehenen philosophischen Schriftsteller der Aufklärung; sie wurde 1764 in Berlin geboren und starb 1839 in Frankfurt/ Main. Sie erhielt eine traditionelle jüdische Erziehung und wurde vom Vater mit dem Bankier Simon Veit verheiratet. Sie übersetzte aus dem Französischen und schrieb den Bildungsroman *Florentin*, mit dem sie erfolgreich war. 1802 zog sie mit Fr. Schlegel nach Paris, wo sie sich evangelisch taufen ließ und Friedrich heiratete. In Köln, wohin sie 1804 zogen, konvertierten beide zum Katholizismus. Weitere Lebensstationen führten sie nach Wien und Frankfurt.

3 Freundschaftskult in der Romantik

In der Empfindsamkeit des 18. Jahrhunderts suchte man neue, freiere Lebensformen in einem ausgeprägten Freundschaftskult. Gruppenbildungen bestimmten auch die Romantik, jedoch ohne den formellen Rahmen der Empfindsamkeit (die Dichter des Göttinger Hains führten ein Bundesjournal, von den Zusammenkünften wurden Protokolle angefertigt). Sie gründeten auf Freundschaften, zur persönlichen Zuneigung kam die Übereinstimmung im Denken. Gemeinsame Ziele versuchte man durch Zusammenarbeit bei Projekten zu verwirklichen, etwa bei der Volksliedersammlung „Des Knaben Wunderhorn“ (Achim von Arnim und Clemens Brentano waren die Herausgeber), den Märchensammlungen der Brüder Grimm, der Herausgabe von Zeitschriften („Athenäum“). Oft dauerten diese Freundschaften nur kurze Zeit; häufig führten die schwierigen materiellen Verhältnisse dazu, dass man sich trennen musste. Mit dem Wechsel der Aufenthaltsorte wechselten die Zentren. Für die *Frühromantik* waren das innerhalb von drei Jahren die Städte Berlin, Leipzig, Dresden und Jena.

1799 wurde ein Haus am Löbdergraben in Jena, das August Wilhelm Schlegel mit seiner Frau Caroline bewohnte, zu einem Zentrum der freilich erst später so genannten Frühromantik (oder *Jenaer Romantik*). Die beiden hatten den Ehrgeiz, aus dem Haus den Mittelpunkt des gesellschaftlich-literarischen Lebens zu machen. Zu Goethe im nahen Weimar bestanden freundschaftliche Beziehungen. Über Schiller ist eine sarkastische Äußerung überliefert: „Über ein Gedicht von Schiller, das Lied von der Glocke, sind wir gestern fast von den Stühlen gefallen vor Lachen.“ Der Spott galt der von Schiller dargestellten bürgerlich-biederen Lebensweise und seiner Vorstellung von der Aufteilung der Geschlechterrollen („der Mann muss hinaus ins feindliche Leben“, „und drinnen waltet die züchtige Hausfrau“). Die Privatheit des Freundeskreises wurde keineswegs als Rückzug empfunden, sondern im Gegenteil als Modell einer gesellschaftlichen Utopie; die Revolution sollte auch das eigene Leben erfassen. – Es trafen sich dort Dichter (Tieck, Fr. Schlegel, Novalis, kurze Zeit auch Brentano) und Philosophen (Schelling), Naturwissenschaftler, Ärzte, Maler, Bildhauer, Kritiker. Man wollte gemeinsam leben, denken und schöpferisch tätig sein und brachte das in Wortneubildungen wie „Symexistieren“, „Symphilosophie“, „Sympoesie“, aber auch „Symfaulenzen“ zum Ausdruck (sym- = gemeinsam). Das Zusammenleben dauerte jedoch nur wenige Monate des Jahres 1799; unterschiedliche Auffassungen, Eifersucht und Geldsorgen brachten die Gruppe auseinander.

„Geselligkeit ist das wahre Element für alle Bildung, die den ganzen Menschen zum Ziel hat“. Dieser Satz könnte der Wahlspruch dieser Gruppe gewesen sein, in der Frauen eine wesentliche Rolle spielten.

4. Suche nach Selbstverwirklichung – Frauen in der Romantik

Im Zeitalter der Emanzipation der Frauen ist es kaum vorstellbar, unter welch' erschwerten Bedingungen Schriftstellerinnen in der Romantik schreiben und ihre Werke veröffentlichen konnten.

Karoline von Günderode (1780–1806) lebte nach dem frühen Tod des Vaters in Hanau, bis sie 1797 in ein adeliges evangelisches Frankfurter Damenstift eintrat, in jener Zeit eine standesgemäße Versorgungsanstalt für unvermögende, unverheiratete Töchter aus guter Familie. Wegen einer unglücklichen Liebe zu dem Heidelberger Mythenforscher Friedrich Creuzer nahm sie sich das Leben. Sie hat nur weniges

1 Karoline von Günderode (1780–1806): Brief an Gunda Brentano

(Auszug)

[...] Es ist ein hässlicher Fehler von mir, dass ich so leicht in einen Zustand des Nichtempfindens verfallen kann, und ich freue mich über jede Sache, die mich aus demselben reißt. Gestern las ich Ossians[1] Darthula, und es wirkte so angenehm auf mich; der alte Wunsch, einen Heldentod zu sterben, ergriff mich mit großer Heftigkeit; unleidlich war es mir noch zu le-

[1] Ossian: J. Macpherson gab 1760 die *Fragments of ancient poetry, collected in the highlands of Scotland* heraus, die er dem blinden gälischen Dichter Ossian aus dem 3. Jh. zuschrieb; es waren jedoch Fälschungen, die allerdings eine große Wirkung hatten, z. B. auch auf W. von Goethes *Die Leiden des jungen Werthers*.

– unter dem männlichen Pseudonym Tian – veröffentlicht. Vor allem ihre wenigen erhaltenen Briefe, Bettina von Arnims Briefroman *Die Günderode* sowie Christa Wolfs Erzählung *Kein Ort. Nirgends* (1979) vermitteln ein eindrucksvolles Bild dieser Frau.

ben, unleidlicher ruhig und gemein zu sterben. Schon oft hatte ich den unweiblichen Wunsch mich in ein wildes Schlachtgetümmel zu werfen, zu sterben. Warum ward ich kein Mann! ich habe keinen Sinn für weibliche Tugenden, für Weiberglückseligkeit. Nur das Wilde, Große, Glänzende gefällt mir. Es ist ein unseliges aber unverbesserliches Missverhältnis in meiner Seele; und es wird und muss so bleiben, denn ich bin ein Weib, und habe Begierden wie ein Mann, ohne Männerkraft. Darum bin ich so wechselnd, so uneins mit mir. [...]
(29.8.1801)

2 Karoline von Günderode: Brief an Gunda Brentano (Auszug)

Ich weiß nicht Gunda ob ich Dir etwas von mir sagen soll, da ich fast gewiss annehmen kann, dass Du keinen Anteil an dem nehmen kannst, was ich Dir von mir sagen möchte. Die Einseitigkeit unseres Briefwechsels erregt mir auch unangenehme Empfindungen. Ich schlage Töne an und höre nur immer dieselben monotone Klänge, bis zur Ungeduld bringt es mich fast dass nicht neue Töne mit den schon verhallten abwechseln. – Beinahe wirst Du mir zu fremd, um Dich in die eigentlichsten Teile meiner innern Welt einzuführen; dennoch bist Du ein Gast, den man nicht draußen vor der Tür möchte stehen lassen. Eine große Verlegenheit. Ich dächte man führe Dich in eine nicht ganze ferne Loge und lasse so die Schauspieler (Gedanken, Fantasien, Gefühle) vor Dir spielen aber hinter die Kulissen lasse man Dich nicht kommen, überhaupt das innerste Getriebe nicht sehen. – Aber ich kann das nicht Gunda, wenigstens hält es mir zu schwer, ich muss entweder das Schauspielhaus ganz verschließen, oder auch das Innerste entschleiern. [...] (20.10.1801)

3 Karoline von Günderode: Brief an Friedrich Carl von Savigny

Dass ich traurig bin, kannst Du Dir wohl leicht erklären. So viel Lebenskraft und Mut zu haben und keine Mittel, ihn anzuwenden! Wie mag es einem großen Krieger zu Mut sein, dem das Herz glühet zu großen Unternehmungen und Taten, und der in der Gefangenschaft ist, mit Ketten beladen, an keine Rettung denken darf. Mir überwältigt diese immer währende rastlose Begier nach Wirken oft die Seele und bin doch nur ein einfältig Mädchen, deren Bestimmung ganz anders ist. Wenn ich so denke, dass gestern ein Tag war, wie heute einer ist und morgen einer sein wird und wie schon viele waren und noch viele sein werden, so wird es mir oft ganz dunkel vor den Sinnen und ich kann mir selbst kaum denken, wie unglücklich mich das machen wird, nie in ein Verhältnis zu kommen, worinnen ich meiner Kraft gemäß wirken kann. (Okt. 1804)

Bettina von Arnim ist 1785 in Frankfurt geboren und 1859 in Wiepersdorf bei Berlin gestorben; sie ist die Schwester von Clemens Brentano. Sie wurde durch ihre Großmutter, die Schriftstellerin Sophie von La Roche (1730–1807), erzogen. Über die Offenheit, mit der sie 1843 in ihrer Schrift *Dies Buch gehört dem König* die gesellschaftlichen Verhältnisse kritisierte, schrieb Karl Gutzkow: „Traurig genug, dass nur ein Weib das sagen durfte, was jeden Mann hinter Schloss und Riegel würde gebracht haben." In *Goethes Briefwechsel mit einem Kinde* (1835), *Die Günderode* (1840) und *Clemens Brentanos Frühlingskranz* (1844), erfundene und tatsächliche Korrespondenzen, stellt sie auch ihre Entwicklungsgeschichte bis zu ihrer Eheschließung mit Achim von Arnim (1811) dar. Ihr Berliner Salon war in den 40er- und 50er-Jahren ein kultureller Treffpunkt.

4 Bettina von Arnim (1785–1859): Brief an Goethes Mutter (Auszug)

[...] Wir lasen zusammen den *Werther* und sprachen viel über den Selbstmord; sie sagte: „Recht viel lernen, recht viel fassen mit dem Geist, und dann früh sterben; ich mag's nicht erleben, dass mich die Jugend verlässt." Wir lasen vom Jupiter Olymp des Phidias[1], dass die Griechen von dem sagten, der Sterbliche sei um das Herrlichste betrogen, der die Erde verlasse, ohne ihn gesehen zu haben. Die Günderode sagte, wir müssen ihn sehen, wir wollen nicht zu den Unseligen gehören, die so die Erde verlassen. Wir machten ein Reiseprojekt, wir erdachten unsre Wege und Abenteuer, wir schrieben alles auf, wir malten alles aus, unsre Einbildung war so geschäftig, dass wir's in der Wirklichkeit nicht besser hätten erleben können; oft lasen wir in dem erfundenen Reisejournal und freuten uns der allerliebsten Abenteuer, die wir drin erlebt hatten, und die Erfindung wurde gleichsam zur Erinnerung, deren Beziehungen sich noch in der Gegenwart fortsetzten. Von dem, was sich in der Wirklichkeit ereignete, machten wir uns keine Mitteilungen; das Reich, in dem wir zusammentrafen, senkte sich herab wie eine Wolke, die sich öffnete, um uns in ein verborgenes Paradies aufzunehmen; da war alles neu, überraschend, aber passend für Geist und Herz; und so vergingen die Tage. [...]

---

[1] Phidias (5. Jh. v. Chr.) war der berühmteste Bildhauer des Altertums. Er war Athener und mit Perikles befreundet; eines seiner Hauptwerke ist die Zeusstatue in Olympia.

5 Karoline von Günderode (1780–1806): Brief an Clemens Brentano (Auszug)

[...] Auch die wahrsten Briefe sind meiner Ansicht nach nur Leichen, sie bezeichnen ein ihnen einwohnend gewesenes Leben und ob sie gleich dem Lebendigen ähnlich sehen, so ist doch der Moment ihres Lebens schon dahin: deswegen kömt es mir aber vor (wenn ich lese, was ich vor einiger Zeit geschrieben habe) als sähe ich mich im Sarg liegen und meine beiden Ichs starren sich ganz verwundert an. [...]

(1803?)

Caspar David Friedrich (1774–1840): Frau am Fenster, 1822

6 Christa Wolf (*1929): Der Schatten eines Traumes*

(Auszug, Biografie S. 420)

[...] „Denn, abgeschlossen sind wir durch enge Verhältnisse von der Natur, durch engere Begriffe vom wahren Lebensgenuß, durch unsere Staatsformen von aller Tätigkeit im Großen. So fest umschlossen ringsum, bleibt uns nur übrig, den Blick hinaufzurichten zum Himmel oder brütend in uns selbst zu wenden. Sind nicht beinah alle Arten der neueren Poesie durch diese unsere Stellung bestimmt? Liniengestalten entweder, die körperlos hinaufstreben, im unendlichen Raum zu zerfließen, oder bleiche, lichtscheue Erdgeister, die wir grübelnd aus der Tiefe unseres Wesens heraufbeschwören, aber nirgends kräftige, markige Gestalten. Der Höhe dürfen wir uns rühmen und der Tiefe, aber behagliche Ausdehnung fehlt uns durchaus." [...] [Günderode]

Frauen, die es fertigbringen, ihre eigne Lage zu reflektieren – ein Vorrecht, das wie jedes Privileg seinen Preis hat, der heißt: Aufgabe von Geborgenheit, von Sicherheit, Verzicht auf das frühere Selbstverständnis der abhängigen Frau, ohne die Gewißheit, eine neue Identität zu gewinnen. Ursprünglichkeit, Natürlichkeit, Wahrhaftigkeit, Intimität gehören zu ihrem universalen Glücksanspruch; sie lehnen ab, was die Hierarchie verlangt: Kälte, Steifheit, Absonderung und Etikette. Beinahe voraussetzungslos, auf Ideen nur, nicht auf soziale, ökonomische, politische Gegebenheiten gestützt, sind sie dazu verurteilt, Außenseiter zu werden, nicht Revolutionäre, wie die Romantiker in andern europäischen Ländern, die von ihren „romantischen" Dichtern einen andern, politischen Gebrauch zu machen wissen. Hierorts werden sie in die Isolation getrieben, in Verwirrung, in Selbstzweifel, die sie durch Grimassieren, durch exaltierte Gesten abzuwehren suchen: Was man ihnen dann, zu ihrer Belastung, vorhalten wird. Wir sehn sie gewagte Kunststücke ausführen, halsbrecherische Kletterein, extravagante Experimente mit sich selbst anstellen: Der Boden brennt ihnen unter den Fußsohlen; der Philister hat seinen Fuß darauf gestellt, er besetzt ihn, Stück um Stück, er bestimmt von nun an, was als vernünftig zu gelten habe, und er beginnt diese hier mit seinem Unverständnis, seinem Hohn, seinem Haß, seinem Neid und seinen Verleumdungen zu verfolgen. [...]

Daß sie einander stützen und bestätigen, ist gewiß, und wenn man will, kann man die Freundschaftskreise der Zeit als die ersten „Organisationen" sehn, in denen Frauen als gleichberechtigte Glieder wirken – bis sie wenige Jahre später in den größeren Städten, besonders in Berlin, selbst zu Gründerinnen und Mittelpunkten solcher Zirkel werden: der Salons. Der Ton, die Inständigkeit ihrer gegenseitigen Bekenntnisse, die Richtung ihrer Interessen, die Themenkreise, über die sie ihre Ansichten austauschen, die Denk- und Lebensformen, auf die sie aus sind, können als ein vielleicht unbewußter Versuch gelten, weibliche Elemente in eine patriarchalisch strukturierte Kultur einzubringen. Diese jungen Frauen, die ersten weiblichen Intellektuellen, erleben die Anfänge des Industriezeitalters, der Arbeitsteilung und der Vergottung der Ratio als eine Vergewaltigung ihrer Natur. „Nützlichkeit ist ein Bleigewicht an dem Adlerfluge der Phantasie", schreibt Lisette Nees der Karoline. „Natur!" wird zu ihrem gemeinsamen Sehnsuchtsruf, wie er das unter Rousseaus Einfluß auch den Stürmern und Drängern war. Doch die Naivität des ersten Ansturms ist dahin, die Politur der feudalen Klasse, die französelnde Etikette an den deutschen Höfen und Höfchen, gegen die jene sich auflehnten, ist noch kaum beseitigt, da sehen sich die Nachfolger mit den neuen „Verkehrtheiten" der bürgerlichen Gesellschaft konfrontiert, mit andern Vorwänden, die Wahrheit des Empfindens zu diffamieren, die Wahrheit des Gedankens zu unterdrücken. „Haben nicht die geistschmiedenden Zyklopen mit dem einen erhabenen Aug auf der Stirne die Welt angeschielt, statt daß sie mit beiden Augen sie gesund würden angeschaut haben?" Die Welt ist krank, und sie merkt es nicht. Frauen, in diesen wenigen Jahren, einer Lücke zwischen zwei Zeitaltern, plötzlich aus alten Schablonen herausgefallen – auch aus den Schablonen, ihr Geschlecht betreffend –, schließen eine Art Bündnis, sie gesund zu machen. Die Zeichen, die sie geben, können erst jetzt wieder bemerkt, aufgenommen und gedeutet werden. [...]

(v 1979)

1. Stellen Sie in einer Mind-Map (vgl. S. 226f.) zusammen: Männliche und weibliche Lebensentwürfe – heute.

2. Karoline von Günderode hat ein Bild von männlicher und weiblicher Identität; entnehmen Sie den Texten die entsprechenden Schlüsselbegriffe und vergleichen Sie.

3. Beschreiben Sie, welche Schwierigkeiten Karoline von Günderode sieht, um sich der Freundin mitzuteilen.

4. Legen Sie eine Stichwortsammlung an zu dem erfundenen Reisejournal (Text 4, Z. 9f.) und gestalten Sie eine Etappe aus.

5. Verfassen Sie einen Konspekt zu Text 6.

6. a) Informieren Sie sich in Literaturgeschichten über Dichterinnen der Romantik.
b) Stellen Sie (z.B. anhand des Personenregisters einer Literaturgeschichte) eine Liste von Autorinnen und ihren Werken zusammen. Mischen Sie die Namen mit männlichen Autoren und machen Sie eine kleine Umfrage, um den Bekanntheitsgrad zu ermitteln.
c) Informieren Sie sich über Frauenliteraturgeschichten und berichten Sie.
d) „Es gibt kein männliches und weibliches Schreiben; deshalb muss es auch keine Frauenliteraturgeschichte geben." Sammeln Sie Argumente und diskutieren Sie.

III. Fantasie und Wirklichkeit

1. Fantasiebilder in der Dichtung – Vergleich zweier Novellenanfänge

Dass die ‚Welt im Kopf' nicht mit der wirklichen, tatsächlichen übereinstimmt, erfährt Don Quijote (der Held in Cervantes' (1547–1616) gleichnamigem Roman aus dem Jahre 1605) schmerzhaft am eigenen Leib, als er gegen Windmühlen kämpft, die er für Ritter hält. Seine durch Ritterromane besetzte Fantasie hindert ihn an der richtigen Wirklichkeitserkenntnis. Bereits das 18. Jahrhundert hatte sich gründlich mit der Fantasie (man nannte sie Einbildungskraft) beschäftigt; die Romantik knüpfte also auch in diesem Bereich an die Aufklärung an.

1. a) Lesen Sie beide Novellenanfänge (Text 1 und 2) und notieren Sie Auffälligkeiten.
b) Welche Lesererwartungen werden geweckt?
c) Legen Sie einen Vergleichsaspekt oder mehrere vergleichbare Gesichtspunkte fest.

1 Ernst Theodor Amadeus Hoffmann (1776–1822): Der goldene Topf (Auszug)

In den 12 Vigilien[1] dieses Kunstmärchens sind bürgerlicher Alltag und Fantasiewelt von Anfang an vielfach vermischt und zwischen beiden Bereichen wechselt das Geschehen häufig. Die Hauptfigur Anselmus hat – wie ein Märchenheld – viele Abenteuer zu bestehen, bis sich am Ende alles zum Guten wendet.

Erste Vigilie
Die Unglücksfälle des Studenten Anselmus. – Des Konrektors Paulmann Sanitätsknaster[2] und die goldgrünen Schlangen.

Am Himmelfahrtstage, nachmittags um drei Uhr, rannte ein junger Mensch in Dresden durchs Schwarze Tor und geradezu in einen Korb mit Äpfeln und Kuchen hinein, die ein altes hässliches Weib feilbot, so dass alles, was der Quetschung glücklich entgangen, hinausgeschleudert wurde und die Straßenjungen sich lustig in die Beute teilten, die ihnen der hastige Herr zugeworfen. Auf das Zetergeschrei, das die Alte erhob, verließen die Gevatterinnen ihre Kuchen- und Branntweintische, umringten den jungen Menschen und schimpften mit pöbelhaftem Ungestüm auf ihn hinein, so dass er, vor Ärger und Scham verstummend, nur seinen kleinen, nicht eben besonders gefüllten Geldbeutel hinhielt, den die Alte begierig ergriff und schnell einsteckte. Nun öffnete sich der fest geschlossene Kreis, aber indem der junge Mensch hinausschoss, rief ihm die Alte nach: „Ja, renne – renne nur zu, Satanskind – ins Kristall bald dein Fall – ins Kristall!" – Die gellende, krächzende Stimme des Weibes hatte etwas Entsetzliches, so dass die Spaziergänger verwundert stillstanden, und das Lachen, das sich erst verbreitet, mit einem Mal verstummte. – Der Student Anselmus (niemand anders war der junge Mensch) fühlte sich, unerachtet er des Weibes sonderbare Worte durchaus nicht verstand, von einem unwillkürlichen Grausen ergriffen, und er beflügelte noch mehr seine Schritte, um sich den auf ihn gerichteten Blicken der neugierigen Menge zu entziehen. Wie er sich nun durch das Gewühl geputzter Menschen durcharbeitete, hörte er überall murmeln: „Der arme junge Mann – Ei! – über das verdammte Weib!" – Auf ganz sonderbare Weise hatten die geheimnisvollen Worte der Alten dem lächerlichen Abenteuer eine gewisse tragische Wendung gegeben, so dass man dem vorhin ganz Unbemerkten jetzt teilnehmend nachsah. Die Frauenzimmer verziehen dem wohlgebildeten Gesichte, dessen Ausdruck die Glut des innern Grimms noch erhöhte, sowie dem kräftigen Wuchse des Jünglings alles Ungeschick sowie den ganz aus dem Gebiete aller Mode liegenden Anzug. Sein hechtgrauer Frack war nämlich so zugeschnitten, als habe der Schneider, der ihn gearbeitet, die moderne Form nur von Hörensagen gekannt, und das schwarzatlasne wohlgeschonte Unterkleid gab dem Ganzen einen gewissen magistermäßigen Stil, dem sich nun wieder Gang und Stellung durchaus nicht fügen wollte. – Als der Student schon beinahe das Ende der Allee erreicht, die nach dem Linkischen Bade führt, wollte ihm beinahe der Atem ausgehen. Er war genötigt, langsamer zu wandeln; aber kaum wagte er den Blick in die Höhe zu richten, denn noch immer sah er die Äpfel und Kuchen um sich tanzen, und jeder freundliche Blick dieses oder jenes Mädchens war ihm nur der Reflex des schadenfrohen Gelächters am Schwarzen Tor. So war er bis an den Eingang des Linkischen Bades gekommen; eine Reihe festlich gekleideter Menschen nach der andern zog herein. Musik von Blasinstrumenten ertönte von innen, und immer lauter und lauter wurde das Gewühl der lustigen Gäste. Die Tränen wären dem armen Studenten Anselmus beinahe

[1] Die Vigilie (< lat. vigilia = Das Wachen, Viertel der Nacht): Nachtwache
[2] Der Knaster: niederländ., aus span. Rohrkorb, 18. Jh.: feiner Tabak in Körben verpackt; umgangssprachlich: schlechter Tabak

Ernst Theodor Amadeus Hoffmann (1776–1822) war Komponist, bildender Künstler und Schriftsteller. Nach einem Jurastudium in Königsberg ging er 1798 an das Berliner Kammergericht und wurde ab 1800 häufig versetzt: nach Posen, Plock (Weichsel), Warschau (1804– 1807). Er war danach Kapellmeister in Bamberg. 1802 hatte er die Polin „Mischa" Roner geheiratet. In Bamberg verliebte er sich in seine Gesangsschülerin Julia Mark, eine unglückliche Liebe, die in vielfältiger Weise in seinem Werk Widerhall fand. 1814 wurde Hoffmann als Kammergerichtsrat in Berlin Mitglied der Zensurbehörde. Die Doppelexistenz als preußischer Beamter und als Künstler verarbeitete er satirisch im *Kater Murr* und in *Meister Floh*. 1814 erschienen die ersten drei Bände der *Fantasiestücke in Callot's Manier*, zu denen auch *Der goldene Topf* gehört, den der Autor immer als sein liebstes Werk ansah. E.T.A. Hoffmann erreichte eine breite Leserschicht; in Frankreich galt er als einer der bedeutendsten deutschen Dichter. Das Hoffmann-Bild wurde stark beeinflusst durch Jacques Offenbachs Oper *Hoffmanns Erzählungen* (1881).
Werke: *Die Elixiere des Teufels*, 1815; *Lebensansichten des Katers Murr*, 1819–21; *Das Fräulein von Scuderi*, 1820; *Prinzessin Brambilla*, 1820; *Meister Floh*, 1822.

in die Augen getreten, denn auch er hatte, da der Himmelfahrtstag immer ein besonderes Familienfest für ihn gewesen, an der Glückseligkeit des Linkischen Paradieses teilnehmen, ja er hatte es bis zu einer halben Portion Kaffee mit Rum und einer Bouteille Doppelbier treiben wollen und, um so recht schlampampen zu können, mehr Geld eingesteckt, als eigentlich erlaubt und tunlich war. Und nun hatte ihn der fatale Tritt in den Äpfelkorb um alles gebracht, was er bei sich getragen. [...]

Anselmus setzt sich am Ufer der Elbe unter einen Holunderbaum, raucht eine Pfeife und denkt über sein unglückliches Leben nach.

Hier wurde der Student Anselmus in seinem Selbstgespräche durch ein sonderbares Rieseln und Rascheln unterbrochen, das sich dicht neben ihm im Grase erhob, bald aber in die Zweige und Blätter des Holunderbaums hinaufglitt, der sich über seinem Haupte wölbte. Bald war es, als schüttle der Abendwind die Blätter, bald, als kos'ten Vögelein in den Zweigen, die kleinen Fittiche im mutwilligen Hin- und Herflattern rührend. – Da fing es an zu flüstern und zu lispeln, und es war, als ertönten die Blüten wie aufgehangene Kristallglöckchen. Anselmus horchte und horchte. Da wurde, er wusste selbst nicht wie, das Gelispel und Geflüster und Geklingel zu leisen halb verwehten Worten:

„Zwischendurch – zwischenein – zwischen Zweigen, zwischen schwellenden Blüten, schwingen, schlängeln, schlingen wir uns – Schwesterlein – Schwesterlein, schwinge dich im Schimmer – schnell, schnell herauf – herab – Abendsonne schießt Strahlen, zischelt der Abendwind – raschelt der Tau – Blüten singen – rühren wir Zünglein, singen wir mit Blüten und Zweigen – Sterne bald glänzen – müssen herab – zwischendurch, zwischenein schlängeln, schlingen, schwingen wir uns Schwesterlein." –

So ging es fort in Sinne verwirrender Rede. Der Student Anselmus dachte: „Das ist denn doch nur der Abendwind, der heute mit ordentlich verständlichen Worten flüstert." – Aber in dem Augenblick ertönte es über seinem Haupte wie ein Dreiklang heller Kristallglocken; er schaute hinauf und erblickte drei in grünem Gold erglänzende Schlänglein, die sich um die Zweige gewickelt hatten und die Köpfchen der Abendsonne entgegenstreckten. Da flüsterte und lispelte es von Neuem in jenen Worten, und die Schlänglein schlüpften und kos'ten auf und nieder durch die Blätter und Zweige, und wie sie sich so schnell rührten, da war es, als streue der Holunderbusch tausend funkelnde Smaragde durch seine dunklen Blätter. „Das ist die Abendsonne, die so in dem Holunderbusch spielt", dachte der Student Anselmus, aber da ertönten die Glocken wieder, und Anselmus sah, wie eine Schlange ihr Köpfchen nach ihm herabstreckte. Durch alle Glieder fuhr es ihm wie ein elektrischer Schlag, er erbebte im Innersten – er starrte hinauf, und ein Paar herrliche dunkelblaue Augen blickten ihn an mit unaussprechlicher Sehnsucht, so dass ein nie gekanntes Gefühl der höchsten Seligkeit und des tiefsten Schmerzes seine Brust zersprengen wollte. [...]

Doch die Schlangen verschwinden, nachdem sie von einer rauen, tiefen Stimme gerufen wurden.

„Der Herr ist wohl nicht recht bei Troste!", sagte eine ehrbare Bürgersfrau, die, vom Spaziergange mit der Familie heimkehrend, still stand und mit übereinander geschlagenen Armen dem tollen Treiben des Studenten Anselm zusah. Der hatte nämlich den Stamm des Holunderbaumes umfasst und rief unaufhörlich in die Zweige und Blätter hinein: „O nur noch einmal blinket und leuchtet, ihr lieblichen goldnen Schlänglein, nur noch einmal lasst eure Glockenstimmchen hören! Nur noch einmal blicket mich an, ihr holdseligen blauen Augen, nur noch einmal, ich muss ja sonst vergehen in Schmerz und heißer Sehnsucht!" Und dabei seufzte und ächzte er aus der tiefsten Brust recht kläglich und schüttelte vor Verlangen und Ungeduld den Holunderbaum, der aber statt aller Antwort nur ganz dumpf und unvernehmlich mit den Blättern rauschte und so den Schmerz des Studenten Anselmus ordentlich zu verhöhnen schien. – [...] (v 1814)

2 Joseph von Eichendorff (1788–1857): Das Marmorbild (Auszug)

Verkörpert durch eine Venusfigur aus Marmor erfährt der junge Florio auf märchenhafte Weise die Verführung durch eine heidnisch-mythische Welt. Aber sein Freund, der Sänger Fortunato, rettet ihn, so dass der Liebe zu Bianca nichts mehr im Wege steht.

Es war ein schöner Sommerabend, als Florio, ein junger Edelmann, langsam auf die Tore von Lucca zuritt, sich erfreuend an dem feinen Dufte, der über der wunderschönen Landschaft und den Türmen und Dächern der Stadt vor ihm zitterte, so wie an den bunten Zügen zierlicher Damen und Herren, welche sich zu beiden Seiten der Straße unter den hohen Kastanien-Alleen fröhlich schwärmend ergingen.

Da gesellte sich, auf zierlichem Zelter desselben Weges ziehend, ein anderer Reiter in bunter Tracht, eine goldene Kette um den Hals und ein samtenes Barett mit Federn über

Joseph von Eichendorff ist 1788 auf Schloss Lubowitz bei Ratibor in Oberschlesien geboren und 1857 in Neiße gestorben. Der Familienbesitz Lubowitz wurde 1823 zwangsversteigert, was für Eichendorff ein einschneidendes Ereig-

nis war, denn Heimat war für ihn ein wichtiger Wert und für sein Werk eine zentrale Chiffre – Heimat ist der verlorene Zustand der Freiheit und Erfüllung. Den Menschen verstand er als einen Reisenden durch die Welt zum ewigen Zuhause.
Nach einem Jurastudium (1805/06 in Halle, 1807/08 in Heidelberg, wo er Arnim und Brentano kennen lernte, Examen 1812 in Wien) nahm er 1813–15 an den Befreiungskriegen teil. 1815 erschien sein erster Roman *Ahnung und Gegenwart*. 1816 trat er in den preußischen Staatsdienst ein, 1821 wurde er katholischer Kirchen- und Schulrat in Danzig, 1824 in Königsberg. 1826 erschien seine Novelle *Aus dem Leben eines Taugenichts*, auf der sein Ruhm vor allem basierte. Die Geschichte des Müllerjungen ist weniger Flucht vor der Realität als vielmehr Protest, Gegenbild zur gesellschaftlichen Wirklichkeit der Zeit. 1831 übersiedelte er mit seiner Familie (er hatte 1815 Aloysia von Larisch geheiratet) nach Berlin. Erst 1841 bekam er eine feste Anstellung als Geheimer Regierungsrat; 1844 ging er in Pension. Neben dem *Taugenichts* wurde Eichendorff durch seine Gedichte berühmt – die erste Ausgabe erschien 1837. Er gehörte zur Spätromantik.
Weitere Werke: *Das Marmorbild* (1819), *Dichter und ihre Gesellen* (1834), *Schloss Dürande* (1837)

den dunkelbraunen Locken, freundlich grüßend zu ihm. Beide hatten, so nebeneinander in den dunkelnden Abend hineinreitend, gar bald ein Gespräch angeknüpft, und dem jungen Florio dünkte die schlanke Gestalt des Fremden, sein frisches keckes Wesen, ja selbst seine fröhliche Stimme so überaus anmutig, dass er gar nicht von demselben wegsehen konnte.

Welches Geschäft führt Euch nach Lucca?, fragte endlich der Fremde. Ich habe eigentlich gar keine Geschäfte, antwortete Florio ein wenig schüchtern. Gar keine Geschäfte? – Nun, so seid Ihr sicherlich ein Poet!, versetzte jener lustig lachend. Das wohl eben nicht, erwiderte Florio und wurde über und über rot. Ich habe mich wohl zuweilen in der fröhlichen Sangeskunst versucht, aber wenn ich dann wieder die alten großen Meister las, wie da alles wirklich da ist und leibt und lebt, was ich mir manchmal heimlich nur wünschte und ahnete, da komm ich mir vor wie ein schwaches, vom Winde verwehtes Lerchenstimmlein unter dem unermesslichen Himmelsdom. – Jeder lobt Gott auf seine Weise, sagte der Fremde, und alle Stimmen zusammen machen den Frühling. Dabei ruhten seine großen geistreichen Augen mit sichtbarem Wohlgefallen auf dem schönen Jünglinge, der so unschuldig in die dämmernde Welt vor sich hinaussah.

Ich habe jetzt, fuhr dieser nun kühner und vertraulicher fort, das Reisen erwählt, und befinde mich wie aus einem Gefängnis erlöst, alle alten Wünsche und Freuden sind nun auf einmal in Freiheit gesetzt. Auf dem Lande in der Stille aufgewachsen, wie lange habe ich da die fernen blauen Berge sehnsüchtig betrachtet, wenn der Frühling wie ein zauberischer Spielmann durch unsern Garten ging und von der wunderschönen Ferne verlockend sang und von großer unermesslicher Lust. – Der Fremde war über den letzten Worten in tiefe Gedanken versunken. Habt Ihr wohl jemals, sagte er zerstreut aber sehr ernsthaft, von dem wunderbaren Spielmann gehört, der durch seine Töne die Jugend in einen Zauberberg hinein verlockt, aus dem keiner wieder zurückgekehrt ist? Hütet Euch! –

Florio wusste nicht, was er aus diesen Worten des Fremden machen sollte, konnte ihn auch weiter darum nicht befragen; denn sie waren soeben, statt zu dem Tore, unvermerkt dem Zuge der Spaziergänger folgend, an einen weiten grünen Platz gekommen, auf dem sich ein fröhlich schallendes Reich von Musik, bunten Zelten, Reitern und Spazierengehenden in den letzten Abendgluten schimmernd hin und her bewegte.

Hier ist gut wohnen, sagte der Fremde lustig, sich vom Zelter schwingend; auf baldiges Wiedersehn! und hiermit war er schnell in dem Gewühle verschwunden.

Florio stand vor freudigem Erstaunen einen Augenblick still vor der unerwarteten Aussicht. Dann folgte auch er dem Beispiele seines Begleiters, übergab das Pferd seinem Diener und mischte sich in den muntern Schwarm. [...] (v 1826)

Fragen zur Erschließung eines Textes:

1. *Zum Inhalt:* Was wird erzählt:
- zum Geschehen;
- zur Handlung (Plot), Probleme;
- zu Ort, Zeit, Situation;
- zu den Figuren: Eigenart, Konstellation, Statik oder dynamische Entwicklung?

2. *Zum Aufbau:* In welcher Abfolge wird erzählt:
- chronologisch;
- durch Überschriften gegliedert;
- in Montage;
- assoziativ?

3. *Zur Form:* Wie wird erzählt:
- Eigenarten des Stils (Syntax, Wortwahl);
- Bildlichkeit (Metaphern, Vergleiche, Symbole);
- Rhythmus und Melodie?

Prosainterpretation 3 (vgl. S. 35ff.): Der **Vergleich zweier Novellenanfänge** verlangt ein Doppeltes: Einmal muss jeder Text in seiner Eigenart nach Inhalt, Aufbau und Stil erfasst werden, zum andern sind Vergleichsaspekte zu ermitteln und die strukturellen Anforderungen eines Vergleichs – im Unterschied zur Einzelinterpretation – zu erfüllen.

Thema:
Problemstellung → „Der goldene Topf" von E.T.A. Hoffmann und „Das Marmorbild" von J. von Eichendorff im Vergleich.
Aufgabenstellung → Interpretieren und vergleichen Sie die beiden Novellenanfänge!

1. Phase: Auffälligkeiten bei der Erstlektüre und Themenanalyse

Auffälligkeiten:

Der goldene Topf
- Alltag eines jungen Mannes
- ärgerlicher Zwischenfall
- ...

Das Marmorbild
- Reise zu Pferde nach Lucca
- Reisebegegnung
- ...

Themenanalyse: **Interpretieren** (Operator 1) und **Vergleichen** (Operator 2)

Interpretieren ↑ Deuten nach Inhalt, Aufbau und Form, z. B.: ...

Vergleichen ↑ Nach Gemeinsamkeiten und Unterschieden beschreiben, z. B.: ...

Ergebnis: Durch die allgemein gehaltene Aufgabenstellung müssen die Differenzierungen selbst ermittelt werden.

2. a) Prüfen und ergänzen Sie die Themenanalyse.

2. Phase: Stoffsammlung und Gliederung

„Der goldene Topf"			„Das Marmorbild"		
Zeilen	Inhalt/Aufbau	Stileigenarten	Zeilen	Inhalt/Aufbau	Stileigenarten
4f.	– genaue Zeit- und Ortsangabe – junger Mensch – umgestoßener Marktkorb → Zetergeschrei → Schadensersatz	– Kapitelüberschrift – auktorialer Erzähler – unmittelbarer Beginn – großes Tempo	1	– genaue Zeit-, Orts- und Stimmungsschilderung – Edelmann Florio auf dem Weg nach Lucca	– direkter Beginn – auktorialer Erzähler – Natur- und Stimmungsschilderung passen zusammen
13f.	– Fluch der Alten	– „Kristall" als Signalwort für Geheimnisvolles („Schwarzes Tor", Z. 5+36 f.)	6ff.	– Anderer Reiter in positiv-liebenswürdiger Schilderung	– Attribute: schön, jung, fein, wunderschön, bunt, zierlich, etc.
17ff.	– Student Anselmus von Grausen gepackt		9f.	– Gespräch der beiden: spontane Sympathie	– Adverbial: „fröhlich schwärmend" (Z.5)
21f.	– Mitleid der Augenzeugen	– Verweischarakter: „tragische Wendung" (Z. 23)	13f.	– Welche Geschäfte? Keine! Poet?	– positive Attribuierung des Fremden
25f.	– Wohlgefallen der Frauenzimmer: „strammer Jüngling ↔ alter Anzug"	– Spannung – Konkretisierung und Kontrast	15ff.	– Florio zeigt sich bescheiden	– Gespräch enthüllt den Kontrast: Geschäft ↔ Poet
			21ff.	– Sympathie des Fremden	– ... – ...
32f.	– Nachwirken des Missgeschicks in der Fantasie	– Realität und Vorstellung		– ... – ...	
40f.	– Das „Linkische Bad" als Ziel – ... – ...	– „schlampampen" (Z. 43) (Jargon) – ... – ...			

Deutung: *Aus einer alltäglichen Situation erfolgt unvermittelt der Absprung ins Geheimnisvoll-Schaurige, so dass ein deutlicher Kontrast zwischen Realität und Fantasie entsteht.*

Deutung: *Reisesituation (Aufbruch), zufällige Begegnung zweier gegensätzlicher Männer in direkter Charakterisierung z.T. aus der Sicht des Anderen:*

Florio ↔	Der Ältere (Mentor?)
– schüchtern – unsicher – naiv – ohne konkretes Ziel, aber auf dem Weg	– freundlich, anmutig – ironisch – wohlwollend – ermutigend – belehrend – geistreiche Augen

Unterschiede	Gemeinsamkeiten	Unterschiede
– Student – unglückliches Ereignis – Realität und Fantasie – ...	– Novellenanfänge – unmittelbarer Beginn – auktoriale Perspektive – junge Menschen – Aufbruchssituation – anschauliche Erzählweise – ...	– Edelmann – glückliche Reisebegegnung – Personen im Kontrast – idyllische Realität – ...

b) Überprüfen Sie die tabellarische Stoffsammlung und führen Sie diese durch ein Exzerpt weiter.

Volksmärchen: „Eine kleine, einfache Erzählung meist wunderbaren Inhalts. Da dem Märchen das Wunderbare selbstverständlich ist, braucht es den Abstand von der zeiträumlichen Gegenwart seiner Erzähler und Zuhörer. Es spielt im ungefähren Einst, im vagen Weitweg. Es datiert losgelöst von geschichtlich Bestehendem und Gewesenem [...]. Die Märchen folgen einem bestimmten Handlungsschema, das lediglich jeweils mit unterschiedlichen Motiven konkretisiert und bisweilen durch Vervielfältigung seiner Grundelemente erweitert wird. Knapp gefasst: jemand löst Aufgaben, die ihm gestellt sind und erhält dafür einen Gewinn, der ihn ein für allemal glücklich macht. [...] Solche Aufgaben sind: kostbare Gegenstände zu finden, Rätsel zu lösen, verwandelte Menschen zu erlösen. Dementsprechend wird auch mit hohem Einsatz gespielt, oft mit dem Leben. Die Aufgabe steht somit dem Preis als Hindernis im Weg. Hier kommen die übernatürlichen Mächte zum Zug, die guten, die dem Helden helfen, die bösen, die seine Anstrengungen zu hintertreiben suchen. [...] Der Handlungsaufbau ist einfach, einsträngig, gradlinig. [...] Die Erzählperspektive wechselt fast nie, sie bleibt von Anfang bis Ende beim Helden."
(Aus: Volker Klotz: Das europäische Kunstmärchen. Stuttgart 1983. S. 10ff.)
Die „Kinder- und Hausmärchen" der Brüder Grimm erschienen 1812/15.

Kunstmärchen: „Kunstmärchen […] sind literarische, geschichtlich und individuell geprägte Abwandlungen der außerliterarischen, geschichtlich unbestimmten, anonymen Gattung Volksmärchen durch namhafte Autoren. Diese Autoren rufen also bei ihrer Leserschaft sowohl das vertraute Muster jener markanten Erzählform ab wie auch die eher diffusen Vorstellungen, die man ihr, im Lauf der Zeit, abgewonnen hat." (V. Klotz, a.a.O. S. 2)
„Das zentrale Thema vieler romantischer Kunstmärchen ist der Versuch, nichtentfremdete Weltverhältnisse – Märchen ist dafür die Chiffre – mit einer durch die Reflexion hindurch wiedererlangten Unschuld zu imaginieren und die Entzweiung der Welt als wenigstens partiell aufhebbar vorzustellen, ohne zu vergessen, dass diese Vorstellung Literatur ist." (Jens Tismar: Kunstmärchen. Stuttgart 1983. S. 36.)
E.T.A. Hoffmann wollte Märchen nicht ins fremde Morgenland verlegen, sondern in der eigenen Welt ansiedeln: „Ich meine, dass die Basis der Himmelsleiter, auf der man hinaufsteigen will in höhere Regionen, befestigt sein müsse im Leben, so dass jeder nachzusteigen vermag."
Wichtige Autoren: Charles Perrault (1628–1703); Christoph Martin Wieland (1733–1813); Johann Karl August Musäus (1735–1787); Johann Wolfgang von Goethe: *Das Märchen* (1795); Ludwig Tieck: *Der blonde Eckbert* (1797); Novalis: *Märchen von Hyazinth und Rosenblüte* (ersch. 1802); Friedrich da la Motte-Fouqué: *Undine* (1811); Adalbert von Chamisso: *Peter Schlemihls wundersame Geschichte* (1814); Clemens Brentano: *Gockel, Hinkel und Gackeleia* (1811); Wilhelm Hauff (1802–1827); Hans Christian Andersen (1805–1875); Oscar Wilde (1854–1900)

3. a) Ordnen Sie die Textelemente a bis c dem entsprechenden Novellenanfang zu und ergänzen Sie die Passagen.
b) Beurteilen Sie, ob das Textelement d den Ansprüchen der Aufgabenstellung entspricht.

4. Schreiben Sie die vergleichende Interpretation und prüfen Sie, wo und inwiefern der Begriff „Wirklichkeitsmärchen" zu verwenden ist.

Die **romantische Ironie**, wie sie von F. und A.W. Schlegel diskutiert wird, bezeichnet das „Gefühl von dem unauslöslichen Widerspruch des Unbedingten und des Bedingten, der Unmöglichkeit und Notwendigkeit einer vollständigen Mitteilung" (F. Schlegel). In den Werken von L. Tieck, E.T.A. Hoffmann, C. Brentano u.a. wird die romantische Ironie literarisch verwirklicht. Sie ist das Mittel, das Vorläufige, Bruchstückhafte der dichterischen Produktion angesichts des angestrebten Unendlichen, Ursprünglichen, Ganzen zur Darstellung zu bringen.

3. Phase: Ausarbeiten des Vergleichs und Korrektur

1. Die **Einleitung** könnte über die Titel der Novellen, die Autoren, die Epoche Romantik oder über den Ersteindruck beider Novellenanfänge gewonnen werden und durch einen Methodenhinweis (z. B. über die Abfolge der Teile, den wichtigsten Vergleichsaspekt und den Schwerpunkt der Interpretation) zum Hauptteil überleiten.
2. Der **Hauptteil** sollte
   - zunächst einen „Vergleichsrahmen" setzen, indem die Vergleichbarkeit (Anfänge romantischer Novellen) und der leitende Vergleichsaspekt (z.B. der Aufbruch junger Menschen) erläutert werden.
   - Der Interpretationsschwerpunkt wird „Der goldene Topf" sein, weil ein breiteres Textangebot vorliegt, das „mehr" zeigt als der Auszug aus dem „Marmorbild".
   - Die Binnengliederung wird nach dem „Vergleichsrahmen" zunächst Text 1, dann Text 2 interpretieren und danach den Vergleich im Einzelnen durchführen.
3. Der **Schluss** wäre möglich als persönliche Wertung beider Texte, als Charakterisierung innerhalb der romantischen Literatur, als Vergleich früherer mit heutigen Aufbruchsituationen junger Menschen.
4. Die **Korrektur** (vgl. S. 36f.) sollte im Besonderen auf exakte Textbelege (mit korrekter Zitierweise mit Zeilenangabe) und stilistisch angemessene Integration von Zitaten sowie auf die Verwendung des Präsens achten.

3 „Textelemente" zur Interpretation der Auszüge

a) Der furiose Auftakt verbindet in einer atemlos beschleunigten Hypotaxe eine genaue Zeit- und Ortsangabe mit einer ersten, typisierenden Personenvorstellung und der Situationsschilderung. Dynamische Verben, z.B. […], treffende Attribute […] und Adverbiale, z.B. […] erzeugen Tempo und Farbigkeit.

b) Die Auswertung der vollständigen Übersicht könnte Folgendes ergeben:
Der Leser erhält Informationen über die Jahres- und Tageszeit, nicht jedoch über die geschichtliche Zeit; er kann allerdings aus Kleidung, Verhalten und Äußerungen der Personen schließen, dass es sich um eine vergangene, mittelalterliche Welt handelt. Die Handlung spielt an einem realen Ort, der italienischen Stadt Lucca.

c) Die Tatsache, dass eine „ehrbare Bürgersfrau" (Z. 75) Anselmus in geradezu beleidigend-direkter Weise anspricht, ist kein Zufall. Denn die eigenartige Wahrnehmung des Studenten und seine Reaktion […]

d) Die für den Leser wichtigsten Informationen betreffen die Personen.
In dem Fremden sieht Florio von Anfang an den Überlegenen und dieser nimmt diese Position auch wie selbstverständlich ein. Die Beziehung wird deutlich im Gespräch. Der Fremde fragt nach Florios Absicht und setzt als selbstverständlich voraus, dass es um Geschäfte geht. Florios Antwort bringt zum Ausdruck, dass er sich unsicher fühlt, er ist verlegen, denn er entspricht nicht der Erwartung des Andern, die er für sich als Norm durchaus zu akzeptieren scheint. Auch in Bezug auf die zweite, als Vermutung geäußerte Frage gesteht Florio, dass er einer Erwartung nicht entspricht, die allein seine Art des Reisens rechtfertigen könnte – die Dichterexistenz. Der Fremde spielt seine Überlegenheit aber nicht so weit aus, dass er Florio demütigt, sondern er ermuntert ihn stattdessen, lobt ihn und schaut ihn freundlich an. Der Fremde nimmt die Rolle eines Mentors ein. So andeutend-unbestimmt Florios Zukunftserwartung („Lust") bleibt, so entschieden entgegnet ihm der Fremde mit einer Warnung, deren Sinn Florio aber nicht versteht.
Die Personen werden durch das, was sie sagen, vorgestellt (= indirekte Charakteristik) und durch die Art, wie sie sich gegenseitig wahrnehmen (perspektivische Darstellung). In der vorliegenden Textpassage bringt sich der Erzähler kaum zur Geltung, jedenfalls nicht durch direkte Charakterisierung oder durch Kommentare. Die Beziehung zwischen den Personen ist von Anfang an durch eine deutliche, von beiden akzeptierte Rollenzuweisung bestimmt. Grund für die Überlegenheit des Fremden ist nicht sein gesellschaftlicher Rang, sondern seine Persönlichkeit. In seinem Selbstverständnis ist Florio ein Werdender, Suchender, was für seinen Lebensweg wie für sein Dichtertum gilt. Er sieht seinen Weg zuversichtlich.

4 Das Kommunikationsmodell „Erzählen“

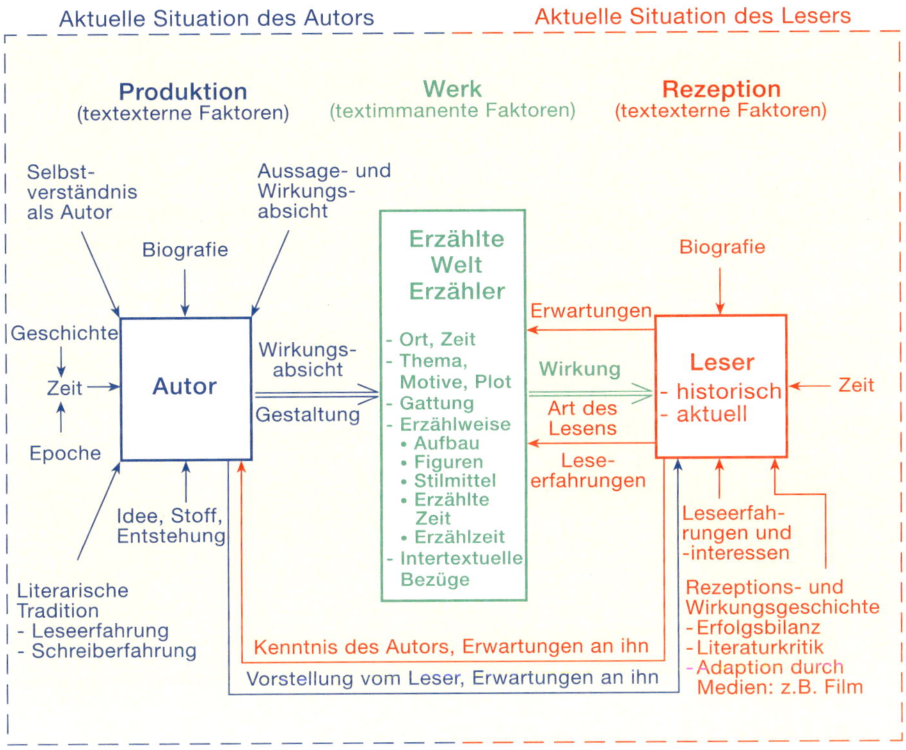

Im **Kommunikationsmodell „Erzählen“** sind drei Aspekte zu unterscheiden:

1. Die *Produktion* umfasst alles, was mit dem Autor, seiner Herkunft, Tradition, seinen Ideen und Zielen zu tun hat.
2. Das *Werk* meint den jeweils konkreten Text in seiner Eigenart. Der *Erzähler* ist nicht mit dem Autor identisch, sondern er ist Teil der erzählten (fiktiven = erdachten) Welt und hat eine bestimmte Funktion:

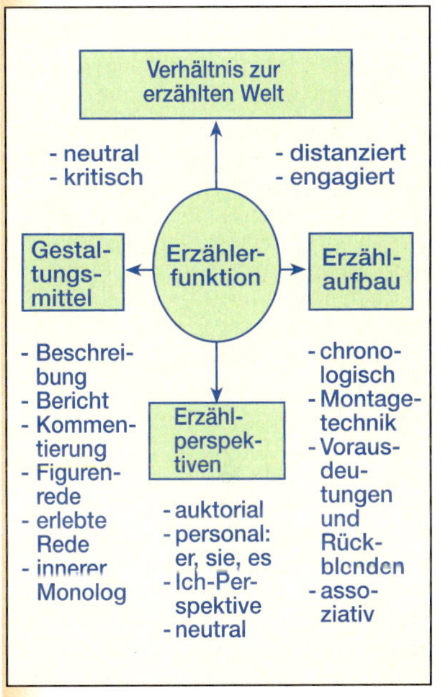

3. Die *Rezeption* (< lat. receptio = Aufnahme) betrifft die Leserseite: die Erwartung, Lesekompetenz und -motivation.

5. Legen Sie eine Mind-Map (vgl. S. 226f.) an zum Begriff Fantasie.

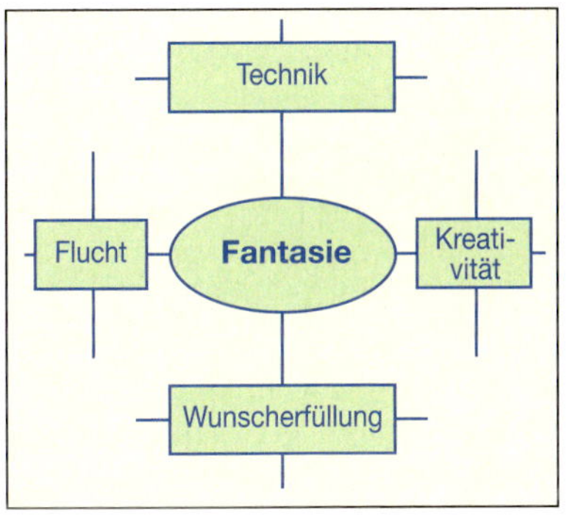

5 Karoline von Günderode (1780–1806): Der Luftschiffer

Gefahren bin ich in schwankendem Kahne
Auf dem blaulichen Ozeane,
Der die leuchtenden Sterne umfließt,
Habe die himmlischen Mächte begrüßt.
War in ihrer Betrachtung versunken,
Habe den ewigen Äther getrunken,
Habe dem Irdischen ganz mich entwandt,
Droben die Schriften der Sterne erkannt
Und in ihrem Kreisen und Drehen
Bildlich den heiligen Rhythmus gesehen,
Der gewaltig auch jeglichen Klang
Reißt zu des Wohllauts wogendem Drang.
Aber ach! es ziehet mich hernieder,
Nebel überschleiert meinen Blick,
Und der Erde Grenzen seh ich wieder,
Wolken treiben mich zurück.
Wehe! Das Gesetz der Schwere
Es behauptet nur sein Recht,
Keiner darf sich ihm entziehen
Von dem irdischen Geschlecht.

(v 1920–1922)

6 Heinrich Heine (1797–1856): Auf Flügeln des Gesanges

Auf Flügeln des Gesanges,
Herzliebchen, trag ich dich fort,
Fort nach den Fluren des Ganges,
Dort weiß ich den schönsten Ort.

Dort liegt ein rot blühender Garten
Im stillen Mondenschein;
Die Lotosblumen erwarten
Ihr trautes Schwesterlein.

Die Veilchen kichern und kosen,
Und schaun nach den Sternen empor;
Heimlich erzählen die Rosen
Sich duftende Märchen ins Ohr.

Es hüpfen herbei und lauschen
Die frommen, klugen Gazelln;
Und in der Ferne rauschen
Des heiligen Stromes Welln.

Dort wollen wir niedersinken
Unter dem Palmenbaum,
Und Liebe und Ruhe trinken,
Und träumen seligen Traum. (e 1827)

7 Sigmund Freud (1856–1939): Der Dichter und das Fantasieren

(Auszug)

[...]

Gehen wir daran, einige der Charaktere des Fantasierens kennenzulernen. Man darf sagen, der Glückliche fantasiert nie, nur der Unbefriedigte. Unbefriedigte Wünsche sind die Triebkräfte der Fantasien, und jede einzelne Fantasie ist eine Wunscherfüllung, eine Kor-

6. Interpretieren Sie die Gedichte von Günderode und Heine, indem Sie die Rolle der Fantasie zur Leitfrage machen.

7. a) Erweitern Sie Ihre Mind-Map, indem Sie die Texte 5 und 6 auswerten.
b) Worin besteht, wenn man von Freuds Auffassung ausgeht, die Leistung des Dichters? Welche Folgerungen müsste man als Leser ziehen?

8. Fantasy und Sciencefiction in Literatur und Film: Verschaffen Sie sich einen Überblick über aktuelle Titel und stellen Sie Beispiele vor (z.B. auch als Wandzeitung).

9. Verfassen Sie einen Lexikonartikel zum Stichwort „Fantasie“.

rektur der unbefriedigenden Wirklichkeit. Die treibenden Wünsche sind verschieden je nach Geschlecht, Charakter und Lebensverhältnissen der fantasierenden Persönlichkeit; sie lassen sich aber ohne Zwang nach zwei Hauptrichtungen gruppieren. Es sind entweder ehrgeizige Wünsche, welche der Erhöhung der Persönlichkeit dienen, oder erotische. [...]

Die Produkte dieser fantasierenden Tätigkeit, die einzelnen Fantasien, Luftschlösser oder Tagträume dürfen wir uns nicht als starr und unveränderlich vorstellen. Sie schmiegen sich vielmehr den wechselnden Lebenseindrücken an, verändern sich mit jeder Schwankung der Lebenslage, empfangen von jedem wirksamen neuen Eindrucke eine so genannte „Zeitmarke". Das Verhältnis der Fantasie zur Zeit ist überhaupt sehr bedeutsam. Man darf sagen: eine Fantasie schwebt gleichsam zwischen drei Zeiten, den drei Zeitmomenten unseres Vorstellens. Die seelische Arbeit knüpft an einen aktuellen Eindruck, einen Anlass in der Gegenwart an, der imstande war, einen der großen Wünsche der Person zu wecken, greift von da aus auf die Erinnerung eines früheren, meist infantilen, Erlebnisses zurück, in dem jener Wunsch erfüllt war, und schafft nun eine auf die Zukunft bezogene Situation, welche sich als die Erfüllung jenes Wunsches darstellt, eben den Tagtraum oder die Fantasie, die nun die Spuren ihrer Herkunft vom Anlasse und von der Erinnerung an sich trägt. Also Vergangenes, Gegenwärtiges, Zukünftiges wie an der Schnur des durchlaufenden Wunsches aneinander gereiht. [...]

Nicht übergehen kann ich aber die Beziehung der Fantasien zum Traume. Auch unsere nächtlichen Träume sind nichts anderes als solche Fantasien, wie wir durch die Deutung der Träume evident machen können. Die Sprache hat in ihrer unübertrefflichen Weisheit die Frage nach dem Wesen der Träume längst entschieden, indem sie die luftigen Schöpfungen Fantasierender auch *„Tagträume"* nennen ließ. [...]

Der Dichter mildert den Charakter des egoistischen Tagtraumes durch Abänderungen und Verhüllungen und besticht uns durch rein formalen, d.h. ästhetischen Lustgewinn, den er uns in der Darstellung seiner Fantasien bietet. Man nennt einen solchen Lustgewinn, der uns geboten wird, um mit ihm die Entbindung größerer Lust aus tiefer reichenden psychischen Quellen zu ermöglichen, eine *Verlockungsprämie* oder eine *Vorlust*. Ich bin der Meinung, dass alle ästhetische Lust, die uns der Dichter verschafft, den Charakter solcher Vorlust trägt und dass der eigentliche Genuss des Dichtwerkes aus der Befreiung von Spannungen in unserer Seele hervorgeht. Vielleicht trägt es sogar zu diesem Erfolge nicht wenig bei, dass uns der Dichter in den Stand setzt, unsere eigenen Fantasien nunmehr ohne jeden Vorwurf und ohne Schämen zu genießen. [...] (v 1908)

Sigmund Freud (1856–1939) lebte von 1859 bis zu der durch die Nazis erzwungenen Emigration (1938) nach London in Wien, studierte dort Medizin und entwickelte in den 1890er-Jahren die Grundzüge der Psychoanalyse, die er zuerst in der *Traumdeutung* (1900) darlegte: Den Traum versteht er als Ausdruck unbewusster Ängste und Wünsche. Der verborgene Trauminhalt erscheint im „Traumtext" verschoben in einer Bildersprache, die entschlüsselt werden muss; der Traum ermöglicht den Zugang zum Unbewussten. In der Studie *Zur Psychopathologie des Alltagslebens* (1904) demonstriert Freud die Wirkungen des Unbewussten im Versprechen und im Vergessen. In der Schrift *Das Unbehagen in der Kultur* (1930) zeigt er, wie der Prozess der Zivilisation die Unterdrückung von Trieben zur Voraussetzung hat.

8 Dietmar Kamper: Macht und Ohnmacht der Fantasie (Auszug)

[...] Jeder kennt heute „Fantasy", das Stichwort für Bücher und Filme, die an einer fantastisch andersartigen Welt arbeiten, die historische Erinnerungen, wie sie auch in Märchen, Legenden und Sagen vorkommen, mit Wucherungen überziehen und darzustellen versuchen, was geworden wäre, wenn die Weltzivilisation sich nicht für Aufklärung, Rationalität, Vernunft und nicht für industriellen Fortschritt entschieden hätte. Hier spielt Fantasie offenbar die Rolle einer Erfindung von Gegenwelten unter Betonung der Vergangenheit. Doch Vorsicht!

L Nach S. Freud ist der **Traum** Erfüllung vornehmlich sexueller Triebwünsche, die unterdrückt, verdrängt wurden, weil sie unerlaubt oder verpönt sind; durch die „Traumarbeit" werden sie maskiert und verschleiert, die Traumdeutung besteht in der Entschleierung der im Trauminhalt verborgenen Triebwünsche. Über den Traum besteht – nach Freud – Zugang zum individuellen Unbewussten. Nach dieser Auffassung sind Träume sinnvolle psychische Gebilde, die nach einer bestimmten Symbolik verschlüsselte Elemente aus unbewussten Konflikten enthalten. Nach C.G. Jung sind Träume von den Archetypen (Urbilder, Urformen; Grundvorstellungen des Seelenlebens, die nicht persönlich erworben sind, z.B. Mutter, Wiedergeburt) bestimmte Mitteilungen des Unbewussten. Der Traum galt jahrhundertelang als die Sphäre der Berührung des Menschen mit metaphysischen Mächten, wo direkt oder verschlüsselt höhere Einsichten, Weissagungen, Botschaften, göttliche Aufträge übermittelt wurden. Seit der Romantik ist der Traum der Weg in eine Raum und Zeit aufhebende Fantasiewelt.

Edward Hopper (1882–1967): Morgensonne

Oft zeigen solche rückwärts gewandten „Utopien“ den Geist dieser Zeit genauer als eine wissenschaftliche Studie über den Zeitgeist. Man denke an Tolkien, man denke an White, man denke an Michael Ende. – In der entgegengesetzten Perspektive der fantastischen Erfindungen, in der Zukunft, ist „science fiction“ angesiedelt. Diese stellt, im Unterschied zur „Fantasy“-Literatur, die Welt unter der Annahme dar, dass Wissenschaft und Technik sich uneingeschränkt und ohne die lästigen Einsprüche lebendiger Menschen weiterentwickelt hätten, gelegentlich bis zu einer futuristischen Zivilisation der Menschenleere. Auch hier hat man den Eindruck, dass der „Prospekt“ der Menschheitsentwicklung, den die Fantasie in „science fiction“ auseinanderfaltet, unfreiwillig aufschlussreich ist für die Ängste und Hoffnungen unserer Gegenwart. Vielleicht ist Wissenschaft dort, wo sie die Welt verändert, längst eine derartige „science fiction“ und vielleicht sind die Schrecken einer Selbstauslöschung der Menschheit ganz real. – Am Kreuzweg von fantastischer Vergangenheit und fantastischer Zukunft steht die Literatur, die sich traditionellerweise als Sachwalterin der menschlichen Fiktionen versteht und in der jeweiligen Gegenwart ein Plädoyer für die Veränderbarkeit der unvollendeten Menschen hält. Auch sie protestiert gegen eine fix und fertige Welt, aber nicht, indem sie aus ihr herausspringt, sondern indem sie in der modernen Lebenswelt die Kräfte stärkt, die für Veränderungen gut sind, insbesondere die Fantasie. Das setzt jedoch voraus, dass die Fantasie, die Imagination, die Einbildungskraft in Spannung zu einer anderen Instanz stehen, zu einem Realitätsprinzip, zu einer historisch bestimmten Not der menschlichen Lebensfristung in der Gesellschaft. Die fiktive Welt der Literatur ist angewiesen auf eine wirkliche Welt, auf Widerstand, auf Hunger, Durst und Not, wenn sie wirksam werden soll. [...] (v 1986)

Vorschläge für **Projekte** (vgl. S. 60).
- Literatur-Café zum Thema Romantik: Lesung – Bilder – Musik – Moderation.
- Galerie der Romantikerinnen und Romantiker: Jeweils zu zweit werden ein Dichter, eine Dichterin oder ein Maler bzw. Musiker präsentiert. Halbfreier Vortrag; Nutzung von Möglichkeiten der Visualisierung; Präsentation z. B. auch als Dialog. Ziel soll die anschauliche Vermittlung des Lebens sein und es soll ein kleiner Einblick in das Werk gegeben werden.
- Internet-Recherchen zur Romantik machen; Ergebnisse kritisch sichten und vorstellen; man kann die Suche auch eingrenzen auf einzelne Dichter oder Dichterinnen mit dem Ziel herauszufinden, welche im Internet besonders präsent sind.
- Romantik-Klischees in der Werbung (Bild-Text-Collage) und im Schlager (Musik-Text-Vergleich) mit Erläuterung der Funktion des Romantischen
- Natur in der Romantik – Natur in der Ökobewegung (Dokumentation in Text und Bild, Thesenpapier als Diskussionsgrundlage)

Carl Spitzweg (1808–1885): Der Poet

2. Gefühlsgewissheit und Verwirrung – Grundthemen Heinrich von Kleists

Die Frage der Anthropologie (vgl. S. 198) lautet: Was ist der Mensch? Aus der Vielzahl der Antworten auf diese Frage seien einige zitiert: „Unsere ganze Würde besteht also im Denken.“ (Pascal) „Der Mensch ist der erste Freigelassene der Schöpfung; er steht aufrecht. Die Waage des Guten und Bösen, des Falschen und Wahren hängt an ihm: er kann forschen, er soll wählen.“ (Herder) – „Der Mensch ist nicht umweltgebunden, sondern weltoffen. Das heißt: Er kann immer neue und neuartige Erfahrungen machen, und seine Möglichkeiten, auf die wahrgenommene Wirklichkeit zu antworten, sind nahezu unbegrenzt wandelbar.“ (Pannenberg) Ist es also die Vernunft, die den Menschen auszeichnet und ihm den Weg zum Glück eröffnet? Ermöglicht sie den Fortschritt oder macht sie den Menschen gerade unglücklich? Diese Gesichtspunkte sollten mitbedacht werden bei der Lektüre der folgenden Texte.

Deutsches Theater Berlin, 1942, Gisela von Collande (Alkmene) und Gerhard Geissler (Amphitryon)

Im **Amphitryon** (1807), nach Molières gleichnamigem Stück (1668), ist das Liebesabenteuer des Göttervaters Zeus, der Alkmene in der Gestalt ihres Gatten Amphitryon besucht, der Prüfstein der Gefühlsgewissheit. Alkmene wird zwar durch den Göttervater in ihren Gefühlen verwirrt, sie kann nicht mehr zwischen dem Gott und ihrem Ehemann unterscheiden – trotzdem bleibt sie in ihrer Liebe sogar dem Göttervater überlegen, weil ihr Gefühl nur dem wirklichen Amphitryon, ihrem Gatten und Geliebten, galt. Alkmenes Identität, ihr Selbstverständnis bleibt von den Wechselfällen des verwirrenden Scheins unberührt.

Aus: Hans Gerd Rötzer: Geschichte der deutschen Literatur, Bamberg (C.C.Buchner) 1992, S. 158.

1 Heinrich von Kleist (1777–1811): Amphitryon

(II/5, Schluss der Szene, Biografie S. 29)

Jupiter erscheint Alkmene in der Gestalt des Gatten Amphitryon.

[...]
ALKMENE. Fern sei von mir,
Der Götter großem Ratschluss mich zu sträuben,
Ward ich so heilgem Amte auserkoren.
Er, der mich schuf, er walte über mich.
Doch –
JUPITER. Nun? –
ALKMENE. Lässt man die Wahl mir –
JUPITER. Lässt man dir –?
ALKMENE. Die Wahl, so bliebe meine Ehrfurcht ihm,
Und meine Liebe dir, Amphitryon.
JUPITER.
Wenn ich nun dieser Gott dir wär –?
ALKMENE. Wenn du
– Wie ist mir denn? Wenn du mir dieser Gott wärst
– – Ich weiß nicht, soll ich vor dir niederfallen,
Soll ich es nicht? Bist dus mir? Bist dus mir?
JUPITER. Entscheide du. Amphitryon bin ich.
ALKMENE. Amphitryon –
JUPITER. Amphitryon, dir ja.
Doch wenn ich, frag ich, dieser Gott dir wäre,
Dir liebend vom Olymp herabgestiegen,
Wie würdest du dich dann zu fassen wissen?
ALKMENE. Wenn du mir, Liebster, dieser Gott wärst – ja,
So wüsst ich nicht, wo mir Amphitryon wäre,
So würd ich folgen dir, wohin du gehst,
Und wärs auch, wie Euridike, zum Orkus.
JUPITER. Wenn du nicht wüsstest, wo Amphitryon wäre.
Doch wie, wenn sich Amphitryon jetzt zeigte?
ALKMENE. Wenn sich Amphitryon mir – ach, du quälst mich.
Wie kann sich auch Amphitryon mir zeigen,
Da ich Amphitryon in Armen halte?
JUPITER. Und dennoch könntst du leicht den Gott in Armen halten,
Im Wahn, es sei Amphitryon.
Warum soll dein Gefühl dich überraschen?
Wenn ich, der Gott, dich hier umschlungen hielte,
Und jetzo dein Amphitryon sich zeigte,
Wie würd dein Herz sich wohl erklären?
ALKMENE. Wenn du, der Gott, mich hier umschlungen hieltest
Und jetzo sich Amphitryon mir zeigte,
Ja – dann so traurig würd ich sein, und wünschen,
Dass er der Gott mir wäre, und dass du
Amphitryon mir bliebst, wie du es bist.
JUPITER. Mein süßes, angebetetes Geschöpf!
In dem so selig ich mich, selig preise!
So urgemäß, dem göttlichen Gedanken,
In Form und Maß, und Sait und Klang,
Wie's meiner Hand Äonen nicht entschlüpfte!
ALKMENE. Amphitryon!
JUPITER. Sei ruhig, ruhig, ruhig!
Es wird sich alles dir zum Siege lösen.
Es drängt den Gott Begier, sich dir zu zeigen,
Und ehe noch des Sternenheeres Reigen
Herauf durchs stille Nachtgefilde zieht,
Weiß deine Brust auch schon, wem sie erglüht –
Sosias!
SOSIAS. Herr!
JUPITER. Auf jetzt, mein treuer Diener,
Auf dass sich dieser Tag verherrliche!
Alkmene hat sich liebend mir versöhnt:
Und du, du gehst, und rufst zu einem Feste
Im Lager mir, wo du sie triffst, die Gäste.
Beide ab.

(e 1805/06, v 1807)

1. a) Lesen (oder inszenieren) Sie den Dramenauszug.
b) Ermitteln Sie die für die Haltung Jupiters und Alkmenes zentralen Aussagen (mit Zeilenangabe).
c) Fassen Sie die Position beider Figuren in einem Resümee zusammen.

2 Heinrich von Kleist (1777–1811): Die Marquise von O… (Anfang)

In M…, einer bedeutenden Stadt im oberen Italien, ließ die verwitwete Marquise von O…, eine Dame von vortrefflichem Ruf, und Mutter von mehreren wohlerzogenen Kindern, durch die Zeitungen bekannt machen: dass sie, ohne ihr Wissen, in andre Umstände gekommen sei, dass der Vater zu dem Kinde, das sie gebären würde, sich melden solle; und dass sie, aus Familienrücksichten, entschlossen wäre, ihn zu heiraten. Die Dame, die einen so sonderbaren, den Spott der Welt reizenden Schritt, beim Drang unabänderlicher Umstände, mit solcher Sicherheit tat, war die Tochter des Herrn von G…, Kommandanten der Zitadelle bei M… Sie hatte, vor ungefähr drei Jahren, ihren Gemahl, den Marquis von O…, dem sie auf das Innigste und Zärtlichste zugetan war, auf einer Reise verloren, die er, in Geschäften der Familie, nach Paris gemacht hatte. Auf Frau von G…s, ihrer würdigen Mutter, Wunsch, hatte sie, nach seinem Tode, den Landsitz verlassen, den sie bisher bei V… bewohnt hatte, und war, mit ihren beiden Kindern, in das Kommandantenhaus, zu ihrem Vater, zurückgekehrt. Hier hatte sie die nächsten Jahre mit Kunst, Lektüre, mit Erziehung, und ihrer Eltern Pflege beschäftigt, in der größten Eingezogenheit zugebracht: bis der… Krieg plötzlich die Gegend umher mit den Truppen fast aller Mächte und auch mit russischen erfüllte. Der Obrist von G…, welcher den Platz zu verteidigen Order hatte, forderte seine Gemahlin und seine Tochter auf, sich auf das Landgut, entweder der letzteren, oder seines Sohnes, das bei V… lag, zurückzuziehen. Doch ehe sich die Abschätzung noch, hier der Bedrängnisse, denen man in der Festung, dort der Gräuel, denen man auf dem platten Lande ausgesetzt sein konnte, auf der Waage der weiblichen Überlegung entschieden hatte: war die Zitadelle von den russischen Truppen schon berennt, und aufgefordert, sich zu ergeben. Der Obrist erklärte gegen seine Familie, dass er sich nunmehr verhalten würde, als ob sie nicht vorhanden wäre; und antwortete mit Kugeln und Granaten. Der Feind, seinerseits, bombardierte die Zitadelle. Er steckte die Magazine in Brand, eroberte ein Außenwerk, und als der Kommandant, nach einer nochmaligen Aufforderung, mit der Übergabe zauderte, so ordnete er einen nächtlichen Überfall an, und eroberte die Festung mit Sturm. […] (e 1806/07, v 1808)

Heinrich von Kleist: Die Marquise von O…, Szenenfoto aus der Filmversion von Eric Rohmer (Drehbuch und Regie, 1975) mit Edith Clever in der Titelrolle.

Die Marquise von O… *Nach einer wahren Begebenheit, deren Schauplatz vom Norden nach dem Süden verlegt worden.* […]
Von Kleists anderen Werken unterscheidet sich die Erzählung dadurch, dass die Heldin aufgrund der Auseinandersetzung mit der an ihr begangenen Gewalttat und deren sozialen Folgen ihre Identität und Autonomie findet.
Die mit ihren Kindern im Haus ihrer Eltern lebende verwitwete Marquise von O… gerät in den Kriegswirren in eine für sie unfassbare Situation, deren Zusammenhänge in der Erzählung erst allmählich enthüllt werden. Ein russischer Offizier bewahrt sie vor den Gewalttätigkeiten der Soldaten, missbraucht aber anschließend ihre Ohnmacht. Die später festgestellte Schwangerschaft führt zu Konflikten innerhalb der Familie, die ihren Höhepunkt im Entschluss der Marquise finden, gegen alle Konventionen allein zu leben und den unbekannten Vater durch eine Zeitungsanzeige zu suchen. Die Reue des Täters führt in einem widerspruchsvollen und leidgeprägten Prozess zur Versöhnung des Täters (der ihr einst als „Engel“ erschien) mit der Marquise und deren Familie. Dass sich die Heldin konsequent und erfolgreich dagegen wehrt, zum Objekt einer von männlichen Normen geprägten Gesellschaft gemacht zu werden, hebt sie über Frauengestalten der zeitgenössischen Literatur weit hinaus. Sie bestimmt nach dem unausweichlichen Bruch mit ihrer Familie bis zum Schluss ihr Handeln und verlässt sich dabei – wie andere Helden Kleists – auf ihr Gefühl. […]

Aus: Harenberg Lexikon der Weltliteratur, Dortmund (Harenberg) 1989, 4. Bd., S. 1929f.

2. a) Beschreiben Sie, wodurch in diesem Novellenanfang Spannung entsteht.
b) Entwerfen Sie den Text der „Suchanzeige“.
c) Gestalten Sie in Dialogen Reaktionen auf die Anzeige, z. B. in der Familie der Marquise, in ihrem und im Freundeskreis des Offiziers.

Die **Novelle** (italienisch „novella“ = Neuigkeit, zurückgehend auf altprovenzalisch „novela“ = Prosaerzählung meist geringeren Umfangs, die ein ungewöhnliches, neues Ereignis berichtet) entstand in der italienischen Frührenaissance (G. Boccaccios Novellenzyklus *Das Dekameron*, 1349–52). Eine Novelle kann definiert werden als eine Prosa-, in selteneren Fällen eine Verserzählung von meist geringem Umfang, die ein bestimmtes, herausgehobenes, mehr oder weniger ungewöhnliches Ereignis berichtet, das als objektiv wahr dargestellt wird. Formmerkmale sind: ein zentraler Konflikt; straffe, meist einsträngige Handlung; pointiertes Hervortreten eines Höhe- bzw. Wendepunkts. Goethe nannte die Novelle *„eine sich ereignete unerhörte Begebenheit“*. In der Romantik wurde mit den Motiven des Märchens, des Traumhaften, des Symbolischen das Wunderbare in die reale Welt, die den Vordergrund der Erzählung bildete, eingeführt. Einen zweiten Höhepunkt erlebte die Novelle im Realismus. Th. Storm bezeichnete sie als die „*Schwester des Dramas* und die strengste Form der Prosadichtung“; und er führt den Vergleich weiter aus: „Gleich dem Drama behandelt sie die tiefsten Probleme des Menschenlebens; gleich diesem verlangt sie zu ihrer Vollendung einen im Mittelpunkt stehenden Konflikt, von welchem aus das Ganze sich organisiert, und demzufolge die geschlossenste Form und die Ausscheidung alles Unwesentlichen.“ Der Schriftsteller Paul Heyse entwickelte im 19. Jahrhundert die *Falkentheorie* (in Anlehnung an eine Novelle aus dem *Dekamerone* so bezeichnet): Jede Novelle benötige als Mittelpunkt einen „Falken“, d.h. ein stets wiederkehrendes Motiv, Bild oder Symbol von besonderer Eindringlichkeit.

Anregungen zu einer selbstständigen Erarbeitung der Novelle „Die Marquise von O…“ (z.B. in Gruppenarbeit und durch halbfreie Referate):

1. Gestalten Sie die Passage, in der erzählt wird, wie der Graf F. plötzlich wieder erscheint, nachdem man ihn tot geglaubt hat, zu einem Drehbuch um; wählen Sie einen Teil dieser Textstelle aus.
2. Untersuchen Sie das Kommunikationsverhalten der Personen in dieser Textpassage im Hinblick auf Nähe und Distanz sowie hinsichtich der Respektierung von Konventionen der „guten Gesellschaft“.
3. Verfolgen und beschreiben Sie die Rolle des Erzählers.
4. Gliedern Sie die Novelle in Sequenzen; zeichnen Sie eine Spannungskurve und erläutern Sie, welche Wirkung der Aufbau auf den Leser hat.
5. Analysieren Sie die Satzstruktur an einigen typischen Beispielen; beschreiben Sie die Wirkung.
6. Erörtern Sie, inwiefern die Kommunikation bzw. deren Unmöglichkeit ein zentrales Thema der Novelle ist.
7. Diskutieren Sie, ob der Graf F. aus Schuldgefühlen oder aus Liebe um die Marquise wirbt.
8. Die Trennung von der Familie bedeutet für die Marquise sich zu emanzipieren und ihre persönliche Identität zu finden. Nehmen Sie Stellung zu dieser These.
9. Gestalten Sie aus, in welcher inneren Situation sich die Marquise befindet, bevor sie sich an die Öffentlichkeit wendet; wählen Sie eine der folgenden Möglichkeiten.
   – Sie führt ein Gespräch mit einer vertrauten Freundin.
   – Sie analysiert ihre Situation im Tagebuch.
   – Ein Psychologe beschreibt ihre Geschichte (bis zu diesem Zeitpunkt) als Fallstudie.
10. Die Verstoßung durch die Familie und die Aussöhnung:
   – Vergleichen Sie die beiden Szenen.
   – Ein über die Versöhnungsszene empörter Leser diskutiert mit einem Kritiker, der die Szene verteidigt.
11. Nach dem gescheiterten Versuch sich zu erklären, sieht sich Graf F. gezwungen der Marquise einen Brief zu schreiben: Verfassen Sie diesen Brief.
12. Erörtern Sie, ob das Verhalten der Marquise beim Erscheinen des Grafen (am Schluss) inszeniert oder wahrhaftig ist.
13. Der Schluss der Novelle – ein Happyend oder eine erpresste Versöhnung, eine „Verkleisterung“ der Widersprüche? Erörterung oder vorbereitete Diskussion, in der jeder ein Statement abgeben muss.
14. Der Gattungsbegriff „Novelle“ und die Marquise von O…
15. Referat: Die Rezeption der Novelle.
16. Versuchen Sie eine Beziehung zwischen der Novelle und dem im „Marionettentheater“ dargestellten Problem herzustellen.
17. Geben Sie, bevor die Klasse sich die Verfilmung von Rohmer anschaut, eine Einführung und leiten Sie im Anschluss an die Betrachtung des Films eine Diskussion über ihn.

3 Heinrich von Kleist (1777–1811): Über das Marionettentheater

(Auszüge)

Als ich den Winter 1801 in M… zubrachte, traf ich daselbst eines Abends, in einem öffentlichen Garten, den Herrn C. an, der seit kurzem, in dieser Stadt, als erster Tänzer der Oper, angestellt war, und bei dem Publiko außerordentliches Glück machte.

Ich sagte ihm, dass ich erstaunt gewesen wäre, ihn schon mehrere Mal in einem Marionettentheater zu finden, das auf dem Markte zusammengezimmert worden war, und den Pöbel, durch kleine dramatische Burlesken, mit Gesang und Tanz durchwebt, belustigte.

Er versicherte mir, dass ihm die Pantomimik dieser Puppen viel Vergnügen machte, und ließ nicht undeutlich merken, dass ein Tänzer, der sich ausbilden wolle, mancherlei von ihnen lernen könne.

3. Der Ich-Erzähler trägt die Geschichte vom Dornauszieher vor, Herr C. kommentiert sie nicht:
a) Verfassen Sie den fehlenden Kommentar.
b) Wie ist das Verhalten gegenüber dem jungen Mann einzuschätzen?

4. Stellen Sie die Schlüsselbegriffe aus dem „Marionettentheater“ zusammen und geben Sie eine kurze Erläuterung.

Da diese Äußerung mir, durch die Art, wie er sie vorbrachte, mehr, als ein bloßer Einfall schien, so ließ ich mich bei ihm nieder, um ihn über die Gründe, auf die er eine so sonderbare Behauptung stützen könne, näher zu vernehmen.

Er fragte mich, ob ich nicht, in der Tat, einige Bewegungen der Puppen, besonders der kleineren, im Tanz sehr graziös gefunden hatte.

Diesen Umstand konnt ich nicht leugnen. Eine Gruppe von vier Bauern, die nach einem raschen Takt die Ronde tanzte, hätte von Teniers nicht hübscher gemalt werden können.

Ich erkundigte mich nach dem Mechanismus dieser Figuren, und wie es möglich wäre, die einzelnen Glieder derselben und ihre Punkte, ohne Myriaden von Fäden an den Fingern zu haben, so zu regieren, als es der Rhythmus der Bewegungen, oder der Tanz, erfordere?

Er antwortete, dass ich mir nicht vorstellen müsse, als ob jedes Glied einzeln, während der verschiedenen Momente des Tanzes, von dem Maschinisten gestellt und gezogen würde.

Jede Bewegung, sagte er, hätte einen Schwerpunkt; es wäre genug, diesen, in dem Innern der Figur, zu regieren; die Glieder, welche nichts als Pendel wären, folgten, ohne irgendein Zutun, auf eine mechanische Weise von selbst.

Er setzte hinzu, dass diese Bewegung sehr einfach wäre; dass jedes Mal, wenn der Schwerpunkt in einer *graden Linie* bewegt wird, die Glieder schon Kurven beschrieben; und dass oft, auf eine bloß zufällige Weise erschüttert, das Ganze schon in eine Art von rhythmische Bewegung käme, die dem Tanz ähnlich wäre.

Diese Bemerkung schien mir zuerst einiges Licht über das Vergnügen zu werfen, das er in dem Theater der Marionetten zu finden vorgegeben hatte. Inzwischen ahndete ich bei weitem die Folgerungen noch nicht, die er späterhin daraus ziehen würde.

Ich fragte ihn, ob er glaubte, dass der Maschinist, der diese Puppen regierte, selbst ein Tänzer sein, oder wenigstens einen Begriff vom Schönen im Tanz haben müsse?

Er erwiderte, dass wenn ein Geschäft, von seiner mechanischen Seite, leicht sei, daraus noch nicht folge, dass es ganz ohne Empfindung betrieben werden könne.

Die Linie, die der Schwerpunkt zu beschreiben hat, wäre zwar sehr einfach, und, wie er glaube, in den meisten Fällen, gerad. In Fällen, wo sie krumm sei, scheine das Gesetz ihrer Krümmung wenigstens von der ersten oder höchstens zweiten Ordnung; und auch in diesem letzten Fall nur elliptisch, welche Form der Bewegung den Spitzen des menschlichen Körpers (wegen der Gelenke) überhaupt die natürliche sei, und also dem Maschinisten keine große Kunst koste, zu verzeichnen.

Dagegen wäre diese Linie wieder, von einer andern Seite, etwas sehr Geheimnisvolles. Denn sie wäre nichts Anders, als der Weg der *Seele des Tänzers;* und er zweifle, dass sie anders gefunden werden könne, als dadurch, dass sich der Maschinist in den Schwerpunkt der Marionette versetzt, d.h. mit andern Worten, *tanzt.*

[...]

Und der Vorteil, den diese Puppe vor lebendigen Tänzern voraus haben würde?

Der Vorteil? Zuvörderst ein negativer, mein vortrefflicher Freund, nämlich dieser, dass sie sich niemals *zierte.* – Denn Ziererei erscheint, wie Sie wissen, wenn sich die Seele (vis motrix)[1] in irgendeinem andern Punkte befindet, als in dem Schwerpunkt der Bewegung. Da der Maschinist nun schlechthin, vermittelst des Drahtes oder Fadens, keinen andern Punkt in seiner Gewalt hat, als diesen: so sind alle übrigen Glieder, was sie sein sollen, tot, reine Pendel, und folgen dem bloßen Gesetz der Schwere; eine vortreffliche Eigenschaft, die man vergebens bei dem größesten Teil unsrer Tänzer sucht.

Sehen Sie nur die P... an, fuhr er fort, wenn sie die Daphne spielt, und sich, verfolgt vom Apoll, nach ihm umsieht; die Seele sitzt ihr in den Wirbeln des Kreuzes; sie beugt sich, als ob sie brechen wollte, wie eine Najade aus der Schule Bernins[2]. Sehen Sie den jungen F... an, wenn er, als Paris, unter den drei Göttinnen steht, und der Venus den Apfel überreicht: die Seele sitzt ihm gar (es ist ein Schrecken, es zu sehen) im Ellenbogen.

Solche Missgriffe, setzte er abbrechend hinzu, sind unvermeidlich, seitdem wir von dem Baum der Erkenntnis gegessen haben. Doch das Paradies ist verriegelt und der Cherub hinter uns; wir müssen die Reise um die Welt machen, und sehen, ob es vielleicht von hinten irgendwo wieder offen ist.

Ich lachte. – Allerdings, dachte ich, kann der Geist nicht irren, da, wo keiner vorhanden ist. Doch ich bemerkte, dass er noch mehr auf dem Herzen hatte, und bat ihn, fortzufahren.

[1] vis motrix: bewegende Kraft

[2] Die Najade: manierierte Darstellung von Brunnennymphen, Bernini (1598–1680), ital. Bildhauer und Architekt

5. Selbstsicherheit – Selbstgewissheit – Selbstständigkeit – Selbstbewusstsein: Suchen Sie Gegenbegriffe und entwickeln Sie aus der Gegenüberstellung eine Definition von Selbstbewusstsein.

Bronzestatue des „Dornausziehers", 1. Jh. vor Chr.

Zudem, sprach er, haben diese Puppen den Vorteil, dass sie *antigrav*[1] sind. Von der Trägheit der Materie, dieser dem Tanze entgegenstrebendsten aller Eigenschaften, wissen sie nichts: weil die Kraft, die sie in die Lüfte erhebt, größer ist, als jene, die sie an der Erde fesselt. Was würde unsre gute G... darum geben, wenn sie sechzig Pfund leichter wäre, oder ein Gewicht von dieser Größe ihr bei ihren Entrechats[2] und Pirouetten, zu Hülfe käme? Die Puppen brauchen den Boden nur, wie die Elfen, um ihn zu streifen, und den Schwung der Glieder, durch die augenblickliche Hemmung neu zu beleben; wir brauchen ihn, um darauf zu ruhen, und uns von der Anstrengung des Tanzes zu erholen: ein Moment, der offenbar selber kein Tanz ist, und mit dem sich weiter nichts anfangen lässt, als ihn möglichst verschwinden zu machen.

Ich sagte, dass, so geschickt er auch die Sache seiner Paradoxe führe, er mich doch nimmermehr glauben machen würde, dass in einem mechanischen Gliedermann mehr Anmut enthalten sein könne, als in dem Bau des menschlichen Körpers.

Er versetzte, dass es dem Menschen schlechthin unmöglich wäre, den Gliedermann darin auch nur zu erreichen. Nur ein Gott könne sich, auf diesem Felde, mit der Materie messen; und hier sei der Punkt, wo die beiden Enden der ringförmigen Welt ineinander griffen.

Ich erstaunte immer mehr, und wusste nicht, was ich zu so sonderbaren Behauptungen sagen sollte.

Es scheine, versetzte er, indem er eine Prise Tabak nahm, dass ich das dritte Kapitel vom ersten Buch Moses nicht mit Aufmerksamkeit gelesen; und wer diese erste Periode aller menschlichen Bildung nicht kennt, mit dem könne man nicht füglich über die folgenden, um wie viel weniger über die letzte, sprechen.

Ich sagte, dass ich gar wohl wüsste, welche Unordnungen, in der natürlichen Grazie des Menschen, das Bewusstsein anrichtet. Ein junger Mann von meiner Bekanntschaft hätte, durch eine bloße Bemerkung, gleichsam vor meinen Augen, seine Unschuld verloren, und das Paradies derselben, trotz aller ersinnlichen Bemühungen nachher niemals wieder gefunden. – Doch, welche Folgerungen, setzte ich hinzu, können Sie daraus ziehen?

Er fragte mich, welch einen Vorfall ich meine?

Ich badete mich, erzählte ich, vor etwa drei Jahren, mit einem jungen Mann, über dessen Bildung damals eine wunderbare Anmut verbreitet war. Er mochte ohngefähr in seinem sechszehnten Jahre stehn, und nur ganz von fern ließen sich, von der Gunst der Frauen herbeigerufen, die ersten Spuren von Eitelkeit erblicken. Es traf sich, dass wir grade kurz zuvor in Paris den Jüngling[3] gesehen hatten, der sich einen Splitter aus dem Fuße zieht; der Abguss der Statue ist bekannt und befindet sich in den meisten deutschen Sammlungen. Ein Blick, den er in dem Augenblick, da er den Fuß auf den Schemel setzte, um ihn abzutrocknen, in einen großen Spiegel warf, erinnerte ihn daran; er lächelte und sagte mir, welch eine Entdeckung er gemacht habe. In der Tat hatte ich, in eben diesem Augenblick, dieselbe gemacht; doch sei es, um die Sicherheit der Grazie, die ihm beiwohnte, zu prüfen, sei es, um seiner Eitelkeit ein wenig heilsam zu begegnen: ich lachte und erwiderte – er sähe wohl Geister! Er errötete, und hob den Fuß zum zweiten Mal, um es mir zu zeigen; doch der Versuch, wie sich leicht hätte voraussehn lassen, missglückte. Er hob verwirrt den Fuß zum dritten und vierten, er hob ihn wohl noch zehnmal: umsonst! er war außerstand, dieselbe Bewegung wieder hervorzubringen – was sag ich? die Bewegungen, die er machte, hatten ein so komisches Element, dass ich Mühe hatte, das Gelächter zurückzuhalten: –

Von diesem Tage, gleichsam von diesem Augenblick an, ging eine unbegreifliche Veränderung mit dem jungen Menschen vor. Er fing an, tagelang vor dem Spiegel zu stehen; und immer ein Reiz nach dem anderen verließ ihn. Eine unsichtbare und unbegreifliche Gewalt schien sich, wie ein eisernes Netz, um das freie Spiel seiner Gebärden zu legen, und als ein Jahr verflossen war, war keine Spur mehr von der Lieblichkeit in ihm zu entdecken, die die Augen der Menschen sonst, die ihn umringten, ergötzt hatte. Noch jetzt lebt jemand, der ein Zeuge jenes sonderbaren und unglücklichen Vorfalls war, und ihn, Wort für Wort, wie ich ihn erzählt, bestätigen könnte. – [...]

(v 1810)

[1] antigrav: der Schwerkraft entgegenwirkend
[2] Entrechats (frz.): Luftsprünge
[3] Jüngling: die berühmte Plastik des Dornausziehers, wahrscheinlich aus dem 1. Jh. v. Chr.

IV. Romantik begreifen

1. Das Selbstverständnis der Romantiker – Aspekte der Poetik

Seit der Antike geben die Poetiken unterschiedliche Antworten auf die Frage nach dem Wesen und der Funktion der Dichtkunst. Die Romantiker wandten sich entschieden gegen die Vorstellung, Dichtung sei bloße Nachahmung vorgegebener Wirklichkeit i.S. ihrer getreuen Abbildung. Einige Äußerungen von Autoren der sog. Frühromantik können eine Vorstellung vom Dichtungsverständnis vermitteln; nicht unwesentlich ist die Form, in der diese Gedanken vorgetragen wurden – das Fragment.

1 Friedrich Schlegel (1772–1829): Athenäums-Fragment 116 (Auszug)

Die romantische Poesie ist eine progressive Universalpoesie. Ihre Bestimmung ist nicht bloß, alle getrennten Gattungen der Poesie wieder zu vereinigen, und die Poesie mit der Philosophie und Rhetorik in Berührung zu setzen. Sie will, und soll auch Poesie und Prosa, Genialität und Kritik, Kunstpoesie und Naturpoesie bald mischen, bald verschmelzen, die Poesie lebendig und gesellig, und das Leben und die Gesellschaft poetisch machen, den Witz poetisieren, und die Formen der Kunst mit gediegnem Bildungsstoff jeder Art anfüllen und sättigen, und durch die Schwingungen des Humors beseelen. Sie umfasst alles, was nur poetisch ist, vom größten wieder mehre Systeme in sich enthaltenden Systeme der Kunst, bis zu dem Seufzer, dem Kuss, den das dichtende Kind aushaucht in kunstlosen Gesang. [...] Andre Dichtarten sind fertig, und können nun vollständig zergliedert werden. Die romantische Dichtart ist noch im Werden; ja das ist ihr eigentliches Wesen, dass sie ewig nur werden, nie vollendet sein kann. Sie kann durch keine Theorie erschöpft werden, und nur eine divinatorische[1] Kritik dürfte es wagen, ihr Ideal charakterisieren zu wollen. Sie allein ist unendlich, wie sie allein frei ist, und das als ihr erstes Gesetz anerkennt, dass die Willkür des Dichters kein Gesetz über sich leide. Die romantische Dichtart ist die einzige, die mehr als Art, und gleichsam die Dichtkunst selbst ist: denn in einem gewissen Sinn ist oder soll alle Poesie romantisch sein. (e 1798)

2 Friedrich Schlegel: Athenäums-Fragment 216 (Auszug)

Die Französische Revolution, Fichtes Wissenschaftslehre[2] und Goethes Meister[3] sind die größten Tendenzen des Zeitalters. Wer an dieser Zusammenstellung Anstoß nimmt, wem keine Revolution wichtig scheinen kann, die nicht laut und materiell ist, der hat sich noch nicht auf den hohen weiten Standpunkt der Geschichte der Menschheit erhoben. Selbst in unsern dürftigen Kulturgeschichten, die meistens einer mit fortlaufendem Kommentar begleiteten Variantensammlung, wozu der klassische Text verloren ging, gleichen, spielt manches kleine Buch, von dem die lärmende Menge zu seiner Zeit nicht viel Notiz nahm, eine größere Rolle als alles, was diese trieb. [...] (e 1798)

3 Gedanken zur Poetik

1. „Denn das ist der Anfang aller Poesie, den Gang und die Gesetze der vernünftig denkenden Vernunft aufzuheben und uns wieder in die schöne Verwirrung der Fantasie, in das ursprüngliche Chaos der menschlichen Natur zu versetzen." (F. Schlegel, Gespräch über die Poesie)

2. „Ich möchte fast sagen, das Chaos muss in jeder Dichtung durch den regelmäßigen Flor der Ordnung schimmern." (Novalis, Heinrich von Ofterdingen)

3. „Die Welt muss romantisiert werden. So findet man den ursprünglichen Sinn wieder. Romantisieren ist nichts als eine qualitative Potenzierung. Das niedere Selbst wird mit einem bessern Selbst in dieser Operation identifiziert. [...] Indem ich dem Gemeinen einen hohen Sinn, dem Bekannten die Würde des Unbekannten, dem Endlichen einen unendlichen Schein gebe, so romantisiere ich es." (Novalis, Neue Fragmente)

4. „Alle Märchen sind nur Träume von jener heimatlichen Welt, die überall und nirgends ist." (Novalis, Neue Fragmente)

5. „Erzählungen, ohne Zusammenhang, jedoch mit Assoziationen wie Träume. Gedichte – bloß wohlklingend und voll schöner Worte – aber auch ohne allen Sinn und Zusammenhang – höchstens einzelne Strophen verständlich – sie müssen wie lauter Bruchstücke aus den verschiedenartigsten Dingen sein." (Novalis, Neue Fragmente)

[1] divinatorisch (< lat. divinativ = Ahnung, Sehergabe): seherisch
[2] Fichtes „Wissenschaftslehre" begründet seine Philosophie des subjektiven Idealismus.
[3] Goethes „Wilhelm Meister" ist Vorbild für alle späteren Bildungsromane.

Die **Poetik** (< gr. poitike techne = Dichtkunst) ist die Lehre von der Dichtkunst und meint dreierlei:
– die *Dichtungstheorie* als systematische Auseinandersetzung mit dem Wesen und der Funktion von Dichtung, ihren Gattungen und Stilmitteln (vgl. S. 80ff.);
– die verbindlichen *Anweisungen* zum „richtigen" Dichten und
– die *Dichtungskritik*.

Im ***Barock*** beginnt die deutsche Poetik mit Martin Opitz (1597–1639) *Buch von der Deutschen Poeterey* (1624, vgl. S. 140), das zahlreiche zeitgenössische Nachfolger fand.
In der ***Aufklärung*** ist Johann Christoph Gottsched (1700–1766) mit dem *Versuch einer Critischen Dichtkunst* (1730) der letzte Verfechter einer normativen Poetik, die alle Bereiche der Dichtung aus der Vernunft, dem „Witz", zu regeln sucht.
Im ***Sturm und Drang*** erfolgt durch J.G. Herder, H.W. v. Gerstenberg, J.W. v. Goethe und J.M.R. Lenz eine Abwendung von der systematischen Poetik und unter dem Einfluss Shakespeares eine Hinwendung zum Dichter, der als Originalgenie sein Schaffen auf „Empfindung, Begeisterung und Inspiration" gründet.
In der ***Romantik*** vertraten F. Schlegel und Novalis die Theorie von der „progressiven Universalpoesie". In J.W.v. Goethes Lehre von den Naturformen der Dichtung erscheint erstmals die Gattungstrias von Epik, Lyrik und Dramatik, die bis heute diskutiert wird.
Im ***20. Jahrhundert*** brachte die antiaristotelische Dramaturgie des „epischen Theaters" durch Bertolt Brecht (1898–1956) neue theoretische Anstöße (vgl. S. 380f.).

1. Vereinigung vs. Trennung, Werden vs. Vollendung, Freiheit vs. Gesetz (Text 1) sind einige der Leitbegriffe in F. Schlegels Fragment 116: Erweitern Sie die Liste, indem Sie auch die andern beiden Texte einbeziehen.

2. a) Die Französische Revolution und ein Roman von Goethe werden auf eine Stufe gestellt (Text 2): Versuchen Sie eine Erklärung zu finden, indem Sie einbeziehen, was einige Romantiker (s.o. S. 249f.) über die Revolution gedacht haben.
b) Es ist offenkundig, dass die Dichtung in der Romantik gegenüber der realen Geschichte ungeheuer aufgewertet wird: Versuchen Sie diesen Sachverhalt zu erklären und zu bewerten.

3. Erörtern Sie, inwiefern die Romantik eine Antwort auf die Lebensverhältnisse der Zeit ist; beziehen Sie den Text von R. Vierhaus, S. 272, ein.

Die **Germanistik** (deutsche Philologie), also die Wissenschaft von der geschichtlichen Entwicklung der deutschen Sprache und Literatur, entstand als Universitätsdisziplin in der Romantik; sie wurde durch Jakob und Wilhelm Grimm begründet, die sich mit Sprachwissenschaft befassten und Sagen, Märchen und Mythen sammelten und erforschten. *Deutsche Grammatik*, 1819; *Deutsches Wörterbuch*, 1854–1961; *Kinder- und Hausmärchen*, 1812–15; *Deutsche Sagen*, 1816–18; *Deutsche Mythologie*, 1835.

Brüder Grimm

1. Verschaffen Sie sich anhand der Dichterbiografien dieses Kapitels einen Überblick über die Situation der romantischen Schriftsteller (gesellschaftliche Herkunft, Beruf, Lebensverhältnisse).
a) Welche Probleme stellen sich den Schriftstellern?
b) Wie verhält sich ihre Lage zu derjenigen der Dichter des 18. Jahrhunderts (vgl. Aufklärung und Klassik)?

2. Die Romantik war ein gesamteuropäisches Phänomen. Informieren Sie sich arbeitsteilig in Lexika über die Romantik in Frankreich, England, Russland, Italien und tragen Sie Ihre Ergebnisse vor.

3. Schriftsteller im 19. Jahrhundert und Schriftsteller in unserer Zeit:
a) Wie wird man Ihrer Meinung nach Schriftsteller?
b) Welche Möglichkeiten, Bücher zu veröffentlichen, gibt es?
c) Wie ist die wirtschaftliche Lage der Schriftsteller?

4. a) A. Hauser verwendet positive und negative Begriffe; stellen Sie sie in einer Liste einander gegenüber.
b) Vergleichen Sie sein Bild der Romantik mit der Vorstellung, die Sie gewonnen haben.

5. Wie erklärt A. v. Bormann das neue Interesse an der Romantik?

6. Rückkehr in den Ursprung – Abkehr von der Aufklärung – Rückzug aus der Wirklichkeit – Flucht vor Problemen: Die Romantik befindet sich auf der Anklagebank. Übernehmen Sie ihre Verteidigung.

2. Rückblick auf eine Epoche – Geschichtlichkeit und Aktualität der Romantik

Dass Epochenbegriffe, ihre inhaltliche Füllung und Abgrenzung erst im historischen Reflexionsprozess entstehen, zeigt sich auch in den Gedanken über die Romantik.

1 Rudolf Vierhaus: Schriftsteller in einer Zeit des Umbruchs (Auszug)

„Ungeheure Veränderungen" vollzogen sich um 1800 auch in Deutschland, wenngleich anderer Art, auf andere Weise und mit anderen Ergebnissen. Französische Besetzung und Verwaltung auf dem linken Rheinufer für mehr als zwanzig Jahre, Beseitigung der geistlichen Staaten, Säkularisation geistlichen Besitzes, Liquidation der Landeshoheit von Reichsrittern und Reichsgrafen, also Herrschaftswechsel in zahlreichen Fällen, Auflösung des Reiches, Aufhebung der Reichsgerichte und des Reichstags, Kriege, Grenzveränderungen, Besatzungen, Regierungs- und Verwaltungsreformen, Veränderungen im Rechts- und Schulwesen, in der Militär- und Kirchenorganisation – das alles zusammen bewirkte im Laufe eines Vierteljahrhunderts ein Maß an Umgestaltung, das allenfalls mit den tiefreichenden Veränderungen in der ersten Hälfte des 16. Jahrhunderts verglichen werden kann. Eine Umgestaltung, die auch durch das Wiederherstellungswerk des Wiener Kongresses nicht rückgängig gemacht wurde!

Gewiss haben die Menschen in Deutschland diese Veränderungen auf unterschiedliche Weise erlebt, je nachdem sie, direkt oder indirekt, als engagierte Beobachter, als Reformfreunde oder als Anhänger des Alten betroffen waren. Alle aber standen unter dem Eindruck einer tiefen Krise der politischen Institutionen wie des politischen Bewusstseins, deren Ausgang die Betroffenen und Beobachtenden nicht abzusehen vermochten. Diese Ungewissheit wurde dadurch noch verstärkt, dass die Krise zu einem beträchtlichen Teil aus externen Anlässen hervorging, so dass sich den Deutschen das Gefühl aufdrängen musste, politisch nurmehr Objekt der Politik großer europäischer Mächte, vor allem des napoleonischen Frankreich, darzustellen, und vom Verlust der politischen Identität bedroht zu sein. Zugleich löste die Krise vielfältige, oft diffuse, oft widersprüchliche Erwartungen im Hinblick auf die Durchführung notwendiger Reformen, auf Modernisierung der deutschen politischen Verhältnisse aus, die, nachdem so viele der älteren Institutionen beseitigt waren oder sich aufgelöst hatten, ebenso dringend erschienen wie ihre Durchführung leichter geworden war. [...] (v 1987)

2 Arnold Hauser: Romantik als übersteigerter Subjektivismus (Auszug)

[...] Die Romantik hatte nicht nur eine epochale Bedeutung, sie hatte auch ein epochales Bewusstsein. Sie stellte eine der wichtigsten Wendungen in der Geschichte des abendländischen Geistes dar, und sie war sich ihrer historischen Rolle vollkommen bewusst. Seit der Gotik hatte die Entwicklung der Sensibilität keinen stärkeren Anstoß erfahren, und das Recht des Künstlers, der Stimme seines Gefühls und seiner Natur zu folgen, wurde mit solcher Unbedingtheit wohl überhaupt noch nie betont. Der Rationalismus, der seit der Renaissance in beständigem Fortschritt begriffen war und durch die Aufklärung eine universale, die ganze Kulturwelt beherrschende Geltung gewann, erlitt den empfindlichsten Rückschlag seiner Geschichte. [...]

[...] Die ganze Überschwänglichkeit, Anarchie und Wildheit der modernen Kunst, ihr trunkener und stammelnder Lyrismus, ihr hemmungsloser, schonungsloser Exhibitionismus geht auf die Romantik zurück. Und diese subjektive, egozentrische Haltung ist für uns so selbstverständlich, so unumgänglich geworden, dass wir nicht einmal einen abstrakten Gedankengang mehr wiedergeben können, ohne dabei von unseren Empfindungen zu sprechen. Die intellektuelle Leidenschaft, das Pathos der Vernunft, die künstlerische Produktivität des Rationalismus sind so vollkommen in Vergessenheit geraten, dass wir auch die klassische Kunst nur mehr als den Ausdruck eines romantischen Gefühls begreifen können. [...] (v 1983)

3 Alexander von Bormann: Über die Aktualität der Romantik (Auszug)

[...] Die Romantik ist wieder da. Lange Jahre als konservativ oder gar reaktionär gescholten, zumindest aber als irrational, dunkel, geschichtlich vergangen, erlebte sie im letzten Jahrzehnt eine unvermutete Zuwendung. Nicht nur in der Germanistik und Kunstgeschichte (die Caspar David Friedrich-Ausstellung wurde fast zum nationalen Ereignis), sondern auch in der Natur- und Rechtsphilosophie, in Geschichtswissenschaft und Theologie, ja in Sozialwissenschaften und Psychologie blüht plötzlich die Romantikforschung. Auch das Ergrünen der Politik stellt sich, zumindest im Gestus, dazu. Und die ‚Tendenzwende' der Literatur, die um die Mitte der Siebzigerjahre stattfand, gehört gleichfalls in diesen Zusammenhang. Statt der beschädigten Gesellschaft ist nun das beschädigte Subjekt das Hauptthema; und die Natur wird fast wieder als mythische Größe, jedenfalls als Gegenüber wahrgenommen: *Die Natur ist das Einzige, was ich euch versprechen kann – das einzig stichhaltige Versprechen. (...) Sie kann freilich weder Zufluchtsort noch Ausweg sein. Aber sie ist das Vorbild und gibt das Maß* (Peter Handke).[1]

[1] Peter Handke: Über die Dörfer, Dramatisches Gedicht, Frankfurt (Suhrkamp) 1981, S. 97.

Schlagwortmäßig lassen sich für die gegenwärtige Neuromantik-Welle, der noch nachzufragen ist, Zusammenhänge mit dem Ölschock, der Rohstoffverknappung, dem ‚Nullwachstum', der Absage also an die Illusion ungebrochener Progression ausmachen. Wir wissen es seit langem (und Werner Krauss hat es wiederum gezeigt), dass die Entgegensetzung Aufklärung – Romantik nicht recht aufgeht; doch die neuromantischen Bewegungen sind immer ein Gutteil ungebildeter (und dadurch deutlicher, wirkungsvoller) gewesen als die historische deutsche Romantik, und sie haben diesen Gegensatz stets kultiviert. So heißt auch ein 1980 erschienenes Heft der Zeitschrift L'80: *Romantik contra Aufklärung – ein unbewältigter Konflikt.* Es bleibt ein sprechender Gegensatz: die Aufklärung ist danach eine Wachstumsideologie, gehört eher zu sozioökonomischen Expansionsphasen; die Romantik ist, dieser einleuchtenden Verkürzung zufolge, eher Krisenzeiten verschwistert und lehrt (das macht ihren ‚Konservatismus' aus), mit Beständen auszukommen. Der Blick auf die modernen ‚Errungenschaften' wird dabei zunehmend kritischer. [...]

(v 1984)

Romantik

1. Der Begriff: „Romantisch" stammt etymologisch aus den altfranzösischen Substantiven „romanz", „roman" und bezeichnet die in der Volkssprache (im Unterschied zum gepflegten Latein) geschriebenen höfischen Versromane; die *Sprachbezeichnung* wird schließlich als *Gattungsbegriff* verwendet. Im 17. Jahrhundert bedeutete „romantisch" demgemäß „wie in Romanen", und zwar wurde das Wort im pejorativen[1] Sinn gebraucht. Gegen Ende des 18. Jahrhunderts (die Aufklärungspoetik hatte zu einer Aufwertung bzw. Rechtfertigung des Wunderbaren, Fantastischen beigetragen) hatte das Wort eine sentimentale Bedeutung; in diesem Sinne spricht Werther von der „lieben romantischen Höhle". In der Empfindsamkeit war das Romantische dem Nüchternen, Philisterhaften entgegengesetzt; diesen Wortgebrauch griffen die Romantiker auf. August Wilhelm Schlegel allerdings verstand den *Begriff historisch* zur Bezeichnung der mittelalterlichen und neuzeitlichen im Gegensatz zur klassisch-antiken Literatur. Eine andere Bedeutung erhielt der Begriff bei Friedrich Schlegel und Novalis, für die Poesie im Gegensatz zur Nachahmung der Natur (Wirklichkeitsabbildung) stand; romantisch war in diesem Sinne gleichbedeutend mit poetisch.

2. Die Ideen: Die Romantik steht im Zeichen einer *Selbstkritik der neuzeitlichen Aufklärung,* sofern diese Rationalität als Herrschaft ökonomischer, zweckrationaler Denkweisen versteht. Der Philister galt den Romantikern als Repräsentant dieser Denk- und Lebensweise. Die Romantiker erlebten ihre Zeit als eine Phase des Umbruchs, der Brüchigkeit der alten politischen, wirtschaftlichen und gesellschaftlichen Strukturen; sie lebten in einer politischen Bewusstseins- und Systemkrise, auf die sie mit ihrer Kunst auf unterschiedliche Weise antworteten.

3. Die Epoche: In der Literaturgeschichte unterscheidet man drei verschiedene Phasen: die *Frühromantik,* die *Hochromantik* und die *Spätromantik.* Ein großer Teil der zur *Frühromantik* (1797–1804) gerechneten Dichter hatte sich 1798 in Dresden getroffen; ein Jahr später kam es zur Begegnung in Jena. 1798 begannen die Brüder Schlegel mit der Herausgabe der Zeitschrift „Athenäum".
1806 war das Jahr des preußischen Zusammenbruchs nach der Niederlage bei Jena und Auerstedt. Eine andere Gruppe von Dichtern – zwischen den Gruppierungen gab es Verbindungen – hatte 1805/06 eine Sammlung von Volksliedern unter dem Titel „Des Knaben Wunderhorn" herausgegeben. Achim von Arnim und Clemens Brentano, die beiden Herausgeber, gehörten zu dem Zentrum, das in Heidelberg entstand (*Heidelberger oder Hochromantik,* etwa 1805–1815); ihnen ging es darum, durch den Rückgriff auf die volkstümliche Literatur die schöpferischen Kräfte des deutschen „Volksgeistes" zu wecken. Auch Berlin war Mittelpunkt romantischer Gruppierungen: August Wilhelm und Friedrich Schlegel, Adalbert von Chamisso, E.T.A. Hoffmann, Achim von Arnim und Clemens Brentano sowie Heinrich von Kleist gehörten – zu unterschiedlichen Zeiten – dazu. Der Widerspruch zwischen der Sehnsucht nach Poesie und der Prosa des bürgerlichen Alltags prägte noch einmal im romantischen Sinne nach 1820 veröffentlichte Dichtungen, z.B. von Joseph von Eichendorff, den man der Spätromantik zuordnet, der aber im Bewusstsein der späteren Leser der ‚romantischste' Dichter geworden ist.

4. Europäische Romantik konstituierte sich in der Rückbesinnung auf die nationalen Traditionen (Rousseau, Shakespeare, Calderón u.a.) unter dem Einfluss deutscher Ideen und literarischer Beispiele, erhielt aber in jedem Land ein eigentümliches Gepräge.

[1] pejorativ (< lat. peior = schlechter): bedeutungsverschlechternd

Die **Literatursprache der Romantik** ist gekennzeichnet durch eine Vorliebe für Klang und Sprachmelodie, für das Geheimnisvolle und Unbestimmte; dazu wurden Sinnenhaftes und Seelisches, Gefühltes und Gedachtes miteinander verwoben. In der dichterischen Sprache sollte das Wort also nicht begrifflich bestimmt sein, sondern es sollte unbestimmte Assoziationen wecken. (Charakteristische Beispiele: mondumspiegelt, wildentbrannt, tauberauscht, Wunderwellen, Zauberspiegel, Wintersterne, Waldesrauschen, Felsenschlüfte, dunkelblaue Schwüle). Die Suche nach dem Ursprünglichen, Naturhaften führte zur Beschäftigung mit der Vergangenheit; die Sprache der Volkslieder und Volksbücher wurde zum Teil übernommen, was teilweise zu einem gewollt altertümlichen Stil führte.

Caspar David Friedrich, Mondaufgang am Meer, 1822

SIEBTES KAPITEL

Realistische Literatur des 19. Jahrhunderts

Adolph von Menzel, (1815–1905)
Eisenwalzwerk, 1875

I. Handeln durch Literatur

1. „Ideenschmuggel“ (Karl Gutzkow) – Programmschrift und Karikatur

Die Literatur des 19. Jahrhunderts lässt sich verkürzend mit dem Begriff **Realismus** beschreiben. Dazu gehören Texte, die in Literaturgeschichten den folgenden *Stilrichtungen* zugeordnet werden: Dem Jungen Deutschland, Biedermeier, Vormärz, poetischer Realismus, Naturalismus. Diese Richtungen folgen nicht chronologisch aufeinander, sie bestehen zum Teil nebeneinander.
Leitfragen für das Verständnis der Literatur des Realismus können sein: Von welchem Selbstverständnis in Bezug auf Werk und Wirkung lassen sich die Autorinnen und Autoren leiten? Von welchem Menschenbild gehen sie aus? Was kann der Begriff „realistische Literatur“ bedeuten und von welchen anderen Begriffen ist er abzugrenzen?

Die gesellschaftlichen und politischen Verhältnisse nahezu der gesamten ersten Hälfte des 19. Jahrhunderts wurden in Deutschland durch Strukturen bestimmt, die an der alten Ordnung festhalten wollten. Sie waren restaurativ und können mit dem Begriff „System Metternich“ umschrieben werden. Es gab keine freie Meinungsäußerung, die „Karlsbader Beschlüsse“ (1819) wirkten sich lähmend auf das politische Leben aus. Von den Zensurmaßnahmen war die öffentliche Meinung, waren die Schriftsteller stark betroffen.
Der von dem jungdeutschen Schriftsteller Karl Gutzkow (1811–1878) geprägte Begriff „Ideenschmuggel“ bezeichnet anschaulich, wie sich die Literatur auf die Zensur einstellt, indem sie diese auf fantasievolle Art zu unterlaufen versucht.

1 Heinrich Heine (1797–1856): Die Harzreise (Auszug, Biografie S. 278f.)

[...] Ich war zuerst in die Carolina gestiegen. Das ist die schmutzigste und unerfreulichste Carolina, die ich je kennengelernt habe. Die Leitersprossen sind kotig nass. Und von einer Leiter zur andern gehts hinab, und der Steiger voran, und dieser beteuert immer: es sei gar nicht gefährlich, nur müsse man sich mit den Händen fest an den Sprossen halten, und nicht nach den Füßen sehen, und nicht schwindlicht werden, und nur bei Leibe nicht auf das Seitenbrett treten, wo jetzt das schnurrende Tonnenseil heraufgeht, und wo, vor vierzehn Tagen, ein unvorsichtiger Mensch hinuntergestürzt und leider den Hals gebrochen. Da unten ist ein verworrenes Rauschen und Summen, man stößt beständig an Balken und Seile, die in Bewegung sind, um die Tonnen mit geklopften Erzen, oder das hervorgesinterte Wasser, heraufzuwinden. Zuweilen gelangt man auch in durchgehauene Gänge, Stollen genannt, wo man das Erz wachsen sieht, und wo der einsame Bergmann den ganzen Tag sitzt und mühsam mit dem Hammer die Erzstücke aus der Wand herausklopft. Bis in die unterste Tiefe, wo man, wie einige behaupten, schon hören kann, wie die Leute in Amerika „Hurrah Lafayette!“[1] schreien, bin ich nicht gekommen; unter uns gesagt, dort, bis wohin ich kam, schien es mir bereits tief genug: – immerwährendes Brausen und Sausen, unheimliche Maschinenbewegung, unterirdisches Quellengeriesel, von allen Seiten herabtriefendes Wasser, qualmig aufsteigende Erddünste, und das Grubenlicht immer bleicher hineinflimmernd in die einsame

[1] Joseph de Motier, Marquis de Lafayette: 1757–1834; nahm seit 1777 am Unabhängigkeitskampf der USA teil; 1789 in Paris Mitglied der Generalstände; verfasste den Entwurf zur Erklärung der Menschenrechte.

Nacht. Wirklich, es war betäubend, das Atmen wurde mir schwer, und mit Mühe hielt ich mich an den glitschrigen Leitersprossen. Ich habe keinen Anflug von so genannter Angst empfunden, aber, seltsam genug, dort unten in der Tiefe erinnerte ich mich, dass ich im vorigen Jahre, ungefähr um dieselbe Zeit, einen Sturm auf der Nordsee erlebte, und ich meinte jetzt, es sei doch eigentlich recht traulich angenehm, wenn das Schiff hin und her schaukelt, die Winde ihre Trompeterstückchen losblasen, zwischendrein der lustige Matrosenlärmen erschallt und alles frisch überschauert wird von Gottes lieber, freier Luft. Ja, Luft! – Nach Luft schnappend stieg ich einige Dutzend Leitern wieder in die Höhe, und mein Steiger führte mich durch einen schmalen, sehr langen, in den Berg gehauenen Gang nach der Grube Dorothea. Hier ist es luftiger und frischer, und die Leitern sind reiner, aber auch länger und steiler als in der Carolina. Hier wurde mir schon besser zumute, besonders da ich wieder Spuren lebendiger Menschen gewahrte. In der Tiefe zeigten sich nämlich wandelnde Schimmer; Bergleute mit ihren Grubenlichtern kamen allmählig in die Höhe, mit dem Gruße „Glückauf!“ und mit demselben Wiedergruße von unserer Seite stiegen sie an uns vorüber; und wie eine befreundet ruhige, und doch zugleich quälend rätselhafte Erinnerung, trafen mich, mit ihren tiefsinnig klaren Blicken, die ernstfrommen, etwas blassen, und vom Grubenlicht geheimnisvoll beleuchteten Gesichter dieser jungen und alten Männer, die in ihren dunkeln, einsamen Bergschachten den ganzen Tag gearbeitet hatten, und sich jetzt hinaufsehnten nach dem lieben Tageslicht, und nach den Augen von Weib und Kind.

Mein Cicerone[1] selbst war eine kreuzehrliche, pudeldeutsche Natur. Mit innerer Freudigkeit zeigte er mir jene Stolle, wo der Herzog vom Cambridge[2], als er die Grube befahren, mit seinem ganzen Gefolge gespeist hat, und wo noch der lange hölzerne Speisetisch steht, so wie auch der große Stuhl von Erz, worauf der Herzog gesessen. Dieser bleibe zum ewigen Andenken stehen, sagte der gute Bergmann, und mit Feuer erzählte er: wie viele Festlichkeiten damals stattgefunden, wie der ganze Stollen mit Lichtern, Blumen und Laubwerk verziert gewesen, wie ein Bergknappe die Zither gespielt und gesungen, wie der vergnügte, liebe, dicke Herzog sehr viele Gesundheiten ausgetrunken habe, und wie viele Bergleute, und er selbst ganz besonders, sich gern würden totschlagen lassen für den lieben, dicken Herzog und das ganze Haus Hannover. – Innig rührt es mich jedes Mal, wenn ich sehe, wie sich dieses Gefühl der Untertanstreue in seinen einfachen Naturlauten ausspricht. Es ist ein so schönes Gefühl! Und es ist ein so wahrhaft deutsches Gefühl! Andere Völker mögen gewandter sein, und witziger und ergötzlicher, aber keines ist so treu, wie das treue deutsche Volk. Wüsste ich nicht, dass die Treue so alt ist, wie die Welt, so würde ich glauben, ein deutsches Herz habe sie erfunden. Deutsche Treue! sie ist keine moderne Adressenfloskel. An Euren Höfen, Ihr deutschen Fürsten, sollte man singen und wieder singen das Lied von dem getreuen Eckart[3] und dem bösen Burgund, der ihm die lieben Kinder töten lassen, und ihn alsdann doch noch immer treu befunden hat. Ihr habt das treueste Volk, und Ihr irrt, wenn Ihr glaubt, der alte, verständige, treue Hund sei plötzlich toll geworden, und schnappe nach Euren geheiligten Waden.

Wie die deutsche Treue, hatte uns jetzt das kleine Grubenlicht, ohne viel Geflacker, still und sicher geleitet durch das Labyrinth der Schachten und Stollen; wir stiegen hervor aus der dumpfigen Bergnacht, das Sonnenlicht strahlt' – Glück auf! [...] (v 1826)

Barrikadenkämpfe in Berlin am 18. März 1848

2 Georg Büchner (1813–1837): Der Hessische Landbote (Auszug, Biografie S. 286f.)

Friede den Hütten! Krieg den Palästen![4]

Im Jahr 1834 siehet es aus, als würde die Bibel Lügen gestraft. Es sieht aus, als hätte Gott die Bauern und Handwerker am 5ten Tage, und die Fürsten und Vornehmen am 6ten gemacht, und als hätte der Herr zu diesen gesagt: Herrschet über alles Getier, das auf Erden kriecht, und hätte die Bauern und Bürger zum Gewürm gezählt. Das Leben der Vornehmen ist ein

[1] Der Cicerone (ital.): Fremdenführer, wegen ihrer Redegewandtheit nach dem römischen Redner Markus Tullius Cicero (106–43 v. Chr.) benannt.
[2] Herzog von Cambridge: damals Generalstatthalter des in Personalunion mit England verbundenen Hannover, wo sich die Gruben befinden.
[3] der getreue Eckart: Sagengestalt, die die Leute vor dem Betreten des Venusberges warnt; später gilt er als Warner in einem allgemeineren Sinne; vgl. auch Goethes Ballade „Der getreue Eckart“.
[4] Friede den Hütten! Krieg den Palästen! Slogan der Französischen Revolution

1. Lesen Sie Text 1 unter der Leitidee des Ideenschmuggels.
a) Untersuchen Sie, durch welche Textsignale (Schlüsselbegriffe) für den Leser deutlich wird, dass es nicht eigentlich um eine Bergwerksbesichtigung geht.
b) Beschreiben Sie den Aufbau des Textes vom Abstieg in die dunkle Grube bis zum Ausstieg aus der Bergnacht.
c) Übertragen Sie die Beschreibung des Cicerone (ab Z. 37) in direkte Rede und vergleichen Sie mit dem Heine-Text: Beschreiben Sie die Bedeutung von Ironiesignalen.
d) Vergleichen Sie den Text mit dem Auszug aus „Heinrich von Ofterdingen“ von Novalis (S. 240f.): Legen Sie dar, zu welchen Folgerungen man kommt, wenn man Heines Text als Erwiderung auf die Romantik liest.

Reiseliteratur, die es bereits in der Antike gab, umfasst Reiseführer, wissenschaftliche Reisebeschreibungen, dichterisch ausgestaltete Reiseschilderungen und Reiseromane. Einen Höhepunkt des Typus der literarischen Reisebeschreibung stellt Goethes *Italienische Reise* dar, die er aus Briefen und Tagebuchaufzeichnungen zusammenstellte. Die Reiseberichte des Jungen Deutschland verbanden Landschaftsbeschreibung mit Gesellschaftssatire.

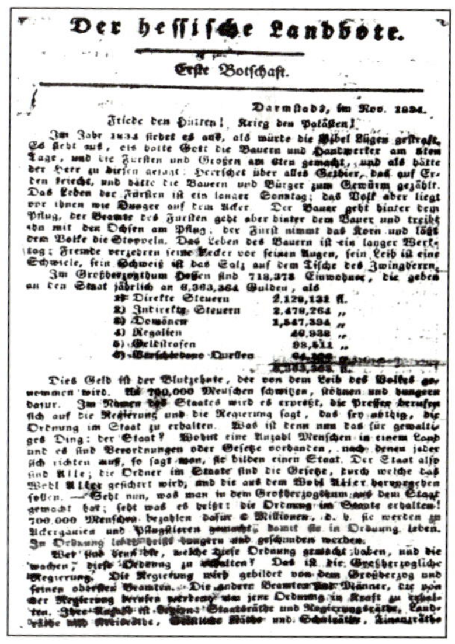

Der hessische Landbote.

Erste Botschaft.

Darmstadt, im Nov. 1834.

Friede den Hütten! Krieg den Palästen!

Im Jahr 1834 siehet es aus, als würde die Bibel Lügen gestraft. Es sieht aus, als hätte Gott die Bauern und Handwerker am 5ten Tage, und die Fürsten und Großen am 6ten gemacht, und als hätte der Herr zu diesen gesagt: Herrschet über alles Gethier, das auf Erden kriecht, und hätte die Bauern und Bürger zum Gewürm gezählt. Das Leben der Fürsten ist ein langer Sonntag; das Volk aber liegt vor ihnen wie Dünger auf dem Acker. Der Bauer geht hinter dem Pflug, der Beamte des Fürsten geht aber hinter dem Bauer und treibt ihn mit den Ochsen am Pflug, der Fürst nimmt das Korn und läßt dem Volke die Stoppeln. Das Leben des Bauern ist ein langer Werktag; Fremde verzehren seine Äcker vor seinen Augen, sein Leib ist eine Schwiele, sein Schweiß ist das Salz auf dem Tische des Zwingherrn.

Im Großherzogthum Hessen sind 718,373 Einwohner, die geben an den Staat jährlich an 6,363,364 Gulden, als

1) Direkte Steuern	2,128,131 fl.
2) Indirekte Steuern	2,478,264 „
3) Domänen	1,547,394 „
4) Regalien	46,938 „
5) Geldstrafen	98,511 „
6) Verschiedene Quellen	64,198 „
	6,363,364 fl.

Dies Geld ist der Blutzehnte, der von dem Leib des Volkes genommen wird. An 700,000 Menschen schwitzen, stöhnen und hungern dafür. Im Namen des Staates wird es erpreßt, die Presser berufen sich auf die Regierung und die Regierung sagt, das sey nöthig, die Ordnung im Staat zu erhalten. Was ist denn nun das für gewaltiges Ding: der Staat? Wohnt eine Anzahl Menschen in einem Land und es sind Verordnungen oder Gesetze vorhanden, nach denen jeder sich richten muß, so sagt man, sie bilden einen Staat. Der Staat also sind Alle; die Ordner im Staate sind die Gesetze, durch welche das Wohl Aller gesichert wird, und die aus dem Wohl Aller hervorgehen sollen. — Seht nun, was man in dem Großherzogthum aus dem Staat gemacht hat; seht was es heißt: die Ordnung im Staate erhalten! 700,000 Menschen bezahlen dafür 6 Millionen, d. h. sie werden zu Ackergäulen und Pflugstieren gemacht, damit sie in Ordnung leben. In Ordnung leben heißt hungern und geschunden werden.

Wer sind denn die, welche diese Ordnung gemacht haben, und die wachen, diese Ordnung zu erhalten? Das ist die Großherzogliche Regierung. Die Regierung wird gebildet von dem Großherzog und seinen obersten Beamten. Die andern Beamten sind Männer, die von der Regierung berufen werden, um jene Ordnung in Kraft zu erhalten. Ihre Anzahl ist Legion: Staatsräthe und Regierungsräthe, Landräthe und Kreisräthe, Geistliche Räthe und Schulräthe, Finanzräthe

2. a) In der Flugschrift von G. Büchner wird zwischen den politischen Verhältnissen und dem Schöpfungsbericht der Bibel (1. Mose 1) eine Beziehung hergestellt: Erörtern Sie, weshalb Büchner so vorgeht.
b) Stellen Sie in einem Begriffsfeld die Bedeutungen des Begriffs „Ordnung“ zusammen; gehen Sie aus von Büchners Text, suchen Sie anschließend andere Erweiterungen und benennen Sie die möglichen Konnotationen.

c) Schreiben Sie die Aussagen der Flugschrift in Klartext um und überlegen Sie, welche Wirkung der „Hessische Landbote" auf die Bewohner der Hütten und auf die Bewohner der Paläste gehabt haben könnte.

Flugblätter und Flugschriften sind publizistische Mittel sozial unterprivilegierter Gruppen, denen andere Mittel gesellschaftlicher Kommunikation nicht zur Verfügung stehen. Im Investiturstreit des 11. Jahrhunderts zwischen Papsttum und Kaiser, in der Reformation, in der Französischen Revolution von 1789 und der deutschen Revolution von 1848 dominierten Flugblätter, die Meinungen äußern und Anhänger werben wollen; Flugschriften sind umfangreicher als Flugblätter.

Bücherverbrennung[1] auf dem Wartburgfest am 18.10.1817

Fotomontage von John Heartfield (Arbeiter-Illustrierte-Zeitung, Prag, 19.5.1933)

3. Vergleichen Sie die beiden Bücherverbrennungen im Hinblick auf ihre symbolische und politische Bedeutung.

langer Sonntag, sie wohnen in schönen Häusern, sie tragen zierliche Kleider, sie haben feiste Gesichter und reden eine eigne Sprache; das Volk aber liegt vor ihnen wie Dünger auf dem Acker. Der Bauer geht hinter dem Pflug, der Vornehme aber geht hinter ihm und dem Pflug und treibt ihn mit den Ochsen am Pflug, er nimmt das Korn und lässt ihm die Stoppeln. Das Leben des Bauern ist ein langer Werktag; Fremde verzehren seine Äcker vor seinen Augen, sein Leib ist eine Schwiele, sein Schweiß ist das Salz auf dem Tische des Vornehmen.

Im Großherzogtum Hessen sind 718373 Einwohner, die geben an den Staat jährlich an 6363364 Gulden, als

1)	Direkte Steuern	2,128,131 fl.
2)	Indirekte Steuern	2,478,264 fl.
3)	Domänen	1,547,394 fl.
4)	Regalien	46,938 fl.
5)	Geldstrafen	98,511 fl.
6)	Verschiedene Quellen	64,198 fl.
		6,363,363 fl.

Dies Geld ist der Blutzehnte, der von dem Leib des Volkes genommen wird. An 700000 Menschen schwitzen, stöhnen und hungern dafür. Im Namen des Staates wird es erpresst, die Presser berufen sich auf die Regierung und die Regierung sagt, das sey nöthig die Ordnung im Staat zu erhalten. Was ist denn nun das für gewaltiges Ding: der Staat? Wohnt eine Anzahl Menschen in einem Land und es sind Verordnungen oder Gesetze vorhanden, nach denen jeder sich richten muss, so sagt man, sie bilden einen Staat. Der Staat also sind *Alle*; die Ordner im Staate sind die Gesetze, durch welche das Wohl *Aller* gesichert wird, und die aus dem Wohl Aller hervorgehen sollen. – Seht nun, was man in dem Großherzogthum aus dem Staat gemacht hat; seht was es heißt: die Ordnung im Staate erhalten! 700000 Menschen bezahlen dafür 6 Millionen, d.h. sie werden zu Ackergäulen und Pflugstieren gemacht, damit sie in Ordnung leben. In Ordnung leben heißt hungern und geschunden werden.

Wer sind denn die, welche diese Ordnung gemacht haben, und die wachen, diese Ordnung zu erhalten? Das ist die Großherzogliche Regierung. Die Regierung wird gebildet von dem Großherzog und seinen obersten Beamten. Die andern Beamten sind Männer, die von der Regierung berufen werden, um jene Ordnung in Kraft zu erhalten. Ihre Anzahl ist Legion: Staatsräthe und Regierungsräthe, Landräthe und Kreisräthe, Geistliche Räthe und Schulräthe, Finanzräthe und Forsträthe usw. mit allem ihrem Heer von Secretären usw. Das Volk ist ihre Heerde, sie sind seine Hirten, Melker und Schinder; sie haben die Häute der Bauern an, der Raub der Armen ist in ihrem Hause; die Thränen der Wittwen und Waisen sind das Schmalz auf ihren Gesichtern; sie herrschen frei und ermahnen das Volk zur Knechtschaft. Ihnen gebt ihr 6000000 fl. Abgaben; sie haben dafür die Mühe, euch zu regieren; d.h. sich von euch füttern zu lassen und euch eure Menschen- und Bürgerrechte zu rauben. Sehet, was die Ernte eures Schweißes ist. [...] (v 1834)

3 Der Denker-Club. Karikatur (1. Hälfte 19. Jh.)

1 Bücherverbrennung: Auf der Wartburg trafen sich am 18. Oktober 1817, dem Jahrestag der Völkerschlacht bei Leipzig, einige hundert Burschenschaftler zu einer Demonstration gegen die Restauration; dabei wurden auch Bücher – u.a. von Schmalz, Kotzebue und Haller – verbrannt.

Zensur [von lateinisch censura „Prüfung, Beurteilung"]: behördliche Prüfung und gegebenenfalls Verbot von Büchern und Theaterstücken durch Organe des Staates oder der Kirche. Die Zensur wird dann wirksam, wenn das jeweilige literarische Werk mit der herrschenden politischen Richtung, einer offiziellen Lehrmeinung oder den Geboten der Sitte in Konflikt gerät. Literarische Zensur gibt es seit der Antike; in Rom war sie Aufgabe der Zensoren, die durch sie Verstöße gegen die sittlichen Normen und Kritik an Personen des öffentlichen Lebens zu verhindern hatten. Im Mittelalter übte v.a. die Kirche eine bis in die Neuzeit reichende Sitten- und Lehrenzensur aus. Durch die Erfindung des Buchdrucks und die damit verbundene weite Verbreitung literarischer Erzeugnisse kam der Zensur eine stärkere Bedeutung zu. Zur bestehenden kirchlichen trat 1529 in Deutschland die allgemein eingeführte weltliche Zensur, die 1569 durch die Einrichtung des kaiserlichen Bücherkommissariats in Frankfurt am Main institutionalisiert wurde. Die Karlsbader Beschlüsse (1819) brachten eine Verschärfung der durch den Einfluss der Französischen Revolution gelockerten Zensurbestimmungen. Eine teilweise Aufhebung der staatlichen Zensur brachte erst das Revolutionsjahr 1848, doch wurden auch danach noch literarische Werke, v.a. Theaterstücke, verboten (z.B. „Die Weber", 1892, von G. Hauptmann; „Der Reigen", 1897, von A. Schnitzler). Die staatliche Zensur wurde, zumindest in den westlichen Demokratien, schrittweise aufgehoben; heute gibt es in der Bundesrepublik Deutschland gesetzliche Einschränkungen nur zum Schutze der Jugend und der persönlichen Ehre.

Schüler-Duden Literatur, Mannheim (Duden), 1989.

Panegyrik (< gr. panegyris = Festversammlung; panegyrisch = lobredend) ist ein feierlich lobendes, später auch ruhmredig prahlendes Werk der Dichtung oder Redekunst, in dem vor allem bedeutende Taten, Institutionen oder Persönlichkeiten gepriesen werden. Panegyrik ist also vor allem als Herrscherlob von Bedeutung.

2. Lyrik als Waffe – Interpretation politischer Gedichte

Politische Lyrik ist zeitbezogen; aus der zeitlichen Distanz, fern ihrer Entstehungsbedingungen, werden ihre Sprache und ihre Wirkungsabsicht leicht unverständlich; der unmittelbare „Gebrauchswert" ist nicht mehr gegeben. Der Leser könnte in dieser Situation aus der Not eine Tugend machen und sich zunächst von der Frage leiten lassen, welche Gedichte trotz des zeitlichen Abstands „Bestand" haben, welche für ihn les- und verstehbar sind.

1 Theodor Körner (1791–1813): Aufruf (Auszug)

Frisch auf, mein Volk! Die Flammenzeichen rauchen,
Hell aus dem Norden bricht der Freiheit Licht.
Du sollst den Stahl in Feindes Herzen tauchen;
Frisch auf, mein Volk! – Die Flammenzeichen rauchen,
Die Saat ist reif – ihr Schnitter, zaudert nicht!
Das höchste Heil, das letzte, liegt im Schwerte!
Drück' dir den Speer ins treue Herz hinein! –
Der Freiheit eine Gasse![1] – Wasch' die Erde,
Dein deutsches Land, mit deinem Blute rein!

Es ist kein Krieg, von dem die Kronen wissen;
Es ist ein Kreuzzug, 's ist ein heil'ger Krieg!
Recht, Sitte, Tugend, Glauben und Gewissen
Hat der Tyrann aus deiner Brust gerissen –
Errette sie mit deiner Freiheit Sieg!
Das Winseln deiner Greise ruft: „Erwache!"
Der Hütte Schutt verflucht die Räuberbrut,
Die Schande deiner Töchter schreit um Rache,
Der Meuchelmord der Söhne schreit nach Blut.
[...]

Der Himmel hilft, die Hölle muss uns weichen!
Drauf, wack'res Volk! Drauf! ruft die Freiheit, drauf!
Hoch schlägt dein Herz, hoch wachsen deine Eichen.
Was kümmern dich die Hügel deiner Leichen?
Hoch pflanze da die Freiheitsfahne auf!
Doch stehst du dann, mein Volk, bekränzt vom Glücke,
In deiner Vorzeit heil'gem Siegerglanz:
Vergiss die treuen Toten nicht und schmücke
Auch unsre Urne mit dem Eichenkranz!

(v 1813 in der Gedichtsammlung „Leier und Schwert")

[1] Arnold von Winkelrieds, des Helden von Sempach (1386), bekanntes Wort: „Eidgenossen, ich will euch eine Gasse machen."

Theodor Körner ist 1791 in Dresden geboren und 1813 in Rosenow bei Gadebusch in Mecklenburg gefallen. Er begann 1808 ein Studium an der Bergakademie Freiberg in Sachsen. 1810 fing er in Leipzig ein Jurastudium an, das er nach einem Jahr aufgab. In Wien, wo er seit 1811 lebte, studierte er Geschichte und verfasste Dramen, 1813 wurde er am Burgtheater angestellt. Im Frühjahr 1813 trat er in das Lützow'sche Freikorps ein und nahm am Befreiungskrieg gegen Napoleon teil. Körner verstand ihn als Volkskrieg.
Werke: *Knospen* (1810), *Die Braut* (1811), *Rosamunde* (1812), *Leyer und Schwerdt* (1814).

1. Bewerten Sie die Texte 1–5.
a) Unterscheiden Sie nach „Zeit- bzw. Gebrauchswert" und literarischer Bedeutung.
b) Begründen Sie, warum Sie Ihre Wertung mehr auf den Inhalt oder die Form stützen.

2. a) Stellen Sie die Konnotationen zusammen, die Körner (Text 1) verwendet, um den Krieg zu umschreiben.
b) Untersuchen Sie, auf welche Weise das Handeln legitimiert wird.

3. a) Legen Sie dar, welche Vorstellungen die Gedichte (Texte 2 und 3) vom Gegner vermitteln.
b) Analysieren und vergleichen Sie die Darstellungsmittel und die Wirkungsabsicht.

Georg Herwegh (1817–1884) gab sein Theologiestudium zugunsten seiner Schriftstellertätigkeit auf; nach den *Gedichten eines Lebendigen* (1841–1843) unternahm er eine triumphale Reise durch Deutschland und wurde durch Friedrich Wilhelm IV. empfangen. Nach seiner Ausweisung aus Preußen übersiedelte er nach Paris, wo er 1848 Führer des Republikanischen Komitees der Deutschen wurde, das in den badischen Aufstand eingriff; anschließend lebte er in der Schweiz, ab 1866 in Baden-Baden, wo er auch starb.

Heinrich Heine wurde 1797 in Düsseldorf geboren und starb 1856 in Paris. Düsseldorf war von 1806 bis 1813 unter französischer Herrschaft, die den Juden 1808 die Emanzipation und damit die Gleichstellung brachte. Aufgrund einer französischen Verordnung hatten alle zwischen 1797 und 1801 in Düsseldorf Geborenen das Recht in Frankreich zu leben. Nach einer kaufmännischen Lehre machte Heine 1819–1825 ein Jurastudium. 1825 trat er zum Protestantismus über. Seine beruflichen Chancen (als Jude konnte er nicht in den Staatsdienst) verbesserten sich dadurch jedoch nicht. Von 1827 bis 1828 war er Redakteur in München. Das 1827 erschienene *Buch der Lieder* wurde seine erfolgreichste Veröffentlichung. 1831 verließ er Deutschland und ging nach Paris. Maßgeblich für diesen Schritt waren auch

2 Georg Herwegh (1817–1875): Aufruf 1841

Reißt die Kreuze aus der Erden!
Alle sollen Schwerter werden,
Gott im Himmel wird's verzeihn.
Lasst, o lasst das Verseschweißen!
Auf den Amboss legt das Eisen!
Heiland soll das Eisen sein.

Eure Tannen, eure Eichen –
Habt die grünen Fragezeichen
Deutscher Freiheit ihr gewahrt?
Nein, sie soll nicht untergehen!
Doch ihr fröhlich Auferstehen
Kostet eine Höllenfahrt.

Deutsche, glaubet euren Sehern,
Unsre Tage werden ehern,
Unsre Zukunft klirrt in Erz;
Schwarzer Tod ist unser Sold nur,
Unser Gold ein Abendgold nur,
Unser Rot ein blutend Herz!

Reißt die Kreuze aus der Erden!
Alle sollen Schwerter werden,
Gott im Himmel wird's verzeihn.
Hört er unsre Feuer brausen
Und sein heilig Eisen sausen,
Spricht er wohl den Segen drein.

In den Städten sei nur Trauern,
Bis die Freiheit von den Mauern
Schwingt die Fahnen in das Land;
Bis du, Rhein, durch *freie* Bogen
Donnerst, lass die letzten Wogen
Fluchend knirschen in den Sand.

Reißt die Kreuze aus der Erden!
Alle sollen Schwerter werden,
Gott im Himmel wird's verzeihn.
Gen Tyrannen und Philister!
Auch das Schwert hat seine Priester,
Und wir wollen Priester sein!

Vor der Freiheit sei kein Frieden,
Sei dem Mann kein Weib beschieden
Und kein golden Korn dem Feld;
Vor der Freiheit, vor dem Siege
Seh' kein Säugling aus der Wiege
Frohen Blickes in die Welt!

(v 1841)

3 Heinrich Heine (1797–1856): Die schlesischen Weber[1]

Im düstern Auge keine Träne,
Sie sitzen am Webstuhl und fletschen die Zähne:
„Deutschland, wir weben dein Leichentuch,
Wir weben hinein den dreifachen Fluch –
Wir weben, wir weben!

Ein Fluch dem Gotte, zu dem wir gebeten
In Winterskälte und Hungersnöten;
Wir haben vergebens gehofft und geharrt,
Er hat uns geäfft und gefoppt und genarrt –
Wir weben, wir weben!

Ein Fluch dem König[2], dem König der Reichen,
Den unser Elend nicht konnte erweichen,
Der den letzten Groschen von uns erpresst,
Und uns wie Hunde erschießen lässt –
Wir weben, wir weben!

Ein Fluch dem falschen Vaterlande,
Wo nur gedeihen Schmach und Schande,
Wo jede Blume früh geknickt,
Wo Fäulnis und Moder den Wurm erquickt –
Wir weben, wir weben!

Das Schiffchen fliegt, der Webstuhl kracht,
Wir weben emsig Tag und Nacht –
Altdeutschland, wir weben dein Leichentuch,
Wir weben hinein den dreifachen Fluch,
Wir weben, wir weben!"

(v 1847)

---

[1] Der Titel bezieht sich auf den Aufstand der schlesischen Weber 1844.
[2] Ein Fluch dem König ...: Friedrich Wilhelm IV. (1795–1861) hatte den schlesischen Weberaufstand von 1844 blutig niederschlagen lassen.

4 Heinrich Heine (1797–1856): An einen politischen Dichter

Du singst wie einst Tyrtäus[1] sang,
Von Heldenmut beseelet,
Doch hast du schlecht dein Publikum
Und deine Zeit gewählet.

Beifällig horchen sie dir zwar,
Und loben schier begeistert:
Wie edel dein Gedankenflug,
Wie du die Form bemeistert.

Sie pflegen auch beim Glase Wein
Ein Vivat dir zu bringen,
Und manchen Schlachtgesang von dir
Laut brüllend nachzusingen.

Der Knecht singt gern ein Freiheitslied
Des Abends in der Schenke:
Das fördert die Verdauungskraft
Und würzet die Getränke.

(v 1841)

die Zensurbestimmungen in Deutschland. Heine heiratete 1841 Crescence Eugénie Mirat, von ihm Mathilde genannt. Seit 1848 begann seine „Matratzengruft", d.h. seine Krankheit, die ihn über Jahre ans Bett fesselte. Seine lyrischen Anfänge gehören noch in die Romantik; er bezeichnete sich als einen „romantique défroqué", als einen, der der Romantik entlaufen war. Er war Lyriker und ein politischer Schriftsteller. Weitere Werke: *Reisebilder* (1826–1831), *Die romantische Schule* (1836), *Deutschland. Ein Wintermärchen* (1844), *Romanzero* (1851).

5 German Mäurer (1813–?): Wider politische Gedichte

Immer Freiheit in Gedichten –
Ach, und nirgends einen Mann,
Der die bessre Tat verrichten –
Der sie kühn erobern kann!
Der die Leier mit des Degens
Schneidendem Metall vertauscht
Und ein anderes Lied des Segens
Klirrend in die Feinde rauscht!

Große Worte, lange Sätze
Klingen lästig mir ins Ohr,
Fort das müßige Geschwätze!
Büchsen, Degen holt hervor!
Und was noch kein Rat von Weisen
Sich zum Ziele vorgesetzt:
Pulver, Blei und gutes Eisen –
Die erreichen es zuletzt.

4. a) Untersuchen Sie die Einschätzung politischer Gedichte (Texte 3 und 4) und formulieren Sie jeweils in einer These die Standpunkte der Autoren.
b) Diskutieren Sie anhand von Beispielen über die Wirkungsmöglichkeiten politischer Dichtung.

„Punschbowlen-Enthusiasmus" (1832)

5. Sammeln Sie politische Karikaturen.
a) Beschreiben Sie die Darstellungsmittel.
b) Überlegen Sie, welche Voraussetzungen beim Betrachter gegeben sein müssen, damit die Karikatur die beabsichtigte Wirkung erreichen kann.

6 Heinrich Heine: Zur Beruhigung

Wir schlafen ganz, wie Brutus schlief –
Doch jener erwachte und bohrte tief
In Cäsars Brust das kalte Messer!
Die Römer waren Tyrannenfresser.

Wir sind keine Römer, wir rauchen Tabak.
Ein jedes Volk hat seinen Geschmack,
Ein jedes Volk hat seine Größe;
In Schwaben kocht man die besten Klöße.

---

[1] Tyrtäus: der Dichter Tyrtäus begeisterte die Spartaner im Krieg so sehr mit seinen Werken, dass sie die Feinde besiegten.

Tendenzdichtung ist in einem allgemeinen Sinn politische Dichtung. Heine bezeichnet eine bestimmte Form politischer Dichtung seiner Zeit als Tendenzpoesie und charakterisiert sie kritisch: „Es erhub sich im deutschen Bardenhain ganz besonders jener vage, unfruchtbare Pathos, jener nutzlose Enthusiasmusdunst, der sich mit Todesverachtung in einen Ozean von Allgemeinheiten stürzte."

Wir sind Germanen, gemütlich und brav,
Wir schlafen gesunden Pflanzenschlaf,
Und wenn wir erwachen, pflegt uns zu dürsten,
Doch nicht nach dem Blute unserer Fürsten.

Wir sind so treu wie Eichenholz,
Auch Lindenholz, drauf sind wir stolz;
Im Land der Eichen und der Linden
Wird niemals sich ein Brutus finden.

Und wenn auch ein Brutus unter uns wär,
Den Cäsar fänd er nimmermehr,
Vergeblich würd er den Cäsar suchen;
Wir haben gute Pfefferkuchen.

Wir haben sechsunddreißig Herrn
(Ist nicht zu viel!), und einen Stern
Trägt jeder schützend auf seinem Herzen,
Und er braucht nicht zu fürchten die Iden des Märzen.

Wir nennen sie Väter, und Vaterland
Benennen wir dasjenige Land,
Das erbeigentümlich gehört den Fürsten;
Wir lieben auch Sauerkraut mit Würsten.

Wenn unser Vater spazieren geht,
Ziehn wir den Hut mit Pietät;
Deutschland, die fromme Kinderstube,
Ist keine römische Mördergrube. (v 1844)

Beobachtungsraster zur Forminterpretation:

1. *Sprechsituation, Absicht und Wirkung:*
- Anrede, Wir-Form, Ich-Form; Rollengedicht
- Weckung bzw. Verstärkung von „Gefühlen"
- Aufforderung zu Kritik und Handeln (direkt/indirekt)
- Angriff, Spott, Satire, Ironie

2. *Sprache und Klangbild:*
- Wortschatz: emotional ↔ argumentativ-rational
- Sprach- und Stilebene: Umgangssprache oder poetische Sprache? Verhältnis der gewählten Sprachebene zur jeweils „gültigen" Norm
- Syntax (Aussage-, Frage-, Ausrufesatz; Parataxe, Hypotaxe; Ellipse)
- Bildlichkeit (Metapher, Vergleich, Symbolik)
- rhetorische Figuren (vgl. S. 80ff.)
- Metrum, Rhythmus; Alliteration, Reim
- Gedicht- und Strophenform

Gedichtinterpretation 6: Die **Interpretation politischer Lyrik** muss davon ausgehen, dass politische Gedichte etwas bewirken wollen. Deshalb spielt die appellative Funktion der Sprache (vgl. S. 82f.) eine dominierende Rolle, und es gilt, neben den ästhetischen Aspekten vor allem die *Kommunikationssituation* genau zu betrachten: Die Beziehungen zwischen der historischen Lage, der Absicht des Autors bei der Wahl des Gegenstandes (Themas) und der angestrebten Wirkung sind durch gezielte Fragen zu erschließen: Nach der sog. *Lasswell-Formel* (benannt nach dem Politologen Lasswell) gilt Folgendes: „A convenient way to describe an act of communication is to answer the following questions: Who says what in which channel to whom with what effect?" Dies bedeutet im Einzelnen:

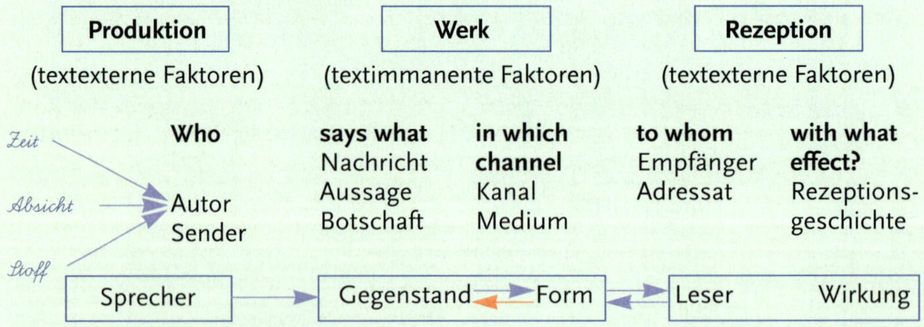

Fragen an politische Gedichte:
- Wer ist der Sprecher und wer ist der gemeinte Adressat?
- In welcher historischen und politischen Situation befinden sich Sprecher und Adressat?
- Auf welche gesellschaftliche und politische Situation nimmt das Gedicht explizit oder implizit Bezug?
- Auf welche Weise und an welchem Ort wendet sich der Sprecher an die Leser?
- Welches Thema behandelt das Gedicht?
- Welche tatsächliche oder vermeintliche Einstellung hat der Sprecher zum Thema?
- Welche Einstellung wird beim aktuellen Leser vorausgesetzt bzw. angestrebt?
- Welcher Ausdrucks- und Gestaltungsmittel bedient sich der Autor? Sind es eher Formen des direkten Sprechens (des Aufrufs, der Kritik etc.) oder des indirekten Sagens (z. B. durch Arten der Ironie, Satire, Karikatur).

6. Halten Sie in einem Exzerpt die wichtigsten Hinweise für die Interpretation politischer Lyrik fest.

Thema: Interpretieren Sie „Zur Beruhigung“ von Heinrich Heine!
Problemstellung → Stellen Sie die Gegensätze heraus und analysieren Sie die Gestaltung des Doppelbödigen im Gedicht!
Aufgabenstellung

1. Phase: Assoziationen und Themenanalyse

Assoziationen:
- Verhältnis von Überschrift und Inhalt? Beruhigung wessen?
- „Wir“ positiv? „Römer“ negativ? Oder umgekehrt?
- …

Themenanalyse: **Interpretieren …**
(Operator 1 als Generalanweisung)
Herausstellen der Gegensätze
(Operator 2) Wir ↔ Römer
Analysieren der Gestaltung des Doppelbödigen:
(Operator 3) das Gesagte ↔ das Gemeinte

Fragen

Verständnisfragen	Struktur	Aussageabsicht
– Cäsar? – Brutus? – 36 Herrn?	– Überschrift ↕ Inhalt – Wir ↔ Römer?	– Schläfer, Tabakraucher = positiv? – Tyrannenfresser Brutus = verwerflich?

Ergebnis: …

2. Phase: Stoffsammlung und Gliederung

Zeilen:	Inhalt/Aufbau ⇄	Stileigenarten ⇉	Deutung
1–4	Wir ↔ Brutus ↓ ↓ wer? Tyrannenmord alle?	– Paarreime, scheinbar volkstümlich, aber oft verfremdet – Wir-Perspektive (warum?) – generelle Kontrastierung (z.B. schlafen tief ↔ bohren) – „kalte Messer“ (Z. 3) – „Tyrannenfresser“ (Z. 4)	Die Wir-Gruppe und ihre Zuordnung erzeugen zunächst positive Konnotationen, tatsächlich aber wird ihr Verhalten kritisiert und ironisiert. Die Taten der Römer sind scheinbar negativ, tatsächlich aber wird die Vergleichsgruppe durch den Kampf gegen Tyrannei aufgewertet.
5–8	wir ↔ Römer Tabakrauchen	– „wir“ erhält scheinbar positive Beschreibung, aber: – Größe ↔ Klöße (heterogene Reime)…	
9–12	Germanen Pflanzenschlaf	– „gemütlich und brav (Z. 9) ↕ = Kontrast – Blut unserer Fürsten (Z. 12)	
13–16	Wir ↔ Kein Brutus Stolz auf Treue	– Redensart (Z. 13f.) durch Variation ins Lächerliche verzerrt …	
17–20	…	– …	

Die *Gliederung* der Interpretation wird durch die deutliche gleichgewichtige Gegenüberstellung (Kontrastierung) bestimmt: Die Wir-Gruppe auf der einen, Brutus und die Römer auf der anderen Seite. Dabei ist die diachrone Abfolge sehr viel einfacher darzustellen als eine synchrone Strukturierung (vgl. S. 247), obwohl Letztere das kontrastive Gliederungsprinzip des Gedichts am pointiertesten herausarbeiten könnte. Besondere Schwierigkeiten bereitet die Verbindung der inhaltlichen mit den formalen Interpretationsaspekten.

Begleittext:
Cäsar (100–44 v. Chr.), seit 45 römischer Imperator und Diktator, wurde in den Iden des März (15.3.) 44 ermordet. Brutus, der lange Zeit enge Vertraute, stand zusammen mit Cassius an der Spitze der Verschwörung gegen Cäsar. Die 36 Herren bezeichnen die Anzahl der souveränen Fürsten im Deutschen Bund, der seit dem Wiener Kongress (1814/15) bestand und damit die Kleinstaaterei beförderte. Das Gedicht wurde zuerst 1844 in der Zeitung „Vorwärts“ veröffentlicht. In Klammern hatte es den Zusatz „An die deutschen Fürsten“.

Erschließungsfragen zum Inhalt:
Titel: Wer soll beruhigt werden? Von wem? Warum?
1. Str.: Wer ist mit „wir“ gemeint? Welche Ereignisse sind gemeint? Wie wirkt „Tyrannenfresser“?
2. Str.: Wie wird die Wir-Gruppe dargestellt? Warum „in Schwaben“?
3./4. Str.: Wie wird der Gegensatz Germanen – Römer entfaltet?
5. Str.: Wofür stehen Cäsar und Brutus? Wie ‚passt‘ „Pfefferkuchen“ in den Kontext?
6. Str.: Was heißt „36 Herrn“? Welcher Stern? Wieso die Parenthese (Z. 22)?
7. Str.: Wie wird „Vaterland“ erklärt? Wie ‚passt‘ „Sauerkraut mit Würstchen“ in den Zusammenhang?
8. Str.: Wie wirkt „u n s e r Vater“? Welche Konnotationen hat „fromm“ hier?

7. Notieren Sie das Ergebnis, das aus der Analyse der dargestellten ersten Phase zu ziehen ist.

8. Vervollständigen Sie die Stoffsammlung.

Die **Ironie** (< gr. eironeia = Verstellung, Ausflucht, Mangel an Ernst, erscheint hier vor allem als Redeweise, bei der das *Gegenteil* des Gesagten (= positive Zuschreibungen zur Wir-Gruppe) tatsächlich gemeint ist (= negative Kennzeichnung der Wir-Gruppe).
Ironiesignale sind u.a.:
- Verknüpfung des Heterogenen: Größe ↔ Klöße; Cäsar suchen ↔ Pfefferkuchen; Fürsten ↔ Würsten; Kinderstube ↔ Mördergrube
- unlogische Gegenüberstellung: keine Römer – Tabak rauchen, Vaterland – gehört den Fürsten
- Verzerrung ins Lächerliche: treu wie Eichenholz, auch Lindenholz
- Wortneubildungen (Neologismen): Tyrannenfresser, Pflanzenschlaf; erbeigentümlich
- provozierender Kommentar in Parenthese: (ist nicht zu viel!) Z. 22

3. Phase: Ausarbeitung der Interpretation und Korrektur

1. Die **Einleitung** könnte nach Nennung von Titel, Autor und Genre anknüpfen an die durch den Titel geweckten Assoziationen bzw. Erwartungen. Auch die Irritationen durch die Diskrepanz zwischen den durch die Überschrift ausgelösten Erwartungen und dem ersten Leseeindruck (dem Primärverständnis) könnten Ausgangspunkt sein. In einem Überleitungssatz wäre die gewählte Methode zu erläutern.

2. Der **Hauptteil** ließe sich wie folgt aufbauen:
   - Klärung der Wir-Perspektive: Warum bezieht sich das lyrische Ich wohl mit ein?
   - Kontrastierung und Ironisierung als strukturelles und stilistisches Grundprinzip
   - Konkretisierung der Aussage und ihrer Gestaltung an ausgewählten (nicht allen!) Beispielen
   - Resümee zu Absicht und Wirkung unter dem Aspekt: Wer soll beruhigt sein?

3. Der **Schluss** wäre denkbar
   - als Reflexion des dichterischen Verfahrens im Wechsel von Irritation (Titel) und Aufklärung (durch Ironie);
   - als Einordnung des Gedichts in die Reihe anderer politischer Gedichte Heines oder in die Tendenzen der Epoche;
   - als Bilanzierung von spezifischen Eigenarten politischer Lyrik;
   - oder als Überlegung zu typischen Verstehensproblemen bei politischer Lyrik (z.B. historisch-politischer Zeitbezug, politische Position des Autors, favorisierte Adressaten).

4. Die **Korrektur** sollte im Besonderen vor allem darauf achten,
   - dass nicht paraphrasiert, sondern analysiert und gedeutet werden muss;
   - dass die Beschreibung der Stilmittel nicht nur angehängt sein darf, sondern die inhaltlichen Aussagen erhellen muss (vgl. S. 36f.).

7 Auszüge aus einer Interpretation

9. **a)** Ordnen Sie die Auszüge nach deren Eignung für die Einleitung, den Hauptteil und den Schluss.
b) Wählen Sie das Textelement aus, das Ihnen am wenigsten gelungen erscheint und versuchen Sie eine verbesserte Fassung.
c) Schreiben Sie einen Kommentar zu dem Teil, den Sie am besten beurteilen.

10. Verwenden Sie die Vorbereitungen, und arbeiten Sie die Interpretation aus.

a) Beim vorliegenden Gedicht kam es darauf an, das Doppelbödige, den Unterschied zwischen dem Gesagten und Gemeinten zu erfassen. Die Interpretation sollte zeigen, dass ein systematisches, schrittweises Vorgehen am ehesten zum Erfolg (= Verständnis) führen kann. Es kommt darauf an, genau zu lesen, offen zu sein für die verschiedenen Bedeutungsträger eines Textes.

b) Die Auswertung dieser Gegenüberstellung ergibt, dass die negativen Zuschreibungen unter den Oberbegriff ‚politisch-revolutionäres Handeln' zu subsumieren sind, während die positiven Zuschreibungen einen ‚Tugendkatalog' enthalten, der Menschen kennzeichnet, die unmündig, träge, bieder, dumm sind. Diese Eigenschaften bzw. Verhaltensweisen, die in scharfem Kontrast zu denen der Römer stehen, sind die Garanten für das Fortbestehen der Herrschaftsverhältnisse.

c) Eine zentrale Frage für das Textverständnis ist die nach den eigentlichen Adressaten: Wer soll sich beruhigen bzw. wer soll beruhigt werden? Warum? An wen richtet sich der Appell des Gedichts? Sollen sich die Fürsten beruhigen? Sorgt sich etwa der Sprecher um sie? Oder geht es um etwas ganz Anderes?
Auch wenn man als Leser schon ahnt oder sogar sicher ist, dass es keinesfalls Sorge um die Herrscher ist, die den Sprecher des Gedichts bewegt, muss man für seine Interpretation argumentieren – man muss begründen, was eigentlich gemeint ist. Dazu ist es nötig, die Struktur des Gedichts genauer zu untersuchen.

d) Gelobt wird nicht die Wir-Gruppe, sondern sie wird im Gegenteil kritisiert, weil sie unmündig ist und nicht in der Lage, sich gegen die Herrschaft der 36 Herren zu wehren. Die Herren können beruhigt sein, weil ihre Macht nicht bedroht ist. Hinter der Kritik am Untertanenverhalten steckt ein Appell: Die Noch-Untertanen sollten aus ihrem Schlaf erwachen und sich zur Wehr setzen. Außerdem wird die Aura der Herrscher zerstört; sie verdanken ihre Macht eigentlich nur der Untertanenhaltung der von ihnen Beherrschten.

e) Distanziert sich der Sprecher (= Heine) aber nicht eigentlich von diesen Untertanen? Verachtet er sie nicht sogar? Dem steht die Wir-Formel entgegen, der Sprecher zeigt nicht mit dem Finger auf die dummen Untertanen, sondern bezieht sich ein. Würde er sich abgrenzen, wäre der Angriff vielleicht schärfer, doch er könnte beim Leser Abwehrreaktionen provozieren.

f) Beruhigend für die Herrscher sind die Untertanentugenden, während die dazu im Gegensatz stehenden Handlungsweisen den Charakter von Schreckbildern haben. Diese Tugenden aber sind in dieser Gegenüberstellung zutiefst verächtlich, sie sind

Projektvorschlag (vgl. S. 60) oder projektorientierter Deutschunterricht: Heine und Büchner geht es um Ideenschmuggel (vgl. S. 274ff.)
a) Legen Sie eine Liste an mit Texten, die in ähnlicher Weise Bezug nehmen auf politische und gesellschaftliche Verhältnisse. Beispiele finden Sie in den Kapiteln dieses Buches. Suchen Sie nach gemeinsamen Merkmalen und nach Unterschieden. (Arbeitsteilige Gruppenarbeit: Eine Gruppe ist jeweils für eine Epoche zuständig und stellt ihre Ergebnisse den anderen Gruppen vor.)
b) Diskutieren Sie über die politischen Wirkungsmöglichkeiten von Literatur.

Gegenstand des Spotts, der Satire, auf die durch Ironiesignale hingewiesen wird. Das aber bedeutet, dass das Verhältnis von positiven und negativen Zuschreibungen auf der Ebene der Wertung gerade umgekehrt ist: Das nicht Vorhandene ist das Positive, das Vorhandene ist negativ; positiv ist das entschiedene politische Handeln, das zur Befreiung von der Tyrannei führt, negativ ist der Verzicht auf solches Handeln.

g) Die Ankündigung „Zur Beruhigung" impliziert, dass eine Situation vorliegt, die einen derartigen Appell nötig macht. Der Inhalt des Gedichts gibt Auskunft darüber, dass es sich um bestimmte politische Verhältnisse handelt, die eine Gruppe beunruhigen könnten, wobei aber zugleich deutlich wird, dass eine solche Umsturzsituation gar nicht gegeben ist. Eine weitere Frage, die im Zusammenhang mit der Sprechsituation gestellt werden muss, betrifft den Standort des Sprechers: Er zählt sich zur Wir-Gruppe, deren Verhalten Ursache für die Beruhigung der Fürsten ist. Welches Interesse hat aber der Sprecher daran die Herrn zu beruhigen? Dass er sich um sie sorgt, ist wenig wahrscheinlich.

3. Gegen die „Kunstperiode" der Klassik – Gegenpositionen bei Heinrich Heine und Georg Büchner

Jeder literarische Text steht in einem geschichtlichen Kontext und er bezieht sich, ob der Autor das beabsichtigt oder nicht, auch auf andere literarische Texte. Man bezeichnet diesen Sachverhalt mit dem Begriff Intertextualität. Die Texte, um die es hier geht, machen eine Art der bewussten Bezugnahme auf andere Texte deutlich, und zwar auf solche Texte und Autoren, die Heine mit dem Begriff „Kunstperiode" bezeichnete. Er verstand darunter eine Literatur, die die Wirklichkeit eher idealisierend zeigt; für Heine war Goethe der Hauptrepräsentant der Kunstperiode. Autoren, die ihre eigene Position darstellen, definieren wollen, tendieren dazu, sich von der bekämpften, kritisierten Position ein holzschnittartig vereinfachtes Bild zu machen. Es geht hier vor allem um zwei Fragen: Wie wird die literarische Gegenposition beschrieben? Wie wird die eigene literarische Position definiert? In einigen Texten geschieht das explizit, in anderen implizit.

L **Intertextualitätstheorien und Intertextualität** bezeichnet die Eigenschaft von insbes. literar. Texten, auf andere Texte bezogen zu sein. I.stheorien beschreiben, erklären oder systematisieren die Bezüge zwischen Texten. Dass ein literar. Text nicht in einem Vakuum existiert, ist seit langem bekannt, zumal Begriffe wie Imitation, Parodie oder Epikrise schon der klassischen Rhetorik vertraut waren. Darüber hinaus ist allein die Idee von literar. oder anderen Gattungen ohne die Annahme intertextueller Bezüge undenkbar, da die bloße Klassifizierung eines Texts als Typus schon eine Aussage über Ähnlichkeiten oder Unterschiede zu anderen Texten impliziert. [...]

Aus: Metzler Lexikon, Literatur- und Kulturtheorie, hrsg. von Ansgar Nünning, Stuttgart, Weimar (Metzler) 1998, S. 241f.

1 Heinrich Heine (1797–1856): Sie saßen und tranken am Teetisch

Sie saßen und tranken am Teetisch,
Und sprachen von Liebe viel.
Die Herren, die waren ästhetisch,
Die Damen von zartem Gefühl.

Die Liebe muss sein platonisch,
Der dürre Hofrat sprach.
Die Hofrätin lächelt ironisch,
Und dennoch seufzet sie: Ach!

Der Domherr öffnet den Mund weit:
Die Liebe sei nicht zu roh,
Sie schadet sonst der Gesundheit.
Das Fräulein lispelt: wieso?

Die Gräfin spricht wehmütig:
Die Liebe ist eine Passion!
Und präsentieret gütig
Die Tasse dem Herren Baron.

Am Tische war noch ein Plätzchen;
Mein Liebchen, da hast du gefehlt.
Du hättest so hübsch, mein Schätzchen,
Von deiner Liebe erzählt.

(v 1827)

2 Heinrich Heine: Sie haben heut Abend Gesellschaft

Sie haben heut Abend Gesellschaft,
Und das Haus ist lichterfüllt.
Dort oben am hellen Fenster
Bewegt sich ein Schattenbild.

Du schaust mich nicht, im Dunkeln
Steh ich hier unten allein;
Noch wenger kannst du schauen
In mein dunkles Herz hinein.

Mein dunkles Herze liebt dich,
Es liebt dich und es bricht,
Und bricht und zuckt und verblutet,
Aber du siehst es nicht.

(v 1827)

3 Heinrich Heine: Ein Jüngling liebt ein Mädchen

Ein Jüngling liebt ein Mädchen,
Die hat einen andern erwählt;
Der andre liebt eine andre,
Und hat sich mit dieser vermählt.

Das Mädchen heiratet aus Ärger
Den ersten besten Mann,
Der ihr in den Weg gelaufen;
Der Jüngling ist übel dran.

Es ist eine alte Geschichte,
Doch bleibt sie immer neu;
Und wem sie just passieret,
Dem bricht das Herz entzwei.

(v 1827)

M Hilfreiche **Interpretationsaspekte** zu den Gedichten: Beachten Sie
– die Spannung zwischen den durch den Titel geweckten Assoziationen und dem Inhalt der Gedichte;
– das Verhältnis von „Stimmung" und „Störung";
– das Verhältnis des lyrischen Ichs zu sich selbst und zur Außenwelt!

1. Vergleichen Sie die Texte 1 bis 3 mit „typischen" romantischen Liebesgedichten.

2. a) Skizzieren Sie, was das „Schätzchen" (Text 1) gesagt haben könnte.
b) Lassen Sie das „Schattenbild" (Text 2, Z. 4) einen inneren Monolog sprechen.

3. a) Beschreiben und belegen Sie in Text 4 das Selbstbild des lyrischen Ichs.
b) Vergleichen Sie dieses Selbstverständnis mit dem anderer Autoren der Klassik oder Romantik.

Junges Deutschland ist eine Gruppe von Schriftstellern (z.B. H. Heine, L. Börne, H. Laube, K. Gutzkow, Th. Mundt, L. Wienbarg), deren Aktivitäten um 1835 ihren Höhepunkt erreichten. Zu diesem Zeitpunkt wurden ihre Werke durch Bundestagsbeschluss als staatsgefährdend verboten, weil sie der Angriffe gegen die christliche Religion, die bestehenden sozialen Verhältnisse und die gesetzliche Ordnung bezichtigt wurden.
Tatsächlich lehnten die Jungdeutschen, die jedoch keine einheitliche Schule bildeten, den Adel, die Verbindung von Staat und Kirche sowie die moralischen und sozialen Normen der Restaurationszeit ab. Ihre Schriften sollten der moralischen, gesellschaftlichen und politischen Erneuerung dienen, wobei der französische Liberalismus ihr Vorbild war. Im Einzelnen forderten die Jungdeutschen ein Weltbürgertum, einen republikanischen Staat mit Presse- und Meinungsfreiheit, Emanzipation der Frau sowie der Verwirklichung sozialistischer Ideen.
Ihr *literarisches Programm* sah eine wirklichkeitsnahe Zeitliteratur vor mit politisch bedeutsamen Stoffen und kritischer Reflexion der Gegenwart, wobei sie sich in kämpferischen Gegensatz zur Weimarer Klassik (vgl. S. 196ff.) und Romantik (vgl. S. 238ff.) setzten. Ihr Ziel war eine feuilletonistisch aufgelockerte Prosa in witzig-polemischem Stil.
Als **Vormärz** wird i.d.R. die Zeit zwischen der französischen Julirevolution (1830) und der Märzrevolution in Deutschland (1848) bezeichnet. In diese Einteilung sind die Jungdeutschen einbezogen, die jedoch – außer H. Heine – von den Vertretern des Vormärz (z.B. von G. Herwegh, H. Hoffmann von Fallersleben, F. Freiligrath, G. Weerth) wegen ihres „illusionären Liberalismus" abgelehnt wurden.
Bezeichnend ist, dass die Autoren des Vormärz fast alle für eine gewisse Zeit ins Exil gehen mussten (z.B. nach London, Paris, Zürich oder Brüssel), von wo aus sie ihre oft radikal agitorischen und pamphlethaften Programm- und Bekenntnisschriften veröffentlichten.

4. a) Am Anfang der Novelle „Lenz" wird das Verhältnis der Figur zur Welt, zur Natur dargestellt: Stellen Sie in einer zweispaltigen Tabelle anhand von Textzitaten dar, wie die Welt wahrgenommen wird und was über den inneren Zustand der Figur gesagt wird.
b) Wählen Sie eine Naturschilderung aus dem Sturm und Drang zum Vergleich und beschreiben Sie Unterschiede.

4 Heinrich Heine (1797–1856): Enfant perdu

Verlorener Posten in dem Freiheitskriege,
Hielt ich seit dreißig Jahren treulich aus.
Ich kämpfte ohne Hoffnung, dass ich siege,
ich wusste, nie komm ich gesund nach Haus.

Ich wachte Tag und Nacht. – Ich konnt nicht schlafen,
Wie in dem Lagerzelt der Freunde Schar –
(Auch hielt das laute Schnarchen dieser Braven
Mich wach, wenn ich ein bisschen schlummrig war).

In jenen Nächten hat Langweil ergriffen
Mich oft, auch Furcht – (nur Narren fürchten nichts) –
Sie zu verscheuchen, hab ich dann gepfiffen
Die frechen Reime eines Spottgedichts.

Ja, wachsam stand ich, das Gewehr im Arme,
Und nahte irgendein verdächtiger Gauch,
So schoss ich gut und jagt ihm eine warme,
Brühwarme Kugel in den schnöden Bauch.

Mitunter freilich mocht es sich ereignen,
Dass solch ein schlechter Gauch gleichfalls sehr gut
Zu schießen wusste – ach, ich kanns nicht leugnen –
Die Wunden klaffen – es verströmt mein Blut.

Ein Posten ist vakant! – Die Wunden klaffen –
Der eine fällt, die andern rücken nach –
Doch fall ich unbesiegt, und meine Waffen
Sind nicht gebrochen – Nur mein Herze brach. (v 1851)

5 Georg Büchner (1813–1837): Lenz[1] (Auszug)

Den 20. ging Lenz durch's Gebirg. Die Gipfel und hohen Bergflächen im Schnee, die Täler hinunter graues Gestein, grüne Flächen, Felsen und Tannen. Es war nasskalt, das Wasser rieselte die Felsen hinunter und sprang über den Weg. Die Äste der Tannen hingen schwer herab in die feuchte Luft. Am Himmel zogen graue Wolken, aber alles so dicht, und dann dampfte der Nebel herauf und strich schwer und feucht durch das Gesträuch, so träg, so plump. Er ging gleichgültig weiter, es lag ihm nichts am Weg, bald auf- bald abwärts. Müdigkeit spürte er keine, nur war es ihm manchmal unangenehm, dass er nicht auf dem Kopf gehn konnte. Anfangs drängte es ihm in der Brust, wenn das Gestein so wegsprang, der graue Wald sich unter ihm schüttelte, und der Nebel die Formen bald verschlang, bald die gewaltigen Glieder halb enthüllte; es drängte in ihm, er suchte nach etwas, wie nach verlornen Träumen, aber er fand nichts. Es war ihm alles so klein, so nahe, so nass, er hätte die Erde hinter den Ofen setzen mögen, er begriff nicht, dass er so viel Zeit brauchte, um einen Abhang hinunterzuklimmen, einen fernen Punkt zu erreichen; er meinte, er müsse alles mit ein Paar Schritten ausmessen können. Nur manchmal, wenn der Sturm das Gewölk in die Täler warf, und es den Wald heraufdampfte, und die Stimmen an den Felsen wach wurden, bald wie fern verhallende Donner, und dann gewaltig heranbrausten, in Tönen, als wollten sie in ihrem wilden Jubel die Erde besingen, und die Wolken wie wilde wiehernde Rosse heransprengten, und der Sonnenschein dazwischen durchging und kam und sein blitzendes Schwert an den Schneeflächen zog, so dass ein helles, blendendes Licht über die Gipfel in die Täler schnitt; oder wenn der Sturm das Gewölk abwärts trieb und einen lichtblauen See hineinriss, und dann der Wind verhallte und tief unten aus den Schluchten, aus den Wipfeln der Tannen wie ein Wiegenlied und Glockengeläute heraufsummte, und am tiefen Blau ein leises Rot hinaufklomm, und kleine Wölkchen auf silbernen Flügeln durchzogen und alle Berggipfel scharf und fest, weit über das Land hin glänzten und blitzten, riss es ihm in der Brust, er stand, keuchend, den Leib vorwärts gebogen, Augen und Mund weit offen, er meinte, er müsse den Sturm in sich ziehen, Alles in sich fassen, er dehnte sich aus und lag über der Erde, er wühlte sich in das All hinein, es war eine Lust, die ihm wehe tat; oder er stand still und legte das Haupt in's Moos und schloss die Augen halb, und dann zog es weit von ihm, die Erde wich unter ihm, sie wurde klein wie ein wandelnder Stern und tauchte sich in einen brausenden Strom, der seine klare Flut unter ihm zog. Aber es waren nur Augenblicke, und dann erhob er sich nüchtern, fest, ruhig als wäre ein Schattenspiel vor ihm vorüberge-

---

[1] Lenz: Jakob Michael Reinhold Lenz (1751–1792), der Sturm-und-Drang-Dichter, schrieb die Theaterstücke „Der Hofmeister" (1774) und „Die Soldaten" (1776); Büchners Novelle handelt vom Aufenthalt des geistig erkrankten Dichters bei dem Pfarrer Oberlin im Elsass.

zogen, er wusste von nichts mehr. Gegen Abend kam er auf die Höhe des Gebirgs, auf das Schneefeld, von wo man wieder hinabstieg in die Ebene nach Westen, er setzte sich oben nieder. Es war gegen Abend ruhiger geworden; das Gewölk lag fest und unbeweglich am Himmel, so weit der Blick reichte, nichts als Gipfel, von denen sich breite Flächen hinabzogen, und alles so still, grau, dämmernd; es wurde ihm entsetzlich einsam, er war allein, ganz allein, er wollte mit sich sprechen, aber er konnte, er wagte kaum zu atmen, das Biegen seines Fußes tönte wie Donner unter ihm, er musste sich niedersetzen; es fasste ihn eine namenlose Angst in diesem Nichts, er war im Leeren, er riss sich auf und flog den Abhang hinunter. Es war finster geworden, Himmel und Erde verschmolzen in Eins. Es war als ginge ihm was nach, und als müsse ihn was Entsetzliches erreichen, etwas das Menschen nicht ertragen können, als jage der Wahnsinn auf Rossen hinter ihm. [...] (v 1839)

6 Georg Büchner (1813–1837): Dantons Tod (Auszug)

Das Drama in 4 Akten spielt im Jahre 1794. Es behandelt die jakobinische Phase der Französischen Revolution und endet mit der Hinrichtung Dantons. Im Mittelpunkt steht einerseits die Konfrontation zwischen Robespierre und Danton, andererseits steht beiden das Volk gegenüber, dessen Lebenswirklichkeit die Revolutionäre verfehlen.

II,3 Ein Zimmer

Danton, Camille, Lucile.

Camille. Ich sage Euch, wenn sie nicht alles in hölzernen Kopien bekommen, verzettelt in Theatern, Konzerten und Kunstausstellungen, so haben sie weder Augen noch Ohren dafür. Schnitzt einer eine Marionette, wo man den Strick hereinhängen sieht, an dem sie gezerrt wird und deren Gelenke bei jedem Schritt in fünffüßigen Jamben krachen, welch ein Charakter, welche Konsequenz! Nimmt einer ein Gefühlchen, eine Sentenz, einen Begriff und zieht ihm Rock und Hosen an, macht ihm Hände und Füße, färbt ihm das Gesicht und lässt das Ding sich 3 Akte hindurch herumquälen, bis es sich zuletzt verheiratet oder sich totschießt – ein Ideal! Fiedelt einer eine Oper, welche das Schweben und Senken im menschlichen Gemüt wiedergibt wie eine Tonpfeife mit Wasser die Nachtigall – ach die Kunst!

Setzt die Leute aus dem Theater auf die Gasse: ach, die erbärmliche Wirklichkeit!

Sie vergessen ihren Herrgott über seinen schlechten Kopisten. Von der Schöpfung, die glühend, brausend und leuchtend, um und in ihnen, sich jeden Augenblick neu gebiert, hören und sehen sie nichts. Sie gehen in's Theater, lesen Gedichte und Romane, schneiden den Fratzen darin die Gesichter nach und sagen zu Gottes Geschöpfen: wie gewöhnlich!

Die Griechen wussten, was sie sagten, wenn sie erzählten Pygmalions Statue sei wohl lebendig geworden, habe aber keine Kinder bekommen.

Danton. Und die Künstler gehn mit der Natur um wie David, der im September die Gemordeten, wie sie aus der Force auf die Gasse geworfen wurden, kaltblütig zeichnete und sagte: ich erhasche die letzten Zuckungen des Lebens in diesen Bösewichten. *(Danton wird hinausgerufen.)* [...] (v 1835)

5. Camille („Dantons Tod") zeichnet ein Bild von der Literatur der Klassik.
a) Welche Merkmale spricht er ihr zu?
b) Legen Sie die Argumente dar, mit denen er die „Kunstperiode" kritisiert.
c) Skizzieren Sie, wie nach Camille eine Literatur beschaffen sein müsste; sammeln Sie zunächst Merkmale des klassischen Dramas (z.B. Goethe: „Iphigenie auf Tauris").

7 Georg Büchner: Leonce und Lena (Auszug)

Büchner hat das Lustspiel für einen vom Cotta-Verlag ausgeschriebenen Wettbewerb geschrieben. Prinz Leonce von Popo leidet an grenzenloser Langeweile. Er soll die Prinzessin Lena von Pipi heiraten, was er jedoch vermeiden möchte, indem er nach Italien geht. Zufällig trifft er unterwegs auf die ihm unbekannte Lena, die ebenfalls vor der Hochzeit fliehen möchte. Beide verlieben sich ineinander. Der Textauszug zeigt ihre erste Begegnung.

Vierte Szene
Der Garten. Nacht und Mondschein

Man sieht Lena auf dem Rasen sitzend.

Valerio. *(In einiger Entfernung.)* Es ist eine schöne Sache um die Natur, sie ist aber doch nicht so schön, als wenn es keine Schnaken gäbe, die Wirtsbetten etwas reinlicher wären und die Totenuhren nicht so in den Wänden pickten. Drin schnarchen die Menschen und draußen quaken die Frösche, [d]rin pfeifen die Hausgrillen und draußen die Feldgrillen. Lieber Rasen, dies ist ein rasender Entschluss. *(Er legt sich auf den Rasen nieder.)*

Leonce. *(Tritt auf.)* O Nacht, balsamisch wie die erste, die auf das Paradies herabsank. *(Er bemerkt die Prinzessin und nähert sich ihr leise.)*

Sprache im Realismus: Die Wirklichkeitsauffassung des Realismus verlangt eine Auseinandersetzung mit der empirischen Wirklichkeit, die frei sein soll von allen metaphysischen Zusätzen. Entsprechend ihrem Zeit- und Realitätsbezug orientierten sich die Schriftsteller dieser Epoche mehr an der Alltagssprache. Im 19. Jahrhundert kam es aufgrund der großräumigen Kommunikation und der verbesserten Schulbildung zur Ausbildung einer Gemein- oder Standardsprache. Besiegelt wurde diese Entwicklung durch die Festlegung einheitlicher Normen und Regeln: in der Rechtschreibung und im Wortgebrauch endgültig durch Konrad Dudens *Orthographisches Wörterbuch* (1880) sowie durch die Orthographische Konferenz von 1901; in der „Hochlautung" durch die *Deutsche Bühnenaussprache* (1898) von Theodor Siebs, die sich stark an die norddeutsche Sprechweise anlehnt.

Aufführung des Kinder- und Jugendtheaters des LTT Württemberg-Hohenzollern, Tübingen

LENA. *(Spricht vor sich hin.)* Die Grasmücke hat im Traum gezwitschert, die Nacht schläft tiefer, ihre Wange wird bleicher und ihr Atem stiller. Der Mond ist wie ein schlafendes Kind, die goldnen Locken sind ihm im Schlaf über das liebe Gesicht heruntergefallen. – O sein Schlaf ist Tod. Wie der tote Engel auf seinem dunklen Kissen ruht und die Sterne gleich Kerzen um ihn brennen. Armes Kind, kommen die schwarzen Männer bald dich holen? Wo ist deine Mutter? Will sie dich nicht noch einmal küssen? Ach es ist traurig, tot und so allein.

LEONCE. Steh auf in deinem weißen Kleide und wandle hinter der Leiche durch die Nacht und singe ihr das Totenlied.

LENA. Wer spricht da?

LEONCE. Ein Traum.

LENA. Träume sind selig.

LEONCE. So träume dich selig und lass mich dein seliger Traum sein.

LENA. Der Tod ist der seligste Traum.

LEONCE. So lass mich dein Todesengel sein. Lass meine Lippen sich gleich seinen Schwingen auf deine Augen senken. *(Er küsst sie.)* Schöne Leiche, du ruhst so lieblich auf dem schwarzen Bahrtuch der Nacht, dass die Natur das Leben hasst und sich in den Tod verliebt.

LENA. Nein, lass mich. *(Sie springt auf und entfernt sich rasch.)*

LEONCE. Zu viel! zu viel! Mein ganzes Sein ist in dem einen Augenblick. Jetzt stirb. Mehr ist unmöglich. Wie frischatmend, schönheitglänzend ringt die Schöpfung sich aus dem Chaos [mir] entgegen. Die Erde ist eine Schale von dunkelm Gold, wie schäumt das Licht in ihr und flutet über ihren Rand und hellauf perlen daraus die Sterne. Meine Lippen saugen sich daran: Dieser eine Tropfen Seligkeit macht mich zu einem köstlichen Gefäß. Hinab heiliger Becher! *(Er will sich in den Fluss stürzen.)*

VALERIO. *(Springt auf und umfasst ihn.)* Halt Serenissime!

LEONCE. Lass mich!

VALERIO. Ich werde [S]ie lassen, sobald [S]ie gelassen sind und das Wasser zu lassen versprechen.

LEONCE. Dummkopf!

VALERIO. Ist denn Eure Hoheit noch nicht über die Lieutenantsromantik hinaus, das Glas zum Fenster hinauszuwerfen, womit man die Gesundheit seiner Geliebten getrunken?

LEONCE. Ich glaube halbwegs du hast Recht. [...] (e 1836)

6. a) Liebe, Nacht, Mondenschein und Natur sind die Bestandteile der Szene in „Leonce und Lena" – es besteht also aufgrund der Motive ein Bezug zur Romantik: Zeigen Sie durch eine Interpretation der Szene, wie mit diesen Elementen umgegangen wird.
b) Versuchen Sie (möglichst indem Sie von einer These ausgehen) zu begründen, welche Bedeutung dieser (intertextuelle) Bezug zur Romantik hier hat. Beziehen Sie andere Äußerungen zu Kunst, Literatur aus diesem Kapitel ein.

8 Georg Büchner (1813–1837): Woyzeck (Auszug)

„Woyzeck" ist ein Fragment, das erst 1879 veröffentlicht und 1913 uraufgeführt wurde; eine starke Wirkung hat es vor allem im 20. Jahrhundert ausgeübt.
Woyzeck gehört zur untersten sozialen Schicht; dass eine solche Person Hauptfigur eines Dramas wird, ist etwas Neues, obgleich die Ständeklausel schon seit dem Sturm und Drang nicht mehr galt. Die zugrunde liegende wahre Begebenheit: 1821 erstach in Leipzig der Perückenmacher und Gelegenheitsarbeiter Woyzeck seine Geliebte aus Eifersucht; ein Gutachten bescheinigte ihm Zurechnungsfähigkeit, die Anzeichen, die auf eine Geisteskrankheit deuteten, wurden nicht beachtet, Woyzeck wurde hingerichtet. Die Titelfigur in Büchners Drama tötet Marie, seine Geliebte, aus Eifersucht, nachdem er erfahren hat, dass sie ihn mit einem Tambourmajor betrogen hat.
Das Drama ist nur in Szenen unterteilt, über deren Reihenfolge es keine eindeutige Festlegung durch den Autor gibt.

Georg Büchner (1813–1837) verbrachte seine Kindheit und Schulzeit in Darmstadt und begann 1831 in Straßburg ein Medizinstudium. Dort wurde er auch mit revolutionären, republikanischen Ideen vertraut. 1833 musste er sein Studium in Gießen fortsetzen, einer von ihm als beengend empfundenen Kleinstadt. Politisch aktiv wurde er in der Geheimen Gesellschaft der Menschenrechte, daraus ging die Flugschrift *Der hessische Landbote* hervor, die zur Verhaftung einiger an ihr ebenfalls Beteiligter führte. Das erste Drama Büchners, das (in gekürzter Fassung) gedruckt wurde, war *Dantons Tod* (1835), eine Auseinandersetzung mit der Französischen Revolution. Büchner beendete sein Studium in Zürich – tagsüber studierte er, nachts schrieb er. Durch ein

Der Hauptmann. Woyzeck

Hauptmann auf einem Stuhl, Woyzeck rasiert ihn.

HAUPTMANN. Langsam, Woyzeck, langsam; ein's nach dem andern. Er macht mir ganz schwindlich. Was soll ich dann mit den zehn Minuten anfangen, die Er heut zu früh fertig wird? Woyzeck, bedenk' Er, Er hat noch seine schöne dreißig Jahr zu leben, dreißig Jahr! macht 360 Monate, und Tage, Stunden, Minuten! Was will Er denn mit der ungeheuren Zeit all anfangen? Theil Er sich ein, Woyzeck.

WOYZECK. Jawohl, Herr Hauptmann.

HAUPTMANN. Es wird mir ganz angst um die Welt, wenn ich an die Ewigkeit denke. Beschäftigung, Woyzeck, Beschäftigung! ewig das ist ewig, das ist ewig, das siehst du ein; nun ist es aber wieder nicht ewig und das ist ein Augenblick, ja, ein Augenblick – Woyzeck, es schaudert mich, wenn ich denk, dass sich die Welt in einem Tag herumdreht, was 'ne Zeitverschwendung, wo soll das hinaus? Woyzeck, ich kann kein Mühlrad mehr sehn, oder ich werd' melancholisch.

WOYZECK. Jawohl, Herr Hauptmann.

HAUPTMANN. Woyzeck Er sieht immer so verhetzt aus. Ein guter Mensch thut das nicht, ein guter Mensch, der sein gutes Gewissen hat. – Red' Er doch was Woyzeck. Was ist heut für Wetter?

WOYZECK. Schlimm, Herr Hauptmann, schlimm; Wind.

HAUPTMANN. Ich spür's schon, 's ist so was Geschwindes draußen; so ein Wind macht mir den Effect wie eine Maus. *Pfiffig.* Ich glaub' wir haben so was aus Süd-Nord.

WOYZECK. Jawohl, Herr Hauptmann.

HAUPTMANN. Ha! ha! ha! Süd-Nord! Ha! Ha! Ha! O Er ist dumm, ganz abscheulich dumm. *Gerührt.* Woyzeck, Er ist ein guter Mensch, ein guter Mensch – aber *mit Würde* Woyzeck, Er hat keine Moral! Moral das ist wenn man moralisch ist, versteht Er. Es ist ein gutes Wort. Er hat ein Kind, ohne den Segen der Kirche, wie unser hochehrwürdiger Herr Garnisonsprediger sagt, ohne den Segen der Kirche, es ist nicht von mir.

WOYZECK. Herr Hauptmann, der liebe Gott wird den armen Wurm nicht drum ansehn, ob das Amen drüber gesagt ist, eh' er gemacht wurde. Der Herr sprach: Lasset die Kindlein zu mir kommen.

HAUPTMANN. Was sagt Er da? Was ist das für 'ne kuriose Antwort? Er macht mich ganz confus mit seiner Antwort. Wenn ich sag: Er, so mein ich Ihn, Ihn.

WOYZECK. Wir arme Leut. Sehn Sie, Herr Hauptmann, Geld, Geld. Wer kein Geld hat. Da setz eimal einer seinsgleichen auf die Moral in die Welt. Man hat auch sein Fleisch und Blut. Unseins ist doch einmal unseelig in der und der andern Welt, ich glaub' wenn wir in Himmel kämen so müssten wir donnern helfen.

HAUPTMANN. Woyzeck Er hat keine Tugend, Er ist kein tugendhafter Mensch. Fleisch und Blut? Wenn ich am Fenster lieg, wenn's geregnet hat und den weißen Strümpfen so nachsehe wie sie über die Gassen springen, – verdammt Woyzeck, – da kommt mir die Liebe. Ich hab auch Fleisch und Blut. Aber Woyzeck, die Tugend, die Tugend! Wie sollte ich dann die Zeit herumbringen? ich sag' mir immer: Du bist ein tugendhafter Mensch, *gerührt* ein guter Mensch, ein guter Mensch.

WOYZECK. Ja Herr Hauptmann, die Tugend! ich hab's noch nicht so aus. Sehn Sie, wir gemeine Leut, das hat keine Tugend, es kommt einem nur so die Natur, aber wenn ich ein Herr wär und hätt ein Hut und eine Uhr und eine Anglaise und könnt vornehm reden, ich wollt schon tugendhaft seyn. Es muss was Schöns seyn um die Tugend, Herr Hauptmann. Aber ich bin ein armer Kerl.

HAUPTMANN. Gut Woyzeck. Du bist ein guter Mensch, ein guter Mensch. Aber du denkst zu viel, das zehrt, du siehst immer so verhetzt aus. Der Diskurs hat mich ganz angegriffen. Geh' jezt und renn nicht so; langsam hübsch langsam die Straße hinunter.

(e 1836/37)

Preisausschreiben veranlasst war das satirische Lustspiel *Leonce und Lena.* In Straßburg war Büchner auf die Lebensgeschichte des Sturm und Drang-Autors J.M.R. Lenz gestoßen; dessen Ängste und innere Konflikte, die sich in seiner Landschaftserfahrung spiegeln, machte er zum Thema seiner Novelle *Lenz.* Ein anderer Außenseiter, nun aus der untersten Schicht der Gesellschaft, dessen Lebensgeschichte Büchner interessierte, war *Woyzeck.* Zu seinen Lebzeiten blieb Büchner weitgehend unbekannt, die eigentliche Rezeption setzte mit den 1879 herausgegebenen „Sämmtlichen Werken" ein. Die Naturalisten sahen in Büchner einen bedeutenden Vorläufer. An seine Rolle für die Literatur der Moderne erinnert auch die Tatsache, dass der seit 1923 verliehene, angesehenste deutsche Literatur-Preis (vergeben von der Darmstädter Akademie für Sprache und Dichtung) seinen Namen trägt.

7. **a)** Lesen Sie die Szene mit verteilten Rollen (oder inszenieren Sie diese).
b) Zeigen Sie, wie die gesellschaftliche Stellung die Kommunikation inhaltlich und sprachlich beeinflusst.
c) Vergleichen Sie das in „Woyzeck" sichtbar werdende Menschenbild mit dem des klassischen Dramas.

8. Bezogen auf die Kenntnis des ganzen Dramas „Woyzeck":
a) Beschreiben Sie den Zusammenhang zwischen der Form des Dramas (Aufbau, Sprache) und dem dargestellten Menschenbild.
b) Verfassen Sie aus der Perspektive eines Kritikers, für den das klassische Drama die Norm darstellt, eine Rezension des „Woyzeck".

Vorschlag für eine arbeitsteilige Gruppenarbeit zum Wandel des Literatur-(Kunstverständnisses) und zur Intertextualität:

1. Gruppe: Informieren Sie sich (z.B. in Literaturgeschichten) über das neue Verständnis der Funktion der Literatur im Jungen Deutschland und im Vormärz. Stellen Sie ihre Ergebnisse vor.
2. Gruppe: Stellen Sie für eine Lesung ein Programm zusammen, durch das der Unterschied zwischen dem Alten (Klassik, Romantik) und Neuen deutlich wird. Bereiten Sie den Vortrag vor.
3. Gruppe: Internet-Recherche zum Thema Wandel der Literaturauffassung.
4. Gruppe: Wie kommt ein solcher Wandel zustande? Suchen Sie Antworten in der Literatur; stellen Sie auch eigene Hypothesen auf.
5. Gruppe: Untersuchen Sie, ob es in anderen europäischen Literaturen des gleichen Zeitraums ähnliche Veränderungen gibt.

II. Selbstbehauptung und Welterfahrung

1. Individualität in der Lyrik – Projektorientiertes Arbeiten

Die Antworten der Schriftsteller auf diese Zeitsituation waren verschiedenartig; die einen bekämpften, trotz der Zensur, die rückständigen Verhältnisse. Von welchen Voraussetzungen aber ließen sich die Autoren leiten, die sich nicht für das politische Engagement entschieden?
Während die erzählenden Gattungen (Roman, Novelle, Erzählung) noch bis ins 19. Jahrhundert um ihre Gleichberechtigung mit den klassischen Gattungen Drama (Tragödie) und Epos (Versepos) kämpfen mussten, war die Lyrik eine anerkannte Gattung, die in einer großen Zahl von Zeitschriften, Almanachen und Anthologien einen geradezu inflationären Aufschwung erlebte. Aus der Menge der lyrischen Produktion haben nur verhältnismäßig wenige Texte ‚überlebt'.

L Die Epoche, die politisch durch **Restauration**, Repression und Stagnation gekennzeichnet war, erlebte gleichzeitig in vielen Bereichen des Lebens eine ungeheure Beschleunigung, im wörtlichsten Sinn durch die Eisenbahn. Darüber hinaus veränderte ein rasches Anwachsen der Bevölkerung die Lebensverhältnisse, auch wenn es in Deutschland immer noch keine großstädtischen Zentren wie in England und Frankreich gab. Krisenhafte Erscheinungen waren die Folge, gewaltige soziale Probleme entstanden bei der durch technische Erfindungen bewirkten Umwandlung der Agrar- in eine Industriegesellschaft. Beschleunigung und Wachstum bei gleichzeitiger Stagnation mussten zu Spannungen führen, die in das Leben jedes Einzelnen hineinwirkten. Eine gesellschaftlich-politische Ordnung, in der die Bürger nur als Untertanen behandelt wurden, war längst überholt in einer sich rasch wandelnden Welt.

Friedrich Overbeck (1789–1869): Familienbild

1 Annette von Droste-Hülshoff (1797–1848): Im Grase

Süße Ruh, süßer Taumel im Gras,
Von des Krautes Arome umhaucht,
Tiefe Flut, tief tief trunkne Flut,
Wenn die Wolk am Azure verraucht,
Wenn aufs müde, schwimmende Haupt
Süßes Lachen gaukelt herab,
Liebe Stimme säuselt und träuft
Wie die Lindenblüt auf ein Grab.

Wenn im Busen die Toten dann,
Jede Leiche sich streckt und regt,
Leise, leise den Odem zieht,
Die geschlossne Wimper bewegt,
Tote Lieb, tote Lust, tote Zeit,
All die Schätze, im Schutt verwühlt,
Sich berühren mit schüchternem Klang
Gleich den Glöckchen, vom Winde umspielt.

Stunden, flüchtger ihr als der Kuss
Eines Strahls auf den trauernden See,
Als des ziehenden Vogels Lied,
Das mir nieder perlt aus der Höh,
Als des schillernden Käfers Blitz,
Wenn den Sonnenpfad er durcheilt,
Als der heiße Druck einer Hand,
Die zum letzten Male verweilt.

Dennoch, Himmel, immer mir nur
Dieses eine mir: für das Lied
Jedes freien Vogels im Blau
Eine Seele, die mit ihm zieht,
Nur für jeden kärglichen Strahl
Meinen farbig schillernden Saum,
Jeder warmen Hand meinen Druck,
Und für jedes Glück meinen Traum.

(v 1844/45)

2 Eduard Mörike (1804–1875): An einem Wintermorgen, vor Sonnenaufgang

O flaumenleichte Zeit der dunkeln Frühe!
Welch neue Welt bewegest du in mir?
Was ists, dass ich auf einmal nun in dir
Von sanfter Wollust meines Daseins glühe?

Einem Kristall gleicht meine Seele nun,
Den noch kein falscher Strahl des Lichts getroffen;
Zu fluten scheint mein Geist, er scheint zu ruhn,
Dem Eindruck naher Wunderkräfte offen,
Die aus dem klaren Gürtel blauer Luft
Zuletzt ein Zauberwort vor meine Sinne ruft.

Bei hellen Augen glaub ich doch zu schwanken;
Ich schließe sie, dass nicht der Traum entweiche.
Seh ich hinab in lichte Feenreiche?
Wer hat den bunten Schwarm von Bildern und Gedanken
Zur Pforte meines Herzens hergeladen,
Die glänzend sich in diesem Busen baden,
Goldfarbgen Fischlein gleich im Gartenteiche?

Ich höre bald der Hirtenflöten Klänge,
Wie um die Krippe jener Wundernacht,
Bald weinbekränzter Jugend Lustgesänge;
Wer hat das friedenselige Gedränge
In meine traurigen Wände hergebracht?

M **Schwerpunkte bei der Gedichtinterpretation** in arbeitsteiliger Gruppenarbeit:
Liest man mehrere Gedichte, geht es darum, Unterschiede zu erfassen; dann kann man nicht jedes Gedicht detailliert interpretieren, sondern man beschränkt sich auf einzelne Aspekte. Die folgenden Aufgabenstellungen zielen darauf, solche Schwerpunkte zu erfassen. Es geht einerseits um Natur, in Bezug auf das lyrische Ich geht es um Selbstbehauptung, um Selbstvergewisserung.

1. Vergleichen Sie die Art, wie in Mörikes (Text 2) und in Annette von Droste-Hülshoffs Gedicht „Im Grase" der innere Zustand das lyrischen Ichs beschrieben wird. In welchem Verhältnis stehen spontanes Assoziieren und Reflexion zueinander?
Gehen Sie von der syntaktischen Form aus.

Und welch Gefühl entzückter Stärke,
Indem mein Sinn sich frisch zur Ferne lenkt!
Vom ersten Mark des heutgen Tags getränkt,
Fühl ich mir Mut zu jedem frommen Werke.
Die Seele fliegt, so weit der Himmel reicht,
Der Genius jauchzt in mir! Doch sage,
Warum wird jetzt der Blick von Wehmut feucht?
Ists ein verloren Glück, was mich erweicht?
Ist es ein werdendes, was ich im Herzen trage?
– Hinweg, mein Geist! hier gilt kein Stillestehn:
Es ist ein Augenblick, und Alles wird verwehn!

Dort, sieh, am Horizont lüpft sich der Vorhang schon!
Es träumt der Tag, nun sei die Nacht entflohn;
Die Purpurlippe, die geschlossen lag,
Haucht, halb geöffnet, süße Atemzüge:
Auf einmal blitzt das Aug, und, wie ein Gott, der Tag
Beginnt im Sprung die königlichen Flüge!

(v 1825)

3 Heinrich Heine (1797–1856): Mein Herz, mein Herz ist traurig

Mein Herz, mein Herz ist traurig,
doch lustig leuchtet der Mai;
Ich stehe, gelehnt an der Linde,
Hoch auf der alten Bastei.

Da drunten fließt der blaue
Stadtgraben in stiller Ruh;
Ein Knabe fährt im Kahne,
Und angelt und pfeift dazu.

Jenseits erheben sich freundlich,
In winziger, bunter Gestalt,
Lusthäuser, und Gärten, und Menschen,
Und Ochsen, und Wiesen, und Wald.

Die Mägde bleichen Wäsche,
Und springen im Gras herum;
Das Mühlrad stäubt Diamanten,
Ich höre sein fernes Gesumm.

Am alten grauen Turme
Ein Schilderhäuschen steht;
Ein rotgeröckter Bursche
Dort auf und nieder geht.

Er spielt mit seiner Flinte,
Die funkelt im Sonnenrot,
Er präsentiert und schultert –
Ich wollt, er schösse mich tot.

(v 1827)

4 Annette von Droste-Hülshoff (1797–1848): Am Turme

Ich steh auf hohem Balkone am Turm,
Umstrichen vom schreienden Stare,
Und lass gleich einer Mänade[1] den Sturm
Mir wühlen im flatternden Haare;
O wilder Geselle, o toller Fant,
Ich möchte dich kräftig umschlingen,
Und, Sehne an Sehne, zwei Schritte vom Rand
Auf Tod und Leben dann ringen!

Und drunten seh ich am Strand, so frisch
Wie spielende Doggen, die Wellen
Sich tummeln rings mit Geklaff und Gezisch
Und glänzende Flocken schnellen.
O, springen möcht ich hinein alsbald,
Recht in die tobende Meute,
Und jagen durch den korallenen Wald
Das Walross, die lustige Beute!

Und drüben seh ich ein Wimpel wehn
So keck wie eine Standarte,
Seh auf und nieder den Kiel sich drehn
Von meiner luftigen Warte;
O, sitzen möcht ich im kämpfenden Schiff,
Das Steuerruder ergreifen
Und zischend über das brandende Riff
Wie eine Seemöwe streifen.

Wär ich ein Jäger auf freier Flur,
Ein Stück nur von einem Soldaten,
Wär ich ein Mann doch mindestens nur,
So würde der Himmel mir raten;
Nun muss ich sitzen so fein und klar,
Gleich einem artigen Kinde,
Und darf nur heimlich lösen mein Haar
Und lassen es flattern im Winde!

(e 1841/42)

[1] Die Mänade (< gr. mainas = die Rasende, Verzückte): verzückte Begleiterin des Weingottes Dionysos

L Als charakteristisch für die **Lyrik des Realismus** gilt eine zunehmende Konkretisierung des lyrischen Subjekts in einem festen Standort im Hier und Jetzt. Das bedeutete aber nicht, dass Inhalte und Zusammenhänge von gegenständlicher und gesellschaftlicher Realität im Gedicht in Erscheinung traten, die äußere Realität wurde vielmehr nur als Hülle eines Wesentlichen angesehen, das sichtbar werden sollte.
Es gab gleichzeitig einen Gedichttypus, das sog. *Dinggedicht*, in dem die Realität sozusagen unangetastet zur Geltung gebracht werden sollte. Ein Kunstwerk, ein alltäglicher Gegenstand, ein Tier oder eine Pflanze können Gegenstand des Dinggedichts werden, in dem es darum geht, das Wesentliche, befreit von allem bloß Zufälligen, zur Erscheinung zu bringen. Beispiele: E. Mörike, *Auf eine Lampe;* C.F. Meyer, *Der römische Brunnen;* R.M. Rilke, *Der Panther.*

2. Die Interpretation (Text 3) könnte zwei Schwerpunkte haben: einerseits das Verhältnis von innerer Verfassung des lyrischen Ichs und der Außenwelt; andererseits die Frage, ob der Todeswunsch am Schluss als unerwartete Wendung oder als vorbereitete Pointe erscheint.

3. a) Zeigen Sie, wie in Text 4 die subjektiven Vorstellungen des lyrischen Ichs mit der Landschaft verbunden sind.
b) Weibliche Identität als Thema der Lyrik: Vergleichen Sie Gedichte von Annette von Droste-Hülshoff und von Karoline von Günderode; beziehen Sie die Biografien ein.

4. Charakterisieren Sie zunächst Annette von Droste-Hülshoff nach dem Porträt (s.u.). Untersuchen Sie anschließend, wie sich das lyrische Ich in den Texten 4 und 5 ein Bild von sich macht und wie es sich dazu verhält.

Annette von Droste-Hülshoff ist 1797 bei Münster geboren und 1848 in Meersburg gestorben. Als unverheiratete adelige Frau war sie aufgrund von Konventionen in ihren Lebensmöglichkeiten eingeschränkt. Ihre Bildung erwarb sie sich, indem sie am Unterricht teilnahm, den ihre Brüder durch Hauslehrer erhielten. Neben ihrer literarischen hatte sie auch eine musikalische Begabung. 1820 fasste sie den Plan zu einem Zyklus religiöser Gedichte (*Das geistliche Jahr*, posthum 1851). Seit Ende der 30er-Jahre verband sie eine enge Freundschaft mit dem siebzehn Jahre jüngeren Levin Schücking. Nachdem ihr Schwager Joseph von Lassberg das Schloss Meersburg am Bodensee erworben hatte, verbrachte sie dort immer wieder einen Teil ihrer Zeit. Mit dem Honorar, das sie für ihre *Gedichte* (1838/1844) bekam, konnte sie sich das Fürstenhäusle oberhalb der Meersburg ersteigern. Berühmt wurde die Novelle *Die Judenbuche* (1842).

L **Melancholie** (< gr. melancholia = Schwarzgalligkeit), die lange Reihe epochentypischer Ersatzbegriffe umfasst u.a.: taedium vitae, acedia, tristitia, Hypochondrie, ennui, spleen, mal du siècle, Weltschmerz, Schwermut, unglückliches Bewusstsein. [...]

Aus: Metzler Lexikon, Literatur- und Kulturtheorie, Stuttgart, Weimar (Metzler) 1998.

5 Annette von Droste-Hülshoff (1797–1848): Das Spiegelbild

Schaust du mich an aus dem Kristall
Mit deiner Augen Nebelball,
Kometen gleich, die im Verbleichen;
Mit Zügen, worin wunderlich
Zwei Seelen wie Spione sich
Umschleichen, ja, dann flüstre ich:
Phantom, du bist nicht meinesgleichen!

Bist nur entschlüpft der Träume Hut,
Zu eisen mir das warme Blut,
Die dunkle Locke mir zu blassen;
Und dennoch, dämmerndes Gesicht,
Drin seltsam spielt ein Doppellicht,
Trätest du vor, ich weiß es nicht,
Würd ich dich lieben oder hassen?

Zu deiner Stirne Herrscherthron,
Wo die Gedanken leisten Fron
Wie Knechte, würd ich schüchtern blicken;
Doch von des Auges kaltem Glast,
Voll toten Lichts, gebrochen fast,
Gespenstig, würd, ein scheuer Gast,
Weit, weit ich meinen Schemel rücken.

Und was den Mund umspielt so lind,
So weich und hülflos wie ein Kind,
Das möcht in treue Hut ich bergen;
Und wieder, wenn er höhnend spielt,
Wie von gespanntem Bogen zielt,
Wenn leis es durch die Züge wühlt,
Dann möcht ich fliehen wie vor Schergen.

Es ist gewiss, du bist nicht Ich,
Ein fremdes Dasein, dem ich mich
Wie Moses nahe, unbeschuhet,
Voll Kräfte, die mir nicht bewusst,
Voll fremden Leides, fremder Lust;
Gnade mir Gott, wenn in der Brust
Mir schlummernd deine Seele ruhet!

Und dennoch fühl ich, wie verwandt,
Zu deinen Schauern mich gebannt
Und Liebe muss der Furcht sich einen.
Ja, trätest aus Kristalles Rund,
Phantom, du lebend auf den Grund,
Nur leise zittern würd ich, und
Mich dünkt – ich würde um dich weinen!

(e 1841/42)

Eduard Mörike (1804–1875) trat nach der Schulzeit in Ludwigsburg und Stuttgart 1818 in das evangelisch-theologische Seminar in Urach und 1822 als Theologiestudent in das Tübinger Stift ein. Nach dem Examen (1826) hatte er mehrere Stellen als Vikar, 1834 erhielt er eine Pfarrstelle in Cleversulzbach bei Heilbronn, 1843 trat er vorzeitig in den Ruhestand. Er heiratete 1851. In Stuttgart unterrichtete er an einer Mädchenschule Literatur. Seine Dichtung lebt aus der Spannung einengender Verhältnisse und dem Wunsch nach ihrer Überschreitung, doch gibt es keine glücklichen Lösungen.

6 Eduard Mörike (1804–1875): Auf einer Wanderung

In ein freundliches Städtchen tret ich ein,
In den Straßen liegt roter Abendschein.
Aus einem offnen Fenster eben,
Über den reichsten Blumenflor
Hinweg, hört man Goldglockentöne schweben,
Und eine Stimme scheint ein Nachtigallenchor,
Dass die Blüten beben,
Dass die Lüfte leben,
Dass in höherem Rot die Rosen leuchten vor.

Lang hielt ich staunend, lustbeklommen.
Wie ich hinaus vors Tor gekommen,
Ich weiß es wahrlich selber nicht.
Ach hier, wie liegt die Welt so licht!
Der Himmel wogt in purpurnem Gewühle,
Rückwärts die Stadt in goldnem Rauch;
Wie rauscht der Erlenbach, wie rauscht im Grund die Mühle!
Ich bin wie trunken, irregeführt –
O Muse, du hast mein Herz berührt
Mit einem Liebeshauch!

(v 1845/46)

7 Eduard Mörike: Verborgenheit

Lass, o Welt, o lass mich sein!
Locket nicht mit Liebesgaben,
Lasst dies Herz alleine haben
Seine Wonne, seine Pein!

Was ich traure weiß ich nicht,
Es ist unbekanntes Wehe;
Immerdar durch Tränen sehe
Ich der Sonne liebes Licht.

Oft bin ich mir kaum bewusst,
Und die helle Freude zücket
Durch die Schwere, so mich drücket
Wonniglich in meiner Brust.

Lass, o Welt, o lass mich sein!
Locket nicht mit Liebesgaben,
Lasst dies Herz alleine haben
Seine Wonne, seine Pein!

(v 1827/28)

8 Eduard Mörike: Gebet (s. S. 9)

5. Beschreiben Sie, wie sich die Selbstvergewisserung des lyrischen Ichs (Text 6) im wechselnden Zeitgebrauch und im Rhythmus spiegelt.

6. Versuchen Sie anhand einiger Gedichte eine Verbindung zwischen Melancholie und künstlerischem Schaffen herzustellen (Text 7).

7. „Doch in der Mitten/Liegt holdes Bescheiden“: Vergleichen Sie (Text 8) mit dem Lebensgefühl des Sturm und Drang (Geniebegriff) und versuchen Sie eine Beziehung zur jeweiligen Zeitsituation herzustellen.

9 Theodor Storm (1817–1888): Abseits

Es ist so still; die Heide liegt
Im warmen Mittagssonnenstrahle,
Ein rosenroter Schimmer fliegt
Um ihre alten Gräbermale;
Die Kräuter blühn; der Heideduft
Steigt in die blaue Sommerluft.

Ein halb verfallen niedrig Haus
Steht einsam hier und sonnbeschienen;
Der Kätner[1] lehnt zur Tür hinaus,
Behaglich blinzelnd nach den Bienen;
Sein Junge auf dem Stein davor
Schnitzt Pfeifen sich aus Kälberrohr.

Laufkäfer hasten durchs Gesträuch
In ihren goldnen Panzerröckchen,
Die Bienen hängen Zweig um Zweig
Sich an der Edelheide Glöckchen;
Die Vögel schwirren aus dem Kraut –
Die Luft ist voller Lerchenlaut.

Kaum zittert durch die Mittagsruh
Ein Schlag der Dorfuhr, der entfernten;
Dem Alten fällt die Wimper zu,
Er träumt von seinen Honigernten.
– Kein Klang der aufgeregten Zeit
Drang noch in diese Einsamkeit.

(e 1847)

Theodor Storm ist 1817 in Husum geboren und 1888 in Hademarschen gestorben. Nach dem Jurastudium in Kiel und Berlin eröffnete er 1843 in Husum eine Rechtsanwaltspraxis. Nach der Eingliederung Holsteins zu Dänemark (1852) musste er seine Heimat verlassen und fand in Potsdam eine Stelle im preußischen Justizdienst. Die „Exiljahre" dauerten bis 1864, dann kehrte er nach Husum zurück, wo er Stadtvogt wurde und später Amtsrichter. In seiner Selbsteinschätzung als Dichter hat er immer seine Lyrik an die erste Stelle gesetzt; seine Novellen seien aus seiner Lyrik entstanden. Berühmt wurde seine Novellendefinition: „Die heutige Novelle ist die Schwester des Dramas und die strengste Form der Prosadichtung". (Vgl. S. 267)
Werke: *Gedichte* (1852), *Immensee* (1850/1881), *Aquis submersus* (1876), *Hans und Heinz Kirch* (1882), *Pole Poppenspäler* (1874), *Der Schimmelreiter* (1888).

10 Theodor Storm: Meeresstrand

Ans Haff nun fliegt die Möwe,
Und Dämmrung bricht herein;
Über die feuchten Watten
Spiegelt der Abendschein.

Graues Geflügel huschet
Neben dem Wasser her;
Wie Träume liegen die Inseln
Im Nebel auf dem Meer.

Ich höre des gärenden Schlammes
Geheimnisvollen Ton,
Einsames Vogelrufen –
So war es immer schon.

Noch einmal schauert leise
Und schweiget dann der Wind;
Vernehmlich werden die Stimmen,
Die über der Tiefe sind.

(v 1852)

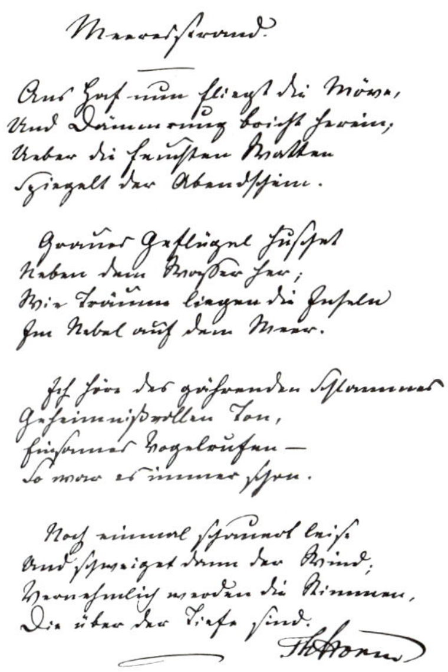

11 Durs Grünbein (*1962): Etwas das zählt

ETWAS DAS ZÄHLT (gleich am Morgen) ist
dieser träge zu dir
herüberspringende Chromblitz eines
Motorrads. Der Sommer

restlos abgekühlt, liegt in den letzten
Zügen. (Einverstanden,
was Neues). Du

im Museumszwielicht am Fenster kaust
Kaugummi, weil es die beste
Arznei ist gegen
Barockphobie. Pünktlich wird Herbst,
kommen die Depressionen
von Stuhlreihen vor einer
leeren Freilichtbühne seit Regen-

gedenken nicht mehr bespielt. Zwei, drei
Arbeiter wickeln Stoffbahnen,
heben das Dielenholz aus den
Rahmen. Du winkst ihnen
zu. Manchmal

ist nichts leicht banaler als ein
Gedicht, eine erste Tagung
so früh am Morgen auf den
erstarrten Flügeln der Motte, die sich

sehr weich anfühlt in deiner Hand

(v 1988)

8. a) Vergleichen Sie, welches Verhältnis der Sprecher (Text 9) zu der im Gedicht dargestellten Idylle einnimmt, z. B. mit Mörikes Gedicht „Auf einer Wanderung" (Text 6). Zeigen Sie, welche Unterschiede bestehen.
b) Schreiben Sie einen Kommentar zu den beiden letzten Zeilen von Storms Gedicht.

9. Interpretieren Sie das Gedicht, indem Sie sich vom Thema „Natur als Erfahrungsraum des lyrischen Ichs" leiten lassen (Text 10).

10. a) Rezitieren Sie vergleichend die Texte 10 und 11.
b) Charakterisieren Sie die wesentlichen Eigenarten des modernen Gedichts (Text 11).

[1] Der Kätner: von die Kate = Haus (Hütte) eines Kleinbauern

Individualität in der Lyrik – Historischer Längsschnitt
Literatur hat zum einen etwas Überzeitliches, man kann Texte aus verschiedenen Epochen mit Gewinn lesen und verstehen; doch es gilt auch, dass Literatur immer geschichtlich vermittelt ist. Beide Aspekte, das Zeitübergreifende und das Zeittypische, können bei einem Vergleich von Gedichten aus verschiedenen Epochen sichtbar werden. Zur Vorbereitung auf den historischen Längsschnitt ist es empfehlenswert, sich mit einigen der Gedichte (Text 1–11) genauer zu beschäftigen, um den Blick für Stileigentümlichkeiten zu schärfen. Der Text über Individualisierung (Text 12) liefert zum Abschluss einen begrifflichen Rahmen, der deutlich werden lässt, wie sich das Selbstverständnis der Menschen verändert. Aus der Vielzahl möglicher Gedichte wird hier eine kleine Auswahl vorgeschlagen, die aber natürlich verändert werden kann.
- Gryphius: Abend (S. 148)
- Goethe: Im Herbst 1775
- Droste: Im Grase (S. 288)
- Trakl: Verfall (S. 311)
- Grünbein: Etwas das zählt (S. 291)

1. Untersuchen Sie das Verhältnis von lyrischem Ich und Außenwelt/Natur.
2. Versuchen Sie die Veränderungen im historischen Längsschnitt darzustellen.
3. Ordnen Sie Beobachtungen zur Form der Gedichte und zur Sprache zu.
4. Überlegen Sie, inwiefern die Ausführungen über Individualisierung (Text 12) eine Entsprechung in der Literatur finden.
5. Präsentieren Sie die Ergebnisse in einer Lesung; erweitern Sie dazu das Textangebot (bis zum Mittelalter und bis zur Moderne) und verfassen Sie erläuternde Kommentare.

11. Exzerpieren Sie aus Text 12 Aspekte, die für das Verstehen von „Individualität in der Lyrik" wichtig sind.

Adolph von Menzel, Wohnzimmer mit Menzels Schwester, 1847, Öl auf Papier

12 A.W. Musschenga: Persönliche Identität in einer individualisierten Gesellschaft (Auszug)

[...] Der Prozess sozialer Veränderung, der sich seit dem Mittelalter in der westlichen Gesellschaft vollzog, wird oft mit dem Begriff „Modernisierung" umschrieben. Ich nenne nur kurz einige Hauptlinien. Der Modernisierungsprozess vollzieht sich auf sozial-struktureller, aber auch auf kultureller Ebene, zu der Werte und Menschenbilder gehören. Auf sozial-struktureller Ebene sehen wir u.a., dass sich die Gesellschaft in unterschiedliche, relativ autonome gesellschaftliche Sphären differenziert; man denke etwa an Ökonomie, Politik, Recht oder Religion. Parallel dazu kommt es zu einer wachsenden Arbeitsteilung und Spezialisierung des sozialen und ökonomischen Lebens. Auf kultureller Ebene sehen wir in erster Linie Veränderungen in der Individualisierung, d.h. in der Art, wie sich Menschen selbst als Individuen verstehen. Daneben sind auch im normativen Denken über das Verhältnis von Individuum und Gemeinschaft Entwicklungen zu konstatieren; sie führen zur Ausgestaltung und Artikulation dessen, was ich „Individualitätswerte" nenne.

Was ist unter „Veränderungen in der Individualisierung" zu verstehen? Im Mittelalter waren Menschen durch Ort und Familie in die soziale Ordnung aufgenommen. Ihr Leben wurde durch die Verpflichtungen strukturiert, die diese soziale Position mit sich brachte. Ein solches Leben bot für das, was wir heute „Individualität" nennen, wenig Raum. Individualität konnte dort nur in der Art zum Ausdruck kommen, wie man seine Rolle ausfüllte und seinen Verpflichtungen nachkam. Mit anderen Worten: Individualität war damals die Art, in der Einzelne das Allgemeine, d. h. die sozialen Rollen, gestalteten. Individualität im Sinne einer Eigenart, die mich von anderen unterscheidet, ist in dieser Zeit kein von Menschen erstrebtes Ziel. Sie wollten gut sein als Bauer, Schmied, Metzger, Herzog usw. In der mit dem 18. Jahrhundert beginnenden Periode wurde die Identifikation des Individuums mit seiner sozialen Position und den damit verbundenen Rollen schwächer. Jetzt wurde Individualität als reine Spezifikation des „Menschen als solchen" gesehen; sie wurde zur entscheidenden Instanz. Im folgenden Stadium schließlich sieht das Individuum ein, dass das Prinzip der Individualisierung in ihm selbst ruht. Individualität verweist auf sich selbst. Von diesem Augenblick an wird es Ziel der Individualisierung, ein besonderes, einzigartiges und unvergleichliches Individuum zu sein, so dass das Individuum nicht länger als Teil eines Ganzen gilt. Wodurch das Individuum auch zu dem werden mag, was es ist, welche Rolle es bei seiner Individualisierung in der Gesellschaft auch spielt, gemäß Niklas Luhmann hat es seinen Standpunkt jetzt innerhalb seiner selbst und außerhalb der Gesellschaft. Das Individuum identifiziert sich, indem es auf die Eigenschaften verweist, durch die es sich von den anderen unterscheidet. Selbstwahrnehmungen und Selbstbeschreibungen können sich nicht mehr länger in einer sozialen Position, in der Zugehörigkeit zu einer Gruppe oder einer Gemeinschaft begründen. Persönliche Identität, die in prämodernen Gesellschaften noch durch unterschiedliche lokale Traditionen bestimmt war, wurde gemäß Autoren wie Beck und Giddens jetzt zum individuellen und reflexiven Projekt. Individuen sind für ihr „Selbst" verantwortlich; sie sind das, wozu sie sich selbst machen. [...] (v 2000)

2. Das Maß des Humanen – Novellenauszüge und Texterörterung

Die Novelle erlebte im 19. Jahrhundert in Deutschland eine Blütezeit, sowohl als populärer wie als anspruchsvoller Lesestoff. Populäre Texte bedienten einen breiten Publikumsgeschmack. Die erzählende Literatur war ein Mittel, menschliche Schicksale und Beziehungen zwischen Menschen zu thematisieren und dadurch den Leserinnen und Lesern einen Anstoß zu geben über eigene Lebensverhältnisse nachzudenken. Gesellschaftliche Bedingungen spielten explizit eher eine untergeordnete Rolle: Die Gesellschaft erschien eher als Gestaltungsaufgabe, nicht so sehr als Bedingung der Existenz.

1 Adalbert Stifter (1805–1868): Brigitta (Auszug)

[...] Es liegt im menschlichen Geschlechte das wundervolle Ding der Schönheit. Wir alle sind gezogen von der Süßigkeit der Erscheinung, und können nicht immer sagen, wo das Holde liegt. Es ist im Weltall, es ist in einem Auge, dann ist es wieder nicht in Zügen, die nach jeder Regel der Verständigen gebildet sind. Oft wird die Schönheit nicht gesehen, weil sie in der Wüste ist, oder weil das rechte Auge nicht gekommen ist – oft wird sie angebetet und vergöttert, und ist nicht da: aber fehlen darf sie nirgends, wo ein Herz in Inbrunst und Entzücken schlägt, oder wo zwei Seelen aneinander glühen; denn sonst steht das Herz stille, und die Liebe der Seelen ist tot. Aus welchem Boden aber diese Blume bricht, ist in tausend Fällen tausendmal anders; wenn sie aber da ist, darf man ihr jede Stelle des Keimens nehmen, und sie bricht doch an einer andern hervor, wo man es gar nicht geahnet hatte. Es ist nur dem Menschen eigen, und adelt nur den Menschen, dass er vor ihr kniet – und alles, was sich in dem Leben lohnt und preiset, gießt sie allein in das zitternde beseligte Herz. Es ist traurig für einen, der sie nicht hat, oder nicht kennt, oder an dem sie kein fremdes Auge finden kann. Selbst das Herz der Mutter wendet sich von dem Kinde ab, wenn sie nicht mehr, ob auch nur einen einzigen Schimmer dieses Strahles an ihm zu entdecken vermag.

So war es mit dem Kinde Brigitta geschehen. Als es geboren ward, zeigte es sich nicht als der schöne Engel, als der das Kind gewöhnlich der Mutter erscheint. Später lag es in dem schönen goldenen Prunkbettchen in den schneeweißen Linnen mit einem nicht angenehm verdüsterten Gesichtchen; gleichsam als hätte es ein Dämon angehaucht. Die Mutter wandte, von sich selber unbemerkt, das Auge ab, und heftete es auf zwei kleine schöne Engel, die auf dem reichen Teppiche des Bodens spielten. Wenn fremde Leute kamen, tadelten sie das Kind nicht, lobten es nicht, und fragten nach den Schwestern. So wurde es immer größer. Der Vater ging öfter durch das Zimmer nach seinen Geschäften, und wenn die Mutter wohl manchmal gleichsam aus verzweiflungsvoller Brünstigkeit die andern Kinder herzte, sah sie nicht das starre schwarze Auge Brigittas, das sich hinheftete, als verstünde das winzige Kind schon die Kränkung. Wenn sie weinte, half man ihrem Bedürfnisse ab; weinte sie nicht, ließ man sie ruhig liegen, alle hatten für sich zu tun, und sie richtete die großen Augen auf die Vergoldung des Bettchens, oder auf die Schnörkel der Wandtapeten. Da die Glieder stark geworden waren, und ihre Wohnung nicht mehr in dem engen Bettchen bestand, saß sie in einem Winkel, spielte mit Steinchen, und sagte Laute, die sie von niemanden gehört hatte. Als sie in ihren Spielen vorrückte und behänder ward, verdrehte sie oft die großen wilden Augen, wie Knaben tun, die innerlich bereits dunkle Taten spielen. Auf die Schwestern schlug sie, wenn sie sich in ihre Spiele einmischen wollten – und wenn jetzt die Mutter in einer Anwandlung verspäteter Liebe und Barmherzigkeit das kleine Wesen in die Arme schloss, und mit Tränen benetzte, so zeigte dasselbe keineswegs Freude, sondern weinte, und wand sich aus den umfassenden Händen. Die Mutter aber wurde dadurch noch mehr zugleich liebend und erbittert, weil sie nicht wusste, dass die kleinen Würzlein, als sie einst den warmen Boden der Mutterliebe suchten und nicht fanden, in den Fels des eigenen Herzens schlagen mussten, und da trotzen.

So ward die Wüste immer größer.

Als die Kinder emporwuchsen und schöne Kleider ins Haus kamen, waren jene Brigittas immer recht, die der Schwestern wurden mannigfach geändert, bis sie passten. Die andern bekamen Verhaltungsregeln und Lob, sie nicht einmal Tadel, wenn sie auch ihr Kleidchen beschmutzt oder zerdrückt hatte. Da das Lernen kam, und die Stunden des Vormittags ausgefüllt waren, saß sie unten an, und starrte mit dem einzigen Schönen, das sie hatte, mit den in der Tat schönen düstern Augen auf die Ecke des fernen Buches, oder der Landkarte; und wenn der Lehrer eine seltene rasche Frage an sie tat, erschrak sie, und wusste keine Antwort. Aber an langen Abenden, oder sonst, wenn man im Gesellschaftszimmer saß und sie nicht vermisste, lag sie auf der Erde über durcheinander geworfenen Büchern oder über Bildern und zerrissenen Karten, die die andern nicht mehr brauchten. Sie mochte eine fantastische verstümmelte Welt in ihr Herz hineinbrüten. Sie hatte von den Büchern ihres Vaters, da der Schlüssel immer stak, beinahe die Hälfte gelesen, ohne dass man es ahnte. Darunter waren die meisten, die sie nicht verstehen konnte. In der Wohnung fand man oft Papiere, auf denen seltsame wilde Dinge gezeichnet waren, die von ihr sein mussten. Als die Mädchen in das Jungfrauenalter getreten waren, stand sie wie eine fremde Pflanze unter ihnen. Die Schwestern waren weich und schön geworden, sie bloß schlank und stark. [...] (v 1847)

2 Adalbert Stifter: Brigitta (Auszug)

[...] Als sie in der Zukunft wieder mit Murai zusammenkam, war es, wie früher: Er zeichnete sie nur noch mehr aus, aber sonst war sein Benehmen scheu, fast zaghaft. Er redete beinahe nichts mit ihr. Sie selber tat ihm keinen einzigen, auch nicht den kleinsten Schritt entgegen. Als sich nach einiger Zeit wieder einmal eine Gelegenheit ergab, mit ihr allein zu sprechen, deren manche früher schon ungenützt vorübergegangen waren, nahm er sich den Mut, er redete sie an und sagte, dass ihm erscheine, dass sie ihm abgeneigt sei – und wenn dies so wäre, so habe er die einzige Bitte, sie möchte ihn doch kennenlernen, vielleicht sei er doch ihrer Aufmerksamkeit nicht ganz unwert, vielleicht habe er Eigenschaften, oder könne sich dieselben erwerben, die ihm ihre Hochachtung gewinnen, wenn auch nichts, das er noch heiliger wünschte. „Nicht abgeneigt, Murai," antwortete sie, „o nein, nicht abgeneigt; aber ich habe auch eine Bitte an Sie: Tun Sie es nicht, tun Sie es nicht, werben Sie nicht um mich, Sie würden es bereuen."

„Warum denn, Brigitta, warum denn?"

„Weil ich", antwortete sie leise, „keine andere Liebe fordern kann, als die allerhöchste. Ich weiß, dass ich hässlich bin, darum würde ich eine höhere Liebe fordern, als das schönste Mädchen dieser Erde. Ich weiß es nicht, wie hoch, aber mir ist, als sollte sie ohne Maß und

Adalbert Stifter ist 1805 in Oberplan (Böhmen) geboren und starb 1868 in Linz (Selbstmord). Von 1818 bis 1826 besuchte er das Stiftsgymnasium der Benediktinerabtei Kremsmünster. Dort entwickelte sich sein Interesse an der Literatur, an der Malerei und an Naturwissenschaften. Stifter, der zwischen den Berufen des Malers, Wissenschaftlers und Dichters schwankte, hat bis an sein Lebensende gemalt. Ein Jurastudium hat er ohne Abschluss beendet. 1837 heiratete er die Putzmacherin Amalie Mohaupt. Den Lebensunterhalt bestritt er als Vorleser und Hauslehrer. Mit Novellen, die in Zeitschriften erschienen, hatte er kurzzeitig großen Erfolg. 1850 wurde er Schulrat in Linz und damit zuständig für die Inspektion der Volksschulen in Oberösterreich. Sein Werk ist eine Art Gegenwelt zum unbefriedigenden Alltag. Die Natur ist dem Menschen in Stifters Texten nur scheinbar nahe; in ihr herrscht das um das menschliche Glück und Leid unbekümmerte Gesetz des Werdens und Vergehens.
Werke: *Der Condor* (1840), *Feldblumen* (1840), *Die Mappe meines Urgroßvaters* (1841/42, 1864), *Der Hochwald* (1842), *Brigitta* (1844), *Bergkristall* (1853), *Der Nachsommer* (1857).

1. a) Skizzieren Sie nach den Bedingungen, unter denen Brigitta aufwächst, eine mögliche Biografie.
b) Informieren Sie sich in einer Entwicklungspsychologie über die Bedeutung der Kindheit für den Lebensweg eines Menschen und führen Sie mit den Eltern Brigittas ein fiktives Beratungsgespräch.

Brigitta: Stephan Murai erkennt die innere Größe der äußerlich hässlichen Brigitta und heiratet sie. Aber er ist noch nicht reif, ihre Liebe ganz zu erfassen. Die Enttäuschte weist ihn von sich und Stephan verlässt Frau und Sohn. Nach vielen Jahren kehrt Stephan zurück und siedelt sich nahe dem musterhaft von Brigitta bewirtschafteten Gut an. Eine schwere Krankheit Brigittas führt sie einander wieder näher, aber die Erinnerung an die Vergangenheit ist noch so stark, dass sie nur Freunde bleiben wollen. Erst als Stephan unter Einsatz seines Lebens ihren von Wölfen überfallenen Sohn rettet, löst sich die Bitterkeit ihres Herzens. Am Krankenbett des Sohnes finden die Eltern endgültig zueinander.

Aus: Helmuth Nürnberger: Geschichte der deutschen Literatur, München (bsv) ^{24}1992, S. 191.

Ende sein. Sehn Sie – da nun dies unmöglich ist, so werben Sie nicht um mich. Sie sind der Einzige, der darnach fragte, ob ich auch ein Herz habe, gegen Sie kann ich nicht falsch sein." Sie hätte vielleicht noch mehr gesagt, wenn nicht Leute herzugekommen wären; aber ihre Lippe bebte vor Schmerz.

Dass Murais Herz durch diese Worte nicht beschwichtigt, sondern nur noch mehr entflammt wurde, begreift sich. Wie einen Engel des Lichtes verehrte er sie, er blieb zurückgezogen, sein Auge ging an den größten Schönheiten, die ihn umringten, vorüber, das ihre mit sanfter Bitte zu suchen. So war es unabänderlich fort. Auch an ihr begann nun die dunkle Macht und die Größe des Gefühles in der verarmten Seele zu zittern. An beiden erschien es offen. Die Umgebungen begannen das Unglaubliche zu ahnen, und man erstaunte unverhohlen. Murai legte seine Seele entschieden vor dem Angesicht aller Welt dar. Eines Tages, in einem einsamen Zimmer, da die Musik, zu deren Anhörung man zusammengekommen war, von ferne her erscholl, da er vor ihr stand und nichts redete, da er ihre Hand fasste, sie sanft gegen sich ziehend, widerstand sie nicht, und da er sein Angesicht immer mehr gegen sie neigte, und sie seine Lippen plötzlich auf den ihrigen empfand, drückte sie süß entgegen. Sie hatte noch nie einen Kuss gefühlt, da sie selbst von ihrer Mutter und ihren Schwestern nie geküsst worden war – und Murai hat nach vielen Jahren einmal gesagt, dass er nie mehr eine solche reine Freude erlebt habe, als damals, da er zum ersten Male diese vereinsamten unberührten Lippen auf seinem Munde empfand.

Der Vorhang zwischen den beiden war nun zerrissen, und das Schicksal ging seine Wege. In wenigen Tagen war Brigitta die erklärte Braut des gefeierten Mannes, die Eltern beider Teile hatten eingewilligt. Es wurde nun ein freundlicher Umgang. Aus dem tiefen Herzen des bisher unbekannten Mädchens ging ein warmes Dasein hervor, anfangs unscheinbar und unbedeutend, dann in reicher heiterer Entwicklung. Der Instinkt, der den Mann an dieses Weib gezogen, hatte ihn nicht getäuscht. Sie war stark und keusch, wie kein anderes Weib. Weil sie ihr Herz nicht durch Liebesgedanken und Liebesbilder vor der Zeit entkräftet hatte, wehte der Odem eines ungeschwächten Lebens in seine Seele. Auch ihr Umgang war reizend. Weil sie stets allein gewesen war, hatte sie auch allein ihre Welt gebaut, und er wurde in ein neues, merkwürdiges, nur ihr angehörendes Reich eingeführt. Wie sich dann ihr Wesen vor ihm entfaltete, erkannte er zu allem dem noch ihr inniges und heißes Lieben, das wie ein goldner Strom in vollen Ufern quoll, in vollen, aber auch in einsamen; denn wie das Herz der andern Menschen zwischen eine halbe Welt geteilt ist, war das ihre beisammen geblieben, und da es nur ein Einziger erkannt hat, war es nun auch Eigentum dieses Einzigen. Er lebte so in Freude und Gehobenheit die Tage des Brautstandes durch. [...]

(v 1847)

Adalbert Stifter: Ideale Landschaft

Moritz von Schwind: Die Hochzeitsreise, um 1855

Biedermeier bezeichnet die literarische Epoche zwischen 1815 und 1848, in der gleichzeitig „Vormärz" und „Restauration" vorkommen. Als biedermeierlich wird einerseits eine Lebenshaltung beschrieben, die den Rückzug in Häuslichkeit und Innerlichkeit wählte. Andererseits kehrte das Biedermeier zum Empirismus der Aufklärung zurück, zur Beobachtung des Nächstliegenden, etwa zur Erforschung der Natur; dabei ging man nicht – wie Goethe – von einer einheitlichen Idee aus, sondern bemühte sich um die Erfassung des Vielfältigen: Das Sammeln (z.B. von Steinen, Naturalien) war Ausdruck eines ‚handfesteren' Verhältnisses zur Wirklichkeit.

Die als gefährdend erlebte Lebenswirklichkeit sollte rational durch Ordnung, Organisation, Vernunft bewältigt werden. Das Wort Biedermeier entstammt der Kritik des Realismus an Haltung und Literatur der Restaurationszeit. 1854 veröffentlichten Ludwig Eichrodt und Adolf Kußmaul parodistische Gedichte, in denen sie die Naivität des dichtenden Schulmeisters Samuel Friedrich Sauter (1766–1846) persiflierten; die Gedichtsammlung erschien unter dem Titel *Weiland Gottlieb Biedermaiers Schulmeisters in Schwaben Auserlesene Gedichte nebst Beigaben des Buchbinders Horatius Treuherz und des alten Schwartenmaier.* Das Wort „bieder", das ursprünglich in positivem Sinn für „edel, treu, mutig" verwendet wurde, bezeichnete nun das Beschränkte, in negativem Sinne Naive.

In der Kultur- und Kunstgeschichte wurde das Biedermeier am Anfang des 20. Jahrhunderts wegen seiner Einfachheit aufgewertet. Erst um 1930 kam der literarische Epochenbegriff Biedermeier auf.

3 Heinrich Clauren (Pseudonym für Carl Gottlieb Samuel Heun, 1771–1854): Mimili (Auszug)

„Mimili“ ist die idyllisch-sentimentale Liebesgeschichte eines Schweizer Mädchens und eines preußischen Offiziers; Schauplatz sind die Schweizer Alpen.

[...]

Und wirklich zitterte die Abendstille noch im bebenden Nachhall!

Aber jetzt senkte die Sonne sich am wolkenlosen Abendhimmel tiefer hinter den Saum des westlichen Hochgebirges, und nun begann das eigentliche Glühen der Alpen. Die Luft war milde und rein. Der ganze Himmel, aus dessen Räumen der große Riesenball des ewigen Lichtes eben entrollt war, glühte wie ein unermessliches Feuermeer. Es war, als hätte sich der Vorhang der jenseitigen Verklärung aufgerollt; als sei die Sonne, vor der Milde ihres Schöpfers, auseinander geschmolzen; als verlöre sich der Blick des Sterblichen in dem Allerheiligsten des höchsten Gottes.

Diese ganze unaussprechliche Purpurglut strahlte auf den himmelhohen blinkenden Eiswänden der Jungfrau und in den meergrünen Spitzzacken ihrer Nachbar-Gletscher prachtvoll wider. In dem glühenden Äther erschienen die ungeheuern Schneemassen fast als durchsichtig, und es war, als saugten die Spiegel des ewigen Eises das Feuer des nahen Himmels in sich, als verglühten in den unerreichbaren Höhen, des Westes liebliche Zephyre, Schnee und Sonnenstrahlen durch unbegreifliche Wunder ineinander.

Mimili aber stand, vor dem Zauberbilde der Natur in stillem Staunen verloren, und betete, die Hände vor der Brust gefaltet, zu dem Ewigen.

„Das ist ein himmlischer Abend“, flüsterte sie leise, und die sanfte Glut im Abend, und die himmelreine Höhe der Jungfrau, spiegelten sich in ihren dunkelblauen Augen, und die schwanenweiße Brust drängte sich wogend aus dem samtenen Mieder! Da gewältigte mich ihr namenloser Liebreiz, ich umschlang das schöne Mädchen und drückte ihr, berauscht von dem Entzücken der Abendfeier, den ersten Kuss auf die süßen Lippen. Sie aber sank schweigend an meine Brust und lispelte leise: „So haben die Alpen noch nie mir geglüht!“

So, glaube ich, haben sich die ersten Menschen im Paradiese geküsst; so fromm und so schuldlos. Es war nichts Böses, nichts Irdisches mehr in mir, ich hatte, vor überschwänglicher Seligkeit, in Mimilis Armen sterben, mit ihr auf den Purpurfittichen des Abendrots hinüberfliegen mögen in die Rosenschimmer der vor uns dämmernden Lichtwelt!

Ich küsste den Pfirsich-Sammet ihrer Wangen, die Purpurwürze ihrer Lippen, das Lilienweiß ihres schönen Halses. Sie hielt mich schweigend mit beiden Armen umschlungen, und das süßeste Verlangen der keuschesten Liebe funkelte in der veilchenblauen Tiefe ihres schmachtenden Blickes.

„Lasst uns gehen“, sagte sie endlich, nach der seligsten Pause meines Lebens, wie aus einem Traume erwacht; und ich stand schweigend auf und ging an ihrem Arme in die stillen Täler hinab. Wir konnten beide eine lange Weile nicht sprechen, so wohl, so unaussprechlich wohl war uns. Wir waren jetzt untereinander als Bruder und Schwester. Wir hatten uns ohne Worte verstanden. Die Liebe bedarf keiner Laute. [...] (v 1815)

2. a) Vergleichen Sie die Liebesszenen bei Stifter (Text 2) und Clauren (Text 3) nach Inhalt, Aufbau und Stil (siehe Prosavergleich S. 260ff.).
b) Schreiben Sie zu beiden Texten eine begründete Wertung.

Heinrich Clauren (eigentl. Karl Gottlieb Samuel Heun), geb. 1771 in der Niederlausitz, gest. 1854 in Berlin; Jurastudium; Buchhändler; Sektretär, Hofrat; viel gelesener Unterhaltungsschriftsteller.

4 Theodor Storm (1817–1888): Immensee (Auszug)

Die Novelle handelt von der Liebe zwischen Reinhard und Elisabeth, die schon in ihrer Kindheit beginnt. Als Reinhard während des Studiums abwesend ist, heiratet Elisabeth auf Drängen der Mutter Erich, einen Freund von Reinhard. Reinhard und Elisabeth sehen sich noch einmal, als Reinhard auf dem Gut Immensee zu Besuch ist, sie machen einen Spaziergang.

[...]

Am folgenden Nachmittag wanderten Reinhard und Elisabeth jenseits des Sees, bald durch die Holzung, bald auf dem hohen vorspringenden Uferrande. Elisabeth hatte von Erich den Auftrag erhalten, während seiner und der Mutter Abwesenheit Reinhard mit den schönsten Aussichten der nächsten Umgegend, namentlich von der andern Uferseite her auf den Hof selber, bekanntzumachen. Nun gingen sie von einem Punkt zum andern. Endlich wurde Elisabeth müde und setzte sich in den Schatten überhängender Zweige, Reinhard stand ihr gegenüber an einen Baumstamm gelehnt; da hörte er tiefer im Walde den Kuckuck rufen; und es kam ihm plötzlich, dies alles sei schon einmal ebenso gewesen. Er sah sie seltsam lächelnd an. „Wollen wir Erdbeeren suchen?“, fragte er.

„Es ist keine Erdbeerzeit“, sagte sie.

„Sie wird aber bald kommen.“

Elisabeth schüttelte schweigend den Kopf, dann stand sie auf, und beide setzten ihre Wanderung fort; und wie sie so an seiner Seite ging, wandte sein Blick sich immer wieder nach ihr hin, denn sie ging schön, als wenn sie von ihren Kleidern getragen würde. Er blieb oft un-

Gestaltendes Interpretieren (vgl. S. 26) ist eine Ergänzung zum analytischen Verfahren, bei dem man sich auf eine „Metaebene“ begibt und mit adäquater Begrifflichkeit und Methode über den Text reflektiert. Dagegen versetzt man sich beim gestaltenden Interpretieren als Leser/Interpret gleichsam auf die Ebene des vorliegenden Textes (die Objektebene) und greift in diesen gestaltend ein, indem man z.B. sog. Leerstellen füllt, etwa durch einen inneren Monolog, einen Brief, einen Tagebucheintrag einer Person etc. Dies geschieht nicht durch freie Entfaltung der Fantasie wie beim kreativen Schreiben, sondern mit dem Ziel, den Originaltext besser zu verstehen. Dabei geht es darum, alle direkten und indirekten Signale des Kontextes, den Charakter einer Person, ihre Motive und Ziele sowie den Stil des Originals angemessen zu berücksichtigen.

3. Vergleichen Sie, wie die Liebenden in den Texten 2 bis 4 miteinander kommunizieren.

4. Schreiben Sie – nach der Lektüre der ganzen Novelle „Immensee“ – einen Monolog Elisabeths (im Anschluss an Z. 29ff. des Textauszugs)

willkürlich einen Schritt zurück, um sie ganz und voll ins Auge fassen zu können. So kamen sie an einen freien, heidebewachsenen Platz mit einer weit ins Land reichenden Aussicht. Reinhard bückte sich und pflückte einige von den am Boden wachsenden Kräutern. Als er wieder aufsah, trug sein Gesicht den Ausdruck leidenschaftlichen Schmerzes. „Kennst du diese Blume?“, sagte er.

Sie sah ihn fragend an. „Es ist eine Erika. Ich habe sie oft im Walde gepflückt.“

„Ich habe zu Hause ein altes Buch“, sagte er, „ich pflegte sonst allerlei Lieder und Reime hineinzuschreiben, es ist aber lange nicht mehr geschehen. Zwischen den Blättern liegt auch eine Erika, aber es ist nur eine verwelkte. Weißt du, wer sie mir gegeben hat?“

Szenenfoto aus der Verfilmung

Sie nickte stumm, aber sie schlug die Augen nieder und sah nur auf das Kraut, das er in der Hand hielt. So standen sie lange. Als sie die Augen gegen ihn aufschlug, sah er, dass sie voll Tränen waren. „Elisabeth“, sagte er, „hinter jenen blauen Bergen liegt unsere Jugend. Wo ist sie geblieben?“

Sie sprachen nichts mehr und gingen stumm nebeneinander zum See hinab. Die Luft war schwül, im Westen stieg schwarzes Gewölk auf. „Es wird Gewitter“, sagte Elisabeth, indem sie ihren Schritt beeilte. Reinhard nickte schweigend, und beide gingen rasch am Ufer entlang, bis sie ihren Kahn erreicht hatten.

Während der Überfahrt ließ Elisabeth ihre Hand auf dem Rande des Kahnes ruhen. Er blickte beim Rudern zu ihr hinüber, sie aber sah an ihm vorbei in die Ferne. So glitt sein Blick herunter und blieb auf ihrer Hand; und diese blasse Hand verriet ihm, was ihr Antlitz ihm verschwiegen hatte. Er sah auf ihr jenen feinen Zug geheimen Schmerzes, der sich so gern schöner Frauenhände bemächtigt, die nachts auf krankem Herzen liegen. – Als Elisabeth sein Auge auf ihrer Hand ruhen fühlte, ließ sie sie langsam über Bord ins Wasser gleiten. [...]

(v 1850/51)

5 Adalbert Stifter (1805–1868): Vorrede zu „Bunte Steine“ (Auszug)

Die Vorrede über das vielzitierte „sanfte Gesetz“ nimmt Bezug auf eine kritische Äußerung des Schriftstellers Friedrich Hebbel (1813–1863) über Stifter:

„Die alten Naturdichter und die neuen,
wisst ihr, warum euch die Käfer, die Butterblumen so glücken?
Weil ihr die Menschen nicht kennt, weil ihr die Sterne nicht seht!
Schautet ihr tief in die Herzen, wie könntet ihr schwärmen für Käfer?
Säht ihr das Sonnensystem, sagt doch, was wär' euch ein Strauß?
Aber das musste so sein; damit ihr das Kleine vortrefflich
Liefertet, hat die Natur klug euch das Große entrückt.“

[...] Weil wir aber schon einmal von dem Großen und Kleinen reden, so will ich meine Ansichten darlegen, die wahrscheinlich von denen vieler anderer Menschen abweichen. Das Wehen der Luft das Rieseln des Wassers das Wachsen der Getreide das Wogen des Meeres das Grünen der Erde das Glänzen des Himmels das Schimmern der Gestirne halte ich für groß: das prächtig einherziehende Gewitter, den Blitz, welcher Häuser spaltet, den Sturm, der die Brandung treibt, den Feuer speienden Berg, das Erdbeben, welches Länder verschüttet, halte ich nicht für größer als obige Erscheinungen, ja ich halte sie für kleiner, weil sie nur Wirkungen viel höherer Gesetze sind. Sie kommen auf einzelnen Stellen vor, und sind die Ergebnisse einseitiger Ursachen. Die Kraft, welche die Milch im Töpfchen der armen Frau emporschwellen und übergehen macht, ist es auch, die die Lava in dem Feuer speienden Berge emportreibt, und auf den Flächen der Berge hinabgleiten lässt. Nur augenfälliger sind diese Erscheinungen, und reißen den Blick des Unkundigen und Unaufmerksamen mehr an sich, während der Geisteszug des Forschers vorzüglich auf das Ganze und Allgemeine geht, und nur in ihm allein Großartigkeit zu erkennen vermag, weil es allein das Welterhaltende ist. Die Einzelheiten gehen vorüber, und ihre Wirkungen sind nach kurzem kaum noch erkennbar. [...]

Adalbert Stifter: Windsturz im Böhmerwald

So wie es in der äußeren Natur ist, so ist es auch in der inneren, in der des menschlichen Geschlechtes. Ein ganzes Leben voll Gerechtigkeit Einfachheit Bezwingung seiner selbst Verstandesgemäßheit Wirksamkeit in seinem Kreise Bewunderung des Schönen verbunden mit einem heiteren gelassenen Sterben halte ich für groß: mächtige Bewegungen des Gemütes furchtbar einherrollenden Zorn die Begier nach Rache den entzündeten Geist, der nach Tätigkeit strebt, umreißt, ändert, zerstört, und in der Erregung oft das eigene Leben hinwirft, halte ich nicht für größer, sondern für kleiner, da diese Dinge so gut nur Hervorbringungen einzelner und einseitiger Kräfte sind, wie Stürme Feuer speiende Berge Erdbeben. Wir wollen das sanfte Gesetz zu erblicken suchen, wodurch das menschliche Geschlecht geleitet wird. Es gibt Kräfte die nach dem Bestehen des Einzelnen zielen. Sie nehmen alles und verwenden es, was zum Bestehen und zum Entwickeln desselben notwendig ist. Sie sichern den Bestand des einen und dadurch den aller. Wenn aber jemand jedes Ding unbedingt an sich reißt, was sein Wesen braucht, wenn er die Bedingungen des Daseins eines Anderen zerstört, so ergrimmt etwas Höheres in uns, wir helfen dem Schwachen und Unterdrückten, wir stellen den Stand wieder her, dass er ein Mensch neben dem andern bestehe, und seine menschliche Bahn gehen könne, und wenn wir das getan haben, so fühlen wir uns befriediget, wir fühlen uns noch viel höher und inniger als wir uns als Einzelne fühlen, wir fühlen uns als ganze Menschheit. Es gibt daher Kräfte, die nach dem Bestehen der gesamten Menschheit hinwirken, die durch die Einzelkräfte nicht beschränkt werden dürfen, ja im Gegenteile beschränkend auf sie selber einwirken. Es ist das Gesetz dieser Kräfte das Gesetz der Gerechtigkeit das Gesetz der Sitte, das Gesetz, das will, dass jeder geachtet geehrt ungefährdet neben dem andern bestehe, dass er seine höhere menschliche Laufbahn gehen könne, sich Liebe und Bewunderung seiner Mitmenschen erwerbe, dass er als Kleinod gehütet werde, wie jeder Mensch ein Kleinod für alle andern Menschen ist. Dieses Gesetz liegt überall, wo Menschen neben Menschen wohnen, und es zeigt sich, wenn Menschen gegen Menschen wirken. Es liegt in der Liebe der Ehegatten zueinander in der Liebe der Eltern zu den Kindern der Kinder zu den Eltern in der Liebe der Geschwister der Freunde zueinander in der süßen Neigung beider Geschlechter in der Arbeitsamkeit, wodurch wir erhalten werden, in der Tätigkeit, wodurch man für seinen Kreis für die Ferne für die Menschheit wirkt, und endlich in der Ordnung und Gestalt, womit ganze Gesellschaften und Staaten ihr Dasein umgeben, und zum Abschlusse bringen. Darum haben alte und neue Dichter vielfach diese Gegenstände benützt, um ihre Dichtungen dem Mitgefühle naher und ferner Geschlechter anheim zu geben. [...] (v 1853)

Adalbert Stifter: Der Plöckensteinsee

Problemerörterung 3: Anwendung und Variation eines Verfahrens:

Thema: „Eine Literatur, die nur dem ‚sanften Gesetz' folgt, ist langweilig!"

Problemstellung → – Fassen Sie zusammen, was Stifter – mit Bezug auf Hebbels Kritik – unter dem Großen und Kleinen versteht!

Aufgabenstellung → – Erörtern Sie die vorangestellte These!

Themenanalyse:

Problemstellung → Literatur des **‚sanften Gesetzes'** d.h. → **langweilig**
- – uninteressant
- – spannungslos
- – ...

- – das Alltägliche als das Große sehen
- – das Unspektakuläre
- – ...

Aufgabenstellung → Zusammenfassung, d.h. ← Bezug auf Hebbels Kritik
- – Naturdichter
- – Käfer statt Menschen
- – ...
- – ...

(Operator 1)

- • des Großen i.S. des Alltäglichen z. B.: Das Rieseln des Wassers (Z. 3)
- • des Kleinen i.S. des Spektakulären z. B.: Erdbeben (Z. 6)

Aufgabenstellung → – Erörtern der These

(Operator 2)

5. a) Ergänzen Sie die Themenanalyse und erarbeiten Sie eine Stoffsammlung.
b) Gliedern Sie so, dass der Erörterungsteil den Schwerpunkt bildet.

6. Wählen Sie für die Ausarbeitung der Problemerörterung das angemessene Strukturierungsmodell (vgl. S. 426f.).

6 Michael Fritzen: Helden unserer Zeit*

Zeitgemäß gesagt: Fitness, Outfit, Fashion, Wellness, Action und Fun, Fun, Fun sind mega-mainstream. Man surft easy und doch mit Power durch den ubiquitären[1], eventreichen Erlebnispark, immer schön und kultig, leistungsstark und turbo, relaxed und happy. Man liebt Glamour, die glitzernde, prickelnde Oberfläche, ein stets aufs ultraneue durchgestyltes Life mit nicht zu seltenen Kicks. Man talkt spacig, kennt jede angesagte Szene, die ultimativen Bodyprodukte, Klamotten, Logos, Tattoos und weiß schon gestern, daß Wakeboard heute die brandneue sexy Variante des Wasserskis ist.

[1] ubiquitär (< lat. ubique): überall verbreitet

Die **Texterörterung** (die textgebundene Erörterung, vgl. S. 22f.) hat eine Vorlage, die ihren Geltungsanspruch auf *Tatsachenbehauptungen und Werturteile* stützt, die zunächst zu erheben und im zweiten Teil zu überprüfen sind:
1. *Fehler* bei der Texterschließung können darin bestehen,
– dass der gesamte Text wiedergegeben wird, obwohl nur nach einem Teilaspekt gefragt ist;
– dass eine Vermischung von Gedanken der Vorlage mit eigener Stellungnahme erfolgt. Dabei wäre es leicht, die Texterschließung über Signalwörter als Sprechakte eindeutig zu benennen: Z.B. der Autor sagt, behauptet, fügt an, hebt hervor, argumentiert, unterstellt, erwähnt beiläufig, räumt ein, hält für wichtig, beteuert etc.;
– dass wichtige Leitbegriffe nicht oder unzureichend erläutert werden.
2. *Fehler* bei der *eigenen* (immanenten oder textübergreifenden) Erörterung, die man auch als Diskurs bezeichnet, könnten sein:
– das bloße Paraphrasieren der Vorlage, indem man nur „am Text entlang schreibt" statt zu argumentieren;
– das Fehlen einer deskriptiven und argumentativen Sprache mit Eindeutigkeit und klarer Begrifflichkeit.

For ever young, grenzenlos gelebtes Superleben. Dazu muß man in bester Form sein, spitze aussehen und eben tun, was trendy, hip und angesagt ist. Ansager im Hintergrund sagen es. Politik, Soziales, Kultur gehören nur dazu, sofern etwas daraus gerade für kultig erachtet wird. Ein bißchen malerisches Elend, auch schon mal eine Prise Proust[1]. Fragen nach dem Woher, Wohin und Wozu werden nicht gestellt – nicht hörbar. Statt dessen: Beauty-Philosophy, Cocktail-Tiefsinn, Glauben ans In-Label und die Versicherung. Wenn es hoch kommt, ist da ein Feeling, das irgendwie ins Spirituelle geht – aber nur solange es Flow bringt. Sinn besteht im Spaß. Enjoy your life. Alles andere ist retro. Übertreibungen? Ja – und doch: Der Lifestyle-Strom, in dem viele attraktive, im Zeitgeist verwandte Moden zusammenfließen, ist mächtiger als die übrigen Strömungen.

Moden entstehen, wenn herausragende Personen so anziehend sind, daß sie zu Vorbildern und „Helden" werden, die viele nachahmen. Früher vollzog sich das eher wie von selbst. Die Moden des aktuellen „Mainstreams" hingegen sind – geradezu industrielle – Produkte. Spezialisten entwerfen dafür unter Verwendung verbreiteter Stimmungen und – oft latenter – Bedürfnisse nicht nur Modelle mit geeigneten Ingredienzen[2]. Sie modellieren passend dazu Vorbilder, die ihre Entwürfe erst zu Moden machen. Stets aufs neue, die Gebilde sind höchst vergänglich.

Stars, Idole, Models und sonstige „Promis", Leute mit schnell wechselnden Namen, namenlose, „ausdefinierte" Typen und virtuelle Wesen, die bis hin zur Sprache so „designt" sind, daß sie auf vorbildliche Weise das Lebensideal „Fun" verkörpern, sind die einflußreichsten „Helden" unserer Zeit. Da sie mit kurzfristigem Verfallsdatum konzipiert sind, können immer neue erscheinen. „Ultimativ" aufgefrischt, reizen sie von neuem. Bei aller Natürlichkeitkeit, die den Leitfiguren verliehen wird, ist ihnen nichts Künstliches fremd. Der so hervorgezauberte Anschein von Vollkommenheit verstärkt noch ihre Anziehungskraft. Laufstege, Magazine, Filme, Fernsehen, Radio, Werbung und Internet sind die Bühnen. Die „Helden" unserer Zeit, geplante Erzeugnisse, stehen im Dienst des nun schon länger dauernden erfolgreichen Trends. Sie sind Profi-Vorbilder, von denen man hofft, daß sie massenhaft nachgeahmt werden, damit die lukrative Sache nicht erlahme.

Aber sind denn alle Leute, die heute eine Schwäche für „spacige" Lebensart haben, törichte in der Wolle gefärbte „Lifestylisten"? [...]

Aus: Frankfurter Allgemeine Zeitung, 23.9.2000

Texterörterung 5: Anwendungsbeispiel:

Thema: „Nur ‚wahre' Vorbilder könnten wirklich helfen". (Michael Fritzen)

Problemstellung →
– Legen Sie dar, welche Rolle der „Lifestyle" nach Meinung des Autors heute spielt!
– Erörtern Sie aus der Lebenssituation heutiger Jugendlicher die Schlussfrage des Textauszugs (Z. 36ff.) im Blick auf die Ausgangsthese!

Aufgabenstellung →

Themenanalyse:

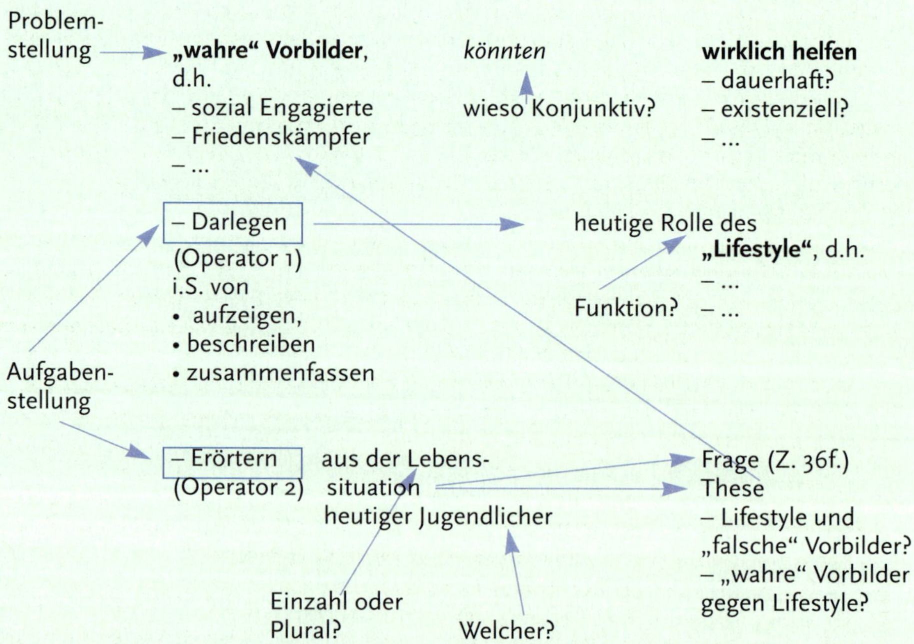

7. **a)** Sammeln Sie Assoziationen zur Problemstellung.
b) Prüfen und ergänzen Sie die Themenanalyse.
c) Legen Sie zur Rolle des „Lifestyles" zunächst ein genaues Exzerpt an.
d) Arbeiten Sie mit einer tabellarischen Stoffsammlung.

Lebenssituation ...	Schlussfrage (Z. 36f.)...	„wahre" Vorbilder...

8. Gliedern Sie so, dass die Erörterung der These den Schwerpunkt bildet.

9. Wählen Sie eines der folgenden Themen:
a) Erörtern Sie „Helden unserer Zeit" aus der Sicht Friedrich Hebbels (Vorspann zu Text 5).
b) Erörtern Sie „Helden unserer Zeit" aus der Perspektive Adalbert Stifters (Text 5).
c) Machen Sie eine Sprachanalyse, indem Sie
– zunächst den ersten Textabschnitt (Z. 1–7) in „normale" Hochsprache übertragen,
– danach durch lautes Lesen einen Hörvergleich zwischen Original und Übertragung anstellen und
– dann eine genaue Beschreibung der Spracheigenarten des ersten Abschnitts (Z. 1–7) versuchen.

[1] Marcel Proust (1871–1922): bedeutender französischer Erzähler und Romancier mit dem Hauptwerk „A la recherche du temps perdu" (Roman, 1913–1927)
[2] Die Ingredienz (< lat. ingredientia = das Hinzukommende): Zutat, Bestandteil einer Mischung

III. Das „Gesellschaftsetwas“ (Theodor Fontane)

1. Im Gefängnis der Ordnungen – Das bürgerliche Trauerspiel

„Realismus“ ist der Begriff, dem ein großer Teil der europäischen Literatur und Kunst des 19. Jahrhunderts zugeordnet wird. Darin klingt an, dass Wirklichkeitsnähe angestrebt wird. Mit der Aussage „Darstellung der Wirklichkeit“ sind die Werke allerdings nur sehr unzureichend charakterisiert, denn mit dem Begriff der Mimesis, der Nachahmung, wird die Literatur seit Aristoteles in Verbindung gebracht. Um das jeweils Gemeinte zu bestimmen, muss gefragt werden, was unter Wirklichkeit verstanden wird und wie sie dargestellt wird.
Inhaltlich kann man in Bezug auf den deutschen Realismus sagen, dass die Menschen dargestellt werden, wie sie unter den Bedingungen der gesellschaftlichen Gegebenheiten versuchen ihr Leben zu führen, sich zu verwirklichen. Die Gesellschaft prägt die Menschen und die zwischenmenschlichen Beziehungen. Erzählung und Roman sind die dominierenden literarischen Gattungen, in denen sich der sog. Poetische Realismus, die deutsche Spielart des Realismus, entfaltet. Das Drama hat nur eine untergeordnete Rolle; erst im Naturalismus wird es zur führenden Gattung.

1 Christian Friedrich Hebbel (1813–1863): Maria Magdalene (III, 4)

Klara ist von ihrem Jugendfreund verlassen worden. Ihr Vater, der redliche Tischler Meister Anton, ist ein sehr engstirniger Mann, dessen autoritäres Regiment auch von der ängstlichen Mutter nicht wesentlich gemildert wird. Die Eltern drängen Klara zur Verlobung mit dem von ihr ungeliebten karrieresüchtigen Leonhard. Er schwängert Klara mit zynischer Berechnung, nachdem der Jugendfreund unerwartet als Sekretär zurückgekommen ist. Dieser wendet sich nach Klaras Geständnis aufgebracht von ihr ab. Nun überstürzen sich die Ereignisse: Als Klaras Bruder Karl unbegründet eines Diebstahls beschuldigt wird, stirbt die Mutter und Leonhard verlässt die Braut. Er verletzt den Sekretär im Duell tödlich. Da Meister Anton im Fall der Schande mit Selbstmord gedroht hatte, ertränkt sich Klara im Brunnen, um nicht Schuld am Tode des Vaters auf sich zu laden. Meister Anton bekennt am Schluss: „Ich verstehe die Welt nicht mehr!“

Friedrich Hebbel (1813–1863) war der Sohn eines Tagelöhners und musste als 13-Jähriger eine Maurerlehre beginnen. Dank der Unterstützung durch die Dichterin Amalie Schoppe konnte er 1835 in Hamburg ein Studium beginnen. Für seinen Lebensunterhalt kam die Näherin Elise Lensing auf, mit der Hebbel zwei Kinder hatte; das Eheversprechen, das er ihr gab, löste er nicht ein. Zur Zeit der 48er-Revolution ergriff Hebbel Partei für eine konstitutionelle Monarchie auf demokratischer Grundlage. Er ließ sich 1845 in Wien nieder. Hebbel war vor allem Dramatiker, doch er schrieb auch Gedichte und hinterließ ein umfangreiches Werk mit Tagebüchern, Briefen und kritischen Schriften zur Literatur seiner Zeit.
Werke: *Gedichte*, Gesamtausgabe, 1857; Dramen: *Judith*, 1840; *Maria Magdalene*, 1844; *Herodes und Mariamne*, 1850; *Agnes Bernauer*, 1852; *Gyges und sein Ring*, 1856; *Die Nibelungen*, 1861.

Vierte Szene

LEONHARD. Ja, siehst du, Klara, du sprachst von Worthalten. Eben weil ich ein Mann von Wort bin, muss ich dir antworten, wie ich dir geantwortet habe. Dir schrieb ich vor acht Tagen ab, du kannst es nicht leugnen, der Brief liegt da. *(Er reicht ihr den Brief, sie nimmt ihn mechanisch)* Ich hatte Grund, dein Bruder – du sagst, er ist freigesprochen, es freut mich! In diesen acht Tagen knüpfte ich ein neues Verhältnis an; ich hatte das Recht dazu, denn du hast nicht zur rechten Zeit gegen meinen Brief protestiert, ich war frei in meinem Gefühl wie vor dem Gesetz. Jetzt kommst du, aber ich habe schon ein Wort gegeben und eins empfangen, ja – *(für sich)* ich wollt, es wär so – die andere ist schon mit dir in gleichem Fall, du dauerst mich *(er streicht ihr die Locken zurück, sie lässt es geschehen, als ob sie es gar nicht bemerkte)*, aber du wirst einsehen – mit dem Bürgermeister ist nicht zu spaßen!

KLARA *(wie geistesabwesend)*. Nicht zu spaßen!

LEONHARD. Siehst du, du wirst vernünftig! Und was deinen Vater betrifft, so kannst du ihm keck ins Gesicht sagen, dass er allein schuld ist! Starre mich nicht so an, schüttle nicht den Kopf, es ist so, Mädchen, es ist so! Sags ihm nur, er wirds schon verstehen und in sich gehen, ich bürge dir dafür! *(Für sich)* Wer die Aussteuer seiner Tochter wegschenkt, der muss sich nicht wundern, dass sie sitzenbleibt. Wenn ich daran denke, so steift sich mir ordentlich der Rücken, und ich könnte wünschen, der alte Kerl wäre hier, um eine Lektion in Empfang zu nehmen. Warum muss ich grausam sein? Nur weil er ein Tor war! Was auch daraus entsteht, er hats zu verantworten, das ist klar! (*Zu Klara*) Oder willst du, dass ich selbst mit ihm rede? Dir zuliebe will ich ein blaues Auge wagen und zu ihm gehen! Er kann grob gegen mich werden, er kann mir den Stiefelknecht an den Kopf werfen, aber er wird die Wahrheit trotz des Bauchgrimmens, das sie ihm verursacht, hinunterknirschen und dich in Ruhe lassen müssen. Verlass dich darauf! Ist er zu Hause?

KLARA *(richtet sich hoch auf)*. Ich danke dir! *(Will gehen)*

LEONHARD. Soll ich dich hinüberbegleiten? Ich habe den Mut!

KLARA. Ich danke dir, wie ich einer Schlange danken würde, die mich umknotet hätte und mich von selbst wieder ließe und fortspränge, weil eine andere Beute sie lockte. Ich weiß, dass ich gebissen bin, ich weiß, dass sie mich nur lässt, weil es ihr nicht der Mühe wert scheint, mir das bisschen Mark aus den Gebeinen zu saugen, aber ich danke dir doch, denn

Maria Magdalene, Residenz-Theater München, 1949, Regie Jürgen Fehling

1. a) Lesen Sie mit verteilten Rollen.
b) Untersuchen Sie, wie die Beziehung zwischen Klara und Leonhard durch die Kommuniktionsweise zum Ausdruck kommt und wie die Szene auf den Leser/Zuschauer wirkt.

nun hab ich einen ruhigen Tod. Ja, Mensch, es ist kein Hohn, ich danke dir, mir ist, als hätt ich durch deine Brust bis in den Abgrund der Hölle hinuntergesehen, und was auch in der furchtbaren Ewigkeit mein Los sei, mit dir hab ich nichts mehr zu schaffen, und das ist ein Trost! Und wie der Unglückliche, den ein Wurm gestochen hat, nicht gescholten wird, wenn er sich in Schauder und Ekel die Adern öffnet, damit das vergiftete Leben schnell ausströmen kann, so wird die ewige Gnade sich vielleicht auch mein erbarmen, wenn sie dich ansieht und mich, was du aus mir gemacht hast, denn warum *könnt* ichs tun, wenn ichs nimmer, nimmer tun *dürfte*? Nur eins noch: Mein Vater weiß von nichts, er ahnt nichts, und damit er nie etwas erfährt, geh ich noch heute aus der Welt! Könnt ich denken, dass du – *(Sie tut wild einen Schritt auf ihn zu)* Doch, das ist Torheit, dir kanns ja nur willkommen sein, wenn sie alle stehen und die Köpfe schütteln und sich umsonst fragen: warum das geschehen ist!

LEONHARD. Es kommen Fälle vor! Was soll man tun? Klara!

KLARA. Fort von hier! Der Mensch kann sprechen! *(Sie will gehen)*

LEONHARD. Meinst du, dass ichs dir glaube?

KLARA. Nein!

LEONHARD. Du kannst gottlob nicht Selbstmörderin werden, ohne zugleich Kindesmörderin zu werden!

KLARA. Beides lieber als Vatermörderin! O, ich weiß, dass man Sünde mit Sünde nicht büßt! Aber was ich jetzt tu, das kommt über mich *allein*! Geb ich meinem Vater das Messer in die Hand, so triffts ihn wie mich! Mich triffts immer! Dies gibt mir Mut und Kraft in all meiner Angst! Dir wirds wohl gehen auf Erden! *(Ab)* (v 1844)

2 Henrik Ibsen (1828–1906): Nora oder Ein Puppenheim, III, 4
(Auszug)

Henrik Ibsen (1828–1906), der norwegische Dramatiker, hat mit seinen Stücken das moderne Theater maßgeblich geprägt. Er machte eine Apothekerlehre und bereitete sich gleichzeitig auf das Abitur vor. Er war Dramaturg in Bergen und Theaterleiter in Oslo. Von 1864 bis zu seiner Heimkehr nach Norwegen 1891 lebte er in Deutschland und in Italien. „Nehmen Sie einem Menschen die Lebenslüge und Sie nehmen ihm zugleich sein Glück", heißt es in der *Wildente* – damit wird ein zentrales Thema von Ibsens Dramen bezeichnet. Werke: *Peer Gynt* (1867), *Die Stützen der Gesellschaft* (1877), *Nora oder ein Puppenheim* (1884), *Hedda Gabler* (1890), *John Gabriel Borkman* (1896).

[...]

HELMER *an der offenen Tür:* Recht so, suche dich zu fassen und das Gleichgewicht deiner Seele wiederzuerlangen. Du mein kleines, verschüchtertes Singvögelchen! Ruh dich getrost aus, ich werde dich mit meinen starken Flügeln decken. *Geht in der Nähe der Tür umher.* O wie behaglich und schön unser Haus ist, Nora. Hier bist du geborgen; ich will dich halten wie eine verfolgte Taube, die ich den mörderischen Krallen des Habichts entrissen habe; ich werde dein armes, pochendes Herz schon beruhigen. Nach und nach, Nora – glaub mir das, schon morgen wirst du alles mit ganz andern Augen ansehen; bald wird alles wieder beim Alten sein. Ich werde dir nicht mehr oft zu wiederholen brauchen, dass ich dir verziehen habe; du selbst wirst es untrüglich fühlen. Wie bist du auf den Gedanken gekommen, ich könnte dich verstoßen oder dir auch nur einen Vorwurf machen? Wahrhaftig, Nora, du kennst das Herz des Mannes nicht. Für den Mann liegt etwas unbeschreiblich Süßes und Befriedigendes in dem Bewusstsein, seiner Frau vergeben zu haben – ihr aus vollem, aufrichtigem Herzen vergeben zu haben. Ist sie doch gewissermaßen in doppeltem Sinne dadurch sein Eigen geworden; als hätt er sie zum zweiten Mal in die Welt gesetzt. Sie ist sozusagen sein Weib und sein Kind zugleich geworden. Das sollst du mir fortan sein, du schwaches, hilfloses Wesen. Fürchte nichts, Nora; sei nur offen gegen mich, dann werd ich dein Wille und auch dein Gewissen sein. – Was soll das heißen? Du gehst nicht schlafen? Du hast dich umgekleidet?

NORA *in ihrem Alltagskleide:* Ja, Torvald, ich hab mich umgekleidet.

HELMER: Aber warum denn? Jetzt? So spät –?

NORA: Diese Nacht werd ich nicht schlafen.

HELMER: Aber liebe Nora –

NORA *sieht auf ihre Uhr:* Es ist noch nicht allzu spät. Nimm Platz, Torvald wir zwei haben viel miteinander zu reden. *Setzt sich an die eine Seite des Tisches.*

HELMER: Nora, – was soll das heißen? Dieser starre Zug –

NORA: Setz dich, es dauert lange. Ich habe mit dir über vieles zu reden.

HELMER *setzt sich ihr gegenüber an den Tisch:* Du machst mir Angst, Nora und ich verstehe dich nicht.

NORA: Das ist es eben. Du verstehst mich nicht. Und ich habe dich ebenfalls nicht verstanden – bis zu dieser Stunde. Bitte, unterbrich mich nicht. Du sollst mich anhören. – Es ist eine Abrechnung, Torvald.

HELMER: Wie meinst du das?

NORA *nach kurzem Schweigen:* Wie wir so dasitzen, – fällt dir gar nichts daran auf?

HELMER. Was sollte das sein?

NORA: Wir sind jetzt acht Jahre verheiratet. Fällt es dir nicht auf, dass wir – du und ich, Mann und Frau – heute zum ersten Mal eine ernste Unterhaltung führen?

HELMER: Eine ernste Unterhaltung – wie das?

NORA: Acht ganze Jahre – und länger noch – vom ersten Tage unserer Bekanntschaft an haben wir nie ein ernstes Wort über ernste Dinge gewechselt.

HELMER: Hätt ich dich etwa beständig einweihen sollen in Widerwärtigkeiten, die du doch nicht mit mir hättest teilen können?

NORA: Ich spreche nicht von Widerwärtigkeiten. Ich sage nur, dass wir niemals ernst beieinander gesessen haben, um etwas gründlich zu überlegen.

HELMER: Aber liebste Nora, das wäre doch nichts für dich gewesen.

NORA: Da sind wir bei der Sache. Du hast mich nie verstanden. – Ihr habt viel an mir gesündigt. Zuerst Papa, dann du.

HELMER: Was! Wir beide –? Wir beide, die dich über alles in der Welt geliebt haben?

NORA *schüttelt den Kopf:* Ihr habt mich nie geliebt. Euch machte es nur Spaß, in mich verliebt zu sein.

HELMER: Nora, was sind das für Worte!

NORA: Es ist so, Torvald. Als ich zu Hause bei Papa war, teilte er mir alle seine Ansichten mit, und so bekam ich dieselben Ansichten. War ich aber einmal anderer Meinung, so verheimlichte ich das, denn es wäre ihm nicht recht gewesen. Er nannte mich sein Puppenkind und spielte mit mir, wie ich mit meinen Puppen spielte. Dann kam ich zu dir ins Haus –

HELMER: Was für einen Ausdruck gebrauchst du da von unserer Ehe?

NORA *unbeirrt:* Ich meine, dann ging ich aus meines Vaters Händen in deine über. Du richtetest alles nach deinem Geschmack ein, und so bekam ich denselben Geschmack wie du; oder ich tat nur so: ich weiß es nicht mehr genau – vielleicht war es auch beides, bald so und bald so. Wenn ich jetzt zurückblicke, so ist mir, als hätt ich hier wie ein Bettler gelebt – nur von der Hand in den Mund. Ich lebte davon, dass ich dir Kunststücke vormachte, Torvald. Du wolltest es ja so haben. Du und Papa, ihr habt euch schwer an mir versündigt. Ihr seid schuld daran, dass nichts aus mir geworden ist.

HELMER: Wie lächerlich und wie undankbar! Bist du hier nicht glücklich gewesen?

NORA: Nein. Das bin ich nie gewesen. Ich hab's geglaubt, aber ich war es nie.

HELMER: Nicht – nicht glücklich?

NORA: Nein, – nur lustig. Und du warst immer so lieb zu mir. Aber unser Heim war nichts andres als eine Spielstube. Hier war ich deine Puppenfrau, wie ich zu Hause Papas Puppenkind gewesen bin. Und unsere Kinder, die waren wiederum meine Puppen. Wenn du mit mir spieltest, so bereitete mir das gerade solchen Spaß, wie es den Kindern Spaß machte, wenn ich mit ihnen spielte. Das ist unsere Ehe gewesen, Torvald.

HELMER: Etwas Wahres liegt in deinen Worten, – so übertrieben und überspannt sie auch sind. Aber von jetzt an soll es anders werden. Die Tage des Spielens sind nun vorüber; jetzt kommt die Zeit der Erziehung.

NORA: Der Erziehung – für wen? Für die Kinder oder für mich?

HELMER: Sowohl für dich wie für die Kinder, geliebte Nora.

NORA: Ach, Torvald, du bist nicht der Mann, mich zu einer richtigen Frau für dich zu erziehen.

HELMER: Und das sagst du so?

NORA: Und ich – bin ich denn für die Aufgabe gerüstet, die Kinder zu erziehen?

HELMER: Nora!

NORA: Hast du vorhin nicht selbst gesagt, – du dürftest mir diese Aufgabe nicht anvertrauen?

HELMER: Im Moment der Erregung! Wie kannst du darauf etwas geben?

NORA: Doch. Du hattest sehr Recht. Ich bin der Aufgabe nicht gewachsen. Zuvor muss ich eine andere Aufgabe lösen. Ich muss versuchen, mich selbst zu erziehen. Und du bist nicht der Mann, mir dabei zu helfen. Das muss ich allein vollbringen. Und darum verlass ich dich jetzt. [...] (v 1879)

Nora oder Ein Puppenheim (*Et dukkehjem*). [...] Das Stück spielt während der Weihnachtstage in der Wohnung irgendeiner Stadt ohne besondere Lokalfarbe. Das Fest wird zur Belastungsprobe für Noras Ehe mit Torvald Helmer. [...]
Die Gegensätzlichkeit der beiden Hauptgestalten entspringt ihren verschiedenen Moralbegriffen: Nora folgt ihrem Instinkt, Helmer der Konvention. Nora kann und muss nach Ibsens Absicht ein Zusammenleben aufheben, das der gegenseitigen Achtung ermangelt. In dem (einem tatsächlichen Vorgang) nachgestalteten Drama wird die ideale Forderung zuschanden, aber aus den letzten Worten klingt eine leise Hoffnung, dass sich das ausgebliebene Wunder vielleicht doch noch einmal vollziehe. H.A.F.

Aus: Gero von Wilpert (Hrsg.): Lexikon der Weltliteratur, Stuttgart (Alfred Kröner) 1993, Bd. 2.

2. a) Untersuchen Sie, wie die Beziehung zwischen den beiden durch den Dialog zum Ausdruck kommt. Wie definieren sie die eigene und wie die Rolle des Andern?
b) Machen Sie einen Inszenierungsvorschlag.

Das **bürgerliche Trauerspiel,** das in der Aufklärung entstand, gestaltete das tragische Schicksal von Menschen bürgerlichen Standes, denen noch im Barock wegen der Ständeklausel nur die Komödie vorbehalten war. Der tragische Konflikt wurde durch den Gegensatz der sozialen Schichten (Stände) ausgelöst. Allerdings bekämpfte oder negierte das bürgerliche Trauerspiel die ständische Ordnung keineswegs. Wertmaßstab für alle Stände waren die bürgerlichen Normen der Tugend und Humanität. Somit war das bürgerliche Trauerspiel auch eine Manifestation bürgerlichen Selbstverständnisses und Selbstbewusstseins. Die Lösung vom Vorbild der französischen klassischen Tragödie kam auch in der Sprache zum Ausdruck: statt in Versform war das bürgerliche Trauerspiel in Prosa abgefasst.

3 Männer und Frauen – Lexikondefinitionen

a) Artikel „Geschlechtseigenthümlichkeiten" aus dem Jahre 1848
Meyers *Großes Conversations-Lexicon für die gebildeten Stände*

„So viel ist gewiss, dass der Mann nicht nur mehr Kraft besitzt, für das Äußere zu wirken, sondern dass er auch seiner Natur gemäß ununterbrochen seine Wirksamkeit äußern kann, während das Weib durch Menstrualfluss, Schwangerschaft, Wochenbett, Säugegeschäft, auf längere Zeit an wirklichen, ernsthaft geistigen oder sehr angreifenden körperlichen Beschäftigungen verhindert wird. Demgemäß ist das Weib mehr für das geschlechtliche Verhältnis, und für das damit in nächster Beziehung stehende Familienleben bestimmt, wozu es wegen der sein ganzes Wesen beseelenden Liebe auch vorzüglich sich eignet, – wie besonders sein ganzes Benehmen, seine Geschicklichkeit, Manierlichkeit, Aufmerksamkeit und Beharrlichkeit in der Krankenpflege und ähnlichen Verhältnissen beurkundet. Dabei bleibt es aber Wahrheit, dass, je gebildeter, je mehr geistig kultiviert das Weib ist, selbiges, wenn es dabei seine Kräfte nicht aufs Spiel gesetzt, und seine eigentliche und Hauptbestimmung nicht verkannt hat, desto besser die Erziehung der Kinder, sowie das Haus- und Familienwesen zu leiten im Stande seyn wird ... Nur das auch in geistiger Hinsicht gehörig ent-

3. a) Stellen Sie in einer chronologischen Tabelle zusammen, wie die Geschlechterrollen definiert werden.
b) Vergleichen Sie die Definition mit den Geschlechterrollen, wie sie in literarischen Texten jeweils zum Ausdruck kommen.

wickelte Weib wird seinen eigentlichen Beruf erkennen und denselben im Bewusstsein seiner edlen und erhabenen Bedeutung erfüllen, was von dem unkultivierten oft bloß nach Instinkt, und bei obwaltenden Widerwärtigkeiten des Lebens gar häufig nur aus Zwang geschieht. – Entfernt sich aber das weibliche Geschlecht von seiner eigentlichen Bestimmung, so hat es durch Schwächlichkeit und Kränklichkeit dafür zu büßen."

b) Die *Deutsche Encyclopädie* spricht 1785 von „unterschiedenen Charakteren", die den Geschlechtern von der „Natur" verliehen worden seien:

„Der Mann, welcher von Natur mehr Stärke hat, ist geschickt zu harter Arbeit und Feldverrichtungen, so wie die Frau zu ruhigen Beschäftigungen und besonders zur Pflege der Kinder. Der Mann hat mehr Thätigkeit und Feuer als das Weib, er ist kühn und stark und schickt sich zu einem Beschützer, da im Gegenteil die Frau, welche zart und furchtsam ist, eines Schutzes bedarf. Der Mann, seiner Stärke sich bewusst, wird von Natur zum Regieren getrieben, da hingegen die Frau, welche ihre Schwäche kennt, zum Gehorsam geneigt ist."

c) *Meyers Konversations-Lexikon* 1894:

„Dem Mann der Staat, der Frau die Familie!"

d) *Brockhaus* von 1991:

„Nahezu alle zugeschriebenen Merkmale, die als weiblich bezeichnet werden, resultieren aus den in den verschiedenen Gesellschaftsformen vorherrschenden Rollen der Frau und deren Überlieferung mit Hilfe spezifischer Erziehungspraktiken. Die vorhandenen biologischen Unterschiede sind verhältnismäßig belanglos und mehr Anstoß als Ursache für die sozial verschiedenartige Formung der Rolle von Mann und Frau in der Gesellschaft."

2. Was ist Wirklichkeit? – Merkmale des poetischen Realismus

Was die Wirklichkeit ist – diese Frage wird von verschiedenen Menschen sehr unterschiedlich beantwortet, das ist eine alltägliche Erfahrung. Wir wissen, dass man eine Geschichte immer auch anders erzählen kann. Die Literatur kann die Leserinnen und Leser für diese menschliche Grunderfahrung sensibilisieren, indem sie ihnen vermittelt, dass es *die* Wirklichkeit nicht gibt.

1 Gottfried Keller (1819–1890): Der grüne Heinrich (Auszug)

Die zahlreichen, kräftig geschwärzten Blätter verursachten im Hause meines Oheims allerdings einige Verwunderung und im Allgemeinen sah man die Sache mit ziemlichem Respekt an; als jedoch der Oheim die Zeichnungen betrachtete, welche ich nach der Natur gefertigt haben wollte (denn ich glaubte als eine Art Münchhausen nachgerade selbst daran, vorzüglich weil die Sachen doch unter freiem Himmel entstanden waren), da schüttelte er bedenklich den Kopf und wunderte sich, wo ich denn meine Augen gehabt hätte. In seinem realistischen Sinne, als Land- und Forstmann, fand er trotz aller Unkunde, in Kunstdingen den Fehler hier schnell und leicht heraus.

„Diese Bäume", sagte er, „sehen ja einer dem andern ähnlich und alle zusammen gar keinem wirklichen! Diese Felsen und Steine könnten keinen Augenblick so aufeinanderliegen, ohne zusammenzufallen! Hier ist ein Wasserfall, dessen Masse einen der größeren Fälle verkündet, die aber über kleinliche Bachsteine stürzt, als ob ein Regiment Soldaten über einen Span stolperte; hiezu wäre eine tüchtige Felswand erforderlich; indessen nimmt es mich eigentlich wunder, wo zum Teufel in der Nähe der Stadt ein solcher Fall zu finden ist! Dann möchte ich auch wissen, was an solchen verfaulten Weidenstöcken Zeichnenswertes ist, da dünkte mich doch eine gesunde Eiche oder Buche erbaulicher" usf.

Die Frauensleute hingegen ärgerten sich über meine Vagabunden, Kesselflicker und Fratzengesichter und begriffen nicht, warum ich im Felde nicht lieber ein artiges vorübergehendes Landmädchen oder einen anständigen Ackersmann abgebildet habe als mich fortwährend mit solchen Unholden zu beschäftigen; die Söhne belachten meine ungeheuerlichen Berghöhlen, die unmöglichen und lächerlichen Brücken, die menschenähnlichen Steinköpfe und Baumkrüppel und gaben jeder solchen Tollheit eine lustigen Namen, dessen Lächerlichkeit auf mich zu fallen schien. Ich stand beschämt da als ein Mensch, der voll närrischer und eitler Dinge ist, und die mitgebrachte künstliche Krankhaftigkeit verkroch sich vor der einfachen Gesundheit dieses Hauses und der ländlichen Luft.

Gleich am ersten Tage nach meiner Ankunft stellte mir der Oheim, um mich wieder auf eine reale Bahn zu leiten, die Aufgabe, seine Besitzung, Haus, Garten und Bäume, genau und bedächtig zu zeichnen und ein getreues Bild davon zu entwerfen. Er machte mich aufmerksam auf alle Eigentümlichkeiten und auf das, was er besonders hervorgehoben wünsch-

Gottfried Keller ist 1819 in Zürich geboren und 1890 dort gestorben. Er war der Sohn eines angesehenen Drechslermeisters, der starb, als sein Sohn fünf Jahre alt war. Als Keller 15 war, wurde er als angeblicher Rädelsführer eines Schülerprotests von der Schule verwiesen und erwarb sich seine Bildung danach als Autodidakt. Er wollte Maler werden, ging deshalb an die Kunstakademie nach München, kehrte nach zwei Jahren jedoch gescheitert nach Zürich zurück. Seine schriftstellerische Laufbahn begann er mit Gedichten (1846). Ein Stipendium ermöglichte ihm ein Studium in Heidelberg und Berlin (Anthropologie, Literatur, Philosophie). 1854/55 erschien sein stark autobiografisch geprägter Roman *Der grüne Heinrich*. 1861 übernahm er in Zürich das Amt des ersten Staatsschreibers. Keller ist einer der wichtigsten Autoren des sog. Bürgerlichen Realismus.
Weitere Werke: *Die Leute von Seldwyla* (1856), *Züricher Novellen* (1876/77), *Das Sinngedicht* (1881)

te, und wenn seine Andeutungen auch eher dem Bedürfnisse eines rüstigen Besitzers als demjenigen eines Kunstverständigen entsprachen, so ward ich doch dadurch genötigt, die Gegenstände wieder einmal genau anzusehen und in allen ihren eigentümlichen Oberflächen zu verfolgen. Die allereinfachsten Dinge am Hause selbst, sogar die Ziegel auf dem Dache, gaben mir nun wieder mehr zu schaffen als ich je gedacht hatte und veranlassten mich, auch die umstehenden Bäume in gleicher Weise gewissenhafter zu zeichnen; ich lernte die aufrichtige Arbeit und Mühe wieder kennen, und indem darüber eine Arbeit entstand, die mich in ihrer anspruchslosen Durchgeführtheit selbst unendlich mehr befriedigte als die marktschreierischen Produkte der jüngsten Zeit, erwarb ich mir mit saurer Mühe den Sinn des Schlichten, aber Wahren [...] (v 1879/80)

2 Gottfried Keller (1819–1890): An Eduard Vieweg (Auszug)

Keller beschreibt seinen Roman in einem Brief an seinen Verleger.

Berlin, 3. Mai 1850

[...] Die Moral meines Buches ist: dass derjenige, dem es nicht gelingt, die Verhältnisse seiner Person und seiner Familie im Gleichgewicht zu erhalten, auch unbefähigt sei, im staatlichen Leben eine wirksame und ehrenvolle Stellung einzunehmen. Die Schuld kann in vielen Fällen an der Gesellschaft liegen, und alsdann wäre freilich der Stoff derjenige eines sozialistischen Tendenzbuches. Im gegebenen Falle aber liegt sie größtenteils im Charakter und dem besonderen Geschicke des Helden und bedingt hierdurch eine mehr ethische Bedeutung des Romans. Unternehmung und Ausführung desselben sind nun nicht etwa das Resultat eines bloß theoretischen tendenziösen Vorsatzes, sondern die Frucht eigener Anschauung und Erfahrung. Ich habe noch nie etwas produziert, was nicht den Anstoß dazu aus meinem inneren oder äußern Leben empfangen hat, und werde es auch ferner so halten; daher kommt es, dass ich nur wenig schreibe, und weiß wirklich gegenwärtig nicht zu sagen, ob ich je wieder einen Roman schreiben werde oder nicht. Einige Novellen ausgenommen habe ich für die Zukunft nur dramatische Arbeiten im Auge.

Mein Held ist ein talent- und lebensvoller junger Mensch, welcher, für alles Gute und Schöne schwärmend, in die Welt hinauszieht, um sich sein künftiges Lebensglück zu begründen. Er sieht alles mit offenen klaren Augen an und gerät als ein liebenswürdiger lebensfroher Geselle unter allerlei Leute, schließt Freundschaften, welche seinem Charakterbilde zur Ergänzung dienen, und berechtigt zu großen Hoffnungen. Als aber die Zeit naht, wo er sich in ein festes geregeltes Handeln, in praktische Tätigkeit und Selbstbeherrschung finden soll, da fehlt ihm dieses alles. Es bleibt bei den schönen Worten, einem abenteuerlichen Vegetieren, bei einem passiven ungeschickten Umhertreiben. Er bringt dadurch sich und seine Angehörigen in äußerstes Elend, während minder begabte, aber aufmerksame Naturen aus seiner Umgebung, welche *unter* ihm standen, reüssieren und ihm über den Kopf wachsen. Er gerät in die abenteuerlichste, traurigste Lage, abgeschnitten von aller Welt. Da wendet sich das Geschick plötzlich günstiger; er tritt in einen Kreis edler Menschen, erholt sich, erwirbt sich, gewarnt und gewitzigt, eine feste Haltung und betritt eine neue Lebensbahn, auf welcher ihm ein schönes Ziel winkt. So rafft er sich zusammen, eilt mit goldenen Hoffnungen in seine Heimat, um seine Mutter aufzusuchen, von welcher er seit geraumer Zeit nichts mehr gehört hat, so wenig als sie von ihm. Er stößt vor den Toren der Vaterstadt auf ihr Leichenbegängnis, mischt sich unter die Begleiter auf dem Kirchhof und hört mit an, wie der Pfarrer in seiner Leichenrede den Tod der verarmten und verlassenen Frau dem „ungeratenen“ in der Ferne weilenden Sohne beimisst. – Da er im Grunde ein ehrenhafter und nobler Charakter ist, so wird es ihm nun unmöglich, auf den Trümmern des von ihm zerstörten Familienlebens eine glückliche, einflussreiche Stellung im öffentlichen gesellschaftlichen Leben einzunehmen. Das Band, welches ihn nach rückwärts an die Menschheit knüpft, scheint ihm blutig und gewaltsam abgeschnitten, und er kann deswegen auch das lose halbe Ende desselben, das nach vorwärts führt, nicht in die Hände fassen, und dies führt auch seinen Tod herbei. Dieser wird noch tragischer dadurch, dass ein gesundes schönes Liebesverhältnis, welches ihm nach früheren krankhaften Liebesgeschichten aufgegangen war, gebrochen und zerstört wird. – Ein Nebenzug in seinem Charakter ist eine gewisse aufgeklärte, rationelle Religiosität, eine nebulose Schwärmerei, welche darauf hinausläuft, dass in einem unberechtigten Vertrauen auf einen Gott, an den man nur halb glaubt, von demselben genialer Weise die Lösung aller Wirren und ein vom Himmel fallendes Glück erwartet wird. Nach dieser Seite hin ist die Moral des Buches das Sprüchwort: Hilf dir selbst, so hilft dir Gott! und dass es gesunder sei, nichts zu hoffen und das Mögliche zu schaffen, als zu schwärmen und *nichts* zu tun. (e 1850)

1. Wählen Sie verschiedene Landschaftsbilder aus verschiedenen Kunstepochen (bis zur Gegenwart, z. B. Anselm Kiefer) und diskutieren Sie über die in dem Textauszug angeschnittene Frage nach der „richtigen“ Wirklichkeitsdarstellung (arbeitsteilige Gruppenarbeit, fächerübergreifend).

2. a) Legen Sie dar, was Keller seinem Helden vor allem anlastet.
b) Versuchen Sie, nach den Angaben Kellers den Helden in einer von Ihnen erfundenen Situation zu charakterisieren.
c) Untersuchen Sie, welcher Zusammenhang besteht zwischen Text 1 und dem Hauptproblem des Romans.

3. Ermitteln Sie Motive, die den Autor veranlasst haben könnten, in der zweiten Fassung des Romans den Schluss zu ändern (vgl. Text 2).

Der grüne Heinrich. [...] Das Werk schildert den Werdegang des jungen Kunstmalers Heinrich Lee, der seiner stets gleichfarbigen Kleidung wegen der ‚grüne Heinrich‘ genannt wird, und gliedert sich in zwei Teile, da es eine abgeschlossene, als autobiografisches Manuskript des Helden fingierte ‚Jugendgeschichte‘ in sich aufnimmt, die über die Hälfte des Romans ausmacht. [...]
Der 2. Teil schildert die gescheiterte Künstlerexistenz und die Heimkehr. Die Dichtung will kein Künstlerroman im traditionellen Sinne sein; vielmehr ist die Künstlerexistenz als Modell der menschlichen Existenz schlechthin, als Exempel menschlicher Weltbegegnung und Lebensreise zu verstehen. Einflüsse des *Wilhelm Meister*, der Erzähltechnik Jean Pauls und der Philosophie Feuerbachs sind spürbar. F.W.W.

Aus: Gero von Wilpert (Hrsg.): Lexikon der Weltliteratur, Stuttgart (Alfred Kröner) 1993, Bd. 2.

Der **Bildungsroman** ist durch seine Thematik charakterisiert: die Darstellung der inneren Entwicklung (Bildung) eines Menschen, deren Ziel die volle Entfaltung der Anlagen und Fähigkeiten ist; verstanden wird dieser Prozess als eine organische Reifung von Anlagen, die im Individuum vorhanden sind, zu deren Entfaltung aber eine Wechselwirkung von Subjekt und Objekt (Welt) notwendig ist. Der Bildungsroman ist eine Variante des *Entwicklungsromans*, der die Entwicklung eines Menschen zum Gegenstand hat, ohne dass dieser Prozess durch bestimmte Vorgaben (Menschenbild als Zielidee, Bildungsbegriff) festgelegt ist. Als Bildungsroman im engeren Sinn und Modell der Gattung gilt Goethes *Wilhelm Meisters Lehrjahre* (1795/96); ferner A. Stifters *Nachsommer* (1857), G. Kellers *Der grüne Heinrich*, im 20. Jh. *Der Zauberberg* (1924) von Th. Mann, Romane von H. Hesse; schließlich – als Antibildungsroman – *Die Blechtrommel* (1959) von G. Grass.

Peter Bichsel wurde 1935 in Luzern geboren. Er arbeitete zunächst als Volksschullehrer. Seine erste Buchveröffentlichung war *Eigentlich möchte Frau Blum den Milchmann kennenlernen* (1964), eine Sammlung von Prosaminiaturen, durch die Bichsel bekannt wurde.

4. Erzählen Sie die Geschichte (Text 3) in der 3. Person, aus der Sicht Hildegards, die um halb zehn nach Hause kommt, den Zettel mit dem Füller sieht sowie die Zeitung mit den Kinoinseraten, während Paul nicht zu Hause ist.

5. Vergleichen Sie die von Ihnen geschriebenen Texte und legen Sie dar, welche Voraussetzungen jeweils gemacht worden sind.

6. Sammeln Sie Gesichtspunkte zur Beantwortung der Frage, was es heißt, Geschichten über die Wirklichkeit zu erzählen.

3 Peter Bichsel (*1935): San Salvador

Er hatte sich eine Füllfeder gekauft.

Nachdem er mehrmals seine Unterschrift, dann seine Initialen, seine Adresse, einige Wellenlinien, dann die Adresse seiner Eltern auf ein Blatt gezeichnet hatte, nahm er einen neuen Bogen, faltete ihn sorgfältig und schrieb: „Mir ist es hier zu kalt“, dann „ich gehe nach Südamerika“, dann hielt er inne, schraubte die Kappe auf die Feder, betrachtete den Bogen und sah, wie die Tinte eintrocknete und dunkel wurde (in der Papeterie garantierte man, dass sie schwarz werde), dann nahm er seine Feder erneut zur Hand und setzte noch großzügig seinen Namen Paul darunter.

Dann saß er da.

Später räumte er die Zeitungen vom Tisch, überflog dabei die Kinoinserate, dachte an irgendetwas, schob den Aschenbecher beiseite, zerriss den Zettel mit den Wellenlinien, entleerte seine Feder und füllte sie wieder. Für die Kinovorstellung war es jetzt zu spät.

Die Probe des Kirchenchores dauert bis neun Uhr, um halb zehn würde Hildegard zurück sein. Er wartete auf Hildegard. Zu all dem Musik aus dem Radio. Jetzt drehte er das Radio ab.

Auf dem Tisch, mitten auf dem Tisch, lag nun der gefaltete Bogen, darauf stand in blauschwarzer Schrift sein Name Paul.

„Mir ist es hier zu kalt“, stand auch darauf.

Nun würde also Hildegard heimkommen, um halb zehn. Es war jetzt neun Uhr. Sie läse seine Mitteilung, erschräke dabei, glaubte wohl das mit Südamerika nicht, würde dennoch die Hemden im Kasten zählen, etwas müsste ja geschehen sein.

Sie würde in den „Löwen“ telefonieren.

Der „Löwen“ ist mittwochs geschlossen.

Sie würde lächeln und verzweifeln und sich damit abfinden, vielleicht.

Sie würde sich mehrmals die Haare aus dem Gesicht streichen, mit dem Ringfinger der linken Hand beidseitig der Schläfe entlangfahren, dann langsam den Mantel aufknöpfen.

Dann saß er da, überlegte, wem er einen Brief schreiben könnte, las die Gebrauchsanweisung für den Füller noch einmal – leicht nach rechts drehen – las auch den französischen Text, verglich den englischen mit dem deutschen, sah wieder seinen Zettel, dachte an Palmen, dachte an Hildegard.

Saß da.

Und um halb zehn kam Hildegard und fragte: „Schlafen die Kinder?“

Sie strich sich die Haare aus dem Gesicht.

(e 1964)

Szenenfoto aus der Verfilmung von 1955

Als **Leerstellen** bezeichnet man Unbestimmtheiten in einem fiktionalen (erzählenden) Text: Der Autor teilt dem Leser nicht mit, wie eine bestimmte Situation zu verstehen ist; er führt nicht aus, welche Erzählabsicht er hat; er überlässt es dem Leser, Informationslücken des Textes auszufüllen – mit seiner eigenen Vorstellungskraft.

4 Theodor Fontane (1819–1898): Effi Briest (Auszug)

Nachdem Innstetten durch den zufälligen Brieffund von der Jahre zurückliegenden Untreue seiner Frau erfahren hat, berät er sich mit seinem Freund Wüllersdorf.

[...] Wüllersdorf setzte sich. Innstetten ging wieder auf und ab und wäre bei der ihn verzehrenden Unruhe gern in Bewegung geblieben, sah aber, dass das nicht gehe. So nahm er denn auch seinerseits eine Zigarre, setzte sich Wüllersdorf gegenüber und versuchte ruhig zu sein. „Es ist“, begann er, „um zweier Dinge willen, dass ich Sie habe bitten lassen: erst um eine Forderung zu überbringen und zweitens um hinterher, in der Sache selbst, mein Sekundant zu sein; das eine ist nicht angenehm und das andere noch weniger. Und nun Ihre Antwort.“

„Sie wissen, Innstetten, Sie haben über mich zu verfügen. Aber eh ich die Sache kenne, verzeihen Sie mir die naive Vorfrage: muss es sein? Wir sind doch über die Jahre weg, Sie, um die Pistole in die Hand zu nehmen, und ich, um dabei mitzumachen. Indessen missverstehen Sie mich nicht, alles dies soll kein Nein sein. Wie könnte ich Ihnen etwas abschlagen. Aber nun sagen Sie, was ist es?“

„Es handelt sich um einen Galan meiner Frau, der zugleich mein Freund war oder doch beinah.“

Wüllersdorf sah Innstetten an. „Innstetten, das ist nicht möglich.“

„Es ist mehr als möglich, es ist gewiss. Lesen Sie.“ Wüllersdorf flog drüber hin. „Die sind an Ihre Frau gerichtet?“

„Ja. Ich fand sie heut in ihrem Nähtisch.“

„Und wer hat sie geschrieben?“

„Major Crampas.“

„Also Dinge, die sich abgespielt, als Sie noch in Kessin waren?“

Innstetten nickte.

„Liegt also sechs Jahre zurück oder noch ein halb Jahr länger.“

Wüllersdorf schwieg. Nach einer Weile sagte Innstetten: Es sieht fast so aus, Wüllersdorf, als ob die sechs oder sieben Jahre einen Eindruck auf Sie machten. Es gibt eine Verjährungstheorie, natürlich, aber ich weiß doch nicht, ob wir hier einen Fall haben, diese Theorie gelten zu lassen.“

„Ich weiß es auch nicht", sagte Wüllersdorf.

„Und ich bekenne Ihnen offen, um diese Frage scheint sich hier alles zu drehen."

Innstetten sah ihn groß an. „Sie sagen das in vollem Ernst?"

„In vollem Ernst. Es ist keine Sache, sich in jeu d'esprit oder in dialektischen Spitzfindigkeiten zu versuchen."

„Ich bin neugierig, wie Sie das meinen. Sagen Sie mir offen, wie stehen Sie dazu?"

„Innstetten, Ihre Lage ist furchtbar, und Ihr Lebensglück ist hin. Aber wenn Sie den Liebhaber totschießen, ist Ihr Lebensglück sozusagen doppelt hin, und zu dem Schmerz über empfangenes Leid kommt noch der Schmerz über getanes Leid. Alles dreht sich um die Frage, müssen Sie's durchaus tun? Fühlen Sie sich so verletzt, beleidigt, empört, dass einer weg muss, er oder Sie? Steht es so?"

„Ich weiß es nicht."

„Sie müssen es wissen."

Innstetten war aufgesprungen, trat ans Fenster und tippte voll nervöser Erregung an die Scheiben. Dann wandte er sich rasch wieder, ging auf Wüllersdorf zu und sagte: „Nein, so steht es nicht."

„Wie steht es denn?"

„Es steht so, dass ich unendlich unglücklich bin; ich bin gekränkt, schändlich hintergangen, aber trotzdem, ich bin ohne jedes Gefühl von Hass oder gar von Durst nach Rache. Und wenn ich mich frage, warum nicht? so kann ich zunächst nichts Anderes finden als die Jahre. Man spricht immer von unsühnbarer Schuld; vor Gott ist es gewiss falsch, aber vor den Menschen auch. Ich hätte nie geglaubt, dass die Zeit, rein als Zeit, so wirken könne. Und dann als Zweites, ich liebe meine Frau, ja, seltsam zu sagen, ich liebe sie noch, und so furchtbar ich alles finde, was geschehen, ich bin so sehr im Bann ihrer Liebenswürdigkeit, eines ihr eignen heiteren Scharmes, dass ich mich, mir selbst zum Trotz, in meinem letzten Herzenswinkel zum Verzeihen geneigt fühle."

Wüllersdorf nickte. „Kann ganz folgen, Innstetten, würde mir vielleicht ebenso gehen. Aber wenn Sie so zu der Sache stehen und mir sagen: ‚Ich liebe diese Frau so sehr, dass ich ihr alles verzeihen kann', und wenn wir dann das Andere hinzunehmen, dass alles weit, weit zurückliegt, wie ein Geschehnis auf einem andern Stern, ja, wenn es so liegt, Innstetten, so frage ich, wozu die ganze Geschichte?"

„Weil es trotzdem sein muss. Ich habe mirs hin und her überlegt. Man ist nicht bloß ein einzelner Mensch, man gehört einem Ganzen an, und auf das Ganze haben wir beständig Rücksicht zu nehmen, wir sind durchaus abhängig von ihm. Ging es, in Einsamkeit zu leben, so könnt ich es gehen lassen, ich trüge dann die mir aufgepackte Last, das rechte Glück wäre hin, aber es müssen so viele leben ohne dies rechte Glück, und ich würde es auch müssen und auch können. Man braucht nicht glücklich zu sein, am allerwenigsten hat man einen Anspruch darauf, und den, der einem das Glück genommen hat, den braucht man nicht notwendig aus der Welt zu schaffen. Man kann ihn, wenn man weltabgewandt weiter existieren will, auch laufen lassen. Aber im Zusammenleben mit den Menschen hat sich ein Etwas ausgebildet, das nun mal da ist und nach dessen Paragraphen wir uns gewöhnt haben, alles zu beurteilen, die Andern und uns selbst. Und dagegen zu verstoßen geht nicht; die Gesellschaft verachtet uns, und zuletzt tun wir es selbst und können es nicht aushalten und jagen uns die Kugel durch den Kopf. Verzeihen Sie, dass ich Ihnen solche Vorlesung halte, die schließlich doch nur sagt, was sich jeder selber hundertmal gesagt hat. Aber freilich, wer kann was Neues sagen! Also noch einmal, nichts von Hass oder der gleichen, und um eines Glückes willen; das mir genommen wurde, mag ich nicht Blut an den Händen haben; aber jenes, wenn Sie wollen, uns tyrannisierende Gesellschafts-Etwas, das fragt nicht nach Scharm und nicht nach Liebe und nicht nach Verjährung. Ich habe keine Wahl. Ich muss." [...]

(v 1895)

Theodor Fontane ist 1819 in Neuruppin geboren und 1898 in Berlin gestorben. Er entstammt einer Hugenottenfamilie, die nach der Aufhebung des Edikts von Nantes (1685) Frankreich verlassen musste und in Berlin Zuflucht fand. Sein Vater war Apotheker, der Sohn lernte diesen Beruf ebenfalls nach einer von ihm selbst als unzulänglich betrachteten Schulbildung. 1849 gab er den ungeliebten Beruf auf und versuchte als Journalist vom Schreiben zu leben. Er heiratete 1850. Von 1855–59 lebte er als Korrespondent in London, 1860 trat er in die Redaktion der konservativen „Kreuz-Zeitung" ein. 1870 begann er seine 20-jährige Tätigkeit als Theaterkritiker der „Vossischen Zeitung", er trat besonders für die jungen naturalistischen Autoren (Ibsen, G. Hauptmann) ein. Fontanes Werk war – positiv und kritisch – stark auf Preußen bezogen. Seine frühe literarische Arbeit war von den Balladen bestimmt. 1876 fasste er den Entschluss vom Romanschreiben zu leben; die bedeutendsten Romane entstanden erst in dieser Zeit. Werke: *Vor dem Sturm* (1878), *Irrungen Wirrungen* (1888), *Stine* (1890), *Frau Jenny Treibel* (1892), *Effi Briest* (1895), *Der Stechlin* (1897), *Unterm Birnbaum* (1885), *Wanderungen durch die Mark Brandenburg* (1862–82).

7. Die Passage besteht überwiegend aus Personenrede: Wandeln Sie einen Teil davon in Erzählerrede um und vergleichen Sie beide Fassungen.

8. a) Beschreiben Sie das „uns tyrannisierende Gesellschafts-Etwas", von dem Innstetten spricht.
b) Suchen Sie Beispiele in der Literatur.
c) Verfassen Sie anstelle von Wüllersdorf eine Antwort, die nicht einfach zustimmt.

5 Theodor Fontane: Effi Briest (Auszug)

Effi sieht zum ersten Mal seit der Scheidung ihre Tochter.

[...]

Nun war Mittag. Endlich wurde geklingelt, schüchtern, und Roswitha ging, um durch das Guckloch zu sehen. Richtig, es war Annie. Roswitha gab dem Kinde einen Kuss, sprach aber sonst kein Wort, und ganz leise, wie wenn ein Kranker im Hause wäre, führte sie das Kind vom Korridor her erst in die Hinterstube und dann bis an die nach vorn führende Tür.

„Da geh hinein, Annie." Und unter diesen Worten, sie wollte nicht stören, ließ sie das Kind allein und ging wieder, auf die Küche zu.

Effi stand am andern Ende des Zimmers, den Rücken gegen den Spiegelpfeiler, als das Kind eintrat. „Annie!" Aber Annie blieb an der

Szenenfoto aus der Verfilmung von 1955

Effi Briest, Roman von Theodor Fontane, erschienen 1895 (Vorabdruck 1894/95 in der *Deutschen Rundschau*). – Der auf einem authentischen Fall basierende Ehe- und Zeitroman aus der Bismarckära war Fontanes erster großer Erfolg und ist bis heute sein populärstes Werk.

Die 17-jährige Effi, Tochter des Ritterschaftsrats von Briest auf Hohen-Cremmen, folgt dem fast doppelt so alten Landrat Baron von Innstetten als Ehefrau in sein Haus im hinterpommerschen Kessin. Der Ehe des unerfahrenen und lebensfrohen Mädchens mit dem prinzipientreuen und korrekten, doch hölzernen Innstetten fehlt die Liebe, und die neue Umgebung macht der fantasiebegabten Effi Angst: Allerlei Unheimliches bedrängt sie, und auch das gesellschaftliche Leben des Kreises Kessin ist ihr langweilig. Selbst die Geburt der Tochter Annie beseitigt nicht Effis Gefühl der Einsamkeit an der Seite ihres wenig verständnisvollen Mannes. Beinahe ohne eigenes Zutun geht sie eine Liebesbeziehung zu dem verheirateten Major Crampas ein, einem leichtsinnigen und gewandten „Damenmann" und Prinzipienverächter. Effis Schuldgefühle lassen jedoch keine Leidenschaft aufkommen, und sie folgt bald darauf geradezu erleichtert dem ins Ministerium nach Berlin berufenen Innstetten. Hier findet der Baron nach sechs Jahren ruhigen gemeinsamen Lebens zufällig Crampas' alte Briefe an Effi. Für ihn ist sein Lebensglück zerstört – nicht aufgrund verletzter Gefühle, sondern wegen seines vermeintlichen Ehrverlusts. [...]
Der von Innstetten geforderte Crampas fällt im Duell und Effi muss Mann und Kind verlassen. [...]
Eine Begegnung mit Annie, die ihr auf Innstettens Betreiben hin fremd geworden ist, führt zum Zusammenbruch Effis. Die Todkranke darf nach Hohen-Cremmen heimkehren, und innerlich versöhnt, auch mit dem vereinsamten Innstetten, stirbt sie.
In der ohne Leidenschaft und Pathos erzählten Geschichte deutet Fontane mehr an (z.B. durch Dingsymbole), als er ausspricht. Das vermeintlich schicksalhafte Dilemma, in das Effi und Innstetten geraten, ist in ihren Charakteren und in den gesellschaftlichen Verhältnissen begründet. Die Frage nach der Schuld bleibt offen. A. S.

Aus: Harenberg Lexikon der Weltliteratur, Dortmund (Harenberg) 1989, 2. Bd., S. 811 f.

9. a) Notieren Sie nach dem Lesen Ihre Gedanken über die Mutter und die Tochter.
b) Erläutern Sie, auf wessen Seite Sie als Leser stehen.

nur angelehnten Tür stehen, halb verlegen, aber halb auch mit Vorbedacht, und so eilte denn Effi auf das Kind zu, hob es in die Höhe und küsste es.

„Annie, mein süßes Kind, wie freue ich mich. Komm, erzähle mir", und dabei nahm sie Annie bei der Hand und ging auf das Sofa zu, um sich da zu setzen. Annie stand aufrecht und griff, während sie die Mutter immer noch scheu ansah, mit der Linken nach dem Zipfel der herabhängenden Tischdecke. „Weißt du wohl, Annie, dass ich dich einmal gesehen habe?"

„Ja, mir war es auch so."

„Und nun erzähle mir recht viel. Wie groß du geworden bist! Und das ist die Narbe da, Roswitha hat mir davon erzählt. Du warst immer so wild und ausgelassen beim Spielen. Das hast du von deiner Mama, die war auch so. Und in der Schule? Ich denke mir, du bist immer die Erste, du siehst mir so aus, als müsstest du eine Musterschülerin sein und immer die besten Zensuren nach Hause bringen. Ich habe auch gehört, dass dich das Fräulein von Wedelstädt so gelobt haben soll. Das ist recht; ich war auch so ehrgeizig, aber ich hatte nicht solche gute Schule. Mythologie war immer mein Bestes. Worin bist du denn am besten?"

„Ich weiß es nicht."

„O, du wirst es schon wissen. Das weiß man. Worin hast du denn die beste Zensur?"

„In der Religion."

„Nun, siehst du, da weiß ich es doch. Ja, das ist sehr schön; ich war nicht so gut darin, aber es wird wohl auch an dem Unterricht gelegen haben. Wir hatten bloß einen Kandidaten."

„Wir hatten auch einen Kandidaten."

„Und der ist fort?"

Annie nickte.

„Warum ist er fort?"

„Ich weiß es nicht. Wir haben nun wieder den Prediger."

„Den ihr alle sehr liebt."

„Ja; zwei aus der ersten Klasse wollen auch übertreten."

„Ah, ich verstehe; das ist schön. Und was macht Johanna?"

„Johanna hat mich bis vor das Haus begleitet ..."

„Und warum hast du sie nicht mit heraufgebracht?"

„Sie sagte, sie wolle lieber unten bleiben und an der Kirche drüben warten."

„Und da sollst du sie wohl abholen?"

„Ja."

„Nun, sie wird da hoffentlich nicht ungeduldig werden. Es ist ein kleiner Vorgarten da, und die Fenster sind schon halb von Efeu überwachsen, als ob es eine alte Kirche wäre."

„Ich möchte sie aber doch nicht gerne warten lassen."

„Ach, ich sehe, du bist sehr rücksichtsvoll, und darüber werde ich mich wohl freuen müssen. Man muss es nur richtig einteilen ... Und nun sage mir noch, was macht Rollo?"

„Rollo ist sehr gut. Aber Papa sagt, er würde so faul; er liegt immer in der Sonne."

„Das glaub ich. So war er schon, als du noch ganz klein warst... Und nun sage mir, Annie – denn heute haben wir uns ja bloß so mal wiedergesehen –, wirst du mich öfter besuchen?"

„O gewiss, wenn ich darf."

„Wir können dann in dem Prinz Albrecht'schen Garten spazieren gehen."

„O gewiss, wenn ich darf."

„Oder wir gehen zu Schilling und essen Eis, Ananas oder Vanilleeis, das aß ich immer am liebsten."

„O gewiss, wenn ich darf."

Und bei diesem dritten „wenn ich darf" war das Maß voll; Effi sprang auf, und ein Blick, in dem es wie Empörung aufflammte, traf das Kind. „Ich glaube, es ist die höchste Zeit, Annie; Johanna wird sonst ungeduldig." Und sie zog die Klingel. Roswitha, die schon im Nebenzimmer war, trat gleich ein. „Roswitha, gib Annie das Geleit bis drüben zur Kirche. Johanna wartet da. Hoffentlich hat sie sich nicht erkältet. Es sollte mir leidtun. Grüße Johanna."

Und nun gingen beide.

Kaum aber, dass Roswitha draußen die Tür ins Schloss gezogen hatte, so riss Effi, weil sie zu ersticken drohte, ihr Kleid auf und verfiel in ein krampfhaftes Lachen. „So also sieht ein Wiedersehen aus", und dabei stürzte sie nach vorn, öffnete die Fensterflügel und suchte nach etwas, das ihr beistehe. Und sie fand auch was in der Not ihres Herzens. Da neben dem Fenster war ein Bücherbrett, ein paar Bände von Schiller und Körner darauf, und auf den Gedichtbüchern, die alle gleiche Höhe hatten, lag eine Bibel und ein Gesangbuch. Sie griff danach, weil sie was haben musste, vor dem sie knien und beten konnte, und legte Bibel und Gesangbuch auf den Tischrand, gerade da, wo Annie gestanden hatte, und mit einem heftigen Ruck warf sie sich davor nieder und sprach halblaut vor sich hin: „O, du Gott im Himmel, vergib mir, was ich getan, ich war ein Kind... Aber nein, nein, ich war kein Kind, ich war alt genug, um zu wissen, was ich tat. Ich *hab* es auch gewusst, und ich will meine Schuld nicht kleiner machen, ... aber *das* ist zu viel. Denn das hier, mit dem Kind, das bist nicht *du*, Gott, der mich strafen will, das ist *er*, bloß er! Ich habe geglaubt, dass er ein edles Herz habe, und habe mich immer klein neben ihm gefühlt; aber jetzt weiß ich, dass er es ist, er ist klein. Und weil er klein ist, ist er grausam. Alles, was klein ist, ist grausam. Das hat *er* dem Kinde beigebracht, ein Schulmeister war er immer, Crampas hat ihn so genannt, spöttisch damals, aber er hat Recht gehabt. „O gewiss, wenn ich darf“. Du *brauchst* nicht zu dürfen; ich will euch nicht mehr, ich hass' euch, auch mein eigen Kind. Was zu viel ist, ist zu viel. Ein Streber war er, weiter nichts. – Ehre, Ehre, Ehre ... und dann hat er den armen Kerl totgeschossen, den ich nicht einmal liebte und den ich vergessen hatte, weil ich ihn nicht liebte. Dummheit war alles, und nun Blut und Mord. Und ich schuld. Und nun schickt er mir das Kind, weil er einer Ministerin nichts abschlagen kann, und ehe er das Kind schickt, richtet ers ab wie einen Papagei und bringt ihm die Phrase bei „wenn ich darf“. Mich ekelt, was ich getan; aber was mich noch mehr ekelt, das ist eure Tugend. Weg mit euch. Ich muss leben, aber ewig wird es ja wohl nicht dauern.“

Als Roswitha wiederkam, lag Effi am Boden, das Gesicht abgewandt, wie leblos. [...]

(v 1895)

10. Stellen Sie sich vor: Anni erzählt ihrem Vater von dem Besuch.

11. Der Leser erfährt nur, was Effi über diesen Besuch denkt und empfindet.
a) Stellen Sie anhand einer Textanalyse dar, wie sie die Beziehung zu ihrem geschiedenen Mann sieht.
b) Überlegen Sie, ob man das Geschehen auch anders sehen kann.

12. Wirklichkeitsdarstellung im Roman: Versuchen Sie eine Definition.

6 Wolfgang Preisendanz: Was bedeutet Realismus in der Dichtung?
(Auszug)

[...] Ist es dem Wesen und dem Sinn der Dichtung angemessen, wenn man die so genannte Wirklichkeitsnähe daran abmisst, wieweit die vom Dichter dargestellte Wirklichkeit übereinstimmt mit einer allen Subjekten gemeinsamen, also allgemeinen Wirklichkeitsgewissheit? Beweist die von Brecht vorgeschlagene Konfrontation von realistischem Schreiben und Realität selber nicht einen unkritischen Glauben an eine allgemeine und allgemein verbindliche Wirklichkeitsgewissheit? Ist es nicht vielmehr die bleibende Aufgabe aller Dichtung, erst zu erschließen, was eigentlich Wirklichkeit sei? Liegt es nicht im Wesen der Dichtkunst, und damit allerdings auch der realistischen Dichtkunst, in Frage zu stellen, was wir für Wirklichkeit halten, zu bestreiten, dass die durch Konvention und allgemein verbindliche Definition festgestellte und eingegrenzte Wirklichkeit die eigentliche, die wahre, die letztgültige Wirklichkeit sei? Das Unzulängliche von Begriffen wie „Lebenstreue“ oder „Wirklichkeitsnähe“ ist doch dies, dass mit ihnen die Vorstellung verbunden ist, die Dichtkunst binde sich an eine von vornherein verfügbare Gewissheit, was Wirklichkeit sei, während ja auch die realistische Dichtung erst dann zu wahrhafter Dichtung wird, wenn sie in originärer Erfahrung und Darstellung erschließt und offenbart, was wirklich ist, wenn sie der Wirklichkeit eine Sprache schafft. Die Vieldeutigkeit und Offenheit dessen, was wir Wirklichkeit nennen möchten, befugt ja erst die dichterische Welterfahrung. [...]

(v 1977)

Anselm Kiefer (*1945): Märkischer Sand, 1980–82

7 Dieter Wellershoff (* 1925): Das Schimmern der Schlangenhaut
(Auszug)

„In der vom durchschnittlichen Gerede ausgelegten und verschleierten Welt ist es zur Aufgabe der Literatur geworden, unser Bild des Lebens zu befreien von den immer schon vorgeschalteten schematischen Ansichten, Abstraktionen und falschen Idealisierungen und es in der unverstellten, durchdringenden Unmittelbarkeit erscheinen zu lassen, die wir Poesie nennen. Das ist ein problematisches Unterfangen.“ (Frankfurter Poetik-Vorlesung von 1996).

13. Erörtern Sie vor dem Hintergrund der Auffassungen von Preisendanz und Wellershoff und angesichts einer überwiegend durch Medien vermittelten Wirklichkeitsvorstellung, welche Rolle die Literatur heute spielen kann.

Poetischer Realismus ist die Bezeichnung für eine deutsche Variante des europäischen Realismus des 19. Jahrhunderts; Ziel ist die Wiedergabe der Wirklichkeit – mit der Maßgabe der Überhöhung, Verklärung. Das Selbstverständnis der Realisten ist bestimmt durch die Abgrenzung von romantischem Subjektivismus, durch Skepsis gegen die Fantasie. Man wendet sich gegen Einseitigkeit, Verzerrung, Übertreibung; statt dessen strebt man nach Objektivität. „Es geht um die ‚Gewinnung des Poetischen inmitten der Prosa‘ (Fr. Th. Vischer), ein Versuch, der bei Vischer zum Rückzug auf die ‚grünen Stellen mitten in der eingetretenen Prosa‘ führt, zum Rückzug auf den engen Kreis der Familie, des Privatlebens, der Liebe und der Innerlichkeit.“ (Handlexikon zur Literaturwissenschaft, Hg. v. D. Krywalski, Reinbek 1978.) Hauptgattungen sind Roman und Novelle; eine bedeutende Funktion kommt dem ‚verklärenden‘ Humor zu. – Hauptautoren: J. Gotthelf; A. Stifter, G. Freytag, Th. Storm, G. Keller, C.F. Meyer, W. Raabe, Th. Fontane.

Literatur der Jahrhundertwende

Titelseite (Außentitel) der Zeitschrift „Jugend", Januar-Heft 1900

1. a) Beschreiben Sie das Bild des Kapitelauftakts möglichst genau.
b) Notieren Sie, welche Absichten die Redaktion der programmatischen Zeitschrift „Jugend" mit diesem Titelbild wohl gehabt haben könnte.
c) Vergleichen Sie diese „Botschaft" mit dem Informationstext zu „Janus".

Janus (Ianus), altrömischer Gott der Tordurchgänge („inai"), allgemein der Tür und des Torbogens, des Anfangs und des Endes; er gilt als der Schützer des Hauses. Als Gott der Tür wird Janus, nach außen und nach innen schauend, mit einem Doppelantlitz („Janusgesicht") dargestellt. Als Kopf mit zwei Gesichtern, im Profil nach links und rechts, war er auch auf einer römischen Münze abgebildet. Auf dem Forum Romanum stand ein Doppeltor

I. Spiegelbilder und Prägungen der Epoche

1. Die Welt im Übergang – Tendenzen der Zeit

„In der zeitgenössischen Wahrnehmung der Jahrhundertwende wie aus der distanzierenden Betrachtung der heraufkommenden Moderne durch den Historiker bleiben die Widersprüche unvermittelbar. Eine einheitliche und stimmige Charakterisierung der Moderne erweist sich als unmöglich. Aber besteht nicht gerade darin das Kennzeichen der Epoche? Definiert sie sich nicht gerade durch ihre Widersprüchlichkeiten, in ihrer Unübersichtlichkeit, in ihrer rasanten Entwicklungslogik, die auf den krisenhaften Umschlag förmlich hindrängt? Bedeutet nicht die Moderne das Ende aller Sicherheit, selbst der Urteilssicherheit darüber, was gut und böse ist? Haben nicht die Früchte am Baum der Erkenntnis Geschmack und Wirkung eingebüßt?"[1]

[1] Aus: Funkkolleg Jahrhundertwende. Die Entstehung der modernen Gesellschaft 1880–1930, Studienbegleitbrief 0, Weinheim und Basel (Beltz) 1988, S. 66.

a) Selbstporträts der Epoche

(„Ianus geminus"), dessen Erbauer bestimmt haben soll, dass es in Friedenszeiten geschlossen werden dürfe, in Kriegszeiten aber geöffnet sein müsse. Janus, ursprünglich nur Gott des Eingangs im Sinne einer Örtlichkeit, entwickelte sich später auch zum Gott des Anfangs; er wurde am Eingang jedes Gebets angerufen, die ersten Stunden des Tages, die ersten Tage des Monats, der erste Monat des Jahres (Januar) waren ihm heilig.

1 Wilhelm Klemm (1881–1968): Meine Zeit

Gesang und Riesenstädte, Traumlawinen,
Verblasste Länder, Pole ohne Ruhm,
Die sündigen Weiber, Not und Heldentum,
Gespensterbrauen, Sturm auf Eisenschienen.

In Wolkenfernen trommeln die Propeller.
Völker zerfließen. Bücher werden Hexen.
Die Seele schrumpft zu winzigen Komplexen.
Tot ist die Kunst. Die Stunden kreisen schneller.

O meine Zeit! So namenlos zerrissen,
So ohne Stern, so daseinsarm im Wissen
Wie du, will keine, keine mir erscheinen.

Noch hob ihr Haupt so hoch niemals die Sphinx!
Du aber siehst am Wege rechts und links
Furchtlos vor Qual des Wahnsinns Abgrund weinen! (v 1920)

2 Theobald Ziegler (1846–1918): Die geistigen und sozialen Strömungen des neunzehnten Jahrhunderts (Auszug)

Theobald Ziegler wurde am 9.2.1846 in Göppingen geboren. Seine akademische Ausbildung (Theologie, Philosophie, alte Sprachen) erhielt er am Tübinger Stift. Später ging er nach Straßburg (bis 1871 Hauptstadt des französischen Departements Bas-Rhin, von 1871–1918 Hauptstadt des zum Deutschen Reich gehörigen „Reichslands" Elsass). Zunächst war er Lehrer am dortigen protestantischen Gymnasium (seit 1882 als dessen Konrektor), von 1886–1911 hatte er eine Professur für Philosophie an der dortigen Universität inne, die zwischen 1871 und dem Ersten Weltkrieg eines der geistigen Zentren des deutschen Kaiserreichs war. Er gehörte als Anhänger eines relativen Positivismus (Ablehnung aller Metaphysik) und mit seinem Interesse für die sog. „soziale Frage" zweifellos zu den fortschrittlichen, zukunftsorientierten Denkern seiner Zeit. Neben seinen enzyklopädischen Werken über Ethik und Pädagogik nahm er Stellung zu brennenden Fragen der Zeit (*Die soziale Frage, eine sittliche Frage*, 1891) und versuchte in seinem Hauptwerk (*Die geistigen und sozialen Strömungen des 19. Jahrhunderts*, 1899, mehrere Auflagen bis 1921) eine Bestandsaufnahme seiner Zeit.

[...] Jede Zeit ist Übergangszeit. Aber niemals ist es am Ende einer Periode einer Generation so klar gewesen wie den Menschen ums Jahr 1900, dass das nächste Jahrhundert einen anderen, vor allem einen bestimmteren, ausgesprocheneren Charakter tragen werde und tragen müsse als das letzte Jahrzehnt des zu Ende gehenden neunzehnten. Und so lebten sie nicht nur tatsächlich in einer Übergangsperiode, sondern – das ist der tiefere Sinn von „Fin de siècle" – sie fühlten sich auch als Menschen dieses Übergangs. Übergangszeit aber ist böse Zeit, vor allem weil in ihr die Gedanken und Gefühle auf allen Punkten zwiespältig geworden sind. Zwiespältig gegenüber von Staat und Politik: auf der einen Seite eine Anspannung des nationalen Gedankens, der sich oft bis zum Chauvinismus[1] steigert und einengt, und auf der andern Seite ein Wiederaufleben humanitärer und ein Erstarken sozialer Bestrebungen, die vielen in jeder Form als anti- und international verdächtig sind; ein Heroenkultus hier, der da, wo der Heros fehlt, zum Byzantinismus[2] wird, und eine Demokratisierung der Gesellschaft dort, die auch die alten unhistorischen Gedanken von absoluter menschlicher Gleichheit wieder aufleben lässt. Zwiespältig waren und sind wir weiter noch immer gegen Kirche und Religion: ein neu erwachendes Interesse für religiöse Dinge macht sich spürbar, und daneben immer noch das alte Sichabkehren von allem Kirchentum und Christentum. Zwiespältig in Sitte und Sittlichkeit: der soziale Geist, der von allen die gleiche Hingabe an das Wohl des Ganzen verlangt, hat mehr und mehr Herzen und Köpfe erobert, und daneben hat die Nietzsche'sche Individualitätslehre, die das schrankenlose Recht des Sichauslebens für die geniale Persönlichkeit in Anspruch nimmt und zu dem Zweck alle sittlichen Werte umwerten möchte, begeisterte Anhänger gefunden; von einer „neuen Ethik" in mehr als einem Sinn ist vielfach die Rede. Zwiespältig war man auch auf dem Gebiet der Kunst und Poesie: noch immer wurde das Klassische als Bildungsmittel benützt und verehrt oder doch historisch respektiert, und daneben die Abwendung vom klassischen Ideal als einem innerlich Unwahren und der realistische Werdedrang einer die Wahrheit auf Kosten der Schönheit pflegenden Kunstweise. Und zwiespältig endlich gegen die Grundlagen der Gesellschaft und der sie durchdringenden Kultur überhaupt: ein Festhalten und Sichanklammern an das Bestehende, als wäre es durchweg ein Vernünftiges und bleibend Wertvolles, und auf der anderen Seite ein Anstürmen gegen dieses Bestehende, als wäre es bereits von allen guten Geistern der Vernunft und der Sittlichkeit verlassen und könnte nicht eilig genug bis zum letzten Baustein abgetragen und in Trümmer geschlagen werden; dem historischen Sinn des Jahrhunderts trat ein revolutionärer Sturm und Drang gegenüber. So hat es rings um uns her gegärt und gebrodelt und uns alle in seine Strudel mit hineingerissen; und festen Boden unter den Füßen hat uns auch das erste Jahrzehnt des neuen Jahrhunderts fast noch nirgends gebracht, wir haben uns nur an diesen allgemeinen Fluss der Dinge gewöhnt, er hat das Peinliche für uns verloren.

So war es eine Welt voll Gegensätze, dieses „Fin de siècle", in der alles chaotisch durcheinander quirlte und wogte, Karneval und Aschermittwoch zugleich, kraftvoll aufstrebende Renaissance und pessimistisch müde Dekadence; eine Zeit der „Ruhelosigkeit und Reizbe-

[1] Der Chauvinismus: übersteigerter Vaterlandsstolz
[2] Der Byzantinismus: kriecherische Unterwürfigkeit gegenüber Höherstehenden

2. a) Verfahren Sie arbeitsteilig und ermitteln Sie aus den Texten 1–3 Spracheigenarten und das Selbstverständnis der Jahrhundertwende.
b) Vergleichen Sie Ihre Ergebnisse mit Ihrer Bildbeschreibung und -deutung (S. 308).

dürftigkeit", aber auch der Ruhebedürftigkeit und Reizübersättigung, des sich Verlierens an das Zerstreuende der Außenwelt und des sich Sehnens nach Wiedergewinnung eines Innerlichen und Einheitlichen. Und die Menschen dieser Zeit auf der einen Seite voll Überschätzung des Intellektuellen, von des Gedankens Blässe von früher Jugend auf angekränkelt und deshalb in ihrer Nervosität von unausgesprochenen und unaussprechlichen Stimmungen bewegt, und daneben doch praktisch, utilitaristisch, voll Willen und Streben nach Macht; pessimistisch und blasiert, tief innerlich müde auf der einen Seite und auf der andern vom Willen zum Leben, von Lebensdrang und Lebensfreudigkeit emporgerissen und emporgepeitscht, tatkräftig vorwärts, ehrgeizig aufwärts strebend; frei von Vorurteilen, ungläubig und kritisch, kühl bis ans Herz hinan, und daneben ergriffen von allerlei Mystik oder doch anempfinderisch damit spielend, voll Neugier und Interesse für alles Rätselhafte und Geheimnisvolle, für alles Tiefe und Hinterweltliche und die Wissenschaft selbst in den Dienst des Aberglaubens herabziehend oder gar diesen in die Form okkultistischer Wissenschaft kleidend. [...] (v 1911)

Hugo Ball (1886–1927) wurde in Pirmasens als Sohn eines Schuhwarenfabrikanten geboren, absolvierte eine kaufmännische Lehre, studierte ab 1906 einige Zeit Philosophie und Soziologie und machte ab 1910 eine Regieausbildung am Reinhardt-Seminar Berlin. Er arbeitete dann als Dramaturg und wurde zum Wegbereiter des expressionistischen Theaters. Auf dem Kriegsschauplatz in Belgien wurde Ball zum erbitterten Kriegsgegner und emigrierte 1915 in die Schweiz. Er konvertierte zum katholischen Glauben und lebte bis zu seinem frühen Tod zurückgezogen im Tessin. Ball war 1916 Mitbegründer des Dadaismus, wandte sich aber bald von diesem ab. Er war ein wandlungsfähiger Dramatiker, Erzähler und scharfer Zeitkritiker.

3 Hugo Ball (1886–1927): Der Künstler als Prophet einer neuen Zeit

[...] Drei Dinge sind es, die die Kunst unserer Tage bis ins Tiefste erschütterten, ihr ein neues Gesicht verliehen und sie vor einen gewaltigen neuen Aufschwung stellten: Die von der kritischen Philosophie vollzogene Entgötterung der Welt, die Auflösung des Atoms in der Wissenschaft und die Massenschichtung der Bevölkerung im heutigen Europa.

Gott ist tot. Eine Welt brach zusammen. Ich bin Dynamit. Die Weltgeschichte bricht in zwei Teile. Es gibt eine Zeit vor mir. Und eine Zeit nach mir. Religion, Wissenschaft, Moral – Phänomene, die aus Angstzuständen primitiver Völker entstanden sind. Eine Zeit bricht zusammen. Eine tausendjährige Kultur bricht zusammen. Es gibt keine Pfeiler und Stützen – keine Fundamente mehr, die nicht gesprengt worden wären. Kirchen sind Luftschlösser geworden. Überzeugungen, Vorurteile. Es gibt keine Perspektive mehr in der moralischen Welt. Oben ist unten, unten ist oben. Umwertung aller Werte fand statt. Das Christentum bekam einen Stoß. Die Prinzipien der Logik, des Zentrums, Einheit und Vernunft wurden als Postulate einer herrschsüchtigen Theologie durchschaut. Der Sinn der Welt schwand. [...]

Die Künstler in dieser Zeit sind nach innen gerichtet. Ihr Leben ist ein Kampf mit dem Irrsinn. Sie sind zerrissen, zerstückt, zerhackt, falls es ihnen nicht glückt, für einen Moment in ihrem Werke das Gleichgewicht, die Balance, die Notwendigkeit und Harmonie zu finden. Die Künstler in dieser Zeit schmücken nicht Jagdzimmer aus wie in der Renaissance. Sie erzählen nicht Märchen wie im Rokoko, es fehlt ihnen sogar der Anlass zur Vergöttlichung, wie die Gotik und die frühe Renaissance ihn fanden. Die stärkste Verwandtschaft haben ihre Werke noch mit den Angstmasken der primitiven Urvölker, den Pest- und Schreckensmasken der Peruaner, Australier und Neger. Die Künstler in dieser Zeit sind der Welt gegenüber Asketen ihrer Geistigkeit. Sie führen ein tief verschollenes Dasein. Sie sind Vorläufer, Propheten einer neuen Zeit. Ihre Werke tönen in einer nur erst ihnen bekannten Sprache. Sie stehen im Gegensatz zur Gesellschaft wie die Ketzer des Mittelalters. Ihre Werke philosophieren, politisieren, prophezeien zugleich. Sie sind Vorläufer einer ganzen Epoche, einer neuen Gesamtkultur. (v 1917)

b) Abendbilder und Bilder von Aufbruch und Morgen

4 Rainer Maria Rilke (1875–1926): Abend

Der Abend wechselt langsam die Gewänder,
die ihm ein Rand von alten Bäumen hält;
du schaust: und von dir scheiden sich die Länder,
ein himmelfahrendes und eins, das fällt;

und lassen dich, zu keinem ganz gehörend,
nicht ganz so dunkel wie das Haus, das schweigt,
nicht ganz so sicher Ewiges beschwörend
wie das, was Stern wird jede Nacht und steigt –

und lassen dir (unsäglich zu entwirrn)
dein Leben bang und riesenhaft und reifend,
so dass es, bald begrenzt und bald begreifend,
abwechselnd Stein in dir wird und Gestirn.

(e 1902/1906)

5 Georg Trakl (1887–1914): Verfall

Am Abend, wenn die Glocken Frieden läuten,
Folg ich der Vögel wundervollen Flügen,
Die lang geschart, gleich frommen Pilgerzügen,
Entschwinden in den herbstlich klaren Weiten.

Hinwandelnd durch den dämmervollen Garten
Träum ich nach ihren helleren Geschicken
Und fühl der Stunden Weiser kaum mehr rücken.
So folg ich über Wolken ihren Fahrten.

Da macht ein Hauch mich von Verfall erzittern.
Die Amsel klagt in den entlaubten Zweigen.
Es schwankt der rote Wein an rostigen Gittern,

Indes wie blasser Kinder Todesreigen
Um dunkle Brunnenränder, die verwittern,
Im Wind sich fröstelnd blaue Astern neigen. (v 1913)

6 Alfred Lichtenstein (1889–1914): Die Dämmerung

Ein dicker Junge spielt mit einem Teich.
Der Wind hat sich in einem Baum gefangen.
Der Himmel sieht verbummelt aus und bleich,
Als wäre ihm die Schminke ausgegangen.

Auf lange Krücken schief herabgebückt
Und schwatzend kriechen auf dem Feld zwei Lahme.
Ein blonder Dichter wird vielleicht verrückt.
Ein Pferdchen stolpert über eine Dame.

An einem Fenster klebt ein fetter Mann.
Ein Jüngling will ein weiches Weib besuchen.
Ein grauer Clown zieht sich die Stiefel an.
Ein Kinderwagen schreit und Hunde fluchen. (v 1913)

7 Julius Hart (1859–1930): Ein neuer Frühling

Ein neuer Frühling geht durch alle Lande,
durch unsre Seelen flutet junge Kraft,
du steig empor, des Geistes Priesterschaft,
geschmückt mit neuem Feiertagsgewande!
Wer solches Kleid trägt, den kann's nimmer dürsten
nach Trug und Glanz und lügnerischem Schein,
kostbarer dünkt es uns als eines Fürsten
purpurner Mantel, blitzend von Gold und Stein ...
Hin schreiten wir, erhabener Zukunft näher,
auf Bergeshöhen, von Morgenglut umhüllt,
der Menschheit vorgesandte Seher, –
und da wir's schauen, ist's auch schon erfüllt. (v 1898)

8 Stefan Zweig (1881–1942): Morgenlicht

Nun wollen wir dem Licht entgegen,
Das um die Purpurwipfel rollt.
Das Leuchten flammt auf allen Wegen
Und wächst und wird zum Morgengold.

Die glutumlohten Tannen singen
Und Jubel bricht aus jedem Klang,
Wie kampfbereites Fahnenschwingen
Braust durch den Wald der Höhensang.

Und lauter werden alle Weisen
Und jedes Wesen sucht sein Lied,
Die Schaffenskraft des Lichts zu preisen,
Das nun ins volle Leben glüht. (v 1901)

9 Ernst Wilhelm Lotz (1890–1914): Aufbruch der Jugend

Die flammenden Gärten des Sommers, Winde, tief und voll Samen,
Wolken, dunkel gebogen, und Häuser, zerschnitten vom Licht.
Müdigkeiten, die aus verwüsteten Nächten über uns kamen,
Köstlich gepflegte, verwelkten wie Blumen, die man sich bricht.

Also zu neuen Tagen erstarkt wir spannen die Arme,
Unbegreiflichen Lachens erschüttert, wie Kraft, die sich staut,
Wie Truppenkolonnen, unruhig nach Ruf der Alarme,
Wenn hoch und unerwartet der Tag überm Osten blaut.

Grell wehen die Fahnen, wir haben uns heftig entschlossen,
Ein Stoß ging durch uns, Not schrie, wir rollen geschwellt,
Wie Sturmflut haben wir uns in die Straßen der Städte ergossen
Und spülen vorüber die Trümmer zerborstener Welt.

Wir fegen die Macht und stürzen die Throne der Alten,
Vermoderte Kronen bieten wir lachend zu Kauf,
Wir haben die Türen zu wimmernden Kasematten zerspalten
Und stoßen die Tore verruchter Gefängnisse auf.

Nun kommen die Scharen Verbannter, sie strammen die Rücken,
Wir pflanzen Waffen in ihre Hand, die sich fürchterlich krampft,
Von roten Tribünen lodert erzürntes Entzücken,
Und türmt Barrikaden, von glühenden Rufen umdampft.

Beglänzt von Morgen, wir sind die verheißnen Erhellten,
Von jungen Messiaskronen das Haupthaar umzackt,
Aus unsern Stirnen springen leuchtende, neue Welten,
Erfüllung und Künftiges, Tage, sturmüberflaggt! (v 1913)

3. Erarbeiten Sie die Texte 4–9 in Gruppen.
a) Lesen Sie die Gedichte laut und beschreiben Sie deren Wirkung.
b) Verfassen Sie zu jedem Gedicht einen Übersichtssatz (vgl. S. 38), der den Kern erfasst, und geben Sie eine Kurzinterpretation.
c) Besprechen Sie die Ergebnisse von 3a und 3b und beziehen Sie die Stileigenarten ein.
d) Versuchen Sie, dem von Ihnen bearbeiteten Gedicht eine Strophe hinzuzufügen oder eine Gegenstrophe zu gestalten.

4. Sehen Sie die Gedichte als Werke der „Jahrhundertwende", und stellen Sie Gemeinsamkeiten und Unterschiede fest.

2. Im Spiegel der Bildenden Kunst – Vergleiche von Bildern und Texten

Die Rede vom „Zeitgeist“ ist jedem bekannt: Vieles wird aufgeboten oder zusammengefasst, was vom „Zeitgeist“ geprägt erscheint. Handelt es sich dabei um zulässige Beziehungen und Verallgemeinerungen oder sollte gerade bei Kunstwerken vor allem der individuelle Charakter betont werden? Die folgenden Bilder geben Ihnen Gelegenheit, im Vergleich mit Texten zu einem begründeten Urteil zu kommen.

Wechselseitige Erhellung, interdisziplinäre Versuche, durch Übernahme von Methoden, Begriffen und fachspezif. Sehweisen anderer Wissenschaftszweige die jeweil. Erkenntnisbasis zu verbreitern und den Anschauungsgrad zu vergrößern, v.a. um begriffl. schwer zu Fassendes evident zu machen. Angewandt bes. bei vermuteten Parallelen zwischen Dichtung und Bildender Kunst, gelegentl. auch der Musik. Solches Arbeiten mit dem Begriffsapparat verwandter Wissenschaften geht von der Hypothese aus, dass sich damit epochentyp. Denk- und Sehweisen aufdecken lassen, welche zu ähnl. kategorialen Strukturierungen von Werken bildender und sprachl. Kunst führten; in einem mehr äußerl. Sinne resultierten daraus auch die literaturhistor. Adaptionen von Epochenbezr. wie ‚Romanik‘, ‚Gotik‘, ‚Barock‘, ‚Neue Sachlichkeit‘. – Die Methode der w. E. ist v. a. mit dem Namen O. Walzels verbunden, der kunstwissenschaftl. Begriffe für die literarhistor. Stilforschung fruchtbar zu machen versucht. [...]

Aus: Günther und Irmgard Schweikle (Hrsg): Metzler Literaturlexikon. Stuttgart (Metzler) 1984, S. 471.

a

Georges Seurat (1859–1891): Die Mutter des Künstlers. Kreidezeichnung, 1883

b

James Ensor (1860–1949): Die Kathedrale. Zinkradierung, 1886

1. Beschreiben und vergleichen Sie arbeitsteilig die bildlichen Darstellungen.
a) Gehen Sie von den Motiven und Bildinhalten aus und erfassen Sie die jeweils charakteristische Darstellungsweise und Gestaltungsabsicht.
b) Ziehen Sie Vergleiche zu den Gedichten (Texte 4–9, S. 310f.).

2. a) Erarbeiten Sie über die Hinweise dieses Buches und mit Hilfe von Lexika eine Definition des Begriffs „Epoche“.
b) Stellen Sie erste Merkmale der „Jahrhundertwende“ zusammen und vergleichen Sie mit der Definition von „Epoche“.

Projektvorschlag zur Kunst der „Jahrhundertwende“: Ermitteln Sie in Gruppenarbeit und im Zusammenwirken mit Bildender Kunst ähnliche Beispielsammlungen aus den Bereichen Malerei und Architektur des Zeitraumes 1880–1920 und kommentieren Sie die Werke.

c

Vincent van Gogh (1853–1890): Blick auf Arles, 1889

Edvard Munch (1863–1944): Geschrei (auch: Der Schrei), 1895

d

Otto Eckmann (1865–1902): Schwertlilien, Holzschnitt, 1895

e

f

Käthe Kollwitz (1867–1945): Weberzug. Radierung, 1896

g

h

Wassily Kandinsky (1866–1944): Improvisationen 30 (Kanonen), 1913

Robert Delaunay (1885–1941):
Eiffelturm, 1910/11

i

Emil Nolde (1867–1956): Masken, 1911

j

Emil Nolde: Familie. Holzschnitt, 1917

3. Die Portalfigur der „Moderne" – Friedrich Nietzsche

Friedrich Nietzsche hat als Schriftsteller und als Philosoph auf seine Zeitgenossen, aber auch auf seine Nachwelt eine große, ja überragende Wirkung ausgeübt. Das gilt vor allem für die Literatur des 20. Jahrhunderts: Kaum ein deutscher Schriftsteller, der sich nicht mit Nietzsche auseinandergesetzt, in Bewunderung oder Ablehnung sich auf ihn bezogen hätte. Als Beispiele seien hier Th. Mann oder G. Benn genannt. Worin liegt das Besondere, Bestimmende dieses Mannes, der sich selbst als „Verhängnis" bezeichnet hat? Wie kann gerade er zur „Portalfigur" seiner Epoche und der „Moderne" überhaupt werden? Die nachfolgenden Texte sollen Ihnen Antworten auf diese Fragen ermöglichen und einen ersten Zugang zum Werk Nietzsches eröffnen.

Friedrich Nietzsche, (geb. am 15. 10. 1844 in Röcken bei Lützen, gest. am 25. 8. 1900 in Weimar) entstammte einer protestantischen Pfarrersfamilie. Seinen Vater verlor er schon früh (1849). Seine Jugendjahre wurden geprägt durch den Besuch der traditionsreichen Internatsschule Schulpforta/Saale. In Bonn und Leipzig studierte er klassische Philologie. Noch vor der Promotion erhielt er 1869 einen Ruf als Professor der klassischen Philologie an die Universität Basel, wo er 1870 Ordinarius wurde. In Leipzig hatte Nietzsche Richard Wagner kennen gelernt, der großen Einfluss auf ihn ausübte, auch über die 1876 einsetzende Entfremdung hinaus. Krankheitsgründe zwangen ihn 1879 in den Ruhestand zu treten. Die nächsten Jahre verbrachte er an verschiedenen Orten in der Schweiz und Italien, wo er seine willensbetonte, lebensbejahende Philosophie seinem kranken Körper abrang und in die für ihn charakteristische aphoristische Form seiner Werke goss. 1889 brach er in Turin zusammen, seine Geisteskrankheit kam nun voll zum Ausbruch. Bis zu seinem Tod 1900 lebte er in zunehmender geistiger Umnachtung in der Pflege seiner Mutter und seiner Schwester.

1 Friedrich Nietzsche (1844–1900): Götzen-Dämmerung oder wie man mit dem Hammer philosophiert (Auszug)

[...] Was kann allein *unsre* Lehre sein? – Dass niemand dem Menschen seine Eigenschaften *gibt*, weder Gott, noch die Gesellschaft, noch seine Eltern und Vorfahren, noch er *selbst* (– der Unsinn der hier zuletzt abgelehnten Vorstellung ist als „intelligible[1] Freiheit" von Kant, vielleicht auch schon von Plato gelehrt worden). *Niemand* ist dafür verantwortlich, dass er überhaupt da ist, dass er so und so beschaffen ist, dass er unter diesen Umständen, in dieser Umgebung ist. Die Fatalität seines Wesens ist nicht herauszulösen aus der Fatalität alles dessen, was war und was sein wird. Er ist *nicht* die Folge einer eignen Absicht, eines Willens, eines Zwecks, mit ihm wird *nicht* der Versuch gemacht, ein „Ideal von Mensch" oder ein „Ideal von Glück" oder ein „Ideal von Moralität" zu erreichen, – es ist absurd, sein Wesen in irgendeinen Zweck hin *abwälzen* zu wollen. *Wir* haben den Begriff „Zweck" erfunden: in der Realität *fehlt* der Zweck ... Man ist notwendig, man ist ein Stück Verhängnis, man gehört zum Ganzen, man *ist* im Ganzen, – es gibt nichts, was unser Sein richten, messen, vergleichen, verurteilen könnte, denn das hieße das Ganze richten, messen, vergleichen, verurteilen ... *Aber es gibt nichts außer dem Ganzen!* – Dass niemand mehr verantwortlich gemacht wird, dass die Art des Seins nicht auf eine causa prima[2] zurückgeführt werden darf, dass die Welt weder als Sensorium[3], noch als „Geist" eine Einheit ist, *dies erst ist die große Befreiung*, – damit erst ist die *Unschuld* des Werdens wiederhergestellt ... Der Begriff „Gott" war bisher der größte *Einwand* gegen das Dasein ... Wir leugnen Gott, wir leugnen die Verantwortlichkeit in Gott: *damit* erst erlösen wir die Welt. – [...] (v 1888)

---

1 intelligibel (lat.): nur durch den Intellekt, nicht durch die Sinne wahrnehmbar
2 Die causa prima (lat.): alleinige Ursache, (Ur-)Grund
3 Das Sensorium (lat.): Empfindungsvermögen; Bewusstsein

Nihilismus: (< lat. „nihil“ = nichts): bezeichnet als philosophischer Begriff einen Standpunkt der Verneinung und steht für die Überzeugung, dass es keine Erkenntnis der Wahrheit **(„theoretischer N.“)**, keine brauchbaren Normen des sittlichen Handelns **(„ethischer N.“)** und keine funktionierende Ordnung der Gesellschaft **(„politischer N.“)** gibt. In der Kunst bezeichnet N. ein Bewusstsein der Leere und Sinnlosigkeit von Welt und Leben, das Gefühl der totalen Ohnmacht des Menschen und seiner Ausgeliefertheit an ein übermächtiges, oft auch anonymes Schicksal. Nietzsche hat den Begriff N. in die deutsche Philosophie und Literatur eingeführt, geprägt wurde er in dem Roman *Väter und Söhne* (1862) des russischen Realisten Iwan Turgenjew (1818–1883). Positionen des N. sind schon bei Georg Büchner anzutreffen (*Dantons Tod, Lenz, Woyzeck, Leonce und Lena*), im 20. Jahrhundert vor allem bei den französischen Existentialisten Jean Paul Sartre und Albert Camus (*Der Mythos von Sisyphos*), in der modernen deutschen Literatur vor allem bei Gottfried Benn (*Verlorenes Ich, Statische Gedichte*).

1. Schreiben Sie einen Übersichtsatz zu Text 1 und versuchen Sie zu den Ihnen wichtig erscheinenden Begriffen textgerechte Definitionen zu verfassen.

2. Erläutern Sie, was Nietzsche in Text 2 unter „Übermensch“ versteht. Wie passt dieser Begriff in seine Zeit? Äußern Sie sich über die Problematik dieses Begriffs.

3. Die Zeilen 22–66 in Text 2 stellen eine erzählerische Einheit dar.
a) Untersuchen Sie Aufbau und Stilmittel dieses Textes. Welcher literarischen Gattung ordnen Sie ihn zu?
b) Stellen Sie Zusammenhänge formaler und inhaltlicher Art zwischen diesem Text und den Gedichten „Ecce homo“ und „Vereinsamt“ fest (vgl. Einführung, S. 9 und 14f.).
c) Verfassen Sie eine Textbeschreibung zu Text 2 (vgl. S. 79f.).

4. „Abgerechnet nämlich, dass ich ein décadent[1] bin, bin ich auch dessen Gegensatz.“ Erläutern Sie, was Nietzsche mit diesem Satz über sich selbst aussagt. Erörtern Sie, ob diese Aussage auf seine Zeit übertragen werden kann?

[1] Décadent (frz.): angekränkelt, heruntergekommen, entartet (hier als Substantiv gebraucht). Im Deutschen gebräuchlich: dekadent und Dekadenz (= kultureller Niedergang, sittlicher Verfall, Entartung).

2 Friedrich Nietzsche (1844–1900): Also sprach Zarathustra (Auszug)

[...] Als Zarathustra[1] in die nächste Stadt kam, die an den Wäldern liegt, fand er daselbst viel Volk versammelt auf dem Markte: denn es war verheißen worden, dass man einen Seiltänzer sehen solle. Und Zarathustra sprach also zum Volke:

Ich lehre euch den Übermenschen. Der Mensch ist etwas, das überwunden werden soll. Was habt ihr getan, ihn zu überwinden?

Alle Wesen bisher schufen etwas über sich hinaus: und ihr wollt die Ebbe dieser großen Flut sein und lieber noch zum Tier zurückgehn, als den Menschen überwinden? [...]

Der Mensch ist ein Seil, geknüpft zwischen Tier und Übermensch, – ein Seil über einem Abgrunde.

Ein gefährliches Hinüber, ein gefährliches Auf-dem-Wege, ein gefährliches Zurückblicken, ein gefährliches Schaudern und Stehenbleiben.

Was groß ist am Menschen, das ist, dass er eine Brücke und kein Zweck ist: was geliebt werden kann am Menschen, das ist, dass er ein Übergang und ein Untergang ist. [...]

Es ist an der Zeit, dass der Mensch sich sein Ziel stecke. Es ist an der Zeit, dass der Mensch den Keim seiner höchsten Hoffnung pflanze.

Noch ist sein Boden dazu reich genug. Aber dieser Boden wird einst arm und zahm sein, und kein hoher Baum wird mehr aus ihm wachsen können.

Wehe! Es kommt die Zeit, wo der Mensch nicht mehr den Pfeil seiner Sehnsucht über den Menschen hinaus wirft, und die Sehne seines Bogens verlernt hat, zu schwirren!

Ich sage euch: man muss noch Chaos in sich haben, um einen tanzenden Stern gebären zu können. Ich sage euch: ihr habt noch Chaos in euch. [...]

Da aber geschah etwas, das jeden Mund stumm und jedes Auge starr machte. Inzwischen nämlich hatte der Seiltänzer sein Werk begonnen: er war aus einer kleinen Tür hinausgetreten und ging über das Seil, welches zwischen zwei Türmen gespannt war, also, dass es über dem Markte und dem Volke hing. Als er eben in der Mitte seines Weges war, öffnete sich die kleine Tür noch einmal, und ein bunter Gesell, einem Possenreißer gleich, sprang heraus und ging mit schnellen Schritten dem Ersten nach. „Vorwärts, Lahmfuß, rief seine fürchterliche Stimme, vorwärts Faultier, Schleichhändler, Bleichgesicht! Dass ich dich nicht mit meiner Ferse kitzle! Was treibst du hier zwischen Türmen? In den Turm gehörst du, einsperren sollte man dich, einem Bessern, als du bist, sperrst du die freie Bahn!“ – Und mit jedem Worte kam er ihm näher und näher: als er aber nur noch einen Schritt hinter ihm war, da geschah das Erschreckliche, das jeden Mund stumm und jedes Auge starr machte: – er stieß ein Geschrei aus wie ein Teufel und sprang über den hinweg, der ihm im Wege war. Dieser aber, als er so seinen Nebenbuhler siegen sah, verlor dabei den Kopf und das Seil; er warf seine Stange weg und schoss schneller als diese, wie ein Wirbel von Armen und Beinen, in die Tiefe. Der Markt und das Volk glich dem Meere, wenn der Sturm hineinfährt: Alles floh auseinander und übereinander, und am meisten dort, wo der Körper niederschlagen musste.

Zarathustra aber blieb stehen, und gerade neben ihn fiel der Körper hin, übel zugerichtet und zerbrochen, aber noch nicht tot. Nach einer Weile kam dem Zerschmetterten das Bewusstsein zurück, und er sah Zarathustra neben sich knien. „Was machst du da? sagte er endlich, ich wusste es lange, dass mir der Teufel ein Bein stellen werde. Nun schleppt er mich zur Hölle: willst du's ihm wehren?“

„Bei meiner Ehre, Freund, antwortete Zarathustra, das gibt es alles nicht, wovon du sprichst: es gibt keinen Teufel und keine Hölle. Deine Seele wird noch schneller tot sein als dein Leib: fürchte nun nichts mehr!“

Der Mann blickte misstrauisch auf. „Wenn du die Wahrheit sprichst, sagte er dann, so verliere ich nichts, wenn ich das Leben verliere. Ich bin nicht viel mehr als ein Tier, das man tanzen gelehrt hat, durch Schläge und schmale Bissen.“

„Nicht doch, sprach Zarathustra; du hast aus der Gefahr deinen Beruf gemacht, daran ist nichts zu verachten. Nun gehst du an deinem Beruf zugrunde: dafür will ich dich mit meinen Händen begraben.“

Als Zarathustra dies gesagt hatte, antwortete der Sterbende nicht mehr; aber er bewegte die Hand, wie als ob er die Hand Zarathustras zum Danke suche. –

Inzwischen kam der Abend, und der Markt barg sich in Dunkelheit: da verlief sich das Volk, denn selbst Neugierde und Schrecken werden müde. Zarathustra aber saß neben dem Toten auf der Erde und war in Gedanken versunken: so vergaß er die Zeit. Endlich aber wurde es Nacht, und ein kalter Wind blies über den Einsamen. Da erhob sich Zarathustra und sagte zu seinem Herzen:

„Wahrlich, einen schönen Fischfang tat heute Zarathustra! Keinen Menschen fing er, wohl aber einen Leichnam.

Unheimlich ist das menschliche Dasein und immer noch ohne Sinn: ein Possenreißer kann ihm zum Verhängnis werden.

[1] Zarathustra (gr. Zoroaster): Vermutlich um 630 v. Chr. geb., um 553 v. Chr. gest.; altiran. Prophet und Stifter der Religion des Mazdaismus mit Ahura Masdah als dem höchsten Gott und Schöpfer der Welt

Ich will die Menschen den Sinn ihres Seins lehren: welcher ist der Übermensch, der Blitz aus der dunklen Wolke Mensch.

Aber noch bin ich ihnen ferne, und mein Sinn redet nicht zu ihren Sinnen. Eine Mitte bin ich noch den Menschen zwischen einem Narren und einem Leichnam. [...]" (v 1883)

II. Einheit durch Vielfalt?

1. Literatur als Experiment – Tendenzen des Naturalismus

Was ist charakteristisch für diese literarische Richtung innerhalb einer Vielzahl unterschiedlicher, ja oft gegensätzlicher Strömungen, die sich hinter der Zuordnung „Jahrhundertwende" eröffnen? Lässt sich das Spezifische des Naturalismus eher in den Themen oder in den Stilmustern erfassen?

1 Arno Holz (1863–1929)/Johannes Schlaf (1862–1941): Papa Hamlet (Auszug)

Papa Hamlet ist der heruntergekommene Schauspieler Niels Thienwiebel, der mit seiner lungenkranken Frau und einem drei Monate alten Kind in einer jämmerlichen Dachwohnung haust, die nun auch noch gekündigt wurde. Das von Asthmaanfällen geschüttelte Kind hat er Fortinbras genannt nach einer Figur aus Shakespeares „Hamlet", seiner Traumrolle. Den Lebensunterhalt für die kleine Familie bringt die Frau mit Nähen kaum zusammen, Thienwiebel selbst hat auch seine letzte Einkommensquelle, das Modellstehen für Kunststudenten, aufgegeben und das Engagement-Angebot einer Wanderbühne aus Stolz abgelehnt. Am Ende tötet er das Kind ohne dies wirklich zu wollen. Tage später wird er erfroren aufgefunden.

[...]

Er war jetzt zu ihr unter die Decke gekrochen, die Unterhosen hatte er anbehalten.

„Nicht mal Platz genug zum Schlafen hat man!"

Er reckte und dehnte sich.

„So'n Hundeleben! Nicht mal schlafen kann man!"

Er hatte sich wieder auf die andre Seite gewälzt. Die Decke von ihrer Schulter hatte er mit sich gedreht, sie lag jetzt fast bloß da ....

....

....

Das Nachtlämpchen auf dem Tisch hatte jetzt zu zittern aufgehört.

Die beschlagene, blaue Karaffe davor war von unzähligen Lichtpünktchen wie übersät. Eine Seite aus dem Buch hatte sich schräg gegen das Glas aufgeblättert. Mitten auf dem vergilbten Papier hob sich deutlich die fette Schrift ab: „Ein Sommernachtstraum". Hinten auf der Wand, übers Sofa weg, warf die kleine, glitzernde Fotografie ihren schwarzen, rechteckigen Schatten.

Der kleine Fortinbras röchelte, nebenan hatte es wieder zu schnarchen angefangen.

„So'n Leben! So'n Leben!"

Er hatte sich wieder zu ihr gedreht. Seine Stimme klang jetzt weich, weinerlich.

„Du sagst ja gar nichts!"

Sie schluchzte nur wieder.

„Ach Gott, ja! So'n ... Ae!! ..."

Er hatte sich jetzt noch mehr auf die Kante zu gerückt.

„Is ja noch Platz da! Was drückste dich denn so an die Wand! Hast du ja gar nicht nötig!"

Sie schüttelte sich. Ein fader Schnapsgeruch hatte sich allmählich über das ganze Bett hin verbreitet.

„So ein Leben! Man hat's wirklich weit gebracht! ... Nu sich noch von so'ner alten Hexe rausschmeißen lassen! Reizend!! Na, was macht man nu? Liegt man morgen auf der Straße! ... Nu sag doch?"

Sie hatte sich jetzt noch fester gegen die Wand gedrückt. Ihr Schluchzen hatte aufgehört, sie drehte ihm den Rücken zu.

„Ich weiß ja! Du bist ja am Ende auch nicht schuld dran! Nu sag doch!"

Er war jetzt wieder auf sie zugerückt.

„Nu sag doch! ... Man kann doch nicht so – verhungern?!"

Arno Holz wurde 1863 in Rastenburg/Ostpreußen als Sohn eines Apothekers geboren. Dass er schon 1875 nach Berlin kam, das in diesen Jahren der Gründerzeit einen atemberaubenden Umbruch erlebte, hat ihn sicher stark geprägt. Hier hat er auch studiert und später als freier Schriftsteller gelebt. Er wurde zu einem der Begründer und Theoretiker des Naturalismus (*Die Kunst. Ihr Wesen und ihre Gesetze*, 1891; *Revolution der Lyrik*, 1899). In seiner Bemühung um neue Ausdrucksmöglichkeiten suchte er der Dichtung zunächst neue Inhalte zu geben (soziale Themen, Großstadtbilder), dann aber auch neue stilistische Möglichkeiten zu erschließen (Verwendung von Alltags- und Umgangssprache in dichterischen Texten, „natürlicher" Sprachrhythmus in der Lyrik.) (*Phantasus*, Gedichte, 1898/99). Holz starb 1929 in Berlin nach einem Leben, das häufig von Entbehrungen und materiellen Notlagen gezeichnet gewesen war.

Johannes Schlaf (1862-1941) entstammt einer Kaufmannsfamilie in Querfurt/Sachsen-Anhalt. Er studierte Philologie in Halle und Berlin. Hier begann auch die Freundschaft und Zusammenarbeit mit Arno Holz. Er war zunächst konsequenter Naturalist, sein Drama *Meister Oelze* gilt geradezu als Musterwerk eines radikalen Naturalismus. Nach 1892 war er zeitweise nervenkrank und hielt sich in verschiedenen Heilanstalten auf. Er wandte sich seit 1892 vom Naturalismus ab und einem psychologischen Impressionismus zu.

Beide Autoren arbeiteten unter einem gemeinsamen Pseudonym (Bjarne Peter Holmsen) (*Papa Hamlet*, Novellen 1889; *Familie Selicke*, Drama, 1890).

1. a) Beschreiben Sie die Situation und Darstellungsweise in Text 1.
b) Erörtern Sie, ob die Absichten des „Sekundenstils" erfüllt sind.

2. Wählen Sie eine der folgenden Gestaltungsaufgaben.
a) Schreiben Sie den Text aus anderer Perspektive (vgl. S. 319f.): auktorial, personal („erlebte Rede", „innerer Monolog", „stream of consciousness") oder Ich-Perspektive.
b) Gestalten Sie aus Text 1 eine dramatische Szene.
c) Vergleichen Sie die Umformungen mit dem Original.

Sekundenstil nannten Arno Holz und Johannes Schlaf eine Erzähltechnik, die eine Kopie der Wirklichkeit ermöglichen sollte (vor allem in *Papa Hamlet*). Mit sprachlichen Mitteln wurden dabei gewissermaßen die Genauigkeit der filmischen Nahaufnahme und die Deutlichkeit der Zeitlupe vorweggenommen. Mit diesem Erzählstil sollten auch kleinste Bewegungen und intimste Empfindungen minutiös erfasst und nachgebildet werden können (Holz: „Kunst = Natur - x"). Die sprachliche Nachbildung der Wirklichkeit ergänzten Holz/Schlaf noch durch eine „phonografische Methode", also den Versuch, einen Vorgang in allen seinen Lautwerten, nicht nur in seinen Sprache gewordenen Äußerungen, zu erfassen. Die Wirklichkeit wollten sie eben nicht als Auswahl infolge subjektiver Wahrnehmung gestalten, sondern in objektiver Komplexität, die auch das Zufällige, Periphere und Unkontrollierte in ihr enthält.

Er lag jetzt dicht hinter ihr.

„Ich kann ja auch nicht dafür! ... Ich bin ja gar nicht so! Is auch wahr! Man wird ganz zum Vieh bei solchem Leben! ... Du schläfst doch nicht schon!"

Sie hustete.

„Ach Gott ja! Und nu bist du auch noch krank! Und das Kind! Dies viele Nähen ... Aber du schonst dich ja auch gar nicht ... ich sag's ja!"

Sie hatte wieder zu schluchzen angefangen.

„Du – hättest – doch lieber. – Niels ..."

„Ja ... ja! Ich seh's ja jetzt ein! Ich hätt's annehmen sollen! Ich hätt' ja später immer noch ... ich seh's ja ein! Es war unüberlegt! Ich hätte zugreifen sollen! Aber – nu sag doch!!"

„Hast du ihn – denn nicht ... denn nicht – wenigstens zu – Haus getroffen?"

„Ach Gott, ja, aber ... aber, du weißt ja! Er hat ja auch nichts! Was macht man nu bloß? Man kann sich doch nicht das Leben nehmen?!"

Er hatte jetzt ebenfalls zu weinen angefangen.

„Ach Gott! Ach Gott!!"

Sein Gesicht lag jetzt mitten auf ihrer Brust. Sie zuckte!

„Ach Gott! Ach Gott!!"

Der dunkle Rand des Glases oben quer über der Decke hatte wieder unruhig zu zittern begonnen, die Schatten, die das Geschirr warf, schwankten, dazwischen glitzerten die Wasserstreifen ....

[...] (v 1889)

2 Gerhart Hauptmann (1862–1946): Vor Sonnenaufgang. Soziales Drama (Auszug)

Die Uraufführung dieses Dramas 1889 in Berlin verursachte einen der größten Skandale in der deutschen Theatergeschichte. Es zeigt die moralisch verkommene und dem Alkohol verfallene Familie des oberschlesischen Bauern Krause, der durch die Industrialisierung reich geworden ist. Einzig Helene, die jüngste Tochter, ist von dem sie umgebenden Verfall unberührt geblieben. Sie verliebt sich in den sozialistischen Schriftsteller Alfred Loth, der gekommen ist, um die Verhältnisse in der durch den Bergbau völlig veränderten Gegend zu studieren und zu ihrer Verbesserung beizutragen. Er erwidert die Liebe Helenes.
Der folgende Text gibt den Schluss des Stücks wieder, das fünf nicht in Szenen unterteilte Akte umfasst.
In ihm klärt Dr. Schimmelpfennig, der Arzt der Familie Krause, seinen Freund Loth über die durch Alkoholismus bedingte erbliche Belastung in der Familie Krause auf. Loth, der sich unbedingt zu seinem Grundsatz bekannt hatte, dass für ihn eine Ehe mit einer erbkranken Frau nicht in Frage komme, gerät in einen Zwiespalt. Er stellt erschüttert Helenes schreckliche Situation fest, sieht sich aber, seiner Überzeugung wegen, außerstande, sie daraus zu befreien. Er entschließt sich zu gehen und Helene ihrem Schicksal zu überlassen. Er hinterlässt einen Abschiedsbrief. Helene ist gerade bei ihrer Schwester, der Frau Hoffmanns, die ein Kind erwartet.

[...]

LOTH *wendet sich, bevor er zur Tür hinaustritt, noch einmal nach rückwärts und nimmt mit den Augen noch einmal den ganzen Raum in sein Gedächtnis auf. Hierauf zu sich.* Da könnt' ich ja nun wohl – gehen. *Nach einem letzten Blick ab.*

Das Zimmer bleibt für einige Augenblicke leer. Man vernimmt gedämpfte Rufe und das Geräusch von Schritten, dann erscheint Hoffmann. Er zieht, sobald er die Tür hinter sich geschlossen hat, unverhältnismäßig ruhig sein Notizbuch und rechnet etwas; hierbei unterbricht er sich und lauscht, wird unruhig, schreitet zur Tür und lauscht wieder. Plötzlich rennt jemand die Treppe herunter, und herein stürzt Helene.

HELENE, *noch außen.* Schwager! *In der Tür.* Schwager!

HOFFMANN. Was ist denn – los?

HELENE. Mach dich gefasst: totgeboren!

HOFFMANN. Jesus Christus!!! *Er stürzt davon.*

Helene allein. Sie sieht sich um und ruft leise: Alfred! Alfred! *und dann, als sie keine Antwort erhält, in schneller Folge:* Alfred! Alfred! *Dabei ist sie bis zur Tür des Wintergartens geeilt, durch die sie spähend blickt. Dann ab in den Wintergarten. Nach einer Weile erscheint sie wieder:* Alfred! *Immer unruhiger werdend, am Fenster, durch das sie hinausblickt:* Alfred! *Sie öffnet das Fenster und steigt auf einen davor stehenden Stuhl. In diesem Augenblick klingt deutlich vom Hofe herein das Geschrei des betrunkenen, aus dem Wirtshaus heimkehrenden Bauern, ihres Vaters:* Dohie ha! biin iich nee a hibscher Moan? Hoa iich nee a hibsch Weib? Hoa iich nee a poar hibsche Tächter dohie hä? *Helene stößt einen kurzen Schrei aus und rennt wie gejagt nach der Mitteltür. Von dort aus entdeckt sie den Brief, welchen Loth auf dem Tisch zurückgelassen, sie stürzt sich darauf, reißt ihn auf und durchfliegt ihn, einzelne Worte aus seinem Inhalt laut her-

vorstoßend: „Unübersteiglich!“ ... „Niemals wieder!“ *Sie lässt den Brief fallen, wankt:* Zu Ende! *Rafft sich auf, hält sich den Kopf mit beiden Händen, kurz und scharf schreiend:* Zu En-de! *Stürzt ab durch die Mitte. Der Bauer draußen, schon aus geringerer Entfernung:* Dohie hä? iis ernt's Gittla nee meine? Hoa iich nee a hibsch Weib? Bin iich nee a hibscher Moan? *Helene, immer noch suchend, wie eine halb Irrsinnige aus dem Wintergarten hereinkommend, trifft auf Eduard, der etwas aus Hoffmanns Zimmer zu holen geht. Sie redet ihn an:* Eduard! *Er antwortet:* Gnädiges Fräulein? *Darauf sie:* Ich möchte ... möchte den Herrn Dr. Loth ... *Eduard antwortet:* Herr Dr. Loth sind in des Herrn Dr. Schimmelpfennigs Wagen fortgefahren! *Damit verschwindet er im Zimmer Hoffmanns.* Wahr! *stößt Helene hervor und hat einen Augenblick Mühe, aufrecht zu stehen. Im nächsten durchfährt sie eine verzweifelte Energie. Sie rennt nach dem Vordergrunde und ergreift den Hirschfänger samt Gehänge, der an dem Hirschgeweih über dem Sofa befestigt ist. Sie verbirgt ihn und hält sich still im dunklen Vordergrund, bis Eduard, aus Hoffmanns Zimmer kommend, zur Mitteltür hinaus ist. Die Stimme des Bauern, immer deutlicher:* Dohie hä, biin iich nee a hibscher Moan? *Auf diese Laute, wie auf ein Signal hin, springt Helene auf und verschwindet ihrerseits in Hoffmanns Zimmer. Das Hauptzimmer ist leer, und man hört fortgesetzt die Stimme des Bauern:* Dohie hä, hoa iich nee die schinsten Zähne, hä? Hoa iich nee a hibsch Gittla? *Miele kommt durch die Mitteltür. Sie blickt suchend umher und ruft:* Freilein Helene! *und wieder:* Freilein Helene! *Dazwischen die Stimme des Bauern:* 's Gald iis meine! *Jetzt ist Miele ohne weiteres Zögern in Hoffmanns Zimmer verschwunden, dessen Türe sie offen lässt. Im nächsten Augenblick stürzt sie heraus mit den Zeichen eines wahnsinnigen Schrecks; schreiend dreht sie sich zwei- dreimal um sich selber, schreiend jagt sie durch die Mitteltür. Ihr ununterbrochenes Schreien, mit der Entfernung immer schwächer werdend, ist noch einige weitere Sekunden vernehmlich. Man hört nun die schwere Haustüre aufgehen und dröhnend ins Schloss fallen, das Schrittegeräusch des im Hausflur herumtaumelnden Bauern, schließlich seine rohe, näselnde, lallende Trinkerstimme ganz aus der Nähe durch den Raum gellen:* Dohie hä? Hoa iich nee a poar hibsche Tächter? (v 1889)

3. a) Bestimmen Sie das Menschenbild in Text 2 nach Verhalten und Handlungsmotiven.
b) Vergleichen Sie mit dem Menschenbild des klassischen Dramas (vgl. S. 198ff.).

4. a) Untersuchen Sie die Funktion der Regieanweisungen in Hauptmanns Stück.
b) Führen Sie ein Gruppengespräch zwischen Regisseur und Darstellern über die Verbindlichkeit dieser Regieanweisungen für eine heutige Inszenierung.

5. Besprechen und erklären Sie inhaltliche und formale Übereinstimmungen in den Texten 1 und 2.

Ernst Retemeyer: Freie Bühne

Diese Karikatur erschien nach der Uraufführung von Hauptmanns Drama „Vor Sonnenaufgang“ in der satirischen Zeitschrift „Kladderadatsch“. Die **„Freie Bühne“** war ein 1889 in Berlin gegründeter Theaterverein, der für seine Mitglieder geschlossene Theateraufführungen veranstaltete. Nur so war es möglich, die Stücke der „Modernen“ auf die Bühne zu bringen. Denn es gab in Preußen zwar keine direkte Zensur, aber eine Polizeivorschrift, die für öffentliche Theateraufführungen eine polizeiliche Genehmigung verlangte. Um auch ärmeren Bevölkerungsschichten den Theaterbesuch zu ermöglichen, wurde 1890 zusätzlich die „Freie Volksbühne“ ins Leben gerufen, die Theateraufführungen moderner Stücke zu einem billigen Einheitspreis veranstaltete. Die Plätze wurden ausgelost, um jeden in den Genuss guter Plätze kommen zu lassen.

Erzählperspektiven (Erzählsituationen, vgl. S. 26):
Nach F. K. Stanzel (*Typische Formen des Romans*, 1964) lassen sich drei typische Erzählperspektiven unterscheiden:

1. Die *auktoriale Erzählperspektive* (lat. „auctor“ – Urheber, Berichterstatter):
Der Erzähler befindet sich außerhalb der von ihm dargestellten Welt. Er weiß, wie das Geschehen verlaufen wird und warum die Personen so und nicht anders handeln (allwissender Erzähler). Er kann sich in das Geschehen einschalten, indem er auf Zukünftiges vorausweist, Vergangenes oder Gegenwärtiges kommentiert, sich von der Handlungsweise der Figuren distanziert oder eigene Gedanken zum Geschehen beisteuert.
2. Die *Ich-Perspektive:* Der fiktive Erzähler ist hier selbst Teil der dargestellten Wirklichkeit, er erlebt das Geschehen mit. Er weiß also nur, was er durch dieses eigene Erleben, allenfalls durch Einlassungen Dritter erfahren hat. Diese subjektive Beschränkung vermittelt dem Leser ein besonders tiefes Gefühl der Verbundenheit mit dem erzählenden

Dialekt, dialektal: Mundart, mundartlich. Bezeichnung für eine sprachgeographisch bestimmbare Ausdrucksweise.
Soziolekt, soziolektal: Sprachgebrauch einer sozialen Gruppe oder Schicht. Bezeichnung für eine schichtspezifische Ausdrucksweise.
Idiolekt, idiolektal: Wortschatz und besondere Ausdrucksweise eines bestimmten Menschen. Bezeichnung für eine personenbezogene Ausdrucksweise.
Psycholekt, psycholektal: Sprechverhalten eines Menschen infolge seiner

gerade gegebenen Emotionslage („ruhig“, „erregt“). Bezeichnung für die affektgesteuerte Unterschiedlichkeit individueller Sprechakte.
Die ungleiche sprachliche Ausstattung von Angehörigen verschiedener sozialer Schichten (Unter- und Mittelschicht) kann zu **Sprachbarrieren** führen und dadurch zur Benachteiligung derjenigen Sprecher, deren Sprachform eine geringere kommunikative Reichweite hat.

Ich und kann zu gleichsam augenzwinkerndem Einverständnis zwischen Ich-Erzähler und Leser führen (so z.B. bei Th. Mann: *Die Bekenntnisse des Hochstaplers Felix Krull*).

3. Die *personale Erzählperspektive:* Hier fehlt der Erzähler als Vermittler zwischen fiktiver Wirklichkeit und Leser völlig. Deshalb „öffnet sich dem Leser die Illusion, er befände sich auf dem Schauplatz des Geschehens, oder er betrachte die dargestellte Welt mit den Augen einer Romanfigur“ (Stanzel).
Besondere Darstellungsformen der personalen Erzählperspektive sind:
- die *erlebte Rede*, eine Erzählweise zwischen Rede und Bericht, zwischen direkter und indirekter Rede. Statt direkter Rede (Sie fragte: „Muss ich wirklich mit dem Zug fahren?") oder indirekter Rede (Sie fragte, ob sie wirklich mit dem Zug fahren müsse) steht die Wiedergabe der Gedanken einer Person im Indikativ der 3. Person und meist im Präteritum: Musste sie wirklich mit dem Zug fahren?
- der *innere Monolog*, eine Erzähltechnik, die den ungeordneten, assoziativ gesteuerten Gedankengang einer Person möglichst unmittelbar wiedergeben möchte. Es kommt deshalb zur Lockerung der Syntax bis hin zu deren Auflösung und dazu, dass die Erzählzeit länger ist als die erzählte Zeit.
- Der *„Stream of consciousness“* (engl. = Bewusstseinsstrom) ist die Erweiterung und konsequente Fortführung des „inneren Monologs“.

Gerhart Hauptmann wurde am 15.11. 1862 in Ober-Salzbrunn (Schlesien) als Sohn eines Gastwirts geboren. In Breslau besuchte er die Realschule, die er als Fünfzehnjähriger vorzeitig verließ. Es begann eine Zeit, die von Unrast und Krankheit gezeichnet war. Nach einer Ausbildung zum Landwirt ging er an die Kunstschule in Breslau, dann studierte er in Jena, lebte als Bildhauer in Rom, besuchte die Dresdner Kunstakademie und studierte schließlich in Berlin. Erst hier hat Hauptmann seinen Plan Bildhauer zu werden aufgegeben und sich der Dichtkunst zugewandt. Die Heirat mit der wohlhabenden Marie Thienemann machte ihn 1885 finanziell unabhängig, so dass er sich ganz seiner Berufung widmen konnte. Nach epigonalen Anfängen schaffte er schnell den Durchbruch. Die Erzählung *Bahnwärter Thiel* (1887/88) und das Drama *Vor Sonnenaufgang* machten ihn berühmt. Eine Reihe erfolgreicher Dramen folgte; das Schauspiel *Die Weber* (1892) war ihr Höhepunkt. Es gilt als das bedeutendste Werk des deutschen Naturalismus. Auch in seinen späteren Werken, die sich teilweise weit vom Naturalismus entfernten, kehrte er doch immer wieder zu ihm zurück. Neben vielen Dramen schrieb Hauptmann zahlreiche Romane und Erzählungen, auch zwei Versepen, dazu autobiografische Schriften, Reisebücher und Essays. 1912 wurde ihm der Nobelpreis für Literatur verliehen. Hauptmann starb am 6.6.1946 in seiner schlesischen Heimat, die damals schon polnisch geworden war. Von der Vertreibung war er verschont geblieben.

3 Gerhart Hauptmann (1862–1946): Bahnwärter Thiel. Novellistische Studie aus dem märkischen Kiefernforst (Auszug)

Zu den wichtigen Themen des Naturalismus gehört das Verhältnis des Menschen zur Technik. Hauptmanns „Bahnwärter Thiel“ gestaltet dieses Thema in der Beschreibung des Eisenbahnzugs.

[...] Als dies geschehen war, meldete die Glocke mit drei schrillen Schlägen, die sich wiederholten, dass ein Zug in der Richtung von Breslau her aus der nächstliegenden Station abgelassen sei. Ohne die mindeste Hast zu zeigen, blieb Thiel noch eine gute Weile im Innern der Bude, trat endlich, Fahne und Patronentasche in der Hand, langsam ins Freie und bewegte sich trägen und schlürfenden Ganges über den schmalen Sandpfad, dem etwa zwanzig Schritt entfernten Bahnübergang zu. Seine Barrieren schloss und öffnete Thiel vor und nach jedem Zuge gewissenhaft, obgleich der Weg nur selten von jemand passiert wurde.

Er hatte seine Arbeit beendet und lehnte jetzt wartend an der schwarzweißen Sperrstange.

Die Strecke schnitt rechts und links gradlinig in den unabsehbaren grünen Forst hinein; zu ihren beiden Seiten stauten die Nadelmassen gleichsam zurück, zwischen sich eine Gasse frei lassend, die der rötlichbraune, kiesbestreute Bahndamm ausfüllte. Die schwarzen, parallel laufenden Geleise darauf glichen in ihrer Gesamtheit einer ungeheuren eisernen Netzmasche, deren schmale Strähne sich im äußersten Süden und Norden in einem Punkte des Horizontes zusammenzogen.

Der Wind hatte sich erhoben und trieb leise Wellen den Waldrand hinunter und in die Ferne hinein. Aus den Telegrafenstangen, die die Strecke begleiteten, tönten summende Akkorde. Auf den Drähten, die sich wie das Gewebe einer Riesenspinne von Stange zu Stange fortrankten, klebten in dichten Reihen Scharen zwitschernder Vögel. Ein Specht flog lachend über Thiels Kopf weg, ohne dass er eines Blickes gewürdigt wurde.

Die Sonne, welche soeben unter dem Rande mächtiger Wolken herabhing, um in das schwarzgrüne Wipfelmeer zu versinken, goss Ströme von Purpur über den Forst. Die Säulenarkaden der Kiefernstämme jenseits des Dammes entzündeten sich gleichsam von innen heraus und glühten wie Eisen.

Auch die Geleise begannen zu glühen, feurigen Schlangen gleich, aber sie erloschen zuerst; und nun stieg die Glut langsam vom Erdboden in die Höhe, erst die Schäfte der Kiefern, weiter den größten Teil ihrer Kronen in kaltem Verwesungslichte zurücklassend, zuletzt nur noch den äußersten Rand der Wipfel mit einem rötlichen Schimmer streifend. Lautlos und feierlich vollzog sich das erhabene Schauspiel. Der Wärter stand noch immer regungslos an der Barriere. Endlich trat er einen Schritt vor. Ein dunkler Punkt am Horizonte, da wo die Geleise sich trafen, vergrößerte sich. Von Sekunde zu Sekunde wachsend, schien er doch auf einer Stelle zu stehen. Plötzlich bekam er Bewegung und näherte sich. Durch die Geleise ging ein Vibrieren und Summen, ein rhythmisches Geklirr, ein dumpfes Getöse, das, lauter und lauter werdend, zuletzt den Hufschlägen eines heranbrausenden Reitergeschwaders nicht unähnlich war.

Ein Keuchen und Brausen schwoll stoßweise fernher durch die Luft. Dann plötzlich zerriss die Stille. Ein rasendes Tosen und Toben erfüllte den Raum, die Geleise bogen sich, die

6. a) Interpretieren Sie Text 3 nach Erzählperspektive, Thema und Stilmitteln.
b) Suchen Sie Belege für die Behauptung, der Erzähler gehe in dieser Novelle bereits über den Naturalismus hinaus.

Erde zitterte – ein starker Luftdruck – eine Wolke von Staub, Dampf und Qualm, und das schwarze, schnaubende Ungetüm war vorüber. So wie sie anwuchsen, starben nach und nach die Geräusche. Der Dunst verzog sich. Zum Punkte eingeschrumpft, schwand der Zug in der Ferne, und das alte heil'ge Schweigen schlug über dem Waldwinkel zusammen. [...]

(v 1888)

Hermannsdenkmal bei Detmold, 1838–1875 (Gesamthöhe ca. 60 m)

4 Wilhelm Bölsche (1861–1939): Die naturwissenschaftlichen Grundlagen der Poesie. Prolegomena[1] einer realistischen Ästhetik (Auszug)

[...]

Man hat sich geeinigt über den Satz: Wir müssen uns dem Naturforscher nähern, müssen unsere Ideen aufgrund seiner Resultate durchsehen und das Veraltete ausmerzen.

Das Erste, worauf man im Verfolgen dieses Gedankens kam, war ein Satz, der ebenso einfach und selbstverständlich war, wie er paradox klang. Jede poetische Schöpfung, die sich bemüht, die Linien des Natürlichen und Möglichen nicht zu überschreiten und die Dinge logisch sich entwickeln zu lassen, ist vom Standpunkt der Wissenschaft betrachtet nichts mehr und nichts minder als ein einfaches, in der Fantasie durchgeführtes Experiment, das Wort Experiment im buchstäblichen, wissenschaftlichen Sinne genommen. [...]

Der Dichter, der Menschen, deren Eigenschaften er sich möglichst genau ausmalt, durch die Macht der Umstände in alle möglichen Konflikte geraten und unter Betätigung jener Eigenschaften als Sieger oder Besiegte, umwandelnd oder umgewandelt, daraus hervorgehen oder darin untergehen lässt, ist in seiner Weise ein Experimentator, wie der Chemiker, der allerlei Stoffe mischt, in gewisse Temperaturgrade bringt und den Erfolg beobachtet. Natürlich: der Dichter hat Menschen vor sich, keine Chemikalien. Aber, wie oben ausgesprochen ist, auch diese Menschen fallen ins Gebiet der Naturwissenschaften. Ihre Leidenschaften, ihr Reagieren gegen äußere Umstände, das ganze Spiel ihrer Gedanken folgen gewissen Gesetzen, die der Forscher ergründet hat und die der Dichter bei dem freien Experimente so gut zu beachten hat, wie der Chemiker, wenn er etwas Vernünftiges und keinen wertlosen Mischmasch herstellen will, die Kräfte und Wirkungen vorher berechnen muss, ehe er ans Werk geht und Stoffe kombiniert. [...]

Naturwissenschaftlich sind wir als ehrliche Beobachter gezwungen, die Bedingtheit aller menschlichen Willensakte der Art des geistigen Apparates gemäß als eine Tatsache auszusprechen, die weder juristische noch theologische Forderungen irgendwie erschüttern können.

Diese Forderungen müssen sich mit der Tatsache abfinden. Die Genesis seiner Gedanken und Handlungen zugestanden, bleibt ja praktisch der Mensch mit lauter Gedankenketten, die im Verbrechen gipfeln, schlecht und strafbar und der Mensch, der durch den Zwang seiner Gehirnfurchen zu moralischem Denken und Tun gezwungen wird, gut.

Für den Dichter aber scheint mir in der Tatsache der Willensunfreiheit der höchste Gewinn zu liegen. Ich wage es auszusprechen: wenn sie nicht bestände, wäre eine wahre realistische Dichtung überhaupt unmöglich. Erst indem wir uns dazu aufschwingen, im menschlichen Denken Gesetze zu ergründen, erst indem wir einsehen, dass eine menschliche Handlung, wie immer sie beschaffen sei, das restlose Ergebnis gewisser Faktoren, einer äußern Veranlassung und einer innern Disposition, sein müsse und dass auch diese Disposition sich aus gegebenen Größen ableiten lasse, – erst so können wir hoffen, jemals zu einer wahren mathematischen Durchdringung der ganzen Handlungsweise eines Menschen zu gelangen und Gestalten vor unserm Auge aufwachsen zu lassen, die logisch sind, wie die Natur. [...]

(v 1887)

7. Bearbeiten Sie in Gruppen oder über Kurzreferate folgende Themen:
a) Was hat der Naturalismus der Literatur gegeben?
b) Warum wohl war die Richtung des Naturalismus von so kurzer Dauer?

8. a) Fertigen Sie eine Übersicht über den Gedankengang in Text 4 an und stellen Sie eine Liste der wichtigen Begriffe zusammen.
b) Definieren Sie diese Begriffe aus Bölsches und aus heutigem Verständnis.
c) Erörtern Sie die Ausführungen Bölsches über Sinn und Zweck der Dichtung.

5 Wilhelm II. (1859–1941; Deutscher Kaiser 1888–1918): Rede zur Einweihung von Denkmälern an der Berliner Siegesallee (Auszug)

[...]

Eine Kunst, die sich über die von Mir bezeichneten Gesetze und Schranken hinwegsetzt, ist keine Kunst mehr, sie ist Fabrikarbeit, ist Gewerbe, und das darf die Kunst nie werden. Mit dem viel missbrauchten Worte „Freiheit" und unter seiner Flagge verfällt man gar oft in Grenzenlosigkeit, Schrankenlosigkeit, Selbstüberhebung. Wer sich aber von dem Gesetz der Schönheit und dem Gefühl für Ästhetik und Harmonie, die jedes Menschen Brust fühlt, ob er sie auch nicht ausdrücken kann, loslöst und in Gedanken in einer besonderen Richtung, einer bestimmten Lösung mehr technischer Aufgaben die Hauptsache erblickt, der versündigt sich an den Urquellen der Kunst.

Aber noch mehr: Die Kunst soll mithelfen, erzieherisch auf das Volk einzuwirken, sie soll auch den unteren Ständen nach harter Mühe und Arbeit die Möglichkeit geben, sich

Nam June Paik (*1932): Skulptur vor dem Deutschen Postmuseum in Frankfurt am Main, 1990

[1] Die Prolegomena: einleitende Vorbemerkungen

an den Idealen wieder aufzurichten. Uns, dem deutschen Volke, sind die großen Ideale zu dauernden Gütern geworden, während sie anderen Völkern mehr oder weniger verlorengegangen sind. Es bleibt nur das deutsche Volk übrig, das an erster Stelle berufen ist, diese großen Ideen zu hüten, zu pflegen, fortzusetzen, und zu diesen Idealen gehört, dass wir den arbeitenden, sich abmühenden Klassen die Möglichkeit geben, sich an dem Schönen zu erheben und sich aus ihren sonstigen Gedankenkreisen heraus- und emporzuarbeiten.

Wenn nun die Kunst, wie es jetzt vielfach geschieht, weiter nichts tut, als das Elend noch scheußlicher hinzustellen, wie es schon ist, dann versündigt sie sich damit am deutschen Volke. Die Pflege der Ideale ist zugleich die größte Kulturarbeit, und wenn wir hierin den anderen Völkern ein Muster sein und bleiben wollen, so muss das ganze Volk daran mitarbeiten, und soll die Kultur ihre Aufgabe voll erfüllen, dann muss sie bis in die untersten Schichten des Volkes hindurchgedrungen sein. Das kann sie nur, wenn die Kunst die Hand dazu bietet, wenn sie *erhebt, statt dass sie in den Rinnstein niedersteigt*. [...] (1901)

9. a) Strukturieren Sie Text 5 (mit Hilfe einer Einlegefolie, vgl. S. 14, oder auf einer Kopie) durch Textmarkierungen (z.B. der Schlüsselbegriffe Kunst, Freiheit, etc., Annotationen, vgl. S. 78) und Zwischenüberschriften.
b) Führen Sie die Stoffsammlung in der angedeuteten Weise zu Ende.

Die Texterörterung 6: Die **textgebundene Erörterung** (vgl. S. 22 f.) einer kulturpolitischen **Rede,** wobei – je nach persönlichem Standpunkt – die objektive Auseinandersetzung und die vorurteilsfreie Wertung besonders schwierig sein können.

Thema: Erörtern Sie anhand der „Sieges-Allee-Rede" Wilhelms II. (Text 5) Fragen nach den Aufgaben der Kunst!

Problemstellung

Aufgabenstellung

– Stellen Sie heraus, welche Forderungen Wilhelm II. an die Künstler stellt und welche Gefahren er sieht!
– Nehmen Sie kritisch Stellung zu den Auffassungen Wilhelms II. und entwickeln Sie eigene Vorstellungen von den Aufgaben der Kunst!

Franz Marc (1880–1916): Reh im Klostergraben, 1912

1. Phase: Vorverständnis bzw. Assoziationen und Themenanalyse

Vorverständnis bzw. *Assoziationen* zu „Kunst":
- persönliche Einschätzung und Präferenzen (z.B.: Bildende Kunst als Plastik, Malerei, Grafik oder Architektur)
- historische Differenzierung (z.B. traditionelle/moderne Kunst)
- gesellschaftliche Relevanz (z.B. Kunstetat, öffentliche Aufmerksamkeit bzw. Kritik)

Themenanalyse: Erörtern – vierfach differenzierte Aufgabenstellung

① *Texterschließung* nach
1a Forderungen Wilhelms II.
1b Gefahren

② *kritische Stellungnahme* zu
2a Auffassungen Wilhelms II.
2b Entwicklung eigener Vorstellungen

Fazit: Großgliederung in zwei Teile, die jeweils in sich zweigegliedert sind, wobei der 2. Hauptteil das größere Gewicht erhalten muss.

2. Phase: Stoffsammlung zu den beiden Hauptteilen der Aufgabenstellung

1. **Texterschließung** durch Textmarkierung und Exzerpt

Forderungen Wilhelms II.	Gefahren, die Wilhelm II. sieht
– Kunst darf nie Gewerbe sein (Z. 2) – Schönheit, Harmonie (Z. 4f.) – Kunst soll erziehen (Z. 9ff.), soll aufrichten an Idealen – Nur das deutsche Volk ist berufen, Ideale zu pflegen, fortzusetzen (Z. 13f.) – Ziel: Erheben zum Schönen (Z. 15f.) – ...	– Grenzen der Kunst (Z. 1) sind die Gesetze des Kaisers – „Freiheit" = oft Schrankenlosigkeit (Z. 3f.) – Versündigung an den Urquellen (Z. 8) – Elendsdarstellungen = Versündigung am Volke (Z. 17f.) – ...

2. **Kritische Stellungnahme**	Eigene Gedanken
– Herrscher bestimmt Grenze der Kunst – Diffamierung von Freiheit – Einengung des Kunstbegriffs auf „Schönheit" und „Harmonie" – Überheblichkeit, was deutsche Führungsrolle betrifft – Was stimmt? – ...	– Kunst braucht Offenheit, Entfaltungsspielraum, keine politisch gesetzten Grenzen. – Kunstbegriff ist nicht auf das „Schöne" und Harmonische einzuengen. – Sicher soll „Kunst" ästhetisch bilden, sensibel machen. – ...

Beachten Sie zur **Fehlervermeidung** folgende Hinweise:
– Vergleichen Sie alle Arbeitsschritte mit der Themenanalyse, um die Aufgabenstellung nicht zu verfehlen.
– Orientieren Sie sich bei der Texterörterung zunächst
• an *textimmanenten* Aspekten (vgl. S. 16): Z.B.: Von welchen ästhetischen Auffassungen (Prämissen) leitet Wilhelm II. seine Forderungen ab? Stimmen Thesen, Argumente und Schlussfolgerungen? Gibt es überflüssige Wiederholungen? Welche Absichten stehen vermutlich dahinter? Welche Wirkungen sind zu erwarten?
• Achten Sie bei den *textübergreifenden* Gesichtspunkten auf schlüssige Argumentation und anschauliche Beispiele.

3. Phase: Ausarbeitung und Korrektur

1. Die **Einleitung** soll einen Interessen- bzw. Verstehenshorizont eröffnen und hinführen, etwa durch
   - die Anknüpfung bei Ihrem Vorverständnis zu „Kunst“ (s. o.);
   - die Besprechung eines aktuellen Anlasses (z.B. den kulturpolitischen Streit um eine Gedenkstätte, ein Museum, einen Preis etc.);
   - den Ausgang von eigener Erfahrung (z.B. einer Kontroverse im Kunstunterricht, im Familien- oder Freundeskreis);
   - den Bezug zu einem der betroffenen Künstler oder zur Person des Textautors (z.B. zu Wilhelms II. z.T. berüchtigten Reden);
   - den Hinweis auf grundsätzliche Fragen der Kulturpolitik (z.B. Aufgaben des Staates, von Mäzenen);
   - einen Übersichtssatz zum vorliegenden Text, der in einer Frage endet, die es zu erörtern gilt.
2. Im **Hauptteil** ist die *diachronische* Reihung der vier Abschnitte (siehe tabellarische Stoffsammlung) abzulehnen, weil sie zu viele Wiederholungen mit sich bringt. Günstiger ist eine *synchrone* Strukturierung, bei der die textimmanente Kritik an Wilhelms II. Auffassungen unmittelbar an die Darstellung der Forderungen und Gefahren anzuschließen ist. Die textübergreifende Erörterung kann dann den abschließenden Schwerpunkt ergeben und sollte in sich so gegliedert sein, dass sich eine Klimaxstruktur ergibt.
3. Als **Schluss** wären folgende Lösungen denkbar:
   - Die Zusammenfassung des Ergebnisses (z.B. Offenheit und Vielfalt der Kunst statt Gängelung und Reglementierung);
   - Die Erläuterung des Zusammenhangs zwischen Kulturpolitik und Staatsform (z.B. demokratischer Pluralismus gegen monarchistische Dekretierung);
   - Die Andeutung weiterführender Fragen, die nicht erörtert werden konnten (z.B. die Differenzierung zwischen temporären Moden und stilprägenden Richtungen);
   - Auch eine „Rahmenstruktur“ wäre möglich, wobei Fragen und Aspekte der Einleitung aufgenommen und beantwortet werden (z.B. wie sich das Vorverständnis über Kunst durch die Erörterung differenziert hat).
4. Für die **Korrektur** (vgl. S. 36f.) sollten neben den allgemeinen Aspekten zwei Schwierigkeiten beachtet werden:
   - Die text- und aufgabengenaue sachliche Darstellung der Positionen Wilhelms II. (mit Zitaten und Zeilenangaben) sollte nicht mit der kritischen Erörterung vermengt werden.
   - Die Darlegung der eigenen Vorstellungen ist durch eine passende Überleitung mit dem Vorausgehenden zu verknüpfen.

6 Elemente aus Schülerlösungen

a) Wenn im Text „Gewerbe“ (Z. 2) gegenüber „Kunst“ (Z. 2) kritisch unterschieden und abgewertet wird, so lässt sich dies unter dem Aspekt rechtfertigen, dass billige Massenproduktion, z.B. von schlechten Farbdrucken, nichts mehr mit dem Individualitätsanspruch von künstlerischer Gestaltung zu tun hat.

b) Dass reglementierende Eingriffe in die Kunst und differenzierende Äußerungen gegen Künstler nicht mit dem Kaiserreich überwunden wurden, zeigt in den 60er-Jahren eine Beschimpfung des Bundeskanzlers Ludwig Erhard, der kritische Schriftsteller als „Pinscher“ bezeichnete.

c) Wenn von „Kunst“ die Rede ist, gibt es so viele Meinungen wie es Äußerungen gibt, denn es gibt keine objektiven Maßstäbe der Beurteilung, weil alles Geschmackssache ist.

d) Wenn Kunst i. S. von „Schönheit“ und „Harmonie“ (Z. 5) die „untersten Schichten des Volkes“ (Z. 22f.) „erheben“ (Z. 16) soll, so wird sie einmal in ihren Möglichkeiten überschätzt, zum andern politisch missbraucht. Denn wer arm und verelendet ist, kann nur durch eine bessere Sozialpolitik „erhoben“ werden, nicht durch Kunst, die dann missbraucht wird, wenn sie soziale Mängel ausgleichen soll.

e) Ist es nicht die größte und gefährlichste „Selbstüberhebung“ (Z. 4), wenn die Deutschen in ihrer Kunst, so wie sie Wilhelm II. versteht, Vorbild und Maßstab für alle Völker (Z. 12f. und Z. 20f.) sein wollen?

f) Im ersten Teil bekam Wilhelm II. sein Fett ab, jetzt will ich sagen, was in Fragen der Kunst Sache ist.

Kurt Schwitters (1887–1948): Bild 1926, 12. kleines Seemannsheim

Der **offene Brief** ist eine Mitteilung in Briefform an eine Person oder Institution, die mit einer Äußerung oder Verlautbarung den Widerspruch des Briefschreibers herausgefordert hat. Offene Briefe sind deshalb immer von einer kritischen Haltung bestimmt und haben nicht selten polemischen Charakter. Da der Briefschreiber der Meinung ist, dass der anstehende Sachverhalt auch für eine breite Öffentlichkeit von Interesse sei, wird der Brief seines privaten Charakters entkleidet und zur Veröffentlichung (in der Presse) bestimmt. Der offene Brief will daher nicht nur eine Verlautbarung zurückweisen, sondern auch die öffentliche Meinung gegen den Urheber dieser Verlautbarung mobilisieren.

10. a) Ordnen Sie die abgedruckten „Elemente“ der Einleitung dem entsprechenden Abschnitt des Hauptteils und dem Schluss zu und begründen Sie Ihre Entscheidung.
b) Verbessern Sie das „Element“, das Ihnen inhaltlich und sprachlich am wenigsten gelungen erscheint.

11. Vergleichen Sie die Aussagen der Karikatur „Freie Bühne“ (S. 319) mit der Rede des Kaisers.

12. Wählen Sie aus der Sicht eines Naturalisten eine der beiden Aufgaben.
a) Verfassen Sie als Antwort auf Text 5 einen offenen Brief an den Kaiser.
b) Schreiben Sie einen offenen Brief an den „Kladderadatsch“ als Antwort auf die Karikatur „Freie Bühne“ (S. 319).

Projektvorschlag: Veranstalten Sie, zusammen mit dem Fach Bildende Kunst, eine Debatte oder Diskussion (vgl. S. 11) über die Funktionen von Kunst.

Hugo von Hofmannsthal wurde am 1.2.1874 in Wien als Sohn eines Bankiers geboren. Die Familie verfügte über reiche Traditionen, die in ihrer Breite die kulturelle und ethnische Vielfalt des alten Österreichs repräsentierten. Schon als Schüler veröffentlichte er unter dem Pseudonym „Loris" viel bewunderte Gedichte und hatte Umgang mit Wiener Dichtern (Bahr, Schnitzler u.a.), aber vor allem mit Stefan George. Hofmannsthals Frühwerk umfasst alle Gedichte, die lyrischen Dramen und Erzählungen, Werke von hoher Musikalität und magischer Kraft der Sprache. Sie sind getragen vom Gedanken der Präexistenz, einer Art Schicksalslosigkeit, mit der der Mensch in das Leben tritt, in der er aber nicht verharren darf. Dieser Phase seines Schaffens folgte eine tiefe Krise des Künstlers und Menschen, die er in dem so genannten *Brief des Lord Chandos* nachgestaltet hat. Die späteren Werke Hofmannsthals versuchen den Weg aus der Präexistenz durch „Verknüpfung mit dem Leben", durch das Gesellige, das noch später ins Geschichtliche erweitert wurde. Die Gattung des Dramas – und hier besonders der Komödie und des Musikdramas – wurde für Hofmannsthal immer wichtiger. In diese späte Zeit fiel auch die Zusammenarbeit mit dem Komponisten Richard Strauss (1864–1949, *Elektra, Der Rosenkavalier, Ariadne auf Naxos, Die Frau ohne Schatten* u.a.). Hofmannsthal hat auch eine Fülle von Essays geschrieben und einen bedeutenden Briefwechsel mit zahlreichen Persönlichkeiten des europäischen Geisteslebens seiner Zeit unterhalten. Er starb am 15.7.1929 in Rodaun bei Wien.

2. Subjektive Welterfahrung – Die Vielfalt der Stile

Der „konsequente Naturalismus" ging auf die Eliminierung des Autors aus. Je mehr dieser zum bloßen Experimentator wird, umso mehr reduziert sich seine Tätigkeit auf genaue Beobachtung und unverfälschte Wiedergabe. Die Welt erklärt sich sozusagen von selbst, aus den immer gleichen Gesetzen. Aber auch der dargestellte Mensch erscheint als immer derselbe, da den immer gleichen Gesetzen unterworfen. Gegen diese Perspektivlosigkeit und Monotonie der bloßen Reproduktionstechnik des Naturalismus begann sehr schnell eine heftige Gegenwehr. Man besann sich wieder auf die schöpferische und welterklärende Kraft des Künstlers, sah sich aber gleichzeitig einer immer differenzierteren, schwerer zu durchschauenden Welt gegenüber. Nur noch ihre subjektive Anverwandlung schien möglich, was wiederum das Entstehen verschiedener Stilrichtungen ermöglichte (vgl. S. 339f.). In den Werken der wichtigsten Dichter der Jahrhundertwende lassen sich diese Stilrichtungen durchaus erkennen, aber kaum trennen. Das gilt auch für das Lebensgefühl, das von einer breiten Skala des Erlebens geprägt wird.

a) Die Welt in der Schwebe

1 Hugo von Hofmannsthal (1874–1929): Der Abenteurer und die Sängerin oder Die Geschichte des Lebens (Auszug)

[...]
Hast Du mich nicht
singen gehört? Sie sagen, dass es finst'rer
und lichter wird in einer grossen Kirche
von meinem Singen.
Sie sagen, meine Stimme ist ein Vogel,
der sitzt auf einem Zweig der Himmelsglorie.
Sie sagen, wenn ich singe, mischen sich
zwei Bäche freudig, der mit goldnem Wasser,
der des Vergessens, und der silberne
der seligen Erinnerung.
In meiner Stimme schwebt die höchste Wonne
auf goldnen Gipfeln, und der goldne Abgrund
der tiefsten Schmerzen schwebt in meiner Stimme.
Dies ist mein Alles, ich bin ausgehöhlt
wie der gewölbte Leib von einer Laute,
das Nichts, das eine Welt von Träumen herbergt:
und alles ist von Dir, Dein Ding, Dein Abglanz.
Denn wie ein Element sein Thier erschafft,
so wie das Meer die Muschel, wie die Luft
den Schmetterling, schuf Deine Liebe dies.
In Deiner Liebe, nur aus ihr genährt,
unfähig, anderswo nur einen Tag
sich zu erathmen, einzig nur bekleidet
mit Farb', aus diesem Element gesogen,
wuchs dieses Wunder, dies Kind der Luft,
Sclavin und Herrin der Musik, Geschwister
der weissen Götter, die im Boden schlafen,
dies Ding, das ich so: m e i n e Stimme nenne,
wie Einer traumhaft sagt: m e i n guter Geist! [...]

(v 1899)

1. Versuchen Sie den Monolog (Text 1) oder eines der Gedichte (Texte 2–5) angemessen zu rezitieren. Erarbeiten Sie über ein Textblatt (vgl. S. 14) genaue Anweisungen für den Vortrag (Tonhöhe, Satzmelodie, Rhythmus, Pausen, Lautstärke) und fügen Sie jeder Anweisung einen begründenden Halbsatz hinzu („[...], weil [...]").

2 Hugo von Hofmannsthal: Terzinen III

Wir sind aus solchem Zeug wie das zu Träumen,
Und Träume schlagen so die Augen auf
Wie kleine Kinder unter Kirschenbäumen,

Aus deren Krone den blassgoldnen Lauf
Der Vollmond anhebt durch die große Nacht.
... Nicht anders tauchen unsre Träume auf,

Sind da und leben wie ein Kind, das lacht,
Nicht minder groß im Auf- und Niederschweben
Als Vollmond, aus Baumkronen aufgewacht.

Das Innerste ist offen ihrem Weben;
Wie Geisterhände in versperrtem Raum
Sind sie in uns und haben immer Leben.

Und drei sind Eins: ein Mensch, ein Ding, ein Traum. (e 1894)

3 Stefan George (1868–1933): Wir schreiten auf und ab ...*

(Aus: Das Jahr der Seele)

Wir schreiten auf und ab im reichen flitter
Des buchenganges beinah bis zum tore
Und sehen aussen in dem feld vom gitter
Den mandelbaum zum zweitenmal im flore.

Wir suchen nach den schattenfreien bänken
Dort wo uns niemals fremde stimmen scheuchten ·
In träumen unsre arme sich verschränken ·
Wir laben uns am langen milden leuchten

Wir fühlen dankbar wie zu leisem brausen
Von wipfeln strahlenspuren auf uns tropfen
Und blicken nur und horchen wenn in pausen
Die reifen früchte an den boden klopfen.

(v 1897)

Stefan George wurde am 12.7.1868 in Büdesheim bei Bingen geboren. Sein Vater besaß ein Weingut und eine Gastwirtschaft. Nach dem Besuch des Gymnasiums in Darmstadt studierte er kurze Zeit in Berlin. Dann begann er ein lebenslanges Wanderleben: Nie hatte er einen festen Wohnsitz, nie ging er einer Erwerbstätigkeit nach. Aber er verstand es, sich mit zahlreichen Freunden zu umgeben, die sich ganz in den Dienst des verehrten Meisters stellten („George-Kreis"). Vom französischen Symbolismus angeregt, schuf er eine Lyrik, die nach höchster sprachlicher Intensität, der Vergeistigung der Empfindungen und der Enthobenheit von jeder Alltäglichkeit strebte. George hat außer Gedichten nur ganz wenige Prosatexte geschrieben. Er starb am 4.12.1933 im Tessin.

2. Interpretieren Sie arbeitsteilig in Gruppenarbeit die Texte 1–5 unter dem inhaltlichen Gesichtspunkt des Lebensgefühls und dem formalen Gesichtspunkt der Wortwahl und des Satzbaus. Vergleichen Sie Ihre Ergebnisse und halten Sie ein Gesamtergebnis fest.

4 Stefan George: Der hügel wo wir wandeln ...*

(Aus: Das Jahr der Seele)

Der hügel wo wir wandeln liegt im schatten ·
Indes der drüben noch im lichte webt
Der mond auf seinen zarten grünen matten
Nur erst als kleine weisse wolke schwebt.

Die strassen weithin-deutend werden blasser ·
Den wandrern bietet ein gelispel halt ·
Ist es vom berg ein unsichtbares wasser
Ist es ein vogel der sein schlaflied lallt?

Der dunkelfalter zwei die sich verfrühten
Verfolgen sich von halm zu halm im scherz ..
Der rain bereitet aus gesträuch und blüten
Den duft des abends für gedämpften schmerz.

(v 1897)

5 Rainer Maria Rilke (1875–1926): Blaue Hortensie

So wie das letzte Grün in Farbentiegeln
sind diese Blätter, trocken, stumpf und rauh,
hinter den Blütendolden, die ein Blau
nicht auf sich tragen, nur von ferne spiegeln.

Sie spiegeln es verweint und ungenau,
als wollten sie es wiederum verlieren,
und wie in alten blauen Briefpapieren
ist Gelb in ihnen, Violett und Grau;

Verwaschnes wie an einer Kinderschürze,
Nichtmehrgetragnes, dem nichts mehr geschieht:
wie fühlt man eines kleinen Lebens Kürze.

Doch plötzlich scheint das Blau sich zu verneuen
in einer von den Dolden, und man sieht
ein rührend Blaues sich vor Grünem freuen.

(e 1906)

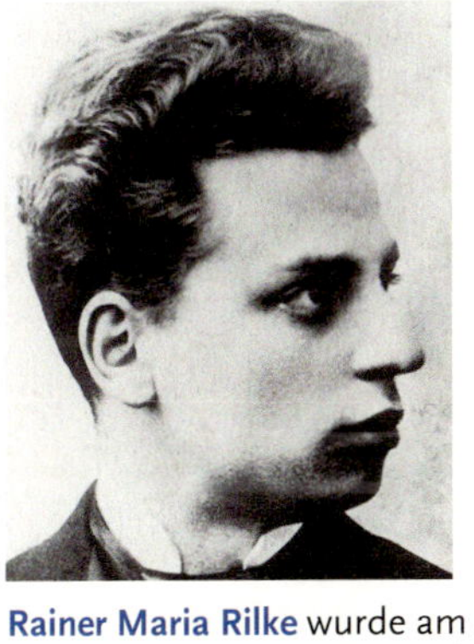

Rainer Maria Rilke wurde am 4.12.1875 in Prag als Sohn eines Eisenbahnbeamten geboren. Nach Schul- und Studienjahren in Prag kam er 1896 nach München und 1897 nach Berlin. Er verbrachte sein Leben im Wesentlichen auf Reisen; Versuche sesshaft zu werden scheiterten regelmäßig. Erst um 1920 gelang mit der Hilfe eines Schweizer Gönners die Ansiedlung im Wallis, wo er schon am 29.12.1926 einem qualvollen Leiden erlag. Rilke schrieb vor allem Gedichte, die er häufig zu Zyklen verband (*Das Stundenbuch, Das Buch der*

Bilder, Duineser Elegien, Sonette an Orpheus). Die Aufgabe seiner Dichtung sah er nicht nur in der Weltdeutung, sondern in der Weltheilung: Er wollte die Welt, umfassend verstanden als Bestand und Sinn des Daseins, retten, weil sie „in die Hände der Menschen gefallen“ sei. Deshalb bemühte er sich auch um eine große Genauigkeit der Anschauung, wie sie sich in den „Dinggedichten“ zeigt, in denen er „das Ding“ (Tier, Pflanze, Kunstding, Zustand, aber auch den Menschen selbst) auf sein Wesentliches zurückführen wollte. Neben Gedichten schrieb Rilke Betrachtungen, Essays, ein Buch über den französischen Bildhauer Auguste Rodin und vor allem den autobiografischen Roman *Die Aufzeichnungen des Malte Laurids Brigge.*

b) Leben und Tod

6 Hugo von Hofmannsthal (1874–1929): Terzinen I. Über Vergänglichkeit

Noch spür ich ihren Atem auf den Wangen:
Wie kann das sein, dass diese nahen Tage
Fort sind, für immer fort, und ganz vergangen?

Dies ist ein Ding, das keiner voll aussinnt,
Und viel zu grauenvoll, als dass man klage:
Dass alles gleitet und vorüberrinnt.

Und dass mein eignes Ich, durch nichts gehemmt,
Herüberglitt aus einem kleinen Kind
Mir wie ein Hund unheimlich stumm und fremd.

Dann: dass ich auch vor hundert Jahren war
Und meine Ahnen, die im Totenhemd,
Mit mir verwandt sind wie mein eignes Haar,

So eins mit mir als wie mein eignes Haar.

(v 1894)

7 Stefan George (1868–1933): Komm in den totgesagten park …[1]

Komm in den totgesagten park und schau:
Der schimmer ferner lächelnder gestade
Der reinen wolken unverhofftes blau
Erhellt die weiher und die bunten pfade

Dort nimm das tiefe gelb das weiche grau
Von birken und von buchs · der wind ist lau
Die späten rosen welkten noch nicht ganz
Erlese küsse sie und flicht den kranz

Vergiss auch diese lezten astern nicht
Den purpur um die ranken wilder reben
Und auch was übrig blieb von grünem leben
Verwinde leicht im herbstlichen gesicht.

(v 1897)

8 Rainer Maria Rilke (1875–1926): Jetzt reifen schon …

JETZT reifen schon die roten Berberitzen,
alternde Astern atmen schwach im Beet.
Wer jetzt nicht reich ist, da der Sommer geht,
wird immer warten und sich nie besitzen.

Wer jetzt nicht seine Augen schließen kann,
gewiss, dass eine Fülle von Gesichten
in ihm nur wartet bis die Nacht begann,
um sich in seinem Dunkel aufzurichten: –
der ist vergangen wie ein alter Mann.

Dem kommt nichts mehr, dem stößt kein Tag mehr zu,
und alles lügt ihn an, was ihm geschieht;
auch du, mein Gott. Und wie ein Stein bist du,
welcher ihn täglich in die Tiefe zieht.

(e 1901)

3. Vergleichen Sie, wie in den Gedichten 6–8 das Thema der Vergänglichkeit gestaltet ist.

4. a) George ließ seine Gedichte nur in seiner Handschrift oder einer eigens für ihn gestalteten Typografie drucken. Wie erklären Sie sich das?
b) Versuchen auch Sie den Gedichten eine grafische Form zu geben, also optisch adäquat zu präsentieren. Welche Hilfsmittel könnten Sie verwenden? Beurteilen Sie die Ergebnisse. Diskutieren Sie die Beurteilungskriterien.

[1] Aus: Das Jahr der Seele. In der Handschrift Georges.

c) „Zustände unseres Inneren“

9 Thomas Mann (1875–1955): Enttäuschung (Auszug, Biografie S. 383)

Die Erzählung gibt ein Gespräch zwischen dem Erzähler und einem „sonderbaren Herrn“ wieder, den er in Venedig zufällig trifft. Der „sonderbare Herr“ beendet seine eher monologische Rede so:

„[...]

Ich gedenke oft des Tages, an dem ich das Meer zum ersten Male erblickte. Das Meer ist groß, das Meer ist weit, mein Blick schweifte vom Strande hinaus und hoffte, befreit zu sein: Dort hinten aber war der Horizont. Warum habe ich einen Horizont? Ich habe vom Leben das Unendliche erwartet.

Vielleicht ist er enger, mein Horizont, als der anderer Menschen! Ich habe gesagt, mir fehle der Sinn für Tatsächlichkeiten, – habe ich vielleicht zu viel Sinn dafür? Kann ich zu bald nicht mehr? Bin ich zu schnell fertig? Kenne ich Glück und Schmerz nur in den niedrigsten Graden, nur in verdünntem Zustande?

Ich glaube es nicht; und ich glaube den Menschen nicht, ich glaube den wenigsten, die angesichts des Lebens in die großen Wörter der Dichter einstimmen, – es ist Feigheit und Lüge! Haben Sie übrigens bemerkt, mein Herr, dass es Menschen gibt, die so eitel sind und so gierig nach der Hochachtung und dem heimlichen Neide der anderen, dass sie vorgeben, nur die großen Wörter des Glücks erlebt zu haben, nicht aber die des Leidens?

Es ist dunkel, und Sie hören mir kaum noch zu; darum will ich es mir heute noch einmal gestehen, dass auch ich, ich selbst es einst versucht habe, mit diesen Menschen zu lügen, um mich vor mir und den anderen als glücklich hinzustellen. Aber es ist manches Jahr her, dass diese Eitelkeit zusammenbrach, und ich bin einsam, unglücklich und ein wenig wunderlich geworden, ich leugne es nicht.

Es ist meine Lieblingsbeschäftigung, bei Nacht den Sternenhimmel zu betrachten; denn ist das nicht die beste Art, von der Erde und vom Leben abzusehen? Und vielleicht ist es verzeihlich, dass ich es mir dabei angelegen sein lasse, mir meine Ahnungen wenigstens zu wahren? Von einem befreiten Leben zu träumen, in dem die Wirklichkeit in meinen großen Ahnungen ohne den quälenden Rest der Enttäuschung aufgeht? Von einem Leben, in dem es keinen Horizont mehr gibt? –

Ich träume davon, und ich erwarte den Tod. Ach, ich kenne ihn bereits so genau, den Tod, diese letzte Enttäuschung! Das ist der Tod, werde ich im letzten Augenblicke zu mir sprechen; nun erlebe ich ihn! – Was ist das nun eigentlich?

Aber es ist kalt geworden auf dem Platze, mein Herr; ich bin imstande, das zu empfinden, hehe! Ich empfehle mich Ihnen aufs Allerbeste. Adieu!“ – (e 1896)

10 Rainer Maria Rilke (1875–1926): Die Aufzeichnungen des Malte Laurids Brigge. Roman (Auszug)

[...]

Habe ich es schon gesagt? Ich lerne sehen. Ja, ich fange an. Es geht noch schlecht. Aber ich will meine Zeit ausnutzen.

Dass es mir zum Beispiel niemals zum Bewusstsein gekommen ist, wie viel Gesichter es giebt. Es giebt eine Menge Menschen, aber noch viel mehr Gesichter, denn jeder hat mehrere. Da sind Leute, die tragen ein Gesicht jahrelang, natürlich nutzt es sich ab, es wird schmutzig, es bricht in den Falten, es weitet sich aus wie Handschuhe, die man auf der Reise getragen hat. Das sind sparsame, einfache Leute; sie wechseln es nicht, sie lassen es nicht einmal reinigen. Es sei gut genug, behaupten sie, und wer kann ihnen das Gegenteil nachweisen? Nun fragt es sich freilich, da sie mehrere Gesichter haben, was tun sie mit den andern? Sie heben sie auf. Ihre Kinder sollen sie tragen. Aber es kommt auch vor, dass ihre Hunde damit ausgehen. Weshalb auch nicht? Gesicht ist Gesicht.

Andere Leute setzen unheimlich schnell ihre Gesichter auf, eins nach dem andern, und tragen sie ab. Es scheint ihnen zuerst, sie hätten für immer, aber sie sind kaum vierzig; da ist schon das letzte. Das hat natürlich seine Tragik. Sie sind nicht gewohnt, Gesichter zu schonen, ihr letztes ist in acht Tagen durch, hat Löcher, ist an vielen Stellen dünn wie Papier, und da kommt dann nach und nach die Unterlage heraus, das Nichtgesicht, und sie gehen damit herum.

Aber die Frau, die Frau: sie war ganz in sich hineingefallen, vornüber in ihre Hände. Es war an der Ecke rue Notre-Dame-des-Champs. Ich fing an, leise zu gehen, sowie ich sie gesehen hatte. Wenn arme Leute nachdenken, soll man sie nicht stören. Vielleicht fällt es ihnen doch ein.

Die Straße war zu leer, ihre Leere langweilte sich und zog mir den Schritt unter den Füßen weg und klappte mit ihm herum, drüben und da, wie mit einem Holzschuh. Die Frau er-

5. a) Vergleichen Sie die Themen und den Erzählstil der Texte 9–11.
b) Untersuchen Sie, ob und ggfs. wo Ähnlichkeiten mit dem „Sekundenstil“ (vgl. S. 318) deutlich werden.

6. In einer Besprechung von Georges „Jahr der Seele“ spricht Hofmannsthal von den „geheimsten und tiefsten Zustände(n) unseres Inneren“ und fährt dann fort:
„Die Landschaften der Seele sind wunderbarer als die Landschaften des gestirnten Himmels: nicht nur ihre Milchstraßen sind Tausende von Sternen, sondern auch ihre Schattenklüfte, ihre Dunkelheiten sind tausendfaches Leben, Leben, das lichtlos geworden ist durch sein Gedränge, erstickt durch seine Fülle. Und diese Abgründe, in denen das Leben sich selber verschlingt, kann ein Augenblick durchleuchten, entbinden, Milchstraßen aus ihnen machen. Und diese Augenblicke sind die Geburten der vollkommenen Gedichte [...]“.
a) Versuchen Sie diese Aussage mit den Texten 9 bis 11 sowie den Gedichten 1–8 (S. 324ff.) in Beziehung zu bringen.
b) Welchen Zusammenhang von Kunst und Leben sieht Hofmannsthal? Welche Aufgabe hat für ihn die Kunst?

schrak und hob sich aus sich ab, zu schnell, zu heftig, so dass das Gesicht in den zwei Händen blieb. Ich konnte es darin liegen sehen, seine hohle Form. Es kostete mich unbeschreibliche Anstrengung, bei diesen Händen zu bleiben und nicht zu schauen, was sich aus ihnen abgerissen hatte. Mir graute, ein Gesicht von innen zu sehen, aber ich fürchtete mich doch noch viel mehr vor dem bloßen wunden Kopf ohne Gesicht. [...] (v 1910)

11 Arthur Schnitzler (1862–1931): Leutnant Gustl. Erzählung
(Schluss)

Arthur Schnitzler wurde 1862 in Wien als Sohn eines angesehenen Medizin-Professors geboren. Er wuchs in einem großbürgerlich-jüdischen Milieu auf. Auch er studierte Medizin und wurde Arzt, widmete sich aber mehr und mehr seiner schriftstellerischen Tätigkeit und lebte schließlich als freier Schriftsteller in Wien. Der Psychoanalyse Sigmund Freuds, mit dem er befreundet war, brachte er großes Interesse entgegen. Sie prägte auch seine Theaterstücke (Einakter, lockere Szenenfolgen und mehraktige Dramen) und seine Prosa (von der Erzählung über die Novelle bis zum Roman), in denen er ein psychologisch einfühlsames und genaues Porträt der Wiener Gesellschaft seiner Zeit in allen ihren sozialen Schichten gab. Nicht selten sind seine Figuren von Resignation und Melancholie geprägt, von Todesnähe überschattet. Sein Stil ist aber auch von skeptischer Ironie und spielerischer Leichtigkeit geprägt. Er wurde zum meistgespielten deutschen Dramatiker vor dem I. Weltkrieg und zu einem der erfolgreichsten Schriftsteller seiner Zeit. Nicht selten wurde er aber auch wegen „Unmoral" und aus antisemitischen Motiven angefeindet. So führte die Veröffentlichung der Erzählung *Leutnant Gustl* 1900 zur Aberkennung seines Offiziersrangs wegen „Schädigung des Ansehens und Beleidigung der österreichisch-ungarischen Armee". Schnitzler hatte einen riesigen Freundeskreis und stand mit vielen im Briefwechsel. Erst posthum ist 1968 seine Autobiografie *Jugend in Wien* erschienen, die tiefe Einblicke in sein Wesen und die ihn prägenden Faktoren gibt.

Eine Novelle ganz als innerer Monolog (vgl. S. 320), in der ein junger Leutnant wegen einer Kränkung seiner Ehre vor der Frage steht, ob er sich erschießen muss, weil ein Duell mit dem nicht satisfaktionsfähigen[1] Bäckermeister aus Standesgründen nicht möglich ist.

[...]

„Habe die Ehre, Herr Leutnant!" „Guten Morgen."

„So früh heute, Herr Leutnant?"

„Ah, lassen S' nur – ich hab' nicht viel Zeit, ich kann mit'm Mantel dasitzen."

„Was befehlen Herr Leutnant?"

„Eine Melange mit Haut."

„Bitte gleich, Herr Leutnant!"

Ah, da liegen ja Zeitungen ... schon heutige Zeitungen? ... Ob schon was drinsteht? ... Was denn? – Mir scheint, ich will nachseh'n, ob drinsteht, dass ich mich umgebracht hab'! Haha! Warum steh' ich denn noch immer? ... Setzen wir uns da zum Fenster ... Er hat mir ja schon die Melange hingestellt ... So, den Vorhang zieh' ich zu; es ist mir zuwider, wenn die Leut' hereingucken ... Es geht zwar noch keiner vorüber ... Ah, gut schmeckt der Kaffee – doch kein leerer Wahn, das Frühstücken! ... Ah, ein ganz anderer Mensch wird man – der ganze Blödsinn ist, dass ich nicht genachtmahlt hab' ... Was steht denn der Kerl schon wieder da? – Ah, die Semmeln hat er mir gebracht ...

„Haben Herr Leutnant schon gehört?"...

„Was denn?" Ja, um Gotteswillen, weiß der schon was? ... Aber, Unsinn, es ist ja nicht möglich!

„Den Herrn Habetswallner ..."

Was? So heißt ja der Bäckermeister ... was wird der jetzt sagen?... Ist der am End' schon da gewesen? Ist er am End' gestern schon da gewesen und hat's erzählt? ... Warum red't er denn nicht weiter? ... Aber er red't ja ...

„... hat heut' Nacht um zwölf der Schlag getroffen."

„Was?" ... Ich darf nicht so schreien ... nein, ich darf mir nichts anmerken lassen ... aber vielleicht träum' ich ... ich muss ihn noch einmal fragen ... „Wen hat der Schlag getroffen?" Famos, famos! – Ganz harmlos hab' ich das gesagt! –

„Den Bäckermeister, Herr Leutnant! ... Herr Leutnant werd'n ihn ja kennen ... na, den Dicken, der jeden Nachmittag neben die Herren Offiziere seine Tarockpartie hat ... mit'n Herrn Schlesinger und'n Herrn Wasner von der Kunstblumenhandlung vis-à-vis!"

Ich bin ganz wach – stimmt alles – und doch kann ich's noch nicht recht glauben – ich muss ihn noch einmal fragen ... aber ganz harmlos ...

„Der Schlag hat ihn getroffen? ... Ja, wieso denn? Woher wissen S' denn das?"

„Aber Herr Leutnant, wer soll's denn früher wissen, als unsereiner – die Semmel, die der Herr Leutnant da essen, ist ja auch vom Herrn Habetswallner. Der Bub, der uns das Gebäck um halber fünfe in der Früh bringt, hat's uns erzählt „

Um Himmelswillen, ich darf mich nicht verraten ... ich möcht' ja schreien... ich möcht' ja lachen ... ich möcht' ja dem Rudolf ein Bussel geben ... Aber ich muss ihn noch was fragen! ... Vom Schlag getroffen werden, heißt noch nicht: tot sein ... ich muss fragen, ob er tot ist ... aber ganz ruhig, denn was geht mich der Bäckermeister an – ich muss in die Zeitung schau'n, während ich den Kellner frag'...

„Ist er tot?"

„Na, freilich, Herr Leutnant; auf'm Fleck ist er tot geblieben." O, herrlich, herrlich! – Am End' ist das alles, weil ich in der Kirchen g'wesen bin ...

„Er ist am Abend im Theater g'wesen; auf der Stiegen ist er umg'fallen – der Hausmeister hat den Krach gehört ... na, und dann haben s' ihn in die Wohnung getragen, und wie der Doktor gekommen ist, war's schon lang' aus."

„Ist aber traurig. Er war doch noch in den besten Jahren." Das hab' ich jetzt famos gesagt – kein Mensch könnt' mir was anmerken ... und ich muss mich wirklich zurückhalten, dass ich nicht schrei' oder aufs Billard spring' ...

[1] Die Satisfaktion (< lat. satisfactio = Genugtuung): Ehrenerklärung oder Genugtuung durch ein Duell, das im 19. Jh. sehr verbreitet war, heute aber nach dem Strafgesetzbuch (§ 201–210) mit Gefängnis bis zu 5 Jahren bestraft wird. Satisfaktionsfähig ist nur der sozial gleich oder höher Gestellte. In einer ausweglosen Situation ist man, wenn einem die Ehre von einem nicht satisfaktionsfähigen Gegner genommen wird.

„Ja, Herr Leutnant, sehr traurig; war ein so lieber Herr, und zwanzig Jahr' ist er schon zu uns kommen – war ein guter Freund von unserm Herrn. Und die arme Frau ...“

Ich glaub', so froh bin ich in meinem ganzen Leben nicht gewesen ... Tot ist er – tot ist er! Keiner weiß was, und nichts ist g'scheh'n! – Und das Mordsglück, dass ich in das Kaffeehaus gegangen bin ... sonst hätt' ich mich ja ganz umsonst erschossen – es ist doch wie eine Fügung des Schicksals ... Wo ist denn der Rudolf? – Ah, mit dem Feuerburschen[1] red't er ... – Also, tot ist er – tot ist er – ich kann's noch gar nicht glauben! Am liebsten möcht' ich hingeh'n, um's zu seh'n. – – Am End' hat ihn der Schlag getroffen aus Wut, aus verhaltenem Zorn ... Ah, warum, ist mir ganz egal! Die Hauptsach' ist: Er ist tot, und ich darf leben, und alles g'hört wieder mein! ... Komisch, wie ich mir da immerfort die Semmel einbrock', die mir der Herr Habetswallner gebacken hat! Schmeckt mir ganz gut, Herr von Habetswallner! Famos! – So, jetzt möcht' ich noch ein Zigarrl rauchen ...

„Rudolf! Sie, Rudolf! Sie, lassen S' mir den Feuerburschen dort in Ruh'!“

„Bitte, Herr Leutnant!“

„Trabucco“[2]... – Ich bin so froh, so froh! ... Was mach' ich denn nur? ... Was mach ich denn nur? ... Es muss ja was gescheh'n, sonst trifft mich auch noch der Schlag vor lauter Freud'! ... In einer Viertelstund' geh' ich hinüber in die Kasern' und lass mich vom Johann kalt abreiben ... um halb acht sind die Gewehrgriff, und um halb zehn ist Exerzieren. – Und der Steffi schreib' ich, sie muss sich für heut' Abend frei machen, und wenn's Graz gilt! Und nachmittag um vier ... na wart', mein Lieber, wart', mein Lieber! Ich bin grad gut aufgelegt ... Dich hau' ich zu Krenfleisch!

(e 1900)

d) Neue Zuversicht

12 Stefan George (1868–1933): Es lacht in dem steigenden jahr dir ...*

Es lacht in dem steigenden jahr dir
Der duft aus dem garten noch leis.
Flicht in dem flatternden haar dir
Eppich und ehrenpreis.

Die wehende saat ist wie gold noch ·
Vielleicht nicht so hoch mehr und reich ·
Rosen begrüssen doch hold noch ·
Ward auch ihr glanz etwas bleich.

Verschweigen wir was uns verwehrt ist ·
Geloben wir glücklich zu sein.
Wenn auch nicht mehr uns beschert ist
Als noch ein rundgang zu zwein.

(v 1897)

13 Rainer Maria Rilke (1875–1926): Herbst

Die Blätter fallen, fallen wie von weit,
als welkten in den Himmeln ferne Gärten;
sie fallen mit verneinender Gebärde.

Und in den Nächten fällt die schwere Erde
aus allen Sternen in die Einsamkeit.

Wir alle fallen. Diese Hand da fällt.
Und sieh dir andre an: es ist in allen.

Und doch ist Einer, welcher dieses Fallen
unendlich sanft in seinen Händen hält.

(e 1902)

Gedichtinterpretation 7: Der **Gedichtvergleich** (vgl. S. 246ff.) ist eine oft gestellte Prüfungsaufgabe, weil er besonders deutlich den Nachweis erbringen kann, wie groß das differenzierende Wahrnehmungsvermögen und die Schreibfertigkeit sind: Denn zwei Gedichte müssen sowohl in ihrer jeweiligen inhaltlichen und formalen Eigenart als auch innerhalb eines *Vergleichrahmens* in ihren Gemeinsamkeiten und/oder Unterschieden erfasst und so interpretiert werden, dass unter einem *Vergleichsaspekt* (oder mehreren Aspekten) eine sprachliche Ganzheit entsteht, in der Aussage und Form in ihrer Wechselbeziehung beschrieben und gedeutet werden. Ganz entscheidend ist die Gliederung der vergleichenden Interpretation: Das strukturell einfachere *diachrone Verfahren* (vgl. S. 247) birgt die Gefahr durch Wiederholungen, die durch den Rückverweis auf den ersten Text entstehen, eine Darstellung zu ergeben, die redundant (weitschweifig-wiederholend) und langweilig wirken kann. Deshalb muss früh eine klare Entscheidung getroffen werden, welches der Gedichte den Schwerpunkt bilden soll, von dem aus der Vergleich dann konzentriert anzustellen ist. Bei *synchroner* Darstellung (vgl. S. 247) wird der Vergleichsaspekt – oder werden die Vergleichsaspekte – unmittelbar auf beide Texte bezogen. Positiv dabei ist, dass die Rückgriffe entfallen und der Kontrast bzw. die Gemeinsamkeit pointiert herausgestellt werden kann. Fragwürdig wird dieses Verfahren, wenn es nicht gelingt, problemorientiert in größeren Zusammenhängen zu schreiben, sondern wenn ein

7. Verschaffen Sie sich einen ersten Gesamteindruck der Gedichte 12 und 13.
a) Notieren Sie Erwartungen zu den Überschriften.
b) Skizzieren Sie nach den ersten Leseversuchen (still und laut, wenn möglich) tabellarisch erste Eindrücke.

[1] Der Feuerbursche (wienerisch): Junge, der die Öfen zu besorgen hatte
[2] Trabucco: Zigarrenmarke

Jakob Bräckle (1897–1987): Herbst

ständiges Hin- und Herspringen den Vergleich kurzatmig und unübersichtlich werden lässt.

Thema: Vergleichen Sie die Gedichte „Es lacht in dem steigenden Jahr dir ..." von Stefan George und „Herbst" von Rainer Maria Rilke!
– Interpretieren Sie die jeweilige Gestaltung der Aussage vom zentralen Vergleichsaspekt aus!
– Stellen Sie charakteristische Merkmale der Jahrhundertwende heraus!

Problemstellung
Aufgabenstellung

1. Phase: Assoziationen und Themenanalyse

Assoziationen:

George
– steigendes Jahr = Herbst? (Widerspruch?)
– letzte Möglichkeiten des Genusses

Rilke
– Herbst = Fallen
– Aber: Halt durch den Einen

Vergleichsaspekte
Herbst als „End"-Zeit, wo gibt es „Halt"?

Themenanalyse: **Vergleichen** (Operator 1) zweier Gedichte als Generalanweisung

– **Interpretieren** (Operator 2) beschreiben und deuten — von *Aussage/Gestalt* aus Vergleichsaspekt — Inhalt/Form — „End"-Zeit/Halt

– **Herausstellen** (Operator 3) i.S. von skizzieren — von *Hauptmerkmalen* der *Jahrhundertwende* — wenige Aspekte von Inhalt + Stil — 1900 als Januskopf

8. Beurteilen Sie die Ergebnisse der 1. Phase in einem Kommentar.

Ergebnis: Innerhalb des Vergleichsrahmens (Herbst als Ende und Höhepunkt – wo ist „Halt"?) ist die Aufgabenstellung zweiteilig, wobei dem Operator „Interpretieren" das Hauptgewicht zukommt.

2. Phase: Tabellarische Stoffsammlung und Gliederung

„Es lacht ..."			„Herbst"		
Zeilen	Inhalt/Aufbau	Stileigenarten	Zeilen	Inhalt/Aufbau	Stileigenarten
1–2	– Duft des Gartens lacht (Synästhesie) • steigend = d.h. hier zu Ende gehend • Relativierung erst am Ende	– drei vierzeilige Strophen – „lacht", „steigend" (Z. 1) = positive Konnotationen, aber: – „noch leis" (Z. 2) bringt Einschränkungen wie die Z. 5–7, 11	1–2	– Blätterfall (Naturbeobachtung) • wie von weit • ferne Gärten	– eine dreizeilige Strophe, drei Strophen zu je zwei Zeilen – 3 x „fallen" (7 x im Gedicht)
3–4	– Wer flicht Efeu und Männertreu? (Symbolik der Namen?) • flatterndes Haar durch Herbstwind? • dir = Frau?	– vierzeilige Strophe mit Kreuzreim – Wechsel zwischen Daktylen (Z. 1/2) und Trochäen (Z. 3/4), also bewegter Rhythmus zwischen steigend und fallend – Enjambements (Z. 1/2, 3/4)	3	– Bilanz: mit „verneinender Gebärde" (Z. 3) • was wird verneint? • Gebärde ist personifizierend	– Wiederholung (Z. 1) mit Binnenreim – doppelter Vergleich (Z. 1/2) weit – in den Himmeln – 5-hebige Jamben (= steigend) in der Spannung zu „fallen" – strophenübergreifender umarmender Reim (Z. 2 = Waise)
	Deutung: Durch Verben (lacht, flicht) und Partizipien (steigend, flatternd) eine insgesamt heiter-gelöste Stimmung, die durch Rhythmus und Reim sowie das „Gleiten" (Enjambements) verstärkt wird. Erster Widerspruch: „noch".			*Deutung: Durch das dreimalige Fallen, durch „welkten" und „verneinend" eine sehr deutliche Stimmung des jahreszeitlichen Niedergangs, die durch Wiederholung und Binnenreim verstärkt wird. Der „steigende" Jambus scheint in der ersten Strophe noch im Widerspruch zur Tendenz des Fallens zu stehen.*	

Zeilen	Inhalt/Aufbau	Stileigenarten
5–8	– Saat... gold – Rosen... hold – ... *Deutung:* ...	– „noch" (Z. 5 + 7), „nicht mehr" (Z. 6), „etwas bleich" (Z. 8) = Einschränkungen in knappen Sätzen – ...
9–12	– Verschweigen ↕ – Geloben – Wenn auch ... – ... *Deutung:* ...	– Erstellen von Kontrasten – Konditionalsatz ... – ...

Zeilen	Inhalt/Aufbau	Stileigenarten
4–5	– „Fallen" im Universum • wieso „Erde"? • wieso „Einsamkeit?" – ... *Deutung:* ...	– Langer Satz – Enjambement (Z. 4/5) – ...
6–7	– Wir alle ... (Menschheit? Leben? Materie?) • lyrisches Ich bezieht sich ein • diese Hand (Demonstration) *Deutung:*...	– Kurze Parataxen – „Hand" = pars pro toto (wofür?) – ...
8–9	– Einer (= Schöpfer oder Gott?) – ... *Deutung:* ...	– Hypotaxe ... – Reimbindung „fällt" (Z. 6) – „hält" (Z. 9) mit Hauptton, d.h.? – ...

3. Phase: Ausarbeitung des Vergleichs und Korrektur

1. In der **Einleitung** könnte – neben der Nennung von Autoren, Titeln und der Problemstellung – auf den irritierenden Kontrast in den Überschriften oder auf den ersten Leseeindruck hingewiesen werden. Die Anmerkung zur Methode (Art der Gliederung) und zur Wahl des Schwerpunkts wäre als Überleitung geeignet.
2. Der **Hauptteil** sollte – unabhängig von persönlichen Präferenzen – den Schwerpunkt auf das Gedicht Rilkes legen. Dies lässt sich plausibel begründen:
   - George gibt ein räumlich (im Garten) und situativ weitgehend geschlossenes Stimmungsbild eines fast heiter anmutenden Abschieds, der unter dem generellen Vorbehalt des „Gerade-Noch" steht, die letzte Konsequenz (3. Strophe) verschweigt und in das möglicherweise kurze diesseitige Glück des „rundgang[s] zu zwein" (Z. 12) mündet.
   - Das Gewicht des Rilke-Gedichts ergibt sich aus den ganz anderen Dimensionen: Es beginnt ebenfalls im Garten, aber schon in der ersten Zeile eröffnet es eine „Weite", die kosmische (2. Strophe), seinsmäßige (3. Strophe) und transzendente Ausmaße (4. Strophe) erreicht: Obwohl der Zentralbegriff des „Fallens" alle Bereiche erfasst, erhält er im letzten Wort der letzten Zeile den alles beherrschenden Kontrapunkt des „Haltes" (Z. 9) i.S. einer transzendenten Geborgenheit. Aus dieser eindeutigen Gewichtung ist eine diachrone Gliederung naheliegend.
   - „Vergänglichkeit" des Irdischen ist in anderen Gedichten Georges, Rilkes, Georg Trakls und Hugo von Hofmannsthals ein Schlüsselbegriff der Jahrhundertwende und erinnert an die vanitas-Problematik des Barock. Zusammen mit der gleichzeitig ausgeprägten Tendenz von „Aufbruch", „neuem Frühling" prägt sich die Spannung des Janus-Gesichts der Jahrhundertwende aus.
3. Der **Schluss** kann in diesem Fall gut als persönliche Wertung gestaltet werden.
4. Bei der **Korrektur** (vgl. S. 36f.) sollte inhaltlich besonders auf die Gewichtung der Teile und die Herausarbeitung des zentralen Vergleichsaspekts geachtet werden. Stilistisch in hohem Maße anspruchsvoll ist die differenzierte Erfassung der äußerst labilen Ambivalenz in der Stimmungsschilderung bei Stefan George.

14 Vorschläge für Einleitungen

a) Der Gedichtvergleich gelingt am besten, wenn der umfangreichere und ältere Text in den Mittelpunkt gestellt wird.

b) Wie der Herbst in der Gemeinsamkeit der Liebenden glücklich sein kann, zeigt Georges Gedicht, während bei Rilke das „Fallen" als Verfall im Vordergrund steht.

c) Schon die Überschriften irritieren auf den ersten Blick: Wie soll „Es lacht in dem steigenden Jahr dir ..." mit „Herbst" als Verfall verglichen werden können?

d) Noch einmal das Liebesglück im Herbst oder die Klage über die Vergänglichkeit, das ist in den beiden Gedichten die Frage, die ich in der Reihenfolge der Erscheinungsdaten der Texte untersuchen will.

9. Ergänzen Sie die Stoffsammlung und geben Sie zu jeder Strophe eine Deutung als Zwischenergebnis.

10. Keine der Einleitungen entspricht den Anforderungen.
a) Notieren Sie die jeweiligen Fehler.
b) Geben Sie eine verbesserte Fassung zu dem Beispiel, das Ihnen noch am ehesten geeignet erscheint.

11. Schreiben Sie auf der Grundlage der Vorarbeiten die vergleichende Interpretation.

12. Sprechen Sie über die unterschiedliche Gestaltung des Themas „Herbst" in den Bildern von Bräckle und Arcimboldo.

Guiseppe Arcimboldo (1527–1593): Herbst

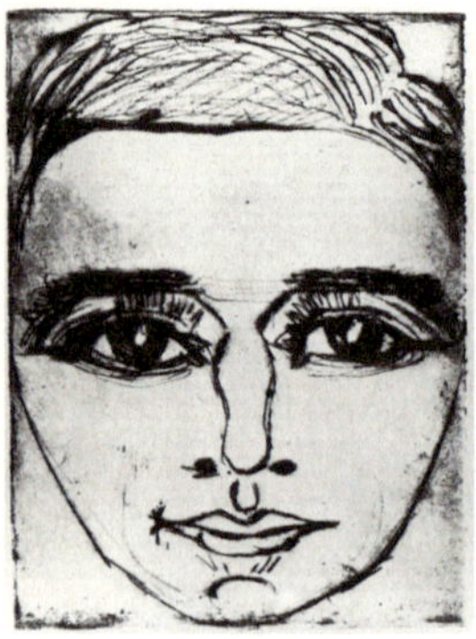

Georg Heym wurde am 30.10.1887 in Hirschberg/Schlesien geboren. In seinem Wesen prägte sich früh Abneigung, ja Hass gegen Traditionen und Konventionen jedweder Art aus. Auch Menschen, die behaupteten oder von denen behauptet wurde, dass sie Autoritäten seien, bezog er in diesen Hass ein, so besonders seinen Vater und Goethe. Dagegen liebte er „alle, die in sich ein zerrissenes Herz haben [...] alle, die oft so an sich verzweifeln, wie ich fast täglich an mir verzweifle". Widerwillig studierte er Jura in Würzburg, Jena und Berlin, widerwillig unterwarf er sich der unmittelbaren Berufsvorbereitung als Gerichtsreferendar. Er fühlte sich zum Dichter berufen. Seine Vorbilder waren Kleist, Hölderlin, Büchner, vor allem aber die französischen Symbolisten Rimbaud und Baudelaire. Er wandte sich neuen Themen zu und bediente sich ungewöhnlicher, kühner Metaphern. Er verstand sich als Revolutionär aus Verzweiflung. Auch seine wenigen Prosatexte (z.B. *Der fünfte Oktober*) weisen diese revolutionäre Tendenz auf. Am 16.1.1912 kam Heym bei dem Versuch einem beim Schlittschuhlaufen eingebrochenen Freund zu helfen ums Leben.

Ernst Stadler wurde am 11.8.1883 in Colmar/Elsass geboren. Sein Geburtsland, damals zum Deutschen Reich gehörig, bestimmte ihn auch in seiner Berufswahl: Er studierte Germanistik, Romanistik und vergleichende Sprachwissenschaft und war zuletzt Professor in Brüssel. Stadler war ein unermüdlicher Vermittler zwischen den modernen Literaturen in Frankreich und Deutschland, sei es als Essayist oder Übersetzer. Der von ihm eingeführte Langvers fand viele Nachahmer. Stadler fiel am 30.10.1914 als Reserveoffizier in Belgien.

3. Zwischen Traum und Verzweiflung – Der Expressionismus

Mit „Expressionismus" (< lat. expressio = Ausdruck) wird erneut eine Strömung der europäischen Bildenden Kunst vor allem auf die deutsche Literatur der Zeit zwischen 1910–1925 übertragen. Ist mit „Ausdruckskunst" ein programmatischer Gegensatz sowohl gegen die materielle Wirklichkeitsnachbildung des Naturalismus als auch gegen die Wiedergabe äußerer Eindrücke im Impressionismus verbunden? In welche Richtungen weist die expressionistische Literatur?

a) Form ist Wollust

1 Georg Heym (1887–1912): Tagebücher, 15.9.1911 (Auszug)

Mein Gott – ich ersticke noch mit meinem brachliegenden Enthusiasmus in dieser banalen Zeit. Denn ich bedarf gewaltiger äußerer Emotionen, um glücklich zu sein. Ich sehe mich in meinen wachen Fantasien, immer als einen Danton, oder einen Mann auf der Barrikade, ohne meine Jacobinermütze kann ich mich eigentlich gar nicht denken. Ich hoffte jetzt wenigstens auf einen Krieg. Auch das ist nichts.

Mein Gott, wäre ich in der Französischen Revolution geboren, ich hätte wenigstens gewusst, wo ich mit Anstand hätte mein Leben lassen können. [...] alle diese Leute können sich in diese Zeit eingewöhnen, sie alle, [...], Leute des Innern, können sich schließlich in jeder Zeit zurecht finden, ich aber, der Mann der Dinge, ich, ein zerrissenes Meer, ich immer in Sturm, ich der Spiegel des Außen, ebenso wild und chaotisch wie die Welt, ich leider so geschaffen, dass ich ein ungeheures, begeistertes Publikum brauche um glückselig zu sein, krank genug, um mir nie selbst genug zu sein, ich wäre mit einem Male gesund, ein Gott, erlöst, wenn ich irgendwo eine Sturmglocke hörte, wenn ich die Menschen herumrennen sähe mit angstzerfetzten Gesichtern, wenn das Volk aufgestanden wäre, und eine Straße hell wäre von Pieken, Säbeln, begeisterten Gesichtern, [...]. (e 1911)

2 Ernst Stadler (1883–1914): Form ist Wollust

Form und Riegel mussten erst zerspringen,
Welt durch aufgeschlossne Röhren dringen:
Form ist Wollust, Friede, himmlisches Genügen,
Doch mich reißt es, Ackerschollen umzupflügen.
Form will mich verschnüren und verengen,
Doch ich will mein Sein in alle Weiten drängen –
Form ist klare Härte ohn' Erbarmen,
Doch mich treibt es zu den Dumpfen, zu den Armen,
Und in grenzenlosem Michverschenken
Will mich Leben mit Erfüllung tränken. (e 1914)

3 Ernst Stadler: Der Spruch

In einem alten Buche stieß ich auf ein Wort,
Das traf mich wie ein Schlag und brennt durch meine Tage fort:
Und wenn ich mich an trübe Lust vergebe,
Schein, Lug und Spiel zu mir anstatt des Wesens hebe,
Wenn ich gefällig mich mit raschem Sinn belüge,
Als wäre Dunkles klar, als wenn nicht Leben tausend wild verschlossne Tore trüge,
Und Worte wiederspreche, deren Weite nie ich ausgefühlt,
Und Dinge fasse, deren Sinn mich niemals aufgewühlt,
Wenn mich willkommner Traum mit Sammethänden streicht,
Und Tag und Wirklichkeit von mir entweicht,
Der Welt entfremdet, fremd dem tiefsten Ich,
Dann steht das Wort mir auf: Mensch, werde wesentlich! (e 1914)

4 Franz Marc (1880–1916): Programmpunkte und Ziele der Künstlergruppe „Der blaue Reiter"

Marc gründete 1911 mit Wassily Kandinsky (1866–1944) den „Blauen Reiter", um einem neuen künstlerischen Wollen zum Durchbruch zu verhelfen. In zahlreichen Texten versuchte er eine Theorie dieser neuen Kunstauffassung zu entwickeln. Der folgende Text sollte dem Publikum die Intentionen der Gruppe anlässlich ihrer ersten großen Ausstellung nahebringen. Die Zeilen 1–25 werden in der Formulierung Marcs (links, März 1912) und Kandinskys (rechts, September 1911) abgedruckt.

Franz Marc, Blaues Pferd 1 (1911), Leinwand (112 x 84,5 cm) Städtische Galerie im Lenbachhaus, München

Franz Marc: 1880 geb. in München, 1916 gefallen vor Verdun. Er hatte zeitweise impressionistisch gemalt und fand ab 1911 unter den Einflüssen August Mackes, W. Kandinskys und des Kubismus zu kristallinischen Formen und symbolstarken Farben, vor allem in seinen kraftvollen Tierbildern.

Die große Umwälzung,

die Verschiebung des Schwerpunktes in der Kunst, der Literatur und der Musik,

die Verschiedenheit der Werte, vom Standpunkt der Konstruktion und der Komposition aus betrachtet,

die Notwendigkeit, sich gründlich der inneren Natur zuzuwenden und infolgedessen auf jede Verschönerung der äußeren Formen der Natur zu verzichten, dies sind, im großen Ganzen, die Merkmale der inneren Wiedergeburt.

Die Wesenszüge und die Manifestationen dieser Verwandlung aufzeigen, die Kontinuität dieser Richtung in Bezug auf die vergangenen Epochen herausarbeiten, die inneren Antriebe in Erscheinung treten lassen bei allen Formen, die beim Betrachter eine intime Reaktion hervorrufen, dies ist das Ziel, um das sich der „Blaue Reiter" bemühen wird.

Die große Umwälzung;

Das Verschieben des Schwerpunktes in der Kunst, Literatur und Musik;

Die Mannigfaltigkeit der Formen: das Konstruktive, Kompositionelle dieser Formen;

Die intensive Wendung zum Innern der Natur und der damit verbundene Verzicht auf das Verschönern des Äußeren der Natur – das sind im Allgemeinen die Zeichen der neuen inneren Renaissance.

Die Merkmale und Äußerungen dieser Wendung zu zeigen, ihren inneren Zusammenhang mit vergangenen Epochen hervorzuheben, die Äußerung der inneren Bestrebungen in jeder innerlich klingenden Form bekanntzumachen – das ist das Ziel, welches zu erreichen der „Blaue Reiter" sich bemühen wird.

Wir suchen heute hinter dem Schleier der äußeren Erscheinungen verborgene Dinge ... Wir suchen und malen diese geistige Seite unseres Ich in der Natur, nicht aus einer Laune heraus oder um der Freude am Anderssein willen, sondern weil wir diese Seite sehen ...

Man glaubt allen Ernstes, dass wir modernen Maler unsere Formen nicht mehr der Natur entnehmen, wie es alle Künstler zu allen Zeiten bis jetzt getan haben. Die Natur glänzt in unseren Malereien wie in allen Kunstformen. Die Natur ist überall, in uns und außer uns. Es gibt nur eines, das nicht vollständig Natur ist, sondern vielmehr die Beherrschung und die Deutung der Natur, und das ist die Kunst. Die Kunst in ihrer reinsten Form ist immer die kühnste Trennung zwischen der Natur und der „Naturalität" gewesen. Sie ist die Brücke zur geistigen Welt. (1912)

1. a) Stellen Sie in einer Tabelle das Traditionelle und das Revolutionäre in der Kunstauffassung des Expressionismus einander gegenüber (Texte 1–4).
b) Erörtern Sie, welcher Zusammenhang sich zwischen dem Expressionismus und der Epoche „Jahrhundertwende" ergibt.
c) Versuchen Sie festzustellen, wo der Expressionismus über seine Epoche hinausweist.

2. a) Informieren Sie in Kurzreferaten über die Künstlergemeinschaften „Der blaue Reiter" und „Die Brücke", ihre Mitglieder und deren Werke (Bücher, Diareihen, Filme).
b) Fertigen Sie von einem expressionistischen Bild Ihrer Wahl eine Beschreibung an.
c) Versuchen Sie die Gestalt und die Aussage dieses Bildes in einem freien Text (z.B. Schilderung) sprachlich möglichst adäquat wiederzugeben.

Oskar Loerke (1884–1941) wurde in Jungen in der Weichselniederung geboren. Seine zahlreichen Wanderungen und Reisen prägten sein Weltbild entscheidend. In seinen Tagebüchern, Gedichten und Erzählungen vermittelte er seine Beobachtungen und Reflexionen als Aufruf an die Menschen aus ihrer Ichzentrierung hinauszugehen und so den Zugang zu einer raum- und zeitübergreifenden Ordnung der Natur zu finden. Schon bald wandte er sich vom Expressionismus ab um einer „klassischen" Strenge in Bild- und Sprachgestaltung zu huldigen.

3. a) Untersuchen Sie die Bilder und Vergleiche in den Gedichten (Texte 5–8).
b) Vergleichen Sie das Ergebnis mit den Darstellungen von Meidner und Grosz.
c) Suchen Sie Ergänzungen zu dem Satz: Für die Expressionisten ist die Stadt ein Ort des/der ...

4. a) Alle vier Gedichte sind Sonette, haben also eine bei den Expressionisten besonders beliebte Form. (Vgl. S. 134ff.) Wie erklären Sie sich diese Beliebtheit?
b) Recherchieren Sie die Biografien von Alfred Wolfenstein und Paul Boldt.

Ludwig Meidner (1884–1966): Potsdamer Platz, Berlin (1913). Titelseite der Zeitschrift „Die Aktion" Nr. 44/45 (1914)

b) Erlebnis Stadt

Mit der im späten 19. Jahrhundert in Deutschland im Gefolge der Industrialisierung einsetzenden Verstädterung erwuchs dem Menschen ein neuer Lebensraum, der ihn vor neue Aufgaben stellte und ihm neue Erlebnismöglichkeiten eröffnete. Seit dem Naturalismus war daher die Stadt auch zum literarischen Motiv geworden, im Expressionismus trat es bestimmend hervor.

5 Oskar Loerke (1884–1941): Blauer Abend in Berlin

Der Himmel fließt in steinernen Kanälen;
Denn zu Kanälen steilrecht ausgehauen
Sind alle Straßen, voll vom Himmelblauen.
Und Kuppeln gleichen Bojen, Schlote Pfählen

Im Wasser. Schwarze Essendämpfe schwelen
Und sind wie Wasserpflanzen anzuschauen.
Die Leben, die sich ganz am Grunde stauen,
Beginnen sacht vom Himmel zu erzählen,

Gemengt, entwirrt nach blauen Melodien.
Wie eines Wassers Bodensatz und Tand
Regt sie des Wassers Wille und Verstand

Im Dünen, Kommen, Gehen, Gleiten, Ziehen.
Die Menschen sind wie grober bunter Sand
Im linden Spiel der großen Wellenhand. (e 1911)

6 Georg Heym (1887–1912): Die Stadt

Sehr weit ist diese Nacht. Und Wolkenschein
Zerreißet vor des Mondes Untergang.
Und tausend Fenster stehn die Nacht entlang
Und blinzeln mit den Lidern, rot und klein.

Wie Aderwerk gehn Straßen durch die Stadt,
Unzählig Menschen schwemmen aus und ein.
Und ewig stumpfer Ton von stumpfem Sein
Eintönig kommt heraus in Stille matt.

Gebären, Tod, gewirktes Einerlei,
Lallen der Wehen, langer Sterbeschrei,
Im blinden Wechsel geht es dumpf vorbei.

Und Schein und Feuer, Fackeln rot und Brand,
Die drohn im Weiten mit gezückter Hand
Und scheinen hoch von dunkler Wolkenwand. (1911)

7 Paul Boldt (1885–1918/19?): Auf der Terrasse des Café Josty

Der Potsdamer Platz in ewigem Gebrüll
Vergletschert alle hallenden Lawinen
Der Straßentrakte: Trams auf Eisenschienen,
Automobile und den Menschenmüll.

Die Menschen rinnen über den Asphalt,
Ameisenemsig, wie Eidechsen flink.
Stirne und Hände, von Gedanken blink,
Schwimmen wie Sonnenlicht durch dunklen Wald.

Nachtregen hüllt den Platz in eine Höhle,
Wo Fledermäuse, weiß, mit Flügeln schlagen
Und lila Quallen liegen – bunte Öle;

Die mehren sich, zerschnitten von den Wagen. –
Aufspritzt Berlin, des Tages glitzernd Nest,
Vom Rauch der Nacht wie Eiter einer Pest. (1914)

8 Alfred Wolfenstein (1888–1945): Städter

Nah wie Löcher eines Siebes stehn
Fenster beieinander, drängend fassen
Häuser sich so dicht an, dass die Straßen

Grau geschwollen wie Gewürgte sehn.
Ineinander dicht hineingehakt
Sitzen in den Trams die zwei Fassaden
Leute, wo die Blicke eng ausladen
Und Begierde ineinander ragt.

Unsre Wände sind so dünn wie Haut,
Dass ein jeder teilnimmt, wenn ich weine.
Flüstern dringt hinüber wie Gegröhle:

Und wie stumm in abgeschlossner Höhle
Unberührt und ungeschaut
Steht doch jeder fern und fühlt: alleine. (1914)

George Grosz (1893–1959): Friedrichstraße. Zeichnung (1918). Aus: Ecce Homo (1923)

c) Weltflucht, Weltende und Krieg

9 Else Lasker-Schüler (1869–1945): Weltschmerz

Ich, der brennende Wüstenwind,
Erkaltete und nahm Gestalt an.

Wo ist die Sonne, die mich auflösen kann,
Oder der Blitz, der mich zerschmettern kann!

Blick' nun: ein steinernes Sphinxhaupt,
Zürnend zu allen Himmeln auf.

Hab' an meine Glutkraft geglaubt. (v 1902)

10 Else Lasker-Schüler: Weltflucht

Ich will in das Grenzenlose
    Zu mir zurück,
Schon blüht, die Herbstzeitlose
    Meiner Seele,
Vielleicht – ist's schon zu spät zurück!
O, ich sterbe unter euch!
Da ihr mich erstickt mit euch.
Fäden möchte ich um mich ziehn –
Wirrwarr endend!
    Beirrend,
Euch verwirrend,
    Um zu entfliehn
        Meinwärts! (v 1902)

Else Lasker-Schüler wurde 1869 in Wuppertal-Elberfeld geboren. Erst als Dreißigjährige begann sie ihre schriftstellerische Tätigkeit als Lyrikerin, Dramatikerin und Prosaistin. Ihr Werk wurde gespeist aus den eigenen Lebenserfahrungen, die sie in den Rang von Mythen erhob. So wurde ihr der Tod ihrer Eltern und ihres Lieblingsbruders zur Vertreibung aus dem Paradies der Kindheit und zur Sehnsucht nach dem Land ihrer Väter; die Trennung von ihrem ersten Mann, um 1900, hinterließ in ihr lebenslange Schuldgefühle, die sie zum Mythos des zusammengehörigen Gegensatzes von Liebe und Tod, Erfüllung und Verlassenheit verdichtete. 1933 floh sie zunächst in die Schweiz, reiste dann mehrmals nach Israel, wo sie sich 1939 endgültig niederließ und 1945 als arme, alte Frau, von wenigen verehrt, starb.

11 Else Lasker-Schüler: Weltende

Es ist ein Weinen in der Welt,
Als ob der liebe Gott gestorben wär,
Und der bleierne Schatten, der niederfällt,
Lastet grabesschwer.

Komm, wir wollen uns näher verbergen ...
Das Leben liegt in aller Herzen
Wie in Särgen.

Du! wir wollen uns tief küssen –
Es pocht eine Sehnsucht an die Welt,
An der wir sterben müssen. (1905)

5. a) Ermitteln Sie Leitmotive der Texte 9–11.
b) Vergleichen Sie die „Weltende"-Gedichte (Texte 11 und 12).

Jakob van Hoddis (Pseudonym für Hans Davidsohn) wurde 1887 in Berlin geboren. Nach dem Abitur studierte er zunächst Architektur in München, dann Griechisch und Philosophie in Jena und Berlin. Im „Neopathetischen Cabaret" pflegte er seine Gedichte, die er immer alle bei sich trug, vorzulesen. Er wurde zum Schöpfer eines Groteskstils, der die Visionen schrecklicher Katastrophen mit Mitteln des schwarzen Humors, der Parodie, des Umschlags ins Triviale, der Umwertung von Erwartungshaltungen und Wertvorstellungen darzustellen versuchte. 1914 zeigten sich bei ihm erste Anzeichen einer Geisteskrankheit (Schizophrenie), die seine Unterbringung in Heilanstalten erforderlich machte. Am 30.4.1942 wurde er deportiert. Wo und wann van Hoddis starb, ist unbekannt.

12 Jakob van Hoddis (1887–ca. 1942): Weltende

Dem Bürger fliegt vom spitzen Kopf der Hut,
In allen Lüften hallt es wie Geschrei.
Dachdecker stürzen ab und gehn entzwei
Und an den Küsten – liest man – steigt die Flut.

Der Sturm ist da, die wilden Meere hupfen
An Land, um dicke Dämme zu zerdrücken.
Die meisten Menschen haben einen Schnupfen.
Die Eisenbahnen fallen von den Brücken.

(1911)

13 Georg Heym (1887–1912): Der Krieg

Aufgestanden ist er, welcher lange schlief,
Aufgestanden unten aus Gewölben tief.
In der Dämmrung steht er, groß und unerkannt,
Und den Mond zerdrückt er in der schwarzen Hand.

In den Abendlärm der Städte fällt es weit,
Frost und Schatten einer fremden Dunkelheit,
Und der Märkte runder Wirbel stockt zu Eis.
Es wird still. Sie sehn sich um. Und keiner weiß.

In den Gassen fasst es ihre Schulter leicht.
Eine Frage. Keine Antwort. Ein Gesicht erbleicht.
In der Ferne wimmert ein Geläute dünn
Und die Bärte zittern um ihr spitzes Kinn.

Auf den Bergen hebt er schon zu tanzen an
Und er schreit: Ihr Krieger alle, auf und an.
Und es schallet, wenn das schwarze Haupt er schwenkt,
Drum von tausend Schädeln laute Kette hängt.

Einem Turm gleich tritt er aus die letzte Glut,
Wo der Tag flieht, sind die Ströme schon voll Blut.
Zahllos sind die Leichen schon im Schilf gestreckt,
Von des Todes starken Vögeln weiß bedeckt.

Über runder Mauern blauem Flammenschwall
Steht er, über schwarzer Gassen Waffenschall.
Über Toren, wo die Wächter liegen quer,
Über Brücken, die von Bergen Toter schwer.

In die Nacht er jagt das Feuer querfeldein
Einen roten Hund mit wilder Mäuler Schrein.
Aus dem Dunkel springt der Nächte schwarze Welt,
Von Vulkanen furchtbar ist ihr Rand erhellt.

Und mit tausend roten Zipfelmützen weit
Sind die finstren Ebnen flackend überstreut,
Und was unten auf den Straßen wimmelt hin und her,
Fegt er in die Feuerhaufen, dass die Flamme brenne mehr.

Und die Flammen fressen brennend Wald um Wald,
Gelbe Fledermäuse zackig in das Laub gekrallt.
Seine Stange haut er wie ein Köhlerknecht
In die Bäume, dass das Feuer brause recht.

Eine große Stadt versank im gelben Rauch,
Warf sich lautlos in des Abgrunds Bauch.
Aber riesig über glühnden Trümmern steht
Der in wilde Himmel dreimal seine Fackel dreht,

Über sturmzerfetzter Wolken Widerschein,
In des toten Dunkels kalte Wüstenein,
Dass er mit dem Brande weit die Nacht verdorr,
Pech und Feuer träufet unten auf Gomorrh.

(1912)

6. a) Beschreiben und erklären Sie die Bilder des Krieges in den Texten 13 und 14.
b) Deuten Sie die Schlusszeilen in „Grodek".

14 Georg Trakl (1887–1914): Grodek

Am Abend tönen die herbstlichen Wälder
Von tödlichen Waffen, die goldnen Ebenen
Und blauen Seen, darüber die Sonne
Düstrer hinrollt; umfängt die Nacht
Sterbende Krieger, die wilde Klage
Ihrer zerbrochenen Münder.
Doch stille sammelt im Weidengrund
Rotes Gewölk, darin ein zürnender Gott wohnt
Das vergossne Blut sich, mondne Kühle;
Alle Straßen münden in schwarze Verwesung.
Unter goldnem Gezweig der Nacht und Sternen
Es schwankt der Schwester Schatten durch den schweigenden Hain,
Zu grüßen die Geister der Helden, die blutenden Häupter;
Und leise tönen im Rohr die dunkeln Flöten des Herbstes.
O stolzere Trauer! ihr ehernen Altäre
Die heiße Flamme des Geistes nährt heute ein gewaltiger Schmerz,
Die ungebornen Enkel. (1914)

Otto Dix (1891–1969): Der Krieg

d) Ich und Welt

15 Kurt Heynicke (1891–1985): Gedicht

Aufreißen will ich meinen Gang im Kreise,
ein klarer Stein, der goldne Kette bricht,
ich lebe nicht,
ich bin schon lange tot im Rausch der Tage.
Hoch heben meine Nächte ihre Stunden in die Ferne,
aus blauen Schleiern glühen weiße Sterne
und diamantne Schlangen schwimmen in umsonnten Höhen.
In mondbeglänzten Gärten tanzen goldne Farben,
ihr Reigen wird zu süßen Abendmelodien.

Das sind die Nächte,
wo mich Liebe überströmt,
Licht-Liebe, Menschenliebe, Einsamkeiten.
Das sind die Nächte,
wo mich Gott zu Gaste hält.
Das ist die Welt,
die hinter fernen Toren ihre Heimat hat.

Das sind die Stunden,
die sich einsam heben,
hoch ihre Augen in den Ursprung Gottes,
das ist das Leben, wenn die Sinne fallen,
und Gott entsteigt den fernsten Nachtgestirnen. (1917)

Georg Trakl wurde 1887 in Salzburg als viertes von sechs Kindern eines wohlhabenden Eisenhändlers geboren. Die Beziehungen zu seiner Umwelt, auch zu seiner Familie, waren schon früh problematisch oder gestört. Auch in der Schule hatte er keinen Erfolg, die Ausbildung zum Apotheker – zu diesem Beruf hatte ihn sein Vater bestimmt – wurde mühsam bewältigt, der Beruf selbst nur sporadisch ausgeübt. Trakl hatte sich inzwischen aus den Schwierigkeiten längst in eine Alkohol- und Medikamentenabhängigkeit geflüchtet. 1914 musste Trakl in den Krieg, dessen Schrecken ihn völlig zerrütteten. Im Garnisonshospital Krakau starb er im November 1914 an einer Überdosis Kokain. Ob sein Tod ein Selbstmord war, ist bis heute nicht geklärt. Seine Gedichte und lyrisch überhöhten Prosatexte stellen das „namenlose Unglück" dar, „wenn einem die Welt entzweibricht".

16 Gottfried Benn (1886–1956): Morgue[1] I: Kleine Aster*

Ein ersoffener Bierfahrer wurde auf den Tisch gestemmt.
Irgendeiner hatte ihm eine dunkelhellila Aster
zwischen die Zähne geklemmt.
Als ich von der Brust aus
unter der Haut
mit einem langen Messer
Zunge und Gaumen herausschnitt,
muß ich sie angestoßen haben, denn sie glitt
in das nebenliegende Gehirn.
Ich packte sie ihm in die Brusthöhle
zwischen die Holzwolle,
als man zunähte.
Trinke dich satt in deiner Vase!
Ruhe sanft,
kleine Aster! (e 1912)

[1] Die Morgue (frz.): Leichenschauhaus

7. a) Halten Sie nach stillem und lauten Lesen der Texte 15–17 den ersten Lese- und Höreindruck fest.
b) Unterscheiden und deuten Sie die Menschen- und Weltbilder dieser Gedichte.

8. Wählen Sie eines der Gedichte und interpretieren Sie die Zusammenhänge zwischen Aussage und Form.

17 Alfred Lichtenstein (1889–1914): Nebel

Ein Nebel hat die Welt so weich zerstört.
Blutlose Bäume lösen sich in Rauch.
Und Schatten schweben, wo man Schreie hört.
Brennende Biester schwinden hin wie Hauch.

Gefangne Fliegen sind die Gaslaternen.
Und jede flackert, dass sie noch entrinne.
Doch seitlich lauert glimmend hoch in Fernen
Der giftge Mond, die fette Nebelspinne.

Wir aber, die, verrucht, zum Tode taugen,
Zerschreiten knirschend diese wüste Pracht.
Und stechen stumm die weißen Elendsaugen
Wie Spieße in die aufgeschwollne Nacht.

(1913)

9. a) Exzerpieren Sie aus Text 18, worin Pinthus Eigenarten des Expressionismus sieht.
b) Überprüfen Sie diese „Theorie" arbeitsteilig an ausgewählten Textbeispielen (S. 334–338).

18 Kurt Pinthus (1886–1975): Zuvor (Vorrede zur Anthologie „Menschheitsdämmerung") (Auszug)

[...] So ist allerdings diese Dichtung, wie manche ihrer Programmatiker forderten (und wie wurde dieser Ruf missverstanden!): politische Dichtung, denn ihr Thema ist der Zustand der gleichzeitig lebenden Menschheit, den sie beklagt, verflucht, verhöhnt, vernichtet, während sie zugleich in furchtbarem Ausbruch die Möglichkeiten zukünftiger Änderung sucht. Aber – und nur so kann politische Dichtung zugleich Kunst sein – die besten und leidenschaftlichsten dieser Dichter kämpfen nicht gegen die äußeren Zustände der Menschheit an, sondern gegen den Zustand des entstellten, gepeinigten, irregeleiteten Menschen selbst. Die politische Kunst unserer Zeit darf nicht versifizierter Leitartikel sein, sondern sie will der Menschheit helfen, die Idee ihrer selbst zur Vervollkommnung, zur Verwirklichung zu bringen. [...]

Demgemäß ist es natürlich, dass dies die Worte sind, die sich am meisten in ihr finden: Mensch, Welt, Bruder, Gott. Weil der Mensch so ganz und gar Ausgangspunkt, Zielpunkt dieser Dichtung ist, deshalb hat die Landschaft wenig Platz in ihr. Die Landschaft wird niemals hingemalt, geschildert, besungen; sondern sie ist ganz vermenscht: sie ist Grauen, Melancholie, Verwirrung des Chaos, ist das schimmernde Labyrinth, dem Ahasver[1] sehnsuchtsvoll sich entwinden will; und Wald und Baum sind entweder Orte der Toten, oder Hände, die zu Gott, zur Unendlichkeit hinsuchen. Mit rasender Schnelligkeit bewegt sich diese Dichtung vom fanatischen Kampfruf zum Sentimentalen, vom anarchischen Toben zur Didaktik des Ethischen. Wenig nur ist Freude und Glück in ihr; Liebe ist Schmerz und Schuld – Arbeit wird zu gefühlvernichtender Qual; noch das Trinklied ist dumpfes Paradies, das verloren ist, und das doch vor uns liegt. [...] (v 1919)

19 Die „Jahrhundertwende" im Rückblick: Einheit durch Vielfalt?

Die Menschen, die den Wechsel vom 19. ins 20. Jahrhundert erlebten, waren von sehr verschiedenen, ja widersprüchlichen Empfindungen geprägt. Die einen erlebten die Jahrhundertwende als Aufbruch, als Beginn einer neuen, besseren Zeit, die anderen empfanden ihre Gegenwart als Zeit des Verfalls und des Untergangs. Beide Formen des Zeiterlebnisses lassen sich auch in der Literatur feststellen und definieren sich einerseits als „Moderne", ja sogar als „Avantgarde", andererseits als „Décadence" und „Fin de siècle": Auch in der Literatur der Jahrhundertwende standen deshalb, wie in den bildenden Künsten, Bewahrung und Erneuerung, Resignation und Aktion, Tradition und Experiment unmittelbar nebeneinander. Aber diese Widersprüche waren nicht mehr aufeinander bezogen, sondern schlossen sich gegenseitig aus: Wer sich der Tradition verpflichtet fühlte, sah im Experiment nur Zerstörung, wer dem Experiment zuneigte, erkannte in der Tradition nur Erstarrung. Die literarischen Strömungen der Epoche fanden ihr Selbstverständnis immer auch durch die betonte Ablehnung anderer gleichzeitiger Tendenzen. Die Einheit dieser Epoche, die man ziemlich übereinstimmend vom Beginn der Achtzigerjahre des 19. Jahrhunderts bis zum Ende des Ersten Weltkriegs reichen lässt, ist offensichtlich gerade in ihrer Janus-Gestalt, in ihrer Doppelgesichtigkeit zu erblicken. Deshalb trägt die „Jahrhundertwende" auch keinen anders charakterisierenden als diesen summierenden Epochennamen: Die Vielzahl der in ihr wirk-

[1] Der Ahasver (hebr. = Fürst): Im A.T. Name des Perserkönigs „Xerxes"; in der Volkssage seit dem 13. Jh. der „ewige Jude", der zur Strafe dafür, dass er Christus geschlagen bzw. ihm die Hilfe verweigert hat, unstet über die Erde wandern muss.

samen Bewusstseins- und Gestaltungsformen ist ihr Charakteristikum. Weil dies als Grundzug der Geistesgeschichte des gesamten 20. Jahrhunderts angesehen wird, bezeichnet man die „Jahrhundertwende“ heute meist als „Beginn der Moderne“ oder „Klassische Moderne“. In einigen literaturgeschichtlichen Darstellungen findet sich auch noch die Epochenüberschrift „Vom Naturalismus zum Expressionismus“. Damit wird auf eine Dreiteiligkeit der Epoche hingewiesen: An ihrem Anfang und an ihrem Ende stehen eher beherrschende Tendenzen, eben Naturalismus und Expressionismus; dazwischen ist eine Fülle von Stilrichtungen zu erkennen. Das scheint mit dem Vorhandensein oder Fehlen von bestimmenden programmatischen Entwürfen zusammenzuhängen. Naturalismus und Expressionismus jedenfalls verfügten über klare Programme, die Richtungen dazwischen waren programmatisch eher diffus.
Schematisch lässt sich die Epoche „Jahrhundertwende“ so darstellen:

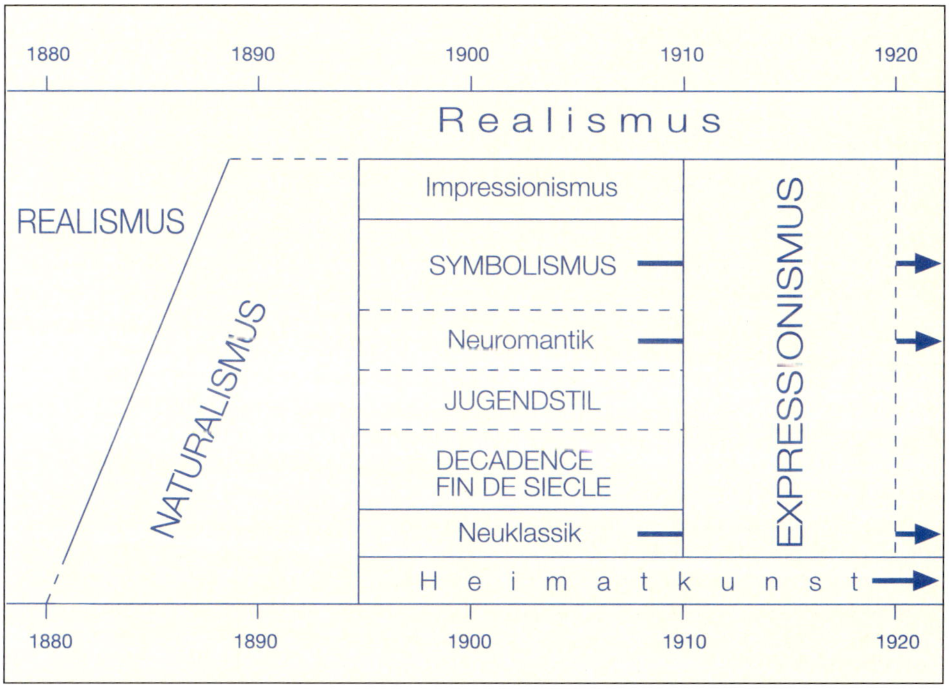

Anmerkung: Mit Großbuchstaben (Versalien) geschriebene Begriffe bezeichnen solche Richtungen, die heute als epochenbestimmend verstanden werden. In Kleinbuchstaben erscheinen weniger ausgeprägte („Impressionismus“), epigonale („Neuklassik, Neuromantik“) oder in ihrem Kunstwert bezweifelte („Heimatkunst“) Richtungen. Gestrichelte Linien bezeichnen Durchlässigkeiten und Übergänge.

Stilrichtungen der Jahrhundertwende

Naturalismus: Gesamteuropäische Literaturströmung zwischen 1880 und 1900 mit dem Ziel die Natur und damit auch den Menschen nicht als Bild (Gefahr der Stilisierung), sondern als Abbild zu erfassen und zu gestalten. Seine weltanschauliche Grundlage ist der Positivismus[1], der jede metaphysische[2] Welterklärung oder Sinngebung ablehnt.
Auch der Mensch wird nur als die Summe aus Anlage (Erbe), Umwelt (Milieu) und geschichtlicher Situation (Zeitbedingung) verstanden. Die literarische Gestaltung wird als naturwissenschaftliches Experiment gesehen. Kennzeichnend für den N. ist auch das soziale Mitgefühl mit den Elenden und die Sensibilität für die Auswirkungen der Industrialisierung auf das Leben der Menschen.

Impressionismus: (< frz. „impression“ = Eindruck) Ursprünglich Stilrichtung der französischen Freilichtmalerei, benannt nach Claude Monets Gemälde „Impression, soleil levant“ von 1872. Sein Bestreben ist es, den „Eindruck“, die subjektive Wahrnehmung der Erscheinungen, nicht die Erscheinungen um ihrer selbst willen zu gestalten und dabei die feinsten Nuancen der Empfindung, der Stimmung zu unterscheiden. In der Literatur eine Stilrichtung betonter Subjektivität, deren Subtilität in größtmöglicher sprachlicher Differenzierung nachgebildet werden soll.

---

[1] Der Positivismus (< spätlat. positivus = gesetzt, gegeben): Philosophische Lehre, die nur das sinnlich Wahrnehmbare oder das im naturwissenschaftlichen Experiment Nachweisbare als wirklich existent annimmt.

[2] Die Metaphysik (< gr. meta = nach, hinter und physis = Natur): Philosophische Lehre, die davon ausgeht, dass die letzten Gründe und Zusammenhänge des Seins jenseits von menschlicher Erfahrung und Erkenntnis, im „Übersinnlichen“ liegen.

Symbolismus: Bewusst antinaturalistische Stilrichtung, die sich von jedem Versuch der Wirklichkeitswiedergabe abwendet und den (belehrenden) Zweck der Kunst oder ihre Verflechtung mit gesellschaftlichen Bedingungen ablehnt. Der S. strebt nach einer „poésie pure" (Mallarmé), die hinter der Welt der Gegenstände und Erscheinungen ein „reines Sein", ewige, unvergängliche, aber auch unerfassbare Ideen vermutet. Nicht der Verstand, sondern die seelische Empfänglichkeit des Lesers soll durch eine suggestive, zu äußerster Musikalität getriebene Sprache erreicht werden. In den Dingen, die als Symbole über sich hinausweisen, soll ihm die Geheimnishaftigkeit der Welt und seines eigenen Wesens vermittelt werden. Der S. entwickelt starke Tendenzen zum „l'art pour l'art"-Prinzip.

Neuromantik: Sammelbezeichnung für literarische Gegenströmungen zum Naturalismus, die sich seit etwa 1890 ausbilden. Ihr Kennzeichen ist die Abwendung von der Gegenwart und die Hinwendung zu Geschichte, Sage und Mythos, die Abkehr vom Alltäglichen und die Thematisierung des Außergewöhnlichen, besonders des Wunderbaren oder Geheimnisvoll-Magischen.

Jugendstil: Stilrichtung, die sich zunächst in den angewandten Künsten und in der Architektur verwirklicht, dann auf alle Bereiche der Bildenden Kunst ausgreift. Ihr Bestreben ist es Kunst und Leben zu verbinden, auch den alltäglichsten Gegenstand in ein artifizielles Gebilde zu verwandeln und damit zu erhöhen. Der J. liebt vor allem das Ornament, das zunächst aus Naturformen (z.B. Pflanzen) entwickelt wird, sich dann aber zunehmend abstrahiert. Flächigkeit (Zweidimensionalität) und die Vorliebe für die Linie sind seine Kennzeichen. Die Übertragung des Begriffs J. auf die Literatur ist umstritten: In seiner Überhöhung der Kunst zur allein gestalt- und sinngebenden Macht des Lebens gleicht er dem Symbolismus.

Décadence, Fin de Siècle (frz. = „Verfall", „Ende des Jahrhunderts"): Als literarische Strömung am Ende des 19. Jahrhunderts auch „Dekadenzdichtung" genannt. Entstand aus dem Bewusstsein, einer überfeinerten und dem Verfall preisgegebenen Kultur anzugehören. Verbindet die Verfeinerung psychologischer Darstellung und die Vorliebe für schwierige Seelenzustände mit einem Hang zum Morbiden und zum Weltschmerz. Bevorzugter Gestaltungsgegenstand ist die menschliche Seele in ihrer Fülle und in ihren Abgründen. Wichtiger als die Gestaltung von Niedergangserscheinungen wird das Bekenntnis zum Verfall als Lebensprinzip.

Neuklassik: Stilrichtung der entscheidenden Abkehr vom Naturalismus, aber auch vom Impressionismus oder der Dekadenzdichtung. Betonung der klassisch-strengen Form und der Einheit der Gattungen und Gattungs-„Gesetze". Hervorhebung des ideellen Gehalts der Dichtung, deren Aufgabe nicht in der Nachbildung der Welt, sondern in der Darstellung der sie bestimmenden Werte gesehen wird.

Heimatkunst: Gegen Dekadenz, Verfeinerung, Intellektualisierung, aber auch gegen Verständigung und Internationalisierung gerichtete Stilrichtung, deren Anliegen die Pflege des Bodenständigen, Bäuerlichen und der Stammesunterschiede ist. Die H. kommt von der Dorfgeschichte (Keller, Auerbach) und dem Bauerndrama (Anzengruber) her, Gattungen, die sich im Realismus ausgebildet haben. Ihre ideologische Grundlage hat die H. in Julius Langbehns viel gelesener Schrift *Rembrandt als Erzieher* (1890), ihre wichtigsten Autoren sind Peter Rosegger, Hermann Löns und Ludwig Ganghofer. Sie findet auch Eingang in die Literaturwissenschaft (Josef Nadler: *Literaturgeschichte der deutschen Stämme und Landschaften*, 1912ff.). In ihren schwächeren Vertretern tendiert die H. zum Kitsch, im Dritten Reich verkommt sie zur nationalsozialistischen Propaganda („Blut- und Boden-Kunst").

Expressionismus (< lat. „expressio" = Ausdruck): Als Stilrichtung der Literatur und der bildenden Künste zwischen 1910 und 1925 vor allem in Deutschland entstanden aus dem Krisenbewusstsein vor 1914 und der Krise des Ersten Weltkriegs selbst. Aus dem Ekel gegenüber materieller Wirklichkeitsnachbildung und symbolischer Wirklichkeitsüberhöhung entsteht das Streben nach einer Erneuerung und Verwesentlichung des Menschen und einer neuen Sinngebung des Lebens in verbrüdernder Liebe und Menschenwürde. Der E. versteht sich als Ausbruch aus den Konventionen von Kunst und Leben, als ekstatisches Lebensgefühl, als Schrei nach einer „inneren Wahrheit", nach Eigentlichkeit. Der Künstler versteht sich als Prophet mit dem quasireligiösen Auftrag die „neue, bessere Welt" zu verkünden. Häufig wendet sich der E. auch von den herkömmlichen Stil- und Gestaltungsmitteln ab, um seinem inneren Erleben neue „Ausdrucks-"Formen zu schaffen.

(Nach: Walter Falk, *Die Literatur vor dem Ersten Weltkrieg*. In: Funkkolleg Jahrhundertwende, Studienbegleitbrief 4, Weinheim und Basel (Beltz) 1988, S. 59, und Gero von Wilpert, *Sachwörterbuch der Literatur*, Stuttgart (Alfred Kröner) ²1959).

III. Sprache und Wirklichkeit

1. Sprachzerfall und Wirklichkeitsverlust – Sprachkritik der Moderne

Der Volksmund kennt viele Redewendungen für Sprachlosigkeit, in denen versucht wird nicht nur diesen Zustand zu beschreiben („dem hat's die Rede verschlagen"), sondern auch zu begründen („er war vor Schreck ganz stumm"). Auch Sie kennen Situationen aus Ihrem persönlichen Erleben, in denen Sie ein solcher Zustand der Sprachlosigkeit befallen hat. Für den Wortkünstler, den Dichter oder Schriftsteller, ist ein solcher Zustand besonders bedrohlich. Der moderne Schriftsteller scheint aber von diesem Zustand wiederum besonders bedroht. Zugespitzt erscheint diese Bedrohung etwa in dem Satz, nach Auschwitz könne es keine Lyrik mehr geben (Adorno). Darin wird behauptet, dass es einen Grad des Entsetzens gebe, der in eine „schöne Form" nicht mehr gefasst werden dürfe, wenn er nicht beschönigt werden wolle. In dieser Zuspitzung sieht sich der moderne Sprachkünstler angesichts der unsäglichen und unsagbaren Schrecklichkeiten, die das 20. Jahrhundert tatsächlich hervorgebracht hat, zur Sprachlosigkeit verurteilt. Und in der Tat ist die Verunsicherung des Sprechens bis hin zum Verstummen ein Phänomen und ein Inhalt der modernen Literatur. Begonnen hat dieser Prozess schon vor dem Ersten Weltkrieg in der „Jahrhundertwende". Hofmannsthal hat, angeregt und beeinflusst von dem Sprachphilosophen und Sprachkritiker Fritz Mauthner, diesen Zustand als Erster beschrieben, aber er hat seither nicht aufgehört Schriftsteller zu beschäftigen.

1 Hugo von Hofmannsthal (1874–1929): Ein Brief (Auszug)

Dies ist der Brief, den Philipp Lord Chandos, jüngerer Sohn des Earl of Bath, an Francis Bacon, später Lord Verulam und Viscount St. Albans, schrieb, um sich bei diesem Freunde wegen des gänzlichen Verzichtes auf literarische Betätigung zu entschuldigen.

Es ist gütig von Ihnen, mein hochverehrter Freund, mein zweijähriges Stillschweigen zu übersehen und so an mich zu schreiben. Es ist mehr als gütig, Ihrer Besorgnis um mich, Ihrer Befremdung über die geistige Starrnis, in der ich Ihnen zu versinken scheine, den Ausdruck der Leichtigkeit und des Scherzes zu geben, den nur große Menschen, die von der Gefährlichkeit des Lebens durchdrungen und dennoch nicht entmutigt sind, in ihrer Gewalt haben. [...]

Um mich kurz zu fassen: Mir erschien damals in einer Art von andauernder Trunkenheit das ganze Dasein als eine große Einheit: Geistige und körperliche Welt schien mir keinen Gegensatz zu bilden, ebenso wenig höfisches und tierisches Wesen, Kunst und Unkunst, Einsamkeit und Gesellschaft; in allem fühlte ich Natur, in den Verirrungen des Wahnsinns ebenso wohl wie in den äußersten Verfeinerungen eines spanischen Zeremoniells; in den Tölpelhaftigkeiten junger Bauern nicht minder als in den süßesten Allegorien; und in aller Natur fühlte ich mich selber; wenn ich auf meiner Jagdhütte die schäumende laue Milch in mich hineintrank, die ein struppiges Mensch einer schönen, sanftäugigen Kuh aus dem Euter in einen Holzeimer niedermolk, so war mir das nichts Anderes, als wenn ich, in der dem Fenster eingebauten Bank meines Studio sitzend, aus einem Folianten süße und schäumende Nahrung des Geistes in mich sog. Das Eine war wie das Andere; keines gab dem Andern weder an traumhafter überirdischer Natur, noch an leiblicher Gewalt nach, und so gings fort durch die ganze Breite des Lebens, rechter und linker Hand; überall war ich mitten drinnen, wurde nie ein Scheinhaftes gewahr: Oder es ahnte mir, alles wäre Gleichnis und jede Kreatur ein Schlüssel der andern, und ich fühlte mich wohl den, der imstande wäre, eine nach der andern bei der Krone zu packen und mit ihr so viele der andern aufzusperren, als sie aufsperren könnte. [...]

Mein Fall ist, in Kürze, dieser: Es ist mir völlig die Fähigkeit abhanden gekommen, über irgendetwas zusammenhängend zu denken oder zu sprechen.

Zuerst wurde es mir allmählich unmöglich, ein höheres oder allgemeineres Thema zu besprechen und dabei jene Worte in den Mund zu nehmen, deren sich doch alle Menschen ohne Bedenken geläufig zu bedienen pflegen. Ich empfand ein unerklärliches Unbehagen, die Worte „Geist", „Seele" oder „Körper" nur auszusprechen. Ich fand es innerlich unmöglich, über die Angelegenheiten des Hofes, die Vorkommnisse im Parlament, oder was Sie sonst wollen, ein Urteil herauszubringen. Und dies nicht etwa aus Rücksichten irgendwelcher Art, denn Sie kennen meinen bis zur Leichtfertigkeit gehenden Freimut: sondern die abstrakten Worte, deren sich doch die Zunge naturgemäß bedienen muss, um irgendwelches Urteil an den Tag zu geben, zerfielen mir im Munde wie modrige Pilze. [...]

Allmählich aber breitete sich diese Anfechtung aus wie ein um sich fressender Rost. Es wurden mir auch im familiären und hausbackenen Gespräch alle die Urteile, die leichthin

1. Stellen Sie die Kernaussagen des Textes zusammen und entwerfen Sie eine Skizze seines Gedankengangs.

2. a) Ermitteln Sie die Textpassagen, in denen der Autor seinen „Zustand" beschreibt. Versuchen Sie diese Beschreibung in eigene Worte zu fassen.
b) Erklären Sie, inwiefern Hofmannsthals Beschreibung zeitbedingt ist und wo sie eine über die Epoche „Jahrhundertwende" hinausreichende Modernität besitzt.

3. Überlegen Sie, warum Hofmannsthal für seinen Text die Briefform wählt und diesen Brief ins 17. Jahrhundert datiert.

und mit schlafwandelnder Sicherheit abgegeben zu werden pflegen, so bedenklich, dass ich aufhören musste, an solchen Gesprächen irgend teilzunehmen. Mit einem unerklärlichen Zorn, den ich nur mit Mühe notdürftig verbarg, erfüllte es mich, dergleichen zu hören, wie: die Sache ist für den oder jenen gut oder schlecht ausgegangen; Sheriff N. ist ein böser, Prediger T. ein guter Mensch; Pächter M. ist zu bedauern, seine Söhne sind Verschwender; ein Anderer ist zu beneiden, weil seine Töchter haushälterisch sind; eine Familie kommt in die Höhe, eine andere ist im Hinabsinken. Dies alles erschien mir so unbeweisbar, so lügenhaft, so löcherig wie nur möglich. Mein Geist zwang mich, alle Dinge, die in einem solchen Gespräch vorkamen, in einer unheimlichen Nähe zu sehen: so wie ich einmal in einem Vergrößerungsglas ein Stück von der Haut meines kleinen Fingers gesehen hatte, das einem Blachfeld mit Furchen und Höhlen glich, so ging es mir nun mit den Menschen und ihren Handlungen. Es gelang mir nicht mehr, sie mit dem vereinfachenden Blick der Gewohnheit zu erfassen. Es zerfiel mir alles in Teile, die Teile wieder in Teile, und nichts mehr ließ sich mit einem Begriff umspannen. Die einzelnen Worte schwammen um mich; sie gerannen zu Augen, die mich anstarrten und in die ich wieder hineinstarren muss: Wirbel sind sie, in die hinabzusehen mich schwindelt, die sich unaufhaltsam drehen und durch die hindurch man ins Leere kommt. [...]

Seither führe ich ein Dasein, das Sie, fürchte ich, kaum begreifen können, so geistlos, so gedankenlos fließt es dahin; ein Dasein, das sich freilich von dem meiner Nachbarn, meiner Verwandten und der meisten landbesitzenden Edelleute dieses Königreiches kaum unterscheidet und das nicht ganz ohne freudige und belebende Augenblicke ist. Es wird mir nicht leicht, Ihnen anzudeuten, worin diese guten Augenblicke bestehen; die Worte lassen mich wiederum im Stich. Denn es ist ja etwas völlig Unbenanntes und auch wohl kaum Benennbares, das in solchen Augenblicken, irgendeine Erscheinung meiner alltäglichen Umgebung mit einer überschwellenden Flut höheren Lebens wie ein Gefäß erfüllend, mir sich ankündet. Ich kann nicht erwarten, dass Sie mich ohne Beispiel verstehen, und ich muss Sie um Nachsicht für die Albernheit meiner Beispiele bitten. Eine Gießkanne, eine auf dem Felde verlassene Egge, ein Hund in der Sonne, ein ärmlicher Kirchhof, ein Krüppel, ein kleines Bauernhaus, alles dies kann das Gefäß meiner Offenbarung werden. Jeder dieser Gegenstände und die tausend anderen ähnlichen, über die sonst ein Auge mit selbstverständlicher Gleichgültigkeit hinweggleitet, kann für mich plötzlich in irgendeinem Moment, den herbeizuführen auf keine Weise in meiner Gewalt steht, ein erhabenes und rührendes Gepräge annehmen, das auszudrücken mir alle Worte zu arm scheinen. [...]

Ich habe Sie, mein verehrter Freund, mit dieser ausgebreiteten Schilderung eines unerklärlichen Zustandes, der gewöhnlich in mir verschlossen bleibt, über Gebühr belästigt. [...]

Ich wollte, es wäre mir gegeben, in die letzten Worte dieses voraussichtlich letzten Briefes, den ich an Francis Bacon schreibe, alle die Liebe und Dankbarkeit, alle die ungemessene Bewunderung zusammenzupressen, die ich für den größten Wohltäter meines Geistes, für den ersten Engländer meiner Zeit im Herzen hege und darin hegen werde, bis der Tod es bersten macht.

A.D. 1603, diesen 22. August.
Phi. Chandos

(e 1902)

Paul Klee. Betroffener Ort, 1922. 109 Aquarell, Tusche und Bleistift auf Papier, 32,8 x 23,1 cm, Kunstmuseum Bern, Paul-Klee-Stiftung

2 Fritz Mauthner (1849–1923): Beiträge zu einer Kritik der Sprache
(Auszüge)

Mauthner sah in Hofmannsthals 1902 in der Berliner Zeitung „Der Tag" zuerst veröffentlichtem „Chandos-Brief" ein unmittelbares dichterisches Echo auf seine 1901/02 erschienenen „Beiträge zur Kritik der Sprache". Hofmannsthal bestätigte ihm eine „Übereinstimmung und gewiss eine Verstärkung [meiner] Gedanken durch Ihr Buch".

Laut- und Bedeutungswandel

Eine einfache Besinnung muss uns lehren, dass eine [...] Kreuzung von Lautwandel und Bedeutungswandel [...] immer und überall auf jedes Wort jeder Sprache eingewirkt haben muss. Wir pflegen einen Felsen das Bild der Unveränderlichkeit zu nennen. Aber die Verwitterungen, die er im Laufe der Jahre erfährt, belehren uns darüber, dass er sich, wenn auch noch so unmerklich, unaufhörlich verändert. Von der Menschensprache können wir sagen, dass es nicht zwei Menschen gibt, die das gleiche Wort mit absolut mathematischer Gleichheit aussprechen, dass ferner nicht ein und derselbe Mensch das gleiche Wort mit absolut mathematischer Gleichheit zweimal ausspreche. In dieser Tatsache lieg sicherlich das Grundphänomen des Lautwandels. Wir müssen aber hinzufügen, dass niemals noch zwei Menschen mit dem gleichen Worte vollkommen genau die gleiche Vorstellung verbanden. Wir müssen endlich einsehen, dass ein Mensch gar häufig nicht zweimal mit demselben Worte die ganz gleiche Vorstellung verbunden hat.

Als ich z. B. zum letzten Mal das Wort Pferd gebrauchte, bestand meine Vorstellung aus der Summe aller Erinnerungen, die mein Volk mit diesem Worte verband (soweit diese Erinnerungen mir übermittelt worden waren) und die ich selbst im Laufe meines bisherigen Lebens an die Sinneseindrücke von Pferden knüpfte. Zwingt mich nun ein neuer Sinneseindruck oder eine neue Gedankenassoziation, das Wort Pferd abermals zu gebrauchen, so wird der Erinnerungsschatz meiner diesbezüglichen Vorstellungen eben in diesem Augenblicke um einen neuen Eindruck oder eine neue Assoziation vermehrt, mein Vorstellungsinhalt wird im Augenblicke des neuerlichen Aussprechens abgeändert. So minimal abgeändert, dass ich nur in seltenen Fällen den Wandel in meiner Sprache empfinde. Aber der weite Weg, den das Wort in der einen Richtung zur intimsten Kenntnis des Pferdes, in der andern Richtung zum beinahe vorstellungslosen Gebrauch des Begriffs genommen hat, dieser ganze Weg ist durch endlos ungezählte Wiederholungen des Gebrauchs bei Einzelmenschen gegangen, und – das hoffe ich dargetan zu haben – nicht einmal die Wiederholung des Worts durch den Einzelmenschen ist ohne einen Minimalbedeutungswandel möglich gewesen.

Missverstehen durch Sprache. Wortstreit

Kein Mensch kennt den Anderen. Geschwister, Eltern und Kinder kennen einander nicht. Ein Hauptmittel des Nichtverstehens ist die Sprache. Wir wissen voneinander bei den einfachsten Begriffen nicht, ob wir bei einem gleichen Worte die gleiche Vorstellung haben. Wenn ich grün sage, meint der Hörer vielleicht blaugrün oder gelbgrün oder gar rot. Leise Unterschiede sind zwischen dem C des einen Musikers und dem C des anderen. Moschusgeruch erzeugt gewiss grundverschiedene Empfindungen bei dem gleichen Worte. Wenn ich Baum sage, so stelle ich mir – ich persönlich – so ungefähr etwas wie eine zwanzigjährige Linde vor, der Hörer vielleicht eine Tanne oder eine mehrhundertjährige Eiche. Und das sind die einfachsten Begriffe. Worte für innere Seelenvorgänge sind natürlich von den vielen Werten oder Begriffen ihres Inhalts abhängig und darum bei zwei Menschen niemals gleich, sobald auch nur ein einziger der Inhaltswerte ungleich vorgestellt wird. Je vergeistigter das Wort, desto sicherer erweckt es bei verschiedenen Menschen verschiedene Vorstellungen. Daher auch so vielfach Streit unter sonst vernünftigen und ruhigen Menschen. Leute mit verschiedenen Sprachen müssen eben streiten, wenn sie so dumm sind, miteinander sprechen zu wollen. Das abstrakteste Wort ist das vieldeutigste. Wollte man – nicht etwa alle Menschen – sondern nur alle von einer Konfession zwingen, von sich zu geben, was sie sich z. B. unter ihrem Gott vorstellen, es würden die wahnsinnigsten Fantastereien aller Völker und Zeiten zu Tage treten. Und doch ist das ein Wort, worüber sie alle einig zu sein glauben. Mut, Liebe, Wissen, Freiheit sind ebenso zerfahrene Worte. Durch die Sprache haben es sich die Menschen für immer unmöglich gemacht, einander kennenzulernen.

Deiktisch

Die Sprache ist also als Sprache – nicht bloß physikalisch, als Lufterschütterung oder Schwingung – etwas Reales. Ist so real wie eine Zeichnung, wie ein Zeichen. Als Zeichen, als hörbare Signale müssen wir uns die Anfänge vorstellen.

Und heute noch ist die menschliche Sprache auf ihrer tiefsten Stufe deiktisch [= hinweisend, zeigend, durch Beispiele lehrend]. „Geben Sie mir Leberwurst!" Der Stumme zeigt mit den Fingern auf die Leberwurst mit dem gleichen Erfolg. Der Hund schnappt nach der Leberwurst mit noch schnellerem Erfolg. Die Sprache auf ihrer höchsten Stufe ist Kunstmittel. Goethe setzt Wort an Wort, wie Raffael Farbe an Farbe. Die Sprache im geselligen Verkehr nähert sich wie im Wirtshaus, im Handel, im Krieg und im Liebeskampf der Leberwursteinfachheit. Sie nähert sich in der feinsten Salonkonversation hervorragender, geschätzter Leute dem Kunstwerk. In der Mitte liegt Geschnatter, das gedankenlose Geschnatter, das tausend Millionen Menschen täglich stundenlang vollführen. Abseits vom Geschnatter hat sich einige Wissenschaft die Worte dienstbar gemacht, um sie wie algebraische Zeichen formelhaft zu verwenden. Ein neuer Gedanke kann dabei gar nicht herauskommen, so wenig wie durch millionenfache Kombinationen und Permutationen [= Vertauschung, Umstellung in der Reihenfolge] der zehn Zifferzeichen der Wert der Welt um ein Atom vermehrt werden kann. Wenn ein Schöpfer unser Sonnensystem geordnet hätte, so hätte er es doch ohne vorherige mathematische Berechnung hinausgeschmissen in den Raum. Und die Natur ist vollends sprachlos. Sprachlos würde auch, wer sie verstünde.

Fluch der Sprache

Die Einsicht, dass die Sprache wertlos sei für jedes höhere Streben nach Erkenntnis, würde uns nur vorsichtiger in ihrem Gebrauche machen. Zum Hasse, zum höhnischen Lachen bringt uns die Sprache durch die ihr innewohnende Frechheit. Sie hat uns frech verraten; jetzt kennen wir sie. Und in den lichten Augenblicken dieser furchtbaren Einsicht toben wir gegen die Sprache wie gegen den nächsten Menschen, der uns um unseren Glauben, um unsere Liebe, um unsere Hoffnung betrogen hat.

Die Sprache ist die Peitsche, mit der die Menschen sich gegenseitig zur Arbeit peitschen. Jeder ist Fronvogt und jeder Fronknecht. Wer die Peitsche nicht führen und unter ihren Hieben nicht schreien will, der heißt ein stummer Hund und Verbrecher und wird beiseite geschafft. Die Sprache ist der Ziehhund, der die große Trommel in der Musikbande des Menschenheeres zieht. Die Sprache ist der Hundsaffe, der Prostituierte, der missbraucht wird für die drei großen Begierden des Menschen, der sich brüllend vor den Pflug spannt als Arbeiter für den Hunger, der sich und seine Familie verkauft als Kuppler für die Liebe, und der sich all in seiner Scheußlichkeit verhöhnen lässt als Folie für die Eitelkeit, und der schließlich noch der Luxusbegierde dient und als Zirkusaffe seine Sprünge macht, damit der Affe einen Apfel kriege und eine Kusshand und damit er selbst Künstler heiße. Die Sprache ist die große Lehrmeisterin zum Laster. Die Sprache hat die Menschheit emporgeführt bis zu der Galgenhöhe von Babylon, Paris, London und Berlin, die Sprache ist die Teufelin, die der

Fritz Mauthner wurde 1849 in Ostböhmen, das damals zu Österreich-Ungarn gehörte, als Sohn eines jüdischen Fabrikanten geboren. Schon früh interessierte er sich für Sprache. In seinen Erinnerungen *Prager Jugendjahre* heißt es: „Ich verstehe es gar nicht, wenn ein Jude, der in einer slawischen Gegend Österreichs geboren ist, zur Sprachforschung nicht gedrängt wird [... er] musste gewissermaßen zugleich Deutsch, Tschechisch und Hebräisch als die Sprachen seiner ‚Vorfahren' verehren." Auf Drängen des Vaters studierte er zunächst Jura in Prag und versuchte dann eine Existenz als freier Schriftsteller zu finden. Das misslang; seine Romane waren – wie später auch seine theoretischen Arbeiten – wenig erfolgreich. Lediglich *Nach berühmten Mustern* (1879), eine Sammlung geistreicher literarischer Parodien, wurde zum Erfolg. Ab 1876 arbeitete er deshalb für das „Berliner Tageblatt" als Theater- und Literaturkritiker (Fontane fand sich von ihm besonders gut verstanden). Als Mitbegründer der „Freien Bühne" förderte er den Naturalismus. 1906 zog er sich nach Freiburg, 1909 nach Meersburg am Bodensee zurück, wo er seine theoretischen Arbeiten fortsetzte und das Ergebnis in mehrbändigen Werken veröffentlichte (*Wörterbuch der Philosophie. Neue Beiträge zu einer Kritik der Sprache*, 3 Bände, 1910/11; *Der Atheismus und seine Geschichte im Abendland*, 4 Bände, 1920–23). Er starb 1923 in Meersburg. Seine Arbeiten sind bis heute wenig verbreitet, aber man muss in ihm den Begründer der sprachskeptischen und sprachkritischen Tradition in der Literatur des 20. Jahrhunderts sehen. Ludwig Wittgenstein, der viel berühmter gewordene Sprachphilosoph, und Ingeborg Bachmann, die in dieser Tradition stehende Dichterin, wären ohne ihn nicht denkbar.

4. a) Notieren Sie, wie Mauthner die Leistung der Sprache als Verständigungsmittel und als Instrument der Erkenntnis beurteilt.
b) Arbeiten sie die Zusammenhänge zwischen Hofmannsthals „Chandos-Brief" und Mauthners Sprachkritik heraus.
c) Skizzieren Sie, wodurch die Texte 1 und 2 beispielhafte Zeugnisse der „Jahrhundertwende" sind.

Menschheit das Herz genommen hat und Früchte vom Baum der Erkenntnis dafür versprochen. Das Herz hat die Sprache gefressen wie eine Krebskrankheit, aber statt der Erkenntnis hat sie dem Menschen nichts geschenkt als Worte zu den Dingen, Etiketten zu leeren Flaschen, schallende Backpfeifen als Antwort auf die ewige Klage, wie andere Lehrer andere Kinder durch Schlagen zum Schweigen bringen. Erkenntnis haben die Gespenster aus dem Paradies der Menschheit versprochen, als sie die Sprache lehrten. Die Sprache hat die Menschheit aus dem Paradies vertrieben. Hätte die Menschheit aber die Sprache lieber den Affen oder den Läusen geschenkt, so hätten die Affen oder die Läuse daran zu tragen, und wir wären nicht allein krank, vergiftet, in der ungeheuren sprachlosen, heilen Natur. Wir wären dann Tiere, wie wir es hochmütig nennen in unserer protzigen Menschensprache, oder wir wären Götter, wie wir es empfinden, wenn ein Blitz uns verstummen macht oder sonst ein Wunder der sprachlosen Natur. (v 1901/02)

2. Sprachkrise als Wahrnehmungskrise – Denken, Sprechen und Wirklichkeit

Paul Flora

Schon immer wurde die Befähigung zur Sprache als dasjenige angesehen, was den Menschen überhaupt erst zum Menschen mache, was ihn konstitutiv von allen anderen Lebewesen unterscheide. Sprache ist das wichtigste Mittel der Kommunikation zwischen Menschen, Sprache ist aber auch das Medium, in dem sich Menschen über sich und die Welt verständigen. Sprechen und Denken stehen also eng beieinander. Die Wissenschaft von der Sprache, ihrem Erwerb und ihrem Leistungsvermögen hat zwar eine Vielzahl verblüffender Einsichten gewonnen, welche Beziehung zwischen Sprache und Wirklichkeit besteht und welche Rolle die zwischen ihnen liegenden Denkprozesse spielen, konnte aber noch nicht annähernd geklärt werden. Die Erforschung dieses Sachverhalts geht also weiter. Parallel dazu setzten sich auch Sprachkünstler selbst mit der Frage nach ihrem Material, der Sprache, und deren Reichweite und Brauchbarkeit auseinander.

1 Andreas Gryphius (1616–1664): Leo Arminius. Trauerspiel
(Auszug)

[...]
Das Wunder der Natur, das überweise Tier,
hat nichts, das seiner Zungen sei zu gleichen.
Ein wildes Vieh entdeckt mit stummen Zeichen
des innern Herzens Sinn; durch Reden herrschen wir!
Der Türme Last, und was das Land beschwert,
der Schiffe Bau, und was die See durchfährt,
der Sternen große Kraft,
was Luft und Flamme schafft,
was Chloris lässt in ihren Gärten schauen,
was das gesetzte Recht von allen Völkern will,
was Gott der Welt ließ von sich selbst vertrauen,
was in der Blüte steht, was durch die Zeit verfiel,
wird durch dies Werkzeug nur entdecket.
Freundschaft, die Tod und Ende schrecket,
die Macht, die wildes Volk zu Sitten hat gezwungen,
der Menschen Leben selbst beruht auf seiner Zungen!

Doch nichts ist, das so scharf als eine Zunge sei,
nichts, das so tief uns Arme stürzen könne!
Oh, dass der Himmel stumm zu werden gönne
dem, der mit Worten frech, mit Reden viel zu frei!
Der Städte Graus, das leichenvolle Feld,
der Schiffe Brand, das Meer durch Blut verstellt,
die schwarze Zauberkunst,
der eitlen Lehre Dunst,
die Macht, durch Gift den Parzen vorzukommen,
der Völker grimmer Hass, der ungeheure Krieg,
der Zank, der Kirch und Seelen eingenommen,
der Tugend Untergang, der grimmen Laster Sieg
ist durch der Zungen Macht geboren,
durch welche Lieb und Treu verloren.
Wie manchen hat die Zung in seine Gruft verdrungen!
Der Menschen Tod beruht auf jedes Menschen Zungen!

Lernt, die ihr lebt, den Zaum in eure Lippen legen!
In welchen Heil und Schaden wohnet
und was verdammt und was belohnet.
Wer Nutz durch Worte sucht, soll jedes Wort erwägen!
Die Zung ist dieses Schwert,
so schützet und verletzt,
die Flamme, so verzehrt
und eben wohl ergötzt,
ein Hammer, welcher baut und bricht,
ein Rosenzweig, der riecht und sticht,
ein Strom, der tränket und ertränket,
die Arznei, welch' erquickt und kränket,
die Bahn, auf der es oft gefehlet und gelungen.
Dein Leben, Mensch, und Tod hält stets auf deiner Zungen!
[...] (1646)

1. Versuchen Sie eigene Erfahrungen mit der Sprache (komische, ärgerliche, peinliche usw.) in kurzen Erzählungen darzustellen und das ihnen zugrunde liegende Phänomen zu benennen.

2. a) Untersuchen Sie in Arbeitsgruppen, wie in den Texten 1–8 Sprache aufgefasst und welche Bedeutung ihr zugemessen wird.
b) Vergleichen Sie Ihre Ergebnisse mit Ihrer Interpretation des „Chandos-Briefs“ von Hofmannsthal.

2 Rainer Maria Rilke (1875–1926): Ich fürchte mich so ...

Ich fürchte mich so vor der Menschen Wort.
Sie sprechen alles so deutlich aus:
Und dieses heißt Hund und jenes heißt Haus,
und hier ist Beginn und das Ende ist dort.

Mich bangt auch ihr Sinn, ihr Spiel mit dem Spott,
sie wissen alles, was wird und war;
kein Berg ist ihnen mehr wunderbar;
ihr Garten und Gut grenzt grade an Gott.

Ich will immer warnen und wehren: Bleibt fern.
Die Dinge singen hör ich so gern.
Ihr rührt sie an: sie sind starr und stumm.
Ihr bringt mir alle die Dinge um. (e 1897/ v 1899)

Paul Flora

3 Gottfried Benn (1886–1956): Ein Wort

Ein Wort, ein Satz –: aus Chiffren steigen
erkanntes Leben, jäher Sinn,
die Sonne steht, die Sphären schweigen,
und alles ballt sich zu ihm hin.

Ein Wort – ein Glanz, ein Flug, ein Feuer,
ein Flammenwurf, ein Sternenstrich –
und wieder Dunkel, ungeheuer,
im leeren Raum um Welt und Ich. (e 1941)

4 Ingeborg Bachmann (1926–1973): Ihr Worte

Ihr Worte, auf, mir nach!,
und sind wir auch schon weiter,
zu weit gegangen, geht's noch einmal
weiter, zu keinem Ende geht's.

Es hellt nicht auf.

Das Wort
wird doch nur
andre Worte nach sich ziehn,
Satz den Satz.
So möchte Welt,
endgültig,
sich aufdrängen,
schon gesagt sein.
Sagt sie nicht.

Worte, mir nach,
dass nicht endgültig wird
– nicht diese Wortbegier
und Spruch auf Widerspruch!

Lasst eine Weile jetzt
keins der Gefühle sprechen,
den Muskel Herz
sich anders üben.

Lasst, sag ich, lasst.

Ins höchste Ohr nicht,
nichts, sag ich, geflüstert,
zum Tod fall dir nichts ein,
lass, und mir nach, nicht mild
noch bitterlich,
nicht trostreich,
ohne Trost
bezeichnend nicht,
so auch nicht zeichenlos –

Und nur nicht dies: das Bild
im Staubgespinst, leeres Geroll
von Silben, Sterbenswörter.

Kein Sterbenswort,
Ihr Worte! (1964)

5 Eugen Gomringer (*1925): worte sind schatten

worte sind schatten
schatten werden worte

worte sind spiele
spiele werden worte

sind schatten worte
werden worte spiele

sind spiele worte
werden worte schatten

sind worte schatten
werden spiele worte

sind worte spiele
werden schatten worte

(1969)

6 Peter Handke (*1942): Kaspar. Stück* (Auszug)

[...] In meiner Geschichte wollte ich mit dem ersten Satz nur Geräusche erzeugen, während ich mich mit dem nächsten Satz schon bemerkbar machen wollte, während ich mit dem nächsten Satz schon SPRECHEN wollte, während ich mich mit dem nächsten Satz schon SPRECHEN HÖREN wollte, während ich mit dem nächsten Satz schon wollte, daß ANDERE mich sprechen hörten, während ich mit dem nächsten Satz schon wollte, daß die anderen hörten, WAS ich sprach, während ich mit dem nächsten Satz schon wollte, daß andre überhört wurden, die AUCH einen Satz sprachen, und erst den vorletzten Satz der Geschichte zum FRAGEN gebrauchte, und erst mit dem letzten Satz der Geschichte anfing zu fragen, was denn die ANDEREN gesprochen hatten, die überhört wurden, während ich meinen Satz sprach. [...]

(1967)

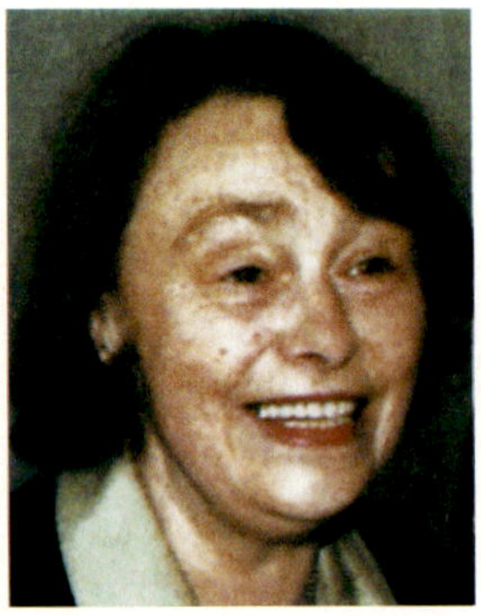

Ilse Aichinger wurde am 1.11.1921 in Wien geboren. Nach der frühen Scheidung der Eltern lebte das Kind mit seiner Zwillingsschwester Helga bei den mütterlichen Großeltern in Wien. Die Mutter selbst, eine jüdische Ärztin, war als Schulärztin im Staatsdienst tätig. Nach dem nationalsozialistischen „Anschluss" Österreichs an das Deutsche Reich versuchte die Familie nach England auszuwandern, was aber nur der Schwester Helga gelang. Ilse blieb mit Mutter und Großeltern in Wien, wo es für sie zunehmend schwieriger und gefährlicher wurde, zu überleben. 1942 wurde die Großmutter deportiert. Die traumatischen Erlebnisse dieser Zeit verarbeitete sie in ihrem autobiografischen Roman *Die größere Hoffnung*, der 1948 erschien und sofort als ein Schlüsselwerk der Nachkriegsliteratur verstanden wurde. Wegen der Arbeit an diesem Roman hatte sie ihr Medizinstudium abgebrochen. Nach dessen Erscheinen wurde sie Lektorin im Fischer-Verlag/Frankfurt und übernahm einen Lehrauftrag an der neu gegründeten Hochschule für Gestaltung in Ulm. Ab 1951 war sie maßgeblich an der Gruppe 47 beteiligt. 1953 Heirat mit Günter Eich (vgl. S. 405), der schon 1972 starb. Ilse Aichinger schrieb und schreibt Lyrik, Hörspiele, Erzählungen, die zwischen Tatsächlichem und Möglichem, Gegenwärtigem und Vergangenem, Allgemeinem und Besonderem eine oft traumhaft oder surreal erscheinende Vielschichtigkeit erreichen. Ihr Werk, das auch von der Sprachphilosophie Wittgensteins beeinflusst ist, wird heute als einer der wichtigsten Beiträge zur Literatur nach 1945 verstanden. Ilse Aichinger erhielt zahlreiche Preise und Auszeichnungen. Sie lebt heute wieder in Wien.

7 Ilse Aichinger (*1921): Schlechte Wörter

Ich gebrauche jetzt die besseren Wörter nicht mehr. *Der Regen, der gegen die Fenster stürzt.* Früher wäre mir da etwas ganz Anderes eingefallen. Damit ist es jetzt genug. *Der Regen, der gegen die Fenster stürzt.* Das reicht. Ich hatte übrigens gerade noch einen anderen Ausdruck auf der Zunge, er war nicht nur besser, er war genauer, aber ich habe ihn vergessen, während der Regen gegen die Fenster stürzte oder das tat, was ich im Begriff war, zu vergessen. Ich bin nicht sehr neugierig, was mir beim nächsten Regen einfallen wird, beim nächstsanfteren, nächstheftigeren, aber ich vermute, dass mir eine Wendung für alle Regensorten reichen wird. Ich werde mich nicht darum kümmern, ob man *stürzen* sagen kann, wenn er nur schwach die Scheiben berührt, ob es dann nicht zu viel gesagt ist. Oder zu wenig, wenn er im Begriff ist, die Scheiben einzudrücken. Ich lasse es jetzt dabei, ich bleibe bei *stürzen*, um den Rest sollen sich andere kümmern.

Den Untergang vor sich her schleifen, das fiel mir auch ein, es ist sicher noch viel angreifbarer als der stürzende Regen, denn man schleift nichts vor sich her, man schiebt es oder man stößt es, Karren zum Beispiel oder Rollstühle, während man andere Dinge wie Kartoffelsäcke nachschleift, andere Dinge, keinesfalls Untergänge, die werden anders befördert. Ich weiß das und die bessere Wendung lag mir auch schon wieder auf der Zunge, aber nur um zu fliehen. Ich trauere ihr nicht nach. *Den Untergang vor sich her schleifen* oder besser die Untergänge, ich versteife mich nicht darauf, aber ich bleibe dabei. Ob man sagen kann *ich entscheide mich dafür* ist fraglich. Die bisherigen Sprachgebräuche lassen eine Entscheidung da, wo es sich nur mehr um eine Möglichkeit handelt, nicht zu. Man könnte sich darüber unterhalten, aber ich habe diese Unterhaltungen satt – sie werden meistens in Taxis auf den Wegen stadtauswärts geführt – und nehme meine angreifbaren Wendungen in Kauf.

Ich werde sie natürlich nicht anbringen können, aber sie tun mir leid wie Souffleure und Opernglasfabrikanten, ich beginne eine Schwäche für das Zweit- und Drittbessere zu bekommen, vor dem sich das Gute ganz geschickt verbirgt, wenn auch nur im Hinblick auf das Viertbessere, dem Publikum zeigt es sich häufig. Das kann man nicht übelnehmen, das Publikum wartet ja auch darauf, das Gute hat keine Wahl. Oder doch? Könnte es sich nicht im Hinblick auf das Publikum verbergen und den schwächeren Möglichkeiten sein Gesicht zeigen? Das muss man abwarten. Ausreichende Devisen gibt es genug – das komplizierte Erlernbare – und wenn ich mich auf die nicht ausreichenden stütze, so ist das meine Sache.

Ich bin auch bei der Bildung von Zusammenhängen vorsichtig geworden. Ich sage nicht *während der Regen gegen die Fenster stürzt, schleifen wir die Untergänge vor uns her*, sondern ich sage *der Regen, der gegen die Fenster stürzt* und *die Untergänge vor sich her schleifen* und so fort. Niemand kann von mir verlangen, dass ich Zusammenhänge herstelle, solange sie vermeidbar sind. Ich bin nicht wahllos wie das Leben, für das mir auch die bessere Bezeichnung eben entflohen ist. Lassen wir es *Leben* heißen, vielleicht verdient es nichts Besseres. *Leben* ist kein besonderes Wort und *sterben* auch nicht. Beide sind angreifbar, überdecken statt zu definieren. Vielleicht weiß ich, warum. Definieren grenzt an unterhöhlen und setzte dem Zugriff der Träume aus. Aber das muss ich nicht wissen. Ich kann mich heraushalten, ich kann mich sogar leicht heraushalten. Ich kann daneben bleiben. Sicher könnte ich *leben* so oft vor mir hersagen, bis mir davon übel würde und ich mich gezwungen sähe, zu einer anderen Bezeichnung überzugehen. Und *sterben* noch öfter. Aber ich tue es nicht. Ich schränke ein und schaue zu, damit bin ich genügend beschäftigt. Ich höre auch zu, aber das hat gewisse Gefahren. Dabei können einem leicht Einfälle unterlaufen. *Sammle den Untergang* hieß es unlängst, es klang wie ein Gebot. Das möchte ich nicht. Wenn es eine Bitte wäre, so wäre sie zu überlegen, aber Gebote jagen mir Angst ein. Deshalb bin ich auch zum Zweitbesseren übergegangen. Das Beste ist geboten. Deshalb. Ich lasse mir nicht mehr Angst machen, ich habe genug davon. Und noch mehr von meinen Einfällen, die gar nicht die meinen sind, weil sie sonst anders hießen. *Meine Ausfälle* kann es heißen, aber nicht *meine Einfälle*. Ach was, es kann alles heißen. Das haben wir zur Genüge erfahren. Die wenigsten können sich wehren. Sie kommen zur Welt und werden sofort von alledem umgeben, was sie zu umgeben nicht ausreicht. Ehe sie den Kopf wenden können, werden ihnen, begonnen bei ihrem eigenen Namen, Bezeichnungen zugemutet, die nicht zutreffen. Sie sind schon in den Schlafliedern leicht nachzuweisen. Später wird das massiver. Und ich? Ich könnte mich wehren. Ich könnte statt dem Erstbesten leicht dem Besten auf der Spur bleiben, aber ich tue es nicht. Ich will nicht auffallen, ich mische mich lieber unauffällig hinein. Ich schaue zu. Ich schaue zu, wie alles und jedes seine rasche, unzutreffende Bezeichnung bekommt, ich tue sogar seit kurzem mit. Der Unterschied ist nur: ich weiß, was ich tue. Ich weiß, dass die Welt schlechter ist als ihr Name und dass deshalb auch ihr Name schlecht ist.

Sammle den Untergang – das klingt mir zu gut. Zu scharf, zu genau, den späten Vogelschreien zu ähnlich, eine bessere Bezeichnung für die reine Wahrheit als die reine Wahrheit es ist. Damit könnte ich auffallen, aus meiner lange und schwer eroberten bescheidenen Stellung in der Phalanx der Benenner herausgehoben werden, meinen Zuschauerposten verlieren. Nein, das lasse ich. Ich bleibe bei meinem Regen, der gegen die Fenster stürzt, in der Nähe der zweckgebundenen Ammenmärchen – und wenn schon Untergänge, dann solche, die man vor sich her schleift. Das Letzte ist fast schon zu genau, vielleicht sollte man Untergänge überhaupt aus dem Spiel lassen. Sie sind dem, wofür sie stehen, zu nahe, stille Lockvögel, die die Norm umkreisen. Norm ist gut, Norm ist in jedem Fall ungenau genug. Norm und der Regen, der stürzt, alle Vor-, alle Nachnamen, das geht endlos und man bleibt der stille Zuschauer, der man sein möchte, aus der einen oder der anderen Richtung beifällig betrachtet, während man die Fäuste in den Taschen und die Untergänge bei sich selber lässt, fortlässt, sein lässt, das ist gut. Sein lassen ist schon wieder zu gut, zum Lachen gut, nein, weg mit den Untergängen, sie ziehen unerwünschte Genauigkeiten an und kommen in keinem Schlaflied vor.

Der Regen, der gegen die Fenster stürzt, da haben wir ihn wieder, den lassen wir, der lässt alles in seinem unzutreffenden Umkreis, bei ihm bleiben wir, damit *wir* wir bleibt, damit alles bleibt, was es nicht ist, vom Wetter bis zu den Engeln.

So lässt es sich leben und so lässt es sich sterben und wem das nicht ungenau genug ist, der kann es in dieser Richtung ruhig weiter versuchen. Ihm sind keine Grenzen gesetzt.

(v 1977)

8 Dieter E. Zimmer: So kommt der Mensch zur Sprache (Auszug)

[...]

Von manchen, nein von vielen unserer Bewusstseinsinhalte lässt sich nur schwer oder gar nicht sprechen. Nicht weil es uns unangenehm wäre oder weil uns ein innerer Zensor abhielte. Wir können es einfach nicht. Wir können nicht beschreiben, wie ein Wein schmeckt, ein Parfum riecht, ein Schmerz sich anfühlt, eine musikalische Phrase klingt. Wir wissen es zwar, unter Umständen sogar ganz genau, aber die Erfahrung ist höchst frustrierenderweise nicht übersetzbar in Sprache oder nur auf eine unvollkommene und grobe Art. Was hindert uns?

Manchmal hindert uns die Grobschlächtigkeit der uns zu Gebote stehenden sprachlichen Kategorien. Ein Verhalten etwa, über das wir sprachlich urteilen sollen, mag für uns mehrere positive und gleichzeitig mehrere negative Seiten haben – wir müssen es am Ende in ein paar binäre Kategorien wie „gut" oder „schlecht", „moralisch" oder „unmoralisch" pressen. Unsere Einstellung zu einem anderen Menschen mag Hunderte von Facetten haben und sich über die Zeit hin vielfach verschieben – für ihr Resümee bietet uns die Sprache nur ungeschlachte Kategorien vom Schlage „Freundschaft" oder „Rivalität". Wir denken oft wohl weniger einfältig, als die Sprache es auszudrücken erlaubt.

Die sprachliche Ohnmacht aber hängt auch damit zusammen, dass unsere Sprache an auch nur mäßig komplexen analogen Repräsentationen in unserem Geist schmählich versagt. „Analog" hier wiederum im Sinne der Computersprache gebraucht, als Gegenteil zu „digital": Analog sind jene Repräsentationen, die die Erscheinungen der Außenwelt mit ihren fließenden Übergängen im Medium des Geistes nachbilden, sich überlagernd, changierend[1], unregelmäßig – und nicht in säuberliche, quasi geometrische Einheiten zerlegt, also quasi digital.

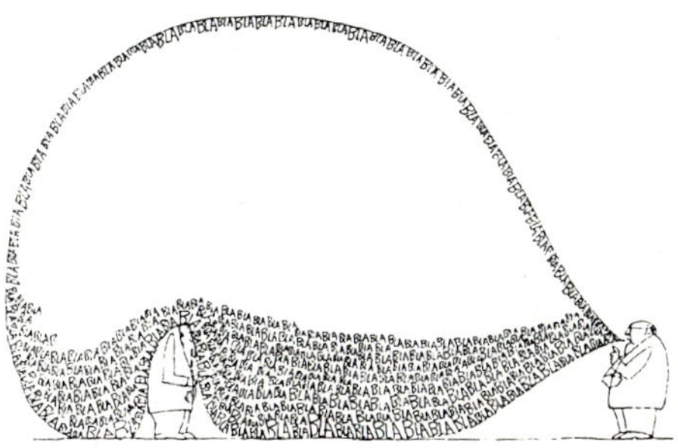
Paul Flora

[1] changierend: schillernd

Die unzählbaren, ineinander fließenden Farben des Regenbogens sind die Analogie, die sich unser Geist zu den gleitend sich verschiebenden Wellenlängen des Lichts bildet. Wenn er jedoch den gleitenden Übergang von b zu p nicht hört, sondern entweder b oder p, und alle b's oder p's gleich klingen, obwohl es da erhebliche, fließende Unterschiede gibt, so verfährt er eher „digital" oder kategorisch[1]. Analog sind in unserm Kopf all die vielen „Bilder" repräsentiert, die sichtbaren, aber auch die Hör-„Bilder", die Fühl-„Bilder", die Geruchs-„Bilder", die Geschmacks-„Bilder", kurz, die ganze sinnlich wahrgenommene Welt. [...]
Ganz sicher hilft die Sprache dem Denken ganz ungemein. Indem ein Konzept mit einem Wort belegt wird, wird es zu einer Art Gegenstand: Es existiert, auch wenn es gerade nicht gedacht wird, es erhält Dauer, man kann damit sehr leicht hantieren, ganze Gefüge von Konzepten zu neuen Aussagen zusammenstellen, man kann mit einem Wort ein Konzept in seinem Geist hervorrufen, man kann seine eigenen Konzepte mit anderen Menschen austauschen. Im Experiment wurde gezeigt, dass umfangreiche logische Probleme besser gelöst werden, wenn man während der Arbeit an ihnen alle seine Denkschritte verbalisiert. Die Erfindung der Sprache hat die denkerischen Möglichkeiten des Menschen gewiss potenziert. Und nur sprachlich gefasste Gedanken sind mitteilbar; alle anderen gehen mit dem, der sie denkt, zugrunde.

Die Sprache hält ihre Sprecher nicht gefangen; denken lässt sich auch, wofür die Sprache keine bequemen oder gar keine Mittel zur Verfügung stellt. Aber wofür fertige Ausdrucksmittel bereitstehen, lässt sich leichter denken; und wofür es sehr geläufige Ausdrucksmittel gibt am allerleichtesten.

Wenn verschiedene Sprachen nicht zu einem völlig verschiedenen Denken führen, so vor allem darum, weil sie alle auf einem ähnlichen Fundament ruhen. Die Grundbegriffe für die konkrete Welt und wahrscheinlich auch die Grundregeln ihrer grammatischen Verknüpfung sind für alle sehr ähnlich. Hier, bei den fundamentalen Kategorisierungen, werden alle Sprachen von ähnlichen kognitiven[2] Mechanismen geformt. So treiben die Sprachen nie allzu weit auseinander; Verständigung bleibt möglich. Bei den abstrakten Begriffen aber kann sie schon sehr schwierig sein. Und die Bedeutungsnuancen, die den Begriffen durch die Kulturgeschichte ihrer Benutzer zugewachsen sind, sind oft schlechthin unübersetzbar. [...]

Alles dies sind keine klaren, handlichen, endgültigen Wahrheiten. Eher sind es die Reflexe erster tastender Versuche, nicht durch reine Introspektion[3] und Spekulation, sondern erstmals mit den Methoden kontrollierter Empirie[4] in den unwegsamen Dschungel unseres Geistes vorzudringen, dorthin, wo sich Worte und Gedanken der Benennbarkeit und dem Bewusstsein entziehen. Erst seit wenigen Jahrzehnten sind die kognitiven Wissenschaften dabei, etwas Licht in diese überaus undurchschaubaren Verhältnisse zu bringen. Wenn auch das Meiste unaufgeklärt bleibt, so haben sie gar nicht so wenig geschafft. Noch vor dreißig Jahren wäre eine plakative Parole wie „Sprache bestimmt das Denken" schlechthin unüberprüfbar gewesen. [...] (v 1986)

Denken, Sprechen und Wirklichkeit

Die Redewendung „gedankenlos daherreden" und die damit häufig verbundene Aufforderung „Erst denken, dann sprechen!" basieren offensichtlich auf der Annahme, dass *Denken* und *Sprechen* zwar getrennte Vorgänge seien, dass aber das *Sprechen* nur sinnvoll werden könne durch eine Vorleistung des *Denkens.* Die Qualität von Gesagtem, so wird hier behauptet, hänge ab von der Qualität des (vorausgehenden) Gedachten, ja sei womöglich mit ihm gleichzusetzen. Darf diese Annahme auch umgekehrt gedacht werden? Kann bei einem Menschen durch die Beseitigung seiner Sprachbarrieren (als Folgen sozialer Gegebenheiten oder als Verhaftetsein in der Mundart) auch das Denkvermögen verbessert werden? Gilt das nur für den einzelnen Menschen oder auch für Sprachgemeinschaften? Die Beantwortung dieser Fragen hat unmittelbare und weitreichende Folgen, z.B. für das Bildungssystem.
Im Feld der Beziehung zwischen *Sprechen, Denken* und *Wirklichkeit* sieht man sich großen Schwierigkeiten gegenüber. Sie beginnen schon bei der Definition der Begriffe „Sprechen/Sprache" und „Denken". Unter *Sprache* ist wohl eher ein festes System von Zeichen zu verstehen, mit dessen Hilfe nicht nur kommunikative Vermittlung, sondern auch der egozentrische Prozess der (Selbst-) Bewusstwerdung geleistet werden kann, während *Sprechen* als je einmaliger Vorgang der Verlautbarung aufzufassen ist, bei dem heute vor allem auch die soziale Funktion für wichtig gehalten wird. Beides, *Sprache* und *Sprechen,* sind aber nicht nur zentrale, sondern so komplexe und vielseitige Erscheinungen, dass sich bis heute keine allgemein anerkannten Definitionen ergeben haben. Das gilt auch für Denken. Ist damit, so wird gefragt, überhaupt ein einheitlicher, begrenzbarer Sachverhalt begrifflich gefasst, oder verbergen sich unter diesem Begriff Tätigkeiten und Prozesse von unübersehbarer Vielzahl?

[1] kategorisch: unbedingt gültig
[2] kognitiv: die Erkenntnis betreffend
[3] Introspektion: Selbstbeobachtung
[4] Die Empirie: Erfahrung, Erfahrungswissenschaft

3. a) Stellen Sie aus Text 8 die Ihnen wichtig erscheinenden Erkenntnisse zum Verhältnis von Sprechen und Denken zusammen.
b) Vergleichen Sie diese Erkenntnisse mit Ihren Ergebnissen aus den Arbeitsanregungen 1 und 2.

4. Diskutieren oder erörtern Sie die folgenden Aussagen des Philosophen Ludwig Wittgenstein (1889–1951):
– „Der Satz zeigt die logische Form der Wirklichkeit".
– „Die Angabe aller wahren Elementarsätze[1] beschreibt die Welt vollkommen".
– „Alles, was überhaupt gedacht werden kann, kann klar gedacht werden. Alles, was sich aussprechen lässt, lässt sich klar aussprechen".
– „Wir fühlen, dass selbst, wenn alle *möglichen* wissenschaftlichen Fragen beantwortet sind, unsere Lebensprobleme noch gar nicht berührt sind. Freilich bleibt dann eben keine Frage mehr; und eben dies ist die Antwort".
– „Die Grenzen meiner Sprache bedeuten die Grenzen meiner Welt".

1 Elementarsätze: Nach Wittgenstein bestehen die Dinge nicht für sich selbst, sondern sie stehen in Zusammenhängen, sie bilden Sachverhalte. Es gibt sehr komplexe Sachverhalte, aber sie lassen sich immer auf einfache reduzieren. Sachverhalte lassen sich in Sätzen ausdrücken; komplexe Sachverhalte in komplexen Sätzen. Aber auch diese können auf einfache Sätze zurückgeführt werden, „die aus Namen in unmittelbarer Verbindung bestehen".

Aus der Fülle der Probleme heben sich einige Fragen in diesem Feld besonders deutlich ab:

1. Wie hängen Denken und Sprechen zusammen?

Für Platon war „Denken und Sprechen ... dasselbe, nur dass das innere Gespräch der Seele mit sich selbst, was ohne Stimme vor sich geht, Denken genannt worden ist". Auch Wilhelm von Humboldt spricht von der „Untrennbarkeit des menschlichen Bewusstseins und der menschlichen Sprache" und sieht in ihr nicht nur ein „Verständigungsmittel", sondern einen „Abdruck des Geistes und der Weltansicht des Redenden". Seine Auffassung gipfelt in dem Satz: „Sprache ist das bildende Organ der Gedanken." Der Genfer Psychologe Jean Piaget behauptet dagegen eine weitgehende Unabhängigkeit der Entwicklung des Denkens von der Sprache. Für ihn entsteht menschliches Bewusstsein aus einer Fülle von Operationen, die als Anpassungs- und Austauschprozesse zwischen dem Individuum und der Umwelt aufzufassen sind. Im Kind entwickelt sich aus einfachen Operationen das Denken, selber eine Operation unterschiedlich komplexen, differenzierten und regelmäßigen Zuschnitts. Die Sprache wird nur als instrumentelle Funktion dieser Operationen gesehen. Nicht Sprache, sondern Anschauung und manuelles Tun bilden nach Piaget die Entwicklungsbasis des Denkens. Zwischen diesen Positionen hat sich eine Vielzahl weiterer Theorien über den Zusammenhang von Sprechen und Denken angesiedelt, (z.B. der Behaviorismus J.B. Watsons oder die Umstrukturierungstheorie des sowjetischen Psychologen L.S. Wygotski).

2. Gibt es non-verbale Formen des Denkens?

Unter diesem Gesichtspunkt wird besonders das Vorhandensein von Intelligenz bei Tieren untersucht, weil man sich daraus Aufschluss darüber erhofft, welche Rolle Signalsysteme bei der Kommunikation spielen und welcher besondere Stellenwert dabei dem menschlichen Zeichensystem Sprache zukommt. Weiter geht es um die Frage, ob Kommunikation immer einen Denkprozess benötigt und ob Denkprozesse auch nichtsprachlich ablaufen können. Auch das Problem des Übersetzens von einer Sprache in eine andere und den dabei gegebenen Möglichkeiten des Missverstehens oder gar Misslingens spielt hier herein.

3. Auf welche Weise und in welchem Umfang erschließen Denken und Sprechen dem Menschen die Welt?

Sprechen und Denken geschehen nie inhalts- oder bedeutungslos. Es erhebt sich also die Frage, ob durch Denken und Sprechen nur eine vorgefundene und bereits strukturierte Welt abgebildet werden kann, oder ob die vorgefundene ungeordnete Wirklichkeit erst durch den Zugriff des Denkens und Sprechens ihre Struktur erhält. Vielleicht kann sogar, mögliche Voraussetzung des sprachkünstlerischen Schaffens, mit Hilfe von Denken und Sprechen oder durch die Sprache eine neue Wirklichkeit geschaffen werden. Es geht also um den Handlungsspielraum, der sich dem Menschen durch Denken und Sprechen in der Wirklichkeit eröffnet, letztlich um die Frage, ob und wieweit Menschen durch Denken und Sprechen Welt und Wirklichkeit mitgestalten können.

4. Welche Wirklichkeit erschließt sich dem Menschen durch Denken und Sprechen?

Jeder Mensch gehört durch seine Sozialisationsbedingungen (Herkunft, Umwelt, Erziehung und Bildung) zu einer bestimmten Sprachgemeinschaft. Heißt das, dass er auch in eine Denkgemeinschaft eingegliedert ist? Es bestünde dann die Möglichkeit, dass der Mensch ohne sein Zutun Teilhaber an der mit dieser Sprache vermittelten Weltanschauung wäre: Muss man „deutsch" denken, weil man deutsch spricht? Dabei erhebt sich auch die Frage nach der Wertorientierung oder negativ nach der Ideologisierung und Manipulation durch Sprache.

Der Zusammenhang zwischen Sprechen und Denken einerseits wie ihr je einzelnes und gemeinsames Verhältnis zur Wirklichkeit andererseits sind Forschungsgegenstände der Sprachpsychologie, der Sprachphilosopie und der modernen Sprachwissenschaft (Linguistik). Die *Sprachpsychologie* versteht sprachliches Geschehen vor allem als Vorgang des individuellen Erlebens und Verhaltens, erforscht also vorrangig die dispositionellen Grundlagen, die individuelle Wahrnehmung und das von dieser Wahrnehmung gesteuerte Handeln ermöglichen. *Sprachphilosopie* geht vor allem der Frage nach, welchen Einfluss die Sprache darauf hat, wie der Mensch die Welt sieht. Sie geht daher häufig von der Annahme aus, dass jede Sprache eine bestimmte Weltansicht enthalte, die ihrerseits das Denken derer lenke, die diese Sprache sprechen. Die *Linguistik* versucht Theorien über die Struktur der Sprache zu erstellen, diese aber auch durch empirische Verfahren zu bestätigen oder zu widerlegen. Die *Psycholinguistik* geht dabei mehr auf die Vorgänge beim individuellen Spracherwerb und Sprachgebrauch aus; die *Soziolinguistik* untersucht das Sprachverhalten von gesellschaftlichen Gruppen sowie mögliche Abhängigkeiten, die sich für die Sprache aus gesellschaftlichen Strukturen ergeben.

NEUNTES KAPITEL

Literatur in der Weimarer Republik und im Exil

Franz Radziwill (1895–1983): Dorfeingang (Ende eines Arbeitstages), 1928

I. Eine Welt aus den Fugen

1. Widersprüchliche Bilder von einer widersprüchlichen Welt – Menschenbilder in Lyrik und Prosa

„Überhaupt die Jahre von 1912 bis 1933 waren ja wohl die großen Geniejahre, die letzten, die Deutschland hatte." – „Diese Jahre [1910–1914] und dann 1918 bis 1933 waren Deutschlands und Berlins wunderbarste, ich möchte sagen: Pariser Jahre, so voll von Talenten und so voll von Kunst. Wird nie wiederkommen."
So urteilte Gottfried Benn in Briefen aus den Jahren 1951 und 1955 über die Literatur der Zwanzigerjahre, deren Zusammenhang mit dem Umbruch der Jahrhundertwende er zugleich betont. Hat hier ein Beteiligter seine Zeit überschätzt oder gibt dieses Urteil den wahren Sachverhalt wieder?

1 Aspekte der Zwanzigerjahre

a) Das ist ja ein Maskenfest und keine Wirklichkeit! Ihr kommt ja aus den Kostümen nicht heraus!
Joseph Roth (1894–1939) (v 1927)

b) Lebst du heute? Nein, du lebst nicht, du gespensterst. Ich habe selten einen Intellektuellen getroffen, der dies nicht in einer „hellen Stunde" zugegeben hätte. Nur wenige haben dieser Erkenntnis die Tat folgen lassen. Sie gespensterten weiter, hin und her geworfen, haltlose Opfer eines unlösbaren Widerspruchs.
Johannes R. Becher (1891–1958) (v 1927)

c) Drei Viertel eurer Literatur und eure ganze Philosophie sind Ausdruck des Missbehagens.
Bruno Frank (1887–1943) (v 1928)

1. a) Notieren Sie nach kurzer Betrachtung die Wirkung des Bildes auf Sie.
b) Beschreiben Sie danach den Bildaufbau sowie die Farbgestaltung möglichst genau und deuten Sie die Bildelemente (Menschen, Landschaft, Maschinen etc.).

2. a) Exzerpieren Sie aus Text 1 die für Sie markantesten Charakterisierungen der Zeit.
b) Markieren Sie Aussagen, die sich besonders gut auf das Bild von Franz Radziwill anwenden lassen.

d) Ich glaube allerdings, dass sich heute kein Vorwurf leichter als der eines schlechten literarischen Geschmacks verwinden lässt. Denn dass wir heute in einer Zeit ohne Ordnung, Gesetz und absolute Wertungen leben, das deutet sich nicht nur im Moralischen und Politischen an – es muss auch in der Literatur zum Ausdruck kommen.
Ernst Jünger (1895– 1998) (v 1929)

e) Es ist in der kurzen Geschichte der deutschen Republik ein so ungeheurer Umschwung vom Rationalen zum Irrationalen geschehen, dass auch der Blinde ihn sehen muss. Natürlich gibt es keine politische Partei, die ohne irrationale Behelfe auskäme; versucht es eine, ist sie bald am Ende ihres Einflusses. Aber das ist vielleicht einzig, wie entschieden und unverkennbar hier und heute sich ein Volk von der Ratio weg und dem offen deklarierten Wunder zugewendet hat. *Rudolf Olden (1885–1940)* (v 1932)

f) Das ist aber die Tücke des Weimarer Objekts. Man kann nicht ohne Weiteres über diese Zeit reden, als hätten ihre Zeitgenossen nicht schon genug über sich selbst gesagt. In ihren artikulierten Spitzenleistungen steht die Weimarer Kultur, trotz vieler Gegenbeispiele, als die wachste Epoche der Geschichte vor uns, als ein hoch reflexives, nachdenkliches, fantasievolles und ausdrucksstarkes Zeitalter, das durchpflügt ist von den vielfältigsten Selbstbetrachtungen und Selbstanalysen. Redet man einfach „darüber", so ist man nur zu leicht schon darunter. Unser Kommentar riskiert, Dinge zu glossieren, die sein Verständnis übersteigen, weil oft in den Texten das Selbstverständnis zu solchen Höhen gesteigert ist, dass eine spätere Zeit nicht automatisch davon ausgehen kann, ihre Verstehenskräfte könnten sich die früheren Gipfel wieder erarbeiten. *Peter Sloterdijk (*1947)* (v 1983)

2 Hans Carossa (1878–1956): Der alte Brunnen

Lösch aus dein Licht und schlaf! Das immer wache
Geplätscher nur vom alten Brunnen tönt.
Wer aber Gast war unter meinem Dache,
Hat sich stets bald an diesen Ton gewöhnt.

Zwar kann es einmal sein, wenn du schon mitten
Im Traume bist, dass Unruh geht ums Haus,
Der Kies beim Brunnen knirscht von harten Tritten,
Das helle Plätschern setzt auf einmal aus,

Und du erwachst, – dann musst du nicht erschrecken!
Die Sterne stehn vollzählig überm Land,
Und nur ein Wandrer trat ans Marmorbecken,
Der schöpft vom Brunnen mit der hohlen Hand.

Er geht gleich weiter. Und es rauscht wie immer.
O freue dich, du bleibst nicht einsam hier.
Viel Wandrer gehen fern im Sternenschimmer,
Und mancher noch ist auf dem Weg zu dir. (e 1924)

Hans Carossa (1878 Bad Tölz – 1956 Rittsteig bei Passau) studierte Medizin und übte zunächst den Arztberuf auch aus; im Ersten Weltkrieg war er Bataillonsarzt. Eigene Erlebnisse waren auch die Grundlage seines literarischen Werkes, das außer Gedichten Romane und vor allem autobiografische Prosa umfasst. Die ihn umgebende Wirklichkeit sah er als Auseinandersetzung zwischen göttlicher Ordnung und menschlicher Unordnung.
Carossa versuchte im Sinne seiner humanistischen Grundhaltung hinter der Erscheinungsform der Dinge den Sinn der Schöpfung zu entdecken und durch die symbolhafte Überhöhung der Wirklichkeit zu einer Allgemeingültigkeit seiner Sicht zu gelangen. 1941 ließ er sich von den Nationalsozialisten unter Druck zum Präsidenten der von Goebbels initiierten „Europäischen Schriftsteller-Vereinigung" machen. Den dadurch ausgelösten Gewissenskonflikt beschreibt Carossa ohne Beschönigung in seinem Buch *Ungleiche Welten*.

3 Erich Kästner (1899–1974): Monolog mit verteilten Rollen

(Biografie S. 13)

Geht dein Fenster auch zum Hof hinaus?
So ein Hof ist eine trübe Welt.
Wo du hinsiehst, steht ein andres Haus.
Und der Blick ist wie ein Wild umstellt.

Und wie traurig wird das erst zur Nacht!
Alle schlafen schon. Nur du schläfst nicht.
Und der Hof umgibt dich wie ein Schacht.
Und drei Sterne sind das ganze Licht.

Dann geschieht es wohl, dass du erschrickst,
wenn du, gegenüber an der Wand,
einen Schatten, der dir winkt, erblickst.
Und du weichst zurück vor seiner Hand.

Doch wenn du zurückgewichen bist,
siehst du, dass auch er ins Dunkle trat.
Bis du merkst, dass es dein Schatten ist;
und du winktest selbst, wenn er es tat!

Und nun lächelst du. Und nickst ihm zu.
Beide Arme streckst du nach ihm aus.
Und er macht es ganz genau wie du.
Und sein Kopf ist größer als dein Haus.

Einmal bist du hier und einmal dort.
Und dir ist, als wärst du nicht allein.
Und du wagst dich nicht vom Fenster fort.
Denn dann würdst du wieder einsam sein.

Und du freust dich an dem Schattenspiel.
Und du wirst dem Anderen fast gut.
Aber endlich wird's dir doch zu viel,
da er immer nur, was du tust, tut.

Keiner sah das nächtliche Duett,
nur im Hofe der verdorrte Strauch ...
Und du gähnst betrübt. Und gehst ins Bett.
Und der Andre drüben auch. (v 1930)

3. Vergleichen Sie arbeitsteilig je zwei der Texte 2–5, indem Sie
a) deren Thematik herausarbeiten und
b) das „Traditionelle" und „Moderne" in ihnen bestimmen.

Gottfried Benn (1886–1956) wurde als Sohn eines Pfarrers in Mansfeld geboren. Er studierte zunächst Theologie und Philosophie, ab 1905 Medizin in Berlin. Ab 1912 arbeitete er als Pathologe an verschiedenen Krankenhäusern in Berlin. 1912 und 1913 erschienen seine ersten Gedichtbände (*Morgue und andere Gedichte* und *Söhne. Neue Gedichte*), die ihn zu einem der wichtigsten expressionistischen Dichter machten. Mit Ausbruch des Ersten Weltkriegs bis 1917 wurde Benn Militärarzt.
Nach schwerer existenzieller und intellektueller Krise erschienen 1922 seine *Gesammelten Schriften*, aber innerlich hatte er sich von diesen Werken seiner expressionistischen Phase bereits abgewandt.
In den folgenden Jahren vollzog sich die Wendung zu einer neuen Lyrik mit festeren Formen und der Beschwörung eines archaischen Idealzustands. 1932 wurde er in die Preußische Akademie der Künste aufgenommen. In seiner Antrittsrede betonte Benn u.a. die „formfordernde Gewalt des Nichts".
Zum Entsetzen vieler erklärte sich Benn – als einziger deutscher Schriftsteller von Rang – in mehreren Schriften und Rundfunkreden der Jahre 1933/34 eindeutig für kurze Zeit für den nationalsozialistischen Staat. Er gab seine Arztpraxis auf und ließ sich 1935 als Militärarzt reaktivieren („eine aristokratische Form der Emigration"). 1938 wurde er mit einem Publikationsverbot belegt. Besonders der 1942 geschriebene Text *Zum Thema Geschichte* wendet sich gegen den NS-Staat und stellt eine „politisch-menschliche Ehrenrettung" (O. Sahlberg) Benns dar.
Mit den poetischen Produktionen dieser Jahre beginnt Benns Spätwerk: Neben den *Statischen Gedichten* (1948), in denen er eine von leiser Trauer durchwehte Zeitentrücktheit im Typ des „reinen Gedichts" als „Rückzug auf Maß und Form" gestaltet, entwickelte er eine „absolute Prosa", in der er vor allem die Form des inneren Monologs verwendet (*Weinhaus Wolf, Roman des Phänotyp*).
Nach 1945 gehörte Benn wegen seines „Großen Irrtums" wieder zu den Geächteten. Ab 1949 erschien in rascher Folge das Spätwerk: Die Novelle *Der Ptolemäer* (1949), Gedichte, erzählende Prosa, Essays, autobiografische Schriften, Briefe. 1951 erhielt Benn den angesehenen Büchner-Preis. Damit begann die kurze Phase des späten Ruhms.

4 Gottfried Benn (1886–1956): Sieh die Sterne, die Fänge

Sieh die Sterne, die Fänge
Lichts und Himmel und Meer,
welche Hirtengesänge,
dämmernde, treiben sie her,
du auch, die Stimmen gerufen
und deinen Kreis durchdacht,
folge die schweigenden Stufen
abwärts dem Boten der Nacht.

Wenn du die Mythen und Worte
entleert hast, sollst du gehn,
eine neue Götterkohorte
wirst du nicht mehr sehn,
nicht ihre Euphratthrone,
nicht ihre Schrift und Wand –
gieße, Myrmidone[1],
den dunklen Wein ins Land.

Wie dann die Stunden auch hießen,
Qual und Tränen des Seins,
alles blüht im Verfließen
dieses nächtigen Weins,
schweigend strömt die Aeone[2],
kaum noch von Ufern ein Stück –
gib nun dem Boten die Krone,
Traum und Götter zurück.

(v 1927)

5 Klabund (d.i. Alfred Henschke, 1890–1928): Ironische Landschaft

Gleich einem Zuge grau zerlumpter Strolche
Bedrohlich schwankend wie betrunkne Särge
Gehn Abendwolken über jene Berge,
In ihren Lumpen blitzen rote Sonnendolche.

Da wächst, ein schwarzer Bauch, aus dem Gelände
Der Landgendarm, dass er der Ordnung sich beflisse,
Und scheucht mit einem bösen Schütteln seiner Hände
Die Abendwolkenstrolche fort ins Ungewisse.

(v 1927)

6 Thomas Mann (1875–1955): Der Zauberberg. Roman (Auszug, Biografie S. 383)

[...] Der Mensch ist Herr der Gegensätze, sie sind durch ihn, und also ist er vornehmer als sie. Vornehmer als der Tod, zu vornehm für diesen – das ist die Freiheit seines Kopfes. Vornehmer als das Leben, zu vornehm für dieses – das ist die Frömmigkeit in seinem Herzen. Da habe ich einen Reim gemacht, ein Traumgedicht vom Menschen. Ich will dran denken. Ich will gut sein. Ich will dem Tode keine Herrschaft einräumen über meine Gedanken! Denn darin besteht die Güte und Menschenliebe, und in nichts Anderem. Der Tod ist eine große Macht. Man nimmt den Hut ab und wiegt sich vorwärts auf Zehenspitzen in seiner Nähe. Er trägt die Würdenkrause des Gewesenen, und selber kleidet man sich streng und schwarz zu seinen Ehren. Vernunft steht albern vor ihm da, denn sie ist nichts als Tugend, er aber Freiheit, Durchgängerei, Unform und Lust. Lust, sagt mein Traum, nicht Liebe. Tod und Liebe – das ist ein schlechter Reim, ein abgeschmackter, ein falscher Reim! Die Liebe steht dem Tode entgegen, nur sie, nicht die Vernunft, ist stärker als er. Nur sie, nicht die Vernunft, gibt gütige Gedanken. Auch Form ist nur aus Liebe und Güte: Form und Gesittung verständig-freundlicher Gemeinschaft und schönen Menschenstaats – in stillem Hinblick auf das Blutmahl. Oh, so ist es deutlich geträumt und gut regiert! Ich will dran denken. Ich will dem Tode Treue halten in meinem Herzen, doch mich hell erinnern, dass Treue zum Tode und Gewesenen nur Bosheit und finstere Wollust und Menschenfeindschaft ist, bestimmt sie unser Denken und Regieren. *Der Mensch soll um der Güte und Liebe willen dem Tode keine Herrschaft einräumen über seine Gedanken.* Und damit wach ich auf ... Denn damit hab ich zu Ende geträumt und recht zum Ziele. [...]

(v 1924)

[1] Der Myrmidone: Die Myrmidonen waren die Gefolgsleute des griechischen Helden Achilleus im Trojanischen Krieg (Homer, „Ilias").
[2] Der Äon, die Äonen: (gr.) langer Zeitraum, Weltalter, Ewigkeit

7 Hermann Hesse (1877–1962): Der Steppenwolf. Roman* (Auszug)

[...] Hermine sah mir zärtlich in die Augen, mit dem dunklen Blick, der so plötzlich bei ihr erscheinen konnte. Herrliche, furchtbare Augen! Langsam, die Worte einzeln suchend und nebeneinander stellend, sagte sie – so leise, daß ich mich anstrengen mußte, um es zu hören: „Ich will dir heut etwas sagen, was ich schon lange weiß, und auch du weißt es schon, aber vielleicht hast du es dir selber noch nicht gesagt. Ich sage dir jetzt, was ich über mich und dich und über unser Schicksal weiß. Du, Harry, bist ein Künstler und Denker gewesen, ein Mensch voll Freude und Glauben, immer auf der Spur des Großen und Ewigen, nie mit dem Hübschen und Kleinen zufrieden. Aber je mehr das Leben dich geweckt und zu dir selber gebracht hat, desto größer ist deine Not geworden, desto tiefer bist du in Leiden, Bangigkeit und Verzweiflung geraten, bis an den Hals, und alles, was du einst Schönes und Heiliges gekannt und geliebt und verehrt hast, all dein einstiger Glaube an die Menschen und an unsre hohe Bestimmung, hat dir nicht helfen können und ist wertlos geworden und in Scherben gegangen. Dein Glaube fand keine Luft mehr zum Atmen. Und Ersticken ist ein harter Tod. Ist es richtig, Harry? Ist das dein Schicksal?“

Ich nickte, nickte, nickte.

„Du hattest ein Bild vom Leben in dir, einen Glauben, eine Forderung, du warst zu Taten, Leiden und Opfern bereit – und dann merktest du allmählich, daß die Welt gar keine Taten und Opfer und dergleichen von dir verlangt, daß das Leben keine heroische Dichtung ist, mit Heldenrollen und dergleichen, sondern eine bürgerliche gute Stube, wo man mit Essen und Trinken, Kaffee und Strickstrumpf, Tarockspiel und Radiomusik vollkommen zufrieden ist. Und wer das andere will und in sich hat, das Heldenhafte und Schöne, die Verehrung der großen Dichter oder die Verehrung der Heiligen, der ist ein Narr und ein Ritter Don Quichotte. Gut.

[...] Glaubst du, ich könne deine Angst vor dem Foxtrott, deinen Widerwillen gegen die Bars und Tanzdielen, dein Sichsträuben gegen Jazzmusik und all den Kram nicht verstehen? Allzu gut versteh ich sie, und ebenso deinen Abscheu vor der Politik, deine Trauer über das Geschwätz und verantwortungslose Getue der Parteien, der Presse, deine Verzweiflung über den Krieg, über den gewesenen und über die kommenden, über die Art, wie man heute denkt, liest, baut, Musik macht, Feste feiert, Bildung betreibt! Recht hast du, Steppenwolf, tausendmal recht, und doch mußt du untergehen. Du bist für diese einfache, bequeme, mit so wenigem zufriedene Welt von heute viel zu anspruchsvoll und hungrig, sie speit dich aus, du hast für sie eine Dimension zuviel. Wer heute leben und seines Lebens froh werden will, der darf kein Mensch sein wie du und ich. Wer statt Gedudel Musik, statt Vergnügen Freude, statt Geld Seele, statt Betrieb echte Arbeit, statt Spielerei echte Leidenschaft verlangt, für den ist diese hübsche Welt hier keine Heimat ...“ [...] (v 1927)

4. Die beiden Romanauszüge (Texte 6 und 7) geben summarische Lebenseinsichten wieder.
a) Fassen Sie diese Einsichten in je einem Resümee (vgl. S. 38) zusammen.
b) Umschreiben Sie das jeweilige Menschenbild und vergleichen Sie mit Alfred Polgars „Verfall“ (Text 1).
c) Erörtern Sie kritisch die Folgen, die sich für den Einzelnen aus diesen Einsichten ergeben.

Hermann Hesse wurde am 2.7.1877 in Calw/Württ. als Sohn eines Missionarsehepaars geboren. Einer streng religiös ausgerichteten Erziehung entzog er sich 1892, indem er die evangelische Klosterschule Maulbronn verließ. Ab 1895 war er Lehrling in einer Buchhandlung in Tübingen, ab 1899 Buchhändler in Basel, ab 1904 freier Schriftsteller. Zunächst lebte er am Bodensee, später im Tessin. Er unternahm zahlreiche Reisen in Europa und nach Indien (1911). Als Lyriker und Erzähler war er bestimmt durch den Gegensatz Geist – Leben (Natur). Seine ersten Werke sind stark autobiografisch geprägt (*Unterm Rad*, 1906), seine späteren stehen auch unter dem Einfluss der Psychoanalyse (*Der Steppenwolf*, 1927) oder der indischen Philosophie. In seinem Alterswerk *Das Glasperlenspiel* (1943) versuchte er, indem er östliche und westliche Weisheit vereinte, ein utopisches Bild geistiger Gemeinschaft zu zeichnen. Hesse wurde auch bekannt als Maler (Aquarellist). Hesses Ruhm hält bis heute an. In den 60er-Jahren wurde er zum Lieblingsautor der Hippiebewegung. 1946 wurde ihm der Literaturnobelpreis verliehen. Er starb am 9.8.1962 in Montagnola (Schweiz).

2. Rätselhaftigkeit der Welt und Sinnverlust des Lebens – Parabelinterpretation und literarische Erörterung

Die Aufforderung, einen Text zu „interpretieren“, begegnet Ihnen im Deutschunterricht ständig und hat sicher auch schon Ihren Unwillen erregt. Soll nicht der literarische Text sich unmittelbar mitteilen, will er nicht eine Botschaft aussprechen? Stattdessen hat man den Eindruck, literarische Texte seien geradezu darauf aus, etwas zu verbergen, statt es zu offenbaren. Sie wissen den Grund für diesen Sachverhalt?

1 Alfred Polgar (1873–1955): Verfall (Auszug, Biografie S. 31f.)

[...]

Die Menschen

Die Menschen machen böse Mienen zum selbst verschuldeten Spiel. Ihre zerlöcherten Seelen sind mit Zeitungspapier verklebt wie die zerlöcherten Fenster der Vorstadt, und schwankend im Winde gleich den Bogenlampen auf hohem Mast träumen sie, leer und blind wie jene, von versunkener Herrlichkeit. Sie sind voll bitterer Verneinung einer Gegenwart, die die logische Folge einer von ihnen durchaus bejahten Vergangenheit ist. Sie sind zugrunde gegangen an dem, was war, und klagen, dass es nicht mehr ist. Jede Schaufel Erde, die auf den Leichnam fällt, dessen Fäulnis und Verwesung ihre Luft verpestet, fällt ihnen aufs Herz. Sie ziehen das Mirakel der Wiederauferstehung den Strapazen der Neugeburt vor. Sie sind stehengeblieben und unerleuchtet wie die Uhren der Stadt. Sie sind mit ihrem Übermut und ihrer Depression, ihrer Lebenslust und ihrem Weltschmerz nicht nur Zeugen für den Verfall dieser Stadt, sondern auch Zeugen für solchen Verfalls strenge Logik und innere Notwendigkeit.

1. a) Nehmen Sie Text 1 als charakteristisches Beispiel für ein Feuilleton und beschreiben Sie auffällige Merkmale von Inhalt und Form.
b) Exzerpieren Sie Eigenarten des Feuilletons aus dem Informationstext.
c) Schreiben Sie zu einem frei gewählten Thema selbst ein Feuilleton.

Feuilleton (frz. „Beiblättchen“ [einer Zeitung], von feuille = „Blatt“): der sog. Kulturteil einer Zeitung mit Nachrichten, Kommentaren, Kritiken, Glossen usw. aus dem Kultur- und Geistesleben sowie Buchbesprechungen (Rezensionen), populärwissenschaftlichen Beiträgen und einem Unterhaltungsteil, zu dem meist auch ein Fortsetzungsroman gehört. Der Erfinder des Feuilletons ist der französische Abbé J.L. de Geoffroy, der seit 1800 seinem „Journal des Débats“ ein Beiblatt kulturellen Inhalts beilegte, das so beliebt war, dass es 1801 zum integrierten Bestandteil des Blattes wurde,

von den anderen Informationen durch einen dicken schwarzen Strich getrennt („unter'm Strich"). 1831 übernahm diese Form der „Nürnberger Correspondent" als erste deutsche Zeitung.
Das Feuilleton im engeren Sinne ist ein essayhafter, aber meist subjektiver, auf Information und Unterhaltung gleichermaßen bedachter, eher skizzenhafter, auf elegante und witzige Formulierungen angelegter, betrachtender Beitrag im Kulturteil einer Zeitung. Das Feuilleton hatte seine Höhepunkte im Vormärz (Heine, Börne u.a.) sowie von der Jahrhundertwende bis zum Ende der Weimarer Republik (Egon Friedell, Alfred Kerr, Alfred Polgar, Kurt Tucholsky, Joseph Roth u.a.).
„Feuilletonismus" wird als eine Denk- und Schreibweise bezeichnet, die oberflächlich und auf schnelle Wirkung bedacht ist; in der Argumentation wenig durchdacht, im Stil auf brillant-effektvolle Formulierung angelegt, bewirkt der Feuilletonismus eher die emotionale Zustimmung des Lesers als seine wirkliche Überzeugung. H. Hesse verurteilte in seinem Roman *Das Glasperlenspiel* das 20. Jahrhundert in diesem Sinne als *„feuilletonistisches Zeitalter"*.

Robert Walser (1878–1956) wurde in Biel (Kanton Bern) als siebtes von acht Kindern eines Buchbinders geboren. Nach frühem Schulabgang und einer Banklehre führte er jahrelang ein unruhiges Wanderleben. Von 1906–1912 lebte er als freier Schriftsteller in Berlin. Hier entstanden seine drei Romane (*Geschwister Tanner*, *Der Gehülfe*, *Jakob von Gunten*) und zahlreiche kleine Prosastücke. Eine Schaffens- und Lebenskrise zwang ihn nach Biel zurück. Seine Texte wurden immer kürzer, seine Schrift immer kleiner: In den Jahren 1924/25 verfasste er so genannte „Mikrogramme", Texte voller Abkürzungen in winziger Schrift, deren Entzifferung erst 60 Jahre später gelang und als literarische Sensation gewertet wurde. Anfang 1929 musste Walser wegen einer Psychose eine Nervenheilanstalt aufsuchen, schrieb aber zunächst noch weiter. Heute ist Walsers Rang als Autor anerkannt, vielen gilt er als Vorläufer Kafkas, zu dessen Lieblingsautoren er gehörte und der sich ihm verwandt fühlte.

Die ewigen Sterne

Die ewigen Sterne über der Stadt sind in Ordnung. Die Schwingenspitzen des Schwans glänzen in alter Herrlichkeit, das W der Cassiopeia flammt in unverminderter Kraft, aus dem Gürtel des Orion ist kein Edelstein gebrochen, und glanzvoll aufgeschirrt, Räder und Deichsel von lauterem Gold, steht der Große Wagen auf seinem Standplatz. Unser Sternenzelt ist noch intakt.

Von der anderen Kant'schen Gewissheit, dem Sittengesetz in der Brust, möchte ich das nicht so sicher behaupten. (1919)

2 Franz Kafka (1883–1924): Das Stadtwappen

Anfangs war beim babylonischen Turmbau alles in leidlicher Ordnung; ja, die Ordnung war vielleicht zu groß, man dachte zu sehr an Wegweiser, Dolmetscher, Arbeiterunterkünfte und Verbindungswege, so als habe man Jahrhunderte freier Arbeitsmöglichkeit vor sich. Die damals herrschende Meinung ging sogar dahin, man könne gar nicht langsam genug bauen; man musste diese Meinung gar nicht sehr übertreiben und konnte überhaupt davor zurückschrecken, die Fundamente zu legen. Man argumentierte nämlich so: Das Wesentliche des ganzen Unternehmens ist der Gedanke, einen bis in den Himmel reichenden Turm zu bauen. Neben diesem Gedanken ist alles Andere nebensächlich. Der Gedanke, einmal in seiner Größe gefasst, kann nicht mehr verschwinden; solange es Menschen gibt, wird auch der starke Wunsch da sein, den Turm zu Ende zu bauen. In dieser Hinsicht aber muss man wegen der Zukunft keine Sorgen haben, im Gegenteil, das Wissen der Menschheit steigert sich, die Baukunst hat Fortschritte gemacht und wird weitere Fortschritte machen, eine Arbeit, zu der wir ein Jahr brauchen, wird in hundert Jahren vielleicht in einem halben Jahr geleistet werden und überdies besser, haltbarer. Warum also schon heute sich an die Grenze der Kräfte abmühen? Das hätte nur dann Sinn, wenn man hoffen könnte, den Turm in der Zeit einer Generation aufzubauen. Das aber war auf keine Weise zu erwarten. Eher ließ sich denken, dass die nächste Generation mit ihrem vervollkommneten Wissen die Arbeit der vorigen Generation schlecht finden und das Gebaute niederreißen werde, um von Neuem anzufangen. Solche Gedanken lähmten die Kräfte, und mehr als um den Turmbau kümmerte man sich um den Bau der Arbeiterstadt. Jede Landsmannschaft wollte das schönste Quartier haben, dadurch ergaben sich Streitigkeiten, die sich bis zu blutigen Kämpfen steigerten. Diese Kämpfe hörten nicht mehr auf; den Führern waren sie ein neues Argument dafür, dass der Turm auch mangels der nötigen Konzentration sehr langsam, oder lieber erst nach allgemeinem Friedensschluss gebaut werden sollte. Doch verbrachte man die Zeit nicht nur mit Kämpfen, in den Pausen verschönerte man die Stadt, wodurch man allerdings neuen Neid und neue Kämpfe hervorrief. So verging die Zeit der ersten Generation, aber keine der folgenden war anders, nur die Kunstfertigkeit steigerte sich immerfort und damit die Kampfsucht. Dazu kam, dass schon die zweite oder dritte Generation die Sinnlosigkeit des Himmelsturmbaus erkannte, doch war man schon viel zu sehr miteinander verbunden, um die Stadt zu verlassen.

Alles was in dieser Stadt an Sagen und Liedern entstanden ist, ist erfüllt von der Sehnsucht nach einem prophezeiten Tag, an welchem die Stadt von einer Riesenfaust in fünf kurz aufeinander folgenden Schlägen zerschmettert werden wird. Deshalb hat auch die Stadt die Faust im Wappen. (1920)

3 Robert Walser (1878–1956): Ovation

Stelle dir, lieber Leser, vor, wie schön, wie zauberhaft das ist, wenn eine Schauspielerin, Sängerin oder Tänzerin durch ihr Können und durch die Wirkung desselben ein ganzes Theaterpublikum zu stürmischem Jubel hinreißt, dass alle Hände in Bewegung gesetzt werden und der schönste Beifall durch das Haus braust. Stelle dir vor, dass du selber mit hingerissen seiest, der Glanzleistung deine Huldigung darzubringen. Von der umdunkelten, dicht bevölkerten Galerie herab hallen, Hagelschauern ähnlich, Beifallskundgebungen herab, und gleich dem rieselnden Regen regnet es Blumen über die Köpfe der Leute auf die Bühne, von denen einige von der Künstlerin aufgehoben und, glücklich lächelnd, an die Lippen gedrückt werden. Die beglückte, vom Beifall wie von einer Wolke in die Höhe gehobene Künstlerin wirft dem Publikum, als wenn es ein kleines, liebes, artiges Kind sei, Kusshand und Dankesgeste zu, und das große und doch kleine Kind freut sich über diese süße Gebärde, wie eben nur immer Kinder sich freuen können. Das Rauschen bricht bald in Toben aus, welches sich wieder ein wenig zur Ruhe legt, um gleich darauf von neuem wieder auszubrechen. Stelle dir die goldene, wenn nicht diamantene Jubelstimmung vor, die wie ein sichtbarer göttlicher Nebelhauch den Raum erfüllt. Kränze werden geworfen, Buketts; und ein schwärmerischer Baron ist vielleicht da, der ganz dicht am Rand der Bühne steht, den Schwärmerkopf bei der Künstlerin kleinen, kostbaren Füßen. Nun, und dieser adlige Begeisterungsfähige legt vielleicht dem umschwärmten und umjubelten Kinde eine Tausendmarknote unter das bestrickende Füßchen. „Du Einfaltspinsel, der du bist, behalte du doch deine Reichtümer!" Mit solchem Wort bückt sich das Mädchen, nimmt die Banknote und wirft sie verächtlich lächelnd dem Geber wieder zurück, den die Scham beinahe erdrückt. Stelle dir das und andres recht lebhaft vor, unter anderm die Klänge des Orchesters, lieber Leser, und du wirst gestehen müssen, dass eine Ovation etwas Herrliches ist. Die Wangen glühen, die Augen leuchten, die Herzen zittern, und die Seelen fliegen in süßer Freiheit, als Duft, im Zuschauerraum umher, und immer wieder muss der Vorhangmann fleißig den Vorhang hinaufziehen und herunterfallen lassen, und immer wieder muss sie hervortreten, die Frau, die es verstanden hat, das ganze Haus im Sturm für sich zu gewinnen. Endlich tritt Stille ein, und das Stück kann zu Ende gespielt werden. (e 1916)

2. Verfahren Sie so, dass mindestens je zwei Gruppen die Aufgaben 2 und 3 bearbeiten.
a) Sammeln Sie Assoziationen zum Titel von Text 2.
b) Beschreiben Sie den Aufbau und bestimmen Sie die Eigenart der Teile.
c) Vergleichen Sie den Kafka-Text 2 mit der biblischen Geschichte vom Turmbau zu Babel (1. Moses/Genesis 11, 1–9).
d) Beschreiben Sie Eigenarten des Textes, bestimmen Sie die Textsorte und erklären Sie den Schluss.

4 Franz Kafka (1883–1924): Auf der Galerie

Wenn irgendeine hinfällige, lungensüchtige Kunstreiterin in der Manege auf schwankendem Pferd vor einem unermüdlichen Publikum vom peitschenschwingenden erbarmungslosen Chef monatelang ohne Unterbrechung im Kreise rundum getrieben würde, auf dem Pferde schwirrend, Küsse werfend, in der Taille sich wiegend, und wenn dieses Spiel unter dem nicht aussetzenden Brausen des Orchesters und der Ventilatoren in die immerfort weiter sich öffnende graue Zukunft sich fortsetzte, begleitet vom vergehenden und neu anschwellenden Beifallsklatschen der Hände, die eigentlich Dampfhämmer sind – vielleicht eilte dann ein junger Galeriebesucher die lange Treppe durch alle Ränge hinab, stürzte in die Manege, rief das: Halt! durch die Fanfaren des sich immer anpassenden Orchesters.

Da es aber nicht so ist; eine schöne Dame, weiß und rot, hereinfliegt, zwischen den Vorhängen, welche die stolzen Livrierten vor ihr öffnen; der Direktor, hingebungsvoll ihre Augen suchend, in Tierhaltung ihr entgegenatmet; vorsorglich sie auf den Apfelschimmel hebt, als wäre sie seine über alles geliebte Enkelin, die sich auf gefährliche Fahrt begibt; sich nicht entschließen kann, das Peitschenzeichen zu geben: schließlich in Selbstüberwindung es knallend gibt; neben dem Pferde mit offenem Munde einherläuft; die Sprünge der Reiterin scharfen Blickes verfolgt; ihre Kunstfertigkeit kaum begreifen kann; mit englischen Ausrufen zu warnen versucht; die reifenhaltenden Reitknechte wütend zu peinlichster Achtsamkeit ermahnt; vor dem großen Salto mortale das Orchester mit aufgehobenen Händen beschwört, es möge schweigen; schließlich die Kleine vom zitternden Pferde hebt, auf beide Backen küsst und keine Huldigung des Publikums für genügend erachtet; während sie selbst, von ihm gestützt, hoch auf den Fußspitzen, vom Staub umweht, mit ausgebreiteten Armen, zurückgelehntem Köpfchen ihr Glück mit dem ganzen Zirkus teilen will – da dies so ist, legt der Galeriebesucher das Gesicht auf die Brüstung und, im Schlussmarsch wie in einem schweren Traum versinkend, weint er, ohne es zu wissen. (e 1916/17)

George Seurat: Der Zirkus, 1891

Am Beispiel eines Kafka-Texts soll gezeigt werden, dass es unterschiedliche Interpretationsansätze gibt, dass sie zu unterschiedlichen Ergebnissen führen und dass sie unterschiedliche „Reichweiten" haben.

3. Kafka hat Walsers Text „Ovation" (Text 3) nachweislich gekannt, als er seine Parabel „Auf der Galerie" schrieb.
a) Zeigen Sie, wie Kafka Walsers Geschichte verändert hat.
b) Versuchen Sie den Unterschied zwischen Text 3 und Text 4 als Ausdruck einer Bewusstseinsveränderung zu verstehen.

5 Franz Kafka: Gibs auf

Es war sehr früh am Morgen, die Straßen rein und leer, ich ging zum Bahnhof. Als ich eine Turmuhr mit meiner Uhr verglich, sah ich, dass es schon viel später war, als ich geglaubt hatte, ich musste mich sehr beeilen, der Schrecken über diese Entdeckung ließ mich im Weg unsicher werden, ich kannte mich in dieser Stadt noch nicht sehr gut aus, glücklicherweise war ein Schutzmann in der Nähe, ich lief zu ihm hin und fragte ihn atemlos nach dem Weg. Er lächelte und sagte: „Von mir willst du den Weg erfahren?" „Ja", sagte ich, „da ich ihn selbst nicht finden kann." „Gibs auf, gibs auf", sagte er und wandte sich mit einem großen Schwunge ab, so wie Leute, die mit ihrem Lachen allein sein wollen. (e 1922)

4. Interpretieren Sie Text 5 (vgl. S. 35ff.).
a) Notieren Sie Assoziationen zum Titel.
b) Stellen Sie aus der Betrachtung von Problem, Figuren und stilistischer Gestaltung Aspekte einer immanenten Interpretation zusammen.
c) Exzerpieren Sie aus der Biografie Kafkas (S. 356) Gesichtspunkte, die für eine textexterne Deutung wichtig sein könnten.

Franz Kafka wurde am 3.7.1883 als Sohn eines tschechisch-jüdischen Vaters und einer deutsch-jüdischen Mutter geboren. Die Eltern waren von einem starken Willen zum materiellen Erfolg geprägt und ständig auf sozialen Aufstieg bedacht. Besonders der Vater bevormundete den sensiblen und introvertierten Sohn, der sich doch zeitlebens nicht von der als Einengung empfundenen Familie trennen konnte (*Brief an den Vater*, November 1919). Nach dem Besuch des humanistischen Gymnasiums studierte Kafka Jura und hatte 1907 alle Voraussetzungen für eine erfolgreiche Berufslaufbahn erworben. Er wurde Versicherungsangestellter und stieg rasch in eine leitende Stellung auf. Durch seine Arbeit lernte er die Situation der Arbeiter, das Gefühl des Ausgeliefertseins des modernen Menschen an anonyme Mächte kennen. Aber sein Beruf war ihm „unerträglich, weil er meinem einzigen Verlangen, und meinem einzigen Beruf, das ist die Literatur, widerspricht".
Kafka schloss sich einem Kreis Prager Literaten an, von denen Max Brod als Freund und späterer Nachlassverwalter eine große Bedeutung gewann. Aber anders als seine Freunde veröffentlichte er nur sehr wenig. An seiner ältesten erhaltenen Erzählung *Beschreibung eines Kampfes* hatte er von 1902 bis 1910 gearbeitet; sie enthält schon alle Themen und Darstellungsmittel, die auch seine späteren Werke ausmachen: Aus Bruchstücken seiner Wirklichkeitserfahrung baut er eine Welt der Selbstentfremdung des Menschen, der Lebens- und Existenzangst, der Unterworfenheit unter anonyme Mächte, der Orientierungslosigkeit und des Alptraums. 1912 schrieb Kafka in einer einzigen Nacht seine Erzählung *Das Urteil*, die 1913 im Druck erschien und seinen Ruhm begründete. Die folgenden Jahre waren bestimmt durch die Entstehung des Romans *Der Prozess* und die Beziehung zu Felice Bauer, mit der sich Kafka zweimal verlobte, ehe er die Bindung Ende 1917 wegen einer bei ihm festgestellten offenen Tuberkulose endgültig löste. 1922 erreichte er seine vorzeitige Pensionierung und arbeitete an seinem Roman *Das Schloss*, der heute als Spiegelbild zum *Prozess* aufgefasst wird. Am 3.6.1924 starb Kafka in einem Sanatorium in der Nähe von Wien. Kafkas Werk gilt heute als eines der wichtigsten der gesamten Weltliteratur.

6 Heinz Politzer: Eine Parabel Kafkas – Versuch einer Interpretation

[...] Nicht nur in der Wahl seiner Thematik, sondern auch in der Art seiner Darstellung ist Kafka ein Meister der offenen Form. Wer immer seinen vieldeutigen Gebilden einen eindeutigen Sinn abziehen will, erhält, wie der Mann von dem Schutzmann unserer Anekdote, eine Frage als Antwort zurück.

Dies ist leicht zu erweisen, indem wir diese Geschichte kurz den drei landläufigen Methoden der Kafka-Kritik unterziehen: der historischen, der psychologischen und der religiösen. Historisch gesehen, leidet der Mann, der die Stadt um jeden Preis verlassen will, an einer akuten Klaustrophobie[1], von der Kafka fast während seines ganzen Lebens besessen war. „Weg von hier – das ist mein Ziel", heißt es in der Nachbargeschichte unserer Anekdote „Der Aufbruch". Als deutscher Jude im tschechischen Prag lebte Kafka in einem dreifachen Getto, dem jüdischen zuerst, das seinerseits von aufsässigen Slawen umgeben war, um die als ein dritter Wall die Verwaltung der altösterreichischen Beamtenschaft gezogen war, die bis 1918 im Namen Habsburgs Prag regierte. Auch Kafka „kannte sich in dieser Stadt noch nicht sehr gut aus", obgleich er, zum Unterschied von dem Mann in unserer Geschichte, dort geboren war; die deutsche Sprache trennte ihn von den Tschechen, aus denen sich die Bediensteten und Angestellten seines Vaters rekrutierten und aus deren Mitte ihm gegen Ende seines Lebens die passionierte Milena Jesenská entgegentrat; sein Judentum hielt ihn der österreichischen Oberschicht entfremdet, welche die Stadt nach den Grundsätzen und Vorurteilen der überalterten Monarchie verwaltete. Kafka war sich dieser „Historizität" seines persönlichen Lebens gelegentlich selbst bewusst geworden. So schreibt er am 13. Januar 1921 an Max Brod über seine „augenblickliche innere Situation": „Sie erinnert ein wenig an das alte Österreich. Es ging ja manchmal ganz gut, man lag am Abend auf dem Kanapee im schön geheizten Zimmer, das Thermometer im Mund, den Milchtopf neben sich und genoss irgendeinen Frieden, aber es war nur irgendeiner, der eigene war es nicht. Eine Kleinigkeit nur, ich weiß nicht, die Frage des Trautenauer Kreisgerichtes war nötig und der Thron in Wien fing zu schwanken an, ein Zahntechniker ... studiert halblaut auf dem oberen Balkon und das ganze Reich, aber wirklich das ganze, brennt mit einem Mal."

Aus dieser Sphäre erschütterter Autorität tritt dann auch unser Schutzmann hervor als das Sinnbild eines Staatswesens, das sich zwar in der äußeren Form seiner Ämter noch aufrecht erhielt, in allem Wesentlichen aber außerstande war, dem einfachen Untertanen Auskunft, geschweige denn Schutz zu gewähren. Des Polizisten Überraschung über die Frage des Mannes liest sich so als Eingeständnis der Ausweglosigkeit von Österreichs politischem Schicksal, sein „Gibs auf" als das Todesurteil, das ein zu „farbenvollem Untergang" (Stefan George) bestimmtes Imperium über sich selbst und seinen Bürger verhängt. Doch lässt Kafka das Verhältnis von Mann und Schutzmann, Hauptfigur und Amtsperson, von Mensch und Gesellschaft durchaus bewusst so offen, dass eine historische Deutung, wie die E. B. Burgums, Kafkas Helden als Protofaschisten, eine andere, wie die Paul Reimanns, sie als Protokommunisten bezeichnen konnte. Eine These, die sich so leicht ins Extrem verzerren lässt, bleibt wohl auch in ihrem Zentrum unhaltbar und stellt mehr Fragen, als sie beantworten kann.

Psychologisch interpretiert, ist unsere Anekdote zunächst eine Studie der Neurasthenie[2]. Dreimal versagen unserem Mann die Nerven: wenn er sein Zuspätkommen entdeckt, wenn ihn der Schutzmann mit seiner Gegenfrage mystifiziert und wenn er am Ende in die Ohnmacht völligen Schweigens zurücksinkt. Uralte Ängste liefern ihn Situationen aus, die er gar nicht erst zu meistern versucht: die Angst, es sei zu spät, welche ja nur eine Form der Furcht vor dem Tode ist, der dem Leben ein Ziel setzt, ehe noch der Weg ans Ende gegangen und die Frucht geerntet ist; eine Angst, die sich in Kafkas Fall auch bewahrheitete, da er mit 41 Jahren starb und sein Werk als Bruchwerk zurückließ. Dazu tritt die Angst vor dem Schutzmann, der ihm den Weg versperrt, den er ihm hätte weisen sollen. Auf der Ebene der Psychologie ist dies eine Allegorie von Kafkas Vater und der Erziehung, die dieser ihm zuteil werden ließ. Der lange Brief, in dem Kafka im Jahre 1919 seinem Vater gegenüber Rechenschaft ablegte, bietet Lebensmaterial genug für unsere Geschichte. [...] Danach versperrte hinter der Gestalt des Polizisten die hünenhaft aufgereckte Traumfigur des Vaters dem Sohn den Weg in jenes normale Leben, der Kafka immer mehr als der einzig gangbare, der wahre erschien, meldeten sich im „Gibs auf" des Vatersymbols Kafkas Zweifel an seiner eigenen Männlichkeit zu Gehör. Denn wohl konnte er an den Vater schreiben: „Heiraten, eine Familie gründen, alle Kinder, welche kommen, hinnehmen, in dieser unsicheren Welt erhalten oder gar noch ein wenig führen, ist meiner Überzeugung nach das Äußerste, das einem Menschen überhaupt gelingen kann", dann aber sinkt er, wie der Mann vor dem Schutz-

[1] Die Klaustrophobie (lat./gr.): krankhafte Angst in geschlossenen Räumen
[2] Die Neurasthenie: Nervenschwäche

mann, vor seinem Vater zurück, wenn er diesem entgegenruft: „So wie wir (beide) sind, ist mir das Heiraten dadurch verschlossen, dass es gerade dein eigenstes Gebiet ist." [...]

(Es) wird sich immerhin sagen lassen, dass die psychologische Deutung diejenige war, die Kafkas Generation – und wohl gelegentlich auch ihm selbst – naheliegen musste. [...] Vor einer solchen Deutung ist es dann freilich nur mehr ein kurzer Schritt zu einer religiösen Interpretation. In dieser stellt der Schutzmann nicht mehr die Figur des leiblichen Vaters dar, sondern erscheint als der Sendling einer spirituellen Sphäre, die der menschlichen nichts Anderes mitzuteilen hat als das Gebot, „es aufzugeben", und sich sodann majestätisch den eigenen Obliegenheiten zuwendet. Das Fremdgefühl des Menschen auf dieser Erde, die Unvertrautheit des Mannes mit der Stadt, erhalten nun einen metaphysischen Sinn. Namenlos und allgemein zugleich wie der Jedermann im spätmittelalterlichen Mysterienspiel, wird dieser Mann inmitten seiner Erdenzeit von der Ewigkeit angetreten, wenn er die eigne Uhr mit jener auf dem Turm vergleicht. Nur eben dass die Ewigkeit diesem Mann weder Auskunft noch Schutz bieten kann, und zwar jener Unruhe wegen, die in seinem Innern wirkt, ihn zur Abreise treibt und damit schon seinen ersten Schritt zum Fehltritt werden lässt – und „es ist niemals gutzumachen". „Es gibt zwei menschliche Hauptsünden", notiert Kafka in den Betrachtungen, „aus welchen sich alle andern ableiten: Ungeduld und Lässigkeit. Wegen der Ungeduld sind sie aus dem Paradies vertrieben worden, wegen der Lässigkeit kehren sie nicht zurück. Vielleicht aber gibt es nur eine Hauptsünde: die Ungeduld. Wegen der Ungeduld sind sie vertrieben worden, wegen der Ungeduld kehren sie nicht zurück." Diese Ungeduld ist mystischer Natur; sie bestürmt das Gottesreich um seine Wiederkehr; aber gerade um ihretwillen bleibt das Jenseits dem Diesseits verschlossen. [...]

Die Schwäche dieser drei Deutungen liegt nun nicht etwa darin, dass sie einander ausschlössen, sondern im Gegenteil in der Tatsache, dass sie, zusammengenommen und übereinander gehalten, der Bedeutungsfülle, die sich in unserer Geschichte verbirgt, nicht gerecht zu werden vermögen. (v 1965)

5. a) Stellen Sie Merkmale der von Politzer vorgestellten Interpretationsansätze in einer Tabelle einander gegenüber.
b) Prüfen Sie Vor- und Nachteile der einzelnen Methode.
c) Begründen Sie, welche der drei Methoden Ihnen für die Interpretation von „Gibs auf" am ergiebigsten erscheint.

Prosainterpretation 4: Interpretationsansätze haben Sie als textimmanente und textexterne Methoden kennengelernt und erprobt, um dichterische Texte, die sich dem unmittelbaren Zugang i.d.R. verschließen, verstehen zu lernen. Denn Dichtung ist vielschichtig und multivalent durch vielfältige Bedeutungsnuancen und sog. „Leerstellen", durch Verweisungstechniken, eine eigene Bildsprache und Symbolik bis hin zur schwer auflösbaren Chiffrierung. Im *literatischen Kommunikationsmodell* (vgl. S. 263) sind die Beziehungen zwischen der *Produktion* (den Bedingtheiten und Zielen des Autors), dem *Werk* (dem Verweisungszusammenhang von Inhalt, Struktur und Stil) und der *Rezeption* (dem Leser in seiner Bedingtheit, seinen Erwartungen und seiner Leseweise) dargestellt. Wegen der Vieldeutigkeit und Unauslotbarkeit von Dichtung und wegen der je verschiedenen Rezeption wird Interpretation als planvolle Methode der Textdeutung heute nicht mehr als ein Weg zu der einen Wahrheit verstanden. Auf diese Weise erfolgte früher häufig ein „Vergewaltigen, Zurechtschieben, Umfälschen" (Friedrich Nietzsche) von Literatur.

Wenn Interpretation heute im Plural von **Interpretationsmethoden** gesehen wird, so steht dahinter auch die Überzeugung, dass unterschiedliche Fragestellungen zu unterschiedlichen Antworten führen und dass je nach den Eigenarten des Textes einzelne Interpretationsansätze ergiebiger sind als andere. Die Erprobung mehrerer Methoden, das „synthetische Interpretieren", hält Jost Hermand für das richtige Verfahren. Unzulässig aber sind ideologische Interpretationsansätze, die nicht der Erschließung des Textes dienen, sondern denen es nur um Selbstbestätigung mit Hilfe des Textes geht. Maßstab für die Angemessenheit einer Methode ist stets die Frage, wieweit sie geeignet ist, einen oder mehrere Aspekte eines Textes zu erschließen, ihre Aussage überzeugend zu begründen und glaubwürdig zu belegen. Wenn man von der bewusst auf Teilaspekte des Textes zielenden Textanalyse absieht, lassen sich vor allem drei grundlegende Interpretationsansätze herausstellen:

1. Die **werkimmanente Interpretation** (vgl. S. 16) versteht den literarischen Text als autonomes Kunstwerk, dessen *Sinnpotenzial* es im Zusammenspiel von Inhalt, Struktur und Stil zu verstehen gilt: „begreifen, was uns ergreift" (Emil Staiger: Die Kunst der Interpretation, [2]1957). Die Betroffenheit des Lesers ist Ausgangspunkt für eine Betrachtung, die ihre Einsichten aus dem Text selbst gewinnt, aus seinen strukturellen Elementen in ihrer Funktionalität. Ziel ist die Erhellung des Textsinns in seiner spezifisch dichterischen Erscheinungsweise. Der Kunstwert eines Werks bemisst sich dabei nach dem Grad der Stimmigkeit von Inhalt und Form. Der „monarchische Anspruch des Kunstwerks" (P. Rusterholz) wird durch diese Interpretation erst richtig bewusstgemacht.

Standpunkte:
– „Wenn ein Buch und ein Kopf zusammenstoßen und es klingt hohl, ist das allemal im Buch?" (Georg Christoph Lichtenberg, 1742 – 1799)
– „Und definieren würde ich die poetische Wirkung als die Fähigkeit eines Textes, immer neue und andere Lesarten zu erzeugen, ohne sich jemals ganz zu verbrauchen." (Umberto Eco, geb. 1932)

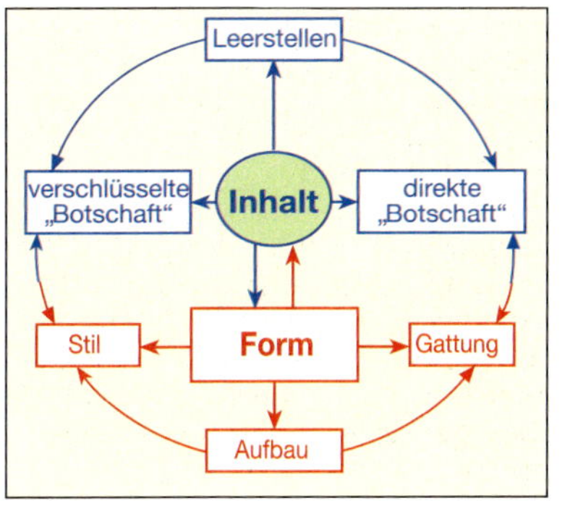

Die Gefahr, dass der Interpret/die Interpretin einer „Fehlleitung des Gefühls" zum Opfer fällt, wird durch die Sorgfalt der *hermeneutischen Methode* (vgl. S. 15) *des Verstehens* und durch das historische Wissen verhindert.

2. Die **an den Produktionsbedingungen orientierte Interpretation** lässt sich differenzieren:
   - Die *biografische Methode* bezieht Kenntnisse über das Leben des Autors/der Autorin ein und prüft, inwieweit bestimmte Erlebnisse und Erfahrungen die Themenwahl und Gestaltung beeinflussen oder gar bestimmen.
   - Verwandt ist die *psychoanalytische Methode*, die ein Werk als Ausdruck seelischer Befindlichkeiten begreift – von Angst, Freude, Glück, Traumvorstellungen, Sehnsüchten etc. – und mit Hilfe psychologischer Erkenntnisse und Erklärungsmuster erschließen will.
   - Die *geistesgeschichtliche Methode* versucht, Literatur aus den kulturellen Strömungen ihrer Entstehung zu deuten. Sie stellt Fragen nach der Lebenssituation, den geistigen Impulsen aus der Philosophie, der Kunst, der Musik und den Wissenschaften, die ein Werk geprägt haben im Epochenzusammenhang (z.B. Barock, Klassik, Romantik etc.). Auf diese Weise lassen sich Einsichten darüber gewinnen, ob ein Dichter Vorläufer, richtungweisender Protagonist oder nachahmender Epigone in seiner Zeit war.
   - Die *literatursoziologische Methode* vertritt die Auffassung, dass neben den kulturellen Einflüssen im engeren Sinne auch die historisch-politischen und gesellschaftlichen Bedingungen – z.B. Krisenzeiten, Herrschaftsverhältnisse, Regierungssysteme und Sozialstrukturen – sowohl für das Entstehen von Literatur als auch für deren Verstehen untersucht werden müssen.
     Ein Beispiel für extreme ideologische Auslegung von Literatur ist die dialektisch-materialistische Methode, die den Lehren des Marxismus folgt.

3. Innerhalb der **wirkungsorientierten Interpretation** unterscheidet man zwei Hauptrichtungen:
   - Die *rezeptionsästhetische Methode* geht vom Interesse des Lesers am Text sowie vom Vorhandensein mehrerer Deutungsmöglichkeiten aus. Im Frage- und Antwortspiel zwischen Leser und Werk kann nicht nur die (Be-)Deutung des Textes an sich, sondern zugleich sein Wert für den jeweiligen Leser ermittelt werden.
   - Die *rezeptionsgeschichtliche Methode* untersucht Reaktionen von Lesern über längere Zeiträume: Wie wird ein Text zu verschiedenen Zeiten von Menschen unterschiedlichen sozialen Standes verstanden und gewertet? Wie können die jeweiligen Interpretationen erklärt werden?

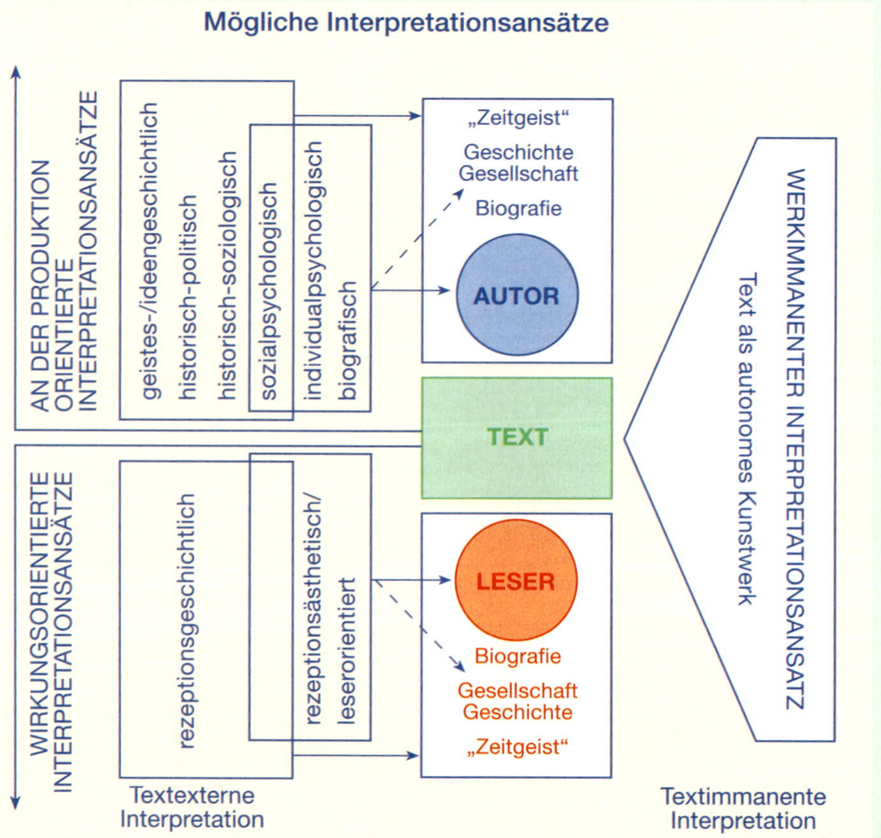

Z.B.: Die Darstellung der verzweifelten Ausweglosigkeit in Kafkas „Gibs auf", wie diese in Aufbau, Syntax und Wortwahl deutlich wird →

Z.B.: Franz Kafkas „Getto"-Situation im slawischen Prag: als Jude, der Deutsch sprach und schrieb →

Z.B.: Franz Kafkas Angst vor geschlossenen Räumen (seine Klaustrophobie) und vor dem übermächtig erscheinenden Vater →

Z.B.: Franz Kafkas Stellung in der Umbruchsituation verschiedener Stilrichtungen →

Z.B.: Franz Kafka als „Seismograph" heraufziehender Diktaturen des 20. Jahrhunderts →

Z.B.: Kafka-Rezeption durch seine Zeitgenossen, in Westeuropa und den USA während der NS-Zeit und nach 1945 in Deutschland

Für die **Prosainterpretation** eröffnen sich folgende Zugänge:

1. Die **Gattung** bzw. das **Genre** (die Textart) gibt so etwas wie einen „Schlüssel" zur Interpretation:
– Die *Kurzgeschichte* z.B. erschließt sich über ihre *Offenheit* (ohne Anfang und Schluss), die *Punktualität* der dargestellten Ereignisse und die *Ausschnitthaftigkeit* des Alltäglichen sowie die häufige *Typisierung* der Personen und die oft mit Elementen der Umgangssprache oder des Jargons versetzte *Sprache*, die vielfach bewusst auf Knappheit und Schmucklosigkeit angelegt ist.
– Bei Ausschnitten aus sog. *Ganzschriften* – z.B. aus Novelle und Roman – kommt es auf ein Doppeltes an:
• Einmal ist die *Struktur* des Genres zu erfassen, z.B. die dem Drama vergleichbare Zielstrebigkeit der Novelle mit ihrer auf eine Klimax zielenden Einsträngigkeit im Gegensatz zur „Welthaltigkeit" des Romans mit seiner Verzweigung in Haupt- und Nebenstränge, seinen vielfachen Verweisen und seiner oft komplexen Perspektivität.
• Zum anderen muss ein Ausschnitt stets in den *Kontext* des Ganzen eingeordnet werden.

2. Zwar sind die **Stilmuster der Prosa** i.d.R. nicht so artifiziell und „dicht" wie bei der Lyrik, aber ohne funktionale Sprachbeschreibung unter den Aspekten von Stilebene, Syntax, Lexik sowie von Satzrhythmus und -melodie ist keine Prosainterpretation denkbar.

3. Wichtige **Einzelaspekte** lassen sich nach dem Kommunikationsmodell „Erzählen" (vgl. S. 263) gewinnen.

7 Franz Kafka (1883–1924): Eine kaiserliche Botschaft

Der Kaiser – so heißt es – hat dir, dem Einzelnen, dem jämmerlichen Untertanen, dem winzig vor der kaiserlichen Sonne in die fernste Ferne geflüchteten Schatten, gerade dir hat der Kaiser von seinem Sterbebett aus eine Botschaft gesendet. Den Boten hat er beim Bett niederknien lassen und ihm die Botschaft ins Ohr zugeflüstert; so sehr war ihm an ihr gelegen, dass er sich sie noch ins Ohr wiedersagen ließ. Durch Kopfnicken hat er die Richtigkeit des Gesagten bestätigt. Und vor der ganzen Zuschauerschaft seines Todes – alle hindernden Wände werden niedergebrochen und auf den weit und hoch sich schwingenden Freitreppen stehen im Ring die Großen des Reichs – vor allen diesen hat er den Boten abgefertigt. Der Bote hat sich gleich auf den Weg gemacht; ein kräftiger, ein unermüdlicher Mann; einmal diesen, einmal den andern Arm vorstreckend schafft er sich Bahn durch die Menge; findet er Widerstand, zeigt er auf die Brust, wo das Zeichen der Sonne ist; er kommt auch leicht vorwärts, wie kein anderer. Aber die Menge ist so groß; ihre Wohnstätten nehmen kein Ende. Öffnete sich freies Feld, wie würde er fliegen und bald wohl hörtest du das herrliche Schlagen seiner Fäuste an deiner Tür. Aber stattdessen, wie nutzlos müht er sich ab; immer noch zwängt er sich durch die Gemächer des innersten Palastes; niemals wird er sie überwinden; und gelänge ihm dies, nichts wäre gewonnen; die Treppen hinab müsste er sich kämpfen; und gelänge ihm dies, nichts wäre gewonnen; die Höfe wären zu durchmessen; und nach den Höfen der zweite umschließende Palast; und wieder Treppen und Höfe; und wieder ein Palast; und so weiter durch Jahrtausende; und stürzte er endlich aus dem äußersten Tor – aber niemals, niemals kann es geschehen – liegt erst die Residenzstadt vor ihm, die Mitte der Welt, hochgeschüttet voll ihres Bodensatzes. Niemand dringt hier durch und gar mit der Botschaft eines Toten. – Du aber sitzt an deinem Fenster und erträumst sie dir, wenn der Abend kommt.

(e 1917, v 1919)

6. a) Interpretieren Sie Text 7, indem Sie in Gruppen verschiedene Interpretationsansätze erproben.
b) Besprechen und beurteilen Sie Ihre Ergebnisse.

Literarische Erörterung 3:

Wenn sich die **literarische Erörterung** (vgl. S. 172f.) nicht auf eine Ganzschrift, sondern auf die Textsequenz eines Autors bezieht – z.B. auf Franz Kafka (vgl. S. 354ff.) –, geht es auch nicht um detaillierte Einzelinterpretation, sondern um einen größeren Zusammenhang, der erschlossen und reflektiert werden soll. Selbstverständlich ist, dass die Textkenntnis umso differenzierter sein sollte, je überschaubarer der zu betrachtende Textumfang ist.

Thema: *Problemstellung* → „Die Kunst gibt nicht das Sichtbare wieder, sondern macht sichtbar" (Paul Klee, 1879–1940).
Aufgabenstellung → Erörtern Sie, ob Sie diesem Zitat zustimmen können und ob es für die Ihnen bekannten Texte Franz Kafkas zutreffend ist!

1. Phase: Spontane Einfälle (Assoziationen) und Themenanalyse

– *Spontane Einfälle:* Z.B. nur ein Wortspiel? Was ist mit realistischer Kunst? Gibt es nur Paul Klees Kunstbegriff? Was gilt für Malerei, was für Dichtung?

– *Themenanalyse:*

Erörterung eines Zitats im Blick auf Franz Kafka

Kunst
– Bildende Kunst?
– Dichtung?
– Kunst allgemein?

Prüfen der Anwendbarkeit auf Dichtung

muss oder soll?

das Sichtbare
– das Gegenständliche?
– die Wirklichkeit?
– das Bild der Wirklichkeit?

sichtbar machen, d.h.
– das Verborgene zeigen?
– das Symbolische vermitteln?
– das Wesentliche deutlich machen?

Stimmt dieses Zitat i.S.
– des Entweder-Oder?
– des Sowohl-als-Auch?

Fazit: Die Aufgabenstellung ist zweiteilig:
Prüfung des Zitats auf seine Richtigkeit, Erörterung der Gültigkeit für Kafka.

2. Phase: Stoffsammlung und Gliederung

1. Prüfung der Aussage des Zitats:

– Paul Klee ist Vertreter einer abstrakten Malerei, die aber oft an Gegenständliches anknüpft. D.h., er gehört einer Gegenströmung zu realistischen Richtungen an.
– „Die Kunst gibt nicht" ist eine so sehr apodiktische Aussage, als ob es nur e i n e Richtung gäbe.

Franz Kafka: Tuschezeichnungen (im Manuskript des Romans „Der Prozess")

7. a) Beurteilen bzw. korrigieren Sie die Themenanalyse.
b) Ergänzen und gliedern Sie die Stoffsammlung.

Franz Kafka: Tuschezeichnungen (im Manuskript des Romans „Der Prozess“)

- Was bedeutet „das Sichtbare“? Wirklichkeit im weitesten Sinne und das (auch in realistischer Manier) Dargestellte sind nicht identisch: Es geht bei künstlerischer Darstellung nie um bloßes Abbild, sondern um Auswahl, Reduktion, perspektivische Erfassung, um entsprechende Lichtverhältnisse, Farbgebung etc.
- Was bedeutet das „Sichtbarmachen“? Doch etwas herausholen, aufdecken, durch Akzentuierung bedeutsam machen.
  Z.B.: Auch ein realistisches Porträt zeigt Charakterzüge besser als ein Foto dies in der Regel vermag.

2. Erörterung des Zitats

auf seine Richtigkeit	auf seine Anwendbarkeit für Kafka
– Klees Kunstauffassung muss differenziert gesehen werden. – Es gibt viele Kunstrichtungen. – „Kunst“ als Oberbegriff hat unterschiedliche Ziele und Wahrheiten. – ...	– „Sichtbar“ sind Buchstaben von Texten als Zeichen, die zu lesen (zu entziffern) und zu deuten sind: z.B. Heimkehr = nach Hause kommen (S. 27, Z. 1f.) – „Sichtbar gemacht“ aber wird das Misslingen der Heimkehr (Z. 14f.). – ...

3. **Die Gliederung** ist durch die Zweiteiligkeit der Aufgabenstellung vorgegeben, jedoch sollte das Schwergewicht auf der Anwendungsfrage liegen, wobei eine linear-steigernde Struktur anzustreben ist (vgl. S. 176).

3. Phase: Ausarbeitung der literarischen Erörterung und Korrektur

1. Die **Einleitung** wäre denkbar als
   - kurze Erläuterung zu Paul Klee,
   - Hinweis auf die Kunstproblematik (z.B. das Zitat in Frageform),
   - Ausgehen vom ersten Eindruck (Wortspielerei? Kunsttheorie eines abstrakt Malenden?)
   - spontaner Widerspruch oder vorbehaltlose Zustimmung zum Zitat.
2. Der **Hauptteil** ließe sich wie folgt gliedern:
   a. Erörterung von Klees Kunstbegriff:
   - Sein Verhältnis zur Wirklichkeit?
   - Seine Zielbeschreibung für Kunst
   - Frage der Gültigkeit dieser Auffassung (absolut, relativ, modifiziert?)
   - Überleitung: Gilt Klees Zitat auch für die Texte Kafkas (oder für alle anspruchsvolle Dichtung)?

   b. Erörterung von Kafkas Dichtung:
   - Welche Wirklichkeit ist auf welche Weise dargestellt? (Leitende Themen und vermutliche Absichten der Texte?)
   - Was wird bei Kafka hinter der dargestellten Realität „sichtbar“? (Z.B. Heimatlosigkeit in „Heimkehr“, Unmenschlichkeit in „Auf der Galerie“ ...)
   - Auf welche Weise wird das Gemeinte sichtbar?
3. Der **Schluss** wäre möglich als
   - Reflexion über den Grad und den Umfang der Gültigkeit des Zitats,
   - Blick auf die „Zeitgenossenschaft“ von Klee und Kafka,
   - Zusammenfassung der Ergebnisse,
   - Hinweis auf die historische Bedingtheit der einseitigen These Paul Klees.
4. Die **Korrektur** (vgl. S. 36f.) sollte bei diesem Thema speziell auf folgende Schwierigkeiten achten:
   - Die Zitate aus Kafkas Texten müssen als Belege stilistisch stimmig in die eigene Argumentation eingefügt werden. Dazu sind z.T. Auslassungen oder Veränderungen im Wortlaut notwendig, die formgerecht zu markieren sind (vgl. Zitiertechnik, S. 11)
   - Die Argumentationskette sollte schlüssig und in der Abfolge logisch sein und im Sinne einer Klimaxstruktur überzeugend wirken.

8. Prüfen Sie die „Textelemente“ 8a–e.
a) Bestimmen Sie den richtigen Ort der „Textelemente“ im Aufbau der Erörterung.
b) Ergänzen Sie das lückenhafte Beispiel e.
c) Beurteilen Sie die Vorschläge.

9. Wählen Sie eines der folgenden Themen:
a) Schreiben Sie die literarische Erörterung zum Klee-Zitat.

8 Zuordnung, Ergänzung und Beurteilung von „Textelementen“

a. „Das Sichtbare“ ist offensichtlich weniger als „sichtbar“, denn „das Sichtbare“ meint nur die Summe dessen, was der Mensch mit seinen Augen sehen kann, also die Oberfläche der Wirklichkeit. „Sichtbar“ dagegen muss etwas sein, was hinter dieser Oberfläche liegt und daher wesentlicher ist. Klee misstraut der bloßen Sichtbarkeit, er hält sie für unvollständig, ja nicht einmal für das Eigentliche. Hinter der vom Menschen vordergründig wahrgenommenen „Wirklichkeit" vermutet er das „Eigentliche, Wichtige".

b. Aus diesen Belegen ergibt sich, dass auch in den Texten Kafkas – ähnlich wie in den Bildern Paul Klees – die vordergründige Wirklichkeit durchstoßen wird, um hinter ihr die Eigentlichkeit zu suchen. Dabei zeigt sich aber, dass ihre Eigentlichkeit nicht als Abbild, sondern „nur" als Bild zu fassen ist. Es fehlt ihr die Eindimensionalität der äußeren Wirklichkeit, der Welt der Erscheinungen, sie ist mehrdimensional, vielschichtig, ihrem Wesen nach also unfassbar. Die Anerkennung dieser Unfassbarkeit, ja das Einverständnis mit ihr, scheinen Kafka besonders wichtig zu sein.

c. Die Kunst kann sich nicht in Abbildern der Wirklichkeit erschöpfen, wenn diese Wirklichkeit selbst fragwürdig ist. Ihre Aufgabe besteht also darin, Bilder der Eigentlichkeit zu suchen. Klee selbst fühlte sich offenbar mit der Wiedergabe formaler Strukturen und assoziativer Farbzuordnungen dem „Eigentlichen" näher als durch das Abmalen von äußerer Sichtbarkeit.

d. Alle Kunst ist bestrebt, über das bloß Sichtbare hinauszuweisen, indem sie das in dieser Sichtbarkeit Verborgene darstellen will. Aber verschiedene Zeiten haben zur Sichtbarkeit unterschiedliche Verhältnisse, die einmal mehr vom Vertrauen in die Wirklichkeit (realistische Richtungen, Preis der Schönheit des Sichtbaren), einmal mehr vom Misstrauen in die Wirklichkeit (Abwendung von der realistischen Darstellung; Fragwürdigkeit des Sichtbaren) getragen sind.

e. Gibt es nicht Kunstrichtungen, die das „Sichtbare" darstellen und gleichzeitig das Verborgene „sichtbar" machen, wie der Blick auf [...]? Deshalb prüfe ich im ersten Teil meiner Erörterung [...] und erörtere danach schwerpunktmäßig [...]

b) „Abgerundete Geschichten kann man heute nicht mehr schreiben." (Friedrich Dürrenmatt, 1921–1990). Erörtern Sie an selbst ausgewählten Beispielen, wie diese These gemeint ist und prüfen Sie deren Gültigkeit.
c) Zwischen zwei Figuren eines Theaterstücks von Gerhart Hauptmann (1862–1946) kommt es zu folgendem Dialog: „Aber man muss doch seine Freude haben können an der Kunst." „Man kann viel mehr haben an der Kunst als seine Freude." Erörtern und beurteilen Sie beide Positionen an literarischen Beispielen.

II. Der Tanz auf dem Vulkan

Otto Dix (1891–1969): Großstadt (Tryptichon), 1927/28

1. Der lange Schatten des Krieges – Aspekte in Roman, Tragödie, Essay und Reportage

1. a) Äußern Sie Ihren ersten Eindruck vom Dix-Tryptichon und skizzieren Sie in einem Cluster dessen Themen und Motive.
b) Notieren Sie Assoziationen zu den Titeln der Texte 1–4.

Wie eine Befreiung von unerträglicher Spannung wirkte auf die Völker Europas der Ausbruch des Ersten Weltkriegs. Mit Begeisterung zog man in den Krieg, gerade in Deutschland. Dieser Krieg erwies sich mit seinen verlustreichen Stellungskämpfen, seinen Materialschlachten und seinen schrecklichen neuen Waffen aber bald als ganz anders, als ihn die Menschen sich vorgestellt hatten. Wie wirkte dieses Erlebnis in ihnen nach, in welcher Weise beeinflusste es ihr Bewusstsein?

Erich Maria Remarque wurde 1898 in Osnabrück geboren. Aus kleinbürgerlichen Verhältnissen stammend, war er ein Leben lang dem Luxus zugetan. Zunächst allerdings musste er sich in wenig einträglichen Berufen umtun, bevor er 1929 mit seinem Roman *Im Westen nichts Neues*, der 1930 zum ersten Mal verfilmt wurde, einen der großen Bestseller unseres Jahrhunderts schrieb und zum Chronisten der „lost generation" wurde. Seit 1929 lebte Remarque meist im Ausland; 1933 verbrannten die Nationalsozialisten seine Bücher und nahmen ihm die deutsche Staatsbürgerschaft. Er lebte ohne materielle Sorgen abwechselnd in der Schweiz und in den USA, die ihm 1947 die Staatsbürgerschaft verliehen. Auch seine übrigen Bücher, die eine sehr publikumswirksam geschriebene deutsche Chronik von 1914 bis 1950 ergeben, wurden zum größten Teil Welterfolge. *Der Weg zurück* (1931) schildert das Schicksal der Kriegsheimkehrer, *Der Schwarze Obelisk* (1956) die Zeit der Inflation, *Drei Kameraden* (1938) das Berlin der frühen Dreißigerjahre, *Arc de Triomphe* (1946) Emigrantenschicksale. Remarque starb 1970 in Ascona/Tessin.

1 Erich Maria Remarque (1898–1970): Im Westen nichts Neues

(Auszug)

[...] Trommelfeuer, Sperrfeuer, Gardinenfeuer, Minen, Gas, Tanks, Maschinengewehre, Handgranaten – Worte, Worte, aber sie umfassen das Grauen der Welt.

Unsere Gesichter sind verkrustet, unser Denken ist verwüstet, wir sind todmüde; – wenn der Angriff kommt, müssen manche mit den Fäusten geschlagen werden, damit sie erwachen und mitgehen; – die Augen sind entzündet, die Hände zerrissen, die Knie bluten, die Ellbogen sind zerschlagen.

Vergehen Wochen – Monate – Jahre? Es sind nur Tage. – Wir sehen die Zeit neben uns schwinden in den farblosen Gesichtern der Sterbenden, wir löffeln Nahrung in uns hinein, wir laufen, wir werfen, wir schießen, wir töten, wir liegen herum, wir sind schwach und stumpf, und nur das hält uns, dass noch Schwächere, noch Stumpfere, noch Hilflosere da sind, die mit aufgerissenen Augen uns ansehen als Götter, die manchmal dem Tode entrinnen können.

In den wenigen Stunden der Ruhe unterweisen wir sie. „Da, siehst du den Wackeltopp? Das ist eine Mine, die kommt! Bleib liegen, sie geht drüben hin. Wenn sie aber so geht, dann reiß aus! Man kann vor ihr weglaufen."

Wir machen ihre Ohren scharf auf das heimtückische Surren der kleinen Dinge, die man kaum vernimmt, sie sollen sie aus dem Krach herauskennen wie Mückensummen; – wir bringen ihnen bei, dass sie gefährlicher sind als die großen, die man lange vorher hört. Wir zeigen ihnen, wie man sich vor Fliegern verbirgt, wie man den toten Mann macht, wenn man vom Angriff überrannt wird, wie man Handgranaten abziehen muss, damit sie eine halbe Sekunde vor dem Aufschlag explodieren; – wir lehren sie, vor Granaten mit Aufschlagzündern blitzschnell in Trichter zu fallen, wir machen vor, wie man mit einem Bündel Handgranaten einen Graben aufrollt, wir erklären den Unterschied in der Zündungsdauer zwischen den gegnerischen Handgranaten und unseren, wir machen sie auf den Ton der Gasgranaten aufmerksam und zeigen ihnen die Kniffe, die sie vor dem Tode retten können.

Sie hören zu, sie sind folgsam – aber wenn es wieder losgeht, machen sie es in der Aufregung meistens doch wieder falsch.

Haie Westhus wird mit abgerissenem Rücken fortgeschleppt; bei jedem Atemzug pulst die Lunge durch die Wunde. Ich kann ihm noch die Hand drücken; – „is alle, Paul", stöhnt er und beißt sich vor Schmerz in die Arme.

Wir sehen Menschen leben, denen der Schädel fehlt; wir sehen Soldaten laufen, denen beide Füße weggefetzt sind; sie stolpern auf den splitternden Stümpfen bis zum nächsten Loch; ein Gefreiter kriecht zwei Kilometer weit auf den Händen und schleppt die zerschmetterten Knie hinter sich her; ein anderer geht zur Verbandstelle, und über seine festhaltenden Hände quellen die Därme; wir sehen Leute ohne Mund, ohne Unterkiefer, ohne Gesicht; wir finden jemand, der mit den Zähnen zwei Stunden die Schlagader seines Armes klemmt, um nicht zu verbluten, die Sonne geht auf, die Nacht kommt, die Granaten pfeifen, das Leben ist zu Ende.

Doch das Stückchen zerwühlter Erde, in dem wir liegen, ist gehalten gegen die Übermacht, nur wenige hundert Meter sind preisgegeben worden. Aber auf jeden Meter kommt ein Toter.

[...]

„Was soll das bloß werden, wenn wir zurückkommen?", meint Müller, und selbst er ist betroffen.

Kropp zuckt die Achseln. „Ich weiß nicht. Erst mal da sein, dann wird sich's ja zeigen."

Wir sind eigentlich alle ratlos. „Was könnte man denn machen?", frage ich.

„Ich habe zu nichts Lust", antwortete Kropp müde. „Eines Tages bist du doch tot, was hast du da schon? Ich glaube nicht, dass wir überhaupt zurückkommen."

„Wenn ich darüber nachdenke, Albert", sagte ich nach einer Weile und wälze mich auf den Rücken, „so möchte ich, wenn ich das Wort Friede höre, und es wäre wirklich so, irgendetwas Unausdenkbares tun, so steigt es mir zu Kopf. Etwas, weißt du, was wert ist, dass man hier im Schlamassel gelegen hat. Ich kann mir bloß nichts vorstellen. Was ich an Möglichem sehe, diesen ganzen Betrieb mit Beruf und Studium und Gehalt und so weiter – das kotzt mich an, denn das war ja immer schon da und ist widerlich. Ich finde nichts – ich finde nichts, Albert."

Mit einem Mal scheint mir alles aussichtslos und verzweifelt.

Kropp denkt ebenfalls darüber nach. „Es wird überhaupt schwer werden mit uns allen. Ob die sich in der Heimat eigentlich nicht manchmal Sorgen machen deswegen? Zwei Jahre Schießen und Handgranaten – das kann man doch nicht ausziehen wie einen Strumpf, nachher –"

Wir stimmen darin überein, dass es jedem ähnlich geht; nicht nur uns

Filmszene aus „Im Westen nichts Neues"

hier; überall, jedem, der in der gleichen Lage ist, dem einen mehr, dem andern weniger. Es ist das gemeinsame Schicksal unserer Generation.

Albert spricht es aus. „Der Krieg hat uns für alles verdorben."

Er hat Recht. Wir sind keine Jugend mehr. Wir wollen die Welt nicht mehr stürmen. Wir sind Flüchtende. Wir flüchten vor uns. Vor unserem Leben. Wir waren achtzehn Jahre und begannen die Welt und das Dasein zu lieben; wir mussten darauf schießen. Die erste Granate, die einschlug, traf in unser Herz. Wir sind abgeschlossen vom Tätigen, vom Streben, vom Fortschritt. Wir glauben nicht mehr daran; wir glauben an den Krieg. [...] (v 1929)

Karl Kraus wurde 1874 in Jicin/Böhmen geboren, wuchs aber in Wien auf. Zunächst fühlte er sich zum Schauspielerberuf hingezogen, wurde dann aber freier Mitarbeiter mehrerer Zeitungen. 1899 gründete er seine eigene Zeitschrift „Die Fackel", die ihn berühmt machte und die ohne Unterbrechung bis zu seinem Tod 1936 in 922 Nummern erschien, deren Beiträge (bis auf ganz wenige) von ihm selbst verfasst wurden.
„Die Fackel" war eine der gefürchtetsten Einrichtungen in Österreich, denn Kraus, der einem kompromisslosen Humanismus huldigte, verfolgte jede Form von Dummheit und Bosheit mit unnachsichtiger Strenge. Dabei entwickelte er eine eigene Methode: Das wortliche Zitat wurde zum beredten Zeugen gegen seinen Urheber. Die Sprachverderbnis der Zeitungen hielt er nicht nur für die Folge, sondern auch für die Ursache der Weltverderbnis. Außerdem veröffentlichte Kraus Gedichte und Essays sowie das umfangreiche Antikriegsdrama *Die letzten Tage der Menschheit*. Kraus war auch erfolgreich als Rezitator, er brachte es auf über 700 Vorlesungen.

2 Karl Kraus (1874–1936): Die letzten Tage der Menschheit. Tragödie in fünf Akten mit Vorspiel und Epilog (Auszug)

IV. Akt, 38. Szene

Winter in den Karpathen. Ein Mann an einen Baum gebunden.

KOMPAGNIEFÜHRER HILLER: Wie viel Grad hats woll?

EIN SOLDAT: An die 30.

HILLER: Na, denn könnt ihr'n losbinden. *(Die Soldaten tun es. Der Mann – Füsilier Helmhake – bricht ohnmächtig zusammen. Hiller schlägt ihm mit der Faust mehrmals ins Gesicht.)* Nu mal ins Erdloch neben! *(Es geschieht.)* Aber ist es denn auch feucht und stinkend genug?

DER SOLDAT: Jawohl.

HILLER: Fiebert woll schon tüchtich?

DER SOLDAT: Jawohl.

HILLER: Doppelposten – nu mal ran – das Schwein bekommt nichts zu fressen und zu saufen. Darf auch weder tags noch nachts austreten. *(Lachend)* Hat er denn freilich auch nicht nötich! Also wie gestern. Wer was dawider hat, den zerschmettere ich! *(Er geht mit den Leuten ab. Zwei Soldaten bleiben vor dem Erdloch zurück. Man hört Wimmern.)*

DER ZWEITE SOLDAT: Meinst du nicht auch, dass wir gottgefälliger handelten, wenn wir statt seiner – ihn –?

DER ERSTE: Jawohl.

DER ZWEITE: Zwei sind schon tot. Thomas, den er bei ebensolcher Kälte gezwungen hat, sich nackt auszuziehen, und Müller, der krank auf Wache musste. Noch fünf andere hat er – *(Man hört Stöhnen. Es klingt wie „Durst!")* Ach was – das halte ein anderer aus! Ich will ihm einen Schneeball an den Mund halten. *(Er kriecht in das Erdloch und kehrt weinend zurück.)* Noch nicht zwanzig Jahre alt – freiwillig ins Feld gegangen –! *(Hiller erscheint mit Leuten.)*

HILLER: Ich habe mir die Sache überlegt. Ich will mal sehn – der Kerl soll rauskommen! – Na wirds?

DER ZWEITE SOLDAT: Er – kann wohl nicht mehr, Herr Leutnant.

HILLER: Was is'n los? 'raus mit dem Mistvieh! *(Einige Soldaten zerren Helmhake heraus und schleifen den Reglosen wie ein Stück Vieh.)* So siehste aus. Ach die Drecksau verstellt sich ja bloß, trampelt ihn doch in den Hintern! *(Er tritt ihn mit dem Stiefelabsatz.)* Willst du laufen, du Schwein!? Ist denn das Aas noch nicht verreckt?!

DER ZWEITE SOLDAT: *(beugt sich zu dem Misshandelten nieder, den er berührt, streckt seine Hände wie abwehrend zu Hiller empor und sagt):* Soeben.

(Verwandlung.)

IV. Akt, 39. Szene

Ebenda im Unterstand Hillers.

UNTERARZT MÜLLER: Tod durch Erfrieren. Wiederbelebungsversuche vergebens. Das Bedenklichste ist, dass er keine Verpflegung bekommen hat.

HILLER: Wir müssen die Sache so deichseln, dass uns keiner an den Wagen fahren kann.

MÜLLER: Kein Zweifel, das Menschenmaterial ist erschöpft und krank. Nichts als Konservensuppe und die ist gesundheitsgefährlich. Es zeigt sich ein direkter Erschöpfungswahnsinn. Die Leute buddeln im Schnee und springen wie die Besessenen herum.

HILLER: Ich gebe ja selbst zu, dass Hunger, Schläge und Anbinden nicht mehr zureichen, um den Kampfesmut zu beleben. Was soll man tun? Was Helmhake betrifft, so kann ich sagen, dass ich alles Erdenkliche getan habe. Dem Vater schreibe ich so:

Werter Herr Helmhake!

Hierdurch erfülle ich die traurige Pflicht, Sie von dem plötzlichen Ableben Ihres Sohnes, des Gardefüseliers Carl Helmhake, in Kenntnis zu setzen. Der Arzt stellte blutigen Dünndarmkatarrh fest.

Während seiner kurzen Krankheit ist Ihrem Sohne die bestmöglichste körperliche und ärztliche Pflege zuteil geworden.

Wir verlieren in dem Dahingeschiedenen einen tüchtigen Soldaten und guten Kameraden, dessen Verlust wir schmerzlich betrauern. Seine Überreste ruhen auf dem Friedhofe in Dolzki. *(Verwandlung.)* (v 1922)

Ernst Jünger (1895–1998) wurde in Heidelberg geboren. Mit 18 Jahren entfloh er dem Elternhaus und ging in die Fremdenlegion, 1914 wurde er Kriegsfreiwilliger. Er wurde 14-mal schwer verwundet und ist einer der wenigen Träger der Auszeichnung „Pour le mérite". Später studierte er Naturwissenschaften und Philosophie. Mit seinem Kriegstagebuch *In Stahlgewittern* (1920) und den Essays *Der Kampf als inneres Erlebnis* brachte sich Jünger in die Nähe von Militarismus und rechts-romantischem Heldenkult. Sein Bemühen um die philosophische Analyse der Zeit ließ ihn immer wieder seinen geistigen Standort wechseln, was ihn leicht opportunistisch erscheinen lässt; sein glasklarer, distanzierter Stil erscheint leicht als zynisch. Bücher wie *Das abenteuerliche Herz* (1929/Neubearbeitung 1938) und *Auf den Marmorklippen* (1939), das als Buch der inneren Emigration, wenn nicht des Widerstands empfunden wurde, zeigen, dass Jünger nicht vollständig beschrieben ist, wenn man in ihm einen militanten Konservativen sieht. Wegen seiner Verbindungen zu den Verschwörern des 20. Juli wurde er unehrenhaft aus der Armee entlassen.

3 Ernst Jünger (1895–1998): Der Kampf als inneres Erlebnis
(Auszug)

[...]

Wir aber haben in einer Zeit gelebt, in welcher der Mutige der Beste war, und sollte aus dieser Zeit nichts weiter hervorgehen als die Erinnerung an ein Geschehen, bei dem der Mensch nichts und seine Sache alles galt, so werden wir immer noch mit Stolz auf sie zurückblicken. Wir haben in einer Zeit gelebt, in der man Mut haben musste, und Mut zu besitzen, das heißt jedem Schicksal gewachsen sein, das ist das schönste und stolzeste Gefühl. [...] Es gibt nichts Tathafteres als den Sturmlauf auf Feldern, über denen des Todes Mantel flattert, den Gegner als Ziel. Das ist Leben im Katarakt[1]. Da gibt es keine Kompromisse; es geht ums Ganze. Das Höchste ist Einsatz; fällt Schwarz, ist alles verloren. Und doch ist es kein Spiel mehr. Ein Spiel kann wiederholt werden, hier ist beim Fehlwurf unwiderruflich alles vorbei. Das gerade ist das Gewaltige.

So taumelten die Krieger im Rausche der Schlacht dahin, Pfeile, im Nebel vom Bogen geschnellt, Tänzer im Ungewissen. Doch hing über diesen klirrenden Schleiern, so oft, im Feuer zerrissen, weit mehr als der Rausch der Sekunde. Der Mut ist dem Tanz vergleichbar. Die Person des Tänzers ist Form, ist Nebensache, wichtig allein, was unterm Schleier seiner Bewegung sich hebt und senkt. So ist auch Mut ein Ausdruck tiefsten Bewusstseins, dass der Mensch ewige, unzerstörbare Werte umschließt. Wie könnte sonst auch nur ein Einziger bewusst dem Tode entgegenschreiten!

So wie zu ausgeprägtem Tanze Rasse erforderlich ist, entspringt auch großer Mut sehr scharfer Rasse. Wenn breite Linien im Sturme zerbrachen, zersplitterte der Kampf in kleine Haufen. Zu denen schloss sich alles, was Rasse hatte: der zähe Bauernbursche mit kantigem Schädel, der geschulte Arbeiter mit intelligentem Gesicht, der Offizier, dem der Kampf seit Jahrhunderten im Blute steckte, der Fahnenjunker, dessen schmale Hände das Gewehr kaum schwingen konnten. Wo diese Männer sich trafen – und sie trafen sich stets – entragten Inseln den lang anrollenden Wogen der Vernichtung, klammerte sich eiserner Widerstand an Trümmer und Gebälk. Da ballte sich reinster Kriegergeist; es wurde gefochten, weil Fechten selbstverständlich war. Ein Wille lohte hinter bleichen Gesichtern, die Phrase vom Kampf bis zum letzten Mann wurde Wirklichkeit. Das war ein königliches Sterben, bedingt durch inneren Adel und unbeugsamen Stolz. Alle äußeren Gründe waren längst vergessen, der Überschwang männlichen Mutes allein trieb unerschütterte Herzen dem Ende zu.

Wenn die Letzten eines zerschossenen Schiffes mit Hurra und wehender Flagge versinken, liegt eine Verklärung über den Wellen, so unendlich und ewig wie das Meer selbst. Und sänken sie für eine Sache, über die längst die Kinder spotten, man müsste doch weinen und stolz sein zugleich. Wohl dem, der das empfinden kann! [...] (1922)

Reportage (frz. „Berichterstattung"): Journalistische Form mit der Absicht möglichst unmittelbar aus der Situation zu berichten und dem Leser eine möglichst große Nähe zum Geschilderten zu suggerieren. Als Form der *dokumentarischen Literatur* muss die Reportage auf Genauigkeit und Zuverlässigkeit der berichteten Fakten achten; durch die Auswahl, Anordnung und Gewichtung der Fakten sowie durch das Bestreben nach Lebendigkeit, Farbigkeit und atmosphärischer Dichte gewinnt die Reportage subjektive Prägung. Ihre Formulierungen sind schlagkräftig-einprägsam, oft auf Verblüffung angelegt; die Sprache ist in der Regel einfach um einen großen Leserkreis anzusprechen. Die Grenze zum Feuilleton ist fließend. Die Reportage kann als Zeitungsbericht oder Hörfunkbeitrag erscheinen, in Illustrierten wird sie mit Bildern ergänzt oder auf Bildunterschriften reduziert. Heute spielt die Reportage auch im Fernsehen als kombinierte Form aus Bild- und Tonberichterstattung eine wichtige Rolle.

4 Egon Erwin Kisch (1885–1948): Wallfahrtsort für Kriegshetzer

Im Hause Bourgerie, dem ersten von Bazeille, haben sich am 1. September des Jahres 70 hundertzwanzig französische Marineinfanteristen so lange gegen einen bayrischen Ansturm verteidigt, bis sie achtzig Tote hatten und keine einzige Patrone mehr. Wie das Gesetz es befahl. (Die Gesetze befehlen solche Sachen.) Das war folgsam.

Als die Munition aufgebraucht und das Haus durchlöchert war, soll einer vorgeschlagen haben, man möge Selbstmord begehen, indem man sich in den Geschossregen stürze. Ein Anderer, behauptet eine wohlkonservierte Fama, habe beantragt, das Haus anzuzünden und in den Flammen unterzugehen. Das war blöd.

Aber der Major Lambert von der Division Vassoigne, der die Verteidigung des Häuschens geleitet hatte, entschloss sich zur Übergabe und steckte ein Taschentuch aus dem Fenster. Das war gescheit.

Die bayrische Abteilung, befehligt von Hauptmann Lissignolo, stellte das Feuer ein, und als die Verteidiger, schmierig, blutig und verwundet, aus dem Haustor wankten, standen die deutschen Soldaten stramm und salutierten. Das war ganz nett.

Eine Aufschrift auf die Wand gemalt, besagt, dass das Haus „Maison de la dernière cartouche" heißt. Die Farbe der Buchstaben ist sehr verblasst. Das ist belanglos.

Eine schöne Marmortafel mit goldenen Lettern verkündet, dass 1909 Herr Arthur Meyer, directeur du „Gaulois", eine Sammlung zum Ankauf des Häuschens ... Das ist niederträchtig.

Was hat der Name des Herrn Meyer, in Marmor gemeißelt, hier zu suchen, wo achtzig Menschen auf der Schlachtbank verblutet sind!

[1] Der Katarakt: Wasserfall, Stromschnelle

Was macht der Herr Meyer da, neununddreißig Jahre nachdem das Taschentuch gehisst worden ist? Weshalb feuert er an, wenn der letzte Schuss verfeuert worden ist? Was für ein nobler Charakter war doch der Esel von Soldat, der das Haus anzünden wollte, gegen diesen Chefredakteur, der es erhalten will! Damit sein Name in Marmor darauf steht und neue Geschlechter veranlasst werden, ihre Häuser in Festungen zu verwandeln!

„Monsieur Meyer, je vous demande, avez-vous battu dans cette maison?"

„Non, monsieur, parceque j'avais dix ans en 1870."

Na also, dann hetzen Sie nicht! Wenn Sie dabei gewesen wären, würden Sie wahrscheinlich kuschen. Natürlich gibt es auch Leute, die dabei waren und doch Heldentaten zur gefälligen Nachahmung erzählen. Aber die tun das, von den Herren Meyer und anderen solchen Direktoren des „Gaulois" aufgereizt und ihnen zu Gefallen. Und diese Aufhusser[1] und Zuhörer und Weiterverbreiter und Ausschmücker sind schuld an den folgenden Kriegen.

Jawohl, Monsieur Meyer vom „Gaulois" und Herr Gaulois vom „Meyer". Aber auch Sie, Monsieur Gaulois vom „Gaulois", usw. Übrigens hat die Gedenktafel jetzt einen tüchtigen Sprung. Ich habe einen braven Stein gegen sie geschleudert.

Gehet hin und tuet desgleichen!

Das Innere des Hauses ist natürlich ein Museum. Zerfetzte Uniformstücke, zerbrochene Gewehre, Patronen – alles längst veraltetes System. Verblasste Daguerreotypien[2] von Mac Mahon, der ein paar Schritte von hier seinen Tausendfrancs-Schuss bekam, von Napoleon III., der ein Defätist[3] war, von Wimpffen, Moltke, Bismarck, Anton von Werner und anderen Sedaner Größen. Durchlöcherte Schränke, blutiges Bett, zersplitterte Fensterladen.

Mitleidig lächelnd gehen Soldaten durch dieses Schnackerlmuseum. Wenn die Museen des jetzigen Krieges installiert sein werden, die Zweiundvierzig-Zentimeter-Mörser, die Gelbkreuzgasbomben, die Flammenwerfer! Und statt der Glasfotografien herrliche Ölgemälde von allen unseren Heerführern! Zerschossene Türen gibt es nicht mehr: Schaue aus dem Fenster, ganze Ortschaften sind zu Müll geworden. Man kann nur nachsichtig lächeln über die Sehenswürdigkeiten.

Wenn nur nicht die Jahrgangsklasse 1956 über unser Kriegsgerät geringschätzig lächeln wird!

Dreißig Schritte vom „Haus zur letzten Patrone" entfernt ist der Friedhof. Einige tausend französische und bayrische Soldaten, die bei den Kämpfen um Bazeille gefallen sind, sind hier – nicht bestattet. Im Gegenteil: die Gesinnungsgenossen des Herrn Meyer vom „Gaulois" haben die Toten aus ihren Einzelgräbern und Massengräbern exhumiert und in Gewölbe einer Krypta gelegt. Längs der Toten ist ein Korridor für den Fremdenverkehr freigelassen. Die Touristen führt mit Erklärungen von epischer Breite Herr Jean Claude Rocher, der vorher jedem Besucher seinen Militärpass zeigt, demzufolge er 1870 dem 3. Regiment der Marineinfanterie angehörte und als einer der überlebenden Verteidiger der Maison Bourgerie ins Kriegsgefangenenlager von Ingolstadt abgeführt worden ist.

Auch ein Gedenkbuch hat er, in das sich Prinz Rupprecht, Haeseler, Hindenburg (die Stammgäste von Sedan), aber auch Gallwitz, Eichhorn, Exzellenz Prdelka von Drahtverhau und andere feucht-fröhliche Erhalter des Siegfriedensgedankens eingeschrieben haben.

Monsieur Rocher ist mit den Gewölben auf der linken Seite bös. Nicht etwa, weil hier Bayern liegen, sondern weil das deutsche Kommando diese schönen Ausstellungsobjekte mit Steinplatten zudecken ließ. Sie hat dies nach seiner Auffassung deshalb getan, weil sich die noch lebenden deutschen Soldaten angesichts der Kopfschüsse ihrer bereits toten Vorgänger zu sehr aufregten. Schade, jetzt sieht man die schönen Kopfschüsse nicht mehr!

Zum Glück gibt es rechts sehr sehenswerte Schauobjekte. Zwar nicht so viele, wie links verborgen sein mögen, aber immerhin doch noch ein paar hundert fünfzigjährige Leichen. Eine Krankenschwester, der der Arm abgerissen worden ist, ein Zuave[4] mit zerpulvertem Kopf, ein Kapitän mit acht Kopfschüssen und was dergleichen reizende Kleinigkeiten mehr sind. Die Uniformen – Friedensstoff 1869 – sehen oft noch besser aus als die heutigen.

Ist das alles zur Abschreckung da? Nein, an den Wänden des Korridors hängen Glasperlenkränze mit Trikoloren, und auf den Trikoloren stehen Schwüre von Blutrache und Sieg und Revanche. Und jeder dieser Kränze wurde namens eines patriotischen Vereines niedergelegt, am 1. September, und der Redner, je blutiger er sprach, desto besser war's wohl.

Drüben, die Grenze ist nicht weit, feierte man den 1. September mit Hurra und Truppenparaden.

Vierundvierzig Jahre lang klangen Wehklagen und Rachegeschrei hinüber, Jubelrufe und Festesfreude herüber. Bis sich die Musikanten in die Haare gerieten. (v 1925)

---

[1] Aufhusser (wienerisch): Aufwiegler, Hetzer
[2] Die Daguerreotypie: fotografisches Verfahren mit Metallplatten; hier: alte Fotografie nach dem Erfinder der Fotografie Jacques Daguerre (1787–1851)
[3] Der Defätist: Miesmacher
[4] Der Zuave: Angehöriger einer frz.-berberischen Kolonialtruppe

Egon Erwin Kisch, geboren 1885 in Prag, war deutsch-jüdischer Abstammung. Seit 1904 war er als Berichterstatter für Zeitungen in Prag, dann in Berlin und Wien, von 1919 bis 1933 wieder in Berlin tätig. Er schuf eigentlich das Berufsbild des Reporters, wurde selber zum Starreporter der Zwanzigerjahre und erhob die Reportage zu künstlerischem Rang, machte aus ihr eine literarische Gattung. Seine 1925 erschienene Reportagen-Sammlung *Der rasende Reporter* wurde zu seinem eigenen Markenzeichen und zu einem Synonym für die immer schnelllebigere Zeit, aber auch für die zunehmende Informiertheit des Zeitungslesers. 1933 floh er über Prag nach Paris, nahm am Spanischen Bürgerkrieg teil, lebte dann in den USA und Mexiko und kehrte 1946 nach Prag zurück, wo er 1948 starb.

L Die **Rezension** (< lat. recensere = sorgfältig prüfen; recensio = Musterung) ist die sachkundige sowie kritische Besprechung und Beurteilung eines dichterischen oder wissenschaftlichen Werkes, einer Theater-, Film- und Fernsehaufführung oder eines Konzerts, einer Oper, eines Musicals etc. Der Rezensent schreibt für den kulturellen Teil von Tages- oder Wochenzeitungen, im *Feuilleton* (vgl. S. 353f.), oder in wissenschaftlichen Fachzeitschriften.

2. Lesen Sie die Texte 1–4 und arbeiten Sie dann in Gruppen.
a) Bestimmen Sie die jeweilige Perspektive der Texte.
b) Beschreiben Sie den Zusammenhang zwischen Stil, vermutlicher Absicht sowie der Wirkung auf Sie.

3. Äußern Sie sich zu einem der Texte 1–4, indem Sie eine der folgenden Aufgaben wählen.
a) Schreiben Sie aus der Sicht eines Lesers der Zwanzigerjahre einen offenen Brief (vgl. S. 323) an einen der Autoren oder einen Leserbrief.
b) Verfassen Sie aus Ihrer heutigen Perspektive eine kritische Stellungnahme (Rezension) zu einem der Texte.
c) Stellen Sie sich vor, zwei der Autoren der Texte 1–4 führten einen Dialog bzw. ein Streitgespräch.

2. „Der Zeitgeist pfeift“ (Kurt Tucholsky) – Aspekte in Glosse, Zeitroman, Volksstück und Gebrauchslyrik

Was nur in detaillierten historischen Abhandlungen über die charakteristischen Signaturen einer Zeit darzulegen ist, wird in der Literatur oft blitzlichtartig erhellt.

Anton Kuh (1890–1941) wurde in Wien geboren und führte das Leben eines Kaffeehaus-Literaten, einer typisch wienerischen Mischung aus Schriftsteller, Bohémien und Schnorrer. Seine kultur- und gesellschaftskritischen Satiren (vor allem gegen Faschismus und Kriegstreiberei), Skizzen und Aphorismen waren bei den Lesern der Zeitungen, für die er arbeitete, wegen ihres Witzes begehrt, bei seinen „Opfern“ wegen ihrer Schärfe gefürchtet. In Berlin fand er neben seiner schriftstellerischen Tätigkeit jeden Sonntagmorgen als Stegreifredner mühelos ein vielhundertköpfiges Publikum. 1933 musste er nach Wien zurückgehen, 1938 emigrierte er über Prag in die USA. Er starb in New York.

1 Anton Kuh (1890–1941): Nietzsche und Hindenburg

Friedrich Nietzsche wäre, wenn er noch lebte, etwas über achtzig Jahre alt; Hindenburg ist achtundsiebzig. Man kann sie also, die beiden Polar-Repräsentanten deutscher Möglichkeit, Altersgenossen nennen. Und diese Altersgleichheit verführt zu dem Gedankenspiel: Wäre der große Nietzsche, der zum Dank dafür, dass er den Typus des „Bildungsphilisters“ entdeckte, dessen heroischem Besitz einverleibt wurde, als Präsidentschaftskandidat des deutschen Volkes möglich?

Nun, nach den Kriegs-Irrtümern zu schließen, erschiene es vielleicht denkbar; hat man doch sogar den Mut gehabt, den wehrlosen Toten, dessen ganzes Leben im Hass gegen das Hindenburg-Deutschtum verglühte und von dem der Ausspruch stammt: „Die Deutschen haben alle Malheurs der Kultur auf dem Gewissen“, als „Potsdam-Deutschen[1]“ anzusprechen und aus dem Philosophen des „Antibochismus[2]“ – er hat dieses Wort nicht gekannt, aber jede Zeile seines Werkes schreit danach! – einen Philosophen des Militarismus zu machen! Aber solchem Irrtum geben sich die Deutschen bekanntlich nur bei den Abgeschiedenen hin, dort, wo sie anstelle der Wahrheit die Legende setzen können. Den lebenden Nietzsche hätten sie anders gesehen und behandelt. Und wenn er, dessen 25. Todestag sich in wenigen Wochen jährt, auch von dem Geschick bewahrt worden wäre, gleich seinem Epigonen[3] Landauer[4] von Soldatenfüßen zertrampelt zu werden, eins ist sicher: Unter denen, die ihn heute revanchefreudig den „Ihren“ nennen, hätte kein politischer Hahn nach ihm gekräht. Er wäre ihnen zu viel Kopf gewesen. Die Deutschen aber entschieden sich, wie bekannt, ob Symbol-Erwählung oder Präsidentschaftswahl, nicht für den Kopf, sondern für den Schädel.

(1925)

2 Lion Feuchtwanger (1884–1958): Die Geschwister Oppermann
(Auszug)

In diesem Roman, der in der Trilogie *Der Wartesaal* der mittlere ist zwischen *Erfolg* (1930) und *Exil* (1940), schildert Feuchtwanger Vorgeschichte und Verlauf des Jahres 1933 aus der Perspektive der jüdischen Familie Oppermann, die in Berlin ein großes Möbelhaus besitzt. Hauptperson des Romans ist der alte Gustav Oppermann. Sein Neffe Berthold wird in der Schule von einem nationalsozialistischen Lehrer zu einem Referat über „Was bedeutet uns Hermann der Deutsche“ verpflichtet und während des Vortrags der antideutschen Hetze geziehen. Beim Rektor François verlangt Lehrer Vogelsang die Bestrafung des Schülers. François bespricht mit seinem Freund Gustav den Vorfall.

[...] Vorsichtig, mit Bemerkungen allgemeiner Natur, leitete er das Gespräch ein. Der Krieg hat die deutsche Sprache verändert. Hat ihr neue Begriffe zugeführt, neue Worte, hat Vokabular und Syntax geschliffen. Werden ausschließlich die neuen Wendungen gebraucht, dann entsteht Widerwärtiges. Wird aber das gute Alte organisch mit dem guten Neuen verbunden, dann bildet sich ein Stil heraus, weniger gemütvoll als das frühere Deutsch, härter, kälter, vernünftiger, männlicher. Manche seiner Schüler haben für dieses neue, ihm willkommene Deutsch ein feines Ohr. Der feinsten eines hat Berthold Oppermann. Der verbindet mit dem Sinn für die Technik dieses Jahrhunderts ein lebendiges Interesse an humanistischen Dingen, am Geist. Es bleibt nur zu hoffen, dass der widerwärtige neue Lehrer, den sie ihm in seine gute Anstalt hineingesetzt haben wie die Kartoffel in das Tulpenbeet, nicht zu viel verderbe. Und dann erzählt er den Fall Vogelsang.

Gustav hört zu, nicht übermäßig interessiert. Erwartet François, dass er, Gustav, den Fall als ein Problem anschaut? Da sieht man, wie doch ein jeder eingesperrt ist in seinem Beruf und die beruflichen Dinge überschätzt. Wie denn? Der Fall liegt doch außerordentlich einfach. Der Junge hat eine vernünftige Behauptung aufgestellt. Der Lehrer will sie aus einem vulgären Sentiment heraus nicht gelten lassen. Glaubt François ernstlich, dass im zwanzigs-

[1] Potsdam-Deutscher: gemeint ist reaktionäres Deutschtum
[2] Antibochismus (< frz. boche = „Deutscher“, meist als Schimpfwort): gegen deutschen Militarismus und Chauvinismus gerichtete Bestrebung
[3] Epigone: Nachahmer, unschöpferischer Nachfahre
[4] Landauer: Gustav Landauer (1870–1919), Schriftsteller und Politiker. Vertreter eines radikalen Sozialismus und gewaltlosen Anarchismus; im April 1919 Mitglied der bayerischen Räteregierung; von Freikorpsmitgliedern ermordet

L Die **Glosse** (< gr. „glossa“ = Zunge, Sprache) ist eine journalistische Schreibform, mit der kurz und prägnant ein aktuelles Ereignis kommentiert wird. Die Glosse ist in der Regel im Inhalt vernichtend kritisch und im Stil von besonderer Schärfe und sprachlicher Pointierung: spöttisch, hämisch, sarkastisch. „Ein Ereignis glossieren“ bedeutet, es „mit spöttisch-kritischen Randbemerkungen versehen“. Die ursprüngliche Wortbedeutung von Glosse ist „schwieriges, unverständliches Wort“ und dann „Erklärung, Übersetzung eines schwierigen Wortes“. Antike und frühmittelalterliche Texte, in denen zwischen den eigentlichen Textzeilen (Interlinearglossen) oder am Rand (Marginalglossen) fremdsprachige Wörter in der eigenen Sprache erläutert werden, nennt man auch Glossen. Als *Glossare* bezeichnet man die Sammlung solcher Wörter in eigenen Wörterbüchern.

ten Jahrhundert einem jungen Menschen, der in einer wissenschaftlichen Anstalt erweisbare Dinge äußert, daraus ein Strick gedreht werden kann?

So weit sei es noch nicht, meint Rektor François und streicht mit den kleinen, gepflegten Händen den weißen Knebelbart. Aber Gustav scheine doch den Einfluss zu unterschätzen, den die völkische Bewegung leider auch auf die Schule habe. François hat eine Unterredung mit dem zuständigen Ministerialreferenten gehabt, einem Gutgesinnten übrigens, mit dem sich François trefflich versteht. Er hat eine Zusage des Referenten, dass der, wenn irgend möglich, den störenden neuen Mann baldigst aus seiner Anstalt versetzen werde. Allein auch der Ministerialreferent ist von äußeren Umständen abhängig und muss nach allen Seiten Kompromisse machen. Für ihn, François, sei die gegebene Taktik, die Sache Vogelsang-Oppermann dilatorisch[1] zu behandeln. Werde Vogelsang versetzt, dann sei der Fall automatisch erledigt. Aber das sei, wie gesagt, ein Potenzialis. Es wäre vorteilhaft, nicht zu fest mit diesem Potenzialis zu rechnen. Vielleicht kann Gustav seinem Neffen zureden, dass der die geforderte Entschuldigung abgebe.

Angefremdet schaute Gustav auf. Nach François' Einleitung hatte er eine andere Folgerung erwartet. Er zog die dichten Augenbrauen zusammen, über der starken Nase zeigten sich die scharfen, senkrechten Furchen, das ganze Gesicht des rasch bewegten Mannes spiegelte seine Betroffenheit wider. Dass er durch Mühlheim sein Geld ins Ausland schaffen ließ, war aus ähnlicher Vorsicht geschehen, wie sie jetzt Rektor François zeigte. Dem Jungen jedenfalls war solche Vorsicht nicht zuzumuten. Nach einem kleinen Schweigen sagte er: „Nein, lieber François, in dieser Angelegenheit kann ich Ihnen nicht helfen. Ich kann es verstehen, wenn jemand eine Wahrheit, um die er weiß, verschweigt. Aber nachdem mein Neffe einmal seine Wahrheit ausgesprochen hat, möchte ich ihm nicht zuraten, sie hinterher zu verleugnen und sich gar dafür zu entschuldigen." Sein Gesicht sah ablehnend aus, hochmütig, er saß sehr aufrecht. Das hat er mit Goethe gemein, dachte Rektor François, dass er im Sitzen so groß aussieht. Donnerwölkchen wird unzufrieden sein, dachte er weiter; aber er kann mit gutem Gewissen versichern, er habe sein Möglichstes getan. Im Übrigen gefiel ihm die Haltung seines Freundes Gustav.

Beide waren froh, als sie die Mahlzeit beenden und zum Kaffee in die Bibliothek hinübergehen konnten. Es war angenehm, hier in dem schönen Raum abgeklärt über die ewige, meertiefe Dummheit der Menschen zu sprechen und über ihre ebenso ewige Niederlage durch den Geist. [...]

Schlüter brachte den Kognak, eiste die Gläser, schenkte ein. „Was haben Sie denn, Schlüter?", fragte Gustav. „Sie sehen ja merkwürdig aus." Auch François fiel auf, wie verstört das Gesicht des stillen, behänden Mannes war. „Die Städtische Klinik hat angerufen", sagte Schlüter, sein ruhiges Gesicht sah finster aus, „es geht meinem Schwager nicht gut. Er wird das neue Jahr wohl kaum erleben." Gustav war betroffen. „Wann waren Sie denn das letzte Mal dort?", fragte er. „Vorgestern", sagte Schlüter. „Meine Frau war gestern dort. Er hat zu ihr gesagt: ‚Man kann es den Hunden nicht durchgehen lassen. Das ganze Land wird verschweint, wenn alle immer das Maul halten. Wenn ich genau wüsste, dass alles noch mal so käme, ich würde trotzdem wieder so aussagen.'" – „Gehen Sie in die Klinik, Schlüter", sagte Gustav. „Sogleich. Sagen Sie auch Bertha, sie soll hingehen. Ich brauche Sie nicht mehr. Schalten Sie das Telefon herein. Wenn was kommt, öffne ich selber. Nehmen Sie den Wagen, wenn Sie wollen." – „Danke, Herr Doktor", sagte Schlüter.

Gustav erzählte François, was vorgefallen war. Schlüters Schwager, ein gewisser Pachnicke, Mechaniker seines Berufs, ein anständiger, unpolitischer Mensch, hatte eine der täglichen Raufereien zwischen Republikanern und völkischen Landsknechten mit angesehen. Bei dieser Rauferei war ein Republikaner getötet worden. Die Völkischen[2] erklärten, sie hätten, von den Republikanern angegriffen, in Notwehr gehandelt. Das war die übliche Erklärung, die Völkische abgaben, wenn sie Gegner überfallen und getötet hatten. In dem Prozess gegen den Landsknecht, der den Republikaner niedergeschossen hatte, hatte nun der Mechaniker Pachnicke, als Zeuge vernommen, wahrheitsgemäß ausgesagt, die Hakenkreuzler hätten die Rauferei angefangen. Seine Aussage wie die aller andern, die das Gleiche beschworen hatten, war übrigens nicht geglaubt und der Landsknecht freigesprochen worden. Aber den Pachnicke seinesteils hatten kurze Zeit nach dem Prozess Hakenkreuzler nächtens überfallen und so übel zugerichtet, dass er in die Klinik verbracht werden musste.

„Sie sehen, lieber Oppermann", sagte François, nachdem Gustav seine Erzählung beendet hatte, „es ist nicht ganz unbedenklich, sich in unserm Deutschland zu Wahrheit und Vernunft zu bekennen. Vielleicht beurteilen Sie es jetzt etwas weniger streng, dass ich Ihren Neffen vor den Erfahrungen des Mechanikers Pachnicke bewahren wollte." – „Sie verallgemeinern unerlaubt, lieber François", erwiderte ziemlich heftig Gustav. „Schließlich sind Sie, Ihre Lehrer und die Herren im Kultusministerium keine Landsknechte. Nein, nein, die weitaus meisten Deutschen sind Pachnickes, keine Hakenkreuzler. Mit ihrem ganzen Geld und Schmierenzauber haben die knapp ein Drittel der Bevölkerung dumm machen können. Bei so viel Aufwand ein erstaunlich dürftiges Resultat. Nein, lieber François, das Volk ist gut."

[1] dilatorisch: aufschiebend, hinhaltend, schleppend
[2] Die Völkischen: hier: Nationalsozialisten

Lion Feuchtwanger wurde 1884 in München geboren, studierte in München und Berlin Philosophie und Philologie und war dann hauptsächlich als Theaterkritiker tätig. 1905 veröffentlichte er zwei Bände *Kleine Dramen* und promovierte 1907 über Heinrich Heine. Seine frühen Werke sind fast alle dramatischer Natur, erst seit 1920 wandte er sich dem Roman zu. In dreierlei Hinsicht leistete er hier Bedeutendes: Er schrieb mit der *Wartesaal*-Trilogie wichtige Beispiele des Zeitromans; mit *Jud Süß* (1925), der ihn weltberühmt machte, und anderen Romanen, vor allem dem Alterswerk *Goya oder der arge Weg der Erkenntnis* (1951), erneuerte er die Gattung des historischen Romans. Mit seiner *Josephus*-Trilogie (*Der Jüdische Krieg* 1932, *Die Söhne* 1935, *Der Tag wird kommen* 1945, später unter dem Titel *Das gelobte Land*) hat er gültige Gestaltungen des jüdischen Schicksals geschaffen. Schon 1920 hatte er in seinem „dramatischen Roman" *Thomas Wendt* Anregungen und Vorarbeiten zu Brechts Theorie vom epischen Theater geliefert, mit dem er noch zweimal (*Leben Eduards II. von England* 1924, *Die Geschichte der Simone Machard* 1941–43) zusammenarbeitete. Bei der nationalsozialistischen Machtergreifung befand er sich gerade in den USA auf einer Vortragsreise; er wurde aus Deutschland ausgebürgert, seine Bücher wurden verbrannt. Von 1933–1940 lebte er in Südfrankreich und unternahm 1937 eine Reise in die Sowjetunion, weshalb ihm später die amerikanische Staatsbürgerschaft verweigert wurde. Aber gerade in der Sowjetunion und den USA erreichten seine Bücher Massenauflagen. 1940 gelang ihm aus Frankreich über Portugal eine abenteuerliche Flucht in die USA. Dort lebte er in großem Wohlstand, an dem er andere Exil-Schriftsteller teilhaben ließ, in Kalifornien und starb 1958 in Los Angeles. Feuchtwangers Nachruhm ist vom Schicksal der deutschen Teilung überschattet: In der DDR hochverehrt, wurde sein Werk in der Bundesrepublik zunächst kaum beachtet.

„Sagen Sie mir das oft und mit starken Worten“, erwiderte François. „Es ist wichtig, dass wir das glauben. Aber es fällt mir nicht ganz leicht, es immer zu glauben. Und jetzt, wenn Sie erlauben, genug davon. Ich habe in mir noch immer den Nachgeschmack jenes übeln Buches. Lassen Sie ihn uns wegspülen mit etwas Gutem.“ Er kramte in den Büchern. Nahm einen Band Goethe heraus. Las lächelnd: „In unruhigen Zeiten wirft sich das Volk von einer Seite auf die andere wie ein Fieberkranker.“ Sie badeten sich den Geist rein von der Lektüre [...] des Buches „Mein Kampf“.

Es waren zwei gute Stunden. Ihr Unbehagen schwand. Eine Nation, die sich Jahrhunderte hindurch so intensiv mit Büchern befasst hat wie denen, die hier standen, konnte sich nicht fangen lassen von Gestammel, wie es zu lesen war [...] in dem Buche „Mein Kampf“. [...]

(1933)

Ödön von Horváth wurde 1901 in Fiume als Sohn eines Diplomaten aus ungarischem Adel geboren. „Ich wurde in Fiume geboren, bin in Belgrad, Budapest, Preßburg, Wien und München aufgewachsen und habe einen ungarischen Pass – aber ‚Heimat‘? Kenn ich nicht“, so charakterisierte er später seine Jugend. 1924 ging er nach Berlin, wo inzwischen das Theater die Abkehr vom Expressionismus vollzogen hatte. Horváth wandte sich dem Volksstück zu, weil in ihm, seiner Meinung nach, Entwurzelung und Überfremdung des modernen Menschen besonders deutlich gezeigt werden können. Schon 1931 erhielt er für *Italienische Nacht* den begehrten Kleist-Preis, im gleichen Jahr wurde sein vielleicht bestes Stück *Geschichten aus dem Wienerwald* uraufgeführt. In den folgenden Jahren entstanden weitere 20 Schauspiele, darunter *Glaube, Liebe, Hoffnung* (1932) und *Der jüngste Tag* (1936), in denen Horváth sein großes Thema von der Verantwortlichkeit des Menschen vor Gott und vom Zerbrechen des Menschen in dieser Verantwortung gestaltet hat, nicht selten auch mit Mitteln des Komischen. Neben diesen Stücken schrieb Horváth drei Romane (*Der ewige Spießer* 1930, *Jugend ohne Gott* 1938 und *Ein Kind unserer Zeit* 1938), in denen er mit gleicher stilistischer Sicherheit und psychologischer Meisterschaft sein Thema gestaltete. 1933 musste Horváth aus Berlin, 1938 aus Wien fliehen. Am 1. 6. 1938 setzte ein vom Sturm abgerissener Ast seinem Leben in Paris ein Ende.

Der **Zeitroman** versucht ein möglichst umfassendes und anschauliches Bild seiner Gegenwart zu zeichnen. Dabei hebt er vor allem auf die in der Gesellschaft wirksamen und auf den Einzelnen ausstrahlenden Lebensbedingungen ab, die er in der Regel als in der Krise oder im Umbruch befindlich versteht. Deshalb wird aus der Zeitanalyse im Zeitroman nicht selten Zeitkritik.
Der *Gesellschaftsroman* des Realismus im 19. Jahrhundert (in Deutschland z.B. Gustav Freytags *Soll und Haben*, 1855, und die meisten Romane Theodor Fontanes) erweitert sich mit Heinrich Manns *Der Untertan* (1918) zum *Zeitroman*, wie er in den Zwanzigerjahren und wieder in der Literatur nach dem Zweiten Weltkrieg (Grass, Walser, Böll) gepflegt wird. Er steht im Gegensatz zum *historischen Roman*, der seinen Stoff aus Epochen der Vergangenheit bezieht. Während in der Zeit der Weimarer Republik der Zeitroman weitaus zahlreicher war, bekam in der Exilliteratur und der Literatur der sog. inneren Emigration der historische Roman wieder das Übergewicht, weil den im Exil Lebenden in der Regel die genauen Kenntnisse über Nazideutschland fehlten. Den in Deutschland gebliebenen Schriftstellern, soweit sie gegen den Nationalsozialismus eingestellt waren, gestattete er ihre Kritik im historischen Kostüm zu verstecken.

3 Ödön von Horváth (1901–1938): Italienische Nacht. Volksstück*

(Auszug)

Erstes Bild

Im Wirtshaus des Josef Lehninger. Kranz, Engelbert und der Stadtrat Ammetsberger spielen Tarock. Karl kiebitzt. Betz trinkt zufrieden sein Bier. Martin liest die Zeitung. Der Wirt bohrt in der Nase. Es ist Sonntag vormittag, und die Sonne scheint.

Stille.

BETZ: Martin. Was gibts denn Neues in der großen Welt?

MARTIN: Nichts. Daß das Proletariat die Steuern zahlt, und daß die Herren Unternehmer die Republik prellen, hint und vorn, das ist doch nichts Neues. Oder? *Betz leert sein Glas.* Und daß die Herren republikanischen Pensionsempfänger kaiserlich reaktionäre Parademärsch veranstalten mit Feldgottesdienst und Kleinkaliberschießen, und daß wir Republikaner uns das alles gefallen lassen, das ist doch auch nichts Neues. Oder?

BETZ: Wir leben in einer demokratischen Republik, lieber Martin.

Jetzt zieht draußen eine Abteilung Faschisten mit Musik vorbei. Alle, außer Stadtrat und Wirt, treten an die Fenster und sehen sich stumm den Zug an – erst als er vorbei ist, rühren sie sich wieder.

STADTRAT *mit den Karten in der Hand:* Von einer akuten Bedrohung der demokratischen Republik kann natürlich keineswegs gesprochen werden. Schon weil es der Reaktion an einem ideologischen Unterbau mangelt.

ENGELBERT: Bravo!

STADTRAT: Kameraden! Solange es einen republikanischen Schutzverband gibt, und solange ich hier die Ehre habe, Vorsitzender der hiesigen Ortsgruppe zu sein, solange kann die Republik ruhig schlafen!

MARTIN: Gute Nacht!

KRANZ: Ich möchte das Wort ergreifen! Ich möchte jetzt etwas vorschlagen! Ich möchte jetzt dafür plädieren, daß wir jetzt wieder weitertarocken und uns nicht wieder stören lassen von diesen germanischen Hoftrotteln samt ihrem sogenannten deutschen Tag!

ENGELBERT: Samt ihrem Dritten Reich!

STADTRAT: Einstimmig angenommen. *(Er mischt und teilt aus.)*

KARL: Wie ist das eigentlich heut nacht?

STADTRAT: Was denn?

KARL: Na in bezug auf unsere italienische Nacht heut nacht –

STADTRAT *(unterbricht ihn)*: Natürlich steigt unsere italienische Nacht heut nacht! Oder glaubt denn da wer, daß es sich der republikanische Schutzverband von irgendeiner reaktionären

Als **Volksstück** wird eine in Wien im 18. Jahrhundert entstandene, nach ganz Österreich und Süddeutschland ausgreifende Theaterform bezeichnet, die Elemente des barocken Theaters und der Commedia dell'Arte mit musikalischen Einlagen und Liedern (Couplets) zu einer Auge und Ohr, Verstand und Gemüt ansprechenden Volkstümlichkeit verbindet. Das Volksstück wurde häufig auf Stegreifbühnen in Wirtsgärten gespielt und durch Wan-

Seite her verbieten lassen könnt, hier bei unserem Freunde Josef Lehninger eine italienische Nacht zu arrangieren, und zwar wann er will! Unsere republikanische italienische Nacht steigt heute nacht trotz Mussolini und Konsorten! Karo As! *(Er spielt aus.)* [...]

Martin *(erscheint wieder, tritt zu Betz und legt ein Flugblatt vor ihn hin)*: Da!

Betz: Was soll ich damit?

Martin: Lesen!

Betz: Warum soll ich das dumme faschistische Zeug da lesen?

Martin: Weil es dich interessieren dürft.

Betz: Aber keine Idee!

Martin *(mit erhobener Stimme)*: Das da dürfte sogar alle anwesenden Herrschaften hier interessieren!

Die Herrschaften horchen auf.

Stadtrat: Was hat er denn schon wieder, dieser ewige Querulant?

Betz *(überflog mechanisch das Flugblatt, stockt und schlägt nun mit der Faust auf den Tisch)*: Was?! Na das ist empörend! Ist das aber empörend, Josef! *(Wirt wird unsicher und will sich drücken. Fixiert ihn empört.)* Halt! – Halt, lieber Josef – das da dürft nämlich vor allem dich interessieren – weißt du, was da drinnen geschrieben steht?

Wirt: *(verlegen)*: Nein –

Betz: Du kannst also nicht lesen?

Wirt *(lächelt verzweifelt)*: Nein –

Betz: Analphabet?

Stadtrat *(hat aufgehorcht)*: Was soll denn das schon wieder darstellen dort?

Wirt: Nichts, Leutl! Nichts –

Betz: Nichts? Aber was du da nicht sagst, lieber Josef?! Ich glaub gar, du bist ein grandioser Schuft!

Wirt: Das darfst du nicht sagen, Heinrich!

Betz: Ich sags noch einmal, lieber Josef.

Stadtrat: Wieso?

Kranz: Ja Sakrament –

Martin *(unterbricht ihn)*: Moment!

Betz: Moment! Das ist hier nämlich ein sogenannter Tagesbefehl – der Tagesbefehl der Herren Faschisten für ihren heutigen deutschen Tag – *(Er reicht das Blatt Karl.)* Josef, wir Republikaner sind deine Stammgäst, und du verkaufst deine Seele! Und alles um des Mammons willen!

Karl: Also das ist ja direkt impertinent! Bitte mir zuzuhören, Kameraden! *(Er liest:)* „Ab sechzehn Uhr bis achtzehn Uhr treffen sich die Spielleute im Gartenlokal des Josef Lehninger" –

Kranz: Was für Spielleut?

Karl: Die faschistischen Spielleut! Pfui Teufel!

Betz: Eine Schmach ist das! Der liebe Kamerad Josef reserviert unsere Stammtisch für die Reaktion!

Karl: Und wir Republikaner, denkt er, kommen dann hernach dran mit unserer italienischen Nacht und kaufen ihm brav sein Zeug ab!

Martin: Die Brosamen, die wo die Herren Reaktionäre nicht mehr zammfressen konnten!

Engelbert: Hört, hört!

Wirt: Ich glaub, wir reden aneinander vorbei –

Martin: Aber was denn nicht noch!

Karl: Ah, das ist aber korrupt!

Wirt: Ich bin nicht korrupt! Das bin ich nicht, Leutl, das ist meine Frau.

Betz: Papperlapapp!

Wirt: Da gibts kein Papperlapapp! Ihr kennt meine Frau nicht, liebe Leutl! Die scheißt sich was um die politische Konstellationen. Der ist es sauwurscht, wer ihre Würst zammfrißt! Und ich Rindvieh hab mal von einem heiteren Lebensabend geträumt! Und wenn ich jetzt den schwarzweißroten Fetzen nicht raussteck, verderben mir sechzig Portionen Schweinsbraten, das war doch ein furchtbarer Blödsinn, die Reichsfarben zu ändern! Meiner Seel, ich bin schon ganz durcheinand!

Kranz: Wenn du jetzt nicht mein Freund wärst, tät ich dir jetzt ins Gesicht spucken, lieber Josef!

Engelbert: Bravo!

Stille.

Wirt *(verzweifelt)*: Meiner Seel, jetzt sauf ich mir einen an, und dann erschieß ich meine Alte. Und dann spring ich zum Fenster naus, aber vorher zünd ich noch alles an.

(Ab.)

Stadtrat: Ja Himmelherrgottsakrament! Ein jedes Mal, wann ich ein gutes Blatt hab, geht die Kracherei los! *(Mit erhobener Stimme:)* Aber sehen möcht ich doch, welche Macht unsere italienische Nacht heut nacht zu vereiteln vermag! Kameraden, wir weichen nicht, und wärs die vereinigte Weltreaktion! Unsere republikanische italienische Nacht steigt heute nacht, wie gesagt! Auch ein Herr Josef Lehninger wird uns keinen Strich durch die Rechnung machen! [...]

(1931)

derbühnen im ganzen süddeutschen Raum verbreitet. Es bedient sich meist des Dialekts oder einer mundartlich gefärbten Hochsprache. Mit Ferdinand Raimund (1790–1836) und Johann Nepomuk Nestroy (1801–1861) erreichte es einen Höhepunkt. Ihre Stücke, die vom Sprachwitz ebenso wie von der Situationskomik leben – bei Raimund mit märchenhaften Zügen versehen, bei Nestroy stärker ins Zeitkritische gehend –, blieben bis heute lebendig. Im 20. Jahrhundert erlebte das Volksstück, das nicht nur volkstümliche Darstellungsformen sucht, sondern sich auch der Welt der „kleinen Leute" zuwendet, eine neue Blüte. Carl Zuckmayer (1896–1977; *Der fröhliche Weinberg*, 1925), Marieluise Fleißer (1901–1974; *Fegefeuer in Ingolstadt*, *Pioniere in Ingolstadt*, beide 1929) und Ödön von Horváth verbanden in ihren Stücken die Darstellung der oft banalen Wirklichkeit gewöhnlicher Menschen mit Kritik an den gesellschaftlichen Strukturen wie an den Verhaltensweisen von Gruppen und Einzelnen. Auch die frühen Stücke Bertolt Brechts (1898–1956) gehören in die Nähe des Volksstücks. Nach dem Zweiten Weltkrieg knüpften vor allem Franz Xaver Kroetz (*1946), Martin Sperr (*1944) und Peter Turrini (*1944) an diese Tradition an.

Der Begriff **Neue Sachlichkeit** ist eine 1925 von dem Kunsthistoriker G.F. Hartlaub geprägte Bezeichnung für eine seit 1920 einsetzende Gegenbewegung zum Expressionismus in der Kunst allgemein und zur abstrakten Malerei im Besonderen. Die Vertreter der Neuen Sachlichkeit erstrebten wieder eine stärkere Hinwendung zur Realität, die sie in ihrer „objektiven" Gegenständlichkeit erfassen und in nüchterner, unverzierter, „sachlicher" Weise künstlerisch gestalten wollten. Die Darstellung der zeitgenössischen Umwelt mit ihren spezifischen Problemen, vor allem im gesellschaftlich-politischen Bereich, wurde wieder für besonders wichtig erachtet: „Tatsachen [...] wirken erlebter, erschütternder als alle Einfälle der Dichter" (H. Kenter). Der Inhalt wurde wieder wichtiger als die Form. Dabei entstanden zwei verschiedene Richtungen: Die eine verband erbarmungslose Skepsis mit desillusionierender Ironie (z.B. A. Döblin, L. Feuchtwanger, E. Kästner), die andere sah in der dargestellten Gegenständlichkeit Zeichen der Hoffnung und verklärte sie nicht selten zum Sinnhaften und Bleibenden (z.B. H. Hesse, H. Carossa). Die Neue Sachlichkeit erfasste alle Bereiche der Literatur: In der Prosa verwirklichte sie sich vor allem im „Zeitroman" und in der „Reportage", beim Theater im „Volksstück", in dokumentarischen Formen des Dramas und im „Epischen Theater", in der Lyrik suchte sie neue Formen und Wirkung als „Gebrauchslyrik".

George Grosz (1893–1959): Schriftsteller, was?

4 Erich Kästner (1899–1974): Marschliedchen

Ihr und die Dummheit zieht in Viererreihen
in die Kasernen der Vergangenheit.
Glaubt nicht, dass wir uns wundern, wenn ihr schreit.
Denn was ihr denkt und tut, das ist zum Schreien.

Ihr kommt daher und lasst die Seele kochen.
Die Seele kocht, und die Vernunft erfriert.
Ihr liebt das Leben erst, wenn ihr marschiert,
weil dann gesungen wird und nicht gesprochen.

Marschiert vor Prinzen, die erschüttert weinen:
Ihr findet doch nur als Parade statt!
Es heißt ja: Was man nicht im Kopfe hat,
hat man gerechterweise in den Beinen.

Ihr liebt den Hass und wollt die Welt dran messen.
Ihr werft dem Tier im Menschen Futter hin,
damit es wächst, das Tier tief in euch drin!
Das Tier im Menschen soll den Menschen fressen.

Ihr möchtet auf den Trümmern Rüben bauen
und Kirchen und Kasernen wie noch nie.
Ihr sehnt euch heim zur alten Dynastie
und möchtet Fideikommissbrot[1] kauen.

Ihr wollt die Uhrenzeiger rückwärts drehen
und glaubt, das ändere der Zeiten Lauf.
Dreht an der Uhr! Die Zeit hält niemand auf!
Nur eure Uhr wird nicht mehr richtig gehen.

Wie ihr's euch träumt, wird Deutschland nicht erwachen.
Denn ihr seid dumm, und seid nicht auserwählt.
Die Zeit wird kommen, da man sich erzählt:
Mit diesen Leuten war kein Staat zu machen! (1932)

1. Untersuchen Sie die Texte 1–4 arbeitsteilig unter folgenden Aspekten:
a) Bestimmen Sie die Perspektive, aus der die Autoren und ihre Figuren die Weimarer Republik sehen.
b) Beschreiben Sie die Reaktion der dargestellten Personen auf die politische Situation in der Endphase der Weimarer Republik.

2. Interpretieren Sie das Kästner-Gedicht, indem Sie vor allem auf die Beziehung zwischen „Tonfall", Inhalt und Stil achten.

3. Setzen Sie das „Marschliedchen" aus heutiger Sicht im gleichen „Tonfall" und in analoger Form fort.

L Unter **Gebrauchslyrik** versteht man im weiteren Sinne jedes Gedicht, das zu einem bestimmten Zweck (Kirchenlied, Albumvers, Propagandagedicht) oder aus einem gegebenen Anlass („Gelegenheitsdichtung") verfasst wurde. Im engeren Sinn meint G. eine Lyrik, die für ihre Leser einen „Gebrauchswert" und „Nutzen" hat. Dieser Begriff wurde 1927 von Bertolt Brecht anlässlich eines Lyrik-Wettbewerbs geprägt. Der Begriff umfasst einerseits die Abwehr gängiger, traditioneller Vorstellungen von Lyrik: „Nun weiß ich, dass ein ganzer Haufen gerühmter Lyrik keine Rücksicht darauf nimmt, ob man ihn *brauchen* kann. Die letzte Epoche des Im- und Expressionismus [...] stellte Gedichte her, deren Inhalt aus hübschen Bildern und aromatischen Wörtern bestand [...] Aber von einigen [...] Ausnahmen abgesehen, werden solche ‚rein' lyrischen Produkte überschätzt. Sie entfernen sich einfach zu weit von der ursprünglichen Geste der Mitteilung eines Gedankens oder einer auch für Fremde vorteilhaften Empfindung." Andererseits formuliert er ein neues Gedichtverständnis: „Und gerade Lyrik muss zweifellos etwas sein, was man ohne Weiteres auf seinen Gebrauchswert untersuchen können muss." In seinem Gedichtbuch *Lärm im Spiegel* (1929) nimmt Erich Kästner diesen Begriff auf: „Zum Glück gibt es ein oder zwei Dutzend Lyriker – ich hoffe fast, mit dabei zu sein –, die bemüht sind, das Gedicht am Leben zu erhalten. Ihre Verse kann das Publikum lesen und hören, ohne einzuschlafen; denn sie sind seelisch verwendbar. Sie wurden im Umgang mit den Freuden und Schmerzen der Gegenwart notiert; und für jeden, der mit der Gegenwart geschäftlich zu tun hat, sind sie bestimmt."

[1] Das Fideikommiss: unteilbares und unveräußerliches Familienvermögen zum Schutz von Grundbesitz, in der Weimarer Republik abgeschafft; hier zum Wortspiel mit „Kommissbrot" verbunden

3. Jahrmarkt des Lebens – Dadaismus und Zeitkritik

Dass 1916 in Zürich, mitten im Ersten Weltkrieg, eine internationale Literatur- und Kunstrevolution entstand, die alle bisher gültigen Kunst- und Wertmaßstäbe für ungültig erklärte, wurde folgenreich für die Zukunft.

1 Kurt Schwitters (1887–1948): Der Zusammenstoß. Groteske Oper in zehn Bildern (Auszug)

2. Szene b) Potsdamerplatz

Links bis ganz vorn das Café von außen. Rechts 5-stöckiges Haus mit Schaufenstern einer erstklassigen Modefirma, in denen helle Gesellschaftskleider zu erkennen sind. Unten ganz rechts Eingang zu Taas Wohnung oben. Im Mittelgrunde der Platz mit Rundteil und Verkehrsturm in der Mitte. Die Straße nach vorn ist relativ tot, die Hauptverkehrsstraße geht waagerecht. Hinten eine verschwindende Straße.

Taa und Noll treten in das Gewimmel der Zeitungsverkäufer.

CHOR DER VERKÄUFER:
Zweite Abendausgabe
Dritte Abendausgabe
Die neueste Abendausgabe
Die Ausgabe von morgen früh.
Der neue Weltuntergang
Der neuste Weltuntergang
Der neue Weltuntergang
Übermorgen Weltuntergang
VERKÄUFER:
Abendblätter, Abendblätter, Abendblätter
Die Nacht am Mittag.
Die Nacht am Mittag.
Die Nacht am Mittag.
Es wird rasch dämmerig.
CHOR DER VERKÄUFER:
Acht Uhr Abendblatt
Neun Uhr Abendblatt
Zehn Uhr Abendblatt
Elf Uhr Abendblatt
Zwölf Uhr Abendblatt
VERKÄUFER: Ein Uhr Morgenblatt. Ein Uhr Morgenblatt. Ein Uhr Morgenblatt.
Aufregung wächst. Alles kauft Zeitung und steht lesend.
VERKÄUFER: Panik in Berlin, Panik in Berlin, Panik in Berlin.
NOLL: Eine Zeitung!
VERKÄUFER *drängen sich vor:*
Dritte Abendausgabe
Ein Uhr Morgenblatt
Panik in Berlin
Die New Yorker Presse zum Weltuntergang.
Der neueste Schlager bleibt Onkel Heini.

Lichtreklame und Laufschriften. „Onkel Heini bleibt Onkel Heini". Weltuntergang steht nah bevor. Voraussichtlich morgen früh. Amerika bleibt neutral. Weltuntergang steht bevor. Feuerbestattung „Stern". Gemeinsame Abfahrt der Gesellschaftsautos zum Weltuntergang, jede 2 Minuten etc.

NOLL: Es ist wahr, Taa!
TAA: Ich bleibe bei dir, Noll!
NOLL: Und wenn die Erde untergeht, ...
TAA: Bei dir.
NOLL: Taa, meine Taa.
TAA: Noll, es ist schrecklich, schrecklich. *Beide quer über den Platz nach rechts, wo sie stehen bleiben.*
ROMMEL *quer über den Platz:* Revolution
Weltuntergang
Feuer, wo ist Feuerwehr.
O meine arme Mutter.
Ab.

KARAWANE
jolifanto bambla ô falli bambla
grossiga m'pfa habla horem
égiga goramen
higo bloiko russula huju
hollaka hollala
anlogo bung
blago bung
blago bung
bosso fataka
ü üü ü
schampa wulla wussa ólobo
hej tatta gôrem
eschige zunbada
wulubu ssubudu uluw ssubudu
tumba ba- umf
kusagauma
ba - umf

Hugo Ball (1886–1927): Karawane. Gedicht, 1917

1. a) Legen Sie unter dem Aspekt „Jahrmarkt des Lebens" zu den Texten 1–3 eine Mind Map mit Themen und Motiven an.
b) Beschreiben Sie die Zusammenhänge zwischen erkennbarer Absicht und Form dieser Texte.

Kurt Schwitters wurde 1887 in Hannover geboren. Nach dem Besuch der Kunstakademien Berlin und Dresden entwickelte er ab 1918 die Idee zu einem Gesamtkunstwerk, in dem Malerei und Dichtung einen gleichen Rang einnehmen sollten. Seine literarischen Texte sind sehr stark von parodistischer Absicht und grotesken Gestaltungselementen geprägt. Er wurde zum Erfinder der MERZ-Kunst (entstanden mit einer Collage aus dem Wort „Kommerz"). Berühmt wurde er 1919 mit der Gedichtsammlung *Anna Blume* und mit der 1932 veröffentlichten *Ursonate*, einer abstrakten Lautkomposition nach den Regeln der klassischen Sonate. Seine Nähe zum Dadaismus ist unbestreitbar, aber ihm fehlt der anarchische Zug der Dadaisten, er sucht das Konstruktive im Experimentell-Abstrakten. Von den Nationalsozialisten verfolgt – seine Bücher wurden 1933 verbrannt, seine Bilder 1937 als „entartete Kunst" ausgestellt – floh er 1937 zuerst nach Norwegen, dann 1940 nach England. Er starb 1948 in Ambleside/Westmoreland.

Dadaismus [frz., von dem der Kindersprache entlehnten Stammellaut dada: „Pferdchen"]: Bezeichnung für eine 1916 aufkommende und bald nach dem Ersten Weltkrieg im Surrealismus aufgehende, von Anfang an umstrittene internationale Kunst- und Literaturrichtung, die sich eine Revolutionierung von Kunst und Literatur zum Ziele setzte und dazu Impulse aus dem Expressionismus, dem Futurismus und dem Kubismus aufgriff. [...] Die vorhandenen ästhetischen Wertmaßstäbe und die geläufigen Spielregeln der künstlerischen Produktion wurden außer Kraft gesetzt, man proklamierte absolute Freiheit des Schaffens in der Bildenden Kunst wie in der Literatur. Bedeutung erlangten die Formprinzipien des Bruitismus (= Nachzeichnung von Umweltgeräuschen) und der Simultaneität. So experimentierte man v. a. mit der Collage bzw. Fotomontage, in der Lyrik mit Lautgedichten (akustische Dichtung), kombinierte Wörter und Sätze in freien Assoziationen (aleatorische Dichtung) oder versuchte sich an der szenischen Komposition von „Geräuschkonzerten". [...]
Zentrum des Dadaismus war zunächst Zürich; die hier als Kriegsdienstverweigerer im Exil lebenden Künstler H. Arp, H. Ball, R. Huelsenbeck, K. Schwitters, M. Janco und T. Tzara propagierten durch Darbietungen im „Cabaret Voltaire" 1916 die neue Kunstrichtung, ab Juli 1917 erschien auch eine Zeitschrift mit dem Titel „Dada". Nach dem Ende des Krieges [...] entstanden dadaistische Kreise [...] z.B. in Berlin [...], Köln [...] und in Hannover (Schwitters). Der Pariser Dadaismus (ab 1920) [...] wurde zum Wegbereiter des Surrealismus.

Aus: Schülerduden. Die Literatur, hg. von der Redaktion Literatur des Bibliographischen Instituts u. d. Leitung v. G. Kwiatkowski, Mannheim 1980.

Noll: Liebe mich, auch wenn die Welt untergeht!
Taa: Mein Noll!
Bettler *zu Taa:* Bin blind, habe Atteste. *Taa sieht den Bettler irr an.*
Mann: Der wird auch noch lahm werden.
Taa: Gib ihm eine Mark.
Mann: ... denn morgen wird er untergehn.
Mädchen: Ich sterbe vor Angst.
Zweites Mädchen: Ich auch.
Herr: Wer stirbt noch?
Redner *stellt sich vorn auf die Verkehrsinsel:* Es wird nichts so heiß gegessen, wie es gekocht wird.
Menge: Wie es gekocht wird.
Mann: Grade heiß genug.
Menge: Grade heiß genug.

Menge jagt den Mann, rechts vorn ab.

Mann: Haltet den Schuft!
Menge: Haltet den Schuft!

Großer Lärm, es wogen von rechts neue Leute heran.

Veteran *tritt auf die Insel:*
Gründen wir einen Verein.
Alle: Einen Verein.
Mehrere Stimmen: Einen Verein.
Menge: Einen Verein, einen Verein, einen Verein!
Veteran Einen Mieterschutzverein. *Große Menge Menschen kommt nach der Mitte, wo alles wild durcheinander läuft.*
Taa: Und wenn die Erde untergeht?
Noll: Wenn du mich liebst, mag alles untergehn.

Großer Lärm in der Mitte des Platzes. Ordentlich an der Spitze der Ordnungspolizei kommt von hinten um das Rundteil herum und nimmt vorn links zwischen Bürgersteig und einer Verkehrsinsel Aufstellung mit seinen Leuten.

Chor der Ordnungspolizei:
Eins zwei, eins zwei, eins zwei drei,
Bald ist alles zwar vorbei.
Eins zwei, eins zwei, eins zwei drei,
Kommt die Ordnungspolizei.
Machen Sie die Straße frei
Für die Ordnungspolizei. [...]
Ordentlich: Die Ordnung kommt durch. Der grüne Globus wird voraussichtlich ...
Nicht landen, sondern ...
Vielleicht, wenn es das Glück gewollt ...
Menge: Vielleicht, wenn es das Glück gewollt ...
Ordentlich: In sanfter Fahrt ganz dicht vorüberfahren ...
Menge: In sanfter Fahrt ganz dicht vorüberfahren ...
Noll: In sanfter Fahrt.

Mit Taa nach rechts in ihr Haus.

Mann: Schwindel!
Drei Stimmen: Schwindel!
Sechs Stimmen: Schwindel!
Alle: Schwindel, Schwindel, Schwindel!
Veteran: Das sind Beruhigungsmanöver.
Alle: Das sind Beruhigungsmanöver.
Fort mit der Ordnungspolizei!
Fort! Fort! Fort!

Man jagt die Ordnungspolizei nach rechts; von rechts Kommende jagen sie nach hinten, wo die Menge sie auseinander treibt, so dass sie flieht. Dadurch wird der Platz vorn fast leer. Nur der Veteran, der nicht gut gehen kann, bleibt stehen. Vor dem Fenster des Modesalons werden die glitzernden Toiletten mit schwarzen Kleidern vertauscht.

Direktrice: *kommt heraus und besieht die Auslage, arrangiert durch Handbewegungen das Dekorieren:* Weiter rechts.
Kleine süße Robe tiefer legen.
Weiter links
Die schwarze Kombination höher legen.
Weiter nach oben
Das kleine süße Höschen mehr nach rechts.
Weiter nach unten

Das kleine süße Hütchen mehr nach links.
VETERAN: Was soll das nun bedeuten?
DIREKTRICE:
Die neue Mode zum Zusammenstoß
Die Dame von Welt,
Die auf sich hält,
Die Dame von Geld,
Trägt zum Zusammenstoß
Nur schwarze Georgette.
VETERAN: Nur schwarz Korsett.
Hinkt vorn links ab, vor sich hin:
Nur schwarz Korsett.

Dabei wird es stufenweise dunkel, es erhellt sich die Treppe rechts, auf der Taa und Noll hinaufsteigen. [...]

(e 1927–29)

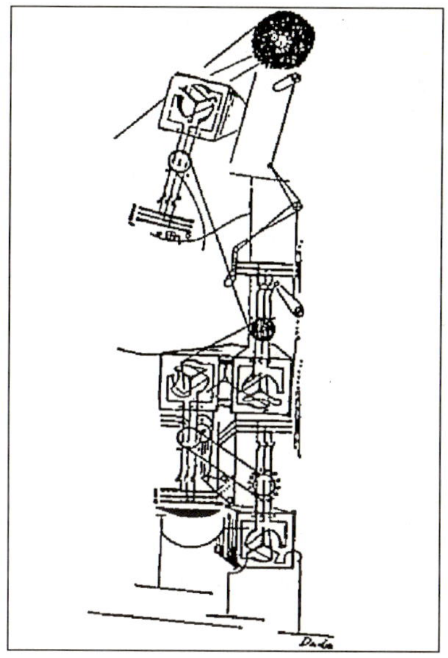

Max Ernst (1891–1976): Die Schammade (dilettanten erhebt euch). Zeichnung, 1920

2 Joseph Roth (1894–1939): Das Lächeln der Welt

Gesetzt, es käme (dank einer trefflichen Reklame) auf dem Mars einem lieben Leser der Einfall, eine Berliner Illustrierte Zeitung zu abonnieren, was erführe er da von der Erde? Dass sie der amüsanteste Planet ist, der je um eine Sonne kreisen durfte.

In die Illustrierte Zeitung gelangt nur Weltgeschehen in gesiebtem Zustand. Die Ereignisse laufen durch einen Heiterkeitsfilter in ihre Spalten. Trübe Erdenreste fängt ein Sieb auf und hält sie zurück.

Es leben – orientiert man sich aus der Illustrierten Zeitung über die irdischen Zustände – lauter Bühnenstars, Operettensänger, Stepptänzer, berühmte Gelehrte, Feldherren und Dichter auf diesem Stern.

Raffinierte Erfinder sinnen tagaus, nachtein über die technische Vollendung des Luxus und die Herstellung reizender Novitäten.

Die Könige regieren mit weiser Milde ihre Völker und schenken ihnen Memoiren, wenn sie zufällig entthront werden.

Prinzen feiern Hochzeit mit Prinzessinnen, und die Frauen aller Länder schwimmen in Freudentränen. Und sogar der Krieg nimmt sich aus wie ein Generalfest mit Kotillonverteilung[1].

Raubmörder mit Seltenheitswert stehen da mit lächelnden Starphysiognomien. Der Mordprozesse tiefdunkler Hintergrund ist mit leisem Sensationsrötel nachgezeichnet. Der Staatsanwalt flattert mit der benachbarten Lil Dagover[2] flotten Nasenflügeln. Hurtig im Bilde, sozusagen locker gehalten, des berühmten Rechtsanwalts Plädoyer in der huschenden Robe.

Revolutionen haben den Stil konfettiübersäter Volksfeste. Erdbeben werden veranschaulicht durch Purzelbaum schlagende Häuser. Zugzusammenstöße ereignen sich, wenn zwei Züge aneinander geraten und mit einem entschuldigenden Pardon sich wieder lösen.

Ein Asyl für Obdachlose in der Illustrierten Zeitung sieht aus wie ein Klub launig verkleideter Millionäre.

Der Hunger ist aus der Perspektive des Wohltätigkeitskomitees nachempfunden und die Kälte aus der Erinnerung Reicher an einen Besuch bei ungeheizten Verwandten.

Invalide Bettler simulieren Gebrest und Armut eigens für den Fotografen der allezeit fixen Illustrierten Zeitung.

Die Welt ist ein Illustrationsobjekt. Das Jahr zählt zweiundfünfzig Nummern, ein Faschings-Doppelheft mit eingerechnet.

Der liebe Leser auf dem Mars wundert sich nur über die humoristische Ecke, die in knappe zwanzig Zeilen den ganzen Jammer des Planeten fasst. (1923)

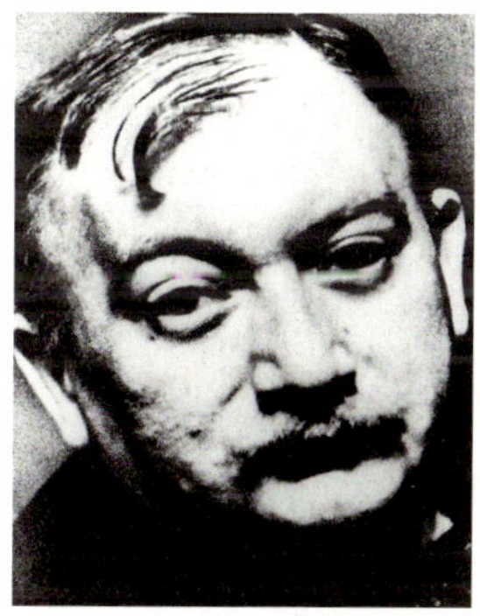

Joseph Roth wurde 1894 in Galizien geboren, das damals zu Österreich gehörte. „Mein stärkstes Erlebnis war der Krieg und der Untergang meines Vaterlandes [...]."
Biografen Roths sehen darin die Ursache der Orientierungslosigkeit, die charakteristisch ist für sein Werk. Roth war zunächst hauptsächlich journalistisch tätig, machte in Wien Karriere als Lokalreporter und wurde später in Berlin zum gefragten Mitarbeiter namhafter Zeitungen. Schriftstellerisch begann er mit Romanen, die aktuelle Fragen und Probleme behandelten (so *Das Spinnennetz*, 1923) und ihn rasch als führenden Vertreter der „Neuen Sachlichkeit" erscheinen ließen. Mit seinem Roman *Hiob* (1930) schlug er ganz andere, legendenhafte Töne an, die er schon in seinem Essayband *Juden auf Wanderschaft* vorbereitet hatte. 1932 erschien der Roman *Radetzkymarsch*, in dem Roth mit äußerster Genauigkeit und verhaltener Trauer den Untergang der Donaumonarchie beschreibt. Nach der Machtergreifung der Nationalsozialisten verließ er Deutschland und ging ins Exil nach Paris, wo er 1939 starb.

3 Klaus Mann (1906–1949): Der Wendepunkt. Ein Lebensbericht
(Auszug)

[...]
Die moralischen Grundbegriffe, die Professor Geist an mir vermisste – wo hätte ich sie finden sollen inmitten allgemeiner Wirrnis und Korruption? War es meine Schuld, dass ich in ein Zeitalter sittlicher und sozialer Anarchie hineingeboren wurde? Das Europa, und besonders das Deutschland, der frühen Zwanzigerjahre war zugleich erschöpft und hektisch auf-

---
1 Der Kotillon: frz. Gesellschaftsspiel in Tanzform mit Verteilung von Geschenken
2 Lil Dagover (1887–1980): Filmschauspielerin

Klaus Mann wurde 1906 als Sohn von Thomas Mann in München geboren. Schon als Achtzehnjähriger gründete er, zusammen mit seiner Schwester Erika, mit Pamela Wedekind und Gustaf Gründgens, ein Theaterensemble, das seine Stücke aufführte, in denen er das Bild der eigenen, nach außen hin bis zur Tollheit lebensfrohen, nach innen verzweifelt nach Lebenssinn suchenden Generation zu zeichnen versuchte. In dem Roman *Treffpunkt im Unendlichen* (1932) fand er für dieses Thema die überzeugende Form. Er sah in der Bekämpfung des Faschismus seine eigentliche Lebensaufgabe. Dabei gelangte er früh zu einem überzeugten Europäertum. Mann wurde zu einem Zentrum der deutschen Exilliteratur, indem er in Amsterdam die Zeitschrift „Die Sammlung" als deren Sprachrohr herausgab. Mit dem Roman *Der Vulkan* (1939) gelang ihm auch eine der wichtigsten Darstellungen des Emigrantenschicksals. Ebenso wichtig ist sein Lebensbericht, den er, der nach Kriegsbeginn in die USA geflohen war, zuerst in englischer Sprache veröffentlichte (*The Turning Point*, 1942, dt. Neufassung 1952 unter dem Titel *Der Wendepunkt*). Schon 1936 war sein Roman *Mephisto. Roman einer Karriere* erschienen, in dem Mann den Typus des opportunistischen Künstlers darstellt. Da die Figur des Schauspielers Höffgen Züge von Gustaf Gründgens trug, durfte das Buch in der Bundesrepublik bis 1981 nicht erscheinen. Mann war schon 1945 davon überzeugt, dass „die aufrichtige Verständigung zwischen Ost und West [...] die conditio sine qua non [ist]: ohne sie geht es nicht". 1949 nahm sich Klaus Mann in Cannes das Leben.

2. a) Geben Sie Text 3 eine Überschrift und verfassen Sie ein Resümee.
b) Vergleichen Sie den Text mit dem Tryptichon von Otto Dix (S. 361) und beachten Sie dabei auch die spezifischen Eigenarten von Literatur und Malerei.

gekratzt. Es war nicht Besinnung, wonach diese ausgepumpte, decontenancierte[1] Gesellschaft verlangte; vielmehr wollte man vergessen – das gegenwärtige Elend, die Angst vor der Zukunft, die kollektive Schuld ...

Die Kolossalorgie des Hasses und der Zerstörung ist vorüber! Genießen wir die zweifelhaften Amüsements des so genannten Friedens! Nach der blutigen Ausschweifung des Krieges kam der makabre Jux der Inflation! Welch atembeklemmende Lustbarkeit, die Welt aus den Fugen gehen zu sehen! Haben einsame Denker einst von einer ‚Umwertung aller Werte' geträumt? Stattdessen erlebten wir nun die totale Entwertung des einzigen Wertes, an den eine entgötterte Epoche wahrhaft geglaubt hatte, des *Geldes*. Das Geld verflüchtigte sich, löste sich auf in astronomischen Ziffern. Siebeneinhalb Milliarden deutsche Reichsmark für einen amerikanischen Dollar! Neun Milliarden! Eine Billion! Was für ein Witz! Zum Totlachen ... Amerikanische Touristen kaufen Barockmöbel für ein Butterbrot, ein echter Dürer ist für zwei Flaschen Whisky zu haben. Die Herren Krupp und Stinnes werden ihre Schulden los: Der kleine Mann zahlt die Rechnung. Wer beklagt sich da? Wer protestiert? Das Ganze ist zum Piepen, zum Schießen ist's, der größte Ulk der so genannten Weltgeschichte! Hat jemand geglaubt, nach dem Krieg werde die Menschheit etwas vernünftiger und brüderlicher werden? War irgendein Deutscher naiv genug, sich eine reinigende Wirkung von der Revolution zu erwarten? Als ob wir überhaupt jemals eine Revolution gehabt hätten! Alles Schwindel! Alles Illusion!

Die Schieber tanzen Foxtrott in den Palace-Hotels! Machen wir doch mit! Schließlich will man auch kein Spielverderber sein ... Die Herren und Damen duften nach ‚Khasana' (*made in Germany*: fast so fein wie Coty!); die Band spielt ‚Ausgerechnet Bananen' – es sind echte Neger, garantiert dunkelhäutig, keine Falle! Wir finden Jazz ‚fantastisch', ‚kolossal'; es ist eine Novität, der letzte Schrei. Hört doch, wie sie schreien: ‚Eine Miezekatze – hatse – aus Angora mitgebracht – und die hatse, hatse, hatse – mir gezeigt die ganze Nacht –' Und sonst hatte sie nichts zu tun? Da sind wir doch gewitzter ... Fabelhaft, der synkopierte Rhythmus ... Dieses Tempo ... Der Herr dort drüben bestellt schon die dritte Flasche Champagner: muss Valuta[2] haben ... ‚Komm mit mir nach Brasilien, komm mit mir in die Pampas ...' Ist das ein Shimmy? Na, ist ja ganz egal ... ‚Dort gründen wir Familien – weil ich mit dir zusamm' pass ...'

Jeder passt zu jedem, es kommt nicht darauf an. Dieses Mädchen passt zu diesem Jungen ebenso gut wie zum nächsten, und wenn das Fräulein spröde tut (sie hat vielleicht ein Verhältnis mit ihrem Reitpferd oder mit der Köchin), dann kommen die beiden Buben, husch, husch, ganz flott und munter ohne Mädchen aus ... Der Dollar steigt: Lassen wir uns fallen! Warum sollten wir stabiler sein als unsere Währung? Die deutsche Reichsmark tanzt: Wir tanzen mit!

Millionen von unterernährten, korrumpierten, verzweifelt geilen, wütend vergnügungssüchtigen Männern und Frauen torkeln und taumeln dahin im Jazz-Delirium. Der Tanz wird zur Manie, zur *idée fixe*, zum Kult. Die Börse hüpft, die Minister wackeln, der Reichstag vollführt Kapriolen[3]. Kriegskrüppel und Kriegsgewinnler, Filmstars und Prostituierte, pensionierte Monarchen (mit Fürstenabfindung) und pensionierte Studienräte (völlig unabgefunden) – alles wirft die Glieder in grausiger Euphorie. [...] Ein geschlagenes, verarmtes, demoralisiertes Volk sucht Vergessen im Tanz. Aus der Mode wird die Obsession; das Fieber greift um sich, unbezähmbar, wie gewisse Epidemien und mystische Zwangsvorstellungen des Mittelalters. Die Symptome der Jazz-Infektion, die Zeichen der hüpfenden Sucht lassen sich im ganzen Land bemerken; am gefährlichsten betroffen aber ist das schlagende Herz des Reiches, die Hauptstadt. [...] Berlin ist das Hirn, in dem die Emotionen und Intuitionen, die Sehnsüchte und Ressentiments des deutschen Volkes mit wissenschaftlicher Exaktheit und journalistischem Schmiss formuliert werden. Die Metropole kreiert nicht: sie repräsentiert. Wenn das Berlin der Kaiserzeit die aggressive Dynamik des jungen deutschen Nationalismus säbelrasselnd zur Schau gestellt hatte, so spiegelte das Berlin der ersten Nachkriegsjahre mit demselben Eklat die apokalyptische[4] Gemütsverfassung der besiegten Nation.

‚Schaut mich nur an!', schmetterte die deutsche Kapitale, prahlerisch noch in der Verzweiflung. ‚Ich bin Babel, die Sünderin, das Ungeheuer unter den Städten. Sodom und Gomorra zusammen waren nicht halb so verderbt, nicht halb so elend wie ich! Nur hereinspaziert, meine Herrschaften, bei mir geht es hoch her, oder vielmehr, es geht alles drunter und drüber. Das Berliner Nachtleben, Junge-Junge, so was hat die Welt noch nicht gesehen! Früher mal hatten wir eine prima Armee; jetzt haben wir prima Perversitäten! Laster noch und noch! Kolossale Auswahl! Es tut sich was, meine Herrschaften! Das muss man gesehen haben!' [...]

(v 1949)

[1] decontenanciert: vgl. die Contenance = Haltung, Fassung
[2] Die Valuta: Geld in ausländischer Währung
[3] Die Kapriole: toller Einfall, närrischer Luftsprung
[4] apokalyptisch: unheilvoll, das Weltende betreffend

4. Überzeugen oder überreden? – Die politische Rede als Ausdruck einer Weltanschauung

Jeder Mensch ist an eine Vielzahl von Bedingungen seiner materiellen und geistigen Existenz geknüpft. Durch diese Bedingungen werden seine Anschauungen, seine Lebenseinstellung und seine Weltsicht bestimmt. Aus der Art, wie dieser Mensch spricht, und aus dem, was er sagt, lassen sich direkt diese Anschauungen und indirekt die sie ausmachenden Bedingungen erschließen. Für einen Politiker gilt dies in besonderem Maße, ist er doch der Vertreter einer durch ihre materiellen Bedingungen, mehr noch durch ihre Weltanschauung bestimmten und definierbaren Interessengruppe. Dieser Hintergrund bestimmt ihn, wenn er sich in seinen Reden zu ihm bekennt oder wenn er ihn zu verschleiern sucht. In den folgenden Texten sollen solche Rede-„Hintergründe" für Sie erkennbar werden.

1 Friedrich Ebert (1871–1925): Antrittsrede als Reichspräsident (11.2.1919) (Auszug)

Mit allen meinen Kräften und mit voller Hingabe werde ich mich bemühen, mein Amt gerecht und unparteilich zu führen, niemandem zuliebe und niemandem zuleide. Ich gelobe, dass ich die Verfassung der Deutschen Republik getreulich beachten und schützen werde. Ich will und werde als der Beauftragte des ganzen deutschen Volkes handeln, nicht als Vormann einer einzigen Partei.

Ich bekenne aber auch, dass ich ein Sohn des Arbeiterstandes bin, aufgewachsen in der Gedankenwelt des Sozialismus, und dass ich weder meinen Ursprung noch meine Überzeugung jemals zu leugnen gesonnen bin. Indem Sie das höchste Amt des deutschen Freistaates mir anvertrauten, haben Sie – ich weiß es – keine einseitige Parteiherrschaft aufrichten wollen. Sie haben aber damit den ungeheuren Wandel anerkannt, der sich in unserem Staatswesen vollzogen hat, und zugleich auch die gewaltige Bedeutung der Arbeiterklasse für die Aufgaben der Zukunft. [...]

Freiheit und Recht sind Zwillingsschwestern. Die Freiheit kann sich nur in fester staatlicher Ordnung gestalten. Sie zu schützen und wiederherzustellen, wo sie angetastet wird, das ist das erste Gebot derer, die die Freiheit lieben. Jede Gewaltherrschaft, von wem sie auch kommt, werden wir bekämpfen bis zum Äußersten. [...]

Den Frieden zu erringen, der der deutschen Nation das Selbstbestimmungsrecht sichert, die Verfassung auszubauen und zu behüten, die allen deutschen Männern und Frauen die politische Gleichberechtigung unbedingt verbürgt, dem deutschen Volk Arbeit und Brot zu schaffen, sein ganzes Wirtschaftsleben so zu gestalten, dass die Freiheit nicht Bettlerfreiheit, sondern Kulturfreiheit werde, das sei unseres Strebens Ziel.

2 Paul von Hindenburg (1847–1934): Antrittsrede als Reichspräsident (12.5.1925)

Am 26. April 1925 hat mich das deutsche Volk zu seinem Reichspräsidenten gewählt. Am heutigen Tage habe ich das neue bedeutungsvolle Amt angetreten. Getreu dem von mir geleisteten Eide will ich alle meine Kräfte daran setzen, dem Wohle des deutschen Volkes zu dienen, Verfassung und Gesetze zu wahren und Gerechtigkeit gegen jedermann zu üben. In dieser feierlich-ernsten Stunde rufe ich unser ganzes deutsches Volk zur Mitarbeit auf. Mein Amt und mein Streben gehören nicht einem einzigen Stande, nicht einem Stamm oder einer Konfession, nicht einer Partei, sondern dem gesamten durch ein hartes Schicksal verbundenen deutschen Volke in allen seinen Gliedern. Ich vertraue auf den Beistand des ewigen Gottes, der uns auch durch die schwere Notzeit unserer Tage gnädig hindurchführen wird. Ich vertraue auf die in einer stolzen ruhmreichen Vergangenheit bewährten unsterblichen Lebenskräfte der deutschen Nation. Ich vertraue auf den gerade auch in schwerster Zeit immer wieder gezeigten opferbereiten Lebenswillen unseres Volkes. Ich vertraue endlich auf den großen Gedanken der Gerechtigkeit, dessen mit aller Kraft zu erstrebender Sieg auch dem deutschen Volke wieder seinen würdigen Platz in der Welt verschaffen wird.

Mein erster Gruß gilt allen denen, die unter der Not unserer Zeit besonders leiden. Er gilt den vielen, die im harten wirtschaftlichen Ringen um ihr Dasein stehen. Er gilt dem ganzen arbeitenden deutschen Volke, von dem die schwere Lage von Staat und Wirtschaft besondere Leistungen erfordert. Er gilt den Volksgenossen außerhalb der deutschen Reichsgrenzen, die mit uns durch die Bande des Blutes und der großen deutschen Kulturgemeinschaft unlöslich verbunden sind. Er gilt besonders den Alten und Kranken, die voll Sorge einem trüben Lebensabend entgegenblicken, und er gilt endlich unserer Hoffnung, unserer deutschen Jugend.

Wir wollen auch weiterhin gemeinsam streben, durch ehrliche friedliche Leistungen unserem berechtigten Anspruch auf Achtung und Anerkennung bei anderen Völkern Geltung zu verschaffen und den deutschen Namen von dem ungerechten Makel zu befreien, der heu-

Ideologie (< gr. idea = Idee und logos = Lehre, wörtlich also „Lehre von den Ideen"):
In der *Psychologie* wird unter Ideologie das an eine Person, eine Gruppe, eine Kultur u. dgl. (also an eine soziale Größe) gebundene System von Weltanschauungen, Grundeinstellungen und Werthaltungen verstanden. In der *Philosophie* erscheint der Begriff Ideologie in Spannung zum Begriff Wissen. Dem „wirklichen Wissen" steht ein „verzerrtes, falsches Wissen" gegenüber, in dem die geistigen Inhalte und Ideen durch die materialen Bedingungen des Menschen beeinflusst sind. In den *Gesellschaftswissenschaften* wird die Ideologiekritik als ständige Regulierung des individuellen und öffentlichen Bewusstseins gefordert. Für den Marxismus, für den ja das Bewusstsein überhaupt erst auf der Basis der materiellen Bedingungen (des „realen Seins") entsteht, schlägt die Ideologiekritik in Ideologie um (Klassenstandpunkt, absoluter Wahrheitsanspruch).

1. Vergleichen Sie die Texte 1 und 2 nach ideologischem Hintergrund und Sprachverwendung.

Rhetorik: Absichten der politischen Rede.
Hans Dieter Zimmermann stellt für die drei *Absichten der politischen Rede* (Aufwertung, Abwertung, Beschwichtigung) folgenden Katalog von Sprechakten auf:

Aufwertung:
Günstige Seite hervorheben, ungünstige abschwächen oder verschweigen;
positive Attribute für Wir-Gruppe;
dynamisches Wortfeld für Wir-Gruppe;
Koppelung mit positiven Werten (Freiheit, Gerechtigkeit, Demokratie etc.);
aufgrund von zwei/drei konkreten Beispielen positive Verallgemeinerung;
eigennützige Ziele als uneigennützig ausgeben („Gemeinwohl");
Übersteigerung eigener Verdienste: einziger Garant für Sicherheit und Freiheit;
Fehler anderen zuschieben: einer anderen Gruppe oder den Umständen („unabwendbares Schicksal");
Einladung der Zuhörer zur Identifikation mit Wir-Gruppe;
wer anderer Meinung ist, dem gegnerischen Lager zuschlagen;
unverfängliche Zeugen aufrufen.

Abwertung:
Ungünstige Seite hervorheben, günstige abschwächen oder verschweigen;
Häufung negativer Attribute;
Koppelung des Gegners mit negativen Werten (Unfreiheit, Unrecht, Tyrannei);
aufgrund von zwei/drei konkreten Beispielen negative Verallgemeinerung;
uneigennützige Ziele des Gegners als eigennützig ausgeben;

Fehler des Gegners ins Maßlose vergrößern: „Untergang des Abendlandes“;
Fehler dritter Gruppen dem Gegner zuschieben; Erfolge dem Gegner absprechen;
Deformation gegnerischer Argumente: ins Absurde übersteigern;
Verzerrung gegnerischer Zitate, um sie leichter widerlegen zu können;
Gegner verrät eigene Grundsätze; Gegner ist von Geschichte längst widerlegt;
gegnerische Forderungen halb anerkennen, doch: sie wurden längst von Wir-Gruppe erfüllt bzw. vor dem Gegner von Wir-Gruppe aufgestellt;
Diffamierung durch Assoziation;
Neudefinition gegnerischer Schlagworte;
Parzellierung[1] des Gegners: Teil auf eigene Seite ziehen;
innenpolitischen Gegner mit außenpolitischem Feind koppeln;
unverfängliche Zeugen aufrufen.

Beschwichtigung:
Verständnis bekunden;
auf Gemeinschaft hinweisen: „Wir sind alle eine Familie“;
als Vertreter einer Gruppe sich zum Sprecher einer anderen machen: Vermittlerrolle; alle Interessen als berechtigt anerkennen, Widersprüche verschweigen: sowohl – als auch, weder – noch; für jeden etwas;
auf „unabwendbares Schicksal“ hinweisen;
allgemeine Weisheiten: Irren ist menschlich;
Formulierungen, die für jede Interpretation offen sind;
wenn eine Interessengruppe belastet wird: „alle müssen Lasten tragen“, „Dienst am Allgemeinwohl“;
Tabuisierung[2] von Problemen, so dass deren Erörterung unmöglich wird.

te noch auf ihm haftet. Durch Selbstachtung zur Achtung der Welt, durch Selbstvertrauen zum Vertrauen der Anderen! Wir wollen alle darnach trachten, in der Entwicklung der deutschen Wirtschaft und des deutschen Gemeinschaftslebens jedem einzelnen Stand und Volksgenossen sein tägliches Brot, seinen Anteil am deutschen Kulturgut und seine würdige Stellung in der Volksgemeinschaft zu sichern.

Das Reichsoberhaupt verkörpert den Einheitswillen der Nation. Darum reiche ich in dieser Stunde jedem Deutschen im Geiste die Hand. Gemeinsam wollen wir um unserer teueren Toten und um unserer Kinder und Kindeskinder willen ungebeugten Mutes den schweren Weg gehen, der uns durch wahren Frieden zur Freiheit geleiten soll!

3 Ulrich Gaier: Fragen an eine politische Rede (Auszug)

[...] Das Verhältnis von Parteiinteresse und Vertretung vor der Öffentlichkeit lässt sich auch sprachlich untersuchen. Jede Partei (wenn sie eine ist) entwickelt aufgrund ihrer gesellschaftlichen und weltanschaulichen Prämissen[1] eine Systemsprache, d.h. ein System von Begriffen und Sätzen, in dem bestimmten Wörtern Leitfunktion und Hochwertigkeit, anderen Negativität zugesprochen wird, das Abhängigkeiten gedanklicher oder assoziativer[2] Art zwischen Wörtern und Sätzen hervorbringt etc. In einem Mehrparteienstaat konkurrieren diese parteilichen Systemsprachen wie die zugrunde liegenden Ideologien und stehen in einem sprachlichen Werbekampf um die öffentliche Gunst. Eine Partei, der es gelingt, ein mit ihrer Programmatik sichtbar verbundenes Wort (wie etwa „sozial“ oder „demokratisch“) mit positiver Wertung im öffentlichen Bewusstsein und Sprachgebrauch zu verankern, hat Kredit gewonnen, während öffentliche Ungunst, wie sie z.B. derzeit gegen das Wort „liberal“ erzeugt wird, Kreditverlust bedeutet. Nicht immer sind die Parteien allein die Handelnden in dieser Wortwerbung: Oft kommt der Zufall in positivem oder negativem Sinne von außen zu Hilfe; oft ergreifen opportunistische[3] Parteien auch Wörter für ihre Programmsprache, die in der Öffentlichkeit schon stark wertbesetzt sind, um sie als Begriffe zwar definitorisch umzufunktionieren, aber von der am Wort haftenden Assoziation in der Öffentlichkeit zu profitieren. Das Verhältnis zwischen der Systemsprache der Partei und der Sprache der Öffentlichkeit ist also keineswegs das einer einfachen Übersetzung, wo für ein Wort ein anderes zu setzen ist, sondern neben diesen Fall treten die Fälle, wo bei gleichbleibendem Wort der Begriffsinhalt einzuschränken, zu erweitern oder zu verändern ist, und die Fälle, wo Wertassoziationen verschoben sind. In einem Mehrparteienstaat ist die Übersetzungsleistung und -distanz größer als in einem Einparteienstaat: Während die Einheitspartei ungehindert und mit größter Intensität versucht, die parteiliche Systemsprache so in die Sprache der Öffentlichkeit einzuschleusen, dass sie sie in politisch wichtigen Teilen einfach ersetzt und somit selbst zur Sprache der Öffentlichkeit wird, müssen im Mehrparteienstaat die Parteien einerseits versuchen, sich gegeneinander zu profilieren und damit auch voneinander und von der Sprache der Öffentlichkeit differierende Systemsprachen zu entwickeln, von denen dann der Übersetzungsweg zur Sprache der Öffentlichkeit entsprechend „weiter“ ist. [...] (v 1972)

2. a) Fassen Sie die Ausführungen Gaiers in Thesen zusammen.
b) Unterscheiden Sie in den Texten 1 und 2 nach Funktions- und Meinungssprache.
c) Beurteilen Sie die Bedeutung dieser Unterscheidung für den Leser/Hörer.

3. Wenden Sie Ihre Erkenntnisse aus Text 3 an und untersuchen Sie aktuelle politische Reden auf ihren ideologischen Hintergrund sowie ihre Sprachverwendung.

4. Wählen Sie eine der folgenden Aufgaben:
a) Entwerfen Sie eine Rede zu einem Sie interessierenden Thema der Schule oder der Öffentlichkeit.
b) Schreiben Sie einen Essay – mit aktuellen Beispielen – zum Thema „Die Sprache als Gradmesser der politischen Kultur“.

Politische Sprache

Walther Dieckmann teilt die *politische Sprache* in Funktions- und Meinungssprache, deren Leistungen sich etwa so gegenüberstellen lassen:

Funktionssprache	*Meinungssprache*
= Organisations- und Institutionssprache	= Propaganda- oder Ideologiesprache
Fachterminus	Schlagwort
Information	Meinungs- und Verhaltenssteuerung
Beschreibung der politischen (institutionellen) Wirklichkeit	Ideologische Deutung der politischen Wirklichkeit = Modell
Sachbezogenheit und Rationalität	Kann Sachbezogenheit und Rationalität besitzen, täuscht ihren Besitz aber meist nur vor oder klammert sie bewusst zugunsten von Emotionalität aus
Komplexe und differenzierte Sprachverwendung, Bemühen um sprachliche Eindeutigkeit	Vereinfachte, daher vergröbernde Sprachverwendung, häufig auch bewusst vage oder irreführende Terminologie

[1] Die Parzellierung: Zerlegung in Parzellen (= vermessene Grundstücke)
[2] Die Tabuisierung: für tabu erklären (= polynesisch: verboten, unverletzlich, unantastbar)

[1] Die Prämisse: die Voraussetzung; auch: Vordersatz eines logischen Schlusses
[2] assoziativ: durch Vorstellungsverknüpfung bewirkt (die Assoziation)
[3] opportunistisch: nach Zweckmäßigkeit handelnd, anpasserisch (Opportunismus)

III. Vertriebener Geist: Deutsche Literatur im Exil

1. „Vertriebene sind wir, Verbannte“ (Bertolt Brecht) – Perspektiven der sog. Emigration

Am 10. Mai 1933 veranstalteten die Nationalsozialisten in ganz Deutschland Bücherverbrennungen (vgl. Einführung, S. 77ff.) um „undeutsches Schrifttum“ aus dem Bewusstsein der Deutschen „auszumerzen“. Sie duldeten niemanden, der nicht so dachte wie sie. Es setzte eine beispiellose Austreibung deutscher Künstler und Wissenschaftler ein. Das Exil (in einigen Fällen auch die innere Emigration) wurde für zwölf Jahre zur Existenzform auch vieler Schriftsteller.

1 Bertolt Brecht (1898–1956): Gedanken über die Dauer des Exils*

I
Schlage keinen Nagel in die Wand
Wirf den Rock auf den Stuhl.
Warum vorsorgen für vier Tage?
Du kehrst morgen zurück.

Laß den kleinen Baum ohne Wasser.
Wozu noch einen Baum pflanzen?
Bevor er so hoch wie eine Stufe ist
Gehst du froh weg von hier.

Zieh die Mütze ins Gesicht, wenn Leute vorbeigehn!
Wozu in einer fremden Grammatik blättern?
Die Nachricht, die dich heimruft
Ist in bekannter Sprache geschrieben.

So wie der Kalk vom Gebälk blättert
(Tue nichts dagegen!)
Wird der Zaun der Gewalt zermorschen
Der an der Grenze aufgerichtet ist
Gegen die Gerechtigkeit.

II
Sieh den Nagel in der Wand, den du eingeschlagen hast:
Wann, glaubst du, wirst du zurückkehren?
Willst du wissen, was du im Innersten glaubst?

Tag um Tag
Arbeitest du an der Befreiung
Sitzend in der Kammer schreibst du.
Willst du wissen, was du von deiner Arbeit hältst?
Sieh den kleinen Kastanienbaum im Eck des Hofes
Zu dem du die Kanne voll Wasser schlepptest!

(um 1937)

2 Bertolt Brecht: Über die Bezeichnung Emigranten*

Immer fand ich den Namen falsch, den man uns gab: Emigranten.
Das heißt doch Auswanderer. Aber wir
Wanderten doch nicht aus, nach freiem Entschluß
Wählend ein anderes Land. Wanderten wir doch auch nicht
Ein in ein Land, dort zu bleiben, womöglich für immer.
Sondern wir flohen. Vertriebene sind wir, Verbannte.
Und kein Heim, ein Exil soll das Land sein, das uns da aufnahm.
Unruhig sitzen wir so, möglichst nahe den Grenzen
Wartend des Tags der Rückkehr, jede kleinste Veränderung
Jenseits der Grenze beobachtend, jeden Ankömmling
Eifrig befragend, nichts vergessend und nicht aufgebend
Und auch verzeihend nichts, was geschah, nichts verzeihend.
Ach, die Stille der Stunde täuscht uns nicht! Wir hören die Schreie
Aus ihren Lagern bis hierher. Sind wir doch selber

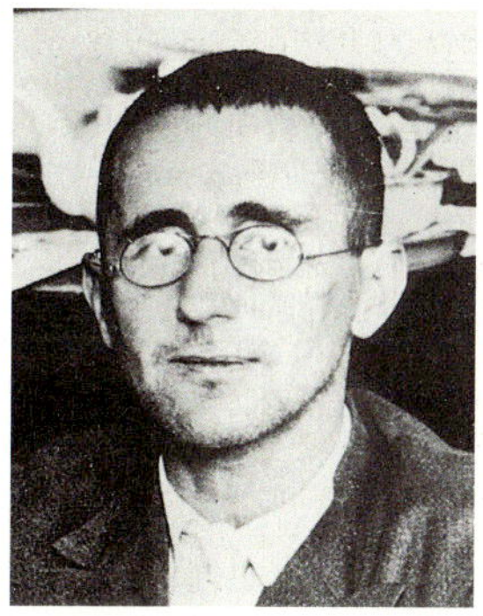

Bertolt Brecht wurde 1898 in Augsburg geboren. Schon als Schüler veröffentlichte er Gedichte mit antibürgerlicher Tendenz und Vorliebe für soziale Randexistenzen. Der Medizinstudent Brecht, bei Kriegsende als Lazarettgehilfe tätig, wurde begeisterter Anhänger der Revolution und glühender Pazifist. Es entstanden erste politische Gedichte und Dramenentwürfe. 1924 siedelte Brecht nach Berlin über und wurde Dramaturg bei Max Reinhardt. Hier sammelte er entscheidende Theatererfahrungen und veröffentlichte seine erste große Gedichtsammlung *Bertolt Brechts Hauspostille* (1927). Seine Stücke bedienten sich immer mehr einer dialektischen Methode und orientierten sich inhaltlich am Marxismus. Brecht strebte ein Theater, überhaupt eine Literatur an, die sozialkritisch wirken und das Bewusstsein verändern sollte. („Lehrstücke“). In der Zusammenarbeit mit dem Komponisten Kurt Weill entstand die *Dreigroschenoper*, deren Uraufführung 1928 einen Skandal auslöste, die aber trotzdem der größte Theatererfolg der Weimarer Republik wurde. 1933 verließ Brecht Deutschland. Im Exil, das ihn über die Schweiz, Frankreich, Dänemark, Schweden, Finnland und die Sowjetunion in die USA führte, entwickelte er seine Theorie vom „Epischen Theater“ weiter und schrieb seine großen, heute schon klassischen Stücke: *Mutter Courage und ihre Kinder*, *Leben des Galilei*, *Der kaukasische Kreidekreis* und andere. 1947 kehrte er nach Europa zurück. Da ihm die Einreise in die Westzonen untersagt wurde, nahm er eine Einladung aus Ost-Berlin an. Hier gründete er sein „Berliner Ensemble“, an dem er Modellinszenierungen für seine Stücke entwickelte. Gleichzeitig blieb Brecht ein bedeutender Lyriker (*Buckower Elegien*, 1954) und Erzähler (*Kalendergeschichten*, 1949 und das Romanfragment *Die Geschäfte des Herrn Julius Cäsar*). Unbestritten ist der Rang Brechts als des bedeutendsten Erneuerers des Theaters, aber auch der Lyrik und Epik. Er starb 1956 in Ost-Berlin.

1. Zeigen Sie, wie die Ausnahmesituation des Schriftstellers im Exil in den Texten 1–8 gesehen wird.

2. Beschreiben Sie den Zusammenhang zwischen Textart und Darstellungsweise.

Weimarer Repubik und Exil

In der Weimarer Republik gab es eine kulturelle Offenheit und Vielfalt wie nie zuvor, in der Hitler-Diktatur eine Uniformierung, Reglementierung, Knebelung und Unterdrückung auch im kulturellen Bereich, wie man sie sich schlimmer nicht vorstellen kann. Deutsche Kultur der Dreißiger- und frühen Vierzigerjahre hat deshalb vorwiegend im Ausland stattgefunden, im Inland nur in der Form der Verweigerung und des Rückzugs. Dass diese tragisch getrennten Ströme der inneren und der äußeren Emigration nach dem Zweiten Weltkrieg nicht wieder zusammenfinden konnten, weil Deutschland nun zwischen zwei ideologisch getrennten, einander feindlich gegenüberstehenden Welten aufgeteilt war, hat diese Tragik vertieft.

Trotz aller Vielfalt und Polarisierung lassen sich aber doch auch Tendenzen ausmachen, die so etwas wie eine Einheitlichkeit der Epoche herstellen:

der zunehmend scharf sich darstellende Konflikt zwischen dem Einzelnen und der Gesellschaft, zwischen Individuum und Masse;

die mehr oder weniger radikale Kritik an überkommenen Traditionen und Institutionen oder umgekehrt die fast religiöse Sehnsucht nach Autorität;

der Hang zum Experiment, zur Erprobung neuer Möglichkeiten, oder umgekehrt die für alles Gegenwärtige blinde Rückwendung mit der Behauptung einer „heilen Welt";

das Bemühen, Kunst aus ihrer ästhetischen Isolation zu befreien und zur „Gebrauchskunst" zu machen oder umgekehrt die alleinige Sanktionierung einer als „klassisch" definierten Kunstäußerung;

schließlich die zunehmende Verunsicherung im Glauben an die Möglichkeit, eine Allgemeinverbindlichkeit durch Kunst herstellen zu können, oder umgekehrt die Stilisierung der Kunst zur Lebenshilfe.

Fast wie Gerüchte von Untaten, die da entkamen
Über die Grenzen. Jeder von uns
Der mit zerrissenen Schuhn durch die Menge geht
Zeugt von der Schande, die jetzt unser Land befleckt.
Aber keiner von uns
Wird hier bleiben. Das letzte Wort
Ist noch nicht gesprochen. (1937)

3 Klaus Mann (1906–1949): Der Wendepunkt. Ein Lebensbericht

(Auszug)

[...] Es empfahl sich, auf der Hut zu sein. Man war es. Alles, was mit Deutschland zu tun hatte, wurde unheimlich, beängstigend. Das Gebäude, in dem sich ein deutsches Reisebüro oder gar ein deutsches Konsulat befand, betrat man nicht gern. Es gab dort vielleicht geheime Falltüren, die sich plötzlich vor einem auftaten – und man war gefangen. Um diesen Mercedes mit der deutschen Nummer machte man lieber einen scheuen Bogen. Wagte man sich zu nah heran, so öffnete sich wohl der Wagenschlag, ein Arm kam zum Vorschein, eine klammernde Faust, schon hatte man die Äthermaske vorm Gesicht, und wenn man wieder zu sich kam, war man in Deutschland: in der Hölle also. Deutschland war die Hölle, das unbetretbare Gebiet, die verfluchte Zone. Manchmal träumte man, dass man in Deutschland sei, es war grauenhaft. Früher hatte man sich wohl im Traume nackt auf einen belebten Boulevard verirrt oder war in großem Kostüm auf eine Bühne getreten, um eine Rolle zu spielen, von der man kein Wort wusste, lauter Situationen von unleugbarer Peinlichkeit. Aber der neue Alp, der Emigranten-Angsttraum, war unvergleichlich ärger. Es fing harmlos an. Man schlenderte eine Straße entlang, deren Aussehen bekannt anmutete, zu bekannt, wie einem allmählich klar wurde, bekannt auf eine bedrohliche, schaurig-intime Art. Es war eine deutsche Straße, man befand sich in München oder in Berlin: daher die Bangigkeit, die wachsende Beklemmung. Wie komme ich hierher? Was habe ich hier zu suchen? Und wie komme ich fort von hier? Während man sich dies fragte, versuchte man, möglichst unbekümmert zu erscheinen, ein sorgloser Passant, der das heitere Treiben auf dem Kurfürstendamm oder der Theatinerstraße genießt: Aber was nützt die nonchalante[1] Pose? Du bist erkannt, immer drohender werden die Blicke, mit denen die Vorübergehenden dich mustern. Plötzlich erinnerst du dich, dass du eine der verbotenen Zeitschriften sichtbar unter dem Arm trägst, ein Exemplar der „Neuen Weltbühne" oder des „Neuen Tagebuch". Du möchtest dich der kompromittierenden Druckschrift entledigen, sie unbemerkt zu Boden gleiten oder doch mindestens in deiner Tasche verschwinden lassen; aber es ist zu spät: Du bist erkannt. Gibt es kein Entrinnen? Nein; denn nicht nur die Menschen sind gegen dich, auch die Häuser, das Pflaster, der feindlich verhüllte Himmel. Magst du immerhin rennen! Die Straße ist lang, du erreichst ihr Ende nicht, und selbst wenn du bis zum Ende der Straße kämest, die Häscher griffen dich, sie sind überall. Du rennst trotzdem, blind vor Angst, in keuchender Panik, ziellos, hoffnungslos. Die infernalische[2] Straße lässt dich rennen, zappeln, springen, da sie weiß, dass du ihrem tödlichen Zugriff doch nicht entrinnen wirst. Du rennst zwischen Mauern, Fahnen, Menschenmassen, die sich immer näher an dich drängen, immer gefährlicher um dich schließen; du rennst – bis du schweißgebadet erwachst. Dieser sehr schlimme Traum kam häufig vor in Emigrantenkreisen. Es gab Zeiten, in denen ich diesen sehr schlimmen Traum beinahe jede Nacht träumen musste.

Deutschland, entfremdete, entstellte, grässlich gewordene Heimat, die wir nur im Alptraum schauen durften! Die Reichsgrenzen wurden zu einem feurigen Ring, hinter dem es nur die Vernichtung gab. [...]

Indessen verhielt es sich nicht etwa so, dass die Emigranten dauernd in Angst und Schrecken lebten; so darf man sich das nicht denken. Wer die Emigration nicht selber mitgemacht hat, könnte überhaupt geneigt sein, die dramatischen und romantischen Aspekte dieser Existenzform zu überschätzen. [...]

Man ist nicht pausenlos in kämpferischer Laune, auch das Heimweh macht sich nur gelegentlich bemerkbar, und man bringt nicht den ganzen Tag damit zu, die Tyrannen zu hassen, kurz, man ist nicht immer Emigrant „im Hauptberuf". Man vergisst zuweilen, dass man sich im Exil befindet. Sogar in der Verbannung kommen heitere Stunden vor, die übrigens auch in der Heimat selten waren. Geldsorgen? Die ist man gewohnt. Man ist nie Kapitalist gewesen, hat sich vielmehr immer plagen müssen. Irgendwie schafft man es, plagt sich freilich im Exil noch weidlicher als zu Hause. Neu ist das Pass-Problem, nun doch eine sehr ernste Sache. Ohne Pass kann der Mensch nicht leben. Das scheinbar unbedeutende Dokument ist in Wahrheit beinah ebenso kostbar wie der Schatten, dessen Wert der arme Peter Schlemihl erst so recht begriff, als er sich seiner leichtfertigerweise entäußert hatte. Transitvisen, Arbeits- und Aufenthaltserlaubnisse, „cartes d'identité", „titres de voyage"; diese Dinge spielten eine durchaus dominierende und recht quälende Rolle in den Gedanken und Gesprächen deutscher Auswanderer. Aber schließlich fand sich meist irgendein Ausweg. [...] (v 1949)

[1] nonchalant (frz.): lässig (nachlässig), formlos, ungezwungen
[2] infernalisch (< lat. infernum = das Untere, die Unterwelt): höllisch, teuflisch

4 Joseph Roth (1894–1939): Die vertriebene deutsche Literatur
(Auszug)

[...] Ein Blick in die Zukunft?

Schon eine politische Voraussage ist bekanntlich schwer und gefährlich. Eines kann man aber sagen: Unsachliche Schwätzereien wie „die Fahne hochhalten", „die Tradition aufrechterhalten", „den Mut nicht verlieren" – das sind leere Phrasen, die an schreierische, jetzt überall verbreitete deutsche Reklame erinnern, wie „Deutsche, trinkt deutsches Bier!" usw.

Wir müssen uns eingestehen, dass unsere einzige Waffe das Wort ist. Es ist eine mächtige, gefährliche und sogar magische Waffe, aber sie ist weder scharf, noch direkt. Gegenüber den Kanonen von Krupp, den Giftgasen der Leuna-Werke, den Flugzeugen von Göring, den Konzentrationslagern, der Geheimpolizei, der Unfreundlichkeit der Länder, in denen man den deutschen Literaten zwar Gastrecht gewährt, aber in ihnen geduldete Ausländer sieht – dem allem gegenüber sind wir nur „arme Schriftsteller".

Die vertriebenen deutschen Schriftsteller sind fremd, wie Israel Ägypten fremd war. Überall, soweit das Auge reicht, sind neue Pharaonen zu sehen. Und nur der Glaube an ein Wunder befähigt die Schriftsteller, ihre Existenz physisch und literarisch fortzuführen.

Es ist aber ein berechtigter Glaube an ein Wunder. Denn am Anfang war das Wort – nicht die Phrase.

(e 1937)

5 Ernst Bloch (1885–1977): Zerstörte Sprache – zerstörte Kultur
(Auszug)

Bloch hat diesen Vortrag 1939 vor dem „Schutzverband Deutscher Schrifsteller" in New York gehalten.

[...] Wir sprechen nun einmal Deutsch. Diese Sprache haben wir mitgenommen, mit ihr arbeiten wir. Aber jeder Baum heißt hier anders, und im Gesicht gibt es ein englisches Weinen, sicher Lachen. Die Hunde freilich hören auf ihre alten Namen, ihnen angehängt. Der Schreibende scheint nun, will er wirken, jedes Wort auswechseln zu müssen. [...]

Sicher ist jedoch, dass der Zufall, der uns in die oder jene Sprache hineingeboren werden ließ, später durch keinen anderen „Zufall" korrigiert werden kann, auch nicht durch Emigration. Die Sprache wird dem Menschen sehr bald ein Stück seiner selbst, und eines, das – in der Mehrzahl der Fälle – am wenigsten abgetan werden kann. [...]

Wo Sprache verludert oder verloren geht, wo sie zum Klischee wird oder zum Dietrich des Betrugs, aber auch wo sie aus dem alten Leben herausgerissen wird, aus dem großen Strom ihrer bisherigen Welt und ein eingekapseltes oder verfremdetes Dasein führen muss: überall dort besteht die Möglichkeit, im Fall der Verluderung die Gewissheit, dass ein Mensch, ein Volk sich verfälschen und ihre Welt verlieren. Mit uns ist die deutsche Sprache auf verschiedene Weise in dieser Gefahr. Intra muros et extra ist sie bedroht: in Deutschland droht sie zu ersticken, im Ausland zu erfrieren. [...]

(e 1939)

6 Lion Feuchtwanger (1884–1958): Arbeitsprobleme des Schriftstellers im Exil (Auszug, Biografie S. 367)

[...] Denn wenn das Exil zerreibt, wenn es klein und elend macht, so härtet es auch und macht groß. Es strömt dem Schriftsteller im Exil eine ungeheure Fülle neuen Stoffes und neuer Ideen zu, er ist einer Fülle von Gesichten gegenübergestellt, die ihm in der Heimat nie begegnet wären. Ja, wenn wir uns bemühen, unser Leben im Exil historisch zu sehen, dann erweist sich jetzt schon, dass beinahe alles, was unsere Arbeit zu behindern schien, ihr am Ende zum Heil ausschlug. Ich darf in diesem Zusammenhang nicht verschweigen, dass zum Beispiel auch der erzwungene ständige Kontakt mit der fremden Sprache, über den ich vorhin so laut zu klagen hatte, sich am Ende als eine Bereicherung erweist. Der im fremden Sprachkreis lebende Autor kontrolliert beinahe automatisch das eigene Wort ständig am fremden. Häufig dann sieht er, dass die fremde Sprache ein treffendes Wort hat für das, was er ausdrücken will. Er gibt sich dann nicht zufrieden mit dem, was ihm die eigene Sprache darbietet, sondern er schärft, feilt und poliert an dem Vorhandenen so lange, bis es ein Neues geworden ist, bis er der eigenen Sprache das neue, schärfere Wort abgerungen hat. Jeder von uns hat glückliche Wendungen der fremden Sprache seiner eigenen eingepasst. [...]

(v 1954)

Ernst Bloch wurde 1885 als Beamtensohn in der industriell geprägten Stadt Ludwigshafen geboren. Schon als Jugendlicher beschäftigte er sich mit Philosophie, ein Studium in München und Würzburg schloss sich an. In seinem ersten Werk *Geist der Utopie* (1918) fand er bereits sein Lebensthema: die Frage nach der Möglichkeit und der Qualität, vor allem nach der Realisierbarkeit von Utopie. Dabei versucht Bloch die „Versöhnung von Marxismus und Religion: dem Seelischen, der Liebe, dem Glauben wird ein Platz in der sozialistischen Utopie zugewiesen" (Peter J. Brenner). In den Zwanzigerjahren lebte Bloch in Berlin, das er 1933 verlassen musste. Er ging zunächst nach Zürich, dann 1938 in die USA. Dort begann er mit der Ausarbeitung seines Hauptwerkes *Das Prinzip Hoffnung*, das zu einem der wirkungsvollsten philosophischen Texte des 20. Jahrhunderts werden sollte. Die These von der Unfertigkeit der Welt führt darin zur Untersuchung der gegenwärtigen Wirklichkeit in Bezug auf das in ihr angelegte „Noch-Nicht-Sein", also ihr utopisches Potenzial. Blochs Suche nach der besseren Welt führt ihn schließlich zum Begriff „Heimat" „als dem Reich der Freiheit, in dem sich die kosmologische Versöhnung von Mensch und Natur vollzogen haben wird" (Brenner). 1948 wurde Bloch auf einen Lehrstuhl für Philosophie nach Leipzig berufen. 1957 war er gegen seinen Willen emeritiert worden, weil ihm die SED idealistische und revisionistische Tendenzen in seiner Philosophie vorwarf. Nach dem Bau der Berliner Mauer 1961 kehrte er von einer Reise nach Westdeutschland nicht mehr nach Leipzig zurück. Er erhielt eine Gastprofessur in Tübingen und wurde zu einer der Leitfiguren der Linken in der Bundesrepublik. 1977 starb er in Tübingen.

Stefan Zweig (1881–1942) wurde in Wien geboren, studierte Philosphie, Germanistik und Romanistik und machte später große Weltreisen. Er war Kriegsgegner, musste 1938 emigrieren, lebte in England und ab 1941 in Brasilien, wo er 1942 aus Verzweiflung über den Siegeszug der Nationalsozialisten mit seiner Frau den Freitod wählte. In seinen lyrischen Anfängen ist Zweig sehr stark von der Neuromantik und dem Wiener Impressionismus geprägt. Neben biografischen Werken, z.B. *Marie Antoinette* (1932) und *Maria Stuart* (1935), wurde er vor allem durch seine historischen Miniaturen *Sternstunden der Menschheit* (1927) und seine psychologisch differenzierten Novellen, z.B. *Angst* (1920), *Amok* (1922), *Verwirrung der Gefühle* (1927) und die *Schachnovelle* (1941), bekannt. *Die Welt von gestern* (1942) ist seine zeitgeschichtlich bedeutsame Autobiografie.

7 Stefan Zweig (1881–1942): Declaracão [Erklärung], 1942

Ehe ich aus freiem Willen und mit klaren Sinnen aus dem Leben scheide, drängt es mich eine letzte Pflicht zu erfüllen: diesem wundervollen Lande Brasilien innig zu danken, das mir und meiner Arbeit so gute und gastliche Rast gegeben. Mit jedem Tage habe ich dies Land mehr lieben gelernt und nirgends hätte ich mir mein Leben lieber vom Grunde aus neu aufgebaut, nachdem die Welt meiner eigenen Sprache für mich untergegangen ist und meine geistige Heimat Europa sich selber vernichtet. Aber nach dem sechzigsten Jahre bedürfte es besonderer Kräfte, um noch einmal völlig neu zu beginnen. Und die meinen sind durch die langen Jahre heimatlosen Wanderns erschöpft. So halte ich es für besser, rechtzeitig und in aufrechter Haltung ein Leben abzuschließen, dem geistige Arbeit immer die lauterste Freude und persönliche Freiheit das höchste Gut dieser Erde gewesen. Ich grüße alle meine Freunde! Mögen sie die Morgenröte noch sehen nach der langen Nacht! Ich, allzu Ungeduldiger, gehe ihnen voraus.

Stefan Zweig
Petropolis [bei Rio de Janeiro]. 22.2.1942

8 Carl Zuckmayer (1896–1977): Aufruf zum Leben (Auszug)

Frühling 1942

Der Entschluss zu sterben ist ein unveräußerliches Recht jedes Einzelnen. Wenn ein Mensch die letzte Entscheidung fällt und sie mit seinem Tod besiegelt, so hat die Frage, ob er richtig oder falsch gehandelt hat, zu schweigen. Denn es gibt dafür keinen Maßstab und kein Gesetz als das des eigenen freien Willens. – Für uns jedoch, die wir durch das Ereignis eines Freitods in unsrer Mitte zutiefst betroffen sind, erhebt sich die Frage nach dem Sinn unsres Weiterlebens. Allzu leicht könnten wir geneigt sein, die Lage und Haltung eines Einzelnen, der von den gleichen Zeitmächten geschlagen war, die uns bedrängen, allgemein zu verstehen – und den Weg, den er für seine Person gewählt hat, als Beispiel aufzufassen, als Ausweg – oder als Urteil. – Verführerisch ist der Gedanke, in Stolz und Einsamkeit den Giftbecher zu nehmen, bevor der widerliche Massen-Galgenwald errichtet ist, der uns bestimmt sein mag. Fast scheint es Erlösung, die böse Last wegzuwerfen, eh sie uns ganz zu Boden drückt und erwürgt. Manchem mag es wie ein süßer Schwindel, wie ein Rausch zu Kopf steigen, dem sich so traurig-lustvoll hinzugeben wäre: schon die Worte klingen wie aushauchende Erfüllung einer letzten Lebensgier: vergeben, verwehen, verrinnen, verströmen, enden – vollenden. Wer kennt nicht das heiße Flüstern dieser Versuchung. Wer weiß nicht von jener bis zum Herzpochen aufregenden Träumerei, erster Liebesverwirrung gleich, in der sich Lebensangst mit der Bravour des Absprungs, der Grenzüberschreitung, der Ich-Entfesselung, beklemmend und atemlos vermischt.

Es ist aber nicht an der Zeit, mit dem Tod zu schlafen.

Die Dämmerung, die uns umgibt, deutet nicht auf Abend, auf Mond, auf Buhlschaft. Hinter diesem Zwielicht flammt ein blutiges Morgenrot, das harten Tag kündet und das uns ruft, zu leben, zu kämpfen, zu bestehen.

GEBT NICHT AUF, KAMERADEN! [...]

Exilliteratur in der NS-Zeit im *projektorientierten Deutschunterricht* oder als **Projekt** (mit Geschichte):
1. Informieren Sie sich in Lexika, Spezialliteratur und im Internet über Exilschriftsteller, ihre Gastländer, ihre Lebensbedingungen und Werke.
2. Arbeiten Sie in Gruppen, berichten Sie in Kurzreferaten und geben Sie Leseproben.
3. Eine Gruppe könnte ihre Recherchen auf heutige Exilliteratur erweitern.
a. Legen Sie dazu eine Weltkarte an mit Markierungen für Vertreibungs- und Gastländer.
b. Sammeln Sie Gründe für den jeweiligen Weg ins Exil.
c. Ermitteln Sie Existenzbedingungen von heutigen Autoren im Exil.
d. Informieren Sie Ihre Mitschüler über Werke von Exilautoren, die in deutscher Sprache erschienen sind.
e. Simulieren Sie eine Podiumsdiskussion zwischen früheren und heutigen Exilautoren.

2. Botschaften aus der Fremde – Formen der Prosa und das epische Theater

Diese Teilsequenz kann Ihnen nur einen winzigen Einblick in das Schaffen der Exilschriftsteller geben. Sie ist deshalb als Leseanregung gedacht, denn hier werden nur drei besonders namhafte Autoren vorgestellt.

1 Lion Feuchtwanger (1884–1958): Exil. Roman (Auszug)

Der Komponist Sepp Trautwein lebt mit Frau und Sohn in Paris. Seine Frau, von den Strapazen des Exils zermürbt, begeht Selbstmord, sein Sohn schließt sich der Kommunistischen Internationale an und geht nach Moskau, um von dort aus den Kampf gegen den Faschismus zu führen. Trautwein selbst wird von einer tiefen Depression und Schaffenskrise befallen. Er besucht seinen alten Lehrer Ringseis, dessen Lebensweisheit, „warten können, das ist alles“, in ihm eine Vision auslöst.

[...]

Mit seinem innern Aug sah Sepp das „Warten“, von dem Ringseis sprach, er hörte es mit seinem innern Ohr. O Glück und Wunder. Mit einem Mal war seine Taubheit fort. Es rief, es klang, er hörte Stimmen, Tonfolgen, er sah und hörte. Das Zimmerchen des Alten erweiterte sich ihm zu einem großen Raum. Es war ein kahler Wartesaal, ja, es *war* ein Saal, er hatte bestimmt vier Wände, aber er war so ungeheuer weit, dass man diese Wände nicht sah. Der Raum war unendlich armselig, er glich den Baracken der Emigranten, und, wiewohl durchgrellt von dem scheußlichen, kalkigen, erbarmungslosen Licht jener Baracken, blieb er schattenhaft in seinen Winkeln und von undeutlichen Grenzen. Es war aber dieser Saal erfüllt von einem Gewimmel von Menschen; nicht nur die Menschen unserer kümmerlichen deutschen Emigration waren darin, sondern alle Zeitgenossen Sepp Trautweins. Sie hockten da, auf verlumpten Bündeln und Koffern, mit sinnlos zusammengerafftem Hausrat, sie hockten und bewegten sich gleichzeitig, sie waren aufgeregt und resigniert in einem, es war Nacht, denn es brannte ja das kalkige Licht, es war aber auch Tag, es war Sommer, und es war Winter; man wartete schon so lange, dass es keine Jahreszeiten mehr gab und keinen Unterschied mehr zwischen Tag und Nacht. Die Menschen saßen da und gingen gleichzeitig herum, waren fieberisch erregt und gleichzeitig stumpf resigniert, wimmelten durcheinander und rührten sich doch nicht von der Stelle. Es ging keiner fort, und es kamen immer mehr, der Saal war überfüllt, und noch immer kamen neue, und es war ein Wunder, wie sie Platz fanden.

Es war ein Wartesaal und gleichzeitig ein Gefängnis. Klingeln schrillten, Signale gellten, Lokomotiven pfiffen, Lautsprecher klangen, Züge wurden ausgerufen. Aber die Züge, auf welche diese Menschen warteten, wurden nicht ausgerufen. Bei jedem neuen Aufruf horchten sie hoch, aber die Leute von der Direktion verhinderten, dass die Züge kamen, auf die sie warteten. Immer neue Züge ließen sie abgehen, aber die längst angekündigten Züge, auf die sie warteten, ließen sie nicht abgehen. Sie teilten auch mit, warum nicht; es waren immer fadenscheinigere Gründe, zuletzt wurden die Vorwände so aufreizend erbärmlich, dass auch die Dümmsten unter den Wartenden erkannten, wie zynisch sie waren. Aber was blieb ihnen übrig, als weiter zu warten? Sie waren Objekte einer Herrschaft, die angeblich sie selber ausübten; denn angeblich ließ die Direktion die Züge ja für sie gehen, für sie allein.

Diesen Wartesaal also sichtete Sepp Trautwein, während und nachdem Ringseis zu ihm sprach. Er sah den Wartesaal, aber mehr noch hörte er ihn. Er hörte, wie die Züge ausgerufen wurden, wie sie ankamen und leer wieder weiterfuhren, oder auch, wie sie durchfuhren, höhnisch langsam an den Wartenden vorbei, und er hörte den Jammer der Wartenden, ihre Verzweiflung, ihre Flüche, ihre Resignation, ihren Zusammenbruch und ihre, trotz allen Enttäuschungen, immer neue Hoffnung.

In dieser Stunde, in der kleinen, schlecht gelüfteten Kammer, während der alte Ringseis mild, sanft, in geduldigem, fast glücklichem Verfall dalag, einer letzten, kurzen, vorübergehenden Genesung entgegendösend, hier also und zu dieser Stunde hörte Sepp Trautwein zum ersten Mal die Klänge jener Sinfonie „Der Wartesaal", die ihn berühmt machen sollte. [...] (v 1940)

Episches Theater ist eine vor allem von Bertolt Brecht entwickelte *Form des modernen Dramas*, das im Gegensatz zum klassischen Drama (vgl. S. 196ff.) die Welt als veränderbar darstellen und den Zuschauer zu ihrer Veränderung aufrufen soll. Dazu bedarf es einer dramatischen Bauform, die Brecht als *episch* bezeichnet: In locker aneinander gereihten Szenen werden exemplarische Situationen vorgeführt und durch kritisch-kommentierende Einschübe, etwa in Form eines Erzählers, eines Songs oder durch Spruchbänder und Projektionen, „verfremdet". Dieser *Verfremdungs-Effekt (V-Effekt)* soll den Zuschauer in die Lage versetzen, Alltägliches wie Fremdes, Unbekanntes zu sehen und es deshalb in seinen Strukturen und Ursachen zu erkennen. Nicht der Ausgang des Stücks, sondern der Gang der Handlung („Wie kann das sein?") soll dem Zuschauer interessant sein. Das Theaterstück braucht keinen eigentlichen Schluss, denn die Lösungen für die in ihm aufgezeigten Probleme sollen im Leben, von den Zuschauern, nicht auf der Bühne von den Schauspielern gefunden werden. Brecht hat in zahlreichen theoretischen Schriften, aber auch in Gedichten und Dialogen seine Theorie dargestellt. Berühmt ist seine Gegenüberstellung von klassischem (aristotelischem, dramatischem) und modernem (epischem) Theater:

2 Bertolt Brecht (1898–1956): Der gute Mensch von Sezuan. Ein Parabelstück* (Auszug)

Shui Ta's Tabakfabrik

In den Baracken des Herrn Shu Fu hat Shui Ta eine kleine Tabakfabrik eingerichtet. Hinter Gittern hocken, entsetzlich zusammengepfercht, einige Familien, besonders Frauen und Kinder, darunter die Schwägerin, der Großvater, der frühere Schreiner und seine Kinder. Davor tritt Frau Yang auf, gefolgt von ihrem Sohn Sun.

FRAU YANG ZUM PUBLIKUM: Ich muß Ihnen berichten, wie mein Sohn Sun durch die Weisheit und Strenge des allgemein geachteten Herrn Shui Ta aus einem verkommenen Menschen in einen nützlichen verwandelt wurde. Wie das ganze Viertel erfuhr, eröffnete Herr Shui Ta in der Nähe des Viehhofs eine kleine, aber schnell aufblühende Tabakfabrik. Vor drei Monaten sah ich mich veranlaßt, ihn mit meinem Sohn dort aufzusuchen. Er empfing mich nach kurzer Wartezeit.

Aus der Fabrik tritt Shui Ta auf Frau Yang zu.

SHUI TA: Womit kann ich Ihnen dienen, Frau Yang?

FRAU YANG: Herr Shui Ta, ich möchte ein Wort für meinen Sohn bei Ihnen einlegen. Die Polizei war heute morgen bei uns, und man hat uns gesagt, daß Sie im Namen von Fräulein Shen Te Anklage wegen Bruch des Heiratsversprechens und Erschleichung von 200 Silberdollar erhoben haben.

SHUI TA: Ganz richtig, Frau Yang.

FRAU YANG: Herr Shui Ta, um der Götter willen können Sie nicht noch einmal Gnade vor Recht ergehen lassen? Das Geld ist weg. In zwei Tagen hat er es durchgebracht, als der Plan mit der Fliegerstelle scheiterte. Ich weiß, er ist ein Lump. Er hat auch meine Möbel schon verkauft gehabt und wollte ohne seine alte Mama nach Peking. *Sie weint.* Fräulein Shen Te hielt einmal große Stücke auf ihn.

Dramatische Form des Theaters	Epische Form des Theaters
Die Bühne „verkörpert“ einen Vorgang	sie erzählt ihn
verwickelt den Zuschauer in eine Aktion und	macht ihn zum Betrachter, aber
verbraucht seine Aktivität	weckt seine Aktivität
ermöglicht ihm Gefühle	erzwingt von ihm Entscheidungen
vermittelt ihm Erlebnisse	vermittelt ihm Kenntnisse
der Zuschauer wird in eine Handlung hineinversetzt	er wird ihr gegenübergesetzt
es wird mit Suggestion gearbeitet	es wird mit Argumenten gearbeitet
die Empfindungen werden konserviert	bis zu Erkenntnissen getrieben
der Mensch wird als bekannt vorausgesetzt	der Mensch ist Gegenstand der Untersuchung
der unveränderliche Mensch	der veränderliche und verändernde Mensch
Spannung auf den Ausgang	Spannung auf den Gang
eine Szene für die andere	jede Szene für sich
die Geschehnisse verlaufen linear	in Kurven
natura non facit saltus	facit saltus
die Welt, wie sie ist	die Welt, wie sie wird
was der Mensch soll	was der Mensch muss
seine Triebe	seine Beweggründe
das Denken bestimmt das Sein	das gesellschaftliche Sein bestimmt das Denken[1]

[...] *Der Zuschauer des dramatischen Theaters sagt:* Ja, das habe ich auch schon gefühlt. – So bin ich. – Das ist nur natürlich. – Das wird immer so sein. – Das Leid dieses Menschen erschüttert mich, weil es keinen Ausweg für ihn gibt. – Das ist große Kunst: da ist alles selbstverständlich. – Ich weine mit den Weinenden, ich lache mit den Lachenden.
Der Zuschauer des epischen Theaters sagt: Das hätte ich nicht gedacht. – So darf man es nicht machen. – Das ist höchst auffällig, fast nicht zu glauben. Das muss aufhören. – Das Leid dieses Menschen erschüttert mich, weil es doch einen Ausweg für ihn gäbe. – Das ist große Kunst: da ist nichts selbstverständlich. – Ich lache über den Weinenden, ich weine über den Lachenden.

SHUI TA: Was haben Sie mir zu sagen, Herr Yang Sun?
SUN *finster:* Ich habe das Geld nicht mehr.
SHUI TA: Frau Yang, der Schwäche wegen, die meine Kusine aus irgenwelchen, mir unbegreiflichen Gründen für Ihren verkommenen Sohn hatte, bin ich bereit, es noch einmal mit ihm zu versuchen. Sie hat mir gesagt, daß sie sich von ehrlicher Arbeit eine Besserung erwartet. Er kann eine Stelle in meiner Fabrik haben. Nach und nach werden ihm die 200 Silberdollar vom Lohn abgezogen werden.
SUN: Also Kittchen oder Fabrik?
SHUI TA: Sie haben die Wahl.
SUN: Und mit Shen Te kann ich wohl nicht mehr sprechen?
SHUI TA: Nein.
SUN: Wo ist mein Arbeitsplatz?
FRAU YANG: Tausend Dank, Herr Shui Ta! Sie sind unendlich gütig, die Götter werden es Ihnen vergelten. *Zu Sun:* Du bist vom rechten Wege abgewichen. Versuch nun, durch ehrliche Arbeit wieder so weit zu kommen, daß du deiner Mutter in die Augen schauen kannst.
Sun folgt Shui Ta in die Fabrik. Frau Yang kehrt an die Rampe zurück.
FRAU YANG *zum Publikum:* Die ersten Wochen waren hart für Sun. Die Arbeit sagte ihm nicht zu. Er hatte wenig Gelegenheit, sich auszuzeichnen. Erst in der dritten Woche kam ihm ein kleiner Vorfall zu Hilfe. Er und der frühere Schreiner Lin To mußten Tabakballen schleppen.
Sun und der frühere Schreiner Lin To schleppen je zwei Tabakballen.
Der frühere Schreiner hält ächzend inne und läßt sich auf einem Ballen nieder: Ich kann kaum mehr. Ich bin nicht mehr jung genug für diese Arbeit.
SUN *setzt sich ebenfalls:* Warum schmeißt du ihnen die Ballen nicht einfach hin?
DER FRÜHERE SCHREINER: Und wovon sollen wir leben? Ich muß doch sogar, um das Notwendigste zu haben, die Kinder einspannen. Wenn das Fräulein Shen Te sähe! Sie war gut.
SUN: Sie war nicht die Schlechteste. Wenn die Verhältnisse nicht so elend gewesen wären, hätten wir es ganz gut miteinander getroffen. Ich möchte wissen, wo sie ist. Besser, wir machen weiter. Um diese Zeit pflegt er zu kommen.
Sie stehen auf.
SUN *sieht Shui Ta kommen:* Gib den einen Ballen her, du Krüppel! *Sun nimmt auch noch den einen Ballen Lin To's auf.*
DER FRÜHERE SCHREINER: Vielen Dank! Ja, wenn sie da wäre, würdest du gleich einen Stein im Brett haben, wenn sie sähe, daß du einem alten Mann so zur Hand gehst. Ach ja!
Herein Shui Ta.
FRAU YANG *zum Publikum:* Und mit einem Blick sieht natürlich Herr Shui Ta, was ein guter Arbeiter ist, der keine Arbeit scheut. Und er greift ein.
SHUI TA: Halt, ihr! Was ist da los? Warum trägst du nur einen einzigen Ballen?
DER FRÜHERE SCHREINER: Ich bin ein wenig müde heute, Herr Shui Ta, und Yang Sun war so freundlich ...
SHUI TA: Du kehrst um und nimmst drei Ballen, Freund. Was Yang Sun kann, kannst du auch. Yang Sun hat guten Willen und du hast keinen.
FRAU YANG *während der frühere Schreiner zwei weitere Ballen holt, zum Publikum:* Kein Wort natürlich zu Sun, aber Herr Shui Ta war im Bilde. [...]
FRAU YANG *zum Publikum:* Und keine Anfeindung, keine Schmähung von seiten ungebildeter Menschen, denn das blieb nicht aus, hielten meinen Sohn von der Erfüllung seiner Pflicht zurück.

Einer der Arbeiter stimmt das „Lied vom achten Elefanten“ an. Die andern fallen in den Refrain ein.

Sieben Elefanten hatte Herr Dschin
Und da war dann noch der achte.
Sieben waren wild und der achte war zahm
Und der achte war's, der sie bewachte.
  Trabt schneller!
  Herr Dschin hat einen Wald
  Der muß vor Nacht gerodet sein
  Und Nacht ist jetzt schon bald!

Sieben Elefanten roden den Wald
Und Herr Dschin ritt hoch auf dem achten.
All den Tag Nummer acht stand faul auf der Wacht
Und sah zu, was sie hinter sich brachten.
  Grabt schneller!
  Herr Dschin hat einen Wald
  Der muß vor Nacht gerodet sein
  Und Nacht ist jetzt schon bald!

[1] Dieses Schema zeigt nicht absolute Gegensätze, sondern lediglich Akzentverschiebungen. So kann innerhalb eines Mitteilungsvorgangs das gefühlsmäßig Suggestive oder das rein rational Überredende bevorzugt werden.

Sieben Elefanten wollten nicht mehr
Hatten satt das Bäumeabschlachten.
Herr Dschin war nervös, auf die sieben war er bös
Und gab ein Schaff Reis dem achten.
  Was soll das?
  Herr Dschin hat einen Wald
  Der muß vor Nacht gerodet sein
  Und Nacht ist jetzt schon bald!

Sieben Elefanten hatten keinen Zahn
Seinen Zahn hatte nur noch der achte.
Und Nummer acht war vorhanden, schlug die sieben zuschanden
Und Herr Dschin stand dahinten und lachte.
  Grabt weiter!
  Herr Dschin hat einen Wald
  Der muß vor Nacht gerodet sein
  Und Nacht ist jetzt schon bald!

Shui Ta ist gemächlich schlendernd und eine Zigarre rauchend nach vorn gekommen. Yang Sun hat den Refrain der dritten Strophe lachend mitgesungen und in der letzten Strophe durch Händeklatschen das Tempo beschleunigt.

FRAU YANG *zum Publikum:* Wir können Herrn Shui Ta wirklich nicht genug danken. Beinahe ohne jedes Zutun, aber mit Strenge und Weisheit hat er alles Gute herausgeholt, was in Sun steckte! Er hat ihm nicht allerhand phantastische Versprechungen gemacht wie seine so sehr gepriesene Kusine, sondern ihn zu ehrlicher Arbeit gezwungen. Heute ist Sun ein ganz anderer Mensch als vor drei Monaten. Das werden Sie wohl zugeben! „Der Edle ist wie eine Glocke, schlägt man sie, so tönt sie, schlägt man sie nicht, so tönt sie nicht", wie die Alten sagten.

(e 1938–40)

3 Thomas Mann (1875–1955): Das Gesetz. Erzählung (Auszug)

[...] Und alles Volk kam vor Mose, dass er ihm das Mitgebrachte überhändige, die Botschaft Jahwe's vom Berge, die Tafeln mit den zehn Worten.

„Nimm sie hin, Vaterblut", sagte er, „und halte sie heilig in Gottes Zelt, was sie aber besagen, das halte heilig bei dir im Tun und Lassen! Denn das Bündig-Bindende ist es und Kurzgefasste, der Fels des Anstandes, und Gott schrieb's in den Stein mit meinem Griffel, lapidar, das A und O des Menschenbenehmens. In eurer Sprache hat er's geschrieben, aber in Sigeln, mit denen man notfalls alle Sprachen der Völker schreiben kann; denn Er ist der Herr allenthalben, darum ist sein das ABC, und seine Rede, möge sie auch an dich gerichtet sein, Israel, ist ganz unwillkürlich eine Rede für alle.

In den Stein des Berges metzte ich das ABC des Menschenbenehmens, aber auch in dein Fleisch und Blut soll es gemetzt sein, Israel, so dass jeder, der ein Wort bricht von den zehn Geboten, heimlich erschrecken soll vor sich selbst und vor Gott, und soll ihm kalt werden ums Herz, weil er aus Gottes Schranken trat. Ich weiß wohl, und Gott weiß es im Voraus, dass seine Gebote nicht werden gehalten werden; und wird verstoßen werden gegen die Worte immer und überall. Doch eiskalt ums Herz soll es wenigstens jedem werden, der eines bricht, weil sie doch auch in sein Fleisch und Blut geschrieben sind und er wohl weiß, die Worte gelten.

Aber Fluch dem Menschen, der da aufsteht und spricht: ‚Sie gelten nicht mehr.' Fluch ihm, der euch lehrt: ‚Auf, und seid ihrer ledig! Lügt, mordet und raubt, hurt, schändet und liefert Vater und Mutter ans Messer, denn so steht's dem Menschen an, und sollt meinen Namen preisen, weil ich euch Freiheit verkündete.' Der ein Kalb aufrichtet und spricht: ‚Das ist euer Gott. Zu seinen Ehren tuet dies alles und dreht euch ums Machwerk im Luderreigen!' Er wird sehr stark sein, auf goldenem Stuhl wird er sitzen und für den Weisesten gelten, weil er weiß: Das Trachten des Menschenherzens ist böse von Jugend auf. Das aber wird auch alles sein, was er weiß, und wer nur das weiß, der ist so dumm wie die Nacht, und wäre ihm besser, er wäre nie geboren. Weiß er doch von dem Bunde nichts zwischen Gott und Mensch, den keiner brechen kann, weder Mensch noch Gott, denn er ist unverbrüchlich. Blut wird in Strömen fließen um seiner schwarzen Dummheit willen, Blut, dass die Röte weicht aus den Wangen der Menschheit, aber sie kann nicht anders, gefällt muss der Schurke sein. Und will meinen Fuß aufheben, spricht der Herr, und ihn in den Kot treten, – in den Erdengrund will Ich den Lästerer treten hundertundzwölf Klafter tief, und Mensch und Tier sollen einen Bogen machen um die Stätte, wo Ich ihn hineintrat, und die Vögel des Himmels hoch im Fluge ausweichen, dass sie nicht darüber fliegen. Und wer seinen Namen nennt, der soll nach allen vier Gegenden speien und sich den Mund wischen und sprechen: ‚Behüte!' Dass die Erde wieder die Erde sei, ein Tal der Notdurft, aber keine Luderwiese. Sagt alle Amen dazu!"
Und alles Volk sagte Amen.

(v 1943 engl.; 1944 dt.)

1. Erläutern Sie am Beispiel von Text 2 Brechts Vorstellungen vom „Epischen Theater".

Thomas Mann wurde 1875 in Lübeck geboren. Wie sein älterer Bruder, Heinrich Mann, wurde er Schriftsteller. Er gilt als einer der bedeutendsten Erzähler des 20. Jahrhunderts. Nach dem Tod des Vaters 1891 und der Liquidation von dessen Firma gewann Thomas Mann die Mittel seinen literarischen Neigungen nachzugehen. Bereits seine ersten Veröffentlichungen (*Der kleine Herr Friedemann*, eine Sammlung von Erzählungen, 1897, der Roman *Die Buddenbrooks*, 1901, die Novellen *Tristan*, 1903, *Tonio Kröger*, 1903) zeigen ihn auf der Höhe seiner Meisterschaft. Sie zeigen auch schon das Grundthema seiner Werke, die Herausarbeitung der Gegensätze Bürger – Kunst, Leben – Geist. Das wesentliche Mittel der Gestaltung ist für ihn die durchgearbeitete, subtile psychologische Darstellung seiner Charaktere. 1913 schrieb er die geradezu die Epoche der Jahrhundertwende zusammenfassende Novelle *Tod in Venedig*, 1924 veröffentlichte er mit *Der Zauberberg* einen Schlüsselroman der Weimarer Zeit. Sein Bekenntnis zu deutscher Kultur war, trotz mancher elitärer Züge in seinem Wesen, immer eindeutig gewesen. Deshalb ging er 1933 ins Exil, zunächst in die Schweiz, später in die USA. Neben dem Riesenwerk der *Joseph*-Tetralogie (entstanden zwischen 1933 und 1942) und dem „Schmerzensbuch" *Doktor Faustus* entstanden hier eine Vielzahl weiterer Werke, vor allem aber auch zahlreiche Essays, mit denen er die Ereignisse in Europa kommentierte und die deutsche Kultur gegen den Vandalismus der Nationalsozialisten verteidigte. Erst 1952 kehrte Mann nach Europa zurück, um sich in der Schweiz niederzulassen. Sein letztes großes Werk war der Schelmenroman *Bekenntnisse des Hochstaplers Felix Krull* (1954). Er starb 1955 in Kilchberg am Zürichsee.

2. Stellen Sie die Texte 1–3 in ihren historischen Zusammenhang.
a) Zeigen Sie, wieweit sie von der Exilsituation bestimmt sind.
b) Untersuchen Sie, inwiefern sie über die Exilsituation hinausweisen.

ZEHNTES KAPITEL

Literatur nach 1945

Max Beckmann (1884–1950): Der Abtransport der Sphinxe, 1945

Sphinx. In Ägypten führte die weit zurückreichende Metapher vom König als Löwen zur S.gestalt, bei der das Löwenhaupt durch das des Königs ersetzt ist (S. zu Giseh stellt wahrscheinlich den König Chephren dar); der S. wurde Symbol königlicher Macht und sank später zum Grab- und Tempelwächter herab; [...] Auf dem Weg über die Phöniker und Hethiter haben die Griechen das Fabelwesen (jetzt weiblich: die S.) übernommen: Sinnbild für tierische Kraft, gepaart mit menschlichem Geist. Die in der romanischen Bauplastik vorkommenden Sphingen deuten in ihrer Widernatürlichkeit gottfeindliche Mächte an. [...]

Aus: Manfred Lurker, Wörterbuch der Symbolik, Stuttgart (Kröner) [5]1991, S. 692f.

Krieg und Nachkriegszeit liegen Jahrzehnte zurück und sind für Sie wie für viele unserer Zeitgenossen bereits weit abgerückte Vergangenheit. Damit wir literarische Werke einschätzen und beurteilen können, ob das, was sie mitzuteilen haben, über den Tag hinaus wirkt, brauchen wir Distanz. Für eine abgerundete Beschreibung der Literatur nach 1945 ist es deshalb sicher noch zu früh.
Immerhin können wir einzelne Phasen, Entwicklungslinien und Themenschwerpunkte erkennen und beschreiben, auch wenn die Zuordnungen und Einschätzungen – in der literaturgeschichtlichen Forschung ebenso wie unter denen, die diese Zeit miterlebt haben – unterschiedlich, zum Teil sogar gegensätzlich sind. Überschriften und Leitbegriffe in den folgenden Kapiteln weisen in diese Richtung.

I. Auf der Suche nach einem anderen Anfang

1. „Inventur“ (Günter Eich) – Perspektiven der „Trümmerliteratur“

1. a) Sammeln Sie Assoziationen und Fragen, die ein Mensch 1945 haben konnte, der „Inventur“ machen wollte.
b) Ordnen Sie Ihre Ergebnisse nach Ober- und Unterbegriffen auf einem Metaplan (vgl. S. 42.).
c) Beziehen Sie Beckmanns Bild in die Überlegungen mit ein.

Inwieweit beschreiben die Schlagworte „Trümmerliteratur“ (Heinrich Böll) und „Kahlschlag“ (Wolfgang Weyrauch) die damalige Situation zutreffend? Gab es 1945 eine „Stunde Null“ in der deutschen Literatur, einen grundlegenden Neubeginn also? Das Wort „Inventur“ wird im Duden-Fremdwörterbuch definiert als „Bestandsaufnahme der Vermögensteile und Schulden eines Unternehmens zu einem bestimmten Zeitpunkt“.

1 Johannes Bobrowski (1917–1965): Die ersten beiden Sätze für ein Deutschlandbuch

Als die ersten Nachrichten von den Massenmorden an Juden in die Stadt gelangten und jedermann meinte, sie seien übertrieben, so schlimm könne es ja wohl nicht sein, und jeder dennoch ganz genau wusste, dass sich das alles tatsächlich so verhielt, dass keine noch so ungeheuren Zahlen, keine noch so grässlichen Methoden und raffinierten Techniken, von denen man hörte, übertrieben waren, dass wirklich alles so sein musste, weil es gar nicht anders sein konnte, und dass es längst nicht mehr die Zeit war, davon zu reden, ob es nicht doch noch andere, mildere, menschlichere Verfahren gegeben hätte, Ausweisungen ja wohl nicht mehr, jetzt im Kriege, aber doch garantierte Reservationen, mit Eigenverwaltung und so weiter, als das völlige Schweigen an der Reihe war, als man sich selber schon hinweggeschwiegen hatte, wer weiß wovon und wer weiß wohin, gegen nichts mehr einen Widerspruch aufsteigen spürte, nur so daherredete, zwischen einem nachlässig stilisierten Witz und dem feierlich-feuchten Gefühl, in einen Schicksalskampf von mythischem Rang einbezogen zu sein, wider Willen, zugegeben, als es so weit war mit denen, die frei herumliefen in Deutschland und frei herumlebten, unter den erschwerten Bedingungen des Krieges, zugegeben, als sie so weit gekommen waren, – was nichts heißen soll, denn so weit waren sie ja dann wohl schon seit je gewesen, wenn es jetzt so gut klappte, als es also war wie schon immer, als das so war, läuteten die Glocken – für gar nichts Besonderes: die Hochzeit eines Hirnverletzten, dem man in Anbetracht seiner militärischen Auszeichnungen diesen Wunsch nicht hatte abschlagen können, eines garnisonsverwendungsfähig geschriebenen, aber für die nächsten Jahre vorerst beurlaubten Oberleutnants der Pioniere, mit einer Krankenschwester namens Erika, die ihn im Sanatorium vom Fensterkreuz, an dem er sich aufgeknüpft, mit eigner Hand abgeschnitten hatte und die er am Abend der Hochzeit noch erwürgte, in einem sogar vermuteten Anfall von Geistesgestörtheit, was auch nichts heißt, denn geistesgestört zu sein war ohnehin sein behördlicher Zustand gewesen seither, das heißt seit zwei Jahren, seit seiner Verletzung.

Das Eine also seit zwei Jahren, das Andere seit wann?

(v 1964)

2 Günter Eich (1907–1972): Inventur

Dies ist meine Mütze,
dies ist mein Mantel,
hier mein Rasierzeug
im Beutel aus Leinen.

Konservenbüchse:
Mein Teller, mein Becher,
ich hab in das Weißblech
den Namen geritzt.

Geritzt hier mit diesem
kostbaren Nagel,
den vor begehrlichen
Augen ich berge.

Im Brotbeutel sind
ein Paar wollene Socken
und einiges, was ich
niemand verrate,

so dient es als Kissen
nachts meinem Kopf.
Die Pappe hier liegt
zwischen mir und der Erde.

Die Bleistiftmine
lieb ich am meisten:
Tags schreibt sie mir Verse,
die nachts ich erdacht.

Dies ist mein Notizbuch,
dies meine Zeltbahn,
dies ist mein Handtuch,
dies ist mein Zwirn.

(e 1945/46)

3 Heiner Müller (1929–1995): Das Eiserne Kreuz*

Im April 1945 beschloß in Stargard in Mecklenburg ein Papierhändler, seine Frau, seine vierzehnjährige Tochter und sich selbst zu erschießen. Er hatte durch Kunden von Hitlers Hochzeit und Selbstmord gehört.

Im Ersten Weltkrieg Reserveoffizier, besaß er noch einen Revolver, auch zehn Schuß Munition.

Als seine Frau mit dem Abendessen aus der Küche kam, stand er am Tisch und reinigte die Waffe. Er trug das Eiserne Kreuz am Rockaufschlag, wie sonst nur an Festtagen.

Der Führer habe den Freitod gewählt, erklärte er auf ihre Frage, und er halte ihm die Treue. Ob sie, seine Ehefrau, bereit sei, ihm auch hierin zu folgen. Bei der Tochter zweifle er nicht, daß sie einen ehrenvollen Tod durch die Hand ihres Vaters einem ehrlosen Leben vorziehe.

Er rief sie. Sie enttäuschte ihn nicht.

2. Untersuchen Sie arbeitsteilig wie in den Texten 1–6 „Inventur" verstanden wird:

a) Ermitteln Sie die Situation und die innere Verfassung des schreibenden Ichs und die Ergebnisse der Bestandsaufnahme.

b) Führen Sie im Plenum ein Auswertungsgespräch, in dem Sie Ihre Schlussfolgerungen aus den „Inventuren" ziehen.

3. Interpretieren Sie einen der Prosatexte.

Johannes Bobrowski (1917–1965) verbrachte seine Kindheit ins Tilsit, wo er auch geboren ist. Er besuchte das Gymnasium und studierte Kunstgeschichte in Königsberg. Von 1939 bis 1945 war Bobrowski Soldat, anschließend verbrachte er als Bergarbeiter drei Jahre in sowjetischer Kriegsgefangenschaft. Danach wurde er Verlagslektor in Ost-Berlin. Er gestaltete in seiner Lyrik (z. B. *Sarmatische Zeit*, 1961; *Schattenland, Ströme*, 1962) und in seinen Prosatexten (z. B. in den Romanen *Levins Mühle*, 1965; *Litauische Claviere*, 1967) Motive aus Landschaft und Geschichte seiner sarmatischen Heimat. Sein Thema: „[...] die Deutschen und der europäische Osten [...] eine lange Geschichte aus Unglück und Verschuldung" *(Selbstzeugnisse)*.

Trümmerliteratur: die ersten schriftstellerischen Versuche 1945 nach der „Stunde Null": „Wir schrieben also vom Krieg, von der Heimkehr und dem, was wir im Krieg gesehen hatten und bei der Heimkehr vorfanden: von Trümmern [...]" (Heinrich Böll).

Heiner Müller (1929–1995) wurde geboren in Eppendorf (Sachsen) und war nach dem Krieg Verwaltungsangestellter, Journalist und wissenschaftlicher Mitarbeiter beim Schriftstellerverband der DDR, deren Aufbau er zunächst linientreu, dann mit kritischer Sympathie begleitete. Von den Kulturfunktionären wurde er gemaßregelt, weil seine realistische Darstellung der Verhältnisse dem propagierten Aufbau-Optimismus nicht entsprach; 1961 folgte der Ausschluss aus dem Verband. Ab 1959 arbeitete Müller als freier Schriftsteller, Dramaturg am Berliner Ensemble und an der Berliner Volksbühne. Mit kritischen und aktualisierenden Neubearbeitungen antiker und Shakespeare'scher Stücke, vor allem mit den eigenen dramatischen Werken *Der Lohndrücker* (1958), *Die Hamletmaschine* (1977), *Germania Tod in Berlin* (1978), *Der Auftrag* (1979), *Der Bau* (1980), ist der Autor im Westen bekannt geworden; er galt – in der Übernahme und Weiterführung Brechtscher Verfahrensweisen – als innovativer Dramatiker, wurde häufig gespielt, war aber umstritten. 1992 übernahm er die Leitung des Berliner Ensembles, debütierte 1993 als Opernregisseur in Bayreuth. Georg-Büchner-Preis 1985, Kleist-Preis 1990.

Ohne die Antwort der Frau abzuwarten, forderte er beide auf, ihre Mäntel anzuziehen, da er, um Aufsehen zu vermeiden, sie an einen geeigneten Ort außerhalb der Stadt führen werde. Sie gehorchten. Er lud dann den Revolver, ließ sich von der Tochter in den Mantel helfen, schloß die Wohnung ab und warf den Schlüssel durch die Briefkastenöffnung.

Es regnete, als sie durch die verdunkelten Straßen aus der Stadt gingen, der Mann voraus, ohne sich nach den Frauen umzusehen, die ihm mit Abstand folgten. Er hörte ihre Schritte auf dem Asphalt.

Nachdem er die Straße verlassen und den Fußweg zum Buchenwald eingeschlagen hatte, wandte er sich über die Schulter zurück und trieb zur Eile. Bei dem über der baumlosen Ebene stärker aufkommenden Nachtwind, auf dem regennassen Boden, machten ihre Schritte kein Geräusch.

Er schrie ihnen zu, sie sollten vorangehen. Ihnen folgend, wußte er nicht: hatte er Angst, sie könnten ihm davonlaufen, oder wünschte er, selbst davonzulaufen. Es dauerte nicht lange, und sie waren weit voraus. Als er sie nicht mehr sehen konnte, war ihm klar, daß er zu viel Angst hatte, um einfach wegzulaufen, und er wünschte sehr, sie täten es. Er blieb stehen und ließ sein Wasser. Den Revolver trug er in der Hosentasche, er spürte ihn kalt durch den dünnen Stoff. Als er schneller ging, um die Frauen einzuholen, schlug die Waffe bei jedem Schritt an sein Bein. Er ging langsamer. Aber als er in die Tasche griff, um den Revolver wegzuwerfen, sah er seine Frau und die Tochter. Sie standen mitten auf dem Weg und warteten auf ihn.

Er hatte es im Wald machen wollen, aber die Gefahr, daß die Schüsse gehört wurden, war hier nicht größer.

Als er den Revolver in die Hand nahm und entsicherte, fiel die Frau ihm um den Hals, schluchzend. Sie war schwer, und er hatte Mühe, sie abzuschütteln. Er trat auf die Tochter zu, die ihn starr ansah, hielt ihr den Revolver an die Schläfe und drückte mit geschlossenen Augen ab. Er hatte gehofft, der Schuß würde nicht losgehen, aber er hörte ihn und sah, wie das Mädchen schwankte und fiel.

Die Frau zitterte und schrie. Er mußte sie festhalten. Erst nach dem dritten Schuß wurde sie still.

Er war allein.

Da war niemand, der ihm befahl, die Mündung des Revolvers an die eigene Schläfe zu setzen. Die Toten sahen ihn nicht, niemand sah ihn. Das Stück war aus, der Vorhang gefallen. Er konnte gehen und sich abschminken.

Er steckte den Revolver ein und beugte sich über seine Tochter. Dann fing er an zu laufen.

Er lief den Weg zurück bis zur Straße und noch ein Stück die Straße entlang, aber nicht auf die Stadt zu, sondern westwärts. Dann ließ er sich am Straßenrand nieder, den Rücken an einen Baum gelehnt, und überdachte seine Lage, schweratmend. Er fand, sie war nicht ohne Hoffnung.

Er mußte nur weiterlaufen, immer nach Westen, und die nächsten Ortschaften meiden. Irgendwo konnte er dann untertauchen, in einer größeren Stadt am besten, unter fremdem Namen, ein unbekannter Flüchtling, durchschnittlich und arbeitsam.

Er warf den Revolver in den Straßengraben und stand auf. Im Gehen fiel ihm ein, daß er vergessen hatte, das eiserne Kreuz wegzuwerfen. Er tat es. (v 1956)

4 Gottfried Benn (1886–1956): Nur zwei Dinge* (Biografie S. 352)

Durch so viel Formen geschritten,
durch Ich und Wir und Du,
doch alles blieb erlitten
durch die ewige Frage: wozu?

Das ist eine Kinderfrage.
Dir wurde erst spät bewußt,
es gibt nur eines: ertrage
– ob Sinn, ob Sucht, ob Sage –
dein fernbestimmtes: Du mußt.

Ob Rosen, ob Schnee, ob Meere,
was alles erblühte, verblich,
es gibt nur zwei Dinge: die Leere
und das gezeichnete Ich.

(e 1953)

Heinrich Böll (1917–1985) ist in Köln geboren und aufgewachsen, machte 1937 Abitur und begann eine Buchhändlerlehre. Nach Arbeitsdienst, Kriegsdienst und Kriegsgefangenschaft bis September 1945 studierte Böll Germanistik und arbeitete ab 1951 als freier Schriftsteller. Im gleichen Jahr erhielt er den Preis der „Gruppe 47", 1967 folgte der Büchner-Preis und 1972 der Nobelpreis für Literatur.
Bölls Werk beginnt mit bitter-satirischer Anklage gegen die Sinnlosigkeit des

5 Heinrich Böll (1917–1985): Besichtigung

Die graue Flanke der Kirche war aufgerissen zwischen zwei Pfeilerstützen, und in der Öffnung stand das Tageslicht wie in einem Tor: Steinbrocken lagen herum wie nach einer Felssprengung, ringsum häufte sich Geröll, aber am Eingang war aufgeräumt, und er ging zwischen aufgehäuften Trümmern darauf zu und drückte die Brettertür auf, die ins Innere führte. Drinnen war es still. Vögel flogen durch den Raum, er hörte sie pfeifen, und irgendwo das

Piepsen der Jungen. Die Kette eines verbeulten Leuchters, der noch im Gewölbe verankert war, krächzte leise, und er sah zwei fette Spatzen, die auf dem Metallkranz wippten. Sie flogen auf, als er weiterging. Nur im Umkreis der Tür war aufgeräumt; er kletterte vorsichtig über den Schutt und blieb im Mittelschiff stehen: aus dem großen Riss fiel das Licht grell in die Zerstörung. Die Heiligen oben waren alle gekippt, ihre Sockel leer; stumpfe, hässliche Reste klebten oben an der Mauer: irgendwo zwei Beine bis zu den Knien, ein einsamer Armstummel, der sorgfältig im Gewölbe befestigt zu sein schien, und ein breiter Mauerriss zeichnete sich scharf und schwarz wie das Schattenbild einer Treppe von oben bis unten ab. Im Gewölbe stand der Himmel wie ein scharf ausgezacktes Stück Grau, und er sah einen zweiten tiefen Riss, der bis in die Flanke unten lief, schmal werdend, mit hellem Licht gefüllt. Der Altar war verschüttet, das Chorgestühl umgekippt, er sah die breiten, braunen Rückwände wie zu einer höhnischen Anbetung geneigt. Auch die untere Reihe der Säulenheiligen war lückenhaft: zerkratzte Torsi und geschundener Stein, verstümmelt und verzerrt: manche Gesichter grinsten wie wilde Krüppel, weil ihnen ein Ohr fehlte oder das Kinn, Risse durchschnitten ihre Gesichter, andere waren kopflos. Schlimm waren die, denen die Hände fehlten: sie schienen fast zu bluten, stumm flehend, und eine barocke Gipsfigur war eingedrückt wie ein Ei: das blasse Gesicht des Heiligen war unversehrt, ein schmales, trauriges Jesuitengesicht, aber Bauch und Brust waren aufgerissen und zerdrückt, der Gips war heruntergebröckelt, er lag in weißlichen Scheiben zu Füßen der Figur, und aus der düsteren Bauchhöhlung quoll Stroh heraus, mit erhärtetem Gips getränkt.

Er kletterte weiter über die Trümmer, vorbei an der Kommunionbank, in die linke der Conchen[1]: die Fresken waren unversehrt, das Tageslicht fiel voll auf die blassen Farben. Auch der Nebenaltar war heil, schien sogar gesäubert zu sein: die Mensa war blank und ein Blumenstrauß stand vor dem steinernen Tabernakel, und als er sich umblickte und in das Nebenschiff sah, waren die Beichtstühle leicht vorgeneigt, und endlich sah er ein Licht und ging darauf zu. Die Kerze brannte vor dem Muttergottesbild, und daneben hing das Kruzifix, das früher im Gewölbe vor dem Leuchter gehangen hatte. Die Kerze flackerte unruhig vor dem Gnadenbild, dessen hölzerner Grund sich leicht geworfen hatte und den goldenen Belag abwerfen zu wollen schien. Er war stellweise schon heruntergebröckelt, und es lief wie weißliche Striemen über Mariens Gesicht. Nur die Blumen waren frisch und schön, wunderbare große Nelken mit fetten Köpfen, die in prallen Kapseln standen.

Er versuchte zu beten, erschrak aber im gleichen Augenblick: er hörte Gesang unter sich, aus der Erde kam er. Der Schauer war nur kurz: die Krypta[2] fiel ihm ein, die wohl unbeschädigt war. Die Stimmen klangen dünn, seltsam gefiltert, es schienen nur wenige zu sein.

(v 1951)

6 Wolfgang Borchert (1921–1947): Die lange lange Straße lang

(Auszug)

Links zwei drei vier links zwei drei vier links zwei weiter, Fischer! drei vier links zwei vorwärts, Fischer! schneidig, Fischer! drei vier atme, Fischer! weiter, Fischer, immer weiter zickezacke zwei drei vier schneidig ist die Infantrie zickezackejuppheidi schneidig ist die Infantrie die Infantrie – – – –

Ich bin unterwegs. Zweimal hab ich schon gelegen. Ich will zur Straßenbahn. Ich muss mit. Zweimal hab ich schon gelegen. Ich hab Hunger. Aber mit muss ich. Muss. Ich muss zur Straßenbahn. Ich muss mit. Zweimal hab ich schon drei vier links zwei drei vier aber mit muss ich drei vier zickezacke zacke drei vier juppheidi ist die Infantrie die Infantrie Infantrie fantrie fantrie – – – 57 haben sie bei Woronesch begraben. 57, die hatten keine Ahnung, vorher nicht und nachher nicht. Vorher haben sie noch gesungen. Zickezackejuppheidi. Und einer hat nach Hause geschrieben: – – – dann kaufen wir uns ein Grammophon. Aber dann haben viertausend Meter weiter ab die andern auf Befehl auf einen Knopf gedrückt. Da hat es gerumpelt wie ein alter Lastwagen mit leeren Tonnen über Kopfsteinpflaster: Kanonenorgel. Dann haben sie 57 bei Woronesch begraben. Vorher haben sie noch gesungen. Hinterher haben sie nichts mehr gesagt. 9 Autoschlosser, 2 Gärtner, 5 Beamte, 6 Verkäufer, 1 Friseur, 17 Bauern, 2 Lehrer, 1 Pastor, 6 Arbeiter, 1 Musiker, 7 Schuljungen. 7 Schuljungen. Die haben sie bei Woronesch begraben. Sie hatten keine Ahnung. 57.

Und mich haben sie vergessen. Ich war noch nicht ganz tot. Juppheidi. Ich war noch ein bisschen lebendig. Aber die andern, die haben sie bei Woronesch begraben. 57. 57. Mach noch ne Null dran. 570. Noch ne Null und noch ne Null. 57000. Und noch und noch und noch. 57 000 000. Die haben sie bei Woronesch begraben. Sie hatten keine Ahnung. Sie wollten nicht. Das hatten sie gar nicht gewollt. Und vorher haben sie noch gesungen. Juppheidi. Nachher haben sie nichts mehr gesagt. Und der eine hat das Grammophon nicht gekauft. Sie haben ihn bei Woronesch und die andern 56 auch begraben. 57 Stück. Nur ich. Ich, ich war noch nicht ganz tot. Ich muss zur Straßenbahn. Die Straße ist grau. Aber die Straßen-

1 Die Conche (oder Konche): Nischenwölbung
2 Die Krypta: Gruft, unterirdischer Kirchenraum

Krieges in dem Erzählband *Wanderer, kommst du nach Spa...* (1950). Mit den Romanen *Und sagte kein einziges Wort* (1953), *Billard um halbzehn* (1959), *Ansichten eines Clowns* (1963) und *Gruppenbild mit Dame* (1971) wurde er zum „authentischen Geschichts-Erzähler unserer Nachkriegsepoche" (Jochen Vogt), gleichzeitig zum entschiedenen Kritiker der politischen Restauration, der vom Wirtschaftswunder geprägten Haben-Mentalität und eines von Äußerlichkeiten und Heuchelei bestimmten Katholizismus; er schrieb gegen den Verlust neutestamentlicher Leitvorstellungen wie Wahrheits-, Nächsten- und Friedensliebe und gegen die Bedrohung der individuellen Freiheit (u.a. in seiner Novelle *Die verlorene Ehre der Katharina Blum*, 1974). Böll war in den ersten Jahrzehnten der Nachkriegszeit einer der erfolgreichsten deutschen Nachkriegsschriftsteller und auch im Ausland – u.a. neben Hermann Hesse – einer der am meisten gelesenen deutschen Autoren.

Die **Gruppe 47** war ein offener Kreis von Schriftstellern und Publizisten, der sich nach den Verwüstungen durch Nationalsozialismus und Krieg 1947 um Hans Werner Richter bildete. Die Gruppe, zu deren Gründungsmitgliedern Autoren wie Alfred Andersch und Wolfdietrich Schnurre gehörten, suchte nach geistiger und moralischer Neuorientierung und trat für ein anderes, demokratisches Deutschland ein. Sie hatte aber kein festes Programm. Sie traf sich jährlich an wechselnden Orten zu Tagungen, an denen unveröffentlichte Werke gelesen und besprochen wurden. Der beste Tagungsbeitrag erhielt jeweils den Preis der Gruppe 47. Zu den Preisträgern gehörten Günter Eich, Heinrich Böll, Ilse Aichinger, Ingeborg Bachmann, Martin Walser, Günter Grass, Johannes Bobrowski, Peter Bichsel, Jürgen Becker.

4. a) Stellen Sie sich vor, Fischer (Text 6) liest Ernst Jüngers Essay (S. 364) und schreibt dem Autor einen Brief.
b) Erläutern Sie, was Borcherts Satz „Für Semikolons [Strichpunkte] haben wir keine Zeit" für seine Thematik und seinen Stil bedeuten.

5. a) Ermitteln sie in einem Cluster die Motive der Texte 7–9 und beziehen Sie die Fotos (S. 389) mit ein.
b) Interpretieren Sie ein Gedicht (vgl. S. 15f.) Ihrer Wahl.

bahn ist gelb. Ganz wunderhübsch gelb. Da muss ich mit. Nur dass die Straße so grau ist. So grau und so grau. Zweimal hab ich schon zickezacke vorwärts, Fischer! drei vier links zwei links zwei gelegen drei vier weiter, Fischer! Zickezacke juppheidi schneidig ist die Infantrie schneidig, Fischer! weiter, Fischer! links zwei drei vier wenn nur der Hunger der elende Hunger immer der elende links zwei drei vier links zwei links zwei links zwei – – –

Wenn bloß die Nächte nicht wärn. Wenn bloß die Nächte nicht wärn. Jedes Geräusch ist ein Tier. Jeder Schatten ist ein schwarzer Mann. Nie wird man die Angst vor den schwarzen Männern los. Auf dem Kopfkissen grummeln die ganze Nacht die Kanonen: Der Puls. Du hättest mich nie allein lassen sollen, Mutter. Jetzt finden wir uns nicht wieder. Nie wieder. [...]

(e 1947)

Peter Huchel ist 1903 in Berlin geboren und in der Mark Brandenburg aufgewachsen. Nach dem Studium der Literatur und Philosophie in Berlin, Freiburg und Wien arbeitete er ab 1925 als freier Schriftsteller. Von 1940 bis 1945 war Huchel als Soldat im Krieg und musste in Kriegsgefangenschaft. 1951 erhielt er den Nationalpreis der DDR. Huchel wurde Chefredakteur der ostdeutschen Zeitschrift „Sinn und Form" von 1949–1962, eine Aufgabe, die zu schweren Konflikten mit den DDR-Behörden führte. Er bekam Publikationsverbot bis zu seiner Ausreise 1971; zuletzt lebte er in Staufen bei Freiburg, wo er 1981 starb.
Der Dichter, der 1977 in einer Rede darauf hinwies, wie schwer es ist, „dem Schweigen ein Wort abzuringen", gilt als einer der bedeutendsten deutschen Lyriker der Gegenwart: *Gedichte* (1948); *Chausseen, Chausseen* (1963), *Die Sternenreuse* (1967); *Gezählte Tage* (1972); *Die neunte Stunde* (1979).

7 Peter Huchel (1903–1981): Chausseen

Erwürgte Abendröte
Stürzender Zeit!
Chausseen. Chausseen.
Kreuzwege der Flucht.
Wagenspuren über den Acker,
Der mit den Augen
Erschlagener Pferde
Den brennenden Himmel sah.

Nächte mit Lungen voll Rauch,
Mit hartem Atem der Fliehenden,
Wenn Schüsse
Auf die Dämmerung schlugen.
Aus zerbrochenem Tor
Trat lautlos Asche und Wind,
Ein Feuer,
Das mürrisch das Dunkel kaute.

Tote,
Über die Gleise geschleudert,
Den erstickten Schrei
Wie einen Stein am Gaumen.
Ein schwarzes
Summendes Tuch aus Fliegen
Schloss ihre Wunden.

(v 1963)

8 Hans Bender (*1919): Heimkehr

Im Rock des Feindes,
in zu großen Schuhen,
im Herbst,
auf blattgefleckten Wegen
gehst du heim.

Die Hähne krähen
deine Freude in den Wind,
und zögernd hält
der Knöchel
vor der stummen,
neuen Tür.

(v 1949)

9 Rose Ausländer (1901–1988): Der Brunnen

Im verbrannten Hof
steht noch der Brunnen
voll Tränen

Wer weinte sie

Wer trinkt
seinen Durst leer

(v 1974)

Rose Ausländer (1901–1988) wurde, wie Paul Celan, in Czernowitz/Bukowina geboren, erlebte Ghetto und Verfolgung, emigrierte 1946 in die USA, arbeitete mit bei Zeitschriften und im Rundfunk. Sie kehrte 1956 nach Deutschland zurück und lebte bis zu ihrem Tod in Düsseldorf.
Ihre Lyrik thematisiert v.a. Verfolgung und Leid, ist oft Gedenken an das Verlorene und geprägt von elegischer Schwermut.

10 Wolfgang Borchert (1921–1947): Das ist unser Manifest (Auszug)

Helm ab Helm ab: – Wir haben verloren!

Die Kompanien sind auseinander gelaufen. Die Kompanien, Bataillone, Armeen. Die großen Armeen. Nur die Heere der Toten, die stehn noch. Stehn wie unübersehbare Wälder: dunkel, lila, voll Stimmen. Die Kanonen aber liegen wie erfrorene Urtiere mit steifem Gebein. Lila vor Stahl und überrumpelter Wut. Und die Helme, die rosten. Nehmt die verrosteten Helme ab: Wir haben verloren.

In unsern Kochgeschirren holen magere Kinder jetzt Milch. Magere Milch. Die Kinder sind lila vor Frost. Und die Milch ist lila vor Armut.

Wir werden nie mehr antreten auf einen Pfiff hin und Jawohl sagen auf ein Gebrüll. Die Kanonen und die Feldwebel brüllen nicht mehr. Wir werden weinen, scheißen und singen, wann wir wollen. Aber das Lied von den brausenden Panzern und das Lied von dem Edelweiß werden wir niemals mehr singen. Denn die Panzer und die Feldwebel brausen nicht mehr und das Edelweiß, das ist verrottet unter dem blutigen Singsang. Und kein General sagt mehr Du zu uns vor der Schlacht. Vor der furchtbaren Schlacht.

Wir werden nie mehr Sand in den Zähnen haben vor Angst. (Keinen Steppensand, keinen ukrainischen und keinen aus der Cyrenaika oder den der Normandie – und nicht den bitteren bösen Sand unserer Heimat!) Und nie mehr das heiße tolle Gefühl in Gehirn und Gedärm vor der Schlacht.

Nie werden wir wieder so glücklich sein, dass ein anderer neben uns ist. Warm ist und da ist und atmet und rülpst und summt – nachts auf dem Vormarsch. Nie werden wir wieder so zigeunerig glücklich sein über ein Brot und fünf Gramm Tabak und über zwei Arme voll Heu. Denn wir werden nie wieder zusammen marschieren, denn jeder marschiert von nun an allein. Das ist schön. Das ist schwer. Nicht mehr den sturen knurrenden Andern bei sich zu haben – nachts, nachts beim Vormarsch. Der alles mit anhört. Der niemals was sagt. Der alles verdaut.

Und wenn nachts einer weinen muss, kann er es wieder. Dann braucht er nicht singen – vor Angst.

Jetzt ist unser Gesang der Jazz. Der erregte hektische Jazz ist unsere Musik. Und das heiße verrückttolle Lied, durch das das Schlagzeug hinhetzt, katzig, kratzend. Und manchmal nochmal das alte sentimentale Soldatengegröhl, mit dem man die Not überschrie und den Müttern absagte. Furchtbarer Männerchor aus bärtigen Lippen, in die einsamen Dämmerungen der Bunker und der Güterzüge gesungen, mundharmonikablechüberzittert: Männlicher Männergesang – hat keiner die Kinder gehört, die sich die Angst vor den lilanen Löchern der Kanonen weggröhlten?

Heldischer Männergesang – hat keiner das Schluchzen der Herzen gehört, wenn sie Juppheidi sangen, die Verdreckten, Krustigen, Bärtigen, Überlausten?

Männergesang, Soldatengegröhl, sentimental und übermütig, männlich und basskehlig, auch von den Jünglingen männlich gegröhlt: Hört keiner den Schrei nach der Mutter? Den letzten Schrei des Abenteurers Mann? Den furchtbaren Schrei: Juppheidi? Unser Juppheidi und unsere Musik sind ein Tanz über den Schlund, der uns angähnt. Und diese Musik ist der Jazz. Denn unser Herz und unser Hirn haben denselben heißkalten Rhythmus: den erregten, verrückten und hektischen, den hemmungslosen.

Und unsere Mädchen, die haben denselben hitzigen Puls in den Händen und Hüften. Und ihr Lachen ist heiser und brüchig und klarinettenhart. Und ihr Haar, das knistert wie Phosphor. Das brennt. Und ihr Herz, das geht in Synkopen, wehmütig wild. Sentimental. So sind unsere Mädchen: wie Jazz. Und so sind die Nächte, die mädchenklirrenden Nächte: wie Jazz: heiß und hektisch. Erregt.

Wer schreibt für uns eine neue Harmonielehre? Wir brauchen keine wohltemperierten Klaviere mehr. Wir selbst sind zu viel Dissonanz.

Wer macht für uns ein lilanes Geschrei? Eine lilane Erlösung? Wir brauchen keine Stillleben mehr. Unser Leben ist laut.

Wir brauchen keine Dichter mit guter Grammatik. Zu guter Grammatik fehlt uns Geduld. Wir brauchen die mit dem heißen heiser geschluchzten Gefühl. Die zu Baum Baum und zu Weib Weib sagen und ja sagen und nein sagen: laut und deutlich und dreifach und ohne Konjunktiv.

Für Semikolons haben wir keine Zeit und Harmonien machen uns weich und die Stillleben überwältigen uns: Denn lila sind nachts unsere Himmel. Und das Lila gibt keine Zeit für Grammatik, das Lila ist schrill und ununterbrochen und toll. Über den Schornsteinen, über den Dächern: die Welt: lila. Über unseren hingeworfenen Leibern die schattigen Mulden: die blau beschneiten Augenhöhlen der Toten im Eissturm, die violettwütigen Schlünde der kalten Kanonen – und die lilane Haut unserer Mädchen am Hals und etwas unter der Brust. Lila ist nachts das Gestöhn der Verhungernden und das Gestammel der Küssenden. Und die Stadt steht so lila am nächtlich lilanen Strom.

Und die Nacht ist voll Tod: Unsere Nacht. Denn unser Schlaf ist voll Schlacht. Unsere Nacht ist im Traumtod voller Gefechtslärm. Und die nachts bei uns bleiben, die lilanen Mädchen, die wissen das und morgens sind sie noch blass von der Not unserer Nacht. Und unser Morgen ist voller Alleinsein. Und unser Alleinsein ist dann morgens wie Glas. Zerbrechlich und kühl. Und ganz klar. Es ist das Alleinsein des Mannes. Denn wir haben unsere Mütter bei den wütenden Kanonen verloren. Nur unsere Katzen und Kühe und die Läuse und die Regenwürmer, die ertragen das große eisige Alleinsein. Vielleicht sind sie nicht so nebeneinander wie wir. Vielleicht sind sie mehr mit der Welt. Mit dieser maßlosen Welt. In der unser Herz fast erfriert.

Wovon unser Herz rast? Von der Flucht. Denn wir sind der Schlacht und den Schlünden erst gestern entkommen in heilloser Flucht. Von der furchtbaren Flucht von einem Granatloch zum andern – die mütterlichen Mulden – davon rast unser Herz noch – und noch von der Angst. [...]

(e 1947)

Wolfgang Borchert (1921–1947) machte nach der abgebrochenen Schulausbildung eine Buchhandelslehre und besuchte heimlich die Schauspielschule. Nach bestandener Prüfung arbeitete Borchert wenige Monate als Schauspieler in Lüneburg. Als Soldat wurde er 1942 schwer verwundet. Wegen regimekritischer Äußerungen musste er wiederholt ins Gefängnis, war mit der Todesstrafe bedroht und wurde nach der Begnadigung schwer krank entlassen. Als Kabarettist tätig wurde er erneut denunziert und an die Front abkommandiert. Unheilbar krank kehrte Borchert 1945 nach Hamburg zurück.
In knapp zwei Jahren gelangen Borchert, der einer entwurzelten, bindungslosen und um ihre Jugend betrogenen Generation angehörte, Texte von ungewöhnlicher innerer Dynamik, gedanklicher Dichte und sprachlicher Intensität: *Laterne, Nacht und Sterne* (Gedichte, 1946); *An diesem Dienstag* und *Die Hundeblume* (Erzählungen, 1947); *Draußen vor der Tür* (Hörspiel und Drama, 1947).

Heimkehrender Soldat

Der Kampf ist zu Ende

Das Thema **„Inventur"** würde sich eignen für ein **Projekt** (vgl. S. 60) mit Geschichte und evtl. mit Bildender Kunst. Folgende Themen, die ergänzt oder abgewandelt werden können, bieten sich an:

1. Deutschland am Ende des Zweiten Weltkriegs
2. Der Holocaust
3. „Zerstörungen [...] nicht nur äußerer Art" (Heinrich Böll)
4. Die Last der Vergangenheit – missbrauchte Wertvorstellungen
5. Versuche zur „Aufarbeitung" in Literatur und Kunst

Zu den bekannten Formen der Präsentation (vgl. S. 76) wäre eine Bild-Text-Collage der einzelnen Gruppen denkbar, auf der Textelemente (z.B. aus den Texten 1–10), Kriegsfotos und Fotos von Kunstwerken zuzuordnen wären.

2. „Trauerarbeit“ (A. und M. Mitscherlich) – Auseinandersetzung mit dem Faschismus

Wie haben die daheim gebliebenen Autoren das Hitlerreich, seinen Untergang und den Neuanfang erlebt? Welche Rolle spielten die ins Exil gegangenen und teilweise nach Deutschland zurückgekehrten Autoren?
Warum waren die beharrenden, Kontinuität bewirkenden Kräfte stärker als die, die nach Aufbruch und Neubeginn verlangten?
Warum wurde die jüngste Vergangenheit nach dem Kriegsende zwei Jahrzehnte lang teilweise verdrängt, warum blieb die offene Auseinandersetzung mit dem Nationalsozialismus weithin so lange aus?
„Wir haben allzu früh der Vergangenheit den Rücken zugekehrt, begierig, uns der Zukunft zuzuwenden. Die Zukunft wird aber abhängen von der Erledigung der Vergangenheit.“ (Bertolt Brecht)

1. a) Versetzen Sie sich in den kleinen Siggi, der „vermummt und regungslos“ auf seinen Vater warten muss und versuchen Sie die Gedanken des wartenden und beobachtenden Kindes in Form eines inneren Monologs festzuhalten.
b) Schreiben Sie für einen der beiden Erzählauszüge den Entwurf für ein Filmdrehbuch (zweispaltig: Ton – Bild).

1 Siegfried Lenz (*1926): Deutschstunde* (Auszug)

Siggi Jepsen muss in der Besserungsanstalt auf einer Elbinsel bei Hamburg den Aufsatz „Die Freuden der Pflicht“ nachliefern, weil er in der Deutschstunde versagt hat. Der Romanheld löst sich von seiner Vaterwelt, indem er diese Strafarbeit leistet. Der Autor erkundet und beschreibt am Beispiel des Landpolizisten Jens Ole Jepsen, warum die „deutsche Seele“ so anfällig für den Faschismus, für Unterordnung und Mitläufertum war.

Das Malverbot

Im Jahr dreiundvierzig, um mal so zu beginnen, an einem Freitag im April, morgens oder mittags, bereitete mein Vater Jens Ole Jepsen, der Polizeiposten der Außenstelle Rugbüll, der nördlichste Polizeiposten von Schleswig-Holstein, eine Dienstfahrt nach Bleekenwarf vor, um dem Maler Max Ludwig Nansen, den sie bei uns nur den Maler nannten und nie aufhörten, so zu nennen, ein in Berlin beschlossenes Malverbot zu überbringen. Ohne Eile suchte mein Vater Regenumhang, Fernglas, Koppel, Taschenlampe zusammen, machte sich mit absichtlichen Verzögerungen am Schreibtisch zu schaffen, knöpfte schon zum zweiten Mal den Uniformrock zu und linste – während ich vermummt und regungslos auf ihn wartete – immer wieder in den mißlungenen Frühlingstag hinaus und horchte auf den Wind. Es ging nicht nur Wind: dieser Nordwest belagerte in geräuschvollen Anläufen die Höfe, die Knicks und Baumreihen, erprobte mit Tumulten und Überfällen die Standhaftigkeit und formte sich eine Landschaft, eine schwarze Windlandschaft, krumm, zerzaust und voll unfaßbarer Bedeutung. Unser Wind, will ich meinen, machte die Dächer hellhörig und die Bäume prophetisch, er ließ die alte Mühle wachsen, fegte flach über die Gräben und brachte sie zum Phantasieren, oder er fiel über die Torfkähne her und plünderte die unförmigen Lasten.

Wenn bei uns Wind ging und so weiter, dann mußte man sich schon Ballast in die Taschen stecken – Nägelpakete oder Bleirohre oder Bügeleisen –, wenn man ihm gewachsen sein wollte. Solch ein Wind gehört zu uns, und wir konnten Max Ludwig Nansen nicht widersprechen, der Zinnadern platzen ließ, der wütendes Lila nahm und kaltes Weiß, wenn er den Nordwest sichtbar machen wollte – diesen wohl bekannten, uns zukommenden Nordwest, auf den mein Vater argwöhnisch horchte.

Ein Rauchschleier schwebte in der Küche. Ein nach Torf duftender, zuckender Rauchschleier schwebte im Wohnzimmer. Der Wind saß im Ofen und paffte uns das Haus voll, während mein Vater hin und her ging und offenbar nach Gründen suchte, um seinen Aufbruch zu verzögern, hier etwas ablegte, dort etwas aufnahm, die Gamaschen im Büro anlegte, das Dienstbuch am Eßtisch in der Küche aufschlug und immer noch etwas fand, was sei-

Innerer Monolog: Erzählverfahren, mit dessen Hilfe der Autor versucht den inneren Zustand einer Person wiederzugeben. Im Unterschied zur erlebten Rede (3. Person und Präteritum) verwendet er dabei meist Präsens und Ichform, um so die oft zusammenhanglose Folge von Empfindungen, Wahrnehmungen, gedanklichen Assoziationen und ersten augenblicksverhafteten Reaktionen festzuhalten. Dadurch verringert sich die Distanz zwischen dem Leser und der handelnden Person, Identifikation wird wesentlich erleichtert.
Typische Merkmale des inneren Monologs sind die möglichst lückenlose Wiedergabe des Bewusstseinsstroms, eine sehr einfache, oft aus unverbundenen Aussagesätzen bestehende Syntax oder deren Auflösung in Satzfragmente (vgl. S. 320).

ne Pflicht hinausschob, bis er mit ärgerlichem Erstaunen feststellen mußte, daß etwas Neues aus ihm entstanden war, daß er sich gegen seinen Willen in einen vorschriftsmäßigen Landpolizisten verwandelt hatte, dem zur Erfüllung seines Auftrags nichts mehr fehlte als das Dienstfahrrad, das, gegen einen Sägebock gelehnt, im Schuppen stand.

So war es an diesem Tag vermutlich die aus Gewohnheit zustande gekommene äußere Dienstbereitschaft, die ihn schließlich zum Aufbruch zwang, nicht der Eifer, nicht die Berufsfreude und schon gar nicht die ihm zugefallene Aufgabe; [...]

Mein Vater sah wohl ein, daß er Max Ludwig Nansen noch etwas schuldete, darum sagte er: Ich hab mir das alles nicht ausgedacht, Max, das kannst du mir glauben. Mit dem Berufsverbot habe ich nix zu tun, ich hab das alles nur zu überbringen.

Ich weiß, sagte der Maler, und dann: Diese Wahnsinnigen, als ob sie nicht wüßten, daß das unmöglich ist: Malverbot. Sie können vielleicht viel tun mit ihren Mitteln, sie können allerhand verhindern, mag sein, aber nicht dies: daß einer aufhört zu malen. Das haben schon andere versucht, lange vor ihnen. Sie brauchen doch nur nachzulesen: gegen unerwünschte Bilder hat es noch nie einen Schutz gegeben, nicht durch Verbannen, auch nicht durch Blendung, und wenn sie die Hände abhacken ließen, hat man eben mit dem Mund gemalt. Diese Narren, als ob sie nicht wüßten, daß es auch unsichtbare Bilder gibt.

Mein Vater umrundete knapp den Tisch, an dem der Maler saß, umkreiste ihn, fragte jedoch nicht weiter, sondern beschränkte sich darauf, festzustellen: Aber das Verbot is beschlossen und ausgesprochen, Max das isses. – Ja, sagte der Maler, in Berlin, und er sah meinen Vater gespannt an, offen, wißbegierig, er ließ ihn nicht mehr mit seinen Blicken los, als wollte er ihn zu sagen zwingen, was er, der Maler, längst wußte, und ihm wird nicht entgangen sein, daß es meinem Vater schließlich nicht leichtfiel, zu erklären: Mich, Max – sie haben mich beauftragt, das Malverbot zu überwachen: daß du auch das nur weißt.

Dich?, fragte der Maler, und mein Vater: Mich ja, ich bin am nächsten dran.

Sie sahen einander an, der eine sitzend, der andere stehend, maßen sich schweigend einen Augenblick, forschten wahrscheinlich nach den Kenntnissen, die sie übereinander besaßen, und stellten sich vor, wie sie miteinander verkehren würden in näherer Zukunft und so weiter, zumindest aber fragten sie sich, mit wem sie von nun an zu rechnen hätten, wenn sie sich hier oder dort begegneten. So, wie sie sich forschend musterten, wiederholten sie, meine ich, ein Bild des Malers, das einfach nur ‚Zwei am Zaun' hieß und auf dem zwei alte Männer, aufblickend in olivgrünem Licht, einander entdeckten, zwei, die sich lange gekannt haben mögen von Garten zu Garten, doch erst in diesem bestimmten Augenblick in erstaunter Abwehr wahrnahmen. Jedenfalls stelle ich mir vor, daß der Maler gern etwas anderes gefragt hätte, als er schließlich fragte: Und wie, Jens? Wie wirst du das Verbot überwachen? Mein Vater überhörte da schon die Vertraulichkeit, die in dieser Frage lag; er sagte: Sollst nur abwarten, Max.

Da stand auch der Maler auf, legte den Kopf ein wenig schräg und musterte meinen Vater gerade so, als ließe sich schon erkennen, wessen er fähig sei; und als mein Vater es für angebracht hielt, seinen Umhang zu nehmen und ihn zwischen den gespreizten Beinen mit einer Klammer zusammenzustecken, sagte der Maler: Wir aus Glüserup, was?, und mein Vater darauf, ohne den Kopf zu heben: Wir können auch nicht aus unserer Haut – wir aus Glüserup. – Dann behalt mich mal im Auge, sagte der Maler. [...] (v 1968)

Emil Nolde (1867–1956): Das Meer

Siegfried Lenz ist 1926 in Ostpreußen geboren, war zunächst für Zeitungen und Rundfunk tätig und lebt heute als freier Schriftsteller in Hamburg. Seine bekanntesten Werke sind: *So zärtlich war Suleyken*, eine 1955 erschienene Sammlung von Geschichten über die Heimat des Dichters, Masuren; die Romane *Der Mann im Strom* (1957), *Die Deutschstunde* (1968), *Das Vorbild* (1973), *Heimatmuseum* (1978), *Der Verlust* (1981) und *Exerzierplatz* (1985). Lenz ist einer der – auch im Ausland – bekanntesten Nachkriegsautoren.

2. Der Maler und der Polizist reagieren auf das Gespräch. Versetzen Sie sich in deren Situation.

a) Nansen verfasst eine kurze Tagebuchnotiz.

b) Jepsen schreibt einen knappen Dienstbericht.

c) Beurteilen Sie das Verhalten des Polizisten.

Emil Nolde: Selbstbildnis

Lenz erzählt hier einen Ausschnitt aus dem Leben des Malers **Emil Nolde** (1867–1956), der eigentlich Hansen hieß. Er gehört zu den Meistern des deutschen Expressionismus. Sein wichtigstes Ausdrucksmittel ist die Farbe. Nach der Ausstellung „Entartete Kunst" (1937) wurden über 1000 seiner Arbeiten in verschiedenen Museen beschlagnahmt und die Reichskunstkammer verbot dem Maler die Ausübung seines Berufes.

3. Informieren Sie sich über „Entartete Kunst" und entwerfen Sie ein Kurzreferat über einen der Künstler (z.B. Emil Nolde, Max Beckmann oder Ernst Barlach).

2 Günter Grass (*1927): Die Blechtrommel* (Auszug, Biografie S. 189)

Aus Protest gegen die Welt der Erwachsenen stellt Oskar Matzerath als Dreijähriger sein Wachstum ein und täuscht durch kindliches Verhalten die Umwelt über seine normal verlaufende geistige Entwicklung. Instrument seines Protests wird eine Kindertrommel aus Blech. Im Kapitel „Die Tribüne" wird geschildert, wie Oskar im August 1935 eine pompöse Parteiveranstaltung auf dem großen Kundgebungsfeld in Danzig sprengt. Er versteckt sich dazu unauffindbar in der Tribüne.

[...]

Unter dem Rednerpult hockte ich. Links und rechts von mir und über mir standen breitbeinig und, wie ich wußte, mit verkniffenen, vom Sonnenlicht geblendeten Augen die jüngeren Trommler des Jungvolkes und die älteren der Hitlerjugend. Und dann die Menge. Ich roch sie durch die Ritzen der Tribünenverschalung. Das stand und berührte sich mit Ellenbogen und Sonntagskleidung, das war zu Fuß gekommen oder mit der Straßenbahn, das hatte zum Teil die Frühmesse besucht und war dort nicht zufriedengestellt worden, das war gekommen, um seiner Braut am Arm etwas zu bieten, das wollte mit dabeisein, wenn Geschichte gemacht wird, und wenn auch der Vormittag dabei draufging.

Nein, sprach sich Oskar zu, sie sollen den Weg nicht umsonst gemacht haben. Und er legte ein Auge an ein Astloch der Verschalung, bemerkte die Unruhe von der Hindenburgallee her. Sie kamen! Kommandos wurden über ihm laut, der Führer des Spielmannszuges fuchtelte mit seinem Tambourstab, die hauchten ihre Fanfaren an, die paßten sich das Mundstück auf, und schon stießen sie in übelster Landsknechtmanier in ihr sidolgeputztes Blech, daß es Oskar weh tat und „Armer SA-Mann Brand", sagte er sich, „armer Hitlerjunge Quex, ihr seid umsonst gefallen!"

Als wollte man ihm diesen Nachruf auf die Opfer der Bewegung bestätigen, mischte sich gleich darauf massives Gebumse auf kalbsfellbespannten Trommeln in die Trompeterei. Jene Gasse, die mitten durch die Menge zur Tribüne führte, ließ von weit her heranrückende Uniformen ahnen, und Oskar stieß hervor: „Jetzt mein Volk, paß auf, mein Volk!"

Die Trommel lag mir schon maßgerecht. Himmlisch locker ließ ich die Knüppel in meinen Händen spielen und legte mit Zärtlichkeit in den Handgelenken einen kunstreichen, heiteren Walzertakt auf mein Blech, den ich immer eindringlicher, Wien und die Donau beschwörend, laut werden ließ, bis oben die erste und zweite Landsknechttrommel an meinem Walzer Gefallen fand, auch Flachtrommeln der älteren Burschen mehr oder weniger geschickt mein Vorspiel aufnahmen. Dazwischen gab es zwar Unerbittliche, die kein Gehör hatten, die weiterhin Bumbum machten, und Bumbumbum, während ich doch den Dreivierteltakt meinte, der so beliebt ist beim Volk. Schon wollte Oskar verzweifeln, da ging den Fanfaren ein Licht auf, und die Querpfeifen, oh Donau, pfiffen so blau. Nur der Fanfarenzugführer und auch der Spielmannszugführer, die glaubten nicht an den Walzerkönig und schrien ihre lästigen Kommandos, aber ich hatte die abgesetzt, das war jetzt meine Musik. Und das Volk dankte es mir. Lacher wurden laut vor der Tribüne, da sangen schon welche mit, oh Donau, und über den ganzen Platz, so blau, bis zur Hindenburgallee, so blau und zum Steffenspark, so blau, hüpfte mein Rhythmus, verstärkt durch das über mir vollaufgedrehte Mikrophon. Und als ich durch mein Astloch hindurch ins Freie spähte, doch dabei fleißig weitertrommelte, bemerkte ich, daß das Volk an meinem Walzer Spaß fand, aufgeregt hüpfte, es in den Beinen hatte: schon neun Pärchen und noch ein Pärchen tanzten, wurden vom Walzerkönig gekuppelt. Nur dem Löbsack, der mit Kreisleitern und Sturmbannführern, mit Forster, Greiser und Rauschning, mit einem langen braunen Führungsstabschwanz mitten in der Menge kochte, vor dem sich die Gasse zur Tribüne schließen wollte, lag erstaunlicherweise der Walzertakt nicht. Der war gewohnt, mit gradliniger Marschmusik zur Tribüne geschleust zu werden. Dem nahmen nun diese leichtlebigen Klänge den Glauben ans Volk. Durchs Astloch sah ich seine Leiden. Es zog durch das Loch. Wenn ich mir auch fast das Auge entzündete, tat er mir dennoch leid, und ich wechselte in einen Charleston, „Jimmy the Tiger", über, brachte jenen Rhythmus, den der Clown Bebra im Zirkus auf leeren Selterwasserflaschen getrommelt hatte; doch die Jungs vor der Tribüne kapierten den Charleston nicht. Das war eben eine andere Generation. Die hatten natürlich keine Ahnung von Charleston und „Jimmy the Tiger". Die schlugen – oh guter

4. Oskars Vater Alfred nimmt als überzeugter Parteigenosse an der Kundgebung teil, weiß aber nichts vom „Anschlag" seinen Sohnes. Wählen Sie zur Ausgestaltung arbeitsteilig eine der folgenden Kommunikationssituationen:
a) Oskars Vater im Gespräch mit seiner lebenslustigen, aber unpolitischen Frau Maria.
b) Alfred Matzerath im Dialog mit einem gleichgesinnten Parteifreund.
c) Oskars Vater als Zeuge vor einer parteiinternen Kommission, die die Ursachen der sabotierten Veranstaltung untersucht.

Szenenfoto aus der Verfilmung

Freund Bebra – nicht Jimmy und Tiger, die hämmerten Kraut und Rüben, die bliesen mit Fanfaren Sodom und Gomorrha. Da dachten die Querpfeifen sich, gehupft wie gesprungen. Da schimpfte der Fanfarenzugführer auf Krethi und Plethi. Aber dennoch trommelten, pfiffen, trompeteten die Jungs vom Fanfarenzug und Spielmannszug auf Teufel komm raus, daß es Jimmy eine Wonne war, mitten im heißesten Tigeraugust, daß es die Volksgenossen, die da zu Tausenden und Abertausenden vor der Tribüne drängelten, endlich begriffen: es ist Jimmy the Tiger, der das Volk zum Charleston aufruft!

Und wer auf der Maiwiese noch nicht tanzte, der griff sich, bevor es zu spät war, die letzten noch zu habenden Damen. Nur Löbsack mußte mit seinem Buckel tanzen, weil in seiner Nähe alles, was einen Rock trug, schon besetzt war, und jene Damen von der Frauenschaft, die ihm hätten helfen können, rutschten, weit weg vom einsamen Löbsack, auf den harten Holzbänken der Tribüne. Er aber – und das riet ihm sein Buckel – tanzte dennoch, wollte gute Miene zur bösen Jimmymusik machen und retten, was noch zu retten war. [...] (v 1959)

Anna Seghers, 1900 in Mainz geboren, studierte Geschichte, Kunstgeschichte, Philosophie und Sinologie in Heidelberg. 1929 trat sie in die KPD ein; 1933 musste sie, weil sie Jüdin war, nach Frankreich, 1941 nach Mexiko emigrieren. 1947 kehrte sie nach Ost-Berlin zurück, war Vorsitzende des Schriftstellerverbands von 1952 bis 1978, war Stalin-Friedenspreisträgerin und verstand sich selbst als Sprachrohr des Proletariats. Sie starb 1983.
Der Zeitroman *Das siebte Kreuz*, kurz vor Beginn des Zweiten Weltkriegs entstanden, 1942 in englischer, 1943 in deutscher Sprache in Mexiko veröffent licht, gibt ein eindrucksvolles und erschreckendes Bild des faschistischen Deutschland und zeigt den Widerstand des Einzelnen. Für ihre erste Erzählung *Aufstand der Fischer von St. Barbara* (1928) erhielt die Autorin den Kleist-Preis, im Roman *Transit* beschreibt sie das Schicksal der heimatlos gewordenen Emigranten. Die autobiografische Erzählung *Der Ausflug der toten Mädchen* führt zurück in die noch unzerstörte Heimatstadt Mainz. Die beiden Nachkriegsromane *Die Entscheidung* (1959) und *Das Vertrauen* (1968) sind Versuche einer Epochenbilanz.

3 Anna Seghers (1900–1983): Das Ende (Auszug)

Zillich, von 1937 bis 1945 Aufseher im KZ Westhofen, wird von einem ehemaligen Gefangenen auf seinem Hof, zu dem er nach Kriegsende unbehelligt zurückgekehrt ist, erkannt und begibt sich auf eine letztendlich ausweglose Flucht, weil ihn seine Vergangenheit immer wieder einholt.
Eine kurze Episode der 1945 geschriebenen Erzählung schildert sein zufälliges Zusammentreffen mit einem jungen Mann, der als Soldat schuldig geworden ist und damit nicht fertig wird.

[...] „Nu, erzähl mal“, sagte Zillich. Der rosa Himmel in den Löchern der Decke war längst verblasst. Die Strohsäcke waren längst alle besetzt; die Sterne gingen schon auf. Der Junge fuhr fort: „Der Feind war uns auf den Fersen. Wir räumten das Dorf Sakoje; wir trieben die Bevölkerung vor uns her; ich dachte: in irgendein Lager; ich dachte vielleicht auch gar nichts. Dann kam der Befehl: ‚Schießen!‘ Wir schossen alle über den Haufen, Frauen, Kinder, alte Männer!“ Zillich sagte: „So was ist ja oft passiert.“ – „Das ist es. Noch oft, das war nur der Anfang. Warum habe ich nur geschossen? Auf Kinder, verstehst du? Warum hab ich so was getan?“

„Das ist doch ganz klar. Das war dein Befehl.“

„Das ist es ja eben. Warum habe ich mich nicht geweigert? Warum hab ich einem solchen Befehl gehorcht?“

„Was meinst du damit?“, sagte Zillich. „Was hättest du denn anderes tun sollen?“

„Warum hab ich gar nicht mehr nachgedacht? Angelegt, geschossen. Warum hab ich nicht dem höheren Befehl gehorcht? War er denn verstummt? War ich taub?“ – „Was denn für ein höherer Befehl?“, fragte Zillich. „Es hat doch damals bei euch noch keine Gegenbefehle gegeben. An deinen Leutnant war sicher zuerst der höhere Befehl ergangen.“ – „Verstehst du denn nicht? Der wahre, der innere. Die innere Stimme, die nie im Menschen verstummt. In dir nicht, in mir nicht, das weißt du doch.“ – „Ich weiß, ich weiß. Wie ich verwundet war, sogar ziemlich schwer von einem Granatsplitter, da hab ich das auch gekannt, wie das ist. Eine innere Stimme. Das legt sich dann, wenn sich das Wundfieber legt. Sobald man gesund ist, hört es auf. Ich glaube, du bist noch ziemlich kaputt. Warst du denn verwundet? Für dich ist bestimmt das Beste, du schläfst.“ [...] (e 1945)

Carl Zuckmayer, in Rheinhessen 1896 geboren, in Mainz aufgewachsen, lernte nach seinem Studium in Frankfurt und Heidelberg Theaterpraxis in Kiel, München und Berlin kennen und wurde mit dem *Fröhlichen Weinberg* (1925) und dem *Hauptmann von Köpenick* (1931), für den er den Kleist-Preis erhielt, zum meistgespielten deutschen Dramatiker. 1933 erhielt er Aufführungsverbot und emigrierte über Österreich und die

4 Carl Zuckmayer (1896–1977): Des Teufels General, III. Akt (Auszug)

Carl Zuckmayer hat „Des Teufels General“ im amerikanischen Exil geschrieben; mit großem Erfolg wurde das Drama 1946 erstmals in Zürich, 1947 in Frankfurt aufgeführt. Aus Leidenschaft zur Fliegerei hat sich General Harras, obwohl er Gegner des Regimes ist, mit den nationalsozialistischen Machthabern eingelassen. „Wer auf Erden des Teufels General wurde und ihm die Bahn gebombt hat – der muss ihm auch Quartier in der Hölle machen.“, so beschreibt er selber seine Verstrickung. Er äußert zwar verbalen Widerstand, scheitert aber, weil er zu politischem Handeln unfähig ist, und begeht Selbstmord. Das Gespräch mit dem Fliegeroffizier Hartmann findet statt, als Harras, von der Gestapo bespitzelt und in die Enge getrieben, versucht, die Ursache für den offenbar durch Sabotage verursachten Absturz von Oberst Eilers zu finden.

HARTMANN: [...] Darf ich etwas fragen, Herr General?
HARRAS *nickt – wartet.*
HARTMANN: Es ist – nicht ganz einfach –. Ich muss erst erklären – haben Sie wirklich etwas Zeit für mich, Herr General?
HARRAS: Ich wüsste momentan nichts Besseres mit meiner Zeit zu tun. – Das ist die Wahrheit, Hartmann.
HARTMANN: Mag sein, dass es immer so war, und ich habe es nur nicht gesehen. Nicht sehen

Schweiz in die USA. 1958 kehrte er in die Schweiz zurück und starb dort 1977. Weitere Werke: das Volksstück *Schinderhannes* (1927), das Drama *Des Teufels General* (1946), die Erzählung *Die Fastnachtsbeichte* (1959), die Autobiografie *Als wär's ein Stück von mir* (1966).

wollen. Mag sein, dass es erst durch den Krieg so gekommen ist. *Er spricht rasch, hastig, wie jemand, der etwas loswerden muss, was er sich selbst nicht eingestehen möchte.* Es ist alles wahr, was man hört. Es gibt keine Gräuelgerüchte. Ich hab es, mit eignen Augen, erschaut. Und es sind dieselben – dieselben Jungens – dieselben, die mit mir in der Hitler-Jugend gelebt haben, geschwärmt und gesungen, von Idealen geredet, von Opfer und Einsatz, von der Pflicht, von der Sauberkeit. Ich hatte einen Schulfreund – er hätte keiner Fliege was zuleid getan – oder hat er sich nur verstellt? Er war eher schüchtern – empfindlich. In Lodz hab ich ihn wiedergetroffen, wir warteten dort auf Transport. – Ich wusste nicht, dass er beim Vertilgungskommando war. Er nahm mich mit, er sagte, es wird eine Hetz geben, er stammt aus Bayern, dort sagt man so. Sie haben auf Wehrlose geschossen – nur zum Spaß. Sie haben gelacht, wenn die vor Angst gewimmert haben. Sie – ich kann es nicht aussprechen, Herr General. Das hat doch nichts mehr mit Krieg zu tun. Nichts mit dem Ziel – nichts mit der Idee. Dafür gibt es doch keine Rechtfertigung. Das ist doch einfach – schändlich! Und ich frage mich – Herr General – wird jeder so, wenn man ihn lässt? Könnte man selbst so werden? Gibt es dagegen denn keinen Schutz?

Harras: Die Menschheit hat immer wieder versucht – jahrtausendelang – einen Schutz aufzurichten – gegen sich selbst. Aber es scheint, er lässt sich in weniger als einem Menschenalter einreißen. Er muss nicht sehr stark gewesen sein. – Ich weiß, das ist keine Antwort. Sie haben auch noch nicht gefragt, was Sie fragen wollten.

Hartmann: In der Ordensburg[1] haben sie uns gesagt, wir seien die Kreuzritter einer neuen Zeit. Die alte, die christliche, habe ihre zweitausend Jahre gehabt. Die neue solle nach unseren Plänen gezimmert werden. Ein Reich der Kraft und Herrlichkeit auf dieser Welt. Ich habe das alles geglaubt. Es hat mich begeistert. Aber wie soll etwas Neues werden, etwas Starkes und Gutes, wenn es damit anfängt, dass man das Niedrigste und Gemeinste in den Menschen entfesselt? Wie soll man die neue Zeit ertragen – wenn sie mit nichts als Mord beginnt?

Harras: Neue Zeit. Ich glaube – das ist auch so etwas, was es gar nicht gibt. Die Zeit – sie ist immer die gleiche. Groß – unberührbar. Ohne Anfang und Ende. Wo aber ein Mensch sich erneuert – da wird die Welt neu geschaffen. [...] (e 1945)

5. a) Benennen Sie das Kernproblem der Texte 3 und 4.
b) Notieren Sie in einer Tabelle Fragen sowie „Antworten" und werten Sie diese.
c) Besprechen Sie, ob Leitbegriffe der Texte 3 und 4 Orientierungshilfe bieten.

6. General Harras (Text 4) startet wenig später zu seinem letzten – wie er weiß – tödlichen Flug. Wählen Sie eine der folgenden Aufgaben:
a) Notieren Sie den Tagebucheintrag, den er unmittelbar nach diesem Gespräch schreiben könnte.
b) Verfassen Sie einen Abschiedsbrief an seine Frau.
c) Interpretieren Sie die Szene, indem Sie vom Kernproblem ausgehen.

5 Alfred Andersch (1914–1980): Die Kirschen der Freiheit* (Auszug)

Am Beginn seiner Desertion, die er als Akt des Widerstandes verstand, steht die Reflexion über den Eid.

[...]

Habe nicht damals, auf jener Straße im Süden Umbriens, aber später in Gefangenschaft und in den Jahren, die dem Kriege folgten, nach der Lektüre von Briefen wie dem von Werners Vater vor allem, darüber nachgedacht, was Werner und die meisten anderen eigentlich band. So band, daß sie gar nicht auf den Einfall kamen, sie könnten etwas anderes tun, als beim Haufen bleiben. Es war einfach das „Beim-Haufen-Bleiben" selbst, der Herdeninstinkt, mit Terror und Propaganda unablässig in sie hineingetrommelt, der auch Werners Gesicht blaß und verwischt machte. Man war schon fast selbständig, wenn man dem Trieb zum einfachen Aufgehen im Massenschicksal ein paar unklare Vorstellungen von Kameradschaft und Verteidigung des Vaterlandes beimischte oder einfach von Natur aus kampfeslustig war. Die meisten deutschen Soldaten bewegten sich in diesem Kriege nicht wie Träumer, auch nicht wie Betrunkene, sondern wie Gebannte; wer unter der Gewalt des bösen Blickes steht, sieht nicht mehr Iris und Pupille des Hypnotiseurs. Sein Bewußtsein ist ausgeschaltet, er fühlt nur noch den Bann.

Sie sollten das ruhig zugeben – es ist keine Schande – und auf jene letzte Ausflucht verzichten, die sie sich nachträglich zurechtgemacht haben: es sei der Eid gewesen, der sie verpflichtet habe.

Ich gebe zu, daß für viele Offiziere der Eid ein Problem darstellte. Aber ich habe während des ganzen Krieges unter den Mannschaften, bei denen ich mich befand, keinen einzigen Soldaten getroffen, der jemals ein Wort über den Eid verloren hätte. Und nicht etwa deshalb, weil man ihn als eine heilige Sache empfand, über die man nicht sprach.

Ich selbst habe den Eid an einem strahlend sonnigen Märzmorgen des Jahres 1940 auf dem Hof einer Kaserne bei Rastatt geschworen. Im zweiten Glied der angetretenen Ausbildungskompanie stehend, sprach ich, zusammen mit den anderen, in Absätzen und mit rechtwinklig erhobener Schwurhand den Text nach:

„Ich schwöre bei Gott diesen heiligen Eid, daß ich dem Führer des deutschen Reiches und Volkes, Adolf Hitler, dem Obersten Befehlshaber der Wehrmacht, unbedingten Gehorsam leisten und als tapferer Soldat bereit sein will, jederzeit für diesen Eid mein Leben einzusetzen."

Alfred Andersch (1914–1980) wurde als Sohn eines rechtskonservativen Offiziers in München geboren. Nach dem Besuch des humanistischen Gymnasiums, wo der Vater Heinrich Himmlers sein Direktor und Griechischlehrer war, machte er eine Buchhändlerlehre. Er wurde arbeitslos, betätigte sich als kommunistischer Jugendleiter und wurde nach dem Reichstagsbrand für ein halbes Jahr Häftling im KZ Dachau. Andersch löste sich – tief enttäuscht von deren Versagen – von der KPD, arbeitete als Büro- und Industrieangestellter. 1940 wurde er zum Wehrdienst eingezogen. Am 6.6.1944 desertierte er in Süditalien. Ab 1946 arbeitete er in Deutschland als Zeitschriften- und Rundfunkredakteur und gehörte als Schriftsteller der „Gruppe 47" an. Er schrieb Erzählungen, Essays, autobiografische Prosa, Hörspiele, Reiseberichte und Romane.

[1] Die Ordensburg: ursprünglich eine Burg des Deutschen Ordens (1190–1809; z. B. Marienburg); unter dem Nationalsozialismus Bezeichnung der drei Parteischulungsstätten Crössinsee, Sonthofen, Vogelsang.

Während ich, ohne die Miene zu verziehen, diese Worte sprach, mußte ich in meinem Inneren über den plumpen Versuch der Kanalratte, mich an sie zu binden, lächeln. Schon die einfachste aller möglichen Überlegungen enthüllt ja die Absurdität dieses Eides.

Wer auch immer sich unter der Herrschaft der Kanalratte weigerte, einem Gestellungsbefehl zu folgen, wurde getötet oder mindestens auf viele Jahre in ein Konzentrationslager gebracht. Das gleiche Urteil hätte den getroffen, der, wäre er selbst, dem mächtigen Sog des Massenschicksals folgend, Soldat geworden, sich in letzter Minute geweigert hätte, den Eid zu leisten.

Der Eid wurde also unter Zwang geleistet. Auf seine Verweigerung stand der Tod. Er war damit null und nichtig.

Der Ungläubige kann die Worte einer Eidesformel sprechen, ohne daß dieser Vorgang mehr berührt als Lippen und Zunge.

Der Gläubige weiß, daß der Eid ihn in äußerstem Sinne an Gott bindet. Ein Gelübde, eine unter Eid gestellte Zeugenschaft wird immer freiwillig abgelegt. (Man kann davon nur entbunden werden, wenn die Wahrheit Gottes den Eid als wissentlich oder unwissentlich falschen erwiesen hat.)

Nirgends offenbart sich die dialektische Beziehung von Bindung und Freiheit stärker als beim Eid. Der Schwur setzt die Freiheit des Schwörenden voraus.

Der Eid ist ein religiöser Akt, oder er ist sinnlos.

Die meisten deutschen Soldaten aber glaubten nicht an Gott, oder sie waren religiös indifferent in der Art, daß sie, außer in den Stunden der fernsten Einsamkeit oder der Todesnähe, nicht darüber nachdachten, ob sie an Gott glauben sollten oder nicht.

Aus diesem Grunde war die Mehrheit der deutschen Soldaten überhaupt nicht eidesfähig.

Nicht eidesfähig war ferner ihr Führer, da er Gott leugnete und alle religiösen Regungen verfolgen ließ, weil sie dazu anregten, seine Person im Denken der Menschen auf das rechte Maß zurückzuführen. An die Stelle jenes Göttlichen, das den Menschen, also auch ihn selbst, überwölbte, setzte er einen leeren, aber immerhin mit den Zeichen des Schreckens behafteten Begriff: die Vorsehung.

Allein eidesfähig war der Gläubige, der sich entschloß, jenen Eid in vollem Bewußtsein zu leisten. Gab es solche Gläubige überhaupt? Wenn es sie gab, so waren sie mit Blindheit geschlagen. Sie nahmen eine schwere Sünde auf sich.

Denn sie mußten sich, wenn noch ein Funken Vernunft in ihnen lebte, sagen, Gott könne unmöglich daran interessiert sein, daß man der Kanalratte Gehorsam leistete, und unbedingten obendrein. Und wenn sie es mit dem Verstand nicht fassen konnten, so mußten sie es fühlen, daß die luziferische Ratte, die gegen Gott raste, die Heiligkeit des Eides schändete, indem sie ihn für sich in Anspruch nahm.

Aber ob Gläubige oder Ungläubige, sie waren alle Verwirrte.

Ihre Väter und Großväter und die Männer aller Generationen vorher hatten Soldaten-Eide geschworen. Indem sie schworen, hatte sich ein mächtiges, urtümliches Tabu auf sie herabgesenkt, und sie waren unfähig, hinter der gläsernen Glocke einer mit Worten beschworenen Heiligkeit die absolute Leere zu erkennen. Denn von einem bestimmten Punkt der Geschichte an hatte der Raum hinter der Glasglocke des Eides sich entleert.

Dieser Punkt ist die Französische Revolution. Höhnisch weist die konservative Fraktion in allen Staaten der Erde nach, daß sie das Prinzip der allgemeinen Wehrpflicht einem der revolutionärsten Vorgänge der Weltgeschichte entnommen habe. Das ist wahr, aber ebenso wahr ist auch, daß sie der Großen Revolution eben nur dieses Prinzip stahl, nicht aber die Grundsätze der Freiheit, Gleichheit und Brüderlichkeit und des Schutzes der Menschenrechte. [...]

(v 1952)

7. a) Beschreiben Sie, worin der Erzähler „die Absurdität dieses Eides" (Z. 31) sieht.
b) Entwerfen sie ein Streitgespräch zwischen dem Erzähler und einem „Gläubigen" (Z. 57ff.) über den Eid auf Hitler.

6 Rolf Hochhuth (*1931): Der Stellvertreter (Auszug)

Im vierten Akt des Schauspiels haben ein Kardinal, der Syndikus[1] beim Heiligen Stuhl, Graf Fontana, und dessen Sohn, Jesuitenpater Riccardo Fontana, eine Audienz bei Papst Pius XII. Pater Riccardo hatte auf allen Ebenen versucht, den Papst zu einer deutlichen Verurteilung der Judenvernichtung zu veranlassen. Als jetzt, nach der Deportation italienischer Juden aus Rom (ab Oktober 1943) sich der Papst auch nur zu einer sehr allgemeinen, unverbindlichen Erklärung bereit findet, heftet sich Pater Riccardo im Audienzraum spontan einen Judenstern an die Soutane.

[...]

KARDINAL *(atemlos erbittert)*: Herr Minutant[2] – nun vergessen Sie sich!
Entfernen Sie – dies – da! Gehen Sie,
was erlauben Sie sich im Angesicht des Heiligen Vaters!

[1] Der Syndikus (< gr. syndikos = gerichtlicher Beistand): ständiger Rechtsbeistand von Wirtschaftsunternehmen

[2] Der Minutant (< lat. minutus = wenig, unbedeutend): abwertend i.S. von ein dem Rang nach unbedeutender Mensch

Der Stellvertreter. Schauspiel in fünf Akten (Vers) [...]
Hochhuth konzentriert sein Aufbegehren, das einer Institution gilt, – dramatisch wirksam, doch geschichtlich problematisch – auf eine einzige Person, auf den Papst. Der junge Jesuitenpater Riccardo erlebt in Berlin die Judenverfolgung. Mit allen Mitteln des Beschwörens und Drohens versucht er, den Nuntius in Berlin und den Kardinal in Rom zur offenen Kampfansage der Kirche an Hitlerdeutschland, zur Aufkündigung des Konkordats durch den Papst zu bewegen. Man wartet ab und vermeidet Differenzen. Als der Papst sich in diesen Tagen der Verfolgung den Geldtransaktionen der Kurie widmet, beschließt Riccardo aus Protest, das Martyrium eines Juden dieser Zeit auf sich zu nehmen. Der glühende Idealist lässt sich nach Auschwitz deportieren. Im Aufbegehren wird er zum Stellvertreter des „Stellvertreters Christi". Ein sehr freier, jambisch akzentuierter Vers sucht Geschichtsdarstellung und expressives, moralisches Bekenntnisdrama zu verbinden. S. K.

Aus: Gero von Wilpert (Hrsg.): Lexikon der Weltliteratur, Stuttgart (Alfred Kröner) 1993, Bd. 2.

Rolf Hochhuth wurde 1931 in Eschwege als Sohn eines Schuhfabrikanten geboren. Er machte nach der mittleren Reife eine Buchhandelslehre, war Gasthörer an Universitäten, 1955–63 Verlagslektor und lebt seit 1963 als freier Schriftsteller. Mit seiner spezifischen Form aus fiktivem und dokumentarischem Drama *Der Stellvertreter* (1963) löste er heftige Diskussionen aus. Mit weiteren Themen aus der NS-Zeit wurde er als engagierter Erzähler und Dramatiker bekannt. Doch auch zeitkritische Stücke erörtern in vielen Variationen ein Grundthema Hochhuths: Wie sind Entscheidungsfreiheit und Verantwortlichkeit des Individuums auch in der modernen Massengesellschaft möglich?

Blasphemie ... an einem Priesterkleide ...
Blasphemie.
FONTANA *(bittend)*: Riccardo – nicht, bitte ...
RICCARDO *(unbeirrt, leidenschaftlich)*: Heiligkeit, Sie unterzeichnen da
für Hitler eine Blankovollmacht,
so mit den Juden zu verfahren,
wie seit je ...
(Während der Papst in höchster Erregung schnell unterzeichnet, gleitet ihm die Feder aus den Fingern, er beschmutzt sich die Hand mit Tinte und hält sie vorwurfsvoll so, dass man das sieht.)
KARDINAL *(hat sofort nach Riccardos Worten ausgerufen)*:
Schweigen Sie! Heiliger Vater,
ich bitte Sie in Demut, brechen wir
diesen Auftritt ab!
(Der Papst hat sich so weit gefangen, dass er wieder reden kann. Es geht stockend, wenn auch ohne Stottern, das den Kardinal Pacelli öfter, den Papst nur selten befallen hat.)
PAPST Im Namen der Opfer ... – auch diese ... diese
Anmaßung noch! – Und diese Ungezogenheit – da
mit dem Stern am Kleid der Diener Christi!
(Er sieht jetzt wieder auf seine mit Tinte bekleckste Hand und zeigt sie, sonst so peinlich gepflegt, tief gekränkt den Umstehenden, wie eine Wunde. Der Kardinal drängt den Schreiber mit einem Befehl hinaus und deutet dann, zu Riccardo gewendet, entsetzt auf die Brust, an die Stelle, wo bei Riccardo der Davidstern angeheftet ist.)
RICCARDO *(hat auf den Vorwurf des Papstes sofort geantwortet)*:
Hier dieser Stern, den jeder Jude,
zum Zeichen, dass er vogelfrei ist,
vom sechsten Lebensjahr an zu tragen hat –
ich werde ihn *so lange* tragen ...
PAPST: *(zitternd vor Zorn)*: Das wird er *nicht* tun!
Wir verbieten ihm – verbieten ex cathedra –
an der Soutane ... dies – da ...
(Er bricht ab, weil die Sprache zu versagen droht.)
RICCARDO *(fast ruhig, sachlich)*: Ich werde diesen Stern so lange tragen,
bis Euer Heiligkeit vor aller Welt
den Mann verfluchen, der Europas
Juden viehisch ermordet.
PAPST *(stumm, in seiner offensichtlichen Machtlosigkeit Riccardo und der Sprache gegenüber.)*
KARDINAL Frevel und Torheit! – Gehen Sie hinaus.
RICCARDO *(sich steigernd)*: *Torheit?* – Nein, Heiligkeit; der König
von Dänemark, ein wehrloser Mann,
hat Hitler angedroht, er werde diesen Stern
tragen wie *jedes* Mitglied seines Hauses,
wenn man die Juden in Dänemark
dazu zwinge! ... Sie wurden *nicht*
dazu gezwungen! Wann, endlich,
wird der Vatikan *so* handeln,
dass uns Priestern wieder erlaubt ist,
ohne *Scham* zuzugeben, dass wir
Diener *der* Kirche sind, die in der Nächstenliebe
ihr oberstes Gebot erblickt.
KARDINAL: Im Gehorsam! Im unbedingten Gehorsam
sieht der Jesuit das oberste Gebot, Herr Minutant!
RICCARDO: Ja, im Gehorsam vor Gott.
KARDINAL: ... der sich der Stimme, nicht wahr, des Willens
Seiner Heiligkeit bedient, ja. Gehorchen Sie!
PAPST *(schweigt ostentativ.)*
KARDINAL: Was haben Sie gelobt als Mitglied der Gesellschaft Jesu?
RICCARDO: Eminenz. Vergebung: Gelobt nicht jeder Kardinal,
getreu der Farbe seines Purpurmantels,
bis zum Verlust des eigenen Blutes
für seinen Glauben einzustehn?
Unser Glaube aber, Eminenz, beruht
auf Nächstenliebe – gedenken Sie der Deportierten,
eh' Sie mich richten.
KARDINAL: Ich richte Sie nicht, ich bete für Sie, ja, nicht wahr!
Doch dieser Frevel da – an der Soutane ...
Gehen Sie doch endlich
dem Heiligen Vater aus den Augen.

8. a) Versuchen Sie eine szenische Lesung oder inszenieren Sie die Szene.
b) Beurteilen Sie das Verhalten des Papstes und Pater Riccardos in dieser Szene.

Szenenfoto aus einer Theateraufführung im Theater Heilbronn

PAPST *(macht wieder den Versuch zu gehen, ehrlich erschüttert, hoch erregt):*
Aufruhr in *diesen* Räumen,
Ungehorsam und Anmaßung, Protestantismus –
Pfui – das ist der Dank für alles,
was Wir dem Minutanten Gutes taten.
FONTANA: Ich bitte, mich zu entlassen, Heiligkeit!
PAPST: Sie bleiben, Graf. Sie sind geprüft genug
mit diesem Sohn, Sie sollen nicht für seine Torheit büßen.
FONTANA: Bitte, Heiligkeit, entlassen Sie mich.
PAPST *(souverän, kalt):* Sie bleiben, punktum. – Sie, Pater General,
(er wendet sich an den Abt. Der Schreiber ist lautlos eingetreten, er trägt jetzt eine große Messing- oder Kupferschale mit Wasser und Handtuch)
haften Uns dafür, dass dieser Unfug – da
ein Ende nimmt. Begleiten Sie den Minutanten
nach Hause. – Gott schütze ihn, er weiß nicht,
was er redet, Wir haben ihm verziehn.
Natürlich kann er nicht ins Amt zurück,
auch nicht nach Lissabon ...
(Riccardo steht dabei, als gehe ihn das alles längst nichts mehr an; man weiß nicht einmal, ob er zuhört. Der Mönch tritt mit der Schale dem Papst entgegen. Fontana, ein gebrochener Mann, fällt vor dem Papst auf die Knie, der Mönch scheint vor Entsetzen im Stehen zu sterben.)
FONTANA: Heiligkeit, bitte ... Ich bitte, Heiliger Vater ...
PAPST *(geniert):* Stehen Sie doch auf, Fontana, was können *Sie* dazu?
Das Benehmen Ihres Sohnes kann doch uns beide
nicht entzweien.
(Endgültig glasklar und hart:) Non possumus.
Es kann und wird nicht sein,
dass Wir an Hitler schreiben. Er würde –
und in seiner unseligen Person würden
die Deutschen in corpore
nur provoziert und denunziert.
Doch soll man Uns, wie Roosevelt das auch soll,
als einen fairen Makler ansehn.
Nun endlich Schluss damit, ad acta.
(Während des letzten Satzes auf den Thronsessel zurückgekehrt, will er damit beginnen, sich in der hingehaltenen Schüssel die Hände zu waschen – als Riccardo, schon an der Tür, fest und ruhig sagt –)
RICCARDO: Gott soll die Kirche nicht verderben,
nur weil ein Papst sich seinem Ruf entzieht.
(Der Papst ist, keines Wortes fähig, aufgestanden. [...])

(v 1963)

7 Wolfgang Koeppen (1906–1996): Der Tod in Rom (Auszüge)

Der nach 1945 untergetauchte und in Abwesenheit zum Tode verurteilte Kriegsverbrecher Gottlieb Judejahn trifft in Rom mit seiner Frau Eva, dem Sohn Adolf und der Familie seines Schwagers Pfaffrath zusammen. Dieser war hoher Parteigenosse gewesen, schlug sich aber nach 1945 auf die „richtige" Seite, spielte den geläuterten Demokraten und wurde Oberbürgermeister.

[...]

Judejahn kam. Er füllte das Zimmer. Er füllte mit seiner gedrungenen Bullengestalt das Zimmer aus. Das kleine Zimmer wurde noch winziger. Es schrumpfte zusammen. Es war, als drängten die Mauern zueinander, als sinke die Decke gegen den Boden. Judejahn ging zu Eva. Er umfasste sie. Er sagte: „Du trauerst?" Sie sagte „ich trauere". Und sie dachte: Er ist gekommen, er ist gekommen, doch er ist nicht aus Walhall[1] gekommen. Er sagte: „Ich weiß." Er führte sie zum Bett. Sie ließ sich auf das Bett fallen, und er setzte sich neben sie. Er sah das Zimmer, das kleine Zimmer zum Hof, er hörte das Negerlied aus der Küche, er sah den Vulkanfiberkoffer, solide und billig, und er dachte an die Lederschränke, die sie besessen hatten. Er sagte: „Die Juden sind schuld." Und sie antwortete: „Die Juden." Er sah seinen Sohn in der Priestertracht in der grellen Sonne stehen, schwärzlich, staubig, ärmlich, er hatte die Kette des Kreuzes um die Hände gewunden, er hielt das Kreuz ihnen entgegen, er war bleich, und er schien nun doch zu beten. Judejahn sagte: „Es war Verrat." Und sie erwiderte: „Verrat." „Juden", sagte er, „internationale Juden." Und sie wiederholte: „Juden, internationale Juden." Und Adolf sah sie sitzen, wie Laokoon[2] und seine Söhne am griechischen Strand von der

1 Die Walhall (eigentlich Valhöll): in der altnordischen Mythologie die Totenhalle, in die Odin (Wotan), Herr der Schlacht und Totengott, die gefallenen Krieger und Könige beruft
2 Laokoon: griechische Sagengestalt, vgl. S. 204

Wolfgang Koeppen (1906–1996) wurde in Greifswald geboren, studierte Theaterwissenschaft, Literatur und Philosophie, arbeitete als Journalist, Dramaturg, Schauspieler, Filmautor und 1982 als Gastdozent für Poetik in Frankfurt a.M. Sein Werk umfasst Erzählungen, Reiseberichte – nach Reisen in Europa, in den USA und in der Sowjetunion – und vor allem Romane: *Tauben im Gras* (1951), *Das Treibhaus* (1953) und *Der Tod in Rom* (1954) machten den Autor berühmt. Aber als unerbittlicher Kritiker restaurativer Tendenzen der deutschen Nachkriegszeit war er auch heftig umstritten. Angeregt von Dos Passos und William Faulkner erweist sich Koeppen als stilistisch gewandter Erzähler, der moderne Mittel – z.B. Montagetechnik und inneren Monolog – souverän beherrscht.

Walhalla bei Regensburg. „Ruhmeshalle“ mit Büsten berühmter Deutscher. Erbaut 1830–42 von Leo von Klenze (1784–1864).

9. Der Priester Adolf Judejahn hatte sich, innerlich gebrochen, längst von seinem Elternhaus abgewandt.
a) Lassen Sie Adolf in einem inneren Monolog (vgl. S. 390) die Szene im Hotelzimmer kommentieren.
b) Stellen Sie sich vor, Adolf hätte die Pläne seines Vaters und Pfaffraths mit angehört und er würde sich in einem Streitgespräch einmischen.

Schlange umwickelt; die hassgeifernden giftzüngelnden Riesenschlangen ihres Wahnsinns verschlangen die Eltern ganz. Er betete. Er sprach die Bitten des Vaterunsers. Und sie fragte Judejahn: „Wirst du weiterkämpfen?“ Und er sagte: „Ich werd's ihnen besorgen. Ich werd's ihnen allen besorgen.“ Sie blickte ihn an, und ihre verschwimmenden blauen Augen sahen mehr, als sie sehen konnten; ihre Augen kamen aus dem Nebel und durchdrangen nun den Nebel des Seins. Sie glaubte Judejahn kein Wort. Er kam nicht aus Walhall. Aber Eva sah doch den Tod hinter ihm stehen. Der Tod erschreckte sie nicht. Der Tod würde alles richten. Er würde den Helden nach Walhall geleiten. Judejahn sah in ihr Nebelgesicht, und er dachte: Sie ist sehr alt geworden, ich ahnte es. Und dann dachte er: Sie ist mein Kamerad; mein einziger Kamerad ist sie doch geblieben. Er fühlte ihre Hand sich in seiner Hand erwärmen. Er sagte: „Ich werde nach Deutschland kommen. Ich spreche mit Pfaffrath. Ich werd's den Verrätern besorgen. Ich bin noch der alte Judejahn!“ Er war noch der alte, er war noch der große Judejahn. Er war wirklich groß in dem kleinen Zimmer. Er war so groß wie der Schatten des kleinen Gottlieb. Und Judejahn befahl. Er befahl ihr, sofort abzureisen. Sie solle nach Hause fahren. Er holte Geld aus seiner großen Brieftasche, Geld für den Schlafwagen. Er gab ihr das Geld. Geld für ein Haus würde er schicken. Und dann nahm er noch einmal große schmutzige italienische Geldscheine, aufgeblähte Kriegsfolgeziffern, und drückte sie Adolf in die gefalteten Hände. Das machte Judejahn nun Spaß. Er sagte. „Kauf dir was zu essen. Oder besauf dich. Oder geh mit einem Mädchen aus, wenn du noch ein Mann bist.“ Adolf fühlte schwer das Geld in der Hand, aber er wagte nicht, es zurückzuweisen. Er hielt die Scheine mit der Gebetskette und dem Kreuz zusammengefaltet. Judejahn packte die wenigen Sachen seiner Frau zusammen und warf sie in den unschönen billigen Koffer aus Kunststoff. Sie rührte sich nicht. Sie ließ ihn handeln. Es freute sie, dass er befahl, es freute sie, dass er handelte, doch ihre Augen glaubten ihm nicht, die sahen den Tod hinter ihm stehen, sie sahen, dass er schon lange auf dem Weg nach Walhall war, auf dem Weg zur Heldenrunde. Es war gleichgültig, was er hier noch tat und bestimmte; sie fügte sich, gleichgültig, und an seinem Arm verließ sie das Zimmer, entfernte sich von dem Negersong in dem Hof, entfernte sich von dem Sohn, dem fremden nur feindlich sein könnenden Wesen. Juden Verrat Pfaffen. Judejahn hatte den Sohn mit Geld abgefunden, mit schmutzigen Scheinen und aufgeblähten Zahlen; er schaute Adolf nicht an, als er die Mutter aus dem Zimmer führte.

Und in der Halle des von Deutschen bevorzugten Hauses trafen sie Pfaffraths, die braungebrannten Ausflügler, die animiert von den Schlachtfeldern kamen, gestärkt, gehoben und laut. Friedrich Wilhelm Pfaffrath war erstaunt und beunruhigt, Judejahn im Hotel zu begegnen und Eva an seinem Arm zu sehen. „Ich bringe meine Frau zur Bahn“, sagte Judejahn. „Ihr Zimmer gefiel mir nicht. Wir sprechen uns nachher noch.“ [...]

Und Judejahn sprach nun, wie er sich die Heimkehr dachte, die Heimkehr nach Deutschland, und sie hörten ihm aufmerksam zu, aber doch angestrengt und mit dem Schlaf kämpfend. Judejahn wollte nach der Souveränitätsverleihung in Deutschland erscheinen, und Pfaffrath nickte, dann habe es keine Gefahr mehr, keine deutsche Behörde würde ein Nürnberger Urteil vollstrecken, und kein deutsches Gericht würde Judejahn verdammen, und Judejahn sprach von neuer Kampfzeit und neuer Bewegung und von der Sammlung der Schar der Getreuen, und Pfaffrath, der Korrekte, erinnerte daran, dass Judejahn dann auch für geleistete Staatsdienste und erfüllten Generalsrang Pension fordern könne, ein Recht, das zu verfechten, ein möglicher Prozess, der zu gewinnen sei, es gehe hier um Treu und Glauben und verbrieften Anspruch ans Vaterland, und der Staatsform, die man bekämpfen wollte, durfte sowieso nichts geschenkt werden.

(v 1954)

8 Peter Weiss (1916–1982): Die Ermittlung (Auszüge)

Peter Weiss (1916–1982), geboren und aufgewachsen bei Berlin, emigrierte 1934 über England nach Prag, 1939 über die Schweiz nach Schweden. Er war Filmregisseur, Maler und Schriftsteller in Stockholm.
Seine wichtigsten Werke: autobiografisch ausgerichtete Erzählungen, u.a.

In seinem „Oratorium“ hat der Autor das immense Material des Auschwitz-Prozesses (1963–65) in 11 „Gesängen“ geordnet und konzentriert. Er hat die authentischen Aussagen zwar sprachlich stilisiert, dabei aber auf jede inhaltliche Zutat verzichtet und so ein erschütterndes Dokument geschaffen.

Gesang vom Unterscharführer Stark
II

ZEUGE 8 Wir kannten genau Starks Verhalten
wenn er von einer Tötung kam
Da musste alles sauber und ordentlich
in der Stube sein
und mit Handtüchern hatten wir die Fliegen
zu verjagen
Wehe
wenn er jetzt eine Fliege entdeckte
dann war er außer sich vor Zorn
Noch ehe er seine Feldmütze abnahm
wusch er sich die Hände in einer Schüssel
die der Kalfaktor schon auf den Hocker

gleich neben der Eingangstür gestellt hatte
Wenn er sich die Hände gewaschen hatte
zeigte er auf das schmutzige Wasser
und der Kalfaktor musste laufen
und frisches Wasser holen
Dann gab er uns seine Jacke zum Säubern
und wusch sich nochmals Gesicht und Hände
Zeuge 7 Mein ganzes Leben lang sehe ich Stark
immer Stark
Ich höre wie er ruft
Los rein ihr Schweinehunde
und da mussten wir hinein in die Kammer
Richter In welche Kammer
Zeuge 7 In die Leichenkammer des alten Krematoriums
Da lagen mehrere 100 Männer
Frauen und Kinder
wie Pakete
Auch Kriegsgefangene waren darunter
Los
Leichen ausziehn
rief Stark
Ich war 18 Jahre alt
und hatte noch keine Toten gesehn
Ich blieb stehen
da schlug Stark auf mich ein [...]

Gesang vom Unterscharführer Stark
III

Richter: Angeklagter Stark
Haben Sie nie bei Vergasungen mitgewirkt
Angeklagter 12: Einmal musste ich da mittun
Richter: Um wie viel Menschen handelte es sich
Angeklagter 12: Es können 150 gewesen sein
Immerhin 4 Lastwagen voll
Richter: Was für Häftlinge waren es
Angeklagter 12: Es war ein gemischter Transport
Richter: Was hatten Sie zu tun
Angeklagter 12: Ich stand draußen vor der Treppe
nachdem ich die Leute
ins Krematorium geführt hatte
Die Sanitäter
die für die Vergasung zuständig waren
hatten die Türen zugeschlossen
und trafen ihre Vorbereitungen
Richter: Woraus bestanden die Vorbereitungen
Angeklagter 12: Sie stellten die Büchsen bereit
und setzten sich Gasmasken auf
dann gingen sie die Böschung hinauf
zum flachen Dach
Im Allgemeinen waren 4 Leute erforderlich
Diesmahl fehlte einer
und sie riefen
dass sie noch jemanden brauchten
Weil ich der Einzige war der hier rumstand
sagte Grabner
Los
hier helfen
Ich bin aber nicht gleich gegangen
Da kam der Schutzhaftlagerführer und sagte
Etwas plötzlich
Wenn Sie nicht raufgehn
werden Sie mit reingeschickt
Da musste ich hinauf
und beim Einfüllen helfen
Richter: Wo wurde das Gas eingeworfen
Angeklagter 12: Durch Luken in der Decke
Richter: Was haben denn die Menschen da unten gemacht
in diesem Raum

Abschied von den Eltern (1961), das Drama *Die Verfolgung und Ermordung Jean Paul Marats dargestellt durch die Schauspielgruppe des Hospizes zu Charenton unter Anleitung des Herrn de Sade* (1964), ein in seiner Art auf der deutschen Nachkriegsbühne einzigartiges totales Theater aus Sprecherrolle, Wechselreden, Chorpartien, Songs, Tänzen und Pantomimen, reflektierendem Gespräch und Massenszenen; das als „Oratorium" bezeichnete Dokumentarstück *Die Ermittlung* (1965), das beeindruckt, weil es den Gräueln des Vernichtungslagers Auschwitz kaum mehr als die Monotonie einer distanziert-sachlichen Sprache hinzufügt; es folgt der dreibändige Roman *Die Ästhetik des Widerstandes.* (1975–81).

Die Ermittlung, Freie Volksbühne Berlin, 1965

Dokumentarisches Theater
Nähe zur Wirklichkeit, Glaubwürdigkeit, gesellschaftsverändernde Wirkung sind die Ziele dieser modernen Form des Theaters. Diese Ziele sollen erreicht werden durch die auf Akten, Protokolle und zeitgenössische Presseberichte gestützte Dokumentation von Tatsachen, mit Hilfe eingeblendeter Filmszenen und Fotos, mittels Tonbändern und authentischen Zeugenaussagen; besser als durch die fiktiven Darstellungsformen des absurden Theaters, des Zeitstücks, der Parabel oder des Hörspiels.
Vorstufen finden sich in Form von Übernahmen aus Verhandlungsprotokollen bereits in Georg Büchners *Dantons Tod* (1835) und in den Inszenierungen von Erwin Piscator (späte Zwanzigerjahre). Seine Höhepunkte erlebte

das dokumentarische Theater in den Sechzigerjahren mit den Dokumentarstücken von Heinar Kipphardt *In der Sache J. Robert Oppenheimer* (1964), Peter Weiss *Die Ermittlung* (1965), Tankred Dorst *Toller* (1968) und Hans Magnus Enzensberger *Das Verhör von Habana* (1970). Besonders erfolgreich war Rolf Hochhuths Schauspiel *Der Stellvertreter* (1963), in dem sich Elemente des dokumentarischen Theaters finden.
In der DDR konnte sich diese Form des Theaters überhaupt nicht entwickeln.

ANGEKLAGTER 12: Das weiß ich nicht
RICHTER: Haben Sie nichts gehört von dem
was sich da unten abspielte
ANGEKLAGTER 12: Die haben geschrien
RICHTER: Wie lange
ANGEKLAGTER 12: So 10 bis 15 Minuten
RICHTER: Wer hat den Raum geöffnet
ANGEKLAGTER 12: Ein Sanitäter
RICHTER: Was haben Sie da gesehn
Angeklagter 12: Ich habe nicht genau hingesehn
RICHTER: Hielten sie das was sich Ihnen zeigte
für Unrecht
ANGEKLAGTER 12: Nein durchaus nicht
Nur die Art
RICHTER: Was für eine Art
ANGEKLAGTER 12: Wenn jemand erschossen wurde
das war etwas Anderes
Aber die Anwendung von Gas
das war unmännlich und feige
RICHTER: Angeklagter Stark
Während Ihrer Studien zur Reifeprüfung
kam Ihnen da niemals ein Zweifel
an Ihren Handlungen
ANGEKLAGTER 12: Herr Vorsitzender
ich möchte das einmal erklären
Jedes dritte Wort schon in unserer Schulzeit
handelte doch von denen
die an allem schuld waren
und die ausgemerzt werden mussten
Es wurde uns eingehämmert
dass dies nur zum Besten
des eigenen Volkes sei
In den Führerschulen lernten wir vor allem
alles stillschweigend entgegenzunehmen
Wenn einer noch etwas fragte
dann wurde gesagt
Was getan wird geschieht nach dem Gesetz
Da hilft es nichts
dass heute die Gesetze anders sind
Man sagte uns
Ihr habt zu lernen
ihr habt die Schulung nötiger als Brot
Herr Vorsitzender
uns wurde das Denken abgenommen
Das taten ja andere für uns
Zustimmendes Lachen der Angeklagten

(v 1965)

10. a) Vergleichen Sie die Wirkung der szenischen Lesung von Text 8 mit der von Text 6.
b) Verfassen Sie eine knappe Anklageschrift gegen Unterscharführer Stark.
c) Interpretieren Sie die Hochhuth-Szene (S. 395ff.) oder die III. Szene bei Weiss (vgl. S. 399f.).

11. a) Beschreiben Sie Eigenarten des dokumentarischen Theaters bei Peter Weiss.
b) Erläutern Sie, warum diese Form des Theaters in der DDR keinen Platz hatte.

12. Martin Walser (geb.1927) sprach davon, dass im Auschwitz-Prozess auch „unser Auschwitz" Gegenstand des Verfahrens war. Erörtern Sie diese These, indem Sie Gedanken aus Text 9 einbeziehen (vgl. S. 398ff. mit S. 400ff.).

9 Bernhard Schlink (*1944): Der Vorleser (Auszüge)

Bernhard Schlink, geboren 1944 bei Bielefeld, lehrte als Jurist in Bonn, Frankfurt und New York, ist seit 1992 an der Humboldt-Universität in Berlin. Er ist Autor mehrerer Romane, darunter *Der Vorleser* (1995), der bereits in zahlreiche Sprachen übersetzt wurde. Bekannt ist sein Erzählband *Liebesfluchten* (2000).

Im ersten Teil des Romans schildert der Ich-Erzähler, Michael Berg, die ungewöhnliche Beziehung des 15-jährigen Gymnasiasten zur 36-jährigen Straßenbahnschaffnerin Hanna Schmitz. Die Besuche Michaels bei der Frau verlaufen bald nach einem festen Ritual: Der Gymnasiast liest ihr aus Schul- und Privatlektüre vor, dann schlafen sie miteinander. Der aus einer Professorenfamilie stammende Junge verheimlicht sein Verhältnis vor Angehörigen und Freunden. Plötzlich verschwindet die Frau aus der Stadt, gerade als man ihr angeboten hatte, sich zur Straßenbahnfahrerin ausbilden zu lassen.
Einige Jahre später sieht der Ich-Erzähler, der als Jurastudent den Frankfurter Auschwitzprozess beobachtet, seine frühere Geliebte als Angeklagte wieder. Sie wird beschuldigt, an Selektionen von Frauen für den Tod in der Gaskammer beteiligt gewesen zu sein und in einer Kirche eingeschlossenen Gefangenen nach einem Bombenangriff die Rettung aus den Flammen verweigert zu haben. Als Zeugin nimmt auch eine der beiden einzigen Überlebenden – eine Mutter und ihre Tochter, die in den USA ein Buch über das Lager und die Bombennacht veröffentlicht haben – an dem Prozess teil.

[...]

Hanna wurde vom Anwalt einer anderen Angeklagten befragt.
„Aber wir alle wussten ..."

„Wir", „wir alle", zu sagen ist einfacher, als „ich" zu sagen, „ich allein", nicht wahr? Stimmt es, dass Sie, Sie allein, im Lager Ihre Schützlinge hatten, junge Mädchen jeweils, eines für eine Weile und dann für eine Weile ein anderes?"

Hanna zögerte. „Ich glaube, dass ich nicht die Einzige war, die ..."

„Du dreckige Lügnerin! Deine Lieblinge – das war deines, deines allein!" Eine andere Angeklagte, eine derbe Frau, nicht ohne gluckenhafte Behäbigkeit und zugleich mit gehässigem Mundwerk, war sichtbar erregt.

„Könnte es sein, dass Sie „wissen" sagen, wo Sie allenfalls glauben können, und „glauben", wo Sie einfach erfinden?" Der Anwalt schüttelte den Kopf, als nehme er ihre bejahende Antwort bekümmert zur Kenntnis. „Stimmt es auch, dass alle Ihre Schützlinge, wenn Sie ihrer überdrüssig waren, in den nächsten Transport nach Auschwitz kamen?"

Hanna antwortete nicht.

„Das war Ihre spezielle, Ihre persönliche Selektion, nicht wahr? Sie wollen sie nicht mehr wahrhaben, Sie wollen sie verstecken hinter etwas, was alle gemacht haben. Aber ..."

„O Gott!" Die Tochter, die sich nach ihrer Vernehmung unter die Zuschauer gesetzt hatte, schlug die Hände vors Gesicht. „Wie habe ich das vergessen können?" Der Vorsitzende Richter fragte sie, ob sie ihre Aussage ergänzen wolle. Sie wartete nicht, bis sie nach vorne gerufen wurde. Sie stand auf und redete von ihrem Platz unter den Zuschauern aus.

„Ja, sie hatte Lieblinge, immer eine von den jungen, schwachen und zarten, und die nahm sie unter ihren Schutz und sorgte, dass sie nicht arbeiten mussten, brachte sie besser unter und versorgte und verköstigte sie besser, und abends holte sie sie zu sich. Und die Mädchen durften nicht sagen, was sie abends mit ihnen machte, und wir dachten, dass sie mit ihnen ... auch weil sie alle in den Transport kamen, als hätte sie mit ihnen ihren Spaß und sie dann sattgehabt. Aber so war es gar nicht, und eines Tages hat doch eines geredet, und wir haben gewusst, dass die Mädchen ihr vorgelesen haben, Abend um Abend um Abend. Das war besser, als wenn sie ... auch besser, als wenn sie sich an dem Bau zu Tode gearbeitet hätten, ich muss gedacht haben, dass es besser war, sonst hätte ich es nicht vergessen können. Aber war es besser?" Sie setzte sich.

Hanna drehte sich um und sah mich an. Ihr Blick fand mich sofort, und so merkte ich, dass sie die ganze Zeit gewusst hatte, dass ich da war. Sie sah mich einfach an. Ihr Gesicht bat um nichts, warb um nichts, versicherte oder versprach nichts. Es bot sich dar. Ich erkannte, wie angespannt und erschöpft sie war. Sie hatte Ringe unter den Augen, und in jeder Backe führte eine Falte von oben nach unten, die ich nicht kannte, die noch nicht tief war, sie aber schon wie eine Narbe zeichnete. Als ich unter ihrem Blick rot wurde, wandte sie ihn ab und kehrte sich wieder der Gerichtsbank zu.

Der Vorsitzende Richter wollte von dem Anwalt, der Hanna befragt hatte, wissen, ob er noch Fragen an die Angeklagte habe. Er wollte es von Hannas Anwalt wissen.

Frag sie, dachte ich. Frag sie, ob sie die schwachen und zarten Mädchen gewählt hat, weil sie die Arbeit auf dem Bau ohnehin nicht verkrafteten, weil sie ohnehin mit dem nächsten Transport nach Auschwitz kamen und weil sie ihnen den letzten Monat erträglich machen wollte. Sag's, Hanna. Sag, dass du ihnen den letzten Monat erträglich machen wolltest. Dass das der Grund war, die Zarten und Schwachen zu wählen. Dass es keinen anderen Grund gab, keinen geben konnte.

Aber der Anwalt fragte Hanna nicht, und sie sprach nicht von sich aus. [...]

13. Versetzen Sie sich in die Situation eines Gerichtsreporters; wählen Sie für Ihren Bericht eine der beiden folgenden Beurteilungsperspektiven:
a) Berichten Sie über die Beschuldigte aus der Sicht des Anwalts der Mitangeklagten.
b) Schreiben Sie den Bericht so, wie ihn ein Reporter aus der Sicht des Erzählers verfassen würde. Vergleichen Sie untereinander Ihre Ergebnisse.

14. Hanna war Analphabetin. Machen Sie diese Tatsache zum Kern des Schlussplädoyers eines guten Verteidigers.

15. Gegen Ende des Romans erkennt der Erzähler: „Die Schichten unseres Lebens ruhen so dicht aufeinander auf, dass uns im Späteren immer Früheres begegnet, nicht als Abgetanes und Erledigtes, sondern gegenwärtig und lebendig."
a) Suchen Sie in den beiden Auszügen nach einem Beispiel für diese grundlegende Erkenntnis.
b) Welche Konsequenzen ergeben sich aus dieser Einsicht für unsere Einschätzungen und Urteile?

Hannas taktisch ungeschickte Art der Argumentation vor Gericht bringt die mitangeklagten Aufseherinnen so sehr gegen sie auf, dass diese ihr die Niederschrift über das Verbrechen an den eingeschlossenen Häftlingen anhängen. Hanna streitet den Vorwurf zunächst ab, bekennt sich aber zur Urheberschaft, als der Staatsanwalt zur Klärung eine Schriftprobe aller Angeklagten vorschlägt.

Der Auschwitzprozess

[...]

Hanna konnte nicht lesen und schreiben.

Deswegen hatte sie sich vorlesen lassen. Deswegen hatte sie mich auf unserer Fahrradtour das Schreiben und Lesen übernehmen lassen und war am Morgen im Hotel außer sich gewesen, als sie meinen Zettel gefunden, meine Erwartung, sie kenne seinen Inhalt, geahnt und ihre Bloßstellung gefürchtet hatte. Deswegen hatte sie sich der Beförderung bei der Straßenbahn entzogen; ihre Schwäche, die sie als Schaffnerin verbergen konnte, wäre bei der Ausbildung zur Fahrerin offenkundig geworden. Deswegen hatte sie sich der Beförderung bei Siemens entzogen und war Aufseherin geworden. Deswegen hatte sie, um der Konfrontation mit dem Sachverständigen zu entgehen, zugegeben, den Bericht geschrieben zu haben. Hatte sie sich deswegen im Prozess um Kopf und Kragen geredet? Weil sie das Buch der Tochter wie auch die Anklage

Der **Faschismus** (< lat. „fascis" = Bündel): Den höchsten römischen Staatsbeamten wurde als Zeichen ihrer Strafgewalt über die Bürger ein Rutenbündel mit Beil vorangetragen – so ist das italienische Wort „fascismo" entstanden. Es bezeichnet ursprünglich die von Benito Mussolini in Italien 1922 zur Macht geführte politische Bewegung und ihr bis 1945 ausgeübtes Herrschaftssystem. Es wurde zum Sammelbegriff für nationalistische Bewegungen mit streng hierarchischem Aufbau, antiliberaler und antidemokratischer Grundhaltung sowie einem immer latent vorhandenen Gewaltpotenzial. Im heutigen Sprachgebrauch bezeichnet man mit „faschistisch" auch eine extrem autoritäre und undemokratische Einstellung. Ihr entsprechende Verhaltensmuster sind Anpassung, Unterordnung, Verstellung und Angst.

nicht hatte lesen, die Chancen ihrer Verteidigung nicht hatte sehen und sich nicht entsprechend hatte vorbereiten können? Hatte sie deswegen ihre Schützlinge nach Auschwitz geschickt? Um sie, falls sie was gemerkt haben sollten, stumm zu machen? Und hatte sie deswegen die Schwachen zu ihren Schützlingen gemacht?

Deswegen? Dass sie sich schämte, nicht lesen und schreiben zu können, und lieber mich befremdet als sich bloßgestellt hatte, verstand ich. Scham als Grund für ausweichendes, abwehrendes, verbergendes und verstellendes, auch verletzendes Verhalten kannte ich selbst. Aber Hannas Scham, nicht lesen und schreiben zu können, als Grund für ihr Verhalten im Prozess und im Lager? Aus Angst vor der Bloßstellung als Analphabetin die Bloßstellung als Verbrecherin? Aus Angst vor der Bloßstellung als Analphabetin das Verbrechen?

Wie oft habe ich mir damals und seitdem dieselben Fragen gestellt. Wenn Hannas Motiv die Angst vor Bloßstellung war – wieso dann statt der harmlosen Bloßstellung als Analphabetin die furchtbare als Verbrecherin? Oder meinte sie, ohne jede Bloßstellung durch- und davonzukommen? War sie einfach dumm? Und war sie so eitel und böse, für das Vermeiden einer Bloßstellung zur Verbrecherin zu werden?

Ich habe es damals und seitdem immer wieder verworfen. Nein, habe ich mir gesagt, Hanna hatte sich nicht für das Verbrechen entschieden. Sie hatte sich gegen die Beförderung bei Siemens entschieden und war in die Tätigkeit als Aufseherin hineingeraten. Und nein, sie hatte die Zarten und Schwachen nicht mit dem Transport nach Auschwitz geschickt, weil sie ihr vorgelesen hatten, sondern hatte sie fürs Vorlesen ausgewählt, weil sie ihnen den letzten Monat erträglich machen wollte, ehe sie ohnehin nach Auschwitz mussten. Und nein, im Prozess wog Hanna nicht zwischen der Bloßstellung als Analphabetin und der Bloßstellung als Verbrecherin ab. Sie kalkulierte und taktierte nicht. Sie akzeptierte, dass sie zur Rechenschaft gezogen wurde, wollte nur nicht überdies bloßgestellt werden. Sie verfolgte nicht ihr Interesse, sondern kämpfte um ihre Wahrheit, ihre Gerechtigkeit. Es waren, weil sie sich immer ein bisschen verstellen musste, weil sie nie ganz offen, nie ganz sie selbst sein konnte, eine klägliche Wahrheit und eine klägliche Gerechtigkeit, aber es waren ihre, und der Kampf darum war ihr Kampf.

Sie musste völlig erschöpft sein. Sie kämpfte nicht nur im Prozess. Sie kämpfte immer und hatte immer gekämpft, nicht um zu zeigen, was sie kann, sondern um zu verbergen, was sie nicht kann. Ein Leben, dessen Aufbrüche in energischen Rückzügen und dessen Siege in verheimlichten Niederlagen bestehen.

Seltsam berührte mich die Diskrepanz zwischen dem, was Hanna beim Verlassen meiner Heimatstadt beschäftigt haben musste, und dem, was ich mir damals vorgestellt und ausgemalt hatte. Ich war sicher gewesen, sie vertrieben, weil verraten und verleugnet zu haben, und tatsächlich hatte sie sich einfach einer Bloßstellung bei der Straßenbahn entzogen. Allerdings änderte der Umstand, dass ich sie nicht vertrieben hatte, nichts daran, dass ich sie verraten hatte. Also blieb ich schuldig. Und wenn ich nicht schuldig war, weil der Verrat einer Verbrecherin nicht schuldig machen kann, war ich schuldig, weil ich eine Verbrecherin geliebt hatte. [...] (v 1995)

Fuge (lat. fuga = Flucht, mittellat. auch = Wechselgesang): In der Musik die am vollkommensten durchgebildete kontrapunktisch gebundene Satzart aus mehreren selbstständigen Stimmen; ihr Hauptmerkmal: die nachahmende Bearbeitung eines Themas durch alle Stimmen (bis zu sechs). Eine der Stimmen (Dux, Führer) trägt das Thema in der Tonika vor; eine zweite Stimme (Comes, Gefährte, Antwort) setzt mit dem Thema in der Dominante ein, während die erste Stimme einen freien Kontrapunkt dazu ausbildet. Bei mehr als zweistimmigen Fugen tritt dann die dritte Stimme wieder mit der Tonika ein, die zweite nimmt den Gegensatz auf. Haben sämtliche Stimmen das Thema gebracht, so ist die erste Durchführung (Exposition) beendet. Gewöhnlich folgen noch zwei weitere Durchführungen, häufig in verwandten Tonarten, oft mit verändertem Gegensatz. Die letzte Durchführung ist meist kunstvoll gestaltet, z.B. als Engführung, Vergrößerung, Verkleinerung oder Umkehrung des Themas. Am Schluss steht häufig ein längerer Orgelpunkt auf der Dominante.

10 Alexander und Margarete Mitscherlich: Die Unfähigkeit zu trauern (Auszug)

Die Autoren stellen in ihrem auf sozialpsychologischen Untersuchungen basierenden Werk (Untertitel: „Grundlagen kollektiven Verhaltens") die „unsere Gedankenfreiheit einengenden Verhaltensweisen" dar. Dabei gehen sie „der hartnäckig aufrechterhaltenen Abwehr von Erinnerungen, insbesondere der Sperrung gegen eine Gefühlsbeteiligung an den jetzt verleugneten Vorgängen der Vergangenheit" (S. 8/9) nach.

[...] Man kann aber nur aufgrund eines zuverlässig im Bewusstsein verankerten Wissens, auch eines solchen, das zunächst peinigen muss, „radikal überwinden", da das, was geschah, nur geschehen konnte, weil dieses Bewusstsein korrumpiert[1] war. Was unter einer über zwei Jahrzehnte andauernden Zensur unseres Bewusstseins nicht als schmerzliche Erinnerung eingelassen wird, kann ungebeten aus der Vergangenheit zurückkehren, denn es ist nicht „bewältigte" Vergangenheit geworden: Vergangenheit, um deren Verständnis man sich bemüht hat. Trauerarbeit kann nur geleistet werden, wenn wir wissen, wovon wir uns lösen müssen; und nur durch ein langsames Ablösen von verlorenen Objektbeziehungen – solchen zu Menschen oder zu Idealen – kann die Beziehung zur Realität wie zur Vergangenheit in einer sinnvollen Weise aufrechterhalten werden. Ohne eine schmerzliche Erinnerungsarbeit wird dies nicht gelingen können, und ohne sie wirken unbewusst die alten Ideale weiter, die im Nationalsozialismus die fatale Wendung der deutschen Geschichte herbeigeführt haben. Aber fordern wir nicht Unerfüllbares? Unser Ich war in dieser Vergangenheit unserem Narzissmus zu Diensten. Das narzisstische Objekt, das wir verloren haben, war in der Vorstellung von uns selbst als Herrenmenschen zentriert. Nicht der geschichtli-

[1] korrumpieren: verderben, bestechen

chen Belehrung, dass dem nicht so ist, wäre also nachzutrauern. Vielmehr müssten wir die Einfühlung in uns selbst erweitern, so dass wir uns in jenen Szenen wiedererkennen wie der des deutschen Offiziers im dänischen Café[1] und in den entsetzlichen, in denen 100, 500 oder 1000 Leichen vor uns lagen – Leichen von uns Getöteter. Das würde eine einfühlende, nachfühlende Anerkennung der Opfer lange nach den Schreckenszeiten bedeuten.

Psychologisch wäre es keine Unmöglichkeit, nach der Tat einzusehen, was wir im Dritten Reich taten, uns also von der narzisstischen Liebesform zur Anerkennung von Mitmenschen als Lebewesen mit gleichen Rechten weiterzuentwickeln. Diese Korrektur unseres falschen und eingeengten Bewusstseins, das Auffinden unserer Fähigkeit des Mitleidens für Menschen, die wir hinter unseren entstellenden Projektionen zuvor nie wahrgenommen haben, würde uns die Fähigkeit zu trauern zurückgeben. [...]

(v 1968)

Anselm Kiefer (*1945):
Dein goldenes Haar, Margarethe, 1981
(Öl und Stroh auf Leinwand)

11 Paul Celan (1920–1970): Todesfuge (Biografie S. 407)

Schwarze Milch der Frühe wir trinken sie abends
wir trinken sie mittags und morgens wir trinken sie nachts
wir trinken und trinken
wir schaufeln ein Grab in den Lüften da liegt man nicht eng
Ein Mann wohnt im Haus der spielt mit den Schlangen der schreibt
der schreibt wenn es dunkelt nach Deutschland dein goldenes Haar Margarete
er schreibt es und tritt vor das Haus und es blitzen die Sterne er pfeift seine Rüden herbei
er pfeift seine Juden hervor lässt schaufeln ein Grab in der Erde
er befiehlt uns spielt auf nun zum Tanz

Schwarze Milch der Frühe wir trinken dich nachts
wir trinken dich morgens und mittags wir trinken dich abends
wir trinken und trinken
Ein Mann wohnt im Haus und spielt mit den Schlangen der schreibt
der schreibt wenn es dunkelt nach Deutschland dein goldenes Haar Margarete
Dein aschenes Haar Sulamith wir schaufeln ein Grab in den Lüften da liegt man nicht eng

Er ruft stecht tiefer ins Erdreich ihr einen ihr andern singet und spielt
er greift nach dem Eisen im Gurt er schwingts seine Augen sind blau
stecht tiefer die Spaten ihr einen ihr andern spielt weiter zum Tanz auf

Schwarze Milch der Frühe wir trinken dich nachts
wir trinken dich mittags und morgens wir trinken dich abends
wir trinken und trinken
ein Mann wohnt im Haus dein goldenes Haar Margarete
dein aschenes Haar Sulamith er spielt mit den Schlangen

Er ruft spielt süßer den Tod der Tod ist ein Meister aus Deutschland
er ruft streicht dunkler die Geigen dann steigt ihr als Rauch in die Luft
dann habt ihr ein Grab in den Wolken da liegt man nicht eng

Schwarze Milch der Frühe wir trinken dich nachts
wir trinken dich mittags der Tod ist ein Meister aus Deutschland
wir trinken dich abends und morgens wir trinken und trinken
der Tod ist ein Meister aus Deutschland sein Auge ist blau
er trifft dich mit bleierner Kugel er trifft dich genau
ein Mann wohnt im Haus dein goldenes Haar Margarete
er hetzt seine Rüden auf uns er schenkt uns ein Grab in der Luft
er spielt mit den Schlangen und träumet der Tod ist ein Meister aus Deutschland

dein goldenes Haar Margarete
dein aschenes Haar Sulamith

(e 1947)

Der Maler **Anselm Kiefer** (geb. 1945 in Donaueschingen) versucht mit seinen Mitteln das Unfassbare und Nicht-Sagbare zu gestalten. Sie finden seine beiden von der Beschäftigung mit Paul Celans *Todesfuge* angeregten Bilder „Dein goldenes Haar Margarethe" und „Dein aschenes Haar Sulamit" im Internet unter dem Suchbegriff „anselm kiefer – dein goldenes haar"; außerdem ein Exposé zum Thema: Anselm Kiefer, Malerei als bildnerischer Dialog von Seung Ho Kim, Kunstgeschichtliches Institut Freiburg.

Anselm Kiefer: Dein aschenes Haar, Sulamit, 1981 (Öl auf Leinwand)

[1] Der Offizier hatte sich abfällige antinationalsozialistische Äußerungen seiner dänischen Verwandten mit lauter Stimme verbeten und mit Anzeige gedroht; ein heftiger Ausbruch, auf den die im Café Anwesenden mit beklommenem Schweigen reagierten.

Nelly Sachs wurde 1891 in Berlin geboren; 1940 floh sie mit Hilfe von Selma Lagerlöf nach Stockholm, wo sie 1970 starb; 1965 erhielt sie den Friedenspreis des Deutschen Buchhandels, 1966 den Nobelpreis für Literatur.
Die Verfolgung und Vernichtung der europäischen Juden war Ausgangspunkt und zentrales Thema ihres Schaffens: *In den Wohnungen des Todes* (1947), *Sternverdunklung* (1949), *Fahrt ins Staublose* (1961). In reimlosen Versen, mit einer sparsam gebrauchten, sehr bildhaften, von Schwermut und Trauer gekennzeichneten Sprache stellt sie das Schicksal ihres jüdischen Volkes dar.

12 Nelly Sachs (1891–1970): Chor der Geretteten

Wir Geretteten,
Aus deren hohlem Gebein der Tod schon seine Flöten schnitt,
An deren Sehnen der Tod schon seinen Bogen strich –
Unsere Leiber klagen noch nach
Mit ihrer verstümmelten Musik.
Wir Geretteten,
Immer noch hängen die Schlingen für unsere Hälse gedreht
Vor uns in der blauen Luft –
Immer noch füllen sich die Stundenuhren mit unserem tropfenden Blut.
Wir Geretteten,
Immer noch essen an uns die Würmer der Angst.
Unser Gestirn ist vergraben im Staub.
Wir Geretteten
Bitten euch:
Zeigt uns langsam eure Sonne.
Führt uns von Stern zu Stern im Schritt.
Lasst uns das Leben leise wieder lernen.
Es könnte sonst eines Vogels Lied,
Das Füllen des Eimers am Brunnen
Unseren schlecht versiegelten Schmerz aufbrechen lassen
Und uns wegschäumen –
Wir bitten euch:
Zeigt uns noch nicht einen beißenden Hund –
Es könnte sein, es könnte sein
Dass wir zu Staub zerfallen –
Vor euren Augen zerfallen in Staub.
Was hält denn unsere Webe zusammen?
Wir odemlos gewordene,
Deren Seele zu Ihm floh aus der Mitternacht
Lange bevor man unseren Leib rettete
In die Arche des Augenblicks.
Wir Geretteten,
Wir drücken eure Hand,
Wir erkennen euer Auge –
Aber zusammen hält uns nur noch der Abschied,
Der Abschied im Staub
Hält uns mit euch zusammen.

(v 1946)

16. Versuchen Sie sich dem Gedicht von Nelly Sachs nicht mit den üblichen und oft geübten Interpretationsschritten zu nähern; erproben Sie vielmehr eine andere Vorgehensweise:
a) Tragen Sie den Text abschnittsweise – teils auf Gruppen, teils auf Einzelstimmen verteilt – vor.
b) Suchen Sie nach Bildausschnitten oder geeigneten fotografischen Motiven, um einzelne Textstellen zu veranschaulichen.
c) Entwerfen Sie in kleinen Gruppen oder in Einzelarbeit eine nur auf Andeutungen ausgerichtete Text-Bild-Collage, um die Wirkung des Textes zu vertiefen.

Zur Teilsequenz „Trauerarbeit" i.S. eines Appells, die Erinnerung wachzuhalten, bietet sich ein **Projekt** (vgl. S. 60) mit Geschichte, Religion und/oder Bildender Kunst an. Hauptziel ist es, neben dem Wissen und Methodentraining das Einfühlungs- und Urteilsvermögen zu differenzieren, um auf diese Weise mit der uns aus unserer Geschichte zukommenden Verantwortung bewusster umgehen zu lernen. Halten Sie in einem *Arbeitsprotokoll* (vgl. S. 226) die Planungsüberlegungen, die Arbeitsschritte, persönliche Eindrücke und Wertungen, wichtige Zitate bzw. Textauszüge, Bilder und Fotos sowie Interpretationsergebnisse fest. Einseitig beschriebene Blätter im DIN-A4-Format eignen sich am besten.

Hinweise zu möglichen Themen:
- z. B. zu Text 1 (Siegfried Lenz): „Entartete Kunst" – ideologisches Konzept und Konsequenzen
- z. B. zu Text 2 (Anna Seghers): Befehl und Gehorsam: Was geschah in Lidice oder in Oradour-sur-Glane?
- z. B. zu Text 5 (Rolf Hochhuth): Euthanasie und Judenverfolgung und die Haltung der Kirchen?

Auch ein **Seminarkurs** (vgl. S. 251) zu diesem Thema wäre sinnvoll, sofern die Organisationsbedingungen gegeben sind und der Zeitrahmen großzügig bemessen ist.

3. „Topographie im Ungesicherten“ (Ilse Aichinger) – Gedichte und Denkbilder als Orientierungsversuche

Die Beschreibung eines Ortes, eines Geländes, einer Gegend mit den dafür kennzeichnenden Formen und Besonderheiten, wie z.B. Gebäuden, Wegen, Gewässern und herausragenden Punkten nennt man Topographie.
Wichtige Voraussetzung topographischer Arbeit ist die exakte Festlegung des eigenen Standorts mittels fester Bezugspunkte und eindeutig bestimmter Entfernungen; eine Aufgabe, die umso schwieriger wird, je unbekannter das Gelände oder die Gegend ist, in der man sich orientieren will.

1 Günter Eich (1907–1972): Trigonometrische Punkte (Auszug)

[...] Ich schreibe Gedichte, um mich in der Wirklichkeit zu orientieren. Ich betrachte sie als trigonometrische Punkte oder als Bojen, die in einer unbekannten Fläche den Kurs markieren.

Erst durch das Schreiben erlangen für mich die Dinge Wirklichkeit. Sie ist nicht meine Voraussetzung, sondern mein Ziel. Ich muss sie erst herstellen.

Ich bin Schriftsteller, das ist nicht nur ein Beruf, sondern die Entscheidung, die Welt als Sprache zu sehen. Als die eigentliche Sprache erscheint mir die, in der das Wort und das Ding zusammenfallen. Aus dieser Sprache, die sich rings um uns befindet, zugleich aber nicht vorhanden ist, gilt es zu übersetzen. Wir übersetzen, ohne den Urtext zu haben. Die gelungenste Übersetzung kommt ihm am nächsten und erreicht den höchsten Grad von Wirklichkeit.

Ich muss gestehen, dass ich in diesem Übersetzen noch nicht weit fortgeschritten bin. Ich bin über das Dingwort noch nicht hinaus. Ich befinde mich in der Lage eines Kindes, das Baum, Mond, Berg sagt und sich so orientiert.

Ich habe deshalb wenig Hoffnung, einen Roman schreiben zu können. Der Roman hat mit dem Zeitwort zu tun, das im Deutschen mit Recht auch Tätigkeitswort heißt. In den Bereich des Zeitwortes aber bin ich nicht vorgedrungen. Allein das Dingwort brauche ich gewiss noch einige Jahrzehnte.

Für diese trigonometrischen Zeichen sei das Wort „Definition“ gebraucht. Solche Definitionen sind nicht nur für den Schreibenden nutzbar. Dass sie aufgestellt werden, ist mir lebensnotwendig. In jeder gelungenen Zeile höre ich den Stock des Blinden klopfen, der anzeigt: Ich bin auf festem Boden.

Ich behaupte nicht, dass die Richtigkeit der Definitionen von der Länge oder Kürze der Texte abhinge. Ein Roman von vierhundert Seiten enthält möglicherweise ebenso viel an Definition wie ein Gedicht von vier Versen. Ich bin bereit, diesen Roman zu den Gedichten zu zählen.

Richtigkeit der Definition und Qualität sind mir identisch. Erst wo die Übersetzung sich dem Original annähert, beginnt für mich Sprache. Was davor liegt, mag psychologisch, soziologisch, politisch oder wie immer interessant sein, und ich werde mich gern davon unterhalten lassen, es bewundern und mich daran freuen – notwendig aber ist es mir nicht. Notwendig ist mir allein das Gedicht.

(e 1956)

Günter Eich (1907–1972) wurde im Oderbruch geboren und verbrachte Kindheit und Jugend dort und in Brandenburg. Er studierte Volkswirtschaft und Sinologie in Berlin und Paris und war ab 1932 als freier Schriftsteller tätig. Eich war Mitarbeiter bei der Zeitschrift „Kolonne“ und beim Funk, nahm von 1939 bis 1945 als Soldat am Krieg teil und geriet in Kriegsgefangenschaft. 1953 heiratete er die Schriftstellerin Ilse Aichinger.
„Alles, was geschieht, geht dich an.“ Dieser einleitende Satz aus Günter Eichs Hörspiel *Träume* (1951) kennzeichnet die Grundhaltung des Autors. In prägnanter, karger und verhaltener Sprache trägt er seine „Botschaften“ vor, deren Zielrichtung er in seiner Büchner-Preis-Rede 1959 so bestimmt: „Wir haben keine Zeit mehr, Ja zu sagen. Wenn unsere Arbeit nicht als Kritik verstanden werden kann, als Gegnerschaft und Widerstand, als unbequeme Frage und als Herausforderung der Macht, dann schreiben wir umsonst, dann sind wir positiv und schmücken das Schlachthaus mit Geranien.“

2 Günter Eich: Geometrischer Ort

Wir haben unsern Schatten verkauft,
er hängt an einer Mauer in Hiroshima,
ein Geschäft, von dem wir nichts wussten,
wir streichen ratlos die Zinsen ein.

Und, liebe Freunde, trinkt meinen Whisky,
ich werde die Kneipe nicht mehr finden,
wo meine Flasche steht
mit dem Namenszug,
eine Urkunde des guten Gewissens.

Ich habe den Pfennig nicht auf die Bank gelegt
bei Christi Geburt,
aber die Urenkel auf Menschen dressierter Hunde
habe ich gesehen auf den Hügeln der Donauschule
und sie sahen mich an.

Und ich will, wie die Einwohner von Hiroshima,
keine verbrannte Haut mehr sehen,
ich will trinken und Lieder singen,
nach Whisky singe ich,
und will die Hunde streicheln, deren Urahnen
Menschen ansprangen
in Steinbrüchen und Draht.

Du, mein Schatten
am Bankhaus in Hiroshima.
ab und zu
will ich dich besuchen mit allen Hunden
und dir zutrinken
auf das Wohl unseres Kontos.

Das Museum wird eingeebnet,
davor
werde ich zu dir schlüpfen,
hinter dein Geländer,
hinter dein Gelächter, unseren Hilferuf,
und wir passen wieder zusammen,
deine in meine Schuh,
genau
in die Sekunde.

(v 1963)

1. a) Halten Sie in einem Cluster (vgl. S. 21) Einfälle fest, die Ihnen spontan zu Dichtern des 20. Jahrhunderts einfallen.
b) Vergleichen Sie damit Günter Eichs Auffassung zur Aufgabe das Dichters (Text 1).
c) Interpretieren Sie Text 2 als Versuch, dieser Zielsetzung gerecht zu werden.

3 Günter Kunert (*1929): Die Schreie der Fledermäuse (Biografie S. 32)

Während sie in der Dämmerung durch die Luft schnellen, hierhin, dorthin, schreien sie laut, aber ihr Schreien wird nur von ihresgleichen gehört. Baumkronen und Scheunen, verfallende Kirchentürme werfen ein Echo zurück, das sie im Fluge vernehmen und das ihnen meldet, was sich an Hindernissen vor ihnen erhebt und wo ein freier Weg ist. Nimmt man ihnen die Stimme, finden sie keinen Weg mehr; überall anstoßend und gegen Wände fahrend, fallen sie tot zu Boden. Ohne sie nimmt, was sonst sie vertilgen, überhand und großen Aufschwung: das Ungeziefer.

(v 1964)

4 Erich Fried (1921–1988): Gebranntes Kind

Gebranntes Kind
fürchtet das Feuer
Gebrannten Kindes Kinder
fürchten das Feuer nicht

Gebrannten Kinds Kindeskinder
malen sich aus
wie schön die Großeltern brannten
und sammeln feurige Kohlen

Nochmals gebranntes Kind
fürchtet kein Feuer mehr

Asche ist furchtlos

Für H. M. E. (v 1964)

5 Wolf Wondratschek (*1943): In den Autos

Wir waren ruhig,
hockten in den alten Autos,
drehten am Radio
und suchten die Straße
nach Süden.

Einige schrieben uns Postkarten aus der Einsamkeit,
um uns zu endgültigen Entschlüssen aufzufordern.

Einige saßen auf dem Berg,
um die Sonne auch nachts zu sehen.

Einige verliebten sich,
wo doch feststeht, dass ein Leben
keine Privatsache darstellt.

Einige träumten von einem Erwachen,
das radikaler sein sollte als jede Revolution.

Einige saßen da wie tote Filmstars
und warteten auf den richtigen Augenblick,
um zu leben.

Einige starben,
ohne für ihre Sache gestorben zu sein.

Wir waren ruhig,
hockten in den alten Autos,
drehten am Radio
und suchten die Straße
nach Süden.

(v 1976)

6 Ernst Meister (1911–1979): Ich sage Ankunft

I
Ja, das Licht
aufrecht
über dem Abgrund.

Wer spielt
seine Weisheit,
wer weiß
die Fülle seiner Torheit?

Ich sage
Ankunft
hier bei des Lichtes
wirklichem Schilf.

II
Von der Spitze
des Dorns
die Formel geerntet.

Die leicht war,
wird schwer auf der Hand,
entfällt ihr.

Und sie schlägt Wurzel,
wird Rose
an dieser Stelle.

(v 1960)

2. a) Entschlüsseln Sie das „Denkbild" Kunerts (Text 3), indem Sie den Text in eine „Menschengeschichte" umschreiben.
b) Besprechen Sie Ihre Ergebnisse unter dem Aspekt, ob das Parabolische des „Denkbildes" getroffen ist.

3. Beschreiben und besprechen Sie arbeitsteilig in den Texten 4–6
a) den „Ort" und die „Bezugspunkte" des lyrischen Ichs;
b) die jeweils gewonnenen Einsichten.

4. Recherchieren Sie die Biografien von Wondratschek und Meister.

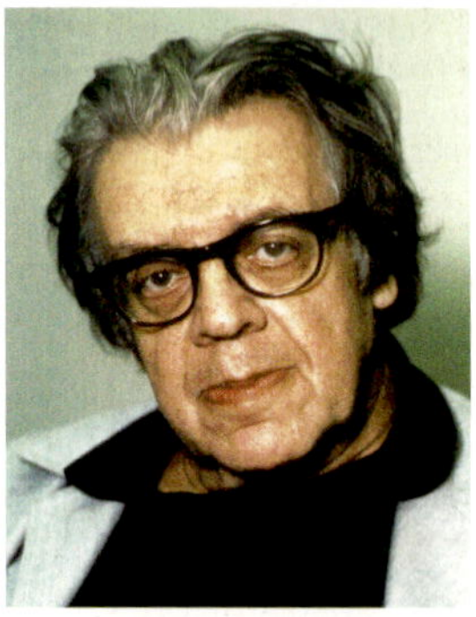

Erich Fried wurde in Wien 1921 geboren, emigrierte 1938 als Siebzehnjähriger nach London und war dort von 1952 bis 1968 Mitarbeiter der BBC. Neben Erzählungen, Hörspielen und Essays schrieb er Gedichte, v.a. zu politischen und gesellschaftlichen Themen aus einer kritischen, häufig auch scharf anklagenden oder agitatorischen Grundhaltung. Schon die Titel einzelner seiner Gedichtbände machen dies deutlich: *Warngedichte* (1964), *Anfechtungen* (1967) und *Vietnam* (1968). Er übersetzte Dramen von D. Thomas, T.S. Eliot und W. Shakespeare. Er starb 1988.

Denkbild
Seit Mitte der Sechzigerjahre wurde in der DDR eine der Parabel in vielem nahekommende literarische Gattung dazu benutzt, auf die dortige gesellschaftliche Situation in besonderer Weise einzugehen: Kurze Texte, in Versen oder Prosa, die nicht ein Geschehen erzählen oder eine Figur darstellen, sondern einen Sachverhalt oder eine Episode in knappster Form umreißen, um eine Einsicht herbeizuführen. Den Denkprozess muss der Leser selber leisten. Dabei hat er die Bedeutung des Sachverhalts, der ihm auf der Bildebene dargeboten wird, für sich zu erschließen. „Denkbilder" werden in aufklärerisch-didaktischer Absicht verfasst und sind ästhetische Gebilde von besonderer Dichte. Die ersten Sammlungen von „Denkbildern" sind in den Dreißigerjahren entstanden: Walter Benjamin *Einbahnstraße*, Ernst Bloch *Spuren*, Theodor Adorno *Minima Moralia;* auch Bertolt Brechts *Geschichten von Herrn Keuner* und *Me-ti/Buch der Wendungen* gehören dazu. Vor allem Günter Kunert, Reiner Kunze und Volker Braun wandten dieses Verfahren auf die Situation in der DDR an.

7 Paul Celan (1920–1970): Fadensonnen

x́ x | x́ x
FADENSONNEN
x́ x x | x́ x́ x | x́ x
über der grauschwarzen Ödnis. |
x x́
Ein baum-
x́ x | x x́ x
hoher Gedanke
x́ x x | x́ x́ | x x́
greift sich den Lichtton: || es sind
x | x́ x x | x́ x | x́ x
noch Lieder zu singen jenseits
x | x́ x
der Menschen.

(v 1965)

Annotationen: Plural als Steigerung? – Neologismus – Enjambements – Kontrast – Generalisierung zu „Öde“? – Zeilenbrechung zur Hervorhebung von „baum“ – Doppelpunkt (mit langer Pause) signalisiert den „Auftrag“ – Kompositum als Synästhesie • Beziehung zu „Fadensonnen“ • Beziehung zu „Lieder“ – doppeltes Subjekt als Verstärkung? – „oben“ – „unten“ – ein Rahmen zwischen „oben“ und „unten“ – Verweis auf „oben“

Paul Celan (Anagramm seines Familiennamens Ancel) wurde 1920 in Czernowitz (Bukowina) geboren und absolvierte ein Medizin-, dann Romanistikstudium; 1942 wurden seine Eltern in ein Vernichtungslager deportiert, er selbst in ein rumänisches Arbeitslager verschleppt. Von 1948 an lebte er in Paris, wo er 1959 Lektor für deutsche Sprache und Literatur war. 1970 starb Celan durch Freitod in der Seine.
Paul Celan gilt als einer der bedeutendsten deutschen Lyriker der Gegenwart, insbesondere wegen seiner außergewöhnlich bildhaften, von kühner Metaphorik geprägten Sprache. Die *Todesfuge*, die ihn weltberühmt gemacht hat, wurde im Mai 1945 zuerst in rumänischer Sprache mit dem Titel *Tangoul morti* (Todestango) veröffentlicht.

Gedichtinterpretation 8: Wie die Interpretation **hermetischer Lyrik** über eine schrittweise Annäherung versucht werden kann, soll an Paul Celans Gedicht „Fadensonnen“ erläutert werden:

1. Durch einen **Assoziationstest** zum Titel und – eventuell nach stillem Lesen – zu Schlüsselwörtern könnten ein Zugang und eventuell schon Hypothesen zur möglichen Sinnrichtung gewonnen werden:
   Z. B.:
   – „Fadensonnen“ lässt durch den Plural an Lichtfülle im kosmischen Raum denken, die allerdings durch das Bestimmungswort „Faden“ i.S. von dünn bzw. schmal reduziert erscheint, was eine Irritation auslöst.
   – „Ödnis“ erscheint durch die Präposition „über“ eindeutig als „unten“ und wird durch die Attribuierung in einen extremen Kontrast gesetzt zur Helligkeit des „Oben“.
   → Im Kontrast und in der Spannung zwischen „oben“ und „unten“ scheint das Folgende zu stehen.
2. Die **Klanggestalt** lässt sich durch mehrmalige Rezitation sowie durch metrische Umschrift erfassen. Dabei ergeben sich
   – ein freier Rhythmus mit auffälligem trochäischem und daktylischem Metrum sowie Enjambements,
   – reimlose Verse mit schroffen Versbrüchen,
   – aber mit konventioneller Syntax (einer Ellipse, zwei erweiterten Aussagesätzen) und einer Wortwahl, die in der Spannung steht zwischen Neologismen (Fadensonnen, Lichtton), Konkreta (Lieder, Menschen) und Abstrakta (Gedanke, Ödnis < Öde vielleicht als Analogiebildung zu Wildnis, wobei das Attribut dem abstrakten Bezugswort sehr konkrete Züge verleiht).
3. Über **Textmarkierung** und **Annotation** (s.o.) lassen sich weitere Auffälligkeiten, Eigenarten der Struktur und Beziehungen zwischen den Sprachelementen verdeutlichen.
4. **Experimente** mit dem Text können ebenfalls der Sinnerschließung dienen:
   – Die *Umformungsprobe* in Prosa zeigt
   • eine Minderung der Vorrangstellung von „Fadensonnen“ und ein Wegfallen der Abgrenzung von „Menschen“;
   • die Normalisierung der Attribuierung zu „Gedanke“, die dann auch mit „sehr hoher“ statt dem anschaulich-kreatürlichen „baumhoher“ erfolgen könnte. Denn die Analogie zur Wendung „ein baumlanger Mensch“ drängt sich bei der „normalen“ Schreibung geradezu auf.
   • Als Prosasatz ergäbe sich eine Pause nach „singen“, wodurch die Aussage insgesamt harmloser, fast tröstlicher würde.
   → Aufs Ganze bezogen zeigt sich, dass die harten Versbrüche des Originals den Charakter des Gedichts wesentlich prägen.

Der **Hermetismus** (< ital. ermetismo = dunkler Stil) ist eine moderne Strömung der italienischen Literatur zwischen 1920-1950 (z.B. vertreten durch Eugenio Montale, 1896-1981, Guiseppe Ungaretti, 1888–1970 und Salvatore Quasimodo, 1901–1968), die an den französischen Symbolismus des 19. Jahrhunderts (z.B. von Arthur Rimbaud, 1854-1891, Stéphane Mallarmé, 1842–1898, Paul Valéry, 1871–1945) anknüpft und die Klangeffekte sowie dunkle Gefühlssymbolik der Texte über die Sinngebung stellt. Der Hermetismus entstand in Opposition zur neuzeitlichen Massengesellschaft und ihrer als abgenutzt und verbraucht gewerteten Sprache. Meist wird mit Hermetismus heute moderne Lyrik bezeichnet, die „hermetisch“, d.h. unmittelbarem Zugang verschlossen ist durch ihren Geheimnischarakter, ihren Beziehungsreichtum, ihre Chiffrenhaftigkeit und ihre magische Dunkelheit.

Heinz Trökes: Auf schwankendem Grund

– Die *Ersatzprobe* kann die artifizielle Besonderheit zusätzlich belegen:
  - Die naheliegende Assoziation, von „Fadensonnen" auf „Sonnenfäden" zu kommen, schafft zwar eine spontan sich einstellende Anschaulichkeit, mindert aber durch das herbstlich-idyllische Stimmungsbild den Kontrast zu „Ödnis" fundamental und würde einen totalen Verlust der kosmischen Dimension bedeuten.
  - Dagegen könnte „Sphärenton" für „Lichtton" sowohl die Verbindung zu „Fadensonnen" als auch zu „Lieder" verstärken und dem „jenseits" die kosmische Distanz verleihen.
  - Die reflexive Fügung „greift sich", substituiert durch „holt oder nimmt sich", „reißt an sich", signalisiert etwas Gewaltsames, das spontan an die Tat des Prometheus denken lässt, der den Göttern das Feuer gestohlen hatte. Von der Analogie zum Mythos bleibt aber nur dir Personifizierung des Tuns, das im Greifen eines „Gedankens" fassbar wird.
  - „Es sind zu singen" könnte ersetzt werden durch „Es müssen noch Lieder gesungen werden."
  - „Lieder" i. S. von „Lob- oder Ruhmesliedern" für die kosmische Ordnung jenseits der Menschen?

→ Durch die Ersatzprobe sind die kosmischen Dimensionen des Gedichts ebenso deutlich geworden, wie die nur relative Reichweite von Analogien.

→ Eine *Ergänzungsprobe* könnte nur bei der Ellipse ansetzen und nach einem Prädikat suchen: z.B. „stehen", „thronen", „triumphieren", „herrschen", „wachen" etc. Der Versuch zeigt, dass je nach der Wahl von Zustands- oder Handlungsverben eine bedeutsame Akzentuierung der Aussage vermittelt würde, die alles Folgende entscheidend beleuchtete.

→ Dagegen signalisiert im Original die Heraushebung durch Versalien in einer eigenen Zeile ein klares Oben von inhaltlich nicht festgelegter Dominanz.

Als *Ergebnis* des experimentellen Versuchs insgesamt kann als mögliche *Sinnrichtung* festgehalten werden, dass im Kontrast zum unbestimmbaren Oben (Fadensonnen) das genau beschriebene Unten (die Ödnis) steht, zu der wohl auch die Menschen gehören. Sie können sich nur über einen „baumhohen Gedanken", also durch eine lebendige und weitreichende geistige Bemühung – und nicht konkret-handelnd –, „den Lichtton" (als Synästhesie aus Helligkeit und Klangfülle) greifen, also wohl erdenken oder doch ersehnen. Als Erkenntnis (nach dem Doppelpunkt) müssen die Menschen akzeptieren, dass die „Lieder" (etwa als hymnischer Lobpreis) den kosmischen Sphären gelten müssen.

5. Wenn die textimmanenten Erschließungsmöglichkeiten erschöpft sind, könnte eine *Literaturrecherche* weiterhelfen:
   – Um z. B. das Schlüsselwort „Fadensonnen" aus vergleichbaren *Kontexten* zu klären, sind folgende Hinweise hilfreich:
     - Bei Celan kommt die Pluralform „Sonnen" (z. B. „Sonnen des Halbschlafs") häufiger vor. Und selbst bei Übersetzungen ins Deutsche finden sie sich: z. B. „Sonnen, schwarz"; „Sonnen, gelb" (aus Ossip Mandelstamm: Gedichte. Aus dem Russischen übertragen von Paul Celan, Frankfurt a. M. 1959, S. 32.).
     - Das Bestimmungswort „Faden" ist bei Celan mit Vorstellungen der Heimlichkeit (z. B. „Zähle die Mandeln"), Feinheit, Dünne, ja Unkenntlichkeit verknüpft (z. B. „Sprich auch du").

Peter Michelsen schreibt:

„In dem Kompositum ‚Fadensonnen' wird also eine Intensität an Helligkeit ausgesprochen und im gleichen Atemzug zurückgenommen. [...] Die ‚Fadensonnen' sind eine sich in der Höhe ereignende, strahlend helle Lichterscheinung, die in ihrer Subtilität den Sinnen des Menschen nicht zugänglich ist. [...] Denn kein Auge sieht das Licht dieser ‚Sonnen', kein Ohr hört ihren Ton, den keine Stimme – sprechend oder singend – wiederzugeben vermag. Nur ein ‚Gedanke' – kein die Seele verratender ‚Lichtsinn' (vgl. „Sprachgitter", I, 167), auch nicht das menschliche Denken überhaupt, nein, nur einer von vielen Gedanken – versucht, sich seiner zu bemächtigen. Und dieser Akt ist nicht ohne Gewaltsamkeit. [...]"

– Die Prüfung von *Spezialuntersuchungen* könnte weitere Klärung schaffen, wobei neben einer Internetrecherche auch wichtige Veröffentlichungen hilfreich sind (vgl. Randspalte).

Gerhart Buhr: Celans Poetik, Göttingen 1976.
Marlies Janz: Vom Engagement absoluter Poesie. Zur Lyrik und Ästhetik Paul Celans, Frankfurt a. M. 1976.
Winfried Menninghaus: Paul Celan. Magie der Form, Frankfurt a. M. 1980.
Peter Horst Neumann: Zur Lyrik Paul Celans, Göttingen 1968.
Text + Kritik. Heft 53/54: Paul Celan, München 1977.
Dietlind Meinecke (Hrsg.): Über Paul Celan, Frankfurt a. M. 1970.
Peter Michelsen: Liedlos. Paul Celans „Fadensonnen". In: Gedichte und Interpretationen, hrsg. von Walter Hinck, Band 6: Gegenwart, S. 123–139, hier S. 131, Stuttgart (Reclam) 1985.
Klaus Voswinckel: Paul Celan: Verweigerte Poetisierung der Welt. Versuch einer Deutung, Heidelberg 1974 .

5. Erproben Sie an einem hermetischen Gedicht Ihrer Wahl die an „Fadensonnen" vorgeführten Interpretationsschritte.

4. Aufbruch – Experimentieren mit modernen Gedichten

Die Suche nach einem neuen Anfang nach 1945 gelang auf mannigfache Weise und führte in verschiedene Richtungen. Wie über Experimente unterschiedliche Annäherungen an schwierige Gedichte möglich sind, soll im Folgenden erprobt werden.

Jean Tinguely: Proletkunst Nr. 3 1989

1. Der Schweizer Künstler Jean Tinguely (1925–1991), der v. a. in Basel und Paris arbeitete, hält es für nötig, „in nächster Zukunft Ausdrucksmittel herbeizuziehen, in deren Möglichkeiten auch das Fantastische liegt, mit denen sich die Tragödie des Menschen ausdrücken lässt".
a) Versuchen Sie am Beispiel von Tinguelys Fantasiemaschine etwas von der Tragödie des Menschen zu erfassen und zu beschreiben.
b) Lesen Sie Ulrich Schachts Text „Ferner Morgen" (Text 6) und nennen Sie die Punkte, an denen sich „Proletkunst" und Gedicht in ihrer Aussage nahekommen.

1 Paul Zech (1881–1946): Neu beginnen

Für H. L.
War es ein Übermaß, kaum noch zu tragen,
was uns an Leid geschah, in dem Jahrzehnt
der Wanderung, so, dass wir immer wieder fragen,
müde an einen fremden Baum gelehnt:

Wann endlich kommt der Stein der letzten Meile
in diesem beinah schon geschlossenen Kreis
des Lebens? Wie ein Brocken Eis
ist alles anzufühlen, was vor einer Weile

noch voller Blut war und uns hingegeben.
Das Herz war längst schon auf den Herbst gefasst,
auf einen milden, aber nicht auf diese Last,

die uns so grau gemacht hat vor der Zeit,
als passe haargenau zu uns das graue Kleid
der Einsamkeit in diesem aufgeregten Leben.

(e 1945)

2 Ingeborg Bachmann (1926–1973): Die große Fracht

(Biografie S. 419)

Die große Fracht des Sommers ist verladen,
das Sonnenschiff im Hafen liegt bereit,
wenn hinter dir die Möwe stürzt und schreit.
Die große Fracht des Sommers ist verladen.

Das Sonnenschiff im Hafen liegt bereit,
und auf die Lippen der Galionsfiguren
tritt unverhüllt das Lächeln der Lemuren[1].
Das Sonnenschiff im Hafen liegt bereit.

Wenn hinter dir die Möwe stürzt und schreit,
kommt aus dem Westen der Befehl zu sinken;
doch offnen Augs wirst du im Licht ertrinken,
wenn hinter dir die Möwe stürzt und schreit.

(v 1953)

3 Ingeborg Bachmann: Die gestundete Zeit

Es kommen härtere Tage.
Die auf Widerruf gestundete Zeit
wird sichtbar am Horizont.
Bald musst du den Schuh schnüren
und die Hunde zurückjagen in die Marschhöfe.
Denn die Eingeweide der Fische
sind kalt geworden im Wind.
Ärmlich brennt das Licht der Lupinen.
Dein Blick spurt im Nebel:
die auf Widerruf gestundete Zeit
wird sichtbar am Horizont.

Drüben versinkt dir die Geliebte im Sand,
er steigt um ihr wehendes Haar,
er fällt ihr ins Wort,
er befiehlt ihr zu schweigen,
er findet sie sterblich
und willig dem Abschied
nach jeder Umarmung.
Sieh dich nicht um.
Schnür deinen Schuh.
Jag die Hunde zurück.
Wirf die Fische ins Meer.
Lösch die Lupinen!

Es kommen härtere Tage.

(v 1953)

---

1 Der Lemur, die Lemuren (< lat. lemures): „Seelen der Abgeschiedenen", Gespenster

Der **Lakonismus** (< gr. Lakonien) ist eine bündige, knappe und distanziert sachliche sowie unterkühlte, aber oft pointierte Ausdrucksweise, wie sie als lakonischer Stil in der griechischen Antike den Lakedaimoniern (= Spartanern) zugeschrieben wurde.

4 Eugen Gomringer (*1925): vielleicht

vielleicht baum
baum vielleicht

vielleicht vogel
vogel vielleicht

vielleicht frühling
frühling vielleicht

vielleicht worte
worte vielleicht

(v 1969)

Volker Braun wurde 1939 in Dresden geboren, arbeitete nach dem Abitur in verschiedenen Berufen, studierte 1960–65 Philosophie in Leipzig und war danach Assistent beim Berliner Ensemble in Ost-Berlin. Als Lyriker und Dramatiker mit gesellschaftspolitischen Themen sieht er sich in der Tradition Bertolt Brechts und Vladimir Majakovskijs (1893–1930).

5 Volker Braun (*1939): Anspruch*

Kommt uns nicht mit Fertigem. Wir brauchen Halbfabrikate.
Weg mit dem Rehbraten – her mit dem Wald und dem Messer.
Hier herrscht das Experiment und keine steife Routine.
Hier schreit eure Wünsche aus: Empfang beim Leben.
Zwischen die Kontinente, zu allen Ufern
Spannt seine Muskeln das Meer unserer Erwartungen
An alle Küsten trommeln seine Finger die Brandung
Über die Uferklinge läßt es die Wogen springen und aufschlagen
Immer erneut hält es die Flut hoch und gibt es sie auf.

Für uns sind die Rezepte nicht ausgeschrieben, mein Herr.
Das Leben ist kein Bilderbuch mehr, Mister, und keine peinliche Partitur, Fräulein.
Hier wird ab sofort Denken verlangt.
Raus aus den Sesseln, Jungs. Feldbett – meinetwegen.
Nicht so feierlich, Genossen, das Denken will heitere Stirnen.
Wer sehnt sich hier nach wilhelminischem Schulterputz?
Unsere Schultern tragen einen Himmel voll Sternen.

Hier wird Neuland gegraben und Neuhimmel angeschnitten –
Hier ist der Staat für Anfänger, Halbfabrikat auf Lebenszeit.
Hier schreit eure Wünsche aus: an alle Ufer
Trommelt die Flut eurer Erwartungen!
Was da an deine Waden knallt, Mensch, die tosende Brandung:
Das sind unsere kleinen Finger, die schießen nur
Bißchen Zukunft vor, Spielerei.

(v 1965)

6 Ulrich Schacht (*1951): Ferner Morgen

FERNER MORGEN, von dem
ich träume: Seine Weite
wird ungeheuer sein. Wir werden
gehen können –
aufrecht und im Licht.

Das Wasser aller Bäche Flüsse Seen:
durchschaubar
bis auf den Grund,
wo der Tag
die Leiber der Fische
versilbert. –

Und auch seine Klarheit wird uns gehören.
Wir werden sehen können
alle Farben dieser Stunde:
das Schwarz
schattenspendender Felsen,
das Rot
einer behutsamen Sonne,
das Gelb
getreidebestandener Ebenen.

Und bald darauf
werden wir Höfe betreten, vertraute
Häuser, darin wir zuvor niemals waren –
werden Brot und Salz finden
auf dem Tisch und Wein in geschliffenen Gläsern:
DENN DA SIND MENSCHEN,
die uns erwarten,
sind Stimmen, die singen –
und ein Tanzen wird uns ergreifen
– so frei –
dass wir vergessen

die Nacht die Nacht
vor diesem
Morgen.

(v 1981)

2. Experimentieren Sie (vgl. S. 407f.) mit den Texten 1–6, indem Sie arbeitsteilig u. a. Folgendes erproben:
a) Versuchen Sie unterschiedliche Rezitationsweisen, halten sie die Versuche auf Tonband fest und vergleichen Sie.
b) Schreiben Sie eines der Gedichte weiter.
c) Gestalten Sie eine eigene Strophe oder Verse als Anfang.
d) Verfassen Sie Parallel- oder Gegenstrophen.
e) Entwerfen Sie ein Collage-Gedicht, indem Sie verschiedene Textelemente montieren.
f) Stellen Sie ein Poster mit dem Leitbegriff „Aufbruch" dar und verwenden Sie Zitate oder Gedanken aus den Gedichten.

3. Wählen Sie den Text aus, der nach Ihrer Meinung das Thema „Aufbruch" besonders überzeugend gestaltet.
a) Zeigen Sie, wie Inhalt und Form korrespondieren.
b) Geben Sie eine Wertung.

4. Ermitteln und referieren Sie Informationen zu Leben und Werk Ulrich Schachts.

5. a) Suchen Sie in Text 7 inhaltliche Parallelen zu den Gedichten 1–6.
b) Versuchen Sie zum Thema „Aufbruch" eine Darstellung in Prosa oder Versen.

7 Ingeborg Bachmann (1926–1973): Undine geht (Auszüge)

Ihr Menschen! Ihr Ungeheuer!

Ihr Ungeheuer mit Namen Hans! Mit diesem Namen, den ich nie vergessen kann. Immer wenn ich durch die Lichtung kam und die Zweige sich öffneten, wenn die Ruten mir das Wasser von den Armen schlugen, die Blätter mir die Tropfen von den Haaren leckten, traf ich auf einen, der Hans hieß.

Ja, diese Logik habe ich gelernt, dass einer Hans heißen muss, dass ihr alle so heißt, einer wie der andere, aber doch nur einer. Immer einer nur ist es, der diesen Namen trägt, den ich nicht vergessen kann, und wenn ich euch auch alle vergesse, ganz und gar vergesse, wie ich euch ganz geliebt habe. [...]

Ich habe einen Mann gekannt, der hieß Hans, und er war anders als alle Anderen. Noch einen kannte ich, der war auch Anders als alle Anderen. Dann einen, der war ganz anders als alle Anderen und er hieß Hans, ich liebte ihn. In der Lichtung traf ich ihn, und wir gingen so fort, ohne Richtung, im Donauland war es, er fuhr mit mir Riesenrad, im Schwarzwald war es, unter Platanen auf den großen Boulevards, er trank mit mir Pernod. Ich liebte ihn. Wir standen auf einem Nordbahnhof, und der Zug ging vor Mitternacht. Ich winkte nicht; ich machte mit der Hand ein Zeichen für Ende. Für das Ende, das kein Ende findet. Es war nie zu Ende. Man soll ruhig das Zeichen machen. Es ist kein trauriges Zeichen, es umflort die Bahnhöfe und Fernstraßen nicht, weniger als das täuschende Winken, mit dem so viel zu Ende geht. Geh, Tod, und steh still, Zeit. Keinen Zauber nutzen, keine Tränen, kein Händeverschlingen, keine Schwüre, Bitten. Nichts von alledem. Das Gebot ist: Sich verlassen, dass Augen den Augen genügen, dass ein Grün genügt, dass das Leichteste genügt. So dem Gesetz gehorchen und keinem Gefühl. So der Einsamkeit gehorchen. Einsamkeit, in die mir keiner folgt. [...]

(v 1961)

II. „Nichts weiter als ein Mensch sein“ (Christa Wolf)

1. Parteilichkeit der Literatur? – „Ankunftsliteratur“ im sozialistischen Realismus

Ankunftsliteratur ist die nach dem Titel des Romans *Ankunft im Alltag* (1961) von Brigitte Reimann geprägte Bezeichnung für Romane und Erzählungen, die, dem Muster des traditionellen Bildungs- und Erziehungsromans folgend, die erfolgreiche Eingliederung durchweg vorbildlicher literarischer Helden in die sozialistische Gesellschaft und ihre Produktionsverhältnisse vorführen.

Der Duden (1973[17]) erklärt das Wort „parteilich“ mit „im Sinne einer politischen Partei, ihr nahe stehend“.
Im Kulturschaffen der DDR hatte das Prinzip der Parteilichkeit – neben der Volksverbundenheit, der Lebensechtheit, der Darstellung des Typischen und des sozialen Optimismus – einen besonderen Stellenwert. Es galt als eines der wichtigsten Kriterien der marxistischen Literaturtheorie seit Lenins 1905 erschienenem Aufsatz „Parteiorganisation und Parteiliteratur“.

1 Johannes R. Becher (1891–1958): Kantate 1950 (Auszug)

I
Du großes Wir, du unser aller Willen:
Dir, dir verdanken wir, was wir geworden sind!
Den Traum des Friedens kannst nur du erfüllen.
Dein Fahnenrot steigt im Jahrhundertwind.

Das beste Denken gabst du uns zur Lehre.
Sie hat gewandelt uns zum großen Wir.
Marx, Engels, Lenin, Stalin – Macht und Ehre
Verdankt die Wahrheit euch, euch ihr Vier.

Gedenkt der Toten! Lasst Ernst Thälmanns uns gedenken!
Seht, welch ein Blühen auf ihren Gräbern schwebt!
Wenn unsere Fahnen sich in Trauer senken,
Das Blühen sich wie im Triumph erhebt.

Es wird dich rühmend einst ganz Deutschland nennen,
Denn nur durch dich wird Deutschland eins und frei!
Lass dich voll Stolz, voll Stolz lass dich bekennen:
Dir alle Macht, der Sieg ist dein, Partei!
[...]

(e 1950)

Johannes R. Becher (1891–1958) wurde in München geboren, studierte Philosophie und Medizin. Er war ab 1919 Mitglied der KPD, emigrierte 1933 in die UdSSR, kehrte 1945 zurück nach Ostberlin und wurde dort 1954 Minister für Kultur. Als Lyriker, Erzähler, Dramatiker und Essayist war Becher ein führender Vertreter des Expressionismus. In der Emigration und nach 1945 veränderte sich seine Darstellungsweise hin zu konventioneller Volkstümlichkeit, oft banaler Lehrhaftigkeit und peinlicher politischer Zweckdichtung, z.B. in den Hymnen auf Stalin.

Brigitte Reimann wurde 1933 bei Magdeburg geboren. Nach dem Besuch der Oberschule war sie zwei Jahre Lehrerin, dann in verschiedenen anderen Berufen tätig; von 1960 bis 1968 lebte sie in Hoyerswerda und war zeitweilig Mitglied im Kombinat „Schwarze Pumpe"; 1965 erhielt sie den Heinrich-Mann-Preis; die letzten Jahre verbrachte sie in Ostberlin, wo sie 1973 gestorben ist. Die Erzählungen, Hörspiele und Prosastücke der Autorin sind vor allem als authentische Zeugnisse der Epoche und der sie prägenden Gesellschaftsordnung von Interesse. *Ankunft im Alltag* (1963) zeigt, dem Programm des „Bitterfelder Wegs" folgend, die alltägliche Bewährung und den gelingenden sozialistischen Umerziehungsprozess. *Franziska Linkerhand* (1974) gehörte zu den ersten Frauenromanen in der DDR und beschreibt die Auseinandersetzung einer Frau nicht nur mit männlichen Vorbildern und Normen, sondern auch mit ideologisch legitimiertem Pragmatismus, Pedanterie und Fantasielosigkeit.
Der Roman, der auch die gesellschaftlichen Widersprüche des realen Sozialismus darstellt, ist, wie der Staat, auf den er sich bezieht, Fragment geblieben. Die erst ein Vierteljahrhundert später erschienenen Tagebuchbände *Ich bedaure nichts* (1997) und *Alles schmeckt nach Abschied* (1998) führten zu einer Neuentdeckung der Autorin und machten sie zu einer Art Kultfigur.

Parteilichkeit
Nach sozialistischem Verständnis war der Schriftsteller so wenig wie die anderen Künstler in der DDR frei und unabhängig, er war an die Arbeiterklasse und ihre Partei gebunden, nahm deren Klassenstandpunkt ein. Auch er hatte seinen Teil beizutragen zu dem in Artikel 1 der DDR-Verfassung formulierten Ziel „unter Führung der Arbeiterklasse und ihrer marxistisch-leninistischen Partei den Sozialismus zu verwirklichen".
Dabei wurde vorausgesetzt, dass die Kunst Einfluss nehmen könne auf die Entwicklung sozialistischer Wertvorstellungen des Einzelnen und auf die Ausprägung sozialistischer Verhaltensweisen.

2 Brigitte Reimann (1933–1973): Ankunft im Alltag (Auszug)

Der Roman gilt als exemplarisch für den „Bitterfelder Weg" (1958–1964), ein von der Parteispitze initiiertes literarisches Experiment durch das in der DDR eine „Kulturrevolution" als „notwendiger Bestandteil der gesamten sozialistischen Umwälzung" (Beschlüsse des V. SED-Parteitages 1958) eingeleitet werden sollte. Schriftsteller und Künstler mussten dazu zeigen, „wie die Menschen in ihrer täglichen Arbeit die Aufgabe lösen, wie sich neue Beziehungen zwischen Menschen entwickeln, wie sich der neue Mensch formt" (W. Ulbricht).

[...] „... ich meine die Arbeit", fuhr Curt fort; er fühlte jetzt wieder Boden unter den Füßen und sprach zuversichtlich und mit Schwung. „Du arbeitest mit deinen Händen und siehst, was du schaffst; du gehörst dazu, als einer unter Tausenden, du schlägst dich mit all den Schwierigkeiten rum, von denen du bis jetzt bloß in der Zeitung gelesen hast – und wenn du weggehst, kannst du sagen: An der Halle da habe ich mitgebaut, und für das Dach dort habe ich die Platten geschleppt ... Du musst es doch am besten wissen, Mensch, wie sie angefangen haben, in den Wäldern, auf der nackten Heide, und es waren keine Straßen da und keine Häuser, und heute, vier Jahre später – vier Jahre, mein lieber Mann! –, heute steht ein Riesenwerk, und du kannst zusehen, wie es wächst ..."

Er redete sich in Feuer, er berauschte sich an seiner Beredsamkeit, und Heribert nickte und sagte: „Das stimmt, mein Sohn, das ist verdammt richtig", und er vergaß, überwältigt von Erinnerungen, dass dieser flinkzüngige Curt noch keinen Stein für das besungene Riesenwerk getragen hatte.

„Am 1. Mai hättest du dabei sein sollen", sagte Heribert, und er hätte dem Jungen gern von diesem 1. Mai erzählt: wie er auf dem sandigen, von hundert Reifen aufgewühlten Weg gestanden hatte, eingekeilt in einer festlich bewegten Menge, und wie zum ersten Mal aus den hohen weißen Schornsteinen der Rauch gestiegen war, hellgrau und schwadig und träge zergehend in der dünnen blauen Mailuft, und wie er der Rauchfahne, dieser schönsten, stolzesten Fahne über seinem Kombinat, zugeschrien, zugejubelt hatte. Er stand neben Männern und Frauen, die noch jene heißen Augusttage des Jahres 1955 miterlebt, die ersten Bäume gefällt, die ersten Gräben gezogen hatten, und er sah Tränen in ihren Augen, ergreifendes Zeichen ihrer Verbundenheit mit dem Werk, das sie in vier Jahren aufgebaut hatten. [...]

(v 1961)

3 Brigitte Reimann: Franziska Linkerhand (Auszug)

Die Autorin hat diesen erst nach ihrem Tod veröffentlichten Roman bereits 1963 begonnen. Die Ausgangssituation ist der in „Ankunft im Alltag" vergleichbar: Franziska verlässt nach erfolgreichem Architekturstudium ihren für genial gehaltenen Professor Reger und geht in die Provinz, um bei der Planung eines Neubaugebiets mitzuarbeiten. Ihre Tatkraft, ihre Ideen, ihr Bestreben, die Stadt so zu bauen, dass die Menschen sich darin wohlfühlen können, stoßen sich an der „ordinären Gegenwart mit ihren Verordnungen, Einsparungen, Parametern".

[...]

In diesem Augenblick beherrschte mich nur das Verlangen, einen Auftrag zu erraffen – um meinetwillen, um leben zu können. Wie lange kann man leben als Handlanger in einer Häuserfabrik? Wir sind getäuscht worden, dachte ich, auch von Reger, der uns mit einem sozialen Auftrag von der Hochschule entlassen hat (und für sich selbst ehrgeizig darauf bedacht ist, seiner Ichsucht Denkmäler zu bauen), der uns in einen Kokon aus Idealen und Illusionen eingepuppt hat ... Hier, in Neustadt, erweisen sich unsere Vorstellungen als untauglich. Zwischen Vorstellung und Möglichkeit stehen Verordnungen und Kennziffern wie Spanische Reiter, erstreckt sich das Niemandsland der Ungewissheiten über die Stadt von heute.

Damals – ich erinnere den Morgen, das Dach, von dem Regenwasser troff, den dumpfigen Geruch von Beton und feuchtem Stroh –, damals erfasste mich zum ersten Mal eine Art Verzweiflung beim Gedanken an meinen Beruf. Ich fühlte mich betrogen und deshalb im Recht, wenn ich so viel wie möglich für mich zu retten versuchte: ich muss mir die paar Gewissheiten herausklauben, Projekte unter den Nagel reißen, Anerkennung erzwingen, sonst bleibt mir nur der Platz am Fließband ... Die Verzweiflung verging, auch der böse Eifer, mit dem ich Reger beschuldigte, aber ich wusste nun, dass sie wiederkommen würden und dass ich nicht gegen sie geschützt war wie früher, in der Böttchergasse, unter Regers fetter, väterlicher Hand ...

„Sie sind nicht überzeugt?", fragte Schafheutlin.

„Doch, doch", sagte Franziska zerstreut; das kränkte ihn, die zerstreute Miene, ihre ganze Manier, Tatsachen nicht zur Kenntnis zu nehmen oder, wenn schon, in Schweigen zu versinken, ein gefährliches, weil vieldeutiges Schweigen, in dem sich ausgesandte Argumente wie im Nebel verirren, doch, sie ist überzeugt und lässt ihn stehen mit seiner unbrauchbaren Vernunft, und nun kommt er sich auch noch schäbig vor ... Er warf die Zigarette in eine Pfütze und trat auf die Straße hinaus. (v 1974)

1. a) Untersuchen Sie, welche Aspekte von „Parteilichkeit" in den Texten 1 und 2 verwirklicht sind.
b) Beschreiben Sie die neue Position, die sich in Text 3 zeigt.
c) Vergleichen Sie, wie Lenz „Parteilichkeit" versteht.

2. Erörtern Sie die These von Siegfried Lenz, Sprache sei „das schärfste und gefährlichste, das wirksamste und geheimnisvollste Werkzeug" (vgl. S. 425f.).

3. Stellen Sie Beispiele der darstellenden Kunst aus der DDR unter dem Aspekt des sozialistischen Realismus vor.

4 Siegfried Lenz (*1926): Literatur im wissenschaftlichen Zeitalter*
(Auszug, Biografie S. 391)

[...]
Die Wissenschaft stellt ihre Fragen im eigenen Namen, die Literatur dagegen stellvertretend auch im Namen des Lesers. Während die Wissenschaft ihre Fragen vornehmlich an das Ungesicherte wendet, besteht der Schriftsteller darauf, auch das angeblich Gesicherte zu befragen, und gerade dann, wenn es als unveränderlich vorgestellt wird. Auch hier, im Gebrauch der Fragen, wird deutlich, daß Wissenschaft und Literatur nicht zwangsläufig Rivalen sein müssen. Was sich im Netz der Wissenschaft fängt, ist dann auch nicht gleichbedeutend mit dem, was sich im Spiegel der Literatur zu erkennen gibt. Freilich, selbst wenn sich dieses angenommene Rivalitätsverhältnis als Mißverständnis herausstellt, wird niemand übersehen, daß die Literatur im Zeitalter der Wissenschaft ihre Aufgabe neu bestimmen muß. Welch eine Aufgabe?

Sie kann nicht darin bestehen, Informationen über das theoretisch Erfaßbare zu liefern, formales Wissen zu vermitteln oder unsere Dokumentationszentralen platzen zu lassen. In einer von Wissenschaften erhellten Welt sieht sich die Literatur vor allem auf eine Erscheinung verwiesen, nämlich auf das verdunkelte, auf das deformierte Bild des ratlosen Individuums, dessen Ratlosigkeit seltsamerweise auch dann nicht aufhört, wenn es im Besitz der letzten glanzvollen Erkenntnisse ist. Da ist mit unparteiischer Wissenschaftstheorie nichts auszurichten.

Hier aber, glaube ich, beginnen die Aufgaben eines Schriftstellers von erklärter Parteilichkeit. Die Herkunft einer allgemeinen Trauer zu bestimmen, das Scheitern unserer Entwürfe zu begründen, die Furcht verständlich zu machen und der Hoffnung Namen zu geben, dies, stelle ich mir vor, gehört dazu. Und ich stelle mir auch vor, daß diese Versuche nicht fehlen dürfen: den Schrecken zu neutralisieren und die Not als veränderbar zu beschreiben, die Chancen der Sprache zu belegen und zu zeigen, daß es richtiges und falsches Handeln gibt. Dies alles anschaulich zu machen, ins für sich sprechende Bild zu bringen oder in die poetische Chiffre, das ist Aufgabe genug.

Es ist nicht die einzige Aufgabe. Was Literatur zu jeder Zeit vermochte, vermag sie auch im Zeitalter der Wissenschaft, nämlich die Lust zu wecken zu unmittelbarer Teilnahme und Teilhabe am Dargestellten. [...] (v 1970)

Sozialistischer Realismus

Mit dieser im April 1932 für die Sowjetunion festgesetzten offiziellen Kunstdoktrin wurden Literatur, Bildende Kunst und Musik der KPdSU und ihren parteipolitischen Zielen untergeordnet. Die von Maxim Gorki auf dem ersten Kongreß sowjetischer Schriftsteller 1934 verkündete, von da an für alle sozialistischen Systeme weltweit maßgebliche Doktrin verlangte vom Künstler eine „wahrheitsgetreue, historisch konkrete Darstellung der Wirklichkeit in ihrer revolutionären Entwicklung"; er habe seine künstlerische Arbeit „mit den Aufgaben der ideologischen Umgestaltung und Erziehung der Werktätigen im Geiste des Sozialismus" zu verbinden. *Sozialismus* als unbestreitbare politische Position und *Realismus* als künstlerisches Prinzip der Wirklichkeitsdarstellung galten als zentrale Kriterien der Literatur. Der positive Held, eine optimistische Zukunftsperspektive, „Parteilichkeit" und eine inhaltlich und sprachlich-stilistisch zum Ausdruck kommende „Volksverbundenheit", die alle Formexperimente ablehnt, waren ihre typischen Merkmale.

Nach 1945 bekam diese Doktrin auch in der DDR zunehmende Bedeutung, der gesellschaftlich-politische Auftrag an den Schriftsteller hieß, Volk und Partei einander näherzubringen. Bereits Mitte der Sechzigerjahre erhielt jedoch die differenzierte Darstellung des Individuums in seinen Widersprüchen (z.B. bei Hermann Kant, Christa Wolf, Günter de Bruyn, Günter Kunert, Volker Braun und Ulrich Plenzdorf) stärkeres Gewicht. Die offiziellen Äußerungen der Parteifunktionäre gingen allerdings meist an dieser veränderten Wirklichkeit vorbei.

(Zitate aus G. Mehnert: Aktuelle Probleme des sozialistischen Realismus. Lektionen der Parteihochschule „Karl Marx" beim ZK der SED, Berlin-Ost 1968.)

2. „Denn Kunst ist immer Widerspruch zu dem, was ist." (Stefan Schütz) – Erprobung eines projektorientierten Verfahrens

„Das Wort ist eine geheimnisvolle, vieldeutige, ambivalente, verräterische Erscheinung. Es kann Lichtstrahl im Reich der Finsternis sein, [...] es kann auch ein todbringender Pfeil sein. Und was das Schlimmste ist: Es kann eine Weile dies und eine Weile jenes sein, es kann sogar beides gleichzeitig sein!"

(Aus Vaclav Havels Rede anlässlich der Überreichung des Friedenspreises des deutschen Buchhandels, Oktober 1989)

1 Hans Magnus Enzensberger (*1929): Ins Lesebuch für die Oberstufe*

Lies keine Oden, mein Sohn, lies die Fahrpläne:
sie sind genauer. Roll die Seekarten auf,
eh es zu spät ist. Sei wachsam, sing nicht.
Der Tag kommt, wo sie wieder Listen ans Tor
schlagen und malen den Neinsagern auf die Brust
Zinken. Lern unerkannt gehn, lern mehr als ich:
das Viertel wechseln, den Paß, das Gesicht.
Versteh dich auf den kleinen Verrat,
die tägliche schmutzige Rettung. Nützlich
sind die Enzykliken zum Feueranzünden,
die Manifeste: Butter einzuwickeln und Salz
für die Wehrlosen. Wut und Geduld sind nötig,
in die Lungen der Macht zu blasen
den feinen tödlichen Staub, gemahlen
von denen, die viel gelernt haben,
die genau sind, von dir.

(v 1957)

2 Ingeborg Bachmann (1926–1973): Alle Tage

Der Krieg wird nicht mehr erklärt,
sondern fortgesetzt. Das Unerhörte
ist alltäglich geworden. Der Held
bleibt den Kämpfern fern. Der Schwache
ist in die Feuerzonen gerückt.
Die Uniform des Tages ist die Geduld,
die Auszeichnung der armselige Stern
der Hoffnung über dem Herzen.

Er wird verliehen,
wenn nichts mehr geschieht,
wenn das Trommelfeuer verstummt,
wenn der Feind unsichtbar geworden ist
und der Schatten ewiger Rüstung
den Himmel bedeckt.

Er wird verliehen
für die Flucht von den Fahnen,
für die Tapferkeit vor dem Freund,
für den Verrat unwürdiger Geheimnisse
und die Nichtachtung
jeglichen Befehls.

(e 1952)

3 Christoph Meckel (*1935): Andere Erde

Wenn erst die Bäume gezählt sind und das Laub
Blatt für Blatt auf die Ämter gebracht wird
werden wir wissen, was die Erde wert war.
Einzutauchen in Flüsse voll Wasser
und Kirschen zu ernten an einem Morgen im Juni
wird ein Privileg sein, nicht für Viele.
Gerne werden wir uns der verbrauchten Welt
erinnern, als die Zeit sich vermischte
mit Monstern und Engeln, als der Himmel
ein offener Abzug war für den Rauch
und Vögel in Schwärmen über die Autobahn flogen
(wir standen im Garten, und unsre Gespräche
hielten die Zeit zurück, das Sterben der Bäume
flüchtige Legenden von Nesselkraut).

Shut up. Eine andere Erde, ein anderes Haus.
(Ein Habichtflügel im Schrank. Ein Blatt. Ein Wasser.)

(v 1974)

Hans Magnus Enzensberger wurde 1929 in Kaufbeuren (Allgäu) geboren, musste 1944/45 noch im Volkssturm dienen, studierte dann Literaturwissenschaft sowie Philosophie und schloss 1955 mit der Promotion ab. Nach Tätigkeiten am Theater, als Rundfunkredakteur, Gastdozent an verschiedenen Hochschulen, Verlagslektor und weltweiten Reisen lebt der Autor als freier Schriftsteller in Berlin. Vor allem als vielfach aggressiver zeitkritischer Lyriker, Essayist und Hörspielautor sowie durch kunstvolle formale Konstruktionen und Stilformen wurde Enzensberger bekannt.

In **projektorientiertem Vorhaben** ließen sich vertraute Verfahren in selbstständiger Arbeit zur These „Denn Kunst ist immer Widerspruch zu dem, was ist" einüben.
1. Notieren Sie spontane Einfälle, Eindrücke und erste Wertungen zu den Texten 1–12.
2. Verfahren Sie dann arbeitsteilig, indem Sie zu den Texten jeweils
a) Art und stilistische Form des Widerspruchs ermitteln;
b) die Ausgangsthese überprüfen an „Gegentexten" aus anderen Kapiteln;
c) semantische Reflexionen (vgl. S. 426f.) zu „Widerspruch" und „Zustimmung" anstellen
d) Machen Sie zu einem Text eine analytische (vgl S. 15f.) oder gestaltende Interpretation (z. B. als Platten- oder Buchcover, etwa zu einem Fabel-Buch, als Plakat, Song, politischen Appell, Sinnspruch (Epigramm), Parallel- oder Gegengestaltung etc.; vgl. S. 26).

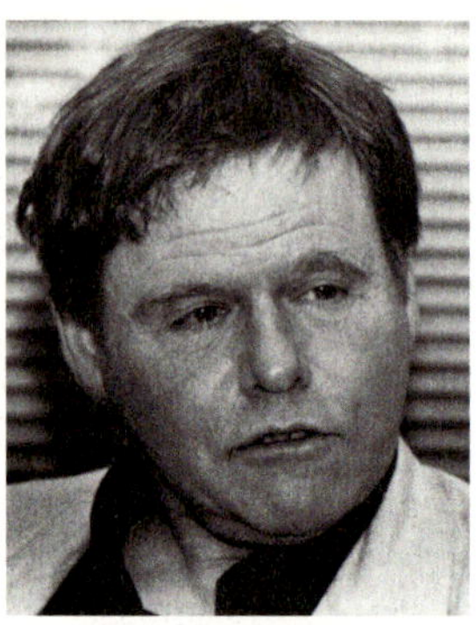

Christoph Meckel wurde 1935 in Berlin geboren, studierte Malerei und Grafik, machte zahlreiche Weltreisen. Der Autor ist vor allem Lyriker und Erzähler, wobei oft zeit- und zivilisationskritische

4 Günter Eich (1907–1972): Im Sonnenlicht

Die Sonne, wie sie mir zufällt,
Kupfern und golden,
Dem blinzelnden Schläfer, –
Ich habe sie nicht verlangt.

Ich will sie nicht, wie sie die Haut mir bräunt
Und mir Gutes tut,
Ich fürchte das Glück, –
Ich habe es nicht verlangt.

Die ihr sie hinnehmt,
Kupfern und golden,
Dass sie das Weizenkorn härtet,
Dass sie die Traube kocht, –
Wer seid ihr, dass ihr nicht bangt?

Was üppig sie gab,
Was wir genommen ohne Besinnen.
Das unverlangte Geschenk, –
Eines bestürzenden Tages
Wird es zurückverlangt.

Was zu verschwenden erlaubt war,
Die kupferne Scheidemünze,
Die Haufen Goldes,
Die vertanen Reichtümer, – genau
Wird es zurückverlangt.

Aber wir werden leere Taschen haben,
Und der Gläubiger ist unbarmherzig.
Womit werden wir zahlen?
O Brüder, dass ihr nicht bangt!

(v 1949)

Themen dominieren, die in vielfach provokant-pointiertem Stil gestaltet werden.

Semantische Reflexionen sollten in zwei Schritten angestellt werden:
1. *Sammeln* eigener Gedanken durch die Anlage einen Clusters;
2. *Überprüfen* der Ergebnisse mit Hilfe sog. Synonymlexika, z.B. von Paul Grebe/Wolfgang Müller u. a. (Hrsg.): Vergleichendes Synonymwörterbuch. – Mannheim (Dudenverlag); Franz Dornseiff: Der deutsche Wortschatz nach Sachgruppen. – Berlin (de Gruyter) oder Wehrle-Eggers: Deutscher Wortschatz. – Stuttgart (Klett).

5 Friedrich Dürrenmatt (1921–1990): Die Physiker* (Auszug)

In einer Irrenanstalt sitzen drei scheinbar verrückte, in Wirklichkeit aber hochkarätige Physiker ein. „Einstein“ (alias Joseph Eisler) und „Newton“ (alias Alec Jasper Kilton) enttarnen sich als Geheimagenten gegnerischer Großmächte. Sie wollen den genialen Physiker „Möbius“ für ihr Lager gewinnen. Möbius spielt den Irren, um die Menschheit vor den schrecklichen Konsequenzen seiner Forschungsergebnisse zu bewahren. Nachdem alle drei ihr Inkognito gelüftet haben und Möbius bekannt hat, seine Manuskripte verbrannt zu haben, kommt es zu folgendem Gespräch:

Friedrich Dürrenmatt (1921–1990) wurde als Sohn eines Pfarrers in Konolfingen (bei Bern) geboren, studierte Philosophie, Theologie und Germanistik, arbeitete zeitweise als Zeichner, Grafiker und Illustrator, Theaterkritiker und Regisseur, vor allem aber ab 1953 als freier Schriftsteller. Als Erzähler, z. B. durch die Romane *Der Richter und sein Henker* (1952) und *Der Verdacht* (1953), Hörspielautor, z. B. durch *Die Panne* (1956), *Das Unternehmen der Wega* (1958), und vor allem als Dramatiker, etwa durch *Die Ehe des Herrn Mississippi* (1952), *Der Besuch der alten Dame* (1956), *Romulus der Große* (1958), wurde er berühmt, v.a. durch seine zeitkritischen, einfallsreichen, oft ins Groteske getriebenen Werke.

[...]

MÖBIUS *steht auf* Wir sind drei Physiker. Die Entscheidung, die wir zu fällen haben, ist eine Entscheidung unter Physikern. Wir müssen wissenschaftlich vorgehen. Wir dürfen uns nicht von Meinungen bestimmen lassen, sondern von logischen Schlüssen. Wir müssen versuchen, das Vernünftige zu finden. Wir dürfen uns keinen Denkfehler leisten, weil ein Fehlschluß zur Katastrophe führen müßte. Der Ausgangspunkt ist klar. Wir haben alle drei das gleiche Ziel im Auge, doch unsere Taktik ist verschieden. Das Ziel ist der Fortgang der Physik. Sie wollen ihr die Freiheit bewahren, Kilton, und streiten ihr die Verantwortung ab. Sie dagegen, Eisler, verpflichten die Physik im Namen der Verantwortung der Machtpolitik eines bestimmten Landes. Wie sieht nun aber die Wirklichkeit aus? Darüber verlange ich Auskunft, soll ich mich entscheiden.

NEWTON Einige der berühmtesten Physiker erwarten Sie. Besoldung und Unterkunft ideal, die Gegend mörderisch, aber die Klimaanlagen ausgezeichnet.

MÖBIUS Sind diese Physiker frei?

NEWTON Mein lieber Möbius. Diese Physiker erklären sich bereit, wissenschaftliche Probleme zu lösen, die für die Landesverteidigung entscheidend sind. Sie müssen daher verstehen –

MÖBIUS Also nicht frei.
Er wendet sich Einstein zu Joseph Eisler. Sie treiben Machtpolitik. Dazu gehört jedoch Macht. Besitzen Sie die?

EINSTEIN Sie mißverstehen mich, Möbius. Meine Machtpolitik besteht gerade darin, daß ich zugunsten einer Partei auf meine Macht verzichtet habe.

MÖBIUS Können Sie die Partei im Sinne Ihrer Verantwortung lenken, oder laufen Sie Gefahr, von der Partei gelenkt zu werden?

EINSTEIN Möbius! Das ist doch lächerlich. Ich kann natürlich nur hoffen, die Partei befolge meine Ratschläge, mehr nicht. Ohne Hoffnung gibt es nun einmal keine politische Haltung.

MÖBIUS Sind wenigstens Ihre Physiker frei?

EINSTEIN Da auch sie für die Landesverteidigung –

MÖBIUS Merkwürdig. Jeder preist mir eine andere Theorie an, doch die Realität, die man mir bietet, ist dieselbe: ein Gefängnis. Da ziehe ich mein Irrenhaus vor. Es gibt mir wenigstens die Sicherheit, von Politikern nicht ausgenützt zu werden.

EINSTEIN Gewisse Risiken muß man schließlich eingehen.

Szenenfoto aus dem 2. Akt

MÖBIUS Es gibt Risiken, die man nie eingehen darf: Der Untergang der Menschheit ist ein solches. Was die Welt mit den Waffen anrichtet, die sie schon besitzt, wissen wir, was sie mit jenen anrichten würde, die ich ermögliche, können wir uns denken. Dieser Einsicht habe ich mein Handeln untergeordnet. Ich war arm. Ich besaß eine Frau und drei Kinder. Auf der Universität winkte Ruhm, in der Industrie Geld. Beide Wege waren zu gefährlich. Ich hätte meine Arbeiten veröffentlichen müssen, der Umsturz unserer Wissenschaft und das Zusammenbrechen des wirtschaftlichen Gefüges wären die Folgen gewesen. Die Verantwortung zwang mir einen anderen Weg auf. Ich ließ meine akademische Karriere fahren, die Industrie fallen und überließ meine Familie ihrem Schicksal. Ich wählte die Narrenkappe. Ich gab vor, der König Salomo erscheine mir, und schon sperrte man mich in ein Irrenhaus.

NEWTON Das war doch keine Lösung!

MÖBIUS Die Vernunft forderte diesen Schritt. Wir sind in unserer Wissenschaft an die Grenzen des Erkennbaren gestoßen. Wir wissen einige genau erfaßbare Gesetze, einige Grundbeziehungen zwischen unbegreiflichen Erscheinungen, das ist alles, der gewaltige Rest bleibt Geheimnis, dem Verstande unzugänglich. Wir haben das Ende unseres Weges erreicht. Aber die Menschheit ist noch nicht so weit. Wir haben uns vorgekämpft, nun folgt uns niemand nach, wir sind ins Leere gestoßen. Unsere Wissenschaft ist schrecklich geworden, unsere Forschung gefährlich, unsere Erkenntnis tödlich. Es gibt für uns Physiker nur noch die Kapitulation vor der Wirklichkeit. Sie ist uns nicht gewachsen. Sie geht an uns zugrunde. Wir müssen unser Wissen zurücknehmen, und ich habe es zurückgenommen. Es gibt keine andere Lösung, auch für euch nicht.

EINSTEIN Was wollen Sie damit sagen?

MÖBIUS Ihr besitzt Geheimsender?

EINSTEIN Na und?

MÖBIUS Ihr benachrichtigt eure Auftraggeber. Ihr hättet euch geirrt. Ich sei wirklich verrückt.

EINSTEIN Dann sitzen wir hier lebenslänglich. [...] (e 1961)

Hans Joachim Schädlich wurde 1935 in Reichenbach (Vogtland) geboren, studierte Germanistik, war als Dr. phil. 1959–1976 Mitarbeiter der Ost-Berliner Akademie der Wissenschaften. Er schloss sich 1976 dem Protest gegen die Ausbürgerung Biermanns an und reiste 1977 nach Hamburg aus. Schädlich lebt als freier Schriftsteller und wurde durch Erzählungen und Romane bekannt, die häufig das Verhältnis von Individuum und repressiver Gewalt in der DDR zum Thema haben.

6 Hans Joachim Schädlich (*1935): Schwer leserlicher Brief

Schwer leserlicher Brief, der auf geliehener alter Maschine geschrieben wird von unkundiger Hand. Die letzte Kopie, für das Gedächtnis, nur entzifferbar durch den Absender.

Der Entschluss ist gefasst worden mittags, Montag. Es war zu besorgen dreierlei Papier. Wenige Bogen von jeder Sorte. Ein Laden für Schreibwaren bietet Kohlepapier. Verkäuflich in unverbrauchbarer Menge. Einzelne Bogen, fünf genügen, nicht. Aber es findet sich wer. Briefumschläge, Marken aus eigenem Vorrat. Die Empfänger wohnhaft in der Hauptstadt. Ihre Anschriften liest man.

Ich, Arbeiter, alleinstehend, Alter vierunddreißig, erhielt Nachricht von schwerer Krankheit des Vaters, welcher wohnt im westlichen Teil der Stadt. Beantragte Reise abgelehnt von zuständiger Behörde am heutigen Tag. Meine Frage, die laut gestellt wurde vor mehreren Angestellten, aus welchem Grund dem Antragsteller Genehmigung zu kurzer Reise nicht erteilt wird, ohne Antwort.

Da also ich, Einwohner meines Landes, trotz genanntem Grund aufgehalten werde, ersuche ich hiermit Sie, auf der Liste der Einwohner mich auszustreichen.

Weil ich anderer Ansicht bin über Gründe. Weil, wenn nicht gelten soll, was meine Sache ist, ich an falschem Ort wohne.

Ich bringe bei Zeugnis über gute Arbeit in fünfzehn Jahren (beteiligt an Erfüllung des Plans und Übererfüllung); Mitglied in freiem deutschem Gewerkschaftsbund seit erstem Arbeitsjahr; Einsatz bei Ernte und Verschönerung der Stadt.

Mit meinem Geld war ich zufrieden und bin es. Wohnung wurde mir zugeteilt nach sechs Jahren. Ich bin gewöhnt an mein Leben; was ich brauche, habe ich. Von kurzem Aufenthalt wäre ich zurückgekehrt.

Jetzt will ich fort. Hoffe, dass ich gehen kann, wo ich zum Land nicht mehr gehöre.

Wer den Freund verliert, der soll ihn lassen. So halten wir es. Kann ihn nicht einschließen und sagen, mach ein glückliches Gesicht, ich bin Freund dir.

Ich kenn mich nicht aus in Akten. Aber so viel weiß ich: dass ich nicht Zubehör bin des Landes, nicht bleiben muss, wo ich geboren bin.

Ich frag nicht mehr, glaub auch nicht. Bitte um Antwort nach gesetzlicher Frist.

Der Briefschreiber hat einen Brief vierfach. Den ersten dem Vorsitzenden. Den zweiten dem ersten Minister. Den dritten dem Sekretär. (e 1976)

7 Reiner Kunze (*1933): Das Ende der Kunst*

Du darfst nicht, sagte die eule zum auerhahn,
du darfst nicht die sonne besingen
Die sonne ist nicht wichtig

Der auerhahn nahm
die sonne aus seinem gedicht

Du bist ein künstler,
sagte die eule zum auerhahn

Und es war schön finster

(v 1969)

8 Reiner Kunze: Amerika, ...*

Amerika, der Autobaum

Er wächst aus den entfernungen

In seinen früchten aus stahl und chrom
weiße, schwarze kerne:

der mensch

In ihm
die entfernung

(v 1981)

9 Bernd Wagner (*1948): Fabel

Da sang die Nachtigall
die Welt ist all
die Welt ist all
es werden die Raben
sie gefressen haben.

Da krächzten die Raben
wir haben
wir haben
noch nicht all
und fraßen die Nachtigall.

(v 1975)

10 Gerhard Branstner (*1927): Probleme verstecken heißt Probleme hecken

Der Bär hatte ein mächtiges Reich gegründet, und die Tiere waren es zufrieden, auch die Spechte. Natürlich gab es auch Probleme. Da machte ein Specht ein Gedicht auf die Probleme.

Wozu brauchen wir solche Gedichte, sagte der Bär, wir haben schon Probleme genug.

(v 1976)

11 Gerhard Branstner: Die Kunst lässt weg, so geht die Sage. Nur, was sie weglässt, ist die Frage

Der Wolf und der Igel besuchten eine Gemäldeausstellung. Dort hing auch ein Porträt des Wolfes, das der Affe verfertigt hatte.
Der Wolf lobte das Bild über alle Maßen.
Wie kannst du so was loben, wunderte sich der Igel, selbst die Hasen werden lachen, wenn sie dich so sehen. Deine wahre Natur ist überhaupt nicht zu erkennen.
Eben deshalb gefällt mir das Bild, erklärte der Wolf.

(v 1976)

12 Volker Braun (*1939): Jazz*

Das ist das Geheimnis des Jazz:
Der Baß bricht dem erstarrten Orchester aus.
Das Schlagzeug zertrommelt die geistlosen Lieder.
Das Klavier seziert den Kadaver Gehorsam.
Das Saxophon zersprengt die Fessel Partitur:
Bebt, Gelenke: wir spielen ein neues Thema aus
Wozu ich fähig bin und wessen ich bedarf: ich selbst zu sein –
Hier will ich es sein: ich singe mich selbst.
Und aus den Trümmern des dunklen Bombasts Akkord
Aus dem kahlen Notenstrauch reckt sich was her über uns
Herzschlag Banjo, Mundton der Saxophone:
Reckt sich unsere Harmonie auf: bewegliche Einheit –
Jeder spielt sein Bestes aus zum gemeinsamen Thema.
Das ist die Musik der Zukunft: jeder ist ein Schöpfer.
Du hast das Recht, du zu sein, und ich bin ich:
Und mit keinem verbünden wir uns, der nicht er selber ist
Unverwechselbar er im Lieben, im Haß.

(v 1965)

Reiner Kunze, geb. 1933 im Erzgebirge, studierte Philosophie und Journalistik in Leipzig. Von 1955 bis 1959 war er wissenschaftlicher Assistent mit Lehrauftrag, dann, nach der Entlassung aus dem Universitätsdienst, Hilfsschlosser im Schwermaschinenbau. Ab 1962 ist er freiberuflich als Schriftsteller tätig. 1968 nach dem Einmarsch der Ostblocktruppen in die Tschechoslowakei trat er aus der SED aus und war von da an in seiner Arbeit behindert, diffamiert und boykottiert. Wegen seines in Westdeutschland herausgegebenen Prosabandes *Die wunderbaren Jahre* wurde er aus dem Schriftstellerverband der DDR ausgeschlossen, was den Entzug aller Publikationsrechte bedeutete, und strafrechtlich verfolgt. 1977 siedelte er in die Bundesrepublik in die Nähe von Passau über.
Aphoristische Kürze, nicht selten äußerste sprachliche Reduktion kennzeichnen die Gedichte und Prosatexte, insbesondere die „Denkbilder" (vgl. S. 406) dieses Autors, der auch in der Bundesrepublik kritischer Nonkonformist und „Einzelgänger" geblieben ist. Für sein schmales Werk – u. a. *Sensible Wege* (1969), *Der Löwe Leopold* (1971), *Zimmerlautstärke* (1972), *Die wunderbaren Jahre* (1976), *auf eigene hoffnung* (1981) *ein tag auf dieser erde* (1999) – wurde er mehrfach ausgezeichnet, 1977 mit dem Georg-Büchner-Preis. Texte von ihm wurden bisher in über dreißig Sprachen übersetzt. 1990 veröffentlichte er die Dokumentation *Deckname Lyrik*, Auszüge aus seinen 3491 Blätter umfassenden, im Verlauf von 25 Jahren vom Ministerium für Staatssicherheit aufgezeichneten Akten. Das Buch gibt Einblick in die Menschen verachtenden Bespitzelungs- und Unterdrückungsmechanismen des DDR-Staates.

m

Zu **Uwe Johnson** (1934–1984) würde sich ein **Projekt** – zusammen mit Geschichte – anbieten über Tendenzen der Kulturpolitik der Nachkriegszeit in der DDR, der Bundesrepublik und in den USA.
Im Zentrum stünden die großen Romane über die deutsche Teilung und das 20. Jahrhundert:
- Mutmaßungen über Jakob (1959),
- Das dritte Buch über Achim (1961)

sowie
- Jahrestage. Aus dem Leben von Gesine Cresspahl. 4 Bde. (1970–1983), die auch verfilmt sind (2000).

3. „Dieser lange, nie enden wollende Weg zu sich selbst" (Christa Wolf) – Spurensuche in moderner Prosa

Wer bin ich? Diese Frage ist so alt wie das Nachdenken der Menschen in Philosophie und Dichtung über ihre Existenz. Wie unterschiedlich stellt sich das Wesen des Individuums je nach gesellschaftlichen und politischen Umständen dar?

Max Frisch, geb. 1911 in Zürich, brach 1933 sein Germanistik-Studium ab und arbeitete als Journalist. Von 1936 bis 1941 absolvierte er ein Architektur-Studium und eröffnete 1942 ein Architekturbüro in Zürich. Ab 1954 arbeitete er als freier Schriftsteller, lebte von 1960 bis 1965 in Rom, dann im Tessin, unternahm ausgedehnte Reisen und starb im April 1991 in Zürich.
Im Zentrum der schriftstellerischen Arbeit von Max Frisch steht das Identitätsproblem. Es wird in ganz verschiedenen Varianten durchgespielt: als immer wieder versuchte Leugnung des Bildes, das sich die Umwelt vom Romanhelden macht, in *Stiller* (1954); als radikale Erschütterung der Vorstellungen, die sich der Ich-Erzähler von sich selbst und der Welt zurechtlegt, in *Homo faber* (1957); als von der Gesellschaft zudiktierte Rolle in *Andorra* (1962); als vielfacher Entwurf von Lebensmöglichkeiten in *Mein Name sei Gantenbein* (1964). Daneben sind von den zahlreichen dramatischen Arbeiten des Autors u.a. die Komödie *Don Juan oder die Liebe zur Geometrie* (1953) und *Biedermann und die Brandstifter* (1956) zu nennen. Romane und Theaterstücke von Max Frisch wie auch seine Tagebücher hatten seit der Veröffentlichung von *Stiller* ungewöhnlich starke Resonanz, in den Sechzigerjahren war er der prominenteste Gegenwartsautor deutscher Sprache.

1. a) Notieren Sie Assoziationen zur Überschrift dieser Teilsequenz.
b) Prüfen Sie die Titel der Texte 1–6, ob sie auf den ersten Blick zur Überschrift „passen".

2. Untersuchen Sie die Texte 1–5 arbeitsteilig, indem Sie einen literarischen Dialog führen:
a) Die einen stellen Fragen jeweils an einen Text, die andern suchen die Sinnrichtung in einem neuen Titel zu bestimmen und Deutungsansätze zu finden.
b) Vor dem Plenum werden Fragen und Antworten ausgetauscht und besprochen.

1 Max Frisch (1911–1991): Stiller* (Auszug)

Ich bin nicht Stiller! – Tag für Tag, seit meiner Einlieferung in dieses Gefängnis, das noch zu beschreiben sein wird, sage ich es, schwöre ich es und fordere Whisky, ansonst ich jede weitere Aussage verweigere. Denn ohne Whisky, ich hab's ja erfahren, bin ich nicht ich selbst, sondern neige dazu, allen möglichen guten Einflüssen zu erliegen und eine Rolle zu spielen, die ihnen so passen möchte, aber nichts mit mir zu tun hat, und da es jetzt in meiner unsinnigen Lage (sie halten mich für einen verschollenen Bürger ihres Städtchens!) einzig und allein darum geht, mich nicht beschwatzen zu lassen und auf der Hut zu sein gegenüber allen ihren freundlichen Versuchen, mich in eine fremde Haut zu stecken, unbestechlich zu sein bis zur Grobheit, ich sage: da es jetzt einzig und allein darum geht, niemand anders zu sein als der Mensch, der ich in Wahrheit leider bin, so werde ich nicht aufhören, nach Whisky zu schreien, sooft sich jemand meiner Zelle nähert. Übrigens habe ich bereits vor Tagen melden lassen, es brauche nicht die allererste Marke zu sein, immerhin eine trinkbare, ansonst ich eben nüchtern bleibe, und dann können sie mich verhören, wie sie wollen, es wird nichts dabei herauskommen, zumindest nichts Wahres. Vergeblich! Heute bringen sie mir dieses Heft voll leerer Blätter: Ich soll mein Leben niederschreiben! wohl um zu beweisen, daß ich eines habe, ein anderes als das Leben ihres verschollenen Herrn Stiller.

„Sie schreiben einfach die Wahrheit", sagt mein amtlicher Verteidiger, „nichts als die schlichte Wahrheit. Tinte können Sie jederzeit nachfüllen lassen!" [...]

(e 1953/54)

2 Max Frisch: Du sollst dir kein Bildnis machen* (Auszug)

Es ist bemerkenswert, daß wir gerade von dem Menschen, den wir lieben, am mindesten aussagen können, wie er sei. Wir lieben ihn einfach. Eben darin besteht ja die Liebe, das Wunderbare an der Liebe, daß sie uns in der Schwebe des Lebendigen hält, in der Bereitschaft, einem Menschen zu folgen in allen seinen möglichen Entfaltungen. Wir wissen, daß jeder Mensch, wenn man ihn liebt, sich wie verwandelt fühlt, wie entfaltet, und daß auch dem Liebenden sich alles entfaltet, das Nächste, das lange Bekannte. Vieles sieht er wie zum ersten Male. Die Liebe befreit es aus jeglichem Bildnis. Das ist das Erregende, das Abenteuerliche, das eigentlich Spannende, daß wir mit den Menschen, die wir lieben, nicht fertigwerden: weil wir sie lieben; solang wir sie lieben. Man höre bloß die Dichter, wenn sie lieben; sie tappen nach Vergleichen, als wären sie betrunken, sie greifen nach allen Dingen im All, nach Blumen und Tieren, nach Wolken, nach Sternen und Meeren. Warum? So wie das All, wie Gottes unerschöpfliche Geräumigkeit, schrankenlos, alles Möglichen voll, aller Geheimnisse voll, unfaßbar ist der Mensch, den man liebt – Nur die Liebe erträgt ihn so.

Warum reisen wir? Auch dies, damit wir Menschen begegnen, die nicht meinen, daß sie uns kennen ein für allemal; damit wir noch einmal erfahren, was uns in diesem Leben möglich sei – Es ist ohnehin schon wenig genug.

Unsere Meinung, daß wir das andere kennen, ist das Ende der Liebe, jedesmal, aber Ursache und Wirkung liegen vielleicht anders, als wir anzunehmen versucht sind – nicht weil wir das andere kennen, geht unsere Liebe zu Ende, sondern umgekehrt: weil unsere Liebe zu Ende geht, weil ihre Kraft sich erschöpft hat, darum ist der Mensch fertig für uns. Er muß es sein. Wir können nicht mehr! Wir künden ihm die Bereitschaft, auf weitere Verwandlungen einzugehen. Wir verweigern ihm den Anspruch alles Lebendigen, das unfaßbar bleibt, und zugleich sind wir verwundert und enttäuscht, daß unser Verhältnis nicht mehr lebendig sei.

„Du bist nicht", sagt der Enttäuschte oder die Enttäuschte: „wofür ich dich gehalten habe."

Und wofür hat man sich denn gehalten?

Für ein Geheimnis, das der Mensch ja immerhin ist, ein erregendes Rätsel, das auszuhalten wir müde geworden sind. Man macht sich ein Bildnis. Das ist das Lieblose, der Verrat. [...]

In gewissem Grad sind wir wirklich das Wesen, das die andern in uns hineinsehen, Freunde wie Feinde. Und umgekehrt! auch wir sind die Verfasser der andern; wir sind auf eine heimliche und unentrinnbare Weise verantwortlich für das Gesicht, das sie uns zeigen, verantwortlich nicht für ihre Anlage, aber für die Ausschöpfung dieser Anlage. Wir sind es, die dem Freunde, dessen Erstarrtsein uns bemüht, im Wege stehen, und zwar dadurch, dass unsere Meinung, er sei erstarrt, ein weiteres Glied in jener Kette ist, die ihn fesselt und langsam erwürgt. Wir wünschen ihm, daß er sich wandle, o ja, wir wünschen es ganzen Völkern! Aber darum sind wir noch lange nicht bereit, unsere Vorstellung von ihnen aufzugeben. Wir selber sind die letzten, die sie verwandeln. Wir halten uns für den Spiegel und ahnen nur selten, wie sehr der andere seinerseits eben der Spiegel unsres erstarrten Menschenbildes ist, unser Erzeugnis, unser Opfer –. (e 1946)

Das **literarische Tagebuch** verzichtet – anders als das private (intime) Tagebuch – weitgehend auf die Mitteilung rein persönlicher Aufzeichnungen. Es ist von Anfang an für die Veröffentlichung bestimmt und deshalb oft stilisiert. Bestimmte Themen dominieren, z. B. zeitgeschichtliche und kunstkritische Reflexionen, vor allem aber Überlegungen zu geplanten literarischen Vorhaben.

Johann Christian Klengel (1751–1824): Arkadische Landschaft, um 1804

Arkadien geht auf Arcadia zurück, eine auf der Peloponnes liegende Gebirgslandschaft, die als Land der Jäger und Hirten und des Hirtengottes Pan gilt. Seit Vergils (70–19 v. Chr.) *Bucolica* ist Arkadien für viele Künstler und Dichter zur fiktiven Naturlandschaft geworden, einem Wunschbild, in dem sich Mythos und Wirklichkeit so verbinden, dass ein Ort vollkommener und zeitloser Schönheit, des idyllischen Friedens (ein locus amoenus = lieblicher Ort), der Freundschaft und Liebe sowie des Glücks in einem goldenen Zeitalter entsteht.

3 Ingeborg Bachmann (1926–1973): Auch ich habe in Arkadien gelebt (Auszug)

[...] aber eines Tages war meine Zeit um, und ich nahm Abschied. Es war spät im Herbst. Aus den Büschen fielen faule Beeren, und die Schafe kamen die Hügel herunter, frierend und hungrig, denn über Nacht hatte der Wind das Gras aus den Bergwiesen gespült und an die felsigen Ufer geworfen. Auf silbernen Geleisen – zwei letzten Sonnenstrahlen – trug mich der Zug fort. In der Nacht erreichte ich die Grenze. Die Zollbeamten beschlagnahmten mein Gepäck, und als ich mein Geld umwechseln wollte, bedeutete man mir, dass hier eine andere Währung galt. Bedauerlicherweise war zwischen meiner Heimat und den anderen Ländern kein Abkommen getroffen worden, das einen Kurs festsetzte. Also war auch mein Geld wertlos.

Aber ich verlor den Mut nicht. Schon in der ersten Stadt lernte ich viele freundliche Menschen kennen; sie halfen mir, wo sie konnten, und ich fand bald Arbeit in einer Fabrik. Später ging ich zu einer Straßenbaufirma. Es war Frühling, und es war die erste Straße, die ich sah, eine wunderbare Straße, die die schwersten Fahrzeuge trug, eine große, herrliche Straße, auf der man bis ans Meer fahren konnte. Aber das Meer war weit, und es lagen viele Stationen davor, kleinere Städte und sehr große; auch eine Weltstadt war darunter. Einige Chronisten dieser Stadt sprachen die Vermutung aus, dass sie sich auf den Ruinen des alten Babylon erhebe, aber ihre beglaubigte Geschichte schien mir blass und nichtig vor ihrer Gegenwart.

Diese Stadt ließ mich nicht mehr los, denn alles, was ich tat – ob ich nun an der Börse spielte, Maschinen baute oder den Ertrag von Plantagen zu steigern versuchte –, war so merkbar von Erfolg begleitet, dass es alle meine Erwartungen übertraf. Als mein Name zum ersten Mal in den Zeitungen genannt wurde, war ich glücklicher als je zuvor in meinem Leben, und ich beschloss zu bleiben. Ich hätte jetzt jederzeit ans Meer fahren können, doch dazu kam es nicht mehr, denn ich hatte immer neue Versprechen einzulösen, die ich gegeben hatte, immer neue Aufgaben zu erfüllen, die ich übernommen hatte, mich immer neu zu bestätigen, da man nun einmal mich bestätigt hatte.

An manchen Abenden fuhr ich, wenn ich sehr müde war, bis zur Ausfallstraße, die ans Meer führt, holte aus meiner tiefen Müdigkeit und Ergebenheit das Bild des unbekannten Meeres hervor und sank, halb schlafend, der Ferne entgegen und dem unendlichen Himmel, der mit dem Meer den Erdkreis schließt. Sobald die Benommenheit wich, kehrte ich ernüchtert zurück und sagte mir, dass mir diese Reise noch immer bliebe und dass sie mir im Augenblick nichts eintragen konnte, nichts, was ich nicht schon besäße.

Jahre kommen und vergehen, die Menschen kommen und gehen, und die Zeit und die Menschen wollen mir wohl, und ich habe meinen Platz unter der Sonne.

Ingeborg Bachmann (1926–1973) wurde in Klagenfurt (Österreich) geboren, studierte Jura und Philosophie, promovierte über den Philosophen Heidegger, war drei Jahre Redakteurin beim Rundfunk und lebte ab 1953 meist in Rom, wo sie 1973 starb.
Das Gefühl der Vereinzelung und Vereinsamung, anhaltendes Entsetzen, Todesangst und die utopische Sehnsucht nach Entgrenzung bestimmen die Gedichte, Hörspiele und Erzählungen der Autorin, deren Gedicht *Delikatessen* mit der Zeile schließt: „Mein Teil, es soll verlorengehen.“ Die wichtigsten Werke der Dichterin, die 1964 den Georg-Büchner-Preis erhielt: Die Gedichtbände *Die gestundete Zeit* (1953) und *Anrufung des großen Bären* (1956), das Hörspiel *Der gute Gott von Manhattan* (1958), *Das dreißigste Jahr* (1961), eine Sammlung von Erzählungen, und *Malina* (1971), Bruchstück eines groß angelegten, aber nicht bewältigten Romanzyklus.

3. Beschreiben Sie die Stationen, die das epische Ich in Text 3 durchläuft, seine Erfahrungen und seine Einsichten.

Christa Wolf wurde 1929 in Landsberg an der Warthe geboren und 1945 aus der Heimat vertrieben. Von 1949 bis 1953 studierte sie Germanistik in Jena und Leipzig. Wolf heiratete 1951 und wurde Mutter von zwei Töchtern. Bis 1962 war sie als wissenschaftliche Mitarbeiterin und Redakteurin beim Schriftstellerverband tätig. Im gleichen Jahr war sie Gastdozentin an der Universität in Frankfurt am Main. 1965 war Christa Wolf Kandidatin des ZK der SED und Mitglied des PEN-Zentrums der DDR.
Wolf arbeitet als freie Schriftstellerin in Berlin und erhielt zahlreiche Preise: 1964 Nationalpreis der DDR, 1977 Bremer Literaturpreis, 1980 Georg-Büchner-Preis, 1983 Schiller-Gedächtnis-Preis, 2002 Friedenspreis des deutschen Buchhandels.
Im Roman *Der geteilte Himmel* (1963) und in der Erzählung *Nachdenken über Christa T.* (1968) werden Fragen nach der personalen Ganzheit unter den Bedingungen der deutschen Teilung bzw. des sozialistischen Alltags gestellt. In *Kindheitsmuster* (1976) reflektiert die Autorin ihren eigenen Lebensweg. Die Erzählungen *Kein Ort. Nirgends* (1979) und *Kassandra* (1983) spiegeln die Ich-Problematik in unterschiedlichen historischen Feldern. *Medea. Stimmen* (1996) zeigt das Porträt einer ungewöhnlichen Frau. Die Erzählung *Was bleibt.* (1990) schildert die Überwachung Christa Wolfs (1969–89) durch die Stasi und löste eine große Literaturkontroverse aus, die auch die informelle Mitarbeit der Autorin für die Stasi (1959–1962) zum Thema hatte. *Leibhaftig* erschien 2001.

4. a) Formen Sie den Romanausschnitt (Text 4) um in einen inneren Monolog von Christa T.
b) Vergleichen Sie Ihr Ergebnis mit den Vorstellungen über die „sozialistische Persönlichkeit".

Nun erreicht mich seit einigen Tagen, in Augenblicken, in denen ich keine Zeit habe, ihm Aufmerksamkeit zu schenken, der Ton einer Flöte, eine vom Wind zerrissene Melodie, ein von großer Entfernung geschwächter Ruf, und mir ist, als käme er von den herbstlichen Hügeln, die ans Blau eines makellosen, frühen Himmels grenzen. Oder ist es der Ton der Glocken, mit denen die weißen Lämmer ans Gebüsch streifen, wenn sie den Weg ins Tal nehmen? Oder rührt es vom Summen der silbrigen Strahlengeleise, die zu den Hütten am Bach führen und von dort geradewegs in den Sonnenball münden, der wie ein großer, versinkender Bahnhof alle Züge in den Himmel heimholt?

Hier werde ich manchmal um das Geheimnis des Erfolges befragt, und ich könnte euch sagen, dass es mir gelänge, bis ans Meer zu kommen und allen Straßen und allen Wassern der Welt meinen Namen einzuschreiben, wenn mir die Hoffnung bliebe, dass ich am Ende der Tage heimkehren könnte und die staunenden Hirten, die Hügel und Bäche meiner Heimat den Besitz begriffen und würdigten, den ich erworben habe. Aber die Währung zwischen hier und dort ist noch immer eine andere, und führe ich zurück, so käme ich nicht reicher heim, als ich fortzog, nur ein wenig älter und müder, und ich hätte vielleicht nicht mehr das Herz, mich zu bescheiden.

Nun aber erreicht mich wieder eine vom Wind verstärkte Melodie, aus schrecklicher Nähe ein nicht zu überhörender Ruf, und mir ist, als käme er aus meinem Herzen, das über mir zusammenschlägt, als legten sich mir die herbstlichen Hügel an die zitternde Brust, und als zöge der makellose Himmel in mich ein, um mich zu töten. Oder ist es der Ton einer Glocke, die ich trage, wenn meine Sehnsucht an die Büsche streift, um die roten, reifen Früchte des letzten Jahres zu ernten? Oder rühren diese Klänge vom Dröhnen der im Abendglanz sprühenden Geleise, die mich an die Hütte am Bach tragen und von dort geradewegs auf den zerfließenden Sonnenball, der wie ein riesiger, versinkender Bahnhof alle Wanderer in den Himmel heimholt?

(v 1953)

4 Christa Wolf (*1929): Nachdenken über Christa T.* (Auszug)

[...] Mir fällt ein, daß wir sie nie fragen konnten: Was willst du werden? Wie man andere doch fragt, ohne fürchten zu müssen, an Unaussprechliches zu rühren. Man saß sich gegenüber, im Oberstock unseres Stammcafés (Christa T. hatte die Universität gewechselt, auch das Fach, sie studierte das dritte, vierte Jahr, als ich sie wiedertraf), sie blätterte in Aufzeichnungen. Man sieht sie oft an diesem runden Marmortisch in der Nische sitzen, mit verschiedenen Leuten, die nur mit ihr, nicht untereinander befreundet sind. Sie sitzt auch allein da, sie hat zu tun, scheint es. Sie bereitet sich vor – worauf? Mit den letzten Pfennigen Stipendium bezahlt sie den billigen dunklen Kuchen, sie tut, was alle tun, warum soll man sie nicht fragen dürfen, es wäre ja gelacht: Was willst du werden, Krischan? Da läßt sie die Kladde sinken, mit einer Bewegung, die man nicht gesehen haben will, da hat sie das Seminar vergessen, das ihr Sorge machte, kann lange hinaussehen, hinunter auf die Leute, die einzeln und in Gruppen aus der dunklen gegenüberliegenden Gasse treten, sich trennen, einander noch einmal zuwinken oder gemeinsam weitergehen: Alltäglicher konnte kein Schauspiel sein. Was sah sie denn?

Also? – Der bekannte Blick, dunkel, leicht spöttisch, ein wenig vorwurfsvoll. Ich? Lehrerin doch wohl? konnte sie fragen. Da gab man es auf, da schwieg man, ließ die Sache auf sich beruhen, bestand nicht darauf, sie festzulegen, da allzu deutlich war: Sie konnte es wirklich nicht wissen. Sie gab sich ja Mühe hineinzupassen, sie fiel nicht aus bloßem Übermut heraus. Sie hatte ja den guten Willen, sich einen der Namen zuzulegen, die auf andere so vorzüglich zutrafen, sie hat es sich als Mangel angekreidet, daß sie nicht fröhlich wie aus der Pistole geschossen erwidern konnte: Lehrerin, Aspirantin, Dozentin, Lektorin ...

Ach, sie traute ja diesen Namen nicht. Sie traute sich ja nicht. Sie zweifelte ja, inmitten unseres Rauschs der Neubenennungen, sie zweifelte ja an der Wirklichkeit von Namen, mit denen sie doch umging; sie ahnte ja, daß die Benennung kaum je gelingt und daß sie dann nur für kurze Zeit mit dem Ding zusammenfällt, auf das sie gelegt wurde. Sie zuckte davor zurück, sich selbst einen Namen aufzudrücken, das Brandmal, mit welcher Herde in welchen Stall man zu gehen hat. *Leben, erleben, freies großes Leben! O herrliches Lebensgefühl, daß du mich nie verläßt! Nichts weiter als ein Mensch sein ...*

Was willst du werden, Krischan? Ein Mensch? Nun weißt du ... [...]

(v 1968)

5 Martin Walser (*1927): Ein fliehendes Pferd (Auszug)

[...] Helmut mochte es nicht, wenn die Umwelt sich über Sabine und ihn Gedanken machen konnte, die zutrafen. Egal, was die Umwelt über ihn und Sabine dachte, es sollte falsch sein. Sobald es ihm gelang, Fehlschlüsse zu befördern, fühlte er sich wohl. *Inkognito* war seine Lieblingsvorstellung. In Stuttgart musste er erleben, wie in der Nachbarschaft und in der Schule – und zwar bei Kollegen und bei Schülern – die Kenntnis über ihn zunahm. An ihm war der Spitzname *Bodenspecht* hängen geblieben. Das zeigte ihm, dass er mit einer geradezu höheren Art von Genauigkeit erfasst, durchschaut und bezeichnet war. Jedesmal, wenn ihm das Erkannt- und Durchschautsein in Schule oder Nachbarschaft demonstriert wurde, die Vertrautheit mit Eigenschaften, die er nie zugegeben hatte, dann wollte er fliehen. Einfach weg, weg, weg. Die benützten Kenntnisse über ihn, deren Richtigkeit er nicht bestätigt hatte. Sie benützten sie zu seiner Behandlung. Zu seiner Unterwerfung. Zu seiner Dressur. Die wussten ihn zu nehmen. Und je mehr die ihn zu nehmen wussten, desto größer wurde seine Sehnsucht, wieder unerkannt zu sein. Wenn jemand von ihm noch nichts wusste, war noch alles möglich. Leider hatte er das nicht immer so genau gewusst. Deshalb hatte er jene Vertrautheiten nicht verhindert. Jetzt blieb ihm nur noch die Flucht. Ein-, zweimal im Jahr. Der Urlaub eben. Im Urlaub probierte er Gesichter und Benehmensweisen aus, die ihm geeignet zu sein schienen, seine wirkliche Person in Sicherheit zu bringen vor den Augen der Welt. Unerreichbar zu sein, das wurde sein Traum. Und er hatte Mühe, die schlanke, spitze, nach allen Seiten vollkommen steil abfallende Felsenburg nicht zu einem andauernden Bewusstseinsbild werden zu lassen. Ein Überneuschwanstein wollte sich einbrennen in seine Vorstellungen. Und Wälder. Immer sah er Wälder. Sah sich durch Wälder traben. Ohne sich zu bewegen, trabte er und kam immer tiefer hinein in Wälder, die, zum Glück, kein Ende hatten. Wälder, die kein Ende haben, das ist überhaupt das Vollkommene.

Ja, hatte er denn Lehrer werden wollen? Will denn irgendjemand etwas werden? Drückte sich in dieser Sehnsucht, noch nicht erkannt zu sein, der Wunsch aus, jünger zu sein? [...]

(v 1978)

Martin Walser ist 1927 geboren, studierte Literaturwissenschaft, Philosophie und Geschichte und promovierte über Franz Kafka. Er lebt heute am Bodensee als freier Schriftsteller. Walser schrieb u.a. die Theaterstücke *Eiche und Angora* (1962), *Der schwarze Schwan* (1964) und *Die Zimmerschlacht* (1967) sowie die Romane *Ehen in Philippsburg* (1957), *Halbzeit* (1960), *Die Brandung* (1985), *Ein springender Brunnen* (1998), *Der Lebenslauf der Liebe* (2001) und *Der Tod eines Kritikers* (2002). 1981 erhielt er den Georg-Büchner-Preis, 1998 den „Friedenspreis des Deutschen Buchhandels“. In der Novelle *Ein fliehendes Pferd* (1978) erzählt er die Begegnung zweier ehemaliger Schulkameraden im Spannungsfeld zwischen gespielter Selbstsicherheit und Selbsttäuschung, zwischen Scheinexistenz und entlarvender Wirklichkeit.

6 Peter Huchel (1903–1981): Unter der blanken Hacke des Monds

Unter der blanken Hacke des Monds
werde ich sterben,
ohne das Alphabet der Blitze
gelernt zu haben.

Im Wasserzeichen der Nacht
die Kindheit der Mythen,
nicht zu entziffern.

Unwissend
stürz' ich hinab,
zu den Knochen der Füchse geworfen.

(v 1972)

5. a) Recherchieren Sie im Internet über Preisträger des „Friedenspreises des Deutschen Buchhandels“.
b) Informieren Sie sich über Walsers „Friedenspreis“-Rede von 1998 und die anschließenden Auseinandersetzungen.

6. a) Erschließen sie die Klanggestalt des Gedichtes über verschiedene Rezitationsversuche.
b) Besprechen Sie, welche Einsichten das Gedicht zum Thema der Teilsequenz eröffnet.

7. Interpretieren Sie einen der Texte 1–6.

III. Sehen und zur Sprache bringen

1. „Mit wechselndem Schlüssel“ (Paul Celan) – Interpretation moderner Dichtung

„Mit wechselndem Schlüssel“ wenden sich Künstler und Schriftsteller der Lebenswirklichkeit zu. Im Ergebnis zeigen sich eine kaum überschaubare Vielfalt, ungezählte Varianten eines Themas voller Widersprüche und Gegensätze in unterschiedlichen Formen. Auch für den Leser bleibt nur der Versuch, mit „wechselndem Schlüssel“ einzutreten in das Sinn- und Formgefüge einen Textes, ohne den Anspruch zu erheben, ihn voll zu erschließen.

Hilde Domin wurde 1909 in Köln als Tochter eines jüdischen Rechtsanwalts geboren, studierte Volkswirtschaft, Soziologie und Philosophie in Heidelberg, Berlin, Rom und Florenz. Sie lebte nach ihrer Emigration von 1932–39 in Italien, war Lehrerin in England, Lektorin in Santo Domingo und in den USA. Nach 22-jähriger Abwesenheit kehrte sie 1954 nach Deutschland zurück und lebt seit 1960 in Heidelberg. Sie arbeitete als Übersetzerin aus dem Italienischen, Spanischen, Französischen und Englischen.
Ihre Gedichte sind wesentlich geprägt durch die Reduktion auf das Wesentliche: *Nur eine Rose als Stütze* (1959), *Rückkehr der Schiffe* (1962), *Hier* (1964), *Höhlenbilder* (1968), *Ich will dich* (1970). Mit der poetologischen Schrift *Wozu Lyrik heute?* (1968) stellte sie die Frage nach Dichtung und Leser und der gesteuerten Gesellschaft. Hilde Domin starb 2006 in Heidelberg.

1. a) Rezitieren Sie Text 1, beschreiben Sie die Klangwirkung und machen Sie Stichworte zum Primärverständnis.
b) Notieren Sie Fragen an das Gedicht.

2. Informieren Sie sich über Folgendes:
a) Hektors Flucht vor Achill (Homer: Ilias, 22. Gesang, Vers 90–330)
b) Das „neue Jerusalem“ (Offenbarung des Johannes, Kap. 21, Vers 9–27)

3. Interpretieren Sie das Gedicht, indem Sie anwenden, was über die Erschließung „hermetischer“ Lyrik (vgl. S. 407f.) erläutert ist.

4. a) Exzerpieren Sie aus den Texten 2 und 3 die wichtigsten Aussagen in Thesenform.
b) Besprechen Sie, inwiefern diese Thesen für die Interpretation hilfreich sein können.

1 Hilde Domin (1909–2006): Lied zur Ermutigung

Lange wurdest du um die türelosen
Mauern der Stadt gejagt.

Du fliehst und streust
Die verwirrten Namen der Dinge
Hinter dich.

Vertrauen, dieses schwerste
ABC.

Ich mache ein kleines Zeichen
In die Luft,
Unsichtbar,
Wo die neue Stadt beginnt,
Jerusalem,
Die goldene,
Aus Nichts. (v 1962)

2 Hugo Friedrich: Dichtung und die Methoden ihrer Deutung
(Auszug)

[...] Verstehen will Einklang mit seinem Gegenstand, und dieser Einklang soll schließlich den Charakter einer Evidenz[1] annehmen. Offensichtlich treten aber im Kontakt zwischen Dichtung und Leser Unsicherheiten auf. Sie mögen älterer Dichtung gegenüber größer sein als gegenüber heutiger Dichtung. Aber das sind Gradunterschiede, die die prinzipielle Gefährdung des Verstehens nicht berühren. Allzu leicht werden jene Unsicherheiten zu Unverbindlichkeiten, begnügen sich die Auslegungen mit bloßen Impressionen und mit einem lässigen Ungefähr, zwischen dessen Ritzen rasch das Unkraut der Behauptungen oder der Schwärmereien wächst.

Davor gibt es keinen anderen Schutz, als dass das Verstehen zur Methode wird, die damit beginnt, das Wissbare wissen zu wollen. Das Wissbare wissen wollen ist der Antrieb aller Wissenschaft, auch der Wissenschaft von der Dichtung. Wissbar an einer Dichtung ist zunächst alles, was zu ihren geschichtlichen Bedingungen gehört, also ihre Nationalsprache, die persönlichen, sozialen und politischen Umstände ihrer Entstehung, das Stoff-, Motiv- und Ideenmaterial, aus dem sie gespeist wurde, die literarische Gattung, die sie gewählt hat, die formalen Mittel, die ihr zur Verfügung standen. Wissbar sind alle diese Bereiche; freilich, wissenswert sind sie nur, soweit sie in der Tat Bedingungen des einen zur Untersuchung stehenden Werkes waren, soweit sie also das Verstehen dieses Werkes vorbereiten können. [...] Die Evidenz, die vom Verstehen gesucht wird, ist das Aufleuchten einer Notwendigkeit; doch handelt es sich nicht um die Notwendigkeit einer kausalen Verkettung, sondern um diejenige des organischen Zusammenstimmens von Teilen und Gestalt. Gelingt ein solches Verstehen, dann kann das Wort einer Dichtung aus dem Zufall seines Vorhandenseins zurückgeholt werden in die Notwendigkeit seines Gesetztseins. Oder, mit einem einfachen Satz Goethes: „Verstehen heißt, dasjenige, was ein Anderer ausgesprochen hat, aus sich selbst entwickeln“ (Brief vom 25.9.1820 an Conta). [...] (v 1967)

3 Hans Dieter Zimmermann: Die Botschaft des ästhetischen Textes
(Auszug)

[...] Das ist die erste Schwierigkeit der Interpretation: Die objektive Gestalt des Textes lässt sich zunächst nicht objektiv erfassen, sondern nur subjektiv – in der Rezeption. Auch der Interpret ist ein Leser. Nur als Subjekt kann er den Text, der von einem Subjekt für ein Subjekt geschrieben wurde, verstehen. Was der Text sagen will, ist überdies keine wissenschaftliche Erkenntnis. Das wäre ja das Missverständnis, das wir genannt haben: dass ein ästhetischer Text lediglich auf ein kognitives Problem hin gedeutet wird. Die Botschaft des ästhetischen Textes kommt aus dem nicht-wissenschaftlichen Bereich, nämlich aus der Lebenserfahrung des Autors, aus dessen verarbeiteter, reflektierter Lebenserfahrung, die er in den Bildern und Symbolen des anschaulichen

[1] Die Evidenz: einleuchtende Erkenntnis, völlige Klarheit

Denkens darstellt. Und diese Botschaft geht wiederum in den nicht-wissenschaftlichen Bereich, nämlich in die Lebenserfahrung des Lesers. Der Text ist aufgrund der Eigenart seiner Konstruktion aus der Lebenserfahrung herausgehoben, hat aber hier, im Bezugsfeld des Autors, und dort, im Bezugsfeld des Lesers, seine Verbindungen zu dieser Lebenserfahrung.

Die literarische Kommunikation kann der Interpret nur verstehen, wenn er sich ihr einfügt mit seiner eigenen Lebenserfahrung, und insofern ist sein Verstehen zunächst ein „vorwissenschaftliches". Da er sich aber den Prozess des Verstehens vergegenwärtigt, da er sich seiner Subjektivität bewusst ist, ist er mehr als ein normaler Leser: Er ist ein kontrollierter Leser, der über den Prozess des Verstehens reflektiert. So verläuft die Interpretation auf zwei Ebenen: einmal der üblichen, der subjektiven Rezeption, zum andern der Reflexion, die sich der Subjektivität bewusst ist und sie zur Objektivität hin überschreitet. Auf der ersten Ebene ließe sich von *Verstehen* sprechen, auf der zweiten von *Erklären*. Ohne Verstehen ist kein Erklären möglich, ohne Erklären bleibt das Verstehen im nicht-wissenschaftlichen Bereich. Das Geschmacksurteil üblicher Literaturkritik wäre im Bereich des Verstehens einzuordnen; die Interpretation der Literaturwissenschaft im Bereich des Erklärens. [...] (v 1977)

4 Marie Luise Kaschnitz (1901–1974): Interview* (Biografie S. 20)

Wenn er kommt, der Besucher,
Der Neugierige und dich fragt,
Dann bekenne ihm, daß du keine Briefmarken sammelst,
Keine farbigen Aufnahmen machst
Keine Kakteen züchtest.
Daß du kein Haus hast,
Keinen Fernsehapparat,
Keine Zimmerlinde.
Daß du nicht weißt,
Warum du dich hinsetzt und schreibst,
Unwillig, weil es dir kein Vergnügen macht.
Daß du den Sinn deines Lebens immer noch nicht
Herausgefunden hast, obwohl du schon alt bist.
Daß du geliebt hast, aber unzureichend,
Daß du gekämpft hast, aber mit zaghaften Armen.
Daß du an vielen Orten zu Hause warst,
Aber ein Heimatrecht hast an keinem.
Daß du dich nach dem Tode sehnst und ihn fürchtest.
Daß du kein Beispiel geben kannst als dieses:
Immer noch offen. (v 1962)

5 Johannes Bobrowski (1917–1965): Immer zu benennen
(Biografie S. 385)

Immer zu benennen:
den Baum, den Vogel im Flug,
den rötlichen Fels, wo der Strom
zieht, grün, und den Fisch
im weißen Rauch, wenn es dunkelt
über die Wälder herab.

Zeichen, Farben, es ist
ein Spiel, ich bin bedenklich,
es möchte nicht enden
gerecht.

Und wer lehrt mich,
was ich vergaß: der Steine
Schlaf, den Schlaf
der Vögel im Flug, der Bäume
Schlaf, im Dunkel
geht ihre Rede –?

Wär da ein Gott
und im Fleisch,
und könnte mich rufen, ich würd
umhergehn, ich würd
warten ein wenig. (v 1962)

5. Erproben Sie in Gruppenarbeit verschiedene „Schlüssel" für das Verstehen der Texte 4–8.
a) Finden Sie über Rezitationsversuche einen ersten Zugang und suchen Sie dann über inhaltliche und/oder formale Auffälligkeiten (z.B. Schlüsselwörter, Leitmotive, Chiffren, Bilder, Symbole, die Syntax etc.) einen passenden „Schlüssel".
b) Als Alternative zum eigenen Versuch oder zu dessen Überprüfung können Sie folgende „Schlüssel" erproben:
– Entwerfen Sie Fragen für ein Interview, das die Lebensbilanz eines Menschen erfassen soll, und vergleichen Sie damit die „Antworten" in Text 4.
– Sammeln Sie charakteristische eigene Naturerfahrungen und vergleichen Sie damit die Leitbegriffe und deren Darstellung in Text 5.
– Stellen Sie in Text 6 die unverständlichen Stellen dem gegenüber, was sich über die Leitbegriffe erschließen lässt.
– Untersuchen Sie, was in Text 7 mit der „Haus-Metapher" gemeint sein könnte, und zeigen Sie den Zusammenhang zwischen „Schlüssel" und „Wort".
– Versuchen Sie Text 8 zu deuten, indem Sie vom Titel ausgehen und bedenken, dass „Mär" ursprünglich die Bedeutung von „Geschichte" oder „Erzählung" hat.

Arnold Böcklin (1827–1901): Die Toteninsel, 1880

Das **Orakel** (< lat. oro = ich rede) ist in der griechischen Antike eine Wahrsagung, die im Namen der Gottheit von Priestern gemacht wurde, u.a. durch die Deutung des Vogelflugs. **Charon** ist in der gr. Mythologie der Fährmann, der die Toten über die Flüsse der Unterwelt (Acheron, Styx) an das Tor des Hades bringt. Voraussetzung war die ordnungsgemäße Bestattung auf der Oberwelt und die Entrichtung eines Fährlohns: Man schob den Toten einen Obolos (= kleine altgriech. Münze) unter die Zunge oder zwischen die Zähne.

Spezifische **Interpretationsschwierigkeiten** bei „moderner Literatur“:
Die *„moderne Literatur“* – eine Bezeichnung, die nicht mit Gegenwartsliteratur gleichgesetzt werden darf – gilt als spröde, fremd, esoterisch, ja sogar als unzugänglich und verschlossen (hermetisch). Dies trifft besonders auf die Lyrik zu: „Die europäische Lyrik des 20. Jahrhunderts bietet keinen bequemen Zugang. Sie spricht in Rätseln und Dunkelheiten.“ (Hugo Friedrich: Die Struktur der modernen Lyrik, 1956.) Wer solche Texte verstehen und deuten will, sollte sich zwei Beobachtungen von T.S. Eliot immer wieder vergegenwärtigen:
- „Der Sinn eines Gedichtes kann weiter reichen als die bewusste Absicht seines Dichters.“
- „Die Deutung des Lesers kann von der des Verfassers abweichen und doch ebenso gültig – ja, sie kann sogar besser sein. Es kann viel mehr in einem Gedicht liegen, als dem Verfasser bewusst war.“

Werner Dürrson wurde 1932 in Schwenningen a.N. geboren, machte eine Handwerkslehre und 1957 das externe Abitur. Er studierte Literaturwissenschaft und übte nach der Promotion (1962) Lehrtätigkeiten an der Universität Poitiers und in Zürich aus. Seit 1978 lebt der Autor als freier Schriftsteller und Mitarbeiter des Südwestrundfunks in Neufra (Oberschwaben) und in Paris. Als Lyriker, Erzähler und Essayist erhielt Werner Dürrson zahlreiche Preise, u.a. 1973 und 1983 den Deutschen Kurzgeschichtenpreis und 2001 den Eichendorff-Preis.

6 Günter Eich (1907–1972): Ende eines Sommers (Biografie S. 405)

Wer möchte leben ohne den Trost der Bäume!

Wie gut, dass sie am Sterben teilhaben!
Die Pfirsiche sind geerntet, die Pflaumen färben sich,
während unter dem Brückenbogen die Zeit rauscht.

Dem Vogelzug vertraue ich meine Verzweiflung an.
Er misst seinen Teil von Ewigkeit gelassen ab.
Seine Strecken
werden sichtbar im Blattwerk als dunkler Zwang,
die Bewegung der Flügel färbt die Früchte.

Es heißt Geduld haben.
Bald wird die Vogelschrift entsiegelt,
unter der Zunge ist der Pfennig zu schmecken. (v 1955)

7 Paul Celan (1920–1970): Mit wechselndem Schlüssel (Biografie S. 407)

Mit wechselndem Schlüssel
schließt du das Haus auf, darin
der Schnee des Verschwiegenen treibt.
Je nach dem Blut, das dir quillt
aus Aug oder Mund oder Ohr,
wechselt dein Schlüssel.

Wechselt dein Schlüssel, wechselt das Wort,
das treiben darf mit den Flocken.
Je nach dem Wind, der dich fortstößt,
ballt um das Wort sich der Schnee. (v 1955)

8 Werner Dürrson (*1932): Aschenmär*

Das sollte man einmal erzählen, rief Spind, wir waren soeben angekommen und hatten unsere Geräte von den Schultern geworfen, Hacken, Spaten, Schaufeln, ergänzte Spund, hier wollten wir arbeiten, dieser Platz, sagte Spind, er glich allen andern Plätzen der Gegend, war wie geschaffen für unser Werkzeug. Du erinnerst dich, die Brennesseln über dem Trümmergeschiebe, man sollte es endlich einmal erzählen, der Ackersenf zwischen rostigen Stangen und Kabelgewirr, die zerdrückten Automobile, Reifen und Rohre, die durch Drahtgitter starrten, und Sack und Pack, ich erinnere mich genau, bestätigte Spund, allerlei schiefe und quere Gegenstände ragten hervor, von mir aus gesehen stemmten die Rohre sich gegen halbzerdrückte Automobile, im Gitterdraht lagen Dosen, Kübel, Öltonnen, faules Stroh. Es war Seegras, sagte Spind, altes Heu, und drüben Schlacken, zerbrochene Ziegel, und der Hügel aus Asche, der Aschenhügel, das sollte man einmal erzählen, und wie es still war, windstill, ohne Bewegung, nirgends ein Laut, da hat es begonnen.

Ein düsterer Tag, ein Dienstag, weißt du noch, fuhr Spund fort, er unterschied sich nur wenig von andern Tagen, soeben hatten wir die Schaufeln, Spaten, Hacken von den Schultern geworfen und standen mitten im Gelände, wir hatten sie leise auf die Erde gelegt, berichtigte Spind, du erinnerst dich sicher, es war sehr still, da hat es angefangen, ich habe gesehen wie sich die Asche bewegte, ich täuschte mich nicht, du hast gesagt, ich sehe nichts, es ist nichts zu sehen, vielleicht sind wir es, die sich bewegen, oder täusche ich mich, hast du gesagt, schon hob sich die Asche deutlicher zwischen den Schlacken und Dosen, das sollte man einmal erzählen, und wie sich nun auch die Brennesseln leise bewegten, der Ackersenf oder Noli me tangere, falsch, verbesserte Spund, den Aschenhügel gab es schon ehe wir kamen, das weiß ich genau, der kleine fußhohe Hügel zwischen den verstaubten Königskerzen, entsinne dich, fast fußhoch war er, als er sich plötzlich zu bewegen begann, einer riesigen Beule glich er, pflichtete Spind ihm bei, einer Aschenbeule, die inmitten der Schlacken anschwoll, ein aschgraues Geschwür, zwischen den Eimern und Öltonnen, das drängte nach oben, ein Stumpf, ein Aschenstumpf, lautlos, das sollte man einmal erzählen.Und wie er wuchs und größer wurde, erörterte Spund, schon fast eine Säule, Aschensäule zwischen den Königskerzen, ich sehe sie deutlich, erinnerst du dich an das halbzerfressene Gesicht, oder schien es nur so, es war aschgrau wie das zerwühlte Haar, wie der Bart, wie faules Heu, und die Augen hohl und der hohle Mund, oder täusche ich mich, mit Asche verstopft, erwiderte Spind, und sie wuchs und wuchs, die graue Gestalt, Aschengestalt, drang zwischen den Königskerzen ins düstere Licht dieses Tags, deutlich sehe ich ihre splittrigen Arme, auf die sie sich stützte, stützen wollte, sackte zusammen unter der Last der Luft, konnte man meinen, richtete sich wieder auf, mühsam, keuchte, nein, berichtigte Spund, ganz lautlos, allerdings mühsam krümmte sie sich empor, es stank, es war der üble Geruch den wir kannten von andern Plätzen, oder täusche ich mich, leise keuchte sie zwischen den schiefen und queren Gegenständen, behauptete Spind, krümmte sich immer noch weiter empor, zu den Königskerzen, zwischen den Dosen, Kübeln, den Rohren, die sich gegen die zerquetschten Automobile stemmten, ich rührte mich nicht, du sagtest kein Wort, wir schwiegen, standen reglos neben unsern Geräten, Hacken, Spaten, Schaufeln, erläuterte Spund, während sie beinah unhörbar keuchte und seufzte, jedenfalls hörbar atmete, während sie langsam ihren Aschenkopf drehte, die Kreatur, nach rechts und links, erinnerst du dich, versetzte Spund, das alles war ganz deutlich zu sehen, man sollte es endlich einmal berichten, von weitem glich sie jenem Körper, den wir, als man ihn durch die Straßen der Stadt schleifte, gesehen hatten, du wirst dich erinnern, oder täusche ich mich.

Wols (Alfred Otto Wolfgang Schulze): Das blaue Phantom, 1951

Nein, erwiderte Spind, ich entsinne mich nicht, es ist lange her, und die sie damals verscharrt hatten, die sie vielleicht begraben hatten auf diesem Platz, der glich allen andern Plätzen weit und breit, man konnte ihn leicht verwechseln, die sie vielleicht beerdigt hatten, bestattet hatten, beigesetzt hatten, verbesserte Spund, gewiß, das ist nicht so sicher, man sollte es einmal betonen, erklärte Spind, übrigens glich sie allen andern, die wir gesehen hatten von weitem, wenn man sie durch die Straßen schleppte oder schleifte, wahrscheinlich täusche ich mich. Bald, das muß man hinzufügen, ist die Gestalt aber kleiner geworden, das allerdings sah ich genau, versicherte Spind, sie wurde schnell kleiner, erinnerst du dich, wie Asche sackte sie in sich zusammen, augenblicklich verlor sie die Form, zerstob zu nichts, richtig, bestätigte Spund, sehr langsam, fast unmerklich wurde sie kleiner, fast lautlos wuchs sie in die Tiefe zurück, kaum merkte man wie sie kleiner wurde, viel Zeit muß inzwischen vergangen sein, bald hatte sie nur noch die Größe eines Kindes, dann eines Zwerges, dann eines grauen Hutes, und irgendwann war sie ganz verschwunden, erinnerst du dich, sagte Spind, man muß sich fragen, ob es sie wirklich gegeben hat, die schäbige Figur, die aschgraue Mißgeburt zwischen Brennesseln, Ackersenf, stakigen Gegenständen und Öltonnen, Eimern, Büchsen, Kartons, Matratzen, zwischen zerquetschten Automobilen und Königskerzen, zwischen Schlacken und Asche, ergänzte Spind, das sollte man nicht vergessen, wir hatten arge Zweifel zuletzt, ich täusche mich nicht, das weiß ich noch ganz genau, noch immer stierten wir zu der Stelle hinüber, sahen die Aschengestalt , obwohl es sie gar nicht mehr gab, ich kann es beschwören, womöglich nie gegeben hat, es ist schon lange her, fügte Spund hinzu, ganz gewiß, ein Hirngespinst muß es gewesen sein, ein Aschengespinst, wo ich stand stemmten sich Rohre gegen rostiges Blech, versicherte er, ragte verborgenes Gestänge zwischen Brennesseln und Königskerzen hervor, zwischen Drahtgewirr und Sack und Pack, das weiß ich genau, obwohl dann die Dämmerung alle Gegenstände zunehmend undeutlich machte, ein ohnehin düsterer Tag, vermutlich ein Dienstag, ergänzte Spind, du wirst dich kaum noch erinnern können, er unterschied sich nicht von sonstigen Tagen, wir hatten zuletzt unser Werkzeug wieder auf die Schultern genommen, Hacken, Schippen, Schaufeln, ohne auch nur einen Finger gekrümmt zu haben, das muß einmal offen gesagt werden, und hatten gegen Abend den Platz verlassen, du wirst dich nicht mehr erinnern, er glich allen andern Plätzen der Gegend, ich habe ihn schließlich vergessen.

(v 1971)

6. Interpretieren Sie einen der Texte (Nr. 1 oder 4–8), indem Sie das Drei-Phasen-Modell (vgl. S. 15ff.) anwenden.

2. „Mit jedem Wort wachsen wir." (Christian Morgenstern) – Die freie Erörterung

Mit Präsentationen in Massenmedien werden oft Äußerungen wie „raffiniertes Styling", „perfekte Performance",„glanzvoller Auftritt" und Redensarten wie „gut rüberkommen", „eine gute Figur machen" etc. verbunden. Dagegen stehen Einschätzungen wie „überzeugend", „glaubwürdig" und „nachhaltig" wirken, die nur durch Sachkompetenz und differenziertes Argumentationsvermögen zu erreichen sind.

Problemerörterung 4: Die freie (fachspezifische) Erörterung (vgl. S. 191ff.) kann komplexe Sachverhalte und Probleme nur angemessen erfassen, wenn sie von verschiedenen Standpunkten aus – mehrperspektivisch durch Rollensimulation – erfolgt. Die Notwendigkeit ihrer Beherrschung geht über die schulische Verwendung (im sog. Erörterungsaufsatz) hinaus, erreicht in Studium und Beruf (im sog. Essay) eine breite Anwendung und ist in vielen alltäglichen Lebensbereichen (z.B. in einem Gesuch, einem Kommentar etc.) unerlässlich. In jedem der Fälle bewährt sich das Drei-Phasen-Modell:

Die **semantische Differenzierung** betrifft ein Teilgebiet der Semantik (< gr. semantikós = bezeichnend) und bemüht sich um die sorgfältige Klärung vor allem der Wortbedeutung, des Denotats (der Grundbedeutung) und der Konnotationen (Nebenbedeutungen) sowie der Nuancen, die durch verschiedene Verwendungszusammenhänge entstehen.

1. a) Beurteilen und vervollständigen Sie die Themenanalyse.
b) Ergänzen Sie die Stoffsammlung.

Strukturmodelle der Argumentation:
a) Das diachrone Verfahren:

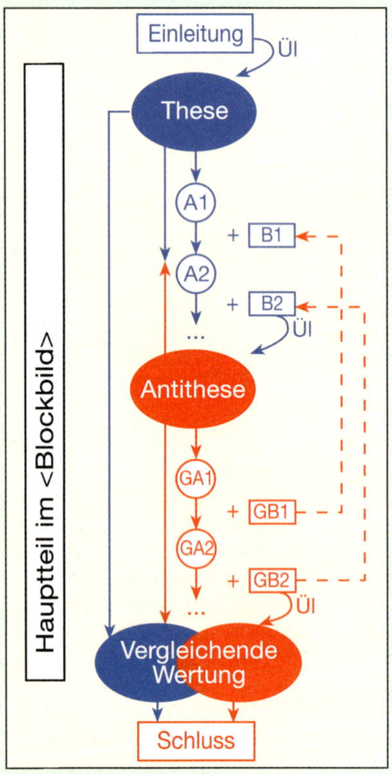

A = Argument
B = Beispiel/Beleg
GA = Gegenargument
GB = Gegenbeispiel
ÜL = Überleitung

Wertung: Dieses Verfahren ergibt klare Blöcke, die in sich in steigernder Argumentation gegliedert sein können. Nachteilig sind Wiederholungen, die sich durch die Rückgriffe ergeben. Die vergleichende Wertung kann in der Abwägung beider Positionen eine Synthese im Sowohl-als-Auch oder eine eigene Beurteilung ergeben.

Thema: „Wer die Sprache beherrscht, beherrscht seine Mitmenschen." Erörtern Sie anhand verschiedener Lebensbereiche, was mit dieser These gemeint sein kann und ob sie uneingeschränkt zutrifft!

Problemstellung → „Wer die Sprache beherrscht, beherrscht seine Mitmenschen."
Aufgabenstellung → Erörtern Sie anhand verschiedener Lebensbereiche, was mit dieser These gemeint sein kann und ob sie uneingeschränkt zutrifft!

1. Phase: Spontane Einfälle (Assoziationen) und Themenanalyse

Spontane Einfälle
- Ist an Volksverführer gedacht?
- Geht es um Überredungstechniken der Werbung?
- ...

Themenanalyse:

– Problemstellung: unterschiedliche Bedeutung desselben Begriffs:

1. Sprache **beherrschen**, d.h.
   – ihrer voll mächtig sein,
   – mit ihr gewandt umgehen
2. Mitmenschen **beherrschen**, d.h.
   – manipulieren,
   – befehlen,
   – aber auch überzeugen,
   – beeindrucken
   – ...

uneingeschränkt positiv bei 1. ⟷ ambivalent bei 2.

– Aufgabenstellung: **Erörtern** in **Lebensbereichen**, z.B.
– Familie,
– Schule
– ...

(Operator) → (2) **Gültigkeit?**
– uneingeschränkt (Wo? Wann?)
– z.T. (Wo? Wann? Warum?)

(Operator) → (1) **Inhalt der These?** (s.o.)

Ergebnis:
1. Die These ist nach Art einer Wenn-dann-Beziehung aufgebaut, die Voraussetzung und Konsequenz verallgemeinernd miteinander verbindet.
2. Die Erörterung verlangt, ein Spektrum von Bereichen unter zwei Aspekten zu betrachten.

2. Phase: Stoffsammlung und Gliederung

1. Semantische Differenzierung des Verbs „beherrschen"

„die Sprache beherrschen"	„die Mitmenschen beherrschen"
– über Wortschatz, Syntax und Stil sicher verfügen, z.B. in der Hochsprache, im Dialekt, in einer Fachsprache, in der Fremdsprache ... – sich genau, gut verständlich, anschaulich und wirkungsvoll ausdrücken können, z.B. bei einer politischen Rede, einer Diskussion – ...	a) *positiv:* – durch Überzeugung für eine Idee gewinnen, z. B. Erziehung zur Toleranz b) *negativ:* – durch Manipulation überreden, etwas suggerieren, z.B.: durch Gehirnwäsche Hass säen – ...

2. Erschließen von Lebensbereichen

- durch Notieren spontaner Einfälle und Beispiele,
- durch zusätzliche Informationen aus Nachschlagewerken, aus wissenschaftlichen Abhandlungen, aus dem Internet, von Fachleuten etc.,
- durch systematisches Recherchieren mit Hilfe eines Suchrasters und der W-Fragen, z.B.: *Wer* beherrscht, weil er souverän über die Sprache verfügt, seine Mitmenschen etwa bei einer Diskussion, im Beruf, in der Politik?
  Wo und in welcher Situation gelingt dies am besten?
  Wann ist die These besonders zutreffend, wann weniger oder nicht?
  Nach der Prüfung der für die These ergiebigen Lebensbereiche ist es unerlässlich, eine begründete *Auswahl* zu treffen, um der Erörterung ein klares Profil mit eindeutigem Schwerpunkt zu geben. Es böte sich etwa an, im Privatbereich (z.B. bei der Familienerziehung, bei der Gesprächskultur im Freundeskreis), im gesellschaftlichen Umfeld (z.B. bei der Überzeugungsarbeit in der Schule oder im Beruf) und im staatlichen Bereich (z.B. beim Wahlkampf der Politiker) ergiebige Untersuchungsfelder und Beispiele zu wählen und daraus e i n e n Komplex als Schwerpunkt zu nehmen.

3. Gliederung nach zwei grundsätzlichen Möglichkeiten:

„Beherrschung durch Sprache" im negativen Sinne, etwa der Manipulation	„Beherrschung durch Sprache" im positiven Sinne, z.B. durch Überzeugung
– gezielte sachfremde Lenkung der Käufer (z.B.: Werbung) – raffinierte Überredung (z.B. Propaganda in der Politik) – böswillige Beeinflussung von Mitarbeitern (z.B. im Mobbing) – …	– einfühlsame Tröstung und Ermutigung (z. B. als Seelsorger, Arzt) – klare und differenzierte Information (z. B. zur Beratung in Studien- und Berufsfragen) – sachliche Unterweisung (z.B. in Schule, Studium und Beruf) – …

3. Phase: Ausarbeitung und Korrektur

1. Als **Einleitung** könnte ein Erfahrungsbeispiel gewählt werden, das die These bestätigt oder relativiert. Auch Skepsis gegenüber der Gültigkeit wäre möglich, etwa durch den Hinweis auf die größere Rolle physischer Gewalt zur Beherrschung von Menschen.
2. Im **Hauptteil** liegt es nahe,
   – in einem ersten Abschnitt das Zitat semantisch differenziert zu erörtern.
   – Danach können die ausgewählten Lebensbereiche (s.o.) so erörtert werden, dass sich ein signifikanter Schwerpunkt der Darstellung ergibt (z.B. im politischen Missbrauch durch eine Diktatur gegenüber geduldiger Überzeugungsarbeit in einer gut funktionierenden Demokratie).
   – In einem knappen dritten Teil ließe sich die Gültigkeit der These erörtern.
3. Als **Schluss** könnten u.a. folgende Möglichkeiten geprüft werden:
   – Ein Bezug zur Einleitung mit dem Ziel einer Rahmenstruktur ließe sich herstellen.
   – Nachzudenken wäre über den durchlaufenen Erkenntnisprozess vom spontanen „Vorurteil" zur differenzierten Abwägung.
   – Die Notwendigkeit einer semantischen Differenzierung auch in anderen Situationen wäre zu erwägen.
   – Überlegungen ließen sich anstellen, was gegen Manipulationsversuche durch Sprache getan werden könnte und wie sich Sprachbeherrschung im positiven Sinne fördern ließe.
4. Die **Korrektur** (vgl. S. 36f.) sollte im Speziellen auf folgende Aspekte gerichtet sein:
   – eine exakte Begrifflichkeit (z.B. Fachausdrücke) und eine genaue Begriffsabgrenzung;
   – sachlich-nüchterne Beschreibung und durch Beispiele gestützte Argumentation statt unangemessener Emotionalisierung;
   – logische syntaktische Strukturen mit richtigen Adverbien und Konjunktionen.

1 Vorschläge für Einleitungen und Schlüsse

a. Das Zitat der Themenstellung gewinnt seinen Reiz durch die unterschiedliche Bedeutung von „beherrschen". Ich stelle zunächst eine begriffliche Reflexion an, will dann in einem zweiten Abschnitt an drei Lebensbereichen die Bedeutung der These erörtern und abschließend zu einer Beurteilung ihrer Gültigkeit kommen.

b. Auch wenn „die Tat" i.w.S. – als Beglückung, Befriedigung oder als Gewaltherrschaft und Unterdrückung – sicher unmittelbare Macht ausüben kann, zeigte die Erörterung doch, dass im geistigen Sinne – im Guten wie im Bösen – durch geschickt eingesetzte Sprache Einfluss auf Menschen zu gewinnen ist.

c. Ob die These mehr als ein wortspielerisches Bonmot ist, muss eine genaue Untersuchung der Bedeutungsunterschiede von „beherrschen" erweisen.

d. Die Darlegungen zeigten, dass das „Beherrschen" von Mitmenschen nicht nur im negativen Sinne von Manipulation und Verführung verstanden werden darf. Vielmehr kann das „Beherrschen" i.S. von „meistern" auch positiv verstanden werden, wenn ich beispielsweise an ein therapeutisches Gespräch des Psychologen denke. Auch im Blick auf Pädagogen, Seelsorger und Ärzte könnte dieser Aspekt erörtert werden.

e. „Ich kann das Wort so hoch unmöglich schätzen", heißt es in Goethes „Faust". Steckt in diesem Zitat „Wer die Sprache beherrscht, beherrscht seine Mitmenschen" deshalb eine ungerechtfertigte Überschätzung der Sprache?

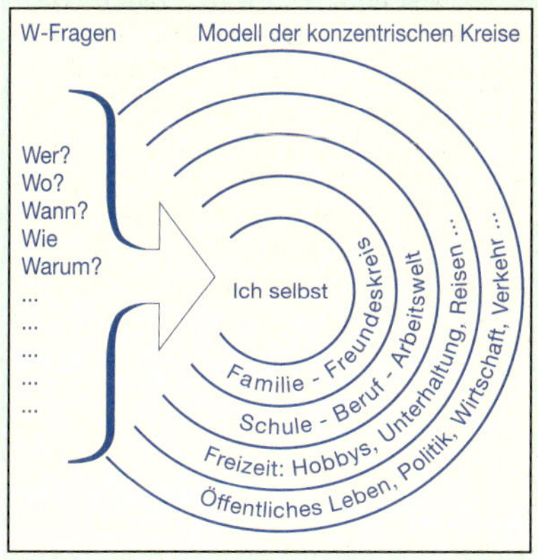

b) Das synchrone Verfahren:

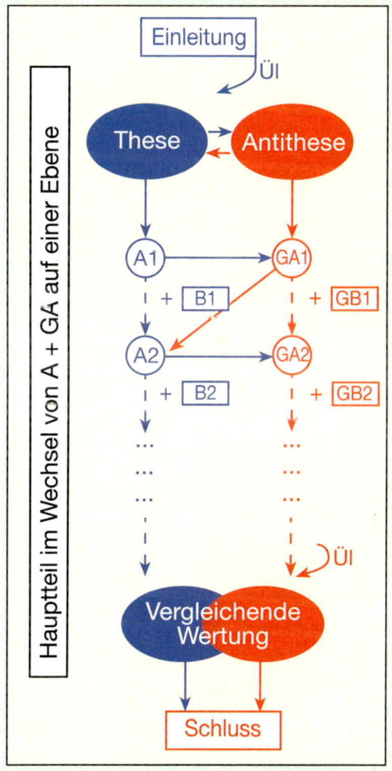

Wertung: Dieses Verfahren orientiert sich stark am Mündlichen und wirkt lebendiger, auch weil es weniger die Gefahr von Wiederholungen gibt. Problematisch könnte eine gewisse Kurzschrittigkeit der Argumentation sein. Relativ schwierig sind die Verknüpfungen von Argument und Gegenargument sowie die stilistisch geschmeidigen Übergänge zu einem neuen Argument bzw. Gegenargument.

2. a) Analysieren Sie die unterschiedlichen Typen von Einleitungen und Schlüssen.
b) Verbessern Sie die beiden Vorschläge, die Sie für unzureichend halten.
c) Prüfen Sie, welche Einleitungen und Schlüsse eine Rahmenstruktur bilden könnten, und begründen Sie Ihre Entscheidung.

Kennzeichen erörternder Sprache

– *Begründung:* daher, darum; deshalb, deswegen; denn, da, weil; aus diesem Grund, aus dieser Überlegung heraus; daraus ergibt sich, die logische Folgerung ist

– *Einwand und Entgegnung:* aber, jedoch, dennoch; trotzdem, indessen; dagegen ist einzuwenden; zu bedenken ist, dem ist entgegenzuhalten

– *Vergleichende Gegenüberstellung:* so ... wie; sowohl ... als auch; einerseits ... andererseits; wenn man dies so sieht, dann

– *Einräumung (Gegengrund):* gleichwohl, obgleich, obwohl

– *Bedingung:* andernfalls, sonst, wenn ... dann, falls; vorausgesetzt, unter der Voraussetzung, dass; angenommen

– *Folgerung:* folglich, demnach, demzufolge; dass, so dass, wenn ... dann

3. a) Führen Sie Textelement c so weiter, dass der volle Wortsinn von „beherrschen der Sprache" deutlich wird und dass die Chancen und Gefahren im „Beherrschen der Mitmenschen" fassbar werden.
b) Stellen Sie sich vor, die drei Textelemente seien Teile eines Erörterungsaufsatzes. Schlagen Sie eine sinnvolle Abfolge, einen Schwerpunkt und passende Überleitungen zwischen den Abschnitten vor.

4. a) Schreiben Sie die Erörterung zum Thema „Wer die Sprache beherrscht [...]".
b) Wählen Sie zur Übung eines der folgenden Themen:
– „Die uns beleben, die können wir brauchen, das sind Klassiker." Erörtern Sie die These Martin Walsers (*1927).
– „Die Sprache ist dem Menschen gegeben, um seine Gedanken zu verbergen." (Charles Maurice Talleyrand, 1754–1838) Erörtern Sie das Zitat des französischen Staatsmanns in verschiedenen Bereichen.
– „So wie die Politik eine Aktion gegen die Mangelhaftigkeit des Planeten ist, [...] so ist die Literatur eine Aktion gegen die Mangelhaftigkeit des Menschen." (Bertolt Brecht, 1898–1956). Erörtern Sie Inhalt und Gültigkeit der These Brechts.

In der folgenden Erörterung sollen die Bedeutung und die Reichweite der These in verschiedenen Lebensbereichen untersucht werden.

2 Textelemente aus dem Hauptteil

a. Eine Figur wie Joseph Goebbels zeigt, wie der Propagandaminister in einer Diktatur sehr wohl Sprache missbräuchlich so „beherrschen" kann, dass er Menschen in einer ausweglosen Situation durch eine demagogische Rhetorik in eine Massenhysterie zu versetzen weiß, wie etwa durch die Sportpalastrede zum „totalen Krieg".

b. Aus dem engsten Erfahrungsbereich der Familie lässt sich die Richtigkeit der These überzeugend beweisen: Ein Vater, der durch bloße Anordnungen seinen Sohn oder seine Tochter vom Reisen per Anhalter abbringen will, wird wenig Erfolg haben. Wenn er jedoch ruhig und sachlich die Gefahren beleuchtet, durch Beispiele veranschaulicht und praktikable Alternativen aufzeigt, beweist er, dass er die Sprache beherrscht. Auf diese Weise hat er viel bessere Chancen, die Kinder zu überzeugen und für seine Auffassung zu gewinnen.

c. Warum absolvieren heutige Fußballtrainer Kurse in Kommunikationstraining und Gesprächspsychologie? Ganz sicher nicht, um vom Spielfeldrand die Aufforderung „Spielt schneller!" brüllen zu können. Viel entscheidender sind heute vor und nach dem Spiel [...]

3. „Meine Sprache" (Günter Kunert) – Sprechweisen

Heinrich Böll hat 1958 in einer Rede die Sprache als „Hort der Freiheit" bezeichnet und gleichzeitig darauf verwiesen, dass Worte „gespaltene Wesen" seien. Auch andere Autoren, z.B. Vaclav Havel, betonen immer wieder die „Macht", die ein Wort haben kann. Die zeitgenössische Sprachforschung und Sprachkritik dagegen lenkt den Blick auf andere, teilweise gegensätzliche Phänomene. Sie beobachtet und untersucht die Veränderungen im Sprachgebrauch, konstatiert Verluste, Zugewinne und Wucherungen, beklagt Normverstöße. Sie verweist auf bedenkliche Entwicklungen, wie z.B. eine zunehmende Verwissenschaftlichung, die leicht zu aufgeblasenen Formulierungen führe. Sie prangert aus dem politischen Bereich stammende, häufig inflationär benutzte Schlagwörter an.

1 Günter Anders (1902–1992): Der Löwe

Als die Mücke zum ersten Male den Löwen brüllen hörte, da sprach sie zur Henne: „Der summt aber komisch."
„Summen ist gut", fand die Henne.
„Sondern?", fragte die Mücke.
„Er gackert", antwortete die Henne, „Aber das tut er allerdings komisch." (v 1966)

2 Steven Pinker: Der Sprachinstinkt (Auszüge)

[...] Sprache ist eine komplexe, hoch entwickelte Fertigkeit, die sich ohne bewusste Anstrengung oder formale Unterweisung beim Kind ganz spontan entwickelt und sich entfaltet, ohne dass das Kind sich der ihr zugrunde liegenden Logik bewusst wird; sie ist qualitativ bei allen Menschen gleich und von allgemeineren Fähigkeiten wie dem Verarbeiten von Informationen oder intelligentem Verhalten zu trennen. Aus diesen Gründen beschreiben einige Kognitionswissenschaftler Sprache als psychologisch eng umgrenzte Fähigkeit, als mentales Organ, neuronales System oder als Berechnungsmodul. Ich persönlich jedoch ziehe den zugegebenermaßen merkwürdigen Begriff „Instinkt" vor. In ihm drückt sich die Vorstellung aus, dass das Sprachvermögen der Menschen mehr oder weniger mit der Webkunst der Spinne vergleichbar ist. [...] Die unbewussten grammatischen Kenntnisse eines Vorschulkindes sind weitaus komplexer als das dickste Handbuch des guten Sprachstils oder das modernste Computersprachsystem; Gleiches gilt für alle gesunden Menschen, sogar für den berüchtigten in halben Sätzen redenden Profisportler und den – äh, weißte – voll sprachunbegabten jugendlichen Skateboardfahrer. [...] (v 1998)

3 Paul Watzlawick (*1921) u.a.: Menschliche Kommunikation
(Auszug)

[...]

Die Unmöglichkeit nicht zu kommunizieren

Verhalten hat vor allem eine Eigenschaft, die so grundlegend ist, dass sie oft übersehen wird: Verhalten hat kein Gegenteil, oder um dieselbe Tatsache noch simpler auszudrücken: Man kann sich nicht *nicht* verhalten. Wenn man akzeptiert, dass alles Verhalten in einer zwischenmenschlichen Situation Mitteilungscharakter hat, d.h. Kommunikation ist, so folgt daraus, dass man, wie immer man es auch versuchen mag, nicht *nicht* kommunizieren kann. Handeln oder Nichthandeln, Worte oder Schweigen haben alle Mitteilungscharakter. [...] Der Mann im überfüllten Wartesaal, der vor sich auf den Boden starrt oder mit geschlossenen Augen dasitzt, teilt den anderen mit, dass er weder sprechen noch angesprochen werden will, und gewöhnlich reagieren seine Nachbarn richtig darauf, indem sie ihn in Ruhe lassen. [...]

Die Inhalts- und Beziehungsaspekte der Kommunikation

Wenn man untersucht, *was* jede Mitteilung enthält, so erweist sich ihr Inhalt vor allem als Information. Dabei ist es gleichgültig, ob diese Information wahr oder falsch, gültig oder ungültig oder unentscheidbar ist. Gleichzeitig aber enthält jede Mitteilung einen weiteren Aspekt, der viel weniger augenfällig, doch ebenso wichtig ist – nämlich einen Hinweis darauf, wie ihr Sender sie vom Empfänger verstanden haben möchte. Sie definiert also, wie der Sender die Beziehung zwischen sich und dem Empfänger sieht, und ist in diesem Sinn seine persönliche Stellungnahme zum Anderen. Wir finden somit in jeder Kommunikation einen *Inhalts- und einen Beziehungs*aspekt. [...] (v 1969)

1. a) Legen Sie zu „Sprache" ein Cluster an und notieren Sie die Leitgedanken der Texte 1–6, z.B. als Zitate.
b) Äußern Sie Beobachtungen und stellen Sie Fragen.
c) Erörtern Sie die Aussage, die Ihnen am wichtigsten, fragwürdigsten oder provokantesten erscheint.

2. „Körpersprache als Dialog" (vgl. S. 76f.) heißt eine Untersuchung von Samy Molcho.
a) Stellen Sie sich eine Situation vor, in der Sie den Mann (im obigen Foto) sprechen lassen.
b) Deuten Sie seine Mimik und Gestik.

4 Harald Weinrich (*1927): Können Wörter lügen? (Auszug)

[...]

Wir werfen einen Blick auf zwei Wörter der deutschen Sprache, mit denen viel gelogen worden ist. Ich meine das Wort „Blut" und das Wort „Boden". Beide Wörter können heute so unbekümmert gebraucht werden wie eh und je. Man lügt nicht mit ihnen und wird nicht mit ihnen belogen. Aber es ist keinem Deutschen mehr möglich, die beiden Wörter zu verbinden. Mit „Blut und Boden" kann man nur noch lügen, so wie man eh und je mit dieser Fügung gelogen hat. Liegt das vielleicht an dem Wörtchen „und"? Nein, dieses Wörtchen ist ganz unschuldig. Es liegt daran, dass die beiden Wörter „Blut" und „Boden", wenn sie zusammengestellt werden, sich gegenseitig Kontext geben. Der Kontext „und Boden" determiniert die Bedeutung des Wortes „Blut" auf die nazistische Meinung hin, und ebenso wird die Bedeutung des Wortes „Boden" durch den Kontext „Blut und" im nazistischen Sinne determiniert.

Dies nun gilt allgemein. Wörter, die man sich ohne jede Kontextdetermination denkt, können nicht lügen. Aber es genügt schon ein kleiner Kontext, eine „und"-Fügung etwa, dass die Wörter lügen können. Begriffe sind nun von der Art, dass sie überhaupt erst durch einen Kontext zustande kommen. Ohne Definition kein Begriff. Und sie bestehen nur, solange dieser Kontext, diese Definition gewusst wird. Es verschlägt nichts, wenn der Definitionskontext nicht jedes Mal mitgenannt wird, wenn der Begriff lautbar wird. Das ist oft überflüssig, zumal wenn der Begriff im Rahmen anerkannter wissenschaftlicher Ausdrucksformen verwendet wird. Durch diesen Rahmen wird als Spielregel vorausgesetzt, dass die Definitionen gewusst und anerkannt werden. Man braucht sie dann nicht mehr jedes Mal auszusprechen; die Determination der Wortbedeutung, d.h. ihre Einschränkung auf den Begriffswert hin, bleibt dennoch bestehen. [...] (v 1966)

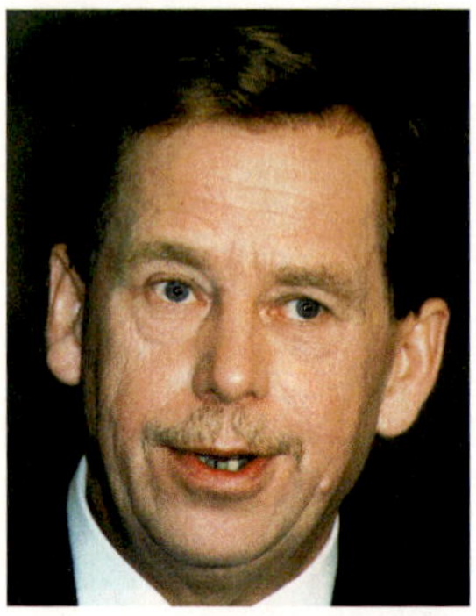

Václav Havel wurde 1936 in Prag geboren, arbeitete als Chemielaborant, besuchte das Abendgymnasium und studierte an der TH Prag. Seine Tätigkeit als Dramaturg, Sprecher der Charta 77, Autor satirischer Grotesken und zeitkritischer Dramen wurde durch mehrmalige Verhaftungen unterbrochen. 1989–1992 wurde er nach der Demokratisierung der Tschechoslowakei Staatspräsident. Von 1993–2003 war er Staatspräsident der Tschechischen Republik. Als international renommierter Autor erhielt er zahlreiche ausländische Auszeichnungen.

5 Václav Havel (*1936): Am Anfang war das Wort (Auszug)

In seiner Rede von 1989 anlässlich der Verleihung des Friedenspreises des Deutschen Buchhandels sagte Václav Havel, das Wort könne „ein Lichtstrahl im Reich der Finsternis" und gleichzeitig „auch ein todbringender Pfeil" sein.

[...]

Kein Wort enthält nur das, was ihm das etymologische Wörterbuch zuschreibt. Jedes Wort enthält auch die Person, die es ausspricht, die Situation, in der sie es ausspricht, und den Grund, warum sie es ausspricht. Dasselbe Wort kann einmal große Hoffnung ausstrahlen, ein anderes Mal nur Todesstrahlen aussenden. Dasselbe Wort kann einmal wahrhaftig und ein anderes Mal lügnerisch sein, einmal faszinierend und ein anderes Mal trügerisch, einmal kann es herrliche Perspektiven eröffnen und ein anderes Mal nur Gleise verlegen, die in ganze Archipele von Konzentrationslagern führen. Dasselbe Wort kann einmal ein Baustein des Friedens sein und ein anderes Mal kann jeder Einzelne seiner Laute vom Echo der Maschinengewehre dröhnen.

Alles wichtige Geschehen der realen Welt – das schöne und das scheußliche – hat nämlich immer sein Vorspiel in der Sphäre der Worte. Wie ich schon gesagt habe, ist es heute nicht meine Absicht, Ihnen die Erfahrung eines Menschen zu vermitteln, der erkannt hat, dass das Wort immer noch Gewicht hat, wenn man dafür auch mit dem Gefängnis bezahlen muss. Meine Absicht war, eine andere Erfahrung zu bekennen, die wir in diesem Teil der Welt mit dem Gewicht des Wortes gemacht haben und die – davon bin ich fest überzeugt – universelle Gültigkeit hat: nämlich die Erfahrung, dass es sich immer auszahlt, den Worten gegenüber misstrauisch zu sein und gut auf sie Acht zu geben, und dass die Vorsicht hier nicht groß genug sein kann.

Durch Misstrauen gegenüber den Worten kann entschieden weniger verdorben werden als durch übertriebenes Vertrauen in sie. [...] (e 1989)

6 Erich Fried (1921–1988): Definition

Ein Hund
der stirbt
und der weiß
dass er stirbt
wie ein Hund

und der sagen kann
dass er weiß
dass er stirbt
wie ein Hund
ist ein Mensch. (v 1964)

7 Klaus-Ulrich Moeller: Verkommt die Sprache? (Auszug)

Comic-Kürzel („Schnapp", „ächz", „seufz") ersetzen heute ganze Sätze. Jugendliche genießen ihren Insider-Slang. Anglizismen setzen sich in unserem Sprachschatz fest: Kontrolleure und Jung-Ingenieure heißen heute Controllers und Industrial Engineers. Und Politiker werfen mit Sprechblasen um sich, die längst ihres Inhalts entkleidet worden sind. 88 Prozent der Bürger glauben, dass Sprachregeln verkommen, dass die Ausdrucksfähigkeit abgenommen hat, dass es, kurz gesagt, schlecht bestellt ist um unser Deutsch. [...] Der Trend weg von der guten kultivierten Sprache wird von allen Seiten gefördert: Von den Nachrichten-Schnipseln im Fernsehen oder den Worthülsen der Politiker, die Sprache nur noch als politische Schlagwerkzeuge benutzen. Anspruchsvolle, die Sprache als Spielmaterial benutzende Artikel oder Reden sind Seltenheit geworden. Fast wirken sie wie ein Luxus, den sich eine technisch und auf Funktionen hin orientierte Gesellschaft nicht mehr leisten kann. Sprachschablonen im politischen Bereich führen ebenso wie scheinwissenschaftliche Fachbegriffe zur Verzerrung der Wirklichkeit statt zu deren Erhellung. Und Sprach-Naivität führt zur Denk-Naivität.

Wo nur noch nach der Verwertbarkeit von Wissen gefragt wird, muss Sprache als Kulturform in die Enge geraten. Man mag sagen, die Dialekte wachsen und mancher Jugendliche, obwohl TV-gesättigt, entfalte mehr Fantasie als Alterskollegen vor Jahrzehnten. Noch mögen sich die Probleme in Grenzen halten, mag das Argument gutes Gewicht haben, dass wir vor keiner außergewöhnlichen Situation stehen. Doch mit schwindender Ausdrucksfähigkeit steigt auch die Unfähigkeit, Wirklichkeit sprachlich umzusetzen, abzubilden und weiterzugeben. Solange Sprache immer schablonenhafter wird, solange täglich dutzende Mal irgendetwas „über die Bühne geht", „jemand zur Kasse gebeten wird" oder wieder neue „Weichen gestellt" werden, ist es kein Wunder, wenn sich Gleichgültigkeit gegenüber solcher Formel-Mentalität entwickelt. Wer vor dem Hintergrund dieser Entwicklung Sprachkultur einfach von der jungen Generation einfordert und sich nicht selbst in die Pflicht nimmt, macht es sich viel zu einfach. (v 1986)

Mensch!
Gib du Acht,
eh du es sprichst,
dass du am Worte
nicht zerbrichst!

Ina Seidel (1885–1974)

Ich habe keine andere
Waffe und Macht wider
die Zeit und die Welt,
nur das Schreiben.

Sándor Márai (1900–1989)

Mein Gedicht ist
mein Messer.

Hans Bender (*1919)

8 Uwe Pörksen: Die Experten als Funktionäre der Verwirklichung
(Auszug)

Der Germanist Uwe Pörksen beschäftigte sich in seinem Buch „Plastikwörter. Die Sprache einer internationalen Diktatur“ mit der Verwissenschaftlichung der Umgangssprache, die nach seiner Meinung zu „Verwirrung“, zu „wechselseitiger Mischung und Entstellung“ führt. Plastikwörter, „Amöbenwörter“ (Ivan Illich), haben besondere Eigenschaften:

- Sie zeichnen sich aus durch einen hohen Abstraktionsgrad.
- Sie sind Neutra; d.h., wo ein „Prozess“ im Gang ist, wo eine „Entwicklung“ abläuft, wo „Information“ ausgetauscht wird, da wird persönliches Handeln ausgeblendet.
- Sie sind geschichtslos, weil die durch Begriffe wie „Struktur“, „Effizienz“, „Konzentration“, „statistischer Schnitt“ erreichte oder vorgespiegelte Objektivität, weil Sachzwänge aktives und verantwortliches menschliches Handeln an den Rand drängen.
- Sie haben, v.a. wenn sie mit den gebündelten Fachkenntnissen von Wissenschaft und Technik, Ökonomie und Verwaltung auftreten, imperativen, diktatorischen Charakter.

[...] Die Wörter der Wissenschaft also sind ungezählte kleine Brücken, Brückenköpfe; ihre Veränderung in der Umgangssprache, ihr Funktionswechsel, erklärt nicht zuletzt die erhabene Stellung der Experten. Diese undurchsichtigen Vokabeln signalisieren vor allem „Wissenschaft!“ und übertragen deren Ansehen in den Alltag, schließen den Alltag an eine Vertrauen erweckende Sphäre.

Bei Max Weber findet sich die Bemerkung, dass wir in der Regel nicht wissen, wie eine Straßenbahn funktioniert, dass wir aber in dem Glauben leben, es jederzeit erfahren zu können. „Die zunehmende Intellektualisierung und Rationalisierung bedeutet also *nicht* eine zunehmende allgemeine Kenntnis der Lebensbedingungen, unter denen man steht. Sondern sie bedeutet etwas Anderes: das Wissen davon oder den Glauben daran: dass man, wenn man *nur wollte*, es jederzeit erfahren *könnte*, dass es also prinzipiell keine geheimnisvollen unberechenbaren Mächte gebe, die da hineinspielen, dass man vielmehr alle Dinge – im Prinzip – durch *Berechnen beherrschen* könne. Das aber bedeutet: die Entzauberung der Welt.“ – Eben dies ist die Wirkung der Lehnwörter aus der Wissenschaft. Durch eine Seite der Tageszeitung fahren täglich ungezählte Weber'sche Straßenbahnen. Nur, dass wir vielleicht den Ausdruck ‚Entzauberung‘ nicht verwenden würden. Die Wissenschaft entzaubert nicht nur, sie verzaubert auch. Mit Illich zu sprechen: „In der praktischen Anwendung klärt Wissenschaft auf, um Sinn gebende Fantasien durch undurchsichtige Versicherungen zu ersetzen. Sie bannt auch die Wirklichkeit in den Fachkreis der Experten.“

Die ungezählten Anschlüsse des Alltags an dieses Hochplateau richten in der Sprache eine Hierarchie auf und erzeugen das Gefühl, dort, wo die Quellen jener Vokabeln liegen, in ihrer Herkunftssphäre sei man weiter, befinde man sich in einem umfassenden, für den Laien in diesem Augenblick verschlossenen System, das die Fähigkeit berge, alle seine ‚Bedürfnisse‘ zu befriedigen und seine ‚Probleme‘ zu beherrschen. Je mehr er dieser Sprache vertraut, um so mehr richtet er den Blick auf die Hilfe der Experten. Der wissenschaftliche und fachliche Stil hat sich ausgedehnt und prägt die Epoche. Dieser Zustand ist zumindest teilweise von Experten hervorgebracht, und er begünstigt entschieden deren Vorherrschaft. [...]

(v 1989)

9 „Wer deutsch spricht, riskiert Arbeitsplatz“ (Auszug)

Dortmund (dpa) – Peter Vogelsang (52) war es leid, seinen „time frame“ im Auge zu behalten, um die „alert line nicht zu overshooten“. Als Diplomingenieur bei einer deutschen Firma, findet er, sollte er mit seinen Kollegen deutsch reden. Auch sieht er nicht ein, warum „ganz banale Dinge“ im dienstinternen Schriftverkehr mit englischen Fremdwörtern bezeichnet werden sollen. Daher tauschte er die so genannten Anglizismen wiederholt gegen deutsche Vokabeln aus. Seine Arbeitgeberin, die Lufthansa Technik AG in Frankfurt, hat ihn deshalb abgemahnt und mit Entlassung bedroht: Das Unternehmen könne derlei „Manipulationen in einem sensiblen Sicherheitsbereich nicht dulden“.

Der 52-Jährige klagt gegen diese „Disziplinierungsversuche“ beim Arbeitsgericht in Frankfurt. Zugleich wandte er sich Hilfe suchend an den Steinhuder Professor Walter Krämer, dessen „Verein zur Wahrung der deutschen Sprache“ (Sitz Dortmund) speziell gegen die Durchsetzung des Deutschen mit englischen Begriffen kämpft. Krämer ist empört: „Jetzt sind wir so weit: Wer in Deutschland deutsch spricht, muss um seinen Arbeitsplatz fürchten.“ Die Deutsche Lufthansa AG, deren 100-prozentige Tochter die Technik AG ist, habe sich „ein weiteres Mal als Vorreiter der internationalen Sprachversklavung ausgewiesen“, sagte der Wissenschaftler. Sein Verein hatte das Flugunternehmen schon vor Bekanntwerden dieses Falles wegen „Englisch-Marotten“ mit dem Titel „Sprachverhunzer“ gebrandmarkt. [...]

(Aus: Ruhrnachrichten vom 2.11.1998)

3. Arbeiten Sie in Gruppen zu den drei Themenbereichen „Merkmale der Gegenwartssprache“ (Texte 7–10), „Sprache und Geschlecht“ (Texte 11–13) und „Sprachrevolte“ (Texte 14–15).

1. *Gruppe:*
a) Sammeln und beschreiben Sie zu Text 7 Beispiele für Sprachkürzel. (Comic, E-Mail, SMS), Anglizismen, Politikerjargon.
b) Beurteilen Sie Text 7 unter dem Aspekt „kultivierte Sprache“.
c) Analysieren Sie Text 8 und entwerfen Sie ein „Gegenbild“, indem Sie mit Beispielen aus der Werbung (in Katalogen, in Zeitschriften, auf Plakaten, im Fernsehen) eine Collage anfertigen.

2. *Gruppe:*
a) Entwerfen Sie zu Text 9 eine argumentative „Abmahnung“ der Lufthansa.
b) Verfassen Sie dazu eine Stellungnahme des „Vereins zur Wahrung der deutschen Sprache“.
c) Schreiben Sie den aus Ihrer Sicht angemessenen Richterspruch.
d) Vergleichen Sie Tendenzen der heutigen Sprachgesellschaft mit Bestrebungen im Barock (S. 137ff.).

3. *Gruppe:*
a) Beschreiben Sie, worin D.E. Zimmer in Text 10 das Eigenartige der Anglisierung sieht.
b) Verteidigen und/oder kritisieren Sie die Anglisierung.
c) Übertragen Sie die Aussagen Jil Sanders in „normales“ Deutsch.

4. *Gruppe:*
a) Beschreiben und erörtern Sie die in Text 11 vertretene Position.
b) Vergleichen Sie die Bedeutung von „Dame“ in den Lexikonartikeln von 1901 und 1999 mit der Darstellung dieses Wortes bei Trömel-Plötz (Text 11).
c) Entwerfen Sie ein Streitgespräch zwischen Senta Trömel-Plötz und D.E. Zimmer (Text 12), indem Sie auch Text 13 einbeziehen.

5. *Gruppe:*
a) Analysieren Sie Eigenarten der Sprache in der Beschreibung der Ministerbesuche (Text 14).
b) Erschließen Sie die jeweilige Aussageabsicht.
c) Verfassen Sie einen Leserbrief zu Text 15 aus der Sicht eines Lesers in Ost und/oder West.

10 Dieter E. Zimmer: Anglizismen heute (Auszug)

Fremde Wörter kamen immer in die deutsche Sprache, aber früher war nach D.E. Zimmer der Zustrom zeitlich begrenzt, blieb der Gebrauch auf bestimmte Kreise beschränkt,und die „Wortimporte" stießen auf „eine uneinheitliche und teilweise ungeregelte Sprache".

Die heutige Anglisierung scheint auf den ersten Blick ebenfalls auf einzelne sachliche oder soziale Bezirke beschränkt. Beim zweiten Blick aber sieht man, dass niemand mehr um sie herumkommt. In mindestens einem dieser Lebensbereiche hält sich jeder einmal auf; die meisten in mehreren. Da einige eine besondere Domäne der Jugend sind, verinnerlichen die Heranwachsenden von vornherein ihre Sprachregeln; sie werden für sie zum Maßstab des Angemessenen – und wenn die Jugendlichen eines Tages zu Konservativen geworden sind, werden sie das anglisierte Deutsch für das einzig normale halten und ebenso halsstarrig verteidigen wie frühere Konservative das ‚th' und heutige Konservative das angeblich griechische ‚ph' oder ‚rh'. Diese Lebensbereiche sind: die Wissenschaften, die sich internationaler Konkurrenz stellen, also vor allem die Naturwissenschaften; der Computerbereich (und zwar nicht nur der benutzerabgewandte Bezirk der Informatiker unter sich, sondern ebenfalls die Schnittstelle zum Benutzer); der Bereich Reise/Verkehr/Tourismus; viele Zonen der Wirtschaft; die stark trendbestimmten Bereiche Werbung, Mode, Popmusik. In diesen Bereichen ist heute ein großer Teil, in den extremeren Fällen schon die Mehrzahl aller sinntragenden Wörter (im Unterschied zu den Funktionswörtern) englisch.

Das ergibt dann solche Sätze: *Bei den gemateten Hefestämmen wurde die Genedisruption über einen Southernblot und der Expressionslevel des getaggten Proteins in einem Westernblot gecheckt* (Diskussion unter Molekularbiologen). *In der Pipeline ist das Upgrade eines Kalibrationskits für Proofscreenmonitore und als Highlight ein Digitizer für CAD-Applikationen* (ein Computermagazin). *Miles & More führt ein flexibleres Upgrade-Verfahren ein: Mit dem neuen Standby oneway Upgrade-Voucher kann direkt beim Check-in das Ticket aufgewertet werden* (Lufthansa). [...]
Das „Neudeutsch" der Modeschöpferin Jil Sander klingt so: *Mein Leben ist eine giving-story. Ich habe verstanden, dass man contemporary sein muss, das future-Denken haben muss. Meine Idee war, die hand-tailored-Geschichte mit neuen Technologien zu verbinden. Und für den Erfolg war mein coordinated concept entscheidend, die Idee, dass man viele Teile einer collection miteinander combinen kann. Aber die audience hat das alles von Anfang an auch supported. Der problembewusste Mensch von heute kann diese Sachen, diese refined Qualitäten mit spirit eben auch appreciaten. Allerdings geht unser voice auch auf bestimmte Zielgruppen. Wer Ladyisches will, searcht nicht bei Jil Sander. Man muss Sinn haben für das effortless, das magic meines Stils. [...]* (v 1997)

11 Senta Trömel-Plötz: Frauensprache – Sprache der Veränderung (Auszüge)

Die Sprachwissenschaftlerin Senta Trömel-Plötz beschäftigt sich seit 1978 mit dem Thema *„Frauensprache"*. Sie untersucht die Zusammenhänge zwischen gesellschaftlicher Wirklichkeit und Sprache, zeigt Ungleichgewichte in den Bezeichnungen für Männer und Frauen auf und kämpft gegen die Benachteiligung der Frauen, die sich ihrer Meinung nach in solchen Unterschieden manifestiert und zugleich daraus ergibt. 1982 hat sie das Buch „Frauensprache – Sprache der Veränderung" veröffentlicht. Die folgenden Zeilen führen in das Buch ein:

Männer haben auch in der Sprache die Macht, und Frauen sind ohnmächtig. Männer geben den Ton an, wenn Frauen und Männer miteinander sprechen, und Frauen verhalten sich still und unterwürfig. Implizite Regel scheint zu sein: Die beste Frau ist die, die nicht redet. Das Redeverbot „Die Frau schweige in der Gemeinde" gilt auch heute noch für das Reden von Frauen in der Öffentlichkeit: Es finden sich nur wenige Frauen an den Rednerpulten, ob in der Politik, der Wirtschaft, der Wissenschaft. Meinung und Urteil von Frauen scheinen weniger hoch bewertet zu sein als von Männern. [...]

Reden wir anders als Männer? Reden wir anders mit Frauen als mit Männern? Wie reden Männer mit uns? Wie wird über uns geredet? Was sagt MANN darüber, wie wir reden? Anscheinend reden Frauen anders als Männer, denn nur über sie wird gesagt, dass sie wie Hühner gackern oder wie Gänse schnattern, dass sie klatschen, quasseln, ratschen und schwätzen. Das sind allesamt Ausdrücke dafür, dass sie viel reden und dabei wenig sagen. Ganz im Gegenteil zu Männern. Männer reden weder zu viel noch triviales Zeug; ihre Aussagen sind zuverlässig und haben Gewicht: ein Mann – ein Wort (eine Frau – ein Wörterbuch). Auf das Manneswort ist Verlass. Es kommt vom Ehrenmann. [...]

Wir werden immer wieder ausgeschlossen in Stellenanzeigen, wo nur von Bewerbern die Rede ist, in Steuerformularen, wo nur vom steuerpflichtigen Ehemann geredet wird, in Briefen, wo nur die sehr geehrten Herren oder lieben Kollegen angesprochen werden. Wir sind nicht gemeint, wenn es um den Ehrenmann, Landesvater, die Söhne des Landes, selbst um den Mann auf der Straße geht. Mit Hilfe einer linguistischen Textanalyse kann sogar gezeigt werden, dass häufig auch nur Männer gemeint sind, wenn man von dem Leser, dem Studenten, dem Antragsteller, dem Dozenten, dem Arzt spricht. Und psychologische Experimente ergeben, dass sogar, wo von Frauen *und* Männern die Rede ist, also wo wir explizit eingeschlossen sind, trotzdem bei Formulierungen wie der *Durchschnittsstudent, der Wissenschaftler, der Kunde, der Rechtsanwalt, der Schriftsteller, der Künstler* nur Männer assoziiert werden. Selbst Mensch bedeutet in vielen Kontexten ausschließlich Mann, und wir merken es kaum, dass uns der Status des Menschseins abgesprochen wird. Schon bei Schiller werden ja alle Menschen Brüder, und heute, wo es immerhin schon einige Frauen in der Politik gibt, lesen wir die Schlagzeile: „Politiker sein – das verlangt den ganzen Mann."

Aber es reicht nicht, dass wir in der Sprache ausgeschlossen und unsichtbar gemacht werden. Wo es sich nicht vermeiden lässt, etwas über uns zu sagen, werden wir trivialisiert[1] als Mädchen oder Fräulein oder aber euphemistisch Damen genannt. Weder als Mädchen, Fräulein noch als Dame werden wir ernst genommen. Deshalb bestehen bewusste Frauen heute darauf, sich gegenseitig Frauen zu nennen und sich nicht mehr Mädchen, Fräulein oder Damen nennen zu lassen. Ich habe ein anderes Gefühl, wenn man von mir als Frau spricht, als wenn man von mir als Dame spricht. Von einer Frau kann man andere Dinge sagen als von einer Dame. Eine Frau kann eine Hausfrau oder Wissenschaftlerin, eine Marktfrau oder eine Parlamentarierin sein. Eine Dame kann nichts davon sein, über sie kann man überhaupt nichts Wesentliches sagen, sie hat keinen Beruf und ist höchstens Anhängsel von irgendeinem Mann, der ein so beschaffenes Anhängsel aus psychologischen oder beruflichen Gründen braucht. Heutzutage eine Dame genannt zu werden, bedeutet eine Trivialisierung und Abwertung aller eigenständigen produktiven und schöpferischen Eigenschaften einer Frau.

Wir werden auch abgewertet als alte Jungfern, Frauenzimmer, Hexen, leichte Mädchen, Freudenmädchen, Emanzen, Kaffeetanten, dumme Gänse und Blondinen. Wir werden abgewertet und missachtet, wenn MANN uns über unsere Körperteile wie den Busen oder die langen Beine, wenn nicht Geschlechtsteile definiert. Wie anders werden da Männer behandelt, sie sind stark, frei, weise, klug, ehrlich, verlässlich, streitbar, ergreifen den Augenblick, müssen hinaus ins feindliche Leben, schaffen sich selber ihr Schicksal. Das nimmt uns nicht wunder: Männer machen die Geschichte. Über uns sehen geflügelte Worte dagegen so aus: Dienen lerne bei Zeiten das Weib, ein gebrechlich Wesen ist das Weib, es ist keine List über Weiberlist, Schwachheit, dein Nam' ist Weib usw. Diese Vorstellungen sitzen tief in uns, in Frauen wie in Männern. Sie beeinflussen unsere Verhaltensweisen. Da Frauen in allen Berufsbereichen in den gehobenen Positionen die Ausnahme sind, tut man sich schwer, sie korrekt anzusprechen, ihre Zuständigkeit zu akzeptieren, ihnen zuzuhören und einfach angemessen mit ihnen umzugehen. [...] (v 1982)

Brockhaus Konversationslexikon 1901:
Dame (frz., vom lat. domina, „Herrin"), in der Anrede später Madame, lange Zeit nur der Titel adliger Frauen zum Unterschiede von den bürgerlichen. In Frankreich wurde die Bezeichnung D. der Mutter Gottes (Notre-Dame) gegeben. Die Töchter der Könige von Frankreich hießen Dames (Mesdames de France). Zu Beginn des 17. Jahrh. kam das Wort D. auch nach Deutschland, wo es zunächst nur in anrüchiger Bedeutung gebraucht wurde. In Frankreich dient jetzt das Wort Madame in der Anrede als Höflichkeitstitel für alle Frauen und erwachsene Mädchen (wenn man nicht bestimmt weiß, ob sie noch unverheiratet sind). In Wien nennt man die Hebamme Madame.

Aus: Brockhaus Konversationslexikon, Leipzig (F.A. Brockhaus) 1901, Bd. 4, S. 653.

dtv-Lexikon 1999:
Dame (frz. aus lat. domina „Herrin"), 1) eine Frau oder Tochter „aus gutem Hause", der „Gesellschaft"; allgemein eine Frau von Anstand, sicherem Auftreten, Bildung. *Notre D.* [nɔtrd'am], die Mutter Gottes; *Dames de France* Titel der königl. Prinzessinnen Frankreichs; *D. d'honneur* [damdɔn'œr, ›Ehrendame‹], Hofdame ehrenhalber. – In Großbritannien Anrede für die Frau oder Witwe eines Barons oder Ritters sowie Titel der Trägerinnen des Ordens des British Empire.

Aus: dtv-Lexikon in 20 Bänden, München (Deutscher Taschenbuch Verlag) 1999, Bd. 4, S. 24.

12 Dieter E. Zimmer: Die, Der, Das. Sprache und Sexismus (Auszug)

[...] denn im Grunde waren es gar keine Vorwürfe an die Sprache als solche, sondern an die Einstellungen sexistischer Sprecher. Eine Verwechslung, die prompt zu etlichen leider nur lachhaften Vorschlägen führte. Da wurde der Schulbuchaufsatz *Schwester Christa arbeitet in der chirurgischen Abteilung* als sexistischer Sprachgebrauch „entlarvt"; als annehmbare „Alternative" stand ihm der Satz *Dr. Christa Seefeld leitet die Intensivstation* gegenüber.

Dass es – neben vielen anderen – auch sprachliche Injurien gibt, ist kein Beweis für den Sexismus der Sprache. Abschätzige Gedanken und Gefühle sind kein Gegenstand der Linguistik. Selbst noch im Zustand der totalsten Emanzipation werden sich weder Frauen noch Männer die Freiheit nehmen lassen, ungünstig über einzelne Vertreter des eigenen wie des anderen Geschlechts zu denken und dieses auszudrücken. Wörter wie *Schreckschraube* – dies der Irrtum – richten sich ja keineswegs gegen das weibliche Geschlecht als solches: Sie richten sich gegen einzelne Menschen oder, noch enger, gegen einzelne menschliche Charakterzüge. Diese deutlich zu benennen, mag unter Umständen rücksichtslos und gemein sein, aber sexistisch ist es nicht, genauso wenig wie Wörter wie *Hornochse, Schweinehund oder Lackaffe* männerfeindlich sind (allenfalls sind sie tierfeindlich). Die feministische Forderung, sie ersatzlos zu streichen, kommt der Beteuerung gleich, dass eine Frau, da sie Frau ist, schlechterdings nie einen negativen Zug haben kann, oder dass es ungehörig ist, ihn zu bemerken und zu erwähnen. Ein so irrealistisches Weltbild wird selbst die von ihm Begünstigten, die Frauen, niemals für sich gewinnen.

Aber davon abgesehen, dass Gewalt arg übertrieben ist und dass man die Sprache nicht haftbar machen kann, wenn einem die Wirklichkeit missfällt, haben Trömel-Plötz und ihre feministischen Mitstreiterinnen schon Recht: „Unsere Sprache ist sexistisch, und unser Sprachgebrauch ist sexistisch." Sie haben Recht jedenfalls insofern, als die meisten Sprachen, auch die deutsche, Frauen und Männer nicht gleich behandeln. Teils sind diese Asymmetrien Relikte aus Zeiten, als Frauen tatsächlich Menschen zweiter Ordnung waren. Teils spiegeln sie frühere Versuche, zu den Frauen ganz besonders nett zu sein. Diskriminieren heißt wörtlich „unterscheiden". Ob aus Missachtung oder Hochachtung: Wir sprechen wohl oder übel eine Sprache, welche Unterschiede macht. [...] (v 1986)

[1] trivialisieren zu trivial: gewöhnlich, platt, abgedroschen

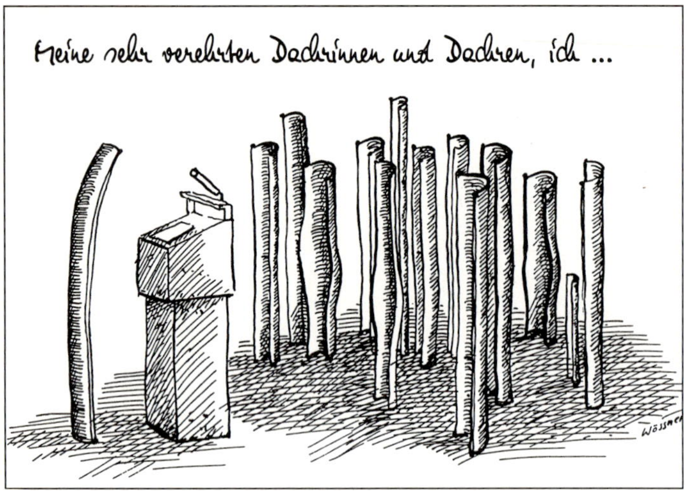

13 Die Sonne ist keine Frau (Auszug)

Es war einmal. Es war einmal eine unaufgeklärte Zeit – sie währte nur von Anbeginn der deutschen Sprache bis vor ein paar Jährchen –, da wussten die Leute: Es gibt ein natürliches Geschlecht, und es gibt ein grammatisches Geschlecht, und die sind zweierlei. Die Sonne ist keine Frau und der Mond ist kein Mann. Da sie das wussten, fanden sie auch nichts dabei, dass als genetische Substantive (also solche, die alle Angehörigen einer Gattung ohne Rücksicht auf Geschlecht oder Alter oder sonstwas zu bezeichnen bestimmt sind) in der Regel die kürzeren, überwiegend maskulinen Grundformen fungieren. Nicht einmal den damals noch ungebrochen chauvinistischen Mann störte es, dass er gegebenenfalls „eine Person" oder „eine Geisel" war. [...]

(Die Zeit, Nr. 14, 1. April 1994)

Veränderungen in der deutschen Sprache der Gegenwart

Sprachmündigkeit, d.h. aufmerksamer, überlegter und möglichst sicherer Umgang mit der Sprache, ob schreibend oder redend, dies ist nicht das einzige, aber das wichtigste Ziel der folgenden Überlegungen. Die vielfältigen Veränderungen in der deutschen Sprache der Gegenwart können dabei nur angedeutet, Erklärungen dafür nur als Hypothesen formuliert, nicht als schlüssige und beweisbare Lösungen vorgestellt werden.

Seit Jahren beobachtete *Tendenzen:*

- häufiger Gebrauch von Abkürzungen und Kurzwörtern,
- Zunahme der Komposita, der so genannten „Blockbildungen" bei Substantiven und Adjektiven,
- Bildung syntaktisch unvollständiger Sätze,
- auffallend häufige Einschübe in Form von Appositionen oder zwischengeschobenen Teilsätzen,
- Wortneubildungen in Form von Ableitungen (z.B. Verbaladjektive auf -bar),
- Neigung zum Nominalstil und zu abstrakter Ausdrucksweise,
- Bildung neuer einfacher Verben aus Substantiven,
- Bevorzugung kürzerer Sätze, Parataxe statt komplizierter Satzkonstruktionen,
- zunehmende Anteile von Fremdwörtern (v.a. anglo-amerikanischer Einfluss) und Wörtern aus Wissenschaft und Technik.

Die *Erklärungsversuche* für die beobachteten Veränderungen sind fast so zahlreich wie diese selbst:

- Verkürzung wegen des vermehrten Informationsbedürfnisses,
- kompakte und konzentrierte Information,
- rasche Übermittlung,
- mehr Flexibilität,
- Differenzierung,
- Verdeutlichung,
- sprachliche Ökonomie.

14 Jens Reich (*1939): Rückkehr nach Europa (Auszüge)

Ministerbesuch I

Schwarze Volvos, dahinter dunkle schnelle Ladas. Besuch wohl vorbereitet, am Werkseingang Begrüßung, dann Karawane Belegschaftsversammlungsraum, Aufstehen warmer Beifall, neugierige Blicke, Präsidium, Minister Dompteursblick, dann Zähnefletschen freundliches Zuwinken alter Bekannter Parteihochschulzeit. Begrüßung, Genosse Nachname, im Namen Kombinatsleitung, Parteileitung, Betriebskollektiv, Arbeiterklasse, alle Werktätigen Produktionsbereich, hohe Kennziffern, Planerfüllung Dank an Politbüro Genossen E. H. an der Spitze, unermüdliches Wirken Wohl Bevölkerung. Weitere Anstrengungen Hauptaufgabe. Beifall Blumen Pionierinnen. Minister Rednerpult, Dompteursblick, klickende Apparate, Kunstpause. Ausgehend Beschlüsse XI. Parteitag, aktuelle Fragen V. Plenum, weite Perspektive, Einheit Wirtschafts- und Sozialpolitik Herzstück Politik Partei Regierung getragen vom Vertrauen Werktätigen Stadt und Land Lösung Wohnungsfrage soziale Frage deshalb Planerfüllung, Schwierigkeiten meistern, materielle Stimuli klug und gezielt einsetzen, ideologische Arbeit, Arbeit mit unseren Menschen, Zuversicht, allseitige Zustimmung, Kraft Zukunft, verbleibende Lücken schließen. Hauptfrage Frieden, Kampfplatz Arbeitsplatz Stärkung des Sozialismus, Entspannung, friedliche Koexistenz, Klassenfrage weltweit, Klassengegner ruht nicht, Wolfsgesetz, sucht uns zu verschlingen, zum Scheitern verurteilt, auf Sand gebaut (prasselnder Beifall); Schlüsseltechnologie als Antwort auf Herausforderungen, Megachip, Hauptfrage Arbeitsproduktivität vor Ort, Material- und Finanzaufwand je Produktionseinheit, Leistungskennziffer Nettoproduktion, Weltniveau Exportaufkommen, schon Lenin in letzter Instanz, das Allerwichtigste, das Ausschlaggebende für den Sieg der neuen Gesellschaftsordnung, stets neu durchdenken. [...]

Ministerbesuch II

Ein Jahr danach. Netter Minister im schneidigen Schwarzcitroen. Leitung angetreten, Besuch wohl vorbereitet. [...] Minister und Tross nehmen Platz (Minister Sozialdemokrat; Tross früher SED, jetzt sozialdemokratisch verschüttete Tradition wiederentdeckt), ein paar Diapositive mit Kurven und Bildern. Minister leutselig, schildert schweren Kampf ums Wohl aller, nicht zu Entlassungen kommen lassen, dafür einstehen mit meiner Politik. Direktion gewohnte eintrainierte wiederholte Kratzfüße, wagt Meinungsäußerung (Herr Minister, wenn ich an dieser Stelle auch noch einen Gedanken einbringen darf!), Minister weiterhin leutselig, junge Frau aus der Belegschaft aus dem Hintergrund (bescheiden beliebt!) herangeholt, soll frei von der Leber weg, Frau gibt Sorgen Auskunft, Minister verständnisvoll, Sorge berechtigt, Problem erkannt, moralischer Neuanfang, wir alle, mehr oder weniger, durch Schweigen schuldig, Identität bewahren, Erfahrungen einbringen aus schlimmen Jahren, nicht vierzig Jahre, vierzig Jahre nicht ganz umsonst gelebt. Solidargemeinschaft, darf nicht zum Klotz am Bein notwendiger Sanierung, harte Währung, härteste Währung, Härten abfangen, sozial abfedern, Westen Anschub Finanzierung, vorerst noch beibehalten, Investitionen, dynamisch und marktwirtschaftlich, auch ökologisch, auf keinen Fall unsozial, nirgends schlechter als vorher, Grundgesetz demokratischste (Zungenzischer!) Verfassung der Welt, warum noch daran herumdoktern, ganz wichtig jetzt Zuversicht, ins Angsthorn nicht tuten, niemand durchs Netz, allenfalls längere kurz dauernde Arbeitssuche, [...] Dank für Gespräch, Anregungen mitnehmen, Empfehlungen weitergeben, jetzt alle an einem Strick, ziehen natürlich, Privilegien abbauen, gutes Geld für gute Arbeit, Freiheit ist Leistung, Arbeit gibt Wohlstand, Arbeit macht frei.

(v 1993)

15 Gerhard Müller: Sprachrevolte (Auszug)

[...] Mit der *Wende* im Herbst 1989 vollzog sich hier ein radikaler Bruch, eine *Sprachrevolte* ging mit dem Einsturz der versteinerten Verhältnisse in der DDR einher. Hatte sich früher im Volkswitz, im politischen Witz der Widerstand gegen die undemokratischen und inhumanen (später dann: *stalinistischen*) Zustände ausgedrückt, so war dann in der Vorwendezeit – Frühjahr und Sommer 1989 – die demokratische Opposition mit Wörtern wie *Wahlbetrug, Entmündigung der Bürger* oder mit dem Luxemburg'schen Slogan *Die Freiheit ist immer die Freiheit der Andersdenkenden* in den öffentlichen Sprachgebrauch eingedrungen. Im Sommer eskalierte die Stimmung in der DDR: *Abwanderung, Flüchtlingswelle* – die *Betonköpfe* standen unter *Ausreisedruck*. Noch waren Repressalien zu befürchten, noch behauptete sich das „DDRsch".

Erst nach den *Montagsdemonstrationen* und der von Egon Krenz proklamierten, natürlich von den unerhörten, ungeahnten Massenbestrebungen durchgesetzten *Wende* wurde das anders. Die Sprache der östlichen Teilnation veränderte sich stürmisch. Auf der großen Ostberliner Demonstration vom 4. November sagte Christa Wolf in ihrer eindrucksvollen und unvergessenen Rede, die auch das Wort *Wendehals* populär machte:

„Liebe Mitbürgerinnen und Mitbürger, jede revolutionäre Bewegung befreit auch die Sprache. Was bisher so schwer auszusprechen war, geht uns auf einmal frei von den Lippen ... Wir drehen alte Losungen um, die uns gedrückt und verletzt haben, und geben sie postwendend zurück... ‚Trittbrettfahrer zurücktreten!' lese ich auf Transparenten... ‚Rechtssicherheit spart Staatssicherheit'... Ja, die Sprache springt aus dem Amter- und Zeitungsdeutsch heraus, in das sie eingewickelt war, und erinnert sich ihrer Gefühlswörter ... Und dies ist für mich der wichtigste Satz dieser letzten Wochen, der tausendfache Ruf: ‚Wir sind das Volk!' Eine schlichte Feststellung, und die wollen wir nicht vergessen."

(v 1993)

Demonstration vom 4.11.1989 in Ostberlin

16 Günter Kunert (*1929): Meine Sprache

1
Ich spreche im Slang aller Tage derer
Noch nicht Abend ist
In der verachteten und verbissenen der
Sprache die jedermann entspricht.

2
Diese
Von Erstellern entstellte die von Betreuern
Veruntreute von Durchführern früh schon
Verführte die
Mehr zur Lüge taugt denn zur Wahrheit
Ach welche
Unter der erstarrten Syntax sich regt
Wie unter Abfall wie unter Schutt wie
Unter Tonnen von Schlacke.

3
Sprache
Die mehr scheinen will als sein
Aufgebläht
Von sang- und klanglosen tingelnden
Dinglosen Dingwörtern;
Schwabbelnde Gallerte
Quillt sie aus den öffentlichen Mündern
Und Mündungen tropft von
Den Lippen der Liebenden
Trieft aus Radios
Triumphiert.

4
Nichtssagend und blutleer und kraftlos
Ein Kind des Landes finde ich sie
Darniederliegend

5
Und hebe sie auf
Und nehme sie an mich: die beste mir
Der nichts Besseres hat
Und ein Vermögen dem der durch nichts sonst
Zu leben vermag
Als durch sie.

(v 1966)

4. a) Resümieren Sie Günter Kunerts Bilanz (Text 16) in „seinem" Gebrauch der Sprache.
b) Reflektieren Sie selbst über „Meine Sprache" oder lassen Sie einen Menschen reflektieren, für den Sprache eine besondere Bedeutung hat (z.B. Journalist, Arzt, Lehrer usw.).

5. Wählen Sie aus der Teilsequenz einen Sachtext und schreiben Sie eine Texterörterung (vgl. S. 149ff.).

ELFTES KAPITEL

Literatur nach 1989

Rainer Morawietz (*1964): Traumzeit – Reise wohin? (Aquarell auf Leinwand), 2002

I. Die Wiedervereinigung im Spiegel der Literatur

1. „Es waren zwei Königskinder ...“ – Ein alter Stoff in einem modernen Drama

Prinz und Prinzessin, ein getöteter Drache und eine Schlucht, die so tief ist, dass man nicht bis auf ihren Grund sehen kann. Warum bemüht ein Autor am Ende des 20. Jahrhunderts solche alten, märchenhaften Motive?
Bei der Beschäftigung mit Ausschnitten aus Georg Seidels 1988 entstandenem Drama „Königskinder“ geht es um die Frage, ob der Autor vor seiner Gegenwart in eine mythische Vergangenheit flieht oder seiner Zeit provokant den Spiegel vorhält.

1. **a)** Lesen Sie die von Brentano verfasste hochdeutsche Balladen-Fassung und stellen Sie Bezüge zu unserer Zeitgeschichte her. (Z.B. private Erfahrungen, tagespolitische Ereignisse, gesellschaftliche Entwicklungen ...)
b) Erarbeiten Sie stichwortartig einen Dramenauftakt, der mit dem Königskinder-Stoff spielt, indem er auf aktuelle Ereignisse zielt.
c) Verfassen Sie Szenenanmerkungen, in denen Sie auf Kostüme, Bühnenbild, Requisiten eingehen.

2. Erörtern Sie im Kurs, was für und was gegen den Rückgriff auf solch einen alten Stoff wie die Ballade der „Königskinder“ spricht.

1 Achim von Arnim (1781 – 1831) (Biografie S. 243)/Clemens Brentano (1778 – 1842): Edelkönigskinder (Biografie S. 242)

Es waren zwei Edelkönigs-Kinder,
Die beiden, die hatten sich lieb,
Beisammen konnten sie dir nit kommen,
Das Wasser war viel zu tief.

„Ach Liebchen, könntest du schwimmen,
So schwimme doch her zu mir,
Drei Kerzlein wollt ich dir anstecken,
Die sollten auch leuchten dir.“

Da saß ein loses Nönnechen,
Das tat, als wenn es schlief,
Es tat die Kerzlein ausblasen,
Der Jüngling vertrank so tief.

„Ach Mutter, herzliebste Mutter,
Wie tut mir mein Häuptchen so weh;
Könnt ich ein kleine Weile
Spazieren gehn längs der See.“

„Ach Tochter, herzliebste Tochter,
Allein sollst du da nit gehn,
Weck auf deine jüngste Schwester
Und lass sie mit dir gehn.“

„Ach Mutter, herzliebste Mutter,
Mein Schwester ist noch ein Kind,
Sie pflückt ja all die Blumen,
Die in dem grünen Wald sind.

Ach Mutter, herzliebste Mutter,
Wie tut mir mein Häuptchen so weh.
Könnt ich eine kleine Weile
Spazieren gehn längs der See.“

„Ach Tochter, herzliebste Tochter,
Allein sollst du da nit gehn,
Weck auf deinen jüngsten Bruder
Und lass ihn mit dir gehn.“

„Ach Mutter, herzliebste Mutter,
Mein Bruder ist noch ein Kind,
Er fängt ja alle die Hasen,
Die in dem grünen Wald sind.“

Die Mutter und die ging schlafen,
Die Tochter ging ihren Gang,
Sie ging so lange spazieren,
Bis sie ein Fischer fand.

Den Fischer sah sie fischen:
„Fisch mir ein verdientes rot Gold,
Fisch mir doch einen Toten,
Er ist ein Edelkönigs-Kind.“

Der Fischer fischte so lange,
Bis er den Toten fand,
Er griff ihn bei den Haaren
Und schleift ihn an das Land.

Sie nahm ihn in ihre Arme
Und küsst ihm seinen Mund.
„Adie, mein Vater und Mutter,
Wir sehn uns nimmermehr.“

(v 1806–07)

2 Plakat einer Schultheater-AG

3. a) Betrachten Sie das Theaterplakat und tauschen Sie sich zu zweit darüber aus, welche Vorstellungen in Ihnen geweckt werden (Thema des Stücks? Interesse an der Aufführung?).
b) Vergleichen Sie Ihre Assoziationen mit Ihren Vorüberlegungen zu einem modernen Drama mit dem Titel „Königskinder.“

Georg Seidel (1945–1991) wurde in Dessau geboren. Nach einer Lehre als Werkzeugmacher legte er sein Abitur ab und begann ein Maschinenbaustudium. Weil Seidel den Wehrdienst mit der Waffe verweigerte, wurde er jedoch exmatrikuliert und als „Bausoldat“ eingezogen. Aus Interesse am Theater arbeitete er bereits 1967 als Bühnenarbeiter in seiner Heimatstadt, ab 1973 als Beleuchter bei der DEFA und schließlich in derselben Funktion am Deutschen Theater in Berlin – „ein Sammelbecken echter Talente und schräger Vögel“ (Martin Linzer). 1982–87 war Seidel dort als dramaturgischer Mitarbeiter tätig, bevor er freier Schriftsteller wurde. Seine Texte sind geprägt von rigoroser Verknappung und Zuspitzung: „Ich habe das Allgemeine auf eine Nadelspitze gesetzt" (Seidel). Mit seinem Stück *Jochen Schanotta* (1985) erregte Seidel erstmals Aufsehen: Der 18-jährige Titelheld entsprach so ganz und gar nicht den Vorstellungen des Ministeriums für Volksbildung in der damaligen DDR. Statt eine „Kampfreserve" der Partei zu bilden, durchschaut Schanotta die ihn umgebene Gesellschaft: „Alles mit Draht umwickelt, das Land, damit's nicht auseinander fällt." Von nun an begegnete man Seidels Texten in der DDR von offizieller Seite mit Misstrauen, der Autor stand unter ständiger Kontrolle. Folglich sind seine Texte „Literatur aus der DDR. Keine DDR-Literatur". Weitere wichtige Bühnenstücke sind: *Kondensmilchpanorama* (1981), *Carmen Kittel* (1987), *Königskinder* (1988) und *Villa Jugend* (1991, posthum).

3 Georg Seidel (1945–1991): Königskinder (Auszug, I.2 Wandertag)

Prinzessin und Gouvernante an der Grenze

Schauplatz des Dramas „Königskinder" ist der Grenzübergang zwischen den beiden verfeindeten Ländern Hochdrobenland und Hochobenland. Eine tiefe Schlucht trennt die Herrschaftsbereiche von König Quetscher und König Cajo. Den Mittelpunkt des Bühnengeschehens bildet eine Brücke, die von beiden Seiten durch die Grenzorgane Dornheim und Kaltofen bewacht wird. Katja, die Prinzessin von Hochdrobenland, und ihre Gouvernante, Fräulein Hofrichter, nähern sich der Grenze.

[...]

HOFRICHTER *zeigt neben die Grenzsteine* Halt, hier sind wir zu Ende, mein Kind! Da drüben liegt Hochobenland!

KATJA *erstaunt* Das ist Hochobenland?

HOFRICHTER Ja, das ist Hochobenland. Und das ist die Schlucht, die uns abtrennt.

KATJA Wo ist die Schlucht?

HOFRICHTER *zeigt* Hier ist die Schlucht.

KATJA Ich sehe die Schlucht nicht!

HOFRICHTER Ich sehe die Schlucht auch nicht. Aber warum sieht man die Schlucht nicht, nun?

KATJA Das ist mir doch egal. Nacht wird noch drin sein.

HOFRICHTER Man sieht die Schlucht nicht, weil sie sehr tief ist. Und wenn eine Schlucht sehr tief ist, dann kann man das Ende nicht sehn – und wenn man das Ende nicht sieht, dann sieht man den Anfang auch nicht. Kurz: Wenn man Ende und Anfang nicht sieht, dann sieht man, wie in unserem Fall, überhaupt nichts. Aber die Brücke, die über die Schlucht führt, ist der Beweis, dass es die Schlucht gibt. Wiederhole!

KATJA Die Brücke, die über die Schlucht führt, ist der Beweis, dass es die Schlucht gibt.

HOFRICHTER Sehr gut. Was weißt du über die Entstehung der Schlucht?

KATJA Ich weiß über die Entstehung der Schlucht nichts.

HOFRICHTER Hier fand der Kampf statt. Als dann dein Vater dem Drachen mit seinem Schwert den Todesstoß versetzt hatte, da hat der Drache in blinder Wut mit seinem Schwanz auf die Erde geschlagen, das hat die Erde gespalten. So ist die Schlucht entstanden. Merk dir das.

KATJA O.k.! Und seitdem gibt es die Brücke?

HOFRICHTER Ja, seitdem gibt es die Brücke, da gehn wir jetzt rüber, komm. *Zeigt.* Das ist das Grenzorgan Dornheim. Wir haben heut Wandertag. Sag ihm Guten Tag.

KATJA Guten Tag, Herr Dornheim.

KALTOFEN Mein Gott, oh mein Gott, das Fräulein!

DORNHEIM Tag. Wo wollt ihr denn hin?

KATJA Auf die andere Seite.

DORNHEIM *abfällig* Was wollt ihr denn dort?

HOFRICHTER Katja, wenn dus noch weißt, sags dem Herrn Dornheim.

KATJA *wie auswendig gelernt* Ferne schafft Nähe, man lernt in der Fremde sein Vaterland noch besser lieben.

DORNHEIM *kontrolliert und stempelt Pässe.* Wie lange wollt ihr dort bleiben?

HOFRICHTER Bis heute Abend. Wir steigen drüben auf den höchsten Berg und gucken dann sehnsuchtsvoll runter zu uns. Sagen Sie, ist die Brücke aus Holz?

DORNHEIM Ja, die Brücke ist aus Holz.

HOFRICHTER Katja, du kannst Herrn Dornheim auch Fragen stellen. *Stille.* Was ist, ich habe gesagt, du kannst Fragen stellen, stelle Herrn Dornheim Fragen!

DORNHEIM Lassen Sie doch, alles würde ich sowieso gar nicht wissen.

HOFRICHTER Stellst du jetzt Fragen?

KATJA Lasst mich in Ruhe.

HOFRICHTER *zu Dornheim* So habe ich das Kind nicht erzogen. Komm. *Geht mit Katja bis zur Mitte der Brücke.* Warum hast du keine Fragen gestellt?

KATJA Ich? Ich hab keine Fragen gehabt.

HOFRICHTER So, du hast keine Fragen gehabt? Man muss Fragen haben! Wer keine Fragen hat, der hat nichts verstanden. Merk dir das! Außerdem, bleib stehn, wenn wir solchen Leuten wie Dornheim Fragen stellen, dann fühlen sie sich durch uns mächtig erhoben. Aber wenn wir sie nicht erheben, dann werden sie sich mit Macht selber erheben, Blut fließt, am Ende vielleicht sogar deins.

KATJA *zeigt in Richtung Kaltofen* Da drüben ist ja auch noch ein Mann. Ich werde den fragen, ob manchmal Nebel aufsteigen aus der Schlucht.

4. Bereiten Sie in Gruppen eine szenische Lesung des Auftritts I.2 vor:

a) Probieren Sie verschiedene Sprechweisen aus. (Z.B. Prinzessin: naiv / pubertär-trotzig / aufbegehrend / genervt; Gouvernante: streng / unsicher / arrogant / ...)

b) Entscheiden Sie sich für eine Sprechweise und ordnen Sie beiden Figuren jeweils ein passendes Requisit zu.

c) Üben Sie den Vortrag der Szene in Form einer szenischen Lesung. (Dabei dürfen Sie den Text in der Hand halten, sollten aber das Gesagte mimisch und gestisch unterstreichen. Beziehen Sie Ihr Requisit beim Sprechen mit ein.)

5. „Königskinder" – ein märchenhaftes Gleichnis auf die Absurdität der deutschen Teilung von 1949 bis 1989?

a) Exzerpieren Sie Textstellen, die auf solch eine Deutung hinweisen.

b) Notieren Sie auf einem zweiten Blatt Textstellen, die sich solch einer Deutung verschließen.

HOFRICHTER Natürlich steigen oft Nebel auf aus der Schlucht. Aber den fragst du nichts. Die drüben wollen wir nicht mit unseren Fragen erheben, die sollen sich selber erheben. *Leidenschaftlich.* Höher, immer höher, bis ihre Hände ranreichen an den Hals ihres Königs. Dort muss Blut fließen.

KALTOFEN *scharf* Es ist nicht gestattet, auf der Brücke stehen zu bleiben, es ist nicht gestattet, in die Schlucht runterzugucken! Sprechen ist auf der Brücke verboten und Gleichschritt ist auf der Brücke verboten. Weitergehn! [...] (v 1988)

4 Volker Trauth: „Stilsicher und fantasievoll"

(Auszug aus einer Theaterkritik)

[...]

Die Königreiche Hochobenland und Hochdrobenland sind durch eine Brücke so getrennt wie verbunden. Das Wasser, über das sich diese Brücke spannt, existiert nur im Kopf der Philosophen. Entstanden ist die Schlucht durch den Schwanzschlag des verendenden Drachen, den getötet zu haben sich beide Könige als eigene Leistung anrechnen. Dadurch, dass die Prinzessin von Hochdrobenland sich in den Prinzen von Hochobenland verliebt, werden Feindbilder erschüttert. Die Wissenschaftler Fels und Zackenberg rücken aus, um zu überprüfen, ob die Uhr im anderen Königreich im gleichen Takt schlägt. Beide kommen der Wahrheit ziemlich nahe – die Schlucht ist begehbar. Sie müssen jedoch diesen Vorstoß ins Neuland mit dem von Feuer und Dampf begleiteten Absturz in die Tiefe bezahlen. Ein banaler Zufall bringt neue staatspolitische Konflikte: der Zeitwissenschaftler Fels hat – um seiner Verlobten den Irrtum einreden zu können, sie käme zu spät zur eigenen Vermählung – die Uhrzeiger der Turmuhr eine Stunde vorgestellt. Da er – aufgehalten durch die Borniertheit der Zöllner Kaltofen und Dornheim – diesen Schaden nicht mehr gutmachen kann, kommt die Hochzeitgesellschaft von Hochdrobenland eine Stunde zu früh zur Trauung von Prinz und Prinzessin und die Gemeinde von Hochobenland (im Verständnis der Hochdrobenländer) eine Stunde zu spät. Die Brücke wird vom wütenden König Cajo eigenhändig zersägt und die beiden Teile als Zugbrücke hochgezogen oder gänzlich versteckt. Prinz und Prinzessin trauern ihrer Liebe nach. Die Eintracht wird wieder hergestellt durch den mittels Landeapparat eingeflogenen Kaiser, die Frage nach dem wahren Drachentöter wird geklärt. Prinz und Prinzessin verschwinden mit dem Fluggerät. Der Frieden aber dauert nicht. Die Könige Cajo und Quetscher haben – jeder für sich, bösem Plane folgend – sowohl dem Kaiser als auch dem Konkurrenten Gift eingeschenkt. Die zurückgekommenen Kinder verspüren keine Lust zum Regieren, sie meinen das Menschsein genüge und Macht verderbe den Charakter. [...]

(v 1988)

6. Eine Theaterkritik ist keine Inhaltsangabe. Exzerpieren Sie aus Volker Trauths Besprechung die Passagen, die über eine bloße Zusammenfassung des Plots hinausgehen und Wertungen enthalten.

5 Fotos einer Schul-Inszenierung

7. a) Besprechen Sie, welche Dramenfiguren auf den verschiedenen Szenenfotos abgebildet sind, und finden Sie passende Bildunterschriften.
b) Notieren Sie einzelne Inszenierungsideen, die Ihnen auffallen, und erläutern Sie das Regiekonzept, das dahinter steht.

6 Semantische Reflexion zu einem zentralen Begriff

Bei der Beschäftigung mit literarischen Texten stößt der Leser immer wieder auf Anspielungen, Doppeldeutiges und sprachliche Bilder, die zunächst oft rätselhaft erscheinen, letztlich aber zur Veranschaulichung dienen. In „Königskinder“ stellen der Drache und die Schlucht zentrale Motive dar:

2

Ironische Brechung des Sagen- und Märchenmotivs:
a) Namensgebung:
„Hotapp“ – Lautmalerei
„mit Kugelblitzaugen“ – Übertreibung des Attributs
b) menschliches Verhalten:
„verprügelt“ Menschen

1

Exempel für das Böse schlechthin, das bekämpft werden muss (typisches **Märchen- und Sagenmotiv**)

[Königskinder – Szene II,6]
König Cajo: „[...] Und dann der Kampf gegen den bösen **Drachen**. Wie hieß er doch gleich?“
König Quetscher: „Hotapp mit den Kugelblitzaugen. Er hat dich verprügelt!“
Cajo: „Dich hat er verprügelt!“
Quetscher: „Er hat jeden verprügelt! Aber ich habe ihn getötet!“
Cajo: „Ich habe ihn getötet ...“

?

3

Verwendung des Bildes in einem früheren Kontext:
Thomas Mann, letzte Radiosendung aus dem amerikanischen Exil (10. Mai 1945): „Die Stunde ist groß [...], wo der **Drache** zur Strecke gebracht ist, das wüste und krankhafte Ungeheuer, **Nationalsozialismus** genannt.“

?

8. a) Der Drache im Lustspiel „Königskinder“ eine Anspielung auf den Nationalsozialismus? Erörtern Sie, wie überzeugend Ihnen diese Deutung erscheint.
b) Der Drache spielt in der chinesischen Kultur eine große Rolle. Recherchieren Sie, welche Bedeutungsinhalte dort mit dem Drachen verbunden werden.
c) Besprechen Sie am Beispiel der „Königskinder“ die besonderen Anforderungen, die ein Text an Leser aus einem anderen Kulturkreis stellt.

9. a) Stellen Sie im Plenum Überlegungen dazu an, welche Bedeutung die Schlucht besitzt.
b) Entwickeln Sie Vorschläge, wie die Schlucht auf der Bühne realisiert werden sollte, und begründen Sie Ihre Auffassung.

10. Dem Schluss eines Dramas kommt bei der Aufführung besondere Bedeutung zu, denn dieser letzte Eindruck bleibt dem Zuschauer in besonderer Erinnerung.
a) Entscheiden Sie, welchen Aspekt der „Königskinder“ Sie in einer Inszenierung besonders betonen würden:
– tragische Liebesgeschichte
– Streben nach Macht
– Spiegel deutsch-deutscher Beziehungen vor 1989
– Umgang mit inneren / äußeren Grenzen
– ...
b) Entwerfen Sie einen passenden Inszenierungsvorschlag.
c) Stellen Sie dem Plenum Ihr Regiekonzept vor.

7 Georg Seidel (1945 – 1991): Königskinder

(IV. 6/7, Schluss des Dramas)

Nachdem die beiden Könige zunächst den Kaiser und dann sich selbst in ihrer Machtgier gegenseitig vergiftet haben, kehren Peter, Prinz von Hochobenland, und Katja, Prinzessin von Hochdrobenland, mit der Flugmaschine des Kaisers von ihrem Ausflug zurück.

Kaltofen *zeigt auf die beiden.* Eine Nachtigall und noch eine Nachtigall.
Dornheim Sie werden bald mit dem Eierlegen beginnen.
Hofrichter *nimmt sich Kaiserkrone.* Was, hierher kommt ihr zurück?
Peter Es schrie bis zum Himmel, wir haben alles von oben gesehn. Die ganze Welt könnte man jetzt mit Leichengift füttern.
Hofrichter Immerhin, die Schlucht haben wir überwunden, da!

Fräulein Hofrichter versinkt in der Schlucht. Stille.

Katja Schon wieder das, es ist unheimlich.
Dornheim Es ist eben wie immer.
Peter Sie hatte die Kaiserkrone in der Hand.
Kaltofen Geht nicht zu nah ran an die Schlucht.

DORNHEIM Scheiße, Stempelkissen und grüne Tinte, jetzt geht das wieder los.
KALTOFEN Klagen hilft nicht. Katja, du bist ein König hier, Peter du bist ein König dort, wir räumen die Leichen weg – jede kriegt ihr eigenes Denkmal – gehen zurück auf unsere Posten und sind wieder zwei ganz verschiedene Völker.

Sie schaffen die Toten weg und gehen zurück auf ihre Posten.

KATJA Wir werden Tauben züchten, die unsere Liebesbriefe über die Schlucht tragen.
PETER Binde dir wieder das Glöckchen ans Bein.
KATJA *bindet sich das Glöckchen ans Bein* Es wird jetzt auch für Fräulein Hofrichter läuten.
KALTOFEN Spreizschritt.
DORNHEIM Es war ein sehr langer Tag.

Kaltofen und Dornheim lassen die Schlagbäume runter, gehen dann ab.

IV. 7

Katja, Peter allein. Jeder hinter einem Schlagbaum.

PETER Keine Schatten mehr, alles ist Nacht. Katja, siehst du mich noch?
KATJA Seit eure Fische Leberwurst fressen, schmeckt mir kein Hühnerfleisch mehr.
PETER Was sagst du?
KATJA Ich bin auf der falschen Seite!
PETER Dann bin ich auch auf der falschen Seite.
KATJA Ja, es ist alles zu spät, aber es hat auch was Gutes. Ich kann jetzt in deinem Bett schlafen, und du kannst in meinem Bett schlafen. Da, überall Hirschkäfer.
PETER Wie schwer es sich atmet. Läute das Glöckchen.
KATJA Komm!

(v 1988)

11. „Auch das Dagegen [des Zuschauers] – gegen das Stück, die Form, einzelne Figuren, den Schluss – ist immer konstruktiv." (Seidel, Werkstattgespräch 1988)
a) Entwerfen Sie solch ein „Dagegen". Legen Sie dazu zunächst in Text 7 die Stelle fest, an der Sie das Original verändern wollen.
b) Verfassen Sie Ihr alternatives Dramenende in Dialogform, ggfs. mit Regiehinweisen.
c) Tragen Sie Ihren Entwurf im Plenum vor und besprechen Sie, inwiefern sich die Aussage gegenüber dem Original verändert hat.

12. Georg Seidel wird immer wieder in der Tradition Georg Büchners gesehen, sein Drama „Königskinder" sogar als „Übermalung" von „Leonce und Lena" (S. 285f.) bezeichnet.
a) Informieren Sie sich über den Inhalt von „Leonce und Lena".
b) Stellen Sie Gemeinsamkeiten und Unterschiede beider Dramen in einer Tabelle gegenüber.
c) Resümieren Sie, worin der neue Gedanke in Seidels Drama gegenüber seinen literarischen Vorlagen (Büchners Drama und die „Königskinder"-Ballade) besteht.

2. „Go West!" – Reisefreiheit als literarisches Motiv im Kontext der Wiedervereinigung

Nach dem Fall der Berliner Mauer setzt in der Literatur ein kritisches Nachdenken über die Folgen der neu gewonnenen Freiheit ein. Zum beliebten Motiv der „Wendeliteratur" wird dabei die Reisefreiheit, schließlich stellt das Reisen „die sicht- und fühlbarste Form der Freiheit" (B. Müller) dar. Doch es geht um mehr: Der Reisende verändert nicht nur kurzfristig seinen Aufenthaltsort, sondern langfristig auch sich selbst!

1 Fotocollage zur deutschen Wiedervereinigung

Mauerbau, 13. August 1961

„Mauerkunst" an der East Side Gallery

1. Sammeln Sie ausgehend von der Fotocollage (S. 441f.) Ihre Assoziationen und Vorkenntnisse zum „Mauerfall 1989".

Deutsche aus Ost und West feiern am 10. November 1989 die historische Maueröffnung.

Honecker trifft Lindenberg, Wuppertal 1987

2. a) Recherchieren Sie mit Hilfe des Internets, wie im November 1989 die Schlagzeilen verschiedener Tageszeitungen zum Mauerfall lauteten.
b) Beschreiben Sie, welche Stimmung angesichts des Mauerfalls in Ost- und West-Deutschland herrschte.
c) Tragen Sie anhand der Schlagzeilen in den Zeitungen die Themen zusammen, die unmittelbar nach dem 9. November 1989 diskutiert wurden. (z.B. Nachdenken über die zukünftige Währung in der DDR)

2 Dirk von Petersdorff (*1966): Im Museum der Geschichte

Ein Glaskasten im Licht,
darin ein grauer Stein,
der an den Rändern bricht;
und also fällt mir ein,

wie ich versunken saß,
am Küchentisch in Kiel,
als die Meldung kam,
als die Mauer fiel. (v 2001)

3 Reiner Kunze (*1933): Die Mauer*

Zum 3. Oktober 1990

Als wir sie schleiften, ahnten wir nicht, wie hoch sie ist in uns wir hatten uns gewöhnt an ihren horizont und an die windstille in ihrem schatten warfen alle keine schatten nun stehen wir entblößt jeder entschuldigung (v 1998)

Das **Gruppenpuzzle** bietet sich zur Erarbeitung eines umfangreichen Themas an, das sich in relativ unabhängige Teilgebiete aufteilen lässt. Mit Hilfe dieses **arbeitsteiligen Verfahrens** ist es zum Beispiel möglich, themengleiche Romane parallel zu erarbeiten und die Ergebnisse in Form eines gemeinsamen Hörfeatures oder einer Internetseite zu präsentieren:

1. Aufteilung des Kurses in mehrere **Stammgruppen** mit ca. 4 bis 6 Mitgliedern, die einen Roman erarbeiten (z.B.: B = Brussig, D = Delius, H = Hein, W = Wolf) und diesen dem Plenum kurz vorstellen:

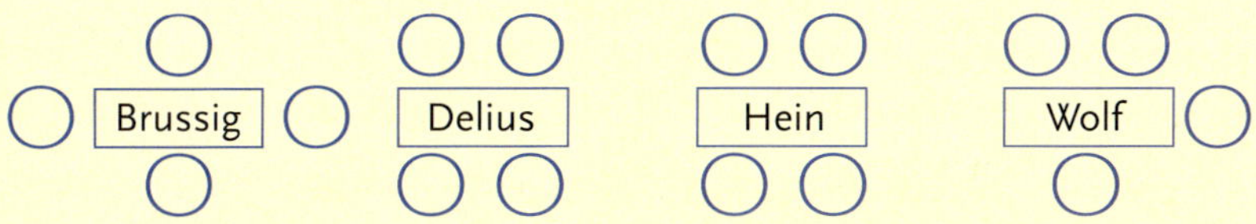

2. Nach den Buchvorstellungen gliedert das Plenum das Thema in Teilbereiche. Jede Stammgruppe benennt nun einen **„Spezialisten"** für jeden Teilbereich (z.B. Reisemotiv, Stasi, Erzählweise, Arbeitsplatz...):

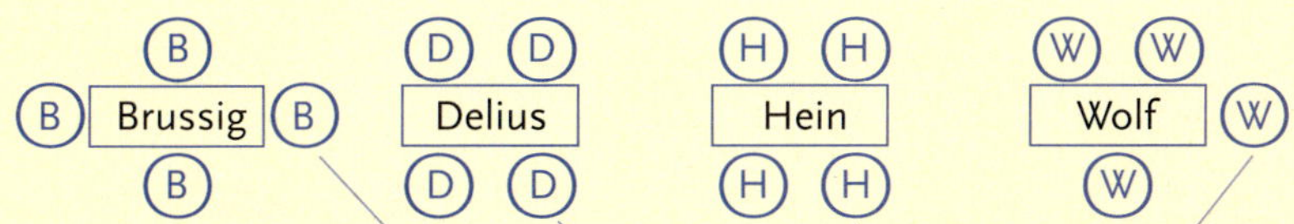

3. Für die Erarbeitung der unterschiedlichen Teilthemen finden sich die von ihren Stammgruppen benannten „Spezialisten" in **Expertengruppen** zusammen und erstellen eine Sequenz des Hörfeatures bzw. ihren Teil der Internetpräsentation.

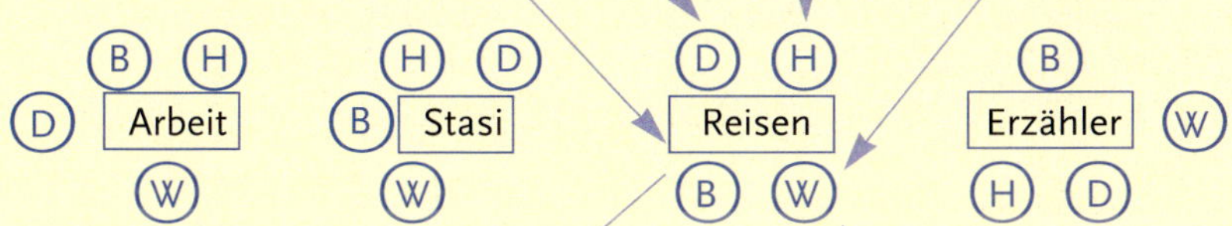

4. Nach der Erarbeitung der Teilaspekte kehren die Spezialisten in ihre ursprünglichen **Stammgruppen** zurück und berichten dort über die Ergebnisse zu ihrem Teilgebiet.

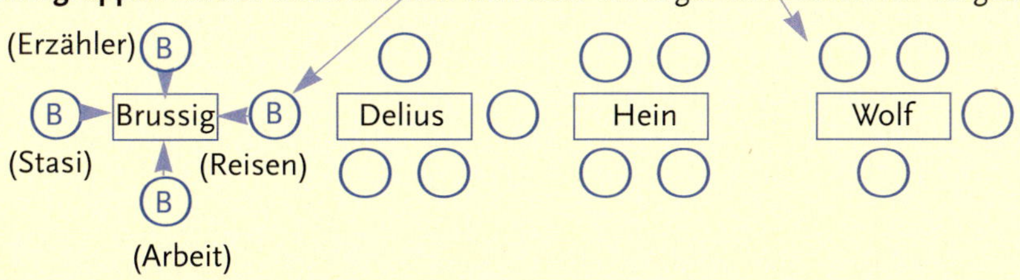

5. Abschließend klärt das **Plenum** notwendige Veränderungen und regelt die Zusammenführung der Einzelteile zu einem Gesamtergebnis (z.B. Reihenfolge der Beiträge im Hörfeature; einheitliches Layout bei Internetseiten...).

3. a) Verfassen Sie eine weiterführende Strophe zu Text 2.
b) Vergleichen Sie Ihre Vorschläge und überlegen Sie, inwiefern sich das Originalgedicht dadurch verändert.

4. Bei dem Text „Die Mauer" handelt es sich im Original um ein Gedicht mit 5 Abschnitten.
a) Überlegen Sie zu zweit, an welcher Stelle Ihrer Meinung nach die Abschnitte gesetzt werden sollten.
Legen Sie Versgrenzen fest und übertragen Sie das Gedicht auf ein Blatt.
b) Vergleichen Sie Ihre Ergebnisse im Kurs.

5. a) Stellen Sie die Gemeinsamkeiten und die Unterschiede beider Gedichte gegenüber (vgl. Gedichtvergleich S. 246ff).
b) Setzen Sie die Gedichte in Beziehung zu den Schlagzeilen der Tageszeitungen vom 10. November 1989.

Lesetipp 2:
Die veränderte Lebenssituation von Ost- und Westdeutschen nach dem Fall der Berliner Mauer wurde auch in zahlreichen **Romanen** bearbeitet. Als Taschenbuch erhältlich sind:

- Thomas Brussig: Am kürzeren Ende der Sonnenallee
- F.C. Delius: Der Spaziergang von Rostock nach Syrakus
- Christoph Hein: Willenbrock
- Michael Kumpfmüller: Hampels Fluchten
- Erich Loest: Nicolaikirche
- Monika Maron: Stille Zeile 6
- Jens Sparschuh: Der Zimmerspringbrunnen
- Christa Wolf: Was bleibt?

6. Informieren Sie sich mit Hilfe von Klappentexten über die verschiedenen Romane und bilden Sie gleich große Stammgruppen zu den einzelnen Texten.

7. Lesen Sie Ihren Roman und bereiten Sie mit Ihrer Stammgruppe eine kurze Buchvorstellung (ca. 10 Minuten) vor, mit der Sie Ihre Mitschüler über Ort, Zeit, Personen und Handlungsverlauf informieren.

8. Einigen Sie sich im Plenum auf Aspekte, unter denen Sie die Romane vergleichend untersuchen und vorstellen möchten. Mögliche Teilthemen sind:
– Berlin: geteilte Stadt / Hauptstadt
– Wirtschaftliche Situation: Arbeitsplatz / Konsumgüter / Wirtschaftssystem
– Reisefreiheit
– staatliche Überwachung (Stasi)
– zwischenmenschliche Beziehungen (z.B. Paare)
– „der" Ossi / „der" Wessi
– Erziehung, Ausbildung
– Erzählweise, Stil ...

9. Arbeiten Sie in Ihrer Expertengruppe Ihr Teilthema aus.
(Hinweise zur Gestaltung eines Hörfeatures vgl. S. 470f.)

Neben der **arbeitsteiligen Vorgehensweise** zur Erschließung eines umfangreichen Themengebiets ist auch ein **arbeitsgleiches Vorgehen** denkbar, bei dem die Gruppen parallel an demselben Problem arbeiten. Dabei verringert sich zwar der Umfang des bewältigten Stoffes, es entsteht aber die Möglichkeit eines Vergleichs unterschiedlicher Ergebnisse bzw. Problemlösungen zu demselben Thema. Nach der Erarbeitungsphase in den Gruppen kommt es somit zu einer vertiefenden Auseinandersetzung mit dem gemeinsamen Thema. Während das arbeitsteilige Verfahren also eine Zeit sparende Methode zur *extensiven Erschließung* eines Themas darstellt, dient das arbeitsgleiche Verfahren zur *intensiven Erarbeitung* eines Themas. Am Beispiel des Themas „Reisefreiheit“, das in vielen Romanen zur deutsch-deutschen Wirklichkeit nach 1989 eine Rolle spielt, soll das arbeitsgleiche Verfahren im Folgenden vorgestellt werden.

10. Bei der Erarbeitung eines neuen Themas ist es oft hilfreich, sich zunächst seine eigenen Vorstellungen bzw. Erwartungen bewusst zu machen, um diese später mit den fremden Entwürfen zu vergleichen.
a) Überlegen Sie, welches der vier Fotos, die in der Werbeanzeige abgebildet sind, Ihren Urlaubsinteressen am ehesten entspricht.
b) Tauschen Sie sich mit denjenigen innerhalb Ihrer Klasse, die das gleiche Foto gewählt haben, über Ihre Vorstellungen von einer gelungenen Reise aus.

11. Entwerfen Sie gemeinsam ein Werbeplakat für Ihre Traumreise. (Reiseziel? Reisemittel? etc.)

4 Werbeanzeige: Dominikanische Republik

12. a) Verfassen Sie ausgehend von der Buchkritik einen aussagekräftigen Übersichtssatz zu Seumes „Spaziergang nach Syrakus“.
b) Vergleichen Sie das Reiseplakat 2002 und die Informationen über Seumes Reise nach Syrakus 1801.
c) Besprechen Sie, ob Seume sich durch das Plakat angesprochen gefühlt hätte.

5 Burkhard Müller: Mit Mut und Vernunft durch die Welt tornistern – J. G. Seumes „Spaziergang nach Syrakus“

(Buchrezension, Auszug)

„Ich schnallte in Grimme meinen Tornister, und wir gingen.“ Mit so knapper Geste beginnt eine der bemerkenswertesten Reisen der deutschen Literatur, der „Spaziergang nach Syrakus“ des Johann Gottfried Seume. Jahrelang hat er als Lektor und Druckaufseher im Verlag des Georg Joachim Göschen, der in der sächsischen Kleinstadt Grimma saß, gearbeitet und gespart, und nun, im Dezember des Jahres 1801, macht er sich auf. Warum? „Meine meisten Schicksale lagen in den Verhältnissen meines Lebens; und der letzte Gang nach Sicilien war vielleicht der erste ganz freie Entschluss von einiger Bedeutung."

Die sicht- und fühlbarste Form der Freiheit ist allemal die Reisefreiheit; sie ist wichtiger sogar als die Reise selbst. Nicht als ob Seume früher keine Gelegenheit zum Reisen gehabt hätte: Als englischer Söldner war er nach Amerika gegangen, wo die dreizehn Kolonien um ihre Unabhängigkeiten kämpften, und in russischen Diensten hatte er den polnischen Aufstand von 1794 miterlebt samt der dritten, endgültigen Teilung des Landes. Aber das, wie gesagt, gehörte den „Verhältnissen" an, die es eben auch mit sich brachten, dass er sich zweimal auf der Seite der Unfreiheit fand. Nun ist er ganz Privatmann und mit Lust auf dessen physischen Leib reduziert. Dem steht es an, zu gehen, und zwar allein zu gehen (die Reisebegleiter verabschiedet er bald) – nicht etwa zu fahren: Denn Fahren verstrickt sofort in Zusammenhänge, es ist das Privileg der höheren Stände und führt auch bloß wieder mit anderen Privilegierten zusammen, es isoliert den Reisenden in einem geschlossenen System der Kutschwagen und Posthaltereien; es bestimmt sich durch seinen Zweck, und sei dieser Zweck selbst die „Bildung".

Seume will gerade keine Bildungsreise machen, an den Sehenswürdigkeiten zieht er vorüber oder äußert sich „skoptisch" über sie, spöttisch also: eins seiner Lieblingswörter. In Tusculum trifft er ungefähr an der Stelle, wo Ciceros Landhaus gewesen sein muss, auf eine Papiermühle, und findet das eine ganz passende Fortsetzung. Und der Petersdom, meint er, müsste eines Tages doch einmal eine allerliebste Ruine geben; sonst beeindruckt ihn das Gemäuer wenig. Obwohl der Name nicht fällt, betreibt Seume das trotzige Gegenprojekt zu Goethes Italienischer Reise. „Die Herren waren ganz verblüfft zu hören, dass ich von Leipzig nach Agrigent tornistern wollte, bloß um an dem südlichen Ufer Siziliens etwas herumzuschlendern und etwa junge Mandeln und ganz frische Apfelsinen dort zu essen." Dies sind die Augenblicke, in denen sich die Freiheit rein genießt. [...] (v 2002)

6 Friedrich Christian Delius (*1943): Der Spaziergang von Rostock nach Syrakus (Auszug)

– Heute wäre die Geschichte einfach zu erzählen, ungefähr so:

In der Mitte seines Lebens, im Sommer 1981, beschließt der Kellner Paul Gompitz aus Rostock, nach Syrakus auf der Insel Sizilien zu reisen. Der Weg nach Italien ist versperrt durch die höchste und ärgerlichste Grenze der Welt, und Gompitz ahnt noch keine List, sie zu durchbrechen. Er weiß nur, dass er Mauern und Drähte zweimal überwinden muss, denn er will, wenn das Abenteuer gelingen sollte, auf jeden Fall nach Rostock zurückkehren.

An einem wolkenarmen Augustabend im Hafen von Wolgast auf der „Seebad Ahlbeck", einem Schiff der Weißen Flotte, fällt der Entschluss, dem Fernweh endlich nachzugeben und das Land, um bleiben zu können, einmal zu verlassen. [...]

Da für Paul Gompitz eine legale Ausreisegenehmigung aus der DDR sehr unwahrscheinlich ist, beginnt er im Sommer 1981 ohne Wissen seiner Frau mit den Vorbereitungen einer illegalen Flucht: Gompitz lernt Segeln, schafft auf verschlungenen Wegen Devisen in die BRD, informiert sich über Radareinrichtungen, beobachtet Wetterlagen und wagt im Juni 1988 endlich den Aufbruch über den Seeweg in den Westen. Die Flucht gelingt.

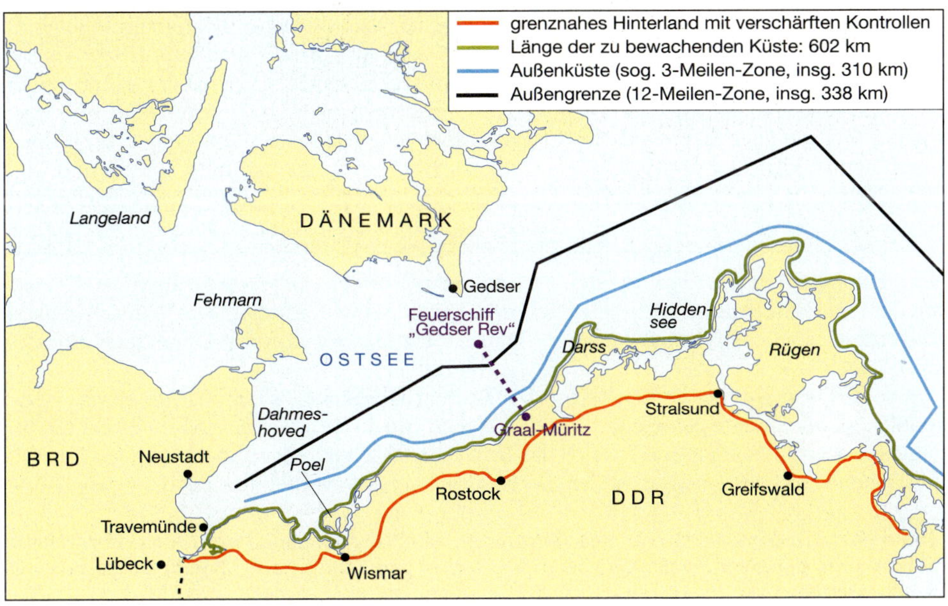

Klappentext: Nach siebenjähriger Vorbereitung gelingt es dem Kellner Paul Gompitz im Juni 1988, mit einer Jolle von Hiddensee aus die Seegrenze der DDR zu überqueren und nach Gedser in Dänemark zu segeln. Delius erzählt von der Mühsal der Vorbereitungen, von der Hartnäckigkeit, wie Gompitz das Segeln lernte, sein Boot tarnte, auf tragikomische Weise versuchte, Geld in den Westen zu schaffen, wie er gegen jede Gefahr eine List fand, immer etwas schlauer als die Staatssicherheit, alles ohne Mitwisser. Einfach auf sein Recht auf eine „Bildungs- und Pilgerreise" pochend, auf den Spuren Johann Gottfried Seumes, dessen „Spaziergang nach Syrakus im Jahre 1802" er seit Jugendzeiten im Kopf hat, von Triest über Terni und Rom bis zum Ziel seiner Reise, Syrakus.

[...] Trotz solcher Gedanken fällt er in seiner zweiten Travemünder Nacht endlich in tiefen Schlaf. Beim Frühstück am Freitagmorgen findet er in den „Lübecker Nachrichten“ unter der Überschrift „Gastwirt aus Rostock flieht über Ostsee“ eine achtzeilige Notiz, in der er als DDR-Flüchtling bezeichnet wird. Geschmeichelt und entrüstet ruft er bei der Zeitung an. „Hören Sie mal, so kann das nicht stehenbleiben, ich bin kein Flüchtling, ich ertrotze mir nur eine Deutschlandreise und eine Italienreise.“

„Das ist ja hochinteressant“, sagt der Redakteur, nachdem er Pauls Erklärung angehört hat, „können wir darüber mal mit Ihnen sprechen?“

„Ja, kommen Sie nur, das ist mir wichtig, das mit dem Flüchtling muss ich unbedingt dementieren.“

Man trifft sich im Garten des Yachtclubs, der Redakteur rückt mit Fahrer, Fotografin und Tonbandgerät an und hat viele, viele Fragen. Paul berichtet ausführlich über seine Motive, sagt nichts über den Fluchtweg und wenig über seine Vorbereitungen. Der Redakteur schlägt vor, Helga in Rostock anzurufen.

„Paul, ich kann mich jetzt nicht mit dir unterhalten, hier ist die ganze Wohnung voller Leute“, sind Helgas einzige Worte, bevor sie auflegt. „Warte!“, sagt er, aber zu spät, einen Stasimann ans Telefon zu bitten, um dem seine lauteren Absichten zu erklären.

Am Samstag kann man in Lübeck und Umgebung eine längere Story von einem Gastwirt aus Rostock lesen, der unbedingt nach Italien reisen will. Das Foto zeigt ihn mit Telefonhörer. Es steht nichts Falsches in dem Artikel, Paul findet jedoch die westdeutsche Sprache fürchterlich, am meisten ärgert ihn, dass sie seine „Bildungs- und Pilgerreise“ in eine „Traumreise“ umgelogen haben. Aber das Wichtigste steht nun gedruckt: dass er Geld verdienen, nach Italien bis Syrakus und dann wieder nach Rostock will. [...]

In Triest gefällt ihm alles, die Lage, die Sehenswürdigkeiten, das Meer, die freundlichen Leute, und es ist nicht nur der Stolz, dieses Ziel erreicht zu haben, der ihm das Bild vergoldet. Schon nach einem Tag fühlt er, dass Italien ihn verwandelt, ja, dass er ein anderer Mensch zu werden beginnt. Er ist plötzlich kein DDR-Bürger mehr, kein Mitteldeutscher, kein Ostdeutscher, kein Zoni, kein Sachse. Er ist, was er nie gewesen ist, ein Tedesco, ein Deutscher, ganz einfach.

Abends schreibt er an Helga „Nun bin ich endlich in Italien, es erscheint mir noch immer wie ein Traum. Jahrzehntelang hatte ich das Wort Italien unter der Zunge, um es einer Zauberfee, die mir einen Wunsch offengelassen hätte, entgegenschleudern zu können. Der Rat der heidnischen Götter hatte beschlossen, mich in seinem Herrschaftsbereich freundlich zu empfangen. Der Windgott Aiolos ließ einen leichten Seewind über die dalmatinische Küste streichen, die Luft war klar, ich sah auf der Adria den scharf geschnittenen Horizont. Über der Ebene Venetiens standen glasklar die Schneegipfel der Julischen Alpen. Die strenge Schutzherrin des Gastrechts, Juno, hatte die Hoteliers angewiesen, mich freundlich und wohlfeil zu beherbergen. Und Mercurius, der Gott der Händler und der Diebe, hat seine Klientel straff am Zügel. Sie haben mich bisher geschont. Nun hoffe ich, dass die weise Minerva[1] meine Feder führt, wenn ich dir von meinen Erlebnissen in Italien erzähle.“ Ausführlich berichtet er, was er seit Wien erlebt hat, und schließt: „Mein Liebes, wenn meine Reise nach Italien auch weiterhin so schön wird wie der Besuch in dieser Stadt, dann hat sich der Aufwand gelohnt und ich komme als glücklicher, ausgeglichener Mensch zu dir zurück.“ [...]

In Rom holen Paul Gompitz Einsamkeitsgefühle ein, die Hitze macht ihm zu schaffen, Regeln scheint es in dem chaotischen Straßenverkehr keine zu geben ...

[...]

Auch das Erlebnis mindert seine Traurigkeit nicht, es stößt ihn nur noch mehr in die Einsamkeit. Er hat das Höchste erreicht, was ein DDR-Bürger erträumen kann, ist auf eigene Faust bis an die Quellen der abendländischen Zivilisation vorgestoßen, hat etwas Zeit, etwas Geld und keinen Stasi-Aufpasser, kann die Seele baumeln lassen oder sich bilden, er ist frei wie nie, fort von allen lästigen Zwängen, und gleichzeitig völlig erschöpft und allein mit nie erwarteten Eindrücken und Erlebnissen. Alles schweigend aufzunehmen, überfordert ihn, und alles nur in Briefen festzuhalten, scheint ihm ungenügend. Er fühlt sich provoziert von dem lustigen Völkchen der Italiener, die ihre Zufriedenheit und ihr Glück aller Welt zeigen. Es ist ihm, als verhöhnten sie ihn, der diese Gelegenheit nicht hat und nur mit seiner nutzlosen Sehnsucht nach Helga und den Freunden aus Rostock und Sachsen allein ist. Gestört von der neuen Erfahrung, dort, wo er sich jahrelang hingewünscht hat, vom Wunsch geplagt zu werden, möglichst schnell wieder zu Hause zu sein, wird ihm die Ewige Stadt ein Alptraum. [...]

Er schläft wenig in der heißen Nacht. Die Grenztruppen überlisten, überlegt er, das ist eigentlich relativ einfach gewesen, du musstest dich nur in ihre Psyche und ihre Technik hineindenken. Und einfach war es, sich das Scheitern vorzustellen, wenn sie dich geschnappt und in den Knast geschmissen hätten, auch darauf warst du vorbereitet, ruhig bleiben, keine

[1] Die Minerva: römische Göttin des Verstandes, der Künste, der Erfinder und Fertigkeiten; Schutzherrin der Handwerker, Künstler, Ärzte, Lehrer und Schulkinder: Minerva wurde früh mit Athene gleichgesetzt.

Friedrich Christian Delius wurde am 13.2.1943 in Rom geboren und wuchs als Sohn eines Pfarrers in Wehrda (Hessen) auf. 1963 bis 1978 lebte Delius in Berlin, wo er Germanistik studierte und das Studium 1970 mit Promotion (Titel: *Der Held und sein Wetter*) abschloss. In den nächsten Jahren war er als Lektor im Wagenbach-Verlag sowie im Rotbuch-Verlag tätig. Seine ersten Gedichte schrieb Delius mit 17 Jahren. Die Kritiker wurden auf ihn bereits 1965 aufmerksam und in der Folgezeit zählte er zu den bekanntesten Lyrikern seiner Generation. Themen seiner zeitgeschichtlichen Romane und Erzählungen sind vor allem die Studentenunruhen 1968, der deutsche Herbst und die Wiedervereinigung. Neben dem *Spaziergang von Rostock nach Syrakus* (1995) stellt die Erzählung *Die Birnen von Ribbeck* (1991) einen viel rezipierten Beitrag zur deutschen Einigung dar. Delius beschreibt darin in einem Satz, der sich über 73 Seiten hinzieht, ein Stück Alltagsgeschichte der DDR. Das erste autobiografisch geprägte Werk ist die Erzählung *Der Sonntag, an dem ich Weltmeister wurde* (1994), in der er den Mythos der Fußballweltmeisterschaft 1954 aufarbeitet.

13. „Der Spaziergang von Rostock nach Syrakus“ ist weitgehend in der personalen Erzählperspektive geschrieben. Die damit verbundene verengte Sicht des Lesers reizt dazu, andere Figurenperspektiven einzunehmen und Sachverhalte, die ausgespart werden, zu ergänzen. Wählen Sie eine der folgenden Gestaltungsaufgaben aus:

a) Verfassen Sie einen inneren Monolog von Helga Gompitz, Pauls langjähriger Ehefrau, als sie von der Flucht ihres Mannes erfährt.

b) Helga Gompitz erhält mehrere Kartengrüße ihres Mannes. Verfassen Sie sowohl zu der Karte aus Triest als auch zu der Karte aus Syrakus (Z. 39ff. und 91ff.) eine Tagebuchnotiz aus ihrer Sicht.

c) Paul Gompitz tritt im Oktober 1988 die Rückreise in die DDR an und verfasst einen Brief an Egon Krenz, den stellvertretenden Staatsratsvorsitzenden, in dem er um die Erlaubnis bittet, wieder in die DDR einreisen zu dürfen.

d) In den „Lübecker Nachrichten“ steht zunächst eine achtzeilige Notiz über Gompitz' Flucht (Z. 11ff.), später eine „längere Story“ in „fürchterlicher“ west-

Angst zeigen, damit du nicht durchdrehst. Schwieriger ist es schon, seit du es gepackt hast, mit der Furcht, die Frau und die Freunde und die Heimat zu verlieren. Tag und Nacht von der Frage belästigt werden: Wie kommst du wieder zurück? Das ist anstrengender als du dachtest, aber damit war zu rechnen. Nur auf ein Problem warst du nicht vorbereitet: Wenn du kein Problem mehr hast. Wie sieht es in deiner Psyche aus, wenn du es gepackt hast? Wenn du monatelang weg bist von zu Hause? Wenn du hier in Italien von Stadt zu Stadt rauschst und die Italiener siehst bei ihrem ständigen Augengeficke? Und je weiter es weggeht von Rostock, desto schwerer werden dir die Schritte, desto unangenehmer das Gefühl in der Herzkruste, dich immer weiter von dir selbst zu entfernen, das alles war nicht geplant! Nach dem Aufwachen beschließt er, Rom in 24 Stunden zu verlassen und die Italienreise so schnell wie möglich hinter sich zu bringen. In der Frühe am Forum geht es ihm besser, er fühlt sich am Geburtsort des Abendlandes, denkt an Cicero[1] und all die berühmten Römer, die zwischen diesen Steinen gelebt haben, an die Horatier[2], die hier geschworen haben, nie wieder einen Tyrannen über die Stadt herrschen zu lassen, und an die tyrannischen Greise in Berlin und Moskau. [...]

– *Italien schnell hinter sich bringen, das hört sich nicht nach Traumreise an.*
– *Bildungs- und Pilgerreise! An Neapel fährt er vorbei, weil alles dreckig ist, aber in Taormina macht er Station. Die Fahrt auf den Ätna kostet 70 DM, aber er sagt sich: Wann wirst du wieder einmal auf den Ätna kommen?*
– *Nun aber Syrakus!*
– *Am 26.9.88 schreibt er:*

„Liebe Helga! Seit zwei Tagen bin ich am Ziel meiner Reise, in Syrakus. Syrakus und die Insel Sizilien sind nicht nur das Armenhaus im wohlhabenden EG-Staat Italien, sie sind für mich auch über Jahrtausende überkommenes Hellas, Griechenland in seiner kulturellen Blüte. Syrakus ist immerhin die Stadt des Archimedes[3], auf Sizilien blühte, ein Jahrhundert vor Christus, eine dorische Hochkultur, die noch heute das Antlitz der Insel prägt. Mein Liebes, ich bin bei meinem unschuldigen Trip hier in einen Ameisenhaufen getreten, der meine Verarbeitungsfähigkeit von neuen Eindrücken einfach überfordert. „Das Land der Griechen mit der Seele suchen", war im vorigen Jahrhundert ein geflügeltes Wort bei den Reisenden in den levantischen Raum. Nun erkenne ich, dass dies mehr erfordert, als aus der DDR heraus eine Italienreise zu ertrotzen. Das hier braucht Zeit und völlige Ausgeglichenheit, beides habe ich nicht!" [...]

(v 1995)

deutscher Sprache (Z. 27ff.). Verfassen Sie einen der beiden Zeitungstexte und stellen Sie ihnen einen Artikel gegenüber, der Gompitz' Vorstellungen inhaltlich und sprachlich entspricht.

L Auszüge aus einem **deutsch-deutschen Wörterbuch** 1988:

Ammonplätzchen = Gebäck, sog. Amerikaner
Aufsichter = Aufsichtsbeamter auf einem Bahnhof
Auslaufventil = Wasserhahn
beauflagen = Pflichten übertragen
Beförderungsdokument = Fahrschein
Berufsaufklärer = Berufsberater für Schulabsolventen
Broiler = Brathähnchen
Devisenausländer = Bewohner westlicher Länder
Diversant = Störer
Elaste = Sammelbezeichnung für alle elastischen Produkte
Getränkestützpunkt = Getränkeladen
Grilletas = Hamburger
Ketwurst = Hot dog
Kombinat = Großbetrieb
Kombinat industrielle Mast = Hühnerzuchtbetrieb
Lernanfänger = Erstklässler
Perfoltüte = Plastiktüte
Richtsignalanlage = Ampel
Schallplattenunterhalter = Diskjockey
Vitaminbasar = Obstladen
volkseigen = staatlich

7 Christoph Hein (*1944): Willenbrock (Auszug)

Bernd Willenbrock, ehemals Ingenieur in einem DDR-Betrieb, hat sich nach der Wiedervereinigung eine neue Existenz als Besitzer eines Gebrauchtwagenhandels aufgebaut. Die vordergründige Zufriedenheit und Sicherheit bekommen jedoch zunehmend Risse. Nach einem Einbruch in sein Wochenendhaus legt Willenbrock sich eine Pistole zu, von der er schließlich auch Gebrauch macht. Immer wieder muss er sich gegen seinen Willen mit seiner Vergangenheit zu DDR-Zeiten auseinandersetzen: Mal trifft er einen ehemaligen Arbeitskollegen, der bei der Stasi über ihn Bericht erstattet hatte, mal trifft er mit seinem Bruder zusammen, dessen Flucht aus der DDR geglückt war.

[...]

Peter, Willenbrocks Bruder, war als Vierundzwanzigjähriger mit einem Segelflugzeug der Sportgemeinschaft über die innerdeutsche Grenze geflogen. Bei einem Wettbewerb hatte er sich mit den anderen Teilnehmern der Meisterschaft auf dem Ausbildungszentrum in Neustadt-Glewe von den motorisierten Schleppflugzeugen hochziehen lassen, hatte die vorgegebene südöstliche Flugrichtung aber verlassen, sobald er aus der Sichtweite des Flugplatzes war, um dann, die günstige Thermik des Tages nutzend, in einer sicheren Flughöhe direkt in Richtung Zonengrenze zu fliegen. Er flog sehr hoch, da der Se-

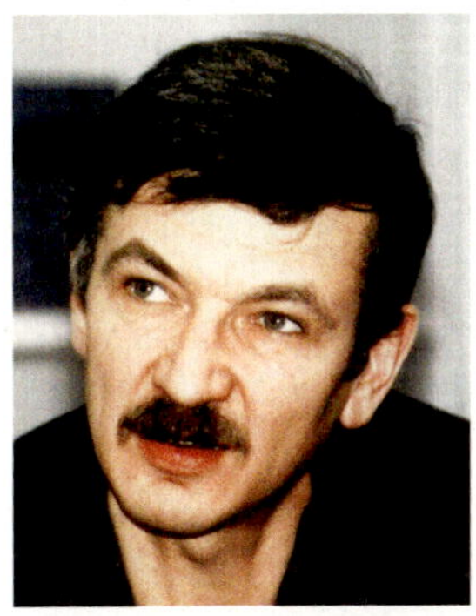

Christoph Hein wurde am 8. April 1944 als Sohn eines Pfarrers in Schlesien geboren und wuchs in der Nähe von Leipzig auf. Da Hein als Pfarrerssohn wegen „politischer Unzuverlässigkeit" in der DDR der Zutritt zum Gymnasium versperrt war, besuchte er ab 1958 ein Westberliner Gymnasium, 1960 wechselte er nach Ostberlin, wo mittlerweile seine Eltern wohnten. Auch die Zulassung zum Studium gestaltete sich schwierig. Bevor Hein 1967–1971 in Leipzig und Berlin Philosophie studieren konnte, überbrückte er die Zeit als Kellner, Buchhändler, Journalist und Montagearbeiter sowie als Regieassistent und Schauspieler an der Ostberliner Volksbühne. Von 1971–1979 gehörte Hein wiederum der Volksbühne an, wo er als Dramaturg und Autor tätig

[1] Marcus Tullius Cicero (106–43 v. Chr.): römischer Staatsmann und berühmter Redner
[2] Die Horatier: Drillinge im sagenhaften Krieg zwischen Rom und Alba Longa
[3] Archimedes (gest. 212 v. Chr.): einer der bedeutendsten Mathematiker und Mechaniker des Altertums

war. Als Dramatiker setzte sich Hein in der DDR jedoch nur langsam durch. Seine Stücke sollten provozieren und zum Eingreifen in die Jetztzeit motivieren. Daher verwundert es kaum, dass seine Stücke oftmals zunächst auf westdeutschen Bühnen aufgeführt wurden. Hein glaubte nach eigenem Bekunden schon sehr früh nicht mehr an eine Reformierbarkeit des DDR-Systems, vielmehr habe er schon vor 1989 „elfmal das Ende der DDR beschrieben“ (Hein in: „Theater heute“, 1992). Dennoch erhielt er 1982 den Heinrich-Mann-Preis der Akademie der Künste der DDR sowie 1989 den Lessing-Preis der DDR. 1994 wurde Hein das Bundesverdienstkreuz verliehen. 1998 wurde er zum Präsidenten des vereinigten PEN-Clubs gewählt.
Seine Werke: *Der fremde Freund* (Novelle, DDR 1982, in der BRD 1983 unter dem Titel *Drachenblut* erschienen); *Horns Ende* (Roman, 1985); *Der Tangospieler* (Roman, 1989); *Ritter der Tafelrunde* (Komödie, 1989); *Von allem Anfang an* (autobiografischer Roman, 1997)

14. Nach Peters Flucht findet ein heftiger Briefwechsel zwischen den beiden Brüdern statt (Z. 56ff.). Verfassen Sie in Partnerarbeit diesen Briefwechsel:
a) Entscheiden Sie gemeinsam, welcher Bruder beginnt.
b) Verfassen Sie arbeitsteilig jeweils zwei Briefe, in denen Sie auf den Brief des Bruders reagieren.
c) „Du fliegst nicht mehr?“, fragte Peter verwundert (Z. 68f.). Willenbrock bleibt seinem Bruder auch auf Nachfrage eine Begründung schuldig. Überlegen Sie, welche Gedanken Willenbrock bei dem Gespräch durch den Kopf gehen könnten, und verfassen Sie seinen inneren Monolog.

15. Lesen Sie die Romanauszüge (Texte 6–8).

16. Erarbeiten Sie in kleinen Gruppen ein Hörfeature „Das Thema Reisefreiheit in der Wendeliteratur“.
a) Zur Stoffsammlung bietet sich ein Cluster (vgl. S. 21) an.
b) Entscheiden Sie, welche der im Cluster genannten Aspekte Sie näher beleuchten wollen, und sammeln Sie Informationen zu diesen Einzelaspekten.
c) Tauschen Sie in der Gruppe Ihre Rechercheergebnisse aus und formulieren Sie gemeinsam eine Leitfrage bzw. eine Arbeitshypothese zum Thema.
d) Legen Sie gemeinsam eine Reihenfolge der Aspekte fest.

gelflieger vom Radar nicht erfasst werden konnte und er nur zu befürchten hatte, von den Grenzbeamten bemerkt zu werden.

Nach seinen Berechnungen landete er zwanzig Kilometer hinter der Grenze auf einer Wiese. Es wurde eine Bruchlandung, da er die Elektrozäune der Weide zu spät bemerkt hatte, so dass er heftig manövrieren musste und eine Tragfläche völlig zerstört wurde. Als er die Maschine zum Stehen gebracht hatte, war er so benommen, dass er für Minuten sitzen blieb und nur ausstieg, um sich zu übergeben. Bauern fanden ihn. Zögernd fragte er, wo er gelandet sei. Als er hörte, dass es nur achthundert Meter bis zur Zonengrenze seien, er sich also völlig verrechnet hatte, nach dem Überfliegen der Grenze in eine Kurve geraten war und um ein Haar wieder jenseits der Grenze gelandet wäre, wurde ihm nochmals übel.

Seine Flucht wurde erst zwei Tage später und erst, nachdem westdeutsche Reporter darüber berichtet hatten, den Kameraden vom Ausbildungszentrum in Neustadt-Glewe mitgeteilt. Diese hatten, nachdem sich Peter Willenbrock nirgends meldete und die Flugsicherung ihnen keinerlei Nachrichten über dessen Verbleib geben konnte, zwei Tage lang mit kleinen Motorflugzeugen nach dem verschwundenen Segelflieger gesucht.

In Hannover studierte Peter Jura und Betriebswirtschaft, versuchte sich nach dem Studium als Wirtschaftsberater selbstständig zu machen und ging vier Jahre später zur Stadtverwaltung Goslar, wo er bald verbeamtet wurde.

Durch die Flucht wurde das Verhältnis zu seinem Bruder Bernd gespannt, der ihm vorwarf, die bereits alten Eltern im Stich gelassen, ihn selbst geschädigt und seine eigene Entwicklung rücksichtslos und selbstsüchtig zerstört zu haben. Nach der abenteuerlichen Flucht seines Bruders unter Mitnahme eines Flugzeugs, wurde Bernd Willenbrock aus dem Sportclub ausgeschlossen. Ihm wurde Mitwisserschaft bei Peters Flucht vorgeworfen. Bislang hatte er seine gesamte Freizeit bei den Segelfliegern verbracht. Er galt als die große Hoffnung im Club und war Kandidat für den Titel des Landesmeisters. Von den Sportkameraden hatte er den Spitznamen „Foka 6“ erhalten. Überdies wurde Bernd Willenbrock exmatrikuliert, musste die Fachschule verlassen und zwei Jahre in einem Maschinenbetrieb arbeiten, bevor er das Studium wieder aufnehmen konnte.

Die Exmatrikulation nahm er gelassen hin, das Studium hatte ihn nie interessiert, doch der Ausschluss aus der Segelsportgesellschaft und das unbefristet erteilte Flugverbot trafen ihn heftig. In der Begründung für den Entzug der Fluglizenz stand, dass sein Bruder Peter durch ein leichtsinniges und unverantwortliches Verlassen der vorgeschriebenen Flugroute die internationale Luftfahrt verbrecherisch gefährdet und mit dem Entwenden einer Maschine grob gegen die Regeln der Gesellschaft verstoßen habe. Bernd Willenbrock protestierte lautstark. Er sei nicht sein Bruder, wandte er ein, man könne nicht ihn für dessen Vergehen bestrafen, dies sei Sippenhaft und unzulässig. Der regionale Vorsitzende der Gesellschaft für Sport und Technik sagte ihm, er könne Protest einlegen, aber dies sei zwecklos, die Entscheidung komme von ganz oben. Er selbst hätte sich für Willenbrock eingesetzt, weil er seinen „Foka 6“ nicht verlieren wollte, aber es sei zwecklos, durch Peters Flucht könne Willenbrock das Fliegen für immer vergessen.

Bernd Willenbrock bat ein Jahr später darum, wieder in einem Sportflugzeug fliegen zu dürfen. Er versuchte es danach im Abstand von einem Jahr noch zweimal, es war immer vergeblich. Dann resignierte er. Er kaufte sich weiterhin jedes Buch über alte und neueste Flugzeuge, las die Biografien von Piloten, aber er ging nie wieder auf einen Ausbildungsplatz, noch besuchte er Flugschauen oder die Vorführungen der Armeeflugzeuge.

Die Brüder wechselten nach der Flucht zornige, anklagende Briefe, dann brach der Kontakt völlig ab und wurde erst nach der Heirat der beiden Männer und auf Betreiben der Ehefrauen zögernd wieder aufgenommen. Bei dem weihnachtlichen Besuch sahen sie sich zum ersten Mal seit sieben Jahren, seit den Beerdigungen der Eltern.

Die beiden Kinder des Bruders, ein Mädchen, das in München studierte, und ein Junge, der noch bei den Eltern wohnte und sich seit Jahren um ein Studium als Tontechniker bewarb und von Gelegenheitsjobs und den Auftritten seiner Kapelle lebte, sahen sie zum ersten Mal. Man zeigte sich Fotos, ein Video von einer zweimonatigen Reise durch China und sprach über die Eltern und die Kindheit. Beide Brüder bemühten sich, alle heiklen Themen auszusparen, um sich nicht zu streiten, die beiden Frauen verstanden sich rasch und gut miteinander.

Peter erzählte von seinem Flugzeug, er besaß eine Cessna, und bot ihm an, mit ihm zum Flugplatz zu fahren, um sie ihm zu zeigen, aber Willenbrock lehnte ab. Er interessiere sich nicht mehr dafür, erwiderte er. Susanne sah ihn überrascht an, sagte aber nichts. „Du fliegst nicht mehr?“, fragte Peter verwundert.

„Nein.“

„Foka 6 fliegt nicht mehr. Na, das ist ja eine Überraschung. Jetzt kannst du doch wieder fliegen. Du könntest dir einen eigenen Flieger kaufen, das Geld dafür wirst du ja haben.“

„Keinerlei Interesse.“

„Und was machst du, was treibst du in deiner Freizeit?“

„Ich verkaufe Autos. Das ist mein Hobby.“

„Geld ist nicht alles“, wandte der Bruder ein, „irgendein Hobby braucht der Mensch. Man verkümmert sonst. Ich jedenfalls bin heilfroh, dass ich die Maschine besitze. Wenn ich in der Luft bin, erspart mir das hundert Termine beim Arzt. Ich kann überhaupt nicht verstehen, wieso du nicht wieder angefangen hast zu fliegen. Jetzt hast du doch alle Möglichkeiten, Bernd. Du warst doch damals der Größte. Foka 6 war immer die Nummer eins."

„Das war einmal. Es ist lange her."

„Ich versteh dich nicht, tut mir leid."

„Das mag sein", erwiderte Willenbrock, „so ist das Leben."

[...] (v 2000)

Ein **Feature** (< engl. = Aufmachung, zu lat. factura = das Machen) skizziert die wesentlichen Punkte eines Sachverhalts mit publikumswirksamen Mitteln. Bei einem Hörfeature können verschiedene Komponenten verbunden werden:
z.B. Kommentar, Sachinformationen, Lesung aus Originaltexten, Musikeinspielung, Tondokumente...

8 Thomas Brussig (*1965): Am kürzeren Ende der Sonnenallee

(Auszug, Biografie S. 40)

Michael Kuppisch, ein 16-jähriger Teenager, lebt mit seiner Familie in der Sonnenallee, und zwar an deren kürzerem Ende in Ost-Berlin. In äußerst humorvoller Weise schildert der Roman das Leben der Bewohner dieser Straße, die im Schatten der Berliner Mauer liegt. Frau Kuppisch, Michas Mutter, verkörpert beispielhaft das ambivalente Verhältnis der Bewohner zur DDR: Einerseits bemüht sie sich mit allerlei Tricks, einen systemkonformen Eindruck zu erwecken, andererseits liebäugelt sie mit der Flucht, nachdem sie zufällig den verloren gegangenen Pass der BRD-Bürgerin Helene Rumpel gefunden hat.

[...]

Frau Kuppisch wollte noch wissen, wie Lutz es anstellen würde, wenn er den Grenzübergang direkt vor der Haustür übertreten wollte. „Keine Chance", sagte Lutz. „Ab-so-lut keine." Diese Mauer konnte einen traurig und verzweifelt machen. Besonders, wenn sogar einer abwinkte, der es bis in die Mongolei und nach China geschafft hatte.

Frau Kuppisch glaubte dennoch an eine Chance – an ihre Chance. Denn Frau Kuppisch war es, die den Pass von Helene Rumpel gefunden hatte, und seitdem arbeitete sie an sich. Sie wollte so aussehen wie die Passinhaberin Helene Rumpel. Und als Helene Rumpel wollte sie durch die Sperre kommen. Helene Rumpel war zwanzig Jahre älter als Frau Kuppisch – dieses Problem hatte Frau Kuppisch am Schminktischchen gelöst. Frau Kuppisch hatte Kleider und Schuhe aus dem Westen, und in ihrer Handtasche waren eine angebrochene Packung Kukident und ein unbenutzter Westberliner Fahrschein. Auch die Unterschrift von Helene Rumpel konnte sie wie ihre eigene. Eines Abends ging sie los, um im Schummerlicht als Helene Rumpel durch die Kontrolle zu kommen. Ängstlich, wie sie war, beobachtete sie zuerst aus sicherer Entfernung den Grenzübergang. Sie sah ein Pärchen, das zurück nach Westberlin wollte, und als Frau Kuppisch sah, wie locker und selbstbewusst die auftreten, wie laut die reden, wie gespielt die lachen und wie raumgreifend sie agieren – als sie all das sah, wusste sie, dass ihr zu einem Westler mehr fehlt als nur der Pass, die Schuhe, die Kleider und das Kukident. Und sie wusste, dass sie niemals so werden wird wie die. Und dass sie tatsächlich keine Chance hat, über die Grenze vor ihrer Haustür zu kommen.

Frau Kuppisch ging wieder nach Hause. Was blieb ihr anderes übrig? Sie schämte sich allerdings nicht für ihre Ängstlichkeit, die sie davon abhielt, die letzten dreißig Meter zu gehen. Sie hatte ohnehin geahnt, dass sie nicht zur abgebrühten Hälfte der Menschheit gehört. Aber nachdem sie keinen Grund mehr hatte, sich älter zu machen, wurde sie wieder wie früher. Zu Hause setzte sie sich sofort an den Schminktisch. Herr Kuppisch wollte seinen Augen gar nicht trauen, als er heimkam. Frau Kuppisch wirkte sogar noch jünger als je zuvor – zumindest sagte das jeder, der sie in den ersten Wochen nach ihrer Verjüngung sah.

[...] (v 1999)

17. a) Entscheiden Sie, welche Vermittlungsform zu welchem Aspekt Ihres Themas passt. Z.B.:
– Aufhänger bzw. „Ohröffner" = Musikeinspielung Udo Lindenberg: „Sonderzug nach Pankow";
– statistische Informationen: Sprecher...

b) Achten Sie bei der Anordnung darauf, dass Ihr Hörfeature abwechslungsreich und interessant wirkt, indem ein sinnvoller Wechsel der Darstellungsformen stattfindet. (Hinweise zur Anlage eines Hörspiel-Regieplans vgl. S. 470)

Lesetipp 3:
Nachdem 1997 in der Wochenzeitung „DIE ZEIT" die Debatte über einen Literaturkanon stattgefunden hatte (vgl. S. 47f.), stellte Volker Weidermann im März 2002 in der „Frankfurter Allgemeinen Zeitung" seinen kleinen **Kanon für die Gegenwart** vor:

1. Jakob Arjouni: Happy Birthday, Türke! (1987)
2. Marcel Beyer: Flughunde. (1995)
3. Maxim Biller: Wenn ich einmal reich und tot bin. (1990)
4. Jenny Erpenbeck: Geschichte vom alten Kind. (1999)
5. Jörg Fauser: Rohstoff. (1984)
6. Wilhelm Genazino: Der Fleck, die Jacke, die Zimmer, der Schmerz. (1989)
7. Gabriele Goettle: Deutsche Sitten. (1991)
8. Rainald Goetz: Irre. (1983)
9. Max Goldt: Okay, Mutter, ich nehme die Mittagsmaschine. (1999)
10. Judith Hermann: Sommerhaus, später. (1998)
11. Wolfgang Hilbig: „Ich". (1993)
12. Elfriede Jelinek: Lust. (1989)
13. Michael Kleeberg: Der saubere Tod. (1987)
14. Christian Kracht: Faserland. (1996)
15. Helmut Krausser: Fette Welt. (1992)
16. Thor Kunkel: Das Schwarzlicht-Terrarium. (2000)
17. Joachim Lottmann: Mai, Juni, Juli. (1987)
18. Thomas Meinecke: The Church of John F. Kennedy. (1996)
19. Sten Nadolny: Die Entdeckung der Langsamkeit. (1983)
20. **Ingo Schulze: Simple Storys. (1998)**
21. W. G. Sebald: Die Ausgewanderten. (1992)
22. Peter Stamm: Blitzeis. (1999)
23. Benjamin von Stuckrad-Barre: Livealbum. (1999)
24. Patrick Süskind: Das Parfum. (1985)
25. Feridun Zaimoglu: Abschaum. (1997)

1. a) Machen Sie im Plenum eine eigene Bestandsaufnahme zu Weidermanns Kanon der Gegenwartsliteratur:
- Welche Autoren sind bekannt?
- Welche Titel kennen Sie?
- Welche der genannten Bücher haben Sie gelesen?

b) Führen Sie die gleiche Bestandsaufnahme in einer anderen Gruppe durch (z.B. unter den Lehrern der Schule, unter Besuchern der örtlichen Bibliothek bzw. Buchhandlung).
c) Finden Sie bei dieser Befragung heraus, welche zwei Titel nach dem Jahr 2000 ergänzt werden müssten.
d) Werten Sie die Ergebnisse aus und fassen Sie diese in einer übersichtlichen Grafik zusammen.
e) Besprechen Sie, inwiefern Weidermanns Kanon repräsentativ ist.

2. Vergeben Sie alle Titel im Plenum, informieren Sie sich im Internet über die einzelnen Titel und bereiten Sie eine Kurzinformation vor.

II. Entschlüsselungsprobleme im Gegenwartsroman

1. Ingo Schulzes „Simple Storys" – Ein Lesepuzzle statt einfacher Geschichten

„In einer Welt, die kaputt ist, kann man nicht so tun, als ob im Theater noch alles funktioniert. Die Stücke müssen deshalb so gebrochen sein wie die Welt." Georg Seidels Äußerung gilt keineswegs nur für das zeitgenössische Theater, sondern spiegelt sich auch in den Prosawerken seiner Zeit. Gerade diese angestrebten Brüche in der Darstellung, die Abkehr vom chronologischen Erzählen, versperren jedoch vielen Lesern den Zugang zur modernen Literatur.

1 Volker Weidermann: Die wirkungsvollsten Bücher der letzten zwanzig Jahre (FAZ, März 2002)

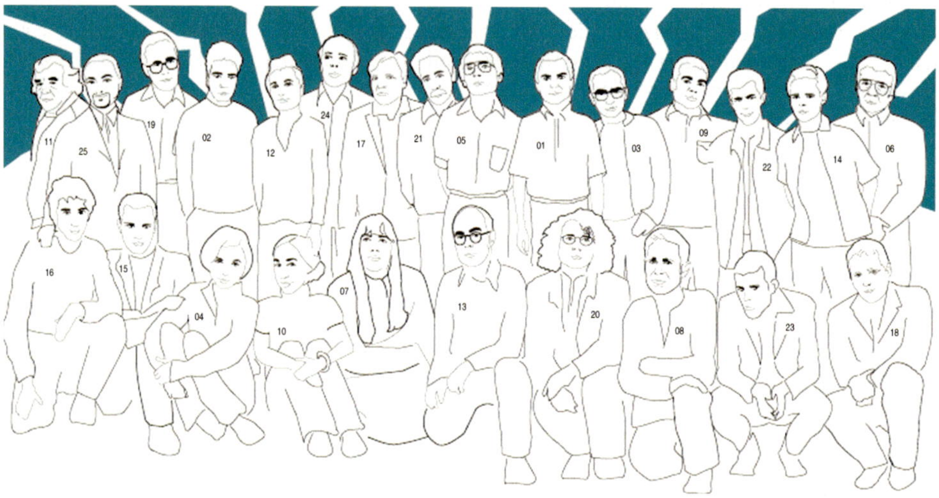

2 Ingo Schulze (*1962): Simple Storys – Vorbei ist vorbei
(22. Kapitel, Auszug)

Ein Gespräch im Parkkrankenhaus Dösen. Wie Renate und Martin Meurer die kurze Geschichte des Ernst Meurer erzählen. Dr. Barbara Holitzschek schreibt mit. [...]

[...] „Mit siebenundzwanzig habe ich zum zweiten Mal geheiratet", sagte Renate Meuer. „Ernst mochte Kinder sehr. Martin war acht und Pit sechs. Mehr Kinder wollte ich nicht. Das hat er akzeptiert, obwohl sein Sohn aus erster Ehe nicht mehr lebte. Nur eine Bedingung hatte Ernst, dass wir keine Verbindung zu meinem ersten Mann haben. Wenn uns Hans schrieb, schickten wirs zurück, auch Pakete. Ich fand, dass ich das Ernst schuldig war. Er durfte keine Westkontakte haben."

„Ihr erster Mann ist ..."

„Er dachte", sagte Martin, „wenn er erst mal drüben ist, kommen wir nach."

„Wer wegbleibt, hat sich auch gegen die Kinder entschieden, war immer Ernsts Meinung. Anfangs dacht ich, Ernst will mich nur, weil er den Auftrag dazu hat, damit wir nicht rübergehen. Aber ich wollt nicht weg. Er hat mir gefallen. Und ganz Unrecht hatte er ja nicht."

„Womit nicht Unrecht?", fragte Martin.

„Du weißt schon, wie ich das meine. Musst nicht wieder ..." Sie sah auf die Tischplatte vor sich. „Geld ist manchmal schlimmer als Partei. An solchen wie Ernst hat es bestimmt nicht gelegen. Und wenn du was ändern willst, hat er gesagt, dann kannst du dich nicht raushalten, dann musst du in die Partei. Hätte ja auch richtig sein können ... Darf ich das nicht sagen?"

„Ihre Mutter ..."

„Ja doch", sagte Martin. „Ich mein doch nicht, entschuldige, aber ..."

„Als Schulleiter ist man halt keine Privatperson. Das ist nirgendwo so. Da gibt es eben Dinge, die man durchsetzen muss, auch wenn es einem nicht passt." [...]

„Ich habs miterlebt, Stück für Stück." Renate Meurer zeichnete ein paar Stufen in die Luft. „Tag für Tag. Ich dachte nur, es hört irgendwann auf." Ihre Hand fiel herab. „Die Anderen habens doch auch geschafft."

„Sie haben ihn vors Loch geschoben“, sagte Martin. „Das hat er immer mit sich machen lassen. Er hat nie nein gesagt, wenn sie was wollten.“

„Nein gesagt hat er, Martin. So wars nicht. Wenn er nicht nein gesagt hätte ...“

„Aber er hat sich vors Loch schieben lassen, immer wieder.“

„Als es 89 losging, bekam er den Auftrag, einen Leserbrief zu schreiben“, sagte Renate Meurer.

„Und Genosse Meurer schrieb“, sagte Martin.

„Nur was er dachte. Er schrieb von Ungarn 56 und von Prag 68 und dass Demonstrationen nichts ändern und Provokateure nicht mit Milde rechnen dürften. Als die dann auch hier rumliefen mit ihren Kerzen und Sprüchen, gabs ein Plakat: ‚Keine Milde für Meurer‘. Und dann erschien in der Zeitung ausgerechnet ein Foto, auf dem das Plakat zu sehen war. Ich hatte Angst. Ich hab ihn bewundert, dass er am nächsten Tag in die Schule ist. Ich dachte, irgendwann stehn sie bei uns vor der Tür. Als Martin fragte, ob ich mit nach Leipzig käme, dass ich es mir wenigstens mal anschauen sollte, hat Ernst ihn rausgeschmissen, Hausverbot sozusagen. Und was macht Martin, was machen er und Pit? Schenken uns eine Busreise nach Italien. Im Februar 90 sind wir illegal nach Italien.“

„Zum zwanzigsten Hochzeitstag, fünf Tage Venedig, Florenz, Assisi“, sagte Martin. „Damit sie mal auf andere Gedanken kommen.“

„Und?“, fragte Dr. Holitzschek, als sie nicht weitersprachen.

„Das musst du erzählen, Mutter.“

„Ohne Italienreise, ohne Leserbrief wärs anders gekommen. Wenigstens denk ich das manchmal. Er hat mal einen Lehrer entlassen, weil ein Schüler ‚Ex oriente Bolschewismus‘ auf sein Hausaufgabenheft geschrieben hatte. Dem Lehrer warfen sie vor, dass er davon wusste – im selben Heft war nämlich die Einladung zum letzten Elternabend von ihm abgezeichnet. Achtundsiebzig ist das gewesen, so etwa. Die CDU hatte in Dresden einen Parteitag, und auf ihrem Plakat stand: „Ex oriente lux“ oder „pax“, is ja egal. Da musste Ernst handeln, Auftrag von oben, von ganz oben! Er war nie ein Scharfmacher. Und ausgerechnet dieser Schubert fährt mit.“

„Zeus?“, fragte Dr. Holitzschek und kniff ein Auge zu.

Renate Meurer nickte.

„Ach“, sagte Dr. Holitzschek. „Ist der nicht vor ein, zwei Jahren gestorben?“

„Ihm hat die Sache damals nicht mal geschadet. Er fand ...“

„Wieso nicht geschadet, Mutter? Drei Jahre in der Braunkohle. Bewährung in der Volkswirtschaft!“

„Andere machen das ihr Leben lang ... Danach ist er ans Museum, Museumspädagogik. Das hat er immer gewollt, hast du selbst gesagt. Er und Martin kennen sich.“

„Ich sah ihn ab und zu. Er war ja überall, bei jeder Eröffnung. Hier kennt doch jeder jeden.“

„Entschuldigung, aber mit Zeus, mit Herrn Schubert, was ist da passiert?“

Renate Meurer schüttelte den Kopf.

„Vor Assisi“, sagte Martin, „hatte der Bus eine Panne. Da ist Zeus ausgerastet. Giotto[1] war für ihn das Größte. Und dann ist Assisi zum Greifen nah, und er muss kehrtmachen. Er ist durchgedreht, Kulturschock würde ich sagen. Gibts doch, oder? DDR-Mentalität, als käme er nie wieder in seinem Leben dorthin.“

„Er hat Ernst runtergeputzt, nach Strich und Faden, vor allen. Es war so sinnlos.“ Renate Meurer rieb vorsichtig ihr rechtes entzündetes Ohrläppchen. „Am schlimmsten aber war, dass Tino, sein Enkel, ihn abgelehnt hat. Ernst war ein völlig vernarrter Opa. Tino ist schwierig, ganz schwierig.“

„Mein Sohn“, sagte Martin.

„Tinos Mutter ist verunglückt, Oktober 92. Und seither – seither redet Tino nur mit Kindern, mit Kindern und mit seiner Tante. Auf andere reagiert er nicht, nicht mal auf Martin. Wenn er jetzt in die Schule kommt – das kann heiter werden.“

„Mit dem Fahrrad? Ist sie ... ist Ihre Frau mit dem Fahrrad ... ?“

„Erinnern Sie sich?“, fragte Renate Meurer. „Es stand in der Zeitung, Fahrerflucht.“

„Sie hatte gerade erst Radfahren gelernt“, sagte Martin.

„Martin macht sich nämlich Vorwürfe ...“

„Mutter ...“

„... bei Genickbruch ist man doch auf der Stelle tot! Aber er macht sich Gedanken, dass man sie hätte retten ...“

„Wenn es bei Ihrer Frau Genickbruch war. Da ist man auf der Stelle tot, von einem Moment auf den anderen.“

„Siehst du, auf der Stelle.“

„Wenn Sie sich da Gedanken machen ...“, sagte Dr. Holitzschek und drehte an einem Knopf ihrer Jacke. Dann drückte sie sich den Kittelausschnitt mit einer Hand an die Brust, lehnte sich über den Tisch, nahm die randlose Brille von einer Zeitschrift, setzte sie auf, schlug eine Seite in dem Ringhefter vor ihr um und begann zu schreiben.

[1] Giotto di Bondone (1266?–1337): berühmter italienischer Maler, der den unräumlichen Stil des Mittelalters durch plastische Körperlichkeit der Gestalten und klar gegliederte Bildräume überwand. Er malte vor allem monumentale Fresken.

Klappentext: Das ostthüringische Altenburg [...] ist der Schauplatz von Ingo Schulzes Roman. In 29 nur scheinbar „einfachen Geschichten“, in vielen kleinen Alltagsbegebenheiten offenbart sich das Zusammenstürzen einer ganzen Welt, jener dramatische Bruch, der sich 1989 durch so viele ostdeutsche Biografien zieht.

3. a) Wählen Sie das Cover (S. 451 und 452), das Ihnen spontan besser gefällt.
b) Beschreiben Sie dieses Cover.
c) Interpretieren Sie die unterschiedliche Gestaltung beider Cover.

Ingo Schulze wurde 1962 in Dresden geboren „und arbeitete in Altenburg zunächst als Theaterdramaturg. Nach der Wende und dem Sieg des Kapitalismus schrieb er journalistische Texte für eine politisch ambitionierte Wochenzeitung und gründete dann, gemäß den Gesetzen von Angebot und Nachfrage, ein einträgliches Anzeigenblatt. 1993 lebte er ein halbes Jahr in St. Petersburg, wo er ein ähnliches Blatt mitaufbauen half. Vor zwei Jahren veröffentlichte Schulze, der mittlerweile in Berlin lebt, eine Sammlung von St. Petersburger Geschichten. Darin schilderte er das wilde, mörderische Wirrwarr im postkommunistischen Russland – und wurde dafür nicht bloß mit Preisen überhäuft, sondern auch zu einem Streitfall für die Kritiker: Die einen priesen den Ostdeutschen als staunenswertes Talent, als belesenen Stimmenimitator und Stilvirtuosen, die anderen schmähten ihn als fingerfertigen Konfektionsschreiber ohne Herz und Heimat. *33 Augenblicke des Glücks* hieß Schulzes literarisches Debüt. […]“
(Wolfgang Höbel, Spiegel, 2. März 1998)

„Martin hat Tino einen Hund geschenkt, einen Foxterrier“, sagte Renate Meurer. „Ernst dachte, wir wollten den Jungen gegen ihn aufhetzen und hätten nur deshalb einen Hund gekauft, weil er eine Allergie hat, gegen Hundehaare.“

Dr. Holitzschek schrieb.

„Erzähl doch mal der Reihe nach, Mutter. Das war alles viel später!“

„Die Zeitung hat ihn ausgeschmiert“, sagte Renate Meurer. „Da steckte Zeus dahinter, ganz sicher. Die haben die Geschichte mit Zeus aufgewärmt, aber so, als hätte es keine Partei gegeben, als hätte Ernst sich alles selbst ausgedacht und entschieden. Das erschien 90, in der Woche vor Ostern. Dann gabs eine Untersuchungskommission, vor die er musste. Da drin saßen die größten Ganoven. Einer nach dem andern musste zurücktreten. Anonyme Briefe kamen. Das Schlimmste waren die Solidaritätserklärungen, auch anonym.“

„Er hat einen Fehler gemacht“, sagte Martin. „Er hat nämlich selbst gekündigt. Nach dem Artikel hat er seine Kündigung geschrieben und gehofft – vermute ich –, dass jemand was dagegen unternimmt, dass jemand sagt, wie es wirklich gewesen ist. Natürlich hat sich keiner gerührt, auch klar. Ernst hat für einen Augenblick die Beherrschung verloren. Wenn er die Vertrauensfrage gestellt hätte – damit wäre er durchgekommen, bin ich mir ziemlich sicher. Dann aber dachten alle, dass er Stasi war. Warum sollte einer sonst zurücktreten, freiwillig. Rums, saß er da, arbeitslos, und jeder hat einen Bogen um ihn gemacht. Und aus der Partei ist er ausgetreten, weil die ihren Mund auch nicht aufgemacht haben. Völlig logisch, dass die sich nicht selbst anklagen. Er hätte nur warten müssen. Der neue Kreisschulrat, der hätte ihn rausgehauen, und wenn nicht, hätt er Ernst in Vorruhestand geschickt. Ernst hat sich das alles selbst vermasselt.“

„Das stimmt überhaupt nicht, Martin. Du weißt doch selbst, was nach dem Artikel los war. Dir hat man doch auch Prügel angedroht. Wieso erzählst du denn so was? Die haben Ernst nach Strich und Faden fertig gemacht, freigegeben zum Abschuss. Da hat niemand eingegriffen. Alle haben geschwiegen.“

„Hat er sich gewehrt? Hat Ihr Mann irgendwas unternommen?“

„Was sollte er denn unternehmen. Das ging so schnell, und plötzlich war Schluss. Plötzlich interessierte das keinen mehr. Hauptsache, Geld und Arbeit und Wohnung und EC-Karte und dass man sich auskennt mit Gesetzen und Formularen. Was Anderes interessiert nicht, nicht die Bohne. Das gab ihm den Rest. Das und Tino.“ Renate Meurer putzte sich die Nase. […] „Ich hab nach meiner Entlassung aus der Textima bei einem gearbeitet, der ist bis zum Ende … ich sag lieber nicht, was er war, ein Apparatschik[1] eben – und nun hat er ein Steuer- und Buchhaltungsbüro, nicht allein, aber er ist der Chef. Der ist intelligent und hat sich reingekniet, aber richtig, so nach der Devise: Kleinvieh macht auch Mist. Der Neugebauer hat nur gefeixt, als sie von Seilschaft redeten, weil er mich genommen hatte – denn eigentlich bin ich ja Statistikerin. Der hat mich eingestellt und gefeixt, bis Ernst begann, ihn zu erpressen. Ernst verfertigte ein Schreiben über sich selbst, über Neugebauer und ein paar andere, er kannte ja alle. Alle sollten unterschreiben, und ein Exemplar an jede Zeitung. Ich erfuhr es von Neugebauer. Ich verstand erst gar nicht, was Neugebauer von mir wollte, was ich überhaupt verhindern sollte. Peinlich nur, dass er uns sein Wochenendhaus im Harz angeboten hatte, für den ganzen Sommer, kostenlos. Ich fand das nett. Ich dachte, da kommt Ernst mal raus. Er saß ja nur zu Hause rum. Wenn ich da war, hing er mir am Rockzipfel. Wir sind zusammen hingefahren, ich musste zurück – am nächsten Tag stand er wieder vor der Tür, maulte rum und spielte den Beleidigten, als hätte ich ihn abschieben wollen. Danach hat er unseren Garten gekündigt, der lief auf seinen Namen. Wir sollten die Natur sich selbst überlassen, hat er gesagt. Ich heulte, wegen der Erdbeeren, eine Oase ist das gewesen. Spätestens da hab ich kapiert, dass er einen Knacks hat. Ich dachte nur, Zeit heilt alles.“

„Ich muss Sie mal unterbrechen“, sagte Dr. Holitzschek. „Die Zeitungen haben damals nichts gebracht?“

„Was denn? Wenn der letzte FDJ[2]-Chef reich wird, weil er Aufträge für Baufirmen vermittelt, der kennt halt Tod und Teufel. Alles erfolgreiche Unternehmer, die Arbeitsplätze schaffen und Anzeigen bringen. Warum solln die Zeitungen den Mund aufreißen? Vorbei ist vorbei!“, sagte Renate Meurer. „Neugebauer wollte wissen, ob ich gegen eine Kündigung aus betriebswirtschaftlichen Gründen klagen würde. So bekam ich wenigstens gleich Arbeitslosengeld. Ernst begrüßte mich zu Hause mit Sekt. Da wollte ich mich scheiden lassen. Nach zwei Monaten fand ich was Neues, bei Stuttgart. Ernst nannte mich Verräterin. Er meinte das nicht politisch. Er rief täglich an, zweimal, dreimal – sechshundert, siebenhundert Mark pro Monat, völlig verrückt. Dabei hätte er Arbeit bekommen können. Die „Schülerhilfe“ wollte ihn. Sein Unterricht ist immer gut gewesen, da gibts nichts, hat auch nie jemand was Anderes behauptet. Aber Bewerbungen schreiben war unter seiner Würde. Überhaupt hatte ers plötzlich mit Würde und Stolz. Alle Formulare vom Sozialamt habe ich ausgefüllt. Jedes Jahr neu. Die machen einen nackig, kann ich Ihnen sagen, absolut nackig. Die wollten sogar wissen, was sein Vater verdient – der ist doch im Krieg geblieben. Den hat er nie gesehn! Am Ende wissen die mehr als die Stasi.“

---

[1] Der Apparatschik: abwertend für eine Führungsfigur in einem totalitären Staatsapparat
[2] FDJ: Freie Deutsche Jugend, Jugendorganisation in der DDR

„Mutter", sagte Martin. „Nur weil sie jetzt im selben Haus sitzen wie die früher ..."

„Na, das kommt ja dazu. Sitzen auch noch in der Stasivilla. Und dann seine Krankheiten, Rheuma, Ohrensausen, Fieber. Als er vom Arzt kam, sah er mich nur an, waidwund sozusagen. Krebs, dachte ich, irgend so was. Kein Wunder, dass es ihn zerfressen hat. Und da sagt Ernst: ‚Gesund. Nicht mal was mit der Lunge.' Er war beleidigt, als ich ihn zum Psychiater schicken wollte." Renate Meurer blickte auf das Papiertaschentuch zwischen ihren Händen.

„Wir spielen Schach miteinander", sagte Martin, „einmal pro Woche. Er will nur Schach spielen, sonst nichts."

„Keine Gespräche?"

„Belangloses. Ich will bei ihm an nichts rühren und er bei mir, obwohls da nichts gibt. Nur als ich mich taufen ließ. Für ihn war das wie CDU oder so, als würde ich überlaufen – zu den ‚Siegern der Geschichte'.

„Sie haben ihn gar nichts gefragt?"

„Wonach gefragt?"

„Was hat er denn verbrochen?", fragte Renate Meurer. „Im Treppenhaus vom Arbeitsamt, wo sie das Netz aufgespannt haben – da liegt ein roter Schal drin, damits auch wirklich jeder sieht und gar nicht erst versucht –, da sind wir uns mal in die Arme gelaufen, der Schubert und er – ich hab Ernst oft begleitet, als er noch zum Arbeitsamt musste. Aufs Sozialamt geht er überhaupt nicht allein. Da muss ich sowieso immer mit."

„Ihr Mann hat Herrn Schubert angesprochen?"

„War ja nicht möglich. Schubert ist weggelaufen. Der wollte als ‚politisch Verfolgter' anerkannt werden mit Titel und Urkunde. Wussten wir ja nicht. Der wollte gar nicht mehr reden. War schon komisch, wen man da alles traf. Ich denk immer an das Treppenhaus, wenn ich was vom sozialen Netz höre."

„Von der Hängematte", sagte Martin. [...]

Und dann die Sanierung. Wahrscheinlich hat ihm die Sanierung den Rest gegeben. Wir verhängten alles mit Laken. Sah aus wie in Lenins Arbeitszimmer. Ernst hat noch Witze gemacht. In den ersten Tagen stand er nur im Weg rum. Als aber die Zeit um war, die sie veranschlagt hatten, begann er sich zu beschweren. Ernst verlangte, dass die Handwerker die Schuhe ausziehen, wischte alle fünf Minuten hinter ihnen her und öffnete schließlich nicht einmal mehr die Wohnungstür. Sie hatten den nächsten Aufgang bereits fertig, da fehlten bei uns noch drei Fenster. Ich musste Urlaub nehmen, damit sie in unsere Wohnung konnten. Und als das vorbei war, behauptete er, die Leute, die nach der Sanierung eingezogen waren, liefen über unseren Abtreter. Er lauerte hinterm Spion und riss die Tür auf, wenn jemand vorbeiging. Die Kinder warfen Müll und tote Mäuse durchs Fenster oder auf den Balkon, die hatten Angst vor ihm.

Das Telefon klingelte. Dr. Holitzschek sagte mehrmals: „Ja" und „Ist gut" und nach dem Auflegen: „Entschuldigung".

„Die über uns sind nicht böswillig", sagte Renate Meurer, „nur den ganzen Tag zu Hause, junge Leute eben. Sie haben mich sogar reingebeten. Die Musik war nicht laut. Die Bässe machens. Wenn man bei uns die Hände auf den Esstisch legt, dann spürt mans. Ernst hockt den ganzen Tag in seiner Höhle und reagiert wie ein Tier, das man reizt. Irgendwann greifts an. Ich versteh das. Da muss man kein Hellseher sein."

„Ich kenne nur den Polizeibericht", sagte Dr. Holitzschek. „Sie haben die Wohnung gestürmt. Fünf Mann mit kugelsicheren Westen und all das, regelrecht gestürmt."

„Nur weil sie eine Gaspistole nicht von einer richtigen unterscheiden können", sagte Martin.

„Hat Sie niemand angerufen?"

„Danach", sagte er.

„Und Sie?"

Renate Meurer schüttelte den Kopf

„Die Polizei hat Sie nicht angerufen?"

„Nein", sagte Renate Meurer.

„Was steht da drin, in dem Bericht?", fragte Martin.

„Er hat im Treppenhaus einen Schuss aus der Gaspistole abgefeuert, gedroht, sich seine Ruhe notfalls mit Gewalt zu verschaffen, und sich verkrochen", sagte Dr. Holitzschek. „Zum Glück hat er keinen Widerstand geleistet."

„Ich kann doch wegen ihm nicht alles aufgeben. Ich muss noch mindestens sieben Jahre arbeiten, vielleicht sogar zwölf. Wenn ich aus Stuttgart zurückkäme, würde ich Ernst Recht geben. Ich kann doch nicht wegen ihm kündigen. Das ist es, was er will. Er muss merken, dass es so nicht geht. Niemand benimmt sich wie er, niemand. Ich bin seine Frau, keine Kindergärtnerin. Wenn er das nicht endlich kapiert, lass ich mich scheiden."

„Sie sagten, Frau Meurer, dass Sie ihn verstehn?"

„Natürlich, ja. Ich versteh ihn, gerade deshalb. Aber es muss doch weitergehn."

„Das heißt", sagte Dr. Holitzschek, „wenn er entlassen wird ..."

„Wann?", fragte Renate Meurer.

„... dann wird er wochentags alleine wohnen, zunächst einmal?"

Renate Meurer starrte wieder auf ihr Taschentuch und schwieg. [...] (v 1998)

4. Fassen Sie knapp die äußeren Umstände des Gesprächs im Parkkrankenhaus Dösen sowie die zentralen Inhalte zusammen.

5. Mehrere Rezensenten des Romans wünschen sich ein Personenverzeichnis, da 38 Personen auftreten, die zudem in vielfältiger Weise miteinander in Beziehung stehen.

a) Erstellen Sie einen Stammbaum der Familie Meurer.

b) Erweitern Sie diesen Stammbaum zu einer Personenkonstellation, indem Sie die übrigen Personen ergänzen, die im 22. Kapitel erwähnt werden.

Zur Vorbereitung eines Schemas, das zahlreiche Komponenten möglichst übersichtlich darstellen soll, bietet sich die **Verwendung von Karteikarten** an. Viele moderne Romane besitzen z.B. ein nahezu unüberschaubares Arsenal an Figuren. Will man deren Beziehungen zueinander veranschaulichen, ist es hilfreich, für jede Figur zunächst eine Karteikarte (max. DIN A6) anzulegen, auf der die wichtigsten Informationen notiert werden. Die Anordnung dieser Karten kann während der Lektüre immer wieder verändert werden, bis das Beziehungsgeflecht bzw. die Personenkonstellation möglichst übersichtlich abgebildet ist. Auch bei der privaten Lektüre von Prosatexten bietet es sich an, die wichtigsten Figuren und deren Beziehungen untereinander zumindest stichwortartig auf einem Blatt zu notieren. Solch ein Blatt hilft dem Leser gerade bei der Freizeitlektüre, die oft für einige Tage unterbrochen werden muss, den roten Faden beim Lesen auf Dauer nicht zu verlieren.

6. „Schulze interessiert sich für den Moment, in dem sich etwas kristallisiert. Das Meiste (um nicht zu sagen: fast alles) lässt er deshalb weg." (Peter Michalzik) Diese Beobachtung zielt vor allem auf die fehlende Verknüpfung der 29 Geschichten, doch sie trifft auch für jede einzelne Geschichte zu.

a) Nennen Sie drei Textstellen, an denen Ihnen Informationen fehlen, und notieren Sie Fragen, die sich dadurch für Sie ergeben.

b) Besprechen Sie Ihre Fragen im Plenum.

c) Tauschen Sie sich darüber aus, welche Wirkung diese Auslassungstechnik auf Sie als Leser hat. (ermüdend, irritierend, Neugier weckend, ...)

7. a) Exzerpieren Sie alle Informationen über Ernst Meurer.

b) Verfassen Sie seine „kurze Geschichte" und wählen Sie dazu eine der folgenden Gestaltungsformen:

– Lebenslauf für ein Bewerbungsschreiben;

– Reportage in einer Boulevard-Zeitung;
– Bericht der Psychologin Frau Dr. Holitzschek nach dem Gespräch mit Renate und Martin Meurer;
– Tagebucheintrag Ernst Meurers kurze Zeit nach der Wende.

8. Renate Meurer und ihr Sohn erzählen Dr. Holitzschek die Geschichte des Ernst Meurer. Dabei erfährt der Leser einiges über Renate Meurers Beziehung zu ihrem Mann.
a) Interpretieren Sie den Romanauszug mit Blick auf das Verhältnis der beiden Ehepartner. Berücksichtigen Sie dabei die Ausdrucksweise Renate Meurers (Figurensprache).
b) Stellen Sie am Schluss Ihrer Interpretation eine begründete Vermutung darüber an, wie Renate Meurer sich zukünftig ihrem Mann gegenüber verhalten wird.

Die **Figurensprache** (< lat. figura = Gestalt): Gemeint ist die spezifische Ausdrucksweise einer in einem literarischen Werk auftretenden fiktiven Person. Die Figurensprache ist nicht nur Teil der äußeren Handlung, sondern sie dient zugleich der Charakterisierung. Einzelbeobachtungen zur Figurensprache müssen bei der Textanalyse im jeweiligen Kontext der Gesprächssituation gedeutet werden (Ausgangssituation, Gefühlslage des Sprechers, Verhältnis zum Gesprächspartner ...), z.B.:
- Wortwahl, Komplexität des Satzbaus, sprachliche Richtigkeit und Stilebene lassen Rückschlüsse auf Herkunft, sozialen Stand und Bildung des Sprechers zu.
- Gedankliche Sprünge, Auslassungen, Unterbrechen des Gesprächspartners können Zeichen von emotionaler Erregtheit sein.
- Gehäufte Andeutungen und Anspielungen verweisen unter Umständen auf eine Vertrautheit mit dem Gesprächspartner (gemeinsamer Erfahrungshintergrund) oder sie ersparen es dem Sprecher, unbequeme Sachverhalte auszusprechen.

Prosainterpretation 5: Im Unterschied zur schulischen oder professionellen Beschäftigung mit Literatur verzichtet man bei der **Privatlektüre** auf umfangreiche Notizen. Doch auch hierbei sind (weniger aufwändige) **Methoden zur Entschlüsselung eines komplexen Romanauszugs** hilfreich. Die erzählte Welt ist bestimmt durch Ort, Personen, Zeit und Handlung. Sprache, Erzählperspektive, Struktur und Motive tragen zur Gestaltung bei. Damit man in komplexen Werken den Überblick behält und sich auch nach einer längeren Lektürepause wieder in das Werk einfinden kann, bietet sich eine einheitliche Notationsweise an, die sich an den oben genannten Kategorien orientiert. Beispiel: Notationen zum Romanauftakt von „Simple Storys"

Kapitel I – Zeus

Renate Meurer erzählt von einer Busreise im Februar 90. Am zwanzigsten Hochzeitstag ist das Ehepaar Meurer zum ersten Mal im Westen, zum ersten Mal in Italien. Den mitreisenden Dieter Schubert treibt eine Buspanne vor Assisi zu einer verzweifelten Tat. Austausch von Erinnerungen und Proviant.

abrupter Auftakt!

Es war einfach nicht die Zeit dafür. Fünf Tage mit dem Bus: Venedig, Florenz, Assisi. Für mich klang das alles wie Honolulu. Ich fragte Martin und Pit, wie die denn darauf gekommen seien und woher überhaupt das Geld stamme und wie sie sich das vorstellten, eine illegale Reise zum zwanzigsten Hochzeitstag. [...]

wieso „illegal"?

Unterstreichungen: Ort (gelb); neue Personen (blau); wichtige Handlungsschritte bzw. Äußerungen (rot)
Einkreisungen: Zeitangaben (grün); auffällige Wortwahl (schwarz)
Randnotizen:
a) Symbole: offene Fragen (?); Hervorhebungen (!); Widerspruch/Kontrast (↔)
b) Anmerkungen: eigene Überlegungen/Bewertungen/Kommentare („abrupter Auftakt"); Querverweise zu anderen Textstellen („vgl. Kapitel 5"); Herausstellen eines Themas ...

Wenn das Personeninventar wie in „Simple Storys" unübersichtlich wird, sollte man darüber hinaus ein eigenes Blatt mit Kurzinformationen zu den einzelnen Figuren anlegen (z.B. Martin Meurer = Sohn aus Renate Meurers erster Ehe). In literarischen Texten, die mit verschiedenen Zeitebenen spielen, bietet sich dagegen eher die Anlage einer Zeitleiste mit den wichtigsten Ereignissen an.

3 Ingo Schulze (*1962): Simple Storys – Kapitelzusammenfassungen

Kapitel 1 – Zeus
Renate Meurer erzählt von einer Busreise im Februar 90. Am zwanzigsten Hochzeitstag ist das Ehepaar Meurer zum ersten Mal im Westen, zum ersten Mal in Italien. Den mitreisenden Dieter Schubert treibt eine Buspanne vor Assisi zu einer verzweifelten Tat. Austausch von Erinnerungen und Proviant.

Kapitel 2 – Neues Geld
Conni Schubert erzählt eine alte Geschichte: Ein Mann kommt in die Stadt, macht Geschäfte, nimmt sich ein Mädchen und verschwindet. Blauäugigkeit und Voraussicht.

Kapitel 3 – Mal eine wirklich gute Story
Danny erzählt von Krokodilsaugen. Sie schreibt zu wenig für Anzeigenkunden und zu viel über Schlägereien. Christian Beyer, ihr Chef, ist unzufrieden. Peter Bertrams Geschichte. Zum Schluss muss sich Danny etwas ausdenken.

Kapitel 4 – Panik
Martin Meurer erzählt von seinem Werdegang und einer Reise ohne Auto. Seine Frau fährt Rad. Erlebnisse mit einer Touristin und einem Taxifahrer in Halberstadt.

Kapitel 5 – Zugvögel
Lydia erzählt von Dr. Barbara Holitzschek, die behauptet, einen Dachs überfahren zu haben. Ein langes Gespräch über Tiere. Die Unfallstelle. Rätselhaftes Ende ohne Dachs.

Kapitel 6 – So viel Zeit in einer Nacht
Patrick erzählt von den Schwierigkeiten, im Dunkeln ein Haus zu finden. Geburtstagsfeier auf dem Land. Rückfahrt mit Verfolgungsjagd und Tankstellenparty.

Kapitel 7 – Sommerfrische
Wie Renate und Ernst Meurer ein verlassenes Wochenendhaus herrichten. Die kaputte Scheibe. Meurer bleibt allein zurück und unternimmt einen Spaziergang. In der Nacht hört er Gesang.

Kapitel 8 – Der Atem an meinem Hals
Dr. Barbara Holitzschek erzählt von einem nächtlichen Anruf. Hanni legt im Spiel ein Geständnis ab und erkundigt sich nach dem Leben mit einem berühmten Mann. Die Tochter, die Katze und die Schildkröte.

Kapitel 9 – Dispatcher
Warum sich Taxiunternehmer Raffael keinen Arbeitsplatz aus den Rippen schneiden kann und Orlando als Fahrer ungeeignet ist. Gewollte und ungewollte Verwirrung. Für die Jahreszeit zu warm.

Kapitel 10 – Lächeln
Martin Meurer erzählt, wie er seinen leiblichen Vater nach vierundzwanzig Jahren wiedersieht. Eine unerwartete Beichte. Gläubige werden seltener krank und leben länger. Die Apostelgeschichte und Topflappen.

Kapitel 11 – Zwei Frauen, ein Kind, Terry, das Monstrum und der Elefant.
Wie Edgar, Danny und Tino in eine gemeinsame Neubauwohnung mit Balkon ziehen. Der Duft von Bratwürsten. Große und kleine Katastrophen. Flecken auf Sessel und Kelim.

Kapitel 12 – Die Killer
Wie Pit Meurer und Edgar Körner im Vorzimmer vom „Möbelparadies" auf ihren Mitbewerber Christian Beyer treffen. Die Sekretärin, Marianne Schubert, bewirtet die Wartenden. Eile mit Weile macht Nerven wie Seile.

Kapitel 13 – Du kannst jetzt
Marianne Schubert erzählt von Hanni. Schwierigkeiten beim Einschlafen, Vorwürfe und Lockrufe. Durch eine wichtige Erkenntnis gerät Marianne Schubert in gute Stimmung.

Kapitel 14 – Spiegel
Was sich Barbara und Frank Holitzschek zu sagen haben. Eine Szene im Badezimmer. Der Politiker reagiert nicht und wundert sich dann. Den Schuh auf der Flucht verloren.

Kapitel 15 – Big Mac und Big Bang
Wie Dieter Schubert und Peter Bertram über zwei Frauen reden. Karpfenjagd – ein neuer Sport. Schwierigkeiten mit dem Objekt des Erfolgs und seiner Dokumentation. Stiche in der Herzgegend. Nebel und Morgensonne.

Kapitel 16 – Büchsen
Wie sich Schwesterschülerin Jenny und Patientin Marianne Schubert nahe dem Berliner Virchow-Klinikum treffen und über einen toten Mann sprechen. Maik, ein junger Kellner, bedient sie. Jennys Zigarette bleibt im Aschenbecher liegen. Vergängliche und ewige Werte.

Kapitel 17 – Schulden
Christian Beyer erzählt von einem Sommerurlaub in New York mit Hanni, seiner neuen Freundin. Ein unerwarteter Besuch. Männer, Geld und Wasser.

Kapitel 18 – Der Morgen nach dem Abend
Frank Holitzschek erzählt von einem Morgen Ende Februar. Barbara und die jüngste Entwicklung ihres Alptraums. Franks Aufmunterungsversuche. Enrico Friedrich, Lydia und Fotos.

Kapitel 19 – Ein Wunder
Wie Enrico Friedrich eine Flasche Martini geschenkt bekommt. Er erzählt Patrick vom plötzlichen Erscheinen und Verschwinden Lydias. Dabei trinkt er sich selbst unter den Tisch. Patrick schweigt und stellt ihm zum Schluss eine Gretchenfrage.

Kapitel 20 – Kinder
Edgar Körner erzählt von einer Fahrt mit Danny über ein Stück alte Autobahn. Die Frau am Steuer, oder wenn beide gerne fahren. Wahre und erfundene Geschichten. Wirkliche Liebe kann warten.

Kapitel 21 – Nadeln
Wie Martin Meurer in seiner neuen Wohnung den ersten Besucher empfängt. Ein Mann für Fadila. Fische in Flasche und Schüssel. Lebensläufe. Die Säuberung eines Balkonsdachs. Auf wen wartest du?

Kapitel 22

Kapitel 23-29

(v 1998)

9. Das 22. Kapitel besitzt eine Schlüsselfunktion – hier laufen viele Fäden der vorangegangenen Kapitel zusammen. Versuchen Sie anhand der inhaltlichen Zusammenfassungen, die jedem Kapitel vorangestellt sind, den Romanaufbau zu entschlüsseln.

a) Übertragen Sie die Struktur der Grafik (Text 3) auf ein DIN-A4-Blatt.

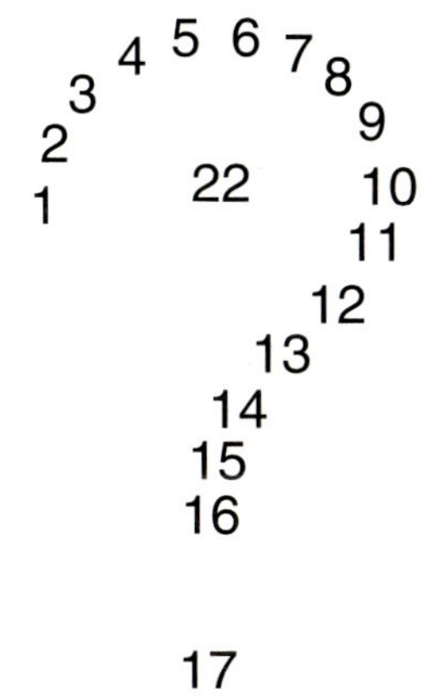

b) Arbeiten Sie alle erkennbaren Bezüge des 22. Kapitels zu den vorangegangenen heraus, indem Sie die entsprechenden Stichworte unter der Kapitelzahl notieren.

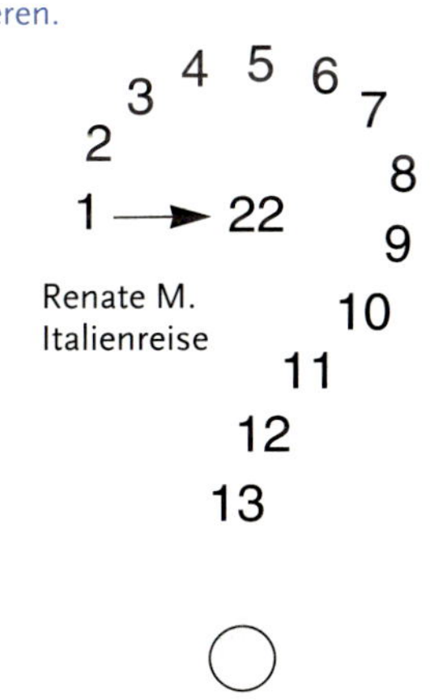

10. Erweitern Sie Ihre bisherige Personenkonstellation mit Hilfe der Kapitelzusammenfassungen.

11. Betrachten Sie die einzelnen Kapitelzusammenfassungen:

a) Ingo Schulze sieht in ihnen „Stolpersteine".

b) Vergleichen Sie den Stil der Kapitelzusammenfassungen mit der sprachlichen Gestaltung der Kapitel 22 und 5 (Texte 2 und 4).

c) Bestimmen Sie die Erzählperspektive, die dem Roman „Simple Storys" zugrunde liegt.

12. Das Umformen eines Textes trägt dazu bei, Gestaltungsweise und Wirkung des Originaltextes besser zu durchschauen.

a) Experimentieren Sie mit der Erzählperspektive, indem Sie Text 2, Zeile 74–90, aus der Ich-Perspektive einer beteiligten Figur erzählen oder Text 4, Z. 38–51, aus auktorialer Erzählperspektive darstellen.

b) Experimentieren Sie stilistisch, indem Sie Text 2, Z. 30–43, in Schriftdeutsch umformen.

c) Vergleichen Sie Ihre Ergebnisse mit dem Originaltext und besprechen Sie, inwiefern sich die Wirkung des Textes verändert.

13. Verfassen Sie nach Ihren Vorstellungen das 10. Kapitel des Romans. Versuchen Sie dabei alle Hinweise aus der Kapitelzusammenfassung einzubeziehen und sich beim Schreiben am Stil des Romans zu orientieren.

14. „Rätselhaftes Ende ohne Dachs" (Text 4). Versuchen Sie eine Erklärung zu finden. (Tipp: Die Geschichte mit dem Dachs markiert den Berührungspunkt zwischen den beiden Hauptpersonengruppen: der Familie Meurer einerseits und Dr. Holitzschek mit ihrem Bekanntenkreis andererseits.)

4 Ingo Schulze (*1962): Simple Storys – Zugvögel (Kapitel 5, Auszug)

Lydia erzählt von Dr. Barbara Holitzschek, die behauptet, einen Dachs überfahren zu haben. Ein langes Gespräch über Tiere. Die Unfallstelle. Rätselhaftes Ende ohne Dachs.

Heute ist Montag, eigentlich Ruhetag. Halb elf soll ich eine Siebente durchs Museum führen. Schulklassen sind das Schlimmste. Ich bin müde. Hanni, meine Chefin, kommt herein, hält die Tür auf. „Frau Dr. Holitzschek hat einen Dachs überfahren", sagt sie. Eine kleine Frau Anfang Dreißig, mit langen Haaren, marineblauem Rock und grauem Rollkragenpullover erscheint, bleibt im Türrahmen stehen und klopft mit einem Finger dagegen.

„Holitzschek", sagt sie, ohne mich anzusehen. „Ich habe einen Dachs überfahren."

„Lydia Schumacher", Hanni deutet auf mich, „unsere Präparatorin."

„Hallo", sage ich und stehe auf. Ihre Hand ist kalt. „Haben Sie ihn dabei?"

Frau Dr. Holitzschek schüttelt den Kopf, zupft ein Tempotaschentuch aus der Packung und schneuzt sich zur Seite gedreht. „Ich habe ihn nicht mit", sagt sie.

„Ein ausgewachsener?"

„Ja", antwortet sie und nickt. „Er hat stark gerochen, nach Wild. Und seine Vorderläufe waren so." Sie drückt die Handrücken gegen die Wangen, ihre Finger bewegen sich, als würden sie etwas zur Seite schaufeln.

„Das soll ein Dachs sein?", frage ich. Hanni, die halb auf meinem Tisch sitzt und mit eingeknicktem Zeigefinger meiner Dorngrasmücke über den Kopf streicht, verdreht die Augen.

„Er hat noch gezuckt", sagt Dr. Holitzschek.

„Wir brauchen doch einen Dachs, oder nicht?", ruft Hanni.

„Na sicher", antworte ich. „Einen Dachs bräuchten wir."

„Und vor Borna liegt einer. Frau Dr. Holitzschek hat es eilig. Vielleicht schaust du ihn dir an und nimmst ihn mit, falls er okay ist?" [...]

Der Wagen vor uns stoppt hinter Serbitz. Dr. Holitzschek beginnt über Kreuzungsversuche von Stand- und Zugvögeln zu sprechen. Ich öffne das Fenster. Die Autos hinter uns schalten nacheinander die Motoren ab. Der Gegenverkehr fließt an uns vorbei. Wenn die Sonne zwischen den Wolken durchkommt, blendet sie.

Als es weitergeht, steht ein Blaulichtwagen auf unserer Spur. Polizisten winken uns durch. „Es hat wieder gekracht", sage ich. Im Vorbeifahren ist aber nur ein Krankenwagen zu sehen, keine Unfallautos. Dr. Holitzschek sagt: „Dabei stehen schon 70 Prozent der einheimischen Brutvögel auf der Liste der bedrohten Tiere."

Ohne zu blinken oder abzubremsen, biegt sie nach links in einen Feldweg und hält. Nun ist von Falterschwärmen die Rede, die pro Generation nur einmal zu beobachten sind. Ich unterbreche sie und frage nach dem Dachs. Dr. Holitzschek schneuzt sich, löst den Gurt, zieht den Schlüssel ab, steigt aus und läuft los. Ich folge ihr in Richtung des Polizeiwagens, den blauen Plastesack zusammengefaltet in der Jackentasche. Im Gehen streife ich die Gummihandschuhe über.

Dr. Holitzschek wendet sich bei jeder Windböe zur Seite und neigt ihren Kopf, als würde sie an den Haaren gezogen. Sie überquert die Straße, trippelt zwischen zwei anfahrenden Wagen hindurch und läuft auf der anderen Seite weiter. Ich habe zu lange gezögert und versuche wenigstens, auf ihrer Höhe zu bleiben.

Ein Polizist kommt ihr entgegen. Er breitet die Arme aus. Kurz voreinander stoppen sie ab, das heißt, Dr. Holitzschek will ihm ausweichen. Sie sprechen gleichzeitig.

Ein Containerwagen rollt langsam vorbei. Ich setze die blauen Buchstaben auf weißem Grund zusammen: „Plus" und darunter: „Prima leben und sparen". Ich stehe mitten im Auspuffdunst.

Dr. Holitzschek verschränkt die Arme. Der Polizist blickt auf ihren Busen. Sie reden und sehen plötzlich zu mir herüber.

Wieder kommt ein Containerwagen mit Anhänger.

Der Polizist steht allein da und kaut auf seiner Unterlippe. Er beobachtet, wie ich meine Handschuhe ausziehe. Dann schlendert er zurück zu dem Blaulichtwagen, ohne sich noch einmal umzudrehen.

Dr. Holitzschek ist mir wieder voraus, den Wind jetzt im Rücken. Sie umklammert ihre Ellbogen. Ich rufe. Sie reagiert nicht und verschwindet hinter einem Bus.

Als sie herüberkommt, humpelt sie. Ihr rechtes Knie ist aufgeschlagen. Sie bleibt vor mir stehen, legt die Hände über Augen und Stirn und streicht die Haarsträhnen zurück.

„Er behauptet, hier liege nichts. Ich habe ihm gesagt, dass er mich durchlassen soll. Er sagt, sie hätten den ganzen Straßengraben und die Böschung abgesucht, und wenn da ein Dachs wäre, hätten sie ihn gefunden. Er war tot, verstehen Sie, er hat gezuckt, aber dann war er tot."

Ich frage nach ihrem Knie.

„Er war tot", sagt sie. „Die lassen niemanden hin, niemanden. Und wenn sie was finden, rufen sie im Museum an. Bestimmt rufen die an. Wenn nicht, müssen wir abends noch mal her oder nachmittags, wenn das hier vorbei ist, wenn sie das – weggeräumt haben.

„Was denn?", frage ich.

„Die sagen einem nichts, absolut nichts." [...] (v 1998)

Der Montageroman:
Ingo Schulzes Roman „Simple Storys“ besteht aus 29 selbstständigen Kapiteln, deren Zusammenhang zunächst kaum erkennbar ist. Erst nach und nach wird deutlich, dass die 29 Geschichten durch die handelnden Figuren mehr oder weniger eng miteinander verknüpft sind. Die einzelnen Kapitel werden aus wechselnden Perspektiven erzählt und zwischen ihnen bestehen zeitliche Brüche, so dass Widersprüche entstehen, Zusammenhänge fehlen bzw. vom Leser selbst rekonstruiert werden müssen. Mit dieser Romantechnik knüpft Schulze an den **Montageroman** (auch **Collageroman** genannt) der klassischen Moderne an:
„‚Polyphonie‘, ‚Vielstimmigkeit‘, ‚Dissonanz‘ und ‚Resonanz‘ – immer wieder hat man die neue Poetik des Erzählens mit Begriffen beschrieben, die aus der Musik stammen. Die Ähnlichkeiten bieten sich zwar an, es gibt aber nicht minder erhellende Analogien zur Bildenden Kunst. Denn zur gleichen Zeit – zu Beginn des 20. Jahrhunderts –, da der Erzähler den Olymp seiner Allwissenheit verlässt, trennen sich auch die Maler von der Zentralperspektive im Bild. Sie verabschieden sich von jenem geometrischen Blick in den Raum, der seit der Renaissance den dargestellten Objekten einen berechenbaren Fluchtpunkt zuteilte, eine perspektivisch verlaufende Linie. [...] Die Perspektiven des Malers und des Erzählers verlassen das gewohnte Zentrum auf ähnliche Weise: Es löst sich beide Male in Facetten auf, die neu zusammengesetzt werden.“ (Rolf Grimminger, in: Funkkolleg Literarische Moderne, 1993, Studieneinheit I,33).
Mit dem Montageroman findet eine bewusste Abkehr vom traditionell erzählten Roman des 19. Jahrhunderts statt, das Kunstwerk wird zum **offenen Kunstwerk.** Die Montagetechnik ist eine Form, mit der Künstler auf die unübersichtlich gewordene moderne Welt reagieren.

Pablo Picasso, Das Klavier, 1957

2. Auf „Schnitzeljagd“ im Netzwerk des Romans – Methoden und Tipps für die Lektüre

„Der Fall der Mauer bedeutete auch den Zusammenbruch einer Wahrnehmungsform, denn er ließ die tausendfältigen Routinen eines sozialen Alltags verschwinden. [...] Diese Situation hat sich Ingo Schulze zunutze gemacht; unverkennbar hat er die Wende in die Erzählweise verlegt, anstatt die Wende zu erzählen." (Gustav Seibt, Berliner Zeitung, 7./8.3.1998) – Der spezielle Aufbau des Romans „Simple Storys" nötigt selbst Leseprofis wie den Kritiker Gustav Seibt Namenslisten anzulegen und Seitenzahlen zu notieren. Im Folgenden finden sich weitere Hilfestellungen für Leser, um bei der Lektüre eines Episodenromans festen Boden zu gewinnen.

1. Verschaffen Sie sich einen Überblick über den Gesamtroman. Aufgrund seines Montagecharakters ist ein Zeit sparendes arbeitsteiliges Vorgehen möglich:
a) Jeder Schüler übernimmt die Lektüre eines Romankapitels. Verfahren Sie bei der selbstständigen Lektüre wie auf S. 461 dargestellt.
b) Die Einzelergebnisse können entweder in Form einer Zeitleiste der wichtigsten Ereignisse zusammengefügt werden oder sie sind Mosaiksteine einer umfassenden Personenkonstellation. Entscheiden Sie sich im Plenum für eine Form der Auswertung.
c) Bereiten Sie den Vortrag Ihres Lektüreergebnisses vor, indem Sie die notwendigen Informationen für das Plenum auswählen und auf Karteikarten knapp zusammenfassen (S. 453).
d) Einigen Sie sich im Plenum auf die Reihenfolge, in der die Ergebnisse vorgetragen werden sollen, fügen Sie Ihr(e) Karteikärtchen an der passenden Stelle der Gesamtdarstellung ein und tragen Sie Ihr Ergebnis vor.

1 Thomas Schweizer, Michael Schnegg: Die soziale Struktur der „Simple Storys“ – eine Netzwerkanalyse

Eine wesentliche Aufgabe jedes Ethnographen[1] besteht darin zu erkennen, wie die in einem sozialen Feld agierenden Personen verwandtschaftlich, ökonomisch, politisch und kommunikativ miteinander verflochten sind und welche Teilmengen von Personen (Cliquen, Gruppen, Positionen) wir aufgrund enger Interaktion und/oder gleicher Lage in diesem System unterscheiden können. [...]

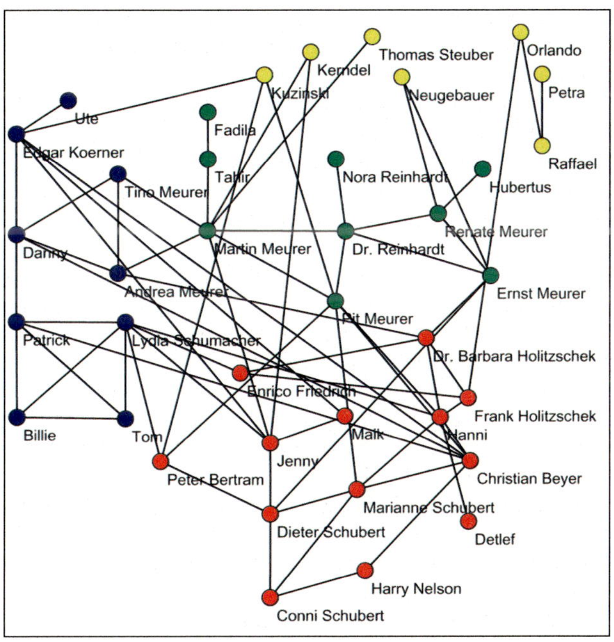

Abbildung 1: Gesamtbild aller 38 Personen und ihrer sämtlichen Beziehungen im Netzwerk der „Simple Storys“. Jede Verbindungslinie zeigt an, dass mindestens eine der erwähnten positiven, negativen oder Tauschbeziehungen zwischen ihnen besteht.

[1] Der Ethnograph (< gr. ethnos = Volk, graphein = schreiben): „Beschreiben des Volks“ = Völkerkundler

In den „Simple Storys“ spielen 38 Personen eine wesentliche Rolle […]: diese sind durch Heirat, Verwandtschaft, Freundschaft und Liebesbeziehungen *positiv verbunden;* daneben gibt es Arbeitsverhältnisse, ökonomische und soziale Unterstützung (insgesamt *Tauschbeziehungen*) und eine breite Palette *negativer* Gefühle und Handlungen, nämlich schwere Konflikte, Hass, Scheidung, Trennung und Entlassung.

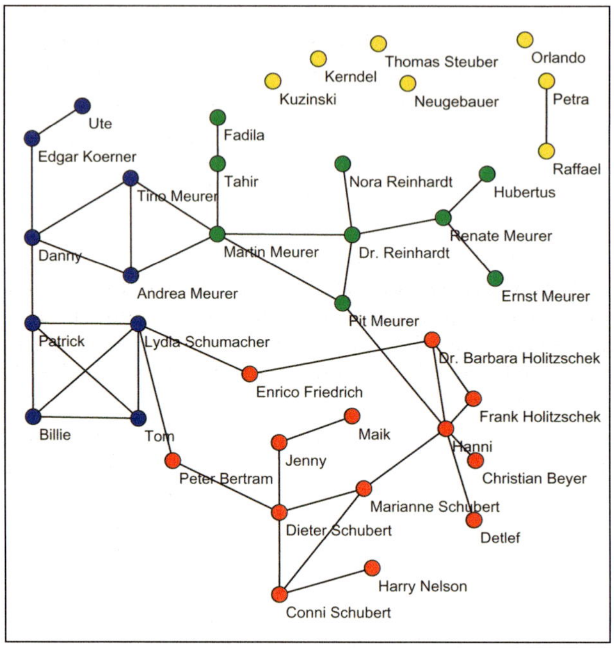

Abbildung 2: Zerlegung der Gesamtgruppe in *Teilgruppen* strukturell ähnlicher Akteure, die gleichartige Beziehungen unterhalten:

- Die Meurers (ehemals SED-Establishment) mit Mutter Renate und Sohn Martin im Zentrum
- Die Schuberts (ehedem Oppositionelle) mit Hanni und ihren Freunden im Mittelpunkt
- Die politisch indifferente jüngere Generation mit Lydia und Danni als Zentrum
- Der unverbundene Rest

2. a) Betrachten Sie die Netzwerkanalyse zum Roman „Simple Storys“ und beschreiben Sie die Darstellungsweise der Personenbeziehung in eigenen Worten.
b) Vollziehen Sie, ausgehend von Ihrer bisherigen Romankenntnis, in jeder Abbildung möglichst viele Verbindungslinien nach.
c) Vergleichen Sie im Plenum Ihre Ergebnisse. In strittigen Fällen muss die Verbindung durch eine Textstelle belegt werden.

3. a) Ziehen Sie aus den drei Abbildungen Rückschlüsse auf den Aufbau des Romans.
b) Besprechen Sie, inwiefern die Netzwerkanalyse zum Verständnis des Romans beiträgt und worin die Grenzen dieses Verfahrens liegen.
c) Überlegen Sie, inwiefern man die Abbildungen durch zusätzliche Symbole oder Informationen noch aussagekräftiger gestalten könnte.

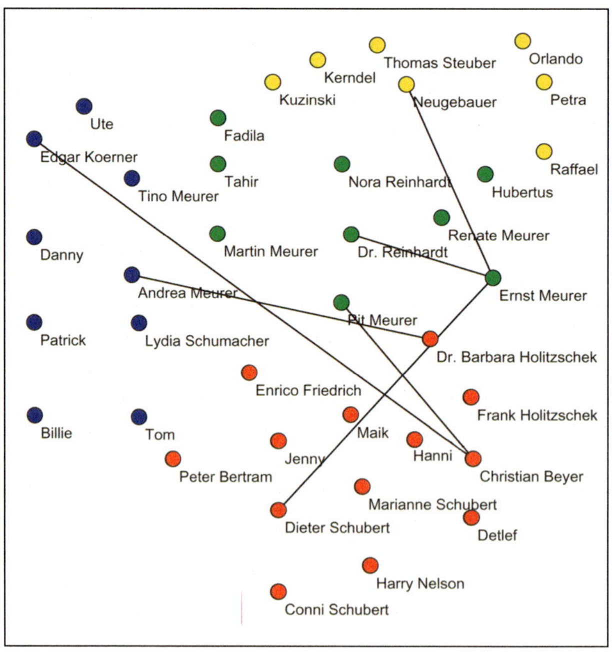

Abbildung 3: schwere Konflikte zwischen den Personen des Romans

2 Wolfgang Höbel: Glücksritter auf Tauchstation (Rezension)

a) Grausam sind fast alle Episoden in Schulzes Reigen, ob sie von flüchtigen Liebesakten im Gebüsch, Selbstgesprächen verlassener Männer oder trüben Geschäften handeln. Der Horror aber entsteht hier weniger aus Erzählerkalkül und jähen Todesfällen als aus der fortschreitenden Vereinzelung der Figuren, die allesamt Gottfried Benns Diktum zu folgen scheinen: „Wie soll man da leben? Man soll ja nicht.“

Schulze ist ein Spieler und Trickser, vor allem ein scharfer Beobachter. Mal starren zwei Frauen auf eine Aspirintablette, „die sich am Glasboden wie eine Flunder bewegte“, mal sitzt ein Mann nachts nackt vor dem Fernseher und fröstelt beim Hautkontakt mit der neu erworbenen Ledercouch: All diese Details ergeben eine Atmosphäre der Bedrohung – es ist, als hätten sich die Dinge der gerade eroberten Konsumwelt gegen ihre Nutzer verschworen.

b) Die Poesie von Schulzes Porträts aber hat nichts mit solchen – seltenen – Pointen zu tun und auch nicht mit der manchmal nervtötenden Verrätselung einzelner Episoden. Lakonische Wucht gewinnen die Storys aus der Radikalität, mit der sich der Autor der Verlorenheit seiner Helden ergibt. Von den Schönheiten der einstigen Wettiner-Stadt Altenburg erfährt man hier nichts. Dafür von der Verzweiflung eines Mannes, der im Taucheranzug auf Schwimmflossen durch die Fußgängerzone der Stadt watschelt und Handzettel für ein Fischrestaurant verteilt – und dafür auch noch Prügel von einem Passanten bezieht.

c) Schulze gestattet seinen Figuren keine Gefühle, keinen inneren Monolog. Er liefert nur Äußerlichkeiten. Jede der Storys erzählt eine abgeschlossene Geschichte, und erst allmählich merkt man, dass sich Personal und Handlung dieser protokollähnlichen Traktate überschneiden.

d) Sie arbeiten als Kellnerin oder als Sekretärin, als Taxiunternehmer und als Zeitungsschreiber, im Museum und im Krankenhaus; sie stürzen sich in Politik und, wenn alle Hoffnungen zum Teufel ist, auch kopfüber ins Treppenhaus, wonach das Blut aus Mund und Nase rinnt. Für sentimentale Erinnerungen haben diese traurigen Glücksritter nichts übrig, und nur in Momenten äußerster Bitterkeit schleudern sie ihren Gefährten Sätze ins Gesicht wie: „89 hättest du nie so gesprochen, nie!“

e) Es sieht so aus, als sei Schulze mit „Simple-Storys“ jener Wende-Roman, jenes Proträt des vereinigten Deutschland gelungen, von dem die Literaturkritiker in ihren Sehnsuchtsstunden am Laptop delirieren[1]: Eine Geschichtensammlung „aus der ostdeutschen Provinz“ (wie es im Untertitel heißt), die mit scheinbar mitleidloser Präzision die Schicksale und seelischen Beschädigungen abbildet, welche das Zusammenwachsen von West und Ost im Leben von rund zwei Dutzend Bewohnern der Thüringer Kleinstadt Altenburg angerichtet hat.

f) Schulze, 35, ist in Dresden geboren und arbeitete in Altenburg zunächst als Theaterdramaturg. Nach der Wende und dem Sieg des Kapitalismus schrieb er journalistische Texte für eine politisch ambitionierte Wochenzeitung und gründete dann, gemäß den Gesetzen von Angebot und Nachfrage, ein einträgliches Anzeigenblatt. 1993 lebte er ein halbes Jahr in St. Petersburg, wo er ein ähnliches Blatt mitaufbauen half. Vor zwei Jahren veröffentlichte Schulze, der mittlerweile in Berlin lebt, eine Sammlung von St. Petersburger Geschichten. Darin schilderte er das wilde, mörderische Wirrwarr im postkommunistischen Russland – und wurde dafür nicht bloß mit Preisen überhäuft, sondern auch zu einem Streitfall für die Kritiker: Die einen priesen den Ostdeutschen als staunenswertes Talent, als belesenen Stimmenimitator und Stilvirtuosen, die anderen schmähten ihn als fingerfertigen Konfektionsschreiber ohne Herz und Heimat. *33 Augenblicke des Glücks* hieß Schulzes literarisches Debüt.

g) Ossis am Rande des Nervenzusammenbruchs: Immerzu blicken sie nach vorn, beißen die Zähne zusammen und rackern für eine ungewisse Zukunft. Keine Zeit, um zurückzuschauen; keine Kraft, um zu trauern über die Dinge und Menschen, die auf der Strecke blieben; keine Lust, noch einmal die Schlachten zu schlagen, die für immer verloren sind.

h) Renate Meurer zum Beispiel, die mit einem einst streng parteitreuen Schuldirektor verheiratet ist, berichtet von der ersten Italienreise mit ihrem Gatten und davon, wie sich ein von ihrem Ehemann vor vielen Jahren geschasster Lehrer auf dieser Italienreise für das erlittene Unrecht rächt.
Ein andermal referiert eine Frau namens Lydia die seltsame Geschichte eines Verkehrsunfalls, bei dem angeblich ein Dachs überfahren wurde.

i) „Eigentlich sind wir Glückskinder“, behauptet eine Schicksalsgefährtin des Flossenmannes einmal. Natürlich ist das der blanke Hohn – aber so blicken Ingo Schulzes Menschen nun mal auf die Welt: nicht links, nicht rechts und auf gar keinen Fall zurück. Sie betrachten Deutschland durch die Taucherbrille.

k) Westdeutsche tauchen in Schulzes Porträt einer Übergangsgesellschaft (die vielleicht nun, da das Buch erscheint, schon historisch ist) nur am Rand auf; sie bleiben Phantome. Dafür sind die Segnungen ihrer Zivilisation um so präsenter. Im Treppenschacht des Arbeitsamtes hat man ein Fangnetz aufgespannt um Selbstmorde zu verhindern – und was erkennen die Klienten des Hauses darin? Das „soziale Netz“ der neuen Gemeinschaft.

l) Zwei Begebenheiten, die zunächst offenbar nichts miteinander zu tun haben. Aus den Schilderungen von Renate Meurers Sohn Martin jedoch erfährt man schließlich, dass es vermutlich kein Dachs, sondern Martins Fahrrad fahrende Frau Andrea war, die bei diesem Unfall zu Tode kam.

---

[1] delirieren (< lat. delirare = wahnwitzig sein): irre sein; hier: irre reden

4. Die Abschnitte der Rezension zu „Simple Storys“ sind durcheinandergeraten. Stellen Sie eine schlüssige Reihenfolge her und begründen Sie Ihre Entscheidung.

5. Besprechen Sie im Plenum, ob Höbels Buchbesprechung beim Leser Lust auf den Roman weckt.

6. Höbels Rezension löst das rätselhafte „Ende ohne Dachs“ (Text 4) auf.
a) Lesen Sie mit diesem Wissen die Romanauszüge (S. 450ff. und 456) ein zweites Mal.
b) Notieren Sie die Textstellen, deren Bedeutung sich beim zweiten Lesen verändert.
c) Einzelne „Indizien“ weisen den aufmerksamen Leser bereits beim ersten Lesen des 5. Romankapitels (vgl. Auszug S. 456) darauf hin, dass Dr. Holitzscheks Geschichte mit dem Dachs sehr kritisch gelesen werden muss.

So schließen sich die Kreise dieser kurzen Geschichten, so fügen sich die Geschehnisse, die nach klassischer Novellenregel jeweils einen Menschen aus der Bahn werfen, zum Panoptikum eines Romans.

m) Allesamt sind sie aus der Welt gefallen, die Helden jener 29 „simplen Storys", die Ingo Schulze zu einem Roman verwoben hat – herausgefallen aus der überschaubaren, windstillen Gesellschaft der DDR, hineingefallen in das undurchsichtige, von eisigen Böen durchwehte Durcheinander des neuen, vereinigten Deutschland. (v 1998)

7. Warum hat Ingo Schulze für Simple Storys nicht die einfacher zu lesende Form des traditionellen Romans gewählt? Fassen Sie Michalziks Thesen zusammen.

3 Peter Michalzik (*1963): Wie komme ich zur Nordsee?

[... Es] ist nicht einmal sicher, ob die *Simplen Storys* wirklich ein Roman sind oder ob es sich bei dieser vom Autor gewählten Gattungsbezeichnung wie bei der Überschrift, die das Genre Short story durch den „falschen" Plural eindeutscht (oder soll man sagen einostdeutscht?), nur um eine der vielen ironischen Finten[1] handelt, die das ganze Buch durchziehen, die es so ungemein anspielungsreich, doppelbödig, vieldeutig und damit auch bedeutsam machen.

Wäre das Buch ein normaler, ein traditioneller Roman, ein Roman im Sinne derer, die den Roman der Einheit gefordert haben, würde es vielleicht „Martin Meurer" heißen oder „Nach dem Mauerfall". Es wäre ein Roman, in dem das große, weltbewegende, CNN-würdige deutsche Ereignis mit Namen Vereinigung von den Fluchten in die Botschaften und den ersten Demos in Leipzig über den Fall der Mauer und die „Wahnsinns"-Nächte bis zur desillusionierten Ankunft der Ossis im bundesrepublikanischen „Rechtsstaat" hübsch chronologisch, an exemplarischen Protagonisten verdeutlicht, mit einer übergreifenden Sichtweise der Historie verbunden und so am Ende, trotz Resignation, sinnstiftend erzählt worden wäre. Man kann sich mit gutem Recht die Frage stellen, warum Ingo Schulze nicht einen solch traditionellen Roman geschrieben hat. Mit Sicherheit wäre der einfacher zu lesen gewesen. Und die geschilderten Lebensläufe oder Lebensabschnitte hätten wahrscheinlich auch die gleichen bleiben können. Der Inhalt wäre also mehr oder minder exakt der gleiche gewesen. Und trotzdem wäre es in einem solchen Buch aller Voraussicht nach nur um das gegangen, was wir aus dem Fernsehen (und seinen gedruckten Derivaten[2]) ohnehin schon vielfach wussten: Die Ostdeutschen sind zum zweiten Mal die Opfer der Geschichte geworden, sie sind die Verlierer der Vereinigung. Bestenfalls hätten wir in einem solchen Buch wahrscheinlich erfahren, dass jeder anders aus der Bahn geworfen wird. Der Weg wäre aber immer der gleiche gewesen: von der warmen DDR-Nische in die kalten Ebenen des Kapitalismus. Und das wäre ziemlich langweilig gewesen.

Wir im Westen hätten artig und bedauernd genickt, jaja, so ist das, und hätten unsere Aufmerksamkeit schnell woanders hingewandt. Indem Ingo Schulze die Jahre von 1990 bis 1997 aber in 29 Miniaturausschnitten erzählt, auf große Geschichte durch kurze Geschichten blickt, wird die Sicht auf die Dinge verändert. Schulze interessiert sich für den Moment, in dem sich etwas kristallisiert. Das Meiste (um nicht zu sagen: fast alles) lässt er deshalb weg. Die Aufmerksamkeit des Lesers steigt dadurch. Man nimmt beim Lesen unweigerlich Witterung auf. Wir (immer noch ist von den Westdeutschen die Rede) müssen auf das, was nicht gesagt wird, hören. Wir müssen dauernd irgendetwas ergänzen, um die Zusammenhänge dieser Welt zu verstehen. Der Leser muss sich hineindenken und fühlen, er muss am Buch mitschreiben. Das aber ist so ähnlich, wie dem Osten selbst zuzuhören. Wir müssen uns den Lebenshintergrund dieser Figuren zusammensetzen. Wir aus dem Westen merken dabei, dass wir zwar alles kapieren, schließlich sprechen die immerhin unsere Sprache, aber wenig verstehen. Alles liegt in den Worten offen zutage, aber der Sinn bleibt uns immer wieder verborgen. Schulze bildet so genau das nach, er reproduziert durch die Form genau das, was die sprachliche Begegnung zwischen Ost und West bis heute bestimmt, er schafft eine Struktur, die die existierenden Verständnisschwierigkeiten in sich trägt. [...]

Abstrakt gesprochen ist es wieder einmal so: Die Balance zwischen dem Gesagten und dem Ungesagten wird in Ingo Schulzes *Simplen Storys* neu austariert – und das ist einer der großen Komplexe der Literatur, mindestens seit der Moderne. Und wieder einmal wird dabei deutlich, dass es das Ungesagte ist, das eine Kultur, eine Gemeinschaft ausmacht. Und dass auch Literatur im günstigsten Fall dem Ungesagten nur eine Form geben kann. Dass das aber ziemlich viel ist, weil es dadurch doch kommunizierbar wird. Vielleicht sind die *Simplen Storys* das schönste Buch der Neunzigerjahre, weil sie so erstaunlich sicher auf diesem schmalen Grat zwischen Ost und West, zwischen Sagbarem und Unsagbarem operieren. [...] (v 2000)

m

Der Jahreswechsel 1999/2000 bot Anlass zu zahlreichen Rückblicken auf das 20. Jahrhundert. Untersuchen Sie im Rahmen eines **Literaturprojekts** mit dem Arbeitstitel „Millenium", welches Resümee deutsche Schriftsteller am Ende des 20. Jahrhunderts in ihren Werken ziehen. Folgende Themenreihen sind möglich:

a) „Mein Jahrhundert" – Rückblick aufs 20. Jh. in autobiografischen Texten, z.B.:
- Günter de Bruyn: Zwischenbilanz – Eine Jugend in Berlin. (1992)
- Marcel Reich-Ranicki: Mein Leben. (1999)
- Martin Walser: Ein springender Brunnen. (1998)
- Marion von Dönhoff: Kindheit in Ostpreußen. (1988)
- Carola Stern: Doppelleben. (2001)

b) „Die Gegenwart der Vergangenheit"
- Rückblick auf historisch-politische Ereignisse im 20. Jh.:
- Günter Grass: Mein Jahrhundert. (1999)
  ➛ Bestandsaufnahme 1900–1999
- Bernhard Schlink: Der Vorleser. (1995)
  ➛ Nationalsozialismus, KZ-Folgen
- Hans-Ulrich Treichel: Der Verlorene. (1998)
  ➛ 50er-Jahre, Wirtschaftswunder
- Uwe Timm: Rot. (2001)
  ➛ 68er-Jahre, Studentenrevolte
- Monika Maron: Stille Zeile 6. (1991) –
  ➛ 1980er-Jahre (DDR)
- Victor Klemperer: Tagebücher. (ab 1996)
  ➛ Zeit von 1918–45 sowie von 1945–59
- Günter Grass : Im Krebsgang. (2002)
  ➛ Nationalsozialismus und dessen „Verarbeitung"
- Josef Haslinger: Vaterspiel. (2000)
  ➛ Nationalsozialismus und dessen „Verarbeitung"
- Ralf Rothmann: Milch und Kohle. (2000)
  ➛ Leben im Ruhrgebiet der Sechzigerjahre

[1] Die Finte (< ital. finta = List): Scheinangriff, Täuschung
[2] Das Derivat (< lat. derivare = ableiten): Ableitung: a) abgeleitetes Wort, b) chemische Verbindung, die aus einer anderen entstanden ist

Prosainterpretation 6: Die Methoden, **die man zur Entschlüsselung eines komplexen Gegenwartsromans** anwenden kann, bauen auf den Notizen auf, die man während der Lektüre gemacht hat (vgl. S. 453f.).
Auch für den Gesamtroman sind ordnende Kategorien wie Ort, Personen, Zeit und Handlung konstitutiv. Darüber hinaus unterstützen sprachliche Gestaltungsmittel, gewählte Erzählperspektive und verwendete Motive die Aussage und die Wirkung des Romans. Bei der Lektüre eines literarischen Werkes gilt es, all diese Aspekte zu überschauen, ihr spezifisches Zusammenwirken zu erkennen, Abweichungen gegenüber literarischen Traditionen sowie der eigenen Leseerwartung wahrzunehmen und deren Wirkung zu reflektieren. Da man sich bei der Privatlektüre normalerweise nicht die Mühe macht, detaillierte Notizen anzulegen, könnte die Zusammenschau am Ende der Lektüre in einer Übersicht erfolgen.

Beispiel: Übersicht über die Gestaltung des Romans „Simple Storys"

	Kapitel 1	**Kapitel 2**	**...**	**Kapitel 9**	**...**	**Fazit**
a) Zeit	Rückblick auf Februar 1990	Rückblick auf Mai 1990	...	??	...	→ im Prinzip chronologisches Voranschreiten von 1990 bis ca. 1997; allerdings mit Rückblicken, Zeitsprüngen; oftmals fehlende Zeitangaben
b) Ort	Reise von **Altenburg** nach Italien	**Altenburg**	...	**Altenburg**	...	→ Der Ort Altenburg, in dem alle handelnden Personen leben, ist der eigentliche Fixpunkt des Romans. Von hier aus lassen sich die Episoden ordnen: **„Die Welt im Wassertropfen Altenburg gespiegelt."**
c) Personen	Renate und Ernst Meurer; Dieter Schubert (genannt Zeus)	Conni Schubert Harry Nelson	...	Raffael; Orlando	...	→ außerordentlich großes Personal handlungstragender Figuren: unübersichtlich, verwirrend. Dennoch werden die Kapitel insbesondere durch die Begegnungen verschiedener Personen miteinander verknüpft.
d) zentrales Thema	Die Vergangenheit lässt sich nicht abschütteln.	Gutgläubige DDR-Bürger werden ausgenutzt und um ihre Hoffnungen betrogen.	...	Zunehmende Verunsicherung durch Übergriffe auf Ausländer	...	→ innere Verunsicherung der Menschen, Brüchigkeit von Beziehungen als Folge der äußeren Auflösung von Alltagsstrukturen nach dem Fall der Mauer
e) Erzählperspektive	Ich-Erzählerin: Renate Meurer	Ich-Erzählerin: Conni Schubert	...	Personaler Erzähler: Raffael	...	→ mehrfacher Wechsel zwischen personalem und Ich-Erzähler. Zudem wird die Ich-Perspektive von unterschiedlichen Personen eingenommen: Multiperspektivität.

Anhand der Übersicht wird deutlich, dass sich der Roman ausgehend vom Ort Altenburg aufschlüsseln lässt: Altenburg ist zwar einerseits ein realer Ort, in Schulzes Roman steht er jedoch andererseits stellvertretend für die (ost-)deutsche Gesellschaft in den Jahren nach dem Mauerfall.
Andere Gegenwartsromane arbeiten mit verschiedenen Zeitebenen, die im Roman ineinander verschachtelt werden (Grass: Im Krebsgang; Haslinger: Das Vaterspiel). Aufgabe des Lesers ist es, einerseits die Handlungsebenen auseinanderzuhalten (Gegenwart / Zeit des Nationalsozialismus), andererseits das Spiel mit den Zeitstufen mitzuspielen, wodurch zeitlich weit auseinander liegende Ereignisse miteinander in Beziehung treten (Folgen des Nationalsozialismus für die Gegenwart, Täter- und Enkelgeneration).

ZWÖLFTES KAPITEL

Moderne Medien und vernetzte Welt

Jackson Pollock (1912–1956): Black and White (1948)

I. Die komplexe Wirklichkeit und ihre Vermittlung

1. Unser Leben, eine Vorabendserie? – Realität und mediale Wirklichkeiten

Die Medien, vor allem das Fernsehen und das Internet, werden gern zu Sündenböcken gestempelt, wenn es um kritikloses Konsumieren, kulturelle Verarmung, politisches Desinteresse und zunehmende Gewaltbereitschaft geht. Diese Kritik ist zu pauschal und sie widerspricht vielen Ergebnissen der Forschung. Den Umgang mit Medien kann man lernen wie die traditionellen Kulturtechniken Lesen und Schreiben, wenn man es als Benutzer schafft, die präsentierte Wirklichkeit in die richtige Beziehung zur eigenen Realität zu setzen.

1 Hans Magnus Enzensberger (*1929): Altes Medium (Biografie S. 414)

Was Sie vor Augen haben,
meine Damen und Herren,
das sind Buchstaben.
Entschuldigen Sie.

Entschuldigen Sie.
Schwer zu entziffern.
Ich weiß, ich weiß.
Eine Zumutung.
Sie hätten es lieber audiovisuell,
digital und in Farbe.

Aber wem es wirklich ernst ist
mit virtual reality,
sagen wir mal:
Füllest wieder Busch & Tal,
oder: Einsamer nie
als im August, oder:
Die Nacht schwingt ihre Fahn,
der kommt mit wenig aus.
Fünfundzwanzig
dieser schwarz-weißen Tänzer,
ganz ohne Grafik-Display
und CD-ROM,
als Hardware ein Bleistiftstummel:
das ist alles.

Entschuldigen Sie,
Entschuldigen Sie bitte.
Ich wollte Ihnen nicht zu nahetreten.
Aber Sie wissen ja, wie das ist:
Manche verlernen es nie.

(v 1995)

1. Besprechen Sie das Gedicht in der Form eines Streitgespräches, indem Sie sowohl die Perspektive des lyrischen Ichs als auch die Sicht eines Vertreters des „Neuen Mediums" berücksichtigen.

2. a) Definieren Sie Ihr Verständnis von „virtual reality".
b) Untersuchen Sie in arbeitsteiliger Gruppenarbeit, wie in den Gedichten „An den Mond" von Johann Wolfgang von Goethe, „Einsamer nie" von Gottfried Benn und „Abend" von Andreas Gryphius „virtual reality" gestaltet ist.

3. Verfassen Sie zum Anfang des Gedichts von H.M. Enzensberger unter dem Titel „Neues Medium" zwei Gegenstrophen.

4. Skizzieren Sie, welche Rolle für Sie das „alte" und das „neue" Medium spielen.

2 Florian Illies (*1971): Generation Golf (Auszug)

Im Klappentext seines 2000 erschienenen Buches erklärt der Autor den Titel „Generation Golf". Das Auftauchen des ersten dunkelblauen Golf Cabrio auf den Straßen der deutschen Provinz habe die Angehörigen der zwischen 1965 und 1975 geborenen Generation aus der Trägheit der Achtzigerjahre gerissen und ihnen eine Perspektive gegeben: gute Laune, Körper- und Markenkult, das Ende jeglicher Bescheidenheit sowie Spaß, immer wieder Spaß.

[...]

Was *Denver* und *Dallas* in unseren Hirnen zart vorbereiteten, was die *Schwarzwaldklinik* dann forcierte, ist mit den Daily Soaps seit Mitte der Neunzigerjahre zum beherrschenden Fernseherlebnis unserer Generation geworden: Keine Szene dauert länger als zwei Minuten, irgendwie hängt alles mit allem zusammen, irgendwann ist jeder in jeden verliebt, und eigentlich ist es ja nicht so schlimm, weil alles nur Fernsehen ist. Die Schauspieler sind Anfang Zwanzig und kommen mit dem Minimalwortschatz von Mario Basler aus. Man findet als Zuschauer dennoch Freunde in der Serie, die zuverlässig da sind, Tag für Tag, und die nach Belieben elektronisch abrufbar bleiben.

So etwas kommt natürlich nicht von ungefähr. Unsere Liebe zur Serie wurde natürlich schon früher geweckt, wenn auch noch in einem anderen Medium. Die ersten Serien waren so genannte Bücher, und sie hießen *Hanni und Nanni, Die fünf Freunde, TKKG* und *Die drei Fragezeichen*. Es ging immer um eine Gruppe von Jugendlichen, die einen Anführer hatten, und es gab immer einen dicken Jungen, der ständig Hunger hatte, ganz so wie zeitgleich auch bei den Filmen *Eis am Stiel*. Diese Bücher, die Jahr für Jahr in neuen Folgen aufgelegt wurden, zeigten uns, dass es irgendwann egal wird, was die Helden erleben, Hauptsache, man ist dabei, wenn es weitergeht. Diese Bücher waren die ideale Vorbereitung für den jahrelangen Konsum von Vorabendserien.

Denn auch diese Serien geben gar nicht vor, eine Welt außerhalb des Fernsehens zu simulieren, was sie wahrscheinlich so authentisch macht. So sehr haben wir diese Haltung inzwischen verinnerlicht, dass wir immer öfter das Gefühl haben, auch unser Leben sei nur eine RTL-Vorabendserie. Wir ziehen uns so an, reden so, und wenn es ganz hart wird, hoffen wir auf die Werbeunterbrechung. Ganz irritiert stellen wir fest, dass man so tatsächlich durchs Leben kommen kann, so lange zumindest, wie auch alle Anderen genau dasselbe denken. Wir wachen morgens nicht auf und denken: Mist, Mathearbeit. Sondern: Leben, 1237. Folge, mal gucken, was kommt. Das macht wahrscheinlich die merkwürdige Gelassenheit unserer Generation aus, die die Älteren nie verstehen werden. Der Film *Lola rennt* von Tom Tykwer bietet noch eine andere Erklärung an: Wenn Lola dreimal die Chance bekommt, eine verfahrene Situation zu bereinigen, dann ist das vor allem eine Übertragung des Prinzips der drei Leben aus den Computerspielen und Gameboys auf die Wirklichkeit. Wenn es einmal nicht so läuft, hat man immer noch zwei Leben frei. So wie man sich im achtzehnten Jahrhundert für Verspätungen mit dem Hinweis entschuldigen konnte, man habe noch schnell einen Roman zu Ende lesen müssen, und sich über die Romanfiguren unterhielt wie über gute Bekannte, so haben diese Funktion bei uns die täglichen Vorabendserien übernommen. Zu einer besonders guten Freundin wurde uns allen dabei die unschuldige, reine Julia aus *Verbotene Liebe*. Spätestens als sich Julia von ihrer Freundin anhören musste, dass sie immer alle so bemuttere „wie Mutter Beimer in der *Lindenstraße*", war klar, dass die Lindenstraße Fiktion ist, Verbotene Liebe jedoch Wirklichkeit. Auch so etwas prägt. [...]

(v 2000)

5. a) Sprechen Sie über die Rolle des Buches in den Texten 2 und 3.
b) Vergleichen Sie Ihre Ergebnisse mit der Rolle des Buches in Text 1.

6. a) Exzerpieren Sie die Hauptgedanken aus Text 2.
b) Erörtern Sie die Frage, ob Sie Ihr Leben auch für eine „RTL-Vorabendserie" (Z. 21) halten.

7. a) Analysieren Sie eine bestimmte Folge von „Lindenstraße" und „Verbotene Liebe" oder einer anderen Seriensendung, und diskutieren Sie über die Schlussfolgerung von Text 2 (Z. 35ff.).
b) Äußern Sie sich zur „Prägung" (Z. 37) durch diese Serien.

Florian Illies ist 1971 geboren und leitet seit 1999 die „Berliner Seiten" der „Frankfurter Allgemeinen Zeitung" (FAZ). Illies hatte schon mit sechzehn Jahren begonnen, als Lokalredakteur beim „Schlitzer Boten" zu arbeiten, der Zeitung seiner Heimatstadt Schlitz, einem kleinen Ort zwischen Kassel und Frankfurt. Nach einem Volontariat bei der „Fuldaer Zeitung" begann die Mitarbeit im Feuilleton der FAZ. Redakteur wurde er dort nach einem Studium der Neueren Geschichte und der Kunstgeschichte in Bonn und Oxford. Florian Illies, über den es sehr viele Informationen im Internet gibt, erregte nach *Generation Golf* erneut großes Aufsehen mit seinem Buch *Anleitung zum Unschuldigsein*, mit dem er im Frühsommer 2002 in zahlreichen Bestsellerlisten vertreten war. 2003 erschien ein zweiter Band von *Generation Golf*.

3 Werner Dürrson (*1932): Kleiner Akt* (Biografie S. 424)

Ich litt, erinnerte sich Lohmann, mit dem geschundenen Pferd, mit der halbzertretenen Schnecke am Wegrand, der entzweigeschnittenen Wespe, aber auch mit dem Buch, das sich mein Vater, einmal im Jahr, meist an Weihnachten, vornahm, und zuckte zusammen, wenn seine Riesenhände nach dem fragilen[1] Gebilde griffen, das mir voller Leben schien, es auf den Tisch legte und, obwohl es durchaus willig war, gewaltsam aufschlug, ihm die Faust ins offene Rückgrat drückte, rauf- und niederfuhr, daß es, so zusammengestaucht, fürs erste in der erzwungenen Lage verharrte, und er sich drüber hermachte; den Seiten, weil sie gelinde aufbegehrten, mit dem Nagel seines Großdaumens einen Falz beibrachte, und wenn das nichts half, weil sich das Rückgrat mit letzter Kraft seiner Elastizität noch einmal erinnerte, sein Opfer mit beiden Händen packte, ihm die Schultern nach hinten drückte bis die Wirbel krachten und es lendenlahm dalag; endlich konnte er sich, Kopf und Oberkörper drübergebeugt, seiner Lust, oder was das war, buchstäblich ungestört überlassen; während sich mir, jeden Aufschrei verhindernd, das Herz zusammengepreßt hatte. Schade, daß gedruckte Silben Wörter Sätze sich nicht, wie bloße Gedanken, verflüchtigen können, dachte ich. Meine eigenen Bücher, so Lohmann weiter, versteckte ich jedenfalls sorgsam vor ihm. (v 1991)

[1] fragil (< lat. fragilis = zerbrechlich): sehr zart, zerbrechlich, hinfällig

Verbotene Liebe, Folge 1336

4 Ein Fernsehprogramm von 1972 für einen historischen Vergleich

DI 14. MÄRZ ARD

Keinerlei Chance hat in Erich Helmensdorfers Informations-Quiz, wer nur vage oder zuwenig politische Intimkenntnisse besitzt. Der Journalist aus Franken, der so gern »Politik unter die Leute bringen« möchte, ist ein gestrenger Spielleiter (siehe Karikatur). Heute gibt er dem Rateteam der Münchner ›Abendzeitung‹ und dem des ›Hamburger Abendblatts‹ Gelegenheit, kenntnisreich zu brillieren. Als einschlägig vorbelastete Fachleute werden von ihren Zeitungen Gunther Haaß (44), Nachrichtenredakteur an der Isar (Foto rechts), und Hans Peter Sommer (31), Chef vom Dienst an der Elbe (Foto links), ins Fernsehstudio entsandt. Ihnen assistieren je eine Leserin und ein Leser ihres Blattes

20.15 IN FARBE

Ente gut – alles gut

21.00 IN FARBE

Karpfs Karriere

Kleinstadt-Kriminalinspektor besorgt sich schwere Fälle

Ein negatives Gleichnis nennt der namhafte Ost-Berliner Autor Günter Kunert seine makabre Satire vom Kripo-Mann, der in einer Kleinstadt Verbrechen begeht, um sie aufklären zu können. Kunert (Jahrgang 1929), dessen knappe Verse und herbe Prosa auch in der Bundesrepublik erscheinen, zeigt hier einen pflichtbewußten Menschen, der ohne Gewissensbisse tötet, weil er ›sein privates Interesse mit einem fiktiven allgemeinen zur Deckung bringt.‹

Mit der Aufklärung von Automatendiebstählen läßt sich keine Karriere machen. Angetrieben durch seine ehrgeizige Frau (Agnes Fink, l.), macht Inspektor Karpf (Martin Benrath, oben) auf ungewöhnliche Weise von sich reden: Er mordet selbst und überführt dann anschließend harmlose Mitbürger als Täter

Erstmals traten im Oktober vorigen Jahres der Norddeutsche und der Westdeutsche Rundfunk als Tournee-Veranstalter in Sachen Jazz auf, organisierten eine Konzertreihe mit dem Orchester Kurt Edelhagen (Foto). Solisten der Kölner Band, die bei der Eröffnung der Olympischen Spiele in München mitwirken wird, waren u. a.: der berühmte Saxophonist Stan Getz und die Jazzsängerin Rita Reys. Der Film zeigt die Proben

22.30 IN FARBE

Musiker bei der Arbeit beobachtet

Bilder von den Proben zu einem Jazzkonzert

72

Empfang nur über bestimmte Sender (siehe Sonntag)

10.00 F **Erste Meldungen der Tagesschau.** – 10.05 F **Heute** (Wiederholung vom Vorabend). – 10.30 F **Gefahr aus der**

Vormittagssendung

Luft. Originaltitel: ›A C… and Present Danger‹, amerikanischer Spiel… von 1969. Personen: H… Stowe (Hal Holbrook). Se…

KANÄLE siehe Montag

16.15 F **Tagesschau**

16.20 F **Päng!**
SDR Für Erwachsene verboten
Der kleine Roboter präsentiert auch diesmal eine bunte Mischung aus Sport, Technik, Comic und Unterhaltung. In der Trickfilmserie ›König Arthur‹ versuchen der König und sein Hofnarr ein Gespenst zu vertreiben. Das Dauner-Trio erscheint als muntere Osterhasen-Schar. (Für Kinder)

16.50 F **Die Robbeninsel**
SDR Ein Tierfilm aus Rußland
Jedes Frühjahr versammeln sich auf der Insel Tyuleniy im Ochotskischen Meer (nördl. von Japan) Seebären (auch Pelzrobben genannt), um Hochzeit zu halten und ihre Jungen zur Welt zu bringen. Während der Landzeit (Juni/Juli) nehmen die Bullen keine Nahrung zu sich. Die Seebären, Lieferanten der wertvollen Sealpelze, sind durch Robbenjäger im Norden nahezu ausgerottet worden. Heute versucht man, den Restbestand zu erhalten. (Für Kinder)

17.10 F **Abenteuer Südamerika**
BR 2. ›Der Fluß des Todes‹
Filmbericht von Brian Branston

17.55 F **Tagesschau**

Regional-Programme

NDR/RB: 18.00 F Fragen Sie, bitte. Perfekte Eltern – gibt's die? Zuschauer fragen – Fachleute antworten
18.30 F Berichte vom Tage
18.45 F Sandmännchen: Tiere im Winter: Möven in der Stadt
18.55 F Nordschau-Magazin: Hannover
19.26 F Zwischenlandung. Fernsehspiel von Herbert Lichtenfeld

WDR: 18.00 F Nachrichten aus NRW
18.10 F Jan Billbusch: Canaria
18.40 F Hier und Heute
19.15 F Für Kinder: Sebastian Quirl: Eine Geschenkpackung Gold
19.25 F Berlin, Keithstraße 30: Der Fall Gudrun Hampe

SDR/SWF: 18.00 F Ida Rogalski
19.15 F Berlin, Keithstraße 30

HR: 18.00 F Hessen-Journal
18.20 F Meine Schwiegersöhne und ich
19.00 F Berlin, Keithstraße 30
19.45 F Die Hessenschau

20.00 F **Tagesschau – Wetter**

20.15 F **Ente gut – alles gut**
NDR Ein unterhaltsames politisches Quiz
Mit Erich Helmensdorfer

21.00 F **Karpfs Karriere**
WDR Fernsehspiel von Günter Kunert
Heinrich Karpf . . . . Martin Benrath
Agnes Fink . . . . Agnes Fink
und andere
Musik: George Gruntz
Kamera: Sven Nykvist
Szenenbild: Peter Scharff
Regie: Bernhard Wicki
Günter Kunerts Fernsehspiel, eine Auftragsproduktion des WDR, wurde bereits von einigen Dritten Programmen gezeigt.

22.10 F **Tagesschau**
mit Kommentar und Wetterkarte

22.30 F **Musiker bei der Arbeit beobachtet**
NDR Ein musikalischer Bericht über die Proben zu einem Jazzkonzert
Mit Rita Reys (Gesang), Stan Getz (Tenorsaxofon), Jean-Luc Ponty (Violine), Wolfgang Schlüter (Vibrafon) und dem Orchester Kurt Edelhagen
Kamera: Werner Schlichting und Klaus Brix
(Sendeschluß: 23.05)

8. Besorgen Sie sich eine aktuelle Fernsehzeitung und vergleichen Sie arbeitsteilig und in Partnerarbeit das ganztägige Programm des gleichen Werktages mit dem von 1972.

9. Stellen Sie für sich ein individuelles Tagesprogramm aus dem Angebot von 1972 und von heute zusammen. Begründen Sie Ihre Auswahl und diskutieren Sie die Konsequenzen.

n ARD und ZDF

Stowe (E. G. Marshall) …dan Boyle (Joseph Cam…nella) Dr. Chanute (Jack …bertson) und andere. Re… James Goldstone. –

12.05 [F] Panorama. Berichte – Analysen – Meinungen. Moderator: Peter Merseburger. – 12.50 [F] Die Internationale Presseschau. – 13.00–13.20 [F] Tagesschau.

KANÄLE siehe Donnerstag

17.30 [F] Nachrichten – Wetter

17.35 [F] Mosaik

Für die ältere Generation

Eine Sendung mit Erika Engelbrecht

Vorgesehene Beiträge:

›Der kalte Schweiß brach ihm aus‹. So steht's in Gruselgeschichten, so geschieht es auch wirklich. Über die Ursachen von Schweißausbrüchen spricht Prof. Selberg.

›Eine Brücke von Obernhof nach Lima‹. Margot Gruber aus einem Dorf im Lahntal hilft Indianerwaisen in Peru.

Renteninformation: ›Zwei Prozent Rückzahlung – zur Freude der Rentner‹. Die bewußten zwei Prozent werden im März zusammen mit der Rente zurückgezahlt. ›Mosaik‹ informiert über die Pauschalabrechnung, nach der jeder weiß, was er bekommen wird.

›Ein Hobby für Geduldige‹. Kurt Öchlich stellt Zeichentrickfilme her.

Übung der Woche

Beispiele guter Taten

18.05 [F] Die Drehscheibe

Magazin mit Rut Speer

Christian Anders singt ›Ein Zug nach nirgendwo‹ / Drehscheiben-Koch Ulrich Klever serviert ›Eiscreme mit heißer Karamelsoße‹

18.40 Achtung, Probe!

Ein merkwürdiger Schallplattenproduzent

Mitwirkende: Max Greger, Max Greger jr., Max Strecker, Marianne Mendt und Kurt Pratsch-Kaufmann

Regie: Thomas Land

Im Mittelpunkt dieses musikalischen Spaßes: Max Greger jun., den ein geschäftstüchtiger Schallplattenproduzent mit seinen Angeboten verfolgt

19.10 [F] Mini-Max

Heute: ›Was muß er auch die Pille nehmen!‹

Von David Ketchum und Bruce Shelly

Mit Don Adams, Barbara Feldon, Ed Platt, Ellen Weston und John Fiedler

Die Pille, die eine Kaos-Agentin dem Superagenten Mini-Max in den Drink mischt, wirkt erst nach 24 Stunden – dann aber absolut tödlich. Natürlich findet Max den Giftmischer und damit das Gegengift!

19.45 [F] Heute

mit Karlheinz Rudolph. Nachrichten und Themen des Tages; Wetterbericht

20.15 [F] Bangla Desh – ein Staat wird geboren

Bericht von Anselm Heyer und Helmut Umbach

Anschließend:

Kurznachrichten

21.00 [F] Paul Temple

Heute: ›Nachtexpreß nach Inverness‹

Fernsehfilm von Francis Durbridge

Paul Temple . . . Francis Matthews
Steve Temple . . . Ros Drinkwater
Sir Harold Malvon . . . Geoffrey Chater
Stephen Lamb . . . Barry Jackson
Ferner: George Waring und Peter Halliday

Regie: Douglas Camfied

21.50 [F] Aspekte

Informationen und Meinungen aus dem Kulturleben

Moderator: Reinhart Hoffmeister

22.35 [F] Nachrichten – Wetter – Kommentar

22.50 Kämpfen – für wen?

Eine Diskussion vom Forum des Verbandes Deutsche Sportpresse mit prominenten Sportlern. Leitung: Werner Schneider

Aufzeichnung vom Nachmittag aus dem Rathaus in Augsburg

(Sendeschluß: 23.55)

Fernsehen III, Fernsehfunk Ost und Fernsehen Ausland auf der übernächsten Seite

14. MÄRZ DI

20.15 IN FARBE Bangla Desh – ein Staat wird geboren

Das Bengalenland nach dem Kriege

Hunger und Überbevölkerung. Zerstörte Brücken, Straßen, Eisenbahnen. Religiöse und ideologische Zerrissenheit. Das ist der Alltag im unabhängig gewordenen Ostpakistan. Die Regierung des neuen Staates steht vor Aufgaben, die sie ohne ausländische Hilfe nicht bewältigen kann.

Links: Triumphaler Empfang für Bengalen-Chef Scheich Mujibur Rahman. Rechts: Männer aus Dacca mit der Fahne von Bangla Desh

PAUL TEMPLE

Nachtexpreß nach Inverness

21.00 IN FARBE

Das Ehepaar Temple (Francis Matthews, Ros Drinkwater, r.) auf Urlaubsreise. Sein Ziel: Inverness in Nordschottland. Im Nachtexpreß wird Paul das Gefühl nicht los, daß er in zwielichtiger Gesellschaft reist, daß er schon wieder einem Verbrechen auf der Spur ist. Hat der schöne Krimiautor und Amateurdetektiv recht? Oder geht nur seine Phantasie mit ihm durch? Foto oben: Ein Sarg ist geöffnet worden. Szene mit Peter Halliday, Francis Matthews, George Waring und Geoffrey Chater (von links)

Fernsehstationen anderer Länder, von ›Aspekte‹ kritisch vorgestellt. Der heutige erste Beitrag beschäftigt sich mit der NBC, einem kommerziell orientierten amerikanischen Privatsender. Foto: Dean Martin, einer der Stars des NBC-Programms

Aspekte Fernsehen im Ausland

21.50 IN FARBE

Kämpfen – für wen?

22.50 IN FARBE Prominente Sportler diskutieren

Alle zwei Jahre veranstaltet der Verband Deutsche Sportpresse eine Diskussion mit bekannten Sportlern. Diesmal wurden eingeladen (von lks.): die Leichtathletin Ingrid Mickler-Becker, der Eisschnelläufer Erhard Keller, die Schweizer Leichtathletin Meta Antenen, der ehemalige Spitzen-Langstreckler Herbert Schade, Olympia-Dritter von 1952

73

3. Fernsehen

14. März DI

Norddeutsches Fernsehen

KANÄLE siehe Montag

19.00 [F] Werkstoffe der Chemie. 11. ›Kunststoffe maßgeschneidert – Polyurethanchemie‹. – 19.30 Netzplantechnik. 11. ›Netzplantechnik im Projektmanagement‹

20.00 [F] Tagesschau – Wetter

20.15 Sozial-Report: Wir gehen ja doch zum Bund. Arbeiter unter 18. Von Christian Geissler, Hajo Dudda und Lothar Janssen

21.00 [F] Glauben und Denken: Hans Küng. Porträt des umstrittenen Theologen, von Wolfgang Seibel und Peter Rosinski

21.30 [F] Bürger-Initiativen. Aufstand gegen die politischen Parteien? Diskussion zwischen Politikern und Vertretern von Bürger-Aktionen. Leitung: Rudolph Borchers (Sendeschluß: 22.15)

Hess. Fernsehen

18.40 Schulfernsehen. – 19.00 [F] Kinderprogramm: Pippi Langstrumpf (20). – 19.30 Englisch für Anfänger (11). – 20.00 [F] Tagesschau; Wetter. – 20.15 Dokumentation: Das Dritte Reich. 15. ›Das Ende‹. – 21.05 [F] Nachrichten; Presse. – 21.30 [F] Monty Python's Flying Circus (4). – 22.00 [F] Titel, Thesen, Temperamente. Kulturmagazin

Westdeutsches Fernsehen

KANÄLE siehe Montag

8.20 Schulfernsehen: Menschen am Arbeitsplatz. 4. ›Strukturwandel‹ / 10.05 Medium Fernsehen. 3. ›Meldungen und Meinungen‹ / 12.00 Jugend im anderen Deutschland. 5. ›In der Freizeit‹. – 18.30 Einführung in die elektronische Datenverarbeitung (11). – 19.00 [F] Sandmännchen. – 19.05 [F] Für Gastarbeiter aus Griechenland. – 19.15 [F] Uni / Audimax. – 19.45 Das Neueste aus NRW. – 19.55 Kommentar

20.00 [F] Tagesschau – Wetter

20.15 [F] Elektronik. 11. ›Die Technologie der integrierten Schaltungen‹

21.00 [F] Tagesmagazin

21.30 After Eden. Pas de deux. Choreografie: John Butler. Musik: Lee Hoiby. Es tanzen Lone Isaksen, Lawrence Rhodes

Südwest 3

8.25 [F] Schulfernsehen. – 18.00 [F] Schulfernsehen. – 18.30 Telekolleg. – 19.00 [F] Sandmännchen. – 19.05 [F] Für Gastarbeiter aus Griechenland. – 19.15 [F] Frisch – fromm – fröhlich – frei. Vom Sport in der Gesellschaft. 1. ›Ringen frei – Leinen los‹. – 20.00 [F] Tagesschau. – 20.15 [F] Task Force Police. Heute: ›Der Sprengstoffexperte‹. – 21.05 [F] Zivilisation. – 22.00 [F] Sandmännchen für Erwachsene

Deutscher Fernsehfunk (Ost)

KANÄLE siehe Montag

1. Programm

11.10 Der schwarze Kanal. – 11.35 WM im Eiskunstlauf. – 12.35 Nachrichten. – 15.20 Programmhinweise. – 15.25 Russisch-Kursus. – 15.50 Englischkursus. – 16.15 Die Umschau. – 16.40 Sportreporter. – 17.35 Medizin nach Noten. – 17.45 Nachrichten. – 17.50 ›Askania Nowa‹. – 18.10 Im Logbuch der Seefahrt geblättert. – 18.40 Tausend Tele-Tips. – 18.45 Tip des Fischkochs. – 18.50 Sandmännchen. – 19.00 ›In den Händen des Kreuzritters‹. – 19.30 Aktuelle Kamera. – 19.50 Zehn vor Acht. – 20.00 WM im Eiskunstlauf. – 21.15 Besuch im Studio: Mit Prof. Dieter Zechlin. – 21.55 Der heimliche Dichter. Fernsehserie ›Geschichten der guten Gesellschaft‹. – 22.25 Aktuelles.

2. Programm

19.30 Aktuelle Kamera. – 19.50 Zehn vor Acht. – 20.00 Paragraf I: ›Der Chef hat immer recht?‹. Aus der Reihe ›Treff im Studio 3‹. – 20.30 [F] Sanssouci. – 21.10 [F] Nachrichten. – 21.15 [F] WM im Eiskunstlaufen.

Fernsehen Ausland

KANÄLE siehe Montag

Dänemark

19.00 Telekolleg. – 19.30 Tagesschau. – 20.00 Für den Verbraucher. – 20.30 Jenufa. Oper von Leos Janacek. – 21.15 Sport. – 22.15 Nachrichten.

Holland I

19.25 ›La Demoiselle d'Avignon‹. Fernsehserie. – 20.00 Tagesschau. – 20.21 ›Please, Sir!‹. Fernsehserie. – 20.50 Theatersendung. – 22.00 Aktuelles Magazin. – 22.40 Andacht. – 22.53 Telekolleg.

Holland II

20.00 Tagesschau. – 20.21 ›Mannix‹. Kriminalserie. – 21.10 Aktuelles. – 21.25 ›My World and Welcome to it‹. Fernsehserie. – 21.50 Chansons. – 22.30 Nachr. – 22.35 Aus dem Parlament. – 22.40 Telekolleg.

Belgien (fläm.)

19.45 Tagesschau. – 20.10 Auftakt für Edinburgh. Vorstellung von 9 Liedern. – 20.45 Die Gänseblümchen. Tschechischer Spielfilm. – 22.00 Das freie Wort.

Belgien (franz.)

19.45 Tagesschau. – 20.15 Vipère au poing. Schauspiel von Hervé Bazin. – 21.40 Kulturmagazin: Kandinsky-Ausstellung / Tapisserie / Buchmesse.

Luxemburg

18.15 Nur Berge begegnen sich nicht … Menschen doch. – 18.45 Ram-Dames. – 19.00 Song Contest 1972, 2. Teil. – 19.30 Tagesschau. – 20.10 Naked City. Fernsehserie. Heute: ›Theresas Blumen‹. 21.10 ›Das Mädchen aus Hamburg‹. Film von Yves Allegret.

Frankreich I

19.00 Regionalumschau. – 19.25 Ratespiel. – 19.45 Tagesschau. – 20.15 ›Le 16 à Kerbriant‹. Fernsehserie. – 20.30 Mit gleichen Waffen: Frankreich und Europa. – 22.20 Musiksendung: Ein Ton darüber.

Frankreich II

19.20 Für die Jugend. – 19.30 Ratespiel. – 20.00 Tagesschau. – 20.30 Chansonwettbewerb. – 21.30 ›Mannix‹. Amerikanische Kriminalserie mit Mike Connors, Gail Fisher u. a. – 22.30 Sport. – 23.30 Nachr.

Zeit	Sendeanstalt	Sendung (Kurzname)	Sendetyp	Uhrzeit und Dauer	
1972	ARD und ZDF	Tagesschau Heute (vom Vorabend) „Gefahr aus der Luft" …	Nachrichten Nachrichten Spielfilm/Unterhaltung …	10.00–10.05 10.05–10.30 10.30–12.05 …	5' 25' 95'
2003	ARD und ZDF RTL SAT1 PRO7 …	Morgenmagazin …	Nachrichten/ Informationen/ Unterhaltung …	5.30–9.00 …	210'

Christian Doelker, geboren 1934, gilt als einer der renommiertesten Medienforscher. Seit 1971 lehrt er an verschiedenen Universitäten. Er publizierte zahlreiche Bücher zu Medienfragen und zur Medienkultur. Außerdem ist er Autor vieler Fernsehsendungen, die sich mit dem Medium auseinandersetzen.

10. Erklären Sie mit Hilfe von Doelkers Text folgendes Phänomen: In einer Folge der „Lindenstraße" zieht eine Partei aus dem Haus aus. Der produzierende Sender WDR kann sich in den Tagen danach nicht vor Bewerbungen Wohnungssuchender retten, die die freie Wohnung mieten wollen.

11. Besprechen Sie die Problematik der „magischen Kommunikation" (Z. 21) in ihrer Konsequenz für den Fernsehkonsumenten.

12. Fassen Sie Ihre Ergebnisse so zusammen, dass Sie eine Unterstufenklasse über das Problem der „drei Wirklichkeiten" informieren können, z.B. mit Hilfe einer Wandzeitung und Fernsehbeispielen auf einer Videokassette.

5 Christian Doelker (*1934): Kulturtechnik Fernsehen (Auszug)

[...] Da Wirklichkeit uns stets übersteigt, können wir nicht anders mit ihr umgehen als vereinfachend. Das Schema, das wir hier vorlegen, stellt eine solche Vereinfachung dar; es hat sich in der medienpädagogischen Arbeit als sehr brauchbar erwiesen und liegt auch der Sende-Trilogie des Südwestfunks „Von den drei Wirklichkeiten" zugrunde.

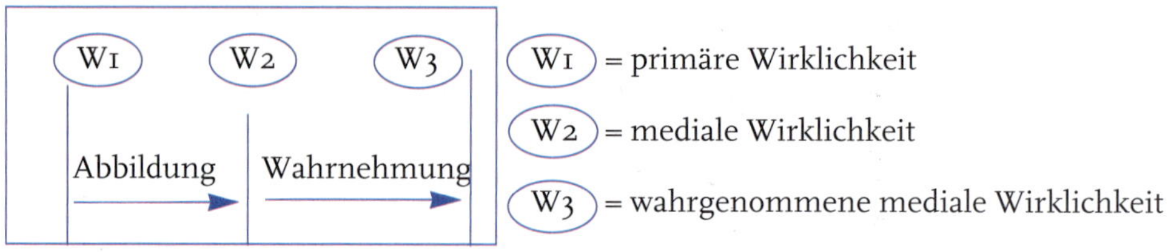

Wenn bei diesem Vorgehen zunächst verschiedene andere Probleme ausgeschlossen bleiben, nehmen wir gleichwohl damit auch eine Differenzierung vor, die sonst kaum bewusstgemacht wird. Wir ersetzen nämlich die Wirklichkeit, an der der Zuschauer auf dem Bildschirm teilnimmt, durch drei verschiedene, die aber in sich zusammenhängend sind. Zunächst die primäre Wirklichkeit [...]. Die Wirklichkeit also, mit der wir (und die Medien) zu tun haben, die uns umgebende, mit den fünf Sinnen wahrnehmbare Wirklichkeit. Dazu gehört auch eine innere Welt der Gedanken und Gefühle, die aber, um wahrnehmbar zu werden, manifest gemacht werden muss. Wir bezeichnen diese primäre Wirklichkeit als W 1.

Als zweite Wirklichkeit, kurz W 2 genannt, grenzen wir Repräsentationen ein, wie sie auf dem Bildschirm und als Tonwiedergabe erscheinen, in Buch und Zeitung gedruckt sind. Als dritte nochmals unterschiedene Wirklichkeit, als W 3, umschreiben wir schließlich diejenige, wie sie in der Wahrnehmung des Zuschauers, Hörers und Lesers besteht. Die W 3 existiert also nur im Kopf des Rezipienten. Dass diese wahrgenommene mediale Wirklichkeit einer gesonderten Betrachtung bedarf und dass die Medienrealität als eine Wirklichkeit *sui generis*[1] anzusehen ist, wird gemeinhin im Alltag vernachlässigt und das Abbild vereinfachend als die *eine* Wirklichkeit aufgefasst. Wenn aber Abbild und Abgebildetes als ein und dasselbe, als Einheit aufgefasst werden, spricht man von *magischer*[2] *Kommunikation.*

Der Schritt von der W 1 zur W 2 heißt Abbildung, und die zweite Etappe von der W 2 zur W 3 bezeichnen wir als Medienwahrnehmung. Die Linie von W 1 zur W 3 beschreibt den Weg eines in der primären Wirklichkeit existierenden Gegenstandes bis zu dessen Identifizierung im Gehirn des einzelnen Zuschauers. Wir bezeichnen diese Linie als *Abbildungsachse.* [...]

(v 1991)

Die drei Wirklichkeiten

Wer ein Buch, eine Zeitung liest oder fernsieht, lebt in seiner eigenen, individuellen bzw. **primären Wirklichkeit**. Was in Buch oder Zeitung, auf dem Fernsehschirm und in der Tonwiedergabe, also in einem Medium erscheint, ist eine andere, nämlich die **mediale Wirklichkeit**. Jeder Zuschauer nimmt nun in seiner individuellen Wirklichkeit die gebotene mediale Wirklichkeit anders wahr. Diese **wahrgenommene mediale Wirklichkeit** existiert nur im Kopf des einzelnen Rezipienten. Problematisch wird es, wenn Abbild und Abgebildetes als Einheit aufgefasst werden: Wenn die Schauspielerin Marie-Luise Marjan nicht mehr die Mutter Beimer in der „Lindenstraße" *spielt,* sondern als Mutter Beimer in der Öffentlichkeit *auftritt,* dann sorgt sie für eine Vermischung der Wirklichkeitsebenen, die den Zuschauer verwirren können. Gefährlich wird diese Vereinfachung der Wirklichkeitsebenen, wenn es z.B. um Gewaltdarstellungen im Fernsehen geht.

Lindenstraße, Folge 881

1 sui generis (lat.): aus sich selbst heraus
2 magisch (< gr. magikos > lat. magicus): zauberisch, geheimnisvoll; von etwas magisch (= stark, unwiderstehlich) angezogen werden

2. Verfälschung oder Trivialisierung? – Aspekte aktueller Medienkritik

Welche Rolle spielen die Medien in der heutigen Gesellschaft? Die einen sagen, sie informieren, bilden, unterhalten und decken Missstände auf, andere dagegen kritisieren Oberflächlichkeit, billiges Vergnügen, Vereinfachungen und Manipulation.

1. a) Sprechen Sie (arbeitsteilig in Gruppen) über je zwei Thesen und überprüfen Sie deren Richtigkeit vor dem Hintergrund Ihrer eigenen Fernseherfahrung.
b) Fertigen Sie ein Ergebnisprotokoll, das Sie durch Folienprojektion im Plenum zur Diskussion stellen können.

2. Ergänzen Sie die Thesen um Ihrer Meinung nach wichtige Aspekte.

1 Stephen Wirth (*1959): Acht Thesen über die Aufgabe und den Wert des öffentlich-rechtlichen Rundfunks für die Gesellschaft

1) Demokratische Gesellschaften sind auf Massenmedien als Foren der freien, individuellen wie öffentlichen Meinungs- und politischen Willensbildung angewiesen.
2) Fernsehen ist das eindringlichste und wirksamste Massenmedium.
3) Massenmedien dienen der gesellschaftlichen und kulturellen Integration, sie garantieren Meinungsvielfalt, schützen Minderheiten und sichern die Achtung der Menschenrechte.
4) Zur Erfüllung dieser Funktionen erhält das öffentlich-rechtliche Fernsehen den Auftrag, der Bevölkerung ein umfassendes Angebot an Information, Bildung, Unterhaltung und Beratung zu unterbreiten.
5) Die Angebote des öffentlich-rechtlichen Fernsehens müssen sich an alle Alters- und Bevölkerungsgruppen wenden und von allen empfangen werden können.
6) Zur Erfüllung seiner Aufgaben muss der öffentlich-rechtliche Rundfunk unabhängig sein, d.h. er wird durch öffentliche Gelder finanziert, nicht durch private.
7) In den Aufsichtsgremien (Rundfunk- und Verwaltungsrat) sind die gesellschaftlich relevanten Gruppen und Gremien vertreten (Kirchen, Gewerkschaften usw.).
8) Privater Rundfunk ist kommerziell ausgerichtet und von den Interessen der Gesellschafter und Geldgeber abhängig. Er erfüllt nur die Aufgabe einer Zusatzfunktion; juristisch gesehen ist er von einem funktionstüchtigen öffentlich-rechtlichen Rundfunk abhängig.

(v 2003, Originalbeitrag)

Stephen Wirth arbeitet seit 1993 als Stabsreferent beim Zweiten Deutschen Fernsehen (ZDF) in der Abteilung Unternehmensplanung. Außerdem ist er als Autor, Dozent und Berater in medienrelevanten Fragen tätig.

2 Neil Postman (1931–2003): Wir amüsieren uns zu Tode (Auszug)

1985 erregte Neil Postman großes Aufsehen, als er in seinem Buch Vorwürfe erhob, Fernsehen mache die Bürger unmündig, denn es beraube die Menschen ihrer Urteilskraft. Die Folge sei letztendlich das Ende jeglicher Demokratie. Mit Beispielen aus der amerikanischen Mediengeschichte entwickelt er seine Überlegungen über die Zuschauer im „Zeitalter der Unterhaltungsindustrie".

Huxleys Warnung

Es gibt zwei Möglichkeiten, wie der Geist einer Kultur beschädigt werden kann. Im ersten Fall – Orwell[1] hat ihn beschrieben – wird die Kultur zum Gefängnis; im zweiten Fall – ihn hat Huxley[2] beschrieben – verkommt sie zum Varieté.

Jeder weiß, dass die gegenwärtige Welt von vielen Gefängniskulturen entstellt ist, deren Struktur Orwell in seinen Parabeln genau dargestellt hat. Romane wie *1984* und *Farm der Tiere*[3], aber auch Arthur Koestlers *Sonnenfinsternis*[4] enthalten ziemlich exakte Aufrisse einer Ap-

Neil Postman, geboren 1931, war einer der profiliertesten Medienkritiker. Der Professor für Media Ecology an der New York University veröffentlichte zahlreiche Bücher zu Fragen der Erziehung und zu Aspekten des Umgangs mit Massenmedien. Er starb 2003 in New York.

[1] George Orwell (eigentlich Eric Arthur Blair, 1903–1950): englischer Schriftsteller, der mit Sozialreportagen begann: Seine Erlebnisse im Spanischen Bürgerkrieg (1936–1939), wo er auf der Seite der Republik kämpfte, brachten ihn dazu, vor totalitären Denk- und Lebensformen zu warnen. In seinem bekanntesten Roman *1984* (1949) beschreibt er die Schreckensvisionen einer bis in privateste Bereiche von einem totalitären System („Big Brother") kontrollierten Gesellschaft.

[2] Aldous Huxley (1894–1963): englischer Schriftsteller und Kritiker, stellte in seinem 1932 erschienenen Roman *Schöne neue Welt* den Fortschrittsglauben bloß, indem er beschreibt, dass die Menschen in einer konsequent verwirklichten Wohlstandsgesellschaft leben, in der alle am Luxus teilhaben, in der Unruhe, Elend und Krankheit überwunden sind. Eine totale Herrschaft garantiert ein genormtes Glück. Individualität ist strafbar, Freiheit, Religion, Kunst und Humanität sind auf der Strecke geblieben. Triviale Unterhaltung und Bequemlichkeit gelten als oberste Werte.

[3] *Farm der Tiere* (1945) ist Orwells anderer berühmter Roman. Erzählt werden Genese, Verlauf und Scheitern einer Revolution von Tieren auf einem Bauernhof. Sie jagen ihren Ausbeuter, den Menschen, weg, um den Hof selbst zu bestellen. Anfangs geht alles gut, aber die Ideale werden mehr und mehr verraten und am Schluss ist die neue herrschende Klasse, die Schweine, schlimmer als es der Mensch je war.

[4] Arthur Koestler (1905–1983): englischer Schriftsteller ungarischer Herkunft. Seine Mitgliedschaft in der Kommunistischen Partei (1931–1937), seinen Aufenthalt in der UdSSR Stalins (1932/33) und seine Erlebnisse während des Spanischen Bürgerkriegs verarbeitete er 1940 in dem Roman *Sonnenfinsternis* zu einem flammenden Appell gegen jede politische Diktatur und geistige Unterwerfung.

3. Informieren Sie sich arbeitsteilig über die drei erwähnten Autoren und ihre Romane und stellen Sie ihre Ergebnisse vor.

4. a) Stellen Sie Postmans Äußerungen den Thesen von Text 1 und Ihren eigenen Erkenntnissen gegenüber. Ziehen Sie auch Beispiele aus aktuellen Fernsehsendungen heran.
b) Veranstalten Sie eine Debatte (ein Streitgespräch, vgl. S. 11) zum Thema „Die Zukunft des Fernsehzeitalters".

Aldous Huxley

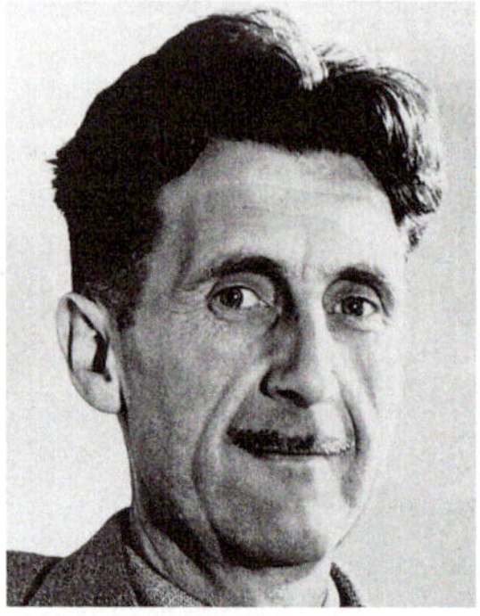

George Orwell

Arthur Koestler

paratur zur Gedankenkontrolle, wie sie heute in Dutzenden von Ländern funktioniert und Millionen von Menschen beherrscht. Orwell war natürlich nicht der Erste, der beschrieben hat, welche geistigen Verheerungen eine Tyrannei anrichtet. Unersetzlich ist sein Werk deshalb, weil er darauf beharrt, dass es keinen großen Unterschied macht, von welchen Ideologien sich unsere Wärter leiten lassen. Die Gefängnismauern sind gleich unüberwindlich, die Überwachung ist gleich streng, der Personenkult ist stets universell.

Huxley hat gezeigt, dass im technischen Zeitalter die kulturelle Verwüstung weit häufiger die Maske grinsender Betulichkeit trägt als die des Argwohns oder des Hasses. In Huxleys Prophezeiung ist der Große Bruder gar nicht erpicht darauf, uns zu sehen. Wir sind darauf erpicht, ihn zu sehen. Wächter, Gefängnistore oder Wahrheitsministerien sind unnötig. Wenn ein Volk sich von Trivialitäten[1] ablenken lässt, wenn das kulturelle Leben neu bestimmt wird als eine endlose Reihe von Unterhaltungsveranstaltungen, als gigantischer Amüsierbetrieb, wenn der öffentliche Diskurs zum unterschiedslosen Geplapper wird, kurz, wenn aus Bürgern Zuschauer werden und ihre öffentlichen Angelegenheiten zur Varieté-Nummer herunterkommen, dann ist die Nation in Gefahr – das Absterben der Kultur wird zur realen Bedrohung.

Orwells Prophezeiungen haben für Amerika kaum Bedeutung, diejenigen Huxleys freilich sind nahe daran, Wirklichkeit zu werden. Denn Amerika hat sich auf ein Experiment zur Anpassung an die Zerstreuungen aus der Steckdose eingelassen, wie es ehrgeiziger anderswo auf der Welt nicht betrieben wird. Dieses Experiment begann langsam und bescheiden um die Mitte des 19. Jahrhunderts und hat in der zweiten Hälfte des 20. Jahrhunderts in Amerikas verzehrender Liebe zum Fernsehen ein fatales Reifestadium erreicht. Wie es nirgendwo sonst auf der Welt geschehen ist, haben die Amerikaner alles dafür getan, das Zeitalter des langsamen gedruckten Wortes zu beenden, und dabei haben sie dem Fernsehen die Vorherrschaft über ihre sämtlichen Institutionen eingeräumt. Amerika hat das Fernsehzeitalter eingeläutet und damit der Welt den Ausblick in eine Zukunft im Zeichen Huxleys eröffnet, wie man ihn klarer und anschaulicher nicht finden wird. [...] (v 1985)

II. Literatur im „Medienverbund"

1. „Berlin Alexanderplatz" – Großstadt- und Montageroman

„Berlin Alexanderplatz" bietet ein faszinierendes Bild von Möglichkeiten, wie eine Geschichte in verschiedenen Medien zu verschiedenen Zeiten präsentiert wurde: als Roman, als Hörspiel, als Kino und als Fernsehfilm.

Alfred Döblin (1878–1957) wurde in Stettin geboren. Als er zehn Jahre alt war, verließ der Vater wegen einer anderen Frau die Familie und ließ seine fünf Kinder im Elend zurück. Für Döblin war das die „Vertreibung aus dem Paradies". Die Mutter ging mit den Kindern nach Berlin, Döblin konnte die höhere Schule besuchen und machte 1900 Abitur. Anschließend studierte er Medizin und ließ

1 Alfred Döblin (1878–1957): Berlin Alexanderplatz – Der Beginn
(Auszug)

Der bis heute bedeutendste Großstadtroman erzählt die Geschichte des ehemaligen Transportarbeiters Franz Biberkopf. Franz war vier Jahre in Tegel im Gefängnis, weil er seine Freundin Ida im Affekt totgeschlagen hat. Er wird entlassen und er hat sich vorgenommen, in Zukunft anständig zu sein. Am Beginn des Romans verlässt Franz Biberkopf das Gefängnis und fährt nach Berlin.

1 Die Trivialität (< lat. trivialis > frz. trivial = gewöhnlich, allbekannt): Gewöhnlichkeit, etwas ohne wertvollen Gehalt, etwas Plattes, Abgedroschenes, Seichtes, bis zum Überdruss Bekanntes

Erstes Buch

Hier im Beginn verlässt Franz Biberkopf das Gefängnis Tegel, in das ihn ein früheres sinnloses Leben geführt hat. Er fasst in Berlin schwer wieder Fuß, aber schließlich gelingt es ihm doch, worüber er sich freut, und er tut nun den Schwur, anständig zu sein.

Mit der 41 in die Stadt

Er stand vor dem Tor des Tegler Gefängnisses und war frei. Gestern hatte er noch hinten auf den Äckern Kartoffeln geharkt mit den Andern, in Sträflingskleidung, jetzt ging er im gelben Sommermantel, sie harkten hinten, er war frei. Er ließ Elektrische auf Elektrische vorbeifahren, drückte den Rücken an die rote Mauer und ging nicht. Der Aufseher am Tor spazierte einige Male an ihm vorbei, zeigte ihm seine Bahn, er ging nicht. Der schreckliche Augenblick war gekommen [schrecklich, Franze, warum schrecklich?], die vier Jahre waren um. Die schwarzen eisernen Torflügel, die er seit einem Jahre mit wachsendem Widerwillen betrachtet hatte [Widerwillen, warum Widerwillen], waren hinter ihm geschlossen. Man setzte ihn wieder aus. Drin saßen die Andern, tischlerten, lackierten, sortierten, klebten, hatten noch zwei Jahre, fünf Jahre. Er stand an der Haltestelle.

Die Strafe beginnt.

Er schüttelte sich, schluckte. Er trat sich auf den Fuß. Dann nahm er einen Anlauf und saß in der Elektrischen. Mitten unter den Leuten. Los. Das war zuerst, als wenn man beim Zahnarzt sitzt, der eine Wurzel mit der Zange gepackt hat und zieht, der Schmerz wächst, der Kopf will platzen. Er drehte den Kopf zurück nach der roten Mauer, aber die Elektrische sauste mit ihm auf den Schienen weg, dann stand nur noch sein Kopf in der Richtung des Gefängnisses. Der Wagen machte eine Biegung, Bäume, Häuser traten dazwischen. Lebhafte Straßen tauchten auf, die Seestraße, Leute stiegen ein und aus. In ihm schrie es entsetzt: Achtung, Achtung, es geht los. Seine Nasenspitze vereiste, über seine Backe schwirrte es. „Zwölf Uhr Mittagszeitung“, „B. Z.“, „Die neuste Illustrirte“, „Die Funkstunde neu“, „Noch jemand zugestiegen?“ Die Schupos[1] haben jetzt blaue Uniformen. Er stieg unbeachtet wieder aus dem Wagen, war unter Menschen. Was war denn? Nichts. Haltung, ausgehungertes Schwein, reiß dich zusammen, kriegst meine Faust zu riechen. Gewimmel, welch Gewimmel. Wie sich das bewegte. Mein Brägen[2] hat wohl kein Schmalz mehr, der ist wohl ganz ausgetrocknet. Was war das alles. Schuhgeschäfte, Hutgeschäfte, Glühlampen, Destillen. Die Menschen müssen doch Schuhe haben, wenn sie so viel rumlaufen, wir hatten ja auch eine Schusterei, wollen das mal festhalten. Hundert blanke Scheiben, lass die doch blitzern, die werden dir doch nicht bange machen, kannst sie ja kaputt schlagen, was ist denn mit die, sind eben blank geputzt. Man riss das Pflaster am Rosenthaler Platz auf, er ging zwischen den Andern auf Holzbohlen. Man mischt sich unter die Andern, da vergeht alles, dann merkst du nichts, Kerl. Figuren standen in den Schaufenstern in Anzügen, Mänteln, mit Röcken, mit Strümpfen und Schuhen. Draußen bewegte sich alles, aber – dahinter – war nichts! Es – lebte – nicht! Es hatte fröhliche Gesichter, es lachte, wartete auf der Schutzinsel gegenüber Aschinger zu zweit oder zu dritt, rauchte Zigaretten, blätterte in Zeitungen. So stand das da wie die Laternen – und – wurde immer starrer. Sie gehörten zusammen mit den Häusern, alles weiß, alles Holz.

Schreck fuhr in ihn, als er die Rosenthaler Straße herunterging und in einer kleinen Kneipe ein Mann und eine Frau dicht am Fenster saßen: Die gossen sich Bier aus Seideln[3] in den Hals, ja was war dabei, sie tranken eben, sie hatten Gabeln und stachen sich damit Fleischstücke in den Mund, dann zogen sie die Gabeln wieder heraus und bluteten nicht. Oh, krampfte sich sein Leib zusammen, ich kriege es nicht weg, wo soll ich hin? Es antwortete: Die Strafe.

Er konnte nicht zurück, er war mit der Elektrischen so weit hierher gefahren, er war aus dem Gefängnis entlassen und musste hier hinein, noch tiefer hinein.

Das weiß ich, seufzte er in sich, dass ich hier rin muss und dass ich aus dem Gefängnis entlassen bin. Sie mussten mich ja entlassen, die Strafe war um, hat seine Ordnung, der Bürokrat tut seine Pflicht. Ich geh auch rin, aber ich möchte nicht, mein Gott, ich kann nicht. [...]

(e 1929)

[1] Der Schupo = Schutzpolizist
[2] Der Brägen, Bregen (vgl. engl. brain = Gehirn): Tierhirn
[3] Das Seidel (< lat. situla = Eimer): Bierglas, Bierkrug; altes süddeutsches Flüssigkeitsmaß von 0,3 bis 0,5 l.

sich 1911 in Berlin als Kassenarzt für Neurologie nieder. Schon während des Studiums hatte er zu schreiben begonnen, mit den 1913 veröffentlichten Erzählungen *Die Ermordung einer Butterblume* wurde er zu einem der wichtigsten Vertreter des Expressionismus. Von 1915 an erschienen in rascher Folge seine großen Romane, die alle experimentellen Charakter haben, indem sie auf verschiedenen Stilebenen operieren. Sie erreichen in *Berlin Alexanderplatz* 1929 einen großartigen Höhepunkt. Gleichzeitig versuchte Döblin auch in die Tagespolitik einzugreifen (*Wissen und Verändern!* 1931). 1933 floh Döblin in die Schweiz und übersiedelte dann nach Paris. Er erhielt die französische Staatsbürgerschaft und kehrte 1945 als Offizier der Besatzungsmacht in das vom Faschismus befreite Deutschland zurück, um zu „jäten“, „was den Militarismus und den Nazigeist fördern will“. Aber er fand keinen Anschluss mehr an die deutsche Literatur, der beginnenden westdeutschen Restauration war er lästig.

1. Schreiben Sie in Gruppenarbeit die Zeilen 1–31 in ein Hörspiel um oder überlegen Sie, wie Sie den Romananfang verfilmen würden.

L **Großstadtroman**

Die Anonymität und die Unüberschaubarkeit der modernen Großstadt werden oft als bedrohend empfunden. Viele Autoren stellen Menschen mit ihren Erlebnissen, Erfahrungen, Konflikten, Hoffnungen, Sehnsüchten und Fragen im ruhe- und rastlosen Treiben der Welt- und Millionenstädte in den Mittelpunkt ihrer literarischen Darstellungen. Wegen seiner vielfältigen Gestaltungsmöglichkeiten zur Bewältigung einer oft immensen Stofffülle hat sich der Roman immer wieder als die geeignete Form erwiesen, z.B. für James Joyce (1882–1941): *Ulysses* (e 1922), John Dos Passos (1896–1970): *Manhattan Transfer* (e 1925), Döblin: *Berlin Alexanderplatz* bis hin zu *Hubert Fichte* (1935–1986): *Die Palette* (e 1968).

2. a) Beschreiben Sie in Partnerarbeit den Text mit Hilfe von Markierungen möglichst genau.

Beispiel:
Z. 1f.: „Franz [...] Straße“ = epischer Bericht
Z. 2: „ja [...] entdeckt“ = erlebte Rede
Z. 2–4: „warte [...] Verbrecherbande“ = innerer Monolog

b) Überlegen Sie, welche Möglichkeiten diese Montageform für die Umarbeitung in ein Hörspiel oder einen Film bietet.

Montage- oder **Collageroman**
In der *Filmtechnik* bezeichnet Montage (< frz. monter = hinaufbringen, aufstellen: Zusammensetzen, Aufstellen) die Verbindung zweier oder mehrerer Einstellungen durch einen Schnitt oder eine Blende. So bekommt jede Einstellung durch die gedankliche Verbindung ihre eigene Bedeutung. In der Literatur lassen sich durch die Anwendung filmischer Techniken, auch Rückblenden, Überblenden, szenische Gleichzeitigkeit etc., verschiedene Wirklichkeitsebenen sprachlich, stilistisch und inhaltlich verfremdend zusammenfügen. Der Autor kann so den Leser überraschen, ihn provozieren und durch Assoziationen zum Nachdenken anregen. Bis vor einigen Jahren wurden Montage und Collage (< frz. collage = das Leimen, das Ankleben: etwas, das aus ganz Verschiedenem zusammengesetzt ist) synonym verwendet, inzwischen hat sich der Begriff Collage durchgesetzt.

Das **Hörspiel** ist allein auf *akustische Mittel* (Sprache, Geräusche, Lautstärke und Musik) angewiesen. Die Handlung ist sehr konzentriert und abwechslungsreich auf ein paar Personen beschränkt. Zeitliche und räumliche Sprünge sowie innere Handlungen können durch die Mittel der Blende (Ein-, Aus- und Überblendung) und des Schnitts leicht vermittelt werden. Deshalb empfiehlt sich folgendes Vorgehen:
1. Entwerfen Sie ein Regiebuch, das die Besonderheiten des Hörspiels berücksichtigt.
2. Organisieren Sie die Geräte und die technischen Mittel, die Sie für die Aufnahme benötigen.
3. Produzieren Sie das Hörspiel und präsentieren Sie es bei einer passenden Gelegenheit, z.B. bei einem Schulfest (eventuell sogar mit einem Programmheft).

Bedenken Sie bei den Überlegungen zur **Verfilmung,** welche Möglichkeiten Ihnen durch die Visualisierung zusätzlich zum Hörspiel zur Verfügung stehen.

1. Vergleichen Sie Ihr Hörspiel mit dem Anfang des von Döblin verfassten Hörspiels.

2 Alfred Döblin: Berlin Alexanderplatz – Die Verfolgung (Auszug)

Franz Biberkopf, immer auf der Flucht vor seiner Vergangenheit, scheitert als Straßenhändler und als Zeitungsverkäufer. Magisch angezogen von Reinhold, einem skrupellosen Verbrecher, wird er, ohne dass er es will, in Verbrechen hineingezogen. Nach einem Einbruch, bei dem Franz, ohne es zu wissen, Schmiere gestanden hat, werden die Verbrecher von einem Auto verfolgt.

[...] Franz lacht lautlos weiter, er sieht nach rückwärts durch das kleine Autofenster auf die Straße, ja, das Auto verfolgt sie, sie sind entdeckt; warte, das ist ihre Strafe, und wenn ich selbst bei verschütt gehe, die sollen nicht mit mir umspringen, die Gauner, die Strolche, die Verbrecherbande.

Verflucht ist der Mann, spricht Jeremia, der sich auf Menschen verlässt. Er gleicht einem Verlassenen in der Steppe. Er weilt im Dürren auf salzigem Boden, der nicht bewohnt ist. Das Herz ist trügerisch und verderbt; wer mag es kennen?

Da hat Reinhold dem Mann gegenüber ein heimliches Zeichen gegeben, im Wagen wechselt Finsternis und Licht, es wird eine Jagd. Heimlich hat Reinhold seine Hand an den Türdrücker dicht neben Franz geschoben. Sie sausen in eine breite Allee ein. Franz sieht noch nach rückwärts. Er wird mit einmal an der Brust gepackt, nach vorn gezerrt. Er will aufstehen, er schlägt in Reinholds Gesicht. Der ist aber grausig stark. Der Wind braust in den Wagen, Schnee fliegt hinein. Franz wird schräg über die Ballen gegen die offene Tür gestoßen, er greift schreiend nach Reinholds Hals. Da fährt ein Stockhieb von der Seite auf seinen Arm. Der Zweite im Wagen versetzt ihm einen schiebenden Stoß gegen die linke Hüfte. Von den Tuchballen herunter wird Franz durch die offene Tür liegend geschoben, er klammert sich mit den Beinen an, woran er kann. Seine Arme halten den Wagentritt umschlungen.

Da trifft ihn ein Stockschlag auf den Hinterkopf. Gebückt über ihm stehend wirft Reinhold den Körper auf die Straße. Die Tür knallt zu. Das Verfolgerauto braust über den Menschen. Die Jagd geht im Schneetreiben weiter. [...] (e 1929)

Franz verliert beim Sturz aus dem Auto einen Arm und kommt zu dem Schluss, dass es sich in dieser Welt nicht lohne, anständig zu bleiben. Er sucht und findet eine „Braut“, wird ihr Zuhälter und verstrickt sich immer mehr in kriminelle Aktivitäten. Reinhold aber erwürgt das Mädchen Mieze bei dem Versuch, sie zu vergewaltigen. Franz wird als Verdächtiger verhaftet, bricht zusammen und landet in der Irrenanstalt. Nach dem Prozess, der die Wahrheit ans Licht bringt, entsteht aus dem Gespräch mit dem Tod der „neue“ Mensch Franz Biberkopf. Das Ende des Romans bleibt offen.

2. „Berlin Alexanderplatz“ – Ein multimediales Ereignis

Die Erfindung und die weiteren Entwicklungen von Film, Rundfunk und Fernsehen boten zahlreiche Möglichkeiten, die Geschichte von Franz Biberkopf in Berlin zu erzählen und dem Publikum zu zeigen. Durch die Montagetechnik hatte Döblin bereits die Möglichkeiten des Hörspiels und des Filmes angelegt.

1 Alfred Döblin (1878–1957): Die Geschichte vom Franz Biberkopf (Auszug)

Das Hörspiel beginnt mit einem Dialog zwischen einer „Stimme“, die sich als Satan zu erkennen gibt, und Hiob, der aufgefordert wird, sich aus seinem Leid selbst herauszuhelfen. Auf Hiobs Feststellung: „Ich kann nicht.“, antwortet die „Stimme“: „Du musst.“ Die Szene wechselt zum folgenden Ausschnitt.

[...] *Harmonika, Autotuten*

VERSCHIEDENE STIMMEN. B. Z. am Mittag, die Zwölfuhrmittagzeitung, die neusten Schlager, Gigolo, mein kleiner Gigolo, meine Dame kaufen Sie Fische, Fische sind preiswert, Fische enthalten viel Phosphor, so, wozu braucht man Phosphor, ist doch giftig, Sie meinen Streichhölzer, nee Streichhölzer brauchen Sie nicht zu lutschen, Fische sind nahrhaft, esst Fisch, dann bleibt ihr schlank gesund und frisch, Damenstrümpfe, echt Kunstseide, Sie haben hier einen Füllfederhalter mit prima Goldfeder, anlackiert, ick sage Gold, vielleicht lackiere ich Ihnen eine runter.

FRANZ BIBERKOPF. Herrschaften treten Sie näher, Fräulein Sie auch mit dem Herrn Gemahl, Jugendliche haben Zutritt, für Jugendliche kostets nicht mehr, warum trägt der feine Mann im Westen Schleifen und der Prolet trägt keine?

STIMME. Fabisch Konfektion, gediegene Verarbeitung und niedrige Preise sind die Merkmale unserer Erzeugnisse.

FRANZ. Warum trägt der Prolet keine Schleifen? Weil er sie nicht binden kann. Da muss er sich einen Schlipshalter zu kaufen, und wenn er den gekauft hat, ist er schlecht und er kann den Schlips noch immer nicht binden. Das ist Betrug, das verbittert das Volk, das stößt Deutschland noch tiefer ins Elend, wo es schon drin ist.

SPRECHER. Der Mann, den ihr hier sprechen hört –

FRANZ. Warum hat man früher diesen großen Schlipshalter nicht getragen? Weil man sich keine Müllschippe an den Hals binden will, das will weder Mann noch Frau, das will nicht mal der Säugling, wenn er reden könnte.

SPRECHER. – ist Franz Biberkopf.

FRANZ. Man soll drüber nicht lachen, Herrschaften, lachen Sie nicht, wer weiß, wat in son klein Kinderkopf vorgeht, ach Jott, das liebe Köppchen und die lieben Härchen.

SPRECHER. Er hat ein wildes Leben geführt, Zement- und Transportarbeiter ist er gewesen, dann hat er zu trinken angefangen.

FRANZ. Herrschaften, wer hat heutzutage Zeit sich morgens einen Schlips umzubinden und gönnt sich nicht lieber die Minute Schlaf? Wir brauchen alle Schlaf, weil wir viel arbeiten müssen und wenig verdienen. Ein solcher Schlipshalter erleichtert Ihnen den Schlaf.

SPRECHER. Er ist ins Trinken gekommen, seiner Freundin hat er die Rippen zerschlagen, vier Jahre hat er wegen Totschlag in Tegel gesessen.

FRANZ. Jehn Sie weg vom Damm, junger Mann, sonst überfährt Sie ein Auto, und wer soll nachher den Müll wegfegen?

SPRECHER. Aber in Tegel ist ihm ein Seifensieder aufgegangen und er hat gesagt: Es soll jetzt aus sein mit dem Lumpen und Saufen, er hat geschworen anständig zu sein, darum hört ihr ihn jetzt am Rosenthaler Platz ausrufen und schrein.

FRANZ. Sie geben Ihr Geld für viel Dreck aus. Da haben Sie die Ganoven im Krokodil gesehn, vorne gab es heiße Bockwurst, hinten hat Jolly gelegen im Glaskasten, und die Schokolade haben sie ihm durch die Kabelröhre durchgeschoben. Hier kaufen Sie ehrliche Ware, Herrschaften, Gummi gewalzt, ein Stück 20, drei 50.

MECK *(Pfiff)*. Franz, Achtung Polente.

FRANZ. Meck, Junge, seh ick dir ooch wieder.

MECK. Polente, Franz, der Grüne.

FRANZ. Wat heißt hier Polente, ick hab mein Schein.

MECK. Wat haste?

FRANZ. Jawoll, kleenes Meckchen, Meckmeckziegchen, haben wir. Franz isn Gewerbetreibender, da, Reichsverband ambulanter Gewerbetreibender, ambulant sind wir, verstehste. Ein Stück 20 Pfennig, drei 50. [...] (v 1930)

2. a) Erstellen Sie in Partnerarbeit eine Tabelle auf Folie, in der Sie den Anfang des Hörspiels von Döblin mit dem Anfang seines Romanes vergleichen.

Roman (S. 468f.)	Hörspiel
– epische Grundstruktur – Weg Biberkopfs in die Stadt – Montagestruktur wird erkennbar – epischer Bericht (Z. 5ff.) – innerer Monolog (Z.22) – ...	– dialogische Struktur – Biberkopf als Gewerbetreibender in Berlin – andere Personen treten auf (Z. 2ff.) – ...

b) Suchen Sie nach Gründen für Gemeinsamkeiten und Unterschiede.
c) Fassen Sie die Aspekte zusammen, die medienbedingt sind. Beziehen Sie Ihre Überlegungen zur Verfilmung des Romananfanges mit ein.

2 Phil Jutzi (1896 – 1946): Standbilder aus „Berlin Alexanderplatz" (1931)

3. Rekonstruieren Sie in arbeitsteiliger Gruppenarbeit anhand der vier Bilder die entsprechende Drehbuchsequenz. Beschreiben Sie kurz die Szene und machen Sie Angaben zu Dauer, Kameraeinstellung, Inhalt, möglichem Live- und etwaigem Off-Ton.

3 Rainer Werner Fassbinder (1945–1982): Drehbuch zu „Berlin Alexanderplatz“ (1980) (Auszug)

Günther Lamprecht als Franz Biberkopf in der Verfilmung von R. W. Fassbinder

1 TITEL–TRICK

Die Einstellungen 1–29 sind eine Fotomontage aus Berliner Bildern der Jahre 1919–1930. Die Bilder werden verbunden durch die Räder einer Straßenbahn, auch Originalaufnahmen aus der Zeit. Musikalisch wird diese Montage, auf die die Titel kommen und die vor jeder Folge laufen soll, unterlegt von einem von Richard Tauber gesungenen Lied von Franz Lehár aus der Operette Juditha „Freunde, das Leben ist lebenswert“, und zwar soll es so sein, wie wenn man an einem Sonntagnachmittag durch eine Straße geht, aus sehr vielen Zimmern, Wohnungen, Häusern rechts und links dasselbe Wunschkonzert hört, das auf diese Art aber jegliche Heimeligkeit verliert, im Gegenteil unheimlich und befremdend wirken soll.

2 TEGEL

30. Das Zuchthaus Tegel, bedrohlich als Klotz, die Musik hört langsam auf und geht in einen ganz realistischen Straßenlärm, eher etwas zu leise, über. Die Kamera fährt nach unten, bekommt einen Gemüsestand ins Bild, wo gerade eine Frau bezahlt, Geld zurückbekommt, sich umdreht. Mit der weggehenden Dame fährt die Kamera wieder nach oben, und das Zuchthaus, das die Kamera gerade eben verloren hatte, als sie etwas Verkehr und Menschen, die müde durch die Straßen gelaufen sind, gesehen hat, wird wieder bedrohlich wie zuvor.

31. Im Gefängnis, zwar innerhalb der Mauern, aber außen Fahrt neben Franz Biberkopf und einem Gefängnisbeamten. Biberkopf ist eher bedrückt, der Gefängnisbeamte desinteressiert. Sie kommen zum Pförtner.

BEAMTER: Biberkopf, Franz. Entlassung. Hier sind die Papiere.

Er übergibt dem Pförtner Papiere, der Pförtner zeichnet ab.

32. (groß) Franz Biberkopf, der sehr erstaunt dem Beamten zuschaut.

33. (groß) Der Beamte, der vom unterschreibenden Pförtner zu Franz Biberkopf schaut und ihm zuzwinkert.

34. (nah) Franz, er versucht ein Lächeln, aber das Lächeln missglückt ihm.

35. (alle drei amerikanisch) Der Pförtner übergibt dem Beamten das unterschriebene Papier.

BEAMTER: Danke *(zu Biberkopf)* und viel Spaß auch.

Dann geht der Beamte weg, die Kamera fährt entgegengesetzt, so dass nur noch der Pförtner und Biberkopf im Bild sind.

PFÖRTNER: Jaja –

Kopfschüttelnd geht der Pförtner zur Tür und öffnet sie. Biberkopf sieht nach draußen, die Kamera fährt auf ihn zu bis sehr groß. Die Geräusche, der Verkehrslärm werden während der Fahrt unerträglich laut, so dass Franz sich die Ohren zuhalten muss.

Der Serientitel:

1. Die Strafe beginnt.

36. Halbnah von draußen die geöffnete Pforte. Biberkopf, der nach draußen schaut, dahinter der Pförtner. Spontan dreht Biberkopf sich um und will wieder zurücklaufen. Die Kamera fährt nach.

PFÖRTNER: He!

37. Schnitt in die Drehung von Franz, der sich zurückdreht.

FRANZ: Ja?

38. Totale, hinter Franz, der Pförtner kommt auf ihn zu, die Kamera fährt langsam auf die beiden zu, der Pförtner geht um Franz herum, wobei die Kamera entgegengesetzt fährt.

PFÖRTNER: Is was?

FRANZ: Wieso?

PFÖRTNER: Hast Angst?

Biberkopf zuckt mit den Achseln.

39. (amerikanisch beide) Der Pförtner klopft Biberkopf auf die Schulter.

PFÖRTNER: Musst keine Angst haben. Den meisten gehts jetzt nicht gut. Da fällt einer mehr oder weniger gar nicht auf. Hasts besser jetzt, wenn du raus kommst, wie andere früher.

40. Franz erblickt das geöffnete Tor (halbnah), die Kamera fährt auf das Tor zu, dabei die Geräusche wieder unerträglich laut.

41. Franz und der Pförtner. Sie gehen auf das Tor zu. Fahrt vor ihnen.

PFÖRTNER: Warn doch bloß vier Jahre.

Franz nickt.

PFÖRTNER: Was ist das schon vier Jahre. Vier Jahre ist gar nichts, vier Jahre, mein Gott, da haben andre ganz andere Zeiten abgesessen.

Der **Film** ist zunächst nichts als die technische Möglichkeit, die von Erscheinungen der Außenwelt ausgehenden Lichtwirkungen zu fixieren. Film ist also *„Licht-Spiel“*, Spiel mit Lichtwirkungen. Dadurch ist Film immer Abbild von etwas real Bestehendem, seine Wirkung kann allein aus dem Bild kommen. Dieses Bild ist aber auch immer Bildfolge, nicht Einzelbild, er gibt also immer einen Vorgang, einen Geschehnisablauf wieder. *Gestaltungselemente* des Films sind daher:
1. das Bild, das bestimmt wird durch die **Perspektive der Kamera** (Vogel-, Froschperspektive, Augenhöhe) und die Einstellungsgröße (Totale, „Normale“, Großaufnahme etc.):

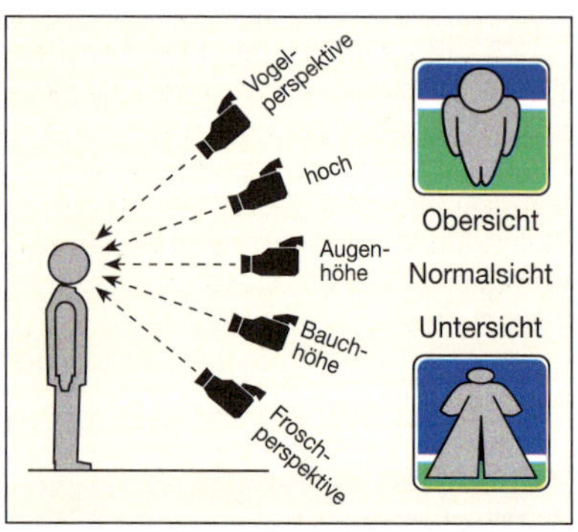

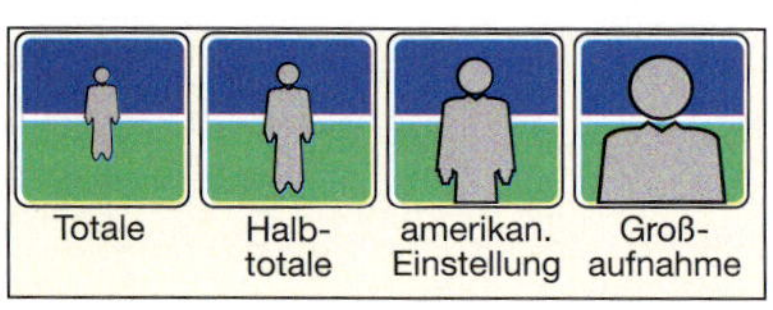

Aber wieder bleibt Franz vor der geöffneten Pforte stehen, traut sich nicht hinaus. Da geht der Pförtner an ihm vorbei zur Tür raus und dreht sich wieder zu ihm um.

42. Der Pförtner (nah), Schnitt in die Drehung.

PFÖRTNER: Siehst du, so einfach ist das. Man geht einfach über die Schwelle.

PFÖRTNER: Ist doch ganz einfach, oder?

43. Franz (nah), er versucht zu lächeln und nickt.

44. Der Pförtner geht wieder hinein, klopft dem Franz noch einmal auf die Schulter, und fast ist es, als würde er ihn nach draußen schieben. Fahrt auf die beiden zu, bis Franz sehr groß ist.

PFÖRTNER: So und jetzt probierst du es mal selber.

45. Franz blickt auf die Straße, es ist nichts Besonderes los, kein besonderer Verkehr, ein paar Leute gehen herum, einmal fährt ein Auto vorbei, es ist ein ganz gewöhnlicher Nachmittag.

46. (amerikanisch) Franz und der Pförtner.

PFÖRTNER: Das Wichtigste ist, du darfst dich nicht umdrehn, wenn du weggehst. Ist nur ein Aberglaube und hat auch meistens nichts genützt, aber machen muss mans trotzdem so.

FRANZ: Aber wenn es doch nichts nützt.

PFÖRTNER: Wer weiß schon, was wann nützt und wem, das weiß keiner. Ist ein Gesetz. Wenn einer rausgeht, dreht er sich einfach nicht um, damit er nicht wiederkommen muss. Dass die Meisten dann doch wiederkommen, das muss ein Geheimnis sein, da schaut keiner dahinter von unsereins.

FRANZ: All diese Menschen, und dann die Stadt und die Welt und ich ...

Wieder dreht er sich um, aber der Pförtner lässt ihn nicht hinein.

PFÖRTNER: Jetzt mach keine Schwierigkeiten, Junge. Du wirst dich schon wieder zurechtfinden. Hast doch Freunde, oder?

47. Der Pförtner angeschnitten. Franz nah, er schaut erstaunt auf.

FRANZ: Freunde?

PFÖRTNER: Na ja!

48. Beide von draußen, dann dreht sich Franz plötzlich um und geht aus dem Bild.

PFÖRTNER: Na endlich. Und vergiss nicht, dass du dich nicht umdrehen darfst. [...]

(v 1980)

Beispiel:
Alfred Döblin: „Berlin Alexanderplatz“

Romananfang (1929)	Hörspielanfang (1930)	Jutzi-Verfilmung (1931)	Fassbinder-Verfilmung (1980)
– breite, ausschmückende Darstellung von Biberkopfs Weg in die Stadt – Montagestruktur wird erkennbar: epischer Bericht (Z. 5ff.) innerer Monolog (Z. 26ff.) **Fazit:** – Roman mit mehreren hundert Seiten – episch breit angelegt – Leser wird zum Ko-Autor, d.h. seine Realität mischt sich mit der des Autors. – ...	– dialogische Struktur – Biberkopf als Gewerbetreibender in Berlin – andere Personen treten auf (z. 2ff.) – unterstreicht Biberkopfs Unsicherheit – ...	– Biberkopfs Entlassung aus dem Gefängnis – Zögern wird durch Musik herausgestellt – subjektive Kameraeinstellung – ...	– ... – ...

2. die Bildfolge als **Bewegung der Kamera** (Fahrt, Zoom):

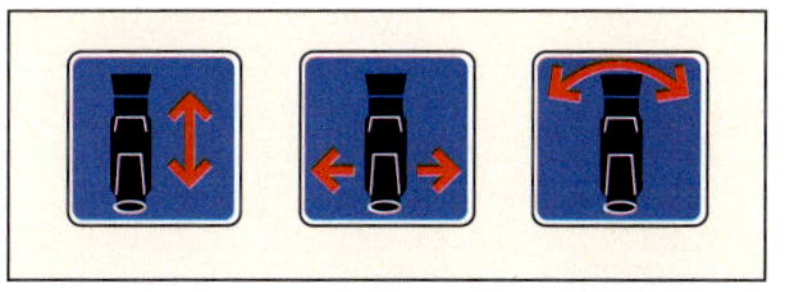

3. die Sequenz als Ergebnis der **Montage** von Einzelbildern und Bildfolgen. Durch die Montage (Schnitt) erhält der Film seinen Rhythmus, seinen „Charakter“. Es ist also durchaus berechtigt zu sagen, der Filmschnitt sei die eigentlich schöpferische Leistung des Films. Pudowkin (ein russischer Filmtheoretiker der Zwanzigerjahre) unterscheidet *fünf Montagemöglichkeiten:* Kontrast, Parallele (als vergleichbarer Geschehensablauf), Symbolismus (Kombination von an sich Unzusammengehörigem zur Erzeugung eines bestimmten Eindrucks), Gleichzeitigkeit (Ineinander verschiedener Vorgänge), Leitmotiv (Wiederholung eines bestimmten Bildes oder einer Bildfolge). Im modernen Film, mit der Möglichkeit mehrere Kameras gleichzeitig einzusetzen, findet wieder eine Rückkehr zu der von der Spielhandlung her gedachten „Szene“ statt; die Montage verliert dadurch ihre gestalterische Bedeutung.

4. a) Beschaffen Sie sich Informationen über Leben und Werk von Phil Jutzi und Rainer Werner Fassbinder (z.B. im Internet unter www.deutschesfilminstitut.de) und sprechen Sie darüber, ob aus den Biografien das Interesse an „Berlin Alexanderplatz“ verständlich wird.
b) Vergleichen Sie Fassbinders Filmanfang mit dem von Jutzi, mit dem des Hörspiels und mit dem Beginn des Romans. Fassen Sie Gemeinsamkeiten und Unterschiede in einer Tabelle zusammen. Verwenden Sie die o.a. Folie und beachten Sie besonders die Unterschiede, die medienbedingt sind.

Erarbeiten Sie einen Plan, wie Sie mit „Berlin Alexanderplatz“ im Medienverbund ein **Projekt** organisieren und durchführen können. Thema könnte z.B. sein: Ein Deutschkurs der Klassenstufe 13 präsentiert „Berlin Alexanderplatz“ bei einem Schulfest.

III. Ein Ausschnitt der Wirklichkeit im Nahblick

1. www.berlin.de – Die Hauptstadt im Netz

Die technische Entwicklung erlaubt heute nicht nur das Empfangen von Informationen, sondern auch das Publizieren. PCs sind heute in weiten Teilen der Arbeitswelt, in Schulen und in Privathaushalten selbstverständlich mit einem Zugang zum Internet und seinen Diensten – E-Mail, Chat, Newsgroups etc. – versehen. Die immer größer werdende Daten- und Informationsflut wird diese Entwicklung in den kommenden Jahren forcieren.

1 Die Homepage

1. a) Berlin: Notieren Sie spontan, was Ihnen für eine Homepage der Hauptstadt wichtig erscheint.
b) Beschreiben Sie dann den Aufbau der Homepage der Stadt Berlin.

2. Vergleichen Sie die Homepage Berlins mit anderen „Stadtansichten". Wählen Sie dazu in arbeitsteiliger Gruppenarbeit andere Großstädte (München, Frankfurt, Dresden, London, Rom, New York etc.) und Kleinstädte bzw. Gemeinden in Ihrer Nähe.

3. a) Bereiten Sie mit Hilfe des Internets das Programm für eine einwöchige Studienfahrt Ihres Kurses nach Berlin vor. Arbeiten Sie in Gruppen und verwenden Sie die Methode der Wochenplanarbeit.
b) Erstellen Sie zu Ihren einzelnen Programmpunkten einen Reader für jeden einzelnen Schüler (z.B. mit Stadtplan, Sehenswürdigkeiten, Busverbindungen etc.).

Die Wochenplanarbeit:
Legen Sie zunächst gemeinsam die Themenbereiche fest und stellen Sie dann für die nächsten Unterrichtsstunden einen möglichst genauen Plan nach Vorhaben und Zeit auf.
Themen könnten sein:
- Anreisemöglichkeiten
- Unterkunft
- Essens- und Einkaufsmöglichkeiten
- Ausstellungen
- Kino-, Theater-, Konzertprogramme
- Vorträge
- Ausflugsmöglichkeiten

Ein *Plan* für die Gruppe *Programme* könnte so aussehen:

Wochenplan Gruppe *Programme*

Namen: Katharina, Simon, Antonia, Julian, Franziska, Veronika

Montag, 4. Stunde: Recherche im Internet (Berlin.de, Google.de etc.)
Dienstag, 2. Stunde: Auswertung der gefundenen Materialien
Mittwoch, 3. Stunde: Erarbeiten von Vorschlägen, Vorbereiten von deren Präsentation
Freitag, 1. Stunde: Präsentation und Diskussion unserer Vorschläge
Montag, 4. Stunde: Über Internet Vorbestellung von Karten für die ausgewählten Veranstaltungen
Dienstag, 2. Stunde: Präsentation des endgültigen Abendprogramms der Studienfahrt

Wochenplanarbeit eignet sich besonders gut dazu, Schülerinnen und Schülern einen frühen Überblick zu geben bzw. sie selbst eine Übersicht erstellen zu lassen über das, was sie erarbeiten sollen. Bei der Planung über mindestens eine Woche ist es möglich, die Lernarbeit weitgehend selbstständig und frei zu gestalten. Wichtig ist die Absprache über vorgesehene Ziele und Inhalte sowie den Zeitplan. Die Entscheidung darüber, wann sich wer womit beschäftigt, liegt bei den Schülerinnen und Schülern. Wichtig ist, dass es über die Organisation der eigenen Aufgabe hinaus zu Absprachen über die Organisation der Arbeit der Klasse kommt. So muss man z.B. Abmachungen über die Nutzung verschiedener Medien treffen, etwa den Computerraum. Die Pläne sollten in der Klasse bekannt gegeben werden, z.B. auf Wandzeitungen.

Beispiel: **Berlin – aktuelle Homepage und Romanauszug**

Homepage (2002)	Berlin Alexanderplatz (1929)
– Mischung verschiedener Textarten: Bilder, Werbetexte, Sachtexte... – enthält zahlreiche Links – immer aktuell – ...	– Roman: fiktionaler Text – Stadt als Lebensraum und Mitspieler – Franz Biberkopf als Beispiel für den Lebensablauf in der Stadt – ...

Fazit: Das Medium *Internet* bietet dem Benutzer völlig andere Möglichkeiten als der Roman: Aktualität, Vielschichtigkeit, ...
Aber: Die Seiten sind unübersichtlich, der Inhalt ist oft beliebig und kurzlebig, ...

4. a) Notieren Sie stichwortartig Probleme, die Sie im Umgang mit dem Internet gesehen haben, und erläutern Sie diese.
b) Recherchieren Sie im Internet und im Buch, z.B. mit Hilfe des Sach- und Methodenregisters, zum Thema „Großstadtliteratur". Vergleichen Sie Ihre Ergebnisse miteinander und sprechen Sie über Gemeinsamkeiten und Unterschiede.

5. Vergleichen Sie die Homepage von Berlin mit den Texten über Berlin (S. 468ff). Erarbeiten Sie in arbeitsteiliger Gruppenarbeit Aussagen über Berlin und stellen Sie diese einander gegenüber.

2 Recherche im Internet

Wer Wissen erwerben und Kompetenzen entwickeln will, muss sich informieren. Noch vor kurzer Zeit konnte man sich mit einer soliden schulischen oder beruflichen Ausbildung den Grundstock für das gesamte Berufsleben erwerben. Das hat sich in den letzten Jahrzehnten geändert. Die Quantität und das Tempo der Informationsflut haben sich enorm erhöht. Die Halbwertszeit vieler Wissensgebiete hat sich entsprechend verkürzt. Die Entwicklung der elektronischen Datenverarbeitung ermöglicht es, die immer größer werdende Informationsflut zu verarbeiten. Man kann aber leicht in dieser Menge ertrinken, d.h. man verbringt ungeheuer viel Zeit im Internet und weiß nicht, woher Daten kommen und wie die ankommende Informationsflut einzuschätzen und zu bewerten ist. Die Links (die anklickbaren Verbindungen zu anderen Themen) verführen den User, in ungewollte und irrelevante Gebiete abzudriften. Dieser Verlockung kann man widerstehen, wenn man sich z.B. auf den Kern der Suchanfrage konzentriert. Denn Informationen müssen zu Wissen verarbeitet werden, sie sind kein Zweck an sich. Ermittelte Informationen müssen reflektiert, d.h. auf- und nachbereitet sowie eventuell miteinander verglichen werden. Deshalb ist es notwendig, sich an einige Grundregeln zu halten:

- Informationen, die im Netz recherchiert werden, sind allenfalls als (kurzfristige) Bausteine zu betrachten.
- Man muss vorher genau wissen, was man suchen will. So wird z. B. die Adresse „alexanderplatz.de" wegen ihres allgemeinen Charakters nicht zu Döblins Roman führen.
- Es ist hilfreich, wenn man statt Fantasiebegriffen (doeblin.de) Suchmaschinen benutzt (Google, Yahoo, Altavista etc.).
- Das Gefundene muss nach wertvollem und wertlosem Material getrennt werden. Man muss sich fragen, was dient meinem Erkenntnisinteresse, was nicht. So sind z. B. die „Veranstaltungstipps" auf der Homepage der Stadt Berlin interessant für die Planung einer

Hinweise für Internet-Nutzer:
– Setzen Sie jedes Thema in geeignete Schlagworte um.
– Beschränken Sie sich auf den tatsächlichen Kern der Suchanfrage.
– Widerstehen Sie der Verlockung, Links anzuklicken, die zwar angeboten werden, die aber offensichtlich nichts mit Ihrem Thema zu tun haben.
– Grenzen Sie die Suche ein durch eine nähere Bestimmung des Wissensgebiets, der Verfasser, der Adressaten, des Ortes und der Zeit.
– Prüfen Sie die Seriosität des Betreibers (Name, URL) und des Autors (Publikationen, E-Mail, Homepage).
– Achten Sie auf die Aktualität, die Art der Bearbeitung usw.
– ...

6. a) Exzerpieren Sie in Partnerarbeit die wesentlichen Informationen des Textes.
b) Ergänzen Sie Aspekte, die Ihnen zusätzlich wichtig sind.

7. Entwerfen Sie für Unterstufenschüler „Verfahrensweisen und Tipps für Internetanfänger".

Studienfahrt. Man spart viel Zeit, wenn man sich bei der Recherche auf die in Frage kommende Zeit beschränkt.

- Man muss die Glaubwürdigkeit der Quellen prüfen (Universitäten sind z. B. sehr zuverlässig, kommerzielle Anbieter [etwa .com-Adressen] vertreten handfeste Geschäftsinteressen).
- Intensive Textarbeit wird zeigen, dass eine aufwendig gestaltete Seite oft die inhaltlichen Erwartungen nicht erfüllt.
- Ein aus dem Netz geladener Artikel sollte grundsätzlich kritisch geprüft und keinesfalls als eigenständiges Werk (Referat) „verkauft“ werden; denn jeder kann im www veröffentlichen, was er will.

2. Wie orientieren wir uns? – Die multimediale Informationsgesellschaft

Den Umgang mit dem Internet kann man lernen. Die ungeheure Informationsflut zwingt zu Reduktion und Auswahl, wenn man nicht Stunden am PC vergeuden will. Fachleute weisen auf den Nutzen des Internets als Werkzeug hin, warnen gleichzeitig aber vor Mystifizierung und Missbrauch.

1 Esther Dyson (*1951): Release 2.0 – Die Internet-Gesellschaft (Auszug)

Warum das Net wichtig ist

Das Internet führt kein unabhängiges Dasein. Es ist nur insofern von Bedeutung, als die Menschen sich seiner bedienen, um zu kommunizieren, geschäftlich miteinander zu verkehren und Gedanken auszutauschen, nicht jedoch als mystische Einheit unabhängig von diesen Zusammenhängen. Es ist ein mächtiges Werkzeug, um lokale Ökonomien in die Weltwirtschaft zu integrieren und ihnen Präsenz in der Welt zu verschaffen. Sein Einfluss – die weit verbreitete Verfügbarkeit zweiseitiger elektronischer Kommunikationswege – wird unser aller Leben verändern. Das Internet wird den Zentralregierungen, Massenmedien und Großkonzernen einen Teil ihrer Macht entwinden. Schon jetzt erstreckt sich das Net über traditionelle nationale Grenzen hinweg, Entfernungen spielen fast keine Rolle mehr. Das Internet operiert in der realen Zeit, doch Menschen in verschiedenen Zeitzonen können trotzdem leicht miteinander kommunizieren. Dabei werden die frustrierenden[1] Kommunikationsprobleme vermieden, die als Folge nicht weitergereichter oder verhunzter Telefonnachrichten, unleserlicher oder fehlgeleiteter Faxmitteilungen aufkommen. Gleichwohl muss das – nur theoretisch raumlose – Net mit nationalen Regimen, kulturellen und sprachlichen Unterschieden sowie den Realitäten der physikalischen Infrastruktur koexistieren. Diese digitale Welt ist ein neues Terrain. Sie kann eine Quelle unerhörter Produktivität sein, aber auch Unterschlupf für bedrohliche Terroristen oder Hort für ungehinderte Lügen, Betrügereien und Gemeinheiten. Für traditionelle Regierungen ist es so gut wie unmöglich, hier regulierend einzugreifen; und doch kommt man ohne ein Regelwerk nicht aus, am besten ein solches aus den eigenen Reihen – selbst wenn dann radikale Freigeister Zeter und Mordio schreien.

Das Internet verleiht Individuen große Macht: die Möglichkeit, sich weltweit Gedanken oder Informationen über fast alles zu verschaffen. Dies schließt freilich auch die Möglichkeit ein, weltweit Lügen zu verbreiten, geheime Daten über Freund und Feind herauszufinden sowie potienzielle Opfer für Betrug, Kindesmissbrauch oder andere Vergehen und Belästigungen zu finden. Je umfassender indes die Möglichkeiten der Menschen werden, ihre Rechte auszuüben oder zu missbrauchen, desto größere Verantwortung müssen sie zeigen: für ihre eigenen Aktionen, aber auch für die Welt, die sie dadurch mitgestalten. [...]

(v 1997)

1. a) Beschaffen Sie sich Informationen über die Autorin.
b) Lesen Sie den Text sorgfältig und notieren Sie ein erstes Verständnis, mögliche Fragen, Hinweise etc. Verwenden Sie beim Lesen Textmarkierungen (vgl. S. 78) und ergänzen Sie die Vorschläge.
c) Untersuchen Sie in Partnerarbeit, wo die Verfasserin informiert, wo sie argumentiert und wo sie Beispiele bringt (mit Zeilenangaben).

Informationen	Argumente, Wertung	Beispiele

2. Entwerfen Sie aus Ihrer Interneterfahrung heraus einen Antwortbrief an Esther Dyson und schicken Sie ihn interaktiv an folgende E-Mail-Adresse: edyson@edventure.com.

2 Clifford Stoll (*1951): LogOut – Warum Computer im Klassenzimmer nichts zu suchen haben (Auszug)

[...]

Was für Jobs wird es im Jahr 2100 geben? Was für eine Überraschung: Es sind fast dieselben wie heute. Es gibt Zahnärzte, Lastwagenfahrer, Chirurgen, Balletttänzer, Verkäufer, Entertainer und Schullehrer. In hundert Jahren wird es immer noch Leinwandstars, Leichenbestatter, Gärtner, Forstbeamte und Polizeikommissare geben. Dazu Rechtsanwälte und Politiker – obwohl wir uns etwas Anderes erträumen könnten.

[1] frustrieren (< lat. frustrare = vereiteln): vereiteln, behindern, täuschen

Das Merkwürdige an all diesen Berufen ist, dass man für keinen von ihnen Computer braucht. Ein Zahnarzt muss vor allem Zähne in Ordnung bringen und erhalten – und das mit so wenig Schmerzen für den Patienten wie möglich. Diese Fähigkeiten kann man nicht von einer Website herunterladen. Wer würde schon zu einem Zahnarzt gehen, der seine „Erfahrungen" mit Wurzelkanälen von einer Multimedia-CD-ROM hat?

Ein guter Zahnarzt muss noch etwas Anderes können: Sowohl im Jahr 2000 als auch 2100 muss er Glaubwürdigkeit und Vertrauen vermitteln, etwa indem er beruhigend auf die Schulter klopft: „Wenn die Wirkung des Novocain nachlässt, wird Ihr Zahn möglicherweise etwas weh tun, aber in einer Woche wird alles in Ordnung sein. Glauben Sie mir!"

Glaubwürdigkeit und die Fähigkeit, Vertrauen zu vermitteln, konnte man noch nie aus dem Internet beziehen, und auch in hundert Jahren wird man die Fähigkeit, mit Leuten umzugehen, nicht am Computer lernen können. Ganz im Gegenteil: Die Stunden, die man im Internet surft, sind Stunden, in denen unsere Fähigkeiten, mit anderen umzugehen, eher verkümmern. Wer eine Welt mit voneinander isolierten Menschen will und eine Gesellschaft, in der die Menschen nicht miteinander auskommen, für den ist es das Beste, die Kinder in den Cyberspace abzuschieben und ihnen zu sagen, sie sollen nur noch elektronisch miteinander Kontakt aufnehmen. Heute wird kaum jemand entlassen, weil er nicht gut genug mit Computern umgehen kann, man verliert seinen Job eher, weil man mit den Kollegen nicht klarkommt. Wie heute werden auch die Jobs in der Zukunft ihre Fähigkeiten erfordern – und in jeder Minute, die wir an der Tastatur sitzen, verkümmern diese Fähigkeiten.

Es ist so gut wie sicher, dass die Welt im Jahr 2100 immer noch Installateure brauchen wird. Ich kann mir nicht vorstellen, dass die Verstopfung der Toilette per Mausklick auf ein Icon im Internet behoben werden wird. Wo werden die Installateure im 22. Jahrhundert ihr Handwerk lernen?

Um San Francisco herum bekommen heute Web-Programmierer 40 oder 50 Dollar die Stunde, also einen ganz ordentlichen Lohn. Aber Installateure bekommen mehr als das Doppelte! Wie kommt das? Einer der Gründe sind die höheren Unkosten: Der Installateur braucht ein Auto voller Werkzeuge, der Programmierer nur einen Computer und einen Telefonanschluss. Ein weiterer Grund ist, dass die Hilfe des Installateurs schnell kommen muss: Man kann ganz gut einen Monat ohne Computer leben, aber wenn der Küchenabfluss verstopft ist, muss sofort geholfen werden. Und dann gibt es noch einen Grund für die Lohndifferenz, der gern übersehen wird: Fast jede Schule bietet Computerunterricht, und fast keine unterrichtet ein Handwerk wie das Reparieren von Autos, das Schreinern von Schränken oder die Installation von Rohren. Wen brauchen wir nötiger: noch einen weiteren Programmierer oder einen kompetenten Mechaniker? Heutzutage setzt man fast jeden vor einen Computer. Mir ist es aber egal, ob mein Klempner eine fantasievolle Website unterhält. Ich will, dass er weiß, wie man Rohre richtig verlegt. Wenn man jeden Studenten, sei er nun gut oder schlecht, in den Bereich „Computer" drängt und nur die Unfähigsten Klempner werden dürfen, dann werden weder unsere Computerprogramme noch unsere Leitungen wasserdicht sein. Was passiert mit unseren Künstlern, wenn die Computer schon alle hellen Köpfe abziehen? Einer der Gründe für die Blüte der Kunst im Florenz der Renaissancezeit war die Förderung der Kreativität. Heute wandert alle Kreativität in die Bereiche Fernsehen, Computer und Web-Design. Bezahlt wird für die Animation von Werbespots. Es gibt noch mehr wichtige Fähigkeiten im Leben, die man nicht im Internet lernen kann. Beispielsweise die Fähigkeit, von seinem Platz aufzustehen und vor großem Publikum zu reden oder ein Musikinstrument zu spielen, das Selbstvertrauen zu haben, einem Unbekannten per Telefon etwas anzudrehen, die Gabe, einen Ball zu fangen oder auf einer Party zu flirten. Einige Talentsucher sehen den Grund dafür, dass gute Werfer im Baseball rar werden, in der Verrücktheit der Kinder nach Computerspielen. [...] (v 2001)

Die **Beschreibung von Sachtexten** (vgl. S. 79f.) betrifft **expositorische Texte** im weiteren Sinne (z.B. wissenschaftliche oder philosophische Abhandlungen [Essays], Reden, Predigten, Beschreibungen, Berichte etc.) und hat in der Regel eine doppelte Funktion: Einmal geht es darum, sich für eine *Diskussion* auf der Grundlage eines Textes einen gesicherten *Informationsstand* zu erarbeiten über Thesen und Probleme, die Gedankenführung (den Aufbau), die Art der Argumentation und der Veranschaulichung (z.B. durch erhellende Beispiele) sowie die Darstellungsweise (den Stil), soweit diese für das Verständnis des Textes und die Deutung der vermutlichen Absicht des Autors/der Autorin bedeutsam ist. Zum anderen ist die Textbeschreibung der erste Teil einer *textgebundenen Erörterung* (vgl. S. 22f. und 174f.). Für beide Verwendungen der Textbeschreibung – als Vorbereitung auf die Diskussion und als erste Phase der Texterörterung – gilt folgende Grundregel: Je differenzierter die Analyse ist, desto ergiebiger und argumentativ überzeugender kann die kritische Auseinandersetzung mit der Textvorlage sein.
Die Textmarkierungen (vgl. S. 78) beim statarischen (genauen) Lesen („Lesen mit Bleistift") sind dabei als Methode unentbehrlich, weil sich nur durch farbliche Hervorhebungen, Annotationen durch Zeichen und Siglen (Abkürzungen) ein komplexer Text Schritt für Schritt übersichtlich gliedern und durchschauen lässt.

Clifford Stoll ist ein international anerkannter Computerfachmann, Spezialist für Datenschutz und Computersicherheit. Schon 1972 war er am Aufbau des „Arpanet" beteiligt, einem Vorläufer des heutigen Internets. Er lebt mit seiner Familie bei San Francisco.

3. a) Bearbeiten und beschreiben Sie den Text in arbeitsteiliger Gruppenarbeit.

Beispiel:
1. Kommunikationssituation:
– Der Autor appelliert mit seinem Buch an alle Computerbenutzer, die mit Erziehung zu tun haben, die Verwendung des Mediums kritisch zu handhaben.
2. Zusammenhang zwischen Darstellungsform und Absicht:
– Die Informationen werden durch z.T. ironische Beschreibungen vermittelt (Z. 3ff.). Die Schlussfolgerungen haben mehr appellativen als informativen Charakter (z.B. Z. 6f.).
– ...
3. Gedankenführung:
– Einstieg mit Beispielen (Z. 1ff.)
– ...

b) Halten Sie Ihre Ergebnisse auf Folien fest, vergleichen Sie diese miteinander und verfassen Sie eine Beschreibung des gesamten Textes von Clifford Stoll als Grundlage für eine Erörterung.

4. Bereiten Sie eine Podiumsdiskussion vor, in deren Verlauf Internetbefürworter und Internetkritiker ihre jeweiligen Argumente austauschen. Nehmen Sie dazu Ihre eigenen Interneterfahrungen sowie die Texte von Esther Dyson und Clifford Stoll als Grundlage.

Auf einen Blick

Zusammenfassungen und Übersichten

I. Sprechen und Schreiben können

1. Arbeits- und Studiertechniken von A bis Z

Arbeits- und Sozialformen: Während die *Einzelarbeit* vor allem bei gestalterischen Aufgaben, zur intensiven Übung und zur Selbstkontrolle des Lernerfolgs sinnvoll ist, sind *Partnerarbeit* und *Gruppenarbeit* Formen eines arbeitsteiligen Verfahrens und erfordern vor allem konstruktive und faire Kooperation.

Arten des Lesens (vgl. S. 10) sollen je nach Ziel gewählt werden: Das *kursorisch-orientierende (diagonale) Lesen* ermöglicht einen ersten Überblick; das *intensiv-verweilende (statarische) Lesen* ist notwendig für genaue Textanalyse und -interpretation. Fiktionale Literatur ist auch durch *sinnerschließendes* und *sinngestaltendes* sowie *szenisches Lesen* zu erfassen.

Exzerpieren (vgl. S. 14, 79) erfolgt unter einem bestimmten Aspekt durch auswählendes Lesen mit stichwortartigen Notizen und ist unerlässlich zur Aufbereitung von Stoffen aller Art.

Freies Reden (vgl S. 74ff.) kann nach der IDEMA-Formel am überzeugendsten und wirkungsvollsten vorbereitet und strukturiert werden.

Gesprächsarten (vgl. S. 11) sind als *Alltagsgespräche*, informelle und formelle *Dialoge* sowie als *Fach- und Sachgespräche* in unterschiedlichen Sozial- und Organisationsformen (z.B. Unterrichtsgespräch, Diskussion oder Debatte) elementare Kommunikationsformen.

Mitschreiben (vgl. S. 28f., 213f.) dient der zuverlässigen Informationsaufnahme und -verarbeitung und verlangt auswählendes Hören und Techniken der ökonomischen und strukturierten Darstellung.

Protokollieren (vgl. S. 33ff., 43f.) im *Arbeits-*, *Ergebnis-* und *Verlaufsprotokoll* verlangt als Form des sachlichen Schreibens ein Höchstmaß an Authentizität.

Referieren (vgl. S. 75f.) erfordert neben der exakten Themenabgrenzung, der sorgfältigen Informationsbeschaffung und -verarbeitung eine sachgerechte und adressatenbezogene Gliederung sowie eine Präsentation, die im halbfreien Vortrag mit Blickkontakt des Referenten zu den Zuhörern und durch funktionsgerechte Visualisierungstechniken (s.u.) am besten gelingt.

Resümieren (vgl. S. 38) in den Formen des *Übersichtssatzes*, des *Resümees* und der *Inhaltsangabe* ist eine Grundvoraussetzung für alle Arten der Kommunikation über Sachverhalte und Texte.

Schreiben als Prozess (vgl. S. 15 u.ö.) entspricht dem Verstehensprozess, der sukzessiv ein wachsendes Maß an Einsichten ermöglicht und der in einzelnen Phasen erfolgen sollte: Nach dem ersten Gesamteindruck entstehen Notizen zu Auffälligkeiten, eine sorgfältige Stoffsammlung und eine Gliederung, ein *Schreibplan*, als Grundlage einer differenzierten inhaltlichen, strukturellen sowie sprachlichen Aus- und Überarbeitung (s.u.).

Textmarkierungen (vgl. S. 78) ermöglichen durch Hervorhebungen, Annotationen, Siglen und grafische Zeichen die optisch verdeutlichte inhaltliche und formale Erfassung eines Textes.

|<– sehr wichtig
(Oval) Schlüsselbegriff
—— Kernstelle
? unklar

Überarbeiten und Korrigieren (vgl. S. 16, 36f. u.ö.) setzen einen überzeugenden Schreibplan (s.o.) voraus und können wegen der individuell begrenzten Wahrnehmungsfähigkeit erfolgreich nur in verschiedenen Schritten erfolgen.

Visualisierungstechniken (vgl. S. 21, 41f. u.ö.) erleichtern als optische Verfahren – z.B. als *Cluster, Verlaufs-* oder *Spannungskurven, Metaplan, Mind-Map* u.a. – den Erschließungsprozess eines Problems bzw. Textes ebenso wie die Ergebnissicherung.

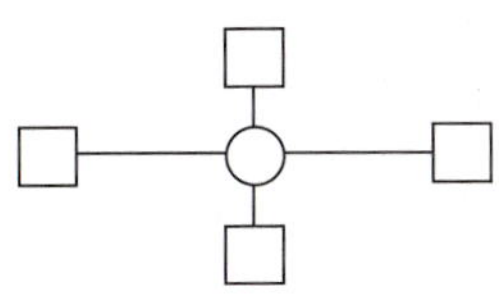

Cluster

Wissenschaftliches Arbeiten (vgl. S. 226f., 251, u.ö.) verlangt neben der Beherrschung von Arbeitsformen und Arbeitstechniken (s.o.) große Sorgfalt im Recherchieren, der Informationsverarbeitung, im Bibliografieren und im Zitieren (s.u.).

Zitieren (vgl. S. 11) muss authentisch und überprüfbar sein durch genaue Quellenangabe sowie sach- und funktionsgerecht so erfolgen, dass Zitate in den eigenen Text integriert werden.

Spannungskurve

2. Sprechkompetenz

2.1 Gesprächsformen im Überblick

Monolog

Der **Monolog** (vgl. S. 222f., < gr. monos = allein, logos = Rede): Im engeren Sinne handelt es sich um ein *Selbstgespräch* als Ich-Aussage. Der *innere Monolog* ermöglicht es, die Gefühle und Gedanken einer literarischen Figur im Präsens unmittelbar wiederzugeben. Der *dramatische Monolog* kann der Exposition und der Überleitung zwischen den Szenen dienen, vor allem aber Gefühle, Reflexionen und Entscheidungen einer Figur mitteilen.

Der **Dialog** (vgl. S. 222f., < gr. dialogos = Gespräch): Alltagssprachlich ist das *Zwiegespräch* in Rede und Gegenrede gemeint, das entweder mehr der geselligen Unterhaltung oder dem wechselseitigen Erkenntnisgewinn dienen kann, etwa im schulischen *Partner-* und *Gruppengespräch*. Das journalistische *Interview* (engl. Zusammenkunft, Unterredung) ist ein Befragungsgespräch, das in der Presse oder in Rundfunk und Fernsehen erscheint, wobei die Befragten häufig Personen des öffentlichen Interesses sind. Im *dramatischen Dialog* werden Personen charakterisiert, Konflikte entwickelt und ausgetragen.

Im **Lehrer-Schüler-Gespräch** (vgl. S. 11) steht ein Problem im Mittelpunkt, das durch gezielte Lehrersteuerung – über Fragen und Impulse – erörtert werden soll. Die Dominanz des Lehrers/der Lehrerin zeigt sich nicht nur in der strengen Ergebnisorientierung und im breiten Repertoire an Fragetechniken, sondern vor allem im deutlichen Wissensvorsprung.

Unterrichtsgespräch

Im **Unterrichtsgespräch** (vgl. S. 11) verläuft die Auseinandersetzung schülerzentriert und ergebnisoffen, wobei der Lehrer/die Lehrerin nur Beiträge bündelt und das Gespräch zurückhaltend sachbezogen moderiert. Vielfalt der Aspekte, Spontaneität und Lebendigkeit des Diskurses sowie Selbsttätigkeit und Selbstverantwortung der Schülerinnen und Schüler sind wesentliche Vorzüge dieser Form, die im sachlichen Ergebnis möglicherweise nicht so differenziert ist wie das Lehrer-Schüler-Gespräch.

Die **Diskussion** (< lat. discussio = Erörterung) oder das *Rundgespräch* (vgl. S. 11) bietet den großen Vorteil, ein Thema oder Problem von verschiedenen Seiten und unterschiedlichen Standpunkten der Diskussionsteilnehmer, also *mehrperspektivisch*, zu erörtern. Zwischen dem *Diskussionsleiter* – mit den Aufgaben der Eröffnung, Koordination, Steuerung und Bilanzierung – und den *Diskussionsteilnehmern*, die Gesprächsdisziplin, Aktivität, Sachlichkeit, Kooperation und Argumentationsstil zu beweisen haben, muss die Rollenverteilung in fairem Einvernehmen stets klar sein. Zur Einübung und Kompetenzsteigerung eignet sich folgende Differenzierung: Einer Diskussionsrunde in einem inneren Kreis steht eine Beobachtergruppe in einem äußeren Kreis gegenüber. In dieser sog. *Fishbowl-Diskussion* kritisieren die Beobachtenden über eine festgelegte Zeitspanne das Verhalten der Diskutierenden. In der gemeinsamen Auswertung werden dann Kriterien erarbeitet, die für den nächsten Versuch in umgekehrter Rollenverteilung berücksichtigt werden sollen.
Die *Podiumsdiskussion* (vgl. S. 232) findet vor einem größeren Publikum statt, wobei Experten ein Thema unter verschiedenen Aspekten und aus unterschiedlichen sachlichen oder politischen Standpunkten erörtern und wo im Anschluss die Zuhörer Gelegenheit haben, Fragen an einzelne Fachleute zu richten.
Die *Talkshows* im Fernsehen sind eine Sonderform der Diskussion. Durch die direkte Ansprache einzelner Teilnehmer durch den Moderator/die Moderatorin bleibt das Gesprächsverhalten überwiegend dialogisch und additiv, weil es zu selten – oft nur durch „Zwischenrufe" – eine direkte Auseinandersetzung innerhalb der Gesprächsrunde gibt.

Podiumsdiskussion

Die **Debatte** (< ital. battere = schlagen) ist ein *Streitgespräch* (vgl. S. 11), in dem durch Einzelne oder Fraktionen (z.B. in Parlamenten) nach klarer Regelung (Reihenfolge, Redezeit) deutlich herausgestellte *Pro- und Contra-Positionen* je nach Situation argumentativ oder polemisch vertreten werden. Im Idealfall müsste die Abstimmungsentscheidung aber nach der Überzeugungskraft der Argumente und nicht nach Fraktionszugehörigkeit getroffen werden.

Parlamentsdebatte

2.2 Grundlagen und Kriterien der Rhetorik

a. **Die Rhetorik** (< gr. techne rhetorike = Redekunst, vgl. S. 77ff.) entstand in der griechischen Antike und gehörte, wie z.B. Mathematik, zur Grundbildung: Nach der überzeugenden Darstellung eines Standpunkts in unterschiedlichen Situationen unterschied man drei Formen:

- Die *Festrede* (genus demonstrativum), Hauptvertreter Isokrates (436–338 v. Chr.), ist i.d.R. auf eine Person oder ein Ereignis gerichtet, wobei es um die Würdigung (z.B. anlässlich eines Jubiläums) oder um die historische Erinnerung (z.B. bei einem bestimmten Jahrestag) geht.

– Die *Gerichtsrede* (genus iudicale), Hauptvertreter Lysias, (5. Jh. v. Chr.), hat Anklage (z.B. durch den Staatsanwalt) oder Verteidigung (durch den Anwalt) zum Ziel und bedient sich juristischer Argumentation.
– Die *politische Rede* (genus deliberativum), Hauptvertreter Demosthenes (384–322 v. Chr.), versucht, durch argumentativ schlüssige Darstellung und eindrucksvolle Veranschaulichung die Zuhörer für einen Standpunkt zu gewinnen.

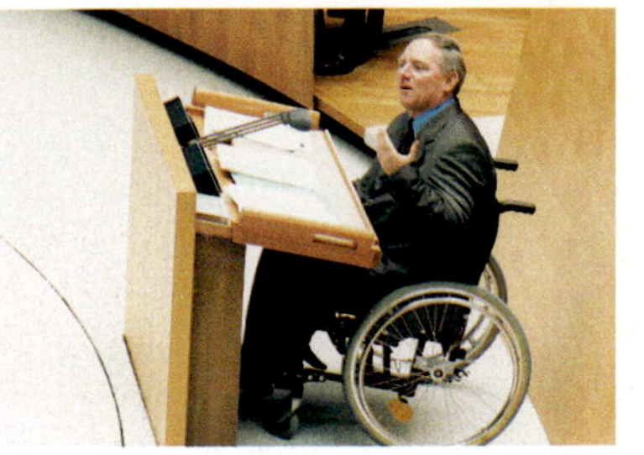
Politische Rede

Die Vergegenwärtigung von Elementen der *Redesituation* ist auch heute grundlegend für alle Arten der mündlichen Darstellung und lässt sich in einem **Kommunikationsmodell** erfassen:

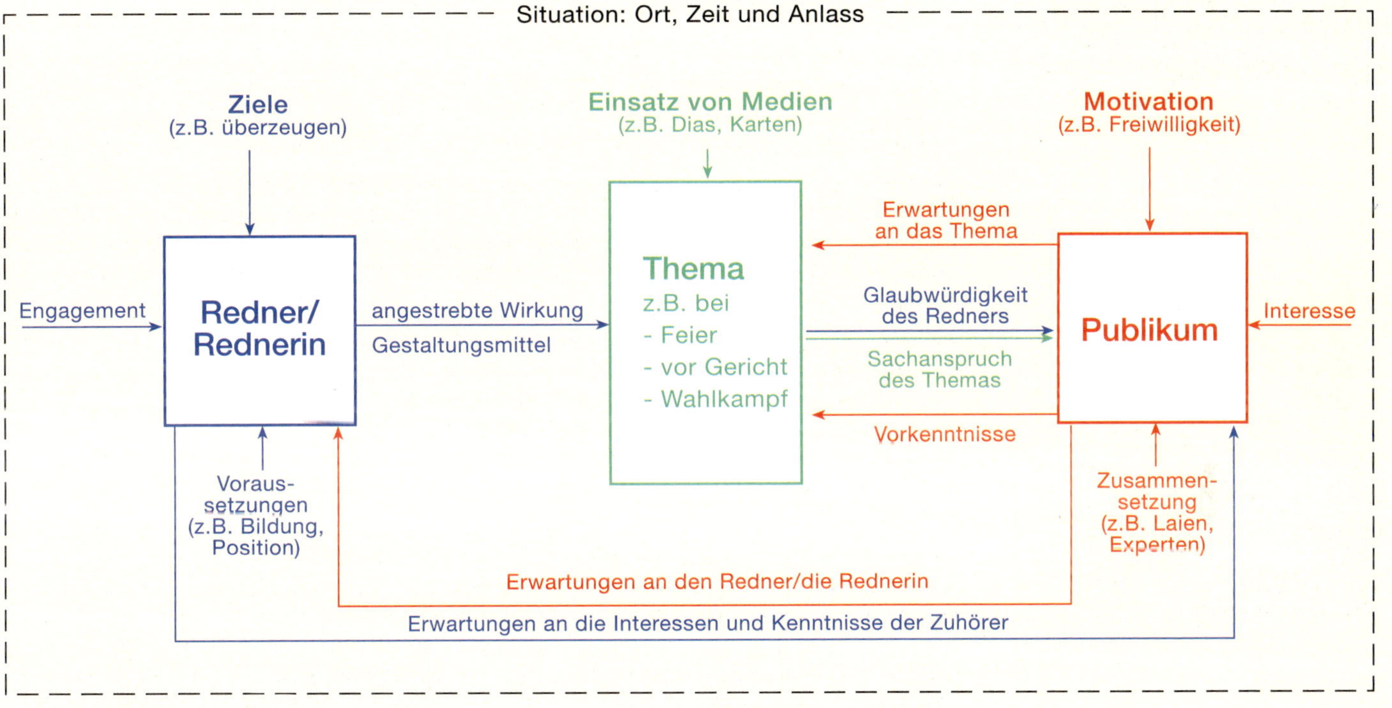

b. Wichtige **Kriterien der Rhetorik** sind u.a.

– *Glaubwürdigkeit* (Authentizität) wurzelt überwiegend in Persönlichkeitsmerkmalen, z.B. Natürlichkeit, Flexibilität, Zuwendung, Sensibilität, Ehrlichkeit;
– *Sachkompetenz* zeigt sich in einem differenzierten Bildungshintergrund, angemessenem Spezialwissen, Koordinationsvermögen, Fähigkeiten zur klaren und verständlichen Vermittlung;
– *Präsentationsfähigkeit* durch Blickkontakt mit den Zuhörern, persönliches Engagement mit natürlicher Körpersprache, deutlicher und gut artikulierter Ausdrucksweise in überschaubaren Sätzen ohne überflüssigen Fachjargon, aber mit Denkpausen. Ziel ist die Verbindung von Information, Erörterung und medialer Veranschaulichung (durch Bilder, Karten, Diagramme, Tonbeispiele etc.). Im Ergebnis soll eine klar strukturierte Gedankenführung mit Erörterungsschwerpunkten und Steigerung auf einen Zentral- oder Höhepunkt erreicht werden.

c. Nachdem Rhetorik im 18. Jahrhundert (durch die Aufklärung) an Bedeutung verloren hatte, erlebt sie in der Gegenwart eine erstaunliche Renaissance, vor allem innerhalb der Politiker- und Managerschulung. Dass hierbei – leider – der Wirkungsaspekt dominiert und das Ziel, durch Argumente und Belege zu überzeugen, vernachlässigt wird, liegt vor allem an der Überbetonung *rhetorischer Taktiken*, wobei gegen vielfältige „Aktionen" der Störung ein Repertoire an erfolgreichen Reaktionen vorgestellt wird:

„Störaktionen"	erfolgreiche Gegenreaktion
– Unterbrechung der Rede Z.B.: „Darf ich eine Zwischenfrage stellen?"	– Wahrung der Redekontinuität durch scheinbares Einverständnis Z.B.: „Gerne. Aber lassen Sie mich den Gedanken zu Ende führen."
– Taktik der Bestreitung Z.B.: „Sie bringen völlig falsche Zahlen (Fakten)..."	– Relativierung des Einwands Z.B.: „Sie ignorieren dabei die neueste Statistik ..."

„Störaktionen"	erfolgreiche Gegenreaktion
– Ablenkungsversuche durch Themenwechsel Z.B.: „Im vergleichbaren Fall von XY..."	– Wahrung der Themenkontinuität Z.B.: „Sicher ein interessanter Punkt, aber er gehört nicht zu unserem Thema."
– Verfälschung durch Vereinzelung Z.B.: „Ihre Hauptthese zu Ende gedacht ..."	– Beharren auf dem Gesamtzusammenhang Z.B.: „Sie verkennen den engen Bezug zu den Punkten 1–3."
– Verzerrung durch Übertreibung Z.B.: „Wenn alle Fälle so sind ..."	– Beglaubigung durch Konkretisierung Z.B.: „Im Gegensatz zu Ihnen sprach ich nur von der Situation A ..."
– Nonverbale Irritationssignale Z.B.: Kopfschütteln oder Gelächter zur Verunsicherung des Redners	– Durch Initiative die Störung ins Leere laufen lassen Z.B.: „Da ich Sie kenne, habe ich an dieser Stelle ein Kopfschütteln erwartet." Oder: „Wenn Sie das Zitat aufmerksam aufgenommen hätten ..."

m Methoden zur Bewältigung der **Kommunikationssituation „mündliche Prüfung"**:

1. Die Ausgangslage ist eine *asymmetrische Kommunikationssituation*: Der nach Position, Wissen und Steuerungskompetenz überlegene Prüfer befragt den Prüfling. Durch Fachwissen, rhetorische Fähigkeit und Auftreten muss dieser versuchen, eine Annäherung an die symmetrische Kommunikation zu erreichen und zwar bereits im Vortrag, in dem er den uneingeschränkt aktiven Part spielt.

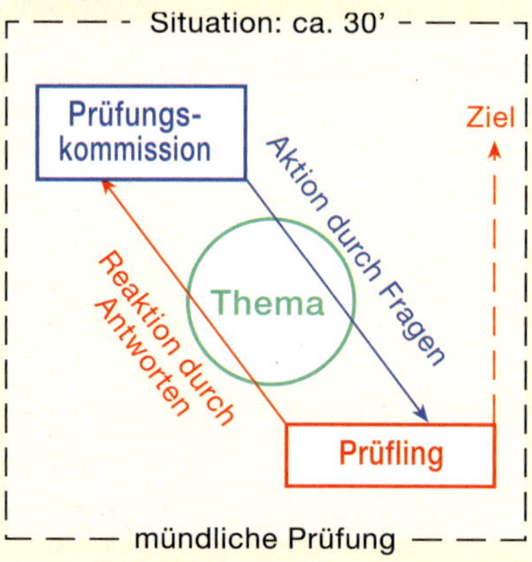

2. *Die Analyse der Prüfungsanforderungen* ergibt, dass es sich inhaltlich und methodisch nicht um Neues, sondern um eine Kombination vertrauter Einzelelemente handelt:

– Der geforderte selbstständige *Vortrag* im ersten Teil entspricht dem oft geübten halbfrei vorgetragenen Referat auf der Grundlage eines annotierten Textes und mit Hilfe von Stichwortnotizen.
– Das anschließende *Prüfungsgespräch* ist eine Form des Fachgesprächs.
– Auch die dreifache *Zielsetzung* ist bekannt: Fachwissen sowie Methoden der wissenschaftlichen Arbeitsweise (z.B. durch Themen- und Textanalyse) und rhetorische Fähigkeiten sollen geprüft werden.

2.3 Ein Prüfungsgespräch führen

Als Beispiel dient die *mündliche Abiturprüfung* in Deutsch, doch sind die Hinweise auf andere Fächer und Prüfungssituationen übertragbar.

2.3.1 Der Prüfungsablauf und die Leistungskriterien

a. *Die Prüfungsvorbereitung* (ca. 30 Min.):

Die Aufgabe	Die Leistungskriterien
– Ein kurzer Text (z.B. Gedicht, Prosatext oder Dramenauszug) wird mit allgemeiner Aufgabenstellung („Interpretieren Sie!") oder mit differenzierten Anweisungen (s.u.) zur Bearbeitung vorgelegt.	– Genaues Textverständnis nach Inhalt, Aufbau, Stil und Gattung – Differenzierte Themenanalyse (Beachtung der Operatoren!), um die Problem- und Aufgabenstellung sicher zu erfassen
– Rezitieren/lesen des Textes (halblaut oder gedanklich als Simulation), um Klang und Rhythmus zu erfahren.	– Übersichtliche Darstellung, aufgabengemäße Schwerpunktbildung, angemessene Fachsprache
– Der Text soll farbig markiert und annotiert sowie durch Stichwortnotizen erschlossen werden.	– Stichwortnotizen als Grundlage des halbfreien Vortrags: • *Einleitung:* z.B. über Titel, Ersteindruck, Auffälligkeiten, Autor, Zeit etc. • *Hauptteil:* aufgabengemäße problemorientierte Gliederung • *Schluss:* Zusammenfassung, Ausblick (s.u.)

b. *Der halbfrei zu gestaltende Vortrag* (ca. 10–12 Min.):

Die Aufgabe	Die Leistungskriterien
– Knappe Skizzierung der vorgesehenen Gliederung	– Sind Text und Aufgabenstellung angemessen verstanden und berücksichtigt?
– Evtl. lesen/rezitieren des Textes	– Ist die Interpretation argumentativ überzeugend, durch Textbelege gestützt und in sich schlüssig?
– Mit Hilfe der Vorbereitungen zusammenhängende Darstellung der Interpretationsergebnisse, wobei der Blickkontakt zur Kommission wichtig ist.	– Ist die Darstellung sinnvoll gegliedert, sprachlich gewandt, präzise und wird die notwendige Fachsprache beherrscht?
– Prüfungstaktisch geschickt ist, wenn geeignete Stellen und vor allem der Schluss genutzt werden, um einen Hinweis auf mögliche Anschlussthemen zu geben.	– Lässt der Vortrag erkennen, dass der Prüfling über den Text hinaus Beziehungen sieht, z.B. zu Vergleichstexten, zur Epoche, Gattung etc.?

c. *Das Prüfungsgespräch* (ca. 15–20 Min.):

Die Aufgabe	Die Leistungskriterien
– Zusätzliche Fragen zum vorgelegten Text – Weiterführende Fragen bzw. Impulse über den Text hinaus: z.B. zum Autor und seinem Werk, zur Epoche, zur Gattung etc. (I.d.R. geht der Prüfer/die Prüferin auf den vom Prüfling eröffneten „Fragehorizont“ ein.)	– Differenzierte Erfassung der Fragen bzw. Klärung durch gezielte Rückfragen und prägnante Beantwortung in zusammenhängender Sprache (ohne Weitschweifigkeit und ohne Abweichen vom Thema) – Sensibles und flexibles Reagieren auf Zusatzfragen, aber auch auf nonverbale Signale (z.B. Kopfnicken oder Stirnrunzeln)

3. Die *Übungsformen* zur mündlichen Prüfung sind vielfältig:

– Langfristig leisten *Fachgespräche* als Partner-, Gruppen- und Unterrichtsgespräche sowie halbfreies Referieren und alle Formen der Interpretation und Erörterung eine kontinuierliche Vorbereitung.
– Kurzfristig dienen *Rollensimulationen* der intensiven Einübung:
- Alle bereiten 30 Minuten lang ein Thema schriftlich vor.
- Freiwillige, die sich als Prüflinge testen lassen, schreiben auf Folien, um die spätere Auswertung zu erleichtern.
- Das Plenum beobachtet die Prüfung, wobei sich evtl. weitere Kandidaten/Kandidatinnen außerhalb des Raumes aufhalten, macht jeweils Notizen und Verbesserungsvorschläge.
- Prüfling, Beobachter und Prüfer werten ihre Erfahrungen aus.
- Wiederholung des Verfahrens mit neuen Prüflingen und Vergleich der Ergebnisse.

2.3.2 Ein Prüfungsbeispiel

Aufgabe:
Interpretieren Sie das Gedicht „Heimkehr“ von Hans Bender!
– Gehen Sie aus von den verwendeten Bildern und deren möglichen Bedeutung!
– Ordnen Sie den Text in den literaturgeschichtlichen Zusammenhang ein!

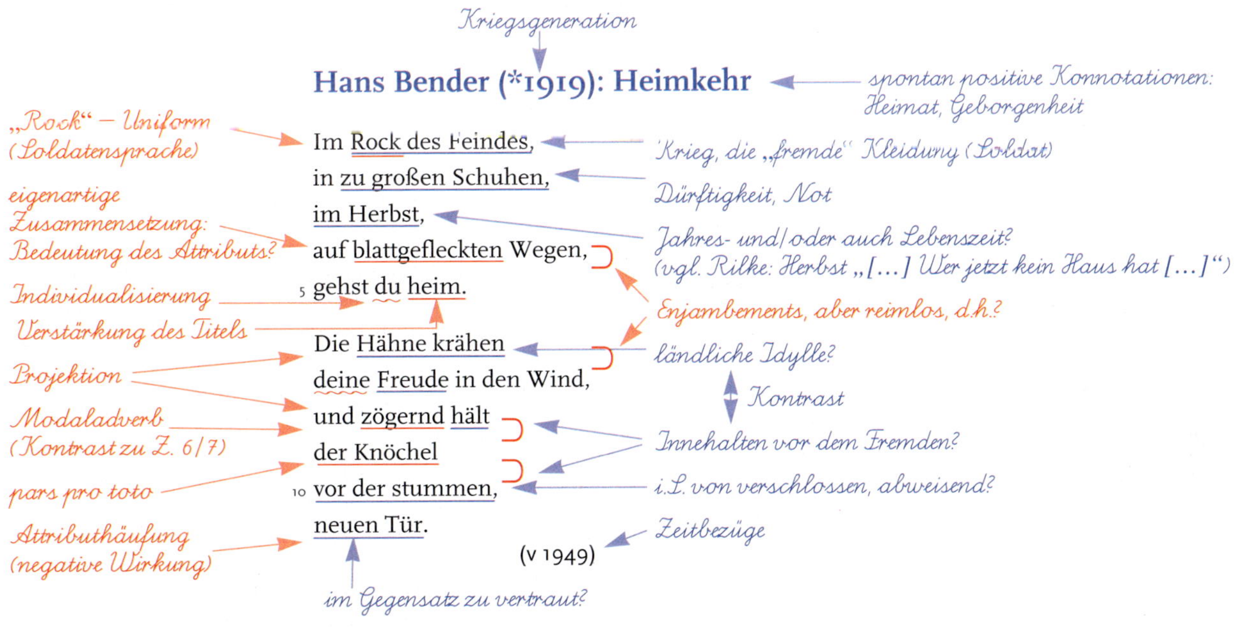

Stichwortnotizen zum Vortrag: Skizzierung der Gliederung

1. *Einleitung*: (ca. 1') Titel ↔ Schluss: Kontrast → Spannung, Zeit: 1949!

2. *Hauptteil*: (ca. 6')
   – Wer kehrt wie wohin heim?
   – Bildverweise:
   → „Rock des Feindes“ (Z. 1) → Kriegsgefangenschaft
   → „zu große Schuhe“ (Z. 2) → Notsituation (Demütigung)
   → „blattgefleckte Wege“ (Z. 4) → ein „Teppich“. Steht er für Buntheit ... oder Tod?
   – Literaturgeschichtlicher Zusammenhang: Nachkriegszeit
   → „Trümmerliteratur“, Bender-Kurzgeschichten, Gruppe 47

3. *Schluss*: (ca. 3')
   – Zusammenfassung: Heimkehr ohne Ankunft? (Vgl. Kafka!) Kontrast als Strukturprinzip
   – Übereinstimmung von Inhalt und Form
   – Ausblick auf Celan, Huchel, Böll, Borchert; Rückkehr von Exilanten

Wir sind ein junges, innovatives Team in Süddeutschland zur Einrichtung vernetzter Computersysteme mit Hard- und Software.

Wir suchen einen flexiblen und kreativen Abiturienten/eine Abiturientin zur Ausbildung (3 Jahre) als **Fachinformatiker/Fachinformatikerin.**

Wir bieten einen modernen Arbeitsplatz und ein interessantes Arbeitsgebiet im Innen- und Außendienst mit anspruchsvollen technischen und kaufmännischen Aufgaben sowie vielseitigen Kommunikationsformen. Wir garantieren ein überdurchschnittliches Ausbildungsentgelt und eröffnen beste Berufsaussichten.

Wir erwarten engagierten Einsatz, sicheres und gepflegtes Auftreten, technische und ökonomische Interessen, gute Bildungsgrundlagen in Mathematik, Physik und Sprachen.

Vollständige Bewerbungsunterlagen erbitten wir unter der Chiffre C 54281 an die Neue Tageszeitung, Lindenallee 5, 12345 Neustadt.

3. Schreibkompetenz

3.1 Bewerben und Vorstellen

3.1.1 Das Bewerbungsschreiben

Hinweise zur Abfassung:

1. Das Bewerbungsschreiben ist eine Form des *offiziellen Schreibens* (ähnlich einem sachlichen Brief) und hat nach äußerer Form, Schriftbild, Inhalt und Aufbau sowie korrekter und sachlicher Sprache strengsten Anforderungen zu genügen. – Als Sonderfall kann eine knappe und prägnante E-Mail-Bewerbung per Internet (ohne Anlagen) vorausgehen.
2. Es geht um sachliche Information, gute Begründung der Bewerbung, differenziertes Eingehen auf das Stellenangebot und selbstbewusste Vorstellung der spezifischen Fähigkeiten, so dass ein individuelles Profil des Bewerbers entsteht.
3. Zu vermeiden sind überhebliche Selbstdarstellung ebenso wie ein unterwürfiger Ton. Das Bewerbungsschreiben soll eine „*Visitenkarte*“ sein, die Neugierde auf den Bewerber weckt.

Name und Adresse →	Oliver Meister Söflinger Str. 20 89077 Ulm
Wohnort und Datum →	Ulm, 3.3.2003
	Neue Tageszeitung, Chiffre C 54281
Betreff- und Bezugzeile →	**Ihr Angebot zur Ausbildung als Fachinformatiker in der Neuen Tageszeitung, Neustadt, unter Chiffre C 54281 vom 1.3.2003**
Anrede möglichst persönlich, sonst „Sehr geehrte Damen und Herren“ →	Sehr geehrte Damen und Herren,
1. Bezug und Bewerbungsformel →	Ihr Ausbildungsangebot in der Neuen Tageszeitung vom 1.3.2003 hat durch die interessante Beschreibung der Ausbildungsbedingungen und der Berufsaussichten mein großes Interesse gefunden, so dass ich mich um die Ausbildung zum Fachinformatiker bewerben möchte.
2. Aktuelle Situation →	Meine schulische Ausbildung am Hans und Sophie-Scholl-Gymnasium in Ulm werde ich im Juni mit dem Erwerb der allgemeinen Hochschulreife abschließen.
3. Eignung und spezifische Begründung →	Mein frühes privates Interesse an Computersystemen wurde durch die AG unseres Gymnasiums, die ich seit fünf Jahren besuche, sowie durch detaillierte Recherchen am Berufsinformationszentrum erweitert. Seit zwei Jahren führe ich Unter- und Mittelstufenschüler in Übungen sowie Erwachsene in Abendkursen der Volkshochschule in die Computerarbeit ein, wobei ich über die gängigen Computersprachen und -programme gut informiert bin. Durch die Arbeit mit jungen und älteren Menschen konnte ich vielseitige Erfahrungen in der Vermittlung von Fachwissen und technischen Fertigkeiten erlangen. Seit Sommer 2002 besitze ich den Führerschein Klasse drei.
4. Möglicher Antrittstermin →	Da ich als dritter Sohn von der Wehrpflicht freigestellt bin, könnte ich die Ausbildung ab Juli jederzeit beginnen.
5. Bitte um ein Vorstellungsgespräch →	Gerne will ich meine Kenntnisse und Fähigkeiten in Ihrem jungen Team erweitern, und ich würde mich freuen, wenn ich Gelegenheit zu einem Vorstellungsgespräch bekäme, um Ihnen einen unmittelbaren persönlichen Eindruck zu vermitteln und um weitere Einzelheiten über Ihr Unternehmen zu erfahren.
Grußformel und Unterschrift →	Mit freundlichen Grüßen Oliver Meister
Evtl. weitere Nachweise (z.B. Zeugnisse über Auslandsaufenthalte, Praktika, Zusatzqualifikationen etc.) zur Schärfung des individuellen Profils →	Anlagen: Lebenslauf mit Lichtbild Beglaubigte Kopie des letzten Zeugnisses

- DIN-A4-Bogen: weiß, unliniert, breiter Rand (ca. 3 cm); fehlerfreier Text, ohne Korrekturen
- Bewerbung (in Klarsichtfolie und Klemmhefter) nur als Original versenden. (Kopie für die eigenen Unterlagen fertigen.)

3.1.2 Der Lebenslauf

Hinweise zur Abfassung:

1. Auch der Lebenslauf ist eine Form des *offiziellenSchreibens* und muss – wie das Bewerbungsschreiben – nach äußerer Form, Schriftbild, Inhalt und Aufbau sowie nach korrekter und sachlicher Sprache strengsten Anforderungen genügen.

2. Ziel ist die genaue, aber nüchterne Information zur Person, Herkunft, Familie, Schulbildung, über besondere Kenntnisse, Fähigkeiten und Hobbys.

3. Auch der Lebenslauf ist eine *„Visitenkarte"*. Wenn im Stellenangebot nicht die handschriftliche Textform verlangt ist, genügt die tabellarische Version.

Üblich sind **zwei Formen**:

1. Der *tabellarische Lebenslauf* bietet in Spalten und Stichworten einen raschen Überblick.

2. Die *Textform* bringt die Informationen in einen deutlicheren Zusammenhang und ist sprachlich (nach Syntax und Wortwahl) anspruchsvoller.

Lebenslauf

Name:	Meister
Vorname:	Oliver
Anschrift:	Söflinger Str. 20 89077 Ulm
Geburtsdatum:	27.5.1984
Geburtsort:	Ravensburg
Eltern:	Monika Meister, Lehrerin Markus Meister, Bauingenieur
Geschwister	Zwei ältere Brüder und zwei jüngere Schwestern
Schulbildung:	1990–1994: Grundschule Ulm 1994–2003: Hans und Sophie-Scholl-Gymnasium Ulm
Lieblingsfächer:	Deutsch, Mathematik, Physik
Zusatzqualifikationen:	1 Jahr Austauschschüler in den USA, zwei Jahre Herausgeber der Schülerzeitung, Praktikum bei der Lokalzeitung, AG in Italienisch und Informatik
Interessen:	Leichtathletik, Jugendsportwart, Theater-AG, Schulorchester, Textverarbeitung und Internetrecherchen, Vermittlung von Computerkenntnissen

Ulm, 3.3.2003

Oliver Meister

Persönliche Daten

Das Lichtbild sollte leicht angeklebt sein (mit Name und Adresse auf der Rückseite)

Der schulische Werdegang sollte lückenlos aufgeführt sein.

Zusatzinformationen geben dem Bewerber ein individuelles Profil.

Auch was nicht direkt mit der Bewerbung zu tun hat, kann wichtige Eigenschaften (z.B. Führungsqualitäten) zeigen.

Wohnort und Datum sowie Unterschrift

- DIN-A4-Bogen: weiß, unliniert, breiter Rand (3 cm), fehlerfreier Text, ohne Korrekturen
- Lebenslauf (in Klarsichtfolie und Klemmhefter) nur als Original versenden. (Kopie für die eigenen Unterlagen fertigen.)

Die Ausgangssituation:

1. Die Einladung zum Vorstellungsgespräch zeigt, dass der Bewerber in der engeren Wahl steht.
2. Daraus sollte eine große Motivation erwachsen für eine gründliche inhaltliche und formale Vorbereitung.

3.1.3 Das Vorstellungsgespräch

Hinweise zur Vorbereitung:

1. Informieren Sie sich umfassend über die Firma bzw. die Branche durch Gespräche mit Experten, Druckschriften und übers Internet. Auch aktuelle Informationen über die Wirtschaftslage, spezifische Strukturprobleme, Tarifverhandlungen etc. sind wichtig.
2. Durch Rollensimulation können Sie Fragen des Gegenübers erschließen und Antworten vorbereiten. Üben Sie das Rollenspiel mit vertrauten Personen, die als Partner (mit unterschiedlichen Verhaltensweisen) und als kritische Beobachter auftreten.

a. Die **Voraussetzungen:**

- Achten Sie auf unbedingte *Pünktlichkeit*, nachdem Sie sich genau über Weg, Anreise, Örtlichkeit informiert haben. Planen Sie einen ausreichenden Zeitspielraum ein.
- Ihr *Auftreten* sollte in gepflegter (nicht auffälliger!) Kleidung erfolgen, in der Sie sich wohlfühlen.
- Nehmen Sie eine Kopie Ihrer *Unterlagen* (eventuell ergänzt durch aktuelle Nachweise), Papier und *Schreibzeug* mit.

b. Die **Bedingungen:**

Das Vorstellungsgespräch ist eine Art *Befragungsgespräch* (Interview), das in der Regel eine asymmetrische Kommunikationsstruktur (vgl. S. 482) aufweist, weil die Partner sich in unterschiedlicher Stellung befinden.

- *Ziel des Personalchefs/der Personalchefin* ist es, über die schriftlichen Unterlagen hinaus zusätzliche Informationen und einen persönlichen Eindruck des Bewerbers zu gewinnen.
- *Ziel des Bewerbers* sollte es sein, seine charakterliche, intellektuelle und bildungsmäßige Eignung zu beweisen. Dazu sind nötig:
  - Gesundes *Selbstbewusstsein*, das weder Überheblichkeit noch Unsicherheit kennt.
  - Aufmerksames *Zuhören*, um Motive und Ziele des Gesprächspartners zu erkennen und um durch kritische Fragen und ironische Anspielungen nicht irritiert zu werden.
  - Chancen des Bewerbers zur *Gesprächslenkung* auf besonders positive Bereiche sollten mutig genutzt werden.
  - Differenziertes *Sprachverhalten,* das weder einsilbig noch weitschweifig ist, sondern sich in Aktion und Reaktion sach- und situationsgemäß sowie offen, prägnant und argumentativ der Hochsprache bedient.
  - Angemessene *Körpersprache* (vgl. S. 76f.), die viel über Wesenseigenarten und den momentanen Gefühlszustand aussagt.

c. Der **Ablauf des Vorstellungsgesprächs** gliedert sich i.d.R. in drei Phasen:

- Beim *Einstieg* (der Eröffnung) sind bei der Begrüßung und beim Platznehmen sowie in der Sitzhaltung (s.o.) die allgemein gültigen Anstandsregeln zu beachten.
- Im *Schwerpunkt* wird die Gesprächsinitiative zunächst vom Personalchef ausgehen, aber insgesamt sollten die *größeren Sprechanteile* beim Bewerber liegen, denn er will sich vorstellen: seine Persönlichkeit, seine Interessen, seine Erwartungen. Folgende Aspekte werden erfahrungsgemäß eine Rolle spielen:
  - Zur *Berufswahl*: Warum gerade diese Stelle und Firma? Welche besondere Eignung? Welche Leistungs- und Verantwortungsbereitschaft? Welche Alternativen?
  - Zur *Allgemeinbildung*: Problemfächer? Wieso? Sonderqualifikationen? (z.B. Vereins- und Jugendarbeit, Nachbarschaftshilfe, Schülermitverwaltung etc.) Interessen für Politik und Kultur?
  - Zum *Privatbereich*: Familienverhältnisse? Freizeitverhalten? Freundeskreis? Selbsteinschätzung (Stärken? Schwächen?). Auf Fragen, die zu persönlich sind, kann freundlich-zurückhaltend reagiert werden.
  - *Eigene Fragen* des Bewerbers (etwa gestützt auf einen vorbereiteten Fragenkatalog) können sich zur Firma ergeben: z.B. zu Arbeitsbedingungen, Weiterbildungsmöglichkeiten, Kooperations- bzw. Fusionsformen, Zukunftsperspektiven im Rahmen der Globalisierung. Auch die Ausbildungsvergütung ist kein Tabu, sollte aber nicht im Vordergrund stehen.
- Zum *Schluss* sollten bedacht werden:
  - Die Frage nach dem Zeitpunkt der zu erwartenden Entscheidung
  - Die höfliche Form der Verabschiedung, wobei die Initiative beim Personalchef liegt.
  - Der Dank für das Gespräch

3.2 Formen des Interpretierens

Die Interpretation (< lat. interpretatio = Erklärung, Auslegung) bezeichnet sowohl die *Methode* der Textbeschreibung und -deutung als auch deren *Ergebnis*. Auch wenn der Begriff für historische, theologische oder juristische Quellen sowie für Kunstwerke aller Art verwendet wird, geht es hier i.e.S. um das **Verstehen von Literatur** im Blick auf ein Einzelwerk, auf einen Autor, eine Gattung oder Epoche.

3.2.1 Im Gegensatz zum naiven Verstehen von Texten ist die Interpretation ein reflektiertes Verfahren, das sich auf die Voraussetzungen (z.B. auf Entstehung, Zeit, Stoff, Autor) ebenso bezieht wie auf den Gegenstand im Besonderen und die Methode selbst, z.B. das *hermeneutische Verfahren.*

3.2.2 Die Interpretation ändert je nach dem Ziel ihrer Fragestellung den Akzent:

- Die *werkimmanente Interpretation* richtet ihr Interesse möglichst voraussetzungsfrei allein auf den Text in seiner strukturellen und stilistischen Gestaltung von Inhalten.
- Die *textexterne Interpretation* bezieht extrapoetische Aspekte – also Entstehungsbedingungen i.w.S. und Rezeptionszeugnisse – in die Deutung mit ein.
- Eine *ganzheitliche Interpretation* ist bestrebt, sowohl die inhaltlichen, strukturellen und stilistischen Elemente in ihrer funktionalen Beziehung zu erfassen als auch textexterne Aspekte angemessen zu berücksichtigen.

3.2.3 Weil Dichtung wesensmäßig immer multivalent und unauslotbar ist, wird heute nicht mehr d i e Interpretation als einzig gültige Lösung gesucht, sondern es wird ein *Methodenpluralismus* (vgl. S. 357f.) anerkannt, der unterschiedlichen Interpretationsansätzen folgen kann, der aber in sich stimmig, argumentativ auf den Text bezogen und glaubwürdig belegt sein muss.

3.2.4 Das *gestaltende Interpretieren* setzt ein zuverlässiges Textverständnis voraus, geht aber nicht analytisch vor, sondern will über den eigenen Schreibprozess (vgl. S. 26, 295) Literatur besser verstehen lernen.

3.2.5 Bei grundsätzlich ähnlichem Verfahren im *hermeneutischen Verstehensprozess*, der sich methodisch im *Drei-Phasen-Modell* (vgl. S. 15 u.ö.) realisieren lässt, sind nach den drei Gattungen drei Interpretationsarten zu unterscheiden:

Interpretationsarten

Gedichtinterpretation

– Die hoch artifiziell strukturierte Lyrik setzt ein besonders sensibles Wahrnehmungs- und Beschreibungsvermögen voraus.

– Neben dem Inhalt spielen Genre, Strophenform, Sprache und Stilfiguren eine dominierende Rolle.

– Je nach dem Genre (z.B. Erlebnis-, Ideen- oder hermetische Lyrik) sind affektive, appellativ-kritische Tendenzen oder chiffrenhaft-dunkle Eigenarten besonders zu beachten.

Prosainterpretation

– Je nach der Textart (z.B. Kurzgeschichte, Novelle oder Roman) sind die spezifischen Eigenarten Ausgangs- und Zielpunkt.

– Strukturelle Aspekte – z.B. Vorausdeutungen oder Rückblenden und Montagetechniken – spielen eine wichtige Rolle.

– Für die Stilanalyse werden Sprachebene (z.B. Hochsprache oder Jargon), Syntax und Wortwahl in besonderem Maße relevant.

Drameninterpretation

– Dramen sind keine „Lesetexte“, sondern „Partituren“ für Theateraufführungen. Aus der spezifischen Eigenart von *Haupt-* und *Nebentext* ergeben sich zwei Richtungen der Interpretation:

– Den Sprachhandlungen (Sprechakten) der Figuren (z.B. plaudern, verhören, drohen, argumentieren) gilt das Hauptaugenmerk im Blick auf
- Dialoge,
- Monologe und das
- Beiseitesprechen.

– Die *Regieanweisungen* steuern die Aktionen der Figuren, ihre Mimik, Gestik und Sprechweise. *Szenenanmerkungen* gelten dem Bühnenbild, den Requisiten, Kostümen, der Musik bzw. den Geräuschen.

Das **Drei-Phasen-Modell der Interpretation**, das in einem Prozess vom vorläufigen *Gesamtverständnis* über die *Analyse* von Einzelmerkmalen zur *Synthese des differenzierten Gesamtverständnisses* fortschreitet, folgt dem Verstehensmodell des sog. **hermeneutischen Zirkels**.
Die **Hermeneutik** (vgl. S. 15) ist die Kunst und Methodenlehre der sinn- und formgerechten Auslegung (Deutung, Interpretation) eines Werks. Sie wurde vom deutschen Philosophen Wilhelm Dilthey (1833–1911) als „Kunstlehre des Verstehens schriftlich fixierter Lebensäußerungen“ zur entscheidenden geisteswissenschaftlichen Methode erhoben und gegen die kausalgesetzlich „erklärenden“ Naturwissenschaften abgegrenzt. Hans-Georg Gadamer (1900–2002) baute diese Theorie in *Wahrheit und Methode* (1960) weiter aus.
Mit der Gliederung in Phasen wird ein *Verstehensprozess* bezeichnet, dem bei der Interpretation ein *Schreibprozess* entsprechen soll:

1. Phase: Gesamteindruck (subjektive Leseeindrücke, Assoziationen, Rezitationsversuche), daraus erstes *Primarverständnis* (evtl. mit Deutungshypothesen) und *Themenanalyse* zur Ermittlung von Problem- und Aufgabenstellung.

2. Phase: Stoffsammlung (tabellarisch mit Wechselbeziehung von Inhalt, Aufbau und Stil ohne vorschnelle Deutung) und *Gliederung* (chronologisch oder problemorientiert).

3. Phase: Ausarbeitung (mit dem Ziel der Synthese von Einzelelementen zu einem differenzierten *Sekundärverständnis*, gegliedert nach Einleitung, Hauptteil und Schluss) und *Korrektur* (nach Inhalt, Aufbau und Stil).

Bei **Vergleichen** gilt für alle drei Gattungen, dass die Interpretation innerhalb eines *Vergleichsrahmens* und unter einem *Vergleichsaspekt* (oder mehreren Aspekten) stattfinden soll. Dabei sind Vor- und Nachteile des diachronen und synchronen Verfahrens zu prüfen. Stets aber sollte einer der beiden Texte das Schwergewicht erhalten, um der vergleichenden Interpretation ein klares Profil zu geben.
In der Phase der *Stoffsammlung* sollte je nach Textart und Aufgabenstellung geprüft werden, ob durch Textmarkierung und Annotation, über Grafiken (z.B. Blockbilder und Cluster) oder über tabellarische Darstellung das Ziel einer differenzierten und übersichtlichen Aufbereitung am besten zu erreichen ist.

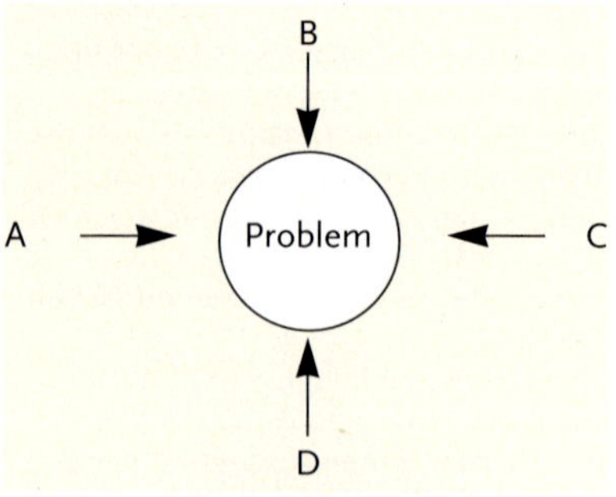

Mehrperspektivität

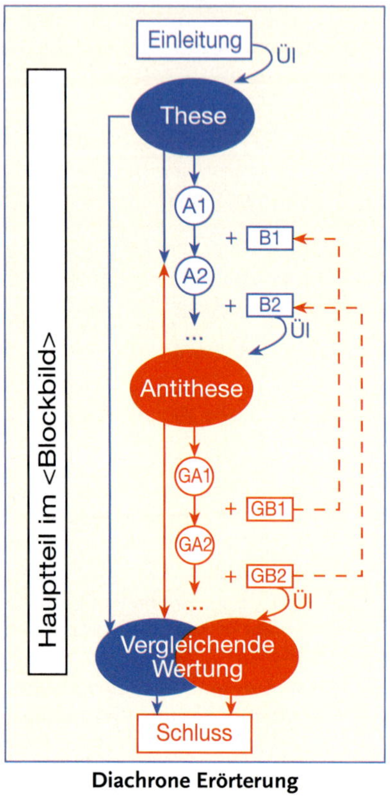

Diachrone Erörterung

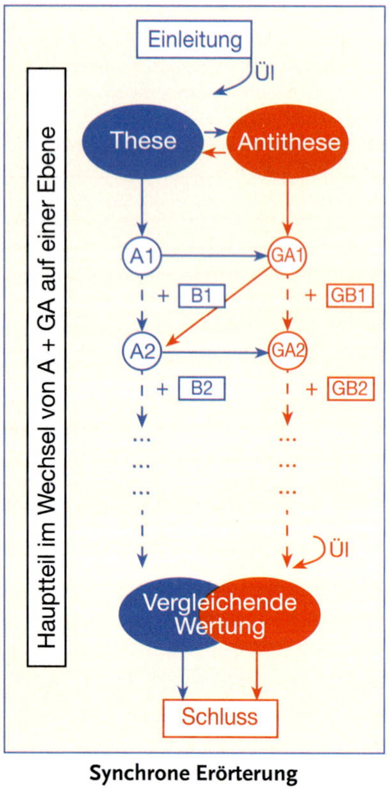

Synchrone Erörterung

3.3 Formen des Erörterns

3.3.1 Wie das Fachgespräch und die Diskussion verlangt die Erörterung eine Betrachtung des Problems von verschiedenen Seiten. Diese **Mehrperspektivität** ist bei schriftlicher Darstellung nur durch *Rollensimulation* zu erreichen. Die Auseinandersetzung mit einer These erfordert überzeugende *Argumente* und anschauliche *Beispiele* und *Belege*.

3.1.2 Hauptsächliche **Strukturierungsmodelle** sind:

- die *dialektische Erörterung* in *diachroner* Anordnung eines Pro- und Contra-Blocks oder das *synchrone* Verfahren, wobei Argumente und Gegenargumente auf einer Ebene gegeneinander stehen;
- die *linear-steigernde Erörterung*, die vom Einfacheren zum Schwierigeren und Komplexen, vom Naheliegenden zum Entfernteren, vom Geläufigen zum Unbekannten eine *Klimaxstruktur* anstrebt.

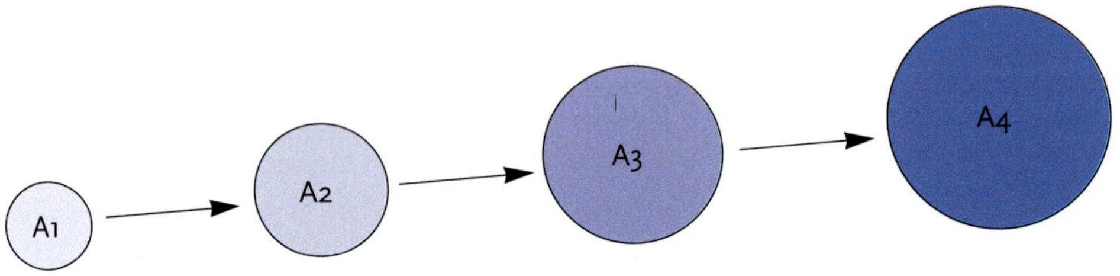

3.3.3 Nach dem **Drei-Phasen-Modell** ist es wichtig,

- durch spontane *Einfälle* einen Zugang zu gewinnen und in der *Themenanalyse* Schlüsselbegriffe und Operatoren zu erkennen;
- durch die *Stoffsammlung* in tabellarischer Darstellung oder über ein Cluster etc. Übersichtlichkeit zu ermöglichen und durch eine *Gliederung* (über Markierung oder Nummerierung) einen deutlichen Schwerpunkt herauszustellen;
- durch sorgfältige *Ausarbeitung* ein klares Profil und eine überzeugende Binnengliederung in angemessener Sprache zu erreichen und durch gründliche *Korrektur* abzusichern.

3.3.4 Trotz gemeinsamer Merkmale gibt es **spezifische Eigenarten** der

Erörterungsarten

Die freie (fachspezifische) Erörterung	**Die textgebundene Erörterung**	**Die literarische Erörterung**
– Sie ist inhaltlich ausschließlich auf Allgemeinbildung und Fachwissen gestützt. – Die Stofffindung wird durch „Suchraster" und W-Fragen erleichtert. – Kommentar, Gesuch und Essay sind wichtige Anwendungsformen.	– Die genaue Texterschließung (nach Problemen, Aufbau, evtl. auffälligen rhetorischen Mitteln) verlangt ein hohes analytisches Vermögen. – Zwei Lösungstypen sind die Regel: • eine streng textbezogene (weitgehend immanente) Erörterung des vorliegenden Textes; • eine textübergreifende Erörterung durch Weiterführung oder Widerlegung der Gedanken des Originals.	– Das Thema bezieht sich i.d.R. auf eine Ganzschrift, seltener auf die Textsequenz eines Autors. – Verlangt wird vor allem eine problembezogene Betrachtung, z.B. zur Titelgestalt, zu einer bestimmten Tugend oder Haltung. – Nicht detaillierte Einzeluntersuchung ist gefragt, sondern die Erörterung größerer Zusammenhänge.

A = Argument
B = Beispiel/Beleg
GA = Gegenargument
GB = Gegenbeispiel/-beleg

4. Textverstehen als Kommunikationsprozess

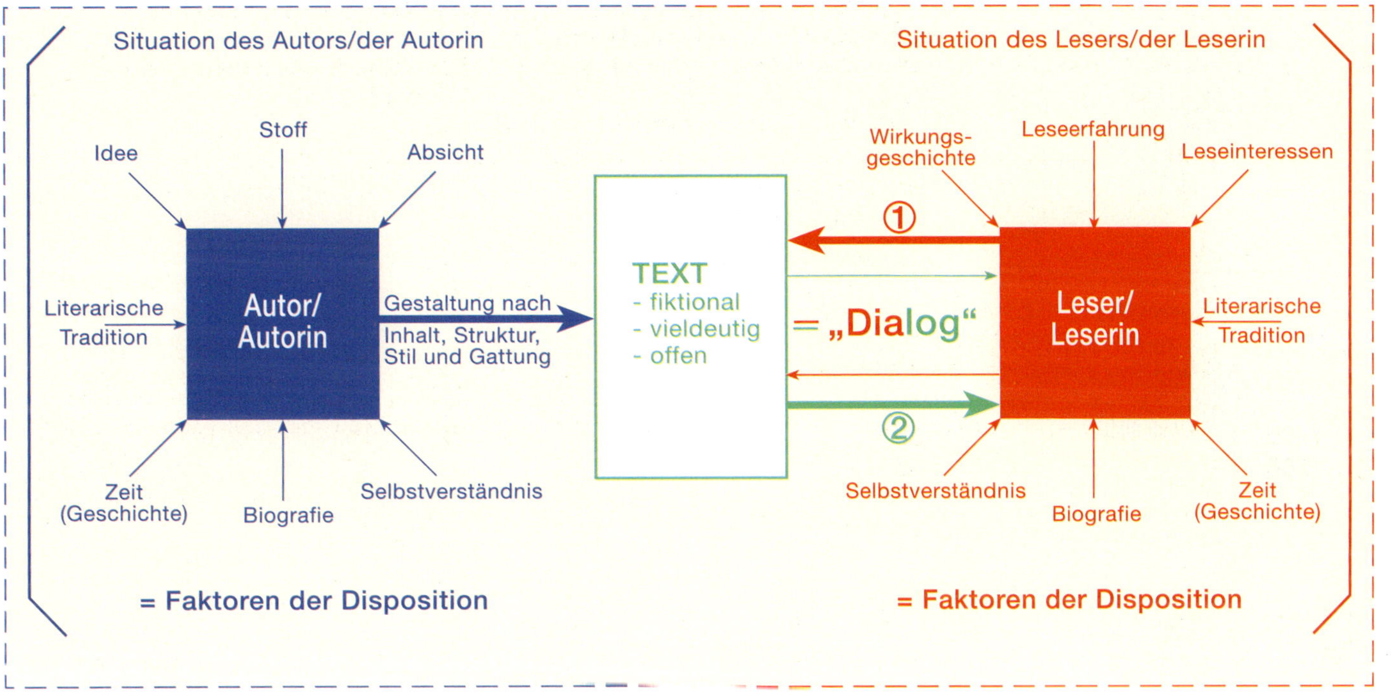

Vereinfachend lässt sich Textverstehen beschreiben als Kommunikationsprozess in zwei Phasen, die jedoch in der Praxis nicht so scharf zu trennen sind:

1. Das sog. **Primärverständnis** erfolgt i.d.R. spontan und ist natürlicherweise stark **subjektorientiert**, in dem der Leser seinen Gefühlen und Gedanken freien Lauf lassen kann: Je nach Vertrautheit oder Fremdheit, Gefallen oder Missfallen des Textes erfolgen unterschiedliche Grade der Identifikation oder Aversion, der Projektion oder Selektion. Auch Vorurteile und vorläufige Wertungen sind in dieser ersten Phase nicht nur zulässig, sondern eigentlich notwendig. Denn nur wenn Leser und Text in eine engagierte Beziehung treten, sind kritische Auseinandersetzungen in einem „Dialog“ erst möglich. Im Stadium des *Versuchs* geht es um eine Art des Probehandelns.

2. Das sog. **Sekundärverständnis** stellt sich erst schrittweise in einem Verstehensprozess ein, der überwiegend **objektorientiert** sein soll, in dem nun der Text nach Inhalt, Struktur, Stil und Gattung in den Mittelpunkt rückt. Mit Methoden der **Interpretation** soll er in seiner spezifischen Eigenart und in seinem individuellen Kunstcharakter erschlossen werden. Durch textimmanente – analytische und/oder produktionsorientierte – Verfahren (vgl. S. 16 u.ö.) und durch textexterne Bezüge auf die Biografie des Autors/der Autorin, Stoff- und Literaturgeschichte, Poetologie, Rezeptions- und Wirkungsgeschichte erfolgen Analyse und Deutung. Dabei können Einsichten des Primärverständnisses bestätigt, erweitert und vertieft, aber auch korrigiert, relativiert oder negiert werden. Denn in der Phase der Explikation und *Überprüfung* am Text muss sich erweisen, welche Interpretationen möglich sind oder als unhaltbar verworfen werden müssen, weil sie weder begründet noch belegt werden können.

III. Sprache beherrschen

1. Die Wortarten (die Lexik)

1.1 Übersicht

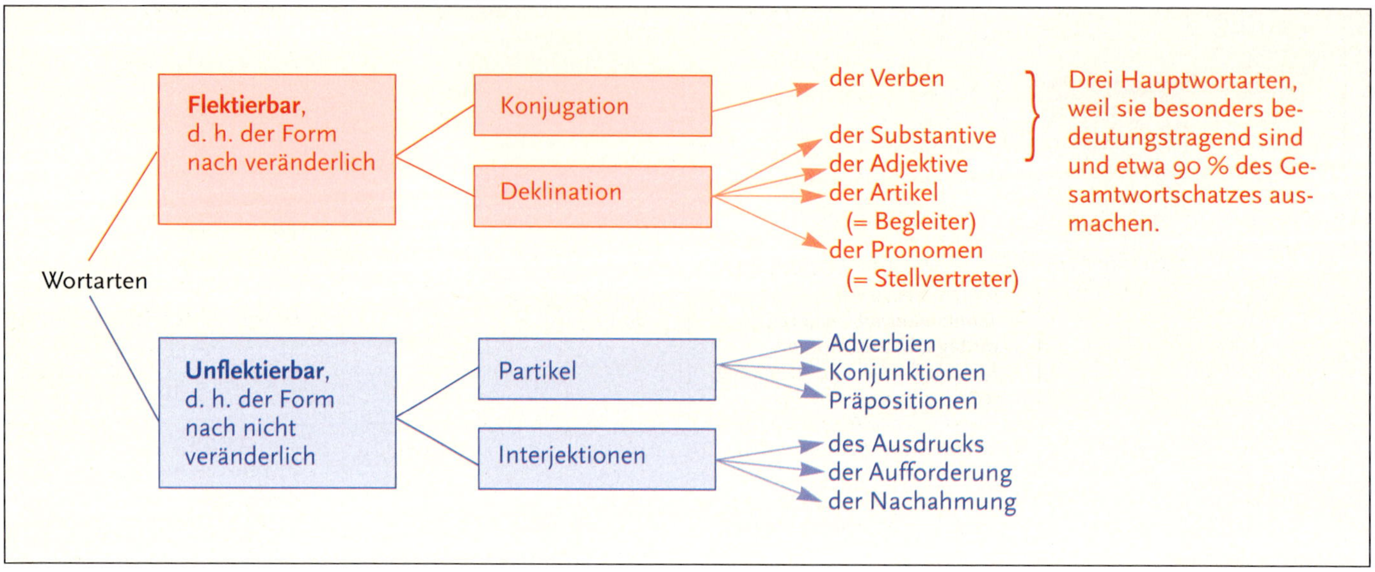

1.2 Formen, Eigenarten und Funktionen

Bezeichnung	Formen	Eigenarten	Funktionen
Das Verb (Zeit- oder Tätigkeitswort)	– *Tätigkeitsverb:* arbeiten – *Vorgangsverb:* sprießen – *Zustandsverb:* ragen – *Hilfsverben:* haben, sein, werden – *Modalverben:* müssen, können, dürfen	• Konjugation • sechs Tempora • Aktiv, Passiv • starke und schwache Verben • Modus: Indikativ, Konjunktiv, Imperativ	– Bildung des Prädikats – Verben mit Ergänzungen (Objekten) und Adverbialen
Das Adjektiv (Eigenschaftswort)	– *attributiv:* ein schönes Haus – *prädikativ:* Er ist kräftig. – *adverbial:* Er ruft laut.	• Deklination vor Substantiven • Vergleichsformen: groß (Positiv), größer (Komparativ), am größten (Superlativ)	– Benennung von Eigenschaften – Bildung von Prädikatsnomen – Charakterisierung von Verben
Das Numeral (Zahladjektiv, Zahlwort)	– *Kardinalzahlen* (Grundzahlen): null, zwei, vier – *Ordinalzahlen* (Ordnungszahlen): zweite, vierte – *Bruchzahlen:* ein halbes Pfund – *Unbestimmte* (indefinite) *Zahladjektive:* viel, wenig, ganz	• Deklination wie attributiv verwendete Adjektive • Keine Vergleichsformen	– Angabe von Größen- und Ordnungsverhältnissen – Bezeichnung von (unbestimmten) Mengen
Das Partizip (Mittelwort)	– *Partizip Präsens:* glühend – *Partizip Perfekt:* geglüht	– Ableitung vom Verb (glühen) – Gebrauch wie Adjektiv (z.B. als Attribut)	– Benennung von Eigenschaften – Bildung von Prädikatsnomen – Charakterisierung von Verben
Das Substantiv/ Nomen (Haupt-, Ding-, Namenwort)	– *Konkreta:* Haus, Wasser • Eigennamen: Berlin • Gattungsbezeichnungen: Mensch, Tier, Pflanze – *Abstrakta:* Geist, Liebe	– Deklination: Kasus, Numerus • Genus: Maskulina, Feminina, Neutra • Großschreibung	– Bezeichnung von Lebewesen, Dingen, Begrifflichem – Verwendung als Subjekt, Objekt, Adverbial, Attribut
Der Artikel (Geschlechtswort, Begleiter)	– *Bestimmte Artikel:* der, die, das – *Unbestimmte Artikel:* ein, eine, ein	• Deklination: zeigen Genus, Numerus, Kasus an	– Begleiter des Substantivs: der Kerl – Demonstration: der (= dieser) Kerl – Einleitung: der (= welcher)

Bezeichnung	Formen	Eigenarten	Funktionen
Das Pronomen (Fürwort, Stellvertreter)	– *Personalpronomen:* ich, du, er; wir, ihr, sie – *Possesivpronomen:* mein, dein, sein; unser, euer, ihr – *Interrogativpronomen:* wer? was? welcher? welche? – *Relativpronomen:* welcher, welche, welches – *Demonstrativpronomen:* dieser, jener, der – *Reflexivpronomen:* sich – *Indefinitpronomen:* jemand, etwas, alle, kein	• Deklination: zeigen Genus, Numerus, Kasus an	– Stellvertreter des Substantivs – Besitzangabe – Fragefürwörter – Einleitefürwörter – Hinweisende Fürwörter – Rückbezug zum Subjekt – Unbestimmte Fürwörter
Das Adverb (Umstandswort)	– *Kausaladverbien:* deshalb, darum, meinetwegen – *Lokaladverbien:* da, dort, hinten, hier, vorn – *Temporaladverbien:* jetzt, mittags, heute, morgen – *Modaladverbien:* gerne, genug, teils	Gebrauch als • selbstständiges Satzglied (Er singt gern.) • Attribut (Das Buch dort ...)	– Umstände des Grundes – Umstände des Ortes – Umstände der Zeit – Art und Weise, Grad, Maß u.a.
Die Konjunktion (Bindewort)	– *neben- oder beiordnend:* und, oder, denn – *unterordnend:* dass, weil, indem, wenn, damit, obgleich	– Verbindung von Teilsätzen einer Satzreihe – Einleitung von Glied- und Attributsätzen	Verbindung von – Wörtern, – Wortgruppen und – Sätzen
Die Präposition (Verhältniswort)	– *Lokal:* auf, aus, unter – *Temporal:* ab, bis, vor, während – *Modal:* außer, entgegen, nebst – *Kausal:* dank, gemäß, zwecks	– Sie sind unveränderlich und bestimmen i.d.R. den Kasus des folgenden Wortes.	– Kennzeichnung des Ortes – Kennzeichnung der Zeit – Kennzeichnung der Art und Weise – Kennzeichnung der Begründung
Die Interjektionen (Ausrufewörter)	– *Ausdruck:* hm! ach! – *Aufforderung:* pst! hallo! – *Nachahmung:* wau! muh!	• Laut- und Schallgebilde • I.d.R. syntaktisch isoliert	– Ausdruck von Empfindungen – Ausdruck von Anrufen – Ausdruck von Nachahmungen

2. Der Satzbau (die Syntax)

2.1 Die Satzarten

Der Aussagesatz

Darstellung eines Sachverhalts Z.B.: Hans schreibt den Aufsatz.

Der Aufforderungssatz

- Wunschsatz Z.B.: Bitte, hilf mir!
- Befehlssatz Z.B.: Rauchen verboten!

Der Fragesatz

- Entscheidungsfrage Z.B.: Hilfst du?
- rhetorische Frage Z.B.: Habe ich nicht gemahnt?
- Ergänzungsfrage Z.B.: Wer hilft?

2.2 Satzbaupläne

- *Der Einwortsatz:* Z.B.: Hilfe! Feuer! Großartig!
- *Der unvollständige Satz* (die Ellipse < gr. elleipses = das Ausbleiben): Bitte Wasser!
- *Der einfache Aussagesatz* (ergänzungslose Satz): Z.B.: Der Schüler (S) liest (P).

Abkürzungen:
P = Prädikat
S = Subjekt
Adj. Attr. = Adjektivattribut
Part. Attr. = Partizipialattribut
HS = Hauptsatz
NS = Nebensatz
AO = Akkusativobjekt
MA = Modaladverbial

– *Der erweiterte Aussagesatz* (durch Objekte und Adverbiale):

Adj. Attr. S P Part. Attr. AO MA

Z.B.: Der interessierte Schüler liest den spannenden Roman aufmerksam.

– *Die Satzreihe als Satzverbindung:* Hs + HS (= die Parataxe)
Z.B.: Der Schüler liest, sein Freund hört zu. (= asyndetisch)
Z.B.: Der Schüler liest(,) und sein Freund hört zu. (syndetisch mit Konjunktion, Komma möglich)

– *Das Satzgefüge:* HS + NS (= die Hypotaxe)

S P

Z. B. : Der Schüler, **der interessiert ist**, liest. (= Attributsatz der Funktion nach)

Der abhängige Nebensatz ist eingeschoben.
Relativsatz dem Einleitewort nach
finites Verb am Schluss

S P

Z. B. : Der Schüler liest, **weil er interessiert ist**. (Gliedsatz als Kausalsatz der Funktion nach)

Der Hauptsatz ist selbstständig.
Der nachgestellte Nebensatz ist abhängig.
Konjunktionalsatz (dem Einleitewort nach)
finites Verb am Schluss

2.3 Arten von Nebensätzen

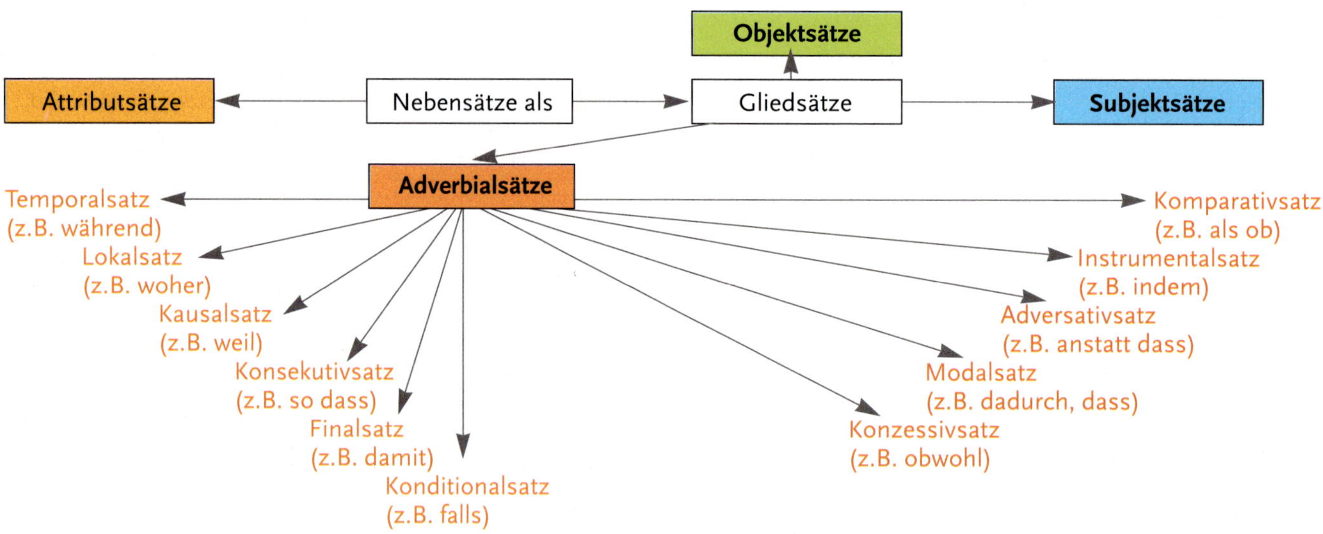

3. Hauptschwierigkeiten der Rechtschreibung und Zeichensetzung

Problem	Regel	Beispiele
3.1 Laute und Buchstaben-Zuordnung:	– Konsonantenverdopplung i.d.R. nach kurzem betontem Vokal im Wortstamm: – Nach dem sog. Stammprinzip gilt: – Alle Konsonanten bleiben erhalten:	– schlaff, Paddel, gönnen, Galopp, Ebbe – das Ass > Asse, behände < Hand, Platzieren < Platz – Schifffahrt, Flussenke, Pappplakat
3.2 Schreibung der Laute s, ss, ß:	– am Wortanfang und bei Stimmhaftigkeit: **s** – nach kurzem betontem Vokal im Wortstamm: **ss** – nach langem Vokal und nach Diphthong (Zwielaut): **ß**	– die **S**eite, le**s**en, Gra**s** > Grä**s**er, rei**s**t < rei**s**en – da**ss** (Konjunktion), mü**ss**en > du mu**ss**t – grü**ß**en > der Gru**ß**, bei**ß**en> der Bei**ß**er

Problem	Regel	Beispiele
3.3 Die Großschreibung:	– am Satzanfang, von Substantiven, Eigennamen und höflichen Anreden: – alle Wortarten bei Substantivierungen: – von Herkunftsbezeichnungen auf -er: – nach Doppelpunkt, wenn ein vollständiger Satz folgt: – von Substantiven bei Zeitangaben:	– Er kommt; **H**aus, **G**eist; das **S**chwarze Meer; **S**ie, **I**hnen, **I**hr. In Briefen können die Anredepronomen *du* und *ihr* mit ihren Possessivpronomen auch großgeschrieben werden. – der **E**rste; als **G**anzes; jeder **E**inzelne; im **G**rünen; auf **D**eutsch; das **A** und **O**; sein **I**ch – die **B**erliner Szene; der **S**chweizer Käse – Die Aufregung war groß: **A**lles Bisherige galt nicht mehr. – gestern **A**bend, heute **M**ittag, morgen **V**ormittag
3.4 Die Kleinschreibung:	– von Wörtern, die ihre substantivischen Merkmale verloren haben (= Desubstantivierungen): – von Adjektiven in festen Fügungen, die keine Eigennamen sind: – von Herkunftsbezeichnungen auf -isch: – der vertrauten Anrede- und Possessivpronomen:	– **a**ngst, **b**ange, **g**ram, **l**eid, **p**leite, **s**chuld in Verbindung mit Verben „sein", „bleiben" und „werden" – die **h**öhere Mathematik, das **n**eue Jahr – **g**riechischer Wein, **h**olländischer Käse – **d**u, **i**hr, **d**ir, **d**ich; **d**ein, **e**uer, **i**hr (im Brief vgl. 3.3)
3.5 Die Getrenntschreibung:	– von Verben, die zu einer Wortgruppe gehören: – von Substantiv-Verb-Verbindungen: – von Verbindungen mit morphologisch komplexen oder erweiterten Adjektiven	– spazieren gehen, auswendig lernen, lesen üben – Rad fahren, Not leiden, Fallschirm gleiten, Angst haben – bewusstlos schlagen, ultramarinblau streichen, ganz nahe kommen
3.6 Die Zusammenschreibung:	– wenn adjektivischer und verbaler Bestandteil eine neue „übertragene" (idiomatisierte) Gesamtbedeutung ergeben: – von Substantiv und Verb bei enger Zusammengehörigkeit, die nicht umzustellen ist: – wenn die Wortart der Bestandteile nicht mehr deutlich erkennbar ist:	– schönreden (beschönigen), gutschreiben (auf das Konto), freisprechen (von Schuld), kaltstellen (ausschalten), schwerfallen (Mühe machen) – schlafwandeln, handhaben, lobpreisen, brandmarken, maßregeln, schlussfolgern – stromabwärts, ehrenhalber, inwiefern, inmitten, irgendetwas, außerstande
3.7 Fremdwörter:	– Bei Fremdwörtern gibt es häufig Doppelschreibungen, wobei die fremdsprachige und die integrierte (eingedeutschte) Schreibung nebeneinanderstehen:	– Chicorée – Schikoree – Delphin – Delfin – Ghetto – Getto – Panther – Panter – potentiell – potenziell
3.8 Die Worttrennung am Zeilenende:	– erfolgt bei mehrsilbigen Wörtern nach Sprechsilben, d.h. so, wie sich Wörter bei langsamem Sprechen in Silben zerlegen lassen: – Einzelne Vokalbuchstaben am Wortanfang oder -ende werden nicht abgetrennt: – Stehen Buchstabenverbindungen wie **ch, sch, ph, rh, sh** oder **th** für einen Konsonanten, so trennt man sie nicht. Dies gilt auch für **ck** und **ß**: – Zusammensetzungen und Wörter mit Präfix bzw. Suffix trennt man nach den einzelnen Bestandteilen:	– Ei-er, Mu-se-um, Ru-i-ne, in-di-vi-du-ell, ros-ten, Fa-mi-li-en, Steu-ern – Abend, Kleie, Ju-li-abend, Bio-müll – la-chen, wa-schen, Sa-phir, Myr-rhe, Bu-shel, Zi-ther, Goe-the; Zu-cker, bli-cken, gie-ßen – Schul-hof, Week-end, Er-geb-nis, Papp-pla-kat, Schwimm-meis-ter
3.9 Die Kommasetzung:	– Das Komma muss stehen bei wörtlichen Reden nach dem abschließenden Anführungszeichen, wenn nach dem angeführten Satz der Begleitsatz oder ein Teil von ihm folgt: – Das Komma grenzt gleichrangige (nebengeordnete) Teilsätze, Wortgruppen oder Wörter voneinander ab: – Nebensätze und Appositionen werden durch Komma abgegrenzt: – Infinitivgruppen grenzt man mit Komma ab, wenn sie mit *um, ohne, statt, anstatt, außer, als* eingeleitet sind oder von einem *Substantiv* oder einem *Verweiswort* abhängen: – Da Kommata Gliederungszeichen sind, liegt es im Ermessen des Schreibenden, zusätzlich zu den Muss- und Kann-Regeln aus stilistischen Gründen Kommas zu setzen.	– „Komm sofort zurück", rief sie. – Er fragte: „Brauchen Sie den Pass?", und öffnete den Safe. – Im Dorf war es still, ich schaute durch das Fenster. – Ich hatte versprochen, die Blumen zu gießen, die Fenster zu öffnen ... – Ich hoffe, dass du wach bist! – Monika, die Klassensprecherin, meinte ... – Sie öffnete das Fenster, um zu lüften. – Er fasste den Plan, heimlich abzureisen. – Anita liebte es sehr, lange auszuschlafen.

Synopse zur Integration der Arbeitsbereiche[1]

Erstes Kapitel: Einführung in die Arbeit der Oberstufe am Thema „Mensch und Menschlichkeit"

	Sprechen und Schreiben	Literatur und Medien	Sprachbetrachtung
I. Die Frage nach dem Sinn des Lebens als Thema von Gedichten			
1. Was ist der Mensch? – Arten der Lyrik im historischen Längsschnitt			
G. Ph. Harsdörffer: Das Leben des Menschen, S. 9 **M. Claudius:** Der Mensch, S. 9 **L. Ch. H. Hölty:** Aufmunterung zur Freude, S. 9 **F. von Matthisson:** Zuruf, S. 9 **J. W. von Goethe:** Wer nie ..., S. 9 **E. Mörike:** Gebet, S. 9 **F. Nietzsche:** Ecce homo, S. 9 **H. Hesse:** Im Nebel, S. 10 **E. Lasker-Schüler:** Gebet, S. 10 **G. Benn:** Reisen, S. 10 **J. Bachmann:** Schatten ..., S. 10	– Assoziationen zu Titeln – Fachgespräch über Themen und Motive – **Studiertechniken 1: Textmarkierungen, Annotationen, Anlage einen Textblattes** – Parallel- oder Gegengestaltung	– **Lyrik 1: Arten der Lyrik** – **Lesen 1: Arten des Lesens** • evasorisch • kursorisch • statarisch • sinnerschließend • sinngestaltend • szenisch	– Fachbegriffe der Lyrik – Eigenarten lyrischer Sprache – Fachbegriffe der Grammatik zur Textbeschreibung
Ein Fachgespräch über Gedichte, S. 11	– **Kommunikation 1: Gesprächsarten** – **Studiertechniken 2: Das Textzitat**	– **Textarten 1: Formen des Mündlichen**	– Spracheigenarten von Fachgesprächen
2. Mensch und Zeit – Aspekte und Methoden der Gedichtinterpretation			
J. Ch. F. Hölderlin: Lebenslauf, S. 12 **E. Kästner:** Kurzgefasster Lebenslauf, S. 12 Zwei Lebensläufe, S. 13 **F. Nietzsche:** Vereinsamt, S. 14	– Assoziationen und Motivvergleich – Exzerpieren textimmanenter und textexterner Aspekte – **Studiertechniken 3: Einlegefolie, Textblatt, Exzerpt** – **Gedichtinterpretation 1: textimmanent und textextern** – **Problemerörterung 1: Über Gedichte**	– **Literaturgeschichte 1: Hölderlin und Kästner in ihrer Zeit** – **Lyrik 2: Ode, Elegie, Hymne** – **Rezitation 1: mit Textblatt** – **Poetik 1: poetische Mittel der Lyrik**	– Merkmale des Zeitstils – Semantik von „Lebenslauf" – Fachbegriffe der Prosodik – **Semantik 1: Die Hermeneutik** – Fachbegriffe der Poetik
H. Heine: Die Grenadiere, S. 19 **P. Huchel:** Soldatenfriedhof, S. 19 **M. L. Kaschnitz:** Hiroshima, S. 20 **Der Spiegel:** Unbarmherziger Stolz, S. 20	– **Gedichtinterpretation 2: Gedichtvergleich** – **Studiertechniken 4: Clustering** – **Texterörterung 1: eines Berichts**	– Vergleichende Rezitation – Politische Lyrik – Zeitungsbericht	– Vergleich von Stilebenen – Genre und Stil – Absicht und Stil – Fachbegriffe des Erörterns
II. Situationen und Grenzsituationen in epischen Kurzformen			
1. Die Vieldeutigkeit des Alltäglichen – Gestaltendes Interpretieren von Kalender- und Kurzgeschichten sowie Parabeln			
J. P. Hebel: Unverhofftes Wiedersehen, S. 23 Hebels Quelle ..., S. 24 **B. Brecht:** Der hilflose Knabe, S. 24 **W. Borchert:** Das Brot, S. 25 **R. Brambach:** Besuch bei Franz, S. 27 **A. Schopenhauer:** Die Stachelschweine, S. 27 **F. Kafka:** Heimkehr, S. 27	– Inhaltsangabe, Gestaltung und Wertung – Fachgespräch und Gestaltung – **Gestaltendes Interpretieren 1: Formen** – Stilbeschreibung – Untersuchen und Erörtern	– **Textarten 2: Kalender- und Keunergeschichte** – Keunergeschichte – **Textarten 3: Die Kurzgeschichte** – **Poetik 2: Erzählperspektiven** – **Textarten 4: Parabel und Gleichnis**	– Stileigenarten von Raffung und Dehnung – Raffung – Merkmale des Zeitstils – Stileigenarten im Vergleich verschiedener Genres
G. Kunert: Die Maschine, S. 27 **Th. Bernhard:** Eine Maschine, S. 28	– Inhaltsangabe, Umgestaltung – **Studiertechniken 5: Das Mitschreiben** – **Literarische Erörterung 1: von epischen Kurzformen**	– Parabolische Erzählungen	– Spracheigenarten der Beschreibung und Erörterung
2. Von Helden und Opfern – Unterrichtsprotokoll und Prosainterpretation am Beispiel der Anekdote			
H. von Kleist: Anekdote ..., S. 29 Zeitgenössische Darstellung von 1807, S. 30 Erklärung, S. 30 Ankündigung, S. 30 **R. Steig:** Interpretation der „Anekdote" von 1901, S. 31 **H. Pongs:** Interpretation der „Anekdote" von 1957, S. 31	– Erörtern von Absicht und Stil – Textvergleich – Exzerpieren – Stilbeschreibung – Exzerpieren und Vergleichen	– Sinngestaltendes Lesen – **Textarten 5: Die Anekdote** – Zeitungstexte – Stoffgeschichte – **Poetik 3: Die Rezeption** – **Textarten 6: Das Feuilleton**	– Wortwahl und Syntax – Stilmerkmale journalistischer Texte – Spracheigenarten von Beschreibung und Erörterung
A. Polgar: Der unbekannte Soldat, S. 31 **G. Kunert:** Das Bild der Schlacht am Isonzo, S. 32 Schülerbeispiele zum Unterrichtsprotokoll, S. 33 Schülerinterpretationen zu G. Kunerts „Das Bild der Schlacht ...", S. 37	– Vergleichen – **Studiertechniken 6: Protokollieren, Resümieren** – Exzerpieren und Vergleichen – **Prosainterpretation 1: der Anekdote**	– Erzählperspektiven – Anekdote – **Textarten 7: Protokoll und Inhaltsangabe** – Verstehen als Prozess	– Absicht und Stil – Merkmale deskriptiver Sprache – Aspekte der Sprachkorrektur

[1] **BENUTZERHINWEISE:** Die Synopse erfüllt eine dreifache Funktion:
1. Sie ergänzt das **Inhaltsverzeichnis** durch differenzierte Angaben zu **Autoren** und **Texten**.
2. Sie zeigt i. S. eines **ganzheitlichen Deutschunterrichts**, wie die Teilbereiche das Faches angemessen zu verbinden sind.
3. Sie bietet den Unterrichtenden eine erste Orientierung für die **individuelle Jahresplanung**: Die **halbfett** hervorgehobenen Gliederungspunkte innerhalb der drei Arbeitsbereiche bezeichnen das **Fundament einer Jahresarbeit** (i.d.R. die Obligatorik bzw. die Schwerpunkte). Die **Nummerierungen** markieren eine curricular sinnvolle **didaktisch-methodische Progression**.

III. Jugendliche an der Schwelle zum Jahr 2000

1. Moderne Adoleszenzromane als Spiegel zeitgenössischer Jugendkultur? – Schülerorientierte Erarbeitung

	Sprechen und Schreiben	Literatur und Medien	Sprachbetrachtung
Z. Jenni: Das Blütenstaubzimmer, S. 39 **B. Lebert:** Crazy, S. 39 **Ch. Kracht:** Faserland, S. 40 **Th. Brussig:** Wasserfarben, S. 40 „Faserland“ – Visualisierung ..., S. 41 Stundenprotokoll: Das Thema „Familie“ in modernen Adoleszenzromanen, S. 43 **G. Gansel:** Jugend- und Adoleszenzroman, S. 44	– **Studiertechniken 7: Der Lesezettel** – Gestaltungsaufgaben – **Prosainterpretation 2: Aspektorientierung** – **Studiertechniken 8: Expertengruppen, Metaplan, Protokoll** – Exzerpieren, Fachgespräch – Arbeit in Expertengruppen	– Adoleszenzroman – **Lesen 2: Lesen mit Bleistift** – Sinngestaltendes Lesen – **Poetik 4: Literarische Collage** – **Lesetipp 1: Adoleszenzromane** – **Roman 1: Klassischer und moderner Adoleszenzroman**	– Zeitstil und Merkmale der Jugendsprache – Stilistische Funktion der Textmontage – Vergleich unterschiedlicher Zeitstile – **Stilistische Sprachbetrachtung 1: Gestaltungs- und Stilmittel**

2. Wozu Literatur? – Positionen und Reflexionen über Probleme eines Literaturkanons

	Sprechen und Schreiben	Literatur und Medien	Sprachbetrachtung
Ch. Kracht: Faserland, S. 45 **Th. Brussig:** Wasserfarben, S. 45 **B. Lebert:** Crazy, S. 46 **H. Steinmetz:** Moderne Literatur lesen, S. 46 **T. Klotzek:** „1979“ – der neue Roman von Ch. Kracht, S. 47 Die **ZEIT-Umfrage:** Der deutsche Literatur-Kanon, S. 47	– Textvergleich – Präsentation von Ergebnissen der Expertengruppen – Exzerpieren – Fachgespräch über literarische Wertung – Recherchieren – Leserbrief – Eine Umfrage durchführen	– Adoleszenzromane im Vergleich – Sachtext – Buchrezension – Literaturkritik	– Spracheigenarten der Beschreibung und Erörterung – Merkmale der Fachsprache – Sprache der Argumentation

IV. Die Gestalt der Antigone im antiken und modernen Drama

1. Mitmenschlichkeit und Göttergebot gegen königlichen Machtanspruch – Sophokles' „Antigone“ (441 v. Chr.)

	Sprechen und Schreiben	Literatur und Medien	Sprachbetrachtung
B. Brecht: Antigone, S. 49 **Sophokles:** Antigone (Anfang), S. 49 **Sophokles:** Kreons „Thronrede“ und der Chor, S. 50 **Sophokles:** Der Chor, S. 51 **Sophokles:** Antigone – Kreon, S. 51 **Sophokles:** Chor – Antigone – Kreon, S. 54 **Sophokles:** Antigone (Schluss), S. 55	– Text-Bild-Vergleich – Vorgestaltung – Inszenieren – Clustering – Inszenieren in Gruppen – Erörtern – Fiktiver Brief – Erörtern	– Attische Tragödie – **Rezitation 2: Szenische Lesung** – **Drama 1: Der antike Chor** – **Drama 2: Das griechische Theater, die Tragik und Katharsis** – Chor, Monologe, Dialoge – Struktur der Tragödie	– Merkmale lyrischer und dramatischer Sprache – Thesenhaftigkeit und Pathos – Fachbegriffe des Theaters – Thesenhaftigkeit und Pathos

2. Die Forderung des Unbedingten gegen den Kompromiss – Jean Anouilhs „Antigone“ (1942)

	Sprechen und Schreiben	Literatur und Medien	Sprachbetrachtung
J. Anouilh: Antigone (Anfang), S. 56 **J. Anouilh:** Ismene – Antigone, S. 56 **J. Anouilh:** Die Tragödie als „Uhrwerk“, S. 57 **J. Anouilh:** Kreon – Antigone, S. 57 **J. Anouilh:** Sprecher – Kreon, S. 59 **J. Anouilh:** Der Sprecher (Schluss), S. 59	– Beschreiben der Szene – Textvergleich – Definieren und Vergleichen – Charakterisieren – Fiktiver Brief – **Projekt 1: Die Gestalt der Antigone**	– **Inszenieren 1: Das Standbild** – Szenische Lesung – Moderne Tragödie – Funktion des Sprechers – **Drama 3: Botenbericht, Teichoskopie, Figurenkonstellation** – Vergleich von attischer und moderner Tragödie	– Sprache der Privatisierung – Jargon als Mittel der Verfremdung – Thesen und Argumente – Stilvergleich

V. Kurt Tucholsky: Autor, Werk und Leser

1. Zeitkritik als humaner Appell – Exempel engagierter Literatur

	Sprechen und Schreiben	Literatur und Medien	Sprachbetrachtung
K. Tucholsky: Vorsätze, S. 61 **K. Tucholsky:** Start, S. 61 **K. Tucholsky:** Park Monceau, S. 63 **K. Tucholsky:** Das Lächeln der Mona Lisa, S. 63 **K. Tucholsky:** Mein Nachruf, S. 63 **K. Tucholsky:** Brief an Nuuna, S. 63	– Untersuchen und Beschreiben – Textgruppierung nach Stilmerkmalen – Beschreiben	– **Poetik 5: Engagierte Literatur** – Kurze epische Formen – Gedichte – Persönlicher Brief	– Ironiesignale in Lyrik und Prosa – Sprache des persönlichen Briefes

2. Ein gekränkter Idealist – Möglichkeiten der Satire

	Sprechen und Schreiben	Literatur und Medien	Sprachbetrachtung
K. Tucholsky: Märchen, S. 64 **K. Tucholsky:** Krieg dem Kriege, S. 64 **K. Tucholsky:** Vision, S. 65 **K. Tucholsky:** Das Dritte Reich, S. 66 **K. Tucholsky:** Joebbels S. 67 **K. Tucholsky:** An das Publikum, S. 67 **K. Tucholsky:** Hitler und Goethe – Ein Schulaufsatz, S. 68 **K. Tucholsky:** Was darf die Satire?, S. 69 Entscheidung des Reichsgerichts, S. 70 Synopse zu Tucholsky, S. 70	– Exzerpieren – Fiktiver Leserbrief oder Dialog – In Gruppenarbeit Inszenieren eines Kabaretts – Gegengestaltung – Arten des Erörterns – Beschreiben und Bewerten – Exzerpieren und Erörtern – Parallelgestaltung – **Studiertechniken 9: Die literaturgeschichtliche Synopse**	– Märchenparodie – Politische Lyrik – **Poetik 6: Das Kabarett und die Satire** – **Textarten 8: Der Essay** – **Literaturgeschichte 2: Autor, Zeit und Werk**	– **Stilistische Sprachbetrachtung 2: Stilmittel der Satire** • Verspottung • karikierende Verzerrung • Übertreibung (Hyperbolik) • heitere Relativierung • extreme Kontrastierung • bissige Parodie • Verfremdung • kuriose Neologismen • Narrenperspektive • ätzende Schärfe • Mischung der Sprachebenen

3. Die Wirkung der Worte – Literarische Kommunikation und Rezeption

	Sprechen und Schreiben	Literatur und Medien	Sprachbetrachtung
K. Tucholsky: Gruß nach vorn, S. 71 **K. Tucholsky:** Avis an meinem Verleger, S. 71 Neu Köllner Tagblatt: Die Rufer, S. 72 **W. Vesper:** Das erwachte Gewissen, S. 72 Deutsche Reichs- und Preußische **Staatsanzeiger** vom 23.8.1933, S. 72	– **Kommunikation 2: Symmetrische und asymmetrische Kommunikation** – Beschreiben und Exzerpieren – Fiktiver Leserbrief – Gruppenarbeit: Recherchieren von Biografien	– Essay – Brief – Pamphlet – Kommentar – Bekanntmachung	– Vergleich von Sprachebenen • Satire, Pamphlet • Bekanntmachung, Kommentar – Stileigenarten der Agitation – Polemik statt Argumentation – Merkmale der „Amtssprache“

	Sprechen und Schreiben	Literatur und Medien	Sprachbetrachtung
Stimmen zur Rezeption ..., S. 72 **N. Erné:** Kurt Tucholsky, S. 74 **K. Tucholsky:** Ratschläge für einen schlechten Redner, S. 74 **K. Tucholsky:** Ratschläge für einen guten Redner, S. 75	– Exzerpieren und Vergleichen – Erörtern – **Projekt 2: Tucholsky und seine Zeit** – **Studiertechniken 10: Das halbfreie Referat** – **Kommunikation 3: Prinzipien der Rhetorik und der Körpersprache**	– Rezensionen – **Poetik 7: Grundmodell der literarischen Kommunikation** – **Poetik 8: Die Ironie**	– Stil der Beschreibung und Wertung – Merkmale des Redestils nach • Syntax • Wortwahl • Gliederung • Stimmführung • non-verbalen Mitteln

4. Was Sprache leisten kann – Rhetorische Figuren und Grundfunktionen der Sprache

E. Kästner: Über das Verbrennen von Büchern, S. 77	– Vorgestalten – **Studiertechniken 11: Textmarkierungen, Annotationen, Exzerpt und Konspekt** – **Die Beschreibung von Sachtexten 1: Rede**	– **Textarten 9: Die Gedenkrede** – **Poetik 9: Rhetorische Figuren**	– Stilmittel der politischen Rede
K.Bühler: Das Organonmodell der Sprache, S. 82	– Exzerpieren und Konspektieren – Erörtern	– Sprachtheoretischer Essay	– **Sprachtheorie 1: Das Organonmodell**

Zweites Kapitel: Mittelalter

I. Leitbilder mittelalterlichen Lebens

1. Bilder der Nachwelt – Rezeption des Mittelalters

E. Geibel: Friedrich Rotbart, S. 84 **H. Heine:** Deutschland. Ein Wintermärchen, S. 85 **G. Kunert:** Neuere Ballade infolge älterer Sage, S. 86	– Konspektieren, Collagieren – Texte vergleichen – Diskutieren – Protokollieren	– Sinnerschließendes Lesen – Gedichte als Rezeptionsdokumente	– Stilmittel des Pathos und der Ironie – Leitbegriffe in ihrem historischen Bezug

2. Ritter und Mönch – Zwei Lebensformen des Mittelalters

W. von Eschenbach: Parzival, S. 87 **H. von Aue:** Der arme Heinrich, S. 88 **W. von Eschenbach:** Parzival, S. 89 **J. Arentzen/U. Ruberg:** Die mittelalterliche Ständeordnung, S. 90 **J. Bumke:** Adliges Rittertum, S. 91	– Exzerpieren, Präsentieren, Mitschreiben – Zuordnen von Bildern und Texten – Bildbeschreibung – Skizzieren ritterlicher Verhaltensnormen	– **Literaturgeschichte 3: Höfische Dichtung** • Heidelberger Liederhandschrift • ordenunge, mâze, hövisch • Heldendichtung – Sachtexte zur Literaturgeschichte	– Mittelhochdeutsche Literatursprache – Neuhochdeutsche Übertragung

3. Der höfische Ritter als Minnesänger – Formen des Minnesangs

Der von Kürenberg: Ich zôch mir einen valken, S. 92	– Fachgespräch	– **Lyrik 3: Kürenberger-Strophe und Tagelied**	– **Sprachgeschichte 1: Ausspracheregeln des Mittelhochdeutschen**
D. von Aist: Slâfst du, friedel ziere?, S. 92 **A. von Johansdorf:** Ich vant âne huote, S. 93 **W. von der Vogelweide:** Sô die blumen ..., S. 94 **W. von der Vogelweide:** Under der linden, S. 95 **H. von Morungen:** Sin hiez mir nie widersagen, S. 95	– **Gedichtinterpretation 3: eines Tagelieds** – Struktur- und Bildbeschreibung – **Studiertechniken 12: Visuelle Darstellungen**	– Rezitation – **Lyrik 4: Minneverständnis und Formen des Minnesangs** – Sog. Mädchenlieder	– Erprobung von Regeln zur Aussprache des Mittelhochdeutschen – Eigenarten der mittelhochdeutschen Literatursprache
R. von Fenis: Gewan ich ze Minnen ..., S. 96 Stationen einer Minnebotschaft, S. 96	– Text-Bild-Vergleich – Beschreiben und Deuten von Minnebildern	– **Literaturgeschichte 4: Der Zeitstrahl** – **Kunst 1: Mittelalterliche Buchmalerei**	– Bildzeichen entschlüsseln und deuten
H. Eggers: Stand der Minnesänger, S. 98 **J. Bumke:** Höfische Liebe, S. 98 Leserbrief, S. 99	– Exzerpieren und Verfassen eines Lexikonartikels – **Texterörterung 2: eines Leserbriefs**	– Sachtexte zur Literaturgeschichte – Leserbrief	– Spracheigenarten einer wissenschaftlichen Abhandlung – Stileigenarten eines Leserbriefs

4. Walther von der Vogelweide als politischer Dichter – In der Spruchdichtung Kritik an einer gestörten Ordnung

W. von der Vogelweide: Dô Friderich ..., S. 100 **W. von der Vogelweide:** Philippe, Künec hêre, S. 100 **W. von der Vogelweide:** Ich hân mîn lêhen, S. 101 **W. von der Vogelweide:** Drei Sprüche im sog. „Reichston", S. 101 **U. Schrade:** Die romanische Malerei, S. 103	– Tabellarische Textbeschreibung – Resümieren – Übersetzen – Beschreiben und Deuten von Bildern – Interpretieren	– Rezitation – **Lyrik 5: Spruchdichtung in Walthers Reichston** – **Kunst 2: Romanische Malerei und Plastik** – **Literaturgeschichte 5: Weltsicht des hohen Mittelalters** – Sachtext	– **Stilistische Sprachbetrachtung 3:** **• Übersetzung** **• Übertragung** **• Nachdichtung** – Rhetorische Figuren – Semantik in ihrem historischen Bezug
J. Bumke: Das Herrscherideal des Mittelalters, S. 105	– **Projekt 3: Text-Bild-Collage**	– Sachtext	

II. Die Sprachen des Mittelalters

1. Quellen der Hochsprache? – Mundarten früher und heute

J. Lauremberg: Von alemodischer Poesie ..., S. 106 **S. Blau:** Dr Bahwärter, S. 106 **H. G. Huber:** deheim, S. 107 **U. Debus:** Vun disse Tiet, S. 107 **L. Kleinlein:** a rouh mou sai, S. 107	– Textbeschreibung – Übertragung – Erklären von Dialektmerkmalen – Tabellarischer Dialektvergleich	– **Literaturgeschichte 6: Epoche** – Mundartgedichte – Rezitation	– **Sprachgeschichte 2: Dialekt und Hochsprache**
Die deutschen Mundarten, S. 108 Die sprachliche Herkunft des Deutschen, S. 108	– Beschreiben einer Sprachkarte – Erklären eines Verzweigungsdiagramms	– Dialektkarte – Verzweigungsdiagramm	– Dialektgrenzen – **Sprachgeschichte 3: Kentum- und Satem-Sprachen**

	Sprechen und Schreiben	Literatur und Medien	Sprachbetrachtung
2. Die Vorgeschichte der deutschen Sprache – Die indoeuropäische Sprachenfamilie (1./2. Jahrtausend v. Chr.)			
Die erste(germanische) Lautverschiebung, S. 109	– Historische Sprache beschreiben	– Sprachtabellen	– **Sprachgeschichte 4: Erb-, Lehn- und Fremdwörter**
Die zweite(althochdeutsche) Lautverschiebung, S. 109	– Anwenden von Einsichten auf Dialektgedichte	– Sprachkarte zur 2. Lautverschiebung	
3. Die Sprachen des frühen Mittelalters – Das Althochdeutsche (600–1050)			
Die Vorherrschaft des Lateinischen, S. 110 Frühe althochdeutsche Zeugnisse, S. 111 Der zweite Merseburger Zauberspruch, S. 111 Das Vater unser, S. 112	– Exzerpieren von sprachgeschichtlichen Informationen – Tabellarischer Vergleich etymologischer Entwicklungen – Sprachbeschreibung	– **Textarten 10: Glossen, Zauberspruch, Gebet, Heldenlied** – Handschriften des Althochdeutschen – Zauberspruch	– **Sprachgeschichte 5:** **• Arten von Glossen** **• Synonymenlexikon** **• Stabreim**
Die wichtigsten Schreiborte des Althochdeutschen, S. 112	– Erörterung einer Kulturlandkarte	– Gebet – Karte kultureller Zentren	– Vergleich von althochdeutschen und neuhochdeutschen Wortformen
4. Die literarische „Gemeinsprache" – Das Mittelhochdeutsche (1100–1400)			
Der Vokalwandel, S. 113 Verbreitung der nhd. Diphthongierung ..., S. 113	– Übertragungen ins Nhd. – Sprachbeschreibung	– Sprachkarten	– **Semantik 2: Arten des Bedeutungswandels**
Geographisch-politische-kulturelle Zentren ..., S. 113	– Bedeutungsdefinitionen	– Karte kultureller Zentren	
5. Der Weg zur deutschen „Einheitssprache" (ab 1400) – Die Rolle Martin Luthers			
M. Luther: Sendbrief vom Dolmetschen, S. 114 Bibelübersetzungen des 23. Psalms, S. 115 **M. Luther:** Vom Kranich und Wolffe, S. 115	– Exzerpieren – Vergleich von Übersetzungen – Anwendung von Kriterien der Übersetzung	– Sachlicher Brief als Essay – Bibelübersetzungen – Die Vulgata – Tierfabel	– Kriterien für gute Übersetzung – Frühneuhochdeutsche Lexik und Syntax

Drittes Kapitel: Barock

I. „Gesichter" einer Epoche

1. Das Jahrhundert des Krieges – Motivvergleich in Text und Bild			
A. Gryphius: Thränen des Vaterlandes ..., S. 117 **H. J. Ch. von Grimmelshausen:** Der abenteuerliche Simplicissimus, II. Buch, S. 117	– Tabellarischer Motivvergleich – Fachgespräch	– Sonett – Romanauszug	– **Semantik 3: Begriffsgeschichte „Barock"** – Eigenarten barocker Sprache
F. von Logau: Abgedanckte Soldaten, S. 117	– Parallelgestaltung	– Politisches Gedicht	• Metaphorik • Hyperbolik • ironische Brechung • Kumulation
2. Lebensgenuss und Weltabkehr – Antithetik zwischen Carpe diem und Vanitas			
P. Fleming: Wie Er wolle geküsset seyn, S. 118 **Ch. H. von Hofmannswaldau:** Auf den Mund, S. 118 **C. Ch. Dedekind:** Allegorisch Sonett, S. 118 **M. Opitz:** Carpe diem, S. 119 **Ch. H. von Hofmannswaldau:** Sonnet ..., S. 119 **A. Gryphius:** Menschliches Elende, S. 120 **A. Gryphius:** Vanitas! ..., S. 120 **A. Gryphius:** Die Hölle, S. 120	– Motivvergleich in Texten und Bildern – Gestalten einer Parodie – Collage und Metaplan – Exzerpieren – Fachgespräch – Interpretieren eines Gedichts	– Lesen mit Bleistift – Barockgedichte – **Literaturgeschichte 7: Prinzipien und Strömungen des Barock** • Antithetik • Rhetorische Tendenz • Mystik – Karte von Dichterlandschaften	– **Stilistische Sprachbetrachtung 4: Eigenarten des Manierismus** – Rhetorische Figuren des Barock • Allegorese • Wiederholung • drastische Bildlichkeit • Parallelismus • Addition
A. a Sancta Clara: Mercks Wienn, S. 121 **A. Silesius:** Cherubinischer Wandersmann, S. 122	– Anwendung des Kommunikationsmodells – Gestalten eines Epigramms	– **Textarten 11: Die Predigt** – Sinngedichte (Epigramme)	– Metaphorik

II. Die Welt im Sinnbild

1. Das Leben als Abenteuer? – Emblematik und Roman			
Titelblatt und Titelkupfer ..., S. 123 **H. J. Ch. von Grimmelshausen:** Simplicissimus, I. Buch, S. 124 **H. J. Ch. von Grimmelshausen:** Simplicissimus, V. Buch, S.124	– Deuten eines Emblems – Textbeschreibung – Skizzieren eines Handlungsplots – Interpretieren des Romanschlusses	– **Poetik 10: Emblematik** – **Roman 2: Der Schelmenroman** – Romanauszug	– Merkmale barocker Prosa – Verhältnis von Bild und Text in barocker Emblematik
Inhaltsangabe und Aufbau des „Simplicissimus", S. 125	– Vergleichen von Plot und Inhaltsangabe – Erörtern	– **Textarten 12: Die literarische Inhaltsangabe**	– Stileigenarten der Deskription
2. Das Leben als Theater? – Tragödie und Komödie			
Theatralisierte Darstellung ..., S. 126 **A. Gryphius:** Catharina von Georgien, (Personen), S. 126 **A. Gryphius:** Catharina ... (Schluss), S. 127 Erkenne dich selbst, S. 128 **M. Aurel:** Selbstbetrachtungen, S. 128 **A. Gryphius:** Absurda Comica ..., S. 128	– Assoziationen und Bildbeschreibung – Entwerfen eines Bühnenbildes – Interpretieren eines Titelblatts – Eine subscriptio verfassen – Exzerpieren und Erörtern – Inszenierungsvorschläge	– **Kunst 3: Kupferstiche und Embleme** – **Inszenieren 2: Rollenverteilung und -besetzung** – **Philosophie 1: Die Stoa** – **Drama 4: Das Barocktheater** • Tragödie • Jesuitendrama • Commedia dell'Arte	– Bild-Text-Korrelationen in barocker Emblematik – Emphase und Pathos sowie Witz und Komik im Barockdrama – Merkmale philosophischer Sprache – Sprachwitz und Sprachkomik

	Sprechen und Schreiben	Literatur und Medien	Sprachbetrachtung

III. Die Ordnung der Welt

1. Die Ordnung des Denkens – Philosophie und Kampfschriften

B. Pascal: Über die Religion ..., S. 130	– Textbeschreibung und -erörterung	– **Philosophie 2: Der Rationalismus**	– **Semantik 4: Die Theodizee**
G. W. Leibniz: Die Theodizee ..., S. 131	– Fiktives Streitgespräch	– Essay	– Merkmale philosophischer Sprache
F. von Spee: Cautio Criminalis ..., S. 132	– Leserbrief	– **Textarten 13: Kampfschriften**	
Ch. Thomasius: Vom Laster der Zauberei, S. 133	– Kurzreferat		

2. Gegen das Chaos die strenge Form – Anwendung des Drei-Phasen-Modells am Sonett

J. Ch. Männling: Todten-Bahre, S. 134	– Text- und Bildvergleich	– **Lyrik 6: Das Figuren- oder Bildgedicht**	– Bild- und Textsprache
R. Döhl: Apfel, S. 134	– Gestalten eines Figurengedichts		– Stilmerkmale barocker Lyrik
A. Gryphius: Es ist alles eitel, S. 134	– **Gedichtinterpretation 4: eines Sonetts**	– **Poetik 11: pars pro toto**	– Aspekte der Stilkorrektur
Schülerbeispiele für Einleitungen, S. 136		– **Lyrik 7: Das Sonett**	
E. Trunz: Interpretation des ersten Quartetts, S. 136	– Interpretieren – Verbessern und Beurteilen	– Interpretation	– Stilverbesserung
Schülerbeispiele für Schlüsse, S. 137			

3. Die Ordnung des Wortes – Sprachreform und Poetik

A. Gryphius: Horribilicribrifax, S. 137	– Inszenieren	– Rezitieren	– **Sprachgeschichte 6: Sprachgesellschaften und Neologismen**
Flugblatt: Der teutsche Michel, S. 138	– Übertragung und Stilbeschreibung	– **Literaturgeschichte 8: Sprachgesellschaften**	
Neubildungen, S. 139	– Exzerpieren und Erörtern		– **Semiotik 1: Bereiche der Zeichentheorie**
M. Opitz: Buch von der deutschen Poeterey, S. 139	– Verfassen eines Lexikonartikels – Vergleichen von Sprachtheorien	– **Poetik 12: Barockpoetiken** – **Literaturgeschichte 9: Epoche des Barock als Synopse**	– **Sprachgeschichte 7: Entwicklungen vom Barock bis zur Gegenwart**
G. Ph. Harsdörffer: Die Teutsche Sprache, S. 140	– **Projekt 4: Wandzeitung und Werbung**		
G. W. Leibniz: Unvorgreiffliche Gedancken ..., S. 140			

Viertes Kapitel: Aufklärung – Empfindsamkeit – Sturm und Drang

I. Aufklärung – Aufbruch in ein neues Zeitalter des Geistes?

1. „Was ist Aufklärung"? (Immanuel Kant) – Bedeutungshorizont eines Begriffs und seine Erörterung

G. E. Lessing: Über die Wahrheit, S. 145	– Notizen zum Primäreindruck	– Essay	– Stileigenarten aufklärerischer Gedichte
G. K. Pfeffel: Die Aufklärung, S. 145	– Exzerpieren und Vergleichen	– Politisches Gedicht	
G. Benn: Verlorenes Ich, S. 146	– Stoffsammlung	– Gedankenlyrik	
Ch. M. Wieland: Sechs Fragen zur Aufklärung, S. 147	– Anlegen eines Clusters – Textvergleich	– **Philosophie 3: Aufklärung**	– Zitattechnik und Verweis in moderner Lyrik
R. Descartes: Meditationen ..., S. 148		– **Poetik 13: Die Enzyklopädie**	
A. Gryphius: Abend, S. 148	– Arten des Erörterns	– Sonett	– **Semantik 5: Wortfeld „aufklären"**
Lexikonartikel, S. 148			
I. Kant: Was ist Aufklärung?, S. 149	– **Texterörterung 3: eines philosophischen Textes**	– Philosophischer Essay	– **Stilistische Sprachbetrachtung 5: Argumentationstypen**
Lösungen zum Hauptteil, Verstöße ..., S. 151	– Beurteilen und Verbessern	– Szenisches Lesen	
E. Ionesco: Die Nashörner, S. 152	– Beschreiben und Erörtern	– **Philosophie 4: Logik und Syllogismus**	– Stilmittel der Ironisierung

2. Aufklärung und Absolutismus – Idee und Wirklichkeit

Friedrich II.: Politisches Testament, S. 153	– Textbeschreibung	– Politisches Testament	– Stileigenarten politischer Prosa
G. A. Bürger: Der Bauer, S. 194	– Gestalten eines Beschwerdekatalogs	– Politische Lyrik	– Stilmittel im politischen Gedicht • Interjektion
Unbekannter Verfasser: Eine militärische Anekdote, S. 154	– Fiktiver Brief	– Anekdote	• Ironie
M. Claudius: Kriegslied, S. 155	– Vergleichen von höfischem und bürgerlichem Leben	– Politische Lyrik	• Appell
Ch. F. D. Schubart: Freiheitslied ..., S. 155		– **Kunst 4: Kupferstiche D. N. Chodowieckis**	• Zitat
Das Leben im 18. Jahrhundert, S. 155	– Anlegen einer Synopse – Fiktiver Bericht	– Historischer Text	– Sprache der Beschreibung

3. Lessing und Wieland – Biografie in Briefen und als Kurzbericht

Ch. M. Wieland: An Leonhard Meister, S. 158	– Schreiben einer Biografie	– Persönlicher Brief	– Merkmale des Zeitstils im persönlichen Brief
Kurzbiografie zu G. B. Lessing, S. 159			
Ch. M. Wieland: An J. G. Zimmermann, S. 159	– Vergleichen zweier Lebensläufe	– Kurzbiografie Lessings	• bei Wieland
Ch. M. Wieland: Brief an J. G. Zimmermann, S. 159	– Kurzreferat		• bei Zimmermann

4. Der Kampf um geistige Freiheit – Fabel und Aphorismus

J. de la Fontaine: Der Rabe und der Fuchs, S. 160	– Informationen ermitteln – Vergleichen von Fabeln	– **Textarten 14: Fabel, Aphorismus, Epigramm**	– Stilmuster der Fabel: • Erzählung
J. de la Fontaine: Der Wolf und das Lamm, S. 160	– Gestalten einer Fabel – Stilbeschreibung	– Holzschnitte und Kupferstiche zu Fabeln	• Dialog • Moral als Sentenz
Ch. F. Gellert: Der Tanzbär, S. 161			
G. E. Lessing: Der Rabe und der Fuchs, S. 161			
G. E. Lessing: Der Wolf und das Schaf, S. 162			
G. K. Pfeffel: Der Tanzbär, S. 162			
G. Ch. Lichtenberg: Aphorismen, S. 163	– Resümee zur Bedeutung des Aphorismus		– Pointierung in Aphorismus und Epigramm
G. E. Lessing: Sinngedichte, S. 163			

	Sprechen und Schreiben	Literatur und Medien	Sprachbetrachtung

5. Der „gesittete“ Bürger in der höfischen Welt – Stilmittel der Anakreontik

F. von Hagedorn: Anakreon, S. 164 **F. von Hagedorn:** Die Küsse, S. 164 **G. E. Lessing:** Die verschlimmerte Zeiten, S. 164 **J. W. von Goethe:** Annette an ihren Geliebten, S. 164 **J. W. von Goethe:** Das Schreien, S. 165	– Cluster zu Motiven – Partnerarbeit zur Stilbeschreibung – Erörtern – Exzerpieren von Aspekten der Bürgerkritik	– **Literaturgeschichte 10: Die Anakreontik** – Gedichte der Anakreontik	– Rhetorische Figuren • Zitate antiker Texte • Emphase • Parallelismus • Kumulation • Formelhaftigkeit
Ch. F. Gellert: Der baronisirte Bürger, S. 165	– Parallelgestaltung eines Gedichts		

6. Utopie des aufgeklärten Zeitalters – Drameninterpretation und literarische Erörterung zu Lessings „Nathan der Weise“

Resolution des Herzogs von Braunschweig-Wolfenbüttel, S. 166 **G. E. Lessing:** Entwurf zu einer Vorrede, S. 166 **G. E. Lessing:** Nathan I/2, S. 168 **G. E. Lessing:** Nathan III/7, S. 173 Einleitungen und Schlüsse ..., S. 173 Stimmen zur Rezeption, S. 174 **O. F. Bollnow:** Die Weisheit, S. 175 Zuordnung, Beurteilung und Korrektur von Textelementen, S. 176	– **Drameninterpretation 1: Nathan der Weise, I/2** – Einen Text markieren und annotieren – Skizzieren von Regiekonzepten – **Literarische Erörterung 2: eines Dramas** – **Texterörterung 4: eines ethischen Essays**	– Essay – **Philosophie 5: Die Utopie** – **Drama 5: Merkmale und Formen des Dramatischen** – Szenisches Lesen – Szenenbilder zu „Nathan“	– Fachbegriffe des Dramas – Stilebenen des „Nathan“ – Semantische Differenzierung im Essay – Argumentationstypen der Erörterung – Merkmale ethischer Sprache

II. Empfindsamkeit, Sturm und Drang – Utopie einer privaten Humanität

1. Die Güter des Herzens – Briefroman und Erlebnislyrik

J. W. von Goethe: Die Leiden des jungen Werthers, S. 177 **J. W. von Goethe:** Es schlug mein Herz ..., S. 180 **J. W. von Goethe:** Mit einem gemalten Band, S. 181 **J. W. von Goethe:** Maifest, S. 181 **F. G. Klopstock:** Dem Unendlichen, S. 181 **J. W. von Goethe:** Prometheus, S. 182 **J. W. von Goethe:** Ganymed, S. 182	– Textanalyse und -erörterung – **Projekt 5: Freies Arbeiten** – Vergleichen von Gedichtfassungen – Charakterisieren des „erlebenden Ichs“ – Interpretation von Gedichten	– **Roman 3: Der Briefroman** – **Literaturgeschichte 11: Rezeption des „Werther“ und Empfindsamkeit** – **Inszenieren 3: von Briefen** – **Lesetagebuch: Aspekte der Anlage** – **Lyrik 8: Erlebnislyrik** – Rezitation	– Stilmerkmale der Empfindsamkeit: • Gefühlsintensität • Nuancierung • Differenzierte Selbstanalyse

2. Die Schaubühne als Richterstuhl – Drama des „Sturm und Drang“

F. Schiller: Die Räuber, I/1, S. 183 **F. Schiller:** Die Räuber, I/2, S. 184 **F. Schiller:** Was kann eine gute stehende Schaubühne eigentlich wirken, S. 186 **J. W. von Goethe:** Zum Shakespeare-Tag, S. 186 **R. J. M. Lenz:** Handeln ist die Seele der Welt, S. 187	– Erarbeiten von Rollenbiografien – Skizzieren von Vorgeschichten der Figuren – **Gestaltendes Interpretieren 2: Szenisches Interpretieren**	– **Literaturgeschichte 12: Sturm und Drang** – **Drama 6: Theater im 18. Jahrhundert** – Theatertheoretische Essays	– Stilmerkmale des Sturm und Drang: • Prometheus-Symbolik • Gefühlsüberschwang • Geniekult • Kraftideal
J. Ch. Gottsched: Versuch einer kritischen Dichtkunst, S. 187 **G. E. Lessing:** Brief an Nicolai, S. 188	– Exzerpieren von Aspekten der Theatertheorie – Erörtern		

3. „Leben wir in einem aufgeklärten Zeitalter?“ (Immanuel Kant) – Wirkungsgeschichte einer Großepoche und Problemerörterung

F. de Goya: Der Traum ..., S. 188 **G. Grass:** Der Traum der Vernunft, S. 189 **F. Nietzsche:** Der tolle Mensch, S. 189 Vorschläge für Einleitungen und Schlüsse, S. 193 Elemente aus dem Hauptteil, S. 194	– Bildbeschreibung – **Projekt 6: Großepoche „Aufklärung“** – **Problemerörterung 2: einer These**	– Radierung – Philosophische Essays – Radierung, Holzschnitt, Kupferstich – Philosophische These – **Literaturgeschichte 13: Die Aufklärung**	– Häufige Fehlertypen der Erörterung: • Verwechslung der Stilebenen • Reihung von Thesen • Emotionalisierung statt Argumentation

Fünftes Kapitel: Klassik

I. Lebendigkeit der Klassik

1. Erinnerung an ein Goethe-Gedicht – Individuelle Aneignung der Tradition

Ch. Wolf: Kindheitsmuster, S. 196 **J. W. von Goethe:** Symbolum, S.197	– Charakterisieren – Fachgespräch	– Zeitroman – Gedankenlyrik	– Textzitat im modernen Roman – Stilisierungen

2. Ansichten vom Menschen – Menschenbilder im Textvergleich

J. W. von Goethe: Prometheus, S. 198 **M. Claudius:** Der Mensch, S. 198 **J. W. von Goethe:** Grenzen der Menschheit, S. 198 **J. W. von Goethe:** Das Göttliche, S. 198	– Resümieren in Maximen – **Studiertechniken 13: Vergleich mehrerer Texte unter einem Aspekt**	– Gedankenlyrik – **Philosophie 6: Die Anthropologie**	– Stilelemente im klassischen und modernen Gedicht
G. Büchner: Dantons Tod, S. 199 **H. M. Enzensberger:** Doomsday, S. 200	– Gedichtinterpretation	– Dramenauszug – Gedankenlyrik	– Stileigenarten eines Prosadramas – Merkmale des Zeitstils

	Sprechen und Schreiben	Literatur und Medien	Sprachbetrachtung
II. Die Antike als Leitbild			
1. Reiseerfahrungen – Johann Wolfgang von Goethes „Italienische Reise“			
J. W. von Goethe: Italienische Reise, S. 201 **J. W. von Goethe:** Italienische Reise, S. 201 **J. W. von Goethe:** Italienische Reise, S. 202 **J. W. von Goethe:** Italienische Reise, S. 203	– Verfassen eines persönlichen Briefes – Textbeschreibung – Stilvergleich – **Projekt 7: Vergleich literarischer Italienerfahrungen**	– Reisebericht – **Literaturgeschichte 14: Klassik und Antike** – Literarische Briefe	– Eigenarten von Beschreibung, Schilderung und Reflexion – Stilmerkmale der Klassik
2. Aneignung der Antike – Normen der Kunst			
J. J. Winckelmann: Gedanken ..., S. 204 **F. Hölderlin:** Hyperion, S. 204 **F. Schiller:** Brief an Herder ..., S. 205 Antike als Leitbild in der Architektur, S. 206 **J. W. von Goethe:** Einfache Nachahmung der Natur ..., S. 207	– Analyse expositorischer Texte – Diskussionsbeitrag – Vergleichen von Architekturstilen – Textanalyse	– Essay über Kunst – Romanauszug – Brief – **Kunst 5: Architektur des Klassizismus** – Essay über Dichtung	– Fachbegriffe der Literaturästhetik – Eigenarten deskriptiver und erörternder Sprache
3. Klassiker und Klassik – Lebensläufe und Begriffsbestimmung			
Johann Wolfgang von Goethe, S. 208 Friedrich Schiller, S. 209 **J. W. von Goethe:** Über den Begriff des „Klassischen“, S. 210 **J. N. Nestroy:** Einen Jux will er sich machen, I/6, S. 210 „Klassik“ in der Werbung, S. 212	– Vergleichen und Resümieren – Bildvergleich – Sprachrecherche und -vergleich – Gestalten eines ironischen Dialogs – Textbeschreibung	– Biografien – Essay – **Literaturgeschichte 15: Epochenbegriff** – Dramenauszug – Werbetexte	– **Stilistische Sprachbetrachtung 6: Moderner Sprachgebrauch** – **Semantik 6: Wortfeld „Klassik“ und „klassisch“**
III. Die Antworten der Klassiker auf Fragen der Zeit			
1. Die Französische Revolution als Herausforderung – Positionen Goethes und Schillers			
Tonbandaufzeichnung ..., S. 213 Beispiel für eine Mitschrift, S. 214 **J. W. von Goethe:** Hermann und Dorothea, S. 215 **J. P. Eckermann:** Gespräche mit Goethe ..., S. 216	– **Studiertechniken 14: Die Mitschrift** – Beschreiben und Beurteilen – Protokollieren – Fiktiver Brief	– Tonbandaufzeichnung – **Textarten 15: Versepos** – Literaturgespräch	– Merkmale der Deskription – Stileigenarten des Versepos – Merkmale der • Deskription • Reflexion • Erörterung
J. W. von Goethe: Maximen und Reflexionen, S. 217 **J. P. Eckermann:** Gespräche mit Goethe ..., S. 217 **F. Schiller:** Die Horen, S. 217	 – Historische Recherche – Exzerpieren und fiktiver Dialog	– Maximen – Literaturgespräch – Literaturzeitschrift	– Stileigenarten schriftlicher Erörterung – Stileigenarten des fiktiven Gesprächs – Sprache der Information und Werbung
2. Gelingende Menschlichkeit – Die Interpretation eines dramatischen Textes			
Die Handlung des Schauspiels, S. 218 **J. W. von Goethe:** Iphigenie auf Tauris, I/1, S. 219 **J. W. von Goethe:** Iphigenie auf Tauris, IV/2, S. 221 Auszug aus dem Hauptteil einer Schülerinterpretation, S. 223 **J. W. von Goethe:** Iphigenie auf Tauris, V/3 und V/6, S. 225 Das Drama und seine Inszenierung, S. 225 **Th. Kopfermann:** J. W. von Goethe: „Iphigenie auf Tauris“, S. 227	– Text-Bild-Vergleich – Analysieren – **Drameninterpretation 2: Iphigenie, IV/2** – Inszenierungsvorschlag – **Die Facharbeit** – **Studiertechniken 15: Das Arbeitsprotokoll und die Mind-Map** – **Projekt 8: Klassik im Epochenvergleich**	– Rezitation – Literarische Inhaltsangabe – **Drama 7: Exposition, Blankvers, Sprechakte, Dialog, Monolog, Stichomythie** – Interpretation – Dramenauszug – Programmbuch – Interpretation	– Stileigenarten von Vers und Prosa im Vergleich – Merkmale des dramatischen Dialogs und Monologs – Stileigenarten der Beschreibung und Erörterung
3. Klassik im Rückblick – Aspekte der Rezeption			
H. von Treitschke: Deutsche Geschichte im 19. Jahrhundert, S. 229 **H. Piontek:** Um 1800, S. 230 **A. E. Hohler:** Goethes Weimar ..., S. 230 **P. Sloterdijk:** Regeln für den Menschenpark, S. 231	– Textanalyse und -vergleich mit Gedicht – Erörtern von Thesen – Exzerpieren – Gestalten von Plakaten – **Kommunikation 4: Podiumsdiskussion**	– Historischer Text – Gedankenlyrik – Essay – Philosophischer Essay	– Deskription und Erörterung – **Semantik 7: Merkmale des Lakonismus** – Eigenarten philosophischer Sprachverwendung
IV. Die Sprache – das „Urmedium“ des Menschen			
1. Über den Ursprung der Sprache – Eine philosophische und entwicklungspsychologische Deutung			
W. von Humboldt: Sprache ist Tätigkeit, S. 232 **D. E. Zimmer:** So kommt der Mensch zur Sprache, S. 233	– Hypothesen notieren – Texterläuterung – Exzerpieren	– **Philosophie 7: Sprachphilosophie** – Sprachtheoretischer Text – Sprachkarikatur	– Philosophische Fachsprache – **Sprachtheorie 2: Sprache und Entwicklung**

	Sprechen und Schreiben	Literatur und Medien	Sprachbetrachtung
2. „Tiersprache“ und „Menschensprache“ – Theorien im Vergleich			
J. G. Herder: Abhandlung über den Ursprung der Sprache, S. 234 **H. Gehlen:** Der Mensch, S. 236 **B. L. Whorf:** Sprache, Denken, Wirklichkeit, S. 237	– Textanalyse – Begriffserläuterung – **Kommunikation 5: Merkmale des Mündlichen**	– **Philosophie 8: Sprachphilosophie** – Sprachtheorotische Texte	– **Semantik 8: Etymologie philosophischer Begriffe** – **Sprachtheorie 3: Mensch und Sprache**

Sechstes Kapitel: Romantik

I. Romantik-Bilder

1. Nacht und Traum – Motive, Bilder und Symbole

	Sprechen und Schreiben	Literatur und Medien	Sprachbetrachtung
J. von Eichendorff: Sehnsucht, S. 238 **R. D. Brinkmann:** Gedicht, S. 239	– Vergleich von romantischer und moderner Lebenssituation	– Romantische und moderne Lyrik	– Denotat und Konnotationen
J. von Eichendorff: Mondnacht, S. 239 **K. von Günderode:** Der Kuss im Traume, S. 239	– Gedichtinterpretation im Vergleich – Exzerpieren	– **Poetik 14: Motiv, Metapher und Symbol**	– Fachbegriffe der Poetik
Bonaventura: Nachtwachen, S. 239 **Novalis:** Heinrich von Ofterdingen, S. 240	– Textanalyse – Diskutieren	– **Roman 4: Der romantische Roman**	
G. H. Schubert: Die Symbolik des Traumes, S. 241	– Resümieren – Recherchieren		– Abreviaturen- und Hieroglyphensprache

2. Lieder von Natur und Heimat – Gedichtinterpretation als Vergleich

	Sprechen und Schreiben	Literatur und Medien	Sprachbetrachtung
C. Brentano: Der Spinnerin Nachtlied, S. 242 **C. Brentano:** Sprich aus der Ferne, S. 242 **A. von Arnim:** Gebet, S. 243 **Anonym:** Lass rauschen ..., S. 243	– Analyse von Themen und Motiven in einem Cluster	– Rezitation – **Lyrik 9: Das Volkslied** – Volksliedsammlung	– Stileigenarten von „Volkslied“ und „Kunstlied“
J. W. von Goethe: Rezension ..., S. 243 **J. von Eichendorff:** Das zerbrochene Ringlein, S. 243	– Ermitteln und Überprüfen einer These – Textvergleich		– Merkmale parodistisch „gebrochener“ Sprache
P. Rühmkorf: Auf eine Weise ..., S. 244		– **Poetik 15: Die Parodie**	
J. von Eichendorff: Abschied, S. 244 **J. von Eichendorff:** Die Heimat, S. 244	– Gedichtinterpretation		
J. von Eichendorff: Die zwei Gesellen, S. 245 **B. Heine:** Rückschau, S. 245 Typen von Schlüssen, S. 249	– Parallel- oder Gegengestaltung – **Gedichtinterpretation 5: Gedichtvergleich** – **Projekt 9: Gedichtvergleich im historischen Längsschnitt**	– Rezitation – Strukturierungsmodelle für den Gedichtvergleich	– **Stilistische Sprachbetrachtung 7: Aspekte des Stils**

II. Romantik oder das andere Leben

1. Veränderung durch Revolution? – Vorschläge für einen Seminarkurs

	Sprechen und Schreiben	Literatur und Medien	Sprachbetrachtung
L. Tieck: Brief an W. Wackenroder, S. 249 **W. Wackenroder:** Brief an L. Tieck, S. 250 **J. G. Fichte:** Zurückforderung der Denkfreiheit ..., S. 250	– Vergleichen von Briefen – Erläutern eines Zitats – **Projekt 10: Seminararbeit**	– Persönliche Briefe zur Zeitgeschichte – Politischer Essay	– Stileigenarten des persönlichen Briefs im Vergleich zum Essay

2. Kritische Gänge – Utopie und Satire

	Sprechen und Schreiben	Literatur und Medien	Sprachbetrachtung
A.W. Schlegel: Vorlesungen..., S. 251 **Novalis:** Die Christenheit oder Europa, S. 252	– Exzerpieren und Erörtern – Recherchieren – Anfertigen eines Clusters	– Essay – Essay	– **Semantik 9: Begriff der Utopie**
C. Brentano: Der Philister ..., S. 252	– Verfassen einer Glosse	– Satire – Satirische Karikatur	– Bildzeichen

3. Lebensformen: Geselligkeit und Müßiggang – Gruppenbildung in der Romantik

	Sprechen und Schreiben	Literatur und Medien	Sprachbetrachtung
F. Schleiermacher: Versuch einer Theorie des geselligen Betragens, S. 253 **F. Schlegel:** Lucinde, S. 254	– Definieren – Erörtern – Exzerpieren	– Essay – Romanauszug – Dichterlandschaften	– Sprachverwendung in expositorischen und fiktionalen Texten
Freundschaft in der Romantik, S. 255	– Begriffserläuterung	– Literaturgeschichtlicher Sachtext	

4. Suche nach Selbstverwirklichung – Frauen in der Romantik

	Sprechen und Schreiben	Literatur und Medien	Sprachbetrachtung
K. von Günderode: Brief an G. Brentano, S. 255 **K. von Günderode:** Brief an G. Brentano, S. 256 **K. von Günderode:** Brief an F.C. von Savigny, S. 256	– Anlage einer Mind-Map – Exzerpieren von Schlüsselbegriffen – Textbeschreibung	– Persönliche Briefe der Romantikerinnen – Literarische Zitate im Brief	– Zeitstil und historisches Zitat
B. von Arnim: Brief an Goethes Mutter, S. 256 **K. von Günderode:** Brief an C. Brentano, S. 257 **Ch. Wolf:** Der Schatten eines Traumes, S. 257	– Konspektieren – Literaturrecherche – Diskutieren	– Essay	– Beschreibung und literarisches Zitat

III. Fantasie und Wirklichkeit

1. Fantasiebilder in der Dichtung – Vergleich zweier Novellenanfänge

	Sprechen und Schreiben	Literatur und Medien	Sprachbetrachtung
E.T.A. Hoffmann: Der goldene Topf, S. 258 **J. von Eichendorff:** Das Marmorbild, S. 259 „Textelemente" zur Interpretation, S. 262 Das Kommunikationsmodell „Erzählen", S. 263	– Textauffälligkeiten notieren – **Prosainterpretation 3: Vergleich zweier Novellenanfänge**	– Sinnerschließendes Lesen – Novellenauszüge – **Textarten 16: Volks- und Kunstmärchen** – **Poetik 16: Produktion, Werk, Rezeption**	– **Stilistische Sprachbetrachtung 8: Aspekte der Form** – Begriffsabgrenzung
K. von Günderode: Der Luftschiffer, S. 263 **H. Heine:** Auf Flügeln des Gesangs, S. 263 **S. Freud:** Der Dichter und das Fantasieren, S. 263 **D. Kamper:** Macht und Ohnmacht der Fantasie, S. 264	– Mind-Map zu „Fantasie" – Gedichtinterpretation – Exzerpieren – **Projekt 11: Literaturcafé zur „Romantik"**	– **Poetik 17: Romantische Ironie** – Fantasie und Sciencefiction	– Literarische Fachbegriffe – Wortfeld „Fantasie"

2. Gefühlsgewissheit und Verwirrung – Grundthemen Heinrich von Kleists

	Sprechen und Schreiben	Literatur und Medien	Sprachbetrachtung
H. von Kleist: Amphitryon, II/5, S. 266 **H. von Kleist:** Die Marquise von O..., S. 267 **H. von Kleist:** Über das Marionettentheater, S. 268	– Exzerpieren und Resümieren – Textbeschreibung – Gestaltungen – **Studiertechniken 16: Arbeitsteilige Erarbeitung einer Novelle**	– Szenisches Lesen – Dramenauszug – **Textarten 17: Die Novelle** – Essay über das Marionettentheater	– Sprache der Andeutung – Stilelemente der Spannung – Begriffe und Gegenbegriffe

IV Romantik begreifen

1. Das Selbstverständnis der Romantiker – Aspekte der Poetik

	Sprechen und Schreiben	Literatur und Medien	Sprachbetrachtung
F. Schlegel: Athenäums-Fragment 116, S. 271 **F. Schlegel:** Athenäums-Fragment 116, S. 271 Gedanken zur Poetik , S. 271	– Exzerpieren von Leitbegriffen – Erörtern und Bewerten	– **Poetik 18: Aspekte und Geschichte der Poetik** – Zitate	– Begriffabgrenzungen – Eigenarten von Leitbegriffen

2. Rückblick auf eine Epoche – Geschichtlichkeit und Aktualität der Romantik

	Sprechen und Schreiben	Literatur und Medien	Sprachbetrachtung
R. Vierhaus: Schriftsteller in einer Zeit des Umbruchs, S. 272 **A. Hauser:** Romantik als übersteigerter Subjektivismus, S. 272 **A. von Bormann:** Über die Aktualität der Romantik, S. 272	– Recherchieren von Dichterbiografien und von Informationen über die Epoche – Exzerpieren von Leitbegriffen – Erörtern in einem Plädoyer	– **Literaturgeschichte 16: Die Germanistik und die europäische Romantik** – Literaturgeschichtliche Sachtexte	– **Sprachgeschichte 8: Die Literatursprache der Romantik** – Fachbegriffe

Siebtes Kapitel: Realistische Literatur des 19. Jahrhunderts

I. Handeln durch Literatur

1. „Ideenschmuggel" (Karl Gutzkow) – Programmschrift und Karikatur

	Sprechen und Schreiben	Literatur und Medien	Sprachbetrachtung
H. Heine: Die Harzreise, S. 274 **G. Büchner:** Der Hessische Landbote, S. 275 Der Denker-Club, S. 276	– Textanalyse und -vergleich – Übertragen in direkte Rede – Erörtern – Bildvergleich	– Sinnerschließendes Lesen – **Literaturgeschichte 17: Realismus** – Zensur – **Textarten 18: Reiseliteratur und Flugschriften**	– Schlüsselbegriffe – Ironiesignale – Wortfeld „Ordnung"

2. Lyrik als Waffe – Interpretation politischer Gedichte

	Sprechen und Schreiben	Literatur und Medien	Sprachbetrachtung
Th. Körner: Aufruf, S. 277 **G. Herwegh:** Aufruf 1841, S. 278 **H. Heine:** Die schlesischen Weber, S. 278 **H. Heine:** An einen politischen Dichter, S. 279	– Bewerten von Gedichten – Stilanalyse und -vergleich – Formulieren von Thesen	– **Poetik 19: Panegyrik und Tendenzdichtung, Ironie und Ironisignale**	– Denotat und Konnotationen – **Stilistische Sprachbetrachtung 9: Stilmittel politischer Lyrik**
G. Mäurer: Wider politische Gedichte, S. 279	– Diskutieren – Beschreiben politischer Karikaturen	– Politische Karikatur	
H. Heine: Zur Beruhigung, S. 279 Auszüge aus einer Interpretation, S. 282	– **Gedichtinterpretation 6: politische Lyrik** – **Projekt 12: politische Dichtung**	– Produktion, Werk, Rezeption	– Stilverbesserungen

3. Gegen die „Kunstperiode" der Klassik – Gegenpositionen bei Heinrich Heine und Georg Büchner

	Sprechen und Schreiben	Literatur und Medien	Sprachbetrachtung
H. Heine: Sie saßen und tranken am Teetisch, S. 283 **H. Heine:** Sie haben heut Abend Gesellschaft, S. 283	– Kontrastiver Textvergleich – Ausgestalten einer Leerstelle – Innerer Monolog	– Politische Gedichte – **Poetik 20: Intertextualität** – **Literaturgeschichte 18: Junges Deutschland und Vormärz**	– Vergleichende Stilbetrachtung: • Klassik • Romantik • Realismus
H. Heine: Ein Jüngling liebt ein Mädchen, S. 283 **H. Heine:** Enfant perdu, S. 284	– Beschreiben und Vergleichen		– Sprachverwendung und Menschenbild
G. Büchner: Lenz, S. 284 **G. Büchner:** Dantons Tod, S. 285 **G. Büchner:** Leonce und Lena, S. 285 **G. Büchner:** Woyzeck, S. 286	– Exzerpieren – Textanalyse – Dramenunterpretation – **Projekt 13: Wandel des Literaturverständnisses**	– Novellenauszug – Dramenauszüge – Szenisches Lesen	– Stilmerkmale von Prosa und Drama – **Sprachgeschichte 9: Sprache im Realismus**

	Sprechen und Schreiben	Literatur und Medien	Sprachbetrachtung

II. Selbstbehauptung und Welterfahrung

1. Individualität in der Lyrik – Projektorientiertes Arbeiten

A. von Droste-Hülshoff: Im Grase, S. 288 **E. Mörike:** An einen Wintermorgen ..., S. 288 **H. Heine:** Mein Herz ..., S. 289 **A. von Droste-Hülshoff:** Am Turme, S. 289 **A. von Droste-Hülshoff:** Das Spiegelbild, S. 290	– **Studiertechniken 17: Gedichtinterpretation in Gruppenarbeit** – Gedichtvergleich – Charakterisieren	– **Lyrik 10: Lyrik des Realismus** – Problembereich der Restauration	– Stileigenarten „weiblicher" und „männlicher" Lyrik – Stilmerkmale der Lyrik des Realismus
E. Mörike: Auf einer Wanderung, S. 290 **E. Mörike:** Verborgenheit, S. 290 **E. Mörike:** Gebet, S. 290 **Th. Storm:** Abseits, S. 291 **Th. Storm:** Meeresstrand, S. 291	– Vergleichen der Funktion des lyrischen Ichs – Kommentieren	– Traditionelle und moderne Naturlyrik	– **Semantik 10: Wortfeld zu „Melancholie"** – Klangbild und Semantik
D. Grünbein: Etwas das zählt, S. 291 **A. W. Musschenga:** Persönliche Identität, S. 292	– Textbeschreibung – **Projekt 14: Historischer Längsschnitt mit Gedichten**	– Vergleichen der Rezitation – Lyrik im Epochenvergleich	– Merkmale des Zeitstils

2. Das Maß des Humanen – Novellenauszüge und Texterörterung

A. Stifter: Brigitta, S. 292 **A. Stifter:** Brigitta, S.293	– Ausgestalten – **Gestaltendes Interpretieren 3: Ausgestalten von Leerstellen**	– Novellenauszüge – **Literaturgeschichte 19: Biedermeier**	– Eigenarten des Zeitstils „Biedermeier"
H. Clauren: Mimili, S. 295 **Th. Storm:** Immensee, S. 295 **A. Stifter:** Vorrede zu „Bunte Steine", S. 296	– **Problemerörterung 3: eines Zitatthemas**	– Trivialroman – Novelle – Vorrede	
M. Fritzen: Helden unserer Zeit, S. 297	– **Texterörterung 5: eines Zeitungskommentars**	– Zeitungskommentar	– Fremdwortgebrauch im Zeitstil der Gegenwart

III. Das „Gesellschaftsetwas" (Theodor Fontane)

1. Im Gefängnis der Ordnungen – Das bürgerliche Trauerspiel

Ch. F. Hebbel: Maria Magdalene, III/4, S. 299 **H. Ibsen:** Nora ..., III/4, S. 300	– Kommunikationsvergleich – Inszenierungsvorschlag	– Szenisches Lesen – **Drama 8: Das bürgerliche Trauerspiel**	– **Semantik 11: Definition von Geschlechterrollen**
Männer und Frauen – Lexikondefinitionen, S. 301	– Exzerpieren	– Lexikonartikel – Karikatur	– Lexik und Syntax in unterschiedlichen Zeitstilen

2. Was ist Wirklichkeit? – Merkmale des poetischen Realismus

G. Keller: Der grüne Heinrich, S. 302 **G. Keller:** An Eduard Vieweg, S. 303	– Diskutieren – Charakterisieren – Textanalyse	– **Roman 5: Der Bildungsroman** – **Poetik 21: Leerstellen**	– Stileigenarten im Roman und im Brief
P. Bichsel: San Salvador, S. 304 **Th. Fontane:** Effi Briest, S. 304 **Th. Fontane:** Effi Briest, S. 305	– Erzählen aus anderer Perspektive – Umgestalten der Personenrede	– Kurzgeschichte – Romanauszüge	– Sprache der Andeutung und des Verweises
W. Preisendanz: Was bedeutet Realismus ..., S. 307 **D. Wellershoff:** Das Schimmern der Schlangenhaut, S. 307	– Erörtern der Funktion von Literatur	– **Literaturgeschichte 20: Der poetische Realismus**	– Stil der Beschreibung und Erörterung

Achtes Kapitel: Literatur der Jahrhundertwende

I. Spiegelbilder und Prägungen der Epoche

1. Die Welt im Übergang – Tendenzen der Zeit

W. Klemm: Meine Zeit, S. 309 **Th. Ziegler:** Die geistigen und sozialen Strömungen ..., S. 309	– Bildbeschreibung und -deutung – Textanalyse	– Gedankenlyrik – Essay	– Spracheigenarten • im zeitanalytischen Essay • in der Gedankenlyrik
H. Ball: Der Künstler als Prophet ..., S. 310 **R. M. Rilke:** Abend, S. 310 **G. Trakl:** Verfall, S. 311	– Stilbeschreibung – Gedichtinterpretation in Gruppenarbeit	– Gedankenlyrik	
A. Lichtenstein: Die Dämmerung, S. 311 **J. Hart:** Ein neuer Frühling, S. 311 **St. Zweig:** Morgenlicht, S. 311 **E. W. Lotz:** Aufbruch der Jugend, S. 311	– Aus- bzw. Gegengestaltung – Gedichtvergleich	– Rezitation – Gedankenlyrik mit ähnlichen Motiven	– Semantische Differenzierung in motivverwandten Gedichten

2. Im Spiegel der Bildenden Kunst – Vergleiche von Bildern und Texten

G. Seurat: Die Mutter des Künstlers, S. 312 **J. Ensor:** Die Kathedrale, S. 312 **V. van Gogh:** Blick auf Arles, S. 313 **E. Munch:** Geschrei, S. 313 **O. Eckmann:** Schwertlilien, S. 313 **K. Kollwitz:** Weberzug, S. 314 **R. Delaunay:** Eiffelturm, S. 314	– Vergleichen von Themen und Motiven in Bildern – Sammeln von Epochenmerkmalen – Definieren von „Epoche"	– **Kunst 6: Motive und Techniken der Jahrhundertwende** • Kreidezeichnung • Radierungen • Gemälde • Lithographie • Holzschnitt	– **Semiotik 2: Wechselseitige Erhellung der Künste** • Bilder als Zeichensystem • Sprache als Zeichensystem
W. Kandinsky: Improvisationen 30, S. 314 **E. Nolde:** Masken, S. 315 **E. Nolde:** Familie, S. 315	– **Projekt 15: Kunst der Jahrhundertwende**		– Bildzeichen im Vergleich

	Sprechen und Schreiben	Literatur und Medien	Sprachbetrachtung
3. Die Portalfigur der „Moderne" – Friedrich Nietzsche			
F. Nietzsche: Götzendämmerung ..., S. 315 **F. Nietzsche:** Also sprach Zarathustra, S. 316	– Resümieren – Definieren – Textanalyse – Erörtern	– **Philosophie 9: Der Nihilismus** – Philosophischer Essay	– Stileigenarten aphoristischer Erörterung
II. Einheit durch Vielfalt?			
1. Literatur als Experiment – Tendenzen des Naturalismus			
A. Holz/J. Schlaf: Papa Hamlet, S. 317 **G. Hauptmann:** Vor Sonnenaufgang ..., S. 318 **G. Hauptmann:** Bahnwärter Thiel ..., S. 320 **W. Bölsche:** Die naturwissenschaftlichen Grundlagen der Poesie ..., S. 321	– Textbeschreibung und -erörterung – Gestaltungsaufgaben – Interpretieren – Referieren – Definieren	– Dramenauszug – **Poetik 22: Erzählperspektiven** – Novellenauszug – Essay	– **Stilistische Sprachbetrachtung 10: Sekundenstil** – **Sprachgeschichte 10: Der Dialekt**
Wilhelm II.: Rede ..., S. 321	– **Texterörterung 6: einer kulturpolitischen Rede**	– Kulturpolitische Rede	– Sprache der Normierung und der Phrasenhaftigkeit
Elemente aus Schülerlösungen, S. 323	– Leserbrief – **Projekt 16: Funktionen der Kunst**	– **Textarten 19: Der offene Brief**	
2. Subjektive Welterfahrung – Die Vielfalt der Stile			
H. von Hofmannsthal: Der Abenteurer ..., S. 324 **H. von Hofmannsthal:** Terzinen III, S. 324 **St. George:** Wir schreiten auf und ab ..., S. 325 **St. George:** Der hügel wo wir wandeln ..., S. 325 **R. M. Rilke:** Blaue Hortensie, S. 325	– Anlage einen Textblattes – In Gruppenarbeit interpretieren von Gedichten	– Dramatischer Monolog – Rezitation – Gedankenlyrik	– Stilmerkmale dramatischer und lyrischer Texte
H. von Hofmannsthal: Terzinen I ..., S. 326	– Thematischer Gedichtvergleich	– Die Terzine (= italienische Strophenform)	– Bilder und Chiffren
St. George: Komm in den totgesagten park ..., S. 326 **R. M. Rilke:** Jetzt reifen schon ..., S. 326	– Grafische Gestaltung von Gedichten	– Lyrik und Grafik	– Schriftbild und Aussage
Th. Mann: Enttäuschung, S. 327 **R. M. Rilke:** Die Aufzeichnungen des Malte Laurids Brigge, S. 327	– Vergleich von Prosatexten	– Erzählung – Romanauszug	– Merkmale des Sekundenstils
A. Schnitzler: Leutnant Gustl, S. 328 **St. George:** Es lacht ..., S. 329 **R. M. Rilke:** Herbst, S. 329 Vorschläge für Einleitungen, S. 331	– Vergleichen – **Gedichtinterpretation 7: Gedichtvergleich** – Textverbesserungen	– Novellenauszug – Gedankenlyrik – Rezitation – Herbstbilder	– Stileigenarten des inneren Monologs – Stilisierungsformen im Gedicht – Bildsprache
3. Zwischen Traum und Verzweiflung – Der Expressionismus			
G. Heym: Tagebücher, S. 332 **E. Stadler:** Form ist Wollust, S. 332 **E. Stadler:** Der Spruch, S. 332 **F. Marc:** Programmpunkte ..., S. 332 **O. Loerke:** Blauer Abend in Berlin, S. 334 **G. Heym:** Die Stadt, S. 334 **P. Boldt:** Auf der Terrasse des Café Josty, S. 334 **A. Wolfenstein:** Städter, S. 335 **E. Lasker-Schüler:** Weltschmerz, S. 335 **E. Lasker-Schüler:** Weltflucht, S. 335 **E. Lasker-Schüler:** Weltende, S. 335 **J. van Hoddis:** Weltende, S. 336 **G. Heym:** Der Krieg, S. 336	– Tabellarischer Textvergleich – Erörtern – Kurzreferate über Künstlergruppen – Bildbeschreibung und Motivvergleich – Kreatives Schreiben – Erörtern des Zusammenhangs von Sonettform und Expressionismus – Vergleich themengleicher Gedichte	– **Kunst 7: Expressionismus** – **Literaturgeschichte 21: Stilrichtungen der Jahrhundertwende:** • Naturalismus • Impressionismus • Symbolismus • Neuromantik • Jugendstil • Décadence • Neuklassik • Heimatkunst • Expressionismus – Rezitation	– Verhältnis von Thema und Stil – Vergleich von Bild- und Sprachzeichen – Merkmale des expressionistischen Zeitstils
G. Trakl: Grodek, S. 337 **K. Heynicke:** Gedicht, S. 337 **G. Benn:** Morgue I: Kleine Aster, S. 337 **A. Lichtenstein:** Nebel, S. 338	– Deuten der Menschen- und Weltbilder – Gedichtinterpretation	– Zeitstrahl zur Jahrhundertwende	
K. Pinthus: Zuvor ..., S. 338 Die Jahrhundertwende im Rückblick ..., S. 338	– Exzerpieren	– Essay – Sachtext	– Fachbegriffe des Essays – Deskription
III. Sprache und Wirklichkeit			
1. Sprachzerfall und Wirklichkeitsverlust – Sprachkritik der Moderne			
H. von Hofmannsthal: Ein Brief, S. 341 **F. Mauthner:** Beiträge zu einer Kritik der Sprache, S. 342	– Exzerpieren und Resümieren – Erörtern und Vergleichen	– Sprachphilosophischer Brief – Sprachtheoretische Texte	– **Sprachtheorie 4: Sprachkritik und Sprachfunktionen**
2. Sprachkrise als Wahrnehmungskrise – Denken, Sprechen und Wirklichkeit			
A. Gryphins: Leo Arminius, S. 344 **R. M. Rilke:** Ich fürchte mich so ..., S. 345 **G. Benn:** Ein Wort, S. 345 **J. Bachmann:** Ihr Worte, S. 345 **E. Gomringer:** worte sind schatten, S. 346	– Skizzierung von Spracherfahrungen – Sprachanalyse und -vergleich in Gruppenarbeit	– Trauerspiel – Gedankenlyrik – Karikaturen zur Sprachverwendung	– **Sprachtheorie 5: Denken, Sprechen, Wirklichkeit** • Sprachpsychologie • Sprachphilosophie • Linguistik
P. Handke: Kaspar, S. 346 **I. Aichinger:** Schlechte Wörter, S. 346 **D. E. Zimmer:** So kommt der Mensch zur Sprache, S. 347	– Exzerpieren – Diskutieren und Erörtern – Vergleich mit dem Chandos-Brief	– Sprechstück – Essay – Karikatur – Essay	– Stileigenarten in • Lyrik • Sprechstück • Essay

	Sprechen und Schreiben	Literatur und Medien	Sprachbetrachtung

Neuntes Kapitel: Literatur in der Weimarer Republik und im Exil

I. Eine Welt aus den Fugen

1. Widersprüchliche Bilder von einer widersprüchlichen Welt – Menschenbilder in Lyrik und Prosa

	Sprechen und Schreiben	Literatur und Medien	Sprachbetrachtung
Aspekte der Zwanzigerjahre, S. 350	– Bildbeschreibung – Exzerpieren	– Zitate und Reflexionen	– Stilvergleich in zeitkritischen Texten • in Erörterung • in Lyrik • in Romanen
H. Carossa: Der alte Brunnen, S. 351 **E. Kästner:** Monolog mit verteilten Rollen, S. 351 **G. Benn:** Sieh die Sterne, die Fänge, S. 352 **Klabund:** Ironische Landschaft, S. 352	– Gedichtvergleiche unter thematischem Aspekt	– Gedankenlyrik	
Th. Mann: Der Zauberberg, S. 352 **H. Hesse:** Der Steppenwolf, S. 353	– Resümieren – Erörtern	– Romanauszüge	– Reflexionen über Liebe, Leben und Tod

2. Rätselhaftigkeit der Welt und Sinnverlust des Lebens – Parabelinterpretation und literarische Erörterung

	Sprechen und Schreiben	Literatur und Medien	Sprachbetrachtung
A. Polgar: Verfall, S. 353	– Textanalyse – Verfassen eines Feuilletons	– **Textarten 20: Das Feuilleton**	– Stileigenarten des Feuilletons
F. Kafka: Das Stadtwappen, S. 354 **R. Walser:** Ovation, S. 354	– Assoziationen zum Titel	– Parabolische Texte	– Stilmerkmale parabolischer Texte
F. Kafka: Auf der Galerie, S. 355 **F. Kafka:** Gibs auf, S. 355 **H. Politzer:** Eine Parabel Kafkas – Versuch einer Interpretation, S. 356	– Beschreiben des Aufbaus – Interpretieren – **Prosainterpretation 4: Interpretationsansätze**	– Interpretation	– Deskriptiver Stil der Interpretation – Fachbegriffe
F. Kafka: Eine kaiserliche Botschaft, S. 359 Zuordnung, Ergänzung und Beurteilung von „Textelementen", S. 360	– Erproben von Interpretationsansätzen – **Literarische Erörterung 3: einer Textsequenz**	– Parabolischer Text – Tuschezeichnungen Kafkas – Schülertexte	– **Stilistische Sprachbetrachtung 11: Stilmuster der Prosa**

II. Der Tanz auf dem Vulkan

1. Der lange Schatten des Krieges – Aspekte in Roman, Tragödie, Essay und Reportage

	Sprechen und Schreiben	Literatur und Medien	Sprachbetrachtung
E. M. Remarque: Im Westen nichts Neues, S. 362	– Cluster zu Themen und Motiven	– Romanauszug	– „Jargon" der Kriegsliteratur
K. Kraus: Die letzten Tage der Menschheit, S. 363	– Textbeschreibung in Gruppenarbeit	– Dramenauszug	
E. Jünger: Der Kampf als inneres Erlebnis, S 364	– Offener Brief und Rezension	– Essay	– Verhältnis von Stil und Wirkung
E. E. Kisch: Wallfahrtsort für Kriegshetzer, S. 364	– Fingiertes Streitgespräch	– **Textarten 21: Reportage, Rezension**	

2. „Der Zeitgeist pfeift" (Kurt Tucholsky) – Aspekte in Glosse, Zeitroman, Volksstück und Gebrauchslyrik

	Sprechen und Schreiben	Literatur und Medien	Sprachbetrachtung
A. Kuh: Nietzsche und Hindenburg, S. 366 **L. Feuchtwanger:** Die Geschwister Oppermann, S. 366 **Ö. von Horváth:** Italienische Nacht, S. 368	– Aspektgebundene Textbeschreibung	– **Textarten 22: Die Glosse** – **Roman 6: Der Zeitroman** – **Drama 9: Das Volksstück** – **Literaturgeschichte 22: Neue Sachlichkeit**	– Ironiesignale in der Glosse – Anspielungen und Verweise in zeitkritischer Literatur
E. Kästner: Marschliedchen, S. 370	– Interpretieren und Gestalten	– **Lyrik 11: Gebrauchslyrik**	

3. Jahrmarkt des Lebens – Dadaismus und Zeitkritik

	Sprechen und Schreiben	Literatur und Medien	Sprachbetrachtung
H. Ball: Karawane, S. 371 **K. Schwitters:** Der Zusammenstoß, S. 371 **J. Roth:** Das Lächeln der Welt, S. 373 **K. Mann:** Der Wendepunkt, S. 373	– Rezitation – Anlage einer Mind-Map – Textbeschreibung – Resümieren und Vergleichen	– Dada-Lyrik – Opernauszug – **Literaturgeschichte 23: Dadaismus** – Autobiografie	– Lautmalerei – Stilmerkmale der Groteske – Ironiesignale – Elemente der Satire

4. Überzeugen oder überreden? – Die politische Rede als Ausdruck einer Weltanschauung

	Sprechen und Schreiben	Literatur und Medien	Sprachbetrachtung
F. Ebert: Antrittsrede ..., S. 375 **P. von Hindenburg:** Antrittsrede ..., S. 375 **U. Gaier:** Fragen an eine politische Rede, S. 376	– Textvergleich – **Kommunikation 6: Die politische Rede** – Resümieren – Gestaltungsaufgaben	– Politische Reden – **Philosophie 10: Ideologie in Psychologie, Philosophie und Soziologie**	– **Stilistische Sprachbetrachtung 12: Politische Sprache als Funktions- und Meinungssprache**

III. Vertriebener Geist: Deutsche Literatur im Exil

1. „Vertriebene sind wir, Verbannte" (Bertolt Brecht) – Perspektiven der sog. Emigration

	Sprechen und Schreiben	Literatur und Medien	Sprachbetrachtung
B. Brecht: Gedanken über die Dauer des Exils, S. 377	– Aspektbezogene Textanalyse	– Gedankenlyrik	– Sprachtheoretische Reflexionen: • Sprache und Diktatur • Sprache und Exil
B. Brecht: Über die Bezeichnung Emigranten, S. 377 **K. Mann:** Der Wendepunkt, S. 378 **J. Roth:** Die vertriebene deutsche Literatur, S. 379 **E. Bloch:** Zerstörte Sprache – zerstörte Kultur, S. 379 **L. Feuchtwanger:** Arbeitsprobleme des Schriftstellers im Exil, S. 379	– Textbeschreibung unter dem Aspekt Textart und Darstellung – **Projekt 17: Exilliteratur in der Zeit des Nationalsozialismus**	– Autobiografie – Essay – **Literaturgeschichte 24: Weimarer Republik und Exil**	
St. Zweig: Declaracão, S. 380 **C. Zuckmayer:** Aufruf zum Leben, S. 380		– Erklärung – Aufruf	– Stileigenarten von „Erklärung" und „Aufruf"

	Sprechen und Schreiben	Literatur und Medien	Sprachbetrachtung
2. Botschaften aus der Fremde – Prosa und das epische Theater			
L. Feuchtwanger: Exil, S. 380 **B. Brecht:** Der gute Mensch von Sezuan, S. 381 **Th. Mann:** Das Gesetz, S. 383	– Historische Einordnung – Aspektbezogene Analyse – Theatertheoretische Erläuterung	– Romanauszug – **Drama 10: Das epische Theater** – Erzählung	– Beschreibung und Verweis – Fachbegriffe des Theaters – Biblische Zitate

Zehntes Kapitel: Literatur nach 1945

I. Auf der Suche nach einem anderen Anfang

1. „Inventur“ (Günter Eich) – Perspektiven der „Trümmerliteratur“

	Sprechen und Schreiben	Literatur und Medien	Sprachbetrachtung
J. Bobrowski: Die ersten beiden Sätze für ein Deutschlandbuch, S. 385 **G. Eich:** Inventur, S. 385 **H. Müller:** Das Eiserne Kreuz, S. 385 **G. Benn:** Nur zwei Dinge, S. 386 **H. Böll:** Besichtigung, S. 386	– Assoziation und Metaplan zu Leitbegriffen – Bildbeschreibung und -deutung – Vergleichende aspektbezogene Textanalyse – Interpretieren	– Kurze epische Formen – Gedankenlyrik – **Literaturgeschichte 25: „Trümmerliteratur“, Gruppe 47**	– Stileigenarten der sog. „Kahlschlagliteratur“
W. Borchert: Die lange lange Straße lang, S. 387 **P. Huchel:** Chausseen, S. 388 **H. Bender:** Heimkehr, S. 388 **R. Ausländer:** Der Brunnen, S. 388	– Fiktiver Brief an einen Autor – Motivermittlung im Cluster – Gedichtinterpretation	– Kurzgeschichte – Gedankenlyrik – Fotografien	– Stilistische Funktion der Reihung von Parataxen – Andeutung und Verweis im modernen Gedicht
W. Borchert: Das ist unser Manifest, S. 388	– **Projekt 18: „Inventur“ nach 1945**	– Manifest	– Stil des Stakkato und der Emphase

2. „Trauerarbeit“ (A. und M. Mitscherlich) – Auseinandersetzung mit dem Faschismus

	Sprechen und Schreiben	Literatur und Medien	Sprachbetrachtung
S. Lenz: Deutschstunde, S. 390 **G. Grass:** Die Blechtrommel, S. 392 **A. Seghers:** Das Ende, S. 393	– Schreiben eines inneren Monologs – Gestaltungsaufgaben – Kurzreferate – Exzerpieren von Leitbegriffen	– Romanauszüge – **Poetik 23: Der innere Monolog**	– Stilebenen in modernen Romanen – **Semantik 12: Definitionen von Fachbegriffen**
C. Zuckmayer: Des Teufels General, S. 393 **A. Andersch:** Die Kirschen der Freiheit, S. 394 **R. Hochhuth:** Der Stellvertreter, S. 395 **W. Koeppen:** Der Tod in Rom, S. 397 **P. Weiss:** Die Ermittlung, S. 398	– Interpretieren – Fiktives Streitgespräch – Inszenieren – Schreiben eines inneren Monologs – Verfassen einer Anklageschrift	– Dramenauszug – Bericht – Szenische Lesung – Romanauszug – **Drama 11: Dokumentarisches Theater**	– Fachbegriffe des Dramas
B. Schlink: Der Vorleser, S. 400 **A. und M. Mitscherlich:** Die Unfähigkeit zu trauern, S. 402	– Berichten und Plädieren – Exzerpieren	– Romanauszug – Sachtext	– Sprache den Verhörs – Psychologische Fachsprache
P. Celan: Todesfuge, S. 403 **H. Sachs:** Chor der Geretteten, S. 404	– **Projekt 19: „Trauerarbeit“ nach 1945**	– Gedankenlyrik – Moderne Kunst	– Sprachliche Chiffren

3. „Topographie im Ungesicherten“ (Ilse Aichinger) – Gedichte und Denkbilder als Orientierungsversuche

	Sprechen und Schreiben	Literatur und Medien	Sprachbetrachtung
G. Eich: Trigonometrische Punkte, S. 405 **G. Eich:** Geometrischer Ort, S. 405 **G. Kunert:** Die Schreie der Fledermäuse, S. 406 **E. Fried:** Gebranntes Kind, S. 406	– Anlegen eines Clusters – Interpretieren – Beschreiben und Erörtern in arbeitsteiligem Verfahren	– Sachtext – Gedankenlyrik – **Poetik 24: Das Denkbild** – Gedankenlyrik	– Stileigenarten in • theoretischer Reflexion • Gedankenlyrik
W. Wondratschek: In den Autos, S. 406 **F. Meister:** Ich sage Ankunft, S. 406 **P. Celan:** Fadensonnen, S. 407	– **Gedichtinterpretation 8: Hermetische Lyrik**	– **Poetik 25: Der Hermetismus**	– Fachbegriffe der Lyrik

4. Aufbruch – Experimentieren mit modernen Gedichten

	Sprechen und Schreiben	Literatur und Medien	Sprachbetrachtung
P. Zech: Neu beginnen, S. 409 **J. Bachmann:** Die große Fracht, S. 409 **J. Bachmann:** Die gestundete Zeit, S. 409 **E. Gomringer:** vielleicht, S. 410 **V. Braun:** Anspruch, S. 410 **U. Schacht:** Ferner Morgen, S. 410 **J. Bachmann:** Undine geht, S. 410	– Bild- und Textvergleich – Experimentieren mit Texten: • Gestaltungsaufgaben • Collagegedicht • Poster • Vergleich von Lyrik und Prosa	– „Proletkunst“ – Gedankenlyrik – **Poetik 26: Der Lakonismus** – Rezitationsweisen erproben	– Vergleich von Bild- und Textzeichen – Semantik von Leitbegriffen

II. „Nichts weiter als ein Mensch sein“ (Christa Wolf)

1. Parteilichkeit der Literatur? – „Ankunftsliteratur“ im sozialistischen Realismus

	Sprechen und Schreiben	Literatur und Medien	Sprachbetrachtung
J. R. Becher: Kantate 1950, S. 411	– Aspektbezogene Textanalyse	– Politische Lyrik	– **Semantik 13: Bedeutungshorizont von „Parteilichkeit“**
B. Reimann: Ankunft im Alltag, S. 412 **B. Reimann:** Franziska Linkerhand, S. 412 **S. Lenz:** Literatur im wissenschaftlichen Zeitalter, S. 413	– Erörtern einer These – Recherchieren: sozialistische Kunst	– **Literaturgeschichte 26: Ankunftsliteratur, Parteilichkeit und sozialistischer Realismus** – Essay	– Stileigenarten des sozialistischen Realismus – Literatur- und Wissenschaftssprache

2. „Denn Kunst ist immer Widerspruch zu dem, was ist“ (Stefan Schütz) – Erprobung eines projektorientierten Verfahrens

	Sprechen und Schreiben	Literatur und Medien	Sprachbetrachtung
H. M. Enzensberger: Ins Lesebuch für die Oberstufe, S. 414 **I. Bachmann:** Alle Tage, S. 414	– **Projekt 20 oder Projektorientierung:** • Assoziationen zur These • Überprüfen der These	– Gedankenlyrik	– **Semantik 14: Methoden semantischer Reflexion**

	Sprechen und Schreiben	Literatur und Medien	Sprachbetrachtung
Ch. Meckel: Andere Erde, S. 414	• semantische Reflexionen		
G. Eich: Sonnenlicht, S. 415	• analytische oder gestaltende Interpretation		
F. Dürrenmatt: Die Physiker, S. 415		– Dramenauszug	– Argumentation im Drama
H. J. Schädlich: Schwer leserlicher Brief, S. 416		– Kurzgeschichte	– Lakonische Sprachverwendung
R. Kunze: Das Ende der Kunst, S. 417		– Gedankenlyrik	
R. Kunze: Amerika, S. 417			
B. Wagner: Fabel, S. 417		– Moderne Fabeln	– Ironischer Sprachgebrauch
G. Branstner: Probleme verstehen ..., S. 417			
G. Branstner: Die Kunst lässt weg ..., S. 417	– **Projekt 21: Uwe Johnson und die Nachkriegszeit**	– Gedankenlyrik	– Zitat- und Chiffrierungstechnik
V. Braun: Jazz, S. 417			

3. „Dieser lange, nie enden wollende Weg zu sich selbst" (Christa Wolf) – Spurensuche in moderner Prosa

M. Frisch: Stiller, S. 418	– Assoziationen zur Überschrift der Teilsequenz	– Romanauszug – **Textarten 23: Das literarische Tagebuch**	– Stileigenarten erzählender und erörternder Prosa
M. Frisch: Du sollst dir kein Bildnis machen, S. 418	– Fachgespräch als literarischer Dialog		
I. Bachmann: Auch ich habe in Arkadien gelebt, S. 419	– Textbeschreibung	– Erzählung	– **Semantik 15: Arkadien als locus amoenus**
Ch. Wolf: Nachdenken über Christa T., S. 420	– Umgestalten	– Romanauszug	
M. Walser: Ein fliehendes Pferd, S. 421	– Recherchieren	– Novellenauszug	– Ellipsen als Stilmittel
P. Huchel: Unter der blanken Hacke des Mondes, S. 421	– Interpretieren	– Gedankenlyrik – Rezitation	– Chiffrierung und Verweis

III. Sehen und zur Sprache bringen

1. „Mit wechselndem Schlüssel" (Paul Celan) – Interpretation moderner Dichtung

H. Domin: Lied zur Ermutigung, S. 422	– Fragen an das Gedicht – Recherchieren	– Rezitation – Gedankenlyrik	– Chiffrierung und Verweis
H. Friedrich: Dichtung und die Methoden ihrer Deutung, S. 422	– Exzerpieren in Thesenform	– Sachtexte	– Fachbegriffe in Sachtexten
H. D. Zimmermann: Die Botschaft des ästhetischen Textes, S. 422			
M. L. Kaschnitz: Interview, S. 423	– In Gruppenarbeit erproben von Interpretationsmethoden	– Gedankenlyrik	
J. Bobrowski: Immer zu benennen, S. 423		– **Poetik 27: Antike Mythologie**	– Merkmale einer chiffrierten Sprache
G. Eich: Ende eines Sommers, S. 424	– Interpretationsschwierigkeiten bei modernen Gedichten		
P. Celan: Mit wechselndem Schlüssel, S. 424		– Böcklin: Toteninsel	
W. Dürrson: Aschenmär, S. 424	– Interpretieren	– Kurzgeschichte	– Stilmittel der Wiederholung

2. „Mit jedem Wort wachsen wir." (Christian Morgenstern) – Die freie Erörterung

Zitatthema, S. 426	– **Problemerörterung 4: eines Zitats**	– Strukturmodelle der Argumentation • diachron • synchron	– **Semantik 16: Semantische Differenzierung und Sprache der Erörterung**
Vorschläge für Einleitungen und Schlüsse, S. 427	– Analysieren und Verbessern – Erörtern		
Textelemente aus dem Hauptteil, S. 428		– W-Fragen-Modell	

3. „Meine Sprache" (Günter Kunert) – Sprechweisen

G. Anders: Der Löwe, S. 428	– Cluster zu Leitgedanken	– Fabel	– **Semiotik 3: Körpersprache in Mimik und Gestik**
St. Pinker: Der Sprachinstinkt, S. 428	– Erörtern	– Sachtexte zur Kommunikation	
P. Watzlawick: Menschliche Kommunikation, S. 429	– Verbalisieren von Körpersprache – Gruppenarbeit zu „Merkmalen der Gegenwartssprache": • Sprachkürzel • Anglisierung • Frauensprache • Politische Sprache		– **Sprachgeschichte 11: Tendenzen der Gegenwartssprache** • Kürzel • Komposita • Ellipsen • Neologismen • Nominalstil • Parataxe • Anglisierung
H. Weinrich: Können Wörter lügen?, S. 429		– Sentenzen	
V. Havel: Am Anfang war das Wort, S. 430		– Rede	
E. Fried: Definition, S. 430		– Gedankenlyrik	
K.-U. Möller: Verkommt die Sprache?, S. 430		– Sachtexte	
U. Pörksen: Die Experten als Funktionäre ..., S. 431			
„Wer deutsch spricht, riskiert Arbeitsplatz", S. 431		– Zeitungsbericht	
D. E. Zimmer: Anglizismen heute, S. 432		– Sachtexte	
S. Trömel-Plötz: Frauensprache ..., S. 432		– Lexikonartikel	– Merkmale der „Frauensprache"
D. E. Zimmer: Die, Der, Das. Sprache des Sexismus, S. 433	– Sprachbeschreibung und -erörterung	– Sachtext – Karikaturen zur Sprachverwendung	– Bildzeichen und Sprachzeichen
Die Sonne ist keine Frau, S. 434		– Kunstmärchen	
J. Reich: Rückkehr nach Europa, S. 434		– Sachtexte	– Ironisierung des politischen Jargons
G. Müller: Sprachrevolte, S. 435	– Resümieren		– Technik der Montage und der Verfremdung
G. Kunert: Meine Sprache, S. 435	– Texterörterung	– Gedankenlyrik	

Elftes Kapitel: Literatur nach 1989

I. Die Wiedervereinigung im Spiegel der Literatur

1. „Es waren zwei Königskinder …“ – Ein alter Stoff in einem modernen Drama

	Sprechen und Schreiben	Literatur und Medien	Sprachbetrachtung
A. von Arnim/C. Brentano: Edelkönigskinder, S. 436	– Gestalten eines Dramenauftakts – Schreiben von Regieanweisungen	– Rezitation – Ballade	– Altertümliche Sprachformen
Plakat einer Schultheater-AG, S. 437	– Assoziationen	– Theaterplakat	– Bild-Text-Signale
G. Seidel: Königskinder, I/2, S. 438	– Exzerpieren von historischen Bezügen	– Dramenauszug – Szenische Lesung	– Sprache der Andeutung und des Verweises
V. Trauth: „Stilsicher und fantasievoll“, S. 439	– Exzerpieren von Wertungen	– Rezension	– Deskription und Erörterung
Fotos einer Schulinszenierung, S. 439	– Inszenierungsvorschläge	– Standbilder	– Bildsprache
Semantische Reflexion zu einem zentralen Begriff, S. 440	– Erörtern von Deutungen – Inszenierungsvorschläge	– Textmontage	– **Semantik 17: Bedeutungshorizont von „Drache“**
G. Seidel: Königskinder, IV/6/7, S. 440	– Recherchieren	– Dramenauszug	

2. „Go West!“ – Reisefreiheit als literarisches Motiv im Kontext der Wiedervereinigung

	Sprechen und Schreiben	Literatur und Medien	Sprachbetrachtung
Fotocollage …, S. 441	– Assoziieren und Recherchieren	– Fotocollage	– „Sprache“ der Bilder und Schlagzeilen
D. von Petersdorff: Im Museum der Geschichte, S. 443	– Sammeln von Schlagzeilen	– Gedankenlyrik	– Stileigenarten der sog. „Wendeliteratur“
R. Kunze: Die Mauer, S. 443	– Fortsetzen und Rekonstruieren eines Gedichts	– **Lesetipp 2: Zeitromane**	
Werbeanzeige: Dominikanische Republik, S. 444	– **Studiertechniken 18: Das Gruppenpuzzle**	– Werbeanzeige	– Bild-Text-Signale
B. Müller: Mit Mut und Vernunft …, S. 444	– Resümieren	– Rezension	– Deskription und Wertung
F. Ch. Delius: Der Spaziergang von Rostock nach Syrakus, S. 445	– Gestaltungsaufgaben	– Erzählungsauszug – Klappentext	– **Semantik 18: deutsch-deutsches Wörterbuch 1988**
Ch. Hein: Willenbrock, S. 447	– Fiktiver Briefwechsel	– Romanauszüge	
Th. Brussig: Am kürzeren Ende der Sonnenallee, S. 449	– Erarbeiten und Präsentieren eines Hörfeatures	– **Textarten 24: Das Feature**	– Stilisierung durch Zitat und Verweis

II. Entschlüsselungsprobleme im Gegenwartsroman

1. Ingo Schulzes „Simple Storys“ – Ein Lesepuzzle statt einfacher Geschichten

	Sprechen und Schreiben	Literatur und Medien	Sprachbetrachtung
V. Weidermann: Die wirkungsvollsten Bücher, S. 450	– Bestandsaufnahme und Recherche – Beschreiben eines Covers	– **Lesetipp 3: Literaturkanon der Gegenwart**	– Stileigenarten der Andeutung und des Vorweises
I. Schulze: Simple Storys – Vorbei ist vorbei, S. 450	– Resümieren, Strukturieren und Gestalten	– Romanauszüge – **Roman 7: Der Montageroman**	– **Stilistische Sprachbetrachtung 13: Figurensprache**
I. Schulze: Simple Storys – Kapitelzusammenfassungen, S. 455	– **Studiertechniken 19: Verwendung von Karteikarten**		
I. Schulze: Simple Storys – Zugvögel, S. 456	– **Prosainterpretation 5: Methoden der Privatlektüre**		

2. Auf „Schnitzeljagd“ im Netzwerk des Romans – Methoden und Tipps für die Lektüre

	Sprechen und Schreiben	Literatur und Medien	Sprachbetrachtung
Th. Schweizer/M. Schnegg: Die soziale Struktur der „Simple Storys“ – eine Netzwerkanalyse, S. 457	– Strukturieren – Darstellen von Personenbeziehungen	– Netzwerk der Personenkonstellation	– Eigenarten expositorischer und fiktionaler Texte
W. Höbel: Glücksritter auf Tauchstation, S. 458	– Ordnen von Textelementen	– Rezension	
P. Michalzik: Wie komme ich zur Nordsee?, S. 460	– Resümieren – **Projekt 22: Das 20. Jahrhundert** – **Prosainterpretation 6: Methoden zur Entschlüsselung komplexer Romane**	– Autobiografische Texte – Zeitromane	– Fachbegriffe – Stileigenarten der Chiffrierung

Zwölftes Kapitel: Moderne Medien und vernetzte Welt

I. Die komplexe Wirklichkeit und ihre Vermittlung

1. Unser Leben, eine Vorabendserie? – Realität und mediale Wirklichkeiten

	Sprechen und Schreiben	Literatur und Medien	Sprachbetrachtung
H. M. Enzensberger: Altes Medium, S. 462	– Fiktives Streitgespräch	– Gedankenlyrik	– **Semiotik 4: Virtual reality**
F. Illies: Generation Golf, S. 463	– Gestaltungen	– Sachbuch	– Merkmale des Zeitstils
W. Dürrson: Kleiner Akt, S. 463	– Exzerpieren und Erörtern	– Beispielgeschichte	– Stilisierung durch Personifikation
Ein Fernsehprogramm von 1972 …, S. 464	– Vergleichen	– **Moderne Medien 1: Die drei Wirklichkeiten des Fernsehens**	– Fachbegriffe moderner Medien
Ch. Doelker: Kulturtechnik Fernsehen, S. 466	– **Kommunikation 7: Magische Kommunikation** – Beschreiben und Resümieren		

2. Verfälschung oder Trivialisierung? – Aspekte aktueller Medienkritik

	Sprechen und Schreiben	Literatur und Medien	Sprachbetrachtung
St. Wirth: Acht Thesen über die Aufgabe und den Wert des öffentlich-rechtlichen Rundfunks …, S. 467	– Beurteilen von Thesen – Ergebnisprotokoll – Ergänzen von Thesen – Recherchieren	– Thesen zu kulturpolitischen Fragen	– Eigenarten politischer Sprache
N. Postman: Wir amüsieren uns zu Tode, S. 467	– Exzerpieren	– Sachbuch	– Zitate in Sachtexten

	Sprechen und Schreiben	Literatur und Medien	Sprachbetrachtung
II. Literatur im „Medienverbund"			
1. „Berlin Alexanderplatz" – Großstadt- und Montageroman			
A. Döblin: Berlin Alexanderplatz – Der Beginn, S. 468 **A. Döblin:** Berlin Alexanderplatz – Die Verfolgung, S. 470	– Gestalten einer Hörspielszene – Textbeschreibung durch Textmarkierung	– **Roman 8: Der Großstadtroman als Collage** – Romanauszug	– Fachbegriffe der Filmtechnik – Zitatmontage im Roman
2. „Berlin Alexanderplatz" – Ein multimediales Ereignis			
A. Döblin: Die Geschichte von Franz Biberkopf, S. 470 **Ph. Jutzi:** Standbilder zu „Berlin Alexanderplatz", S. 471 **R. W. Fassbinder:** Drehbuch zu „Berlin Alexanderplatz", S. 472	– Vergleichen von Hörspiel und Roman – Rekonstruieren einer Drehbuchsequenz – Recherchieren im Internet – **Projekt 23: „Berlin Alexanderplatz"**	– **Moderne Medien 2: Das Hörspiel** – Standbilder – **Moderne Medien 3: Der Film**	– **Semiotik 5: Die „Sprache" des Hörspiels** – Bildsprache – Fachbegriffe – **Semiotik 6: Die „Sprache" des Films**
III. Ein Ausschnitt der Wirklichkeit im Nahblick			
1. www.berlin.de – Die Hauptstadt im Netz			
Die Homepage, S. 474 Recherche im Internet, S. 475	– Assoziationen – Beschreiben und Vergleichen – **Studiertechniken 20: Die Wochenplanarbeit**	– **Moderne Medien 4: Das Internet** – Sachtext	– Fachbegriffe des Internets – Sprache der Beschreibung
2. Wie orientieren wir uns? – Die multimediale Informationsgesellschaft			
E. Dyson: Release 2.0 – Die Internet-Gesellschaft, S. 476 **C. Stoll:** Log Out – Warum Computer im Klassenzimmer nichts zu suchen haben, S. 476	– Recherchieren einer Biografie – Einen Text markieren und analysieren – **Die Beschreibung von Sachtexten 2: expositorische Texte**	– Sachtext – Sachtext	– Fachbegriffe der Internet-Gesellschaft

Auf einen Blick

Zusammenfassungen und Übersichten

I. Sprechen und Schreiben können

1. Arbeits- und Studiertechniken von A-Z, S. 479
2. Sprechkompetenz, S. 480
2.1 Gesprächsformen im Überblick, S. 480
2.2 Grundlagen und Kriterien der Rhetorik, S. 480
2.3 Ein Prüfungsgespräch führen, S. 482
3. Schreibkompetenz, S. 484
3.1 Bewerben und Vorstellen, S. 484
3.2 Formen des Interpretierens, S. 487
3.3 Formen des Erörterns, S. 488

II. Literatur verstehen

1. Übersicht über Gattungen und Gattungsformen (Genres), S. 489
   - Lyrik
   - Epik
   - Dramatik
2. Epochen im Überblick, S. 490
3. Epochen und Epochenüberlagerungen, S. 492
4. Textverstehen als Kommunikationsprozess, S. 493

III. Sprache beherrschen

1. Die Wortarten (die Lexik), S. 494
1.1 Übersicht, S. 494
1.2 Formen, Eigenarten und Funktionen, S. 494
2. Der Satzbau (die Syntax), S. 495
2.1 Die Satzarten, S. 495
2.2 Satzbaupläne, S. 495
2.3 Arten von Nebensätzen, S. 496
3. Hauptschwierigkeiten der Rechtschreibung und Zeichensetzung, S. 496

Autorenregister

Sach- und Methodenregister

Textquellenverzeichnis

Abraham a Sancta Clara
– Mercks Wien 121
In: Ders.: Reimb dich/oder Ich liß dich, Lucern (Hauff) 1687, S. 1, 66f.

Aichinger, Ilse
– Schlechte Wörter, 346
Frankfurt/M. (Fischer) 1977

Albrecht von Johansdorf
– Ich vant âne houte 93
In: Lachmann, K. u. a. (Hg.): Des Minnesangs Frühling, Stuttgart (Hirzel) 1962

Anders, Günter
– Der Löwe 428
In: Ders.: Der Blick vom Turm, München (C. H. Beck) 1968, S. 33f.

Andersch, Alfred
– Die Kirschen der Freiheit. Ein Bericht, 394
Zürich (Diogenes) 1968, S. 100–104 © Stuttgart (Scherz und Goverts) 1954

Anonym
– Lass rauschen, Lieb, lass rauschen 243
In: Des Knaben Wunderhorn. Gesammelt von L. Achim von Arnim und Clemens Brentano, München (Deutscher Taschenbuch Verlag) 1963, 2. Teil, S. 37

Anouilh, Jean
– Antigone 56ff.
In: Theater-Texte, Bd. 3, München/Wien (Langen-Müller) 1969, S. 7–9, 14f., 28f., 34f., 44, 50f., 53, 63f.

Arentzen, Jörg und Uwe Ruberg
– Die mittelalterliche Ständeordnung 90
In: Dies.: Die Ritteridee in der deutschen Literatur des Mittelalters, Darmstadt (Wissenschaftliche Buchgesellschaft) 1987

Arnim, Achim von
– Gebet 243
In: Echtermeyer, Theodor und Benno von Wiese (Hg.), Deutsche Gedichte, Düsseldorf (Cornelsen) 1962, S. 372

Arnim, Achim von und Clemens Brentano
– Edelkönigskinder 436
In: „Des Knaben Wunderhorn, Alte deutsche Lieder gesammelt von Achim von Arnim und Clemens Brentano", Darmstadt (Wissenschaftliche Buchgesellschaft) 1991, S. 471f.

Arnim, Bettina von
– Brief an Goethes Mutter 256
In: Behrens, Katja (Hg.): Frauenbriefe der Romantik, Frankfurt/M. (Insel) 1981

Aurel, Marc
– Selbstbetrachtungen 128
In: Endres, H. M. (Hg.), München (Goldmann) 1961

Ausländer, Rose
– Der Brunnen 388
In: Dies.: Andere Zeichen, Düsseldorf (Concept) 1974

Bachmann, Ingeborg
– Schatten Rosen Schatten 10
– Die große Fracht 409
In: Dies.: Gedichte, Erzählungen, Hörspiel, Essays, München/Zürich (Piper) 1964, S. 50, 13
– Ihr Worte 345
– Die gestundete Zeit 409
– Alle Tage 414
In: Dies.: Sämtliche Gedichte, München/Zürich (Piper) 1983
– Undine geht 410
In: Das dreißigste Jahr, München (Piper) 1961, S. 231, 238f.
– Auch ich habe in Arkadien gelebt 419
In: Monatsschrift freier Akademiker, Jg. 7, Folge 7, Wien April 1953

Ball, Hugo
– [Der Künstler als Prophet einer neuen Zeit][1] 310
In: Schlichting, H. B. (Hg.): Hugo Ball. Der Künstler und die Zeitkrankheit, Ausgewählte Schriften, Frankfurt/M. 1984, S. 41f.
– Karawane 371
In: Ders.: Gesammelte Gedichte, Zürich (Die Arche) 1963

Becher, Johannes R.
– [Lebst du heute?] 350
In: Die Rote Fahne, 4. Okt. 1927, zit. nach: Peter Sloterdijk: Kritik der zynischen Vernunft, Bd. 2, Frankfurt/M. (edition suhrkamp 1099) 1983, S. 840
– Kantate 1950 411
In: Neues Deutschland, 25.07.1950

Behringer, Wolfgang
– Neun Millionen Hexen 133
In: Geschichte in Wissenschaft und Unterricht, 11/98, S. 664-685

Bender, Hans
– Heimkehr 388
In: Ders.: Lyrische Biographie, Graphische Werkstätten der Werkkunstschule Wuppertal, Wuppertal 1957
– [Mein Gedicht] 430
In: Ders.: Mein Gedicht ist ein Messer, München (Paul List) 1961

Benn, Gottfried
– Reisen 10
– Morgue I. Kleine Aster 337
– Sieh, die Sterne, die Fänge 352
– Nur zwei Dinge 386
In: Ders.: Sämtliche Gedichte, Stuttgart (Klett-Cotta) 1998
– Verlorenes Ich 146
– Ein Wort 345
In: Ders.: Statische Gedichte © 1948, 2000 by Arche Verlag AG, Zürich, Hamburg

Bernhard, Thomas
– Eine Maschine 28
In: Ders.: Ereignisse, Berlin (Colloquium) 1969

Bibelübersetzungen des 23. Psalms 115
In: Deutsche Sprachspiegel, Bd. 4, Düsseldorf (Pädagogischer Verlag Schwann) 1968, S. 42f.

Bichsel, Peter
– San Salvador 304
In: Ders.: Eigentlich möchte Frau Blum den Milchmann kennen lernen, Olten/Freiburg i. Br. (Walter) 1964

Blau, Sebastian
– Dr Bahwärter 106
In: Die Schwäbischen Gedichte des Sebastian Blau, Stuttgart (Deutsche Verlagsanstalt) 1979

Bloch, Ernst
– Zerstörte Sprache – zerstörte Kultur 379
In: Ders.: Gesamtausgabe in 16 Bänden, Bd. 11, Frankfurt/M. (Suhrkamp) 1977

Bobrowski, Johannes
– Die ersten beiden Sätze für ein Deutschlandbuch 385
In: Ders.: Lippmanns Leib, Stuttgart (Reclam) 1973
– Immer zu benennen 423
In: Ders.: Schattenland Ströme, Stuttgart (Deutsche Verlagsanstalt) 1962

Boldt, Paul
– Auf der Terrasse des Café Josty 334
In: Vietta, Silvio (Hg.): Lyrik des Expressionismus, Tübingen (Niemeyer) 1976

Böll, Heinrich
– Besichtigung 386
In: Ders.: Du fährst zu oft nach Heidelberg, Köln (Lamuv) 1979

Bollnow, Otto Friedrich
– Die Weisheit 175
In: Ders.: Wesen und Wandel der Tugenden, Frankfurt/M. (Ullstein) 1958

Bölsche, Wilhelm
– Die naturwissenschaftlichen Grundlagen der Poesie. Prolegomena einer realistischen Ästhetik, Leipzig (Reissner) 1887 321

Bonaventura (Ernst August Friedrich Klingemann)
– Nachtwachen, 239
Stuttgart (Reclam) 1964

Borchert, Wolfgang
– Das Brot 25
– Die lange lange Straße lang 387
– Das ist unser Manifest 388
In: Ders.: Das Gesamtwerk, Reinbek (Rowohlt) 1959, S. 304, 244, 308

Bormann, Alexander von
– Über die Aktualität der Romantik 272
In: Euphorion 78, 1984

Brambach, Rainer
– Besuch bei Franz 27
In: Ders.: Für sechs Tassen Kaffee, Zürich (Diogenes) 1972, S. 49f.

Branstner, Gerhard
– Probleme verstecken heißt Probleme hecken 417
– Die Kunst lässt weg ... 417
In: Ders.: Der Esel als Amtmann, Berlin (Buchverlag der Morgen) 1976

Braun, Volker
– Anspruch 410
– Jazz 417
In: Ders.: Gedichte, Frankfurt/M. (Suhrkamp) 1979

Brecht, Bertolt
– Der hilflose Knabe 24
– Gedanken über die Dauer des Exils 377
– Über die Bezeichnung Emigranten 377
– Der gute Mensch von Sezuan 381
In: Ders.: Gesammelte Werke in 20 Bänden, Frankfurt/M. (Suhrkamp) 1967
– Antigone 49
In: Bertolt Brecht. Die Antigone des Sophokles. Materialien zur „Antigone", zusammengestellt von Werner Hecht, Frankfurt/M. (edition suhrkamp) 1965, S. 6

Brentano, Clemens
– Der Spinnerin Nachtlied 242
– Sprich aus der Ferne 242
In: Frühwald, W. u. a. (Hg.): Werke, Bd. 1, München (Hanser) 1968
– Der Philister vor, in und nach der Geschichte 252
In: Kemp, F. (Hg.): Werke, Bd. 2, München (Hanser) 1963

Brinkmann, Rolf Dieter
– Gedicht 239
In: Ders.: Westwärts 1 & 2, Gedichte, Reinbek (Rowohlt) 1975, S. 41

Brussig, Thomas
– Wasserfarben, 40, 45
Berlin (Aufbau) 2001, S. 9
– Am kürzeren Ende der Sonnenallee, 449
Berlin (Volk & Welt) 1999

[1] Bei den Titeln in eckigen Klammern handelt es sich nicht um Originaltitel.

Büchner, Georg
– Dantons Tod 199, 285
In: Ders.: Dantons Tod. Ein Drama, Stuttgart (Reclam) 1972, S. 43ff.
– Der Hessische Landbote 275
– Lenz 284
– Woyzeck 286
In: Lehmann, W. R. (Hg.): Werke und Briefe, München (Deutscher Taschenbuch Verlag) 1984
– Leonce und Lena 285
In: Ders.: Werke und Briefe, München (Deutscher Taschenbuch Verlag) 1988, S. 179f.

Bühler, Karl
– Das Organonmodell der Sprache 82
In: Ders.: Sprachtheorie. Die Darstellungsfunktion der Sprache, Stuttgart (Fischer) ^{2}1965

Bumke, Joachim
– Adliges Rittertum 91
– Höfische Liebe 98
– Das Herrscherideal des Mittelalters 105
In: Ders.: Höfische Kultur, Literatur und Gesellschaft im hohen Mittelalter, München (Deutscher Taschenbuch Verlag) ^{2}1986

Bürger, Gottfried August
– Der Bauer. An seinen durchlauchten Tyrannen 154
In: Karthaus, U. (Hg.): Die deutsche Literatur, Sturm und Drang und Empfindsamkeit, Stuttgart (Reclam) 1978

Carossa, Hans
– Der alte Brunnen 351
In: Leisinger, Fritz (Hg.): Kranz des Lebens, Eine Sammlung deutscher Gedichte, Braunschweig (Westermann) 1968

Celan, Paul
– Die Todesfuge 403
In: Ders.: Mohn und Gedächtnis, Stuttgart (Deutsche Verlagsanstalt) 1953
– Fadensonnen 407
In: Ders.: Gesammelte Werke, Frankfurt/M. (Suhrkamp) 1983, Bd. 2, S. 26
– Mit wechselndem Schlüssel 424
In: Ders.: Von Schwelle zu Schwelle, Stuttgart (Deutsche Verlagsanstalt) 1955

Claudius, Matthias
– Der Mensch 9
In: Perfahl, J. (Hg.): Sämtliche Werke des Wandsbecker Boten, Darmstadt (Wissenschaftliche Buchgesellschaft) ^{6}1987, S. 248
– Kriegslied 155
In: Killy, W. (Hg.): Die Deutsche Literatur vom Mittelalter bis zum 20. Jahrhundert, Bd. IV, München (Deutscher Taschenbuch Verlag) 1988

Clauren, Heinrich (Carl Gottlieb Samuel Heun)
– Mimili, 295
Stuttgart (Reclam) 1984

Debus, Helmut
– Vun disse Tiet 107
In: Bosch, M. (Hg.): Mundartliteratur, Frankfurt/M. (Diesterweg) 1979

Dedekind, Constantin Christian
– Allegorisch Sonett 118
In: Haufe, E. (Hg.): Wir vergehen wie Rauch von starken Winden. Deutsche Gedichte des 17. Jahrhunderts, München (C. H. Beck) 1985, Bd. 2, S. 73f.

Delius, Friedrich Christian
– Der Spaziergang von Rostock nach Syrakus, 445
Reinbek (Rowohlt) 1998, S. 7, 99f., 115f., 121, 122-124.

Der Teutsche Michel
– [Flugblatt gegen die Verderber der deutschen Sprache] 138
In: Flemming, Willi: Deutsche Kultur im Zeitalter des Barocks, Konstanz (Athenaion) ^{2}1960

Der zweite Merseburger Zauberspruch 111
In: Lindemann, Klaus und H. Rüter, Paderborn (Schöningh) 1988

Descartes, René
– Meditationen über die Erste Philosophie 148
In: Schmidt, G. (Hg.): Meditationen über die Erste Philosophie, Stuttgart (Reclam) 1986

Die sprachliche Herkunft des Deutschen und seine Dialektaufteilung im Mittelalter 108
In: Braak, Ivo: Gattungsgeschichte deutschsprachiger Dichtung in Stichwörtern, Teil IIa, Lyrik. Von der Antike bis 1600, Kiel (Ferdinand Hirt) 1978, S. 91

Dietmar von Aist
– Slâfst du, friedel ziere? 92
In: Koschorreck, W. (Hg.): Minnesinger in Bildern der Manessischen Liederhandschrift, Frankfurt/M. (Insel) 1975

Die ZEIT-Umfrage: Der deutsche Literatur-Kanon 47
Durs Grünbein: In: Die Zeit, Nr. 22, 23.05.1997, S. 39; Edzard Reuter, Marcel Reich-Ranicki, Hartmut von Hentig: In: Die Zeit, Nr. 21, 16.05.1997, S. 50f.

Döblin, Alfred
– Berlin Alexanderplatz – Der Beginn 468
– Berlin Alexanderplatz – Die Verfolgung 470
In: Ders.: Berlin Alexanderplatz, München (Deutscher Taschenbuch Verlag) ^{11}1972, S. 8f., 189
– Die Geschichte vom Franz Biberkopf, 470
Stuttgart (Reclam) 1976, S. 5f.

Doelker, Christian
– Kuturtechnik Fernsehen 466
In: Ders.: Kulturtechnik Fernsehen. Analyse eines Mediums, Stuttgart (Klett-Cotta) 1991, S. 65f.

Döhl, Reinhard
– Apfel 134
In: Gomringer, Eugen: Konkrete Poesie, Stuttgart (Reclam) 1972, S. 38

Domin, Hilde
– Lied zur Ermutigung 422
In: Dies.: Rückkehr der Schiffe, Frankfurt/M. (Fischer) 1961

Droste-Hülshoff, Annette von
– Im Grase 288
– Am Turme 289
In: Weydt, G. und W. Woesler (Hg.): Sämtliche Werke, Bd. 1, München (Winkler) 1989
– Das Spiegelbild 290
In: Dies.: Sämtliche Werke, München (Hanser) 1963, S. 164

Dühring, Eugen
– Die Judenfrage als Frage der Racenschädlichkeit für Existenz, Sitte und Cultus der Völker 174
In: Düffel, Peter von (Hg.): Gotthold Ephraim Lessing: Nathan der Weise. Erläuterungen und Dokumente, Stuttgart (Reclam) 1972, S. 138

Dürrenmatt, Friedrich
– Die Physiker 415
In: Ders.: Werkausgabe in dreißig Bänden, Zürich (Diogenes) 1980, S. 72ff.

Dürrson, Werner
– Aschenmär 424
In: Ders.: Werke in vier Bänden, Baden/Zürich (Elster) 1992, Bd. 3, S. 34-37
– Kleiner Akt 463
In: Renz, Peter (Hg.): Oswald Burger. Spielwiese für Dichter. Literarisches Forum Oberschwaben, Eggingen (Isele) 1993, S. 338

Dyson, Esther
– Warum das Net wichtig ist 476
In: Dies.: Release 2.0 – Die Internet-Gesellschaft, München (Droemer Knaur) 1997, S. 15f.

Ebert, Friedrich
– Antrittsrede als Reichspräsident, 11.02.1919 375
In: Pollmann, Bernhard (Hg.): Lesebuch zur deutschen Geschichte, Bd. III: Vom Deutschen Reich bis zur Gegenwart, Dortmund (Chronik) 1984

Eckermann, Johann Peter
– Gespräche mit Goethe in den letzten Jahren seines Lebens, 216, 217
München (C. H. Beck) ^{2}1984, S. 472f., 600

Eggers, Hans
– Der Stand der Minnesänger 98
In: Deutsche Dichtung der Stauferzeit; in: Die Zeit der Staufer, Stuttgart 1977

Eich, Günter
– Inventur 385
In: Ders.: Gesammelte Werke in vier Bänden, Bd. 1, Frankfurt/M. (Suhrkamp) 1973
– [Trigonometrische Punkte] 405
In: Bender, Hans: Mein Gedicht ist mein Messer, München (List) 1961
– Geometrischer Ort 405
In: Piontek, Heinz (Hg.): Deutsche Gedichte seit 1960, Stuttgart (Reclam) 1972
– Im Sonnenlicht 415
In: Ders.: Ausgewählte Gedichte, Frankfurt/M. (Suhrkamp) 1961
– Ende eines Sommers 424
In: Ders.: Botschaften des Regens, Frankfurt/M. (Suhrkamp) 1955

Eichendorff, Joseph von
– Sehnsucht 238
– Mondnacht 239
– Das zerbrochene Ringlein 243
– Abschied 244
– Die Heimat 244
– Die zwei Gesellen 245
In: Baumann, G. (Hg.): Neue Gesamtausgabe der Werke und Schriften, Bd. 1, Stuttgart (Cotta) 1978
– Das Marmorbild 259
Paderborn (Schöningh) 1988

Enzensberger, Hans Magnus
– doomsday 200
In: Ders.: Blindenschrift, Frankfurt/M. (Suhrkamp) 1964
– Ins Lesebuch für die Oberstufe 414
In: Ders.: Gedichte 1955–1970, Frankfurt/M. (Suhrkamp) 1971
– Altes Medium 462
In: Ders.: Kiosk. Neue Gedichte, Frankfurt/M. (Suhrkamp) 1995, S. 96f.

Erné, Nino
– Kurt Tucholsky 74
In: Kunisch, Hermann: Handbuch der deutschen Gegenwartsliteratur, München (Nymphenburger) ^{2}1970

Fassbinder, Rainer Werner
– Drehbuch zu „Berlin Alexanderplatz" 472
In: Fassbinder, Rainer Werner und Harry Baer (Hg.): Der Film Berlin Alexanderplatz, Frankfurt/M. (Zweitausendeins) 1980, S. 22ff.

Feuchtwanger, Lion
– Die Geschwister Oppermann, 366
Berlin/Weimar (Aufbau) ^{2}1988
– Arbeitsprobleme des Schriftstellers im Exil 379
In: Sinn und Form, 6, Heft 3, 1954
– Exil, 380
Berlin/Weimar (Aufbau) ^{5}1988

Fichte, Johann Gottlieb
– Zurückforderung der Denkfreiheit von den Fürsten Europas, die sie bisher unterdrückten 250
In: Träger, C. (Hg.): Die Französiche Revolution im Spiegel der deutschen Literatur, Leipzig (Reclam) 1975

Fleming, Paul
– Wie Er wolle geküsset seyn 118
In: Maché, Ulrich und Volker Maid (Hg.): Gedichte des Barock, Stuttgart (Reclam) 1980, S. 62f.

Fontane, Theodor
– Effi Briest 304, 305
In: Ders.: Werke, Bd. 12, München (Nymphenburger) 1963

Frank, Bruno
– [Drei Viertel eurer Literatur ...] 350
In: Ders.: Politische Novelle, 1928, zit. nach: Peter Sloterdijk: Kritik der zynischen Vernunft, Bd. 2, Frankfurt/M. (edition suhrkamp 1099) 1983, S. 840

Freud, Sigmund
– Der Dichter und das Fantasieren 263
In: Mitscherlich, Alexander u. a. (Hg.): Studienausgabe, Bd. X, Frankfurt/M. (Fischer) 1969

Fried, Erich
– Gebranntes Kind 406
In: Piontek, Heinz (Hg.): Deutsche Gedichte seit 1960, Stuttgart (Reclam) 1972
– Definition 430
In: Ders.: Warngedichte, München (Carl Hanser) 1964, S. 120

Friedrich II. von Preußen
– Politisches Testament 153
In: Dickmann, F. (Hg.): Geschichte in Quellen. Renaissance, Glaubenskämpfe, Absolutismus, München (Bayerischer Schulbuchverlag) 1966

Friedrich, Hugo
– Dichtung und die Methoden ihrer Deutung 422
In: Enders, Horst (Hg.): Die Werkinterpretation, Darmstadt (Wissenschaftliche Buchgesellschaft) 1967

Frisch, Max
– Stiller 418
In: Ders.: Gesammelte Werke in zeitlicher Folge, Bd. III 2, Frankfurt/M. (Suhrkamp) 1976
– Du sollst dir kein Bildnis machen 418
In: Ders.: Gesammelte Werke in zeitlicher Folge, Bd. II 2, Frankfurt/M. (Suhrkamp) 1976, S. 369–371

Fritzen, Michael
– Helden unserer Zeit 297
In: Frankfurter Allgemeine Zeitung, 23.09.2000

Gaier, Ulrich
– Fragen an eine politische Rede 376
In: Der Deutschunterricht, Jg. 24, Heft 5, 1972

Gansel, Carsten
– Jugend- und Adoleszenzroman 44
In: Ders.: Moderne Kinder- und Jugendliteratur – Ein Praxishandbuch für den Unterricht, Berlin (Cornelsen Scriptor) 1999, S. 55f., 117

[Gedanken zur Poetik]
1. In: Friedrich Schlegel, 271
Kritische Schriften, München (Hanser) 1964, S. 502
2.–5. Novalis: Werke und Briefe, München (Winkler) 1953, S. 247, 439, 424, 531f.

Gehlen, Arnold
– Der Mensch, 236
Frankfurt/Bonn (Athenäum) [8]1966, S. 251f.

Geibel, Emanuel
– Friedrich Rotbart 84
In: Fingerhut, K.-H. (Hg.): Heinrich Heine: Deutschland. Ein Wintermärchen, Frankfurt/M. (Diesterweg) 1976

Gellert, Christian Fürchtegott
– Der Tanzbär 161
In: Poser, Therese (Hg.): Fabeln, Stuttgart (Reclam) 1975
– Der baronisirte Bürger 165
In: Mattenklott, G. und K. R. Scherpe (Hg.): Westberliner Projekt, Grundkurs 18. Jahrhundert, Kronberg/Ts. (Scriptor) 1976

George, Stefan
– Wir schreiten auf und ab ... 325
– Der hügel wo wir wandeln ... 325
– Komm in den totgesagten park ... 326
– Es lacht in dem steigenden jahr dir ... 329
In: Ders.: Sämtliche Werke in 18 Bänden. Hrsg. v. der Stefan-George-Stiftung, Stuttgart, Bd. 4: Das Jahr der Seele. Bearb. v. Georg P. Landmann, Stuttgart (Klett-Cotta) 1982

Goethe, Johann Wolfgang von
– Wer nie sein Brot mit Tränen aß 9
In: Ders.: Werke, Hamburger Ausgabe, Bd. 7, Hamburg (Wegner) [3]1957, S. 136
– Annette an ihren Geliebten 164
– Das Schreien 165
– Es schlug mein Herz/Willkommen und Abschied 180
– Mit einem gemalten Band 181
– Maifest 181
– Prometheus 182
– Ganymed 182
In: Ders.: Werke, Hamburger Ausgabe, Bd. 1, Hamburg (Wegner) [7]1967
– Die Leiden des jungen Werthers 177
In: Ders.: Werke, Hamburger Ausgabe, Bd. 6, Hamburg (Wegner) [8]1967
– Zum Shakespeare-Tag 186
– Rezension zu „Des Knaben Wunderhorn“ 243
In: Ders.: Werke, Hamburger Ausgabe, Bd. 12, Hamburg (Wegner) [6]1967
– Symbolum 197
– Grenzen der Menschheit 198
– Das Göttliche 198
In: Ders.: Werke, Hamburger Ausgabe, Bd. 1, Hamburg (Wegner) [15]1993 , S. 340f., 146f., 147f.
– Italienische Reise 201, 202, 203
In: Ders.: Werke, Hamburger Ausgabe, Bd. 11, Hamburg (Wegner) [12]1989, S. 125, 116, 214ff., 134f.
– Einfache Nachahmung der Natur, Manier, Stil 207
– Maximen und Reflexionen 217
In: Ders.: Werke, Hamburger Ausgabe, Bd. 12, Hamburg (Wegner) [11]1989, S. 30ff., 383
– Über den Begriff des „Klassischen“ 210
In: Literarischer Sansculottismus. Werke. Hamburger Ausgabe, Bd. 12, Hamburg (Wegner) [11]1984, S. 240f.
– Hermann und Dorothea 215
In: Ders.: Werke, Hamburger Ausgabe, Bd. 2, Hamburg (Wegner) [14]1989, S. 478ff.
– Iphigenie auf Tauris 219, 221, 223
In: Ders.: Werke, Hamburger Ausgabe, Bd. 5, Hamburg (Wegner) [11]1989, S. 7f., 46ff., 57ff., 67

Gomringer, Eugen
– worte sind schatten 346
– vielleicht 410
In: Ders.: worte sind schatten, Reinbek (Rowohlt) 1969

Gottsched, Johann Christoph
– Versuch einer Critischen Dichtkunst 187
In: Staehle, U. (Hg.): Theorie des Dramas, Arbeitstexte für den Unterricht, Stuttgart (Reclam) 1973

Grass, Günter
– Der Traum der Vernunft 189
In: Ders.: Rede an der Akademie der Künste, Berlin 1984
– Die Blechtrommel, 392
Frankfurt/M. (Fischer) 1962, S. 96-98 © Luchterhand Verlag [6]1960

Grimmelshausen, Hans Jakob Christoph von
– Der abenteuerliche Simplicissimus, II. Buch, 27. Kapitel 117
– Der abenteuerliche Simplicissimus, I. Buch, 1. Kapitel 124
– Der abenteuerliche Simplicissimus, V. Buch, 24. Kapitel 124
In: Kelletal, A. (Hg.): Der abenteuerliche Simplicissimus, Frankfurt/M. (Fischer) 1962, S. 145f., 7–9, 377–382

Grünbein, Durs
– Etwas das zählt 291
In: Ders.: Grauzone morgens, Frankfurt (Suhrkamp) 1988, S. 11

Gryphius, Andreas
– Thränen des Vaterlandes Anno 1636 117
– Vanitas! Vanitatum Vanitas! 120
– Die Hölle 120
– Es ist alles eitel 134
In: Elschenbroich, A. (Hg.): Gedichte, Stuttgart (Reclam) 1968
– Menschliches Elende 120
In: Cysarz, Herbert (Hg.): Deutsche Barock-Lyrik, Stuttgart (Reclam) 1957, S. 91
– Catharina von Georgien 127
In: Flemming, W. (Hg.): Catharina von Georgien, Tübingen (Niemeyer) [2]1955, S. 102f.
– Absurda Comica oder Herr Peter Squenz 128
In: Cysarz, Herbert (Hg.): Absurda Comica oder Herr Peter Squenz, Stuttgart (Reclam) 1982, S. 1, 11, 51f.
– Horribilicribrifax. Teutsch. Wehlende Liebhaber 137
In: Palm, H. (Hg.): Lustspiele, Hildesheim (Olms) 1961
– Abend 148
In: Killy, W. (Hg.): Die Deutsche Literatur vom Mittelalter bis zum 20. Jahrhundert, Bd. III, München (Deutscher Taschenbuch Verlag) 1988
– Leo Arminius 344
In: Powell, H. (Hg.): Gesamtausgabe der deutschsprachigen Werke, Bd. 5, Tübingen 1969

Günderode, Karoline von
– Der Kuss im Traume 239
– Luftschiffer 263
In: Schlaffer, H. (Hg.): Gedichte, Prosa, Briefe, Stuttgart (Reclam) 1998, S. 50, 97
– Brief an Gunda Brentano, 29.08.1801 255
– Brief an Gunda Brentano, 20.10.1801 256
– Brief an Friedrich Carl von Savigny 256
– Brief an Clemens Brentano 257
In: Behrens, K. (Hg.): Frauenbriefe der Romantik, Frankfurt/M. (Insel) 1981

Hagedorn, Friedrich von
– Anakreon 164
– Die Küsse 164
In: Best, O. F. (Hg.): Die deutsche Literatur, Aufklärung und Rokoko, Stuttgart (Reclam) 1977

Hamann, Johann Georg
– Brief an Johann Gottfried Herder, 06.05.1779 174
In: Düffel, Peter von (Hg.): Gotthold Ephraim Lessing: Nathan der Weise. Erläuterungen und Dokumente, Stuttgart (Reclam) 1972, S. 115

Handke, Peter
– Kaspar 346
In: Ders.: Stücke 1, Frankfurt/M. (Suhrkamp) 1972

Harsdörfer, Georg Philipp
– Das Leben des Menschen 9
In: Cysarz, H. (Hg.): Deutsche Barock-Lyrik, Stuttgart (Reclam) 1957, S. 90
– Die Teutsche Sprache 140
In: Schöne, Albrecht (Hg.): Das Zeitalter des Barock, München (C. H. Beck) 1963

Hart, Julius
– Ein neuer Frühling 311
In: Triumph des Lebens, Florenz/Leipzig 1898, zit nach: Hermand, Jost (Hg.): Lyrik des Jugendstils, Stuttgart (Reclam) 1977

Hartmann von Aue
– Der arme Heinrich 88
In: Boor, H. de (Hg.): Der arme Heinrich, Frankfurt/M. (Fischer) 1963

Hauptmann, Gerhart
– Vor Sonnenaufgang. 318
In: Hass, Hans-Egon (Hg.): Sämtliche Werke, Centenarausgabe, Bd. I, Frankfurt/Berlin (Propyläen) 1966
– Bahnwärter Thiel 320
In: Hass, Hans-Egon (Hg.): Sämtliche Werke, Centenarausgabe, Bd. VI, Frankfurt/Berlin (Propyläen) 1963

Hauser, Arnold
– [Romantik als übersteigerter Subjektivismus] 272
In: Ders.: Sozialgeschichte der Kunst und Literatur, München (C. H. Beck) 1983

Havel, Václav
– Am Anfang war das Wort, 430
Reinbek (Rowohlt) 1990

Hebbel, Christian Friedrich
– Maria Magdalene, 299
Stuttgart (Reclam) 1983, S. 82ff.

Hebel, Johann Peter
– Unverhofftes Wiedersehen 23
In: Alverdes, P. (Hg.): Werke, München (Hanser) o. J., S. 136

Hein, Christoph
Willenbrock, 447
Frankfurt/M. (Suhrkamp) 2001, S. 292–295

Heine, Heinrich
– Die Grenadiere 19
In: Stapf, P. (Hg.): Werke, Wiesbaden (Vollmer) o.J., S. 34f.
– Deutschland. Ein Wintermärchen 85
In: Ausgewählte Werke in fünf Bänden, Bd. 5, München (Goldmann) 1973, S. 48f., 53f.
– Rückschau 245
– Auf Flügeln des Gesanges 263
– Sie haben heut Abend Gesellschaft 283
– Enfant perdu 284
In: Elster, G. (Hg.): Sämtliche Werke, Bd. 1, Leipzig/Wien (Bibliographisches Institut) o. J., S. 416, 68, 122, 430
– Die Harzreise 274
– Die schlesischen Weber 278
– An einen politischen Dichter 279
– Zur Beruhigung 279
– Sie saßen und tranken am Teetisch 283
– Ein Jüngling liebt ein Mädchen 283
– Mein Herz, mein Herz ist traurig 289
In: Elster, G. (Hg.): Sämtliche Werke, Bd. 1-3, Leipzig/Wien (Bibliographisches Institut) o.J.

Heinrich von Morungen
– Sin hiez mir nie widersagen 96
In: Brackert, H. (Hg.): Mittelalterliche Texte im Unterricht, Bd. II, München (C. H. Beck) 1976

Herder, Johann Gottfried
– Abhandlung über den Ursprung der Sprache, 234
Stuttgart (Reclam) 1975, S. 21ff.

Herwegh, Georg
– Aufruf 1841 278
In: Hermand, Jost (Hg.): Der deutsche Vormärz, Stuttgart (Reclam) 1967

Hesse, Hermann
– Im Nebel 10
In: Ders.: Das Lied des Lebens. Die schönsten Gedichte von Hermann Hesse, Frankfurt/M. (Suhrkamp) 1986, S. 45
– Der Steppenwolf, 353
Frankfurt/M. (Suhrkamp) 1974

Heym, Georg
– Tagebücher, 15.09.1911 332
In: Schneider, Karl Ludwig (Hg.): Dichtungen und Schriften, Gesamtausgabe, Bd. 3, München (Winkler) ^{3}1986
– Die Stadt 334
– Der Krieg 336
In: Schneider, Karl Ludwig (Hg.): Dichtungen und Schriften, Gesamtausgabe, Bd. 1, Hamburg/München (Ellermann) 1964

Heynicke, Kurt
– Gedicht 337
In: Pinthus, Kurt (Hg.): Menschheitsdämmerung. Ein Dokument des Expressionismus, Reinbek (Rowohlt) 1959

Hindenburg, Paul von
– Antrittsrede als Reichspräsident, 12.05.1925 375
In: Hohlfeld, Johannes (Hg.): Deutsche Reichsgeschichte in Dokumenten, II. Bd.: 1906-1929, Berlin/Leipzig (Vertrieb amtlicher Veröffentlichungen), 2. Auflage o. J.

Höbel, Wolfgang
– Glücksritter auf Tauchstation 458
In: Der Spiegel, 2.3.1998

Hochhuth, Rolf
– Der Stellvertreter, 395
Reinbek (Rowohlt) 1963, S. 173–175

Hoddis, Jakob van
– Weltende 336
In: Pinthus, Kurt (Hg.): Menschheitsdämmerung. Ein Dokument des Expressionismus, Reinbek (Rowohlt) 1959

Hoffmann, Ernst Theodor Amadeus
– Der goldene Topf, 258
Stuttgart (Reclam) 1953

Hofmann von Hofmannswaldau, Christian
– Auf den Mund 118
In: Cysarz, Herbert (Hg.): Deutsche Barock-Lyrik, Stuttgart (Reclam) 1957, S. 56
– Sonnet. Vergänglichkeit der schönheit 119
In: Maid, Volker (Hg.): Gedichte und Interpretationen, Bd. 1, Stuttgart (Reclam) 1982, S. 331

Hofmannsthal, Hugo von
– Der Abenteurer und die Sängerin oder Die Geschichte des Lebens 324
In: Ders.: Theater in Versen, Berlin (Fischer) ^{2}1989
– Terzinen III 324
– Terzinen I. Über Vergänglichkeit 326
In: Ders.: Die Gedichte und kleinen Dramen, Leipzig (Insel) ^{2}1912
– Ein Brief 341
In: Steiner, Herbert (Hg.): Gesammelte Werke in Einzelausgaben, Bd.: Prosa II, Frankfurt/M. (Fischer) 1959

Hohler, August E.
– Goethes Weimar hat Buchenwald nicht verhindert 230
In: Sprache im technischen Zeitalter, 22, 1967, S. 136f.

Hölderlin, Johann Christian Friedrich
– Lebenslauf 12
In: Knaupp, Michael (Hg.): Sämtliche Werke und Briefe, Bd. 1, München (Hanser) 1992, S. 325
– Hyperion 204
In: Ders.: Werke und Briefe in einem Band, Stuttgart (Europäische Bildungsgemeinschaft) o. J., S. 283, 284f., 350f.

Hölty, Ludwig Christoph Heinrich
– Aufmunterung zur Freude 9
In: Echtermeyer, Theodor und Benno von Wiese (Hg.): Deutsche Gedichte, Düsseldorf (Cornelsen) 1990, S. 162

Holz, Arno und Johannes Schlaf
– Papa Hamlet 317
In: Dies.: Papa Hamlet. Ein Tod, Stuttgart (Reclam) 1963

Horváth, Ödön von
– Italienische Nacht, 368
Frankfurt/M. (Suhrkamp) 1974

Huber, Heinz G.
– deheim 107
In: Bosch, M. (Hg.): Mundartliteratur, Frankfurt/M. (Diesterweg) 1979

Huchel, Peter
– Soldatenfriedhof 19
In: Ders.: Chausseen Chausseen, Gedichte, Frankfurt/M. (Fischer) 1963
– Chausseen 388
– Unter der blanken Hacke des Monds 421
In: Ders.: Gesammelte Werke, Frankfurt/M. (Suhrkamp) 1984

Humboldt, Wilhelm von
– Sprache ist Tätigkeit 232
In: Schriften zur Sprachphilosophie, Bd. 3, Darmstadt (Wissenschaftliche Buchgesellschaft) 1963, S. 419f.

Ibsen, Henrik
– Nora oder Ein Puppenheim 300
In: Ders.: Dramen, Bd. 1, Darmstadt (Wissenschaftliche Buchgesellschaft) 1982, S. 822ff.

Illies, Florian
– Generation Golf, 463
Berlin (Argon) ^{14}2000, S. 125ff.

Ionesco, Eugène
– Die Nashörner 152
In: Ders.: Zwei Stücke, Frankfurt/M. (Fischer) 1961

Jenny, Zoë
– Das Blütenstaubzimmer, 39
Frankfurt/M. (Goldmann) 1999, S. 5

Jünger, Ernst
– [Ich glaube allerdings ...] 351
In: Ders.: Politische Publizistik. 1919–1933, hrsg. von Sven D. Berggötz, Stuttgart (Klett-Cotta) 2001, S. 510
– Der Kampf als inneres Erlebnis 364
In: Ders.: Werke, Bd. V, Stuttgart (Klett-Cotta) o. J.

Kafka, Franz
– Heimkehr 27
In: Beschreibung eines Kampfes. Novellen, Skizzen, Aphorismen aus dem Nachlass, Frankfurt/M. (Fischer) 1983, S. 107
– Das Stadtwappen 354
– Auf der Galerie 355
– Gibs auf 355
– Eine kaiserliche Botschaft 359
In: Ders.: Die Erzählungen, Frankfurt/M. (Fischer) 1961

Kamper, Dietmar
– Macht und Ohnmacht der Fantasie 264
In: Ders.: Macht und Ohnmacht der Fantasie, Darmstadt (Luchterhand) 1986

Kant, Immanuel
– Beantwortung der Frage: Was ist Aufklärung? 149
In: Bahr, E. (Hg.): Was ist Aufklärung?, Stuttgart (Reclam) 1975

Kaschnitz, Marie Luise
– Hiroshima 20
In: Dies.: Neue Gedichte, Hamburg (Claasen) 1957
– Interview 423
In: Dies.: Dein Schweigen – meine Stimme, Düsseldorf (Classen) 1962

Kästner, Erich
– Kurzgefasster Lebenslauf 12
In: Görtz, Franz Josef (Hg.): Werke, Bd. 1, Gedichte, München (Hanser) 1998, S. 136
– Über das Verbrennen von Büchern 77
In: Görtz, Franz Josef (Hg.): Werke, Bd. 6, Publizistik, München (Hanser) 1998, S. 638–647
– Monolog mit verteilten Rollen 351
In: Ders.: Ein Mann gibt Auskunft, Stuttgart 1930. Neuauflage München (Knaur) o. J.
– Marschliedchen 370
In: Ders.: Gesang zwischen den Stühlen, Stuttgart 1932. Neuauflage München (Knaur) o. J.

Keller, Gottfried
– Der grüne Heinrich 302
In: Ders.: Sämtliche Werke und ausgewählte Briefe, Bd. 1, Darmstadt (Wissenschaftliche Buchgesellschaft) 1963, S. 267ff.
– Brief an Eduard Vieweg 303
In: Helbling, C. (Hg.): Gesammelte Briefe, Bd. 3.2, Bern (Beuteli) 1953

Kisch, Egon Erwin
– Wallfahrtsort für Kriegshetzer 364
In: Ders.: Der rasende Reporter, Köln (Kiepenheuer & Witsch) 1983

Klabund (Alfred Henschke)
– Ironische Landschaft 352
In: Behr, Klaus (Hg.): Weimarer Republik. Literarische Texte zur politischen und sozialen Realität. Reiche: texte und materialien zum literaturunterricht, Frankfurt/M. (Diesterweg) 1979

Kleinlein, Lothar
– a rouh mou sai 107
In: Bosch, M. (Hg.): Mundartliteratur, Frankfurt/M. (Diesterweg) 1979

Kleist, Heinrich von
– Anekdote aus dem letzten preußischen Kriege 29
– Erklärung 30
– Ankündigung 30
In: Sembdner, H. (Hg.): Sämtliche Werke und Briefe, Bd. 2, München (Hanser) 1961, S. 263f., 454, 458
– Amphitryon 266
– Die Marquise von O... 267
In: Ders.: Sämtliche Werke, Berlin, Darmstadt, Wien 1960, S. 297f., 872
– Über das Marionettentheater 268
In: Sembdner, H. (Hg.): Sämtliche Werke und Briefe, München (Hanser) 1961

Klemm, Wilhelm
– Meine Zeit 309
In: Pinthus, Kurt (Hg.): Menschheitsdämmerung. Ein Dokument des Expressionismus, Reinbek (Rowohlt) 1959

Klopstock, Friedrich Gottlieb
– Dem Unendlichen 181
In: Schleiden, K. A. (Hg.): Ausgewählte Werke, Darmstadt (Wissenschaftliche Buchgesellschaft) 1962

Klotzek, Timm
– „1979" – Der neue Roman von Christian Kracht 47
In: „jetzt", Nr. 42/2001 (Beilage zur Süddeutschen Zeitung), S. 24

Koeppen, Wolfgang
– Der Tod in Rom, 397
Frankfurt/M. (Suhrkamp) ⁴1982, S. 134–136, 158

Kopfermann, Thomas
– Johann Wolfgang von Goethe: ‚Iphigenie auf Tauris' 227
In: Steinbach, Dietrich (Hg.): Dramen in ihrer Epoche, Stuttgart (Klett) 1990, S. 51-61

Körner, Theodor
– Aufruf 277
In: Zimmer, H. (Hg.): Werke, Bd. 1, Leipzig/Wien o. J.

Kornfeld, Theodor
– Ein Sand=Uhr 127
In: Schöne, Albrecht (Hg.): Die deutsche Literatur, Bd. 3: Das Zeitalter des Barock, München (C. H. Beck) ²1978, S. 739

Kracht, Christian
– Faserland, 40, 45
München (Goldmann) 1997, S. 9

Kraus, Karl
– Die letzten Tage der Menschheit. 363
Tragödie in fünf Akten mit Vorspiel und Epilog, München (Deutscher Taschenbuch Verlag) 1964

Kuh, Anton
– Nietzsche und Hindenburg 366
In: Greuner, Ruth (Hg.): Anton Kuh, Luftlinien, Feuilletons, Essays und Publizistik, Wien (Löcker) 1981

Kunert, Günter
– Die Maschine 27
– Das Bild der Schlacht am Isonzo 32
In: Bode, D. (Hg.): Der Hai, Stuttgart (Reclam) 1974
– Neuere Ballade infolge älterer Sage 86
In: Prath, F. (Hg.): Moderne Balladen, Frankfurt/M. (Fischer) 1967
– Die Schreie der Fledermäuse 406
In: Ders.: Tagträume in Berlin und andernorts, Frankfurt/M. (Fischer) 1974
– Meine Sprache 435
In: Ders.: Verkündigung des Wetters, München (Hanser) 1966

Kunze, Reiner
– Das Ende der Kunst 417
In: Ders.: Sensible Wege, Reinbek (Rowohlt) 1969
– Amerika 417
In: Ders.: auf eigene hoffnung, Frankfurt/M. (Fischer) 1987, S. 89
– Die Mauer 443
In: Ders.: ein tag auf dieser erde, Frankfurt/M. (Fischer) 1998

Kürenberg, Der von
– Ich zôch mir einen valken 92
In: Killy, W. (Hg.): Die Deutsche Literatur vom Mittelalter bis zum 20. Jahrhundert, Bd. I/2, München (Deutscher Taschenbuch Verlag) 1988

La Fontaine, Jean de
– Der Rabe und der Fuchs 160
– Der Wolf und das Lamm 160
In: Poser, Therese (Hg.): Fabeln, Stuttgart (Reclam) 1975

Lasker-Schüler, Else
– Gebet 10
– Weltschmerz 335
– Weltflucht 335
– Weltende 335
In: Dies.: Gesammelte Werke in 3 Bänden, hrsg. von Friedhelm Kemp, Bd. 1: Gedichte 1902-1943, München (Kösel) ²1961

Lauremberg, Johann
– Von alemodischer Poesie und Rimen 106
In: Bosch, M. (Hg.): Mundartliteratur, Frankfurt/M. (Diesterweg) 1979

Lebert, Benjamin
– Crazy, 39, 46
Köln (Kiepenheuer & Witsch) 1999, S. 9, 142f.

Leibniz, Gottfried Wilhelm
– Die Theodizee von der Güte Gottes, der Freiheit des Menschen und dem Ursprung des Übels, 131
hrsg. von H. Herring, Darmstadt (Wissenschaftliche Buchgesellschaft) 1985
– Unvorgreiffliche Gedancken, betreffend die Ausübung und Verbesserung der Teutschen Sprache 140
In: Schöne, Albrecht (Hg.): Das Zeitalter des Barock, München (C. H. Beck) 1963

Lenz, Reinhold Jakob Michael
– Handeln ist die Seele der Welt 187
In: Killy, W. (Hg.): Die Deutsche Literatur vom Mittelalter bis zum 20. Jahrhundert, Bd. V/1: Sturm und Drang. Klassik, Romantik, München (Deutscher Taschenbuch Verlag) 1988

Lenz, Siegfried
– Deutschstunde, 390
München (Deutscher Taschenbuch Verlag) 1973
– Literatur im wissenschaftlichen Zeitalter 413
In: Ders.: Elfenbeinturm und Barrikade, Erfahrungen am Schreibtisch, Hamburg (Hoffmann & Campe) 1983

Lessing, Gotthold Ephraim
– Über die Wahrheit 145
In: Bahr, E. (Hg.): Was ist Aufklärung?, Stuttgart (Reclam) 1975
– Der Rabe und der Fuchs 161
– Der Wolf und das Schaf 162
In: Poser, Therese (Hg.): Fabeln, Stuttgart (Reclam) 1975
– Sinngedichte 163
– Die verschlimmerten Zeiten 164
– Nathan der Weise 168, 170
In: Ders.: Werke, Bd. 1, München (Winkler) 1974
– Entwurf zu einer Vorrede 166
In: Düffel, Peter von (Hg.): Gotthold Ephraim Lessing, Nathan der Weise, Erläuterungen und Dokumente, Stuttgart (Reclam) 1972
– Brief an Nicolai 188
In: Best, O. F. (Hg.): Die deutsche Literatur, Aufklärung und Rokoko, Stuttgart (Reclam) 1977

Lichtenberg, Georg Christian
– [Aphorismen] 163
In: Reichel, Eugen (Hg.): Ausgewählte Schriften, Leipzig (Reclam) 1879

Lichtenstein, Alfred
– Die Dämmerung 311
– Nebel 338
In: Pinthus, Kurt (Hg.): Menschheitsdämmerung. Ein Dokument des Expressionismus, Reinbek (Rowohlt) 1959

Loerke, Oskar
– Blauer Abend in Berlin 334
In: Ders.: Gedichte und Prosa, hrsg. von Peter Suhrkamp, Bd. 1, Frankfurt/M. (Suhrkamp) 1958

Logau, Friedrich von
– Abgedanckte Soldaten 117
In: Eitner, G. (Hg.): Deutsche Sinn-Gedichte Drey Tausend, Stuttgart (Bibliothek des Literarischen Vereins 113) 1972

Lotz, Ernst Wilhelm
– Aufbruch der Jugend 311
In: Pinthus, Kurt (Hg.): Menschheitsdämmerung. Ein Dokument des Expressionismus, Reinbek (Rowohlt) 1959

Luther, Martin
– Sendbrief vom Dolmetschen 114
In: Ders.: Werke, Kritische Gesamtausgabe, Bd. 30, Weimar 1909
– Vom Kranich und Wolffe 115
In: Bornkamm, Karin, Ebeling Gerhard u. a. (Hg.): Ausgewählte Schriften, Bd. 5, Frankfurt (Insel) 1982, S. 171

Mann, Klaus
– Der Wendepunkt. Ein Lebensbericht, 373, 378
Reinbek (Rowohlt) 1984

Mann, Thomas
– Enttäuschung 327
– Der Zauberberg 352
– Das Gesetz 383
In: Ders.: Sämtliche Erzählungen, Frankfurt/M. (Fischer) 1963

Männer und Frauen 301
nach: Ute Frevert, „Mann und Weib, und Weib und Mann." Geschlechter-Differenzen in der Moderne, München (C. H. Beck) 1995, S. 13-60

Männling, Johann Christoph
– Todten-Bahre 134
In: Schöne, Albrecht (Hg.): Das Zeitalter des Barock, München (C. H. Beck) 1963

Márai, Sándor
– [Ich habe keine andere Waffe] 430
In: Ders.: Ohne Anfang und Ende, München (Piper) 2000, S. 21

Marc, Franz
– [Programmpunkte und Ziele der Künstlergruppe „Der blaue Reiter"] 332
In: Kerr, Alfred (Hg.): Pan, Heft 07.03.1912. Die Fassung Kandinskys zit. nach: Kandinsky, W. und F. Marc (Hg.): Der blaue Reiter, Dokumentarische Neuausgabe von Klaus Lankheit, München (Piper) ^{6}1987

Matthisson, Friedrich von
– Zuruf 9
In: Bölsing, G. (Hg.): Gedichte, Tübingen (Literarischer Verein) 1912–1913

Mäurer, German
– Wider politische Gedichte 279
In: Hermand, Jost (Hg.): Der deutsche Vormärz, Stuttgart (Reclam) 1967

Mauthner, Fritz
– Beiträge zu einer Kritik der Sprache 342
In: 1. Bd.: Zur Sprache und zur Psychologie; 2.Bd.: Zur Sprachwissenschaft, Frankfurt/M. (Ullstein) 1982, Zitat 1= Bd. 2, S. 251f.; Zitate 2–4 = Bd. 1, S. 56, 48f., 86f.

Meckel, Christoph
– Andere Erde 414
In: Ders.: Wenn es angeht, Düsseldorf (Eremiten-Presse) 1974

Meister, Ernst
– Ich sage Ankunft 406
In: Ders.: Die Formel und die Stätte, Wiesbaden (Limes) 1960

Mendelssohn, Moses
– Morgenstunden oder Vorlesungen über das Daseyn Gottes 174
In: Düffel, Peter von (Hg.): Gotthold Ephraim Lessing: Nathan der Weise. Erläuterungen und Dokumente, Stuttgart (Reclam) 1972, S. 123

Michalzik, Peter
– Wie komme ich zur Nordsee? 460
In: Kraft, Thomas (Hg.): aufgerissen – Zur Literatur der 90er, München (Piper Verlag) 2000, S. 28–30

Mitscherlich, Alexander und Margarete
– Die Unfähigkeit zu trauern, 402
München (Piper) 1968

Moeller, Klaus-Ulrich
– Verkommt die Sprache? 430
In: Heidenheimer Neue Presse, 22.03.1986

Mörike, Eduard
– Gebet 9
– An einem Wintermorgen, vor Sonnenaufgang 288
– Auf einer Wanderung 290
– Verborgenheit 290
In: Göpfert, H. G. (Hg.): Sämtliche Werke, München (Hanser) 1954, S. 127

Müller, Burkhard
– Mit Mut und Vernunft durch die Welt tornistern – J. G. Seumes "Spaziergang nach Syrakus" 444
In: Süddeutsche Zeitung, 27./28. April 2002

Müller, Gerhard
– Sprachrevolte 435
In: Wörter und Unwörter. Sinniges und Unsinniges der deutschen Gegenwartssprache, hrsg. von der Gesellschaft für deutsche Sprache, Niedernhausen/Ts. (Falken) 1993

Müller, Heiner
– Das Eiserne Kreuz 385
In: Ders.: Germania Tod in Berlin, Berlin (Rotbuch) 1977

Musschenga, A. W.
– Persönliche Identität in einer individualisierten Gesellschaft 292
In: Concilium. Internationale Zeitschrift für Theologie. 36. Jahrgang, April 2000, S. 144–151, hier: S. 146f.

Nestroy, Johann Nepomuk
– Einen Jux will er sich machen, 210
Stuttgart (Reclam) 1986, S. 9ff.

Neuköllner Tageblatt vom 12.5.1933: Die Rufer 72
In: Wulff, Joseph: Literatur und Dichtung im Dritten Reich. Eine Dokumentation, Reinbek (Rowohlt) 1966, S. 49f. © Gütersloh (Mohn) 1963

Nietzsche, Friedrich
– Ecce homo 9
– Vereinsamt 14
In: Ders.: Gesammelte Werke, München (Musarion-Ausgabe) 1920–1929
– Der tolle Mensch 189
In: Ders.: Die fröhliche Wissenschaft, München (Goldmann) 1959
– Über den Begriff „klassisch"
In: Nietzsche, Friedrich: Die 196
fröhliche Wissenschaft; In: Ders.: Werke, 2. Bd., München (Hanser) ^{2}1962, S. 246
– Götzen-Dämmerung oder wie man mit dem Hammer philosophiert 315
In: Löwith, Karl (Hg.): Zeitgemäßes und Unzeitgemäßes, Frankfurt/M. (Fischer) 1956
– Also sprach Zarathustra, 316
Stuttgart (Kröner) 1964

Novalis (Friedrich von Hardenberg)
– Heinrich von Ofterdingen 240
– Die Christenheit oder Europa 252
In: Mähl, H.-J. und R. Samuel (Hg.): Werke, Tagebücher und Briefe, München (Hanser) 1978

Olden, Rudolf
– [Es ist in der kurzen Geschichte ...] 351
In: Ders.: Über das Wunderbare, in: R.O. (Hg.): Propheten der deutschen Krise. Das Wunderbare oder die Verzauberten, Berlin 1932, S. 16, zit. nach: Erhard Schütz: Romane der Weimarer Republik, München (UTB 1387) 1988, S. 9

Opitz, Martin
– Carpe diem 119
In: Cysarz, H. (Hg.): Deutsche Barock-Lyrik, Konstanz (Athenaion) 1957
– Buch von der deutschen Poeterey 139
In: Alewyn, R. und R. Gruenter (Hg.): Buch von der deutschen Poeterey, Tübingen (Niemeyer) 1963, S. 7, 24f., 26

Pascal, Blaise
– Pensées 8
– Über die Religion und über einige andere Gegenstände 130
In: Wasmuth, E. (Hg.): Über die Religion, Heidelberg (Schneider) 1963

Petersdorff, Dirk von
– Im Museum der Geschichte 443
In: Ders.: Bekenntnisse und Postkarten, Frankfurt/M. (Fischer) 1999

Pfeffel, Gottlieb Konrad
– Die Aufklärung 145
– Der Tanzbär 162
In: Poser, Therese (Hg.): Fabeln, Stuttgart (Reclam) 1975

Pinker, Steven
– Der Sprachinstinkt 428
In: Ders.: Der Sprachinstinkt. Wie der Geist die Sprache bildet. Übersetzt von Martina Wiese, München (Droemer/Knaur) 1998, S. 21f. © München (Kindler)

Pinthus, Kurt
– Zuvor [Vorrede zur Anthologie „Menschheitsdämmerung"] 338
In: Ders. (Hg.): Menschheitsdämmerung. Ein Dokument des Expressionismus, Reinbek (Rowohlt) 1959

Piontek, Heinz
– Um 1800 230
In: Ders.: Werke, Bd. 1: Die Gedichte, München (Schneekluth) 1982, S. 165

Polgar, Alfred
– Der Unbekannte Soldat 31
In: Ders.: Im Lauf der Zeit, Reinbek (Rowohlt) 1964
– Verfall 353
In: Ders.: Auswahlband, Berlin (Rowohlt) 1930

Politzer, Heinz
– Eine Parabel Kafkas – Versuch einer Interpretation 356
In: Ders.: Franz Kafka, der Dichter, Frankfurt/M. (Suhrkamp) 1965

Pongs, Hermann
– Interpretation der „Anekdote" von 1957 31
In: Ders.: Die Anekdote als Kunstform zwischen Kalendergeschichte und Kurzgeschichte, in: Der Deutschunterricht, 1/1957, S. 8

Pörksen, Uwe
– Die Experten als Funktionäre der Verwirklichung 431
In: Ders.: Plastikwörter, Die Sprache einer internationalen Diktatur, Stuttgart (Klett-Cotta) 1989

Postman, Neil
– Huxleys Warnung 467
In: Ders.: Wir amüsieren uns zu Tode, Frankfurt/M. (Fischer) ^{6}1985, S. 189f.

Preisendanz, Wolfgang
– [Was bedeutet Realismus in der Dichtung?] 307
In: Ders.: Wege des Realismus, München (Fink) 1977

Reich, Jens
– Ministerbesuch I und II 434
In: Rückkehr nach Europa, München (Deutscher Taschenbuch Verlag) 1993

Reimann, Brigitte
– Ankunft im Alltag, 412
München (Deutscher Taschenbuch Verlag) 1986
– Franziska Linkerhand, 412
München (Deutscher Taschenbuch Verlag) 1977

Remarque, Erich Maria
– Im Westen nichts Neues, 362
Frankfurt/Berlin (Ullstein) 1972

Rilke, Rainer Maria
– Abend 310
– Blaue Hortensie 325
– Jetzt reifen schon ... 326
– Die Aufzeichungen des Malte Laurids Brigge 327
– Herbst 329
In: Ders.: Werke, Frankfurt/M. (Insel) ^{4}1986
– Ich fürchte mich so ... 345
In: Ders.: Sämtliche Werke, Bd. I, Frankfurt/M. (Insel) 1976

Roth, Joseph
– [Das ist ja ein Manifest ...] 350
In: Ders.: Werke, Bd. 4: Romane und Erzählungen 1915-1929, hrsg. von Fritz Hackert, Köln (Kiepenheuer und Witsch) 1989, S. 456
– Das Lächeln der Welt 373
In: Westermann, Klaus (Hg.): Joseph Roth, Werke 1. Das journalistische Werk 1915-1923, Köln (Kiepenheuer & Witsch) 1989, S. 972
– Die vertriebene deutsche Literatur 379
In: Westermann, Klaus (Hg.): Joseph Roth, Werke 3. Das journalistische Werk 1929-1935, Köln (Kiepenheuer & Witsch) 1991, S. 712

Rudolf von Fenis
– Gewan ich ze Minnen ie guoten wân 96
In: Brackert, H. (Hg.): Mittelalterliche Texte im Unterricht, Bd. II, München (C. H. Beck) 1976

– Krieg dem Kriege 64
– Was darf die Satire? 69
In: Gerold-Tucholsky, M. und F. J. Raddatz (Hg.): A.a.O., Bd. 2, S. 112, 42
– Das Dritte Reich 66
– Ratschläge für einen schlechten Redner 74
– Ratschläge für einen guten Redner 75
In: Gerold-Tucholsky, M. und F. J. Raddatz (Hg.): A.a.O., Bd. 8, S. 127, 290, 292
– Joebbels 67
– An das Publikum 67
In: Gerold-Tucholsky, M. und F. J. Raddatz (Hg.): A.a.O., Bd. 9, S. 139, 237
– Gruß nach vorn 71
In: Gerold-Tucholsky, M. und F. J. Raddatz (Hg.): A.a.O., Bd. 4, S. 404

Unbekannter Verfasser
– Eine militärische Anekdote 154
In: De Boor, Helmut u. a. (Hg.): Die Deutsche Literatur vom Mittelalter bis zum 20. Jahrhundert, Texte und Zeugnisse, Bd. IV: 18. Jahrhundert, München (Deutscher Taschenbuch Verlag) 1988, S. 117

Vater unser 112
In: Bender, H. (Hg.): Deutsches Lesebuch. Obersekunda, Karlsruhe (Verlag G. Braun) 1968, S. 38

Vesper, Will
– Das erwachte Gewissen 72
In: Die neue Literatur (1933), zit. nach Josef Wulf: Literatur und Dichtung im Dritten Reich, Reinbek (Rowohlt) 1966, S. 63

Vierhaus, Rudolf
– [Schriftsteller in einer Zeit des Umbruchs] 272
In: Ders.: Deutschland im 18. Jahrhundert, Göttingen (Vandenhoeck) 1987

Wackenroder, Wilhelm
– Brief an L. Tieck 250
In: Werke und Briefe von W. H. Wackenroder, Heidelberg (Schneider) 1967

Wagner, Bernd
– Fabel 417
In: Kirsch, Rainer und Manfred Wolter (Hg.): Gedichte, Berlin (Eulenspiegel) 1975

Walser, Martin
– Ein fliehendes Pferd, 421
Frankfurt/M. (Suhrkamp) 1978

Walser, Robert
– Ovation 354
In: Ders.: Prosa, Frankfurt/M. (Suhrkamp) 1960

Walther von der Vogelweide
– Wenn die Blumen aus dem Gras sprießen (Sô die bluomen ûz dem grase dringent) 94
– Under der linden 95
– Dô Friderich ûz Ôsterrîch alsô gewarp 100
– Phillipe, künec hêre 100
– Ich hân mîn lêhen 101
– Drei Sprüche im sog. „Reichs-Ton" 101
In: Wapnewski, Peter (Hg.): Gedichte, Frankfurt/M. (Fischer) 1962

Watzlawik, Paul u. a.
– Menschliche Kommunikation, Bern (Huber) 1996 429

Weidermann, Volker
– Die wirkungsvöllsten Bücher der letzten zwanzig Jahre 450
In: Frankfurter Allgemeine Zeitung, 17. März 2002

Weinrich, Harald
– Können Wörter lügen 429
In: Lingusitik der Lüge, Heidelberg (Lambert und Schneider) 1966

Weiss, Peter
– Die Ermittlung, 398
Reinbek (Rowohlt) 1969

Wellersdorf, Dieter
– Das Schimmern der Schlangenhaut 307
In: Frankfurter Vorlesungen, Frankfurt (Suhrkamp) 1996, S. 138

Whorf, Benjamin Lee
– Sprache, Denken, Wirklichkeit, 237
Reinbek (Rowohlt) 1963, S. 11f.

Wieland, Christoph Martin
– Sechs Fragen zur Aufklärung 147
In: Bahr, E. (Hg.): Was ist Aufklärung?, Stuttgart (Reclam) 1975
– An Leonhard Meister 158
– An Johann Georg Zimmermann 159
– An J. G. Zimmermann 159
In: Bock, Heinrich (Hg.): Wieland Lesebuch, Frankfurt/M. (Insel) 1963

Wilhelm II.
– Rede zur Einweihung von Denkmälern an der Berliner Siegesallee 321
In: Johann, Ernst (Hg.): Reden des Kaisers, Ansprachen, Predigten und Trinksprüche Wilhelms II, München (Deutscher Taschenbuch Verlag) 1966

Winckelmann, Johann Joachim
– Gedanken über die Nachahmung der griechischen Werke in der Malerei und Bildhauerkunst, 204
Stuttgart (Reclam) 1977, S. 3ff., 20

Wolf, Christa
– Kindheitsmuster, 196
Darmstadt (Luchterhand) 1977, S. 336ff.
– Der Schatten eines Traumes 257
In: Dies.: Lesen und Schreiben, Neue Sammlung, Darmstadt (Luchterhand) 1980
– Nachdenken über Christa T., 420
Darmstadt (Luchterhand) 1969

Wolfenstein, Alfred
– Städter 335
In: Pinthus, Kurt (Hg.): Menschheitsdämmerung. Ein Dokument des Expressionismus, Reinbek (Rowohlt) 1959

Wolfram von Eschenbach
– Parzival 87, 89
In: Kühn, Dieter: Der Parzival des Wolfram von Eschenbach, Frankfurt/M. (Insel) 1986

Wondratschek, Wolf
– In den Autos 406
In: Hinck, Walter (Hg.): Gedichte und Interpretationen, Bd. 6, Stuttgart (Reclam) 1982

Zech, Paul
– Neu beginnen 409
In: Ders.: In den Wind geschrieben, Lyrik der Freiheit 1933–1945, München (Deutscher Taschenbuch Verlag) 1962

Ziegler, Theobald
– Die geistigen und sozialen Strömungen des neunzehnten Jahrhunderts, 309
Volksausgabe, Berlin (Georg Bondi) 1911

Zimmer, Dieter E.
– So kommt der Mensch zur Sprache 233, 347
In: Ders.: Über Spracherwerb, Sprachentstehung und Sprache & Denken, Zürich (Haffmann) 1988, S. 57ff.
– [Anglizismen heute] 432
In: Ders.: Deutsch und anders, Reinbek (Rowohlt) 1997
– Die, Der, Das. Sprache und Sexismus 433
In: Ders.: Redens Arten, Zürich (Haffmanns) 1986

Zimmermann, Hans Dieter
– [Die Botschaft des ästhetischen Textes] 422
In: Ders.: Vom Nutzen der Literatur. Vorbereitende Bemerkungen zu einer Theorie der literarischen Kommunikation, Frankfurt/M. (Suhrkamp) 1977

Zuckmayer, Carl
– Aufruf zum Leben 380
In: Winkler, M. (Hg.): Deutsche Literatur im Exil 1933-1945, Texte und Dokumente, Stuttgart (Reclam) 1977, S. 419ff.
– Des Teufels General, 393
Frankfurt/M. (Fischer) 1982

Zweig, Stefan
– Morgenlicht 311
In: Friedenthal, Richard (Hg.): Silberne Saiten, Frankfurt/M. (Fischer) 1966
– Declaracão [Erklärung], 1942 380
In: Winkler, M. (Hg.): Deutsche Literatur im Exil 1933-1945, Texte und Dokumente, Stuttgart (Reclam) 1977, S. 418

Bildnachweis

Bruno Adler, London: 296 m. – Renate Alf/CCC, www.c5.net: 302 o. – Anthony, Beuerberg: 206 (a) – AP Photo/POOL: 480 u. – Archiv für Kunst und Geschichte, Berlin: 13 u., 19 o., 20 o. + u.l., 31, 55, 57 o., 63, 67 l. + r., 89 (Erich Lessing), 90, 103 (b), 104 (c + f), 105 u., 111 o. (b + c) + u., 114 l., 119, 120 l. + r., 122 (Erich Lessing), 123 (alle), 125, 126 u., 130 m. (Reimer Wulf), 131, 133 u., 135, 141, 142, 145 u., 146, 147 (alle), 154 u., 156 o.l. + r., 158 (alle), 164, 165, 172, 173, 183, 184 m., 187 o., 188 (alle), 191, 194, 203, 204 u., 213 (alle), 215, 230 o., 233 o., 237, 243, 249, 250 u., 251, 253 r., 254, 255 u., 256, 257, 259, 265, 272, 276 u.r., 277, 278 (alle), 289, 294 u., 299, 300 u. (Erich Lessing), 302 u., 305 o., 310, 317 (alle), 320, 328, 331, 332 o., 334 o., 337 u., 355, 363, 364 (Bruno Meya), 366, 367, 374, 377, 379, 383, 419 o., 441 o., 468 o. – © ARD: 467 o.l. – Argus Fotoarchiv, Hamburg: 442 u.l. – Astrofoto/Kohlhauf: 421 u. – © Aufbau-Taschenbuchverlag GmbH, Berlin 2000: 40 u. – Basel Kunstmuseum: 423 – Bayerisches Nationalmuseum, München: 12 – Berlin-Museum, Berlin: 154 o. – Berlin.de new media GmbH: 474 – Rudolf Betz, München: 59 r. – Bildarchiv Preußischer Kulturbesitz, Berlin: 23, 67 u., 84 u., 85, 92 o. (Knud Petersen), 95 o., 97 (a), 118 (alle), 120 u., 130 u., 148, 155 o., 156 u. (4 Bilder), 157 (alle), 162, 163, 187 u., 208 u., 211, 217, 230 u., 241, 255 o., 264 o., 275 (alle), 276 o., 292, 295, 308, 325 o., 334 u., 343, 351, 356, 362 o., 365, 371, 373 u., 385 o., 401 u., 411 u., 412 – Bilderdienst Süddeutscher Verlag: 389 u.l. – Bundesarchiv Koblenz Bild 146/70/88/30: 385 u. – Bundesbildstelle: 481 – Cameraphoto – Arte: 202 – CHAPLIN-ARCHIV Frankfurt am Main: 28 r. – Columbus Museum of Art, Museum Purchase: Howald Fund: 264 u. – Cosmopress, Genf: 322 – Das Internationale Jugendprogramm in Deutschland e.V.: 65 – © defd: 305 u., 472 – Den Haag, Haags Gemeentmuseum, Inv. 222-1931: 313 (e) – J.W. Goethe, Die Leiden des jungen Werther, Deutscher Taschenbuch Verlag, 18. Aufl. 2001: 42 o. – Deutsches Filminstitut – DIF: 287, 362 u. – Deutsche Fotothek, Dresden: 238 – Deutsches Postmuseum: 321 u. – Werner König: dtv-Atlas Deutsche Sprache. Graphik von Hans-Joachim Paul © 1978 Deutscher Taschenbuch Verlag, München: 108 o., 110, 112 m., 113 (alle) – © 1978 Deutscher Taschenbuch Verlag, München: 111 (a) – Entnommen aus: Jean de La Fontaine: Sämtliche Fabeln mit 255 Illustrationen von Grandville: Vollständige Ausgabe, übersetzt von E. Dohm und G. Fabricius, hrsg. von H. Lindner, dtv weltliteratur 2094, München 1981, S. 22: 161 u. – Illustration von Celestino Piatti © Deutscher Taschenbuch Verlag, München: 411 o., 469 – Ingo Schulze: Simple Storys © für das Umschlagfoto: Edgar Höfs, 1999 Deutscher Taschenbuch Verlag, München: 451 – Deutsches Theatermuseum/Archiv Rudolf Betz: 59 l. – © DHM, Unter den Linden 2, D-10117 Berlin: 441 u. – Norbert Zink: Antigone, Diesterweg Verlag, Frankfurt/M, 1974: 53 u.r. – Aus: Paul Flora Vergebliche Worte Copyright © 1981 Diogenes Verlag AG Zürich: 344, 345, 347 – Bernhard Schlink, Der Vorleser, Diogenes Verlag: 401 o. – 5555 Meisterwerke © DIRECTMEDIA Publishing, Berlin 2000: 212 – © Dominikanisches Fremdenverkehrsamt, GRUPO TENDER 2002: 444 – dpa, Frankfurt: 21, 28 l., 32 l. (Elsner), 39 r., 189, 206 (c), 269, 291 o., 293, 304 o., 325, 335 u., 346, 386 o. + u. (Wieseler), 388 u., 391 o. (Markus Beck), 393 (alle), 394, 396 o., 397, 398 u., 400 u., 404, 405, 406, 407, 414 o., 416, 417 (Ursula Düren), 418 (Wattenberg), 420, 421 o., 422 (Kleefeld), 430, 442 m. + u.r., 446, 447 r. (Achim Scheidemann), 452 u., 463 o., 468 u. – © 1997 Droemer Knaur Verlag, München: 476 – Aus: Ingeborg Tetzlaff, Romanische Kapitelle in Frankreich, dumont kunst-taschenbücher, Köln 1976, S. 70: 105 o. – Aus: Emil Nolde, DuMont Verlag Köln: 391 (2 Bilder) – Werner Dürrson 2002: 424 – © Claudia Esch-Kenkel: 169 u. – Aus: Hermann Bausinger, Deutsch für Deutsche, Dialekte, Sprachbarrieren, Sondersprachen, Fischer Taschenbuchverlag, Frankfurt am Main 1972, S. 94f.: 139 (alle) – Aus: Leander Haußmann, Sonnenallee, Fischer Verlag: 449 – Aus: Clifford Stoll: LogOut. Warum Computer im Klassenzimmer nichts zu suchen haben und andere High-Tech-Ketzereien, S. Fischer Verlag Frankfurt 2001: 477 u. – Entnommen aus: Hugo von Folieto, Vogelbuch, Heiligenkreuz, MS. 18 (226), fol. 129V.: 91 – Frankfurter Buchmesse: 480 z.v.u. – Andy Freeberg, Mill Valley, USA: 477 o. – Freies Deutsches Hochstift/Frankfurter Goethe-Museum, Foto: Ursula Edelmann: 178 o.r., 207 – Aus: Judeich, Topografie von Athen, in Siegfried Melchinger, Sophokles, Friedrichs Dramatiker des Welttheaters, Band 12, Friedrich Verlag Velber 1969: 53 u.l. – Aus: Volker Canaris, Anouilh, Friedrichs Dramatiker des Welttheaters, Band 61, Friedrich Verlag, Velber 1971, Foto: Lipnizki: 57 u. – Aus: Henning Rischbieter, Schiller I. Von den „Räubern" bis zum „Don Carlos", Friedrichs Dramatiker des Welttheaters Bd. 52, Friedrich Verlag Velber, S. 85 © Foto: Betz: 184 l.o. – Aus: Henning Rischbieter, Schiller I. Von den „Räubern" bis zum „Don Carlos", Friedrichs Dramatiker des Welttheaters Bd. 52, Friedrich Verlag Velber, S. 84 © Foto: Pagenstecher: 184 l.u. – Aus: Günther Pentzoldt, Büchner, Friedrichs Dramatiker des Welttheaters, Band 9, Friedrich Verlag, Velber 1968, Foto: Clausen: 199 o. – Aus: Günther Pentzoldt, Büchner, Friedrichs Dramatiker des Welttheaters, Band 9, Friedrich Verlag, Velber 1968, Foto: Betz: 199 u. – Aus: Rolf Michaelis, Kleist, Friedrichs Dramatiker des Welttheaters, Band 5, Friedrich Verlag, Velber 1968, Foto: Institut für Theaterwissenschaft Köln, Saeger: 266 – Aus: Martin Schaub: Hebbel, Friedrichs Dramatiker des Welttheaters, Band 34, Friedrich Verlag, Velber 1972, Foto: Buhs: 300 o. – Aus: Henning Rischbieter, Weiss, Friedrichs Dramatiker des Welttheaters, Band 45, Friedrich Verlag, Velber 1974, Freie Volksbühne Berlin: 399 – © Goethe-Museum Düsseldorf, Foto: Walter Klein: 179 – Zoë Jenny, Das Blütenstaubzimmer, btb-Taschenbuch, Goldmann, Frankfurt 1999: 39 o.l. – Christian Kracht, Faserland, Goldmann Verlag, Frankfurt 1997: 40 o. – Aus: Christoph Martin Wieland, Sämtliche Werke (Fürstenausgabe), Leipzig: Göschen 1794-1802, Band 29: 145 o. – Dr. Grünert – Anthony: 231 – Hamburger Theatersammlung/Archiv Brigitte Schilmann: 58 – Sigi Hengstenberg: 46 l. – Herzog August Bibliothek, Wolfenbüttel: 114 r. – Historisches Bildarchiv Lolo Handke, Berneck: 29 – Historisches Bildarchiv: 245 – Historisches Museum Frankfurt: 279 – Wilfried Hösl, München: 170, 171 l. – A. Huck, Straßburg: 104 (d) – Ernst Hürlimann/CCC, www.c5.net: 107 – Interfoto Pressebild Agentur München: 121, 133 o., 140 l. – Interfoto München/Felicitas: 352 – Jürgens Ost und Europa Foto: 209 o., 435 – A. Kaiser/GAFF: 442 m.r. – Kapitolinisches Museum, Rom: 270 – Detlef Kersten/CCC, www.c5.net: 233 u. – Keystone: 354, 468 z.v.u. – A. Kiefer, Buchen: 403 (alle) – Benjamin Lebert: Crazy. Köln: Kiepenheuer & Witsch 22. Aufl. 2000: 39 u. – © Klett-Cotta: 466 o. – Chrishelle Klose/Frankfurter Allgemeine Sonntagszeitung vom 17.03.2002: 450 – Gerhard Kolb, Blaustein: 171 r. – Künstlerinitiative East Side Gallery e.V.: 441 r. – Aus: Meisterwerke der Kunst, hrgs. vom Landesinstitut für Erziehung und Unterricht, Stuttgart, Serie 18: 144 – Landschaftsverband Westfalen: 321 o. – Aus: Das Vorspiel, Die Bücherverbrennung am 10. Mai 1933, hrsg. von Thomas Friedrich. LitPol Verlagsgesellschaft, Berlin 1983: 276 u.l. – © L & M SERVICES B.V. Amsterdam 990607: 314 (g) – © LMZ-BW/Robert Bothner: 126 m. – © LTT/ '99 BACHINGER-FOTODESIGN: 286 o. – Herbert Geffei, Theater machen, Otto Maier, Ravensburg 1982: 130 o. – Manessische Liederhandschrift, Heidelberg: 84 o.l., 87, 88, 92 u., 94, 95 u., 97 (e + f), 101 – Gudrun Martin: 330 – mediacolor´s, Mainz: 53 o., 206 (b + d), 398 o. – © Ludwig Meidner-Archiv, Jüdisches Museum der Stadt Frankfurt am Main/Westfälisches Landesmuseum für Kunst und Kulturgeschichte Münster: 64 – © Roger Melis: 410 – Metropolitan Museum of Art, New York, Nachlass Joseph Pulitzer, 1955: 312 (a) – Til Mette/STERN: 432 o. – © Rainer Morawietz, Berlin: 436 – Samy Molcho: Körpersprache als Dialog, Mosaik Verlag, München 1988: 429 (alle) – München Bayerische Staatsgemäldesammlungen, Neue Pinakothek: 313 (c) – Museo Nacional de Prado, Madrid: 116 o. – Nationalgalerie Berlin: 274 – William Rockhill Nelson Gallery of Art and Mary Atkins Museum of Fine Art, Kansas City: 315 (i) – Isolde Ohlbaum: 415 o. – Bildarchiv der Österreichischen Nationalbibliothek, Wien: 84 o.r., 294 o., 296 u., 297 – K.H. Paulmann, Berlin: 104 (e) – Thomas Plassmann/CCC, www.c5.net: 433 – Presse- und Informationsamt der Bundesregierung, Bundesbildstelle Berlin Fotograf: Lehnartz: 442 o. – Privatbesitz: 25 – Reclam Verlag, Ditzingen: 319 – © Nina Rothfos und Patrick Gabler, Hamburg, unter Verwendung einer Memory-Idee von Alexander Penndorf und Fotografien von Alexander Penndorf und Bettina Francke: 452 o. – Robert Musil, „Die Verwirrungen des Zöglings Törleß". Copyright für das Cover © by Rowohlt Taschenbuch Verlag GmbH, Reinbek bei Hamburg: 42 u. – J. D. Salinger, Der Fänger im Roggen. Copyright für das Cover © by Rowohlt Taschenbuch Verlag GmbH, Reinbek bei Hamburg: 43 u. – Rowohlt Verlag: 61 u. – Peter Weiss, „Die Ermittlung. Oratorium in 11 Gesängen". Copyright für das Cover © by Rowohlt Taschenbuch Verlag GmbH, Reinbek bei Hamburg: 400 o. – Friedrich Christian Delius, Der Spaziergang von Rostock nach Syrakus. Copyright für das Cover © 1995 by Rowohlt Verlag GmbH, Reinbek bei Hamburg: 445 r. – Schiller-Nationalmuseum/Deutsches Literaturarchiv, Marbach: 13 o., 59 o., 62 – Susanne Schleyer: 40 l. – Michael Schnegg/Thomas Schweizer: Die soziale Struktur der Simple Storys, www.uni-koeln.de/phil-fak/voelkerkunde/doc/simple: 457 u., 458 (alle) – Verlagsarchiv Schöningh/Volker Kipp: 76 (alle) – Verlagsarchiv Schöningh/Heinrich Schneider: 198, 204 o. – Verlagsarchiv Schöningh/Kirsten Krebsbach: 437 l., 438, 439 (alle) – Verlagsarchiv Schöningh/Foto Henke: 479 o., 480 z.v.o. – Verlagsarchiv Schöningh/Gerhard Sander, Borchen: 479 u. – Verlagsarchiv Schöningh/G. Schlottmann, Paderborn: 485, 486 – Oliver Schulz: 167 – M. Seidel, Mittenwald: 105 m. – Spiegel Nr. 31 vom 02.08.1982: 19 m. – Aus: Hörzu vom 14.3.1972, Nr. 11, 1972, S. 72ff., © Springer Verlag: 464/465 – Staatliche Schlösser und Gärten / Schloss Charlottenburg, Berlin: 153 – Staatsgalerie Stuttgart: 219 – Städelsches Kunstinstitut, Frankfurt: 196 – © Stadtarchiv Zürich, Schauspielhaus-Archiv. Foto: René Haury: 415 u. – Städtische Galerie im Lenbachhaus, München: 333 – Stedelijk Museum Amsterdam: 307 – Thea Sternheim: 332 u. – Entnommen aus: Bertolt Brecht, Die Antigone des Sophokles, Materialien zur Antigone, edition suhrkamp, 1967, S. 7, 31: 49, 50, 54 u. – Ulrich Plenzdorf, Die neuen Leiden des jungen W., Suhrkamp 2001: 43 o. – Hermann Hesse, Unterm Rad, Suhrkamp 2002: 43 m. – Cinetext Bildarchiv, Frankfurt: 46 r., 267, 296 o., 392, 463 u. – Aus: Christoph Hein: Willenbrock, Suhrkamp Verlag, Frankfurt 2001: 447 l. – © TaurusVideo GmbH, Ismaning/München 1991: 471 (alle) – The Robert Gore Rifkind Collection, Beverly Hills, Kalifornien: 200 – Theater Heilbronn, Foto: Jürgen Frahm: 396 u. – Theodor-Storm-Gesellschaft, Husum: 291 m. – Scott Thode: 467 u.r. – Wolfgang Tillmans: 239 – Jan Tomaschoff/CCC, www.c5.net: 432 u. – TRI-Bühne Stuttgart: 52 – ullstein bild: 54 o., 67 o.m., 77, 132 u., 155 u., 250 o., 290, 468 z.v.o. – ullstein bild – dpa: 389 u.r. – ullstein bild – Schirner Pressefoto: 388 o. – ullstein bild – Buhs-Remmler: 419 u. – ullstein bild – Dieter Andree: 414 u. – ullstein bild – Manfred Beck: 437 r. – Entnommen aus: Literaturkartei „Die Leiden des jungen Werther", Verlag an der Ruhr, S. 7, Rechteinhaber nicht ermittelbar: 178 o.l. + u.l. – © VG Bild-Kunst, Bonn 2002: 8, 312 (b), 314 (h), 315 (j), 323, 335 o., 337 o., 342, 350, 361, 370, 373 o., 384, 408, 409, 425 – © VG Bild-Kunst, Bonn 2002, Foto: Archiv für Kunst und Geschichte, Berlin: 314 (f) – © Succession Picasso/VG Bild-Kunst, Bonn 2002: 457 o. – © The Munch Museum/The Munch Ellingsen Group/ VG Bild-Kunst, Bonn 2002: 313 (d) – © Pollock-Krasner Foundation/VG Bild-Kunst, Bonn 2002: 462 – Volksbund Deutsche Kriegsgräberfürsorge e.V.: 19 u. – © WDR/Mara Lukaschek: 466 u. – Wieland-Museum, Biberach: 159 – © Westermann Schulbuchverlag: 32 r. – Westermann-Foto/H. Buresch: 288 – Ruth Wilhelmi, Berlin: 169 o. – © Stephen Wirth: 467 o.r. – Wolfgang Borchert Archiv, Hamburg: 389 – Lu Wortig/INTERFOTO: 304 u., 480 o. – Freimut Wössner/CCC, www.c5.net: 434 – Württembergische Landesbibliothek Stuttgart: 97 (b–d) – © ZDF: 467 l. – Weitere: Verlagsarchiv Schöningh

Sollte trotz aller Bemühungen um korrekte Urheberangaben ein Irrtum unterlaufen sein, bitten wir darum, sich mit dem Verlag in Verbindung zu setzen, damit wir eventuell notwendige Korrekturen vornehmen können.